# 사기열전

상

## 일러두기

1. 역자는 2013년 중화서국中華書局에서 간행된 '점교본이십사사수정본點校本二十四史修訂本 『사기史記』'를 저본으로 삼았으며, 『사기』 연구의 대가인 한자오치韓兆琦의 『사기전증史記箋證』을 중점적으로 참조했다.

2. '교감기校勘記'는 본문 내용에서 필요하다고 판단되는 부분만 주석을 통해 설명했다.

3. 『전국책戰國策』『한서漢書』의 내용과 상이한 부분은 주석을 통해 소개했으며 필요하다고 판단되는 부분은 최대한 많은 기존의 고증 자료 내용까지 비교 설명했다.

4. 『사기』 내용 가운데 타당하지 않거나 오류라 판단되는 부분은 합당한 근거 자료를 인용하여 주석에 소개하고 오류를 바로잡았다.

5. 이해하기 어려운 개념의 정리나 역사적 사실 등은 필요하다고 판단될 때 주석에서 상세히 소개했다.

6. 본문에는 '상相' '상국相國' '승상丞相'이 혼재되어 있는데, 역자는 원문 그대로 표기했으며 설명이 필요한 부분은 주석에 상세히 보충 설명했다.

7. 涼州와 揚州는 우리말 발음상 혼동을 피하고 구별하기 위해 '량주涼州'와 '양주揚州'로 표기했다.

8. 맞춤법과 띄어쓰기는 한글 맞춤법과 외래어 표기법을 따랐다. 독자들이 이해하기 어려운 한자어나 고사성어, 고유명사 등은 한자를 병기했으며 주석을 통해 최대한 설명하려고 노력했다.

9. 본문의 지명은 처음 등장할 때 주석에서 현재의 지명을 병기했다.

10. 본문의 도량형은 해당 시대를 기준으로 삼았으며 주석에서 현재의 도량형으로 환산하여 설명했다.

11. 본문의 연도 표기는 독자의 이해를 돕기 위해 역자가 추가한 것이다.

12. 최대한 원전에 충실하게 번역했으나 읽기 매끄럽게 하기 위해 부득이하게 단어를 보충하기도 했다.

역대 주석본 비교 고증 완역판

# 사기 열전

── 상 ──

사마천 지음 | 송도진 옮김

글항아리

사마천司馬遷은 「태사공자서太史公自序」에서 "정의를 좇아 행동하고 작은 일에 얽매이지 않으면서 시기를 잃지 않고 천하에 공을 세우고 이름을 날린 사람들을 위해 70편의 「열전列傳」을 지었다. 전체가 130편에 52만6500자로 『태사공서太史公書』라고 이름 지었다"고 했다. 여기서 우리는 중국 최고의 역사서이며 역사 기술의 한 전범이라 할 수 있는 『사기史記』의 원래 명칭은 사마천이 밝힌 대로 『태사공서』였으며 『사기』가 아니었음을 알 수 있다. 「주본기周本紀」에 따르면 "주나라 태사太史 백양伯陽이 사서를 읽고는 '주나라는 멸망할 것이다'라고 말했다周太史伯陽讀史記曰周亡矣"고 했고, 「공자세가孔子世家」에서는 "노魯나라의 역사자료에 의거하여 『춘추春秋』를 지었는데, 이 책은 노나라 은공隱公 원년부터 노나라 애공哀公 14년까지다乃因史記作春秋, 上至隱公, 下訖哀公十四年"라고 했다. 또한 「십이제후연표十二諸侯年表」에서는 "역사 기술과 예로부터 전해지던 것들을 수집하여 노나라 역사를 기초로 『춘추』를 편찬했다論史記舊聞, 與於魯而次春秋"라고 했다.

이렇듯 사마천은 자신의 저서에서 여러 차례 '사기史記'라는 글자를 사용했지만 그 의미는 책 명칭이 아닌 모두가 '고사古史' 혹은 '고서古書'를 지칭한다고 할 수 있다. '사기'라는 명칭이 사마천 저작의 고유명사가 되기 시작한 시기는 분명하지 않은데, 남조 유송 시기의 범엽范曄(398~445)이 지은 『후한서後漢書』 「반표전班彪傳」에 "사마천이 『사기』를 저술했다"는 구절이 기록되어 있다. 그러나 이것은 범엽이 한 말로 반드시 한漢나라 때 사람의 말이라 할 수는 없다. 이처럼 한나라 당시 사람들이 말했던 '사기'는 『태사공서』를 가리키는 것은 아니었으며, 또한 『태사공서』는 당시에 '사기'라는 이름을 갖지는 못했다. 『사기』가 사마천이 지은 저작의 고유명사가 된 것은 정확하게 증명할 수 있는 자료는 없지만 아마도 후한後漢 후기부터였을 것으로 판단된다.

## 『태사공서』의 의미와 『사기』로의 변화

『태사공서』라는 명칭에 대해서 청대의 전대흔錢大昕은 『이십이사고이二十二史考異』에서 "자장子長(사마천의 자)이 선인先人의 사업을 기술하여 책을 짓고 『춘추』를 계승한 뒤에 일가一家의 학설을 성취하고자 했으므로 '태사공서'라고 했다. 관직 명칭으로 한 것은 부친의 뜻을 계승한 것이다. 마땅히 '태사공춘추太史公春秋'라고 해야 하는데 '춘추'를 칭하지 않은 것은 겸손이다. 사마천은 책을 '사기'라고 한 적이 없었다"고 하여 사마천이 자신의 저작 명칭을 관직 명칭에서 빌렸다고 했다. 그러나 『태사공서』에서 '태사공太史公'이 정확한 관직의 명칭은 아니다. 당시 '태사太史'라는 관직은 있었다. '태사'는 태상太常 소속으로 역사 사실의 기록과 국가의 전적 관리, 천문 역법, 제사 등을 관장했다. 『한서漢書』 「백관공경표百官公卿表」에 근거하면 태사부太史府의 장관을 '태사령太史令'이라고 했다. 학자들의 견해가 일치하지는 않지만 대체로 '태사공'에서의 '공公'은 존칭의 표현이라 여겨진다. '태사공'은 '태사령太史令'의 습관적 칭호라고도 할 수 있다. 이 때문에 '태사공'은 태사라는 관직을 담당했던 사마담司馬談과 사마천 부자를 함께 말하는 것이라 할 수 있으니, 사마천이 자신의 저작을 『태사공서』라고 명명한 것은 '태사령의 직분을 담당했던 자신과 자신의 부친이 함께 저작한 책'이라는 의미를 담았다고 보는 게 가장 적절할 것이다.

『사기』라는 명칭이 사마천 저작의 고유 명사가 되기 시작한 것은 사마천 사후임이 분명한데, '사기史記'라는 글자의 의미를 살펴볼 필요가 있다. '기記'는 글자 그대로 '기록하다'는 뜻이다. 그러나 '사史'의 의미는 지금 우리가 생각하고 이해하는 '역사'의 개념은 결코 아니었으며 '역사서'라 할 때의 '책書'을 말하는 것도 아니었다. 『설문해자說文解字』에서는 '사史'를 "기사자記事者, 종우지중從又持中"이라 풀이했다. '기사자記事者'는 문자를 이용해 어떤 일이나 사건을 기록하는 사람을 가리킨다. 즉, '사史'는 직무의 명칭이라 할 수 있으며 문서를 초안하고 문건을 관장하는 서기 같은 관리다. 이것은 서주西周 시기에 사건을 기록하는 관리를 모두 '사史'라 부른 것과 부합된다. 또한 '종우지중從又持中'에 대해 청대 학자 강영江永은 '중中'은 공문서인 '부서簿書'를 말하고 '우又'는 오른손을 가리키는데, 즉 손에 부서를 잡고 있는 것이라 풀이했다. 또한 '중中'은 '책冊'의 약자이고 '지중持中'은 책을 쥐고 있는 것을 말한다고도 한다. 주나라 때 문서를 처리하는 일을 '치중治中'이라 했는데, '치중'은 바로 '치책治冊'으로 문서를 처리한다는 말이다.[1] 이렇듯 '사기'의 의미를 정리하면 '기록하는 직분을 가진 사관史官이 어떤 일이나 사건을 기록하다'의 뜻이라고 할 수 있다. 앞에서 언급했듯이 『사기』의 원래 명칭은 『태사공서太史公書』라 했는데, 이것은 태사공이 기록했다는 의미의 『태사공기太史公記』라고도 할 수 있으며, 또한 사관이 기록했다는 『사기史記』의 뜻도 포함되어 있어 모두 같은 의미라 할 수 있다.

1  창슈량倉修良, 『중국고대사학사中國古代史學史』

# 천명에서 인사로 이동하는 관념

그렇다면 '어떤 일이나 사건'을 말하는 '사事'는 무엇인가? 크게 '천도天道'와 '인사人事'로 구분할 수 있다. 사마천은 자신의 친구인 임안任安에게 보낸 편지 「보임안서報任安書」에서 "천도天道와 인사人事의 관계를 탐구하고 고금의 역사 변화를 연구하여 일가一家의 학설을 성취하는 것이다究天人之際, 通古今之變, 成一家之言"라며 『사기』를 저술한 목적을 분명하게 밝혔는데, 여기서 '천天(천도天道)'과 '인人(인사人事)'의 관계를 탐구하는 것이 바로 '사事'라 할 수 있다. 고대에서는 하늘이 사람을 지배하는 개념이 통치의 핵심 이론이며 정권 유지의 근본이었다. 하夏, 상商, 주周 시기는 종교적 미신이 지배했던 때로 '천'은 지극히 존귀하며 높은 권위를 지닌 개념이었다. 따라서 고대 사관의 직무는 전적을 보관하고 사건을 기록하며 문서의 초안을 작성하고 명령을 전달하는 직무 외에도 기도 혹은 제사 활동, 천문 관측, 기상 이변에 대한 해설, 점을 치는 일 등이 중요한 일상의 업무였다. 당시에는 사관을 불러 길흉화복을 설명하게 하는 일이 빈번했기에 사관의 임무는 자연스럽게 사람의 일보다는 종교적인 미신적 활동에 더 집중될 수밖에 없었다.

그러나 '천天'과 '천명天命'을 중시하는 사상은 상나라가 멸망하면서 타격을 받기 시작했다. 상나라 주왕紂王이 멸망에 임박했을 때 "내 권력과 부귀는 천명天命에서 온 것이 아니었는가!"[2]라면서 천명이 보우하면 멸망하지 않을 것이라 했다. 결국 절대적이며 불변이라 여겼던 천명사상은 상의 멸망으로 크게 손상을 입고 천명은 언제든지 변할 수 있으며 일정하지 않다는 관념이 탄생하기 시작했다.

이후 주周나라 왕권이 쇠퇴하면서 점차 세력이 강대해진 제후들이 자신의 역

---

2  『사기』「은본기殷本紀」'我生不有命在天乎!'

량을 강화하고 지반을 확대시키며 패주霸主의 지위를 획득하여 주나라 천자를 대신해 제후를 통솔하려는 춘추春秋시대로 돌입하게 된다. 「태사공자서」에서 "『춘추』에는 군주를 시해한 사건이 36건이고 멸망당한 국가가 52개나 되며, 사직을 보존하지 못하고 도망친 제후들은 그 수를 헤아릴 수 없을 정도다"라고 말했듯이 춘추 시기의 정치는 하극상과 신구 세력의 교체가 그 특징이었다. 이러한 시대적 배경은 사서의 편찬에 중요한 조건을 제공했고 사서 기술에서도 진일보한 자세를 요구하게 되었으니 『춘추』라는 사서의 출현이 결코 우연은 아니라고 할 수 있다. 춘추 시기에는 신을 숭배하는 역사 관념이 여전히 통치 지위를 점유했지만 사람들은 '천天'을 중시하는 전통사상에 회의를 품기 시작했다. 맹목적으로 귀신을 숭배하는 것이 어떠한 좋은 점도 없고, 사람의 길흉화복은 '천'과 직접적 관계가 없다는 것을 인식하기 시작하면서 '인사人事'를 중시하는 새로운 사상이 출현하게 된다. 보수 사상을 지녔던 공자孔子도 비록 귀신의 존재를 부정하지는 않았지만 무엇보다 사람의 역할과 작용을 중시했는데, 그는 "사람이 도道를 넓히는 것이지, 도가 사람을 넓히는 것은 아니다人能弘道, 非道弘人"3라고 했다. 또한 제자 자로가 귀신을 섬기는 것에 대해 묻자, 공자는 "사람도 잘 섬기지 못하면서, 어찌 귀신을 섬기겠느냐未能事人, 焉能事鬼?"라 했으며, 자로가 죽음에 대해서 묻자 또 말하기를, "삶도 알지 못하는데, 어찌 죽음을 알겠느냐未知生, 焉知死"4라고 했다. 이외에도 천도에 반대한 자산子産의 명언으로 "천도는 멀고 인도는 가깝다. 서로 상관이 없는데, 어떻게 천도로 인도를 알 수 있는가天道遠, 人道邇, 非所及也, 何以知之?"5라고 했다. 이렇듯 사람의 길흉은 사람 행위의 결과인 것으로 생각하게 되었고6, 결국 사람의 활동을 중시하는 내용이 천도를

---

3 『논어論語』「위영공衛靈公」
4 『논어』「선진先進」
5 『좌전左傳』소공昭公 18년
6 『좌전』희공僖公 16년, '吉凶由人'

초월하면서 사관의 직무는 종교적인 성격을 벗어나기 시작했다.

칠국七國이 대치하며 겸병兼倂 전란으로 점철되었던 전국戰國시대에 와서는 생사존망의 극렬한 전쟁과 변법變法의 실행 같은 사회 변혁으로 첨예해진 사회 모순은 역사관의 발전을 더욱 촉진시켰다. 군현제郡縣制 실시와 부국강병을 위해 정치, 군사, 경제, 외교 등 각 방면에 인재의 필요성이 대두하고 사인士人이 역사의 새로운 주역으로 등장하면서 제자백가諸子百家 출현과 백가쟁명百家爭鳴은 역사 서술에 필요한 풍부하고 다양한 소재를 제공해줬다. 이러한 시대적 배경은 역사가들에게 흥망성쇠를 반복하는 역사에 대한 새로운 기술을 요구하기 시작했다. 또한 변론을 하거나 당면한 문제를 설명할 때 신의 뜻을 끌어다 설명하기보다는 역사상 실존했던 사람의 사적을 근거로 삼는 것을 중요하게 여기기 시작했다. 게다가 한漢나라가 흥기하면서 한나라 건국을 이끌었던 개국 공신들 대부분이 사회 하층 출신이었으며 한나라가 초楚나라를 멸망시킨 근본 원인은 '천명'과 '천의天意'가 아니라 인심의 향방과 인간의 주도적 역할이었다. 이에 하늘의 뜻은 역사의 변화를 지배할 수 없으며 개인의 화와 복을 결정할 수 없다는 것이 드러났다. 결국 사관은 종교적 미신보다는 인간과 인간의 일을 기술하는 데 집중할 수밖에 없는 시대가 도래했고 이러한 역사적 배경으로 인간 중심의 역사인 '열전列傳'이 탄생했다고 할 수 있다.

'열전'은 많은 인물의 전기를 순서에 따라 배열하는 것이다. 사마정司馬貞은 『사기색은史記索隱』에서 "신하의 사적을 순서에 따라 배열하고 후세에 전하기 위한 것이므로 열전이라 한다"고 했고, 장수절張守節의 『사기정의史記正義』에서는 "사람들의 행적을 차례대로 배열하는 것을 열전이라 한다"고 했다. 또한 유지기劉知幾는 『사통史通』「열전」에서 "열전은 사실을 열거한 것이다傳者, 列事也"라고 했다. 즉 『사기』「열전」은 기록하는 것이 직분인 사관이 이전 시대 역사 기술의 중심이었던 '천도天道' 개념이 쇠퇴하자 '인사人事'를 역사 기술의 중심으로 삼으면서 탄생한 산물이라 할 수 있다.

그러나 사마천은 '천명'을 인정하면서도 모호한 태도를 취하고 있는데, 그의 이러한 모순적인 태도는 그가 처했던 시대적인 한계라고도 할 수 있다. 그는 한 무제武帝를 수행하면서 봉선封禪에 참여하고 천지天地에 제사지내는 활동을 하면서 통치자가 미신적인 하늘의 권위를 회복시켜 지상에서 자신의 권력을 공고히 하려는 시도에 일조하기도 했다. 사마천은 하늘의 존재를 철저히 부정하고 부인하지는 않았지만 그렇다고 굳게 믿지도 않았다. 그는 『사기』에서 천명을 추상적으로 승인하면서도 다른 한편으론 부정하며 거역하고 있다. 사마천은 음양오행설陰陽五行說의 자연에 대한 규율을 긍정적으로 생각했지만 사람을 구속시키는 미신적이며 각종 금기 관련 학설에 대해선 날선 비판을 했다. 「태사공자서」에서 "봄에 싹트고 여름에 자라고 가을에 수확하고 겨울에 저장하는 것은 자연계의 큰 법칙이므로, 따르지 않으면 천하의 일체가 순서를 잃고 혼란해질 것이다"라고 긍정하면서도, "내가 음양가의 학설을 고찰한 적이 있는데, 상서로운 징조와 자연재해와 특이한 자연현상을 지나치게 말하고 금기하는 규정이 너무 많아 사람을 속박하고 무슨 일이든지 하지 못하게 했다"며 부정적 견해를 보였다. 또한 사마천은 역사적 사실의 구체적인 논술을 통해 '천도'에 대한 회의적인 질문을 던지고 있다. 70편의 열전 가운데 첫 편인 「백이열전伯夷列傳」에서 사마천은 "하늘의 도는 편애하는 마음이 없어 늘 착한 사람을 돕는다天道無親, 常與善人"는 말을 부정한다. 규범을 준수하지 않는데도 향락을 누리는가 하면 공정한데도 재난을 만나는 상황에 대해 '천도'는 과연 그른 것인가 옳은 것인가 하며 탄식한다. 실제적으로 그의 「열전」은 사서의 형식을 통해 인간 중심의 활동과 인간이 주인이 되는 역사를 강술하고 있으며 역사 발전을 지배하는 것은 '사람'이지 '하늘'이 아님을 강조하고 있다.

# 광범위한 연구 성과 반영

2000년 동안 전해져 내려온『사기』의 판본은 상당히 많다.『사기』의 각본刻本은 북송 때 시작되었고, 이후에 가장 유명한 배인裴駰의『사기집해史記集解』, 사마정司馬貞의『사기색은史記索隱』, 장수절張守節의『사기정의史記正義』를 합친 '삼가주합각본三家注合刻本'이 출현했다. 명대에 이르러서는 평론을 숭상하는 기풍에 따라 평림본評林本들이 출현하는데, 이들 평론은 구절과 단락을 나누어 평론한 것도 있고 편 전체를 평론한 것도 있다. 청대에 와서는 송나라 판본을 보충한 백납본百衲本이 출현했는데, 완전하지 못한 잔본殘本들을 모아 완성시킨 것으로 백납본白衲本『사기』라 부른다.

이후 현대에도 많은『사기』가 간행되었지만 역자는 2013년 중화서국에서 간행한 '점교본이십사사수정본點校本二十四史修訂本『사기』'를 이번 번역 작업의 저본으로 삼았다. 이 책은 1959년 중화서국에서 간행한 점교본點校本『사기』와 청나라 동치同治 연간(1862~1875)에 금릉서국金陵書局에서 간행한『사기집해색은정의합각본史記集解索隱正義合刻本』130권을 저본으로 삼아『사기』문헌학의 권위자인 자오성췬趙生群 난징사범대학 교수의 교감과 수정을 거쳐 펴낸 것이다. 이 판본은 중국에서 가장 최근에 간행된 것으로 제목에서 볼 수 있듯이 기존 판본들의 오류를 교정하고 수정한 '수정본『사기』'라 할 수 있다. 이 판본은 각「열전」말미에 '교감기校勘記'를 통해 본문의 오류를 수정한 내용을 소개했는데, 역자는 이번 번역본에서 이를 참고하고 인용할 때 주석에서 '교감기'라 하지 않고 '수정본'이라고 밝혀두었다.

기존에 국내에서 출판되었던『사기』번역본 대부분은 주석이 불충분하거나 '삼가주三家注'(남조南朝 송宋 배인裴駰의『사기집해史記集解』, 당나라 사마정司馬貞의『사기색은史記索隱』, 당나라 장수절張守節의『사기정의史記正義』) 위주의 주석 소개에 국한되어 있었다. 특히『사기』의 원저자인 사마천이 범한 오류를 거의 언급하지 않았고 당연히 교정하지도 않았음을 알 수 있다. 역자는 이러한 기존 번역서의 한계를 넘어 '삼가주'의 중요한 주석 내용뿐만 아니라 역사적으로 검증되고 인정받는 많은 『사기』 연구자들의 견해를 주석을 통해 설명하며 오류를 바로잡고자 했다. 또한 '삼가주'의 내용과 상이한 경우에는 그 내용을 소개하고 비교하며 출처를 밝혔다. 역자가 참조한 대표적인 저작물은 명대 능치륭凌稚隆의 『사기평림史記評林』을 비롯해 청대 전대흔錢大昕의 『이십이사고이二十二史考異』, 양옥승梁玉繩의 『사기지의史記志疑』, 왕염손王念孫의 『독서잡지讀書雜志』 가운데 「독사기잡지讀史記雜志」, 곽숭도郭嵩燾의 『사기찰기史記札記』, 그리고 근대의 저작물인 추이스崔適의 『사기탐원史記探源』, 천즈陳直의 『사기신증史記新証』, 일본 학자인 다키가와 스케노부瀧川資言의 『사기회주고증史記會注考證』 등과 왕수민王叔岷의 『사기각증史記斠證』, 현재 『사기』 연구의 최고 전문가라 평가받는 한자오치韓兆琦의 『사기전증史記箋證』(2015년 수정판), 그리고 장다커張大可, 딩더커丁德科의 『사기통해史記通解』(2015)를 중점적으로 참고하고 인용했다. 이들 외에도 역자가 검토한 주요 자료 목록을 참고문헌에 상세하게 소개했다.


## 사마천의 오류 집중 분석

『사기』에는 의외로 사마천의 착각 혹은 실수로 인한 오류가 많이 발견되고 있다. 기존의 출판물에서는 이러한 오류 부분에 대한 지적과 설명, 교정이 이루어지지 않았기에 역자는 여러 자료의 검토와 비교를 거쳐 주석에서 오류 부분에 대해 빠짐없이 구체적인 설명과 함께 교정의 근거를 제시하고자 노력했다. 그리고 서로 다른 여러 견해가 존재할 경우에는 역사적으로 가장 검증되고 타당한 견해들을 소개했으며 필요한 경우 역자가 타당하다고 판단한 내용을 채택하고 그 이유를 설명했다. 이러한 오류 이외에 『사기』에는 또한 『전국책戰國策』『한서

漢書』 등과 비교해 내용이 상이하거나 시대 순서의 오류 등도 많이 발견되고 있다. 이 부분 또한 역자는 『전국책』『한서』와 비교하며 차이점을 소개했고, 『전국책』『한서』와 관련된 많은 역사 저작에서 『사기』와 상이한 내용을 발췌하여 주석에 소개하고 각각의 오류를 검증하고 바로잡았다.

그 외에 사마천은 『사기』를 기술하면서 제자백가諸子百家와 사서오경四書五經 등 여러 고대 저작물의 내용을 언급하거나 인용했다. 역자는 사마천이 인용한 내용의 출처를 밝혔을 뿐만 아니라 원전과 상이하거나 다른 한자를 사용한 것까지도 비교 검토하여 주석에 상세히 소개했다. 또한 국내에서 출판된 기존의 『사기』 번역서에서 심각한 번역 오류라 판단된 경우에는 이들 번역이 왜 오류인지 근거와 함께 바른 번역을 제시했다.

『사기』는 중국 최고의 기전체紀傳體 역사서로서 중국 역사의 고찰뿐만 아니라 역사의 중심을 '천天'이 아닌 '인人', 그리고 '민民'으로 더욱 구체화시켰으며 이들이 가장 존귀한 존재이며 역사 발전의 원동력이었음을 증명했다. 또한 이들 평민 백성의 사적과 역할을 기술해 옳고 그름이 뒤바뀌는 혼란한 시대 상황과 공정하지 못한 세태를 비판하며 분노했다. 「열전」에 등장하는 인물들은 지난 시대의 사람이지만 지금 시대를 살고 있는 우리의 모습과 별반 다르지 않음을 알 수 있다. 따라서 지금 이 시대를 살고 있는 우리의 본성을 이해하는 데 도움이 되리라 믿는다.

2023년 9월
송도진

# 차 례

# 백이열전

## 伯夷列傳

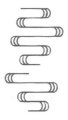

이 편은 고죽국 군주의 두 아들인 백이, 숙제 형제가 나라를 양보하고 달아났다가 무왕이 은나라 주왕을 토벌하는 것에 반대하여 결국 주나라 곡식을 먹지 않고 수양산에서 굶주려 죽은 과정을 서술하고 있다. 「태사공자서太史公自序」에서 사마천은 "말세에 사람들은 이익을 다투었지만 오직 백이만은 의義를 지켰다. 왕위를 양보하고 또 굶어죽었으니 천하가 이를 칭송했다. 이에 「백이열전」을 첫 번째로 지었다"고 밝히고 있다. 「백이열전」을 맨 앞에 둔 까닭은 부귀영화를 돌아보지 않고 서로 왕위를 양보한 백이와 숙제의 품덕을 칭송함으로써 권력과 이익 다툼으로 가득한 통치 집단의 현실 정치를 비판하고자 한 것이다. 「본기」의 시작을 요와 순에 대한 찬미로 열고 「세가」의 시작을 오태백에 대한 칭송으로 열었다는 점에서 상통하는 배치다.

사마천은 "하늘의 도는 편애하는 마음이 없어 늘 착한 사람을 돕는다天道無親, 常與善人"는 말을 부정한다. 규범을 준수하지 않아도 향락을 누리는가 하면 공정한데도 재난을 만나는 상황에 대해 "천도天道가 그른 것인가 아니면 옳은 것인가"라고 개탄하고 있다. 천도에 대한 회의뿐만 아니라 인도人道에 대해서도 비판했다. 혼란한 세상에서 옳고 그름의 도리가 뒤바뀌어 선한 행동을 한 자가 복을 받지 못하고 악한 행동을 한 자가 응당한 대가를 치르지 않는 불공정한 사회에 분노한 것이다. 사마천이 찬미한 품덕은 의를 지키는 '분의奔義'이며 지향하는 정치 국면은 나라를 양보하는 '양국讓國'이라 할 수 있다. 이런 뜻에서 「백이열전」을 70편의 열전 가운데 처음으로 삼았다고 볼 수 있다.

무릇 학자들이 기록한 역사와 그들이 남긴 책은 무수히 많다. 하지만 『시경詩經』『서경書經』『예기禮記』『악경樂經』『역경易經』『춘추春秋』 등 육경六經을 통한 고찰로 확신의 근거를 삼는다.1 『시경』과 『서경』도 이미 사라져버린 부분이 있어 완전하지는 못하지만2 우虞나라와 하夏나라에 관한 기록은 남아 있어 그 역사를 볼 수 있다.3 요堯는 때가 되자 순舜에게 지위를 물려주었다. 이후 순이 물러날 때는 사악四嶽4과 각 주州의 목牧5이 모두 우禹를 추천했다. 순은 우에게 제왕의 직위를 대행하여 수십 년간 정사를 주관하게 한 다음 천하를 다스린 공적이 분명해지자 정식으로 왕위를 넘겨주었다.6 이로 보건대 천하天下는 지극히

1  "공자가 말하기를 육예六藝는 모두 나라를 다스리는 데 유용한 것으로, 길은 다르지만 그 효과는 같다. 『예禮』는 사람의 언행을 절제하게 하고, 『악樂』은 서로 간의 융합과 화합을 촉진하며, 『서書』는 역사 사적을 기재하여 사람에게 귀감을 제공하고, 『시詩』는 이전 성현들의 감정과 뜻을 전달해주며, 『역易』은 사물의 신비로운 변화를 표현하고, 『춘추春秋』는 사람들에게 어떤 것을 해야 하고 해서는 안 되는지를 알려준다."(「골계열전滑稽列傳」)
2  "공자세가孔子世家"에서는 원래 『시』(『시경』)는 3000여 편이었는데 공자가 305편으로 줄였다고 되어 있으나 오늘날 대부분의 학자는 믿지 않고 있다. 『상서위尙書緯』에는 공자 시대에 『서』(『서경』)가 3330편이었는데 공자가 100편으로 줄인 것으로 전하고 있다. 분서갱유 이후 『서』는 제대로 갖춰지지 못했고 한나라 때 복생伏生이 전한 금문今文 『상서尙書』에 단지 28편만이 남아 있다. 이후 공자가 살던 집 벽 속에서 옛 글자로 된 『상서』 일부가 발견되었는데, 이것이 바로 고문古文 『상서』다.
3  금문 『상서』 중 「요전堯典」, 고문 『상서』 중 「요전」「순전舜典」「대우모大禹謨」에 요가 순에게 지위를 물려주려고 순이 우에게 지위를 물려주었다는 기록이 있다.
4  사악四嶽: 사방을 나누어 관장한 제후의 수령으로 네 명의 패주霸主를 말한다. 당시에는 방백方伯이라고 불렀다.
5  목牧: 주목州牧으로 각 주의 행정장관이다. 당시 중국은 아홉 개 주로 나뉘어 있었고 주에는 각기 목이 있었다. '牧'자는 소와 양을 방목하는 것을 백성을 다스리는 일에 비유한 것이다.
6  "순과 우는 모두 20여 년 동안 정사를 주관한 다음에야 제위에 올랐다."(장수절張守節, 『사기정의史記正義』)(이하 『정의』로 표기함)

중요한 보배로운 그릇이며7 제왕은 천하의 주재자이므로 그 일을 다른 이에게 전해주는 것이 얼마나 어려운 일인지를 알 수 있다. 그러나 누군가8는 이렇게 말했다.

"요가 허유許由에게 천하를 주재하는 직위를 물려주려 하자 허유는 오히려 이를 치욕으로 여겨 거절한 뒤 멀리 달아나 숨어버렸다.9 하나라 때도 제왕의 지위를 거절한 변수卞隨와 무광務光10 같은 이가 있었다. 이들의 행위가 칭송되는 이유는 무엇일까?"

태사공太史公11은 말한다.

"내가 기산箕山12에 올랐을 때 그 산에 허유의 무덤이 있다는 말을 들었다. 공자는 옛날의 인인仁人과 성인聖人, 현인賢人들을 열거하면서 오태백吳太伯과 백이 같은 무리를 상세하게 소개했다.13 허유와 무광의 절의節義 또한 나는 매우

---

7  원문은 '천하중기天下重器'로, '천하'는 국가 정권을 가리키며 '중기'는 국가 권력을 상징하는 보물로 '정鼎'과 같다.

8  여기서는 장주莊周의 무리를 가리킨다. 장주는 전국시대 사람으로 도가道家 학파의 중요 인물이다.

9  "요임금이 천하를 허유에게 물려주려 했지만 허유는 받지 않았다."(『장자莊子』 「양왕讓王」) "요임금이 천하를 허유에게 양도하려 하자 허유는 영수潁水 북쪽의 기산箕山 아래로 도망쳤다. 요임금이 다시 불러 구주의 장관으로 삼으려 하자 허유는 치욕으로 여기고 영수 가로 달려가 귀를 씻었다."(황보밀皇甫謐, 『고사전高士傳』)

10  변수卞隨와 무광務光: 『장자』 「양왕」 편에 등장하는 허구의 인물이다. 전설에 따르면 상商나라를 세운 탕왕이 변수와 무광에게 하나라 걸왕을 정벌하는 것에 대해 가르침을 청했으나 그들은 대답하지 않았다. 또한 탕왕이 끝내 걸왕을 멸한 후 천하를 양보하려 하자 변수와 무광은 화를 내며 강에 뛰어들어 죽었다.

11  "자장子長(사마천의 자)의 서적에 편마다 태사공이라 칭한 것은 모두 자신의 관직을 자칭한 것으로, 다른 사람이 첨부한 것이 아니며 그의 부친을 높인 것도 아니다."(전대흔錢大昕, 『이십이사고이二十二史考異』)(이하 『고이考異』로 표기함) "『사기』에서 '태사공왈'은 대부분 편 끝에 있는데, 열전 중에서 편 머리에 있는 것은 「맹자순경열전」이고, 편 중간에 있는 것은 바로 이 「백이열전」이다."(왕수민王叔岷, 『사기각증史記斠證』)

12  기산箕山: 지금의 허난성 덩펑登封 동남쪽에 있는 산이다.

13  오태백은 주나라 태왕太王의 아들로 동생인 계력季歷에게 양위하고 오나라로 갔기 때문에 '오태백'이라고 불린다. 「오태백세가吳太伯世家」에 사적이 기재되어 있다. '태太'는 '태泰'로 쓰기도 한다. "태백은 최고의 덕을 지녔다고 할 수 있을 것이다. 세 번이나 천하를 양보했는데 백성은 그를 어떻게 칭송

숭고하다고 들었는데, 공자가 저술한 책에서는 그 간략한 언급조차 볼 수 없으니 이는 어찌된 일인가?"[14]

공자는 "백이와 숙제는 지나간 원한을 마음에 두지 않았기 때문에 원망하는 일도 드물었다"[15]라고 했고, "그들은 인仁을 추구하여 인을 얻었는데, 또 무엇을 원망하겠는가?"[16]라고 했다. 그러나 나는 백이의 마음에 슬픔이 가득했을 것이라 생각한다. 그들이 남긴 일시軼詩 「채미가采薇歌」를 보면 공자의 말과 다른 점이 있어 매우 이상하다.[17] 그들의 전기[18]에 이렇게 적혀 있다.

백이와 숙제는 고죽국 군주의 두 아들이다.[19] 부친은 막내 숙제에게 왕위를

해야 할지 알지 못했다."(『논어論語』「태백泰伯」)
14   "대체로 허유와 무광의 절의가 지극히 숭고한데 『시』와 『서』의 문사에 개략적인 서술조차 볼 수 없으니 어찌하여 이와 같은가? 이것은 태사공이 말하는 자들의 말이 사실이 아닐 수 있다고 의심했기 때문이리라."(사마정司馬貞, 『사기색은史記索隱』)(이하 『색은』으로 표기함)
15   "伯夷, 叔齊, 不念舊惡, 怨是用希."(『논어』「공야장公冶長」)
16   "求仁而得仁, 又何怨?"(『논어』「술이述而」) "정확하게 어떤 일을 가리키는지 알 수 없다. 공안국孔安國이 말하기를 '양보로 인仁을 삼았는데, 어찌 원망이 있겠는가?'라고 했다. 적당히 말한 것으로 반드시 공자의 원래 뜻에 부합하는 것은 아니다."(한자오치韓兆琦, 『사기전증史記箋證』)
17   일시軼詩란 「삼백편三百篇」에 편입되지 않은 시를 말하는 것이다. "형제가 서로 양보하고 또 절의를 지켜 주나라 곡식을 먹지 않고 굶어 죽게 된 것을 슬퍼한 것이다. 이상하게 생각되는 것은 『논어』에서 '그들은 인仁을 추구하여 인을 얻었는데 또 무엇을 원망하겠는가?'라고 했으나 「채미가」의 '우리는 앞으로 누구에게 가야 하나? 아, 이제는 죽을 뿐 우리의 운명도 다하였구나!'라고 한 것이다. 이것은 원망하는 말이므로 다른 점이 있어 이상하다고 한 것이다."(『색은』)
18   『색은』에서는 이 전기가 『한시외전韓詩外傳』과 『여씨춘추呂氏春秋』라고 했다. 이와 다르게 본 견해도 있다. "백이에 관련된 사적을 최초로 비교적 상세하게 볼 수 있는 것은 『장자』이며, 『한시외전』과 『여씨춘추』는 모두 늦게 완성된 책이라 믿을 수 없다."(『사기전증』) "『여람呂覽』과 『한시외전』에 기재된 백이 관련 내용은 태사공의 「백이열전」과 다르다. 「백이열전」은 옛 열전일 따름이고 반드시 『여람』과 『한시외전』을 가리키는 것은 아니다."(리리李笠, 『광사기정보廣史記訂補』)
19   전설에 따르면 고죽국은 탕왕이 봉한 나라로, 군주의 성은 묵태墨胎라 하며 영토는 대략 지금의 허베이성 루룽盧龍 일대다. 『색은』에 따르면 백이와 숙제의 부친은 이름이 초初고 자가 자조子朝이며, 백이는 이름이 윤允이고 자가 공신公信이며, 숙제는 이름이 치致이고 자가 공달公達이라고 했다. 그러

물려주고자 했는데 부친이 사망하자 숙제는 형 백이에게 이를 양보했다. 그러자 백이는 "아버님의 유언은 네게 양보하는 것이다"라고 말하고는 달아났다. 숙제 또한 즉위하지 않고 달아나버렸다. 고죽국 사람들은 하는 수 없이 백이의 동생이며 숙제의 형인 둘째아들을 군주로 옹립했다. 당시 백이와 숙제는 서백西伯 희창姬昌[20]이 노인을 잘 봉양한다[21]는 소문을 듣고는 그를 찾아가서 귀의하려 했다. 그런데 도착했을 때 희창은 이미 죽은 뒤로, 그의 아들인 무왕武王 희발姬發이 희창의 위패를 수레에 싣고 문왕文王이라 추존하여 동쪽 은殷나라의 주紂를 토벌하려 했다.[22] 백이와 숙제는 무왕의 말 머리를 막고는 간언했다.

"부친께서 막 돌아가셨는데 안장安葬도 하지 않고 전쟁을 일으키는 것을 효孝라 할 수 있습니까?[23] 신하가 되어 자신의 군주를 시해하는[24] 것을 인仁이라 할 수 있습니까?"

그러자 무왕 좌우에 있던 사람들이 무기를 꺼내 그들을 죽이려 했다. 이때 태

나 그들이 고죽국 군주의 아들이었는지는 확실치 않다. 이는 『장자』 「도척盜跖」에서 "백이와 숙제는 고죽국 군주 자리를 사양하고"라고 한 것을 사마천이 받아들인 것으로 볼 수 있다. 모두가 백이와 숙제를 고죽국 군주의 아들로 본 것은 아니다. 『맹자孟子』에는 그들이 어떤 사람인지 언급이 없으며, 『논어』에는 '일민逸民' 또는 '현인賢人'이라 했으며, 『여씨춘추』와 『장자』 「양왕」에는 '두 선비'라고만 되어 있다.

20  이후의 주 문왕周文王으로, 성이 희姬고 이름이 창昌이다. 상나라 말 희창은 서방 제후의 수장이 되었으므로 서백이라는 이름을 얻었다. '백伯'은 '패覇'와 통하는 말로 제후의 패주霸主를 뜻한다.

21  원문은 '양로養老'로, 노인을 봉양한다는 뜻이지만 실제로는 현사賢師를 불러 모시는 것을 의미한다.

22  당시 문왕은 이미 죽었고, 무왕이 선친의 위패를 수레에 싣고 주紂를 토벌하러 간다는 것은 유지를 받들어 실행함을 표현한 것이다.

23  "옛날에 천자는 7개월, 제후는 5개월 동안 장사를 지냈는데, 삼대三代(하·상·주)에 보편적으로 적용되던 의례였다. 무왕이 주왕을 토벌했을 때는 문왕이 사망한 때와 13년이나 차이가 나는데 간언하는 자가 '부친께서 막 돌아가셨는데 안장도 하지 않고~'라고 말하는 것은 이치상 이해할 수 없다."(요저전姚苧田, 『사기정화록史記菁華錄』) 『서서書序』에 무왕이 주왕을 토벌한 시기는 왕위를 계승한 지 11년이나 지난 후로, 『주기周紀』에도 9년에 필묘(문왕의 묘지)에서 제사지냈다는 말이 있는데 어찌 '부친께서 막 돌아가셨는데 안장도 하지 않고~'라는 말을 할 수 있는가, 믿을 수 없다."(양옥승梁玉繩, 『사기지의史記志疑』)

24  원문은 '신시군臣弑君'으로, 『설문해자說文解字』에 따르면 '시弑'는 신하가 군주를 죽이는 것이다.

공太公 강상姜尙[25]이 말했다.

"이들은 의로운 이들이다."

이에 사람을 시켜 부축하여 떠나게 했다. 그 뒤 무왕이 은나라의 어지러움을 평정하자[26] 천하가 주나라의 통치를 받아들였다.[27] 그러나 백이와 숙제만은 주나라 백성이 되는 것을 치욕으로 여겼다. 그들은 은나라에 대한 절의를 지키고자 주나라 곡식을 먹지 않고 수양산首陽山[28]에 은거하며 고사리를 따 먹으면서 배를 채웠다.[29] 그들은 굶어 죽을 지경에 이르자 노래 한 수를 지었는데 그 내용은 이렇다.

---

25  태공太公 강상姜尙: 여망呂望이라고도 하며 서주西周의 개국 공신이다. 『사기』 「제태공세가齊太公世家」에 그의 사적이 기록되어 있다.
26  "무왕이 은나라를 멸망시킨 때는 『고본죽서기년古本竹書紀年』에 근거해 추산하면 기원전 1027년이다. '하상주공정夏商周工程'에서 공포한 『하상주연표夏商周年表』에서는 기원전 1046년이다."(『사기전증』)
27  원문은 '천하종주天下宗周'다. "각 소국들이 모두 주나라 천자를 천하의 공동 주인으로 승인한 것을 의미한다."(『사기전증』)
28  수양산首陽山: 오늘날의 위치에 대해서는 견해가 다양하다. 지금의 산시山西성 융지永濟 부근의 레이슈雷首산이라고도 하고, 지금의 허난성 옌스偃師 서북쪽이라고도 하고, 지금의 간쑤甘肅성 룽시隴西 서남쪽에 있다고도 한다. "조대가曹大家(반고班固의 누이동생으로, 이름이 반소班昭)는 반고의 「유통부幽通賦」에 주석을 달면서 '백이와 숙제는 수양산에서 굶주렸는데 농서隴西의 첫머리에 있다'고 했다."(『정의』) 2013년에 중화서국에서 새로 간행된 점교본이십사사수정본點校本二十四史修訂本 『사기史記』의 교감기校勘記(이하 '수정본'으로 표기함)에서는 "『한서漢書』「왕길전王吉傳」의 안사고顏師古 주석에 근거해 농서수隴西首(농서의 첫머리)의 '수首'자 다음에 '양현陽縣' 두 자가 빠진 것으로 의심된다"고 했다.
29  "주나라 곡식을 먹는 것을 부끄러워하는 것은 또한 양식과 녹봉을 받지 않는 것에 그치는 것이지 먹는 것을 끊은 것은 아니다."(『사기지의』) "주 무왕이 상나라 주왕을 토벌하고 구정九鼎을 낙읍洛邑으로 옮기자 백이와 숙제는 이러한 행위를 경시하고 수양산에서 굶어 죽을 때까지 주나라 양식을 먹으려 하지 않았다."(『한서』「왕공양공포전王貢兩龔鮑傳」) "무라오 겐유村尾元融는 '주나라에서 벼슬하면서 그 녹봉을 받지 않은 것을 말하는 것으로, 주나라 땅에서 생산되는 곡식을 먹지 않음을 말하는 것은 아니다'라고 했다. 방효유方孝孺는 '그 곡식을 먹는 것을 치욕으로 여기고 고사리만 먹었다. 그 고사리만 주나라 땅의 초목이 아니란 말인가? 사리에 맞지 않음이 심하다'고 했다."(다키가와 스케노부瀧川資言,『사기회주고증史記會注考證』)

저 서산西山30에 올라

고사리를 뜯어 배를 채운다.

폭력으로 폭력을 대신했건만

그 그릇됨을 아는 이 없구나.31

신농神農, 순, 우의 시대는 영영 가버렸으니

우린 앞으로 누구에게 가야 하는가?

아아! 이젠 죽을 뿐

우리의 운명도 다했구나!


이들은 결국 수양산에서 굶주리다 죽었다.32

이 노래로 보건대 백이와 숙제는 원망한 것인가? 아니면 원망하지 않은 것
인가?

어떤 사람은 이렇게 말했다. "하늘의 도는 편애하는 마음이 없어 늘 착한 사
람을 돕는다."33 백이와 숙제 같은 사람은 착한 사람이라고 할 수 있지 않은

---

30  서산西山: 『색은』에 따르면 수양산을 말한다.
31  "무왕이라는 폭력을 사용하는 신하가 은나라의 포악한 군주를 바꾸었는데, 그 잘못됨을 알지 못
하는 것을 말한다."(『색은』) "이 노래는 선진先秦 전적에 보이지 않는데, 태사공이 어디에서 가져왔는지
모르겠다."(『사기전증』)
32  백이와 숙제가 수양산에서 굶어 죽었다는 이야기는 『장자』 「노척」 편에서 시작되었다. 그러나
『논어』 「계씨季氏」에서는 "수양산 아래에서 굶주렸다", 즉 '아사餓死'가 아닌 '아餓'라고만 하여 백이와
숙제의 죽음을 다르게 기록·평가하고 있다. "바오수탕包樹棠은 '굶주리다 반드시 죽음에 이르렀으니,
그렇지 않다면 어찌 백이와 숙제의 절개가 드러났겠는가?'라고 했고, 리리는 '곤궁함 또한 아餓(굶주리
다)로 말할 수 있으니 죽음과 섞어 하나로 이야기할 수는 없다'고 했다."(『광사기정보』)
33  "天道無親, 常與善人."(『노자』 79장)

가?[34] 그러나 그들은 어진 덕을 쌓고 고결하게 행동했어도 이처럼 굶어 죽었다! 또한 공자는 70여 명[35]의 제자 중에서 안연顏淵만이 학문을 좋아한다고 칭찬했다. 그러나 안연은 늘 빈곤하여 술지게미와 쌀겨[36] 같은 거친 음식조차 배불리 먹지 못하고 끝내 단명하고 말았다.[37] 하늘은 착한 사람에게 보답한다고 하는데 과연 그렇단 말인가? 도척盜蹠[38]은 날마다 죄 없는 사람을 죽이고 사람의 고기를 얇게 저며 먹었다.[39] 그는 수천 명[40]의 무리를 모아 잔인하고 흉악한 짓을 하며 제멋대로 천하를 돌아다녔지만 끝내 천수를 누렸다.[41] 무슨 덕을 쌓았기 때문인가? 이러한 것들이 가장 분명한 사례일 것이다. 지난날 어떤 사람은 품행이 단정하지 않고 규범을 준수하지 않으며 오로지 금기를 어기는 짓만 하면서도 한평생 향락을 누리며 부귀가 끊이지 않았다.[42] 그런가 하면 지극히 조심하며 땅을 쳐다보고서야 비로소 한 걸음 내딛고, 말을 할 때도 적당한 때를 기다려

---

34  "백이와 숙제의 행실이 이와 같다면 착한 사람이라 할 수 있는가? 아닌가? 또한 의심했다."(『색은』)
35  공자의 제자 가운데 72명이 육예에 정통했다. 「중니제자열전」에서는 77명으로 기재하고 있다.
36  원문은 '조강槽糠'이다. "가난한 사람들이 먹는 것으로 조강지처糟糠之妻란 말은 여기서 나왔다." (『색은』) 또한 "안생顏生은 단식표음簞食瓢飮(한 소쿠리의 밥을 먹고 한 표주박의 물을 마시다)이라 했을 뿐 조강이란 말은 보이지 않는다"고도 했다. "경본耿本·황본黃本·팽본彭本·가본柯本·능본凌本·전본殿本·회주본會注本에서는 안생을 안자顏子라고 했다."('수정본')
37  『공양전公羊傳』에서는 안연이 노나라 애공哀公 14년(기원전 481)에 죽었다고 했는데, 당시 공자(기원전 551~기원전 479)는 71세였다. 「중니제자열전」에서 안연이 공자보다 30세 어리다고 했으니, 안연은 41세에 죽었음을 알 수 있다. 반면 『공자가어孔子家語』에서는 안연이 31세에 죽었다고 했다.
38  도척盜蹠: 도척盜跖이라고도 한다. 춘추시대에 귀족에 반항한 영수로, 역대 통치자들이 대도大盜라 모함해서 역사에서는 도척이라 부른다.
39  원문은 '간인지육肝人之肉'으로, '간肝'은 '회膾(회로 썰다)'의 의미다. 『장자』 「도척」 편에는 '회인간膾人肝'이라고 했다.("도척은 태산太山의 남쪽에서 졸개들을 쉬게 하고, 사람의 간을 회를 쳐서 먹고 있었다.")
40  『장자』 「도척」 편에서는 9000명을 거느렸다고 했다.
41  "『장자』 「도척」 편에는 도척이 천수를 누렸다는 말이 없는데, 이 또한 사마천이 발휘한 것이다." (『사기전증』)
42  "당시 총애에 의지해 권력을 휘두르는 자들을 은근히 책망하는 것으로, '지난날近世'이라고 하고 요즘今世이라고 하지 않은 것은 사마천 또한 꺼리는 바가 있었기 때문이다."(『사기회주고증』)

입을 열며, 길을 갈 때는 지름길로 가지 않고,[43] 공정하고 정의로운 일이 아니라면 떨쳐 일어나지 않는데도 재앙을 만나는 사람이 헤아릴 수 없을 만큼 많다. 나는 이러한 일들이 매우 곤혹스럽다. 이것이 하늘의 도라면 옳은 것인가, 그른 것인가?

공자는 이렇게 말했다.

"지향하는 바가 같지 않으면 함께 일을 도모하지 않는다."[44]

이는 각자가 자신이 지향하는 바에 따라 행한다는 말이다. 그래서 공자는 또 이렇게 말했다.

"부귀가 찾아서 얻을 수 있는 것이라면 비록 말채찍을 드는 천한 일이라도 나는 기꺼이 하겠다. 찾아서 얻을 수 없는 것이라면 나는 내가 좋아하는 것을 하겠다."[45]

공자는 또 말했다.

"날이 추워진 다음에야 비로소 소나무와 잣나무가 늦게 시듦을 안다."[46]

세상이 모두 혼탁해졌을 때 비로소 고결한 사람이 드러난다.[47] 어찌하여 그

---

43　출전은 『논어』 「옹야雍也」다. "담대멸명이란 자가 있는데, 길을 갈 때 지름길로 가지 않는다有澹臺滅明者, 行不相由徑."

44　"道不同, 不相爲謀."(『논어』 「위영공衛靈公」) "태사공이 공자의 말을 인용해 앞의 일을 증명했다. 하늘의 도와 사람의 도는 같지 않고 그 처한 운명에 따라 맡기며 또한 각기 그 지향하는 뜻을 따르는 것을 말한다."(『정의』)

45　출전은 『논어』 「술이述而」다. "정현鄭玄이 말하기를 '부귀는 구하여 얻을 수 있는 것이 아니라 덕을 닦아야 얻을 수 있는 것이다. 도를 구하여 얻을 수 있는 것이라면 채찍을 잡는 천한 직분이라 할지라도 나는 또한 그것을 하겠다'라고 했다."(배인裴駰, 『사기집해史記集解』, 이하 『집해』로 표기함)

46　출전은 『논어』 「자한子罕」이다. "하안何晏이 말하기를 '평범한 사람은 태평성세에는 또한 스스로 가지런히 하며 군자와 함께할 수 있으나 난세에 처한 후에야 군자가 굴종하고 남을 따르며 세상에 영합하지 않음을 알게 됨을 비유한 것이다'라고 했다."(『집해』)

47　"노자가 말하기를 '국가가 혼란해진 다음에야 비로소 충신이 출현한다國家昏亂, 有忠臣'고 했다. 이는 모든 세상이 혼탁해지면 선비 가운데 청렴결백한 자가 뚜렷하게 드러나므로 윗글에서 '날씨가 추워진 다음에야 비로소 소나무와 잣나무가 늦게 시듦을 안다'라는 말로써 먼저 복선을 깐 것이다."(『색은』) "위의 노자가 말한 '유충신有忠臣' 앞에 원래 '시始'자가 있었는데 경본·황본·팽본·가본·능본·전본에 근거해 삭제했다."('수정본')

중히 여김이 저와 같고, 경시함이 이와 같은가?[48]

공자는 말했다.

"군자는 죽은 뒤 자신의 이름이 기려지지 못할 것을 걱정한다."[49]

가자賈子[50]는 이렇게 말했다.

"탐욕스러운 자는 재물을 추구하다 죽고, 열사烈士는 명예와 절조를 추구하다 죽으며, 교만하여 권세를 좋아하는 자는 그 권세 때문에 죽고, 일반 서민은 자신의 목숨만 중히 여기며 돌본다."[51]

"함께 빛나는 물체는 서로를 비추어주고, 같은 종류의 물건은 서로 의존한다."[52]

"구름은 용을 따르고 바람은 범을 따른다. 성인이 출현해야 만사 만물이 비로소 뚜렷하게 드러나게 된다."

백이와 숙제는 비록 어진 이들이지만 공자의 칭찬이 있고서야 그 명성이 분

---

48  이 문장은 의미가 또렷하지 않아서 해석 또한 분분하다. "백이의 겸양하는 덕을 저렇게 중시하고 고사리를 캐며 굶어 죽은 것을 이렇게 경시함을 말한다. 또 한 가지 해석은 품행이 단정하지 않고 규범을 준수하지 않는데도 부의 두터움이 여러 대에 걸쳐 이어지니 중히 여김이 저와 같은 것이고, 공정하고 정의로운 일에 떨쳐 일어나도 재앙을 당하니 경시함이 이와 같은 것이다."(『색은』) "중히 여긴다는 것은 도척 등을 말한다, 경시한다는 것은 백이, 숙제, 허유, 무광 등을 말한다."(『정의』) "중히 여김이 저와 같다는 것은 보통 사람들은 부귀를 중히 여기는 것을 말하고, 경시함이 이와 같다는 것은 청렴결백한 인사는 부귀를 경시한다는 것을 말한다."(고염무顧炎武, 『일지록日知錄』)
49  출전은 『논어』 「위영공」이고 원문은 "君子疾沒世而名不稱焉"이다. "태사공 자신 또한 품행이 청렴하고 정직하나 당대에 쓰임을 얻지 못하고 억지로 부여된 죄에 빠져 백이와 같은 부류가 되었으므로 이에 기탁하여 의론을 제기했다."(『색은』) "군자는 죽은 뒤 후대에 자신의 이름이 자취도 없이 사라져 칭송받지 못하는 것을 걱정하는데 백이, 숙제, 안회 같은 사람은 깨끗한 행실로 명성을 세우고 후대에 서술되었으니 태사공 또한 점차 명예를 세우고 저술의 훌륭함을 드러내고자 했다."(『정의』)
50  가자賈子: 전한 문제文帝 때의 정론가인 가의賈誼로, 「과진론過秦論」을 저술했다.
51  출전은 가의의 「복조부鵩鳥賦」다. "태사공은 가자의 비유를 인용해 『사기』를 지었는데, 탐욕스러운 자는 재물을 추구하다 죽고, 열사는 명예와 절조를 추구하다 죽으며, 교만하며 권세 부리기를 좋아하는 자는 그 권세 때문에 죽고, 일반 서민은 자신의 목숨만 중히 여기며 돌본다는 것으로, 이에 『사기』를 완성했다."(『정의』) "원래 '財烈士徇(열사는 명예와 절조를 추구하다 죽는다)' 넉 자는 없었으나 황본·팽본·전본에는 이 넉 자가 있으며 바른 문장에 부합된다. 지금 그것에 근거해 보충한다."('수정본')
52  출전은 『역경易經』 「건괘乾卦」다.

명히 드러났다.[53] 안연은 학문을 좋아했지만 공자라는 천리마의 꼬리에 붙었기 때문에 그 품행이 더욱 고상해지고 뚜렷하게 되었다.[54] 바위와 동굴 속에 은거하는 선비들은 그 행동이 백이·숙제와 다르지 않고 적절한 시기에 벼슬길에 나아갔다가 퇴직하고는 은거한다. 그러나 그들의 이름과 사적은 파묻혀 이름도 알수 없게 돼버리니 이는 슬픈 일이다! 일반 평민이 비록 덕행을 수양하여 이름을 남기고 싶을지라도 명망 높은 이에게 의지하지 않는다면 그의 이름이 어찌 후세에 길이 전해질 수 있겠는가?

---

53  "만물이 비록 낳아 기르는 성질이 있다고는 하지만 태사공의 저술을 얻어서 세상사가 더욱 드러나게 되었다."(『정의』)

54  "왕포王褒의 『사자강덕론四子講德論』에서 '모기와 파리는 하루 종일 날아다녀도 섬돌과 전당 양쪽의 곁채조차 넘기 힘들지만 천리마의 꼬리에 붙으면 천 리를 갈 수 있다'고 했다."(『사기전증』)

# 2

## 관안열전

管晏列傳

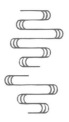

이 편은 춘추시대 제나라의 뛰어난 정치가였던 관중과 안영 두 인물의 합전이다. 관중은 40여 년 동안 제 환공을 보좌하면서 정치·경제·군사 방면으로 개혁을 단행하여 제 환공을 춘추시대 첫 번째 패주의 자리에 앉혔다. 안영은 영공, 장공, 경공에 이르기까지 3대에 걸쳐 군주를 보좌하여 제나라를 중흥시킴으로써 제후들 사이에서 큰 명성을 얻었다. 사마천은 두 사람의 사적을 상세하게 기술하지는 않고 몇 가지 일화를 소개하는 방식으로 두 인물의 사상을 담아내고 있다. 두 사람은 군주를 보좌한 현명한 상相이었다는 공통점을 지니고 있지만, 안영은 밥상에 두 가지 이상의 고기반찬을 차리지 못하게 할 만큼 검소했던 반면 관중은 사치스러움이 제후에 버금갔기에 차이점 또한 확연하다. 백성이 바라는 것은 제창하고 싫어하는 것들은 과감하게 폐지한 관중의 정치 이념은 사마천이 살았던 한 무제 시기의 가혹한 혹리酷吏 중심의 정치에 대한 반감 그리고 사마천 자신의 정치 이상과 부합한다. 사마천은 사람을 알아보고 현명한 사람을 추천하는 주제를 다루면서 어떠한 격식에도 구애받지 않고 인재를 발탁한 안영의 능력 그리고 나라를 위해 현자에게 양보한 포숙아의 태도를 높이 평가하고 있다. 특히 "천하 사람들은 관중의 재능을 칭찬하기보다는 사람을 알아보고 천거한 포숙을 칭송했다"고 했다. 여기서 능력보다 '양보'의 미덕을 더 높게 평가한 사마천의 가치관을 알 수 있다.

원래 공자 규를 수행했으나 공자 규가 패한 뒤 죽음을 택하지 않고 옥에 갇히는 굴욕을 견딤으로써 마침내 제 환공의 대업을 보좌한 관중, 그리고 장공이 최저에게 죽임을 당했을 때 장공의 시신 넓적다리에 머리를 묻고 통곡하고 예를 행한 뒤에 떠난 안영의 태도는 깊은 인상을 남긴다.

관중管仲은 이름이 이오夷吾이고 영상潁上 사람이다.[1] 젊었을 때부터 포숙아鮑
叔牙[2]와 교제하며 왕래했는데 포숙은 그의 현명한 재능을 알아주었다. 관중은 집
이 가난하여 항상 포숙을 속였지만[3] 포숙은 끝까지 그를 잘 대해주고 원망하지
않았다. 이후 포숙은 제나라 공자公子 소백小白[4]을 섬기고 관중은 공자 규糾를
섬겼다. 소백이 왕위에 올라 환공桓公이 되고(노 장공魯莊公 9년, 기원전 685) 공자
규가 피살되자 관중은 옥에 갇혔다.[5] 이때 포숙은 환공에게 관중을 천거했다.[6]

1   성이 관管, 이름이 이오夷吾, 자가 중仲이다. "위소韋昭가 말하기를 '이오는 희성姬姓의 후손이며 관
엄管嚴의 아들 경중敬仲이다'라고 했다."(『정의』) 영상潁上은 영수潁水(지금의 허난성 덩펑에서 발원하여
동남쪽으로 흘러 지금의 안후이성 서우현 서남쪽에서 화이허강淮河으로 합류되는 강) 부근이다. "『설원說
苑』「존현尊賢」에 이르기를 '관중은 본래 성음成陰의 개도둑 무리였다'고 했다. 성음은 즉 고밀高密로
영상潁上과는 다르다. 또 이오의 시호를 경중敬仲이라 했는데, 본 열전과 같다."(『사기지의』)
2   "위소가 말하기를 '포숙은 제나라 대부이고 사성姒姓의 후손이다. 포숙의 아들 숙아叔牙다'라고
했다."(『정의』) "포숙은 마땅히 포경숙鮑敬叔이라고 해야 한다."('수정본')
3   "『여씨춘추』에서 말하기를 '관중은 포숙과 함께 남양에서 장사를 했는데, 재물과 이익을 나눌 때
관중이 포숙을 속이고 더 많이 가져간 적이 있었다. 포숙은 그에게 모친이 있고 가난한 것을 알았기에
탐욕스럽다고 여기지 않았다'고 했다."(『색은』)
4   소백小白: 제 환공(재위 기원전 685~기원전 643)으로, 희공僖公의 아들이며 양공襄公의 동생이다.
규는 공자 소백과 이복형제다. 진秦나라 이전까지 제후의 아들은 공자公子라 했고 딸은 여공자女公子
라 했다.
5   『좌전左傳』 장공莊公 8년, 9년과 「제태공세가」에 따르면 제 양공齊襄公(재위 기원전 697~기원전
686) 12년, 양공이 공자 무지無知에게 살해당하자 나라 사람들이 들고일어나 무지를 죽였다. 이때 공자
규는 노魯나라에 있었고 소백은 거莒나라에 있었는데, 제나라에 군주가 없다는 소식을 듣고 서로 왕위
를 다투었다. 노나라는 군사를 파견해 공자 규를 호송하는 한편 관중을 파견해 소백을 차단해 죽이도
록 했다. 관중은 소백을 쏘아 맞혔으나 죽이지 못했고 결국은 소백이 왕위를 획득했다. 소백은 군대를
일으켜 노나라 군대에 맞서 싸워 패퇴시킨 후 노나라에 편지를 보내 공자 규를 죽이고 관중을 돌려보
낼 것을 요구했다. 노나라는 제나라를 두려워하여 공자 규를 죽이고 관중을 제나라로 보냈다.
6   "환공은 즉위한 후 출병하여 노나라를 공격하고 관중을 죽이려 했다. 그러자 포숙아가 말했다. '군

관중은 임용되어 제나라의 정사를 주관하게 되었고[7] 제 환공을 보좌하여 패주가 되게 했다.[8] 제 환공이 여러 차례 회맹으로 제후들을 소집하여[9] 주나라 조정의 혼란을 안정시키고 천하를 다시 바로잡을 수 있었던 것은 모두 관중의 지략에 의지한 것이었다.[10]

관중이 말했다.

"내가 빈곤했을 때 포숙과 장사[11]를 한 적이 있었다. 이윤을 나눌 때마다 내가 더 많이 차지했지만 포숙은 내가 재물을 탐낸다고 여기지 않았는데, 우리 집이 가난한 것을 알았기 때문이다. 내가 일찍이 포숙을 위해 어떤 일을 계획했다가 실패하여 도리어 그의 상황을 더욱 곤궁하게 만들었다. 그러나 포숙은 나를 어리석다고 여기지 않았는데, 시기에 따라 이로운 때와 이롭지 않은 때가 있음을 알았기 때문이다. 내가 일찍이 세 번 관리로 나아가 세 번 모두 군주에게 파면당했는데도 포숙은 나를 무능하다고 여기지 않았는데, 내가 때를 만나지 못

주께서 제나라를 다스리고자 하신다면 고혜高傒와 이 포숙으로 충분합니다. 그러나 군주께서 패왕이 되고자 하신다면 관이오管夷吾(관중)가 아니면 안 됩니다. 이오가 있는 나라는 어느 나라든 강대해질 것이니 그를 잃어서는 안 됩니다.' 제 환공은 포숙아의 의견을 따랐다."(『사기』 「제태공세가」)
7　"관중은 제나라로 들어와 상이 되어 국정을 관장하면서 40일째 되는 날까지 백성에게 은혜를 베푸는 아홉 가지 교화 정책을 다섯 번에 걸쳐 시행했다. 첫째는 노인을 공경하는 노로老老, 둘째는 어린이를 자애롭게 대하는 자유慈幼, 셋째는 고아를 구휼하는 휼고恤孤, 넷째는 장애를 지닌 자를 돌보는 양질養疾, 다섯째는 홀몸이 된 자를 결혼시키는 합독合獨, 여섯째는 병든 자를 위문하는 문질問疾, 일곱째는 곤궁한 자를 돕는 통궁通窮, 여덟째는 흉년 때 고용인들을 돕는 진곤振困, 아홉째는 유공자의 제사를 지내도록 하는 접절接絕이다."(『관자管子』 「입국入國」)
8　"제 환공 7년(기원전 679), 각국의 제후들이 견甄(위衛나라의 읍으로 지금의 산둥성 쥐안청鄄城 서북쪽) 땅에서 제 환공과 회맹했고, 제 환공은 이때부터 패자라 칭하기 시작했다."(『제태공세가』) '패覇'라는 것은 주나라 천자의 임명을 받아들여 '방백方伯'이 되는 것으로, 주나라 천자의 이름으로 제후들을 회맹에 소집하고 각국 간의 질서를 유지하며 제후국 내의 반란 등을 토벌할 수 있다.
9　원문은 '구합제후九合諸侯'로, 일부 번역본에서 '아홉 차례 제후들을 규합하다'로 번역하고 있으나 여기서 '구九'는 '아홉'이 아니라 '여러 차례'라는 뜻이다.
10　"환공이 여러 차례 제후들을 회합하되 무력에 의지하지 않은 것은 관중의 공로다. (…) 관중이 환공을 보좌하여 제후의 패자가 되게 했고 천하를 바로잡았다."(『논어』 「헌문憲問」)
11　'장사'의 원문은 '고賈'다. 행行(돌아다니며 장사하는 것)을 '상商'이라 하고, 처處(어떤 장소에 자리 잡고 장사하는 것)를 '고賈'라 한다.

했음을 알았기 때문이다. 내가 일찍이 세 번 전쟁에 나아가 세 번 모두 달아났 는데도 포숙은 나를 겁쟁이라고 여기지 않았는데,[12] 내게 봉양해야 할 노모가 있음을 알았기 때문이다. 공자 규가 제왕의 지위를 놓고 벌인 정치 투쟁에 실패 했을 때 소홀召忽은 자결했으나 나는 옥에 갇히는 굴욕을 감내했다.[13] 그러나 포 숙은 나를 부끄러움을 모르는 사람이라고 여기지 않았는데, 내가 사소한 일에 는 얽매이지 않으나 천하에 공적을 세우고 명성을 드날리지 못하는 것을 부끄 러워함을 알았기 때문이다. 나를 낳아준 사람은 부모이지만 나를 알아준 사람 은 포숙이다."[14]

포숙은 관중을 천거하고 자신은 기꺼이 그의 밑에 있었다. 포숙의 자손들은 제나라에서 대대로 봉록俸祿을 향유했고 10여 대에 걸쳐 봉읍封邑을 소유했으며 항상 제나라의 저명한 대부大夫 가문이었다.[15] 그리하여 천하 사람들은 관중의 재능을 칭찬하기보다는 포숙이 사람을 알아보고 천거한 것을 더욱 칭송했다.[16]

관중이 제나라 정사를 주재하는 상相[17]이 되자 지리적으로 바다에 접한 이점

---

12　관중이 세 번 관리가 되었다가 세 번 모두 파면당하고 세 번 전쟁에 나갔다가 세 번 모두 달아났 다는 기록은 『좌전』뿐만 아니라 어디에서도 찾아볼 수 없다.

13　소홀召忽은 원래 관중과 함께 공자 규를 보좌했다. 제 환공은 즉위 후 노나라에게 공자 규를 죽 이고 소홀과 관중을 송환할 것을 요구했는데, 그 목적은 그 둘을 임용하고자 함이었다. 그러나 소홀은 듣지 않고 자결했고 관중만이 압송되어 제나라로 돌아왔다.

14　이 말은 『열자列子』「역명力命」에도 보인다. "지금 판본의 『열자』는 동진東晉 시기에 나온 것으로, 「역명」에서 '관자가 말했다'는 것은 남의 이름을 빌린 자가 「관안열전」을 표절한 것이지 사마천이 『열 자』에서 가져온 것이 아니다."(『사기각증』)

15　"홍양길洪亮吉이 말하기를 '숙아의 증손자는 포견국鮑牽國이고, 포견국의 손자는 포목鮑牧인데, 모두 『좌전』에 보인다. 숙아의 후대가 아마도 포목에서 끊어지지 않았기에 10여 대라 말한 것이다'라 고 했다. 또 '중니제자열전'에 이르기를 '전상田常이 제나라에서 난을 일으키고자 했으나 고高씨와 국 國씨, 포鮑씨, 안晏씨를 꺼렸다'고 했다. '포목 이후에도 여전히 사람이 있었다'고 했다."(『사기회주고증』)

16　"관중이 제나라를 다스리면서 정사에 공적을 세울 때마다 환공은 반드시 먼저 포숙에게 상을 하 사하면서 '제나라가 관중을 얻게 한 것은 포숙이다'라고 말했다."(『여씨춘추』「찬능贊能」)

17　상相: 고대에 군주를 도와 정무를 처리하는 최고 장관의 통칭이다. 춘추시대 제 경공景公이 좌우 로 한 명씩 상을 두었으며, 전국시대에 각국이 상相, 상국相國, 상방相邦, 승상丞相 등(초楚나라는 영윤 令尹)의 명칭으로 계승했다. "상相은 백관百官의 우두머리다."(『여씨춘추』「거난擧難」) "관중이 환공에게 중용되어 정사를 주관한 것은 가능하지만 제나라 상이 되었다는 것은 불가능하다. 제나라의 상은 대

을 살려 협소한 땅에만 의지해왔던 제나라의 살림살이를 발전시켰다. 교역으로 재물을 쌓아 나라는 부유해지고 병사는 강성해졌으며, 정사를 처리할 때 백성의 바람과 풍속을 따랐으며 백성과 좋아함과 싫어함을 함께했다. 그는 이렇게 말했다.

"창름倉廩18이 가득하여 국가가 부유해지면 백성이 예절을 알고, 의식衣食이 풍족해지면 백성이 영광과 치욕을 이해하게 되며, 통치자의 행위가 예의제도에 부합하면 육친六親19이 화목하고 관계가 견고해진다. 국가의 사유四維20가 신장되지 않으면 국가는 멸망하고 만다. 각종 법령은 물이 높은 곳에서 아래로 흐르듯이 민심에 부합해야 한다."21

관중의 주장은 간단하고 평이했으므로 백성이 받아들이기 쉬웠고 정령은 잘 시행되었다. 그는 백성이 바라는 것은 제창했고, 백성이 싫어하는 것은 폐지했다.

관중은 정사를 주관하면서 나쁜 일을 좋은 일로 변화시키고 실패를 성공으로 전환시키는 것을 잘했다.22 그는 물가의 통제를 중시했고 도량형의 관리 감

대로 고高와 국國 두 집안이 장악했기에 관중이 함부로 들어갈 수 있는 자리가 아니었다."(『사기전증』) "『국어』에서 이르기를 '제 환공이 포숙을 상으로 삼고자 하자 사양하면서 '신이 이오(관중)보다 못한 것이 다섯 가지가 있습니다. 관대하고 온화하며 백성에게 은혜를 베푸는 것寬和惠民이 그만 못하고, 국가를 다스림에 그 근본을 잃지 않음이 그만 못하며, 충성과 인애로 백성을 단결시키는 것忠惠可結於百姓이 그만 못하고, 예의를 제정하여 사방에 규범이 되게 함이 그만 못하며, 북채를 손에 쥐고 군문軍門에 서서 백성에게 용맹을 배가시키는 것이 그만 못합니다'라고 했다."(『정의』) 이 글의 출전은 『국어』 「제어齊語」인데 '수정본'에서는 '관화혜민寬和惠民'을 『국어』의 문장 그대로 '관혜유민寬惠柔民(관대함과 자혜로써 백성을 위로하다)'으로 수정했고, '충혜가결어백성忠惠可結於百姓'을 '충신가결어백성忠信可結於百姓(충직과 성실함으로 백성을 단결시키는 것)'으로 수정했다.

18  창름倉廩: 미곡을 저장하는 창고로, 고대에는 곡식을 저장하는 곳을 '창倉'이라 하고 쌀을 저장하는 곳을 '늠廩'이라 했다.

19  육친六親: 부父, 모母, 형兄, 제弟, 처妻, 자子를 가리킨다.

20  사유四維: 원래 그물을 얽는 네 가닥 줄을 가리킨다. 유維는 '밧줄'이라는 뜻에서 파생된 '강령'의 뜻을 담고 있다. 예禮, 의義, 염廉, 치恥를 나라를 다스리는 네 가지 강령으로 삼았기 때문에 사유라 했다.

21  출전은 『관자』 「목민牧民」이다.

22  "천하를 잘 다스리는 자는 화를 복으로 만들고 실패를 성공으로 전환시킬 수 있다."(가의, 『신서新書』 「동포銅布」)

독을 신중히 했다. 제 환공은 본래 부인 소희少姬에게 화가 나서 군사를 일으켜 남쪽 채蔡나라를 치려 했는데[23] 관중은 이 기세를 몰아 초나라까지 토벌하도록 하여 초나라가 제때에 주나라 왕실에 포모包茅[24]를 공물로 바치지 않은 것을 꾸짖었다. 또 환공이 북쪽으로 산융山戎[25]을 정벌하려 하자 관중은 이 기회를 이용해 연燕나라에게 소공召公 때의 정치를 다시 실행하도록 했다.[26] 가柯의 회맹에서 환공은 원래 조말曹沫의 협박으로 맺은 약속을 파기하려 했는데,[27] 관중은 환공으로 하여금 천하에 신의를 세우도록 했고 제후들이 이것을 보고 제나라에 귀의했다.[28] 그리하여 "주는 것이 곧 얻는 것이라는 도리를 이해하는 것이야

---

**23** 환공 30년(기원전 656)의 일이다. "환공은 부인 채씨蔡氏와 배를 타고 물놀이를 했다. 채씨는 물에 익숙하여 일부러 배를 흔들었고 환공은 두려워하며 그녀를 제지했으나 채씨는 듣지 않았다. 환공은 화를 내며 배에서 내린 후 그녀를 채나라로 돌려보냈으나 그녀와의 관계를 끊을 의도는 아니었다. 채나라는 환공에게 화를 내며 그녀를 다른 사람에게 출가시켰다. 환공은 크게 노하여 군대를 일으켜 채나라를 공격했다."(「제태공세가」) 채나라는 서주西周 초기에 분봉된 제후국으로 초대 군주는 무왕의 동생인 숙도叔度였고 도읍은 상채上蔡(지금의 허난성 상차이上蔡 서남쪽)였다. 이 당시 군주는 채 목후蔡穆侯였다.

**24** 포모包茅: 고대 제사 때 술을 거르는 데 사용하는 띠풀이며 초나라에서 생산되었다. "초 성왕楚成王이 물었다. '무슨 까닭으로 내 영토를 침입했소?' 관중이 대답하기를 '초나라가 공물인 포모를 바치지 않아 주나라 천자의 제사용품이 완비되지 않았기에 질책하러 온 것이오'라고 했다."(「제태공세가」)

**25** 산융山戎: 춘추시대에 지금의 허베이성 동북부 지역에서 활동하던 소수민족이다. "환공 23년(기원전 662), 산융이 연나라로 진공하자 연나라가 다급히 제나라에 구원을 요청했다. 제 환공이 연나라를 구하기 위해 산융을 정벌하고 고죽孤竹(지금의 허베이성 루룽 일대)까지 갔다가 회군했다."(「제태공세가」)

**26** 「제태공세가」에 따르면 제나라가 산융을 정벌하여 연나라를 구원한 후 "소공의 정책을 다시 실행하게 하고 주 성왕周成王과 주 강왕周康王 때처럼 제때에 주나라 천자에게 공물을 바치도록" 명했다.

**27** 제 환공 5년(기원전 681, 노 장공魯莊公 13) 제나라가 노나라와 가柯(제나라 읍으로, 지금의 산둥성 양구陽穀 동북쪽)에서 회맹을 거행했는데, 노나라 장수 조말(역사 기록에는 이름이 여러 개다)이 손에 비수를 쥐고 환공을 위협하여 제나라가 점령한 영토를 노나라에 반환하도록 했다. 환공은 당시에는 허락했지만 나중에 후회하고 이행하지 않으려 했다.

**28** "소철蘇轍의 『고사古史』에 이르기를 '이 세 가지 설은 모두 옳지 않다. 환공 29년에 양곡陽穀에서 제후들과 회맹한 것은 정鄭나라를 위해 초나라 정벌을 도모한 것이다. 이해에 배를 흔든 탕주蕩舟 사건이 있었으므로 이듬해에 초나라를 정벌하고자 채蔡나라를 침략했다. 채나라는 초나라 북쪽에 있었으므로 『춘추』에서는 먼저 채나라를 침략한 것으로 서술했으나 본래는 초나라를 정벌하기 위해 움직인 것이다. 산융은 연나라의 근심거리였으므로 환공이 연나라를 위해 정벌한 것이니 불의는 아닌데, 또한 어찌하여 소공 때의 정치를 다시 실행하도록 했겠는가! 조말의 사건은 전국戰國 잡설(「자객열전」에서 판별함)에 나오는 것으로 『공양전』에서는 본말을 추론하지 않고 믿었는데, 태사공 또한 옳다고 여

말로 정치의 보배"[29]라는 말이 있는 것이다.

　관중의 재산은 제나라의 공실公室에 비길 만하며 삼귀三歸[30]를 누리고 반점反坫[31]을 사용했지만 제나라 사람들은 사치스럽다고 여기지 않았다. 관중이 사망한 뒤에도[32] 제나라는 계속해서 그의 정책을 그대로 따랐기 때문에 늘 다른 제후국들보다 힘이 셌다. 이로부터 100여 년 뒤에 제나라에 다시 안자晏子가 등장했다.[33]


기니 모두 믿을 수 없다'고 했다."(『사기지의』)

29　"『노자』에서는 '빼앗으려 한다면 반드시 먼저 주어야 한다將欲取(『노자』에는 '取'가 아닌 '奪'로 되어 있다)之, 必固與之'라 했는데, 이것은 정치의 보배로움을 아는 것이다."(『색은』)

30　삼귀三歸의 뜻에 대해서는 해석이 다양하다. 『정의』에서는 "세 성씨의 여자다. 부인이 출가하는 것을 귀라 한다"고 했고, 주희朱熹의 『논어집주論語集注』에서는 '대臺'의 명칭이라고 했고, 청나라 때 곽숭도郭嵩燾는 전국 상공업 세수의 10분의 3을 가리키는 것, 즉 『관자』의 「경중을輕重乙」을 근거로 백성이 수익의 7을 갖고 군주가 3을 가져가는 부세의 기준으로 해석했다. "제 환공은 관중을 임용하여 (물가 통제의) 경제 정책을 제정하고 제나라를 부강하게 했으며, 관중은 비록 배신陪臣(각 제후국의 대부大夫. 각 제후국은 주나라 천자에게 '신臣'이라 칭했고, 각 제후국의 대부는 주나라 천자에게 '배신'이라 칭했다)의 신분이었지만 삼귀三歸(납입하는 상업세의 10분의 3)를 누렸다."(『한서』「지리지地理志」)

31　반점反坫: 대청 양 기둥 사이에 흙으로 쌓은 대臺로, 주나라 시기 제후들의 연회 예절에 쓰였다. 양국의 제후가 만나서 술잔을 나눌 때 제후는 빈 술잔을 반점 위에 올려놓았다. 관중은 제후가 아니면서 집안에 이러한 시설을 갖추어 비난을 샀다. "양국 군주의 우호를 위한 연회 때 정당의 양쪽에 반점을 설치했는데, 관중 또한 그러한 반점을 설치했다."(『논어』「팔일八佾」)

32　"『괄지지』에서 말하기를 '관중의 무덤은 청주青州 임치현臨淄縣 남쪽 21리 지점 우산의 언덕牛山之阿에 있다고 했다'고 했다."(『정의』) '수정본'에서는 '우산의 언덕'을 『사기』「제태공세가」의 『정의』 주석에서 인용한 『괄지지』의 '우산 위牛山上'로 수정했다.

33　"손효증孫效曾이 말하기를 「제세가」에 따르면 관중은 제 환공 41년에 죽었는데, 노 희공僖公 15년(기원전 645)이다. 안자는 노양魯襄 17년에 부친인 환자桓子를 계승하여 대부가 되었는데, 『좌전』을 보면 바로 제 영공 26년(기원전 556)이다. 즉 관중과 안자는 90년 차이가 난다. 사공史公이 '100여 년 뒤에'라고 말한 것은 잘못이다'라고 했다."(『사기지의』) 안자가 태어난 해로 계산한다 해도 70년이 되지 않는다.

안평중晏平仲[34]은 이름이 영嬰이고 내萊 땅 이유夷維[35] 사람이다. 제나라 영공靈公, 장공莊公, 경공景公[36] 3대를 보좌했는데, 생활이 검소했고 힘껏 정사를 처리하여 사람들로부터 존경을 받았다. 그가 상을 지내는 동안에는 늘 밥상에 두 가지 이상의 고기반찬을 올리지 못하게 했고 첩들에게는 비단옷을 입지 못하게 했다. 조정에 있으면서 군주가 물을 때는 이치에 따라 직언하고, 군주가 그에게 말할 일이 없으면 더욱 주의해서 자신을 단정하게 했다.[37] 국가의 정치가 정도正道에 부합할 때는 군주의 명령에 복종했지만 정도에 부합하지 않을 때는 형세를 저울질하고 상응하는 조치를 선택하여 집행했다. 이 때문에 영공, 장공, 경공 3대에 걸쳐 안자의 명성이 각 제후국에 널리 드날리게 되었다.

월석보越石父라는 재능 있는 사람이 죄를 지어 체포되었다.[38] 안자는 외출했다가 길에서 우연히 그와 마주치게 되었고, 자기 수레의 왼쪽 말左驂[39]을 풀어 내주고 그의 죄를 면제받게 하고는 수레에 태워 함께 귀가했다. 그러나 집에 당도한 안자는 그를 예로써 청하지 않고 내실로 들어갔다. 한참을 기다리던 월석

---

34 『색은』에 따르면 안자는 이름이 영嬰이고, 시호가 평平이며, 자가 중仲이다. 부친인 환자는 이름이 약弱이다.
35 내萊는 지금의 산둥성 동북부 지역이다. 한나라 때 동래군東萊郡을 설치했고 군의 치소治所(지방행정기구 소재지, 이하 '군치郡治'로 표기함)는 액현掖縣(지금의 산둥성 라이저우萊州)이었다. 이유夷維는 지금의 산둥성 가오미高密의 옛 읍으로, 한나라 때는 이안夷安이라 불렸다.
36 영공靈公(재위 기원전 581~기원전 554)은 경공頃公의 아들로 이름이 환環이다. 장공莊公(재위 기원전 553~기원전 548)은 이름이 광光이고 영공의 아들이다. 경공景公(재위 기원전 547~기원전 490)은 이름이 저구杵臼이고 장공의 이복동생이다.
37 "나라에 도가 있으면 정직하게 말하고 정직하게 행동하지만, 나라에 도가 없으면 행위는 정직하되 말은 겸손해야 한다邦有道, 危言危行, 邦無道, 危行言孫."(『논어』「헌문憲問」)
38 "『안자춘추晏子春秋』에서는 안자가 진晉나라로 가는 길에 중모읍中牟邑에 이르러 찢어진 관을 쓰고 가죽옷을 뒤집어 입은 자가 등에 건초를 짊어지고 길가에서 쉬고 있는 것을 보았다. 안자가 '누구시오?'라고 묻자 대답하기를 '저는 석보라고 합니다. 구차하게 굶주림과 추위를 면하고자 남의 노복이 되었습니다'라고 했다. 안자는 왼쪽 말을 풀어 속량시키고 수레에 태워 함께 제나라로 돌아왔다 하여 이 문장과는 조금 다르다."(『정의』)
39 고대에는 네 필의 말이 수레를 끌었는데 안쪽에 위치한 두 말을 복마服馬라 하고 바깥 양쪽에 위치한 두 말을 참마驂馬라 했다. '좌참左驂'은 수레의 왼쪽에 위치한 말을 뜻한다.

보는 떨치고 일어나 떠나려 했다. 깜짝 놀란 안자는 의관衣冠을 정돈하고 나와 정중하게 사죄하며 말했다.

"제가 비록 어질지는 못하지만 그대가 곤경에 처했을 때 구출해드렸습니다. 어찌하여 그대는 이토록 빨리 저와 절교하려 하십니까?"

그러자 월석보가 말했다.

"그렇지 않습니다. 제가 듣자 하니 군자는 자신을 알아주지 않는 사람 앞에서는 억울함을 당해도 상관없지만 자신을 알아주는 사람 앞에서는 존중을 받아야 한다고 했습니다. 제가 구금되었을 때 사람들은 저를 알아주지 않았습니다. 그러나 부자夫子40께서는 이미 저를 이해하고서 재물로 죄를 면제받게 해주셨으니 이것은 저를 알아준 것입니다. 저를 알아주면서 예로 대접하지 않으시니 다시 갇히는 신세로 돌아가는 편이 낫습니다."

그러자 안자는 월석보를 안으로 청해 모시고는 상객上客41으로 존중했다.

안자가 상이 되었을 때 수레를 타고 외출하는데 마부의 부인이 문틈으로 자신의 남편을 몰래 엿보았다. 그녀의 남편은 상을 위해 수레를 몰았는데, 뒤에는 큰 거개車蓋42가 세워져 있고 네 필의 말을 나는 듯이 모는 의기양양한 모습이 매우 만족스러워 보였다. 그가 집으로 돌아오자 부인은 이혼을 요구했다. 남편이 그 까닭을 묻자 아내가 말했다.

"안자라는 분은 키가 6척尺43도 되지 않는데 제나라 상이 되어 제후들에게 명성을 떨치고 있지요. 오늘 내가 그분의 외출하는 모습을 보니 매우 사려 깊을

---

40　부자夫子: 연장자나 학문이 높은 사람에 대한 존칭. 특별히 공자를 가리키기도 한다.

41　상객上客: 고대에 남의 집에 기거하며 계책을 내는 사람으로 문객門客, 식객食客 등이 있었는데, 상객은 문객 중에서 지위가 가장 높은 사람이다. 고대에는 주점 주인이 돈 있는 손님을 상객이라 부르기도 했다.

42　거개車蓋: 고대의 수레에 비를 막고 해를 가리는 덮개로, 우산과 같은 모양에 자루가 달려 있다.

43　"『열녀전烈女傳』에는 7척이라 했다."(『사기회주고증』) 전국시대의 길이 단위는 다음과 같다. 1분分(0.23센티미터), 1촌寸=10분(2.31센티미터), 1척尺=10촌(23.1센티미터), 1장丈=10척(231센티미터)

뿐만 아니라 겸손한 태도가 몸에 배어 있었습니다. 그런데 당신은 키가 8척이면서도 남의 수레나 몰며 스스로 만족해하더군요. 이 때문에 내가 당신을 떠나려는 것입니다."

이 일이 있은 후 마부는 스스로 자제하여 겸손해졌다. 안자가 괴이하게 여겨 그에게 묻자 마부는 사실대로 대답했다. 그리하여 안자는 그를 제나라의 대부大夫[44]로 천거했다.

태사공은 말한다.

"내가 관중의 「목민牧民」 「산고山高」 「승마乘馬」 「경중輕重」 「구부九府」 편[45]과 안영의 『안자춘추晏子春秋』[46]를 읽어보니 허다한 일들을 매우 상세히 서술하고 있다. 그 책들을 읽고 그들이 살아온 사적을 한층 더 이해하고자 전기를 쓰기로 했다. 그들의 책은 세상에 많이 전해졌으므로 다시 논술하지 않고 여기서는 그들의 일사軼事[47]만을 기재했다.

44  대부大夫의 직급은 경卿보다 한 단계 아래다. 삼대三代(하·상·주) 때는 관직이 경卿, 대부大夫, 사士 세 등급으로 나뉘었다.
45  "유향劉向의 『별록別錄』에서 말하기를 '「구부」는 민간에 없고 「산고」는 「형세形勢」라고도 한다'고 했다."(『집해』) "모두 관씨管氏('수정본'에서는 '관중'으로 표기) 저서의 편명이다. 「구부」는 아마도 돈을 저장하는 창고일 것이고, 돈 주조의 경중輕重에 관해 설명했으므로 「경중」과 「구부」라 했다. 나머지는 『별록』의 해설과 같다."(『색은』) "『칠략七略』(유흠劉歆 저)의 기록을 근거로 '『관자』는 18편이며 법가法家에 속해 있다.'(『정의』) "지금 판본의 『관자』에는 「산고」 「구부」의 제목이 없다. 『관자』는 관중 학파의 저작집으로 도가, 법가의 사상을 주로 하는 동시에 병가, 종횡가와 음양가, 유가의 이론이 섞여 있다. 『한서』 「예문지藝文志」에서는 도가로 분류하고 있으나 근래에 많은 사람은 법가로 말한다. 모두 86편으로 10편은 제목이 있으나 문장이 없다. 책 속의 최초 자료는 춘추시대 말기이고 대부분의 문장은 전국 중·후기에 형성된 것이며 가장 늦은 것은 한대 초에 생성된 것이다."(『사기전증』)
46  "안영이 저술한 서적 이름은 『안자춘추』다. 지금 그 책에는 7편이 있으므로 아래에서 '그 책은 세상에 많이 전해졌다'고 말한 것이다."(『색은』) "『칠략』에서 말하기를 '『안자춘추』는 7편으로 유가에 속해 있다'고 했다."(『정의』) "후세 사람이 편찬한 일부 안영의 서적을 기재한 책으로, 대략 전국시대 중기다. 지금 판본은 모두 8권이고, 그 가운데 일부는 사마천 이후 사람이 덧붙인 것 같다. 책은 유가 사상을 위주로 하고 있고 『한서』 「예문지」에서는 유가로 분류하고 있다."(『사기전증』)
47  일사軼事: 세상 사람이 알지 못하는 역사적 사건을 말한다. 대체로 정사에 오르지 못해 사람들에게 알려지지 못한 사적을 가리킨다. '일軼'은 '일逸'과 같은 뜻이다. "열전 속에 서술한 안영의 두 가지

사람들은 관중을 현신賢臣이라고 일컫지만 공자는 도리어 그를 낮게 평가했다.[48] 주나라의 도덕이 이미 쇠미해졌고 제 환공이 현명함을 갖추었는데, 관중은 그를 보좌하여 천하의 제왕이 되게끔 격려하지 않고 단지 제후 중의 패주가 되도록 한 것 때문이 아니겠는가? 『효경孝經』「사군事君」편에 이르기를 '군주의 잘한 점은 격려하며 순종하고 과실은 바로잡아줘야 군신 관계가 친밀해질 수 있다'고 했는데, 이 말은 관중에게 부합하는 말 아니겠는가?

안자는 제나라 장공莊公의 시신에 엎드려 통곡하고 신하의 예를 다한 뒤에 비로소 떠났다.[49] 어찌 의를 보고도 실천하지 않은 용기 없는 행동이라 할 수 있겠는가?[50] 군주에게 간언할 때는 군주가 분노하여 화를 내는 것을 두려워하지 않았으니, 이른바 '조정에 나아가서는 국가를 위해 충성을 다할 것을 생각하고, 집에 돌아와서는 자신의 잘못을 보완할 것을 생각하는 자'[51] 아니겠는가! 안자가 살아 있다면 설령 그의 마부가 되어 채찍을 잡고 수레를 몰더라도 기꺼이 원하는 바다."

---

일은 당연히 『안자춘추』에 없는데, 지금 판본의 『안자춘추』「내편잡상內篇雜上」에는 분명히 이 두 가지 일이 기재되어 있다. 이에 어떤 사람은 지금 판본의 『안자춘추』에 있는 것은 후세 사람이 『사기』에 근거해 보충한 것으로 여기고 있다."(『사기전증』)

48　　"공자가 말하기를 '관중은 기량이 작구나!'라고 했다."(『논어』「팔일八佾」)

49　　『좌전』(양공襄公 25)과 『사기』「제태공세가」에 따르면, 제나라 장공은 최저의 처와 사통을 하는 바람에 최저의 집에서 최저에게 살해당했다. 안영이 최저의 집으로 가서 장공의 시체에 엎드려 통곡하고 예를 마친 후에 떠났을 때 사람들은 최저에게 안영을 죽이라고 했지만 최저는 감히 실행하지 못했다. "『좌전』에 최저가 장공을 죽이자 안영이 들어가 장공의 시신 넓적다리에 머리를 파묻고 통곡을 하고 예를 행한 후 나오자 최저가 그를 죽이려 했다는 것이 이것이다."(『색은』)

50　　"의를 보고도 행하지 않는 것은 용기가 없는 것이다見義不爲, 無勇也."(『논어』「위정爲政」)

51　　원문은 "進思盡忠, 退思補過"이고 출전은 『효경孝經』「사군事君」이다.

# 3

# 노자한비열전

## 老 子 韓 非 列 傳

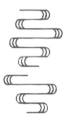

제목은 '노자한비'지만 실제로는 노담, 장주, 신불해, 한비를 합친 열전으로, 후세 사람들은 '노장신한열전老莊申韓'이라 부르기도 한다. 사마천은 도가와 법가의 원류에 대한 분석을 통해 "장자 사상의 근본 요지는 노자의 학설로 귀결된다"고 했고, "신불해의 학설은 황로黃老 학파에 근원을 두지만 그 중심은 도리어 형명법술刑名法術이다"라고 했으며, "한비는 형명법술의 학설을 좋아했으나 황로 사상을 근본으로 삼았다"고 했다. 일반적으로 노자와 장자는 도가로 분류하고 신불해와 한비자는 법가로 분류하지만 법가는 도가에 근원을 두고 있음을 알 수 있다. 사마천이 이들을 합친 뜻도 여기에 있을 것이다. 「맹자순경열전」을 이와 별도로 구성한 것을 보면 사마천이 유가와 도가 양대 학파를 학술사의 큰 틀로 삼았음을 헤아릴 수 있다.

한나라 초기에는 도가를 중시했고 무제 때부터는 유가를 존중하여 '존유尊儒'를 표면적으로 주창했으나 실제로는 혹리의 등용과 엄한 형벌로 법가의 정치를 실현했기에 법을 중시한 진나라와 일맥상통하다고 봐도 무방하다. 사마천은 "법률 조문을 먹통과 먹줄 같은 표준으로 삼아 사회의 모든 문제를 판단하고 시비를 명백히 했으나 그 방법이 극단으로 치달아 모질고 가혹했으며 은혜가 부족했다"며 한비를 비판했다. 이렇듯 법가 인물들에 대해 불편한 감정을 표출하면서도 비참하게 삶을 마감한 한비의 최후에 대해서는 "내가 유독 슬퍼하는 것은 한비가 「세난說難」과 같은 문장을 쓰고도 자신은 끝내 유세로 인한 재난에서 벗어나지 못했다는 점이다"라고 개탄하기도 했다. 사마천 자신에게 있었던 비극적 사건과 당대의 정치 현실에 대한 혐오를 드러낸 것으로 보인다. 또한 한비의 죽음에 대한 책임을 그의 재능을 시기하던 경쟁관계의 인물들에게서 찾음으로써 졸렬하고 악독한 자들이 벌여놓은 갖가지 정치사회적 비극을 조명하고자 했다.

노자老子[1]는 초楚나라 호현苦縣 여항厲鄉[2] 곡인리曲仁里 사람으로 성이 이李, 이름이 이耳, 자가 담耼[3]이며, 주나라의 장서를 관리하는 하급관리였다.[4]

　공자가 주나라에 갔을 때 노자에게 '예禮'를 묻자 그가 말했다.

　"당신이 말하는 그 성인들은 죽은 지 오래되어 이미 뼈가 썩어 없어졌고[5] 오

---

1　노자의 출생과 신분에 대한 견해는 다양하다. "『주도옥찰朱韜玉札』과 『신선전神仙傳』에 '노자는 성이 이李이고 이름이 이耳이며 자가 백양伯陽이다. 다른 이름으로는 중이重耳, 자가 담耼이라고도 했다. 주나라 때 사람으로 그의 모친이 81세에 낳았다'고 했다."(『정의』) "노자의 모친이 밤낮으로 오색의 구슬을 보았는데, 그 크기가 탄환같이 컸고 하늘로부터 내려와 삼켰더니 바로 임신을 했다."(『상원경上元經』) '수정본'에서는 이 문장의 '밤낮晝夜' 부분에 대한 장문호의 『교간사기집해색은정의찰기校刊史記集解索隱正義札記』(곽숭도의 『사기찰기史記札記』와 구분하기 위해 이하 '찰기'로 표기함)의 기록을 인용하면서 "어떤 판본은 '낮晝'이라 하고 어떤 판본은 '밤夜'이라 하는데, 낮과 밤을 모두 표기한 것은 잘못된 것으로 의심된다"고 했다. "장백잠蔣伯潛은 말하기를 '『제자통고諸子通考』를 보면 장건후蔣建侯가 노자는 지금의 노老선생이라 말하는 것과 같다. 노자는 본래 은둔하는 군자로 스스로 은둔하여 이름이 세상에 알려지지 않도록 힘썼으므로 대다수 사람은 그의 이름을 알지 못했고 연로한 학자였기에 노자라 불렀다'고 했다."(『사기전증』)
2　호현苦縣의 위치에 대해서는 여러 견해가 있지만 대체로 지금의 허난성 루이鹿邑로 받아들이고 있다. 『색은』에서는 '苦'의 음을 '호怙(hu)'라고 했으므로 역자 또한 '고현'이 아닌 '호현'이라 표기했다. '여항厲鄉'의 경우는 '厲'의 음이 '뇌賴'라고 했으나 다른 여러 자료에 'li'로 표기되어 있어 '여'로 했다. "『진태강지기晉太康地記』에서는 '호현의 성 동쪽에 뇌향사賴鄉祠가 있는데, 노자가 태어난 곳이다'라 했다."(『정의』)
3　"갈현葛玄이 말하기를 '이씨 여인이 낳았기 때문에 모친의 성을 따랐다' (…) '태어나면서 자두나무李樹를 가리켰으므로 성으로 삼았다'고 했다."(『색은』) "담耼은 귓바퀴에 테가 없는 것이다. 노자의 귓바퀴에 테가 없는 것으로 의심되므로 담이라 불렸을 것이다."(『정의』) 담耼은 담聃이라고도 쓴다. "노老는 씨이고 담耼은 자로 의심된다."(곽숭도, 『사기찰기史記札記』)
4　원문은 '장실지사藏室之史'다. "장실사藏室史는 주나라 장서실藏書室의 사관이다. 또한 「장창전張蒼傳」에서는 '노자를 주하사柱下史로 삼았다'고 했으니, 아마 장실藏室의 주하柱下였기에 관직명으로 삼았을 것이다."(『색은』) 주하사란 항상 궁전의 기둥 아래에 시립했기 때문에 붙여진 이름이다. 그러나 '수정본'에서는 전대흔의 『고이考異』에 근거해 주하사는 노자가 아닌 응당 장창이어야 한다고 보았다.
5　"제나라 환공이 대청 위에서 책을 읽고 있을 때 윤편輪扁이 대청 아래서 수레바퀴를 깎고 있었다.

직 그들이 남긴 말이 세간에 전해지고 있을 따름이오. 게다가 군자는 때를 만나면 관리가 되어 정사에 참여하지만 때를 만나지 못하면 바람에 날리는 쑥처럼 떠돌 뿐이오.6 내 듣자 하니 훌륭한 상인은 자신의 재화를 깊숙이 감추어 아무것도 없는 것처럼 하고, 군자는 숭고한 품덕을 지니고 있음에도 용모가 어리석은 사람처럼 보인다고 했소.7 그대는 교만과 탐욕, 남을 이기려는 태도와 만족할 줄 모르는 욕망을 버리시오. 이러한 것들은 모두 그대에게 무익하오. 내가 그대에게 알려주고 싶은 이야기는 바로 이러한 것이오.”

공자는 돌아온 후 제자들에게 말했다.

“나는 새가 잘 날 수 있음을 알고, 물고기가 잘 헤엄칠 수 있음을 알며, 짐승은 잘 달릴 수 있음을 안다. 땅에서 달리는 짐승은 그물로 포획할 수 있고, 물속에서 헤엄치는 물고기는 낚시질로 잡을 수 있으며, 하늘을 나는 새는 화살을 쏘아 떨어뜨릴 수 있다. 그러나 나는 용이 어떻게 바람과 구름을 타고 하늘로 올라갈 수 있는지 알 수 없다. 오늘 노자를 만났는데 그는 마치 용과 같았다!”8

노자는 ‘도道’와 ‘덕德’을 연구했고 그 학설을 스스로 깊이 숨겨 드러내지 않고 명예를 추구하지 않음을 주지로 삼았다. 그는 오랫동안 주나라에 살았는데 주 왕조가 점차 쇠락해가는 것을 보고는 그곳을 떠나 서쪽으로 갔다. 함곡관函

---

그가 망치와 끌을 놓고 대청으로 올라와 환공에게 물었다. ‘감히 묻건대 군주께서 읽으시는 책은 무슨 내용입니까?’ 환공이 말했다. ‘성인의 말씀이니라.’ ‘그 성인이 살아 계십니까?’ ‘이미 돌아가셨다.’ ‘그렇다면 군주께서 읽고 계신 것은 옛사람의 쓸모없는 찌꺼기일 뿐입니다!’”(『장자』 「천도天道」)

6 “군자가 현명한 군주를 만나면 수레를 몰면서 섬기고, 때를 만나지 못하면 굴러다니는 쑥처럼 옮겨 다니다가 머물 만하면 머무는 것을 말한다.”(『정의』)

7 “혜강嵇康의 『고사전高士傳』에도 이 말이 있는데 조금 차이가 있다. ‘훌륭한 상인은 깊이 감추기에 겉으로는 아무것도 없는 듯하고, 군자는 숭고한 품덕을 지니고 있음에도 용모가 부족한 듯 보인다’고 했다.”(『색은』)

8 “공자가 노담을 만나고 돌아와서는 사흘 동안 말을 하지 않았다. 제자들이 물었다. ‘선생께서는 노담을 만나셨는데, 어떻게 그에게 충고하셨습니까?’ 공자가 말하기를 ‘내가 비로소 오늘에야 여기서 용을 보았다! 용은 합쳐지면 한 덩어리 몸이 되고, 흩어지면 화려하고 아름다운 문양이 되며, 구름을 타고 음양 사이에서 날아다닌다. 입이 벌어져 다물 수가 없었다. 내가 어떻게 노담에게 충고하겠느냐?’라고 했다.”(『장자』 「천운天運」)

谷關[9]에 이르자 관령關令 윤희尹喜[10]가 말했다.

"선생께서 은거하려 하시니 저를 위해 힘써 책 한 권을 지어주십시오."

그리하여 노자는 『도덕경道德經』 상·하 두 편을 지었는데, 도와 덕의 의미를 5000여 자로 논술해놓고 떠났다. 이후 그의 행방을 아는 사람이 없었다.[11]

어떤 사람이 말하기를, 노래자老萊子도 초楚나라 사람으로[12] 책 15편을 지어[13] 도가 학설의 응용을 논술했는데 공자와 동시대 사람이라고 했다.

대체로 노자가 160여 세를 살았을 거라 하고, 또 어떤 사람은 200여 세를 살았다고 한다.[14] 그가 도술을 수련하며 양생했기 때문에 오래 살았다는 것이다.

9 원문은 '관關'으로, 함곡관을 말한다. 산관散關(지금의 산시陝西성 바오지寶鷄 서남쪽)이라 보는 견해도 있다. 함곡관은 전국시대 진秦나라가 건축한 군사 요새로, 깊고 험한 함函(상자) 같은 산골짜기에 건설되어 함곡관이라 불렸다. 이곳은 동쪽에서 진으로 들어가는 중요한 길목으로 지금의 허난성 링바오靈寶 동북쪽에 있고, 한 무제 때는 지금의 허난성 신안新安 동쪽에까지 이르렀다. 높은 산 중간의 깊은 골짜기와 매우 높은 절벽의 사이에 통로가 있어 마치 움푹한 가축의 구유 같아 형세가 험준했다.

10 관령關令 윤희尹喜: 성이 윤尹이고 이름이 희喜인 관을 지키는 관리를 뜻한다. '관을 지키는 영윤令尹으로 이름이 희喜'라고 보는 견해도 있다. "이우李尤의 『함곡관명函谷關銘』에서 말하기를 '윤희는 노자에게 두 편을 지어달라고 청했다'고 했다."(『색은』) "『포박자抱朴子』에서 말하기를 '노자는 서쪽으로 가면서 산관에서 관령인 윤희를 만났고 윤희를 위해 『도덕경』 한 권을 지어주고 『노자』라 했다'고 했다."(『정의』)

11 "『열선전列仙傳』에 이르기를 '관령 윤희는 주나라의 대부다. 그는 내학內學(참위讖緯의 학문)과 천문학을 잘했으며 정화精華(사물의 가장 중요한 부분)를 먹고 덕을 닦고 인을 행했는데 당시 아무도 그를 몰랐다. 노자가 서쪽으로 갈 때 윤희는 먼저 그 기운을 보고 진인眞人이 지나갈 것임을 알고서 기운 속의 기이한 색채를 보고 자취를 좇은 결과 노자를 찾아냈다. 노자 또한 윤희가 기이한 사람임을 알아보고 그에게 책을 지어주었다. 윤희는 노자와 함께 사막 서쪽으로 가서(원문은 流沙之西인데, 流沙化胡로 해야 맞다. 즉 사막으로 가서 호인胡人을 교화시키다) 검은깨를 먹었다. 그 후의 일은 아는 사람이 없다. 윤희 또한 9편을 저술하고 제목을 『관윤자關尹子』라 했다.'(『집해』)" "『열선전』에 이르기를 '노자가 서쪽으로 갈 때 관령 윤희가 멀리 자줏빛 운기(상서로운 기운)가 관문에 떠 있는 것을 바라보았는데 과연 노자가 푸른 소를 타고 지나갔다'고 했다."(『색은』)

12 "태사공은 노자가 아마도 노래자일 것이라 생각했기에 여기에 기록했다. 『열선전』에 이르기를 '노래자는 초나라 사람이다. 당시 세상이 어지러워지자 몽산蒙山의 남쪽으로 들어가 농사를 지었다. 초왕이 문 앞에 이르러 그를 맞으려 하자 그곳을 떠나 강남에 이르렀다. 그는 새와 짐승의 털을 풀어 실 삼아 옷을 지어 입고 그들이 남긴 낟알을 먹는 것으로 족하다고 했다'고 했다."(『정의』)

13 『한서』「예문지」에 따르면 '도가' 분류에 『노래자』 16편이 기재되어 있다.

14 "이전의 옛 호사가들은 『외전外傳』을 근거로 노자가 살아 있던 시기가 공자의 시기에 이르므로 160세라고 했다. 혹자가 200여 세라고 말하는 것은 주나라 태사 담儋을 노자로 여기고 말한 것이다."

공자가 죽고 129년[15] 뒤에 사서가 기록하기를,

주나라의 태사太史 담儋이 진 헌공秦獻公[16]에게 이렇게 말했다.

"처음에 진나라는 주나라와 합쳤다가 500년이 지나면 분리될 것이고, 분리되고 70년 후에는 진나라에서 패왕霸王이 출현할 것이오."[17]

어떤 사람은 태사 담이 노자라고 하고 어떤 사람은 그렇지 않다고 하니, 세상에는 그것의 옳고 그름을 분명하게 아는 사람이 없다. 요컨대 노자는 은거하는 군자였다.

노자의 아들은 이름이 종宗인데,[18] 종은 위魏나라의 장수가 되어 단간段干[19]을 봉지로 받았다. 종의 아들은 주注이고, 주의 아들은 궁宮이며, 궁의 현손은 가假[20]인데, 가는 한漢나라 효문제孝文帝[21] 때 관리가 되었다. 가의 아들 해解는

『색은』) 『공자세가』에 이르기를 '공자가 노자에게 예에 대해 물었던 시기는 주 경왕周景王 때로 공자의 나이는 대략 30세였으므로 평왕平王 사이에 12명의 왕이 있다. 이 열전에서는 담이 곧 노자라고 했으니 진 헌공은 열왕烈王과 동시대 사람으로 평왕과는 21명의 왕을 사이에 두고 있다. 말하는 자들이 일치하지 않으니 알 수가 없다'고 했다.(『정의』)

15  공자는 기원전 479년에 사망했다. 『사기』 「주본기周本紀」와 「진본기秦本紀」에 따르면, 태사 담이 진 헌공을 만난 때는 주 열왕周烈王 2년으로, 기원전 374년(진 헌공 11)이다. 공자가 죽고 나서 106년 뒤이므로 129년 뒤에 태사 담이 진 헌공을 만났다는 것은 오류다.

16  진 헌공(재위 기원전 384~기원전 362)의 이름은 사습師隰이다.

17  "주나라와 진나라의 두 본기에는 모두 '처음에 주나라와 진나라가 합쳐졌다가 나뉘어졌고 나뉜지 500년 만에 다시 합쳐졌으며, 합쳐진 지 70년 만에 패왕이 출현했다'고 했다. 그러나 이 열전과는 나뉘지고 합쳐지는 것이 정반대인데 그 의의를 살펴보면 또한 서로 어긋나지 않는다."(『색은』) "합쳐진 지 17년 후에 패왕이 출현할 것이다."(『사기』 「주본기」) 한편 '수정본'에서는 「주본기」 「진본기」 「봉선서封禪書」에 근거해 17년이라고 했다.

18  "노자는 경왕 초에 죽었고 그 아들이 위魏나라에서 벼슬을 했다고 하니 최소 100여 년으로, 종도 이처럼 장수했단 말인가? 「당표唐表」에서는 종을 담의 후손이라 했는데, 비교적 사실로 여겨진다." (『사기지의』)

19  단간段干은 위나라 읍으로 위치는 상세하지 않다. 「위세가魏世家」에 단간목段干木과 단간자段干子가 있고 「전완세가田完世家」에 단간붕段干朋이 있는데 이 세 사람의 성이 단간임이 의심된다. 본래 읍을 성姓으로 삼기 때문에 『좌전』에 '읍 또한 이와 같다'라 한 것이 바로 이것이다."(『집해』)

20  "『신선전神仙傳』에서는 『사기』를 인용하면서 '궁宮'을 '언言'이라 하고 '가假'를 '하瑕'라고 했다." (『사기지의』)

21  효문제孝文帝(재위 기원전 179~기원전 157)는 유방劉邦의 아들로 이름은 항恒이다.

교서왕膠西王 유앙劉印22의 태부太傅23가 되었기 때문에 제나라에 정착했다.24

세상에서 노자의 학설을 숭상하는 사람은 유학을 배척하고, 유학을 받드는 사람 또한 노자를 배척한다.25 사람들이 말하는 "도가 같지 않으면 함께 도모하지 않는다"는 말이 이를 가리키는 것 아닐까?

이이李耳(노자)의 주장은 하는 것이 없이 저절로 교화되고, 맑고 고요히 있는 데 저절로 바르게 되는 것이다.26


장자는 몽현蒙縣27 사람으로 이름이 주周다.28 그는 일찍이 몽현 칠원漆園29의 관리였고 양 혜왕梁惠王, 제 선왕齊宣王30과 같은 시대 사람이었다. 그의 학문은

22　교서왕膠西王 유앙劉印은 유방의 손자로 도혜왕悼惠王 유비劉肥의 아들이다. 문제 16년(기원전 164) 교서왕에 봉해졌고 고밀高密(지금의 산둥성 기오미高密 서쪽)에 도읍을 정했다.
23　태부太傅: 서주 때 시작된 관직으로, 제왕의 스승이자 조정을 보좌하는 대신으로서 예법禮法의 제정과 시행을 관장했다. 전국시대에 제나라와 초나라에는 태부가 없었고, 진秦 때에는 폐지되었다가 한대에 이르러 다시 설치되었다.
24　정착한 곳이 고밀 일대임을 알 수 있다. 교서국은 제나라의 지반을 분할하여 건립되었기 때문에 본래는 제나라에 속한 땅이었다.
25　"맹진孟眞이 말하기를 '노자와 유학의 다툼은 문제文帝, 경제景帝, 무제武帝 때 가장 극렬했고 「유림전儒林傳」에 보면 원고생轅固生은 거의 죽을 뻔했고, 무제 초기에 두영竇嬰, 전분田蚡, 왕장王臧, 조관趙綰은 모두 유학으로 두태후竇太后에게 파직 당했다. 무제가 정권을 장악하자 공손홍公孫弘과 동중서董仲舒의 말을 받아들였고 황로는 쇠퇴했다'고 했다."(『사기각증』)
26　"이는 태사공이 그 실행한 것에 따라 이 편의 말미로 삼은 것으로, 또한 찬贊이다. 노자는 '내가 하는 일이 없으니 백성은 스스로 양육되고, 내가 조용함을 좋아하니 백성은 스스로 바르게 된다我無爲而民自化, 我好靜而民自正'고 했으니, 이는 옛사람이 노담의 덕을 평가한 것을 태사공이 이곳에 인용해 기록한 것이다."(『색은』)
27　몽현蒙縣: 전국시대 송나라의 현으로 지금의 허난성 상추商丘 동북쪽 지역이다.
28　"장건후가 말하기를 '장자의 이름은 주인데 「제물론齊物論」 「외물外物」 「천하天下」 여러 편에 보이므로 학자들 사이에 이견이 없다. 그러나 그의 자는 선진先秦 여러 서적에 보이지 않는다. 성현영成玄英은 『장자소莊子疏』에서 그의 자가 자휴子休라고 했는데, 무엇을 근거로 했는지 알 수 없다'고 했다."(『사기전증』) "장자는 이름이 주이고, 또 『장자』 「산목山木」 편에 보인다. 「월왕구천세가越王句踐世家」 주석 『색은』에 장주를 자휴라 했는데, 그의 자를 말한 것이다."(『사기각증』)
29　칠원漆園: 원園의 이름이라 하기도 하고 몽현에 속한 지명이라고도 하는데, 정확한 위치는 알 수 없다.
30　양 혜왕梁惠王(재위 기원전 369~기원전 319)은 위 혜왕魏惠王을 말한다. 나중에 도읍을 대량大梁

풍부하여 미치지 않는 바가 없었는데, 그 사상의 근본 요지는 노자의 학설로 귀결된다. 10여 만 자에 이르는 그의 저작은 대체로 우언寓言으로 되어 있다.[31] 그중에서 「어부漁父」 「도척盜跖」 「거협胠篋」 편 문장은 모두 공자의 무리를 비판하고 노자의 학설을 드러냈다. 「외루허畏累虛」 「경상자亢桑子」[32] 등은 모두 사실이 아닌 허구의 이야기다.

그러나 장자는 문자를 연결하고 배열하여 문장을 완성하기를 잘했고, 사물을 묘사하고 감정을 전달하며 신랄한 문장으로 유가와 묵가墨家의 무리를 공격했다.

당대에 나이가 많고 학식이 넓은 사람일지라도 장주의 비평에서 벗어나지는 못했다. 그의 언사는 끝없이 넓은 바닷물처럼 거침이 없었고, 개인의 심사에 의지했으므로 당시의 왕공대인王公大人도 그를 등용할 수 없었다.

초나라 위왕威王[33]은 장주가 현량하고 재능이 있다는 말을 듣고 사신을 보내 두터운 예물을 주고 초빙하여 상으로 삼고자 했다. 그러나 장주는 웃으면서 초나라 사신에게 말했다.

"천금은 확실히 큰 이익이고 경상卿相[34]은 존귀한 지위지요. 그대는 어찌하여 교제交際[35]에 희생물로 바쳐지는 소를 보지 못했소? 그 소는 여러 해 동안 사육

---

(지금의 카이펑開封)으로 옮겼기 때문에 위魏나라를 양梁나라로 부르기도 했다. 제 선왕齊宣王(재위 기원전 319~기원전 301)은 위왕威王의 아들이다.

31　지금 전해지는 『장자』는 총 33편으로 구성되어 있는데, 「내편內篇」 7편은 대부분 장주의 저작으로 인정되고 있으나 「외편外篇」 15편과 「잡편雜篇」 11편은 장주와 후대 도가학파 사람들의 저작으로 보고 있다. 전체 8만5000여 자다.

32　"亢의 음은 경庚이다. 「경상자亢桑子」는 왕소王劭의 판본에 「경상庚桑」으로 되어 있다."(『색은』) "전대흔이 말하기를 '亢의 음은 강剛으로 경庚과 소리가 가깝다'고 했다."(『사기회주고증』) 역자는 『색은』의 주석에 따라 '亢'의 음을 '경'으로 표기했다.

33　초 위왕楚威王(재위 기원전 339~기원전 329)의 이름은 상商이다.

34　경상卿相: 경卿은 고급 장관 혹은 작위의 칭호였다. 한나라 이전에는 육경六卿, 한나라 때에는 구경九卿이 설치되었다. 경상은 '경'과 '상'의 통칭으로 조정의 집정 대신, 고관을 가리킨다.

35　교제交際: 고대에 제왕이 교외에서 하늘에 제사지내는 의식이다.

되다가 수놓은 비단옷을 입고 끝내는 대묘大廟36로 끌려들어가 제품祭品이 되지요. 그때 이 소가 작은 돼지가 되고자 한들 될 수 있겠소? 그대는 더 이상 나를 더럽히지 말고 속히 돌아가시오. 나는 차라리 더러운 도랑에서 놀며 스스로 즐거움을 느낄지언정 국왕들의 속박은 받지 않을 것이오. 한평생 관리가 되지 않고 내 의지대로 유쾌하게 살고 싶소."37

신불해申不害는 경현京縣, 지금의 허난성 싱양 사람으로 원래 정鄭나라38의 미천한 관리였다. 그는 법가의 치국治國 학술39을 배워 한韓나라 소후昭侯에게 가서 한나라의 상相이 되었다.40 신불해는 안으로는 정치를 정돈하고 백성을 교화했으며 밖으로는 제후들을 응대하면서 15년간 집정했다.41 신자申子가 생을 다할 무렵 국가는 안정되었고 군대는 강성해져 감히 한나라를 침범하는 나라가 없

---

36　대묘大廟: 태묘太廟. 선조 제왕들을 모시고 제사지내는 궁묘, 왕실의 종묘.
37　"장자가 복수濮水에서 낚시질을 하고 있었다. 초나라 왕이 대부 두 사람을 보내 자신의 뜻을 전하게 했다. '바라건대 국내 정사를 선생에게 맡기고자 하오!' 장자는 낚싯대를 든 채 돌아보지도 않고 말했다. '내 듣자 하니 초나라에 신귀神龜(전설 속의 기이한 거북)가 있는데, 죽은 지 이미 3000년이 된 그것을 왕이 수건에 싸서 대바구니에 담아 묘당廟堂 위에 보관한다고 합니다. 이 거북이 죽어서 뼈만 남아 존귀해지는 것을 원하겠습니까, 아니면 살아남아 진흙탕 속에서 꼬리를 끌고 다니기를 원하겠습니까?' 두 대부가 대답했다. '살아서 진흙탕 속에서 꼬리를 끌고 다니기를 바랄 것입니다.' 장자가 말했다. '그렇다면 가십시오! 나는 진흙탕 속에서 꼬리를 끌고 다니고자 합니다.'"(『장자』, 「추수秋水」) 『정의』에서는 신귀가 죽은 지 이미 2000년이 되었다고 했다.
38　정鄭나라의 도읍은 지금의 허난성 신정新鄭이었으며, 전국시대 초기에 한韓나라에 의해 멸망했다.
39　"학술術은 즉 형명刑名의 법술이다."(『색은』) 『한비자』 「정법定法」에 따르면 '법가의 학문은 법法, 술術, 세勢 세 방면으로 나눌 수 있다. '법'은 백성을 다스리는 데 사용하며 이에 정통한 자는 상앙商鞅이었고, '술'은 관리를 다스리는 데 사용하며 이에 정통한 자는 신불해였으며, '세'는 유리한 형세를 이용하여 나라를 다스리고 적을 방어하는 데 사용되며 이에 정통한 자는 신도愼到였다'고 했다.(『사기전증』)
40　"『전국책』 「한책韓策」에 따르면 위魏나라가 한단邯鄲을 포위 공격하자 신불해가 곧 한왕韓王(한 소후, 재위 기원전 362~기원전 333)에게 의탁했다. 연표에 따르면 주 현왕周顯王 원년에 한나라가 정나라를 멸망시켰고, 16년에 위나라가 조나라 한단을 포위했으며, 18년에 신불해가 한나라의 상이 되었고, 32년에 신불해가 사망했다고 했다."(『사기회주고증』)
41　"「한세가韓世家」에 따르면 신불해는 소후 8년(기원전 355)에 한나라 상이 되었고, 22년(기원전 341)에 사망했다. 한나라 상을 지낸 기간은 모두 15년이다. 첸무錢穆는 '신불해의 실제 사망년도는 한 소후 26년으로 의심되며 신자가 한나라 상을 지낸 것은 앞뒤로 마땅히 19년이다'라고 했다."(『사기전증』)

었다.[42]

신불해의 학설은 황로黃老[43] 학파에 근원을 두지만 그 중심은 도리어 형명법

술刑名法術[44]이다. 그는 두 편의 책을 지었는데 『신자申子』[45]라 불린다.

한비韓非는 한韓나라의 공자公子[46]이고 형명법술의 학설을 좋아했으나[47] 황로

사상을 근본獨으로 삼았다.[48] 한비는 말을 더듬었기 때문에 말을 잘하지는 못

42  "왕소는 『기년紀年』에서 말하기를 '한 소후 때 군사가 여러 차례 침범했다고 하여 이 말과는 다르
다'고 했다."(『색은』) "신자가 한나라 상이었을 때 주 현왕 18년부터 32년까지 15년 동안 『기년』에 세
차례의 교전을 서술했다. 주 현왕 24년 위나라가 한나라를 마릉馬陵에서 패배시켰고, 26년에는 위나
라가 정나라 양혁梁赫을 패배시켰으며, 31년에는 진秦나라가 정나라를 공격하여 진나라 산수酸水에서
패배시켰다(정鄭은 즉 한韓이다). 마릉 전투는 마땅히 주 현왕이 즉위하기 1년 전으로 신자가 상이 되
기 18년 전이므로 『기년』의 서술이 잘못되었으나, 양혁과 산수 두 전투는 오류가 아니다."(『사기지의』)
43  황로黃老: 도가 학파의 한 갈래임. '황黃'은 도교의 시조인 황제黃帝를 가리키며 '노老'는 제자백
가 중 도가의 창시자인 노자를 가리킨다. "『노자』의 책에는 황제黃帝라는 문자가 없다. 열자, 장자에
이르러 황제를 칭하기 좋아하여 마침내 황로라는 칭호가 생겼다."(『사기각증』)
44  형명刑名: 형명形名이라고도 표기한다. '형'은 실제를, '명'은 명분을 가리키며 '순명책실循名責實
(명칭 혹은 명의에 따라 실제 내용을 고찰하고 명실상부名實相符를 요구하는 것으로, 실사구시實事求是와 비
슷한 뜻)'과 '신상명벌愼賞明罰(공적과 과실을 신중하게 조사하여 상응하는 표창과 징벌을 시행하는 것)'을 주
장했다. "태사공의 뜻은 신불해와 한비자의 형명법술 학문은 모두 노자에 근원을 두고 있다. 또한 노
자가 원래 근본으로 삼은 도덕은 모든 것을 포함하므로 제자諸子들이 본받고 따르는 학설이 되었음을
말하는 것이다."(『사기찰기』)
45  『한서』 「예문지」에 따르면 법가에 『신자』 6편이 기재되어 있으나 지금은 모두 존재하지 않는다.
"유향의 『신서新序』에서 말하기를 '신자申子의 책은 군주가 마땅히 술術을 잡고 형刑은 없어야 한다고
말하며 신하를 감독하고 처벌하는 데 그 질책이 가혹하므로 술術이라고 했다. 상앙商鞅이 지은 책은
법法이라 했다. 모두 형명刑名이라 했으므로 형명법술刑名法術의 책이라 했다'고 했다."(『집해』)
46  한비가 어느 한왕韓王의 아들인지에 관한 기록은 없다. "『한지漢志』 주석에 '이름은 비非, 한韓나
라 공자'라 했고, 『한서』 「무제기武帝紀」의 응소應劭 주석에도 '한비는 한나라의 공자이고 비는 이름이
다'라고 했다."(『사기각증』)
47  "신불해가 술術을 제창하고 공손앙公孫鞅이 법法을 만들었다."(『한비자』 「정법定法」) '술'은 능력을
보고 관직을 수여하고 맡은 관직에 따라 실적을 요구하며 생살生殺의 권력을 장악하고 군신의 능력을
심사하는 것으로, 이는 군주가 마땅히 장악해야 하는 것이다. '법'은 관부가 명령을 공포하여 상벌이
절대적으로 실시된다는 사실을 백성이 믿게 하는 것이며, 이를 신중히 지킬 때 포상을 시행하고 명령
을 위반했을 때 징벌을 집행하는 것으로, 이는 군신이 준수해야 하는 것이다.
48  "『한자韓子』(『한비자』)에 「해로解老」와 「유로喩老」 두 편이 있는데, 이것은 대체로 또한 황로의 학
술을 숭상하는 것일 따름이다."(『색은』) 『한비자』는 두루 『노자』의 말을 인용하고 있다.

했지만 문장을 잘 지었다. 그와 이사李斯는 함께 순경荀卿49을 스승으로 섬겼는데, 이사는 자신의 재능이 한비만 못하다고 여겼다.

한비는 한나라가 날로 쇠약해져가는 것을 보고 한왕韓王50에게 여러 차례 글을 올려 간언했지만 한왕은 그의 의견을 받아들이지 않았다. 당시 한비는 군주가 나라를 다스리는 데 법과 제도를 엄명히 하거나 정권을 장악하여 권세로 신하를 통제하거나 부국강병과 현능한 인사를 임용하는 데 힘쓰지 않고 도리어 실속 없는 말만 하고 음란한 좀 같은 소인배51를 군공과 실적이 있는 인재보다 윗자리에 발탁하는 것을 몹시 원망했다.

그는 유자儒者는 붓끝을 놀려 나라의 법을 어지럽히고 협객은 무력으로 나라의 금령을 위반한다고 생각했다. 군주는 나라가 태평할 때는 헛된 명성만 지닌 사람을 총애하고, 나라가 위급할 때는 도리어 갑옷 입고 투구 쓴 무사에 의지한다고 했다. 결과적으로 평소에 양성한 사람은 나라에 필요한 사람이 아니고, 나라에서 필요한 사람은 평소에 양성한 사람이 아니라 했다.52 한비는 청렴하고 정직한 충신이 항상 간신들에게 해를 입는 것을 안타까워했다. 그는 지난 역사의 득실 변화를 고찰하여53 「고분孤憤」「오두五蠹」「내저설內儲說」「외저설外儲說」「설림說林」「세난說難」 편54 등 10여 만 자의 글을 지었다.

---

49   "『손경자孫卿子』(『순자』)는 22권이다. 이름이 황況이고 조나라 사람으로 초나라 난릉령蘭陵令이 었다. 한나라 선제宣帝를 피휘하기 위해 성을 손孫으로 바꾸었다."(『정의』)

50   한나라의 마지막 군주인 한왕 안安(재위 기원전 238~기원전 230)이다.

51   『한비자』「오두五蠹」 편에서 유생, 협객, 종횡가, 상공업자, 병역을 회피하는 자 등의 다섯 유형을 벌레인 좀에 비유했다.

52   "'군주가 임시로 임용한 사람'은 평상시에 봉록을 주고 양성한 선비가 아니기 때문에 사력을 다하기 어렵다는 것을 말한다."(『색은』)

53   "한비는 한왕 안이 충성스럽고 선량한 신하를 임용하지 않아 나라가 쇠약해지기에 이르렀으므로 지난날 국가의 군주들을 살펴 득실의 변이를 얻어 『한자韓子』 20권을 저술했다."(『정의』)

54   "이것은 모두 한비가 지은 책의 편명이다. 「고분」은 고고하고 곧아 당시에 용납되지 않음을 분개한 것이다. 「오두」는 정치를 좀먹는 다섯 가지 일에 대해 말한다. 「내외저」는 「내저」와 「외저」 편이 있는데, 「내저」는 영명한 군주가 술術을 집행함으로써 신하를 통제하는 것으로 이 통제함은 자신에게 있음을 말하므로 '내'라 했고, 「외저」는 영명한 군주가 신하의 언행을 살펴 듣고 상벌을 판단하는 것으

그러나 제왕을 설득하는 유세의 어려움을 알고 「세난」 편을 매우 구체적으로 지었음에도 한비는 끝내 진秦나라에서 죽어 스스로 재난에서 벗어나지 못했다. 「세난」 편에서 그는 이렇게 말했다.[55]

무릇 유세의 어려움은 내가 아는 것으로 상대방을 설득하기 힘든 데 있는 것이 아니고,[56] 또한 말재간으로 명확하게 자신의 사상을 표현하기 힘든 데 있는 것도 아니며,[57] 또한 감히 내 의견과 관점을 모두 거침없이 펼치기 힘든 데 있는 것도 아니다. 무릇 유세의 어려움은 상대방 군주의 마음을 정확하게 이해하고 내 유세가 그의 마음에 들어맞도록 하는 데 있다.

군주가 고상한 명예를 추구하는 사람인데 큰 이익을 내세워 유세한다면 지조 낮은 사람으로 경시되고 비천한 대우를 받으며 반드시 멀리 버려질 것이다. 유세하려는 군주가 큰 이익을 추구하는데 고상한 명예를 내세워 유세한다면 진정으로 힘을 다할 마음이 없고 실제에 적합하지 않다고 여겨 반드시 받아들이지 않을 것이다.[58] 군주가 실제로는 큰 이익을 추구하면서 겉으로는 고상한 명

로 이 상벌은 신하에게 있음을 말하므로 '외'라고 했다. 두 가지 일을 축적할 수 있어야 영명한 군주다. 「설림」은 여러 일을 널리 말함이 숲과 같이 많으므로 '설림'이라고 했다. 지금 『한자』에는 「설림 상」 「설림 하」 두 편이 있다. 「세난」은 전대 사람의 일을 행함이 자신과 같지 않음을 힐난한 것으로 책에 「세난」 편이 포함되었다."(『색은』) 오늘날의 『한비자』는 55편, 12만여 자다.

55  "유세의 도가 어렵다는 것을 말했기 때문에 「세난」이라 한 것이다. 그 말이 지극히 높기 때문에 특별히 기재했다."(『색은』)

56  "무릇 유세는 인정과 도리를 모르고 군주의 마음에 들어맞도록 하지 못하여 역린逆鱗을 범할까 두려운 것이다. 유세는 알기가 어려우므로 내가 아는 것으로 상대방을 설득하기 어려운 데 있는 것이 아니라고 말한 것이다."(『정의』)

57  원문은 '又非吾辯之難能明吾意之難'으로, '수정본'에서는 『사기지의』에 근거해 '又非吾辯之難'의 '난難'을 불필요한 글자로 봤으며, 『한비자』 「세난」 편에도 '난'자가 없다고 했다. 역자 또한 '수정본'과 『한비자』의 원문에 따랐다.

58  "유씨劉氏는 '진 효공秦孝公 같은 사람은 국가를 강하게 하는 데 뜻이 있었는데 상앙이 제도帝道

예를 추구할 때,59 만약 고상한 명예로 유세한다면 의견을 듣는 척하겠지만 실제로는 멀리할 것이며, 만약 큰 이익으로 유세한다면 속으로는 의견을 받아들이면서도 겉으로는 버릴 것이다. 유세하는 자가 이러한 갖가지 유형에 대해 분명하게 알지 않으면 안 된다.

무릇 일은 비밀을 지킴으로써 성공하고 말이 새어나감으로써 실패한다.60 유세자가 누설할 마음이 없었다 해도 무의식중에 군주의 비밀을 말하면 그의 목숨은 위험해진다. 군주가 잘못을 저질렀을 때 유세자가 거리낌 없이 말하거나 뛰어난 의론으로 그 잘못의 해로움을 분석한다면61 그의 목숨은 위험해진다.62 유세자가 군주로부터 두터운 신임과 총애를 받지 못하고 친밀하지 않은데 마음에 있는 말을 모두 해버리면 설사 건의가 받아들여지고 실제 효과를 얻을지라도 군주는 그 공덕을 잊을 것이며, 그 건의가 받아들여지지 않고 실패하게 된다면 군주로부터 의심을 받을 것이다. 이 경우에도 유세자는 목숨이 위험해진다. 군주가 계책을 얻어 성공을 거두고 일체의 공로를 자기 스스로에게 돌리고자 하는데 유세자가 그 내막을 알아차리게 되면 그는 목숨이 위험해진다. 군주가 겉으로는 어떤 일을 계획하고 있지만 실제로는 다른 일을 성취하고자 하는데 유세자가 그 상황을 알게 되면 그는 목숨이 위험해진다. 군주가 하고 싶지 않은 일을 강요하거나63 그만두고 싶지 않은 일을 그만두게 하는 것 또한 목숨을 위

와 왕도王道로써 유세했으므로 노하여 임용하지 않았다'고 했다."(『색은』)
59  원문은 '所說實爲厚利而顯爲名高者也'다. "『한자』에는 실實이 음陰으로 되어 있다."(『색은』) "음陰은 원래 은隱이다"('수정본') 『한비자』에 따라 번역하면 '군주가 속으로는 큰 이익을 추구하면서'가 된다.
60  원문은 '夫事以密成, 語以泄敗'인데, '수정본'에서는 『찰기』와 『통지通志』에 따라 '어語'를 '이而'로 수정했다. 이에 따르면 "무릇 일은 비밀을 지킴으로써 성공하고 새어나감으로써 실패하게 된다"로 해석된다.
61  원문은 '明言善議以推其惡'인데, 『한비자』에는 '明言禮義以挑其惡'로 되어 있다. 이에 따르면 유세하는 자가 '공개적으로 예의를 논하면서 군주의 결점을 들추어내다'로 해석된다.
62  "이 문장은 마땅히 뒤에 나오는 문장 '군주가 계책을 얻어 성공을 거두고 일체의 공로를 자기 스스로에게 돌리고자 하는데 유세자가 그 내막을 알아차리게 되면 그는 목숨이 위험해진다' 앞에 와야 한다. 열전에서 잘못 적었다."(『사기지의』)
63  "유씨가 말하기를 '항우項羽는 반드시 비단옷을 입고 동쪽으로 돌아가고 싶었는데 유세자가 관

험하게 하는 일이다.[64] 그래서 이런 말이 있다. "군주와 함께 대신大臣의 결점을 논의하면 군신 관계를 이간하는 것으로 의심하고, 그 소신小臣의 우수한 점을 논의하면 권세를 믿고 뇌물을 먹은 것으로 의심할 것이다. 군주가 총애하는 사람에 대해 논의하면 그를 이용하여 출세하려 한다고 여길 것이고, 군주가 증오하는 사람에 대해 논의하면 자신을 떠보는 것이라 생각할 것이다. 간략하게 말하면 들은 것이 명백하지 않기에 받아들이지 않을 것이고, 말이 지나치게 장황하고 널리 인용하면 말이 많다고 싫어하고 시간을 허비한다고 여길 것이다. 군주의 의사에 따라 말하면 겁이 많고 나약하여 감히 말을 다하지 못한다고 여길 것이고, 고려한 상황을 거리낌 없이 말하면 천박하고 오만하며 군주가 안중에도 없다고 여길 것이다." 이런 것들은 모두 유세의 어려운 점이니 유세자가 알지 않으면 안 된다.

유세할 때 주의해야 할 점은 군주가 존중하는 바를 미화하고 스스로 부끄러워하는 약점을 덮어주는 것이다. 상대방인 군주가 자신의 계책을 고명하게 여기면 과거의 실패를 들추어 난처하게 해서는 안 되고, 자신의 결정을 용감하다고 여기면 그가 이전에 잘못[65] 판단한 일로 그를 격노하게 해서는 안 되며, 자신의 무력을 과시한다면 상황의 어려움으로 그를 좌절시켜서는 안 된다.[66]

다른 일을 계획하는데 어떤 사람이 군주의 생각과 상통하고, 다른 사람의 행위를 칭찬하는데 마침 군주의 행위와 상통하면, 이때 유세자는 자신의 관점을

중을 강요하여 그의 뜻을 어기고 마음을 거슬러 죽음을 자초한 것과 같다'고 했다."(『색은』)
64  "유씨가 말하기를 '한나라 경제가 율태자栗太子를 폐위시키기로 결정했을 때 주아부周亞夫가 강력히 반대하며 그의 말을 따르지 않다가 나중에는 결국 하옥된 것과 같다'고 했다."(『색은』)
65  「노자한비열전」『색은』『정의』에서는 모두 대적한다는 뜻의 '적敵'으로 기록하고 있다. 즉 "유세하는 선비는 자신의 뜻으로 공격하면서 틈이 없어야 하는데 비천한 신분의 지모로 군주에게 대적하여 질책을 초래한다."(『색은』) 그러나 『한비자』에서는 '잘못'을 뜻하는 '적謫'으로 기록하고 있다. 역자는 『한비자』의 기록에 근거해 번역했다.
66  "유씨가 말하기를 '진 소왕이 조나라를 공격하려고 결정했는데 백기白起가 그것의 어려움을 극력 주장하여 자신의 뜻을 성취하면서 군주에게 대항했으므로 두우杜郵에서 살육되었다'고 했다."(『색은』)

감추고 그들에게 상처를 입혀서는 안 된다.[67] 누군가 군주와 같은 잘못을 저지르면 그가 잘못이 없음을 공개적으로 표명해야 한다. 충성을 다해 군주의 뜻을 거역하지 않고[68] 언사를 신중하게 하여 군주에게 저촉되지 않은 후에 비로소 충분히 변론의 재지才智를 발휘할 수 있다. 이것이 바로 유세자가 군주와 친근해지고 의심받지 않으며 자신의 언론을 주장할 수 있는 방법이다. 군주와 오랫동안 함께 일하면서 군신 간의 감정이 친밀해지고 은택이 깊어지면 유세자의 심원한 계책은 의심받지 않을 것이며 군주와 논쟁을 벌여도 벌을 받지 않을 것이다. 공개적으로 이해득실을 토론하여 군주가 공업을 성취토록 하고 단도직입적으로 군주의 옳고 그름을 이야기하여 군주로 하여금 바로잡을 수 있게 하니, 이러한 관계가 유지된다면 유세는 성공한 것이다.

이윤伊尹은 요리사가 되고[69] 백리해百里奚는 노복이 되었는데,[70] 이는 군주가 자신들의 주장을 받아들이게 하기 위한 수단이었다. 이들은 모두 성인이었으면서도[71] 직접 비천한 일에 종사하면서 임용되기를 바랐다. 이와 같이 비굴하게 아첨하는 방법도 성현들은 부끄러워하지 않았다.[72]

---

67   "유백장劉伯莊이 말하기를 '군주가 갑과 계획이 같고 을과 행동이 같다면 유세하는 선비는 이를 진술하되 갑과 을을 상하게 해서는 안 된다'고 했다."(『정의』)

68   원문은 '대충무소불오大忠無所拂悟'다. "왕염손王念孫의 『독서잡지讀書雜志』「독사기잡지讀史記雜志」(이하『독서잡지』「사기」로 표기함)에서 말하기를 '『한자』「세난」편의 대충大忠은 대의大意로 하는 것이 맞다. 뜻과 말을 바르게 상대하고 반드시 그 두 가지가 모두 군주의 마음에 부합된 다음에야 비로소 자신의 민첩한 말재주를 펼칠 수 있다'고 했다."('수정본') 여기서 '대의'란 유세자가 군주에게 유세하는 큰 뜻이라 할 수 있다. "크게 충성하는 사람의 뜻은 군주를 선으로 바로잡는 데 있기에 군주가 처음에 따르지 않으면 잠시 물러나 멈추고 군주의 말을 기다렸다가 다시 몇 차례 간언하니, 즉 군주를 거스르거나 반박하지 않는다는 말이다."(『색은』)

69   "「은본기殷本紀」에서 말하기를 '유신씨有莘氏의 잉신媵臣(고대에 출가할 때 따라가는 노복)이 되어 솥과 도마를 지고서 음식 맛으로 탕왕에게 유세하여 왕도에 이르게 했다'는 것이 이것이다."(『정의』)

70   "「진세가晉世家」에서는 '우공虞公을 기습하여 멸망시키고 대부 백리百里를 진목희秦穆姬의 몸종으로 삼았다'고 했다."(『정의』) "노복이 아닌 포로로 해석해야 옳다. 그 근거는 『사기』「진세가」의 '우나라를 기습하여 멸망시키고 우공과 대부인 정백井伯과 백리해를 포로로 잡았다'다."('수정본')

71   "백리해를 성인이라 지칭하는 것은 지나치다."(『사기지의』)

72   원문은 '비능사지소설야非能仕之所設也'로, 『한비자』에서는 '설設'을 '치恥'로 기재하고 있다. '치

송宋나라[73]에 부자가 있었는데 그 집의 담장이 큰비에 무너졌다. 그의 아들이 말했다.

"서둘러 보수하지 않으면 도적이 들 겁니다."

그의 이웃 어른도 그렇게 말했다. 그날 저녁에 과연 도둑이 들었고 많은 재물을 잃었다. 그 부자는 자신의 아들이 총명하다고 칭찬하면서 이웃 어른을 의심했다.

예전에 정鄭나라 무공武公[74]은 호胡나라[75]를 토벌하고자 하는 뜻으로 자신의 딸을 호나라 군주에게 시집보냈다. 이어서 그는 군신들에게 말했다.

"내가 군사를 부리려 하는데 어느 나라를 공격하면 좋겠소?"

대부 관기사關其思가 대답했다.

"호나라가 공격할 만합니다."

정 무공은 관기사를 죽이고는 말했다.

"호나라는 형제의 나라인데 어찌하여 호나라를 정벌하라고 하는가?"

호나라 군주는 이 소식을 듣고 정나라 군주와 자신이 친밀한 관계라고 여겨 정나라를 방비하지 않았다. 정나라는 그 기회를 이용해 호나라를 기습하여 삼켜버렸다.

이웃 어른과 관기사의 말은 모두 옳았음에도 심한 경우는 도리어 죽임을 당하고 가벼운 경우는 의심을 받았다. 이는 사물을 이해하는 지혜를 얻기가 어려운 게 아니라 합당한 때를 택하여 지혜를 운용하는 것이 어렵다는 뜻이다.[76]

---

恥'가 맞다. 『한자』에는 '재능 있는 선비가 부끄러워할 바가 아니다'로 되어 있다."(『색은』)

73　송宋: 서주 초기의 제후국으로 도읍은 지금의 허난성 상추 서남쪽에 있었다. 전국시대 이래로 점차 쇠약해져 제나라에 멸망당했다.

74　정 무공鄭武公(재위 기원전 770~기원전 744)은 춘추시대 초기 정나라의 군주로 이름이 굴돌掘突이다.

75　호胡: 춘추시대의 소국으로 도읍은 지금의 허난성 뤄허漯河 서쪽 지역이다.

76　"자신이 죽을 것을 알게 되면 반드시 용기가 생긴다. 죽음이 어려운 게 아니라 죽음에 어떻게 대처하느냐가 어려운 것이다知死必勇, 非死者难也, 处死者难."(『사기』「염파인상여열전」)

예전에 미자하彌子瑕[77]라는 사람이 위衛나라 군주로부터 총애를 받았다. 위나라 법률에 사사로이 군주의 수레를 이용하는 자는 월형刖刑[78]에 처한다는 조항이 있었다. 한번은 미자하의 모친이 병이 나자 그 소식을 접한 어떤 사람이 밤에 미자하를 찾아가 알려주었다. 미자하는 즉시 위나라 군주의 명의를 가장하여 사사로이 군주의 수레를 타고 집으로 돌아갔다. 군주는 이 사실을 알고 그를 칭찬하며 말했다.

"진정한 효자로다. 집으로 돌아가 모친을 보기 위해 발뒤꿈치가 잘리는 형벌을 무릅쓰는구나!"

어느 날 미자하가 군주와 함께 과수원에 갔다. 미자하가 복숭아 하나를 맛보더니 맛이 달자 먹다 남은 것을 군주에게 바쳤다. 군주가 말했다.

"미자하가 진정 나를 사랑하는구나. 맛 좋은 것을 돌아보지 않고 도리어 나를 생각하는구나!"

이후 미자하의 용모가 노쇠하게 되면서 그에 대한 군주의 총애는 식었고, 미자하가 재차 군주에게 죄를 짓자 군주는 이렇게 말했다.

"이자는 내 명의를 도용하여 사사로이 내 수레를 사용했고, 또 자신이 먹다 남은 복숭아를 내게 줬다."

사실 미자하의 행동거지는 이전과 다르지 않았으나 처음에는 칭찬을 받았던 행동이 나중에는 죄로 간주된 까닭은 군주의 심중에 애증의 변화가 생겼기 때문이다. 그러므로 어떤 한 개인이 군주에게 총애를 받을 때는 그의 지모智謀가 군주의 구미에 맞아 그를 더욱 친근하게 대하지만, 군주에게 미움을 받을 때는 그의 과실과 군주의 싫어하는 마음이 상응하여 군주는 그를 더욱 멀리한다. 이 때문에 간언하고 유세하는 자는 군주의 애증을 자세히 살펴본 다음에 다시 유

---

77  미자하는 춘추시대 때 위 영공衛靈公이 총애하던 남자였다. 위나라 군주 영공(재위 기원전 533~기원전 493)은 이름이 원元이고, 도읍은 초구楚丘로 지금의 허난성 푸양濮陽 서남쪽 지역이다.
78  월형刖刑: 발뒤꿈치를 잘라내는 형벌이다.

세를 결정하지 않을 수 없다.

　무릇 용이라는 동물[79]은 길들여 친근해질 수 있고 탈 수도 있으나 목덜미 아래에 거꾸로 난 1척의 비늘인 역린逆鱗[80]이 있어 만일 건드리는 사람이 있으면 반드시 목숨을 잃는다고 한다. 군주 또한 역린이 있으니 유세하는 자가 군주의 역린을 건드리지 않으면 거의 성공할 수 있다.

　이후 어떤 사람이 한비의 저작을 진秦나라에 전파했고, 진왕秦王은 「고분」「오두」 편을 읽고 감탄하며 말했다.

　"아, 과인寡人[81]이 이 사람을 만나 교분을 맺을 수만 있다면 죽어도 여한이 없겠노라!"

　이사가 말했다.

　"이것은 한비가 지은 책입니다."

　진왕은 한비를 얻기 위해 급히 한나라를 공격했다.[82] 한왕은 한비를 등용하

---

79　원문은 '충蟲'으로, 고대에는 동물 전체를 가리키는 글자로 쓰였다.

80　역린逆鱗: "『전국책』「연책燕策 3」에서 국무鞠武가 연나라 태자 단丹에게 말하기를 '어찌하여 진나라 왕에게 모욕당했다는 원한으로 역린을 건드리려 하십니까?'라고 했다. 역린은 당시의 일상적인 말이며 한비자에서 시작된 것이 아니다."(『사기회주고증』) "근대 사람들은 대부분 「연책」 내용 가운데 형가荊軻가 진나라 왕을 찌른 사건에 관한 내용을 『사기』에서 취해 『전국책』에 삽입한 것으로 보고 있기 때문에 '역린'이란 말은 한비자가 처음 사용한 것 같다."(『사기전증』)

81　과인寡人: 덕이 부족한 사람을 말한다. 고대에는 덕으로 나라를 다스리고 덕이 있는 자만이 천명을 받을 수 있다고 여겼는데, 바로 군주와 제후왕의 권위는 상천上天이 부여하는 것이며 덕이 있는 자에게만 상천이 천하를 줄 수 있다고 했다. 군주와 제후왕이 덕을 잃으면 존귀한 권위를 상실하기 때문에 스스로를 낮추어 과인이라 자칭했다. '과인'은 진시황 이전 군주의 자칭이었고 춘추전국시대에 상용되었다. 그후 황제들은 일반적으로 '짐朕'이라는 용어를 사용했다. "천자가 백성과 말할 때 스스로 과인이라 했다."(『예기』「곡례曲禮 하」)

82　"첸무가 말하기를 '이 또한 의심할 만하다 천하에 다른 나라 한 공자의 책을 애호하여 그 나라를 급하게 공격한단 말인가!'라고 했다. 양콴楊寬은 '진왕이 한비의 책을 칭찬한 것은 당연히 사실이다'라고 했다."(『사기전증』)

지 않다가 사태가 다급해지자 한비를 진나라에 사자로 파견했다.[83] 한비를 본 진왕은 매우 기뻐했지만 믿지 못했기 때문에 즉시 임용하지는 않았다. 이때 이사와 요가姚賈[84]는 한비의 재능을 질시하여 진왕 면전에서 한비를 헐뜯으며 말했다.[85]

"한비는 한왕의 공자 중 한 명입니다. 지금 왕께서 동방 제후국들을 병탄하려 하신다면 한비는 끝내 한나라에 충성하고 우리 진나라를 위해 힘을 다하지 않을 것이니,[86] 이는 사람의 일반적인 도리입니다. 지금 왕께서 그를 임용하지 않은 채 이렇게 오래 머물게 하시다가 다시 그를 돌려보내기라도 한다면 이는 스스로 화근을 남기는 것입니다. 그에게 죄명을 씌워 법에 따라 죽여 후환을 없애는 것이 낫습니다."

진왕은 그의 말이 옳다고 여겨 한비를 법관에게 넘겨 옥에 가두고 죄를 다스리게 했다. 이때 이사는 사람을 시켜 한비에게 독약을 보내 그가 자살하도록 했다. 한비는 진왕을 만나 직접 진술하려 했지만 만날 수 없었다. 진왕은 뒤늦게 자신의 잘못을 깨닫고 급히 사람을 보내 한비를 사면했으나 한비는 이미 세상을 떠난 뒤였다.[87]

---

83  "왕안王安 5년, 진왕秦王 정政 13년(기원전 234), 진나라가 한나라를 공격하자 한나라는 다급해져 한비를 진나라에 사신으로 파견했다."(「한세가」)

84  당시 이사는 진나라의 사법을 주관하는 정위廷尉였다. 요가姚賈는 원래 양梁나라 사람인데 진나라로 들어와 공을 세워 진왕 정이 상경 자리에 앉혔다. 많은 자료에서 '賈'의 음을 'jia(가)'로 표기하고 있어 역자 또한 '가'로 표기했다.

85  『전국책』「진책秦策 5」의 기록은 다르다. 한비가 진나라로 들어간 후 상서를 올려 이사를 비난하고, 또 진왕 면전에서 요가를 헐뜯어 군신관계를 이간시키려 했기에 이사와 요가가 한비를 비난한 것으로 기록하고 있다.

86  이 말은 비난이 아닌 사실이다. 『한비자』「존한存韓」편에서 한비는 진왕에게 한나라를 멸망시키지 말 것을 설득했고, 이사는 상서를 올려 먼저 한나라를 정벌해야 한다고 주장했다.

87  『전국책』「진책 5」에서 진왕은 요가에게 1000호를 봉하고 상경으로 삼았다. 한비가 요가를 헐뜯으며 말하기를 '대량大梁(위나라 도읍)의 문을 지키는 아들로 대량에서 도적질하고 조나라에서 신하가 되었으나 쫓겨났습니다. 이러한 대대로 문을 지키는 자손이며 대량의 도둑이고 조나라에서 쫓겨난 신하와 함께 국가 대계를 상의하는 것은 군신을 격려하는 방법이 아닙니다'라고 했다. 진왕이 요가를

신불해와 한비의 저작은 모두 후세에 전해졌고, 대부분의 학자가 그들의 책을 공부한다. 내가 유독 슬퍼하는 것은 한비가 「세난」과 같은 문장을 쓰고도 자신은 끝내 유세로 인한 재난에서 벗어나지 못했다는 점이다.

　　태사공은 말한다.

　　"노자가 추종한 것은 도道로 허무虛無를 추구하고 무위無爲로 세상의 일체 변화에 순응하는 것이었기[88] 때문에 그의 저작은 언사가 미묘하며 이해하기 쉽지 않다.[89] 장주는 노자의 도덕 이론을 추론하여 연역하고 거침없이 의론을 펼쳤으나 그의 요지要旨 또한 노자가 추구한 자연에 귀결된다. 신불해는 스스로 부지런히 힘쓰며 실제 내용을 고찰하고 명실상부를 요구하는 이론을 실천했다. 한비는 법률 조문을 먹통과 먹줄 같은 표준으로 삼아 사회의 모든 문제를 판단하고 시비를 명백히 했으나 그 방법이 극단으로 치달아 모질고 가혹했으며 은혜가 부족했다. 법가의 이론은 모두 도가의 도덕 학설에서 발전했는데 노자의 학설이 가장 유구하고 후세에 끼친 영향이 가장 심원하다."

---

불러들여 물으니 요가가 이러이러하다고 대답했고, 이에 한비를 주살했다."(『집해』)
**88**　"도가 학설은 기본적으로 허무를 근본으로 삼고 구체적인 방법은 객관적 형세에 순응하는 것이다."(「태사공자서」)
**89**　"실제로 하는 것은 쉬우나 그 말하는 도리는 이해하기 어렵다."(「태사공자서」)

# 4

## 사마양저열전

司馬穰苴列傳

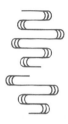

엄격한 군법으로 군대를 다스리면서도 사졸들을 잘 보살핀 명장 사마양저의 사적을 기재하고 있다. 사마양저가 사졸들을 직접 보살피고 관심을 기울이며 동등하게 대접함으로써 자신을 의지하며 따르게 한 것은 그의 '문文'이라 할 수 있고, 규율을 어긴 장가를 주살하고 군주가 보낸 사자의 마부를 참수하고 연나라와 진晉나라의 군대를 전투 없이 굴복시킨 것은 그의 '무武'라 할 수 있다. 이처럼 문과 무를 함께 갖춘 장군이었기에 사마천은 '전양저田穰苴'라는 이름만으로 편명을 삼지 않고 대사마였던 관직을 앞에 붙여 명장에 대한 경의를 표했다.

사마양저의 활동 시기에 대해서는 이견이 있다. 사마천은 춘추시대 말기인 제 경공 때 사람이라 했지만 후세의 여러 학자는 전국시대 제 민왕 때 사람으로 보고 있다. 그러나 그 증거로 제시된 문장은 "사마양저가 집정자였는데 그가 죽임을 당하자 대신들이 제 민왕을 친근해하지 않았다."(『전국책』「제책」)가 유일할 뿐, 다른 기록은 볼 수 없다. 결국 사마양저가 어느 시대 사람인지에 대한 뚜렷한 증거는 없는 셈이다. 사마양저는 존귀해지자마자 주변의 시기와 참언으로 인해 파면되고 끝내는 병으로 사망하는 안타까운 종말을 맞았다. 이후 제 위왕은 대부들에게 고대의 『사마병법』을 연구, 정리하게 하고 여기에 전양저의 병법을 덧붙여 『사마양저병법』이라는 제목의 저서를 완성했다. 『사마양저병법』은 『사마병법』 또는 『사마법』이라고 한다. 지금 전해지는 『사마법』 5편은 한나라 이후 실전된 것을 후대에 찾아 모아 편집한 것이다.

사마양저司馬穰苴[1]는 전완田完[2]의 후손이다. 제齊나라 경공景公 때 진晉나라가 제나라의 아읍阿邑과 견읍甄邑[3]을 점령했고, 연燕나라가 제나라 북부 황하 남쪽 연안[4]을 침범하여 영토를 장악했다. 제나라 군대가 대패하자 제 경공은 매우 근심했다. 이때 안영晏嬰이 제 경공에게 전양저田穰苴를 추천하며 말했다.[5]

"양저는 비록 전씨 집안의 서자이지만 글재주가 있어 사람들을 따르게 하고

---

1　"양저는 이름이고, 전씨田氏의 족속으로 대사마가 되었으므로 사마양저라 했다."(『색은』) 대사마는 고대 중국에서 가장 높은 지위의 무관직으로, 한 무제 때 태위太尉를 없애고 대사마를 설치했다. 전한 시기에는 항상 권력을 장악한 외척에게 이 관직을 수여했고 대부분 대장군大將軍, 표기장군驃騎將軍, 거기장군車騎將軍과 연계해 불렀다.

2　전완田完: 춘추시대 진 여공陳厲公(재위 기원전 706~기원전 700)의 아들이며 진완陳完이라고도 한다. 진나라 내란 당시 여공이 피살되자 진완은 제나라로 달아나 이름을 전완田完으로 바꾸었다. 점차 전씨 세력이 강대해져 전국시대 초기에 제나라 강씨姜氏의 정권을 찬탈했다.

3　아읍阿邑은 동아東阿라고도 한다. 지금의 산둥성 양구陽穀 동북쪽의 아청진阿城鎭이다. 견읍甄邑은 지금의 산둥성 쥐안청 북쪽의 옛 성이다. '수정본'에서는 장문호의 『찰기』와 『통지』에 따라 '견鄄'이라 해야 한다고 했다.

4　원문에는 '하상河上'이라 했는데, 『정의』에 따르면 하상은 "황하 남쪽 연안의 땅으로 창滄과 덕德 두 주의 북쪽 경계"에 있다. 당시의 황하 물줄기는 지금의 허난성 푸양 일대에서 동북쪽으로 흘러 지금의 산둥성 더저우德州, 허베이성 창저우滄州를 거쳐 지금의 황화黃驊 일대에서 바다로 유입되었다. 당시 황하 북쪽은 연나라 땅이고 남쪽은 제나라 땅이었다. 연燕은 서주 이래 제후국 가운데 하나로, 도읍은 계薊(지금의 베이징시구北京市區 서남쪽)였다.

5　『전국책』 「제책齊策 6」에서는 "민왕湣王(재위 기원전 301~기원전 284)이 양저를 죽였다"고 기재하여 사마양저를 경공(재위 기원전 547~기원전 490)이 아닌 민왕 때 사람으로 서술하고 있다. 「손자오기열전」에서 위 문후魏文侯(재위 기원전 445~기원전 396)가 이극李克에게 오기吳起에 대해 묻자 '병사를 다루는 오기의 능력만큼은 사마양저도 뛰어넘을 수 없다'고 했다. 어찌 민왕의 신하로 말할 수 있는가?" (최적崔適, 『사기탐원史記探源』) "'진나라가 아읍과 견읍을 점령했고 연나라가 제나라 북부 황하 남쪽 연안을 침범했다'고 했는데, 이 땅들은 모두 경공 때 소유한 땅이 아니고 『좌전』에도 기재되어 있지 않으니 의심스럽다. 또한 『안자춘추晏子春秋』 「잡상雜上」과 『설원說苑』 「정간正諫」에는 '경공이 술 마시는 장소를 양저의 집으로 옮기려고 했다'고 했으니 민왕 때 사람도 아닌 것 같다."(『사기지의』)

무략은 적을 물리쳐 승리를 거둘 만하니, 한번 시험해보시기 바랍니다.”

경공은 전양저를 불러들여 군사 문제를 토론한 후 크게 기뻐하며 그를 장군將軍6으로 임명하고 군사를 통솔하여 연나라와 진나라 군대에 대항하게 했다. 전양저가 말했다.

“저는 본래 비천한 신분인데 군왕께서 평민 백성7 가운데서 발탁하여 직위를 대부大夫8 위에 두셨기에 사졸들은 복종하지 않고 백성 또한 신을 신임하지 않고 있으니, 신은 신분이 보잘것없고 약간의 권력도 없는 존재입니다. 바라건대 군왕께서 총애하면서 온 백성이 존경하는 이를 파견하여 군대를 감찰하는 감군監軍으로 삼으시면 비로소 해낼 수 있을 것입니다.”

제 경공은 허락하고 즉시 장가莊賈를 파견했다. 전양저는 제 경공에게 하직하고 장가와 약속하며 말했다.

“내일 정오에 군영 정문에서 만납시다.”

이튿날 전양저는 먼저 수레를 몰아 군영으로 가서 군문 앞에 태양의 그림자를 관측하는 해시계와 시간을 계산하는 물시계를 설치하고9 장가가 오기를 기

6  장군將軍은 관직명으로, 춘추시대에 진晉나라가 경卿을 군장軍將으로 삼으면서 장군이라는 호칭이 사용되었다. 전국시대에는 무관의 관직명으로 이어졌고 한漢 시기에는 대장군大將軍, 표기장군驃騎將軍, 거기장군車騎將軍, 위장군衛將軍, 전·후·좌·우장군 등이 있었다. 임시로 출정하는 통수권자에게도 누선장군樓船將軍, 재관장군材官將軍, 도료장군度遼將軍 등을 부여했다. “장將으로 임명하여 장군이 된 것을 말한다. 마침내 장군을 관직명으로 삼았다. 그래서『시자尸子』에서는 ‘10만의 군대라도 장군이 없으면 어지럽게 된다’고 했다. 육국六國 때 그 관직이 있었다.”(『색은』)
7  ‘평민 백성’의 원문은 ‘여오閭伍’다. 거주민 등록제에서 ‘여閭’는 거주민 구역을 구획하는 기본단위를 뜻한다.『주례周禮』「지관地官」에 따르면 다섯 집을 ‘비比’라 하고, 다섯 비를 ‘여’라 했다. ‘오伍’는 골목 안의 거주민 다섯 가구를 뜻하는 동시에 군대의 말단 편제로서 5명을 ‘오’라고 한다.
8  대부大夫: 제후 밑에서 일하는 관원으로 제왕의 특별한 작위나 봉지 등을 수여받지 않는다. 추가로 수여받으면 경卿이라고 한다.
9  원문은 ‘입표하루立表下漏’다. “입표는 나무를 세우고 표시를 하여 태양의 그림자를 관찰하는 것이고, 하루는 물을 새어나가게 하여 각刻의 수를 계산하는 것을 말한다.”(『색은』) 둘 다 시간을 계산하는 기구로 누漏란 구멍이 있는 단지를, 각刻은 눈금이 있는 물에 띄우는 화살을 가리킨다. 물시계는 물을 흘려보내는 방식과 물을 받는 방식으로 나뉜다. 한나라 애제哀帝 때는 하루 밤낮을 120개의 눈금으로 나눈 시간 단위를 사용했다. 1각은 12분 정도다.

다렸다. 장가는 평소에 교만하고 존귀한 데다 주장主將이 이미 군중에 가 있으니[10] 감군인 자신은 늦게 가도 문제가 없을 거라 생각하여 서두르지 않고 친척들과 좌우 수하들이 차려준 송별연 자리에서 술을 마셨다. 정오가 되었는데도 장가가 오지 않자 전양저는 해시계를 쓰러뜨리고 물시계의 물을 터뜨리고는 군문으로 들어가 군사를 점검하고 대오를 정돈하고는 기율을 명확하게 밝혔다. 저녁때가 되어서야 장가가 비로소 군영에 도착했다. 전양저가 물었다.

"어찌하여 약속 시간보다 늦게 오셨소?"

장가가 사과하며 말했다.

"저의[11] 대부들과 친척들이 송별연을 베풀어 머물다보니 지체되었습니다."

전양저가 말했다.

"장군은 군주의 임명을 받은 날로부터 집안일을 잊어야 하고, 군대를 향해 기율을 발포할 때는 자신의 양친도 잊어야 하며, 북을 치며 진군할 때는 자신의 안위를 잊어야 하오. 지금 적국이 이미 우리 국토로 깊숙이 침입하여 국내 인심은 동요하고 전선의 사병들은 햇볕이 내리쬐는 곳에서 노숙하고 있소. 군주께서는 초조하여 편안히 잠을 이루지 못하며 음식을 먹어도 맛을 느끼지 못하고 계시오. 백성의 목숨이 그대에게 달려 있는데 무슨 손님을 불러 송별회를 한단 말이오!"

그러고는 군정軍正[12]을 불러 물었다.

"약속 시간에 늦게 온 사람은 군법에 따라 어떻게 처리하는가?"

군정이 대답했다.

---

10   '수정본' 『사기』에는 '장기지군將己之軍'으로 되어 있어 장가가 주장인 것으로 보인다. 반면 『사기회주고증』과 『사기전증』에서는 '장이지군將已之軍'으로 되어 있는데, 앞부분의 "전양저는 먼저 수레를 몰아 군영으로 왔다"는 문장과 호응하게 된다. 고서에서는 '기己'와 '이已'가 서로 혼용되곤 했는데 역자는 『사기회주고증』과 『사기전증』의 표기에 따라 번역했다.

11   원문은 '불녕不佞'이다. '재주가 없다'는 뜻으로 자신을 낮춘 표현이다.

12   군정軍正: 군중에서 법을 집행하는 관직 명칭. 군사 형법을 관장했다.

"마땅히 참수해야 합니다."

이 말을 들은 장가는 깜짝 놀라 두려워하며 급히 사람을 시켜 나는 듯이 경공에게 달려가 이를 알리고 구원을 요청했다. 그러나 장가가 보낸 사람이 돌아오기도 전에 전양저는 장가를 참수하고 삼군三軍[13]에게 돌아가며 보여줬다. 삼군의 장사들이 모두 부들부들 떨었다. 얼마 후 경공이 파견한 사자使者가 장가를 사면하기 위한 부절符節[14]을 지니고 군중으로 말을 내달려 왔다. 전양저가 사자에게 말했다.

"장수가 군중에 있을 때는 군주의 명령을 받아들이지 않을 수 있소."[15]

군정에게 물었다.

"군영 안에서 수레를 타고 빨리 달리면 군법에 따라 어떻게 처리하는가?"[16]

군정이 말했다.

"마땅히 참수해야 합니다."

이 말을 들은 사자는 크게 두려워했다. 전양저가 말했다.

"군주의 사자이니 죽일 수는 없다."

그러고는 그의 마부를 참수하고 수레 왼쪽의 나무 기둥을 잘라내고 수레의

---

13　삼군三軍: 주周 제도에 따르면 1만2500명의 군사를 일군一軍이라 했다. 천자의 군대는 육군六軍, 제후의 군대는 삼군三軍이라 했다. 후세에 삼군은 군대를 통칭하는, 즉 전군全軍을 가리키는 말로 사용되었다.

14　원문은 '지절持節'로, 부절符節과 같은 뜻이다. 조정에서 명령 전달, 군사 징집 및 각종 사무에 사용하는 증빙 도구다. 절節은 고대에 사용하던 신표信標로 그 용도와 종류가 다양하다. 사자使者에게는 정절旌節을 지니도록 했는데, 전한 시기에는 정절을 그냥 절이라 부르다가 후한 중반 이후 지방이 불안정하자 황제는 중앙 통제를 강화하기 위해 지방 장령들에게도 절을 부여했다.

15　"위 무제魏武帝(조조曹操)가 말하기를 '일을 편리하게 하려면 군주의 명령에 구애받지 않는다'고 했다."(『집해』) "장수는 군주의 명령을 받들지만 어떤 경우는 군주의 명령을 접수하지 않을 수도 있다." (『손자孫子』 「구변九變」)

16　원문은 '치삼군법하馳三軍法何?'다. "소흥본·경본·황본·팽본·전본에서는 '군중에서는 수레를 타고 빨리 달려서는 안 되는데, 지금 사자는 수레를 타고 빨리 달렸으니 어떻게 처리해야 하는가?'라고 했다."(수정본)

왼쪽 말을 죽인 뒤 삼군에게 이를 보였다.[17] 전양저는 사자를 돌려보내 경공에게 보고하게 한 다음 전선을 향해 출발했다.

행군 중에 전양저는 사졸들의 막사, 우물, 아궁이, 음식을 비롯해 병든 자를 문병하고 약을 짓는 등의 일을 직접 살피며 관심을 기울였다. 또한 장군 전용 물자와 양식을 모두 내어 사졸들이 누리도록 했고, 양식을 사졸들과 균등하게 나누도록 했는데 자신은 가장 적게 먹는 허약한 사졸들과 함께했다.[18] 사흘 후 부대를 정돈하고 출전을 준비할 때 병들었던 사졸들이 모두 용감하게 앞장서며 전투에 참가하기를 청했다.

진晉나라 군대는 이 소식을 전해 듣고 철군했고, 연나라 군대 역시 이 사실을 알고는 황하를 건너 북쪽으로 물러나 뿔뿔이 흩어졌다. 이에 전양저는 군대를 지휘하며 추격에 나섰고 마침내 제나라 국경선 안쪽 옛 경내의 잃어버린 영토를 모두 수복한 후 군사들을 이끌고 돌아왔다. 도성 앞에 도달하자 그는 군사 편제를 풀고 각종 군사 법령을 거두어들인다는 맹세를 하고서 도성 안으로 진입했다.[19] 경공은 대부들을 인솔하여 교郊[20]에서 영접하고 삼군을 위로하는 의식을 마친 다음 비로소 궁으로 돌아가 휴식을 취했다. 경공은 전양저를 접견하고 대사마로 높여 봉했다.[21] 이때부터 점차 전씨는 제나라에서 존귀한 대우를

---

17  "장가는 감군으로 장군에 속한 인원이 아닌데 어찌하여 장군의 명령을 받는가? 경공이 파견한 사자가 군중으로 말을 타고 달려온 것에 대해 군정이 마땅히 참수해야 한다고 말했을 때 전양저는 군주의 사자는 죽일 수 없다고 했다. 감군인 장가 또한 군주의 사자인데 어찌하여 그를 참수하는가? 이해할 수 없다."(『광사기정보』)

18  "고대 군중의 양식 기준은 사병의 체력 상황에 따라 결정했다."(『사기전증』)

19  "국가를 다스리는 예의법도로 군대를 다스릴 수 없고, 군대를 다스리는 예의법도로 국가를 다스릴 수 없다國容不入軍, 軍容不入國."(『사마법司馬法』「천자지의天子之義」) 여기서 '국용國容'은 국가의 예법이나 의식을 말하고 '군용軍容'은 군대와 군인의 예의법도를 말한다.

20  교郊: 주周나라는 국도國都(수도)에서 100리 혹은 50리, 30리, 10리 떨어진 곳을 교郊라 했는데 나라의 대소에 따라 거리는 달랐다. "읍邑(수도) 밖은 교郊, 교 밖은 목牧, 목 밖은 야野, 야 밖은 임林, 임 밖은 동垌이라 한다."(『이아爾雅』「석지釋地」) 곽박郭璞은 "가령 100리의 국가라면 50리의 경계인데 경계는 각 10리"라고 했다.

21  "이 말은 믿을 수 없다. 제나라에 대사마라는 관직이 없었다."(『사기지의』)

받았다.

　얼마 후 제나라의 대부인 포씨鮑氏, 고씨高氏, 국씨國氏[22] 등은 전양저를 시기
하며 자신들에게 위협이 될 것이라 여기고는 경공 면전에서 전양저를 헐뜯었다.
경공은 전양저를 파면했고 전양저는 병에 걸려 죽음을 맞았다. 이 일로 전씨 일
족인 전걸田乞과 전표田豹[23] 무리는 고씨와 국씨 등에게 원한을 품었다. 나중에
전상田常[24]이 제 간공齊簡公을 죽였을 때 고씨와 국씨의 일족을 모조리 주살했
다. 전상의 증손자 전화田和에 이르러 자립하여 제후가 되었고, 이후 왕위를 이
어받은 전화의 손자가 바로 제나라 위왕齊威王이다.[25] 제 위왕은 군사를 부리고
권위를 행사할 때 대체로 전양저의 방법을 따른 덕분에 제나라는 강성해졌고
각국 제후들이 모두 제나라에 입조하여 신하로 복종했다.[26]

　제 위왕은 대부들에게 고대의 『사마병법』[27]을 연구·정리하게 하고 전양저의

---

22　포씨鮑氏, 고씨高氏, 국씨國氏: 제나라의 귀족들로 그들의 수령은 포목鮑牧, 고장高張, 국하國夏다.
이 세 집안은 대대로 제나라의 상이 되었다.

23　"전걸은 전희자田僖子다. 전표 또한 전희자의 일족이다."(『색은』)

24　전상田常은 전걸의 아들로 제나라 간공의 상이었다. 누군가 제 간공에게 전상을 제거하라고 권했
는데, 전상이 먼저 움직여 간공을 죽였다. 노 애공 14년(기원전 481)의 일이다.

25　"이 문장은 오류다. 당연히 전화가 자립하고 손자인 인제因齊에 이르러 제 위왕이라 불렸다고 해
야 한다. 그러므로 『계가系家』에서는 '전화가 자립하여 태공太公이라 불렸다. 그 손자인 인제가 위왕이
라 불렸다."(『색은』) 역자는 『색은』의 견해에 따랐다. 전화의 손자인 전인제에 이르렀을 때 각국 제후들
은 춘추시대와 같이 '공公'이라 부르는 것에 불만을 품고 모두 '왕王'이라 개칭했다. 제나라에서 처음으
로 왕을 자칭한 전인제는 역사에서는 제 위왕(재위 기원전 356~기원전 320)이라 불렸다.

26　전국시대에 가장 먼저 강대국이 된 나라는 위魏나라로 문후(재위 기원전 445~기원전 396), 무후
(재위 기원전 395~기원전 370)와 혜왕(기원전 369 즉위)이 통치하던 전기에는 천하무적이었다. 이후 제
위왕이 즉위하여 계릉과 마릉에서 두 차례 위나라를 격파하면서 제나라가 최강의 자리에 올랐다. 그
러나 선왕을 거쳐 민왕에 이르러 연나라에 대패하면서(기원전 284) 제나라는 쇠락하기 시작했다.

27　"『후한서後漢書』 권70 「마융전馬融傳」에는 '又明司馬法(『사마법』을 이해하다)'라는 문장에 대한 이
현李賢의 주석에서 "『사기』에 '병兵'자가 없는데 이것은 불필요한 글자로 의심된다'('수정본') 그러나 역
자가 『후한서』를 살펴보니 이 문장은 「마융전」이 아닌 「공융전孔融傳」에서 조조가 공융에게 보낸 편
지에 나오는 글귀다. 또한 이에 대한 이현의 주석 역시 『사기』 본문과 같이 제 위왕이 대부들을 시켜
『사마법』을 연구·정리했다는 내용이다. '수정본'은 이 부분을 다시 수정해야 할 듯하다. 또한 "『사기』
「태사공자서」에서는 '옛날 제왕들 때부터 『사마법』이 있었는데, 양저가 이를 더욱 광대하게 발전시켰
다. 이에 「사마양저열전」을 지었다'고 했다. 『사기』 『한서』 『후한서』에서 여러 차례 『사마법』을 인용했

군사를 다스리는 방법을 덧붙이게 했는데, 이를 『사마양저병법司馬穰苴兵法』[28]이라 불렀다.

　태사공은 말한다.

　"내가 『사마병법』을 읽어보니 그 이론이 방대하고 심오하여 설사 하·은·주 3대가 정벌에 나설지라도 그 안에 내포된 오묘한 뜻을 완전히 발휘하지는 못할 것이다. 그러나 그중에 전양저에 관련된 문자는 찬사가 조금 과하다. 전양저는 한낱 작은 제후국인 제나라를 위해 군사를 부렸는데 『사마병법』에서 말한 것처럼 읍양揖讓[29]과 같은 예의 규정을 강구했겠는가? 세상에 전해진 『사마병법』이 많기 때문에 여기서 다시 논술하지 않고 단지 전양저의 열전만을 지었다."

---

다."('수정본')(이하 이현의 『후한서』는 범엽范曄의 『후한서』와 구별하기 위해 『후한서』(이현)으로 표기함)
28　『사마양저병법』을 줄여서 『사마병법』 혹은 『사마법』이라고 한다. 『한서』 「예문지」에서는 예禮 분류에 포함시켰고, 제목 명칭을 『군례사마법軍禮司馬法』 150편이라고 했다. 한나라 이후에 실전되었다. 지금 전해지는 『사마법』 5편은 후에 실전된 책을 모아서 편집한 것이다.
29　읍양揖讓: 고대에 손님과 주인이 상견할 때의 예절을 가리킨다. 또한 앞서 전양저가 "도성에 도착하기 전에 먼저 군사 편제를 풀고 각종 군사 법령을 거두어들인다는 맹세를 한 후 도성으로 진입했다"는 서술도 읍양의 예를 지킨 경우라 할 수 있다.

史　記　列　傳

# 5

## 손자오기열전

### 孫子吳起列傳

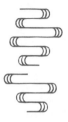

저명한 군사가인 손무, 손빈, 오기 세 사람의 사적을 기재하면서 방연을 덧붙여 서술한 열전이다. 손무는 중국 최고의 병법서인 『손자병법』을 세상에 전한 군사가로, 오왕 합려를 도와 강대한 초나라를 격파하고 도성 영을 점령했으며 또 북상하여 제나라와 진晉나라에 위세를 떨침으로써 합려의 패업을 성취시키고 패주가 되게 했다. 손빈은 제나라의 군사軍師로 임명되어 마릉에서 위나라 군대를 대파하고 장군 방연을 죽임으로써 전씨田氏 제나라를 강성하게 하고 패주의 지위에 올랐다. 오기는 군사가이자 정치가로서 그가 시행한 초나라 변법은 진나라 상앙의 변법보다 앞선 것이었다. 오기는 초나라 도왕을 보좌하여 군사 역량을 강화한 후 남쪽으로는 백월을 평정했으며 북쪽으로는 진·채 땅을 병탄하고 삼진의 침략을 물리쳤으며, 서쪽으로는 진秦나라를 공격했다. 이후 비록 주살당하는 최후를 맞았지만 그의 역사적 업적은 상당히 높게 평가할 만하다.

이들은 각기 자신의 군주를 보좌하여 패업을 이뤘으며 뛰어난 군 통솔력으로 천하에 명성을 드날린 뒤 후세에 자신의 병법을 전했다. 그러나 사마천은 이들의 걸출한 재능과 역사적 업적을 칭송하면서도 품덕에 대해서는 말을 아꼈다. 더욱이 법가 인물들에 대한 비판적 시선을 드러냈는데, 오기를 서술하는 대목에서 두드러진다. 오기가 귀척들의 질시로 인해 비극적인 죽음을 맞은 것에 대해서는 동정을 표하면서도 그가 지위를 탐하여 아내를 죽이고 자신을 비방한 고향 사람 30여 명을 죽인 사실을 기재함으로써 사람 됨됨이를 지적하고 있다. 사마천은 "그는 초나라에서 집정했을 때 잔혹하고 포악했으며 은혜를 적게 베풀어 목숨을 잃었으니 슬프구나!"라며 개탄했다.

손자孫子는 이름이 무武이고 제나라 사람으로[1] 병법에 정통하여 오왕吳王 합려闔廬[2]를 찾아가 만났다. 합려가 말했다.

"그대가 지은 『손자병법』 13편[3]을 모두 읽어보았소. 실제로 부대를 조련할 수 있소?"

손무는 대답했다.

"할 수 있습니다."

합려가 물었다.

"부녀자로 시험 삼아 할 수 있소?"

손무가 대답했다.

"당연히 할 수 있습니다."

그리하여 합려는 궁중의 미녀 180명을 선발했다. 손무는 그들을 두 부대로 나누고 오왕이 총애하는 두 명의 첩을 각 부대의 부대장으로 삼았다. 그러고는

---

1  성이 손孫이고 이름이 무武다. "『오월춘추吳越春秋』「합려내전闔廬內傳」에서는 손무를 오吳 사람이라고 했고, 『한서』「인표人表」에서는 오손무吳孫武라고 했으며, 「예문지」에서는 오손자吳孫子라고 했다. 『당표唐表』 손씨孫氏 세계世系에서 진무우陳無宇의 자서子書에는 '거莒를 정벌하는 데 공적이 있어 손씨 성을 하사받았다. 빙憑을 낳았는데 자가 기종起宗이었다. 무武를 낳았는데 자가 장경長卿이고 오 땅으로 달아났다. 아들 명明의 식채食采(식읍)가 부춘富春이라 부춘 사람이 되었다'고 했다. 장경長卿 글자는 여기서만 보인다."(『사기지의』) "자子는 고대에 경모하는 인물에 대한 존칭이다. 이름을 칭하므로 손자무孫子武라고 한 것이다"(왕보상王伯祥, 『사기선史記選』)(이하 『사기선』으로 표기함)
2  합려闔廬(재위 기원전 514~기원전 496)는 춘추시대 말기 오나라 군주로 이름이 광光이다.
3  지금의 『손자병법』을 말한다. 『손자병법』은 「시계始計」「작전作戰」「모공謀攻」「군형軍形」「병세兵勢」「허실虛實」「군쟁軍爭」「구변九變」「행군行軍」「지형地形」「구지九地」「화공火攻」「용간用間」 등 모두 13편이다.

모두 손에 극戟4을 들게 했다. 손무가 그들에게 명령을 내리며 말했다.

"여러분은 자신들의 가슴, 왼손, 오른손, 등을 알고 있는가?"

궁녀들이 대답했다.

"알고 있습니다."

손무가 말했다.

"내가 '앞으로'라고 구령하면 가슴이 향하는 방향을 보며 전진하고, '좌로'라고 구령하면 왼손 방향으로 돌고, '우로'라고 구령하면 오른손 방향으로 돌며, '뒤로'라고 구령하면 자신의 등 뒤로 향하도록 돈다."

궁녀들이 대답했다.

"알겠습니다."

손무는 훈련 요령과 각 규정을 알려준 뒤 부월鈇鉞5을 늘어놓고 방금 말한 규정을 여러 차례 반복적으로 선포하여 밝혔다. 말을 마치고 북을 두드려 오른 쪽으로 돌도록 구령했는데 궁녀들이 떠들썩하게 웃기만 하고 움직이지 않았다. 손무가 말했다.

"규정이 명백하지 않고 명령에 익숙하지 않은 것은 장수의 책임이다."

그러고는 다시 여러 차례 각 규정을 선포하고 북을 두드려 왼쪽으로 돌도록 구령했지만 궁녀들은 여전히 낄낄거리고 웃으며 움직이지 않았다. 손무는 말했다.

"규정이 명백하지 않고 명령에 익숙하지 않은 것은 장수의 책임이지만, 이미 명백해졌는데도 규정에 따르지 않는 것은 사졸들의 책임이다."

그러고는 좌우 부대장을 참수하려고 했다. 단상에서 궁녀들을 조련하는 것

---

4　극戟: 과戈와 모矛가 합체된 무기로, 직날과 횡날이 있어 '십十'자 혹은 '복卜'자 형태이기 때문에 걸고 쪼고 찌르고 자르는 등의 여러 용도가 있어 과와 모보다 살상력이 우수하다.

5　부월鈇鉞: 부鈇는 부斧(작은 도끼)를 말하고 월鉞은 큰 도끼를 말한다. 부월은 본래 두 종류의 병기로 형벌과 살육을 뜻하는 말로 쓰이기도 한다. 여기서는 독단적으로 사람을 죽일 수 있는 권한을 말한다.

을 지켜보고 있던 오왕은 자신이 총애하는 첩들을 손무가 참수하려는 것을 보고는 크게 놀라 급히 사람을 보내 손무에게 명령을 전했다.

"과인은 이미 장군이 용병에 능숙하다는 것을 알았소. 과인은 이 두 애첩이 없으면 밥을 먹어도 단맛을 모르니 부디 그녀들을 죽이지는 말아주시오."

그러자 손무가 말했다.

"신은 이미 명령을 받아 장군이 되었습니다. 장군이 군중에 있을 때는 군주의 명령이라도 받들지 않을 수 있습니다."

결국 두 부대장을 참수하고 그 수급을 전군에 돌려 보였다. 이어서 순서에 따라 두 명의 부대장을 선발하고 다시 북을 두드리며 조련을 계속했다. 좌로, 우로, 앞으로, 뒤로, 앉았다 일어서기를 하는 모든 궁녀의 동작이 자로 잰 듯 먹줄로 그은 듯 규정에 부합했으며 감히 떠들며 웃는 자가 없었다. 손무는 사람을 보내 오왕에게 보고했다.

"병사가 이미 조련되어 정연해졌으니 왕께서 시험 삼아 내려오셔서 살펴보십시오. 왕께서 어떻게 사용하셔도 따를 것이며 설사 끓는 물과 타는 불일지라도 뛰어들 것입니다."

오왕이 말했다.

"장군은 그만하고 객사로 돌아가 쉬도록 하시오. 과인은 내려가 보고 싶지 않소."

손무가 말했다.

"왕께서는 다만 저의 병법 이론만을 좋아하실 뿐 이를 실제로 사용할 수 없습니다."

그러자 합려는 손무가 용병에 뛰어남을 알고 마침내 그를 대장으로 임명했다. 이후 오왕은 서쪽으로 강대한 초나라를 격파하고 도성 영郢으로 진입했고,[6] 또

6  오왕 합려 9년, 초 소왕楚昭王 10년(기원전 506)의 일이다. 영郢은 초나라 도성으로 지금의 후베이성 징저우荊州 장링江陵 서북쪽이었다.

북상하여 제나라와 진晉나라에 위세를 떨침으로써7 제후들 사이에서 명성을 드날리는 패주가 되었으니, 손무가 참여하여 적지 않은 힘을 보탰기 때문이다.8

손무가 사망한 후 100여 년 후 손빈孫臏9이라는 사람이 출현했다. 손빈은 제나라의 아阿와 견鄄 사이에서 태어났으며 그 또한 손무의 후대 자손이다.10 손빈은 일찍이 방연龐涓과 함께 병법을 배웠다.11 후에 방연은 위魏나라12에서 벼슬을 하여 혜왕惠王13의 장군이 되었다. 그러나 그는 자신의 재능이 손빈보다 못하다고 생각하여 은밀히 사람을 보내 손빈을 위나라로 불러들였다. 손빈이 도착하자 방연은 그가 자신보다 뛰어난 것을 두려워하고 질시한 나머지 손빈이 법을 어겼다는 죄명을 뒤집어씌워 두 다리를 자르고 얼굴에 글자를 새겨 그의 재능이 세상에 드러나지 못하게 했다.

제나라14 사자가 위나라 도읍 대량으로 왔을 때 죄인 신분의 손빈은 은밀히

---

7  「십이제후연표十二諸侯年表」에 따르면 오왕 부차夫差는 11년(기원전 485), 12년(기원전 484) 두 차례 북상하여 제나라를 정벌했고, 14년(기원전 482)에 황지黃池(송나라 읍으로 지금의 허난성 펑추封丘 서남쪽)에서 진 정공晉定公과 다투었다.

8  『좌전』에 따르면 정공定公 4년 오자서伍子胥가 오나라 병사를 이끌고 초나라를 격파하고 도성 영에 진입할 때 손무는 등장하지 않는다. 손무가 오자서와 함께 초나라를 격파했다는 사실은 『사기』에서 비롯되었다.

9  "손무가 언제 죽었는지 알 수 없다. 오나라가 영으로 진입한 때부터 제나라가 위나라를 마릉에서 격파시킬 때까지 계산하면 166년이다."(『사기지의』) 고대에 사람의 슬개골을 파내는(혹은 발을 잘라내는) 형벌을 빈형臏刑이라고 하는데, 손빈이 이 형벌을 받았기 때문에 이름을 빈臏이라 했다.

10  "『당표』에 이르기를 '무武가 명明을 낳고, 명이 빈臏을 낳았다'고 했는데, 손명孫明의 식읍이 부춘富春이었다 할지라도 오래지 않아 제나라로 돌아왔으므로 『사기』에서 '아와 견 사이에서 태어났다'고 말한 것이다. 『한지韓志』 또한 '제나라 손자孫子'라고 칭했다. 『여람呂覽』 「불이不二」 주석에서는 '손빈은 초나라 사람이다'라고 했는데 아마도 아닐 것이다."(『사기지의』)

11  같은 스승으로부터 병법을 배웠다는 말이다. 손빈과 방연이 귀곡자鬼谷子로부터 병법을 배웠다는 설이 있지만 무엇에 근거했는지는 알 수가 없다.

12  위魏: 전국시대 제후국으로 최초의 도읍은 안읍安邑(지금의 산시山西성 샤현夏縣 서북쪽)이었는데, 혜왕 9년(기원전 361) 대량으로 천도한 후에는 양국梁國이라고도 불렀다.

13  위 혜왕魏惠王(재위 기원전 369~기원전 319)은 위나라 무후武侯의 아들로 이름이 앵罃이다.

14  당시 제나라는 춘추시대의 강제姜齊(강씨 제나라)가 아니었다. 강제는 강공康公 때에 전화에게 찬탈되었지만 여전히 제齊(후세 사람이 전제田齊라 부르며 강제와 구별했다)라고 했다. 전화의 손자 전인제 때부터 왕이라 칭하기 시작하여 마침내 제나라는 전국칠웅 가운데 하나가 되었다. 지금의 산둥성 전

제나라 사자를 만나 설득했다. 제나라 사자는 손빈이 범상치 않은 인물이라 여겨 손빈을 수레에 태워 제나라로 데려갔다. 제나라 대장 전기田忌는 손빈이 마음에 들어 손님의 예로 대접했다.

전기는 제나라 공자들과 거금을 건 경마 내기를 자주 했다. 손빈은 전기의 말과 상대방 말의 달리는 실력은 비슷하지만 말들을 상·중·하로 구분할 수 있음을 알았다. 손빈은 전기에게 말했다.

"마음 놓고 큰돈을 거십시오. 신에게 이길 수 있는 방법이 있습니다."

전기는 손빈의 말을 믿고 제나라 왕과 공자들에게 천금千金[15]을 걸고 내기를 했다. 경기가 임박하자 손빈이 전기에게 말했다.

"지금 장군의 하등 말을 상대방의 상등 말, 장군의 상등 말을 상대방의 중등 말, 장군의 중등 말을 상대방의 하등 말에 대응토록 하십시오."

이렇게 하여 세 번의 경기를 치렀는데 전기는 처음 한 번은 이기지 못하고 나머지 두 번 모두 승리를 거두어 제나라 왕이 천금을 얻었다. 전기는 손빈을 제위왕齊威王에게 추천했고, 위왕은 그에게 병법을 묻고 감탄하여 즉시 군사軍師[16]로 삼았다.

그 뒤 위魏나라가 조나라를 공격하자[17] 위기에 처한 조나라는 제나라에 구원을 요청했다. 제나라 위왕이 손빈을 장군으로 임명하려 하자 손빈은 사양하며 말했다.

체와 허베이성 동부 일부를 점유했다.
**15** 천금千金: 많은 돈을 가리킨다. 금金은 고대의 화폐 단위로 진秦나라 때 1일鎰을 1금이라 했다.('일'은 황금을 계산하는 단위로 1일은 20냥兩 혹은 24냥이다. 진나라 기준으로 1냥은 15.8그램이고 황금 1일은 316그램이다) 한나라 때는 황금 1근斤이 1금(一金)이었다.
**16** 원문은 '사師'다. '사'는 스승과 같이 존중한다는 의미이기도 하고 군사君師를 말하기도 한다.
**17** 위 혜왕魏惠王 16년, 조 성후趙成侯 21년, 제 위왕 3년(기원전 354)의 일이다. "조나라는 토지를 겸병하고 세력을 확장하기 위해 위衛나라로 진공했고, 위衛나라는 원래 위魏나라에 알현했기 때문에 당연히 위魏나라는 허락할 수 없었다. 위魏나라는 군대를 일으켜 조나라를 공격하고 송과 위衛 연합군을 이끌고 조나라 도성 한단을 포위했다. 이듬해 조나라는 제나라에 구원을 요청했고, 제나라는 전기를 장군으로 삼고 손빈을 군사로 삼아 군대를 이끌고 조나라를 구원하러 갔다."(양콴,『전국사戰國史』)

"형벌을 받은 사람이기 때문에 장군을 맡을 수 없습니다."

그리하여 위왕은 전기를 장군으로 임명하고, 손빈을 군사로 삼아 휘장과 덮개가 있는 큰 수레에 앉아 전기를 위해 계책을 세우도록 했다.[18] 전기가 군사를 이끌고 곧장 포위된 조나라로 달려가려 하자 손빈이 말했다.

"무릇 어지럽게 엉킨 실은 손으로 천천히 풀어야지 주먹으로 두드려서는 안 되며, 서로 치고받으며 싸우는 사람을 말릴 때는 옆에서 화해를 권해야지 말려들어 직접 치고받아서는 안 됩니다.[19] 목구멍 같은 적의 주력을 피하고 허약한 곳을 골라 치면 형세가 막히고 세력이 저지당해 위급함이 저절로 해소될 것입니다. 지금 위나라는 조나라를 공격하고 있으니 그들의 정예 부대는 모두 밖으로 나가 있고 국내에는 늙고 병든 자들만 남아 있을 것입니다. 그러니 장군께서는 병사들을 이끌고 신속하게 위나라 도성 대량大梁을 급습하여 그들의 교통 요지를 점거하고 방비가 빈 곳을 공격하면 위나라 군대는 틀림없이 조나라를 향한 공격을 멈추고 철군하여 자기 나라를 구하러 올 것입니다. 그렇게 되면 우리는 조나라의 포위를 푸는 동시에 위나라를 피폐하게 만드는 일거양득의 효과를 얻을 수 있습니다."

전기가 손빈의 계책을 받아들이자 위나라 군대는 과연 조나라 도읍 한단邯鄲에서 물러났고, 제나라 군대는 계릉桂陵에서 위나라 군대와 교전을 벌여 대패시켰다.[20]

---

18  원문은 '좌위계모坐爲計謀'다. "『문선文選』「보임소경서報任少卿書」 주석에서 '좌坐'를 '주主'라 했는데, 그 의미는 '장長'이다."(『독서잡지』「사기」) 즉 '주장主將'의 의미라 할 수 있다.

19  원문은 '구투자불박극救鬪者不搏撠'이다. "싸움을 말리는 자는 마땅히 화해하도록 잘 해결해야지 붙들고 서로 치고받아서는 안 된다. 치고받으면 화만 더욱 돋우게 됨을 말한다."(『색은』) "경본·황본·팽본·가본·능본·전본에 '극撠이란 극戟을 손에 쥐고 사람을 찌르는 것이다'라고 했다."('수정본') "여유정余有丁이 말하기를 '극의 의미는 당연히 손으로 치는 것을 말한다. 모矛나 극戟이 아니다'라고 했다."(능치륭凌稚隆, 『사기평림史記評林』)

20  계릉桂陵은 위나라의 현으로, 지금의 허난성 창위안長垣 서북쪽 지역이다. 제나라와 위나라가 이곳에서 교전한 때는 위 혜왕 18년, 제 위왕 4년(기원전 353)이다. 『손빈병법孫臏兵法』「금방연擒龐涓」에서는 제나라 군대가 위나라를 포위하여 조나라를 구원했고 마릉에서 위(양)나라 군대를 공격하고 방

13년 뒤[21] 위魏나라는 다시 조나라와 연합하여 한韓나라를 공격했고 한나라
는 제나라에 위급함을 알렸다.[22] 제나라는 다시 전기를 장군으로 삼아 한나라
를 구원하러 보냈고[23] 전기는 곧장 대량으로 돌진했다. 위나라 장군 방연은 이
소식을 듣고[24] 급히 한나라에서 철군한 뒤 위나라 동쪽 경계로 방향을 돌려 제
나라 군대를 저지하려 했지만, 제나라 군대는 이미 변경을 지나 서쪽 위나라 영

연을 사로잡았다고 했다. "왕거선王闃森·탄즈칭唐致卿의 『제국사齊國史』에서 말하기를 '계릉전투는
위나라의 패업에서 맞은 최초의 좌절로, 많은 군사를 잃고 심각한 타격을 입었다. 그러나 위 문후와 무
후가 건립한 강대한 세력은 한 차례 전쟁으로는 근본적으로 쇠약해질 수 없는 것이다. 하물며 제나라
는 위왕이 즉위한 지 오래되지 않았고 제나라의 경제력과 군사력이 위나라만큼 탄탄하지 못했기에 패
주를 다투고자 했다면 반드시 위나라에 대해 진일보한 격렬한 투쟁을 전개해야 했다.'"(『사기전증』) "위
나라 군대가 비록 계릉에서 제나라 군대에 패했지만, 위나라는 강국으로 여전히 상당한 실력을 유지
하고 있었다. 계릉전투 이듬해(기원전 352)에 위魏·한韓 연합군은 양릉襄陵을 포위하고 공격했던 제·
송·위衛 3국 군대를 격퇴시켰고, 위魏나라는 조나라 도성 한단의 통제를 상실하지 않았으며, 주 현왕
18년(기원전 351)에 조 성후를 압박하여 장수漳水 가에서 조나라로 하여금 맹약을 체결하게 한 뒤에
비로소 한단을 조나라에 돌려줬다."(『중국군사통사中国軍事通史』)
21   "왕소는 『기년』에서 말하기를 '양 혜왕 17년(기원전 353) 제나라 전기가 계릉에서 양나라를 패배
시켰으며 27년 12월에 제나라 전분이 마릉에서 양나라를 패배시켰다고 했으니 그 차이가 13년이 되
지 않는다'고 했다."(『색은』) 이에 따르면 마릉전투는 '13년 후'가 아니라 11년 후에 발생한 셈이다. 「육
국연표六國年表」에 따르면 마릉의 교전(기원전 341)은 계릉전투 12년 후에 발생했다고 했다.
22   "먀오원위안繆文遠이 말하기를 '『죽서기년』과 『전국책』에 근거하면 마릉의 전투는 실제 위나라
가 출병하여 한韓나라를 공격하여 발생한 것으로 조나라와는 관련이 없다. 조나라까지 연관된 것은
태사공이 계릉전투와 혼동했기 때문이다'라고 했다."(『사기전증』)
23   전기는 이 전투에 참가하지 않았다. "「육국연표」에서는 '전기, 전영, 전분을 장수로 삼고 손자를
군사로 삼았다'고 했고, 먀오원위안은 '제나라 군대의 주장은 전분이었고 이 전쟁에 전기는 참가하지
않았다'고 했다."(『사기전증』) "전분은 제나라의 전선에서 작전을 지휘하는 주장이었기 때문에 위魏나
라 사관이 기록한 『죽서기년』에는 마릉전투에서 제나라 장군을 전분이라 기재했다."(양콴, 『전국사』)
"제나라가 한나라를 구원하고 위나라를 공격하는 데는 두 가지 의도가 있는데, 첫 번째는 한나라의
포위를 풀어 위나라의 한나라에 대한 통제를 파탄시키는 것이고, 두 번째는 위나라 군대가 피폐해진
틈을 이용해 결전을 벌임으로써 위나라 군대의 주력에 타격을 입혀 위나라가 지닌 패주 지위를 빼앗으
려는 것이다."(『중국군사통사』)
24   주석 20에 따르면 방연은 계릉전투에서 이미 사로잡힌 상태인데 어떻게 다시 방연이 위나라 장
수가 되었는지 알 수 없다. "방연이 사로잡힌 뒤에 석방된 뒤 위나라로 돌아갔고, 다시 장군이 됐을 가
능성이 있다. 춘추시대에 진秦나라 장수 맹명시孟明視(진 목공 때 장수이며 백리해의 아들)가 진晉나라
군대의 포로가 되었다가 석방되어 진秦나라 장수가 된 것과 같은 것이다."(『전국사』)

토 안으로 향하고 있었다.[25] 손빈은 전기에게 말했다.

"저들 삼진三晉[26]의 위나라 병사들은 원래 사납고 용감하며 평소에 제나라 사람을 업신여기고 제나라 군사들을 겁쟁이로 여기고 있습니다. 작전을 잘하는 장군은 정세에 따라 유리하게 이끌어 주도적으로 변화시킵니다. 병법에 '급히 100리를 행군하여 적과 승리를 다투는 군대는 자신의 상장上將을 잃게 되고, 급히 50리를 행군하여 적과 승리를 다투는 군대는 단지 절반만 도달할 수 있다'[27]고 했습니다. 우리 군대가 위나라 땅에 진입한 첫날에는 주둔지에 10만 명이 밥을 지어 먹을 수 있는 아궁이를 설치하고, 다음 날에는 5만 명이 밥을 지어 먹을 수 있는 아궁이를 설치하고, 또 그다음 날에는 3만 명[28]이 밥을 지어 먹을 수 있는 아궁이를 설치하십시오."[29]

**25**　"전대흔의 『고사습유考史拾遺』에 따르면 '제나라가 대량으로 돌진했다는 것은 정말 대량에 이르렀고 방연이 한나라를 버리고 돌아간 것이 아니라 제나라 군대가 위나라 영토로 진입한 것을 말한다. 제나라는 위나라 동쪽에 있으므로 제나라 군대가 서쪽으로 향하는 것은 제나라 경계를 넘어 서쪽으로 가는 것이다. 제나라 군대가 처음 당도했기에 적이 허실을 알지 못하므로 아궁이를 줄이는 계책으로 그들이 실수를 저지르게 한 것이다. 만약 이미 대량에 이르렀다가 물러나는 것이라면 위나라 영토로 진입하여 3일간 머무르면서 이러한 계책을 시행할 필요가 없다'고 했다. 전대흔의 의견은 태사공의 원래 뜻에 부합한다. 후세 사람들은 '군대를 물리면서 아궁이 수를 줄였다'고 말한다. 그런데 적의 경계로 깊숙이 진입할 때는 도망치는 자가 있을 수 있으나 물러날 때 도망치는 자가 있겠는가? 게다가 아궁이 수를 줄이는 속임수를 사용하겠는가? 군대를 진격시키면서 아궁이 수를 줄이는 작전은 후퇴하면서 아궁이를 줄인 것처럼 보이게 한 것이니, 궁극적으로 어느 곳에서 '퇴退(물러남)'가 있었느냐 하는 의견이 분분한 것이다."(『사기전증』) 양옥승의 『사기지의』와 곽숭도의 『사기찰기』 『통감』 그리고 그 외의 자료 대부분은 제나라 군대가 서쪽 위나라 영내로 진입하는 것으로 보지 않고 위나라에서 동쪽 제나라로 퇴각하는 과정에서 적을 유인하는 계책을 썼다고 여겼다. 역자는 전대흔의 의견에 따라 번역했다.

**26**　삼진三晉: 여기서는 위나라 군대를 가리킨다. 위, 한, 조는 모두 진晉나라가 분리되어 세워진 나라이므로 당시 사람들이 삼진이라 불렀다.

**27**　"100리를 행군하여 이익을 다툰다면 삼장군三將軍(삼군의 주장)이 사로잡히게 된다. 신체가 건장한 사졸은 앞서가고 허약한 사졸들은 낙오되니 이런 방법으로는 결과적으로 10분의 1의 병력만 목적지에 도달하게 된다. 50리를 행군하여 이로움을 다툰다면 상군上軍(좌군左軍, 전군前軍과 같은 의미)의 주장을 잃게 되고 그런 방법으로는 절반의 병력만 도착하게 된다."(『손자孫子』「군쟁軍爭」)

**28**　'수정본'에서는 『찰기』, 경우본·소흥본·경본, 『통감通鑑』「주기周紀」, 『후한서』「공융전孔融傳」 이현 주석에 모두 '2만'으로 기재된 것에 근거하여 '3만'이 아닌 '2만'으로 바로잡아야 한다고 했다.

**29**　일부 번역본에는 '아궁이 10만 개, 5만 개, 3만 개'라고 번역하고 있으나 '10만, 5만, 3만 명이 밥을 지어 먹을 수 있는 아궁이'라고 번역해야 맞다.

방연은 제나라 군대를 뒤쫓은 지 사흘째가 되자[30] 크게 기뻐하며 말했다.

"내 본래 제나라 병사들이 겁쟁이인 줄 알고 있었지만 우리 국경 안으로 진입한 지 사흘 만에 대오를 이탈하여 달아난 이가 절반을 넘는구나."

그러고는 보병들은 남겨둔 채 가볍게 무장한 정예 부대만을 이끌고 밤낮으로 이틀 길을 하루 만에 달려서 제나라 군대를 뒤쫓았다. 손빈이 방연의 행군 속도를 헤아려보니 저녁 무렵이면 마릉馬陵[31]에 도달할 것 같았다. 마릉은 길이 비좁은 데다 양쪽의 지세가 험준하여 병사들을 매복시키기에 좋았다. 손빈은 사람을 시켜 길옆에 있던 큰 나무의 껍질을 벗겨내고 하얗게 드러난 부분에 이렇게 써놓았다.

"방연이 이 나무 아래에서 죽을 것이다."

그런 다음 손빈은 활을 잘 쏘는 제나라 군사 1만 명을 선발하여 쇠뇌를 쥐게 하고 길 양쪽에 매복시켜 놓고 말했다.

"밤에 누군가가 불을 밝히는 것이 보이면 일제히 쏘도록 하라."

그날 밤 방연은 과연 껍질이 벗겨진 큰 나무 아래에 이르렀고, 나무 흰 부분에 뭐라고 쓰여 있는지 보려고 사람을 시켜 불을 비추게 했다. 방연이 나무에 쓰인 글을 다 읽기도 전에 양쪽에 매복해 있던 제나라 군사들이 일제히 쇠뇌를 발사했고, 위나라 군사들은 큰 혼란에 빠져 대형을 잃었다. 방연은 자신의 지혜가 모자라 싸움에 패했음을 깨닫고는 스스로 목을 베면서 말했다.[32]

"결국 이 어린놈의 명성을 세상에 널리 알리는구나!"

---

30 "문장의 의미에 근거하면 서쪽으로 향하는 제나라 군대를 추격하는 것이다. 곽숭도 등의 후세 사람들의 견해에 근거하면 동쪽으로 물러나는 제나라 군대를 추격하는 것이다."(『사기전증』)
31 마릉馬陵: 지금의 산둥성 판현范縣 서남쪽 지역이다. 지금의 허난성 푸양 북쪽이라고도 하는데, 서로 거리가 멀지 않다. "문장 의미에 근거하면 위나라 경내의 대량 동쪽이다."(『사기전증』)
32 '자경自剄' 즉 스스로 목을 베었다고 하여 자결한 것으로 기록하고 있으나, 『전국책』 「제책」에서는 방연을 사로잡은 것으로 되어 있다. 한편 『사기』 「육국연표」와 「전경중완세가田敬仲完世家」에는 "위나라 장수 방연을 죽였다"고 되어 있다. "사로잡았다고도 하고 자살했다고도 하는데 모두 사실이 아니다. 아마도 쇠뇌를 쏘아 죽인 것 같다."(『사기지의』)

제나라 군대는 기세를 몰아 위나라 군대를 철저히 패배시키고 위나라 태자 신申[33]을 포로로 잡아 개선하여 돌아왔다.[34] 이때부터 천하에 손빈의 명성이 자자했고 그의 병법 또한 세상에 널리 전해지게 되었다.[35]

오기吳起는 위衛나라[36] 사람으로 군사 다루는 일을 좋아했다. 그는 일찍이 증자曾子[37]로부터 배웠고 나중에 노나라 군주[38]를 섬겼다. 제나라 사람[39]이 노나라를 공격하자 노나라 군주는 오기를 장군으로 임명하려 했으나 오기의 아내가 제나라 여자인 탓에 노나라 사람들은 그를 의심했다. 그러자 오기는 공명을 성취하기 위해 결국 자신의 아내를 죽여 제나라와 관계가 없음을 표명했다.[40]

---

33   태자 신申: 위 혜왕의 태자로 이름이 신申이다. 이때 위나라 상장군이었다.

34   "위나라는 전쟁에서 패하고 한나라는 쇠약해졌으며, 한나라와 위나라의 군주는 전영을 통해 북면하여 제 위왕을 알현했다."(『전국책』 「제책 1」) "왕거선·탕즈칭의 『제국사』에서 말하기를 '마릉전투는 제와 위나라의 쟁패 과정 가운데 결정적인 전쟁이다. 이 전쟁으로 위나라는 10만 명의 군대를 잃었고 군사력이 크게 약화되었다. 위 혜왕은 힘만 믿고 교만했으며 무공만을 숭상하고 오직 패자로 불리는 것만을 중시하여 현명하고 능력 있는 이를 존중하고 선비의 예로써 대접하는 선인들의 정신을 잃었고 정치혁신을 도모하지 않았기 때문에 제·진·조의 삼면 협공을 받아 패주의 지위를 상실했다.'"(『사기전증』)

35   "『손빈병법』은 육조六朝 이래로 보이지 않는 탓에 대체로 사람들은 사마천의 이 말을 오류로 의심하고 있다. 1972년 산둥성 린이臨沂 인췌산銀雀山 한나라 묘에서 『손빈병법』이 발견되었고 1975년에 공개 출판되었는데 모두 16편, 1만1000여 자다. 『손자병법』과 『손빈병법』은 두 종류의 책이 확실하다."(『사기전증』)

36   위衛나라는 서주 초기에 건립된 제후국으로, 첫 군주로 봉해진 인물은 무왕의 동생인 강숙康叔이다. 도읍은 조가朝歌(지금의 허난성 치현淇縣)였는데, 춘추시대를 전후로 초구楚丘(지금의 허난성 화현滑縣)와 제구帝丘(지금의 허난성 푸양 서남쪽)로 천도했다. 전국시대 이후 점차 위魏나라 속국으로 몰락했다.

37   증자曾子: 공자의 제자인 증삼曾參의 둘째아들로 이름은 신申이다. 유향의 『별록』에 따르면 오기는 『춘추좌전』을 증신曾申으로부터 물려받았다. 『예기』 「단궁檀弓」에서 노 목공魯穆公의 모친이 사망하자 사람을 시켜 증자에게 물었을 때 대답을 하면서 "이 신申 또한"이라고 밀한 깃으로 볼 때 증신이 증자임을 알 수 있다. 증신은 자가 자서子西이고, 증신과 증삼 모두 '증자'라 불렸다.

38   오기가 섬긴 노나라 군주는 목공穆公(재위 기원전 407~기원전 377)이며 이름이 현顯이다.

39   당시 제 강공齊康公(재위 기원전 404~기원전 379)은 이미 허수아비였고 제나라의 실질적인 집권자는 전화田和였다. 역사에서는 '태공太公'(재위 기원전 404~기원전 384)이라고 부른다.

40   『한비자』 「외저설 우상右上」에 오기가 아내에게 허리띠를 짜게 했는데 치수가 맞지 않자 내쫓았다는 이야기가 있다.

노나라 군주는 마침내 그를 장군으로 임명했다. 오기는 병사들을 이끌고 제나라 군대를 공격하여 대패시켰다.[41]

오기를 증오하는 어떤 노나라 사람이 말했다.

"오기는 사람됨이 의심이 많고 지극히 잔인하다. 그가 젊었을 때 집안에는 천금의 자산이 있었지만 벼슬을 구하느라 각국을 돌아다니다가 이루지 못한 채 가산만 탕진했다. 향당鄕黨[42] 사람들이 비웃자 오기는 자기를 비방한 자 30여 명을 죽이고는[43] 위衛나라 도성 동쪽 곽문郭門[44]을 나와 도망쳤다. 어머니와 작별하면서 자기 팔을 깨물며[45] '저는 이번에 떠나서 경상卿相이 되지 못하면 절대로 위나라로 돌아오지 않을 것입니다'라고 맹세했다. 그 뒤 오기는 증자를 섬기며 학문을 배웠다. 오래지 않아 그의 어머니가 죽었는데 오기는 끝내 돌아가지 않았다. 증자는 오기를 경멸하여 관계를 끊었다. 이후 오기는 노나라로 가서 병법을 배워 노나라 군주를 섬기게 되었다. 그런데 노나라 군주가 그의 아내가 제나라 사람이기 때문에 그가 제나라와 관계가 있을 것이라고 의심하자[46] 오기는 신임을 얻어 장군이 되고자 자신의 아내를 죽였다. 무릇 노나라는 작은 나라인데

41  이 싸움은 역사에 기재되어 있지 않다. "이때 노나라는 이미 대국의 속국이었는데 어떻게 제나라를 대파할 수 있는가? 그러나 양콴은 『회남자淮南子』 「도응훈道應訓」과 『설원說苑』 「지무指武」에 보면 굴약의屈若宜 오기에게 '그대가 노나라 장수였을 때 노나라 병사로서 제나라를 쳐서는 안 되는데 그대는 제나라를 물리쳤다'고 말했다. 고유高誘는 주석에서 '오기가 노나라 장수가 되어 제나라를 공격해 패배시켰다'고 했다. 이것으로 볼 때 확실히 오기가 노나라 장수가 되어 제나라에 승리를 거둔 사건이 있었다고 볼 수 있으나 상세하게 고찰할 수 없다."(『사기전증』)

42  향당鄕黨: 고대에 1만 2500가구를 향鄕, 500가구를 당黨이라 했다. 일반적으로 고향을 가리킨다.

43  오기를 미워하는 자가 과장하거나 날조한 말로 보이므로 믿을 수 없다.

44  곽문郭門: 위衛나라 도성 외성外城의 문을 가리킨다. 곽郭은 성 밖에 추가로 둘러싸며 축조한 성벽으로, 즉 외성이다. 내성은 성城이라 부른다. 성곽城郭은 내성과 외성을 함께 말한다.

45  고대에 맹세할 때 하는 동작 중 하나다. "호인胡人은 사람의 두개골로 술을 마시며 맹세하고, 월인越人은 팔뚝을 베는 형식으로 신용을 표했으며, 중원 지역 사람들은 희생물을 죽여 삽혈歃血하는 방식으로 맹약에 대한 충성을 표시했다. 그들이 사용한 방식은 각기 달랐으나 신용을 표시하는 데는 일치했다."(『회남자』 「제속齊俗」)

46  "동빈董份이 말하기를 '노나라 사람이 그를 싫어하는 것이지 반드시 군주가 싫어하는 것은 아니다. 노군魯君(노나라 군주) 글자는 사용해서는 안 된다'고 했다."(『사기평림』)

작은 나라가 대국을 패배시켰다는 명성을 얻게 되면 제후들은 불안해하며 연합하여 노나라를 도모하려 할 것이다. 게다가 노나라와 위나라는 형제 국가인데[47] 우리 군주가 오기를 중용하게 된다면 이것은 위나라를 저버리는 것이다."

이러한 말을 들은 노나라 군주는 오기를 의심하여 관직에서 사퇴시켰다.

오기는 위魏나라 문후文侯[48]가 현명한 군주라는 말을 듣고는 그를 섬기고자 했다. 문후가 이극李克[49]에게 물었다.

"오기는 어떠한 사람이오?"

이극이 대답했다.

"오기는 탐욕스럽고[50] 여색을 좋아하지만 병사를 다루는 일만은 사마양저도 그를 뛰어넘을 수 없을 것입니다."

위 문후는 오기를 장군으로 임명했고 오기는 군사를 이끌고 진秦나라를 공격하여 다섯 개 성을 함락시켰다.[51]

---

47　노나라는 주공 희단周公姬旦의 후대이고 위衛나라는 강숙 희봉康叔姬封의 후대다. 이들은 친형제간이기 때문에 노나라와 위나라는 형제 국가라고 말하는 것이다.

48　위 문후魏文侯(재위 기원전 445~기원전 396)는 위나라의 초대 군주로, 이름이 사斯다.

49　이극李克: 이이李悝를 말한다. 위魏나라의 유명한 대부로 위 문후를 보좌하면서 새로운 경제 정책을 많이 실행하여 위나라를 부강하게 만들었다.

50　"왕소가 말하기를 '이것은 오기가 탐욕스럽다고 이극이 말한 것이다. 이후 문장에서 '위 문후는 오기가 청렴하기 때문에 병사들의 마음을 얻을 수 있음을 깨달았다'고 했고, 또한 공숙公叔의 하인도 오기는 '사람됨이 엄정하고 욕심 부리지 않는다'고 했는데, 앞에서는 탐욕스럽다고 하고 뒤에서는 청렴하다고 말하고 있다. 어째서 말이 상반되는가? 지금 비추어보건대 오기가 탐욕스럽다고 한 것은 오기의 집안에 천금의 자산이 있었기 때문으로, 그는 벼슬을 구하느라 가산을 탕진했으니 실제로는 탐욕스러운 것이 아니다. 아마도 탐욕스럽다고 말한 것은 영예를 탐한 것일 뿐이고, 그렇기에 오기는 어머니가 죽어도 가지 않고 아내를 죽이면서까지 노나라 장군이 되었던 것이다. 혹은 오기가 위나라에 예물을 바치지 않는 등 여전히 탐욕스러운 행동이 있었지만 그가 등용된 후에는 청렴과 능력을 다했으니 또한 어찌하여 진평陳平의 사람됨과 다르다고 하겠는가!'("색은』)

51　「위세가」에서 문후 16년(응당 37년이라고 해야 한다)에 '진秦나라로 진공하여 새로이 획득한 임진臨晉(지금의 산시陝西성 다리大荔 동남쪽)과 원리元里(지금의 산시陝西성 청청澄城 동남쪽) 두 읍에 성을 축조했다'고 했고, 17년(응당 38년이라 해야 한다)에는 '계속해서 서쪽으로 진나라를 공격해 곧장 정현鄭縣(지금의 산시陝西성 화현華縣)까지 갔다가 비로소 철군했다. 동시에 또 새로 탈취한 낙음雒陰(지금의 산시성 다리), 합양合陽((지금의 산시성 허양合陽 동남쪽) 두 현에 성을 축조하고 지켰다'고 했는데, 이 사

오기는 장군이 되자 신분이 가장 낮은 사졸들이 먹는 밥을 먹고 그들과 똑같은 옷을 입었다. 잠을 잘 때 요를 깔지 않았고 행군할 때 말과 수레를 타지 않았을 뿐만 아니라 직접 양식을 싸고 등에 지고는 병사들과 동고동락했다. 한번은 종기가 난 병사가 있었는데 오기가 그 병사를 위해 직접 고름을 빨아주었다. 그런데 병사의 어머니가 소식을 듣고는 소리 내어 울었다. 어떤 사람이 그 까닭을 물었다.

"당신의 아들은 한낱 병사인데 장군께서 친히 고름을 빨아주셨소. 그런데 어찌하여 우는 것이오?"

그 어머니가 말했다.

"그렇지 않습니다. 이전에 오공吳公(오기)께서 아이 아비의 종기를 빨아준 적이 있는데, 그는 몸을 돌보지 않고 용감하게 전진하다가 결국 적에게 죽임을 당하고 말았습니다. 오공이 지금 또 우리 아이의 종기를 빨아주었으니 이 아이도 어디에서 죽게 될지 모릅니다. 그 때문에 우는 것입니다."

위 문후는 오기가 병사를 잘 다룰 뿐만 아니라 청렴하고 공평하여 병사들의 마음을 얻을 수 있음을 깨닫고 그를 서하군西河郡 군수郡守[52]로 임명하고 진秦나라와 한韓나라의 침입을 방어하도록 했다.

위 문후가 죽자 오기는 이어서 그의 아들 무후武侯[53]를 섬겼다. 한번은 위 무후가 오기와 함께 배를 타고 서하西河에서 물길을 따라 내려가다가 중간 지점에

건을 말한다. 양콴은 '위 문후 때 진나라를 공격해 다섯 개 성을 함락시켰다고 한 것은 바로 지난해와 올해로 확실히 오기가 장군이 되어 공격해 취했고, 이때부터 진나라의 하서河西 땅은 전부 위나라가 점유하게 되었다. 이후에 오기는 서하 군수가 되었다'고 했다."(『사기전증』)

52  서하군西河郡은 위魏나라에 속한 땅으로 대략 지금의 산시陝西성 동부 황하의 서쪽 연안이다. 하서河西라고도 했다. 군수郡守는 고대에 군의 행정 장관을 말하며 전국시대부터 설치되기 시작했다. 전국시대에 각국은 변경 지역에 군을 설치하고 관리를 파견해 적을 막으며 지키게 했기 때문에 관직명에 '수守'가 따랐다. 본래는 무관직이었으나 이후 점차 지방 행정장관으로 바뀌었다. 한나라 경제景帝 중원中元 2년(기원전 148) 명칭이 '태수太守'로 변경되었다.

53  위 무후魏武侯(재위 기원전 395~기원전 370)는 문후의 아들로 이름이 격擊이다.

이르렀을 때 사방을 둘러보며 오기에게 말했다.

"아름답구나, 산하의 견고함이여. 이는 우리 위나라의 가장 보배로운 것으로 구나!"

그러자 오기가 대답했다.

"국가의 견고함은 군주의 덕정德政에 있지 산하의 험준함에 있지 않습니다. 옛날에 삼묘씨三苗氏[54]가 나라를 세운 곳은 서쪽에 동정호洞庭湖가 있고 동쪽에 팽려호彭蠡湖[55]가 있어 험준함에 의지했지만 덕과 의를 닦지 않아서 대우大禹에게 멸망당했습니다.[56] 하夏나라 걸왕桀王의 도성[57]은 동쪽으로 황하와 제수濟水[58]가 있고 서쪽에는 태화산泰華山,[59] 남쪽으로는 이궐산伊闕山,[60] 북쪽으로는 태항산太行山의 양장판羊腸阪[61]이 있지만 정치가 어질지 못하여 상나라 탕왕에게 패배하여 쫓겨났습니다.[62] 은殷나라 주왕紂王의 영토는 동쪽으로 맹문산孟門山[63]이

---

54  삼묘씨三苗氏: 고대 전설 속의 남방 부족.

55  동정호洞庭湖는 지금의 후난성 북부에 있고, 팽려호彭蠡湖는 지금의 장시성 북부에 있는 파양호鄱陽湖다. 원문은 '좌동정 우팽려左洞庭, 右彭蠡'로, 옛사람들은 사람이 남쪽을 향하고 있는 모습을 기준으로 삼아 서쪽을 '우', 동쪽을 '좌', 앞쪽을 '남', 뒤쪽을 '북'이라 칭했다. 남방 부족인 삼묘씨가 북쪽을 향해 순舜과 우禹에게 대항했으므로 삼묘씨 입장에서는 '좌(서쪽) 동정, 우(동쪽) 팽려'가 된다. 사마천의 문장에 근거하면 당시 삼묘는 지금의 후난성, 장시성, 후베이성의 경계 지점에 거주했다.

56  "대우는 일찍이 삼묘를 멸망시킨 적이 없으며 『상서』와 제자諸子에도 그러한 언급이 없다."(『사기지의』)

57  하나라의 도성은 원原(지금의 허난성 지위안濟源 서북쪽)이다.

58  황하와 제수濟水: 지금의 허난성 원현溫縣 동쪽으로 황하와 제수가 갈라지는 곳을 말한다. 제수는 지금의 허난성 지위안시濟源市에서 발원하여 허난성과 산둥성을 경유하여 발해로 유입된다.

59  태화산泰華山: 화산華山을 말한다. 지금 산시陝西성 화인華陰 남쪽에 있다.

60  이궐산伊闕山: 용문산龍門山이라고도 하며 지금의 허난성 뤄양洛陽 남쪽에 있다.

61  양장판羊腸阪: 태항산太行山(지금의 허난성 지위안, 친양沁陽 이북과 산시山西성 진청晉城 이남 사이의 산맥)을 통과하는 길로, 에워싸듯 구불구불한 모양이 양의 장과 같아 '양장'이라 한다. 지금의 산시성 진청 남쪽에 있다.

62  대략 기원전 1600년의 사건으로, 「하본기夏本紀」와 「은본기殷本紀」에 따르면 하나라 걸왕이 상나라 탕왕에게 패배한 뒤 명조鳴條(지금의 허난성 평추封丘 동쪽 또는 지금의 산시山西성 원청運城 안이진安邑鎭 북쪽)로 달아났다가 죽었다.

63  맹문산孟門山: 지금의 허난성 휘현輝縣 서쪽에 있다. "유씨가 말하기를 '주왕紂王은 조가를 도읍으로 삼았는데, 지금 맹산孟山이 그 서쪽에 있다고 했다. 지금 왼쪽이라고 말했으니 동쪽에 따라 맹문

있고, 서쪽으로는 태항산, 북쪽으로는 상산常山,[64] 남쪽에는 황하가 있지만 덕정을 펼치지 않아 결국은 주 무왕周武王에게 살해당했습니다. 이로 보건대 국가의 강대함은 덕정에 있지 산하의 험준함에 있지 않습니다. 만일 군주께서 덕정을 실행하지 않으시면 이 배 안에 있는 사람들이 모두 적으로 변할 것입니다."

위 무후가 말했다.

"좋은 말이오."[65]


오기는 서하 군수가 되었을 때[66] 명성이 매우 높아졌다. 그리고 위나라에서는 상相 직책을 설치했는데 전문田文[67]이 임명되었다. 오기는 기뻐하지 않으며 전문에게 말했다.

"그대와 공로를 비교해보고 싶은데 어떻겠소?"

전문이 대답했다.

"좋지요."

오기가 물었다.

"삼군을 통솔하면서 사졸들에게 목숨을 돌보지 않게 하고 적국이 감히 우리를 도모하지 못하게 하는 일에서 그대와 나 오기 중에 누가 더 뛰어나오?"

전문이 대답했다.

孟門이 있는 것이다'라고 했다."(『색은』)

64  상산常山: 지금의 허베이성 취양曲陽 서북쪽과 산시山西성 경계에 있는 항산恒山이다. 전한 때 문제文帝 유항劉恒을 피휘하기 위해 상산으로 명칭을 변경했다.

65  국가의 강대함은 덕정에 있으며 산하의 험준함에 있지 않다고 한 오기의 말은 『전국책』「위책 1」에서 볼 수 있다.

66  원문은 '오기위서하수吳起爲西河守'로, 원래는 앞에 '즉봉卽封'이라는 두 글자가 있었는데 '수정본'에서는 이 글자를 삭제했다. "서하 군수가 되었으니 봉하다는 말을 해서는 안 된다. 오기는 문후 때 이미 서하 군수가 되었는데 무엇 하러 무후가 그를 봉하겠는가? 즉봉 두 글자는 불필요하다."(『사기지의』)

67  "『여씨춘추』에는 '상문商文'이라 기재되어 있다."(『색은』) 이후에 등장하는 제나라의 맹상군孟嘗君 전문田文과는 다른 사람이다.

"내가 그대만 못하오."

오기가 물었다.

"문무 관리들을 다스리고 모든 백성을 친밀하게 하며 국가 부고府庫를 충실하게 하는 일에서 그대와 나 오기 중에 누가 더 낫겠소?"

전문이 대답했다.

"내가 그대만 못하오."

오기가 또 물었다.

"서하를 지켜 진秦나라 군사들이 감히 동쪽으로 침범하지 못하게 하고 한韓나라와 조나라 양국을 복종시키는 일에서 그대와 나 오기 중에 누가 더 강하겠소?"

전문은 또 대답했다.

"내가 그대만 못하오."

오기가 물었다.

"이 세 방면에서 그대가 나보다 못한데 그대의 지위가 나보다 위에 있는 것은 무엇 때문이오?"

전문이 대답했다.

"왕의 나이가 어려 나라가 뒤숭숭해 안정되지 못하고, 신하들은 친근하게 의지하며 따르지 않고, 백성은 조정을 믿지 못하고 있소. 이러한 때에 모두 그대를 주목하겠소? 아니면 나를 주목하겠소?"⁶⁸

오기는 묵묵히 한참 있다가 말했다.

"그대를 주목할 것이오."

전문이 말했다.

---

68 "위 무후는 14세에 제위를 이어받았으며, 이 말은 무후가 갓 즉위했을 때이므로 '군주는 나이가 어리고 국내는 의심하며 안정되어 있지 못하다'고 말한 것이다. 그러나 문후의 재위 기간이 길어서 안으로는 위성자魏成子와 적황翟璜이 있었고, 밖으로는 서문표西門豹와 이극의 무리가 있었고, 오기는 문후 때 장군이었으므로 또한 노신老臣이었다. '대신들은 친근하게 의지하며 따르지 않고, 백성은 신임하지 않는다'라고 말할 수 없다."(『사기찰기』)

"이것이 바로 내 지위가 그대보다 높은 까닭이오."

오기는 비로소 자기가 전문만 못하다는 것을 알게 되었다.


전문이 죽자 공숙公叔[69]이 상이 되었고 공숙은 위魏나라 공주를 아내로 맞아들였는데, 오기를 항상 증오했다. 공숙의 하인이 말했다.

"오기를 내쫓는 것은 매우 쉬운 일입니다."

공숙이 물었다.

"어떻게 하면 되느냐?"

그 하인이 말했다.

"오기는 사람됨이 엄정하고 욕심 내지 않으며 자신의 명예를 중시합니다. 먼저 무후[70]께 '오기는 재능 있는 사람인데, 군주의 나라는 작은 데다 강한 진秦나라와 국경을 접하고 있습니다.[71] 신은 마음속으로 오기가 오래도록 우리 위나라에 머물 마음이 없을까 걱정됩니다'라고 말씀드리십시오. 무후께서 '어떻게 하면 좋겠소?'라고 물으면, 무후께 '공주의 데릴사위로 삼는 것으로 시험해 보십시오. 그가 우리 위나라에 오래도록 머물 마음이 있다면 반드시 호의를 받아들일 것이고 머물 마음이 없다면 틀림없이 사양할 것입니다. 이런 방법으로 그의 마음을 떠보십시오'라고 말씀드리십시오. 그리고 오기를 손님으로 상부相府(상相 부중府中)에 초청한 다음 함께 댁으로 가서 오기 면전에서 공주의 화를 돋우어 상相 어르신을 업신여기는 모습을 보이게 하십시오. 오기는 공주가 상 어르신을 경시하는 것을 보면 반드시 무후의 데릴사위 제안을 거절할

---

69 "한韓나라의 공족公族(제후 혹은 군왕의 동족)이다."(『색은』) "공숙은 곧 위나라의 공숙좌公叔座다. 『색은』의 말은 터무니없다."(『사기지의』)

70 "이곳과 아래에서 세 차례 '무후'라고 칭했는데, 잘못이다. 『사전史詮』에서는 모두 '위후魏侯'라 해야 한다고 했다."(『사기지의』)

71 당시 진나라는 아직 변법을 시행하지 않아 강대하지 않았고, 위나라의 국력은 문후와 무후 시대에 천하에서 가장 강대했기에 '나라가 작다'는 말은 실제에 부합하지 않는다.

것입니다."

그리하여 오기는 공주가 위나라 상을 경시하는 모습을 보고 과연 무후의 제안을 거절했다.[72] 이로부터 무후는 오기를 의심하며 신임하지 않게 되었다. 오기는 죄를 얻게 될까 두려워 마침내 위나라를 떠나 초나라로 갔다.

초나라 도왕悼王[73]은 평소에 오기가 재능이 있다는 말을 듣고 있었으므로 그가 초나라에 오자 상으로 임명했다. 오기는 법률을 엄격하고 공정하게 제정하고 확실하게 법령에 따라 실행했으며, 관계없고 긴요하지 않은 관원을 감축하고, 왕실과 관계가 먼 공족公族의 작록을 폐지하여 평민으로 강등시키고 거기서 절감한 비용으로 전사를 양성했다.[74] 그의 주요 목표는 군사 역량을 더욱 강화하고 도처를 다니며 합종合從과 연횡連橫을 주장하는 유세객들을 단호하게 배척하는 것이었다. 그리하여 남쪽으로는 백월百越[75]을 평정하고, 북쪽으로는 진陳과 채蔡를 병탄하고[76] 삼진三晉의 침략을 물리쳤으며, 서쪽으로는 진秦나라를 공격

72　『여씨춘추』「장견長見」에 따르면 오기를 헐뜯어 모함한 자는 공숙이 아니라 왕착王錯(위나라 대부)이다.

73　초 도왕楚悼王(재위 기원전 401~기원전 381)은 이름이 의疑다.

74　"옛날에 오기는 초나라 도왕에게 초나라 정세에 대해 이와 같이 권고했다. '대신들의 권세가 너무 크고 분봉한 귀족이 너무 많습니다. 이런 상황이라면 위로는 군주를 핍박하게 되고 아래로는 백성을 학대하게 됩니다. 이것은 국가를 빈곤하게 만들고 군대를 쇠약하게 하는 방법입니다. 작위와 봉지를 소유한 귀족이라 할지라도 삼대가 되면 작록을 회수하고, 백관의 봉록을 줄이고, 남아도는 불필요한 관원을 줄이고, 이렇게 절약한 비용으로 정예 병사들을 선발하고 훈련시키는 것이 낫습니다.'"(『한비자』「화씨和氏」)

75　백월百越: 지금의 푸젠성·광둥성·광시성과 베트남 북부에 거주하던 소수민족의 통칭으로, 종족이 많아서 백월이라 했으며 '백월百粤'이라 쓰기도 한다. "오기가 도왕의 상이었을 때 남쪽으로 만월蠻越 일대를 정벌하여 비로소 동정洞庭과 창오蒼梧(후난성과 광시성 동북부 일대)의 큰 지반을 점유했다."(『후한서』「남만서남이열전南蠻西南夷列傳」)

76　진陳과 채蔡는 서주 이후의 제후국이다. 진陳나라에 봉해진 첫 번째 군주는 순舜의 후손인 호공胡公 만滿만胡公滿이고 도성은 완구宛丘(지금의 허난성 화이양淮陽)였다. 기원전 478년에 초나라에 멸망당했다. 채蔡나라에 봉해진 첫 번째 군주는 무왕의 동생 숙도叔度이고 도성은 상채上蔡였다. 춘추시대 초나라가 공격을 하던 시기 전후로 신채新蔡(지금의 허난성 신차이新蔡)와 주래州來(지금의 안후이성 펑타이鳳台)로 천도했고, 기원전 447년에 초나라에 멸망당했다. "진은 초 혜왕楚惠王 11년(기원전 478)에 멸망했

했다.[77] 제후들은 초나라가 강대해지는 것을 불안해했고, 초나라의 귀척들은 모두 오기를 미워했다.[78] 도왕이 사망하자(기원전 381) 종실과 대신들은 이 기회를 이용해 반란을 일으켜 오기를 공격했다. 오기는 도왕의 시신이 있는 곳으로 달아나 도왕의 시신 위에 엎드렸다. 오기를 공격하던 무리가 오기에게 활을 쏘고 찔러 죽였는데 도왕의 시신에도 화살이 꽂혔다.[79] 도왕의 장례가 끝나고 태자가 즉위[80]하자, 영윤슈尹[81]에게 명하여 오기를 쏘아 죽일 때 도왕의 시신에까지 활을 쏜 자들을 모조리 주살하게 했다. 오기를 쏘아 죽인 일에 연루되어 멸족된 사람이 70여 집안에 이르렀다.

태사공은 말한다.

"세상에서 출병과 용병[82]의 이론을 말할 때 모두가 『손자孫子』13편과 『오기병법吳起兵法』[83]을 언급한다. 이 두 권의 책은 세상에 많이 전해졌으므로 평론하지 않고, 그들이 평생 실행한 일만을 서술했다. 속담에 '행동으로 잘 실천하는

고 채는 초 혜왕 42년(기원전 477)에 멸망했는데 어떻게 도왕이 그들을 병탄하겠는가? 「진책」을 답습한 잘못이다."(『사기지의』)

77  오기가 초나라에 있을 때 진나라 제후는 진 헌공이었다. "이상 오기가 도왕을 보좌하여 초나라를 강대하게 만들었다는 여러 일은 사실에 부합되지 않는다."(『사기전증』)

78  원문은 '욕해오기欲害吳起'다. "모본毛本에는 '욕欲'자가 없다."(『사기회주고증』) "오기가 '관원을 감축하고 왕실과 관계가 먼 공족의 작록을 폐지하여 평민으로 강등'시켰으므로 이 사람들의 이익에 저촉된 것이다. '욕欲'자가 없는 편이 의미가 더 좋다."(『사기전증』)

79  『여씨춘추』「귀졸貴卒」의 내용은 조금 다르다. "초나라 왕이 죽자 귀족들이 모두 도성으로 돌아왔다. 왕의 시신이 대청 위에 놓여 있는데도 그들은 오기를 향해 화살을 쏘았다. 그러자 오기가 큰소리로 '내가 그대들에게 말하건대 군사를 움직이지 말라'고 외친 후 몸에 꽂힌 화살을 뽑아 대청으로 달려가서는 임금의 시신 위에 엎드려 그 화살을 왕의 시신에 꽂는 한편 '군신들이 난을 일으키고 왕의 시신을 쏘았다'고 외쳤다. 그리고 오기는 죽었다."

80  초 숙왕楚肅王(재위 기원전 380~기원전 370)을 말하며 이름이 장臧이다.

81  영윤令尹: 춘추전국시대 초나라의 최고 관직으로 정치 사무를 장악하고 명령을 발포 및 시행하는 최고 고관이었다.

82  원문은 '여사旅師'다. '여사'란 군대 편제를 가리키는 말로 후대에 '군대'를 대신하는 용어로 쓰였다.

83  『한서』「예문지」에 『오기吳起』48편이 기재되어 있다. 지금은 「도국圖國」「요적料敵」「치병治兵」「논장論將」「변화變化」「여사勵士」6편만 남아 있다.

사람이 반드시 말을 잘하는 것은 아니며, 말을 잘할 수 있는 사람이 또한 반드시 행동으로 잘 실천하는 것은 아니다'라고 했다. 손빈이 방연을 격파하고 죽인 계책은 영명했으나, 도리어 두 다리가 잘리는 형벌을 피하지는 못했다. 오기는 무후에게 험준한 지형에 의지하는 것이 덕정의 시행보다 못하다고 말했지만 초나라에서 집정했을 때 그는 잔혹하고 포악했으며 은혜를 적게 베풀어 목숨을 잃었으니 슬프구나!"

# 6

# 오자서열전

伍子胥列傳

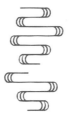

초나라 사람인 오자서는 부친과 형이 초 평왕에게 억울한 죽임을 당한 후 오나라로 달아났고, 오왕 합려가 왕위에 오르도록 보좌하고 군사를 일으켜 초나라를 정벌하여 원수를 갚았다. 그러나 오왕 부차를 위해 분투하여 월나라를 멸망시킨 공적을 쌓았음에도 참언에 넘어간 오왕 부차에 의해 죽임을 당했다. 이 편은 『좌전』과 『국어』에 근거해 기술한 것으로, 일부 사건은 시기를 잘못 인식하여 『좌전』만큼 명확하지 않은 오점을 지니고 있다.

사마천은 오자서에 대해 "작은 의를 버리고 큰 치욕을 씻어 후세에 명성을 남겼으니, 참으로 비장하구나! 오자서가 강에서 곤란을 겪고 길에서 구걸할 때 어찌 한순간이라도 초나라를 멸망시키고 원수를 갚는 일을 잊었겠는가? 그는 마음속에 간직하고 치욕을 참아내며 공명을 성취했으니, 장렬한 대장부가 아니라면 누가 이런 일을 할 수 있겠는가?"라고 평가함으로써 오자서가 폭군을 징벌하고 원한을 갚은 일을 통쾌하게 여겼으며, 멀리 내다보는 안목과 목숨을 내놓고 군주에게 직언하는 정신을 칭송했다.

그러나 오자서가 사적인 원한을 갚기 위해 타국의 군대를 이용하여 조국을 공격한 후 잔인한 복수를 펼친 것, 특히 자신의 옛 군주였던 초 평왕의 무덤을 파헤쳐 300번이나 시신을 채찍질한 행위는 사회 통념상 용납되기 어렵다. 또한 억울한 죽음을 맞는 순간 "내 무덤가에 반드시 가래나무를 심어 그것이 자라면 오왕의 관으로 사용하도록 하고, 또한 내 눈알을 도려내어 오나라 도성 동문에 매달아 월나라가 쳐들어와 오나라를 멸망시키는 것을 볼 수 있도록 하라"는 말을 남겼는데, 이로 인해 평생 비분강개 속에서 살다가 원한을 품고 생을 마친 인물이라는 평가를 피할 수 없다.

오자서伍子胥는 초나라 사람으로 이름이 운員이다. 오운의 부친은 오사伍奢이고 형은 오상伍尙이다. 그의 선조 중에 오거伍擧라는 사람이 초 장왕楚莊王을 섬기면서 올곧은 직언으로 이름을 드날렸고, 그로 인해 그 후손은 초나라에서 유명한 가문이 되었다.[1]

　초 평왕楚平王[2]에게 태자가 있었는데 이름이 건建이었다. 평왕은 오사를 태부太傅로 삼고 비무기費無忌를 소부少傅로 삼았다.[3] 그러나 비무기는 태자 건에게 충성하지 않았다. 평왕은 비무기에게 진秦나라로 가서 태자의 아내를 모시고 오도록 했다.[4] 진나라 여인의 아름다운 용모를 확인한 비무기는 급히 말을 달려 돌아와서는 평왕에게 보고했다.

　"진나라 여인이 절세미인이니 대왕께서 직접 아내로 맞아들이시고, 태자에게는 다른 여인을 아내로 얻어주십시오."

　평왕은 결국 진나라 여인을 아내로 맞이해 각별히 총애했으며 아들 진軫[5]을

1　"여유정이 말하기를 '『좌전』에 따르면 오거는 강왕康王, 영왕靈王 때 사람이다. 그 부친인 오삼伍參이 장왕을 섬겼고 오사가 그의 손자다'라고 했다."(『사기평림』) "오삼의 아들이 오거이고, 오거의 아들이 오사다. 장왕을 섬긴 사람이 오삼이고 영왕을 섬긴 사람이 오거인데, 어떻게 오거가 장왕에게 간언할 수 있겠는가. 여기서 말하는 장왕은 영왕을 잘못 표기한 것으로 의심된다."(『사기지의』) 초 장왕(재위 기원전 613~기원전 591)은 이름이 여侶이고 오패五霸 중의 한 명이다.
2　초 평왕楚平王(재위 기원전 528~기원전 516)은 초 장왕 이후 다섯 번째 군주로, 이름이 거居다.
3　태부太傅는 태자대부太子大傅, 소부少傅는 태자소부太子少傅를 말한다. 태자의 교육을 담당하는 관직이다. 『좌전』에서 비무기는 '비무극費無極'이라 했다."(『색은』) 또한 『좌전』에는 오사가 '태자사太子師'이고 비무극은 '태자소사太子少師'로 되어 있다. 사師와 부傅의 직임은 대체로 비슷하다.
4　이 당시 진나라의 군주는 진 애공秦哀公(재위 기원전 536~기원전 501)이었다.
5　진軫: 나중에 초 소왕楚昭王이 된다.

낳았다. 태자에게는 다른 여인을 아내로 맞아주었다.

비무기는 진나라 여인의 일로 평왕의 환심을 얻게 되자 곧 태자 곁을 떠나 평왕을 섬겼다. 비무기는 하루아침에 평왕이 죽어서 태자가 즉위하게 되면 자신을 죽일까 하는 두려운 마음에 태자 건을 헐뜯었다. 태자 건의 모친은 채蔡나라 군주의 딸이었는데 평왕은 그녀를 총애하지 않았다.6 비무기의 말을 들은 초평왕은 태자 건을 점차 멀리하더니, 태자에게 군사를 이끌고 북부의 성보城父7를 지키면서 초나라의 변방을 보위하게 했다.

얼마 후 비무기는 다시 밤낮을 가리지 않고 평왕에게 태자의 험담을 늘어놓았다.

"태자는 진나라 여인의 일로 원망을 품지 않을 수 없으니 원컨대 대왕께서 조금은 방비를 하셔야 할 것 같습니다. 태자가 성보를 지킨 이후로 군대를 통솔하면서 밖으로는 제후들과 교류하고 있는데,8 장차 도성으로 돌아와 반란을 일으키려 준비하는 것입니다."

이 말을 들은 평왕은 그의 태부인 오사를 불러들여 심문했다. 오사는 비무기가 평왕에게 태자에 대해 헐뜯은 사실을 알고 있었기에 이렇게 말했다.

"대왕께서는 어찌하여 험담으로 사람을 해치는9 소신小臣의 말을 믿고서 골

---

6  이 시기 채나라 군주는 채 평후蔡平侯(재위 기원전 530~기원전 521)에서 채 도후蔡悼侯(재위 기원전 520~기원전 518)로 교체되었다. 평후가 죽자 정변이 일어났고 평후의 세력이 권세를 잃자 초나라로 시집간 그의 딸 역시 평왕의 총애를 받지 못했다.

7  성보城父: 지금의 허난성 바오펑寶豐 동쪽. 춘추 전기에는 진陳에 속했지만 이후에 초나라에 점령되었으며 초나라의 북쪽 경계였다. 지금의 안후이성 하오셴亳縣(일반적으로 보저우亳州를 가리킨다) 동남쪽에 또한 성보가 있는데, 평왕 때 초나라의 동북 경계였으나 아직 여기에까지는 미치지 못했다.(『사기전증』) 『지리지地理志』에서는 성보현이 영천穎川에 있다고 했다.(『집해』) '수정본'에서는 성보를 '부성父城'으로 표기하는 게 옳다고 했다. 『한서』 「지리지」에 영천군에 '부성'은 있지만 '성보'는 없으며, 『사기』 「초세가」의 『정의』의 주석에서 『지리지』에 이르기를 '영천에 부성현과 패군에 성보현이 있는데, 이 두 가지 명칭은 다른 것이다'라고 했다"는 문장을 근거로 삼았다.

8  "모곤茅坤이 말하기를 '예로부터 태자가 밖에서 군사를 감독하면 화를 조성하는 자가 많았다'고 했다."(『사기평림』)

9  원문은 '참적讒賊'으로, 『순자』 「수신修身」에 따르면 선량한 사람을 손상시키는 것을 참讒이라 하

육 간의 정을 멀리하십니까?"

비무기가 말했다.

"대왕께서 지금 그들을 제지하지 않으면 반란에 성공할 것입니다. 그때는 대왕께서 그들에게 사로잡히게 될 것입니다."

이에 평왕은 크게 노하여 오사를 가두고 성보 일대에 군대를 주둔시키고 있는 사마司馬[10]인 분양奮揚을 보내 태자를 죽이게 했다. 분양은 성보로 가는 도중에 사람을 보내 태자에게 알렸다.

"태자께서는 빨리 달아나십시오. 그렇지 않으면 죽임을 당하게 될 것입니다."

태자 건은 송宋나라[11]로 달아났다.


비무기가 다시 평왕에게 말했다.

"오사에게는 두 아들이 있는데 모두 재능이 있어 죽이지 않으면 초나라에 근심이 될 것입니다. 그 아비를 인질로 삼아 그들을 불러들이십시오. 그렇지 않으면 초나라에 후환이 될 것입니다."

평왕은 사자를 보내 오사에게 말했다.

"네 두 아들을 불러오면 살려둘 것이나, 그렇지 않으면 죽이겠다."

오사가 말했다.

"큰아들 오상은 사람됨이 인자하여 제가 부르면 반드시 올 것입니다. 그러나 오운은 고집이 세고 거칠며 치욕을 견딜 수 있어 큰일을 이룰 수 있습니다. 그는 함께 사로잡혀 죽임을 당할 것을 알고 반드시 오지 않을 것입니다."

---

고, 선량한 사람을 해치는 것을 적賊이라 한다.

10  사마司馬: 군대 내의 규찰, 사법 등의 일을 주관하는 관직이다. 사司는 '관장하다'라는 뜻이고 '마馬'는 군마와 출정의 일을 말한다.

11  송宋: 서주 초기에 건립된 제후국으로 첫 번째 군주는 주왕紂王의 형인 미자계微子啓였고, 도성이 상구商丘(지금의 허난성 상추 남쪽)였다. 초 평왕 당시 송나라의 군주는 송 평공平公의 아들인 송 원공宋元公(재위 기원전 531~기원전 516)이었다.

평왕은 그의 말을 믿지 않고 사람을 시켜 두 아들을 불러들이면서 이렇게 말했다.

"너희가 오면 네 아비를 살려주겠지만, 오지 않으면 즉시 죽일 것이다."

그 말을 들은 오상이 가려고 하자 오운이 말했다.

"초나라 왕이 우리 형제를 부른 것은 결코 부친을 살려주려는 것이 아니라, 우리가 달아나면 훗날에 근심거리가 될 것이 두려워 부친을 인질로 삼아 우리를 속여 부르는 것입니다. 그곳으로 가면 부자 셋이 같이 죽게 될 터, 아버님의 죽음에 무슨 도움이 되겠습니까? 우리가 간다면 아버님의 원수를 갚을 수조차 없게 될 것입니다. 차라리 다른 나라로 달아나 그 나라의 역량을 빌려 아버님의 원수를 갚고 치욕을 씻어드리는 것이 낫지요. 함께 죽는 것은 헛된 일입니다."

오상이 말했다.

"가도 아버지의 목숨을 구할 수 없음은 나 역시 알고 있다. 그러나 내가 두려워하는 것은 지금 아버지께서 목숨을 보전하기 위해 나를 부르셨는데 내가 가지 않았다가 나중에 원수를 갚지 못한다면 세상 사람들의 웃음거리가 되는 것이다."

그러고는 오운에게 또 말했다.

"너는 달아나거라! 너는 아버지를 죽인 원수를 갚을 수 있을 것이니, 나는 돌아가서 함께 죽겠다."

오상이 스스로 나아가 붙잡히자 사자는 오자서(오운)를 체포하려 했다. 오자서가 활을 당겨 사자를 향해 겨누자 사자는 감히 접근하지 못했다. 그 틈을 타 오자서는 달아났다. 오자서는 태자 건이 도망쳐 송나라에 있다는 말을 듣고 송나라로 가서 그를 따랐다. 오사는 오자서가 도망쳤다는 말을 듣고는 말했다.

"초나라 군주와 신하들은 장차 전쟁의 고통을 겪게 될 것이다."

오상이 초나라 도성으로 압송된 후 평왕은 오사와 오상을 모두 죽였다.

오자서가 송나라에 당도한 후 마침 송나라에는 화씨華氏의 난[12]이 일어났으므로 오자서는 태자 건과 함께 송나라를 떠나 정鄭나라[13]로 달아났다. 정나라 사람들은 그들을 매우 좋아했다. 태자 건이 다시 진晉나라[14]로 가자 진 경공晉頃公[15]이 말했다.

"태자는 정나라와 관계가 좋고 정나라 사람들 또한 태자를 신임하고 있소. 만일 태자가 나를 위해 안에서 호응하고 내가 밖에서 공격하면 정나라를 반드시 멸망시킬 수 있을 것이오. 정나라를 멸망시킨 후 그 땅을 태자에게 봉하고 군주로 세워주겠소."

태자는 승낙한 후 정나라로 돌아왔다. 아직 준비가 덜 된 상태에서 공교롭게도 태자가 사사로운 일로 자신의 시종을 죽이려 했다. 태자가 진晉나라와 결탁하여 정나라를 침략하려는 음모를 알고 있던 시종은 이 사실을 정나라에 보고했다. 그러자 정나라 정공定公과 자산子産이 태자 건을 죽였다.[16] 태자 건에게는 이름이 승勝인 아들이 있었는데, 오자서는 이 일에 연루될 것을 우려하여 승을 데리고 오吳나라[17]로 도망쳤다. 소관昭關[18]을 지날 때 그곳을 지키던 관리가 그

---

12 "『춘추』 소공昭公 20년에 송나라 화해華亥, 상녕向寧, 화정華定이 군주와 다투고 달아난 일이다." (『색은』)

13 정鄭: 서주 후기에 건립된 제후국으로, 첫 번째 군주는 선왕宣王의 동생 희우姬友이고 도읍은 남정南鄭(지금의 산시陝西성 화현華縣)으로 정했다가 신정新鄭(지금의 허난성 신정)으로 천도했다.

14 진晉: 서주 초기에 건립된 제후국으로, 첫 번째 군주는 성왕成王의 동생 숙우叔虞이고 도읍은 익翼(지금의 산시山西성 이청翼城 동남쪽)으로 정했다가 진 헌공晉獻公 때 강絳(지금의 산시山西성 허우마侯馬 서남쪽)으로 천도했다.

15 진 경공晉頃公(재위 기원전 525~기원전 512)은 소공昭公의 아들로, 이름이 기질棄疾이다.

16 정 정공鄭定公(재위 기원전 529~기원전 514)은 간공簡公의 아들로, 이름이 영甯이다. 자산子産은 공손교公孫僑로 정나라 귀족이며 춘추시대 후기의 유명한 정치가다. "정공이 태자 건을 죽인 시기는 알 수가 없다. 자산은 정공 8년(기원전 522)에 죽었는데, 그해에 태자 건이 정나라로 달아났으니 아마도 자산이 그를 죽인 것 같지는 않다."(『사기지의』)

17 오吳: 은나라 말기에 건립된 제후국으로, 개국 군주는 태왕太王의 아들 태백太伯과 중옹仲雍(문왕의 백부)이며 도읍은 오吳(지금의 장쑤江蘇성 쑤저우蘇州)였다. "오자서가 초나라를 도망쳐 오나라에 이르기까지 송, 정, 진을 거쳤으며 태자와 함께했다고 한 내용은 무엇을 근거로 한 것인지 알 수 없다."(『사기지의』)

들을 체포하려 했다.[19] 오자서와 태자의 아들 승은 거마와 따르는 자들을 버리고 맨몸으로 걸어서 도망쳤으나 추격하는 자들이 바짝 따라붙어 거의 벗어날 수 없는 지경이었다. 오자서가 강가에 이르렀을 때 한 어부가 배를 저어 오고 있었다. 그 어부는 오자서의 다급한 상황을 알고 그를 태워 강을 건너게 해줬다. 강을 건너자 오자서는 몸에 차고 있던 검을 풀어 어부에게 주면서 말했다.

"이 검은 백금의 가치가 있으니 그대에게 드리리다."

그러자 어부가 말했다.

"초나라가 현상금을 걸기를 오자서를 잡는 자에게 곡식 5만 석石[20]과 집규執珪[21]의 작위를 하사한다고 했는데, 어찌 겨우 백금의 검에 그치겠소!"

어부는 받지 않았다. 오자서는 오나라 도성에 도착하기도 전에 병이 생겨 도중에 길을 멈추고 구걸을 하기도 했다.[22] 오자서가 도성에 당도했을 때 오나라는 요僚가 집정하고 있었고,[23] 공자 광光[24]이 장군으로 있었다. 오자서는 공자 광을 통해 오나라 왕을 만났다.[25]

---

18 소관昭關: 지금의 안후이성 한산含山 북쪽 샤오셴산小峴山 위쪽으로, 오나라와 초나라를 잇는 교통 요지였다.

19 「십이제후연표」에 따르면 오자서가 오나라로 달아난 때는 소공 20년(기원전 522)이고 정나라가 태자 건을 죽인 때는 소공 23년(기원전 519)이다. 본 열전과 일치하지 않는다.

20 석石: 무게 단위로 전국시대에는 각국의 도량형이 조금씩 달랐지만 진秦나라를 기준으로 1석石은 30.36킬로그램이었다.

21 집규執珪: 춘추전국시대 초나라 최고의 작위명으로, 상집규上執珪라고도 했다. 규는 경대부가 전례를 거행할 때 손에 쥐고 있는 일종의 옥판玉板으로 작위가 높은 자가 사용했다.

22 『오월춘추』에 따르면 오자서는 율양溧陽(지금의 장쑤성 리양溧陽 경내)이라는 곳에서 빨래하는 여인에게 구걸하여 밥을 얻어먹었다. "장발張勃이 말하기를 '오자서가 구걸한 곳은 단양丹陽 율양현溧陽縣이다'라고 했다."(『집해』)

23 원문은 '용사用事'다. "오나라 정사를 집정한다는 뜻으로 일반적으로 승상 등의 집정대신에게 사용된다. 여기서 군주에게 사용한 것은 습관에 부합하지 않는다. 『사기회주고증』에서는 '용사'가 '호사好事'와 같다고 했는데, '호사'는 '호전好戰'을 이르는 것으로 호전적으로 전쟁을 일삼는 것을 말한다."(『사기전증』)

24 공자 광光은 이후의 오왕 합려로, 오왕 요(재위 기원전 526~기원전 515)의 사촌형이다.

25 오자서가 오나라에 당도한 때는 오왕 요 5년(기원전 522)이었다.

다소 오랜 시간이 흘러 초나라 변경의 읍 종리鍾離와 오나라 변경의 읍인 비량지卑梁氏26의 사람들은 모두 양잠업에 종사했는데, 두 지역의 여자들이 뽕을 따다가 충돌이 발생했다. 초 평왕은 이 때문에 크게 화를 냈고 양국이 군사를 일으켜 공격하기에 이르렀다. 오나라에서는 공자 광을 보내 군사를 인솔하여 초나라를 정벌하게 했다. 이에 공자 광이 초나라의 종리와 거소居巢 두 읍을 점령하고 돌아왔다.27 오자서는 오왕 요에게 이렇게 권했다.

"현재 상황을 보건대 초나라를 격파할 수 있으니, 대왕께서는 공자 광을 다시 출병시키십시오."

공자 광이 오왕에게 말했다.

"오자서의 부친과 형은 모두 초나라에서 죽임을 당했습니다. 그가 대왕께 초나라 정벌을 권유하는 것은 자신의 원수를 갚기 위함일 뿐입니다. 초나라는 현재 격파하기 어렵습니다."

이 말을 들은 오자서는 공자 광이 국내에서 오왕을 죽이고 스스로 왕위에 오르려는 계획을 갖고 있기 때문에 그에게 대외적인 군사 행동의 일을 권할 수 없음을 깨달았다. 그리하여 공자 광에게 전제專諸28라는 용사를 추천하고 물러나 태자 건의 아들 승과 함께 시골로 가서 은거하면서 농사를 지었다.29

5년 후 초나라 평왕이 사망했다.30 일찍이 평왕이 태자 건으로부터 가로챈 진

26  종리鍾離는 지금의 안후이성 벙부蚌埠 동쪽에 위치한 옛 읍으로 초나라에 속했다. 비량지卑梁氏는 지금의 안후이성 펑양鳳陽 부근의 옛 읍으로 오나라에 속했다.
27  오왕 요 9년, 초 평왕 11년(기원전 518)에 발생한 일이다. 거소居巢는 지금의 안후이성 루안六安 북쪽에 있는 옛 읍이다.
28  전제專諸: 당시 유명한 자객이었다. "「좌전」에서는 전설제專設諸라 했다."(「색은」)
29  "모곤이 말하기를 '오자서가 오나라로 온 지 오래되었는데 오왕 요를 섬기지 않고 시골로 가서 농사를 지은 것은 요가 함께하기에 부족한 인물이었기 때문이다. 바야흐로 공자 광이 오왕을 시해하려 하는데 어찌하여 공자 광을 위해 계책을 내는 신하가 되지 않고 따로 전제를 추천했을까? 장차 발생할 난이 어찌될지 알 수 없기 때문이었을 것이다'라고 했다."(「사기평림」)
30  「사기회주고증」에 따르면 평왕은 즉위한 지 13년 후(기원전 516)에 사망했고 거소 전쟁과는 3년

나라 여인이 낳은 아들 진이 왕위를 계승했는데, 그가 바로 초 소왕楚昭王이다.[31] 이때 오왕 요는 초나라가 장례 절차로 바쁜 것을 보고 틈을 이용해 두 공자[32]를 시켜 군사를 이끌고 초나라를 기습하게 했다. 그러나 뜻하지 않게 초나라는 군대를 파견해 오나라 군대의 퇴로를 끊어 두 공자는 돌아갈 수 없게 되었다. 오나라 내부가 텅 비게 된 기회를 얻어 공자 광은 전제를 시켜 오왕 요를 찔러 죽이고 스스로 왕이 되었는데, 그가 바로 오왕 합려閩廬다.[33] 합려는 오나라 왕이 되어 뜻을 이루자 오자서를 불러 행인行人[34]으로 임명하고 나라의 큰일을 함께 논하게 했다.

이때 초나라에서 대신 극완郤宛과 백주리伯州犁가 주살되자[35] 백주리의 손자인 백비伯嚭가 오나라로 도망쳤고,[36] 오왕 합려는 그를 대부로 임명했다. 앞서 오왕 요의 명령을 받아 군사를 이끌고 초나라를 정벌하러 갔다가 퇴로가 끊겨 복귀하지 못한 두 공자는 합려가 오왕 요를 죽이고 스스로 왕이 되었다는 소식에 군사를 이끌고 초나라에 투항했다. 초나라 왕은 그들을 서舒[37] 땅에 봉했다. 합려는 스스로 왕이 된 지 3년째 되던 해(초 소왕 4년으로 기원전 512) 오자서, 백비

---

의 차이가 있으니 5년은 잘못된 기록이다. "5년은 3년의 잘못이다. 오나라가 거소를 전멸시킨 때부터 이때까지 3년이다. 만약 오자서가 오나라로 도망쳐온 때부터 계산하면 7년이다."(『사기지의』)

31  초 소왕楚昭王(재위 기원전 515~기원전 489)은 춘추시대 말기 초나라의 군주로, 평왕平王의 아들이며 이름이 진珍이다.

32  두 공자는 오왕 요의 동생인 엄여掩餘와 촉용燭庸이다. 『색은』에서는 엄여를 '개여蓋餘'라 했고 『사기회주고증』에서는 마땅히 '엄여'로 불러야 한다고 했다.

33  초 소왕 2년(기원전 514) 때 일어난 일이다.

34  행인行人: 참배와 국외 사절의 일을 관장하는 관직으로 지금의 외교부장과 같다.

35  "서광徐廣이 말하기를 '백주리의 아들이 극완이고 극완의 아들이 백비'라고 했다."(『집해』) "서광의 말에 따른다면 백주리가 극완 앞에 서술되어야 한다. 이 설은 사실이 아닐 것이다"라고 했다.(『사기전증』) "극완이 살해된 것은 노 소공 27년이고, 주리는 소공 원년에 초 영왕에게 살해되었으므로 기간이 멀다. 백씨는 극완의 무리지 동족이 아니다."(『사기지의』)

36  위 주석에 따라 백비는 백주리의 손자일 수는 있으나 극완의 아들은 아니다.

37  서舒: 원래 주나라 제후국이었으나 초나라에게 멸망당했다. 도읍은 지금의 안후이성 루장廬江 서남쪽 지역이었다.

와 함께 군사를 일으켜 초나라로 쳐들어가 서 땅을 점령했으며, 초나라에 투항했던 두 명의 장군인 오나라 공자를 사로잡았다. 합려는 승세를 몰아 초나라의 도성인 영郢까지 진격할 생각이었으나 장군 손무孫武[38]가 말했다.

"백성이 이미 피로해져 작전을 계속할 수 없으니 잠시 기다려주십시오."

이에 합려는 회군했다.

합려 4년(초 소왕 5년, 기원전 511), 오나라는 다시 군대를 일으켜 초나라를 정벌하여 육六과 첨灊[39]을 탈취했다. 합려 5년(초 소왕 6년, 기원전 510)에는 월越나라[40]를 정벌하여 대패시켰다. 합려 6년(초 소왕 7년, 기원전 509)에는 초나라 소왕이 공자 낭와囊瓦[41]를 파견해 군사를 이끌고 오나라를 정벌하게 했다. 오나라는 오자서를 파견해 맞서 공격하게 하여 초나라 군대를 예장豫章[42]에서 크게 이기고 다시 초나라의 거소를 탈취했다.[43]

합려 9년(초 소왕 10년, 기원전 506), 오왕 합려는 오자서와 손무에게 말했다.

"처음에 그대들은 초나라의 도성 영을 공격할 수 없다고 했는데, 지금은 어

---

38  손무孫武: 유명한 군사가로 「손자오기열전」에 그 사적이 기재되어 있으나 『좌전』에는 없다.

39  육六은 지금의 안후이성 루안六安 북쪽에, 첨灊은 안후이성 휘산霍山 동북쪽에 위치한 옛 읍이다.

40  월越: 주나라 때 분봉된 소국으로, 도읍은 회계會稽(지금의 저장성 사오싱紹興)였다. 이 당시 월나라의 왕은 구천句踐의 부친으로, 이름이 윤상允常이다.

41  "『좌전』에서 초나라 공자 정貞은 자가 자낭子囊이고, 그 손자는 이름이 와瓦이고 자가 자상子常이다. 여기서 공자라고 말하면서 또 낭와라고 칭한 것은 잘못이다."(『집해』) "진인석陳仁錫이 말하기를 '공자는 마땅히 공손公孫이라고 해야 한다. 자낭의 손자 이름이 와인데 낭와라 칭한 것은 손자가 조부의 자를 성씨로 삼은 것이다'라고 했다. 나카이 리켄中井履軒(나카이 세키토쿠中井積德과 동일인물. 이하 나카이 리켄으로 표기함)은 '낭와는 공자公子의 손자이니 공자 두 글자는 삭제해야 한다'고 했다."(『사기회주고증』)

42  예장豫章: 어느 지역인지에 대해서는 견해가 다양하다. 『집해』에서는 "예장은 강남에 있다"고 했고 『색은』에서 두예杜預는 "옛날에 예장은 강북에 있었는데 아마도 나뉜 후에 강남으로 옮겼을 것"이라고 했다. 지금의 안후이성 허페이合肥, 서우현壽縣 일대라는 설도 있다.

43  앞에서 종리와 거소를 점령했다고 했으며 이후 초나라가 거소를 탈환했다는 말이 없기 때문에 여기서 다시 거소를 탈취했다는 내용은 이치에 맞지 않다. 『좌전』 정공定公 2년(기원전 508)에서는 "겨울 10월, 오나라 군대는 예장에서 초나라 군대를 공격해 격파시켰다. 마침내 소巢 땅을 포위하고 점령했다"고 했다. 소巢는 '거소居巢'라고도 한다.

떻소?"

두 사람이 대답했다.

"초나라 장군 낭와는 탐욕스러워 당唐나라와 채蔡나라44가 모두 그를 원망하고 있습니다.45 왕께서 기필코 초나라를 정벌하고자 하신다면 반드시 먼저 당나라와 채나라의 지지를 얻어야 가능합니다."

합려는 이 말을 듣고 전국의 군사를 총동원하여 당·채 두 나라와 함께 초나라로 진공했고 쌍방이 한수漢水46를 사이에 두고 진을 펼쳤다.47 합려의 동생 부개夫槪는 군사를 이끌고 출격하겠다고 청했으나 합려가 허락하지 않았다. 그러자 부개는 남몰래 자신의 부하 5000명을 이끌고 출동하여 초나라 장군 자상子常48을 공격했다. 싸움에 패한 자상은 정나라로 달아났다. 이에 오나라는 승세를 타고 진격하여 다섯 차례 연달아 승리를 거두고 마침내 도성인 영에 이르렀다. 기묘己卯일(음력 11월 28일) 초 소왕이 달아났다. 이튿날인 경진庚辰일(11월 29일) 오왕은 마침내 도성인 영으로 진입했다.

소왕은 도성인 영에서 벗어나 운몽雲夢49으로 달아났지만 도둑 떼의 습격을

44  당唐나라는 주나라 초기에 분봉된 제후국으로, 도성은 지금의 후베이성 쑤이현隨縣 서북쪽의 당성진唐城鎭이었다. 채蔡나라 역시 주나라 초기에 분봉된 제후국으로, 상채를 도성으로 삼았으나 초나라의 핍박을 피해 신채로 천도했다가 소후(재위 기원전 518~기원전 491) 때 다시 주래(지금의 안후이성 펑타이)로 천도했다.

45  『좌전』 정공 3년(기원전 507)에 따르면 채 소후와 당 성공唐成公이 초나라에 입조했다. 채 소후에게는 두 개의 옥패와 두 벌의 가죽옷이 있었는데 초 소왕에게 하나씩 바치고 나머지 옥패와 가죽옷은 자신이 착용했다. 그것을 가지려 했으나 얻지 못한 낭와는 채 소후를 3년 동안 억류했다. 당 성공에게는 두 필의 좋은 말이 있었는데 낭와가 그것을 얻지 못하자 역시 3년 동안 억류했다. 결국 채 소후와 당 성공은 보물을 바치고서야 돌아올 수 있었고, 이 때문에 낭와에게 원한을 품었다.

46  한수漢水: 장강의 최대 지류로 한강漢江이라고도 부른다. 친링秦嶺산맥 남쪽 기슭 산시陝西성 닝창寧强에서 몐현勉縣을 경유해 흐르는 것을 면수沔水(몐수이)라 하고 동쪽으로 흘러 한중漢中에 이르는 줄기를 한수漢水(한수이)라 한다.

47  오나라는 당나라, 채나라와 더불어 한수 동쪽에 진을 펼치고 초나라 군대는 한수 서쪽에 진을 펼친 것을 말한다. 『좌전』에 따르면 이 전쟁은 정공定公 4년에 백거柏擧(지금의 후베이성 마청麻城 동북쪽)에서 발생했다. 백거에서 한수까지는 500~600리 떨어져 있다.

48  『사기회주고증』에서 "자상은 낭와"라고 했다.

받자 다시 운鄖나라로 도망쳤다.[50] 운공鄖公의 동생 회懷가 이렇게 말했다.[51]

"평왕이 우리 아버님을 죽였으니 내가 그 아들을 죽이는 것이 이치에 맞지 않겠소!"[52]

운공은 자신의 동생이 소왕을 살해할까 두려워 소왕과 함께 수隨나라로 달아났다.[53] 오나라 군사들은 수나라를 포위하고 수나라 사람들에게 말했다.

"한수 주변에 봉해진 주나라 자손은 모두 초나라에게 멸망당했다."

이 말을 들은 수나라 사람들이 소왕을 죽이려 하자 왕자 기綦[54]는 소왕을 숨기고 자신이 소왕으로 가장하여 대신 죽으려 했다. 수나라 사람들이 점을 친 결과 소왕을 오나라에 넘겨주는 것은 불길하다는 점괘가 나왔고, 이에 오나라에 거절하고 소왕을 넘겨주지 않았다.[55]

---

49  운몽雲夢: 옛 소택지의 이름이다. 대략 지금의 후베이성 우한武漢 서쪽, 징저우 동쪽, 잉청應城 남쪽과 후난성의 동정호 일대를 아우른다.

50  "초 소왕이 저수雎水를 건너고 다시 장강을 건너 운몽택으로 들어갔다. 초 소왕이 자려고 하는데 강도가 습격했고 과戈로 초 소왕을 찔렀다. 그때 왕손유우王孫由于(오유우吳由于라고도 하며 초나라 왕족이다)가 자신의 등으로 과를 막으면서 어깨를 찔렸다."(『좌전』 정공 4년) 운鄖나라 도성은 지금의 후베이성 안루安陸 또는 후베이성 원현鄖縣이라고 한다. 운나라는 춘추시대에 초나라에 멸망당했다.

51  운공鄖公은 초나라 국내의 봉군封君(작위와 봉지를 소유한 자)으로, 이름이 투행鬪辛이고 만성연蔓成然의 아들이다.

52  『좌전』 소공 14년에 따르면 운공의 부친 만성연은 원래 초 평왕의 영윤이었는데 예를 모르고 탐욕스러워 평왕에게 살해당했다. 만성연이 평왕을 보좌한 공적이 있었기 때문에 평왕은 만성연의 아들 투행을 운공으로 삼은 것이다.

53  "운공(투행)이 말하기를 '군주가 신하를 토벌하는 데 누가 감히 증오하겠는가? 군주의 명령은 상천의 뜻이다. 상천의 뜻에 죽었다면 누구를 증오하겠는가?'(『좌전』 정공 4년) 수隨나라는 서주 초기에 분봉된 제후국으로, 희姬 성이고 도성은 지금의 후베이성 쑤이현 남쪽이다. 이때 이미 초나라의 속국이 되었다.

54  『좌전』에서 왕자 기를 '자기子期'라고 했고, 두예는 주석을 달아 '소왕 형인 공자 결結'이라고 했다.

55  "수나라 사람들은 오나라에 거절하며 말하기를 '수나라는 외지고 협소하며 초나라에 의지하고 있고 초나라가 우리를 지켜주고 있습니다. 수와 초는 대대로 맹세가 있었고 지금까지 변함이 없습니다. 그대들의 우환은 초 소왕 한 개인의 것에 불과하며, 만일 그대들이 초나라의 전국을 안정시킬 수 있다면 우리나라가 어찌 감히 그대들의 명령을 듣지 않겠습니까?'라고 했다. 그러자 오나라 군대는 물러갔다."(『좌전』 정공 4년)

처음에 오자서와 신포서申包胥는 친한 사이였는데, 오자서가 초나라에서 달아날 때 신포서에게 말했다.

"나는 반드시 초나라를 멸망시킬 것이오."

그러자 신포서가 응수했다.

"나는 반드시 초나라를 보존시킬 것이오."

오나라 군사들이 도성 영에 진입했을 때 오자서는 소왕을 잡으려 했으나 찾을 수가 없었다. 이에 그는 평왕의 무덤을 파헤쳐 시신을 꺼내 300번이나 채찍질한 다음에야 중지했다.[56] 이때 산속으로 달아난 신포서는 오자서에게 사람을 보내 다음과 같이 말했다.

"그대의 복수는 지나치게 심한 것 같소! 내가 듣자 하니 '사람이 많으면 한때 하늘을 이길 수 있지만 하늘은 항상 사람을 무너뜨릴 수 있다'[57]는 말이 있소. 그대는 원래 평왕의 신하로 북쪽을 향해 신하라 칭하면서 그를 섬겼으면서 지금 그의 시신을 채찍질로 욕보이니 어찌 이보다 천도를 위배하는 짓이 있겠소!"

오자서가 말했다.

"나를 위해 신포서에게 사과하고 '날은 저물고 갈 길은 멀어 도리에 맞지 않는 짓을 했소'라고 전해주시오."[58]

---

56 "합려는 초 소왕의 부인을 취했고 오자서, 손무, 백희白喜도 각기 나누어 장상子常과 사마성司馬成(사마수司馬成라고 해야 한다) 등 대신의 부인을 취함으로써 초나라 군신들을 모욕했다."(『오월춘추』「합려내전」) "(그러한 사실이)『좌전』과『국어』에는 보이지 않으며,『곡량穀梁』『여씨춘추』「수시首時」,『회남자』「진족훈秦族訓」에서는 '평왕의 무덤을 때리다'라고 했고, 「초세가」와 「십이제후연표」, 「계포·난포열전」에서도 '평왕의 무덤을 채찍질하다'로 말하고 있다. 여기에서처럼 '무덤을 파헤쳐 시신을 꺼내 300번이나 채찍질한 다음에야 중지했다'고 하지 않았다."(『사기전증』) "나카이 리켄이 말하기를 '평왕이 죽은 지 이미 10여 년이 지났으니 지금 파내어봤자 썩은 유골일 따름이니 시신에 채찍질한 것은 아니다'라고 했다."(『사기회주고증』) "무덤을 때리는 것과 시신을 채찍질하는 것은 다르다."(『사기지의』)
57 원문은 '人衆者僧天, 天定亦能破人'이다. "많은 사람이 비록 일시의 흉포함으로 하늘을 이길 수는 있으나 하늘 또한 흉포함을 내려 사납고 포악한 사람을 격파할 수 있다는 뜻이다."(『정의』)
58 "복수에 뜻을 두었기 때문에 죽게 되어 뜻을 이루지 못할까 항상 걱정했는데, 지금 다행히 복수를 하게 되었으니 어찌 이치를 논하겠는가! 가령 사람이 길을 가는데 가야 할 길은 아직 멀고 날은 점차 저물어간다면 신속히 행하고 이치를 거스를 수밖에 없으니 어찌 내가 도리에 맞음을 질책할 수 있

그리하여 신포서는 진秦나라[59]로 달려가 초나라의 위급한 상황을 알리고 구원을 요청했으나 진나라는 응하지 않았다. 그러자 신포서는 진나라 궁전 앞 정원에 서서 통곡했는데 7일 밤낮으로 그 소리가 그치지 않았다.[60] 진나라 애공哀公[61]은 그 소리를 듣고는 가련하게 여기며 말했다.

"초왕이 비록 무도하기는 하지만 이처럼 충심을 가진 신하가 있으니 초나라를 보전해야 하지 않겠는가?"

그러고는 전차 500승乘[62]을 파견해 초나라를 구원하고 오나라 군대를 공격하게 했다. 6월[63]에 직稷[64]에서 오나라 군대를 대파했다. 이때 오왕 합려가 오래도록 초나라에 머물면서 소왕을 수색하는 동안 동생 부개가 몰래 오나라로 돌아와 스스로 왕이 되었다.[65] 이 소식을 들은 합려는 초나라를 내버리고 오나라로 돌아가 동생 부개를 공격했다. 부개는 패배하여 초나라로 달아났다. 소왕은 오

는가!' 하는 것이다."(『색은』)

59  진秦: 동주東周 초기에 봉해진 제후국으로, 춘추시대의 도읍은 옹雍(지금의 산시陝西성 펑샹鳳翔 동남쪽)이다.

60  "정원의 담장에 기대어 통곡했는데 밤낮으로 곡소리가 끊이지 않았고 7일 동안 한 국자의 물도 마시지 않았다."(『좌전』 정공 4년)

61  진 애공(재위 기원전 536~기원전 501)은 경공景公의 아들이다.

62  승乘: 기록에 따르면 전차에는 여러 종류가 있다. 전차 1승에 군사 10명이 타는 10승 체제도 있고, 100명이 타는 체제(전차와 군수 물자를 실은 수레 각 1승에 갑옷 입은 군사 3명, 보졸 72명, 잡역부 25명)도 있다. 100인 체제는 10인 체제 이후에 출현했다. 『관자管子』「승마乘馬」에 따르면 "1승은 네 필의 말이 필요한데, 말 한 필에 갑甲(갑옷 입은 군사, 즉 갑사甲士를 말한다) 7명과 폐蔽(전차를 방어하고 지키는 방패를 든 병사) 5명이 따르니, 1승의 전차는 갑 28명과 폐 20명, 이외에도 백도白徒(임시로 징집되어 후방에서 잡역에 종사하는 훈련 받지 않은 병졸) 30명이 전차를 따른다"고 하여 도합 78명이라고 했다.

63  『사기지의』에서는 '6월' 앞에 '오왕 합려 10년'이 빠져 있다고 했다. 즉 초 소왕 11년, 진 애공 32년(기원전 505)이다.

64  직稷: 『집해』에 따르면 '직'은 교외에 있는 지명으로 '직구稷丘'라 한다. "『좌전』에는 '직구'로 되어 있다. 두예가 말하기를 '직구는 지명으로 (도성 영의) 교외에 있다'고 했다."(『색은』) '수정본'에서는 경본·황본·팽본·가본·능본·전본에 두예의 말이 없으며 불필요한 것으로 의심된다고 했다. "양보쥔楊伯峻은 직이 지금의 허난성 퉁바이桐柏 경내에 있다고 했고, 첸무는 후베이성 쑤이현 성 북쪽의 리산歷山이라고 했다."(『사기전증』)

65  오왕 합려 10년 9월에 발생한 일이다. "두예가 주석을 달기를 '스스로 오왕이 되고 부개왕夫槪王이라 불렀다'고 했다."(『사기전증』)

나라에 내란이 발생한 것을 보고는 도성인 영으로 돌아왔다. 소왕은 부개의 투항을 받아들이고 그를 당계堂谿66에 봉하고 그의 가족을 당계씨堂谿氏라고 불렀다. 초나라는 다시 출병하여 오나라와 교전을 벌여 오나라 군대를 대패시켰고 오왕은 자기 나라로 돌아갔다.

2년67 뒤 합려는 다시 태자 부차夫差로 하여금 군사를 거느리고 초나라를 정벌하게 하여 파番 땅을 점령했다.68 초나라는 재차 오나라가 대규모로 쳐들어올까 두려워 영을 버리고 북쪽 약郡69으로 도읍을 옮겼다. 이때 오나라는 오자서와 손무의 지략에 기대어 서쪽으로는 강대한 초나라를 격파하고, 북쪽으로는 제나라와 진晉나라를 위협하고, 남쪽으로는 월나라를 항복시켰다.

이로부터 4년 뒤70 공자孔子가 노魯나라 상相이 되었다.71

다시 5년72 뒤 오나라가 월나라를 정벌했다.73 월나라 왕 구천句踐이 고소姑蘇에서 맞서 싸워 오나라 군대를 패배시키고 합려의 발가락에 상처를 입히자 오나라 군대는 퇴각했다.74 합려는 상처가 심해져 죽음에 임박하자 태자 부차75에

66  당계堂谿: 초나라의 읍으로 지금의 허난성 쑤이핑遂平 서북쪽 지역이다. '당계棠谿'라고도 한다.
67  "2년을 1년으로 해야 한다."(『사기지의』) 즉 오왕 합려 11년(기원전 504)이다.
68  "오나라 태자 종루가 초나라 수군을 패배시켰다."(『좌전』 정공 6년) "부차는 마땅히 종루라고 해야 한다. 종루는 부차의 형이다."(『사기회주고증』) 파番는 초나라의 읍으로 지금의 장시성 포양鄱陽이다.
69  약郡: 소국 중 하나로 훗날 초나라에 멸망당했다. 지금의 후베이성 이청宜城 동남쪽 땅이다.
70  오왕 합려 15년, 노 정공魯定公 10년(기원전 500)이었다.
71  "노나라 상은 잘못이다. 이 말은 『공자세가』에 있다."(『사기지의』) "조익趙翼이 말하기를 '본 열전은 공자와 조금도 관련된 것이 없다'고 했다."(『사기회주고증』) "이것은 사마천의 오해이다. 노나라 재상은 계씨季氏였다."(『사기전증』) 노나라는 서주 초기에 건립된 제후국으로, 첫 번째 군주는 무왕의 동생 주공이고 도읍은 지금의 산둥성 취푸曲阜다.
72  『사기지의』에 따르면 5년이 아니라 4년이라 해야 한다. 즉 오왕 합려 19년, 월왕 구천 원년(기원전 496)이다.
73  월나라 왕 윤상允常이 사망하고 구천이 즉위한 틈을 타 오나라가 침략했다.
74  "고소는 취리檇李(지금의 저장성 자싱嘉興 서남쪽)라 해야 마땅하며 문장의 오류다."(『정의』) "오나라가 월나라를 공격하자 월나라 군주 구천이 저항하여 취리에서 진세를 펼쳤다. 영고부靈姑浮(월나라 대부)가 과戈로 합려를 쳐서 엄지발가락에 상처를 입혔다. 영고부는 합려의 신발 한 짝을 얻었다. 합려는 군

게 말했다.

"너는 구천이 아비를 죽인 일을 잊을 수 있느냐?"

부차가 대답했다.

"죽어도 잊지 않을 것입니다."

그날 저녁 합려가 사망했다. 부차는 즉위하여 왕이 된 후 백비를 태재太宰[76]로 임명하고 군사 작전과 활쏘기 훈련을 더욱 강화하기 시작했다. 2년 뒤[77]에 군대를 일으켜 월나라를 정벌하여 부초夫湫[78]에서 월나라 군대를 대패시켰다. 월왕 구천은 남은 병사 5000명을 이끌고 회계산會稽山[79]으로 달아났고 대부 문종文種을 파견하여 오나라 태재 백비에게 두터운 예물을 보내 화해를 요청했다. 월나라를 오왕에게 넘겨 다스리도록 하고 자신과 부인도 오왕의 노비가 되겠다는 월왕 구천의 청을 오왕이 받아들이려 하자 오자서가 만류했다.

"월왕 구천은 사람됨이 괴로움과 고생을 참고 견딜 수 있는 사람입니다. 지금 그를 없애지 않으면 훗날 반드시 후회하게 될 것입니다."

그러나 왕은 오자서의 말을 듣지 않고 태재 백비의 계책을 받아들여 월나라와 강화했다.

5년[80] 뒤 제나라 경공景公이 죽자[81] 제나라 대신들이 권세를 다투고 있으며 새 군주가 나약하다는 소식을 듣고 오왕은 군대를 일으켜 북쪽의 제나라를 정

대를 물려 오나라로 돌아가는 길에 형隉(오나라 지명) 땅에서 죽었는데, 취리에서 단지 7리 떨어진 곳이었다.'(『좌전』 정공 14년, 기원전 496) 여기서 합려가 부상당한 '지脂'란 손가락이 아니라 엄지발가락을 가리킨다.

75　원래 합려의 태자는 종루終纍였다.

76　태재太宰: 후대의 승상에 해당하는 관직이다.

77　부차 2년, 구천 3년(기원전 494)의 일이다.

78　부초夫湫: 지금의 장쑤성 타이후太湖에 있는 산이다.

79　회계산會稽山: 지금의 저장성 중부에 있는 산으로 사오싱紹興, 성현嵊縣, 주지諸暨, 둥양東陽 사이에 있다.

80　오왕 부차 7년. 제안유자齊晏孺子 원년으로 기원전 489년이다.

81　오왕 부차 6년. 기원전 490년의 일이다. 제 경공(재위 기원전 547~기원전 490)은 이름이 저구杵臼다.

벌하려 했다.[82]

그러자 오자서가 간언했다.

"월왕 구천은 한 가지 반찬으로 밥을 먹으며 죽은 자를 조문하고 병든 자를 문병하고 있습니다. 이는 훗날 그들을 쓰려고 하는 것입니다. 이자를 죽이지 않으면 반드시 오나라의 근심거리가 될 것입니다. 오나라에게 월나라의 존재는 배 안의 질병과 같습니다. 그런데도 대왕께서 먼저 월나라를 해결하지 않고 제나라를 상대하는 데 힘을 기울이고 있으니 잘못이 아닐 수 없습니다."

그러나 오왕은 오자서의 말을 듣지 않고 제나라를 정벌하여 애릉艾陵에서 제나라 군대를 대패시켰고,[83] 동시에 추鄒나라[84]와 노魯나라 군주를 위협하여 굴복시킨 후 오나라로 돌아왔다. 그 뒤로 오왕은 더욱 오자서의 계책을 듣지 않았다.

4년 후[85] 오왕은 또 북쪽으로 제나라를 정벌하려 했다. 이때 월왕 구천은 공자의 제자인 자공子貢의 계책에 따라[86] 자신의 무리를 이끌고 와서는 오나라를 도우면서[87] 동시에 태재 백비에게 귀중한 보물을 바쳤다. 태재 백비는 이미 월

---

82   "오나라가 제나라를 정벌한 내용은 오류다. 아마도 '그 뒤 5년'은 마땅히 '그 뒤 9년'으로 해야 할 것이다. 『좌전』에 따르면 노 애공魯哀公 10년(기원전 485) 식읍(제나라 남부 변경의 성읍 명칭)에서 벌인 전투로, 경공이 죽은 원인은 아니다."(『사기지의』)「십이제후연표」에 근거하면 당시 오나라는 진陳을 정벌했으며 제나라를 정벌한 일은 없었다. 「오태백세가吳太伯世家」와 함께 모두 오류다.
83   애릉전투는 노 애공 11년(기원전 484) 당시의 일로, 사마천이 잘못 기록한 것이다. 애릉은 제나라의 읍으로 지금의 산둥성 라이우萊蕪 동북쪽 지역이다. 산둥성 타이안泰安 동남쪽이라는 견해도 있다.
84   추鄒: 춘추시대의 소국 가운데 하나로 주邾라고도 한다. 도성은 지금의 산둥성 추현鄒縣 동남쪽 지역이다.
85   오왕 부차 11년, 제 도왕齊悼王 4년(기원전 485)이다.
86   "구천이 자공의 계책을 사용했다는 사건은 「중니제자열전」에 보인다. 대략적인 상황은 제나라가 노나라를 침략하자 노나라의 위급함을 해결하기 위해 자공이 오왕에게 가서 제나라를 공격해 노나라를 구원해줄 것을 설득했다. 그러나 오나라는 월나라가 배후를 습격할 것을 두려워했다. 자공은 다시 월왕에게 가서 월나라가 출병하여 오나라를 돕도록 설득했다. 자공이 이렇게 다방면으로 유세한 사건은 『좌전』에 기재되어 있지 않다. 많은 사람은 후세에 억지로 갖다 붙인 것을 사마천이 잘못하여 취한 것으로 의심하고 있다."(『사기전증』)
87   "『좌전』에 따르면 '부차 11년, 오나라는 노나라와 함께 제나라를 정벌했는데 마침 제나라에 정변이 발생하여 제 도왕이 시해되었다. 오나라는 싸우지도 않고 돌아왔다. 부차 12년, 제 간공 원년에 오나라가 다시 노나라와 연합하여 제나라를 정벌하려 하는데 '월왕 구천이 자신의 군신들을 이끌고 와

나라로부터 여러 차례 뇌물을 받았기 때문에 월나라를 특별히 좋아하고 신임하여 밤낮을 가리지 않고 오왕에게 월나라에 대해 좋은 말을 했다. 오왕 또한 백비의 계책을 신임했다. 오자서가 간언했다.

"월나라는 배 안의 질병과도 같은 큰 근심거리입니다. 그런데 지금 그들의 감언이설과 속임수를 믿고 북쪽으로 제나라를 정벌하려고 탐내고 있습니다. 설사 제나라를 격파하여 점령한다 할지라도 경작할 수 없는 돌투성이 땅이라서 아무 쓸모가 없습니다. 『상서尚書』「반경盤庚」에 이르기를 '도리를 벗어나 공경하지 않으면 베어 절멸시켜 후손을 하나도 남기지 않게 함으로써 이 새로운 도읍으로 그들의 씨가 옮겨져 뿌리내리지 않도록 하겠다'[88]고 했습니다. 이것이 상商나라가 흥성하게 된 까닭입니다. 원컨대 대왕께서는 제나라를 남겨두고 먼저 월나라를 멸하십시오. 그렇게 하지 않으면 나중에 후회하게 될 것입니다."[89]

그러나 오왕은 그의 말을 듣지 않고 오자서를 제나라에 사신으로 파견했다.[90] 오자서는 떠나기 전 아들에게 말했다.

"내가 왕께 여러 차례 간언했으나 내 말을 듣지 않았다. 나는 이제 오나라가 멸망하는 것을 보게 될 것이다. 네가 오나라와 함께 멸망하는 것은 아무런 이익

서는 오왕을 알현했고, 오왕 부차와 오나라 각 대신들에게 음식물과 재물을 증정했다'(노 애공 11년, 기원전 484)고 했다. '자신의 무리를 이끌고 와서는 오나라를 돕다'는 말은 바로 이것을 말한 것이다."(『사기전증』)

88  은나라 제왕 반경이 즉위 후 백성을 이끌고 도읍을 옮기려 할 때 백성이 원망하며 반대하자 반경이 훈계한 말이다.

89  "왕유정王維楨이 말하기를 '오원(오자서)은 오나라 힘을 빌려 부친의 원수를 갚으려는 뜻으로 이같이 충성을 다해 도모하는 것이다'라고 했다.(『사기평림』) "신이 듣자 하니 이리 새끼는 길들일 수 없고 원수는 친근해질 수 없다고 합니다. 호랑이는 음식을 먹일 수 없고 독사는 제멋대로 행동하는 것을 막을 수 없습니다. 지금 대왕께서는 국가의 행복을 버리고 이로울 것 없는 해로운 원수에게 은혜를 베풀며, 충신의 건의를 버리고 적이 바라는 대로 따르고 있습니다. 신은 반드시 월나라가 오나라를 격파하여 고소대姑蘇臺에서 돼지와 사슴이 뛰어다니고 궁전에 가시나무가 가득 자라게 되는 것을 볼 것입니다. 바라건대 대왕께서는 주 무왕이 상나라 주왕을 토벌한 사실을 되돌아보십시오."(『오월춘추』)

90  "양순길楊循吉이 말하기를 '계책을 내는 중요한 신하를 밖으로 보낸 것은 태재 백비의 계책으로 그를 소원하게 만들고 은밀하게 죄를 뒤집어씌워 죽이려는 것이다'라고 했다."(『사기평림』)

이 없다."

그러고는 아들을 데리고 제나라로 가서 제나라의 포목鮑牧[91]에게 부탁한 다음 홀로 돌아와서 오왕에게 보고했다.

태재 백비는 이미 오자서와 사이가 나빠졌으므로 오왕에게 오자서를 비판했다.

"오자서는 난폭하고 인정이 없으며 의심이 많고 잔인합니다. 그의 원한이 오나라에 큰 재난이 될까 두렵습니다. 이전에 대왕께서 제나라를 정벌하려고 할 때 오자서는 성공할 수 없다고 여겼지만 대왕께서는 결국 제나라를 정벌하여 큰 공을 세우셨습니다.[92] 오자서는 자신의 계책이 받아들여지지 않은 것을 부끄럽게 여기고 도리어 원망을 품었습니다. 지금 대왕께서 다시 제나라를 정벌하려 하는데[93] 오자서는 제멋대로 고집스럽게 극력 간언하며 제나라에 군사를 부리는 것을 비방하고 있습니다. 이는 단지 오나라가 패배하여 자신의 계책이 고명함을 증명하려는 것일 뿐입니다. 지금 대왕께서 친히 출정하여 나라 안의 모든 병력을 통솔하면서 제나라를 정벌하려 하는데 오자서는 자신의 간언이 받아들여지지 않은 까닭에 병을 핑계 삼아 동행하지 않는 것입니다. 이 같은 경우는 재난을 불러오기 매우 쉬우므로 방비하지 않을 수 없습니다. 게다가 신이 사람을 시켜 은밀히 그의 뒷조사를 해보니 그는 제나라에 사신으로 갔을 때 아들을 제나라의 포씨에게 맡겼습니다. 신하된 자가 국내에서 뜻을 얻지 못했다고 하여 밖으로 다른 제후들과 결탁하고, 스스로 선대 왕의 지모가 뛰어난 신하라고 여기면서도 지금 신임을 얻지 못한 것을 항상 불만스럽게 생각하여 원망하

---

91   포목鮑牧: 제나라 귀족으로 포숙아의 후손이다. 당시 포목은 이미 죽은 후로,『좌전』에서는 '포씨鮑氏'라고 했다.

92   제나라 정벌이란 앞서 오류로 설명한 애릉전투로 부차 12년, 제 간공齊簡公 원년(기원전 484) 5월의 일이다.

93   "부차 12년 노나라와 연합하여 제나라를 공격한 것을 가리킨다. 아마도 사마천의 착오로 오자서가 부차 11년에 죽임을 당한 것에 연계시킨 듯하다."(『사기전증』)

고 있습니다. 원컨대 대왕께서는 빨리 조치를 취하십시오."

그러자 오왕이 말했다.

"그대가 말하지 않았더라도 나 또한 그를 의심하고 있었소."

이에 사자를 보내 오자서에게 촉루屬鏤[94]라는 검을 내리고 말했다.

"그대는 이 검으로 자결하라."

오자서는 하늘을 우러러 탄식하며 말했다.

"아! 험담으로 남을 해치는 간신 백비가 나라를 어지럽히고 있는데 왕은 도리어 나를 죽이는구나. 나는 그대의 부친을 도와 제후 중에 패주로 불리게 했고 그대가 아직 태자로 세워지지 않았을 때 공자들이 다투었지만 내가 선왕 면전에서 죽음을 무릅쓰고 쟁취하여 그대를 태자로 세우지 않을 수 없게 했다.[95] 그대가 왕이 된 후에 오나라의 일부를 내게 나누어주려 했을 때도 나는 애초에 그대가 보답할 것이라는 기대를 갖고 있지 않았다. 그런데 지금 그대는 아첨하는 신하의 말만 듣고 장자長者[96]를 죽이려 하는구나."

그러고는 그의 사인舍人[97]들에게 말했다.

"내 무덤가에 반드시 가래나무를 심어 그것이 자라면 오왕의 관으로 사용하도록 하고,[98] 또한 내 눈알을 도려내어 오나라 도성 동문에 매달아 월나라가 쳐

---

94 "두예는 주석에서 '검의 이름'이라고 했는데 양보쥔은 '산 이름으로 탁군涿郡에 있으며 그곳에서 검이 생산되기 때문에 검의 명칭으로 한 것이다'라고 했다."(『사기전증』)

95 『좌전』 정공 6년에 따르면 당시 종루가 오나라 태자였는데 이후 어떤 과정을 거쳐 부차가 태자가 되었는지는 알 수 없다. 다만 오자서의 도움이 있었던 듯하다. "오자서가 부차에게 은혜를 잊고 의를 저버린다고 꾸짖은 말은 『좌전』과 『국어』에는 보이지 않고 본문과 「월세가越世家」에서만 보이는데, 사마천이 어느 곳에서 취했는지 알 수 없다."(『사기전증』)

96 장자長者: 덕망이 높은 사람을 가리킨다. "진중하고 경박하지 않으며 자존하는 것을 장자라고 한다."(『한비자』 「궤사詭使」)

97 사인舍人: 전국시대와 진泰나라 때는 귀척 관료에 속한 관원을 일컫는 관직이다. 빈객과 유사하여 주인을 위한 친근한 사적인 인원이었다. 한나라 때에 이르러서는 정식 관직이 되었지만 동시에 대신들은 여전히 사적으로 사인을 양성했다.

98 "내 무덤 앞에 개오동나무를 심어 관으로 쓸 만하게 자라면 아마도 오나라는 멸망할 것이다."(『좌전』 애공 11년)

들어와 오나라를 멸망시키는 것을 볼 수 있도록 하라."

말을 마치고는 스스로 목을 베어 죽었다. 오왕은 이 말을 듣고 크게 화를 내며 오자서의 시체를 가죽 자루에 넣어 강물에 던지게 했다.[99]

오나라 사람들은 그를 가엾게 여겨 강가에 사당을 세웠는데, 이 때문에 사당이 있는 곳을 서산胥山이라 불렀다.[100]

오왕은 오자서를 죽이고 나서 마침내 제나라를 공격했다.[101] 이때 제나라 포씨는 군주인 도공悼公을 죽이고 공자 양생陽生을 왕으로 세웠다.[102] 오왕은 역적 포씨를 토벌하려 했으나 이기지 못하고 물러났다.[103] 2년 뒤(부차 13년, 기원전 483) 오왕은 노나라와 위衛나라 군주를 불러 탁고橐皐에서 회합했다.[104] 그 이듬해에 오왕은 다시 군사를 이끌고 북상하여 각국의 제후들을 황지黃池에 크게 모아놓고 맹주로서 주 왕실 제후들을 호령하고자 했다.[105] 이때 월왕 구천이 오

---

99  "오왕 부차는 '내 절대로 오자서가 아무것도 보지 못하게 하겠다!'라고 했다."(『국어』「오어吳語」) 강은 우쑹강吳淞江을 가리킨다.

100  "장안張晏이 말하기를 '서산이 태호太湖 가에 있는 산으로, 강으로부터 100리가 되지 않으므로 강가라고 한 것이다'라고 했다."(『집해』) 『사기회주고증』에서는 여기서 말하는 서산은 태호의 서산과 무관하다고 했다.

101  "『좌전』에 따르면 오자서는 부차 12년 오나라와 노나라가 애릉에서 제나라를 격파한 후 죽임을 당했는데, 사마천은 부차 11년 오나라와 노나라가 제나라를 정벌하기 전으로 잘못 서술했으므로 아래 문장에서 '제나라 포씨가 군주인 도공을 죽이고'라고 말한 것이다."(『사기전증』)

102  "이 구절은 마땅히 앞에 나온 '오왕은 오자서의 계책을 더욱 듣지 않았다'라는 구절 앞에 있어야 『좌전』의 상황과 부합한다. 대체로 「오세가吳世家」에서 서술한 제나라 정벌 과정에 부합하지 않는다. 도공은 즉 양생陽生으로, 여기서 또 잘못 설명하고 있다. 당시 군주 도공을 죽이고 '임왕'을 세웠다."(『사기지의』) 여기서 '임왕'은 제 간공이다. 도공(재위 기원전 488~기원전 485)은 이름이 양생이며, 도공을 시해한 자의 이름은 전상田常 또는 포씨라고 한다.

103  "제나라의 포씨가 제 도공을 시해했다. 이 소식을 들은 부차는 군문 밖에서 3일 동안 제나라를 향해 통곡했고, 해상으로 출병하여 제나라를 공격했지만 제나라에 패하고 군사를 이끌고 돌아왔다."(「오대백세가」)

104  노나라와 위나라 군주란 노 애공魯哀公(이름은 장將, 재위 기원전 494~기원전 466)과 위 출공衛出公(이름은 첩輒, 재위 기원전 492~기원전 481)을 가리킨다. 탁고橐皐는 지금의 안후이성 차오후巢湖 서북쪽에 위치한 옛 읍이다. 『좌전』에 따르면 오나라는 노나라 군주만 만났을 뿐 위나라는 없었다. 오나라와 노나라가 만난 목적은 옛 맹약을 거듭 천명하기 위한 것이었다.

105  당시 오왕 부차가 황지에서 소집한 회맹에는 노 애공과 진 정공晉定公만 모였으며, 그 목적은 당

나라를 기습하여 태자를 죽이고 오나라 군대를 격파했다.[106] 오왕은 이 소식을 듣고 돌아와 사신을 통해 두터운 예물을 보내고 월나라와 강화를 맺었다. 다시 9년 뒤[107]에 월왕 구천은 마침내 오나라를 멸망시키고 부차를 죽였다. 태재 백비도 자기 군주에게 충성하지 않고 다른 나라로부터 많은 뇌물을 받았으며 구천 자신과 결탁했다는 구실로 죽였다.

당초 오자서와 함께 달아났던 초나라 태자 건의 아들 승은 줄곧 오나라에 있었다. 오왕 부차가 재위에 있을 때 초나라 혜왕惠王[108]은 승을 초나라로 돌아오게 하려 했다. 그러자 섭공葉公[109]이 간언했다.

"승은 용맹스러움을 좋아할 뿐만 아니라 망명한 여러 무리를 은밀히 찾아다니고 있으니 아마도 어떤 음모를 꾸미는 듯합니다!"

그러나 혜왕은 섭공의 말을 듣지 않고 결국 승을 불러들여 초나라 변경 지역인 언鄢[110]에 살게 하고 백공白公이라 불렀다.[111] 백공이 초나라로 돌아온 지 3년째 되던 해에 오나라에서는 오자서를 죽였다.

---

시 맹주의 지위에 있던 진晉나라를 압도하고자 함이었다.

106  "오왕은 북상하여 제후들과 황지에서 회맹했다. 오나라의 정예부대는 모두 오왕을 수행했고 국내에는 늙고 약한 병사들만이 태자와 함께 지키고 있었다. 이에 월왕 구천은 물에 익숙한 2000명, 전문적인 훈련을 받은 4만 명, 절개와 품행을 갖추었고 특별대우를 받는 6000명, 금위 시종 1000명을 징발하여 대규모로 오나라를 기습했다. 오나라 군대는 패했고 오나라 태자는 죽임을 당했다."(「월왕구천세가」) 『좌전』에 따르면 오나라 태자의 이름은 우友다.(『색은』)

107  오왕 부차 23년, 월왕 구천 24년(기원전 473)이다.

108  초 혜왕楚惠王(재위 기원전 488~기원전 432)은 소왕의 아들로 이름이 장章이다.

109  섭공葉公: 초나라의 명신 심윤술沈尹戍의 아들로 자가 고高다. 봉지가 섭葉(지금의 허난성 예현葉縣 서남쪽)에 있었으므로 섭공이라 했다.

110  언鄢: 『집해』에 따르면 지금의 허난성 옌링鄢陵 서북쪽에 있는 땅으로, 원래는 정鄭나라에 속했으나 나중에 초나라의 북쪽 변경 읍이 되었다. 『정의』에 따르면 언鄢은 '언鄔'과 같으며 지금의 허난성 옌청鄢城 남쪽이다.

111  "자서子西(초 평왕의 동생)가 오나라로부터 과거 평왕 태자 건의 아들 승을 불러들여 소대부巢大夫로 삼고 백공이라 불렀다."(「초세가」)

백공 승은 초나라로 돌아온 뒤 자신의 부친인 태자 건을 죽인 정鄭나라에 원한을 품고 있었기에 죽음을 두려워하지 않는 사람들을 은밀히 길러 정나라에 원수를 갚으려 했다. 초나라로 온 지 5년째 되던 해[112]에 백공 승이 정나라 토벌을 요청하자 초나라의 영윤令尹인 자서子西가 허락했다. 그러나 뜻하지 않게 출정하기 전에 진晉나라가 정나라를 공격했고 정나라는 초나라에 구원을 요청했다. 초나라는 자서를 파견해 정나라를 구원하도록 했고, 자서는 정나라와 동맹을 맺고 돌아왔다.[113] 백공 승은 분노하며 말했다.

"내 원수는 정나라가 아니라 자서다."[114]

백공 승이 직접 검을 갈고 있는데 어떤 사람이 물었다.

"무엇에 쓰려고 하십니까?"

백공 승이 대답했다.

"자서를 죽이는 데 쓸 것이다."

이 말을 들은 자서가 웃으면서 말했다.

"백공 승은 달걀과 같을 뿐인데 무엇을 할 수 있겠느냐?"[115]

4년 뒤[116]에 백공 승은 석걸石乞과 함께 조정에 나간 기회를 이용해 습격하여 영윤 자서와 사마 자기子綦를 죽였다.[117]

석걸이 말했다.

112　"진晉나라가 정나라를 정벌한 것은 노 애공 15년(기원전 480)으로 백공이 초나라로 돌아온 지 8년이며 5년이 아니다."(『사기지의』) 사마천은 이 시기를 혜왕 7년(기원전 482)으로 여겼다.
113　「초세가」에 따르면 자서는 정나라에게 뇌물을 받고 백공과의 약속을 실천하지 않았다.
114　"정나라 사람이 여기 있고 원수는 먼 곳에 있지 않다."(『좌전』 애공 16년)
115　아직 부화되지 않은 달걀에 비유하여 나약하여 일을 이룰 수 없음을 뜻한다.
116　『사기지의』에 따르면 진나라가 정나라를 정벌한 이듬해 백공이 난을 일으켰으므로 4년이 아니라 1년이 옳다. "사마천은 앞에 문장에서 '초나라로 온 지 5년'이라고 말하여 3년 적게 말하고, 여기서는 또 '4년 뒤'라고 하여 3년을 더 많게 말했으니 『사기지의』에서 말한 연대와 상통한다. 즉 초 혜왕 10년, 오왕 부차 17년(기원전 479)이다."(『사기전증』)
117　혜왕 10년 7월에 벌어진 일이다. 석걸石乞은 백승이 양성한 전사 가운데 죽음을 두려워하지 않는 전사로, "『좌전』에서는 석걸을 '자기子期'라 했다."(『색은』)

"왕을 죽이지 않으면 안 됩니다."[118]

그리하여 혜왕을 위협하며 함께 고부高府로 갔다.[119] 그런데 뜻하지 않게 석걸의 수행원인 굴고屈固[120]가 몰래 혜왕을 등에 업고 혜왕의 모친인 소왕昭王 부인의 궁중으로 도망쳤다. 섭공은 백공이 난을 일으켰다는 소식을 듣고 자신의 봉지封地 사람들을 인솔하여 백공을 공격했다. 싸움에서 진 백공의 무리는 산속으로 달아나 자살했다.[121] 섭공이 석걸을 사로잡아 심문하여 백공의 시체가 있는 곳을 물으면서 말하지 않으면 삶아 죽이겠다고 했다. 석걸이 말했다.

"일이 성공하면 경卿이 되었겠지만 성공하지 못해 죽게 되었으니, 본래 나의 직분을 다한 것이다."

석걸은 끝까지 백공의 시체가 있는 곳을 말하지 않았다. 그리하여 섭공은 석걸을 삶아 죽이고 혜왕을 찾아내 다시 초나라 왕으로 세웠다.


태사공은 말한다.

"원한으로 사람을 해치는 것 또한 심하구나! 왕이 된 자도 신하를 살해해서

118 "석걸이 '초나라의 부고를 불태우고 군주를 죽여야 합니다. 그렇지 않으면 성공할 수 없습니다'라고 했다. 그러자 백공 승이 '안 된다. 군주를 죽이는 것은 상서롭지 못한 일이고 부고를 불태우면 비축한 것을 잃게 되는데, 장차 무엇으로 지킬 수 있단 말이냐?'라고 했다. 석걸이 '초나라를 점유하여 그곳의 백성을 다스리며 신령을 공경하며 받들면 상서로운 징조를 얻을 수 있을 뿐만 아니라 아직 비축해 놓은 것이 있는데 무엇을 근심하십니까?'라고 했다. 그러나 백승은 듣지 않았다."(『좌전』 애공 16년)
119 원문은 '내겁왕여고부乃劫王如高府'다. "'겁劫'자 다음에 원래 '지之'자가 있었는데, 『독서잡지』 「사기」에서는 '겁劫자 다음에 본래 지之자가 없는데, 『좌전』 애공 16년에서 '백공이 초 혜왕을 데리고 고부로 갔다白公以王之高府'고 했고, 「초세가」에서 '초 혜왕을 협박해 그를 고부에 안치했다固劫惠王置之高府'고 했으니, 여기서 말한 '초 혜왕을 위협하며 함께 고부로 갔다乃劫王如高府'와 일치한다. '겁劫 다음에 지之자가 있을 필요가 없다'고 했다."('수정본') 고부高府란 두예의 주석에 따르면 초나라의 별부別府(부설 관서)다.
120 "서광이 말하기를 '혜왕의 종자從子(수행원, 하인) 굴고라 하기도 한다. 「초세가」에서도 왕의 종자라고 했다'고 했다."(『집해』) 그러나 『좌전』 애공 16년에는 굴고가 아니라 어공양圉公陽(초나라 대부)으로 기록되어 있다. 소왕 부인은 혜왕의 모친이다.
121 "백공은 산으로 달아나 목을 매어 죽었다."(『좌전』)

는 안 되는데, 하물며 동등한 지위에 있는 사람인 경우에는 어떻겠는가![122] 당초에 오자서가 자신의 부친인 오사를 따라 죽었다면 땅강아지나 개미의 죽음과 무엇이 달랐겠는가? 그러나 그는 작은 의를 버리고 큰 치욕을 씻어 후세에 명성을 남겼으니, 참으로 비장하구나! 오자서는 강에서 곤란을 겪고 길에서 구걸할 때도 초나라를 멸망시키고 원수를 갚는 일을 어찌 한순간이라도 잊었겠는가? 그는 마음속에 간직하고 치욕을 참아내어 공명을 성취했으니, 장렬한 대장부가 아니라면 그 누가 이런 일을 할 수 있겠는가? 백공도 스스로 왕이 되려 하지 않았다면, 그의 공업과 계책 또한 훌륭한 평가를 받았을 것이다!"

---

122　비무기와 오사는 함께 태자를 위한 관리였으므로 지위가 동등했다.

# 중니제자열전

## 仲尼弟子列傳

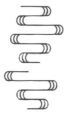

'육예六藝에 정통한 공자의 제자 77인'을 소개하는 이 편에서는 덕행, 정사, 언어, 문학 네 가지 학문의 순서에 따라 일일이 이름을 열거하여 사적을 짚고 있다. 우선 옛 전적에 보이는 35명을 기술한 다음 『공자가어』에는 기재되어 있지만 다른 전적에는 보이지 않는 42명을 소개했다. 사마천은 공자가 가장 사랑하고 아꼈던 안회나 증삼 같은 인물을 중점적으로 다루지 않고 자로와 자공의 사적을 폭넓게 기술하고 있다. 스스로 "나는 공자 제자들에 관련된 성명 등의 문자 재료를 『논어』에 기재된 문답 중에서 추출하고 배열하여 한 편을 완성했는데, 의심스런 부분은 비워두고 기재하지 않았다"고 밝힘으로써 사마천이 『논어』를 원천 자료로 삼았음을 확인할 수 있으며, 나아가 공자와 유가학파에 대한 존중과 경모의 태도를 엿볼 수 있다. 이 편은 『공자가어』와 함께 살펴봐야 하는데, 공자와 그의 제자들에 관한 전기라 할 수 있는 두 편은 후대의 유가학설 전파에 지대한 영향을 끼쳤으며 유가학설을 이해하는 데 중요한 의의를 지니고 있다. 그러나 부분적으로는 신뢰하기 어려운 내용이 포함되어 있기도 하다. 특히 제나라가 노나라를 공격하려 할 때 "자공은 한 차례 나아가서 노나라를 보존시키고 제나라를 혼란스럽게 했으며, 오나라를 멸망시키고 진晉나라를 강대하게 하고 월나라를 패자로 칭하게 만들었다. 자공이 한 차례 사자로 나가더니 원래 서로 연결되어 있던 각국의 형세가 파괴되어 제, 노, 오, 진晉, 월 다섯 나라에 각기 큰 변화가 생겼다"고 언급한 것이 그러하다. 역사가들은 이를 신뢰하지 않는다. 사마천이 자공의 재능을 지나치게 과장하여 오히려 믿기 어렵게 만든 셈이다. 「화식열전」에서도 사마천은 "자공은 네 마리의 말이 끄는 수레를 타고 앞뒤로 허다한 기병이 따랐으며 사절로 방문하는 예물을 준비하여 각국의 제후들을 만났다"고 기술했다.

공자는 "나에게 학업을 배워 육예六藝에 정통한 제자가 77명이다"[1]라고 했다. 그들은 모두 출중한 재능을 가진 사람들이었다. 덕행德行으로는 안연顏淵, 민자건閔子騫, 염백우冉伯牛, 중궁仲弓이 있고, 정사政事로는 염유冉有, 계로季路가 있으며, 언어言語로는 재아宰我, 자공子貢이 있고,[2] 문학文學으로는 자유子游와 자하子夏가 있다.[3] 그러나 전손사顓孫師는 외향적이고 극단적이었으며,[4] 증삼曾參은 둔하고, 고시高柴는 우직했으며, 중유仲由[5]는 우악스러웠고, 안회顏回[6]는 처지가 좋

---

1 원문은 '공자왈'로 시작하고 있다. "공자는 이 말을 하지 않았다. '왈曰'자를 '제자弟子'로 바꿔야한다."(『사기회주고증』) 공자의 제자 수에 대해서는 견해가 다양하다. "제자의 수를 어떤 사람은 70명이라고 하고, 『맹자』는 70명이라 했고, 『여씨춘추』「우합편遇合篇」에서도 70명이라고 했으며, 『회남자』「태족泰族」과 「요략훈要略訓」에서도 모두 70명이라고 했다. 어떤 사람은 72명이라고 했는데 『공자세가』와 문옹文翁의 『예전도禮殿圖』『후한서』『채옹전蔡邕傳』『홍도화상鴻都畫像』『수경주水經注 8』, 『한노준총벽상漢魯峻冢壁像』『위서魏書』「이평전李平傳」『학당도學堂圖』에는 모두 72명이라 했다. 『공자가어孔子家語』「칠십이제자해七十二弟子解」에서는 실제로는 77명이라고 했는데 지금 판본에는 안하顏何가 빠져 76명이다. 그 수가 정해진 것이 없어 억단하기 어렵다."(『사기지의』) "이 열전에는 기재하지 않았지만 『논어』에 보이는 사람이 1명 있는데, 바로 뇌牢다. 「세가世家」에도 2명이 보이는데, 맹의자孟懿子와 안탁추顏濁鄒다. 맹의자는 제자가 아닌 듯하고 뇌와 안탁추는 궁극적으로 이 열전에서 빠뜨렸으니 도합 79명이다."(『사기탐원』) "『공자가어』에도 77인이라 되어 있는데 오로지 문옹의 『공묘도孔廟圖』에만 72인이라 되어 있다."(『색은』)

2 "『논어』에서는 첫 번째가 덕행, 두 번째가 언어, 세 번째가 정사, 네 번째가 문학이라 했다. 지금 이 문장에서는 정사가 언어 앞에 있는데, 이는 기록에 상이함이 있기 때문이다."(『색은』)

3 "제자가 공자의 말에 따라 열 명을 기록하고, 그들의 장점을 지목하여 사과四科(덕행, 언어, 정사, 문학)로 나누었다. 공자가 사람을 지도하는 데 각기 그 재목에 따른 것을 볼 수 있다."(『논어집주』)

4 전손사顓孫師는 자장子張이며, 이름이 사師다. "마융馬融이 말하기를 '자장은 재주가 남보다 뛰어났지만 터무니없고 바르지 않으며 과실을 숨기는 잘못이 있다'고 했다."(『집해』)

5 중유仲由는 자로子路이며, 이름이 유由다. "『논어』에서는 고시를 먼저 말하고 다음으로 증삼, 전손사, 중유를 말했다. 지금 여기서의 순서가 『논어』와 같지 않은데, 그 잘못됨을 말하지 못하겠다."(『색은』)

6 안회顏回는 안연顏淵이며, 이름이 회回다.

지 않아 항상 빈곤했으며, 단목사端木賜[7]는 천명의 본분을 따르지 않고 상업으로 이익을 얻는 것을 좋아하여 시세를 예측하면 매번 적중했다.

공자가 존경한 사람은 주나라의 노자, 위衛나라의 거백옥蘧伯玉,[8] 제나라의 안평중晏平仲,[9] 초나라의 노래자老萊子,[10] 정나라의 자산子産,[11] 노나라의 맹공작孟公綽[12]이었다. 이외에 장문중臧文仲,[13] 유하혜柳下惠,[14] 동제백화銅鞮伯華,[15] 개산자연

7  단목사端木賜는 자공子貢이며, 이름이 사賜다.

8  거백옥蘧伯玉은 춘추시대 후기의 위衛나라 사람이다. "군자로다, 거백옥이여! 나라에 도가 행해지면 벼슬을 하고, 나라에 도가 행해지지 않으면 물러나 자신의 재능을 거두어 간직하는구나."(『논어』「위영공」) 『대대예기大戴禮記』에 이르기를 '인仁에 절실하며 선善으로 일생을 마친 사람은 아마도 거백옥의 행실일 것이다'라고 했다.(『집해』) '수정본'에서는 경우본과 소흥본에 근거해 그가 "선으로써 살고 죽는 데 급급해했다以善存亡汲汲"고 했다. "양옥승, 최술崔述, 첸무 등은 모두 거백옥의 나이가 너무 많아 공자와 교류가 없었을 것으로 보았다."(『사기전증』)

9  안평중晏平仲은 안영晏嬰이다. 『대대예기』에 이르기를 '군주는 신하를 가려서 부리고 신하는 군주를 선택해 섬기며, 도가 있으면 명령을 따르고 도가 없으면 명령을 거역하는 것은 아마도 안평중의 행실일 것이다'라고 했다.(『집해』)

10  노래자老萊子는 춘추시대 말기의 초나라 사람으로, 공자와 어떤 관계인지 알 수 있는 기록이 없다. 『대대예기』에 이르기를 '덕으로 공경하고 행실에 신의가 있으며, 하루 종일 말해도 뉘우침과 허물이 없고 가난해도 즐거워하는 것은 아마 노래자의 행실일 것이다'라고 했다.(『색은』) "'가난해도 즐거워한다貧而樂也'는 부분이 경본·황본·팽본·가본·능본·전본에는 '나라에 도가 없으면 미천한 처지에 처해도 가난을 울적해하지 않고 즐길 수 있다國無道處賤不悶貧而能樂'로 되어 있다."('수정본')

11  자산子産은 이름이 교僑이고 춘추시대 후기 정鄭나라의 상相이었다. 『논어』에는 자산이 여러 차례 언급되고 있지만 존경한다는 언급은 없다.

12  맹공작孟公綽은 춘추시대 후기 노나라의 대부다. "공자가 말하기를 '맹공작은 진晉나라의 조씨趙氏나 위씨魏氏의 가신 수장이 되고도 남지만 등滕이나 설薛 같은 작은 나라의 대부는 될 수 없다'고 했다."(『논어』「헌문憲問」) 이는 맹공작에 대한 찬사로 볼 수 없다.

13  장문중臧文仲은 춘추시대 전기 노나라의 대부다. "공자가 말하기를 '장문중은 가옥을 건축하는 데 큰 거북을 간직했고, 기둥머리의 두공斗拱(지붕 받침)에는 산 형상을 조각하고 들보 위의 짧은 기둥에는 물풀을 그려 넣었으니, 어찌 지혜롭다고 하겠는가?'라고 했다."(『논어』「공야장公冶長」) 또한 「위영공」 편에서는 "장문중은 벼슬자리만 도적질하는 자로구나! 유하혜의 현명함을 알면서도 그를 천거하여 함께 조정에 서지 않았다"고 했으니, 장문중을 칭찬했다고 볼 수 없다.

14  유하혜柳下惠는 노나라 내부다. 『대대예기』에 이르기를 '효성스럽고 공경하며, 자비롭고 어질며 덕을 함양하고, 의를 도모하며 재화를 줄이고 원망을 없애는 것은 아마 유하혜의 행실일 것이다'라고 했다.(『색은』)

15  동제백화銅鞮伯華는 춘추시대 중기 진晉나라의 대부 양설적羊舌赤이다. 동제銅鞮(지금의 산시山西성 친현沁縣) 사람이며 자가 백화이고 도공悼公과 평공平公 당시 벼슬을 지냈다. 『대대예기』에 이르기를 '나라에 도가 행해질 때 그의 말은 국가를 흥성하게 할 수 있고, 나라에 도가 행해지지 않을 때 그

介山子然[16]을 항상 칭찬했다. 그러나 공자는 이들보다 늦게 태어나 같은 시대를 살지 않았다.

안회는 노나라 사람으로 자가 자연子淵이며 공자보다 30세 어렸다.[17]

안연이 인仁에 대해 묻자 공자가 말했다.

"자기의 욕망을 억제하고 언행이 예에 부합된다면 천하 사람들이 모두 인자仁者라고 칭찬할 것이다."[18]

공자가 또 말했다.

"어질구나, 안회여! 한 그릇의 밥과 한 표주박의 물을 마시며 누추한 좁은 골목에서 사는 것을 다른 사람들은 견뎌내지 못할 텐데, 안회는 그 즐거움을 바꾸지 않는구나!"[19]

"안회는 듣기만 하고 질문이 없어 어리석은 사람 같았다. 그러나 물러간 뒤 그의 사생활을 살펴보니 내가 말한 도리를 잘 지키고 있다. 안회는 절대 어리석은 사람이 아니다."[20]

"임용되면 나아가 자신의 주장을 실행하고, 버려지면 물러나 드러내지 않을

---

의 침묵은 자신을 보전할 수 있으니, 아마 동제백화가 행한 바일 것이다'라고 했다."(『집해』) "공자가 탄식을 하며 말하기를 '동제백화가 죽지 않았더라면 천하는 안정되었을 것이다'라고 했다."(『설원說苑』)

16 개산자연介山子然은 개자추介子推를 말한다. 진 문공晉文公의 공신이었으나 훗날 개산介山에 들어가 은거했다. 『대대예기』에 따르면 '공자께서 사방을 보면서도 부모를 잊지 않고 진실로 부모를 생각하여 즐거움을 다하지 않는 것은 아마 개산자연의 행실일 것이다'라고 했다.(『집해』)

17 이 내용에 따르면 안회는 기원전 521년(노 소공魯昭公 21)에 태어났다. 안회와 공자의 나이 차이에 대해서는 견해가 다양해서, 공자보다 40세(기원전 511) 어리다고 하기도 하고 37세(기원전 514) 어리다는 기록도 있다.

18 "克己復禮, 天下歸仁焉."(『논어』 「안연顔淵」)

19 출전은 『논어』 「옹야雍也」다. "정자程子가 말하기를 '가난에 마음이 얽매여 자신의 즐거움을 바꾸지 않는 것이다. 그러므로 공자가 그를 어질다고 칭찬한 것이다'라고 했다."(『논어집주』)

20 출전은 『논어』 「위정爲政」이다. "공안국孔安國이 말하기를 '물러나 돌아가서는 제자들과 도의를 해석하는 것을 살펴보니 중요한 도리를 설명하고 있어 그가 어리석지 않음을 알았다'고 했다."(『집해』)

수 있는 사람은 오직 나와 너뿐이다!"[21]

안회는 29세에 머리카락이 온통 하얗게 세더니 일찍 죽었다.[22] 공자는 소리 내어 울면서 매우 상심하며 말했다.

"내게 안회가 있은 다음부터 제자들이 나와 더욱 친밀해졌다."

노나라 애공이 공자에게 물었다.

"제자들 중에 누가 가장 배우기를 좋아합니까?"

공자가 대답했다.

"안회라는 사람이 배우기를 좋아하여, 노여움을 남에게 옮기지 않으며 같은 잘못을 다시 저지르지 않았는데 불행하게도 단명하여 죽었습니다. 지금은 이 같은 사람이 없습니다."[23]

민손閔損은 자가 자건子騫[24]이며 공자보다 15세 어리다. 공자가 말했다.

"효자로다, 민자건이여! 부모 형제가 그를 칭찬해도 아무도 이의를 제기하지 못하는구나."[25]

그는 권세 있는 사람을 섬기지 않았고 무도한 군주의 봉록을 받지 않았다.[26]

---

21　출전은 『논어』 「술이述而」다. "공안국이 말하기를 '실행할 만하면 행하고 그칠 만하면 그치는 것은 오직 나와 안회만이 같음을 말한다'고 했다."(『집해』)

22　"『가어(공자가어)』에 '나이 29세에 머리카락이 하얗게 세었고 32세에 죽었다'고 했다."(『색은』) "양옥승은 안회가 노 애공 12년에 죽었는데 당시 공자는 69세였다고 했다. 곽숭도는 '공자가 19세에 백어伯魚를 낳았고 백어는 50세에 죽었으니 공자는 당시 69세였다. 안회는 백어보다 뒤에 죽었으니 그의 나이는 마땅히 40세에 가까웠다'라고 했다. 첸무는 안회가 노 애공 14년에 죽었는데, 당시 나이가 41세였고 이때 공자 나이는 71세였다고 했다."(『사기전증』)

23　출전은 『논어』 「옹야」다.

24　여러 주석서에 따르면 민손은 노나라 사람으로 보인다. "정현이 이르기를 『공자제자목록孔子弟子目錄』에서 노나라 사람이라고 했다'고 했다."(『집해』) "『공자제자목록』은 정현이 저술했기 때문에 '왈曰' 자를 삭제해야 한다."(『수정본』) "『가어』에서는 '노나라 사람이다. 공자보다 15세 어리다'고 했다."(『색은』)

25　출전은 『논어』 「선진先進」이다. "진군陳群이 말하기를 '자건이 위로는 부모를 섬기고 아래로는 형제를 따르는데 그의 동정이 모두 착하므로 사람들이 이의를 제기할 수 없다는 말이다'라고 했다."(『집해』)

26　노나라의 권신 계씨季氏의 요청을 듣지 않은 것을 말한다. 계손씨季孫氏는 대대로 노나라 집권을

그는 일찍이 말했다.

"만일 다시 나를 부른다면, 나는 반드시 문수汶水 북쪽 땅으로 도망가 있을 것이오."27

염경冉耕은 자가 백우伯牛다.28 공자는 그가 덕행을 지녔다고 여겼다. 백우가 중병에 걸렸을 때 문병을 간 공자는 창문 밖에서 그의 손을 잡으며 탄식했다.

"이것은 천명이구나! 이 사람이 이런 중병에 걸리다니, 천명이구나!"29

염옹冉雍은 자가 중궁仲弓이다.30 중궁이 정치의 도리를 묻자 공자가 말했다.

"문밖을 나가 일을 처리할 때는 귀한 손님을 접견하듯이 공경하고, 백성을 부릴 때는 중대한 제사를 모시듯이 신중해야 한다. 이렇게 하면 제후의 나라에서 일을 해도 원망하는 사람이 없고, 경대부의 집에서 일을 해도 원망하는 사람이 없을 것이다."31

장악한 대부다.

27 『논어』「옹야」의 원문은 다음과 같다. "계손씨가 사람을 시켜 민자건을 비費(계씨의 읍邑) 땅의 읍장邑長으로 삼고자 요청했다. 민자건이 그 사람에게 말하기를 '그대는 나를 위해 잘 거절해주시오. 만일 다시 나를 부른다면 나는 반드시 문수 북쪽 땅으로 도망가 있을 것이오'라고 했다." 문수汶水는 지금의 산둥성 서부의 다원강大汶河을 말한다. 지금의 산둥성 라이우萊蕪 동북쪽 위안산原山에서 발원하여 서남쪽으로 흘러 지금의 산둥성 타이안 동쪽으로 흐른다. "공안국이 말하기를 '문수 가로 가서 북쪽 제나라로 가려는 것이다'라고 했다."(『집해』)
28 『집해』와 『색은』에서는 염경이 노나라 사람이라고 했다.
29 출전은 『논어』「옹야」다. 고대 유학자들은 백우의 병을 나병으로 보았다. "포씨包氏가 말하기를 '백우는 중병에 걸려 남을 만나려 하지 않았으므로 공자가 창문으로 그의 손을 잡은 것이다'라고 했다."(『집해』)
30 『집해』에서 정현은 염옹이 노나라 사람이라고 했다. 『색은』『가어』에서는 "백우의 종족은 공자보다 29세 어리다"고 했다. 이에 근거하면 염옹은 노 소공魯昭公 20년(기원전 522)에 태어났다.
31 "出門如見大賓, 使民如承大祭. 在邦無怨, 在家無怨."(『논어』「안연」) 여기서 '방邦'은 제후로 벼슬하는 것이고, '가家'는 경대부卿大夫로 벼슬하는 것을 말한다. 제후가 다스리는 지역을 국國, 경대부가 다스리는 지역을 가家라고 불렀다. 춘추시대 초기에는 통상적으로 주나라 천자의 대신을 '경卿'이라 하고 제후국의 대신을 '대부大夫'라 했다. 춘추시대 중기부터 각 대국 제후의 대신은 이미 경卿으로 불렸고 대부는 중급 관원 정도였다.

공자는 중궁이 덕행을 지녔다고 여겨 이렇게 말했다.

"옹은 남면하는 군주를 시킬 만하다."

중궁의 부친은 미천한 사람이었다. 공자가 말했다.

"얼룩소의 새끼라도 털이 붉고 뿔이 바르다면 사람들이 그것을 제물로 사용하지 않으려 해도 산천의 신이 버리려 하겠는가?"[32]


염구冉求는 자가 자유子有이고 공자보다 29세 아래이며[33] 노나라 계씨季氏의 재宰[34]가 되었다.

계강자季康子[35]가 공자에게 물었다.

"염구는 어진 사람입니까?"

공자가 대답했다.

"1000호의 성읍과 100승의 전차를 보유한 집안에서 그 군사[36] 일을 맡아 다스릴 수는 있으나, 어진 사람인지는 나도 모르겠습니다."

계강자가 다시 물었다.

"자로子路는 어진 사람입니까?"

공자가 대답했다.

---

32  출전은 『논어』 「옹야」다. "하안何晏이 말하기를 '비록 얼룩소에서 태어난 것이라 사용하지 않고자 하지만 산천이 어찌 버리려 하겠는가? 아비가 비록 훌륭하지는 않지만 자식의 아름다움에 해가 되지는 않는다는 말이다'라고 했다."(『집해』) "아버지의 악惡이 자식의 선善을 없애지 못하니, 중궁의 어짊이라면 당연히 세상에서 쓰이게 될 것이라는 말이다."(『논어집주』)

33  이에 근거하면 염구는 노 소공 20년(기원전 522)에 태어났다. 정현은 염구가 노나라 사람이라 했다.

34  재宰는 주관한다는 뜻으로 읍장邑長이나 가신家臣의 통칭이다.

35  계강자季康子: 당시 계손씨 가족의 수령으로 계환자季桓子의 아들이며 이름이 비肥였다. 강康은 시호다.

36  "공안국이 말하기를 '1000호는 경대부의 읍이다. 경대부를 가家라 일컫는다. 제후가 천승이니 대부는 백승이라 말한 것이다'라고 했다."(『집해』) '군사'는 원문에 '부賦'라 했는데, 고대에는 전부田賦(토지에 대해 징수하는 세금)에 따라 병사를 내었기 때문에 병兵(군사)을 부賦라 칭했다.

"염구와 같습니다."[37]

염구가 공자에게 물었다.

"의리에 부합하는 일을 들으면 바로 행해야 합니까?"

공자가 대답했다.

"들었으면 행해야 한다."

자로가 물었다.

"의리에 부합하는 일을 들으면 바로 행해야 합니까?"

공자가 대답했다.

"아버지와 형이 계시는데 어떻게 들은 것을 바로 행하겠느냐?"[38]

자화子華[39]가 대답이 다른 것을 기괴하게 여기며 말했다.

"감히 여쭙겠는데, 어찌하여 질문이 같은데 대답은 같지 않습니까?"

공자가 말했다.

"염구는 머뭇거리며 위축되었기 때문에 나아가도록 격려한 것이고, 중유는 용맹을 좋아하고 남을 이기려는 마음이 지나치기 때문에 물러서도록 억제한 것이다."[40]


중유仲由는 자가 자로子路이고 노나라 변읍卞邑[41] 사람이다. 공자보다 9세 어

---

37 　이상은 염구와 자로에 대한 계강자의 물음에 공자가 대답한 내용으로 『논어』 「공야장」에 있다. 그러나 『논어』에는 질문한 자가 계강자가 아닌 맹무백孟武伯으로 되어 있다. 맹무백은 맹의자孟懿子의 아들로 노나라 귀족 맹손씨孟孫氏의 수령이었다. 그리고 『논어』에서는 자로에 대한 공자의 대답은 '군사 일을 맡아 다스릴 수 있다'는 것이고, 염구에 대한 대답은 '재宰가 될 수 있다'는 것이라고 설명하고 있다.

38 　"공안국이 말하기를 '마땅히 아버지와 형에게 말해야지 제멋대로 해서는 안 된다'는 뜻이라 했다."(『집해』)

39 　자화子華는 공서적公西赤의 자다.

40 　이상 문답의 출전은 『논어』 「선진先進」이다.

41 　변읍卞邑: 노나라의 읍으로 지금의 산둥성 쓰수이泗水 동쪽이었다.

리다.[42]

자로는 성격이 거칠고 용맹함을 좋아하며 뜻이 강직하고 활달했다. 머리에 수탉 형상의 관冠[43]을 쓰고 몸에는 수퇘지 가죽으로 장식한 검을 차고 다녔다.[44] 그는 일찍이 용기와 힘에 의지하여 공자를 업신여기며 모욕했다. 공자가 예의로써 천천히 그를 이끌자 이후 자로는 유생 복장으로 스승에게 드리는 예물을 가지고 와서[45] 공자의 문인들을 통해 공자의 제자가 되고 싶다고 청했다.

자로가 정치하는 도리를 묻자 공자가 말했다.

"백성을 이끌면서 자신이 그들보다 먼저 실행하고 몸소 수고하라."[46]

자로가 재차 상세한 설명을 요청하자 공자가 말했다.

"앞장서서 실행하고 몸소 수고롭게 하기를 게을리 하지 마라."[47]

자로가 물었다.

"군자도 용맹을 숭상합니까?"

공자가 대답했다.

"군자는 의를 가장 숭상한다. 군자가 용맹만 좋아하고 의가 없으면 난을 일으

---

42　이 문장에 근거하면 자로는 노 양공魯襄公 31년(기원전 542)에 태어났다.

43　관冠은 모帽(모자)와는 다르다. 모는 추위를 막고 보온을 유지시키는 것이지만 관은 머리 장식과 묶은 머리를 고정해주는 것 외에 예의를 드러내는 용도를 지닌다. 관의 색깔, 재질, 형태를 통해 인물의 신분과 관작을 드러내며 예의가 요구되는 경우에 착용한다. 또한 '승관勝冠'이란 말은 관을 쓰는 연령을 말한다. 고대에 나이가 20세가 되면 관을 쓰는 관례冠禮를 거행했는데, 성년이 되었음을 가리킨다. 역자는 이하 '관冠'을 '모자'가 아닌 고유명사 '관'으로 표기했다.

44　"두 동물은 용맹한 동물이기 때문에 자로는 그러한 형상의 관을 쓰고 검을 차고 다닌 것이다." (『집해』)

45　"스승에게 드리는 예물을 가지고 와서"의 원문은 '위질委質'이다. "복건服虔이 『좌씨左氏』에 주석을 달며 말하기를 '옛날에 처음 벼슬을 할 때는 반드시 이름을 책策에 기입하고 군주에게 복숨을 맡긴다는 맹세를 한 다음에 신하가 되는데, 이는 군주에게 절개를 지키며 죽겠다는 것을 표시하는 것이다'라고 했다."(『색은』) "질質을 지로 읽으면 지贄와 같은 뜻으로 사람을 만날 때 처음 보내는 상견의 예물이라는 뜻이기도 하고, 위신委身과 같은 뜻으로서 몸을 타인에게 맡겨 지배를 받음을 말한다."(『사기전증』)

46　"소식蘇軾이 말하기를 '무릇 백성의 행동은 자신이 앞장서 먼저 하면 명령하지 않아도 실행되고, 무릇 백성의 일은 몸소 수고로우면 비록 수고롭더라도 원망하지 않는다'고 했다."(『논어집주』)

47　이상 정치에 대한 자로의 질문과 공자의 대답은 『논어』「자로」에 있다.

키고,48 소인이 용맹만 좋아하고 의가 없으면 도적질을 하게 된다."49

자로는 하나의 도리를 듣고 실행에 옮기기 전에 또 새로운 도리를 들을까 두려워했다.50

이에 공자는 말했다.

"짧은 말로 소송 안건을 판결할 수 있는 사람은 중유일 것이다!"51

"중유, 너는 나보다 용맹을 좋아하지만 사리를 잘 헤아리지 못한다."52

"중유 같은 사람은 제명에 죽지 못하겠구나."53

"오래된 솜으로 만든 해진 두루마기를 걸친 채 귀한 여우나 담비 가죽 옷을 입은 자와 함께 서 있어도 부끄러워하지 않을 사람은 중유로구나!"54

"중유의 학문은 당堂에 올랐으나 아직 실室에는 들어오지 못했다."55

계강자가 물었다.

---

**48** "군자라 불리는 사람은 혼란한 상황에서 직분을 맡지 않는다. 군주가 도를 잃고 나라가 혼란해졌을 때 달려가 근심하며 목숨을 걸면서도 의를 돌아볼 줄 모르는 자라면, 그 또한 난을 일으키는 데 빠져 의롭지 못하다는 질책을 받게 된다"는 이충李充의 말을 인용했다.(『집해』)
**49** "군자는 난을 일으키고 소인은 도적질을 한다는 것은 모두 지위로써 말한 것이다."(『논어집주』) 이상 용맹에 대한 자로의 질문과 공자의 대답은 『논어』 「양화」에 있다.
**50** 출전은 『논어』 「공야장」이다. "공안국이 말하기를 '앞서 들은 도리를 미처 실행하지 못했으므로 다시 새로운 도리를 들어 함께 실행하지 못하게 될까 두려워한 것이다'라고 했다.(『집해』)
**51** "片言可以折獄者, 其由也與!"(『논어』 「안연」) "편언片言은 반언半言으로 짧은 말이다. 절折은 단斷으로 판결하는 것이다. 자로가 충성스럽고 신용이 있으며, 명철하고 결단력이 있으므로 말을 꺼내면 사람들이 믿고 복종하기에 그 말이 끝나기를 기다리지 않았다"고 했다.(『논어집주』) "공안국이 말하기를 '편片은 편偏과 같다. 송사를 듣는 데는 반드시 양쪽의 말을 듣고서 시비를 결정해야 하는데 한쪽의 말만 믿고 판결을 내릴 이는 오직 자로라는 것이다'라고 했다."(『집해』) 역자는 주희의 해석을 따랐다.
**52** 출전은 『논어』 「공야장」이다. "부자夫子(공자)께서 그의 용맹을 아름답다고 하면서 사리를 헤아려 의에 적합하게 하지 못하는 것을 의론한 것이다."(『논어집주』)
**53** 출전은 『논어』 「선진」이다.
**54** 출전은 『논어』 「자한子罕」이다. "자로의 뜻이 이와 같다면 빈부로써 그의 마음을 움직일 수 없고 도道로 나아갈 수 있으므로 칭찬한 것이다."(『논어집주』)
**55** "由也升堂矣, 未入於室也."(『논어』 「선진」) 밖에서 안으로 들어가려면 먼저 문門으로 들어온 다음 당堂(대청)에 오르고, 마지막으로 실室(대청 뒤에 있는 내실)로 들어가는 것으로 학문의 단계를 표시한 것이다. 도道로 들어가는 순서를 비유한 것이다.

"중유는 어진 사람입니까?"

공자가 대답했다.

"1000승의 전차를 보유한 나라에서 군사 관련 일을 다스릴 수는 있으나, 어진 사람인지는 모르겠습니다."[56]

자로는 공자를 따라 여러 국가를 돌아다니기를 좋아했다. 길에서 장저長沮와 걸익桀溺,[57] 그리고 지팡이를 짚고 삼태기를 멘 노인[58]을 만났다.

자로가 계손씨의 재宰가 되었을 때 계손씨가 공자에게 물었다.

"자로는 대신이라고 할 수 있습니까?"

공자가 말했다.

"간신히 머릿수만 채우는 신하라 할 수 있습니다."[59]

자로가 위衛나라 포읍蒲邑[60]의 대부가 되어 공자에게 작별 인사를 하러 왔을 때, 공자가 말했다.

"포읍은 용감한 장사가 많아 다스리기 어려운 곳이다. 그래서 내 너에게 당부하마. 공경하며 겸손하면 그 용사들을 부릴 수 있을 것이고, 관대하고 올바르면 백성을 친근하게 따르게 할 수 있으며, 정중하고 공정하며 사회가 안정되면 군주에게 보답할 수 있을 것이다."[61]


일찍이 위衛나라 영공靈公[62]에게는 남자南子라는 총애하는 첩[63]이 있었다. 영

---

56　출전은 『논어』 「공야장」이다. 『논어』에서는 질문한 사람이 계강자가 아니라 맹무백이다.

57　장저長沮와 걸익桀溺은 채蔡나라에 거주하면서 밭을 갈던 두 은사다.

58　당시 채 땅의 은자로 "사지를 움직여 노동하지 않고, 오곡五穀도 분별하지 못하면서 누구를 스승이라 하는가?"라며 공자를 꾸짖었다. 자로가 이들 은자를 만난 이야기는 『논어』 「미자微子」에 있다.

59　출전은 『논어』 「선진」이다. 공자에게 질문한 사람은 계자연季子然으로, 자신의 집안에서 중유와 염구를 신하로 삼은 것을 자랑으로 여겨 공자에게 물은 것이다. 공자는 대신의 자격으로 "도로써 군주를 섬기다가 군주가 받아들이지 않으면 그만두는 것이다"라고 했다.

60　포읍蒲邑: 위衛나라 도성 서남쪽에 위치한 읍으로, 지금의 허난성 창위안長垣이다.

61　공자가 자로에게 포읍을 다스리는 방법에 대해 이야기한 내용은 『논어』와 『좌전』에 기재되어 있지 않다.

공의 태자 괴외蒯聵는 남자에게 죄를 짓고 주살될 것이 두려워 나라 밖으로 달아났다.[64] 영공이 죽자(기원전 493) 부인은 공자 영郢을 왕으로 세우려고 했다. 공자 영은 사양하며 말했다.

"도망친 태자의 아들 첩輒이 아직 국내에 있습니다."

그리하여 위衛나라는 첩을 군주로 세웠는데, 이 사람이 바로 출공出公[65]이다. 출공이 왕위를 계승한 지 12년[66]이 지나도록 그의 부친인 괴외는 여전히 나라 밖에서 떠돌아다녔고 국내로 돌아오지 못했다. 이때 자로는 위나라 대부 공회孔悝의 읍재邑宰로 있었다.[67] 괴외는 공회를 협박해 함께 반란을 일으키고,[68] 은밀히 공회의 집으로 들어가 마침내 공회의 무리와 함께 출공을 습격했다. 출공이 노나라로 달아나고 괴외가 입궁하여 왕위를 계승하니, 이 사람이 바로 위 장공衛莊公이다.[69] 공회가 난을 일으켰을 때 밖에 있던 자로는 그 소식을 듣고는 황급히 달려갔다.[70] 자로는 때마침 위나라 성문을 나서던 자고子羔[71]와 마주쳤다. 자고가 자로에게 말했다.

---

62  위 영공衛靈公(재위 기원전 534~기원전 493)은 춘추시대 말기의 제후로 이름이 원元이다.
63  "남자는 부인이지 총희寵姬(총애를 받는 첩)가 아니다. 게다가 첩을 희姬라고 칭하는 것 또한 당시의 말이 아니다."(『사기지의』)
64  『좌전』 정공 14년에서는 '괴외蒯聵'를 '괴외蒯瞶'로 표기했다. 남자가 영공의 남총男寵(여성에게 총애를 받고 노리개 역할을 하는 남자. 용모가 잘생겨 부인과 같았다)과 사통하자 나라 사람들이 노래를 지어 풍자했다. 이에 괴외가 남자를 죽이려 하다가 발각되자 영공에게 주살될 것이 두려워 송나라로 달아났다.
65  출공出公(재위 기원전 492~기원전 480)은 이후 국내에 정변이 일어나 축출되었으므로 역사에서 '출공出公'이라고 부른다.
66  『좌전』에 따르면 괴외의 정변은 출공 13년(기원전 480)에 발생했다.
67  괴외의 반란은 자로가 포읍의 대부가 되고 나서 일어났다. 공회는 공문자孔文子의 아들로 위 출공 재위 당시 위나라의 대부였으며, 그의 모친은 태자 괴외의 누나다.
68  "『좌전』에서 이르기를 '괴외가 공회의 집으로 들어갔는데 공회의 모친인 백희伯姬가 측간에서 공회를 다그쳐서 강제로 괴외와 동맹을 맺게 하고 괴외를 세운 것으로, 공회는 본래 난을 일으키려 하지 않았다'고 했다."(『색은』)
69  출공 13년(기원전 480)에 일어난 일이다.
70  공씨孔氏의 읍에 있다가 출공과 공회를 구출하려고 위나라 도읍으로 달려간 것이다.
71  자고子羔: 공자의 제자 고시高柴로 당시 위나라 대부였다.

"출공72은 달아났고 성문도 이미 닫혔으니 돌아가십시오. 헛되이 말려들어 화를 입을 필요가 없습니다."

자로가 말했다.

"내 남의 봉록을 받아먹으면서 남의 재난을 피할 수는 없네."73

자고는 결국 떠났다. 그때 마침 사자가 성으로 들어왔고 성문이 열리자 자로는 사자를 따라 성으로 들어갔다.74 괴외가 있는 곳으로 가니 마침 괴외는 공회와 함께 누대 위에 있었다.75 자로가 말했다.

"군주께선 어떻게 공회를 임명할 수 있습니까? 그를 죽일 수 있게 해주십시오!"76

괴외가 들어주지 않자 이에 자로는 누대에 불을 지르려 했다. 괴외는 두려워하며 석걸石乞과 호염壺黶77을 내려 보내 자로를 공격하게 했다. 그들이 자로가 쓰고 있는 관의 끈을 잘라내자 자로가 말했다.

"군자는 죽더라도 관을 벗지 않는다."

자로가 관의 끈을 맬 때 죽임을 당했다.78

공자는 위나라에서 반란이 발생했다는 소식을 듣고는 말했다.

"아, 중유가 죽었구나!"

얼마 지나지 않아 과연 자로가 죽었다는 소식이 전해졌다. 공자는 죽은 자로

---

72 "진인석이 말하기를 '출공은 마땅히 위군衛君(위나라 군주)이라 해야 한다'고 했다."(『사기회주고증』)
73 자로는 당시 공회의 읍재로서 공회가 협박을 받는다는 소식을 들었으므로 목숨을 걸고 구하러 간 것이다.
74 『좌전』 애공哀公 15년에 근거하면 성문이 아니라 공회의 집 문이다.
75 "공회를 협박하여 누대에 올랐다."(『사기회주고증』)
76 "진자룡陳子龍이 말하기를 '자로가 공회를 구하려고 왔는데 어떻게 이런 말을 할 수 있단 말인가? 『좌전』이 합당하다'고 했다."(『사기회주고증』) "자로가 기회를 틈타 '태자가 어떻게 공회를 임용할 수 있습니까? 설사 그를 죽이더라도 반드시 누군가 그를 계승할 것입니다'라고 했다."(『좌전』 애공 15년)
77 『좌전』과 「위강숙세가」에는 호염壺黶이 아닌 우염盂黶으로 기재되어 있다.
78 "첸무가 말하기를 '괴외의 난으로 자로가 죽었는데, 그의 나이 63세였다'고 했다."(한자오치韓兆琦의 『신역사기新譯史記』)

를 그리워하며 말했다.

"내가 중유를 얻은 이래로 나쁜 말이 내 귀에 들리지 않게 되었다."[79]

이때 자공子貢은 노나라를 위해 사자로 제나라에 갔다.[80]


재여宰予[81]는 자가 자아子我이며 말재주가 뛰어났다. 그는 공자에게 가르침을 받을 때 이렇게 물었다.

"부모의 상을 삼 년이나 치르는 것은 너무 길지 않습니까? 군자가 삼 년간 예의를 익히지 않으면 예의가 반드시 폐기될 것이고, 삼 년 동안 음악을 연주하지 않는다면 음악도 반드시 무너지게 될 것입니다. 묵은 곡식을 다 먹어야 햇곡식이 등장하고, 비벼서 불씨를 얻는 나무 또한 일 년마다 바꿉니다.[82] 그러므로 상복을 입고 상을 치르는 기간도 일 년이면 충분합니다."

공자가 물었다.

"그렇게 하면 네 마음이 편하겠느냐?"

재여가 대답했다.

---

79　"왕숙王肅은 '자로가 공자를 호위했으므로 업신여기는 사람들이 감히 나쁜 말을 하지 못했기 때문에 나쁜 말이 공자의 귀에 들리지 않게 된 것이다'라고 했다."(『집해』)

80　"『좌전』에 '자공이 노나라를 위해 제나라에 사신으로 간 것은 애공 15년, 장공 원년(기원전 480)인데, 아마도 이 문장이 틀렸을 것이다'라고 했다."(『집해』) 이 문장에 대해 "진인석은 삭제된 것이 있는 문장이라 했고, 장문호는 문장이 위아래와 서로 연관되지 않으니 편과 장의 순서가 잘못된 것으로 의심된다고 했다."(『사기회주고증』)

81　재여宰予: 『집해』에서 정현은 재여가 노나라 사람이라고 했으며, 『색은』에서도 『가어』에 근거해 노나라 사람이라고 했다.

82　원문에 '개화改火(불을 바꾼다)'라고 되어 있다. "마융이 말하기를 '『주서周書』「월령月令」에 불을 바꾼다는 글이 있다. 봄에는 느릅나무와 버드나무로 불을 취하고 여름에는 대추나무와 살구나무로 불을 취하며 늦여름에는 뽕나무와 산뽕나무로 불을 취하고, 가을에는 떡갈나무와 졸참나무로 불을 취하며 겨울에는 홰나무와 박달나무로 불을 취한다. 1년 동안 불을 지피는 데 쓰이는 나무가 각기 다르므로 불을 바꾼다고 한 것이다'라고 했다."(『집해』) "이토伊藤가 말하기를 '이 문장은 분명하게 1년에 한 번씩 불을 바꾼다고 했지 사계절마다 각기 바뀌는 것이 아니니 『주례』에 근거해 해석해서는 안 된다'고 했다."(『사기회주고증』)

"예, 편안합니다."

공자가 말했다.

"네가 편안하게 느낀다면 그렇게 하도록 해라. 군자는 상복을 입고 상을 치르는 동안은 맛있는 음식을 먹어도 달지 않고 음악을 들어도 즐겁지 않기 때문에 그렇게 하지 않는 것이다."

재여가 밖으로 나가자 공자가 말했다.

"재여는 어질지 못한 사람이구나! 자식은 태어나서 삼 년이 지나야 비로소 부모 품에서 벗어난다. 그래서 삼년상은 천하에 통행되는 상례喪禮다."[83]

하루는 재여가 낮잠을 잤다. 그 모습을 본 공자가 말했다.

"썩은 나무로는 조각을 할 수 없고, 더러운 흙으로 쌓은 담장은 흙손질을 할 수 없다."[84]

재여가 오제五帝[85]의 덕을 묻자 공자가 말했다.

"너는 그것을 물을 자격이 없다."

그 뒤 재여가 제나라 임치臨菑[86]의 대부가 되었는데, 전상田常과 함께 난을 일으켜 그 일족이 모두 죽임을 당하자 공자는 매우 부끄럽게 여겼다.[87]

---

83    삼년상에 관한 재여와 공자의 대화는 『논어』 「양화」에 있다. 정현은 실제 삼년상의 기간이 27개월이라 했고 왕숙은 25개월이라고 했다. "재아가 나가자 공자께서는 그가 진실로 편안하다고 여겨 실행할까 우려하여 그 근본을 깊이 찾아서 꾸짖은 것이다."(『논어집주』)

84    "朽木不可雕也, 糞土之牆不可圬也."(『논어』 「공야장」) "낮잠을 자는 것은 작은 결점이지만 썩은 나무와 더러운 흙은 부패하고 무너져 다시 회복할 수 없는 물건이니 사람들이 크게 싫어하는 것이다. 크게 싫어하는 것으로 경미한 잘못을 꾸짖는다면 어떻게 사람을 복종시킬 수 있겠는가?"(왕충王充, 『논형論衡』 「문공問孔」)

85    오제五帝: 고대 전설 속의 다섯 제왕으로, 오제가 누구인가는 세 가지의 학설에 따라 다르다. 첫째는 황제皇帝·전욱顓頊·제곡帝嚳·당요唐堯·우순虞舜을 꼽으며, 둘째는 태호太暤(복희伏羲)·신농神農(염제炎帝)·황제·소호少暤·전욱을 꼽으며, 셋째는 소호(호皞)·전욱·고신高辛(제곡帝嚳)·당요·우순을 꼽는다.

86    임치臨菑: 제나라 도성으로 지금의 산둥성 쯔보淄博 린쯔구臨淄區 서북쪽이었다.

87    『좌씨전』에는 재아가 전상과 함께 난을 일으켰다는 문장이 없다. 감지闞止라는 사람의 자가 자아子我인데 총애를 다투다가 결국 진항陳恒에게 살해되었다. 아마 그의 자가 재여의 자와 같아 잘못 말한 것 같다."(『색은』)

단목사端沐賜는 위衛나라 사람으로 자가 자공子貢이며[88] 공자보다 31세 아래다.[89]

자공은 말재주가 뛰어났는데 공자는 항상 그의 변명을 반박했다. 공자가 물었다.

"너와 안회를 비교하면 누가 더 뛰어나느냐?"

자공이 대답했다.

"제가 어찌 감히 안회와 비교할 수 있겠습니까! 안회는 하나를 들으면 열을 알지만, 저는 단지 하나를 들으면 둘을 알 뿐입니다."[90]

자공은 가르침을 받은 뒤에 물었다.

"저는 어떤 사람입니까?"

공자가 말했다.

"너는 그릇이다."

자공이 물었다.

"어떤 그릇입니까?"

공자가 대답했다.

"호련瑚璉이다."[91]

진자금陳子禽[92]이 자공에게 물었다.

88　"양옥승이 말하기를 '경전, 사서와 제자백가에서 대부분 자공子贛이라고 했다'고 했다. 전대흔이 말하기를 '옛사람은 자와 이름이 반드시 서로 상응한다. 『설문說文』에 '공贛은 사賜'라고 했으니, 단목端木의 자는 마땅히 자공子贛이다'라고 했다."(『사기회주고증』)

89　이에 근거하면 자공은 노 소공 22년(기원전 520)에 태어났다. 『논어』 「학이장學而章·정의正義」에서 『제자전弟子傳』을 인용해 '32세 아래다'라고 했다."(『광사기정보』)

90　출전은 『논어』 「공야장」이다. "호씨胡氏가 말하기를 '공자께서 그가 자신을 분명하게 알고 또한 굴복하는 것을 어렵게 여기지 않으므로 옳다고 여기고는 거듭 허락한 것이다'라고 했다."(『논어집주』)

91　이 문답의 출전은 『논어』 「공야장」이다. 호련은 "하나라에서는 호瑚, 상나라에서는 연璉, 주나라에서는 보궤簠簋라 했다. 모두 종묘에서 기장과 피를 담는 그릇인데 옥으로 장식했으니 그릇 중 귀중하고 아름다운 것이다."(『논어집주』)

92　진자금陳子禽: 이름이 항亢이다. "양보쥔이 말하기를 「자장子張」 편에 기재된 것으로 보건대 아

"중니仲尼(공자)의 학문은 어디에서 배운 것입니까?"

자공이 말했다.

"문왕과 무왕의 도가 아직 땅에 떨어지지 않고 사람들 사이에 전해져 있어, 현명한 사람은 그중에 큰 것을 기억하고 있고 현명하지 못한 사람도 그중에 작은 것은 기억하고 있습니다. 이처럼 문왕과 무왕의 도를 간직하지 않은 이가 없으니, 스승께서는 어디인들 배우지 않은 곳이 있겠으며, 또 정해진 스승이 있을 필요가 있겠습니까!"93

진자금이 또 물었다.

"공자는 매번 어느 국가로 가든 그곳의 정치 상황을 듣습니다. 이는 그가 요청한 일입니까? 아니면 그 나라 군주의 요청에 따른 것입니까?"

자공이 말했다.

"선생님께서는 온화, 선량, 공경, 절제, 겸양의 태도로 알고 싶은 바를 얻으십니다. 선생님께서 구하시는 바는 뭇 사람들이 구하는 것과 다릅니다."94

자공이 물었다.

"부유하면서도 교만하지 않고 가난하면서도 아첨하지 않는다면 어떻습니까?"

공자가 대답했다.

"그것도 괜찮지만, 가난하면서도 도를 즐기고 부유하면서도 예를 좋아하는 것보다는 못하다."95

---

마 공자의 학생은 아닐 것이다'라고 했다."(『사기전증』)

93  이 문답은 『논어』 「자장」에 있다. 그러나 『논어』에서는 자공에게 묻는 이가 진자금이 아닌 위衛나라 대부 공손조公孫朝다.

94  이 문답은 『논어』 「학이學而」에 있다. "장경부張敬夫가 말하기를 '공자가 어느 나라에 이르면 반드시 그 나라의 정사를 들었으나 정사를 돌보는 위임을 받지는 않았다. 대개 성인의 모범을 보고 즐겁게 말하는 것은 떳떳한 도리를 지키고 덕을 좋아하는 양심인데 사사로운 욕심으로 그것을 해쳤기 때문에 결국 임용할 수 없었던 것일 따름이다'라고 했다."(『논어집주』)

95  이 문답은 『논어』 「학이」에 있다. "정현이 말하기를 '즐기는 것은 도에 뜻을 두고 가난 때문에 괴로워하지 않는 것을 말한다'고 했다."(『집해』)

제나라 대부 전상은 반란을 일으키려 했으나 제나라에서 실권을 장악한 고씨高氏, 국씨國氏, 포씨鮑氏, 안씨晏氏[96]를 두려워하여 그들의 군대를 옮겨 노나라를 공격하고자 했다.[97]

공자는 이 소식을 듣고 제자들에게 말했다.

"무릇 노나라는 우리 조상의 무덤이 있는 곳으로 부모님의 나라다. 나라가 이처럼 위험에 처해 있는데 그대들은 어찌하여 앞장서서 나가지 않는가?"

이 말에 자로가 나가기를 청했지만 공자는 그를 제지했다. 자장子張과 자석子石이 나가기를 청했지만 허락하지 않았다.[98] 자공이 가기를 청하자 공자는 허락했다.

자공은 제나라로 가서 전상에게 유세하며 말했다.

"그대가 노나라를 공격하려는 것은 잘못입니다. 무릇 노나라는 정벌하기 어려운 나라로 성벽은 두텁지 않고 낮으며, 성을 보호하는 강 또한 좁고 얕으며,[99] 군주는 어리석고 어질지 못하고, 대신들은 진실되지 못하고 무능하며, 또 병사와 백성은 전쟁을 매우 싫어합니다. 이런 나라와는 전쟁을 할 수 없으니 차라리 오나라를 공격하는 것이 낫습니다. 오나라는 성벽이 높고 두터우며, 성을 보호하는 강 또한 넓고 깊으며, 갑옷[100]을 새로 지어 견고하고, 병사들은 정예하고

96  제나라의 4대 높은 귀족으로 당시의 영수는 고소자高昭子, 국혜자國惠子, 포목鮑牧, 안어晏圉였다.
97  제나라가 노나라를 정벌한 사건의 원인은 다음과 같다. "제나라 도공悼公이 노나라에 왔을 때 계강자는 그의 누이동생을 그에게 시집보내 처로 삼게 했고, 도공은 즉위한 후에 그녀를 영접하여 아내로 삼으려 했다. 계방후季魴侯(계강자의 숙부)가 그녀와 사통했고 이 여인이 사통한 실정을 계강자에게 알렸기 때문에 계강자는 감히 그녀를 제나라에 보내지 못했다. 제나라 도공은 크게 노했고, 여름 5월 제나라의 포목鮑牧이 군대를 인솔하여 노나라를 공격하여 환讙(지금의 산둥성 닝양寧陽 서북쪽)과 천闡(지금의 산둥성 닝양寧陽 동북쪽) 땅을 점령했다."(『좌전』 애공 8년)
98  "『일지록』에 이르기를 '자석은 공자보다 53세나 어리고, 당시 노나라를 공격한 해에 겨우 열서너 살이었다'고 했다."(『사기지의』)
99  원문은 '기지협이설其地狹以泄'이다. "나카이 리켄이 말하기를 '지地는 마땅히 지池로 해야 한다'고 했고, 왕염손이 말하기를 '『월절서越絕書』와 『오월춘추』에서는 모두 지地를 지池, 설泄을 천淺이라 했다'고 했다."(『사기회주고증』) 역자는 『사기회주고증』에 따랐다.
100  원문은 '갑甲'으로, 고대 군인들이 몸을 보호하기 위해 입었던 가죽 의복을 말한다. 전국시대 이

식량도 충분하며, 진귀한 보물과 정예병이 모두 성 안에 있고, 또 영명한 대부들을 보내 지키게 하고 있습니다. 이런 나라는 공격하기 쉽습니다."

전상이 화를 내며 안색을 바꾸더니 말했다.

"그대가 어렵다고 하는 것은 다른 사람들이 쉽다고 여기는 것이고, 그대가 쉽다고 하는 것은 다른 사람들이 어렵다고 여기는 것이오. 그대는 이런 말로 나에게 무엇을 가르치려는 것이오?"

자공이 말했다.

"제가 듣기로 나라 안에 근심거리가 있으면 강대한 국가를 공격하고, 나라 밖에 근심거리가 있으면 약소한 국가를 공격한다고 합니다. 그런데 지금 그대의 근심은 나라 안에 있습니다. 제나라 군주가 그대를 세 번이나 작위에 봉하려 했지만 성공하지 못한 것은 대신들 중에 반대하는 사람이 있었기 때문이라고 들었습니다. 지금 그대는 노나라를 격파하여 제나라의 국토를 확장하려 하는데 전쟁에서 승리를 거두면 제나라 군주를 교만하게 만들 것이고, 다른 나라를 격파함으로써 대신들은 존중받으며 지위가 제고될 것입니다.[101] 그러면 그대의 공로는 도리어 긍정적이지 않게 되고 제나라 왕과의 관계도 날로 소원해질 것입니다. 그대가 위로는 군주를 교만하게 만들고 아래로는 군신들을 방자하게 만드는 상황을 조성하여 큰일을 성취하고자 한다면 어려울 것입니다. 무릇 군주가 교만해지면 꺼리는 것이 없게 되고[102] 신하들이 교만해지면 권력과 이익을 다투게 되니, 위로는 군주와 틈이 벌어지고 아래로는 대신들과 암투를 벌이게 될 것입

전에 갑은 피갑皮甲으로 철갑鐵甲은 없었다. 전한시대에 비로소 철갑 시대에 진입했으며 철갑은 '개鎧'라고 했다.

101  "왕숙이 말하기를 '포와 안씨 등이 군대를 이끌고 타국을 격파한다면 신하가 존중받게 된다'고 했다.(『집해』)

102  원문은 '부상교즉자夫上驕則恣'다. '수정본'에서는 위아래 문장의 맥락에 근거해 '상上'을 '주主'로 수정해야 한다고 했다. 장문호의 『찰기』에서도 수정해야 한다고 고증했다. 역자는 '수정본'에 따랐다.

니다. 그러면 제나라에서 그대의 처지는 위험해질 것입니다. 이 때문에 오나라를 공격하는 것만 못하다고 말한 것입니다. 오나라를 공격하여 설사 승리를 거두지 못하더라도 백성은 나라 밖에서 죽고 대신들은 군사를 이끌고 밖에 있어 조정은 텅 비게 될 것입니다. 이와 같다면 위로는 강대한 군신들의 대항이 없게 될 것이고 아래로는 백성의 비난이 없게 될 것이니, 군주의 실권을 잃게 하여 고립시키고 제나라를 통제할 사람은 그대밖에 없게 됩니다."

전상이 물었다.

"좋소. 그렇지만 우리 군대는 이미 노나라를 향해 떠났으니, 만일 노나라에서 철수하고 오나라를 공격한다면 대신들이 나를 의심할 것이오. 어떻게 하면 좋겠소?"

자공이 대답했다.

"먼저 군사 행동을 잠시 중단하고 노나라를 공격하지 마십시오. 내가 오나라로 가서 노나라를 구원하고 제나라를 공격하도록 오왕을 설득하겠습니다. 그때 형세를 보아 제나라 군대를 지휘하면서 오나라를 맞아 싸우십시오."

전상은 이에 동의하고[103] 자공에게 남쪽으로 가서 오나라 왕을 만나도록 했다.

자공은 오나라 왕에게 유세하며 말했다.

"신이 듣자 하니 왕도를 실행하는 자는 다른 나라의 후대를 끊어 멸망시키지 않고, 천하에 패자라 불리는 자는 강대한 적국이 출현하는 것을 허락하지 않는다고 합니다. 마치 서로 맞먹는 1000균鈞의 무게에 어느 한쪽으로 1수銖나 1냥兩[104]이 더해지면 중심이 움직이듯이 세력 균형이 무너질 수 있습니다. 지금 전

---

103　"제나라가 장차 노나라를 공격하려고 하자 노나라는 자공을 파견해 유세하도록 했다. 제나라 사람이 말했다. '당신의 말에 도리가 없는 것은 아니지만 우리가 얻으려 하는 것은 토지이지 당신이 말하는 도리가 아니다.' 그러고는 군대를 일으켜 노나라를 공격해 노나라 도성 성문에서 10리 떨어진 곳을 국가의 경계로 삼았다."(『한비자』 「오두五蠹」)

104　전국시대의 무게 단위(진秦나라 기준)

차 1만 승을 보유하고[105] 있는 제나라가 단지 1000승의 전차를 지닌 노나라를 병탄하고 오나라와 강함을 다투려 하고 있기에,[106] 저는 대왕께서 위험한 지경에 처할까 불안합니다. 게다가 노나라를 구원하는 것은 천하에 명성을 드날리는 일이고, 제나라를 공격하는 것은 큰 이익을 얻는 일입니다. 사수泗水[107] 북쪽의 제후들을 위로하여 포학한 제나라를 징벌하고 강대한 진晉나라를 진압하여 복종시킨다면 이보다 큰 이익은 없을 것입니다. 장차 멸망할 노나라를 존속케 한다는 명분을 내세우면서 실제로는 강대한 제나라의 확장을 막고 궁지에 빠뜨리는 것입니다. 지혜로운 사람이라면 의심을 품지 않을 것입니다."

오나라 왕이 말했다.

"좋소. 그렇지만 내가 일찍이 월나라와 교전을 벌일 때 월나라 왕을 회계산會稽山으로 물러나게 해 곤경에 처하게 했소.[108] 그 후 월나라 왕은 괴로움을 감내하면서 사졸을 길러 내게 보복할 마음을 품고 있소. 그러니 내가 월나라를 정벌

| 1수銖 | 1냥兩=24수銖 | 1근斤=16냥兩 | 1균鈞=30근斤 | 1석石=4균鈞 |
|---|---|---|---|---|
| 0.69그램 | 15.8그램 | 253그램 | 7590그램<br>(~7.6킬로그램) | 3만 360그램<br>(~30.3킬로그램) |

초나라는 1근=16냥, 1냥=24수, 1근(250그램), 1냥(15.6그램), 1수(0.65그램), 조나라는 1석=120근, 1근=16냥, 1냥=24수, 1석(3만 그램), 1근(250그램), 1냥(15.6그램), 1수(0.65그램)였다.

105　"만승萬乘은 고대 천자를 일컫는 말이다. 전국시대에는 제후들이 강대하여 천리의 영토에 만승을 보유한 자들이 있었으므로 맹자가 '만승의 나라가 어진 정치를 행한다'고 한 말은 제나라를 가리키며, '만승의 나라가 만승의 나라를 공격한다'는 말은 제나라와 연나라를 가리킨다. 그러나 춘추시대에는 제후를 천승千乘이라 칭했다. 자공은 여기서 천승이라 칭해야 하는데 그렇게 하지 않았다."(『사기회주고증』)

106　춘추시대 전기와 중기에는 제나라와 진晉나라가 앞뒤로 패주였고, 말기에는 오나라가 강대해져서 제와 진은 오나라의 경쟁 대상이었다.

107　사수泗水는 옛 하천으로, 청수淸水 또는 청사淸泗라고도 한다. 지금의 산동성 쓰수이泗水 배미산陪尾山에서 발원하는데 네 개의 물줄기가 합쳐져 하나의 강이 되었다 하여 사수라 불렸다. 남쪽으로 흘러 회하淮河에 합류된 후 동쪽으로 흘러 바다로 유입된다. 양콴은 『전국사』에서 사수 유역의 열두 제후는 송宋, 위衛, 노魯, 추鄒, 등滕, 설薛, 예郳, 거莒, 비費, 담郯, 임任, 비邳라고 했다.

108　오왕 부차 2년, 노 애공 원년(기원전 494)의 사건으로, 오왕 부차가 월왕 구천을 격퇴해 구천이 회계산에서 머물게 된 사건을 말한다.

할 때까지 기다려주면 그대의 말대로 하겠소."

자공이 말했다.

"월나라의 역량은 노나라만 못하고, 오나라의 강대함은 제나라만 못합니다. 대왕께서 제나라를 버려두고 월나라를 공격한다면 그때는 이미 제나라가 노나라를 평정한 다음일 것입니다. 하물며 대왕께서는 장차 멸망할 국가를 보존해 끊어질 후대를 이어주는 것을 명분으로 삼으시면서 도리어 약소한 월나라를 공격하고 강대한 제나라를 두려워하는 것은 용감한 자가 할 말이 아닙니다. 무릇 용감한 사람은 어려움을 피하지 않고 어진 사람은 다른 사람을 곤경에 빠뜨리면서 약속을 파기하지 않으며,[109] 지혜로운 사람은 시기를 놓치지 않고, 왕도를 행하는 사람은 다른 국가의 후대를 끊어 멸망시키는 일을 하지 않음으로써 의를 세웁니다. 지금 월나라를 멸망시키지 않고 보존시킴으로써 제후들에게 인자함을 보이고, 노나라를 구원하고 제나라를 토벌함으로써 진晉나라에 압력을 가한다면 제후들은 반드시 앞을 다투어 오나라로 와서 알현할 것입니다. 그렇게 되면 천하 패주의 대업을 이룰 수 있습니다. 대왕께서 월나라를 우려하신다면 신 청컨대 동쪽으로 가서 월나라 왕을 만나 그로 하여금 출병시켜 따르도록 하겠습니다. 이는 월나라로 하여금 대왕을 따르게 하여 제나라를 토벌하는 것이지만 실제적으로는 월나라 국내를 텅 비게 하는 것입니다."

오나라 왕은 매우 기뻐하며 자공을 월나라로 보냈다.

월나라 왕은 도로를 청소하고 교외까지 나와 자공을 맞이하고 친히 수레를 몰아 관사까지 데려다주고 말했다.

"이곳은 만이蠻夷[110]의 나라인데 대부께서 어떤 일로 정중하게 여기까지 왕림하셨습니까?"

---

109  노나라가 망하는 것을 바라보기만 하고 구원하지 않는 것을 말한다.
110   만이蠻夷: 고대에 일반적으로 화하족華夏族(중화민족 칭호) 이외의 기타 민족을 가리켰는데, 남만南蠻, 북적北狄, 서융西戎, 동이東夷를 포괄한다.

자공이 말했다.

"저는 오나라 왕에게 노나라를 구원하고 제나라를 공격하라고 권했습니다. 오나라 왕은 내심 그렇게 할 뜻이 있으나 월나라가 기회를 틈타 복수할까 걱정하여 '내가 월나라를 공격할 때까지 기다려준다면 그때 그렇게 하겠소'라고 했습니다. 그렇게 되면 월나라는 반드시 오나라의 공격을 받게 될 것입니다. 다른 사람에게 보복할 의도가 없는데 의심을 받는다면 이것은 우둔한 일이고, 보복할 마음이 있는데 간파되었다면 이것은 안전하지 못한 일이며, 상황이 개시되지 않았는데 먼저 소문이 새어나간다면 이것은 더욱 위험한 일입니다. 이 세 가지 상황은 일을 처리하는 데 큰 걱정거리입니다."

월왕 구천은 머리를 조아려 두 번 절하며 말했다.

"고孤[111]는 일찍이 자신의 역량을 헤아리지 않고 오나라와 전쟁을 벌였다가 회계산에서 곤경에 빠졌습니다. 그때의 비통함이 뼛속까지 사무칠 만큼 마음속 원한이 깊어 밤낮으로 입술이 타고 혀가 마릅니다. 오직 오나라 왕과 생사를 걸고 싸우다 함께 죽는 것이 이 고의 바람입니다."

그리하여 구천은 자공에게 어떻게 해야 할지 가르침을 청했다. 자공이 말했다.

"오나라 왕은 사람됨이 흉악하고 난폭하여 군신들이 감당할 수 없고, 나라는 수차례 전쟁으로 피폐해졌으며, 군사들 또한 더는 참을 수 없는 지경입니다. 백성은 자신의 왕을 원망하고 있고 대신들은 내분을 일으키고 있습니다. 오자서는 간언하다 죽음에 처해졌고[112] 태재 백비가 권력을 독점하고 있지만 군주의

---

111　고孤: 고대 제왕의 자칭. 원래는 고가孤家인데 줄여서 고孤라고 한다. 과인寡人과 비슷한 의미로, 대부분은 과인과 합쳐 '고가과인孤家寡人'이라 한다. 이는 진시황 이전의 군주 자칭이었고 춘추전국시대에 통상적으로 사용되었다. 이후에 황제는 일반적으로 짐朕이란 자칭을 사용했다. 각 시대의 체제와 습관이 같지는 않지만 일반적으로 제후왕에 봉해진 자들은 스스로 '고' 혹은 '과인'이라 칭했다. "귀한 것은 천한 것으로 근본을 삼고, 높은 것은 낮은 것으로 기초를 삼는다. 이 때문에 제후 왕들은 스스로를 외로운 고아라는 뜻의 고孤, 덕이 부족하다는 과寡, 선하지 않다는 불곡不穀이라 부르는 것이다貴以賤爲本, 高以下爲基. 是以侯王自謂孤, 寡, 不穀."(『노자』 「덕경德經」)

112　오자서는 이후 오왕으로부터 촉루검을 하사받고 자결했다. "오자서는 애릉艾陵전투 후에 사망

과실에 영합하여 개인의 사리사욕을 공고히 하고 있으니, 이는 국가를 해치는 정치입니다. 지금 대왕께서 군사를 파견해 오나라 왕이 제나라를 공격하는 데 협조함으로써 그의 의지를 끓어오르게 하고, 진귀한 보물로 그의 환심을 사고, 공손하고 겸손한 언사로 그에 대한 존경을 표시한다면 그는 반드시 제나라를 공격할 것입니다. 그가 승리를 거두지 못하면 그것은 대왕의 복이고, 싸움에 이기면 그는 반드시 군대를 진나라로 출격시킬 것입니다. 그때 신은 북방으로 가서 진나라 군주를 만나 진나라로 하여금 월나라와 연합하여 오나라를 남북에서 협공하도록 하겠습니다. 그렇게 되면 오나라는 반드시 약해질 것입니다. 오나라의 예리한 병기를 든 정예 병사들은 제나라에서 힘이 모두 소진되고 두터운 갑옷을 입은 병력도 진나라에서 곤란에 빠질 것입니다. 대왕께서는 그들이 피폐해진 틈을 타 공격한다면 오나라의 멸망은 필연적일 것입니다."

월나라 왕은 크게 기뻐하며 허락했다. 아울러 자공에게 황금 100일鎰과 보검 한 자루, 좋은 모矛 두 자루를[113] 선물로 주었다. 그러나 자공은 받지 않고 오나라로 갔다.

자공은 오나라 왕에게 보고했다.

"신이 공경하며 대왕의 말씀을 월나라 왕에게 전했더니, 월나라 왕이 매우 두려워하면서 '고는 불행히도 어려서 아버지를 잃고 제 자신의 역량도 모르고 오나라에 죄를 지었습니다. 결국 군대는 패배하고 자신은 굴욕을 당하여 회계산에서 곤란에 처했고, 국가는 쇠미해져 황폐하게 되었습니다. 그러나 다행히 대왕의 은혜에 의지하여 제품祭品을 받들고 조상에 제사를 지낼 수 있게 되었으니,[114] 죽어도 그 은혜를 잊을 수 없습니다. 어떻게 감히 다른 생각을 가질 수 있

하는데, 이때는 아직 촉루검을 하사받지 않았다고 했다. 어찌하여 오자서가 간언하다 죽었다고 했을까?"(『사기지의』)

113   원문은 '양모이良矛二'다. 『월절서越絕書』와 『오월춘추』에 근거해 "양마良馬(좋은 말)"라 했다.(『광사기정보』)

114   원문은 '봉조두이수제사奉俎豆而修祭祀'로, 종묘사직을 받들고 국정을 계속해서 주재할 수 있음

겠습니까!'라고 했습니다."

그로부터 닷새 뒤 월나라 왕은 대부 문종文種을 사신으로 파견했는데, 그는 오나라 왕에게 머리를 조아리며 말했다.

"동해東海 역신役臣[115] 고孤 구천의 사자 신 문종이 감히 대왕의 아래 소속된 관리와 결연을 맺고 좌우의 시종 인원을 통해 대왕께 대신 문안 올립니다. 근래에 대왕께서 장차 대의를 진흥시키고자 난폭한 강자를 주멸하고 약소한 자를 구원하며, 잔인하고 포악한 제나라를 곤경에 빠뜨림으로써 주실周室을 위로하고자[116] 하신다고 들었습니다. 청컨대 저희 월나라 경계 내의 군사 3000명을 출동시키고, 고孤가 직접 견고한 갑옷을 입고 예리한 병기를 들고 선봉에 서서 화살과 돌을 맞고자 합니다. 월나라의 비천한 신하 문종을 통해 조상이 수장해온 보물인 갑옷 20벌, 부굴로鈇屈盧의 모矛와 보광步光의 검[117]을 바쳐 귀국 장사들을 축하하게 했습니다."

오나라 왕은 크게 기뻐하며 자공에게 물었다.

"월나라 왕이 직접 과인의 제나라 정벌에 따라가겠다고 하니, 허락해도 되겠소?"

자공이 말했다.

"안 됩니다. 무릇 남의 나라를 텅 비게 하고 남의 병사들을 모조리 동원하고, 또 그 나라의 군주까지 따르게 하는 것은 도의가 아닙니다. 대왕께서는 그가 바

---

을 뜻한다. 여기서 조俎와 두豆는 고대에 제사나 연회 때 음식물을 담는 기물이다. 조는 고기를 써는 도마로 희생물이나 기타 음식물을 담으며, 두는 다리 높은 쟁반으로 제사용 고기를 담는다.

115　동해 근처에서 부역을 제공하는 신하라는 뜻으로, 월왕 구천을 지칭하는 겸양의 표현이나.

116　주실周室: 주나라 천하라는 뜻으로, 실室은 천하天下를 말한다. '위로한다'는 표현은 주나라 천자의 친족을 위로한다는 뜻으로, 여기서는 노나라를 가리킨다.

117　『색은』에 따르면 부鈇는 부斧(도끼)를 뜻하며 이 글자가 빠져 있는 판본도 있다. "부鈇 앞에 부鈇 명칭이 있어 굴로屈盧, 보광步光과 상대적이어야 한다"고 했다.(『사기회주고증』) 굴로屈盧는 모矛의 명칭으로 원래는 모와 극을 잘 만드는 장인의 이름이었다. 「상군열전」 주석의 『집해』에 "굴로의 경모勁矛(강한 모)"라는 말이 있다. 보광步光은 검의 명칭이다.

친 재물을 받고 군대를 파견하는 것은 동의하시되 군주는 사양하십시오."

오나라 왕은 자공의 의견에 따라 월나라 왕이 오는 것은 사양했다. 오나라 왕은 마침내 9개 군郡[118]의 병사들을 동원하여 제나라 공격에 나섰다.

자공은 진나라로 가서 진나라 군주에게 말했다.

"신이 듣자 하니 먼저 계책이 정해지지 않으면 돌발 사태에 대응할 수 없고, 군대가 사전에 잘 훈련되어 있지 않으면 전쟁에서 적에게 이길 수 없다고 합니다. 지금 제나라와 오나라가 전쟁을 벌이려 하는데 이 전쟁에서 오나라가 승리를 거두지 못하면 월나라가 반드시 오나라를 혼란스럽게 할 것이고, 오나라가 승리하면 반드시 기세를 몰아 군대를 이끌고 진나라로 진격해올 것입니다."

진나라 군주는 두려워하며 물었다.

"어떻게 하면 좋겠소?"

자공이 대답했다.

"좋은 무기를 준비하고 병사들을 쉬게 하면서 오나라 군대가 오기를 기다리십시오."

진나라 군주는 그의 말에 따라 준비했다.

자공은 진나라를 떠나 노나라로 돌아왔다. 오나라 왕은 과연 제나라와 애릉艾陵에서 전쟁을 벌여[119] 제나라 군대를 대패시키고 일곱 장군의 병마를 포로로 잡았으나 회군하지 않고 정말로 군대를 진나라로 진격시켰으며[120] 황지黃池에서

---

118  "방포方苞가 말하기를 '춘추시대에 군郡은 현縣보다 작았다. 정공定公 2년에 상대부上大夫는 현을 받고 하대부下大夫는 군을 받는다는 말이 이것이다. 여기서 9개 군의 병사를 동원한다는 말은 후세 사람이 말을 분명하게 하기 위한 것이다. 그래서 『가어』에서는 그것이 통할 수 없음을 알고 국내의 병력으로 바꾼 것이다."(『사기회주고증』)
119  기원전 484년(오왕 부차 12년, 제 간공 원년, 노 애공 11년)에 발생한 일이다.
120  "『좌전』에 오나라가 국서國書 등 다섯 명을 잡았다고 했는데, 어찌하여 일곱 장군의 병마를 포로로 잡았다고 하는가? 황지에서 진과 오나라가 맞닥뜨린 사건(노 애공 13년, 기원전 482)과 오와 제나라의 애릉전투(노 애공 11년, 기원전 484)는 2년의 차이가 있는데, 어찌하여 '오왕이 돌아가지 않고 군대를 진나라로 진격시켰다'고 말하는가?"(『사기지의』) "제나라 국서國書(국하國夏의 아들로 제나라 경대부)가 군대를 이끌고 오나라와 애릉에서 교전을 벌였으나 제나라 군대는 패했고 국서는 포로로 잡혔다."

진나라 군대와 맞닥뜨렸다.[121]

　오와 진 두 나라는 서로 이기고자 다투었으나 진나라가 공격하여 오나라 군대를 대패시켰다.[122] 월나라 왕은 이 소식을 듣고 즉시 강을 건너 진격하여[123] 오나라 도성에서 7리里[124] 떨어진 곳에 군대를 주둔시켰다. 오나라 왕은 이 사실을 알고 즉시 진나라를 떠나 오나라로 돌아왔고 오호五湖에서 월나라와 교전을 벌였다.[125] 세 차례 싸웠으나 승리를 거두지 못했으며 성문을 지켜내지 못했다. 월나라 군대는 오나라 왕궁을 포위하고 오왕 부차를 죽였으며 그의 상相 백비를 주살했다.[126] 월나라는 오나라를 멸망시킨 지 3년 후 동방에서 패자라 칭하게 되었다.[127]

　이처럼 자공은 한 차례 나아가서 노나라를 지키고 제나라를 혼란스럽게 했으며, 오나라를 멸망케 하고 진나라를 강대하게 했으며, 월나라를 패자로 만들

---

(『좌전』 애공 11년)

**121**　기원전 482년 7월(오왕 부차 1년, 진 정공 30년, 노 애공 13년)의 일이다.

**122**　"나카이 리켄이 말하기를 '『좌전』에 근거하면 황지에서의 전투는 없었다. 이는 아마 열전의 잘못일 것이다. 월나라가 오나라에 진입한 것은 오와 진이 강대함을 다투기 전의 일이다.'"(『사기회주고증』) 『사기전증』에 따르면 황지에서의 모임은 진과 오 양국이 맹주가 되기 위해 다툰 것으로 진나라는 오나라에 군사적 위협을 가했지만, 쌍방이 개전하지는 않았다. 자연히 '오나라 군대를 대패시켰다'는 말은 없다.

**123**　『좌전』 등 여러 기록에 따르면 오왕 부차 14년, 월왕 구천 1년 6월의 일로, 황지에서 맞닥뜨리기 한 달 전이다. 여기서 말하는 강은 전당강錢塘江(지금의 쑤저우)이다.

**124**　주周, 진秦, 한漢 당시에 1리는 415.8미터였다.

**125**　오호五湖는 지금의 쑤저우 서남쪽에 있는 타이후太湖호와 인근 호수들이다. 『좌전』 등에는 오나라 왕이 황지에서 돌아온 후 예물로써 월나라와 화평을 청했으며 오호에서의 전투는 없었던 것으로 기록하고 있다.

**126**　"『좌전』에 월나라가 오나라를 멸망시킨 것은 애공 22년으로, 이 사건과는 몇 년의 차이가 있다." (『색은』) "황지에서 돌아와 월나라와 화평을 청한 것은 애공 13년이다. 월나라가 오나라를 멸망시킨 것은 애공 22년이다. 어떻게 황지에서 맞닥뜨리고 돌아와 월나라와 싸워 패배하고 살해되었겠는가?"(『사기지의』) 월나라가 오나라를 멸망시킨 것은 부차 23년, 구천 24년(기원전 473)의 일이다.

**127**　"월나라가 오나라를 멸망시키고 패자로 칭한 것은 공자가 죽은 지 7년 뒤의 일이다. 어떻게 공자가 자공을 사신으로 나가게 했겠는가?"(『사기지의』) 「월왕구천세가」에서는 이때 월나라 병사들이 강회江淮 동쪽에서 제멋대로 행동했고 제후들이 모두 축하하며 패왕이라 불렀다고 했다.

었다. 자공이 한 차례 사자로 활약한 결과 원래 각국의 형세가 파괴되어 10년 사이에 제, 노, 오, 진, 월 다섯 나라에 각기 큰 변화가 생겼다.[128]

자공은 상업 경영을 좋아하여 싸게 사서 비싸게 팔았고[129] 절기의 공급과 수요에 따라 물건을 전매하여 이익을 얻었다. 그는 다른 사람의 미덕을 칭찬하기를 좋아했으나 다른 사람의 잘못을 덮어주지는 못했다. 그는 일찍이 노나라와 위衛나라에서 상相을 지냈으며[130] 집안에 천금을 쌓아두기도 했다. 그는 제나라에서 사망했다.

언언言偃은 오나라 사람으로[131] 자는 자유子游이며 공자보다 45세 어리다.[132] 자유는 학업을 마친 다음 무성武城[133]의 재宰가 되었다.

공자가 무성을 지나다가 거문고를 타면서 노래하는 소리를 들었다. 공자가 빙그레 웃으면서 말했다.

"닭을 잡는 데 어찌 소 잡는 칼을 쓰는가?"[134]

---

128  "애공 8년에 제나라가 노나라를 공격하고 22년에 오나라가 월나라에 멸망당하기까지 15년인데, 어찌하여 10년이라 하는가?"(『사기지의』) "자공은 기원전 484년에 사신으로 제, 오, 월, 진晉나라에 갔고, 오왕에게 제나라를 공격하도록 설득했으며, 기원전 473년에 오나라가 멸망하기까지 12년이다. 여기서 10년이라고 말한 것은 우수리를 뺀 정수를 말한 것이다."(장다커張大可, 『사기통해史記通解』)
129  원문은 '폐거廢擧'로, 상인의 매점과 투매를 가리킨다. 낮은 가격에 사서 비싸게 팔아 중간에 이익을 취하는 것을 말한다.
130  "나카이 리켄이 말하기를 '자공이 노나라와 위나라에서 상을 지냈다는 것은 잘못이다'라고 했다. (『사기회주고증』) "이 일은 고찰할 수 없는 것으로, 공자가 노나라 상이었다는 말도 그러하다. 아마도 자공은 노와 위에서 벼슬을 했을 것이다."(『사기지의』)
131  "『가어』에서는 '노나라 사람'이라 했다. '언언은 노나라에서 벼슬하여 무성의 재宰가 되었을 따름이다. 지금 오군吳郡에 언언의 무덤이 있으니 아마도 오군 사람이 맞을 것이다'라고 했다."(『색은』) "첸무는 최술崔述의 고증을 인용하여 언언은 반드시 노나라 사람이며 오나라 사람이 아니라고 했다."(『사기전증』)
132  이 기록을 근거로 하면 자유는 노나라 정공定公 4년(기원전 506)에 태어났다. 그러나 『공자가어』에서는 35세 어리다고 기록하고 있다.
133  무성武城: 노나라 현으로 지금의 산둥성 페이현費縣 서남쪽이다.

자유가 말했다.

"이전에 저는 선생님께 군자가 예악의 도를 배우면 남을 사랑하게 되고, 일반 백성이 예악의 도를 배우면 부리기 쉽게 된다는 말씀을 들었습니다."135

공자가 말했다.

"제자들아, 언언의 말이 옳다. 내가 방금 한 말은 농담이었다."136

공자는 자유가 문학文學을 깊이 이해한다고 생각했다.137

복상卜商138은 자가 자하子夏이고 공자보다 44세 어리다.139

자하가 물었다.

"'곱게 웃음 띤 양 볼의 보조개 예쁘며, 아름다운 눈동자의 흑백의 분명함이 여, 새하얀 바탕에 화려한 채색을 더한 것이네'140라고 했는데, 이 시는 무엇을 뜻합니까?"

공자가 대답했다.

"그림을 그리는 일은 먼저 흰 바탕이 있은 다음에야 할 수 있다는 것이다."141

---

134  출전은 『논어』「양화」다. 작은 현을 다스리는 데 예악禮樂의 대도大道를 사용할 필요가 없다는 뜻이다.

135  "공안국이 말하기를 '음악으로 사람들을 화합시키고 사람들이 화합하면 부리기 쉽다는 것이다' 라고 했다."(『집해』)

136  "공안국이 말하기를 '작은 것을 다스리는 데 큰 것을 사용한다고 농담한 것이다'라고 했다."(『집 해』) '수정본'에서는 '대大'자 다음에 '도道'자가 빠진 것으로 의심된다고 했다.

137  『논어』「선진」에서 공자는 제자들의 재능을 구분하여 나열하면서 "문학으로는 자유와 자하"라 고 했다. 여기서 말하는 문학은 '육경六經'을 말한다.

138  "『가어』에서는 자하가 위衛나라 사람이라고 했다. 정현은 온溫나라 사람이라고 했다."(『집해』) 오 늘날에는 자하를 위魏나라 사람으로 보는 학자도 많다.

139  이 기록에 근거하면 자하는 노나라 정공 3년(기원전 507)에 태어났다.

140  원문은 "巧笑倩兮, 美目盼兮, 素以爲絢兮"로, 앞 두 구절의 출전은 『시경詩經』「위풍衛風·석인碩 人」이고, 나머지 구절은 일시逸詩(『시경』에서 누락된 시)다.

141  "『고공기考工記』에서 말하기를 '그림을 그리는 일은 흰 바탕을 먼저 만든 다음이다'라고 했다. 이 것은 먼저 하얗게 칠할 곳을 바탕으로 삼고 난 다음에 다섯 가지 색으로 채색한다는 말이다. 마치 사 람이 아름다운 바탕을 갖춘 후에야 꾸밀 수 있다는 말과 같다."(『논어집주』) 즉 미녀가 비록 예쁜 보조

자하가 물었다.

"예禮를 뒤에 한다는 것입니까?"[142]

공자가 말했다.

"복상아, 너와 더불어 『시』를 담론할 만하구나."[143]

자공이 물었다.

"전손사顓孫師와 복상 중에 누가 더 현명합니까?"

공자가 대답했다.

"전손사는 지나친 데가 있고, 복상은 미치지 못하는 데가 있다."

자공이 또 물었다.

"그렇다면 전손사가 낫습니까?"

공자가 대답했다.

"지나친 것은 미치지 못하는 것과 같다."[144]

공자가 자하에게 말했다.

"너는 군자다운 학자가 되어야지 소인 같은 학자가 되어서는 안 된다."[145]

공자가 세상을 떠난 뒤, 자하는 위魏나라 서하西河[146]에 살면서 학생들을 가

---

개와 눈의 흰자위와 검은자위가 뚜렷한 아름다움을 가지고 있더라도 예로써 완성된다는 뜻이다.

142　"예는 반드시 충실함과 성실함을 바탕으로 삼아야 하니 그림을 그릴 때 먼저 흰 바탕이 마련되어야 하는 것과 같다."(『논어집주』) 그림을 그리는 데 흰 바탕이 먼저 있어야 하는 것과 같이 사람은 충실함과 성실함의 바탕이 있은 다음에야 예로 꾸밀 수 있음을 말한다.

143　"포씨가 말하기를 '내 뜻을 설명할 수 있으니 더불어 『시』를 말할 수 있다'고 했다."(『집해』) 이상 공자가 자하를 칭찬한 내용은 『논어』 「팔일」에 있다.

144　중용中庸에 미치지 못하는 것은 전손사(자장)나 복상(자하)이나 마찬가지라는 뜻이다. 이상 문답은 『논어』 「선진」에 있다.

145　"汝爲君子儒, 無爲小人儒."(『논어』 「옹야」) "유儒는 학자學者의 칭호다. 정자가 말하기를 '군자유君子儒(군자 같은 학자)는 자신을 위하고, 소인유小人儒(소인 같은 학자)는 남을 위한다'고 했다."(『논어집주』) "하안이 말하기를 '군자다운 학자는 도를 밝히고 소인 같은 학자는 명예를 자랑한다'고 했다."(『집해』)

146　서하西河는 지금의 허난성 안양安陽 일대다. 당시 황하는 안양 동쪽을 거쳐 하북으로 흘렀는데 제나라와 노나라의 서쪽이므로 서하라 했다. "『주수경注水經』에서는 '그 산(알천산謁泉山)에 절벽이 서

르치다가 위나라 문후文侯의 스승이 되었다.[147] 자식이 죽자 상심하여 소리 높여 울다가 눈이 멀었다.

전손사는 진陳나라 사람으로[148] 자가 자장子張이며 공자보다 48세 어리다.[149] 자장이 관직을 구해 봉록을 받는 방법을 묻자[150] 공자가 말했다.

"다른 사람의 말을 많이 듣되 의심스러운 것은 내버려두고 그 나머지 중에서 믿을 수 있는 부분만 신중하게 말한다면 과실이 적을 것이며, 다른 사람의 행동을 보되 타당하지 못한 것은 내버려두고 그 나머지 중에 믿을 수 있는 부분만 신중하게 실행하면 후회가 적을 것이다. 말에 과실이 적고 행함에 후회가 적으면 봉록과 작위는 그 가운데 있는 것이다."[151]

어느 날 자장이 공자를 모시고 가다가 진陳나라와 채蔡나라 사이에서 곤경에 처하게 되었다. 자장이 어디서든 행세할 수 있으려면 어떻게 해야 하는지 물었다. 공자가 말했다.

"말이 충직하고 신실하며 행실이 돈독하고 공경하면 비록 만맥蠻貊[152]의 나라

있는데 절벽 중간에 석실石室이 하나 있으며 땅과는 50장丈 떨어져 있고 정상에는 10여 경頃의 평지가 있다'고 했다. 『수국집기隨國集記』에서는 '이는 자하의 석실이며 은퇴하여 서하에서 기거했다'고 했다. '복상의 신사神祠(신에게 제사지내는 사당)가 지금도 있다'고 했다.(『정의』) '수정본'에서는 '그 산에 절벽이 서 있는데其山崖壁立'에서 팽본과 능본에 근거해 '입立'을 '오五'로 고쳤다고 했다. 즉 '그 산에 절벽이 다섯 개 있는데'로 해석해야 한다. 그러나 『수경주』에는 '입立'으로 되어 있다. 또한 '수정본'에서는 『수국집기隨國集記』를 『수도집기隨圖集記』 혹은 『수도경집기隨圖經集記』로 고쳐야 한다고 했다.
147   "문후는 안읍安邑을 도읍으로 삼았다. 공자가 죽은 후 자하는 서하 부근에서 제자들을 가르쳤는데 문후가 그를 스승으로 섬기고 국정을 자문했다."(『정의』)
148   "자장은 노나라의 천한 집안 출신이다."(『여씨춘추』 「존사尊師」)
149   이 기록을 근거로 하면 사상은 기원전 503년에 태어났다.
150   원문은 '문간록問干祿'으로 되어 있으나 『논어』 「위정」에는 '학간록學干祿'으로 되어 있다. 즉 자장이 관직을 구해 봉록을 받는 방법을 배우고자 했다는 뜻이다.
151   "정현이 말하기를 '언행을 이와 같이 한다면 비록 녹위祿位(봉록과 작위)를 얻지는 못할지라도 녹위의 도는 얻을 수 있게 된다'고 했다."(『집해』) 이상 문답의 출전은 『논어』 「위정」이다.
152   만맥蠻貊: 고대에 남방의 소수민족을 만蠻이라 하고 북방의 소수민족을 맥貊이라 한다.

라 하더라도 행세할 수 있으나, 충직하고 신실하지 못하며 행실이 돈독하고 공경하지 않으면 비록 주리州里[153]에선들 행세할 수 있겠는가! 서 있을 때는 마치 충직과 신실, 돈독과 공경도 눈앞에 서 있는 것과 같이 하고 수레에 오르면 마치 충직과 신실, 돈독과 공경도 수레 앞 가로로 된 멍에에 기대고 있는 것과 같이 해야 한다. 이렇게 한 다음에야 행세할 수 있을 것이다."

자장은 이 말을 잊지 않기 위해 자기 허리띠에 적어두었다.[154]

자장이 공자에게 물었다.

"선비는 어떠해야 통달[155]했다고 할 수 있습니까?"

공자가 말했다.

"네가 말하는 '통달'이란 무슨 뜻이냐?"

자장이 대답했다.

"제후의 나라에 있어도 반드시 명성을 듣고, 대부의 집안에 가신으로 있어도 반드시 명성을 듣는 것입니다."[156]

그러자 공자가 말했다.

"그것은 명성이지 통달이 아니다. 대체로 통달한 사람은 질박하고 정직하여 의를 좋아하고, 남의 말을 살피고 안색을 관찰하며, 항상 겸손하고 남보다 낮게 처신하니,[157] 제후의 나라와 대부의 집안에서도 반드시 통달하게 된다. 이른바 명성이 있는 사람은 어진 안색을 취하는 것 같지만 행위가 어긋나며, 자신을 어

---

153 주리州里: 『집해』에서 정현의 해설에 따르면 2500가구는 주州, 다섯 가구는 인鄰, 다섯 인鄰은 이里라 했다. 여기서는 고향을 가리킨다.
154 이 문답은 『논어』 「위영공」에 있다.
155 원문은 '달達'인데 '통달'을 말한다. "달達이란 덕德이 남에게 믿음을 주어 행동하여 얻지 못하는 것이 없음이다."(『논어집주』)
156 "정현이 말하기를 '선비가 있는 곳에서는 모두 명예가 있을 수 있다'는 것이다."(『집해』)
157 "마융이 말하기를 '항상 겸양의 뜻을 가지고 언어를 살피고 안색을 관찰하며 그 하고자 하는 바를 알고 항상 남보다 낮추려고 숙고하는 것이다'라고 했다."(『집해』)

진 사람으로 자처하여 의혹을 품지 않으니,[158] 제후의 나라와 대부의 집안에서도 반드시 명성이 있게 될 것이다."[159]

증삼曾參은 남무성南武城[160] 사람으로 자가 자여子輿이며 공자보다 46세 어리다.[161]

공자는 증자曾子가 효도를 완벽하게 이해했다고 여겼기 때문에 그에게 효에 관한 도리를 강의했다.[162] 증자의 저서로는 『효경孝經』[163]이 있고 노나라에서 사망했다.

담대멸명澹臺滅明[164]은 무성武城 사람으로 자가 자우子羽이고 공자보다 39세 어리다.[165]

158  스스로 옳다고 여겨 허위에 힘쓰면서 스스로 의심하지 않는 것을 말한다. "마음이 말하기를 '이는 아첨하는 사람을 말한다. 아첨하는 사람은 어진 사람의 안색을 가장하여 행동은 어긋나고 편안히 거짓에 안주하면서 스스로 의심하지 않는다'고 했다."(『집해』)

159  이 문답은 『논어』 「안연」에 있다.

160  남무성南武城: 지금의 산둥 성 페이현 서남쪽 지역으로, 자유가 재로 임명되었던 무성이다. "무성은 노나라에 속했다. 당시 노나라에는 별도로 북무성北武城이 있었기 때문에 남이라고 말한 것이다."(『색은』)

161  이 기록에 근거하면 증삼은 노 정공 5년(기원전 505)에 태어났다.

162  "『한시외전』에 이르기를, 증자는 '내 일찍이 관리가 되어 봉록이 종鐘이나 부釜가 되지 않았으나 오히려 기뻐하며 좋아한 까닭은 봉록이 많다고 생각한 것이 아니라 도를 즐기며 양친을 봉양할 수 있기 때문이었다. 부모님이 돌아가신 후 월나라를 유람하다가 존귀한 관직을 얻었는데, 대청은 9인仞이었고 서까래는 3척이었으며 수레는 100승이었다. 그러나 북쪽을 향해 눈물을 흘린 까닭은 미천하다고 여겨서가 아니라 내 부모님을 보지 못하는 것이 슬펐기 때문이다'라고 했다."(『정의』) 전국시대에 제나라 기준으로 1종鐘은 10부釜였고, 1부는 16두斗였다. 1인仞은 주나라 때 8척이었고, 1척은 23센티미터였다.

163  "『효경』은 공자가 증자를 위해 효도를 강술한 책이다."(『한서』 「예문지」) 주희는 증자의 문인이 공자와 증자와 나눈 문답을 기록한 것이라고 했다. "태사공은 아마도 『효경』을 공자의 저작으로 여긴 것 같다. 『곤학기문困學紀聞』에서는 증자 제자들에 의해 전해 내려온 것을 자사子思의 손에 이루어진 것으로 의심된다고 여겼다."(『사기지의』)

164  성이 담대澹臺이고 이름이 멸명滅明이다.

165  이 기록에 근거하면 담대멸명은 노 소공 30년(기원전 512)에 태어났다. 그러나 『공자가어』에 따르면 공자보다 49세 어리다.

그는 생김새가 너무 추해서 공자를 섬기려 했을 때 공자는 그의 자질이 모자란다고 여겼다. 그러나 공자에게 가르침을 받은 이후로 그는 물러나서는 덕행을 수련하고 길을 갈 때는 지름길로 가지 않으며 공적인 일이 아니면 경대부들을 만나지 않았다.[166] 담대멸명이 남쪽으로 내려가 장강에 이르렀을 때,[167] 그를 따르는 제자가 300명이나 되었다. 그는 인간사에서 취하고 버리는 것과 행위에서 나아가고 물러남에 원칙이 있었기에 그의 명성이 각국 제후들에게 두루 전해졌다. 공자가 이 소식을 듣고는 말했다.

"나는 말 잘하는 것으로 사람을 선택했다가 재여에게 실수했고, 용모만 보고 사람을 선택했다가 자우에게 실수했다."[168]

복부제宓不齊는 자가 자천子賤[169]이며 공자보다 30세 어리다.[170]

공자는 자천을 평가하며 말했다.

"군자로다! 노나라에 군자가 없었더라면 이 사람이 어디에서 이 같은 덕을 취

166  『논어』 「옹야」에 다음과 같은 내용이 있다. 자유가 무성의 재가 되자 공자가 "너는 거기서 인재를 얻었느냐?"라고 물었다. 자유는 "담대멸명이라는 자가 있는데, 길을 갈 때 지름길로 가지 않고 공적인 일이 아니면 제 방으로 오지 않습니다"라고 했다. 사마천은 『논어』의 내용을 바꾸어 사서에 기재하고 담대멸명을 공자의 제자에 포함시켰으나 나카이 리켄은 『논어』의 내용으로 볼 때 담대멸명은 공자의 제자로 보기 어렵다고 했다.
167  "지금 오나라 동남쪽에 담대호澹臺湖가 있는데, 바로 그 유적이 있는 곳이다."(『색은』) 여기서 오나라는 지금의 쑤저우다.
168  "『가어』에서는 '자우는 군자다운 용모가 있었지만 행실은 그 용모를 따라가지 못했다'고 했으나 위 문장에서는 '멸명의 생김새가 너무 추했다'고 했으니, 곧 자우의 외모가 추한 것이다. 지금 이곳에서 공자가 '용모만을 보고 사람을 선택했다가 자우에게 실수했다'라 했으니 『가어』의 내용과는 정반대다."(『색은』)
169  "공안국이 말하기를 '자천은 노나라 사람이다'라고 했다."(『집해』) "『안씨가훈顏氏家訓』에 이르기를 '제남濟南의 복생伏生이 바로 자천의 후손이다. 복宓은 예부터 복伏과 통용되는 글자인데 잘못되어 복宓이 된 것이 비교적 분명하다'고 했다."(『정의』)
170  이 문장에 근거하면 복부제는 노 소공 21년(기원전 521)에 태어났다. "『가어』에서는 '노나라 사람으로, 자가 자천이고 공자보다 49세 어리다'고 했다."(『색은』) "장문호의 『찰기』에서 '각 판본이 49세라고 했는데 후세 사람이 『가어』에 근거해 고쳤고, 지금은 『색은』에 의거하고 있다. 『색은』에서 30세라고 한 것은 아마 사마정司馬貞의 잘못일 것이다'라고 했다."('수정본')

했겠느냐?"171

자천이 선보單父172의 재가 되자 공자에게 보고하며 말했다.

"이 지방에 저보다 현능한 사람이 다섯 분이나 있는데,173 그분들이 제게 다스리는 방법을 가르쳐주셨습니다."

공자가 말했다.

"애석하구나, 부제가 다스리는 지방이 너무 작구나. 다스리는 지방이 컸어도 그에게는 차이가 없었을 텐데."


원헌原憲174은 자가 자사子思다.

자사가 부끄러운 일에 대해 묻자 공자가 말했다.

"나라에 도가 행해지는데 단지 녹祿175만 먹고 있고, 나라에 도가 행해지지 않는데 녹이나 먹고 있는 것이 바로 부끄러운 일이다."176

자사가 물었다.

"이기기를 좋아하고 스스로 자랑하고 남을 원망하고 탐욕을 부리는 행위들을 하지 않는다면 어진 사람이라고 할 수 있습니까?"

---

171  "포씨가 말하기를 '노나라에 군주가 없었더라면 자천이 어찌 이런 행실을 배웠겠는가?'라고 했다."(『집해』) 이상 공자가 자천을 칭찬한 내용은 『논어』 「공야장」에 있다.

172  선보單父: 춘추시대 노나라의 현으로 지금의 산둥성 산현單縣이다.

173  "『가어』에 이르기를 '복부제가 아비로 섬기는 자가 3명이고, 형으로 섬기는 자가 5명이며, 친구로 삼은 자가 11명이다'라고 했다."(『색은』)

174  "정현은 노나라 사람이라고 했다."(『집해』) "『가어』에 이르기를 '자사는 송나라 사람이며 공자보다 36세 어리다'고 했다."(『색은』) 『색은』에 따르면 자사는 노 소공 26년(기원전 516)에 태어났다. "공자가 노나라 사구司寇(고대에 형벌을 관장하는 관직 명칭)였을 때 원헌은 공자의 재宰였는데, 만약 원헌이 공자보다 36세 작다면 그가 재였을 때 지나치게 어리다. 마땅히 공자보다 26세 어리다고 해야 한다. '삼三'은 '이二'자의 오류다'라고 했다."(『사기전증』) "경본·황본·팽본·가본·능본·전본에는 『색은』의 '송나라 사람이다'라는 문장 다음에 '기록하는 바가 같지 않다所記不同'라는 문구가 있다'고 했다."(수정본)

175  원문은 '곡穀'이다. 고대에는 곡식으로 봉록을 주었으므로 같은 뜻이다.

176  "공안국이 말하기를 '군주가 무도한데 그 조정에 있으면서 그의 녹을 먹는 것은 치욕이다'라고 했다."(『집해』) 이상 문답은 『논어』 「헌문」에 있다.

공자가 대답했다.

"어려운 일이라 말할 수 있겠으나 어진 사람인지는 나도 알지 못하겠다."[177]

공자가 죽은 뒤 원헌은 황량한 들판의 풀숲에 숨어 살았다.[178] 어느 날 위衛나라 상相이 된 자공[179]이 네 필의 말이 끄는 수레를 타고 그를 따르는 많은 무리가 명아주 잎과 콩잎을 밀치며[180] 뒷골목으로 들어와 원헌을 방문했다. 원헌은 해져서 너덜너덜한 의관을 정돈하고 자공을 맞이했다. 자공은 그를 부끄럽게 여기며 말했다.

"선생께서는 어쩌다가 병이 들었습니까?"

원헌이 말했다.

"내가 듣건대 재물이 없는 것을 가난이라 하고, 도리를 배우고도 실천하지 않는 것을 병이라고 합니다. 저는 가난하지만 병들지는 않았습니다."

자공은 부끄러운 한편 불쾌한 마음으로 떠났다. 이후 평생 동안 자신이 잘못 말한 것을 부끄럽게 여겼다.[181]

공야장公冶長은 제나라 사람으로 자가 자장子長이다.[182]

공자는 말했다.

---

177 포씨는 "네 가지를 행하기는 어렵지만 인仁이라고 하기에는 부족하다"고 했다.(『집해』) 이상 문답은 『논어』 「헌문」에 있다.
178 "『가어』에서 '위衛나라에 은거했다'고 했다."(『색은』)
179 『사기전증』에 따르면 공자가 살아 있을 때 자공이 여러 차례 제후들에게 유세하고 교제한 것은 확실한 사실이지만 상이 된 적은 없었다고 했다.
180 원문은 '배여곽排藜藿(명아주 잎과 콩잎을 밀치다)'이다. "왕염손의 『독서잡지』 「사기」에서 말하기를 '곽藿을 당연히 조藋(명아줏과의 한해살이풀)로 바꿔야 한다. 곽은 콩잎으로 그 높이는 3척에 이르지 않으니 여기서 밀친다고排 말할 수 없다'고 했다. 왕염손의 말이 맞다. 『통지通志』 「열전」에서도 여조藜藋라고 했다."('수정본')
181 자공이 원헌을 만난 고사는 『장자』 「양왕」에 있다.
182 "『가어』에 이르기를 '노나라 사람이며 이름이 장萇이고 자가 자장子長이다'라고 했으나 범영范甯은 '자가 자지子芝'라고 했다."(『색은』)

"공야장이라면 딸을 시집보낼 만하다. 비록 그가 감옥에 갇힌 일이 있었지만 그의 죄는 아니었다."[183]

그러고는 공자는 딸을 그에게 시집보냈다.

남궁괄南宮括은 자가 자용子容이다.[184]

그는 공자에게 이렇게 물었다.

"예羿는 활쏘기를 잘하고, 오奡는 땅에서도 배를 끌 수 있었지만 모두 제명에 죽지 못했습니다.[185] 그러나 하우夏禹와 후직后稷[186]은 직접 농사를 지었지만 도리어 천하를 소유했습니다."

공자는 아무 대답이 없었다.[187] 자용이 나간 뒤에야 말했다.

"군자로구나, 이 사람은! 그는 덕을 숭상하는구나!"[188]

또 공자는 그를 평가하며 말했다.

"나라에 도가 행해지면 버려지지 않을 것이고, 나라에 도가 없다 해도 형벌은 면할 것이다."[189]

---

183  "무릇 죄가 있고 없고는 내게 있을 따름이다. 어찌하여 밖에서 오는 것으로 영예와 치욕을 삼겠는가.(『논어집주』)

184  남궁괄은 성이 남궁南宮이고 이름이 괄括이다. "공안국이 말하기를 '자용은 노나라 사람이다'라고 했다."(『집해』) "『논어』에서는 괄适이라 하고 또 남용南容이라 하기도 한다. 「단궁檀弓」에서는 남궁도南宮綯라고 했고, 『가어』에서는 남궁도南宮韜라고 했는데, 아마도 남용은 두 명인 듯하다. 괄括과 괄适, 도綯와 도韜는 글자가 통한다."(『사기지의』)

185  "공안국이 말하기를 '예羿는 유궁有窮의 군주로 하후夏后의 왕위를 찬탈했으나 그의 무리인 한착寒浞이 그를 죽이고 그 왕실을 차지하여 오奡를 낳았다. 오는 힘이 세어서 육지에서 배를 끌 수 있었는데 하후 소강少康에게 죽임을 당했다'라고 했다."(『집해』) 이 내용은 「하본기」에는 없으나 『좌전』 양공 4년과 굴원屈原의 「이소離騷」에서 볼 수 있다.

186  우禹는 하나라의 첫 번째 군주로 치수治水의 공적을 남긴 인물로 유명하다. 직稷은 주나라의 시조인 기棄로 백성에게 농사짓는 법을 가르쳐서 후직后稷이라고도 불린다.

187  "마융이 말하기를 '남궁괄은 하우와 후직을 공자에게 비유한 것으로, 공자가 겸손하여 대답하지 않은 것이다'라고 했다."(『집해』)

188  출전은 『논어』 「헌문」이다. "공안국이 말하기를 '의롭지 못한 것을 천하게 여기고 덕이 있는 것을 귀하게 여겼으므로 군자라 말한 것이다'라고 했다."(『집해』)

남궁괄이 항상 '백규지점白珪之玷'의 "흰 옥의 티는 갈아내면 되지만 뱉은 말 속의 티는 어찌할 수 없네"[190]라는 시구를 반복해서 소리 내어 읽자, 공자는 형의 딸을 그에게 시집보냈다.[191]

공석애公晳哀는 자가 계차다.[192]
공자가 말했다.
"천하의 선비들은 모두 덕행을 강구하지 않고 대부분 대부의 가신이 되어 도읍에서 관리가 되었으나, 오직 계차만은 벼슬을 한 적이 없다."[193]

증점曾蒇은 자가 석晳이다.[194]
공자를 모시고 있을 때 공자가 말했다.
"네 뜻을 말해 보거라."
증점이 대답했다.
"늦봄에 봄옷을 차려입고 젊은이[195] 대여섯 명과 아이들 예닐곱 명을 데리고

---

189   출전은 『논어』 「공야장」이다. "말과 행동을 신중히 하기 때문에 잘 다스려진 조정에서는 쓰이게 되고 어지러운 세상에서는 화를 면한다는 것이다."(『논어집주』)

190   "白珪之玷, 尙可磨也; 斯言之玷, 不可爲也."(『시경』 「대아大雅·억抑」)

191   "공자의 형은 맹피孟皮라고 한다. 이때 맹피는 이미 죽었으므로 공자가 대신 그의 딸 혼인을 주재한 것이다."(양보쥔, 『논어역주論語譯注』)

192   『논어』에 공석애라는 이름은 보이지 않는다. "『가어』에서는 '제나라 사람이다'라고 했다."(『집해』) "『가어』에서는 공석극公晳克이라 했다."(『색은』)

193   "『가어』에 이르기를 '일찍이 지조를 굽혀 남의 신하가 된 적이 없으므로 공자가 특별히 감탄하여 찬양한 것이다. 또한 「유협전游俠傳」에도 보인다'고 했다."(『색은』) "계차와 원헌原憲 같은 사람은 골목에 사는 평민이었지만 당시 그들은 독서하고 절개를 지키며 절대로 세속에 물들지 않았으나 많은 사람에게 비웃음을 당했다. 그들은 한평생 사립문에 누추한 집에 살면서 거친 베옷을 입고 변변치 못한 음식을 먹었는데, 죽은 지 이미 400년이 지났어도 제자들은 지금까지도 여전히 그들을 그리워하고 있다."(『유협열전』)

194   "『가어』에 이르기를 '증점은 자가 자석子晳이고 증삼의 부친이다'라고 했다."(『색은』) 『가어』와 『논어』에서는 증점의 '점蒇'자를 '점點'으로 표기했다.

195   '젊은이'를 뜻하는 원문은 '관자冠者'로, 20세를 넘긴 사람을 가리킨다. 고대에는 남자가 20세가

기수沂水[196]에서 손과 얼굴을 씻고 무우舞雩[197]에서 서늘한 바람을 쐰 다음 노래하며 돌아오겠습니다."

공자가 길게 한숨을 쉬며 말했다.

"나도 너와 뜻을 함께하노라!"[198]


안무유顔無繇[199]는 자가 노路다. 안로顔路는 안회顔回의 부친으로[200] 부자가 일찍이 시기를 달리하여 공자를 스승으로 섬겼다.

안회가 죽었을 때[201] 안로는 집이 가난하여 공자의 수레를 팔아서 안회를 안장할 수 있도록 도움을 청했다. 그러자 공자는 말했다.

"재주가 있건 없건 모두 자기 자식을 위하게 마련이다. 내 아들 공리孔鯉가 죽었을 때[202] 관棺만 있었지 곽槨[203]은 없었다. 내가 걸어 다니면서까지 수레를 팔아 아들의 곽을 장만해주지 못한 것은 내가 대부를 지냈기에 걸어 다닐 수 없었기 때문이다."[204]

---

되면 관례冠禮를 거행했다. 여기서 '젊은이와 아이들'이란 모두 공자의 학생을 가리킨다.

196　기수沂水: 산둥성 추현 동북쪽에서 발원하여 서쪽으로 흘러 주수이강洙水과 합류하여 쓰수이泗水강으로 흘러든다.

197　무우舞雩: 기우제를 지내는 제단이 있는 곳이다. 고대에 기우제에 사용하는 것을 '우雩'라 했으며 제사를 지낼 때 가무가 동반되었기 때문에 '무우'라 했다.

198　"공자의 뜻은 늙은이는 편안하게 해주고 친구 간에는 믿게 하며 어린아이는 품어주어 만물로 하여금 그 본성을 이룰 수 있게 하는 것에 있는데, 증점이 그것을 알았으므로 공자가 탄식하며 '나는 증점의 뜻에 동의한다'고 말한 것이다."(『논어집주』) 이상 공자와 증점의 문답은 『논어』 「선진」에 있다.

199　안무유顔無繇에서 '유繇'의 음을 『집해』에서는 '요'라 했고, 『색은』에서는 '유'라 했다. 『광사기정보』와 『사기전증』에서도 음을 'you(유)'라 했다.

200　"『가어』에서는 공자보다 7세 어리다고 했다."(『색은』) 이에 근거하면 안로는 노 양공 28년(기원전 545)에 태어났다.

201　"첸무는 당시는 노 애공 14년(기원전 481)으로 안회가 41세에 죽었다고 보았다."(『사기전증』)

202　공리孔鯉는 노 애공 12년(기원전 483), 50세에 죽었다.

203　관곽棺槨: 시신을 염하여 입관하는 기구로 내관과 외관을 말한다. 곽槨은 관 밖을 덮는 외관으로 관 외면을 덮어씌우는 큰 관을 말한다.

204　"공안국이 말하기를 '이鯉는 공자의 아들 백어伯魚다. 공자는 당시 대부가 되었기 때문에 걸어 다닐 수 없다고 하며 겸손하게 거절한 말이다'라고 했다."(『집해』) 공리는 50세에 죽었으며 당시 공자는

상구商瞿는 노나라 사람으로 자가 자목子木이고 공자보다 29세 어리다.205 공자는 『역경』을 상구에게 전수했고, 상구는 그것을 초나라 사람 한비자홍馯臂子弘206에게 전수했으며, 한비자홍은 강동江東 사람인 교자용자矯子庸疵207에게 전수했고,208 교자용자는 연燕나라 사람 주자가수周子家竪209에게 전수했으며, 주자가수는 순우淳于 사람 광자승우光子乘羽210에게 전수했고, 광자승우는 제나라 사람 전자장하田子莊何211에게 전수했으며, 전자장하는 동무東武 사람 왕자중동王子中同212에게 전수했고, 왕자중동은 치천菑川 사람 양하楊何213에게 전수했으며,214

---

70세였다. 고대에 대부는 걸어다닐 수 없었고 제후가 하사한 수레는 시장에 팔 수 없었다. 안로에 관련한 기록은 『논어』「선진」에 있다.

**205** 이 기록에 근거하면 상구는 노 소공 20년(기원전 522)에 태어났다. 『논어』에는 상구라는 이름이 보이지 않는다. "『가어』에 이르기를 '상구는 나이가 38세가 되도록 자식이 없자 그의 어머니가 다시 아내를 맞이하게 하려고 했다. 공자가 '상구는 마흔이 넘으면 다섯 명의 남자아이를 가질 것이다'라고 했는데, 과연 그렇게 되었다. 상구는 양전梁鱣에게 아내를 맞이하지 말라고 하면서 '자네도 조금 늦게 자식이 생길 것 같아 걱정인데, 아내의 잘못이 아니다'라고 했다."(『색은』)

**206** 한비자홍馯臂子弘: 성이 한馯이고 이름이 비臂이며 자가 자홍子弘이다. "「유림전儒林傳」『순경자荀卿子』(『순자』)『한서』에 모두 한비의 자는 자궁子弓이라 했는데 지금 여기서만 홍弘이라 한 것은 잘못인 것 같다. 응소는 자궁이 자하의 문인이라고 했다."(『색은』)

**207** 교자용자矯子庸疵: "『한서』에서는 '교비橋庇'라 되어 있고 노나라 사람이라고 했다. 안사고는 『한서』 주석에서 '교비의 자는 자용子庸'이라고 했다."(『정의』) 강동江東은 당시 장강 하류 남쪽 연안을 가리킨다.

**208** "노나라 상구자목商瞿子木은 공자로부터 『역경』을 전수받았고, 노나라 교비자용矯庇子庸에게 전수했으며, 자용은 강동 사람 한비자궁馯臂子弓에게 전수했다."(『한서』, 「유림전儒林傳」)

**209** 주자가수周子家竪: "주수周竪는 자가 자가子家이며 『한서』에는 주추周醜로 되어 있다."(『정의』)

**210** 순우淳于: 제나라의 현으로 지금의 산둥성 안추安丘 동북쪽 지역이다. 광자승우光子乘羽는 성이 광光이고 이름이 우羽이며 자가 자승子乘이다.

**211** 전자장하田子莊何: 성이 전田이고 이름이 하何이며 자가 자장子莊이다. "자가子家(주추周醜)는 동무東武 사람 손우자승孫虞子乘에게 전수했고, 자승은 제나라의 전하자장田何子裝(명제明帝를 피휘하기 위해 '장壯'을 '장裝'으로 바꾼 것이다)에게 전수했다."(『한서』, 「유림전」)

**212** 동무東武는 한漢나라의 현으로 지금의 산둥성 주청諸城이다. 왕자중동王子中同은 성이 왕王이고 이름이 동同이며 자가 자중子中이다. "『한서』에서는 왕동王同의 자는 자중子仲이라고 했다."(『정의』)

**213** 치천菑川은 한漢나라 제후국으로 도읍은 지금의 산둥성 창러昌樂 서북쪽 지역이다. "양하楊何가 말하기를 '『한서』에 따르면 자가 숙원叔元이다'라고 했다."(『정의』)

**214** "『한서』「유림전」에서 '상구는 공자로부터 『역경』을 전수받아 노나라 교비자용에게 전수했으며, 교비자용은 강동 사람 한비자궁에게 전수했으며, 한비자궁은 연나라 사람 주추자가에게 전수했고, 주

양하는 원삭元朔215 연간에 『역경』을 연구하여 한나라의 중대부中大夫216에 임명되었다.

> 고시高柴는 자가 자고子羔217이고 공자보다 30세 어리다.218
>
> 자고는 키가 5척이 되지 않았고 공자에게 가르침을 받을 때 공자는 그를 어리석다고 생각했다.219
>
> 자로가 자고를 비費, 후郈 땅의 재로 삼으려 하자220 공자가 말했다.
>
> "남의 자식을 해치는구나!"221
>
> 자로가 말했다.

추자가는 동무 사람 손우자승에게 전수했으며, 손우자승은 제나라 사람 전하자장에게 전수했다'고 했다. 출신과 성명이 다를 뿐만 아니라 전수하는 것 또한 서로 다르니 태사공의 오류로 의심된다. 육씨陸氏의 『석문釋文』, 공씨孔氏의 『주역정의周易正義』도 『한서』를 좇아 설명했다.(『사기지의』)

215　원삭元朔은 한 무제의 세 번째 연호(기원전 128~기원전 123)다. 『사기』, 『한서』「유림전」에는 모두 원광元光이라 했다. 여기에 쓰인 '삭'자는 잘못된 글자다.(『사기지의』) 원광은 한 무제의 두 번째 연호(기원전 134~기원전 129)다.

216　중대부中大夫: 한나라 때 황제를 모시는 시종 관원으로 의론을 관장했다. 『후한서』(이현)에 따르면 중대부는 왕국의 관리다. "중대부는 비육백석比六百石으로 일정하게 정해진 인원은 없으며, 왕을 받들어 사신으로 도성에 와서 옥벽을 받쳐 들고 정월을 축하했는데 모든 국國에서 왔다. 본래는 절節을 지녔는데 나중에 절을 없앴다."(『속한지續漢志』)

217　"정현은 위衛나라 사람이라고 했다."(『집해』) "『가어』에서는 '제나라 사람으로 고씨高氏 별족別族(종족의 다른 일족)'이다. 키는 6척이 되지 않았으며 외모가 매우 추악했다. 열전에서 5척이라고 한 것은 잘못된 것이다."(『색은』)

218　이 기록에 근거하면 고시는 노 소공 21년(기원전 521)에 태어났다. 그러나 『공자가어』에서는 고시가 공자보다 40세 어리다고 했다.

219　"고시는 어리석고, 증삼은 둔하고, 자장은 외향적이고, 자로는 거칠고 속되다柴也愚, 參也魯, 師也辟, 由也喭."(『논어』「선진」)

220　비費와 후郈: 모두 노나라의 읍으로 비는 지금의 산둥성 페이현 서북쪽 지역이고 후는 산둥성 둥핑東平 동남쪽 지역이다. 자로는 당시 노나라 계손씨의 가신이었으므로 임용의 권한이 있었다. "『논어』와 풍본, 삼본에는 '후郈'자가 없다. 심도沈濤가 말하기를 '『사기』에서 '비費'자는 쓸모없는 글자로 고본古本 『논어』에서는 후재郈宰라 하고 비재費宰라 하지 않았다. 『논형論衡』「예증藝增」 편에서도 후재라 했으니, 한나라 이전 판본은 모두 이와 같다'고 했다."(『사기회주고증』)

221　"포씨가 말하기를 '자고는 아직 학문이 성숙되지 않았는데 정치를 시키니 이 때문에 남을 해친다고 한 것이다'라고 했다."(『집해』)

"백성이 있고 사직社稷222이 있는데, 어찌 반드시 책을 읽어야만 학문을 한다고 하겠습니까!"

그러자 공자가 꾸짖었다.

"이 때문에 나는 말만 잘하는 사람을 미워하는 것이다."223

칠조개漆彫開는 자가 자개子開다.224

공자가 칠조개에게 벼슬을 권하자 칠조개가 대답했다.

"저는 아직 벼슬하는 일에 자신이 없습니다."

공자는 듣고서 매우 기뻐했다.225

공백료公伯繚는 자가 자주子周다.226

자주가 계손씨季孫氏227의 면전에서 자로를 헐뜯자 자복경백子服景伯228이 이 일을 공자에게 알리며 말했다.

---

222  사직社稷: 고대 제왕이 토지신土地神과 곡신穀神에게 제사를 지내던 곳으로, 이후에는 국가 정권을 가리키는 데 사용했다.

223  "자로의 말은 본의가 아니라 단지 이치에 맞지 않아 말문이 막히자 말재주로 사람을 막은 것뿐이므로 공자께서 그 잘못됨을 꾸짖기보다는 그 말주변을 미워한 것이다."(『논어집주』) 이상 문답은 『논어』 「선진」에 있다.

224  "정현은 '그(칠조개)가 노나라 사람이다'라고 했다."(『집해』) "『가어』에 이르기를 '채蔡나라 사람이고 자가 자약子若이며 공자보다 11세 어리다. 그는 『상서』를 연구했고 관리가 되는 것을 좋아하지 않았다'고 했다."(『색은』) 『가어』의 기록에 따르면 칠조개는 노 소공 2년(기원전 540)에 태어났다.

225  "정현이 말하기를 '그 뜻과 도가 깊음을 칭찬한 것이다'라고 했다."(『집해』) 이상 공자가 칠조개에게 벼슬을 권한 내용은 『논어』 「공야장」에 있다.

226  "마융은 '그(공백료)가 노나라 사람이다'라고 했다."(『집해』) "『가어』에 이르기를 '공백료는 없고 신료자주申繚子周가 있다. 지금 또한 72명 현인賢人의 수에 나열했으니 아마 태사공의 착오일 것이다'라고 했다."(『색은』) "72명을 77명으로 수정해야 한다."('수정본') 모두가 공백료를 사악하고 간사한 사람이라 했는데 사마천이 공자의 제자에 포함시킨 것은 오류라 하겠다. 또한 『논어』 「헌문」에는 '繚'자가 아닌 '요寮'자로 기록했다.

227  여기서의 계손씨는 계강자를 가리키며 계씨 가족의 수령이었다. 이때 자로는 계손씨의 가신이었다.

228  자복경백子服景伯: 노나라 대부로 성이 자복子服이고 이름이 하何였다. 경景은 시호다.

"계손 선생이 이미 자로를 의심하고 있습니다. 공백료 정도는 제 능력으로 그를 죽여 시체를 시장이나 조정에다 늘어놓고 대중에게 보일 수 있습니다."

공자가 말했다.

"도가 실행되는 것도 천명이고 도가 폐기되는 것도 천명이다. 공백료가 그 천명을 어떻게 하겠는가?"229

사마경司馬耕은 자가 자우子牛다.230

자우는 말이 많고 성질이 조급했다.231 그가 공자에게 인仁에 대해 묻자 공자가 말했다.

"어진 사람은 말을 참고 어려워하며 가볍게 입을 열지 않는다."

자우가 다시 물었다.

"말을 참고 어려워하며 가볍게 입을 열지 않으면 어진 사람이라고 할 수 있습니까?"

공자가 말했다.

"인을 실행하기란 어려운 것인데 어찌 고려하지 않고 가볍게 입을 열 수 있겠느냐?"232

자우가 군자에 대해서 묻자 공자가 말했다.

"군자는 근심하지도 않고 두려워하지도 않는다."233

---

229  이상 공자와 자복경백의 문답은 『논어』 「헌문」에 있다.
230  "공안국이 말하기를 '송나라 사람으로, 동생인 안자安子는 사마리司馬犁 사람이다. 자우는 환퇴桓魋의 동생이며 환퇴가 송나라 사마가 되었기 때문에 자우는 결국 사마를 성씨로 삼았다'고 했다." (『색은』) "'弟安子曰司馬犁' 문장에서 '안安'은 불필요한 글자다."('수정본') 『논어』 「안연」에서 하안何晏이 『논어집해論語集解』에서 인용한 공안국 주석에서는 "우牛는 송나라 사람이고, 동생은 사마리司馬犁다"를 근거로 삼았다.
231  "상서로운 사람은 말이 적고 조급한 사람은 말이 많다吉人之辭寡, 躁人之辭多."(『역경』 「계사繫辭」)
232  "공안국이 말하기를 '인을 행하는 것이 어려우니 인을 말하는 것 또한 어렵지 않을 수 없다'고 했다."(『집해』)
233  "공안국이 말하기를 '사마우의 형 환퇴가 장차 난을 일으키려 하는데 사마우는 송나라에서 와

자우가 다시 물었다.

"근심하지 않고 두려워하지도 않는다면 이를 군자라고 할 수 있습니까?"

그러자 공자가 말했다.

"속으로 반성하여 부끄러움이 없다면 무엇을 근심하고 무엇을 두려워하겠느냐?"[234]

번수樊須는 자가 자지子遲[235]이며 공자보다 36세 어리다.[236]

번지樊遲가 농작물 심는 법을 배우기를 청하자 공자가 말했다.

"나는 늙은 농부만 못하다."

채소 심는 법을 배우기를 청하자 공자가 말했다.

"나는 채소 심는 늙은이만 못하다."

번지가 나가자 공자가 말했다.

"번수는 소인이구나![237] 윗사람이 예를 좋아하면 백성은 감히 공경하지 않을 수 없고, 윗사람이 의를 좋아하면 백성은 감히 복종하지 않을 수 없으며, 윗사람이 신의를 좋아하면 백성은 감히 성실하지 않을 수 없다. 이렇게 되면 사방의 백성이 모두 제 자식을 포대기에 싸서 업고 올 터인데, 농작물 심는 법을 어디에 쓰겠느냐!"[238]

번지가 인仁에 대해 묻자 공자가 말했다.

---

서 배우고 있기에 항상 근심하고 두려워했으므로 공자가 위로한 것이다'라고 했다."(『집해』)

234   이상 공자와 사마우의 문답은 『논어』 「안연」에 있다.

235   "정현은 제나라 사람이라고 했다."(『집해』) 반면 『색은』과 『정의』에서는 『가어』에 근거해 노나라 사람이라고 했다.

236   이 기록에 근거하면 번수는 노 소공 27년(기원전 515)에 태어났다. 그러나 『공자가어』에서는 공자보다 46세 어리다고 하여 노 정공 5년(기원전 505)에 태어난 것으로 기록하고 있다.

237   "소인은 서민을 말하는데, 맹자가 말한 서민의 일이라는 것이다."(『논어집주』)

238   "포씨가 말하기를 '예의와 신의로 덕을 이룰 수 있는데 어찌하여 오곡을 심는 법을 배워 백성을 교화하는 데 사용한단 말인가?'라고 했다."(『집해』) 이상 공자와 번수의 문답은 『논어』 「자로」에 있다.

"사람을 사랑하는 것이다."

또 지智(지혜로움)[239]에 대해 묻자 공자가 말했다.

"사람을 알아보는 것이다."[240]


유약有若은 공자보다 43세 어리다.[241]

유약이 말했다.

"예의 작용은 조화를 귀중하게 여긴다. 선왕이 전한 도에서도 조화를 아름답게 여겨 큰일이든 작은 일이든 모두 이것을 따랐다. 그러나 조화만으로 행해지지 않는 경우가 있는데, 조화의 귀중함을 알고 조화로움만을 구하려 하면서 예로써 절제하지 않으면 행해질 수 없는 것이다."

유약은 또 말했다.

"사람과의 약속이 도의에 가까우면 그 말을 실천할 수 있고, 공손함이 예절에 가까우면 치욕을 멀리할 수 있으며,[242] 의지함이 친근해야 할 사람을 잃지 않으면 또한 그가 주인이 될 수 있다."[243]

공자가 세상을 떠난 후에도 제자들은 그를 그리워하며 경모하는 마음을 그

---

239　『논어』에는 '지知'로 되어 있는데, '지知'는 '지智'와 통한다.
240　"사람을 사랑하는 것은 인仁을 베푸는 것이고, 사람을 알아보는 것은 지智의 의무다."(『논어집주』) 이상 번수와의 문답은 『논어』 「안연」에 있다.
241　『논어』에는 '유약'이 아닌 '유자有子'로 되어 있다. "『가어』에 이르기를 '노나라 사람이고 자가 자유子有'라고 했다."(『색은』) 유약과 공자의 나이 차이에 대한 견해가 다르다. 43세 어리다고도 하고 13세 어리다고도 한다. 또한 『색은』에서는 『가어』에 이르기를 33세 어리다고 했으나 현재 통용되는 『가어』에서는 36세 어리다고 했다. "유약과 공자의 나이 차이가 그리 크지 않아 13세 어린 것이 맞다." (『사기지의』) '수정본'에서는 43세 어리다고 기재하고 있다. 역자는 '수정본'에 따랐다.
242　"하안이 말하기를 '공손함이 예에 부합되지 않으면 예가 아니다. 치욕을 멀리할 수 있으므로 예에 가깝다고 한 것이다'라고 했다."(『집해』)
243　원문은 '因不失其親, 亦可宗也'다. "공안국이 말하기를 '인因은 친親이다. 친근한 사람이 친근함을 잃지 않으니 또한 존중할 만하다'라고 했다."(『집해』) 그러나 주희는 '인因'을 '의依(의지하는 사람)'로 해석했고, "공안국은 '종宗'을 '존중, 존경'의 의미로 해석한 반면 주희는 '주主(주인)'로 해석했다. 역자는 주희의 해석에 따랐다. 이상 유약의 말은 『논어』 「학이」에 있다.

치지 않았다. 유약의 생김새가 공자와 비슷하여 그를 스승으로 추대하고 이전에 공자를 섬기듯이 존중했다. 어느 날 제자들이 앞으로 나아가 물었다.

"이전에 선생님께서 밖에 나가실 때 제자들에게 우산을 가져오라 하셨는데 얼마 지나지 않아 정말 비가 내렸습니다. 제자들이 '선생님께서는 어떻게 비가 내릴 것을 아셨습니까?'라고 여쭙자 선생님께서는 '『시경』에서 말하지 않았더냐? 달이 필수畢宿에 접근하면 큰비가 세차게 내린다. 어제 저녁에 달이 필수 구역에 머물지 않았더냐?'244라고 말씀하셨습니다. 그런데 어느 날 필수 구역에 달이 머물렀는데도 비가 내리지 않았습니다. 또 상구가 나이가 많은데도 자식이 없었기에 그의 모친이 다른 아내를 얻어주려 했습니다.245 그때 마침 공자께서 상구를 제나라로 보내려 하자 상구의 모친은 그를 멀리 보내지 말아달라고 부탁했습니다. 그러자 공자께서는 '걱정하지 마십시오. 상구는 마흔이 넘으면 다섯 아들을 갖게 될 것입니다'라고 말씀하셨고, 그 뒤에 정말로 그렇게 되었습니다. 여쭙건대, 선생님께서는 어떻게 그것을 아신 것입니까?"

유약은 대답할 수 없어 침묵했다. 제자들이 일어나며 말했다.

"유자有子는 물러나시오. 여기는 그대가 앉아 있을 자리가 아니오."

공서적公西赤은 자가 자화子華이며 공자보다 42세 어리다.246

자화가 제나라에 사신으로 가게 되었을 때, 염유는 자화의 모친을 위해 먹을 양식을 요청했다. 이에 공자가 말했다.

"한 부釜247를 주거라."

---

244 "月離于畢, 俾滂沱矣."(『시경』 「소아小雅·참참지석漸漸之石) 필수畢宿는 서방 7수 가운데 다섯 번째 별자리로 8개의 별로 이루어져 있다. 옛날부터 달이 필성을 만나게 되면 큰비가 내린다고 믿었다.
245 "『가어』에 이르기를 '상구는 나이가 38세가 되도록 자식이 없자 그의 어머니가 다시 아내를 맞이하게 하려고 했다'고 했다."(『정의』)
246 "정현이 말하기를 '그(공서적)는 노나라 사람이다'라고 했다."(『집해』) 이에 근거하면 공서적은 노정공 원년(기원전 509)에 태어났다.

염유가 조금 더 달라고 요청하자 공자가 말했다.

"한 유庾248를 주거라."

그런데 염유는 자화의 모친에게 다섯 병秉249의 양식을 주었다. 그러자 공자가 말했다.

"공서적이 제나라로 갈 때 살찐 말이 끄는 수레를 타고 가볍고 따뜻한 갖옷을 입고 있었다. 내가 들으니 군자는 곤궁한 사람을 구제해주고 부유한 사람에게는 보태주지 않는다고 했다."250

무마시巫馬施는 자가 자기子旗251이며 공자보다 30세 어리다.

진사패陳司敗252가 공자에게 이렇게 물었다.

"노나라 소공昭公253은 예를 압니까?"

공자가 대답했다.

"예를 압니다."

공자가 나가자 진사패는 무마시에게 읍揖254을 하고 말했다.

"내가 듣기로는 군자는 잘못을 비호하며 한쪽 편255을 들지 않는다고 했는데, 군자도 또한 한쪽 편을 듭니까? 소공이 오나라 여자를 부인으로 삼았는데, 오나

---

247　"마융이 말하기를 '6두斗 4승升을 부釜라 한다'고 했다."(『집해』)

248　"포씨가 말하기를 '16두를 유庾라 한다'고 했다."(『집해』)

249　"마융이 말하기를 '16곡斛을 병秉이라 하는데, 5병은 도합 80곡이다'라고 했다."(『집해』)

250　"정현이 말하기를 '염유가 준 것이 지나치게 많은 것은 아니다'라고 했다."(『집해』) 이상 문답은 『논어』「옹야」에 있다.

251　"정현은 노나라 사람이라고 했다."(『집해』) "『가어』에 이르기를 '무마시는 진陳나라 사람이며 자는 자기子期'라고 했다."(『색은』) "쳰무가 말하기를 '무마시는 노나라 사람이다'라고 했다."(『사기전증』)

252　진사패陳司敗: 진陳나라 대부로 그의 성명은 전해지지 않고 있다. '사패'는 진나라와 초나라 등의 사법 관리인 '사구'와 같다.

253　노 소공魯昭公(재위 기원전 541~기원전 510)은 춘추시대 후기 노나라의 군주다.

254　읍揖: 두 손을 마주 잡고 팔을 가슴 위로 올려 인사하는 것으로 경의나 존중을 표하는 것이다.

255　원문에는 '당黨'이라 되어 있다. "서로 도우며 그른 것을 감춰주는 것을 당이라 한다."(『논어집주』)

라와 노나라는 동성 국가이기 때문에 오맹자吳孟子라 불렀습니다. 그것은 맹자의 성이 희姬이므로 같은 성을 꺼려 맹자라고 부른 것입니다.[256] 소공이 예를 아는 사람이라면 누군들 예를 모르겠습니까!"

무마시가 이 말을 공자에게 전하자 공자가 말했다.

"나는 행운이 있구나. 나에게 잘못이 있으면 남이 반드시 그것을 알게 해주는구나. 신하는 군주의 잘못을 말할 수 없으니 그 보기 흉한 것을 감추는 것 또한 예다."[257]

양전梁鱣은 자가 숙어淑魚이고 공자보다 29세 어리다.[258]

안행顔幸은 자가 자류子柳이고 공자보다 46세 어리다.[259]

염유冉孺는 자가 자로子魯이고 공자보다 50세 어리다.[260]

조휼曹卹은 자가 자순子循이고 공자보다 50세 어리다.[261]

백건伯虔은 자가 자석子析이고 공자보다 50세 어리다.[262]

공손룡公孫龍은 자가 자석子石이고 공자보다 53세 어리다.[263]

---

256  "공안국이 말하기를 '예에 따라 동성은 혼인을 하지 않는데, 군주가 아내로 얻었다. 마땅히 오희吳姬라고 해야 하는데, 꺼려서 맹자라 했다.'(『집해』) 노나라는 무왕의 동생 주공周公의 후대이고 오나라는 문왕 백부인 오태백의 후대이므로 두 나라의 성은 희姬다. 춘추시대 때 군주 부인에게는 일반적으로 자신이 태어난 나라 이름 뒤에 그의 본성本姓을 붙여 칭호로 삼았다. 노나라 소공은 오나라의 여자를 아내로 맞아들였으니 마땅히 오희吳姬라 해야 하지만 동성끼리 결혼할 수 없는 주나라 예법 때문에 오맹자吳孟子라고 고쳤다. '오맹자'란 오나라의 장녀라는 뜻이다.

257  이상 문답은 『논어』 「술이」에 있다.

258  "『공자가어』에서는 제나라 사람이라고 했다."(『집해』) 이 기록에 따르면 양전은 노 소공 20년(기원전 522)에 태어났다.

259  "정현은 노나라 사람이라고 했다."(『집해』) 이에 따르면 안행은 노 정공 5년(기원전 505)에 태어났다. "『가어』에 이르기를 '공자보다 36세 어리다'고 했다."(『색은』)

260  "『가어』에서는 노나라 사람이라고 했다."(『색은』) 이 기록에 따르면 염유는 노 정공 9년(기원전 501)에 태어났다.

261  이 기록에 따르면 조휼은 노 정공 9년(기원전 501)에 태어났다.

262  이 기록에 따르면 백건은 노 정공 9년(기원전 501)에 태어났다.

263  "『가어』에서는 (공손룡의 룡을) '총龍'이라고도 하고 '농聾'이라고도 한다고 했는데, 『칠십자도

이상 자석子石까지 35명은 연령, 성명이 분명하고 공자로부터 수업을 받은 일이 문헌에 모두 명백하게 기재되어 있다. 그러나 나머지 42명은 연령도 알 수 없고 문헌에도 기재된 것이 없다.[264] 그 명단은 아래와 같다.

염계冉季[265]는 자가 자산子産이다.

공조구자公祖句玆[266]는 자가 자지子之다.

진조秦祖[267]는 자가 자남子南이다.

칠조치漆雕哆[268]는 자가 자렴子斂이다.

안고顔高[269]는 자가 자교子驕다.

칠조도보漆雕徒父.[270]

---

『七十子圖』에서는 '농'은 아니라고 했다. 자가 자석子石이면 농이 혹여 틀리지 않았을 것이다. 정현은 그를 초나라 사람이라고 했고 『가어』에서는 위衛나라 사람이라고 했다."(『색은』) 이에 따르면 공손룡은 노 정공 12년(기원전 498)에 태어났다.

264 "『가어』에서는 37명만 나열했을 뿐이다. 그중에 공량유公良孺, 진상秦商, 안해顔亥, 숙중회叔仲會 4명은 『가어』에 사적이 있는데 『사기』에는 누락되어 있다. 공백료公伯繚, 진염秦冉, 교선鄡單 3명은 『가어』에 기재되어 있지 않은 반면 금뢰琴牢, 진항陳亢, 현단縣亶 3명은 번갈아가며 기재되어 있다. 문옹文翁의 그림 같은 경우는 또 임방林放, 거백옥蘧伯玉, 신정申帳, 신당申堂이 있는데 모두 후세 사람들에 의해 추가된 것으로 지금은 거의 고증할 수 없다."(『색은』) "35명 중에 연령을 알 수 없는 자가 12명이고, 문헌에 보이지 않는 자가 5명이다. 42명 중에 연령을 알고 문헌에 기재된 자가 안교顔驕, 공량유, 진상, 신정, 숙중회 5명인데, 태사공이 소홀히 했다."(『사기지의』)

265 『집해』에서 정현은 염계가 노나라 사람이라고 했다.

266 공조구자는 성이 공조公祖이고 이름이 구자句玆다. "『가어』에서는 '구句자가 없다'고 했다."(『사기회주고증』) "주씨朱氏『제자고弟子考』와 『궐리고闕里考』에서는 모두 노나라 사람이라고 했다."(『사기지의』)

267 "정현은 진秦나라 사람이라고 했다."(『집해』)

268 "정현은 노나라 사람이라고 했다."(『집해』)

269 "『가어』에서는 이름이 산産이라고 했다."(『색은』) "공자가 위衛나라에 있을 때 남자南子(위영공 부인)가 공자를 불러 수레로 뒤따르게 하고 거리를 지날 때 안고가 수레를 몰았다."(『색은』) "『통전通典』에서는 안고의 자가 자정子精이라고 했다. 「공자세가」, 『한서』 「인표」와 지금의 『가어』에는 모두 안각顔刻이라고 했다. 여기서 이름을 고高라 한 것은 오류인 듯하다."(『사기전증』)

270 칠조도보는 성이 칠조漆雕이고 이름이 도보徒父다. "『가어』에서는 자가 고固라고 했다."(『색은』) "지금 통용되는 『가어』에서는 이름이 종從, 자가 자문子文이라 했다."(『사기회주고증』)

양사적壤駟赤은 자가 자도子徒다.[271]

상택商澤.[272]

석작촉石作蜀[273]은 자가 자명子明이다.

임부제任不齊[274]는 자가 선選이다.

공량유公良孺[275]는 자가 자정子正이다.

후처后處[276]는 자가 자리子里다.

진염秦冉[277]은 자가 자개子開다.

공하수公夏首[278]는 자가 승乘이다.

해용잠奚容箴은 자가 자석子晳이다.[279]

공견정公肩定[280]은 자가 자중子中이다.

안조顏祖[281]는 자가 양襄이다.

---

271　양사적은 성이 양사壤駟이고 이름이 적赤이다. "정현은 진秦나라 사람이라고 했다."(『집해』)

272　"『가어』에서는 상택의 자가 자계子季라고 했다."(『색은』) "경본耿本에서는 자수子秀라 했다."('수정본') 『공자가어』에서도 '자수'라고 했다. "주씨『제자고』에 이르기를 '상택은 노나라 사람이다'라고 했다."(『사기지의』)

273　석작石作은 복성復姓이다. "송宋 고종高宗「찬贊」에서는 진秦나라 사람이라고 했다."(『사기전증』)

274　"정현은 초나라 사람이라고 했다."(『집해』)

275　"정현은 진陳나라 사람이라고 했다."(『집해』) 『색은』에서는 『가어』에 이르기를 공량유가 "35명 안에 있다. 『계가系家』에도 보이는데 32명 중에 보이지 않으니 아마 열전의 수 또한 잘못되었을 것이다'라고 했다. '수정본'에서는 "32명은 마땅히 42명으로 고쳐야 한다"고 했다. "공자가 여러 곳을 두루 돌아다닐 때 항상 자신의 집에 있는 수레 5량을 가지고 공자를 따랐다. 「공자세가」에서도 그렇게 말했다. 『가어』에서 35명 중에 그가 있다고 했는데, 지금 42명의 명단에 기재한 것은 아마도 태사공의 잘못일 것이다."(『정의』) 『사기지의』에 따르면 공량公良은 복성이다.

276　"정현은 제齊나라 사람이라고 했다."(『집해』)

277　"『가어』에서는 진염이 보이지 않는다고 했다."(『정의』) "어디 사람인지 상세하지 않다."(『사기지의』)

278　"정현은 노나라 사람이라고 했다."(『집해』)

279　『정의』에서는 해용잠이 위衛나라 사람이라고 했다. "해용奚容은 복성이다. 잠箴은 점蔵의 잘못이다. 즉 점點자다."(『사기지의』)

280　"정현이 말하기를 '노나라 사람이다. 혹은 진晉나라 사람이라는 설도 있다'고 했다."(『집해』) "공견公肩은 복성이다."(『사기지의』)

281　『정의』에서는 노나라 사람이라고 했다. "『가어』에 이르기를 '안상顏相은 자가 자양子襄이라고 했는데, 같은 사람이다'라고 했다."(『사기회주고증』)

교선鄡單282은 자가 자가子家다.

구정강句井彊.283

한보흑罕父黑은 자가 자색子索이다.284

진상秦商은 자가 자비子丕다.285

신당申黨286은 자가 주周다.

안지복顔之僕287은 자가 숙叔이다.

영기榮旂는 자가 자기子祺다.288

현성縣成은 자가 자기子祺다.289

좌인영左人郢290은 자가 행行이다.

연급燕伋은 자가 사思다.291

정국鄭國은 자가 자도子徒다.292

---

282　『집해』에서 서광은 교선을 "오선鄡單이라고도 한다"고 했다. "진晉나라 사람으로 의심된다(『사기지의』)

283　"정현은 위衛나라 사람이라고 했다."(『집해』) "구정강句井彊은 『궐리고』에서는 자를 자계子界라 하고, 혹은 『궐리구지闕里舊志』에서는 자를 자야子野라 했으며, 『산동지山東志』에서는 자를 자맹子孟이라 했는데, 모두 믿을 수 없다."(『사기지의』)

284　"지금 통용되는 『가어』에서는 재보흑宰父黑의 자는 자색子索이라고 했는데, 한罕은 재宰의 잘못이다. 옛사람들은 대부분 관직을 씨氏로 삼았는데, 재보宰父는 재씨宰氏, 우재씨右宰氏 종류다. 『사기』가 틀렸다."(『사기지의』)

285　"『가어』에 이르기를 '노나라 사람이며 자가 비자조兹다'라고 했다."(『정의』)

286　『정의』에서는 노나라 사람이라 했다. "신당은 『논어』에서 말한 신정申棖이다."(『사기지의』)

287　"정현은 노나라 사람이라고 했다."(『집해』)

288　"『통지』「열전」에서는 '자기子旗'라 했다.'('수정본') "지금 통용되는 『가어』에서 '영기는 자가 자기子祺다'라고 했다. 주씨 『제자고』에서는 노나라 사람이라고 했다."(『사기지의』)

289　"정현은 노나라 사람이라고 했다."(『집해』) "『가어』에 이르기를 '자모子謀'라고 했다."(『색은』) "지금 통용되는 『가어』에서는 '자횡子橫'이라고 했다."(『사기지의』)

290　"정현은 노나라 사람이라고 했다."(『집해』) "『광운廣韻』 주석에서 '통지通志'에 이르기를 좌인左人은 복성이고 노나라 군郡 출신이다'라고 했다. 이 때문에 정현이 '노나라 사람'이라고 한 것이다."(『사기지의』)

291　"『색은』 본에서는 연급의 자를 자은字恩이라 했고, 『가어』에서도 같은 말을 했다. 그러나 지금 『가어』에서는 자를 '자사子思'라 했다. 『궐리고』에서는 '노나라 사람'이라고 했다."(『사기지의』)

292　"『가어』에 이르기를 '설방薛邦의 자가 도徒라 했다. 『사기』에서 국國으로 되어 있고 『가어』에서

진비秦非293는 자가 자지子之다.

시지상施之常294은 자가 자항子恆이다.

안쾌顔噲295는 자가 자성子聲이다.

보숙승步叔乘296은 자가 자거子車다.

원항적原亢籍.297

악해樂欬298는 자가 자성子聲이다.

염결廉絜은 자가 용庸이다.299

숙중회叔仲會300는 자가 자기子期다.

안하顔何는 자가 염冉이다.301

적흑狄黑302은 자가 석晳이다.

방손邦巽303은 자가 자렴子斂이다.


는 방邦으로 되어 있는 것은 아마 고조의 휘를 피하려고 고친 것이다. 정鄭과 설薛자는 잘못된 것이다.(『정의』)

293 "정현은 진비가 노나라 사람이라고 했다."(『집해』)
294 "주씨『제자고』에서는 노나라 사람이라고 했다."(『사기지의』)
295 "정현은 노나라 사람이라고 했다."(『집해』)
296 "정현은 제나라 사람이라고 했다."(『집해』) "『광운廣韻』 주注에 따르면 소숙씨少叔氏라 했다."(『사기지의』)
297 "『가어』에 이르기를 원항적의 이름이 항亢이고 자가 적籍이라고 했다."(『집해』) "문장을 당연히 '원항자적原亢字籍(원항의 자는 적)'이라 해야 한다. 『사기』에서 '字'자를 빠뜨린 것이다. 원자原子는 반드시 원사原思의 종족으로 당연히 노나라 사람이다."(『사기지의』)
298 "악해는 노나라 사람이다."(『정의』)
299 "정현은 위衛나라 사람이라고 했다."(『집해』) "『색은』에서는 본래 자용子庸이라고 했다. 지금 통용되는 『가어』에서는 자조子曹라고 했는데, 잘못이다."(『사기지의』)
300 "정현은 진晉나라 사람이라고 했다."(『집해』) 그러나 『가어』에서는 노나라 사람이라고 했다. "『색은』에서는 『가어』에 이르기를 공자보다 54세 어리다고 했다. 그러나 지금 판본에서는 40세 어리다고 했는데, 어느 것이 맞는지 알 수 없다."(『사기지의』)
301 "정현은 노나라 사람이라고 했다."(『집해』) "『가어』에 이르기를 '자가 칭稱이다'라고 했다."(『색은』)
302 "『가어』에 이르기를 '적흑은 자가 철지哲之이고 위衛나라 사람이다'라고 했다."(『사기지의』)
303 "정현은 노나라 사람이라고 했다."(『집해』) "방邦은 규邦라 해야 한다."(『사기지의』)

공충孔忠.304

공서여여公西輿如305는 자가 자상子上이다.

공서침公西葴306은 자가 자상子上이다.


태사공은 말한다.

"많은 학자가 공자의 칠십여 제자에 대해서 말하지만, 칭찬하는 사람 가운데 실제보다 지나친 경우도 있고, 비방하는 사람 중에 그들의 진실한 모습을 손상시키는 경우도 있다. 요컨대 모두가 그들 본래의 면모를 보지 않고 평론했기 때문이다. 여기에 논술한 공자 제자들의 성명과 이력은 공씨孔氏 벽 속에서 발견된 고문서307에 기재된 유관 자료와 사실을 비교하여 접근한 것이기에 믿을 수 있다. 나는 공자 제자들에 관련된 성명 등의 문자 재료를 『논어』에 기재된 문답 중에서 모두 추출하여 배열시켜 한 편을 완성했는데, 의심나는 부분은 비워두고 기재하지 않았다."


304  "『가어』에 이르기를 '공충은 자가 자멸子蔑로 공자 형의 아들이다'라고 했다."(『집해』)
305  공서여여는 성이 공서公西고 이름이 여여輿如다. "『궐리고』에서는 노나라 사람이라고 했다."(『사기지의』)
306  "정현은 노나라 사람이라고 했다."(『집해』) "지금 통용되는 『가어』에서는 점장이라 했다."(『사기회주고증』) "『송사지宋史志』에서 함순咸淳은 점點이라 했다."(『사기지의』) '葴'의 음이 'zhen'으로 되어 있어 역자는 '침'이라고 표기했다.
307  무제武帝 때 노 공왕魯恭王이 궁궐을 확대하기 위해 공자 집의 벽을 허물었는데, 그 속에서 고문자古文字(진나라와 전국시대에 유행했던 전서篆書)로 된 『논어』 『효경』 『고문상서』 『예기』 등이 발견되었다.

# 8

## 상군열전

商 君 列 傳

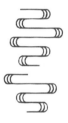

상앙은 전국시대 중기 위衛나라 군주의 첩이 낳은 공자로, 법가를 대표하는 인물이다. 젊어서부터 형명刑名 학문을 좋아하여 자신의 포부를 펼치고자 위魏나라의 상 공숙좌를 보좌했으나 중용되지 못했다. 결국 상앙은 위나라를 떠나 진秦으로 가서 효공을 보좌하면서 자신의 법가 학술을 발휘하고 변법을 통해 진나라의 옛 제도를 개혁하고 낙후한 진나라를 부강하게 만들었을 뿐만 아니라 효공을 패자의 지위에 올려놓았다. 이 편에서는 상앙이 변법을 시행하는 과정과 그의 정치적 성취 그리고 정적들에 의해 모반의 죄명을 얻어 비참한 죽음을 맞기까지 변법과 관련한 어떤 인물들보다 전 생애를 상세하게 다루고 있다.

상앙은 나라 안으로는 법도를 세우고 밖으로는 부세 징수를 통해 부국강병과 영토 확장의 목표를 완수하여 이후 진나라가 천하를 통일하는 기반을 마련했다. 그러나 『염철론鹽鐵論』「비앙非鞅」에서는 그를 다음과 같이 평가했다. "상앙은 정도를 던져버리고 권모술수를 사용했고, 도덕을 버리고 강력한 힘을 사용했으며, 법을 엄격하게 하고 형벌을 무겁게 하여 잔인하고 흉악한 것을 풍속으로 삼았고, 옛 친구였던 공자 앙을 속여 공업을 세우고 공자 건과 공손가에게 형벌을 시행하여 위신을 세웠으며, 백성에게는 은정恩情이 없고 제후들에게는 신용을 강구하지 않아 사람들은 그에게 원한을 품었고 집집마다 그를 원수로 여겼다." 사마천은 상앙의 정치적 재능은 긍정적으로 평가했지만 제도를 시행하는 과정에서 보인 잔혹한 방식과 덕이 부족한 품성에 대해서는 "상군은 타고난 성질이 냉혹하고 무정한 사람이다. 그가 말하는 것은 허황될 뿐"이라며 비판하고 있다.

상군商君1은 위衛나라 군주의 첩이 낳은 공자公子2 가운데 한 명으로, 이름이 앙鞅이고 성이 공손公孫이며 그의 조상은 성이 희姬였다. 공손앙은 젊어서부터 법가의 형명刑名 학문을 좋아했고3 위魏나라 상相인 공숙좌公叔座4를 섬겨 중서 자中庶子5를 담당했다. 공숙좌는 상앙의 능력을 알고 있었지만 위나라 왕에게 추천하지 못하고 있었다. 마침 공숙좌가 병에 걸리자 위나라 혜왕惠王6이 친히 집으로 병문안을 와서는 공숙좌에게 말했다.

1  상군商君: 공손앙公孫鞅의 봉호다. "진秦나라 상商(지금의 산시陝西성 상저우商州 동남쪽)에 봉해졌 기에 상군이라 했다."(『정의』)
2  원문은 '서얼공자야庶孼公子也'로, '수정본'에서는 이 문구에서 '공公'자를 삭제해야 한다고 했다. 고대에 제후의 적장자를 태자太子 혹은 세자世子라고 하고 다른 아들들은 '공자'로 통칭했다. 서얼은 공자라 불리지 않고 '신얼臣孼'이라고 했는데(『예기』「옥조玉藻」), 이는 군주의 서자가 군주를 대할 때 자신을 일컫는 호칭이다. 세자는 적嫡이고 여자餘子(적장자 이외의 아들)는 얼孼이다. 공손앙은 위衛나 라의 서얼이였기 때문에 사람들이 그를 '위앙衛鞅'이라 부르는 것이다.
3  "신불해의 학문도 형명을 위주로 하는데 그의 형명은 순명책실循名責實의 학문이고, 공손앙의 형 명 학문은 상벌을 분명하게 하는 학문이다."(『사기각증』)
4  공숙좌公叔座: 공숙이 성이고 좌가 이름이다. 『전국책』「위책」과 『여씨춘추』「장견長見」에는 '좌 痤'라 했다.
5  중서자中庶子: 관직명으로 전국시대에는 군주·태자·상相을 시중드는 신하였고, 진·한 시대에는 태자의 시종관이었다. "위魏나라가 이미 설치했고 진秦나라에서 시작된 것이 아니다. 『주례』「하관夏 官」에서는 '제자諸子'라 했고, 『예기』「문왕세자文王世子」에서는 '서자庶子'라 했는데, 공족公族(제후 혹 은 군왕의 동족)을 관장했다."(『색은』) "『전국책』과 『여씨춘추』에서는 모두 '어서자御庶子'라고 했다."(리 징싱李景星, 『사기평의史記評議』) '어서자'란 가신家臣을 말한다.
6  위 혜왕魏惠王(재위 기원전 369~기원전 319)은 전국시대 중기 위魏나라 군주로, 문후의 손자이자 무후의 아들이다. "위후魏侯의 아들로 이름이 앵罃이며 이후에 대량으로 도읍을 옮겨 양梁이라고 일 컬었다."(『색은』) '수정본'에서는 '위魏'자 다음에 '무武'자가 누락되었다고 했고 「육국연표」에 "무후武侯 의 아들"이라 했다. "무후가 죽자 아들 앵이 즉위했는데 바로 혜왕이다."(「위세가」)

"병 때문에 그대에게 뜻밖의 변고가 발생하면 사직社稷을 어떻게 하면 좋겠소?"

공숙좌가 대답했다.

"제 중서자7로 있는 공손앙은 나이는 비록 어리지만 재능이 뛰어나니 대왕께서는 국가 대사를 그에게 맡기십시오."

혜왕은 묵묵히 말이 없었다. 혜왕이 가려고 하자 공숙좌는 주위 사람들을 물리친 후 혜왕에게 말했다.

"대왕께서 공손앙을 임용하라는 신의 건의를 받아들이지 않으신다면 반드시 죽여서 그가 국경을 넘어 다른 나라로 가지 못하게 하십시오."

혜왕은 응낙하고 돌아갔다. 공숙좌는 공손앙을 불러서는 그에게 알렸다.

"오늘 왕께서 누가 위나라의 상이 될 만한지 묻기에 내가 자네를 추천했네. 그런데 왕의 안색을 보니 내 말에 따르지 않을 것 같네. 나는 응당 군주에게 먼저 충성한 다음에 신하를 고려해야 한다고 생각하기 때문에 왕께 '만일 공손앙을 등용하지 않는다면 즉시 그를 죽여야 한다'고 말했네. 왕께서는 이미 내게 그렇게 하겠다고 응낙했네. 자네는 서둘러 위나라를 떠나게. 그렇지 않으면 체포될 걸세."

공손앙이 말했다.

"왕께서 상의 말을 듣고도 신을 임용하지 않는데, 또 어찌 상의 말을 듣고 신을 죽이겠습니까?"

결국 그는 떠나지 않았다.

한편 혜왕은 공숙좌의 집에서 돌아온 후 좌우 신하들에게 말했다.

"공숙좌의 병이 엄중하여 슬프다. 과인더러 국가 대사를 공손앙에게 맡기라고 하는데, 어찌 황당하기 짝이 없다고 하지 않겠는가!"

---

7 "『전국책』에서는 '위衛나라 서자庶子'라 했다."(『색은』) "경본·황본·색은본·가본·능본에서는 '어서자'라 했고, 『전국책』 「위책」에는 '공숙좌에게 어서자 공손앙이 있다'고 했다."('수정본')

공숙좌가 사망한 후 공손앙은 진秦나라 효공孝公[8]이 나라 안에 명령을 내려 재능 있는 인재를 찾고 있고 목공繆公[9]의 사업을 재건하여 동쪽으로 삼진三晉에게 빼앗긴 영토를 수복하려 한다는 소식을 들었다.[10] 그는 서쪽 진나라로 들어가[11] 효공이 총애하는 신하 경감景監[12]을 통해 효공을 만나려고 했다.

공손앙은 효공을 만나 긴 시간 정사에 대해 이야기를 나누었는데 효공은 때때로 졸면서 듣지 않았다. 공손앙이 나가자 효공은 경감에게 화를 내며 말했다.

"그대가 소개한 빈객은 큰소리만 칠 뿐 현실에 부합되지 못하니 어떻게 임용할 수 있겠는가!"

경감이 나와서 효공의 말로써 공손앙을 꾸짖자 공손앙이 말했다.

"제가 제도帝道[13]로 설득했는데 그 뜻을 깨닫지 못하신 것 같습니다."

닷새 뒤 효공을 다시 만날 수 있게 해달라고 요구했다.[14] 두 번째 만남은 앞서 만남보다 나았지만 여전히 효공을 흡족케 하지는 못했다. 공손앙이 물러나오자 효공은 다시 경감을 꾸짖었고, 경감은 공손앙을 책망했다. 공손앙이 말했다.

"제가 왕도王道[15]로 설득했는데 귀담아듣지 않으신 것 같습니다. 한 번 더 만

8 진 효공秦孝公(재위 기원전 361~기원전 338)은 전국시대 진 헌공秦獻公의 아들로, 이름이 거량渠梁이다. 상앙을 임용해 변법을 시행하여 진나라를 강대하게 만들었다.
9 목공繆公(재위 기원전 659~기원전 621)은 목공穆公이라고도 한다. 춘추오패 가운데 한 명으로 이름이 임호任好다.
10 목공 때 진秦나라는 여러 차례 진晉나라를 격파하여 국경을 동쪽(지금의 산시陝西성과 산시山西성 경계) 황하 연안까지 밀고 나갔다. 전국시대 초기 이래로 진나라는 몰락하여 황하 서쪽 산시陝西성 영토를 위魏나라에게 빼앗겼다.
11 「진본기」에 따르면 공손앙은 효공 원년(기원전 361)에 진나라로 들어갔다.
12 경감景監: 성이 경景인 환관이다. "성이 경景이며 초나라 귀족이다."(『색은』)
13 제도帝道: 오제五帝의 나라를 다스리는 방법과 책략을 말한다.
14 원문은 '後五日, 復求見鞅'으로, 문장의 주어가 효공으로 되어 있다. 그런데 앞에서 효공이 상앙이 말할 때 '때때로 졸면서 듣지 않았다'고 했는데 어떻게 다시 만나자고 말했겠는가? "이 문장은 '제가 제도로 설득했는데, 그 뜻을 깨닫지 못하신 것 같습니다. 닷새 뒤에 효공을 다시 만날 수 있도록 부탁드리겠습니다'로 수정되어야 한다."(『사기전증』) 이에 따르면 '수정본'은 이 문구를 바로잡아야 할 것이다.
15 왕도王道: 삼왕三王의 치국의 도. 삼왕三王이란 하·상·주의 개국 제왕인 하우夏禹, 상탕商湯, 주 문왕周文王과 주 무왕周武王(무왕은 부친인 문왕의 사업을 계승했기에 문왕과 무왕을 합쳐 한 명의 왕으로

나게 해주십시오."

그리하여 공손앙은 세 번째로 효공을 만났고, 이야기를 나눈 후 효공은 그의 논조를 칭찬했지만 임용하지는 않았다. 공손앙이 나가자 효공이 경감에게 말했다.

"그대의 빈객은 괜찮은 사람이오. 그와 더불어 이야기를 나눌 만하오."

공손앙이 경감에게 말했다.

"제가 패도霸道[16]로 설득했는데 받아들일 만하다고 생각하신 것 같습니다. 진실로 다시 한 번 만나 뵐 수 있으면 좋겠습니다. 제가 이제 무엇을 말씀드려야 할지 알겠습니다."

공손앙은 네 번째로 효공을 만났다. 효공은 공손앙과 담화를 나누는데 자신의 무릎이 공손앙의 자리 가까이 다가앉은 것도 알지 못했다. 효공은 연이어 며칠 동안 이야기를 나누어도 싫증 내지 않았다. 경감이 공손앙에게 말했다.

"그대는 어떻게 우리 군주의 마음을 움직였소? 우리 군주께서 크게 기뻐하시오."

공손앙이 말했다.

"제가 군주께 삼황오제의 도로 나라를 다스리면 진나라를 하·은·주 삼대에 견줄 만큼 융성하게 할 수 있다고 말씀드렸더니, 군주께서 '이런 방법은 너무 늦기에 기다릴 수 없소. 게다가 현명한 군주는 당대에 명성을 드날려야지, 내 어찌 우울해하면서 백 년 가까이[17] 지나서야 제왕의 대업을 성취하기를 기다리겠

청한다)의 합칭이다.

16  패도霸道: 오패五霸의 나라를 다스리는 도. 하나라부터 주 나라까지 패주霸主가 있었는데 후세 학자들이 삼대三代 이래의 패주를 총괄하여 그중 영향력 있는 다섯 명의 패자를 오패라 했다. 또한 동주 시대 강대한 다섯 제후를 '춘추오패'라 했다. 여러 학설 가운데『사기』와『순자』의 분류에 따른 춘추오패가 가장 일반적이다.『사기』의 경우 제 환공·송 양공·진 문공·진 목공·초 장왕이며,『순자』의 경우 제 환공·진 문공·초 장왕·오왕 합려·월왕 구천이다. "힘에 의지해 인仁을 가장하는 자는 패霸이고, 덕에 의지해 인仁을 행하는 자는 왕王이다."(『맹자』「공손추公孫丑 상」)

17  원문은 '수십백 년數十百年'이다. 일부 번역본에 '수백 년'이라고 한 것은 잘못이다. 수십백 년은

소?'라고 하셨습니다. 그래서 제가 부국강병의 방법으로 군주를 설득했더니 크게 기뻐하신 것뿐입니다. 그러나 이같이 해도 진나라는 은과 주 같은 도덕 수준에는 도달할 수 없습니다."[18]

효공은 공손앙을 등용한 후에 변법變法을 실행하고자 했으나[19] 천하 사람들이 자신을 비난할까 걱정했다. 공손앙이 말했다.

"행동할 때 망설이며 결정을 내리지 못하면 명성을 이룰 수 없고, 일을 처리할 때 망설이며 결정을 내리지 못하면 공적을 이룰 수 없습니다. 또 품행이 뛰어난 사람은 세상 사람들의 공격을 받게 되고, 남다른 견해를 지닌 사람은 반드시 사람들의 비방을 듣습니다. 어리석은 자는 일이 이루어진 것을 모르지만 지혜로운 자는 문제가 발생하기 전에 이미 압니다. 백성은 일을 계획하기 시작할 때에는 함께 상의할 수 없지만 일을 완수한 후에는 함께 성과를 누릴 수 있습니다.[20] 지극히 높은 덕을 강구하는 자는 세속에 영합하지 않고, 큰 공업을 성취하는 자는 뭇 사람의 의견을 구하지 않습니다. 이 때문에 성인은 국가를 부강하게 할 수 있다면 고대의 전장 제도를 본받지 않으며 백성을 이롭게 할 수 있다면 옛날의 예법을 따르지 않습니다."

효공이 말했다.

---

100년에 가까운 기간을 뜻한다.

18  "맹자가 말하기를 '춘추시대의 오패는 모두 삼왕三王의 죄인이니 지금의 제후들은 오패의 죄인이며, 지금의 대부들 또한 지금 제후들의 죄인인 것이다'라고 했다."(『맹자』, 「고자告子 하」) "상앙이 진 효공을 만나는 대목을 묘사하면서 사마천은 상앙의 정치 능력을 드러내는 한편 법가는 결국 유가의 옛 것을 지키는 사상만 못하다는 것을 표현했다."(『사기전증』)

19  원문은 '앙욕변법鞅欲變法'으로 공손앙이 주어가 된다. 그러나 '수정본'에서는 『독서잡지』, 「사기」에 근거해 '앙鞅'자가 불필요하다고 했다. 역자 또한 문장의 주어는 공손앙이 아닌 진 효공이라고 판단하여 '앙'자를 빼고 번역했다. "효공은 '내가 지금 변법으로 나라를 다스리고 예의 제도를 변경하여 백성을 교화시키려 하는데 천하 사람의 비난을 받을까 걱정된다'고 했다."(『상군서商君書』, 「경법更法·제일第一」)

20  "백성은 함께 사업의 시작을 계획할 수는 없으나, 그들과 함께 사업의 성공을 즐길 수는 있다."(『관자』, 「법법法法」)

"좋소."

그러자 감룡甘龍[21]이 말했다.

"옳지 않습니다. 성인은 백성의 습속을 바꾸지 않고 교화시키며, 지혜로운 자는 법을 고치지 않고 다스립니다. 백성의 습속에 따라서 교화시키면 힘들이지 않아도 성공할 수 있고, 원래 있던 법에 따라 다스리면 관리도 익숙하고 백성도 안정될 것입니다."

공손앙이 말했다.

"감룡의 의견은 속된 말입니다. 평범한 사람들은 옛 습속에 편안해하고 세상일에 어두운 학자들은 책에서 배운 지식밖에 모릅니다. 감룡이 말한 두 가지 원칙에 따른다면 관직에 있으면서 옛 법을 지키며 유지할 수는 있겠으나 법 이외의 상황[22]을 함께 논의할 수는 없습니다. 하·은·주 삼대는 시행한 예법이 서로 같지 않았지만 왕이라 칭했고, 오백五伯(오패)은 집행한 법제가 서로 상통하지 않았지만 패주가 되었습니다. 지혜로운 자는 법을 제정하지만 어리석은 자는 제재를 받으며 수행할 줄만 알고, 능력 있는 자는 예법을 바로잡아 수립하지만 무능한 자는 단지 구속될 줄만 압니다."

두지杜摯[23]가 말했다.

"백배의 이익이 없으면 법을 고쳐서는 안 되며, 열배의 효과가 없으면 기물器物을 바꿔서는 안 됩니다.[24] 옛 제도를 본받으면 과실이 없고 옛 예법을 따르면 착오가 없습니다."

---

21  감룡甘龍: "효공의 신하로 감은 성이고 용은 이름이다. 감씨는 춘추시대 감소공甘昭公 왕자대王子帶의 후손에게서 나왔다."(『색은』)

22  변법變法을 가리키는 말이다.

23  두지杜摯: 위魏나라를 공격할 때 공을 세워 좌사공左司空에 임명된 진나라 신하로, 수구파를 대표하는 인물이다.

24  원문은 "利不百, 不變法; 功不十, 不易器"다. 이와 비슷한 문장이 『한서』「한안국전韓安國傳」에 있다. "이익이 열 배가 되지 않으면 직업을 바꾸어서는 안 되고, 백배의 효과가 없으면 원래의 방법을 바꾸어서는 안 된다利不十者不易業, 功不百者不變常."

공손앙이 말했다.

"천하를 다스리는 데는 한 가지 방법만 있는 것이 아니므로 나라에 유리하다면 옛사람을 본받을 필요가 없습니다. 그러므로 은나라 탕왕과 주나라 무왕은 옛 법을 따르지 않고도 왕업을 성취했고, 하나라 걸왕과 은나라 주왕은 옛 예법을 바꾸지 않았는데 결국은 멸망했습니다. 옛 법을 바꾸는 자를 비난할 수 없으며 옛 예법을 따르는 자를 찬양할 필요도 없습니다."

효공이 말했다.

"좋소."

효공은 이에 공손앙을 좌서장左庶長[25]으로 임명하고 신속하게 옛 법을 새로운 법으로 바꾸도록 했다.

새로 만든 법에 따르면 다섯 집을 오伍, 열 집을 십什으로 편제하여 서로 감독하게 했고, 한 집이 죄를 지으면 나머지 집들도 연루되어 벌을 받는다. 법을 어긴 것을 고발하지 않는 자는 허리를 자르는 요참腰斬[26]에 처하고 고발하는 자는 적의 머리를 벤 것과 같은 상을 내리며,[27] 법을 어긴 자를 숨겨주는 자는 적에게 투항한 자와 똑같은 징벌을 내린다.[28] 백성 가운데 한 집에 두 명 이상의

---

25  좌서장左庶長: 진秦나라의 작위로, 열 번째 등급에 속한다. 진나라 작위 등급은 모두 20등급으로, 1급은 공사公士, 2급은 상조上造, 3급은 잠뇨簪裊, 4급은 불경不更, 5급은 대부大夫, 6급은 관대부官大夫, 7급은 공대부公大夫, 8급은 공승公乘, 9급은 오대부五大夫, 10급은 좌서장左庶長, 11급은 우서장右庶長, 12급은 좌경左更, 13급은 중경中更, 14급은 우경右更, 15급은 소상조少上造, 16급은 대상조大上造, 17급은 사거서장駟車庶長, 18급은 대서장大庶長, 19급은 관내후關內侯, 20급은 철후徹侯(후에 한무제 유철劉徹의 이름을 피하기 위해 열후列侯로 변경)다. 「진기秦紀」에 근거하면 공손앙이 좌서장이 된 이후에 변법이 시행되어 마땅히 효공 5년(기원전 357)이었다. 그런데 여기서는 변법 이전에 되었다고 했으니 효공 3년(기원전 359)으로, 아마 틀렸을 것이다."(『사기지의』)
26  요참腰斬: 혹형 중의 하나로, 무거운 도끼로 죄인의 허리를 찍어 두 토막을 내는 형벌이다.
27  "간악한 자 한 사람을 고발하면 1등급의 작위를 얻게 되므로 '적의 머리를 벤 자와 같은 상을 내렸다'고 말하는 것이다."(『색은』)
28  "법률에 따르면 적에게 항복한 자는 주살하고 그 집안을 멸족시키는데 지금 법을 어긴 자를 숨겨주는 자는 마땅히 같은 벌로 처벌해야 함을 말한 것이다."(『색은』)

성년 남자가 분가하지 않고 살면 부세를 두 배로 부가하게 한다.[29] 군대에서 공적을 세운 사람은 각기 규정에 근거해 작위의 등급을 올려주고, 사적인 일로 싸움을 하는 자는 각기 그 상황의 가볍고 무거움에 따라 크고 작은 형벌을 받는다. 농업에 진력하여 밭을 갈고 베를 짜는 데 수확이 좋아 곡식과 비단을 많이 납부하는 자는 그들의 노역 부담을 면제해준다. 상공업에 종사하여 이익만을 추구하고 게을러서 빈궁한 자는 일률적으로 모두 체포하여 관청의 노비로 삼는다.[30] 군주의 종실이라도 군대에서 공적을 세우지 못하면 일률적으로 모두 특권을 누리는 명부에 기입되지 못한다. 작위의 존비에 따라 작위와 봉록 등급의 구분을 명확하게 하고 등급의 높고 낮음에 따라 농지와 주택 점유에 차등을 두며, 노비[31]가 입는 의복은 모두 주인의 지위에 따라 정해진다. 군대에서 공을 세운 사람은 영예가 주어지지만 군대에서 공을 세우지 못한 사람은 설사 부유할지라도 영예롭고 높은 지위에 오를 수 없다.

새로운 법령이 이미 제정되었지만 공손앙은 백성이 신임하지 않을까 염려되어 아직 공포하지 않았다. 그래서 도성 시장 남문[32]에 3장 길이의 나무를 세워 놓고 백성을 불러 모아 시장 북문으로 나무를 옮겨놓는 자에게는 상금 10금을 주겠다고 했다. 그러나 백성은 이를 기괴하게 여겨 감히 옮기는 자가 없었다. 공손앙은 다시 사람들에게 말했다.

"이것을 북문으로 옮기는 자에게는 50금을 주겠다."

29   이 규정은 생산성과 인구 증대를 목적으로 한 것이다. "진나라 사람은 가정이 부유하고 자식이 장성하면 분가하고, 가정이 빈곤하고 자식이 장성하면 데릴사위가 된다."(『한서』「가의전賈誼傳」)
30   "나카이 리켄이 말하기를 '노비로 삼는다는 것은 상공업에 종사하여 이익만을 추구하고 게을러서 빈궁한 자신들을 말하며 노역을 하는 것으로 그들의 처자식을 가리키는 것은 아니다'라고 했다." (『사기회주고증』)
31   원문은 '신첩臣妾'이다. 신첩은 서주 및 춘추시대에 노예를 지칭하던 말로, 남자 노예를 신臣이라 하고 여자 노예를 첩妾이라 했다.
32   이 당시 진나라의 도성은 약양櫟陽(지금의 시안西安 린퉁臨潼 동북쪽)이었다. 고대에 도성의 시장은 고정된 구역이 있어 담장이 둘러 있고 사면에 문이 있었다.

어떤 사람이 나무를 북문으로 옮겨 놓자 공손앙은 즉시 그에게 50금을 주어 정부가 백성을 속이지 않음을 분명히 드러냈다.[33] 이어서 새 법령을 반포했다.

새로운 법령이 시행된 지 1년 만에 진나라 백성 가운데 도성까지 달려와 새 법령이 불편하다고 조정에 호소하는 자가 1000명이 넘었다. 심지어는 효공의 태자까지 법을 어겼다. 그러자 공손앙이 말했다.

"법령이 제대로 시행되지 못하는 것은 위에서부터 그것을 어겼기 때문이다."

그리하여 태자를 법에 따라 처벌하려 했다. 그러나 태자는 군주를 계승할 자이므로 처벌할 수 없어 태자의 태부太傅인 공자 건虔을 형벌에 처하고[34] 태사太師인 공손가公孫賈[35]에게는 이마에 글자를 새기는 경형黥刑을 내렸다. 다음날부터 진나라 백성은 모두 새로운 법령에 복종했다. 새로운 법령이 시행된 지 10년이 되자[36] 진나라 백성은 크게 기뻐했고 길에 물건이 떨어져 있어도 줍는 사람이 없었으며, 산에는 도적이 없게 되었고 집집마다 넉넉하고 사람마다 만족했다. 백성은 모두 국가를 위한 전쟁에는 용감하고 감히 사사로이 다투지 않았으며 향촌과 성읍 전체가 잘 다스려졌다. 일찍이 새로운 법령이 좋지 않다고 말했던 자들 가운데 현재는 편리하다고 말하는 자들이 있었다. 공손앙이 말했다.

"이러한 자들은 모두 질서를 어지럽히는 간악한 자다."

그러고는 그들을 전부 변방 지역으로 옮겨 거주하게 했다. 이후로 백성 가운

33 "오기가 위魏나라 무후의 서하 군수를 담당했다. 그는 수레 끌채 하나를 북문 밖에 기대어두고 명령을 내리기를 '누구든 이것을 남문 밖으로 옮기는 자가 있으면 그에게 상등의 땅과 상등의 주택을 주겠다'고 했다. 그러나 옮기는 자가 아무도 없었다. 후에 어떤 자가 그것을 옮기자 즉시 명령에서 말한 대로 그에게 상을 하사했다."(『한비자』,「내저설內儲說 상」)
34 "이후에 공자 건은 코가 잘리는 형벌을 받게 되는데, 이때는 어떤 형벌을 받았는지는 알 수 없다." (『사기회주고증』)
35 '賈'의 음은 'jia'로 표기하고 있어 '고'가 아닌 '가'로 표기했음을 밝힌다.
36 "나카이 리켄이 말하기를 「진기秦紀」에 근거하면 10년은 7년이라고 해야 한다. 변법이 시행된 지 7년은 효공이 즉위한 지 10년으로 공손앙은 이해에 대량조에 임명되었다'고 했다."(『사기회주고증』) 효공 10년은 기원전 352년이다.

데 새로운 법령에 대해 감히 논하는 자가 없었다.

그리하여 효공은 공손앙을 대량조大良造[37]로 임명했다. 그를 파견해 군사를 이끌고 위魏나라 안읍安邑을 포위하게 했고 진나라에 투항시켰다.[38] 이로부터 3년 뒤[39] 진나라는 함양咸陽에 기궐冀闕[40]과 궁정을 건축하고 도읍을 옹雍에서 함양으로 옮겼다.[41] 이어서 명령을 내려 아버지와 아들 또는 형제가 한 집에 거주하는 것을 금지시켰다. 또 작은 향과 읍과 취락지구를 합병하여 현縣을 만들고 각 현에 현령縣令, 현승縣丞을 설치하니 31개 현[42]이 되었다. 원래 있던 농지의 경계인 천맥阡陌과 봉강封疆[43]을 폐지하고 새로운 경계를 개설하여 부세가

---

37  효공 10년(기원전 352)의 일이다. "대량조는 대상조大上造로, 진나라의 16번째 등급에 해당하는 작위 명칭이다. 여기서 '양조良造'라 한 것은 나중에 그 이름을 바꾼 것일 따름이다."(『색은』) "양관이 말하기를 '이때 대량조는 진나라의 최고 작위였을 뿐만 아니라 최고 관직이었다. 이때 위앙이 좌서장에서 대량조로 승진되었는데, 다른 국가의 상에 해당된다. 이 관직의 전체 명칭은 대량조서장大良造庶長이다'라고 했다."(『사기전증』)
38  안읍安邑은 위나라 현으로 지금의 산시山西성 샤현夏縣 서북쪽이다. 원래는 위나라 도성이었는데 위 혜왕 9년(진 효공 원년, 기원전 361)에 대량으로 천도했다. "안읍은 오류이고 마땅히 고양固陽이라 해야 한다."(『사기지의』) 이는 혜왕 20년(진 효공 11년, 기원전 351)에 상앙이 고양을 포위하고 항복시킨 일을 말한다. 그러나 「진본기」와 「육국연표」에서는 효공 10년(기원전 352)의 사건으로 기재하고 있는데, 10년에 포위했다가 11년(기원전 351)에 항복시킨 것일 수도 있다. "기원전 352년 위나라의 하동河東을 공격해 들어가 안읍을 취하고 이듬해(기원전 351)에 고양을 포위하고 투항시켰다."(『전국사』)
39  공손앙이 대량조에 임명되고 나서 3년 후를 말한다. 즉 효공 12년(기원전 350)이다.
40  함양咸陽은 당시 진나라 도성으로, 지금의 산시陝西성 셴양咸陽 동북쪽, 시안西安 서북쪽 지역이다. 기궐冀闕은 궁정 정문 앞의 쌍궐雙闕을 말한다. "기冀는 위魏와 통하며 크고 높다는 뜻이다."(『사기회주고증』)
41  "이 서술에는 오류가 있다. 진나라는 영공靈公 때 옹에서 경양涇陽으로 도읍을 옮겼고, 헌공獻公 때 다시 경양에서 약양으로 옮겼으며 효공 12년에 바로 약양에서 함양으로 천도했다."(『사기전증』)
42  「진본기」에는 41개 현, 「육국연표」에는 30개 현이라고 했다.
43  천맥阡陌이란 농지 사이의 작은 길로, 남북으로 난 길을 '천'이라 하고 동서로 난 길을 '맥'이라 한다. 봉강封疆이란 토지의 경계로 '봉'은 흙을 쌓아놓은 것을 가리킨다. "천맥은 큰 논두렁이고 봉강은 마치 크게 둘러싼 담장과 같은데 고대 귀족의 봉건 분할分割의 주요 지표였다. 네모난 한 덩이의 정지井地는 이러한 격자선 안에서 서로 막히고 끊어지게 되었다. 정치상에서 이미 봉건封建은 군현郡縣으로 변화되었고 격자선이 열리면서 담장으로 둘러쳐진 논두렁이 제거되고 한 덩어리의 넓게 펼쳐진 평면으로 변했다. 크고 반듯한 농경지의 형성은 바로 봉건 정지의 파괴였다."(첸무, 『국사대강國史大綱』) "천맥과 봉강의 개척은 바로 정전제井田制의 폐지로, 원래 백보를 묘畝로 삼는 천맥과 매 1경頃 밭의 봉강을 모두 폐지하고 240보를 1묘로 개척한 것은 새로운 천맥과 봉강을 설치한 것이다."(『전국사』)

공평해졌고, 또한 두통斗桶, 권형權衡, 장척丈尺44의 도량형을 통일시켰다. 이러한 새로운 제도가 시행된 지 4년 후45 공자 건이 또 법령을 어겨 코를 베이는 형벌에 처해졌다.46 다시 5년47이 지나자 진나라는 부강해졌고 주나라 천자가 제사에 사용한 고기를 효공에게 보내 그를 천하의 패주로 승인하자 각국 제후들이 모두 축하했다.48

그 이듬해(효공 21년, 기원전 341) 제나라는 위魏나라 군대를 마릉에서 대패시키고 위나라 태자 신申49을 사로잡고 장군 방연을 죽였다. 그 이듬해(효공 22년, 기원전 340) 공손앙은 효공에게 말했다.

44　두통斗桶은 양을 측정하는 기구로 6두斗가 1통桶이다. 통은 곡斛과 같다. 권형權衡은 저울을 가리키며 권은 저울추, 형은 저울대를 말한다. 장척丈尺은 길이 단위다.
45　"새로운 제도가 시행된 지 4년 후"란 상앙의 2차 변법이 시행된 지 4년이 지났음을 말하는 것으로, 효공 16년(기원전 346)이다. 『전국사』에 따르면 진나라는 3년간 변법 준비 기간을 거쳐 기원전 356년, 위앙을 좌서장으로 임명하고 제1차 변법을 시행한다. 1차 변법의 주요 내용은 법률 반포, 연좌법 제정, 가벼운 죄에도 중형 적용, 군공 장려, 사적인 싸움 금지, 군공軍功에 따라 상을 하사하는 20등급의 작위제도 반포, 농업 중시와 상업 억제, 농경과 방직 장려, 특별히 황무지 개간 장려, 유가 경전 소각, 타향에서 벼슬하는 백성 금지 등이었다. 이후 기원전 350년 시행한 2차 변법은 부국강병에 목적을 둔 경제와 정치의 진일보한 개혁이다. 주요 내용은 귀족의 정전제 폐지, 천맥 봉강 개척, 보편적인 현縣 제도 시행, 함양 천도와 궁전 건설, 도량형 통일, 호구에 따른 군사에 소요되는 세금 징수 개시, 잔존하는 융적戎狄 풍속 제거, 부자 형제가 같은 집에 거주하는 것을 금지하는 것이었다.
46　"2차 변법은 경제적, 정치적으로 구 귀족의 특권을 박탈하고 구 귀족의 이익에 손해를 끼쳤고 결과적으로 태자가 법을 어기게 되었다. 이 때문에 위앙은 태자의 사부인 공자 건 등에게 형벌을 사용했고, 이에 공자 건 등의 강렬한 반대에 부딪쳤다. 「진본기」에 따르면 진 효공은 21세에 즉위했다고 하니 효공 6년은 27세였으며 그의 소생인 태자는 어린아이에 불과했을 텐데 태자가 법령을 어겼다는 내용은 믿기 어렵다. 태자가 법령을 어긴 것은 효공 16년에 단 한 차례였을 것이다. 효공이 사망(기원전 338)하기 전 5월에 조량趙良이 상군을 만나 '공자 건이 두문불출한 지 이미 8년이다'라고 했는데, 이 8년으로 추산해보면 바로 진 효공 16년(기원전 346)이다."(『전국사』)
47　마땅히 3년이라고 해야 한다. 즉 효공 19년(기원전 343)이다.
48　원문은 '치조致胙'로, 천자가 귀신에게 제사를 지내고 나서 제사에 올렸던 고기를 제후에게 보내는 이 의례는 제후에 대한 특별한 예우를 말하는 것이다. 「진본기」에 따르면 효공 2년(기원전 360)에 '천자치조天子致胙(주나라 천자가 제사에 사용한 고기를 하사했다)'가 있었고, 효공 19년(기원전 343)에 '천자치백天子致伯(주나라 천자가 진 효공을 방백方伯으로 삼았다)'이 있었다.
49　위 혜왕의 태자로, 당시 위나라 상장군이었다.

"진나라와 위나라는 마치 사람이 뱃속의 병을 앓고 있는 것과 같아 위나라가 진나라를 병탄시키지 못하면 진나라가 위나라를 병탄시킬 것입니다. 무엇 때문이겠습니까? 위나라는 산봉우리의 험준한 서쪽[50]에 위치하고 안읍을 도읍으로 건설했는데,[51] 진나라와는 황하를 경계로 하여 산동山東[52]을 통제하는 유리한 형세입니다. 그래서 조건이 유리할 때는 서쪽으로 진나라를 공격하고, 불리할 때는 동쪽으로 영토를 확장합니다. 지금 대왕의 지극히 높은 도덕과 재지로 인해 우리 진나라는 강성해졌습니다. 그러나 위나라는 지난해에 제나라에게 대패한 후 각국 제후들이 등을 돌리고 있으니 지금이 바로 위나라를 공격할 기회입니다. 위나라가 우리 진나라의 진공을 저지하지 못하면 반드시 동쪽으로 옮겨 갈 것입니다. 위나라가 동쪽으로 옮겨 갔을 때 우리 진나라가 황하와 효산崤山의 험준한 요충지를 점유하고 다시 동쪽으로 출병하여 각국 제후들을 통솔하는 것이 바로 제왕의 대업을 건립하는 길입니다."

효공은 옳은 말이라 생각하여 공손앙을 파견해 군대를 이끌고 위나라를 공격하게 했다. 위나라는 공자 앙卬[53]을 파견해 군대를 이끌고 맞서게 했다. 양쪽 군대가 서로 대치하고 있을 때 공손앙은 공자 앙에게 편지를 띄웠다.

"제가 위나라에 있을 때 공자와 좋은 친구 관계였습니다. 지금은 적대하는 두 나라의 장수가 되었지만 차마 서로 공격할 수 없습니다. 공자와 직접 마주 보며 맹약을 맺은 뒤 즐겁게 마시고 각자 철군하여 진나라와 위나라 양국을 모두 평

---

50  지금의 산시山西성 남부의 중조산中條山을 가리킨다.

51  「태사공의 문장 뜻에 근거하면 이때 위나라는 여전히 안읍이 도읍인데, 사실은 그렇지 않다. 위나라는 혜왕 9년, 진 효공 원년(기원전 361)에 이미 대량으로 천도했다.(『사기전증』)

52  신동山東. 지금의 허난성 뤄닝洛寧 북쪽에 위치한 샤오산崤山 동쪽 지역으로, 고대에는 중원에서 관중으로 진입하는 요충지였다. 일반적으로는 황하 유역을 가리키며 때로는 전국시대 진나라 이외의 6국 영토(장강 중·하류 지역)를 가리키기도 한다. 춘추시대 진晉나라와 이후 몇몇 정권이 태항산太行山 서쪽 지역을 거점으로 삼았기 때문에 태항산 동쪽 지역을 산동이라고도 했다. 여기서는 지금의 허난성, 산시山西성 일대를 가리킨다.

53  공자 앙卬: 위 혜왕의 아들로 당시 위나라 대장이었다.

안하게 합시다."

위나라 공자 앙도 그 말을 옳다 여기고 공손앙과 만나 맹약을 맺고 술을 마셨다. 그때 공손앙은 미리 숨겨두었던 무사들로 하여금 급습케 하여 위나라 공자 앙을 사로잡았고, 이어서 위나라 군대를 공격하여 모조리 격파하고 진나라로 돌아왔다. 위나라 혜왕은 자신의 군대가 제나라와 진나라에게 연이어 격파되자 나라 안이 텅 비고 국력이 날로 약화되는 것이 두려워 사자를 보내 황하 서쪽 땅의 일부를 떼어 진나라에 바치고 강화를 청했다.[54] 위나라는 안읍을 떠나 도읍을 대량으로 옮겼다.[55] 위나라 혜왕이 말했다.

"과인이 일찍이 공손앙을 죽이라는 공숙좌의 말을 듣지 않은 것이 한스럽다."

공손앙이 위나라 군대를 격파하고 돌아오자 효공은 오於, 상商[56] 일대의 15개 읍[57]을 그에게 봉하고 상군商君[58]이라 불렀다.

상군이 진나라 상相이 된 지 10년이 지나자[59] 진나라 종실 귀척들 중에는 그

54  「진기」에 혜문왕 8년(기원전 330) 위나라가 하서 지구에 진입한 것으로 기록하고 있는데 이는 상앙 사후의 일이다. 역사에서 말하는 공적이 그 뒷일에까지 미치는 형국이다.(『사기회주고증』)
55  「위세가」에 근거해 위나라가 대량으로 천도한 것은 위 혜왕 31년, 진 효공 22년(기원전 340)으로 여기서의 기록과 부합된다. 그러나 지금 전국사를 연구하는 사람들은 모두 『죽서기년竹書紀年』에 의거하여 위나라가 천도한 것은 진 효공 원년으로 상앙의 공적과는 무관하다고 한다. 양콴은 '위나라가 대량으로 천도한 것을 상앙이 위 공자 앙을 속여서 사로잡은 이후로 적은 것은 잘못이다. 여기서 위앙이 효공을 유세한 말 또한 후세 사람이 더한 것으로 의심된다'고 했다."(『사기전증』)
56  오於는 지금의 허난성 시샤西峽 동쪽에 있는 옛 읍이고, 상商은 지금의 산시陝西성 단펑丹鳳의 고성춘古城村을 말한다. "오와 상은 두 현의 이름으로 홍농弘農에 있다."(『색은』) "오와 상은 등주鄧州 내향현內鄉縣 동쪽 7리 지점으로 옛 오읍於邑이었다. 상낙현商洛縣은 상주商州 동쪽 89리 지점으로 본래는 상읍商邑, 주周의 상국商國이었다."(『정의』) 이에 대해 '수정본'에서는 '주周의 상국商國'의 '주周'를 '고古'로 바꿔서 '옛 상국'이라고 바꿔야 한다고 했다. "『색은』과 『정의』의 내용이 정확하지 않다. 『죽서기년』에는 '진나라가 위앙을 오鄔에 봉했고 명칭을 상商으로 변경했다'고 했다. 진봉형陳逢衡은 『죽서기년집증竹書紀年集證』에서 '於는 오烏로 읽어야 하며, 즉 오鄔다. 옛 터를 오鄔라 했는데 지금 명칭을 상商으로 바꾸었다. 그래서 오상於商이라고 한다'고 했다. 이것이 정확하다."(『전국사』) 역자는 『전국사』의 주석에 근거해 '於'의 음을 '오'로 표기했음을 밝힌다.
57  대략 지금의 허난성 시샤西峽와 산시陝西성 상현商縣 일대에 해당된다.
58  당시 각 제후국 군주는 모두 '왕'이라 칭했고, 제후국 내의 봉건 영주는 '군'이라 칭했다.

를 원망하는 자가 많아졌다. 이때 진나라 명사인 조량趙良이 상군을 찾아왔다. 상군이 말했다.

"맹난고孟蘭皋의 소개로 그대를 만난 적이 있습니다.[60] 이제 그대와 교제를 나누고자 하는데 어떻습니까?"

조량이 대답했다.

"저는 감히 바라지 않습니다. 공자가 말하기를 '현능한 인사를 천거하면 백성을 사랑하며 잘 다스리는 사람이 의탁하러 오고, 소인들이 모이면 왕도를 강구하는 사람이 떠나게 된다'[61]고 했습니다. 저는 현명하지 못하기 때문에 감히 그대의 요청을 받아들일 수 없습니다. 또 듣건대 '있어서는 안 되는 지위를 점유하는 것을 지위를 탐한다 하고, 누려서는 안 되는 명성을 향유하는 것을 명성을 탐한다 한다'고 했습니다. 제가 그대의 요청을 받아들여 친구가 된다면 지위를 탐하고 명성을 탐하는 사람이 될까 두렵습니다. 이 때문에 감히 명령을 따를 수 없습니다."

상군이 말했다.

"그대는 내가 진나라를 다스리는 것을 좋아하지 않습니까?"

---

59  "『전국책』에 '효공이 상군의 법을 시행한 지 18년 만에 죽었다'고 하여 이 문장과는 다르다. 여기서는 진나라 상이 된 지 10년이라고만 했을 뿐이고, 『전국책』에서 상군의 법이 시행된 지 18년이라고 한 것은 아마도 그가 상이 된 연수를 이어서 말한 것일 뿐이다."(『색은』) "10년은 오류다. 상앙은 효공 원년에 진나라에 들어갔고, 3년에 변법, 5년에 좌서장이 되었으며, 10년에 대량조가 되었고, 22년에 상군에 봉해졌으며, 24년에 효공이 사망하고 상앙도 죽었다. 그렇다면 10년은 무엇을 근거로 계산한 것인가?『색은』에서 '진책'에 18년이라고 했다는 것도 부합되지 않는다. 마땅히 20년이라 해야 하고 좌서장이 된 때부터 수를 세야 한다."(『사기지의』) 양콴은 "『전국책』「진책 1」에 '상군이 진나라를 다스리고 법령이 행해졌는데 효공이 그것을 시행한 지 18년에 병으로 일어나지 못하자 군주의 자리를 상군에게 전하려 했으나 상군이 사양하며 받지 않았다'고 했다. 진 효공 6년에 위앙이 좌서장에 임명된 때부터 변법의 명령이 결정된 이후 24년 효공이 사망하기까지 19년이다. 만으로 계산하면 18년이다."(『전국사』)

60  "맹난고는 사람의 성명이다. 공손앙이 이전에 맹난고를 통해 조량을 만날 수 있었다는 말이다."(『색은』)

61  이 말의 출전은 알 수 없으며, 문장의 의미 또한 분명하지 않다.

조량이 대답했다.

"다른 의견을 청취할 수 있는 것을 총聰이라 하고, 자신을 반성할 수 있는 것을 명明이라 하며, 자신을 억제할 수 있는 것을 강彊이라 합니다.[62] 우순虞舜이 말하기를 '겸허하게 스스로 낮추는 사람이 도리어 더욱 존중된다'[63]고 했습니다. 그대는 우순의 도리를 따르는 것이 낫습니다. 제게 다시 물을 필요도 없습니다."

상군이 말했다.

"처음에 진나라의 습속은 융적戎翟[64]과 같이 아버지와 아들이 구별 없이 한 방에서 거주했습니다. 나는 그런 습속을 고쳐 남자와 여자의 구별이 있게 했고, 높고 큰 기궐冀闕을 건축하여 노나라와 위衛나라의 문화를 이룩하도록 했습니다.[65] 그대는 내가 진나라를 다스리는 것에 대해 오고대부五羖大夫 백리해百里奚[66]와 비교해볼 때 누가 더 현능하다고 보십니까?"

조량이 대답했다.

"천 마리의 양가죽은 여우 한 마리의 겨드랑이 가죽만큼 진귀하지 못하고,

---

62   "신자申子(신불해)가 말하기를 '사람들이 상황을 분명하게 보지 못할 때 자신 혼자만 분명하게 볼 수 있으면 밝다(明)고 하고, 사람들은 듣고서 이해하지 못하는데 자신 혼자만 듣고 이해하면 총명(聰)하다고 한다. 난제를 만나도 스스로 결단을 내릴 수 있으면 천하의 군왕이 될 수 있다獨視者謂明, 獨聽者謂聰. 能獨斷者, 故可以為天下主'고 했다."(『한비자』, 「외저설」) 비슷한 말이지만 의미는 정반대다.

63   원문은 '자비야상의自卑也尙矣'으로, 순임금이 언제 어디서 이렇게 말했는지는 상세하지 않다.

64   융적戎翟: 융적戎狄과 같은 말이다. 고대에 중원 국가는 북방 민족을 적이라 하고 서방 민족을 융이라 했다. 융적은 일반적으로 북방과 서북방의 유목 민족을 가리킨다.

65   노나라는 주공 희단周公姬旦의 후손이고 위衛나라는 강숙 희봉康叔姬封의 후손으로, 중원에서 문교文教와 예악禮樂이 창성한 국가로 여겨졌다.

66   오고대부五羖大夫 백리해百里奚: 「진본기」에 따르면 백리해는 우虞 나라의 대부였다. 진 헌공이 괵虢나라를 정벌하고자 우나라에 길을 빌려달라고 했고, 백리해가 우나라 군주에게 간언했으나 실패하여 결국 우와 괵 두 나라는 진晉나라에 멸망당했다. 백리해는 진 헌공의 딸이 진 목공에게 시집갈 때 노예로 가게 되자 이를 치욕으로 여기고 달아나다가 초나라 사람에게 사로잡혔다. 목공은 다섯 장의 검은 양가죽으로 그의 몸값을 치르고 진秦나라로 데려와 국정을 맡겼다. 진나라 사람들은 그를 '오고대부'라 불렀다. '고羖'는 검은 숫양을 뜻하고 '오고'는 다섯 장의 검은 양가죽으로 모셔왔다는 뜻이다.

천 사람의 부화뇌동은 선비 한 사람의 직언만 못합니다. 주나라 무왕은 신하들의 직언으로 창성했고, 은나라 주왕은 신하들이 입을 다물어 멸망했습니다. 그대가 무왕의 방법을 부정하지 않는다면 제가 하루 종일 면전에서 직언을 해도 죽임을 당하는 일이 없을 거라 기대하는 것이 가능하겠습니까?"

상군이 말했다.

"속담에 겉으로 듣기 좋은 말은 꽃송이 같고, 실제에 부합하는 진실한 말은 과실이며, 듣기 싫은 말은 병을 치료하는 약이고, 영합하는 달콤한 말은 사람을 해치는 질병이라고 했습니다. 그대가 온종일 면전에서 직언을 해줄 수만 있다면 나에게 약이 될 것입니다. 내가 그대를 스승으로 섬기고자 하는데 어찌하여 거절하십니까?"

조량이 말했다.

"오고대부 백리해는 형荊 땅의 시골 사람이었습니다.[67] 그는 진秦나라 목공繆公이 현명하다는 소문을 듣고 그를 만나보고 싶었지만 여비가 없었습니다. 그래서 하는 수 없이 자신을 진나라의 한 행상에게 팔아 무명의 짧은 옷을 입고 남을 위해 소에게 여물을 먹이며 일을 했습니다. 그로부터 1년이 지나 목공은 이 일을 알고서 소 여물을 먹이던 미천한 백리해를 발탁하여 백성을 다스리는 직위에 앉혔는데, 진나라에서는 이에 대해 감히 비난하는 사람이 없었습니다.[68] 그가 진나라 상이 된 지 6~7년 사이에 진나라는 동쪽으로 정鄭나라를 정벌하

---

67   "백리해는 남양南陽의 원宛 사람이다. 초나라에 속하기 때문에 형 사람이라 한 것이다."(『정의』) "백리해는 우나라 사람이지 형나라 사람이 아니다. 『정의』에서 원나라 사람이라고 했는데, 아니다."(『사기전증』) '宛'은 안(wan)이 아닌 원(yuan)이다. 형荊은 초楚나라를 말한다. "『맹자』에서는 백리해를 우虞 사람이라고 했는데 여기서 형荊 사람이라고 말한 것은 무슨 근거인지 모르겠다."(『사기평의』)

68   백리해가 진나라에 와서 상이 되는 과정은 문헌마다 다르다. 본문의 내용은 「진본기」에 근거한 것으로, 『한시외전』『논형』『여씨춘추』 등은 다르게 기록하고 있다. "마페이바이는 '백리해는 성이 백리百里이고 이름이 시視이며 자가 맹명孟明이다. 또 이름을 해奚라 했는데 '해'는 본래 노역을 뜻하는 것으로, 백리해가 처음에는 노예였으므로 진나라 사람이 특별히 그를 해奚라고 부른 것이다'라고 했다."(『사기전증』)

고,[69] 진晉나라를 도와 군주를 세 차례나 세웠으며,[70] 형荊나라의 재난을 한 차례 구원해줬습니다.[71] 그는 단지 진나라 국내에 교화를 실행했는데 서남 지방의 파국巴國[72]이 공물을 바치고, 각국의 제후들에게 덕을 베풀었는데 서부 지구의 각 융족[73]이 와서 복종했습니다. 유여由余도 이 소문을 듣고 진나라로 와서 관문을 두드리며 만나기를 청했습니다.[74] 오고대부는 진나라 상이 된 이래 피곤해도 수레에 앉지 않았고 여름에 날씨가 더워도 수레의 덮개를 펼치지 않았으며, 도성 안에서 다닐 때는 수행하는 수레가 없었고 무장한 호위 인원도 없었습니다. 그의 혁혁한 공명은 역사책에 기재되어 창고 안에 영원히 보존되고, 그의 덕행은 후세에까지 전해지고 있습니다. 오고대부가 사망했을 때 진나라 사람들은 남녀 가리지 않고 모두 눈물을 흘렸고 아이들도 노래를 부르지 않았으며 쌀을

69 "백리해가 상이 된 때가 진 목공 몇 년인지 알 수가 없다. 그러나 정과 초를 정벌하고 세 차례나 진晉나라 군주를 세웠다고 말하면 앞뒤로 이미 20년이다. 어찌하여 6~7년이라 말하는가?"(『사기지의』) 동쪽으로 정鄭나라를 정벌한 것은 목공 30년(기원전 630)에 진秦나라가 진을 도와 정나라를 정벌한 일이다. 정나라는 서주시대 말기에 건립된 제후국으로 첫 번째 군주는 선왕宣王의 동생으로 이름이 우友다. 도읍은 지금의 산시陝西성 화현 동쪽이었다. 서주 멸망 후 신정新鄭으로 천도했다.

70 "진晉나라 혜공惠公, 회공懷公, 문공文公을 말한다."(『색은』) "진 헌공(기원전 651) 사후 진晉나라는 기원전 650년에 혜공의 즉위를 도왔고, 기원전 637년 혜공이 죽자 그의 아들 회공이 즉위했다. 그러나 진秦나라가 회공을 좋아하지 않아 다시 중이重耳를 진晉나라로 보냈고 결국은 회공이 살해되고 중이가 즉위하니 바로 문공이다. 회공의 즉위는 진秦나라 뜻이 아니었으니 여기서 말한 세 차례는 사실에 부합되지 않는다."(『사기전증』)

71 "『십이제후연표』에 따르면 목공 28년(기원전 632), 진晉나라와 회합하고 초나라를 정벌하고 주나라에 조회한 것이 이것이다."(『색은』) 이에 대해 "'초나라를 정벌하다'에서 '정벌(벌伐)'은 원래 '구원(구救)'으로 되어 있었고, 장문호의 『찰기』에서도 '구救'자는 잘못된 글자로 형을 구원한 일은 없었다'고 했다."('수정본') "전대흔이 말하기를 '진秦나라 목공 때 초나라에는 재난이 없었고 진나라 또한 초나라를 구원한 일이 없었다. 조량이 말한 형荊의 재난을 구원한 것은 성복城濮전투(기원전 631)를 가리킨다. 송나라에 형의 재난이 있었음을 말하는 것이지 형나라에 재난이 있었음을 말하는 것은 아니다'라고 했다."(『사기회주고증』)

72 파국巴國: 주나라 초기에 봉해진 희姬 성의 소국으로 진나라 남쪽에 있었다. 영토는 대략 지금의 충칭重慶 일대로 도성은 지금의 충칭 서북쪽 지역이다.

73 원문은 '팔융八戎'으로, '팔八'은 다수를 뜻하며 진나라 서쪽의 여러 융적을 가리킨다.

74 유여는 원래 진晉나라 사람인데 나중에 융戎으로 들어갔고, 융왕戎王은 유여를 파견해 진秦나라를 염탐하게 했다. 진 목공은 유여를 얻고자 했으므로 유여가 융으로 돌아간 뒤 유여와 융왕을 이간시켰다. 융에 남아 있을 수 없게 된 유여는 결국 진나라에 귀순했다.

찧는 사람도 힘을 돕는 소리를 내지 않았으니, 이것은 오고대부의 덕행 때문입니다. 그러나 그대가 효공을 만난 것은 효공의 총애를 받는 경감의 추천을 통한 것이니, 명예를 소중히 여기는 사람은 이와 같이 하지 않습니다. 상이 되어서는 백성을 위해 이익을 도모하지 않고 대규모로 기궐과 궁전을 건축했으니 국가를 위해 공업을 세우려는 사람은 이와 같이 하지 않습니다. 태자의 태사와 태부를 형벌에 처하고 이마에 글자를 새기며 백성을 잔혹하게 살육하고 가혹한 형벌에 처한 것은 원한과 화근을 쌓는 일입니다. 백성을 교화하는 데 솔선수범으로 인도하는 것이 명령의 하달보다 더욱 효과가 있고, 백성이 윗사람의 행위를 본받는 것이 명령을 따르는 것보다 더 빠릅니다.[75] 지금 그대가 세운 일은 도리에 위배되고 그대가 고친 법은 당연한 이치에 어긋나니 교화를 시행하는 바가 아닙니다. 그대는 또 남쪽을 향하면서 스스로를 '과인寡人'[76]이라 일컬으며 날마다 그대가 제정한 법령으로 진나라의 귀공자들을 제재하고 있습니다.

『시경』에 '쥐에게도 온전한 사지가 있는데 사람이 되어서도 예의가 없구나. 사람이 되어서 예의가 없다면 어찌하여 빨리 죽지 않는가?'[77]라고 했습니다. 이 시로써 볼 때 당신의 행위는 천수를 누릴 수 없는 것입니다. 공자 건은 코가 베인 후로 8년 동안이나 문을 걸어 잠그고 나오지 않고 있고, 그대는 또 축환祝懽[78]을 죽이고 공손가에게는 이마에 글자를 새기는 형벌을 내렸습니다. 『시경』

---

**75** 원문은 '教之化民也深於命, 民之效上也捷於令'이다. "나카이 리켄이 말하기를 '교教는 솔선수범하는 것을 말한다. 몸소 행하는 교화가 호령보다 깊고, 아래 백성이 윗사람의 행위를 본받는 것 또한 호령보다 빠르다는 말이다. 군주가 몸소 행하는 것이 정치의 근본임을 말한 것이다'라고 했다."(『사기회주고증』) "지위에 있는 자의 덕은 바람과 같고 백성의 덕은 풀과 같다. 풀 위에 바람이 불면 풀은 반드시 쓰러지게 된다君子之德風, 小人之德草. 草上之風, 必偃."(『논어』 「안연」)

**76** 춘추전국시대에 봉지를 소유한 군주는 모두 스스로 '과인'이라 칭했다. 공손앙은 15개 읍의 봉지를 소유한 상군에 봉해졌기 때문에 과인이라 자칭한 것이다.

**77** "相鼠有體, 人而無禮, 人而無禮, 何不遄死."(『시경』 「용풍鄘風 · 상서相鼠」) 상군에게 예가 없음을 빗댄 것이다.

**78** 축환祝懽: 어떤 인물인지 상세하지 않다. 『사기회주고증』에서는 태자의 사부일 것으로 보았다.

에 '인심을 얻어야 비로소 흥성할 수 있고 인심을 잃으면 멸망한다'[79]고 했습니다. 그대가 실행한 몇 가지 일들은 모두 인심을 얻지 못하는 것들입니다. 그대가 문을 나갈 때마다 수십 량의 수레가 뒤따르고 수레에는 병기와 철갑이 실려 있으며,[80] 힘세고 장대한 장사가 옆에 타서 그대를 호위하고 손에 모矛를 쥐고 흡극戟戟[81]을 잡은 많은 사병이 그대의 수레를 양쪽에서 보호하며 함께 달립니다. 이러한 호위가 조금이라도 갖추어지지 않으면 그대는 나가지 않습니다. 『서경』에 '덕에 의지하면 창성해지고 무력에 의지하면 멸망한다'[82]고 했습니다. 지금 그대의 위험한 처지가 아침이슬과 같은데 목숨을 연장하여 장수하고자 하십니까?

그렇다면 어찌하여 수여받은 15개 봉읍을 국가에 돌려주고 외지고 조용한 곳으로 가서 밭을 갈며 전원생활을 업으로 삼으면서 군주에게 산림에 은거하는 현사를 널리 받아들이도록 설득하고, 노인을 봉양하고 고아를 구제하며 부형父兄들과 관계를 돈독히 하고 공을 세운 자에게 포상을 더해주며 덕 있는 자를 존숭하지 않습니까? 이렇게 한다면 혹여 조금은 안정될 것입니다.

만일 그대가 여전히 상나라와 오나라 일대의 풍요로움을 탐내고 진나라 정권을 독점하는 것을 영예로 여긴다면[83] 그대에 대한 백성의 원한은 계속 쌓일 것이며, 진나라 왕이 하루아침에 빈객을 버림으로써[84] 조정의 정사를 주관하지

---

79  원문은 '得人者興, 失人者崩'으로, 『시경』에서는 찾아볼 수 없다. 『사기회주고증』에 따르면 일시逸詩다.

80  긴급한 상황에 대처하기 위해 준비하는 것이다.

81  모矛는 고대에 적을 찔러 죽이는 공격 무기로, 자루가 길고 날이 있다. 흡극戟戟은 단모短矛다.

82  원문은 '恃德者昌, 恃力者亡'으로, 지금의 『서경』에는 이러한 문장이 없다. "이것은 『주서周書』의 말로 공자가 삭제하고 남은 부분이다."(『색은』)

83  원문은 '총진국지교寵秦國之教'로, '교教'를 명령으로 해석하면 '진나라에 명령을 반포하고 시행하는 것을 영예로 여기다'라는 뜻이다. 그러나 호삼성胡三省은 "진나라의 정권을 독점하는 것을 영예로 여긴다는 말이다"라고 했다. 역자는 호삼성의 해석에 따라 번역했다.

84  빈객을 버리고 떠난다는 것은 곧 고위직에 있는 자의 죽음을 완곡히 표현한 것이다. 여기서는 진 효공의 죽음을 가리킨다. 당시 효공은 왕이라 칭하지 않았는데 조량이 '진나라 왕'이라 칭한 것은 잘못이다.

못하게 된다면 진나라에서 그대를 체포할 죄명이 어찌 적다고 할 수 있겠습니까. 그대의 파멸은 발꿈치를 들고 서서 기다리는 것과 같이 잠깐 사이에 일어날 것입니다."[85]

그러나 상군은 조량의 말을 따르지 않았다.

이로부터 다섯 달 뒤에 효공이 죽고(효공 24년, 기원전 338) 태자(혜문왕惠文王)가 즉위했다. 이때 공자 건과 따르는 무리들은 상군이 반란을 일으키려 한다고 무고했고, 혜문왕은 관리를 보내 상군을 체포하도록 했다.[86] 상군은 도망쳐 변경의 함곡관 아래에 이르렀고 여관에서 묵으려 했다. 여관 주인은 그가 상군임을 모르고 말했다.

"상군의 법령에 증명서가 없는 손님을 묵게 하면 여관 주인도 연루되어 죄를 짓게 됩니다."

상군은 상심하여 탄식하며 말했다.

"아, 변법의 해로움이 결국 이 지경까지 이르렀구나!"

상군은 진나라를 떠나 위魏나라로 갔다. 그러나 위나라 사람들은 당초에 그가 공자 앙을 속여 위나라 군대를 패배시킨 것을 원망했으므로 그를 받아주려 하지 않았다.[87] 상군이 다시 다른 나라로 가려고 할 때 위나라 사람이 말했다.

---

85  "이상 조량이 상군에게 한 말은 『전국책』에 기록되어 있지 않다. 태사공이 어디에서 취했는지 알 수 없다."(『사기전증』)

86  "효공 사후 혜왕이 군주의 지위를 계승했고 집정한 지 오래지 않아 상군은 사직하고 집으로 돌아가게 해달라고 청했다. 누군가 혜왕에게 말했다. '대신의 권력이 너무 무거우면 국가가 위험해지고, 주변 사람이 너무 친하면 국군이 위험해집니다. 지금 진나라의 여인, 아이들이 입을 열어 모두 상군의 법을 말할 뿐 대왕의 법을 말하는 사람이 없습니다. 이를 보건대 상군이 배반하여 군주가 되면 대왕께서는 도리어 신하가 됩니다. 다시 말하건대 상군은 본래 대왕의 원수이니 원컨대 대왕께서는 이 일을 도모하십시오.' 상군이 돌아오자 혜왕은 그를 거열 형벌에 처했고 진나라 사람 또한 그를 가련하게 여기지 않았다."(『전국책』「진책 1」)

87  "진 효공이 죽고 혜왕이 즉위하자 공손앙의 품행을 의심하여 그에게 죄를 부가하고자 했다. 공손앙은 자기 집안의 노비, 권속들과 모친을 데리고 위나라로 돌아가려 했다. 그러나 위 땅의 변경 관리인(업鄴 땅의 현령) 양자襄疵가 그들을 받아주지 않았으며 '그대는 공자 앙을 배신했기 때문에 나는 그대를 이해할 필요가 없소'라고 말했다. 그러므로 선비는 자신의 행동을 잘 살피지 않을 수 없는 것이다."

"상군은 진나라의 죄인이다. 진나라는 강대한 나라로 그 나라의 죄인이 위나라로 도망쳐왔으니 그를 진나라로 돌려보내지 않으면 안 된다."

그리하여 위나라는 상군을 압송하여 진나라 경내로 돌려보냈다. 상군은 진나라로 돌아온 후 자신의 봉지인 상읍商邑으로 달아나서 따르는 부속들과 함께 봉읍의 병사[88]를 징집하여 북쪽으로 정鄭을 공격했다. 진나라에서는 군대를 출동시켜 상군을 공격했고 정 땅 부근의 면지黽池[89]에서 그를 죽였다. 진나라 혜왕은 상군을 거열車裂[90]시키고 대중에게 돌려 보이며 말했다.

"상앙처럼 국가를 배반해서는 안 된다!"

이어서 상군의 가족을 모조리 죽여버렸다.

태사공은 말한다.

"상군은 타고난 성질이 냉혹하고 무정한 사람이다. 그가 당초에 오제삼왕의 국가를 다스린 방법으로 진 효공을 설득한 것을 고찰해보면 말하는 것이 허황될 뿐이며 근본도 그의 본심에서 나온 것이 아니다. 진 효공이 총애하는 근신을 통해 추천을 받았고, 중용된 뒤에는 공자 건을 처벌하고 위나라 장군인 공자 앙을 속였으며 또 조량의 충고를 듣지 않은 것은 모두 상군이 잔인하고 은혜가 적은 사람임을 증명하기에 충분하다. 나는 일찍이 상군이 지은 『상군서商君書』 「개

(『여씨춘추』 「신행론愼行論·무의無義」) 업 땅은 위魏나라와의 접경 지역에 있는 진秦나라 땅으로, 위나라로 들어가려면 먼저 이 고을을 거쳐야 했다.

**88** 상군의 영지 15개 읍의 병사를 말한다.

**89** "왕보상이 말하기를 '면지는 동지肜地의 잘못으로 의심된다. 「육국연표」에 '진 효공 24년 상앙이 배반하여 동지에서 죽었다'고 했는데, 지금의 화현 서쪽에 옛 동성肜城이 있다. 아마도 진나라 군사가 정鄭에 이르러 상읍商邑의 병사를 격파하자 상군은 동肜으로 달아났다가 사로잡혀 죽었을 것이다'라고 했다."(『사기전증』)

**90** "마페이바이가 말하기를 '동지에서 죽었다고 하고 또 거열시켜 대중에게 돌려 보였다고 하는 것은 당연히 먼저 사로잡아 죽인 다음 다시 거열시킨 것이다'라고 했다."(『사기전증』) 거열은 고대 혹형의 일종으로, 머리와 사지를 다섯 수레에 묶고 다섯 마리의 말이 수레를 끌고 동시에 달려 사지를 찢어 죽이는 것이다. 오마분시五馬分屍라고도 한다.

색開塞」과 「경전耕戰」91 등의 문장을 읽었는데, 그 내용도 그의 행동하는 사람됨과 대체로 상통했다. 끝내 진나라에서 모반의 악명을 얻고 피살되니, 그 이유가 있는 것이로구나!"

---

91   『상군서』에 따르면 '개開'는 형벌이 엄중하면 정치 교화가 열리는 것을 말하고, '색塞'은 은혜와 상을 베풀면 정치 교화가 막히는 것을 말하는데, 본래 엄한 형벌과 적은 은혜에 근본을 둔 것이다. 또한 밭에 천맥阡陌을 개설하고 적의 수급을 베면 작위를 하사하는 것을 말한 것이 '경전耕戰'의 글이다."(『색은』)

# 소진열전

## 蘇秦列傳

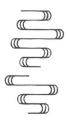

전국시대 중기에 동방 제후국들이 남북으로 연합하는 것을 '합종合縱'이라 하고, 동방의 나라가 서쪽의 진나라와 동서로 연합하는 것을 '연횡連橫'이라 했다. 당시 산동의 지형은 세로로 길고 진나라의 지형은 가로로 길었으므로 '종횡縱橫' 두 글자는 지형을 토대로 생겨난 말이다. 이 편은 소진과 그의 두 동생인 소대, 소려의 합전으로 구성되어 있다. 소진이 학술을 배우기 시작해서 각 제후국에 유세하고 동방 육국을 합종으로 묶어 진나라에 대항하도록 하는 과정, 이후 연나라를 위해 제나라에 반기를 들다가 제나라 사람에게 살해되기까지의 과정이 모두 서술되어 있다. 그러나 『전국책』을 연구하는 학자들에 따르면 이 열전에 담긴 소진 형제의 사적은 대부분 믿을 수 없는 것으로 확인되었다. 또한 사마천은 장의를 소진 이후의 인물로 설정하고 있지만 실제로는 소진보다 앞선 시대에 활동했다는 사실도 확인되었다. 양콴은 "사마천은 『전국책』에 나온 진정한 소진의 사적을 소대와 소려의 것으로 바꾸었기 때문에 소진의 사적을 더욱 혼란스럽게 했다"고 했다. 여러 차례 실패를 거듭한 끝에 성공을 거둔 소진의 활약은 사마천의 인생관에 부합된다고 볼 수 있다. 그런 까닭에 사마천은 "민간 출신의 소진이 여섯 나라를 연합시켜 합종을 맺게 한 것은 그 지혜가 확실히 보통 사람보다 뛰어나다고 할 수 있다. 그래서 나는 시간 순서에 따라 그의 사적을 서술하여 유독 그만이 좋지 않은 명성을 듣지 않도록 했다"고 했으며, 거친 진나라에 대항하는 동방 제후국과 소진을 동정했다. 또한 「소진열전」의 핵심은 인물의 돈후한 풍모가 아닌 뛰어난 '지智'라 할 수 있는데, 성패로 영웅을 논하는 이러한 관점은 전통적인 도덕관념을 뒤집는 사마천의 새로운 역사 인식과 인물 평가의 기준을 드러낸다.

소진蘇秦은 동주東周 낙양洛陽 사람으로[1] 스승을 찾아 동쪽 제齊나라로 가서 귀곡鬼谷 선생에게 배웠다.[2]

소진은 여러 해 동안 유세하며 돌아다녔으나 큰 곤궁을 겪고서 집으로 돌아왔다.[3] 그의 형제, 형수, 누이동생, 아내와 첩 등이 모두 속으로 비웃으며 말했다.[4]

**1** "소진은 자가 계자季子이고 소분생蘇忿生의 후손이며 성이 기다. 초주譙周는 '소진의 형제는 5명인데 소진이 막내다. 형은 소대蘇代고 그의 아우들은 소려蘇厲, 소벽蘇辟, 소곡蘇鵠으로 모두가 유세하는 선비였다'고 했으나, 아래에서 이르기를 '소진의 동생이 소대고 소대의 동생은 소려'라고 했다."(『색은』) "경본·황본·팽본·가본·능본·전본에는 '소진의 동생이 소대고 소대의 동생이 소려'라는 문장이 상세하지 않다고 했다."('수정본') "『한서』「예문지」에 『소자蘇子』는 31편으로 종횡가에 속한다."(『정의』) 현재 『소자』는 전해지지 않는다.

**2** 제나라는 전씨田氏가 강성姜姓을 탈취하여 세운 제후국으로, 도읍은 임치(지금의 산둥성 쯔보 린쯔구)다. 귀곡 선생은 전국시대 은사로, 귀곡에 거주하여 귀곡 선생이라는 호칭을 얻었다. "서광이 말하기를 '영천寧川 양성陽城(지금의 허난성 덩평 동쪽)에 귀곡이 있었는데 아마 그 사람이 그곳에 거주했기 때문에 그렇게 불렸을 것이다'라고 했다."(『집해』) "귀곡은 지명이다. 부풍扶風의 지양池陽(지금의 산시陝西성 징양涇陽 서북쪽)과 영천의 양성에 모두 귀곡허鬼谷墟가 있었는데, 아마도 그 사람이 거주했으므로 그렇게 불렸을 것이라 했고, 또 악일樂壹은 『귀곡자鬼谷子』의 책에 주석을 붙여 '소진이 그의 도를 신비롭게 하고자 했으므로 거짓으로 귀곡이라 이름 지었다'고 했다."(『색은』) "전본과 회주본會注本에는 (악일이) 악대樂臺로 되어 있다. 『수서隋書』「경적지經籍志」에는 '『귀곡자』 3권, 악일樂一 주석'이라고 했고, 지금 판본 『귀곡자』는 당唐나라 장손무기長孫無忌 서序에서도 '악일樂壹 주석'이라 했다. 악일樂一은 마땅히 악일樂壹이다."('수정본')

**3** "검은 담비 가죽옷이 해지고 가져간 100근의 황동黃銅도 모두 소비하여 비용이 부족해지자 소진은 하는 수 없이 진나라를 떠나 집으로 돌아왔다."(『전국책』「진책 1」) "『전국책』에는 이 말이 이뤄진 게 진왕秦王에게 유세한 다음이라고 기재되어 있는데 『사기』에는 진왕에게 유세하기 전에 배치했으니 잘못이다."(『사기지의』)

**4** "집에 돌아왔으나 아내는 베틀 짜는 기기를 놓지 않고 형수는 그에게 밥을 지어주지 않았으며 부모 또한 그와 말을 나누지 않았다. 소진이 탄식하며 '아내는 나를 남편으로 여기지 않고 형수는 나를 시동생으로 여기지 않으며 부모는 나를 아들로 여기지 않으니, 이는 모두 진나라의 죄다'라고 했다."(『전국책』「진책」)

"주나라 사람의 풍속에 따르면 산업을 경영하고 상공업에 힘써서 10분의 2의 이득을 취하는 것이 정당한 의무다.[5] 그런데 지금 너는 본래 종사해야 할 직업을 버리고 입과 혀만 놀리고 있으니 곤궁한 것이 당연하지 않겠느냐!"

이 말을 들은 소진은 부끄럽기도 하고 상심하여 문을 걸어 잠그고 나오지 않은 채 자신이 소장하고 있는 서적을 꺼내 두루 열독하다가 말했다.

"무릇 선비가 고개 숙여 독서하고 스승으로부터 수업을 받고도 존귀와 영예를 취하지 못한다면 비록 많은 책을 읽은들 또한 무슨 소용이 있겠는가!"[6]

그러고는 쌓여 있는 책 중에서 주서周書 『음부陰符』[7]를 찾아내어 머리를 파묻고 열심히 읽었다.[8] 1년쯤 되어서야 군주의 심리를 헤아리는 방법을 깨닫고는[9] 이렇게 말했다.

"이 방법으로 이 시대의 군주에게 유세할 수 있을 것이다."

그는 주나라 현왕顯王[10]을 만나 유세하려고 했다. 그러나 현왕의 좌우 신하들

---

5 「화식열전貨殖列傳」에 이르기를 '낙양洛陽은 동쪽으로는 제와 노 두 나라와 교역을 하고 남쪽으로는 양梁과 초楚 두 나라와 장사를 한다'고 했다. 10분의 2의 이득을 취한다는 것은 장사로 이익을 추구하는 것을 말한다.(『사기회주고증』)

6 "공자께서 말씀하시기를 '『시경』 300편을 외우더라도 그에게 정사를 맡겼을 때 잘 처리하지 못하고, 사방 각국에 사신으로 파견했는데 단독으로 응대하지 못한다면 비록 많이 외웠다 한들 무엇에 쓰겠느냐?'고 했다."(『논어』 「자로」)

7 『전국책』에서는 『태공음부太公陰符』라고 했다. 『한서』 「예문지」에 따르면 도가道家에 『태공太公』 237편이 있는데 「모謀」 81편, 「언言」 71편, 「병兵」 85편으로 나뉘어 있으며 강자아姜子牙의 저작으로 전해진다. "소진은 밤에 책을 펼치고 상자 수십 개를 꺼내 늘어놓고 『태공음부』의 「모」 편을 찾아 고개 숙여 소리 내어 읽고 핵심 부분을 선택해 숙독하고 깊이 연구했다."(『전국책』 「진책」) "양관이 말하기를 '음부는 군주가 비밀리에 장군에게 발급하는 병부兵符로, 반드시 병부의 내용 중에 비밀을 엄수하고 발설하면 죽음에 처하는 것을 가리킨다'고 했다.(『사기전증』)

8 "책을 읽다가 피곤하여 잠이 오려 하면 송곳으로 자신의 넓적다리를 찔러 피가 발꿈치까지 흘렀는데 '군주에게 유세하여 금과 옥, 비단을 내게 하고 경상의 높은 지위를 얻지 않을 수 있겠는가'라고 말했다."(『전국책』 「진책」)

9 원문은 '이출췌마以出揣摩'다. "포표鮑彪는 주석에서 '췌마揣摩의 췌는 '헤아리다'이고 마는 '연구하다'이다. 유세 학설로 그 감정을 헤아리거나 혹은 절실하게 연구하는 것이다'라고 했다."(『사기전증』) "반복해서 군주의 심리를 헤아리고 시대의 추세를 파악하여 적합한 것을 구하는 것이다."(마오원위안, 『전국책신교주戰國策新校注』)

은 평소 소진을 잘 알고 있었기에 모두 무시하고 그의 말을 믿지 않았다.[11]

이에 소진은 서쪽 진秦나라로 갔다. 이때 진나라 효공孝公은 이미 사망한 뒤였고 소진은 그의 아들 혜왕惠王[12]에게 말했다.

"진나라는 사방이 험준한 요새로 이루어진 나라로, 산으로 둘러싸여 있으며 위수渭水[13]를 끼고 있습니다. 동쪽으로는 함곡관과 황하가 있고, 서쪽으로는 한중漢中이 있으며, 남쪽으로는 파巴와 촉蜀이 있고,[14] 북쪽으로는 대군代郡과 마읍馬邑[15]이 있으니 이곳은 천부天府[16]라 할 수 있습니다. 진나라는 평소에 훈련되고 병법에 익숙한 많은 백성에 의지해 족히 천하를 삼켜서 제왕이라고 일컬으며 전국을 통치할 수 있을 것입니다."

진나라 왕이 대답했다.

---

10  주 현왕周顯王(재위 기원전 368~기원전 321)은 이름이 편扁이다.

11  "『전국책』에는 소진이 주 현왕에게 유세했다는 기록이 없으니 터무니없는 말이다."(『사기회주고증』) "소진은 기원전 284년에 피살되었고 당시 나이가 54~55세라면 대략 기원전 339년 전후에 태어났을 것이다. 주 현왕 말년은 기원전 321년으로 소진은 당시 18~19세였다. 또 탕란唐蘭이 고증하기를 소진이 기원전 312년부터 유세를 시작했다고 했는데, 소진이 주 현왕에게 유세했을 가능성은 크지 않다."(『사기전증』)

12  혜왕惠王(재위 기원전 337~기원전 311)은 효공의 아들로 혜문왕惠文王이라고도 불린다. "양콴이 말하기를 '소진이 최초로 유세한 군주는 진 소왕으로, 『전국책』「진책」에서 진 혜왕으로 기록된 것은 잘못이다'라고 했다."(『사기전증』) "소진의 활동 연대는 제 민왕, 연 소왕 때로 진 혜왕과는 만나지는 않았다. 이는 『전국책』의 오류로 연대를 30여 년 앞당겼다."(『전국책신교주』)

13  위수渭水: 웨이위안渭源의 냐오수산鳥鼠山에서 발원하여 동쪽으로 흘러 산시陝西성 중부를 관통하여 둥콴潼關 부근에서 황하로 흘러드는 황하의 최대 지류다.

14  파巴와 촉蜀: 지금의 쓰촨성 경내에 있는 고대 소국小國이다. 파국의 도성은 지금의 충칭 북쪽이고 촉국의 도성은 지금의 청두成都다. 파와 촉은 당시 진나라의 서남부 지역이었다. "이때 각 군郡은 진나라에 복속되지 않았는데 소진이 왜 이렇게 말했는지 알 수 없다."(『사기지의』) 진나라가 파와 촉을 취해 군으로 삼은 것은 기원전 316년이었다.

15  대군代郡은 지금의 산시山西성 북부와 연결된 허베이성 서북부 지역이며, 마읍馬邑은 지금의 산시山西성 쉬저우朔州다. 당시에는 조나라에 속해 있었는데 진왕 정 19년(기원전 228) 진나라에 의해 점령되기 시작했다.

16  천부天府: 하늘의 큰 창고라는 뜻으로 토지가 비옥하고 천연자원이 풍부한 지역을 말한다. 「유후세가留侯世家」에서 장량은 관중 땅을 "금성천리金城千里, 천부지국天府之國"이라 표현했다. 금성천리는 광활한 국토와 견고한 성으로 둘러싸여 험준함과 견고함이 믿을 만하다는 의미다. "포표는 『전국책』 주석에서 '축적된 부를 말하는 것으로 인력人力은 아니다'라고 했다."(이하 '포표'로만 표기함)

"새도 깃털이 자라지 않으면 높이 날 수 없소. 우리 국가의 법령이 아직 명확하지 못해 현재로서는 다른 나라를 아우를 수 없소."

당시 진나라는 막 상앙商鞅을 죽인 뒤라서 유세하는 선비들을 싫어하여 소진을 임용하지 않았다.[17]

그리하여 소진은 동쪽의 조趙[18]나라로 갔다. 이때 조나라 숙후肅侯[19]는 자신의 동생인 성成을 상相으로 삼고 봉양군奉陽郡이라 불렀는데, 봉양군은 소진에게 호감을 보이지 않았다.[20]


소진은 조나라를 떠나 연燕나라로 가서 유세하게 되었는데, 1년이 지나서야 비로소 연나라 문후文侯[21]를 만날 수 있었다. 그가 문후에게 말했다.

"연나라 동쪽에는 조선朝鮮과 요동遼東이 있고 북쪽으로는 임호林胡와 누번樓煩[22]이 있으며, 서쪽에는 운중雲中과 구원九原[23]이 있고, 남쪽에는 호타하嘑沱河와 역수易水[24]가 있어 국토가 사방 2000여 리에 갑옷 입은 군사가 수십만 명이며, 전차가 600승에 전마가 6000필 있고, 저장해놓은 양식은 몇 년을 버틸 수

17  "소진이 진나라 왕에게 유세한 사건은 「진본기」와 「육국연표」에 모두 기재되어 있지 않고 오직 「소진전」에만 보인다. 백서帛書 『전국종횡가서戰國縱橫家書』에 따르면 소진의 활동 시대는 제 민왕, 연 소왕 때로 이전인 주 현왕 때까지는 이르지 않는다."(먀오원위안, 『전국책고변戰國策考辨』)
18  조趙: 전국시대 초기 한韓, 위魏와 더불어 진晉을 분할하여 건립된 제후국으로, 도성은 한단이다.
19  조 숙후趙肅侯(재위 기원전 349~기원전 326)는 성후成侯의 아들로 이름이 어語다. 『색은』에서는 『세본世本』을 근거로 숙후의 이름이 언이라고 기록했다. 반면 '수정본'에서는 『사기』「조세가」에서 "태자 숙후"라는 문장의 『색인』 주석에는 숙후의 이름을 '어語'라고 했으며, 『통감通鑑』「주기周紀」에서도 호삼성은 주석에서 숙후의 이름을 '어'라 했다고 했다.
20  "공자 성成은 안평군安平君에 봉해졌다고 「조세가」에 명확하게 기재되어 있다. 결코 봉양奉陽에 봉해지지 않았으며 봉양군은 이태李兌였다."(『사기지의』) "뉴홍언牛鴻恩이 말하기를 '조 숙후는 주 현왕 43년(기원전 326)에 죽었고 소진의 활동 연대와는 서로 다르다. 『전국책』에는 '조나라 왕에게 유세하다'라고 불확실하게 기록하고 있는데 실제로는 조 숙후를 가리키는 것이다'라고 했다."(『사기전증』)
21  「연소공세가燕召公世家」와 「육국연표」에서는 연 문후가 아닌 연 문공燕文公(재위 기원전 361~기원전 333)으로 기록했으며, 소진이 연나라에서 유세한 때를 문공 28년(기원전 334)으로 기록했다. 『자치통감資治通鑑』에서는 소진이 연나라에서 유세한 때를 기원전 333년으로 기록했다.

있습니다.25 남쪽으로는 갈석碣石과 안문雁門으로부터 풍부한 물자를 얻을 수 있고, 북쪽으로는 대추와 밤을 생산하여 거둬들이는 이익이 있으니, 백성이 토지를 경작하지 않아도 풍족하게 살 수 있습니다.26 이것이 이른바 하늘의 큰 창고인 천부입니다.

무릇 안락하고 별일이 없다는 것은 전군이 전멸하고 장군이 사망하는 일이 없는 것으로, 이러한 점에서 어느 국가도 연나라와 비교할 수 없습니다. 대왕께서는 그러한 까닭을 알고 계십니까?27 연나라가 적에게 침범당하고 무장 군사의 공격으로부터 손상을 입지 않는 건 조나라가 연나라 남쪽을 막고 있기 때문입

---

22　임호林胡는 '산림 속의 호인林中胡人'의 줄임말로, 지금의 네이멍구 둥성東勝 지역에 거주하던 북방 민족을 말한다. '호胡'는 북방 언어로 사람을 뜻하며 전국시대 북쪽의 유목 민족을 통칭하는 말이다. 누번樓煩은 소수민족 중 하나로, 지금의 산시山西성 북부와 네이멍구 후허하오터呼和浩特 이난 지역에 거주했다.

23　운중雲中은 조趙나라의 군郡으로 지금의 네이멍구 바오터우包頭 동쪽, 후허하오터 서남부 일대다. 원래 임호에 속했으나 나중에 조나라에 점령되었다. 연나라에 속한 땅으로 이야기되기도 하는데 이는 사실에 부합하지 않는다. 구원九原은 대략 지금의 후허하오터 서쪽에서 우라터전기烏拉特前旗 일대에 이르는 지구로, 당시 연나라에 소속되지 않았다.

24　호타하滹沱河는 산시山西성에서 발원하여 동쪽으로 허베이성 스자좡石家莊과 셴현獻縣을 거쳐 동북쪽 톈진天津 남쪽에서 바다로 흘러드는 강이다. 역수易水는 지금의 허베이성 라이위안淶源 동쪽에서 발원하여 동쪽으로 쉬수이徐水, 바저우霸州를 거쳐 톈진에서 바다로 흘러드는 강이다.

25　『전국책』에서는 '전차 700승을 보유하고 있고 양식은 10년 동안 지탱할 수 있다'고 했다.(『색은』)

26　갈석碣石은 지금의 허베이성 창리昌黎 서북쪽에 있는 산이다. 옛 기록들에는 바다에 있다고도 하고 해변에 있다고도 되어 있다. 안문雁門은 지금의 산시山西성 다이현代縣 서북쪽에 있는 산이다. "요내姚鼐(1731~1815, 청나라 때의 저명한 산문가)가 말하기를 '갈석은 연나라 동쪽에 있어 바다의 물품이 이곳에서 강을 통해 유입되고, 안문은 서북쪽에 있어 사막의 물품이 이곳에서 육로를 통해 유입된다. 모두 연나라 남쪽에 달했으므로 풍족하다고 한 것이다'라고 했다."(『사기회주고증』) "갈석과 안문은 풍요로운 땅이 아니다. 동쪽과 서쪽 끝 두 경계를 말한 것이다. 그 남쪽은 모두 비옥한 지대다."(『사기찰기』)

27　「육국연표」에 주 현왕 35년(연 문공 28년, 기원전 334)에 소진이 연나라에 유세했다고 했다. 주 현왕 35년은 바로 제나라와 위魏나라가 서주徐州에서 회맹하여 서로 왕이라 칭한 해로, 위나라와 제나라가 패권을 공평하게 나누고 국력이 왕성한 때라 제후국이 합종하여 진나라를 배척할 필요가 없었다. 진나라와 연나라는 서로 국토를 접하지 않았고 연나라는 진나라를 배척할 일이 없었으며 또한 삼진三晉을 넘어 진나라를 섬길 필요가 없다. 삼진, 연, 중산中山의 '오국상왕五國相王(다섯 제후국들이 서로 상대방을 왕이라 존중하는 것을 말한다)'은 주 현왕 46년(기원전 323)으로 『사기』에서 말한 소진이 연나라에 유세한 때로부터 11년 뒤의 일인데, 소진이 어찌하여 연 문후를 대왕이라 칭하는가? 모두 허구의 말이다."(『전국책신교주』)

니다. 진秦나라는 조나라와 다섯 차례 전쟁을 벌여 진나라가 두 차례 이기고 조나라가 세 차례 승리를 거두었습니다. 이로 인해 진나라와 조나라 양국은 서로 피폐해졌고, 대왕께서는 연나라를 온전하게 하면서 후방에서 견제할 수 있게 되었으니, 이것이 바로 연나라가 적국의 침범을 받지 않는 이유입니다. 게다가 진나라가 연나라를 공격하고자 한다면 운중과 구원을 넘어 대군代郡과 상곡上谷[28]을 지나야 하기 때문에 노정이 수천 리나 이어져 있어 설사 연나라 성을 공격하여 점령할 수 있을지라도 진나라는 지켜낼 도리가 없습니다. 진나라가 연나라를 해칠 수 없음은 명백한 사실입니다. 그러나 지금 조나라가 연나라를 공격하고자 한다면 명령을 하달한 지 열흘도 되지 않아 수십만의 군대를 동원東垣[29] 일대에 주둔시킬 것입니다. 이어서 조나라 군대는 호타하와 역수를 건너 나흘 혹은 닷새 이내에 연나라 도성[30]에 도달할 것입니다. 그러므로 진나라가 연나라를 공격하는 것은 1000리 밖에서 싸우는 것이 되고 조나라가 연나라를 공격하는 것은 100리 안에서 싸우는 것이라 말하는 것입니다. 무릇 100리 안의 우환을 걱정하지 않고 1000리 밖의 적을 중시한다면 이보다 잘못된 계책은 없을 것입니다.[31] 바라건대 대왕께서 조나라와 합종合縱으로 연합하고 천하가 하나로 통일되기를[32] 기다린다면 연나라는 우환은 반드시 없어질 것입니다."

문후가 말했다.

"그대의 말이 맞지만 우리 연나라는 소국으로, 서쪽으로는 강대한 조나라와 인접해 있고[33] 남쪽으로는 제나라와 가까이 있는데, 그들은 모두 강성한 국가

---

28   상곡上谷: 연나라의 군으로, 지금의 허베이성 서북부와 인근 산시山西성, 네이멍구 일부 지역이다.
29   후에 진정眞定으로 명칭을 변경했고 조나라 북부의 성 명칭이다. 지금의 스자좡石家莊 동북쪽.
30   연나라의 도성인 계성薊城으로, 지금의 베이징이다.
31   "모곤이 말하기를 '연나라가 두려워하는 것은 조나라이므로 조나라와 친근하게 지내고 진나라를 배척해야 한다는 뜻이다'라고 했다."(『사기평림』)
32   동방 6국이 공동으로 연합하는 것을 말한다.
33   "패貝(치소는 지금의 허베이성 칭허淸河 서북쪽), 기冀(치소는 지금의 허베이성 지현冀縣), 심深(치소는 지금의 허베이성 선현深縣 서남쪽), 조趙(지금의 허베이성 자오현趙縣)의 네 주州는 칠국 때 조나라에 속했

요.34 그대가 합종의 방법으로 우리 연나라를 안전하게 할 수 있다면 과인은 청컨대 온 나라를 들어 그대를 따르겠소."

그리하여 문후는 소진에게 거마, 황금과 비단을 제공하고 그를 조나라로 보내 유세하도록 했다.

그러나 이때 봉양군이 이미 죽었으므로35 소진은 조 숙후를 만나 유세하며 말했다.

"천하의 경상卿相 신하와 지위가 없는 포의布衣의 선비36에 이르기까지 모두 고현군高賢君37께서 의를 행하는 것을 앙모하여 모두 면전에서 가르침을 경청하며 충심을 표하기를 바란 지 오래되었습니다. 비록 그렇다 하더라도 봉양군이 현능한 인재를 질시하고 군君께서는38 직접 정사를 처리할 수 없었기 때문에 빈객과 유세하는 선비들은 감히 군의 면전에서 자기 생각을 말하지 못했습니다. 지금 봉양군이 세상을 떠났으므로39 군께서는 백성과 친근히 할 수 있게 되었습니다. 따라서 신 감히 어리석은 생각을 말씀드리고자 합니다.

는데, 즉 연나라의 서쪽 경계다."(『정의』)

34  "황하 북쪽의 박博(치소는 지금의 산둥성 랴오청聊城), 창滄(치소는 지금의 허베이성 창저우 동남쪽), 덕德(치소는 지금의 산둥성 링현陵縣)의 세 주는 제나라 땅 북쪽 경계로 연나라와 서로 접하고 있으며 황하를 사이에 두고 있다."(『정의』) "당시의 황하는 지금의 산둥성 더저우, 허베이성 창저우를 거쳐 창저우 동북쪽의 황화에 이르러 바다로 유입되었다."(『사기전증』)

35  "봉양군(이태李兌를 가리킨다)은 조나라 혜문왕 때 여전히 건재했기 때문에 숙후 때 이미 죽었다는 말은 잘못이다."(『전국책신교주』) "마땅히 앞에 '봉양군이 기뻐하지 않으며'라는 문구가 들어가야 한다."(『사기평림』)

36  포의布衣: 포의(베옷)는 평민 백성의 가장 보편적인 의복으로 평민을 가리키는 말로 쓰인다. 이후에는 벼슬하지 않은 독서인을 가리키기도 했다.

37  고현군高賢君: 고高는 존경의 의미이며 현군賢君은 조 숙후에 대한 경칭이다.

38  『전국책』「조책 2」에서는 '군君'이 아닌 '대왕大王'으로 기재하고 있다. "조나라는 무영왕武靈王 때부터 왕이라 칭하기 시작했으니 여기서 숙후를 대왕이라 칭한 것은 역사의 사실에 부합하지 않는다."(『전국책신교주』)

39  원문은 '연관사捐館舍'로, 죽음을 맞아 관사를 버리고 떠나게 되었다는 뜻이다. 귀인의 죽음을 완곡하게 표현한 말로 '연관捐館' 또는 '연사捐舍'라고 하기도 한다.

제가 군을 위해 고려해보건대 백성의 생활이 안정되고 큰일이 일어나지 않는 것이 가장 좋으며, 전쟁이나 요역傜役을 일으켜 그들의 안녕을 파괴해서는 안 됩니다. 백성을 안정시키는 근본적인 계책은 국교國交를 선택하는 데 달려 있습니다. 동맹국 선택이 합당하면 백성은 안정될 것이고, 선택이 적합하지 못하면 백성은 안정되지 못할 것입니다.[40] 우선 조나라 밖의 근심거리를 말씀드리겠습니다.

만일 제나라와 진나라 양국이 조나라의 적국이 된다면 백성의 생활은 안정될 수 없을 것이고, 진나라에 의지해 제나라를 공격한다 해도 백성의 생활은 안정될 수 없으며, 제나라에 의지해 진나라를 공격한다 해도 마찬가지로 백성의 생활은 안정될 수 없을 것입니다. 그러므로 다른 나라의 군주를 꾀어 다른 나라를 공격하려는 것은 국교의 단절을 권하는 것으로 항상 입 밖에 내기 어려운 일이니, 바라건대 군께서는 신중히 하고 쉽게 말씀해서는 안 됩니다. 청컨대 조나라의 이해득실을 흑백과 음양의 차이처럼[41] 분명하게 말씀드리겠습니다.

군께서 진실로 신의 건의를 받아들이신다면 연나라는 모피와 개와 말이 많이 생산되는 토지를 바칠 것이고, 제나라는 물고기와 소금이 많이 생산되는 해역을 바칠 것이며, 초나라는 귤과 유자가 많이 생산되는 과수원을 바칠 것입니다. 한韓, 위魏, 중산中山[42] 또한 일부의 토지를 조나라 귀족들을 위해 부세를 취할 수 있는 사읍私邑인 탕목湯沐[43]으로 바칠 것이니, 군의 존귀한 친척과 부형들

---

40 "춘추전국시대에는 서로 대치하면서도 영웅으로 칭하여 국교를 매우 중시했는데 국교가 없으면 원조도 없었기 때문이다. 소진의 합종은 육국을 연합하여 국교를 맺는 것으로, 당시에는 상책이었다. 강한 진나라에 대한 근심을 없애는 것이 국가를 보존하고 백성을 편안하게 하는 요지였다."(『사기찰기』)

41 "흑백은 이해利害를 말하는 것이고, 음양은 은밀하게 종횡縱橫을 배척하는 것이다."(『사기회주고증』)

42 한韓, 위魏, 중산中山: 전국시대의 세후국들이나. 한나라의 노읍은 지금의 허난성 신정이고, 위나라의 도읍은 대량(지금의 허난성 카이펑)이며, 중산 전기의 도읍은 지금의 허베이성 딩현定縣이고 후기의 도읍은 지금의 허베이성 링수靈壽 서북쪽이었다.

43 탕목湯沐: 탕목읍을 말하며 제후가 천자를 알현했을 때 천자가 왕기王畿(고대에 왕성王城 주위 1000리 이내의 지역, 즉 도성을 말한다) 이내의 숙식과 목욕재계 비용을 해결할 수 있는 봉읍을 하사하는 것을 가리켰다. 이후에는 군국, 황후, 공주 등 봉작을 수여받은 자가 부세를 거둘 수 있는 사읍私邑을 가리켰다. 일종의 식읍 제도다.

또한 모두 제후에 봉해지는 상을 받을 수 있을 것입니다. 무릇 타국의 토지를 탈취하여 이익을 획득하는 것은 오백五伯[44]이 군대가 전멸당하고 장수가 사로잡히는 위험을 무릅쓰고 추구했던 것이고, 자신의 친척을 제후로 봉하는 것은 바로 은나라 탕왕이나 주나라 무왕이 군주를 쫓아내거나 시해하는 방법을 아끼지 않으며 쟁취한 것입니다.[45] 지금 군께서 팔짱을 낀 채 높은 곳에 편안하게 앉아 있듯이 적은 힘도 낭비하지 않고 이 두 가지의 좋은 점을 얻을 수 있도록 하는 것이 신이 군을 위해 하고자 하는 일입니다.

지금 대왕께서[46] 진나라와 연합한다면 진나라는 반드시 한나라와 위魏나라를 약화시킬 것이고,[47] 제나라와 연합한다면 제나라는 틀림없이 초나라와 위魏나라를 쇠약하게 만들 것입니다.[48] 위나라가 쇠약해지면 하외河外[49] 지역을 진나라에 할양할 것이고, 한나리가 약해지면 의양宜陽[50]을 진나라에 넘겨줄 것이며, 의양을 바치면 상군上郡이 단절된 지경에 처하게 될 것이고,[51] 하외를 할양하면 상군으로 통하는 도로가 막히게 될 것입니다.[52] 초나라가 쇠약해지면 조나라는 외부 지원을 잃게 될 것입니다. 이 세 종류의 책략[53]을 왕께서는 상세하게 고려

44  오백五伯: 오패五霸를 말한다. 하나라 때부터 주나라 때까지 패주가 있었는데 후세 학자들이 삼대三代 이래의 패주 가운데 영향력이 컸던 5명을 '오패'라 했다.
45  탕왕이 하나라를 멸망시키고 걸왕을 쫓아내고, 무왕이 은나라를 멸망시키고 주왕이 스스로 분신하여 죽게 한 것을 가리킨다.
46  '대왕大王'이 아닌 '군君'이라 해야 한다. 아래 문장에서도 '대왕'이 나오는데, '군'이라 해야 맞다.
47  한나라와 위나라가 조나라의 지원을 받지 못하면 진나라는 거침없이 두 나라를 공격할 것이라는 뜻이다.
48  제나라가 조나라의 지원을 받으면 반드시 초나라와 위나라를 침략할 것이라는 뜻이다.
49  하외河外:『정의』에 따르면 동주同州와 화주華州 등의 땅이다. "지금의 산시陝西성 다리大荔에서 청청澄城에 이르기까지의 북쪽 땅이다."(『전국책신교주』) 당시에는 위나라에 속했다.
50  의양宜陽: 한나라의 서부 군사 요충지로 지금의 허난성 이양宜陽 서쪽 지역이다.
51  한나라의 도성 신정과 상당 지역의 연락이 두절되는 것이다. "상군은 지금의 산시陝西성 부시현膚施縣(지금의 옌안延安) 등지로 의양과는 상당히 거리가 멀다. 마땅히 상당이라 해야 할 것이다. 상당은 지금의 산시山西성 창즈長治 등지로 의양과는 황허를 사이에 두고 가깝게 이어져 있다."(『사기회주고증』)
52  위나라 도성인 대량과 상군을 잇는 교통이 단절됨을 가리킨다.
53  세 가지의 책략이란 제나라와 연합하고 진나라에 대항, 진나라와 연합하고 제나라에 대항, 제나

하지 않을 수 없습니다. 무릇 진나라 군대가 출병하여 지도軹道를 거쳐 공격하면 한나라의 남양南陽이 위태로워질 것이고,[54] 진나라가 한나라를 위협하고 주나라 도읍 낙양을 포위하면 조나라는 출병하여 스스로 방어할 것이며,[55] 진나라 군대가 위衛나라 영토를 점거하고 권성卷城을 탈취하면 제나라는 반드시 진나라에 신하로 복종할 것입니다.[56] 진나라의 욕망이 산동 땅에서 만족스럽게 채워지면 반드시 군대를 일으켜 조나라로 향할 것입니다. 진나라 군대가 황하를 건너고 장수漳水를 넘어 파오番吾[57]를 점거하면 반드시 곧장 한단邯鄲을 공격할 것입니다. 이것이 신이 군을 위해 걱정하는 점입니다.

현재 산동 일대에 세워진 국가 중 조나라보다 강한 나라는 없습니다.[58] 조나

라와 진나라를 동시에 적으로 삼는 것을 말한다.

54  진나라 군대가 지도에서 함곡관을 거쳐 동쪽으로 나간다면 한나라와 위나라의 남양 일대가 위급해진다는 뜻이다. 원문은 '하지도下軹道'다. 『사기』에 '하下' 자가 자주 등장하는데, 이는 진나라의 지형이 높기 때문에 진나라가 동방으로 출병하는 것을 '내려간다'고 한 것이다. 지도軹道는 당시 함양 동남쪽(지금의 시안西安 동북쪽)의 지도정軹道亭이다. 남양南陽은 지금의 허난성 원현溫縣과 우즈武陟 일대로 당시에는 한나라와 위魏나라에 나뉘어 속했는데 태항산의 남쪽, 황하의 북쪽이라서 남양이라 했다.

55  "주나라 도성은 낙양인데 진나라가 한나라 남양을 탈취한다면 이는 주나라 도성을 포위하는 것이다. 조나라의 한단이 위험해지므로 군사를 일으켜 스스로 방어해야 한다."(『정의』) "장기張琦가 말하기를 '의양과 신성은 주나라 서쪽이고 형양과 성고는 주나라 동쪽이므로 한나라를 위협하면 주나라를 포위한다고 한 것이다. 조나라 도성 한단은 한나라와 멀리 떨어져 있으니 '조'는 응당 '위魏'라 해야 한다'고 했다."(『전국책신교주』)

56  원문은 '거위취권據衛取卷'이다. '수정본'에 따르면 경우본·소흥본·경본·황본·팽본·색은본·가본·능본·전본과 『통지通志』「열전」에는 모두 '권卷'이 아닌 '기淇'로 되어 있다. 『전국책』에서도 '거위취기據衛取淇(위나라 영토를 점거하고 기현을 탈취)'라 했는데 '수정본'에서는 경본·황본·팽본·가본·능본·전본에 '據衛取淇' 다음에 '無卷字'라는 세 글자가 있다고 했다. "기수淇水는 위衛나라 옛 도성인 조가 부근으로, 복양濮陽과 가깝고 또한 제나라와 근접해 있으므로 제나라를 진동시킬 수 있고 진나라에 신하로 복종시킬 수 있으니 '거위취기據衛取淇'가 더욱 합리적이다."(『사기전증』) 당시 위衛나라 도성은 지금의 허난성 푸양 서남쪽이고 권현卷縣은 지금의 허난성 위안양原陽 서쪽이다.

57  장수漳水는 지금의 허베이성 츠현磁縣 남쪽을 거쳐 동북쪽으로 흘러 황하에 유입된다. 파오番吾는 지금의 허베이성 츠현 지역으로 조나라 도읍 한단 남쪽이다.

58  "첸무가 말하기를 '조나라는 성후成侯 때부터 위魏나라가 한단을 포위하여 국가가 거의 망할 뻔했다. 숙후 때 다행히 스스로 보전했고 감히 출병하여 제, 양과 중원의 패업을 다툰 적이 없다. 소진이 여기서 '현재 산동에 세워진 국가 중에 조나라보다 강한 나라는 없다'고 말한 것은 어찌 큰 착오가 아

라 영토는 사방 2000여 리이고, 갑옷 입은 무장 군사가 수십만 명이며, 전차는 1000승이고 전마는 1만 필에 이르며 양식은 족히 몇 년 동안 공급할 수 있습니다. 서쪽에는 상산常山이 있고, 남쪽에는 황하와 장하漳河가 있으며, 동쪽에는 청하清河[59]가 있고, 북쪽에는 연나라가 있습니다. 연나라는 본래 약소국이니 두려워할 필요가 없습니다. 천하의 제후국 중에서 조나라만큼 진나라에 근심이 되는 나라가 없습니다. 그러나 진나라가 감히 군사를 일으켜 조나라를 공격하지 못하는 까닭은 무엇이겠습니까? 바로 한나라와 위魏나라가 배후에서 은밀하게 도모할 것을 두려워하기 때문입니다. 그러므로 한나라와 위나라는 조나라에게 남쪽 장벽이라 말할 수 있습니다. 진나라가 한나라와 위나라로 진공하는 데는 높은 산이나 큰 강 같은 막힘이 없기 때문에 누에가 뽕잎을 갉아먹듯이 조금씩 전차 침범하여 곧장 그들의 도성까지 도달할 수 있습니다. 한나라와 위나라는 진나라에 저항할 수 없을 테니 진나라에 굴복하여 신하가 될 것입니다. 진나라에게 한나라와 위나라의 제약이 없어지면 그 전쟁의 화는 반드시 조나라를 향하게 될 것이니, 이것이 바로 신이 군을 위해 걱정하는 상황입니다.

　신이 듣건대 요임금은 삼부三夫[60]의 땅도 없고 순임금은 지척의 아주 작은 땅도 없었지만 천하를 소유했으며, 우임금은 100명이 모여 사는 촌락도 없었지만

니겠는가? 조나라가 강성해진 것은 무영왕 이후다'라고 했다."(『사기전증』)

59　청하清河: 당시 제나라와 조나라 경계를 흐르던 강이다. 지금의 허난성 린현林縣 북쪽에서 발원하여 동쪽으로 안양安陽 북쪽을 지나 허베이성으로 들어가 다밍大名 서쪽을 거쳐 동북쪽으로 흘러 황허와 합류한다. "전국시대 때는 지금의 허베이성 관타오館陶, 청허清河 일대를 거쳐 산둥성 핑위안平原 부근에 이르러 동쪽 황허로(당시 황하는 지금의 허베이성 황화에서 바다로 유입되었다) 흐르는 제와 조 양국 사이의 거대한 하천이었다. 『전국책』에서 제나라의 경우 '서쪽에 청하가 있다'고 하고 조나라의 경우 '동쪽에 청하가 있다'는 문장이 여러 차례 보인다."(『사기전증』)

60　삼부三夫: 토지 면적 단위로 1부夫는 100묘畝(이랑)다. 즉 삼부는 300묘다. "3명의 농부가 경작하는 토지를 말한다. 주나라의 정전제井田制에서는 한 농부가 100묘를 경작하여 '9명의 농부가 정井이 된다'고 했다. 다음 문장에서의 '순임금은 지척咫尺의 아주 작은 땅도 없다'와 '우임금은 100명이 모여 사는 촌락도 없다'고 한 말은 유세가의 과장된 말이다."(뉴훙언·추사오화邱少華·쑨웨춘孫悅春, 『전국책선주戰國策選注』)(이하 뉴훙언의 『전국책선주』로 표기함)

제후 중에서 왕이라 칭했고, 탕왕과 무왕의 사병은 3000명에 지나지 않고 전차는 300승을 넘지 않으며 병졸은 겨우 3만 명이었지만 천자가 될 수 있었으니,[61] 이것은 진실로 그들이 천하를 얻는 책략을 알았기 때문입니다. 이 때문에 현명한 군주는 밖으로는 적의 강함과 약함을 헤아리고 안으로는 자기 사졸들의 우월하고 열등한 소질을 파악하여 두 군대가 서로 교전하기를 기다리지 않고도 이기고 지는 것과 죽고 사는 길을 이미 가슴속에 확고히 지니게 됩니다. 어찌 뭇 사람이 떠드는 말에 가려 흐리멍덩하게 큰일을 결정하겠습니까!

신이 천하의 지도를 살펴며 따져보니 제후국의 영토가 진나라보다 다섯 배나 크고, 제후국의 병력을 헤아려보니 진나라보다 열 배나 많습니다. 여섯 나라가 연합하여 하나로 힘을 합쳐 서쪽으로 진나라를 공격하면 진나라는 반드시 격파될 것입니다. 그러나 지금 각국이 반대로 서쪽을 향하여 진나라를 섬긴다면 진나라의 신하가 되어 복종하는 것입니다. 무릇 다른 사람을 싸워 이기는 것과 다른 사람에게 패하는 것, 다른 나라를 신하로 복종시키는 것과 다른 나라에게 신하로 복종하는 것을 어떻게 한데 섞어 논할 수 있겠습니까!

연횡連橫을 주장하는 사람들[62]은 모두 제후의 토지를 진나라에 할양하려고 합니다. 일단 진나라와의 연맹이 이루어지면 그들은 대사臺榭[63]를 더욱 높이 건축하고 궁전을 아름답게 장식하고, 우竽와 슬瑟[64]의 연주를 감상하며, 앞에는

---

61   "사士는 즉 졸卒(병사)이다. 이미 '사불과삼천士不過三千(병사는 3000명에 지나지 않고)'이라고 말했는데, 다시 다음 문장에서 '졸삼만卒三萬(병사 3만 명)'이라고 하는 것은 합당하지 않다. 『사기』에서는 본래 '탕왕과 무왕의 영토는 100리에 불과하고 전차는 300승을 넘지 않으며 병사는 3000명에 불과했다'라고 기재하고 있어 「조책趙策」과는 약간 차이가 있다."(『독서잡지』「사기」) "병사는 3000명에 불과하고 전차는 300승을 넘지 않았다."(『전국책』) "사병이 3000명에 지나지 않는데 나시 병졸은 겨우 3만 명이라고 한 것은 사리에 맞지 않다."('수정본')

62   "횡인은 즉 종횡縱橫을 유세하는 선비다. 동서를 횡이라 하고 남북을 종이라 한다. 진나라의 지형은 동서로 길게 가로로 되어 있으므로 장의張儀는 진나라의 상이 되어 진나라를 위해 연횡連橫의 계책을 사용했다."(『색은』) "횡衡의 음은 횡橫이다. 진秦나라 사람을 말한다."(『집해』)

63   대사臺榭: 땅을 다져서 받침돌을 높게 한 것을 대臺라 하고, 대 위의 나무로 얹은 집을 사榭라 한다. 대사는 춘추시대부터 한나라 때까지 궁궐, 종묘 안에 사용되었던 건축 형식이다.

누각과 궁전과 헌원軒轅65이 있고 뒤에는 키 크고 아름다운 미녀가 자리하도록 할 것입니다. 제후국들이 진나라의 침범을 받아도 연횡을 주장하는 자들은 제후국들을 위해 조금의 근심도 나누지 않을 것입니다. 이 때문에 연횡을 주장하는 자들은 밤낮으로 진나라의 세력에 의지해 제후들을 위협하여 토지 할양을 요구할 것이니 대왕께서는 이 문제를 신중하게 고려하시기 바랍니다.

신이 듣자 하니 현명한 군주는 반드시 의심스런 말에 대해 결단을 내리고 참언을 배척하며 떠도는 낭설의 경로를 없애고 파벌을 지어 조정을 흔드는 것을 못하게 하기를 잘한다고 합니다. 이와 같아야 신이 비로소 군의 면전에서 충심으로 군주를 더욱 존귀하게 하고 국토를 더욱 넓히며 군대를 더욱 강성하게 할 수 있는 '존주광지강병尊主廣地強兵'의 계책을 진술할 수 있습니다. 신이 대왕을 위해 고려하건대, 가장 좋은 계책은 한韓·위魏·제·초·연·조나라가 합종合縱하여 함께 진나라에 대항하는 것입니다. 천하의 장상將相66들을 원수洹水67 가에 모이게 하여 서로 인질을 교환하고68 백마를 죽여 맹세하고 이와 같이 약정해야 합니다.69

'진나라가 초나라를 공격한다면 제나라와 위나라는 즉시 정예부대를 보내 초나라를 돕고,70 한나라는 진나라의 군량 운반로를 끊으며,71 조나라는 황하와 장

---

64 　우竽는 생황과 비슷하지만 약간 큰 관악기이고, 슬瑟은 거문고와 유사한 현악기다.
65 　헌원軒轅: 수레를 가리킨다. 『사기회주고증』에 따르면 헌원은 여거輿車를 말하며, 고귀한 수레를 뜻한다. 고염무는 "헌원을 헌현軒縣이라 해야 한다"고 지적했다. "왕의 수레는 궁현宮縣으로 사면에 모두 종과 경쇠가 걸려 있고, 제후의 수레는 헌현軒縣으로 동·서·북 삼면에 종과 경쇠가 걸려 있다."(『주례』 「소서小胥」)
66 　장상將相: 장수와 상相을 가리키는 말로, 일반적으로 문무 대신을 가리킨다. 여기서는 6개 국가의 장상을 말한다.
67 　원수洹水: 앞서 언급한 청하清河의 상류를 말한다.
68 　춘추전국시대에는 양국의 우호 관계를 보증하는 수단으로 인질을 교환했다.
69 　고대의 맹세 의식으로, 땅에 구덩이를 파고 희생물을 죽여 피를 취한 다음 희생물을 구덩이에 매장할 때 그 위에 맹세문을 놓았다.
70 　'좌초항진佐楚抗秦(초나라를 돕고 진나라에 대항한다)'을 말한다.
71 　"장기가 말하기를 '이때 진나라는 아직 파촉과 한중을 차지하지 못했으므로 초나라를 정벌하려

수를 건너고,72 연나라는 상산 이북 일대를 지킨다. 진나라가 한나라와 위나라를 공격하면73 초나라는 진나라의 퇴로를 끊어버리고,74 제나라는 정예부대를 보내 한나라와 위나라를 돕고,75 조나라는 군대를 파견해 황하와 장수를 건너 서로 위협하고,76 연나라는 운중을 방비한다.77 진나라가 제나라를 공격하면 초나라는 진나라의 퇴로를 끊고, 한나라는 성고城皐78를 지키고, 위나라는 진나라 군대의 통로를 틀어막으며,79 조나라는 황하와 장수를 건너고 박관博關80을 넘어 지원하고, 연나라는 정예부대를 보내 제나라를 돕는다. 진나라가 연나라를 공격한다면 조나라는 상산을 지키고, 초나라는 무관武關에 군대를 주둔시키며,81 제나라는 발해渤海를 건너고,82 한나라와 위나라는 모두 정예부대를 보내 작전을 돕는다. 진나라가 조나라를 공격한다면 한나라는 의양에 군대를 주둔시키고,83 초나라는 무관에 군대를 주둔시키며, 위나라는 하외河外에 군대를 주둔시키고,84 제나라는 청하를 건너며, 연나라는 정예부대를 보내 지원한다. 제후

면 반드시 무관武關을 나가야 하는데, 한나라는 의양에서부터 노씨盧氏로 가는 길 서쪽에서 그 군량 운반로를 끊어야 한다'고 했다.(『전국책신교주』)
72 "조나라 또한 황하와 장수를 건너 서쪽으로 전진하여 한나라를 지원하고 진나라 군대에 방어하려 함을 말한다."(『색은』)
73 "포진蒲津(지금의 산시山西성 융지永濟 서쪽)의 동쪽 길로 공격하는 것이다."(『정의』) 즉 진나라가 함곡관과 무관을 나가 한과 위를 공격하는 것이다.
74 "무관으로 출병하여 진나라 군대의 뒤를 끊는 것을 말한다."(『색은』) 초나라가 진나라의 무관으로 진입하여 진나라 후방을 소란스럽게 함으로써 한과 위가 위기에 처하지 못하게 하는 것이다.
75 한과 위를 도우면서 정면으로 진나라에 대항하는 것이다.
76 황하를 건너 남쪽으로 내려가 한과 위를 지원하는 것이다.
77 진나라가 각국을 공격하는 오른쪽 날개를 방비하는 것이다.
78 성고城皐: 지금의 허난성 싱양 서북쪽의 쓰수이진汜水鎭으로 당시에는 한나라에 속했다. 성고成皐라고 표기하는 게 맞다.
79 "곧 하내河內의 길을 말한다."(『색은』)
80 박관博關: 지금의 산둥성 츠핑현茌平縣 보핑진博平鎭 동북쪽 지역으로, 당시에는 제나라에 속했다.
81 진나라의 본토 남부를 위협하는 것이다. 무관은 지금의 산시陝西성 단펑 동남쪽 지역으로, 당시 진나라에 속했다.
82 해상으로 출병하여 연나라를 원조하는 것이다.
83 조나라를 공격한 진나라 군대의 오른쪽 날개를 위협하는 것이다.

중 이 맹약을 준수하지 않는 자가 있으면 나머지 다섯 나라의 군대가 연합하여 토벌한다.'

여섯 나라가 합종하여 함께 진나라를 배척한다면 진나라 군대는 틀림없이 감히 함곡관으로 나와 효산 동쪽의 국가를 해치지 못할 것입니다. 이와 같이 하면 패왕의 공업을 성취할 수 있을 것입니다."

조나라 왕85이 말했다.

"과인은 나이가 젊고 즉위한 지 얼마 되지 않은 데다86 사직을 안정시킬 수 있는 장구한 책략을 들어본 적이 없었소. 지금 그대가 천하를 보존하고 제후들을 안정시키려는 뜻을 갖고 있으니, 과인은 진실로 국가대사를 그대에게 맡겨 따르도록 하겠소."

그리하여 소진에게 화려하게 장식한 수레 100승과 황금 1000일溢,87 백벽白璧88 100쌍, 비단 1000돈純89을 내주어 제후들을 맹약에 참여시키도록 했다.90

---

84  진나라 군대의 오른쪽 날개를 위협하는 것이다. 하외河外는 지금의 산시陝西성 화인華陰과 다리大荔 일대로 당시에는 진나라에 속했다.

85  문장 처음에 '조 숙후'라 했는데 말미에서 '조나라 왕'이라 한 것은 모순된다.

86  원문은 '입국立國(즉위하다)'이다. 『전국책』에서는 '이국莅國(국정을 주재하다)'으로 기록하고 있다. "뉴홍언이 말하기를 '이 열전에 근거하면 소진이 조나라에 유세한 것은 조 숙후 16년이다. 따라서 '나이가 젊고 즉위한 지 오래되지 않았다'는 말은 숙후에는 적용되지 않고 혜문후에 해당되는 말이다'라고 했다."(『사기전증』)

87  일溢은 중량을 재는 단위로, 1일은 20냥兩(또는 24냥)이므로 1000일은 2만 냥이다. 진나라 때 1냥은 15.8그램이었으므로 1000일(2만 냥)은 316킬로그램이다. "『전국책』에는 만일萬溢로 되어 있다. 1일은 1금이니 20냥이 1일이고 쌀 2승升이 된다. 정현은 1일을 24분의 1이라 하여 그 견해가 다르다." (『색은』) 일溢은 일鎰과 같다.

88  백벽白璧: 가운데 구멍이 뚫린 평평하고 둥그런 모양의 백옥白玉을 말한다.

89  돈純: 『집해』에 따르면 '필匹'과 '단端'을 일컫는다. 즉 1돈은 1필 혹은 1단을 뜻한다. 고대에는 비단의 길이 단위를 필이라 하고 베의 길이 단위를 단이라 했으나 서로 혼용되었다. 4장丈을 1필이라 하는데, 진나라 때 1장丈은 231센티미터로 1필은 10미터가 조금 못 되는 길이다.

90  "조나라는 무영왕 때 비로소 왕이라 칭했는데 여기서 숙후를 대왕이라 칭했으니, 첫 번째로 부합되지 않는 것이다. 조나라는 성후成侯 때 위魏나라가 한단을 포위한 뒤 국력이 쇠미해져 숙후 때는 출병하여 제·양나라와 중원을 다툴 수 없었는데 여기에서 '현재 산동에 세워진 국가 중에 조나라보다 강한 나라는 없다'고 했으니, 어찌 심한 오류가 아니겠는가? 두 번째로 부합되지 않는 것이다. 「육국연

이 무렵 주나라 천자[91]가 문왕과 무왕의 제사에 올렸던 고기를 진나라 혜왕에게 하사했다.[92]

혜왕은 서수犀首[93]를 시켜 위나라를 공격해 장수 용가龍賈[94]를 사로잡고 조음雕陰을 점령했으며,[95] 계속해서 군대를 거느리고 동진하려고 했다. 소진은 진나라 군대가 조나라로 쳐들어올까 걱정되어 즉시 장의張儀를 격노시켜 진나라로 들어가도록 했다.[96]

그리고 소진은 한韓나라 선왕宣王[97]에게 유세하며 말했다.

"한나라는 북쪽에 공락鞏洛[98]과 성고成皋 같은 견고한 성지가 있고, 서쪽에는

---

표」에 근거하면 1년 전(주 현왕 35년, 기원전 334)은 위魏와 제나라가 서주徐州에서 회합하여 상왕相王(제후국들이 서로 상대방을 왕이라 존중하는 것)을 한 해로 이때 결코 조나라는 육국 안에 포함되지 못했다. 다섯 나라가 서로 왕을 칭한 뒤 무영은 나라 안에서 여전히 감히 왕이라 칭하지 못하고 나라 사람들에게 자신을 군君이라 부르게 했는데, 이것은 제·양과 필적할 만한 힘이 없음을 스스로 알고 있었던 것이다. 지금 여기서 숙후가 산동 제후의 수장이 된다고 말하는 것은 세 번째로 부합되지 않는 것이다."(『전국책고변』)

91  조 숙후 당시 주나라의 천자는 주 현왕(재위 기원전 368~기원전 321)이다.

92  주나라 천자가 제사 고기를 제후에게 하사하는 것은 경의를 표하기 위한 의식으로, 그가 제후 중의 패주임을 승인하는 의미가 담겨 있다.

93  서수犀首: 공손연公孫衍이다. 위나라 사람으로 당시 진나라의 대량조大良造 관직에 있었다.

94  '賈'자의 음이 'jia(가)'로 되어 있어 역자는 '고'가 아닌 '가'로 썼음을 밝힌다.

95  조음雕陰: 위나라의 현으로 지금의 산시陝西성 푸현富縣 북쪽, 간취안甘泉 남쪽 지역이다. 진나라가 위나라 조음을 점령했던 연도는 기록마다 다르다. 「육국연표」에서는 진 혜왕 5년(기원전 333), 「진본기」에서는 혜왕 7년(기원전 331), 「위세가」에서는 위 양왕 5년(실제로는 위 혜왕 후원後元 5년, 기원전 330)으로 기재하고 있다.

96  「장의열전」에 이 내용이 기록되어 있으나, 소진과 장의는 어떠한 관련도 없음이 역사학적으로 입증되었다.

97  선왕宣王(재위 기원전 332~기원전 312)은 소후昭侯의 아들이다. '수정본'에서는 경우본·소흥본·경본·황본·팽본·가본·능본·전본에는 '한선혜왕韓宣惠王'이라 했고, 「육국연표」 「한세가」 「유후세가留侯世家」에서는 모두 '선혜왕宣惠王'으로 기록했다고 했다.

98  공락鞏洛은 지금의 허난성 뤄양 궁이鞏義 일대로 한나라의 성고와 인접해 있다. '수정본'에서는 원래 '낙洛'자가 없었는데 경우본·경본·황본·팽본·가본·능본·전본에 따라 보충했다고 했다. 『전국책』 「한책」에는 '낙洛'자가 있다고 했다.

의양과 상판商阪99 같은 요새가 있으며, 동쪽에는 원宛과 양穰, 유수洧水100가 있고, 남쪽에는 형산陘山이 있으며, 토지는 사방 900여 리이고101 무장한 병력은 수십만 명이며 천하의 강한 활과 쇠뇌는 모두 한나라에서 제조됩니다. 계자谿子와 소부少府에서 제조된 시력時力이나 거래距來102 같은 강한 쇠뇌는 모두 600보 밖까지 쏠 수 있습니다. 한나라 병사들이 발로 쇠뇌를 밟고 발사하면 멈추지 않고 연속해서 100여 차례 쏠 수 있는데, 멀리 떨어진 적은 화살촉이 갑옷을 뚫고 가슴에 박히고, 가까이 있는 적은 화살촉이 그의 명치끝을 뚫을 수 있습니다.

한나라 병사들의 검과 극은 모두 명산冥山, 당계棠谿, 묵양墨陽, 합부合賻, 등사鄧師, 완풍宛馮, 용연龍淵, 태아太阿103 등지에서 생산되는데, 육지에서는 소와 말을 찍어 죽일 수 있고 물에서는 고니와 기러기를 자르고 적과 싸울 때는 적을 참살할 수 있으니, 견고한 갑옷과 철막鐵幕, 혁결革抉, 벌예哎芮104 등 각종 우수

---

99　상판商阪: 지금의 산시陝西성 상저우, 단평 일대다. 『정의』에서는 '상산商山'이라고 기록했는데 후대에는 '상락산商洛山'이라 했다. 상판은 진나라에 속한 지역으로, 한나라의 의양 일대와 인접했을 뿐 한나라 지역이 아니었다.

100　원宛은 지금의 허난성 난양南陽이고 양穰은 지금의 허난성 덩저우鄧州다. 유수洧水는 지금의 허난성 덩평 동쪽에서 발원하여 동남쪽으로 흘러 잉허강潁河으로 유입되는 강이다. "원과 양은 모두 남쪽에 있으며 동쪽에 있지 않다."(『사기회주고증』)

101　『전국책』「한책 1」에는 '1000리'로 기재되어 있다.

102　계자谿子, 시력時力, 거래距來는 당시 유명했던 활과 쇠뇌의 명칭이다. "한나라에는 계자와 소부에서 제조된 두 종류의 쇠뇌가 있었다."(『집해』) "시력은 때를 얻어 제조했는데 힘이 일반적인 것보다 배나 되어 시력이라 했고, 거래는 쇠뇌가 강하고 날카로우며 오는 적을 대항하기에 충분함을 말한다."(『사기전증』) 소부少府는 원래 전국시대부터 산, 바다, 육지, 호수의 수입과 왕실의 수공업 제조 및 궁중의 어의御衣, 진귀한 물품이나 음식 등을 관장하는 관직이다.

103　명산冥山은 지금의 허난성 신양信陽 남쪽 지역으로 당시에는 한과 초의 경계 지역이었다. 당계棠谿는 지금의 허난성 시평西平 서쪽 지역에 위치한 옛 읍이고, 묵양墨陽은 지금의 허난성 시촨淅川 북쪽에 위치한 옛 읍이다. 합부合賻는 지금의 허난성 우양舞陽 남쪽 지역이다. 등사鄧師는 등현鄧縣의 검을 주조하는 장인인데, 여기에서는 등현鄧縣을 말한다. 완풍宛馮은 형양滎陽의 풍지馮池를 가리킨다. 용연龍淵과 태아太阿는 보검의 명칭이지만 여기서는 당연히 지명을 뜻한다. 『태강지기太康地記』에 이르기를 '여남汝南 서평西平에 용천수龍泉水가 있는데, 이곳에서 도검을 담금질하면 특히 견고하고 날카롭게 되었으므로 용천龍泉의 검이 있게 되었다'라고 했다."(『색은』) 태아는 어느 곳인지 알 수 없다.

104　철막鐵幕: "유씨가 말하기를 '철로 만든 팔과 정강이 옷을 말한다'고 했다."(『집해』) 혁결革抉의 '혁'은 궁수의 왼팔을 덮는 가죽 토시고 '결'은 궁수의 오른손 중지에 끼워 활시위를 당길 때 사용하는

한 병기를 갖추지 않은 것이 없습니다.

한나라 병사들이 용감함에 의지해 견고한 갑옷을 입고 강한 쇠뇌를 밟고 날카로운 검을 차면 한 사람이 100명을 당해낼 수 있음은 말할 나위가 없습니다. 무릇 한나라는 이와 같이 병력이 강대하고 대왕께선 현명한데 서쪽으로 진나라를 섬기며 두 손 맞잡고 인사하고 복종한다면 사직을 치욕스럽게 하고 천하의 웃음거리가 될 것이니, 이보다 더 부끄러운 일은 없을 것입니다. 신 바라건대 대왕께서는 깊이 생각하시기 바랍니다.

대왕께서 진나라에 굴복하여 섬긴다면 진나라는 의양과 성고의 토지를 취하려 할 것입니다. 지금 그 토지를 바치면 내년에는 또다시 다른 토지를 할양해달라고 요구할 것입니다. 요구대로 토지를 주게 되면 결국에는 더 이상 줄 토지가 없게 될 테고, 토지를 주지 않으면 전에 토지를 바친 공은 버려지고 즉시 큰 재난이 닥칠 것입니다. 대왕의 토지는 한계가 있지만 진나라의 요구는 끝이 없습니다. 한계가 있는 토지로 끝이 없는 요구에 대응하는 것은 이른바 원한을 사고 화근을 심는 것으로, 싸워보지도 못하고 토지가 남의 수중에 떨어지게 되는 것입니다.[105] 신이 듣자 하니 속담에 '닭의 부리가 될지언정 소의 항문이 되지는 말라'[106]는 말이 있습니다. 지금 왕께서 서쪽을 향해 두 손 맞잡고 인사하며 신하로 진나라를 섬긴다면 소의 항문이 되는 것과 무엇이 다르겠습니까? 대왕의 현명함과 강대한 군대를 보유하고도 소의 항문이라는 더러운 명성을 얻게 된다

---

것이다. 『색은』에 따르면 벌예眅芮의 '벌'은 방패를 뜻하고 '예'는 방패를 묶는 끈이다.

105    "손신孫臣 위왕魏王(안희왕安釐王)에게 말하기를 '토지로 진나라를 섬기는 것은 마치 땔나무를 안고 불을 끄는 것과 같아서 땔나무가 모두 타버리지 않으면 불이 꺼지지 않습니다. 지금 대왕의 토지는 한계가 있는데 진나라의 요구는 끝이 없으니, 이것이 신이 말한 땔나무를 안고 불을 끄는 것입니다'라고 했다."(『전국책』「위책 3」)

106    원문은 '寧爲鷄口, 無爲牛後'다. 『전국책』에서는 '닭의 우두머리가 될지언정 송아지가 되지는 않겠다寧爲鷄尸, 不爲牛從'라고 했다."(『색은』) "닭의 부리는 비록 작지만 음식을 먹을 수 있고, 소의 항문은 비록 크지만 똥을 배설한다."(『정의』) 일부 번역본에서 '우후牛後'를 '소꼬리'라 한 것은 잘못된 번역이다.

면 대왕을 위하는 제 마음은 부끄러울 것입니다."

이에 한나라 왕은 안색이 바뀌더니 소매를 걷어 올리고 눈을 부릅뜬 채 검을 어루만지더니 고개를 들어 하늘을 우러러보면서 길게 탄식하며 말했다.

"과인이 비록 변변치는 못하나 절대로 진나라에 굴복하여 섬길 수는 없소. 지금 주군主君[107]이 조나라 왕의 가르침을 내게 알려줬으니, 사직을 받들어 그대를 따르리다."[108]

소진은 또 위魏나라 양왕襄王[109]에게 가서 유세하며 말했다.

"대왕의 국토는 남쪽으로 홍구鴻溝, 진陳, 여남汝南, 허許, 언鄢, 곤양昆陽, 소릉召陵, 무양舞陽, 신도新都, 신처新郪[110]가 있고, 동쪽으로 회하淮河, 영수潁水, 자조煮

---

107　여기서 '주군'이란 소진을 가리킨다. "예에 따라 경대부를 주主라 칭한다. 지금 소진이 제후들을 합종하게 한 것을 찬미하여 주라 부른 것이다."(『색은』)

108　"이상 소진이 합종으로 한나라 선왕에게 유세한 사건은 『전국책』 「한책 1」에는 보이지만 「한세가」와 「육국연표」에는 기재되어 있지 않다. 『통감』은 「소진전」에 따라 주 현왕 36년(기원전 333)의 일로 기재하고 있는데, 당시 한나라 선왕은 막 즉위하여 아직 개원하지 않은 상태였다"고 했다.(『사기전증』) "치스허齊思和가 말하기를 '한나라가 비록 소국이지만 당시는 소후昭侯와 신자申子 이후이므로 국력이 강성했다'고 했다."(『전국책고변』) "한나라가 진나라를 30여 년 동안 섬겼다고 되어 있는데, 한비가 진나라로 들어간 때는 진시황 14년으로 한나라가 진나라를 섬긴 것은 마땅히 한나라의 환혜왕桓惠王 때이며 선혜왕宣惠王 때가 아니다."(『한비자』 「존한」)

109　양왕襄王(재위 기원전 318~기원전 296)은 위 혜왕의 아들로 이름이 사嗣다. 「위세가」와 「육국연표」에 근거하면 위나라 제후에 관한 연도에 착오가 많다. '위 혜왕 원년'은 실제로는 '위 혜왕 후원後元 원년'이다. 소진이 위왕에게 유세한 것은 대략 기원전 333년으로 위 혜왕 후원 2년으로 위 양왕은 아니라 했고 『전국책』에는 단지 '위왕에게 유세하다'라고 했는데, 태사공이 '위 양왕에게 유세했다'고 했다.(『사기전증』)

110　홍구鴻溝는 운하로, 지금의 허난성 싱양 북쪽에서 황하 물을 끌어 잉수이강潁水으로 흘러든다. 진陳은 지금의 허난성 화이양이고, 여남汝南은 "탄치샹譚其驤의 『중국역사지도집』에 따르면 지금의 허난성 바오펑寶豐, 루산魯山, 핑딩산平頂山 일대다. 한나라 때 여남군汝南郡과는 다른 곳이다."(『사기전증』) 허許는 지금의 허난성 쉬창許昌 동쪽이고, 언鄢은 지금의 허난성 옌청 서남쪽이고, 곤양昆陽은 지금의 허난성 예현葉縣이고, 소릉召陵은 지금의 허난성 뤄허 동북쪽이고, 무양舞陽은 지금의 허난성 우양舞陽 서북쪽이고, 신도新都는 지금의 허난성 신예新野 동쪽으로 당시에는 위나라가 아닌 초나라에 속해 있었다. "「위책」에는 이 두 글자가 없다. 맞다."(『사기지의』) 신처新郪는 지금의 안후이성 타이허太和 서북쪽 지역으로 이 또한 당시 초나라에 속한 땅이었다.

棗, 무서無胥[111]가 있으며, 서쪽으로는 장성長城을 경계로 하고,[112] 북쪽으로는 하외河外, 권卷, 연衍, 산조酸棗[113]가 있으며 국토는 사방 1000리에 이릅니다. 영토는 작은 편이지만 농지와 집들이 밀집되어 있어 가축을 방목하여 풀을 먹일 만한 곳이 거의 없습니다. 인구가 조밀하고 왕래하는 수레와 말이 많아 밤낮으로 끊임없이 지나다니며, 수레가 우르르 달리는 소리는 삼군三軍의 군사가 행진하는 것 같습니다.

신이 헤아려보건대 대왕의 국력은 결코 초나라에 비해 약하지 않습니다. 그러나 연횡連橫을 내세우는 자들은 대왕을 호랑이나 이리 같은 진나라와 결탁하여 천하를 침범하도록 유인하려[114] 할 뿐, 갑자기 위나라가 진나라의 공격을 받는다 한들 그 재앙에 대해서는 돌아보지 않을 것입니다. 강대한 진나라 세력에 의지해 자신의 군주를 위협하니 이보다 더 큰 죄는 없습니다. 위나라는 천하의 강대한 나라이고 대왕께서는 천하의 현명한 왕이십니다. 지금 대왕께서 생각하시는 것은 서쪽으로 진나라를 섬기며 스스로 진나라의 동쪽 속국이라 일컫고, 진나라를 위해 제궁帝宮을 건설하고,[115] 진나라의 복식 제도를 받아들이며, 봄가을에 진나라에 예물을 바치고 진나라 선조에게 제사를 올리고자 하는 것입니다. 신 대왕을 위하여 이를 부끄럽게 여깁니다.[116]

---

111　회하淮河는 허난성 퉁바이산桐柏山에서 발원하여 안후이성을 경유하여 장쑤성에 이르러 바다로 흘러든다. 영수寧水는 허난성 덩펑에서 발원하여 회하로 흘러든다. 자조柘棗는 지금의 산둥성 둥밍東明 남쪽에 있는 현이다. 무서無胥의 위치에 대해서는 의견이 일치하지 않는데, 지금의 허난성 화현滑縣 서남쪽이라고도 하고 지금의 허난성 상수이商水 동남쪽이라고도 한다.

112　"장기가 말하기를 '고권故券(지금의 허난성 위안양原陽 서쪽)에 장성이 있는데, 한韓과 위魏의 경계다. 정鄭 북쪽 빈락濱洛에서 고양固陽까지는 진秦과 위魏의 경계였다'고 했다."(『전국책신교주』)

113　권卷은 지금의 허난성 위안양原陽 서남쪽 지역, 연衍은 지금의 정저우鄭州 북쪽 지역, 산조酸棗는 지금의 위안양 동북쪽과 옌진延津 서남쪽 지역에 있는 현이다. 위나라의 도성인 대량을 기준으로 볼 때 이 3개 현은 당시 황하의 남쪽, 대량의 서북쪽에 위치한 위나라의 북부 변경으로 지금의 허베이성과 허난성의 경계다.

114　원문은 '출차'이다. '위협' 혹은 '유인'으로 보는 견해가 있는데, 역자는 '유인'으로 번역했다.

115　"진나라를 위해 궁전을 건축한다는 말은 순수巡狩(천자가 각 군국郡國을 순행하며 시찰하는 것)를 대비한 궁전을 짓는 것을 뜻하므로 '제궁'이라 한 것이다."(『색은』)

신 듣자 하니 월越나라 왕 구천句踐은 싸움에 지친 병사 3000명으로 오吳나라 왕 부차를 간수干遂[117]에서 사로잡았고, 주나라 무왕은 병사 3000명과 전차 300승으로 목야牧野[118]에서 은나라 주왕紂王을 굴복시켰다고 합니다. 어찌 그들의 병력이 많아서 이긴 것이겠습니까? 진실로 자신들의 위력을 발휘했을 뿐입니다.

지금 신이 듣건대 대왕의 병력은 무사武士가 20만이고,[119] 창두蒼頭[120]가 20만이며, 필사적으로 적에게 돌진하는 부대(분격奮擊)가 20만, 잡일을 하는 병사(시도厮徒)[121]가 10만, 전차 600승, 전마 5000필[122]이 있다고 합니다. 이것은 월나라 왕 구천과 주나라 무왕의 병력에 비하면 훨씬 많은데, 지금 대왕께서는 신하들의 말만 듣고 진나라에 신하의 신분으로 복종하려 하고 있습니다. 진나

---

116  "당시 진나라는 아직 왕이라 칭하지 않았는데 어찌하여 위나라가 제궁을 건축하겠는가?"(『전국책신교주』) "뉴훙언이 말하기를 '이로부터(기원전 333) 8년(기원전 325) 뒤에 진 혜왕이 왕이라 칭하기 시작했고, 이로부터 10년(기원전 323) 뒤에 오국이 상왕相王을 했는데, 당시 산동 육국 가운데 누가 서쪽으로 진나라를 섬기려 했겠으며, 스스로 진나라의 동번東藩(동방의 번국)이라 일컫고 진나라를 위해 제궁을 건설하려 했겠는가? 이것은 잠꼬대 같은 소리다'라고 했다."(『사기전증』) 이와 같은 정황은 전국시대 말기에 나타난 것으로, "진 소왕 53년(기원전 254), 한韓나라 왕이 진나라로 와서 진나라 왕을 알현했고, 위魏나라는 국정을 진나라에 넘기고 일체의 명령을 들었다."(『진본기』)
117  간수干遂: 지금의 저장성 쑤저우 서북쪽 양산陽山 아래에 있던 옛 읍이다.
118  목야牧野: 지금의 허난성 치현 서남쪽 지역이다.
119  "위나라의 무졸武卒 군인은 세 부분(상반신, 허벅지, 종아리 보호를 세 부분이 연결된 갑옷)으로 된 철갑을 입고, 12석石의 힘으로 당길 수 있는 쇠뇌를 조작하고, 등에 50개의 화살을 지고 어깨에 과를 메고 투구를 쓰며, 검을 차고 사흘치의 양식을 휴대한 채 반나절 동안 빠르게 100리를 행군하는데, 시험에 합격하면 온 가족의 부세가 면제되었고 좋은 농지와 집을 제공받았다."(『한서』 「형법지」)
120  창두蒼頭: "푸른 수건을 싸매어 다른 무리와 구별했다. 순경荀卿이 '위나라에는 창두가 20만이 있다'고 한 것이 이것이다."(『색은』) '수정본'에서는 경본·황본·팽본·가본·능본·전본에는 '순경'이 아닌 '순경자荀卿子'로 되어 있다고 했다.
121  시도厮徒: "천한 일을 하는 병졸을 말한다. '시厮'는 말을 기르는 천한 사람인데 지금 병졸로 선발한 것이다."(『색은』) '수정본'에서는 원래 '사斯'였는데 경본·황본·팽본·가본·능본·전본에 근거해 '시厮'로 바꿨다고 했다. 진직陳直의 『사기신증史記新証』(이하 『사기신증』으로 표기함)에서는 "창두는 군중에서 복장의 색깔로 얻은 이름이지 노예를 지칭하는 것은 아니다. 시도는 노예다"라고 했다.
122  원문은 '車六百乘, 騎五天匹'이다. 호삼성의 주석에서는 "고대에는 전차를 사용했고 전국시대에 기병을 사용하기 시작했는데, 거기車騎는 다르게 사용하거나 겸용하는 것을 말한다"라고 했다.

라를 섬기게 된다면 반드시 토지를 할양하여 충성을 증명해야 할 것이고, 이는 전쟁을 치르지 않았는데도 국가가 손실을 입는 것입니다. 대체로 신하 중에서 진나라를 섬기라고 말하는 자들은 모두 간사한 자들이며 충성스러운 신하가 아닙니다. 무릇 신하가 되어 군주의 토지를 할양하여 다른 나라와 우의를 구하는 것은 한때의 업적만을 탐하여 나중을 돌보지 않는 것이며, 국가에 손해를 끼치면서 사익을 취하는 것이고, 바깥의 강대한 진나라 세력에 의지해 안으로 자신의 군주를 협박하여 토지를 진나라에 할양하려는 것입니다. 대왕께서는 이 점을 자세히 살펴보시기 바랍니다.

『주서周書』에서 '초목을 제거하려는데 싹이 틀 때 손쓰지 못해 가지와 잎이 무성해지면 어찌하겠는가? 조금 자랐을 때 잘라내지 않으면 결국 도끼를 써야 한다'[123]고 했습니다. 미리 생각하여 결정하지 않으면 나중에 큰 우환이 생길 텐데, 그때 어떻게 처리하겠습니까? 대왕께서 진실로 신의 건의를 받아들여 여섯 나라가 합종으로 친교를 맺고 뜻을 모아 힘을 합쳐서 의지를 하나로 통일한다면 강력한 진나라의 침략을 근심할 필요가 없을 것입니다. 이 때문에 저희 조나라 왕께서 신을 파견해 대왕께 이러한 계책을 바친 것이니, 바라건대 대왕과 맺을 맹약을 준수하고 일체 대왕의 분부를 따르도록 하겠습니다."

위나라 왕이 대답했다.

"과인은 변변치 못해 일찍이 그대의 고명한 가르침을 들을 기회가 없었소. 지금 그대가 조나라 왕의 지시로 나를 가르쳐주었으니, 공경하며 온 나라를 들어 그대의 의견을 따르도록 하겠소."[124]

---

123  "綿綿不絶, 蔓蔓奈何? 豪氂不伐, 將用斧柯."(『일주서逸周書』「화오和寤」)『일주서』에는 '내奈'자가 '약若'자로 되어 있고, '호리불벌豪氂不伐'은 '호말불철豪末不掇'로 되어 있으며, '용用'자는 '성成'자로 되어 있다.

124  "이상 소진이 합종으로 위나라 왕에게 유세한 사건은 「위책 1」「위세가」「육국연표」에 모두 기재되어 있지 않다.『통감』은 주 현왕 36년(위 혜왕 후원後元 2년, 기원전 333)으로 기재하고 있다. 또한 능치륭은 등이찬鄧以贊의 말에 근거해 '합종은 오직 한나라와 위魏나라에 조금도 이롭지 않은데, 두 국가

그리하여 소진은 또 동쪽으로 가서 제나라 선왕宣王[125]에게 유세하며 말했다.

"제나라 남쪽에는 태산泰山[126]이 있고, 동쪽에는 낭야산琅邪山[127]이 있으며, 서쪽에는 청하淸河가 있고, 북쪽에는 발해가 있으니 사방이 모두 험준한 요새가 있는 국가라 할 수 있습니다. 제나라 영토는 사방 2000여 리이고, 무장한 병사는 수십만 명이며, 식량은 산더미처럼 쌓여 있습니다. 삼군의 정예부대와 오가五家[128]의 병사들이 진공할 때는 화살같이 빠르고,[129] 싸움을 할 때는 벽력과 같이 용맹하며, 물러날 때는 바람이 멈추고 비가 그치듯 민첩합니다. 설사 전쟁이 일어났을지라도 적들이 태산을 넘고 청하와 발해를 건너게 한 적이 없었습니다.[130] 제나라 도성인 임치에 7만 호가 있는데, 신이 헤아려볼 때 집집마다 적어

---

는 진나라와 가까워 진나라를 섬기지 않으면 전쟁을 가장 빠르게 겪게 되기 때문이다. 소진은 단지 두 나라에 땅을 할양하는 것은 이롭지 않으며 신하로 칭하는 것은 부끄러운 것이라 했지만 또한 궁색한 말이다'라고 했다."(『사기전증』)

**125** 선왕宣王(재위 기원전 319~기원전 301)은 위왕威王의 아들로 이름이 벽강辟彊이다.

**126** 태산泰山: 제나라 도읍인 임치 서남쪽에 있는 산으로, 지금의 산둥성 타이안 북쪽에 있는 동악東嶽이다.

**127** 낭야산琅邪山: 지금의 산둥성 자오난膠南 동남쪽에 있는 산이다.

**128** "관중이 국가 관리 제도를 제정했는데, 오가五家를 1궤軌로 하고 궤 안에서 한 명을 선발하여 궤장軌長으로 삼는다. 10궤를 1리里로 하고 이里 안에서 한 명을 선발하여 유사有司로 삼는다. 4리를 1연連으로 하고 연 안에서 한 병을 선발하여 연장連長으로 삼는다. 10연을 1향鄕이라 하고 향 안에 양인良人(향대부鄕大夫)를 둔다. 동시에 거주민에 군령을 하달하여, 5가家를 1궤로 하기에 5명을 1오伍라 하고 궤장이 통솔한다. 10궤를 1리로 하기 때문에 50명을 1소융小戎(유사가 타는 병거兵車)으로 편제하고 유사가 통솔한다. 4리를 1연으로 하기에 200명을 1졸卒로 하고 연장이 통솔한다. 10연을 1향으로 하기에 2000명을 1려旅라 하고 향양인鄕良人이 통솔한다. 5향은 1수帥이기에 1만 명을 1군軍이라 하고 5향의 수帥인 경卿이 통솔한다."(『국어國語』「제어齊語」) "제나라는 군郡을 설치하지 않고 군郡과 유사한 도都를 설치하여 전국에 오도五都를 두었다. 『사기』「연세가」의 『색은』에 '오도는 즉 제나라다. 임치는 오도 가운데 하나'라고 했고, 도의 장관을 대부大夫라 불렀으므로 오도를 또 오가五家(대부의 영지를 가家라 부름)라 했다. 각 도에는 '극戟을 지닌 병사(『맹자』「공손추」)'가 있으니, 즉 오가五家의 병사다."(뉴홍언, 『전국책선주』)

**129** 원문은 '진여봉시進如鋒矢'다. "『전국책』에서는 '빠르기가 날카로운 살촉의 화살과 같다'고 했다."(『색은』) "제나라 군대의 진격은 칼끝이 날카로운 칼과 좋은 활의 화살과 같아서 그것을 사용하면 전진만 있고 물러남이 없다."(『정의』) "나카이 리켄이 말하기를 '봉시鋒矢란 화살촉이 가늘고 날카로움이 칼끝과 같은 것이다'라고 했다."(『사기회주고증』)

**130** 원문은 '即有軍役, 未嘗倍泰山, 絕淸河, 涉勃海也'로, 해석에 두 가지 견해가 있다. "임치는 자족할

도 세 명의 남자가 있다고 치면 7만 호에 21만 명이니 먼 현의 군대를 징발할 필요 없이 임치의 병사만 21만 명이나 됩니다. 임치는 매우 부유하고 풍족하며 이곳 백성은 우竽를 불고 비파를 뜯고 거문고를 타고 축筑[131]을 켜면서, 닭싸움과 개 경주, 육박六博[132]과 공차기를 즐기지 않는 이가 없습니다. 임치의 거리는 수레바퀴가 서로 부딪치고 사람들의 어깨가 서로 맞닿을 만큼 북적거리며, 사람마다 옷자락이 서로 길게 펼쳐져 휘장을 이루고 옷소매를 들면 하늘을 가리는 큰 장막을 이루며, 사람들이 땀을 뿌리면 비가 내리는 것 같고, 집집마다 부유하고 풍족해 사람마다 뜻이 원대하고 기운이 드높습니다. 대왕의 현명함과 제나라의 강대함은 천하에서 그 누구도 당해낼 수 없습니다. 그런데 지금 대왕께서는 도리어 서쪽으로 향하여 진나라를 섬기려 하니, 신 대왕을 위해 그것을 부끄럽게 여깁니다.

그런데 지금 한나라와 위나라가 진나라를 몹시 두려워하는 까닭은 그들이 진나라의 변방과 서로 맞닿아 있기 때문입니다. 일단 전쟁이 발생하여 두 군대가 전투를 벌이게 되면 열흘을 넘기기도 전에 승패와 존망의 형세가 결정될 것입니다. 한나라와 위나라가 진나라와 싸워 이긴다면 그들 자신의 병력도 절반을 잃어 사방의 변경을 지켜낼 수 없을 것이고, 싸워서 승리를 거두지 못하면 국가가 위태로워져 멸망이 뒤따르게 될 것입니다. 이것이 바로 한나라와 위나라가 진나라와 쉽게 전쟁을 벌이지 못하고 진나라의 신하가 되는 일을 가볍게 여기는 까닭입

수 있었다. 제나라에 전쟁이 발발하면 황하를 건너 2부部를 취할 필요가 없다는 것을 말한다.(『정의』) "태산을 넘어 산 남쪽의 병력을 징발하는 것 또한 1부部다."(『사기회주고증』) 즉, 제나라 도성 임치는 사방이 천연 요새이기 때문에 전쟁이 발발하더라도 병력을 징발할 필요가 없다는 말이다. 또 다른 해석으로는 제나라가 태산, 낭야산, 청하, 발해로 둘러싸여 있어 적들이 사방 경계를 넘어 진입한 적이 없다는 것이다. 허젠장何建章의 『전국책주석戰國策注釋』에서는 "비록 전쟁이 발생했을지라도 적들이 태산을 넘고 청하와 발해를 건넌 적이 없다"고 한 뒤, 이어서 병사를 징발할 필요가 없는 이유를 설명하고 있다. 역자는 하건장의 견해에 따랐음을 밝혀둔다.

**131** 축筑: 거문고와 비슷한 모양의 전통 현악기로, 13개의 현이 있고 현 아래에 기둥이 있다. 연주할 때 왼손으로는 현을 누르고 오른손으로 대나무 자를 잡고 현을 쳐서 소리를 낸다.

**132** 육박六博: 바둑 놀이의 하나로, 흑백 각 6개의 막대기를 던져서 승부를 내는 놀이다.

니다.

그러나 지금 진나라가 제나라를 공격한다면 이와는 상황이 다릅니다. 진나라는 반드시 한나라와 위나라의 땅을 넘어 등지고 衛나라 양진陽晉[133]의 통로를 관통하여 강보亢父[134]의 험준한 요새를 지나야 하는데, 그곳은 두 대의 수레가 나란히 달릴 수 없고 전마가 열을 지어 갈 수 없어 100명이 험준한 곳을 지키기만 한다면 감히 1000명도 이곳을 지날 수 없습니다. 진나라가 비록 깊숙이 침범하려 할지라도 이리와 같이 뒤를 돌아보는 근심이 따르니,[135] 한나라와 위나라가 후방에서 그들을 도모할까 염려하는 것입니다. 진나라는 의심과 걱정이 가득하기 때문에 그저 허장성세로 제나라로 진격할 시늉만 하면서 겉으로는 오만하게 잘난 척하지만 실제로는 감히 제나라로 진격하지 못하니, 진나라가 제나라를 해칠 수 없음은 분명합니다. 진나라가 제나라를 어찌할 수 없는 이러한 사실을 깊이 헤아리지 못하고 서쪽을 향하여 진나라를 섬기려 하시니, 이는 신하들의 책략에 실수가 있다고 할 것입니다. 지금 제가 대왕의 신하가 되어 진나라에 굴복하는 오명을 입지 않고 강대한 국가 실력을 구현할 수 있으니, 이를 위해 대왕께서는 약간의 주의를 기울여 신의 의견을 고려한 다음 계책을 결정하시기 바랍니다."

제나라 왕이 말했다.

"과인은 우둔하고, 제나라는 황량하고 외진 곳에서 바다에 의지하고 있으며 길이 막힌 동쪽 변경에 위치한 국가이기에 그대의 가르침을 들을 기회가 없었

---

133  양진陽晉: 衛나라의 현으로 지금의 산둥성 윈청鄆城 서쪽 지역이다. 「장의전張儀傳」에 이르기를 '진나라가 군대를 파견하여 위나라의 양진을 공격하여 취한다면 틀림없이 천하의 가슴 같은 교통의 요충지가 단절될 것입니다'라고 했고, 또 '위나라를 위협하여 양진을 탈취할 것이니 조나라는 남하하여 위나라를 구원할 수 없게 될 것이다'라고 했으니 양진의 험준함을 알 수 있다.(『사기회주고증』)
134  강보亢父: 제나라의 현으로 지금의 산둥성 지닝濟寧 남쪽 지역이다. 『색은』에서는 '亢'의 음이 '강剛'이라 했다.
135  "이리는 겁이 많아 달리면서 항상 뒤를 돌아본다."(『정의』)

소. 지금 그대가 조나라 왕의 지시로 나를 가르쳐주었으니, 공경하며 온 나라를 들어 그대의 의견을 따르도록 하겠소."[136]

그리고 소진은 서남쪽으로 가서 초나라 위왕威王[137]에게 유세하며 말했다.

"초나라는 천하의 강국이고 대왕은 천하의 현명한 왕이십니다. 초나라는 서쪽에 검중黔中과 무군巫郡[138]이 있고, 동쪽에는 하주夏州와 해양海陽[139]이 있으며, 남쪽에는 동정호洞庭湖와 창오蒼梧[140]가 있고, 북쪽에는 형새陘塞와 순양郇陽[141]이 있으며, 국토는 사방 5000여 리나 되고, 무장한 군대는 100만이며, 전차는 1000승이고, 전마는 1만 필이며, 식량은 10년을 버틸 수 있도록 저장해뒀습니다. 이것은 패왕의 공업을 건립할 수 있는 자본입니다. 무릇 초나라의 강대함과 대왕의 현명함은 천하에 어느 국가도 당해낼 수 없습니다. 그런데 지금 도리어 서쪽을 향하여 진나라를 섬긴다면 각국 제후들 가운데 서쪽을 향하여 진

---

136  "이상 소진이 합종으로 제나라 선왕에게 유세한 사건은 『전국책』 「제책 1」에는 보이지만 「전완세가」와 「육국연표」에는 기재되어 있지 않고, 『통감』은 주 현왕 36년(기원전 333)으로 기재하고 있다." (『사기전증』) "본 열전 이외에 「전완세가」와 「육국연표」에 기재되어 있지 않은 것이 첫 번째로 의심스럽다. 주 현왕 36년은 위魏와 제가 서주徐州에서 회맹하고 서로 왕을 칭한 이듬해로 「기년」에 근거하면 당연히 제 위왕 24년인데, 『전국책』에서는 제 선왕이라고 하니 「기년」과 부합하지 않아 두 번째로 의심스럽다. 「전완세가」에서는 '마릉전투 이후에 삼진三晉(한, 조, 위)의 왕이 모두 전영을 통해 제나라의 박망博望(제나라의 현으로, 지금의 산둥성 츠핑茌平 서북쪽)으로 가서 제나라 왕을 알현하고 제나라와 맹약을 맺었다'고 했다. 위와 제가 서로 왕이라 칭하고 두 나라가 패권을 공평하게 나누어 제 위왕의 패업이 정점에 이르렀는데, 제후들과 합종하여 진나라에 대항할 필요가 있겠는가? 여기서 제나라 왕이 소진의 말을 듣고 '공경하며 사직을 받들어 따르겠다'고 말하는 것이 세 번째로 의심스러운 것이다." (『전국책고변』)
137  초 위왕楚威王(재위 기원전 339~기원전 329)은 회왕懷王의 부친으로 이름이 상商이다.
138  검중黔中은 초나라의 군으로 대략 지금의 후난성 서부와 구이저우성 동북부 일대다. 무군巫郡 역시 초나라의 군으로 대략 지금의 충칭 동부와 후베이성 서부 일대다.
139  하주夏州는 지금의 후베이성 우한武漢 서남쪽 양쯔강의 백사주白沙洲이고, 해양海陽은 지금의 장쑤성 양저우揚州 동쪽에서 해변에 이르는 장강 북부 연안이다.
140  창오蒼梧는 지금의 후난성 닝위안寧遠 남쪽, 다오현道縣 동남쪽에 있다.
141  형새陘塞는 형산陘山을 말한다. 지금의 허난성 신정 남쪽에 있다. 순양郇陽은 지금의 산시陝西성 쉰양旬陽 동북쪽 지역이다.

나라의 장대章臺[142] 아래에서 알현하지 않을 자가 없을 것입니다.

진나라에 최대 위협이 되는 국가로는 초나라만 한 나라가 없습니다. 초나라가 강해지면 진나라는 약해질 것이고, 진나라가 강해지면 초나라가 약해질 것이니, 두 세력은 양립할 수 없습니다. 신이 대왕을 위해 생각해보니, 여섯 나라가 합종하여 화친을 맺어 진나라를 고립시키는 것보다 더 좋은 계책이 없습니다. 대왕께서 합종 책략을 따르지 않으시면[143] 진나라는 반드시 군대를 두 곳에서 일으켜 한쪽 군대는 무관으로부터 출격시키고, 다른 한쪽 군대는 검중으로 내려 보낼 것입니다. 그러면 초나라 도성 언鄢, 영郢[144] 일대가 동요할 것입니다.

신이 듣자 하니 일을 처리할 때는 어지러워지기 전에 다스려야 하고 재난이 닥치기 전에 행동해야 한다고 했습니다.[145] 재난이 코앞에 닥쳐서 대책을 찾는 것은 이미 늦은 것입니다. 그러므로 대왕께서는 이 문제를 조속히 고려하시기 바랍니다.

대왕께서 진실로 신의 의견을 들어주신다면 신은 산동의 각 제후들로 하여금 일 년 사계절 공물을 바치고[146] 대왕의 영명한 영도를 받아들이도록 할 것이며, 그들의 사직과 종묘를 대왕께 위탁하고 아울러 병사를 훈련시키고 병기를 날카롭게 갈고 대왕의 지휘를 따르도록 할 것입니다. 대왕께서 진실로 신의 어리석은 계책을 받아들이신다면 반드시 한, 위魏, 제, 연, 조, 위衛나라의 음악과 미녀들이 후궁에 가득 차고 반드시 연燕과 대代 등지의 낙타와 훌륭한 말이 대

---

142  장대章臺: 지금의 셴양 지역으로 진나라를 가리키는 말이다. 장화대章華臺라고도 한다.
143  원문은 '대왕불종친大王不從親'이다. '수정본'에 따르면 원래 '친親'자가 없었는데 「조책」에서 '대왕불종' 뒤에 누락된 '친'자를 보충해야 마땅하다(『독서잡지』 「사기」)고 하여 붙였다고 했다.
144  "양콴이 말하기를 '언鄢(지금의 후베이성 이청宜城 동남쪽)은 원래 초나라 별도의 도성으로 영郢에서 북쪽으로 대략 200리 떨어져 있었다. 언과 영 사이에는 남전藍田(후베이성 중상鍾祥)이 있다. 이 일대는 당시 언영鄢郢이라 불렸고 초나라의 정치 중심이었다'라고 했다."(『사기전증』)
145  "爲之於未有, 治之於未亂."(『노자』)
146  초나라가 계절마다 조상에 제사지낼 때 동방의 제후국들이 물품을 바쳐 제사를 돕는 것을 말한다. 혹은 제후국들이 계절마다 초나라에 때에 맞는 생산물을 바치는 것을 말한다.

왕의 마구간에 가득 채워질 것입니다. 그러므로 합종이 성공하면 초나라가 패왕의 사업을 이룰 것이고, 연횡이 이루어지면 진나라가 황제를 칭하게 될 것입니다. 그런데 지금 대왕께서 패왕의 사업을 버리고 다른 사람을 섬기는 오명을 받아들이려 하신다면, 신은 대왕을 위하여 그와 같이 하지는 않을 것입니다.

무릇 진나라는 호랑이나 이리 같은 흉악한 나라로, 천하를 집어삼키려 하고 있으니 천하 제후들의 원수라 할 것입니다.[147] 연횡을 주장하는 사람들은 모두 제후들의 토지를 분할하여 진나라에 바치고 섬기려 하는데, 이것이 바로 원수를 공양하고 받들어 모시는 일입니다. 무릇 신하된 자가 자기 군주의 토지를 할양하여 호랑이와 이리같이 강한 진나라와 친분을 맺으려 하고, 진나라가 천하를 침범하여 마침내 자신의 국가마저 그 침해를 받게 하면서도 재앙의 결과에 대해서는 돌아보지 않습니다. 밖으로 강대한 진나라의 위세를 끼고 안으로 자신의 군주를 위협하여 토지를 할양하도록 요구하는 것은 가장 큰 반역이자 가장 큰 불충으로 이보다 엄중한 것은 없습니다. 그러므로 만일 합종을 하여 화친을 맺게 된다면 제후들은 토지를 분할하여 초나라를 섬길 것이고, 연횡이 이루어지면 초나라는 토지를 할양하여 진나라를 섬길 것입니다. 이 두 책략은 서로 큰 차이가 있으니, 대왕께서는 둘 중 어느 쪽을 택하시겠습니까? 이 때문에 저희 조나라 왕께서 신을 보내 이러한 계책을 바치며 아울러 대왕과 체결할 맹약을 받들어 따를 것이니, 대왕의 처분을 듣고 싶습니다.”

초나라 왕이 말했다.

“과인의 나라는 서쪽으로 진나라와 경계를 접하고 있는데, 진나라는 파巴와 촉蜀을 빼앗고 한중漢中을 삼키려는 야심을 품고 있소. 진나라는 호랑이나 이리 같은 흉악한 국가이니 친해질 수 없소. 한나라와 위나라는 진나라의 위협을 받고

---

**147** “장백잠蔣伯潛이 말하기를 ‘주 현왕 37년(기원전 332) 이전에 진나라가 침략한 나라는 위魏나라뿐이며, 진나라가 침탈한 위나라 땅은 모두 황하 서쪽이다. 소진 때 다른 다섯 국가는 모두 침략을 받지 않았다’고 했다.”(『사기전증』)

있으므로 그들과는 깊이 도모할 수 없소. 그들과 큰일을 계획한다면 반역자[148]가 진나라에 누설할까 두렵고, 그렇게 되면 계획이 실행되기도 전에 국가가 위험한 지경에 빠지게 될 것이오. 과인이 스스로 헤아려볼 때 초나라가 진나라에 대항하는 것은 승산이 없고, 조정의 신하들과 상의해도 믿을 만한 대책이 없소. 그래서 과인은 자리에 누워도 편하지 않고 음식을 먹어도 단맛을 알지 못하며, 심신이 어수선하고 산란하여 공중에 나부끼는 깃발처럼 의지할 곳이 없었소. 지금 그대가 천하를 하나로 통일시키고 각 제후들을 연합시켜 위태로운 국가를 보전하고자 한다면 과인은 삼가 사직을 받들어 그대의 의견을 따르겠소."[149]

그리하여 여섯 나라는 합종하여 역량을 집중하게 되었다. 소진은 합종 맹약의 영도가 되었고 여섯 나라의 상을 겸하게 됐다.[150]

---

**148** '반역자'의 원문은 '反人'으로,『전국책신교주』에서는 '人'을 불필요한 글자로 보았다. 그렇다면 해석은 "그들(한과 위)이 반대로 초나라의 계획을 진나라에 누설할까 두렵다"가 된다.『전국책주석』에서 '人'은 '入'자의 잘못이라 했는데, 이런 경우 '들어가서 알리다'의 의미가 되어 대체로 모두 같은 뜻이라 할 수 있다.

**149** "이상 소진이 합종으로 초나라 위왕에게 유세한 사건은『전국책』「초책 1」에는 보이지만 「초세가」와 「육국연표」에는 기재되어 있지 않고『통감』은 주 현왕 36년, 초 위왕 7년(기원전 333)으로 기재하고 있다."(『사기전증』) "전국시대에 진나라와 초나라가 패주를 다투는 쌍방이 된 적은 없었다. 진나라가 왕이라 칭한 것은 주 현왕 44년(기원전 325)으로, 주 현왕 36년 무렵 진나라는 아직 왕이라 칭하지도 않았는데 어떻게 '연횡이 이루어지면 진나라가 황제를 칭하게 될 것이다'라고 할 수 있겠는가? 백서帛書의 기록에 근거하면 소진의 활동 시기는 제 민왕 때로, 제 민왕 때 제나라와 초나라는 관계가 좋지 않았고 소진은 제나라에 오래 있었으며 초나라와의 관계는 더욱 소원했다. 「초책」에 기재된 소진의 일은 대체적으로 믿을 수 없다."(『전국책고변』)

**150** "『전국책』에서 소진이 육국에게 유세한 말은 대부분 후세 사람이 적은 것이다. '조나라 상이 되었다'(양콴은 고증에 근거해 소진이 제와 연의 상이었다고 했다)는 말은 할 수 있어도 '맹약의 수장이 되고 육국의 상'이 된 일은 없었다. 뉴훙언은 '소진이 이태李兌를 도와 오국이 합종하여 진나라를 공격하는 일은 과장된 것이다. 연나라가 2만 명을 파견하여 참가했지만 단지 제나라를 도왔으므로『전국책』과 『전국종횡가서戰國縱橫家書』에서는 모두 다섯 나라라고 했고 여섯 나라라고 하지 않았다. 소진이 합종 맹약의 수장이 되었다는 내용은 사료에 언급되지 않았다. 이것은 당연히 진 혜왕 후원後元 7년(기원전 318)에 공손연이 발기하고 오국이 합종하여 진나라를 공격한 일을 말하는 것으로, 초 회왕이 수장이 되었다. 즉, 잘못 옮긴 것이며, 육국의 상을 겸했다는 것도 과장된 말이다'라고 했다."(『사기전증』)

소진은 북쪽으로 조나라 왕에게 경과를 보고하러 가는 도중에 낙양을 지나게 되었다. 수행하는 거마와 물자를 실은 수레, 그리고 각 제후국에서 소진을 위해 파견한 사자가 매우 많아 국왕의 행차에 견줄 만했다. 주나라 현왕顯王은 이 소식을 듣고는 두려워 급히 사람을 보내 소진이 지나가는 길을 청소하도록 하고 교외까지 사람을 보내 영접하며 위로하게 했다.[151]

소진의 형제와 아내, 형수가 곁눈질할 뿐 감히 고개 들어 쳐다보지 못한 채 허리를 굽히고 무릎을 꿇고 엎드려 절을 하고는 소진이 식사를 마치기를 기다렸다. 소진이 웃으면서 형수에게 말했다.

"어찌하여 전에는 내게 그토록 오만하더니 지금은 공손합니까?"

형수는 몸을 굽힌 채 기어와서 얼굴을 땅에 대고 사죄하며 말했다.[152]

"계자季子[153]의 지위가 귀하고 재물이 매우 많기 때문입니다."

소진이 길게 탄식하며 말했다.

"나 같은 사람도 부귀해지면 친척들이 두려워하고 가난하면 업신여기는데, 하물며 일반 사람들이야 어떻겠는가! 나에게 낙양성 근교에 두 경頃[154]의 밭이 있었던들 내 어찌 여섯 나라 상의 인장을 찰 수 있었겠는가?"[155]

---

151  "손님이 근교에 도착하면 군주는 경卿에게 조복朝服(군신 조회 혹은 성대한 행사 때 입는 예복)을 입고 다섯 필의 비단 예물로 위로하게 한다."(『의례儀禮』「빙례聘禮」)

152  "그의 처는 감히 똑바로 쳐다보지 못하고 곁눈질하며 귀를 기울여 그가 말하는 것을 들었고, 형수는 마치 뱀처럼 땅바닥을 기며 네 번 절하고 무릎을 꿇고는 사죄했다"고 했다.(『전국책』「진책 1」)

153  계자季子: "초주가 말하기를 '소진의 자가 계자'라고 했다."(『집해』) "형수가 작은삼촌을 계자라고 부른 것일 뿐 반드시 그의 자는 아니다."(『색은』)

154  경頃: 토지 면적 단위. 1경은 100묘畝이고, 1묘는 대략 667평방미터다.

155  소진이 고향에 돌아온 내용은 『전국책』과 차이가 있다. 우선 소진이 고향에 돌아온 시기를 『전국책』「진책 1」에서는 그가 조나라에 유세한 후 초왕에 유세하러 남방으로 향하는 길에 낙양에 들른 것이라 한 반면, 「소진열전」에서는 그가 초나라에 유세한 후 조나라에 보고하러 갈 때 낙양을 들른 것이라고 했다. 또한 교외에서 그를 영접하던 상황에 대해 『전국책』에서는 "그의 부모는 그가 돌아온다는 소식을 듣고 집을 깨끗이 하고 도로를 청소하고 음악을 갖춘 연회를 안배하고는 교외 30리까지 나가 영접했다"고 기록하고 있다. 소진이 탄식한 부분에서도 『전국책』「진책 1」에서는 "사람이 세상에 태어나 권세, 지위, 부귀를 어떻게 가볍게 볼 수 있겠는가!"라고 기록했다.

그리하여 소진은 천금을 풀어 일족과 친구들에게 나누어주었다. 당초에 소진이 연나라에 갔을 때 남에게 100전을 빌려 노자로 삼은 일이 있었는데 부귀해지자 100금의 황금으로 갚았으며, 자신에게 은혜를 베푼 모든 사람에게 보답했다. 그를 수행한 사람들 가운데 유독 한 사람만 보답을 받지 못했는데, 그가 소진 앞으로 나와 그 까닭을 묻자 소진이 대답했다.

"나는 결코 너를 잊지 않았다. 너는 나를 따라 연나라로 갔을 때 역수易水 가에서 여러 차례 나를 버리고 떠나려 했다. 그때 나는 매우 곤란한 처지였기에 너를 깊이 원망했다. 그래서 너에 대한 보답을 맨 뒤로 미루었을 뿐으로, 이제 네게도 보답하겠다."156

소진이 여섯 나라와 합종의 약정을 맺고 조나라로 돌아오자 조나라 숙후는 그를 무안군武安君으로 봉하고 곧 합종 맹약 문서를 진나라로 보냈다. 진나라 군대는 이때부터 15년 동안 감히 함곡관 밖을 엿보지 못했다.157

그 뒤 진나라는 서수犀首를 파견해 제나라와 위나라를 속이고 그들과 함께 조나라를 정벌하게 하여 합종 맹약을 깨뜨리려 했다.158 제나라와 위나라가 조나라를 공격하자 조나라 왕이 소진을 꾸짖었다. 소진은 두려워하며 연나라 사신으로 가서 반드시 제나라에 보복할 것을 요청했다.159 소진이 조나라를 떠난

156  소진이 은혜에 보답한 일은 『전국책』에 기재되어 있지 않고 태사공이 보충한 것이다.
157  "소진이 처음 연나라에 유세하여 합종한 이후 제와 위가 조나라를 공격하여 맹약이 해제되기까지 기간은 3년에 불과할 따름인데, 어찌 15년 동안 함곡관을 엿보지 못했다고 하는가! 『통감고이通鑑考異』와 『고사古史』에서 유세객의 빈말이라 말하는데, 소진을 과장해서 말한 것뿐이다."(『사기지의』) "소진이 진나라 왕에게 유세한 말의 핵심은 연횡에 있지 않고 폐문임무廢文任武(문치文治를 버리고 무력을 사용, 즉 문文을 경시하고 무武를 중시하다)를 주장하여 무력으로써 천하를 합병시킨 것이다."(『전국사』)
158  진나라가 합종 맹약을 깨뜨린 시기는 조 숙후 18년, 제 위왕 25년, 위 혜왕 후원 3년(기원전 332)이다. "제와 위가 조나라를 공격한 일은 확실히 있었지만, 진나라가 서수를 시켜 제와 위를 속였다는 내용은 명문화된 기록이 없다."(『사기전증』)
159  제나라는 진나라를 위해 조나라를 공격하여 합종을 깨뜨린 원수이기 때문에 소진이 제나라에 보복하겠다고 한 것이다.

후 합종 맹약은 와해되었다.[160]

진나라 혜왕은 자신의 딸을 연나라 태자의 부인으로 출가시켰다.[161] 이해에(진 혜왕 5년, 연 문공 29년, 기원전 333) 연나라 문후[162]가 죽고 태자가 즉위했으니, 그가 바로 역왕易王[163]이다. 역왕이 막 왕위에 올랐을 때 제나라 선왕이 연나라의 국상을 틈타 연나라를 공격해 10개 성을 탈취했다.[164] 역왕이 소진에게 말했다.

"지난날 선생이 우리 연나라에 왔을 때 선왕께서는 선생을 도와 조나라 왕을 만나게 했고, 그 결과 여섯 나라가 합종을 약속했소. 그런데 지금 제나라가 먼저 조나라를 공격하고, 이어서 또 연나라로 진공하니 선생 때문에 우리는 천하의 웃음거리가 되고 말았소. 선생은 연나라를 위해서 제나라에 점령당한 땅을 되찾아줄 수 있소?"

소진은 몹시 부끄러워하며 말했다.

"청컨대 대왕을 위해서 빼앗긴 땅을 되찾아 오겠습니다."

소진은 제나라 왕[165]을 만나 두 차례 예를 행하고 고개 숙여 경축하고는 이

---

160  "서광이 말하기를 '처음 연나라에 유세했을 때부터 이때까지가 3년이다'라고 했다."(『집해』) "본래 소진이 합종 육국을 한 일이 없었으므로 와해되었다는 말도 자연히 허구라 하겠다."(『사기전증』)

161  "쳰무가 말하기를 '진 혜왕 원년은 연 문공燕文公 25년이다. 진 혜왕은 즉위 3년에 관례를 거행하여 20세에 불과했다. 2년 후 연 문공이 죽었는데, 어떻게 혜왕에게 딸이 있어 연나라 역왕의 처로 삼는단 말인가? 쉬중수徐中舒는 '진 소왕은 원래 연나라에 가 있던 진나라의 볼모로, 소왕이 즉위할 수 있었던 것은 연나라가 진나라로 돌려보냈기 때문이다. 진과 연나라는 서로 거리가 멀고 이해가 상충할 일이 없으며, 진과 연이 연합하여 제나라를 누른 것은 연나라에 볼모가 있고 연나라와 혼인관계를 맺었기 때문이다'라고 했다. 또한 탕란은 '진 혜왕의 사위는 결코 연 문후의 태자 역왕이 아니라 연 공자 직職으로, 바로 연 소왕이다'라고 했다. 쉬중수와 탕란이 말한 것은 20년 이후의 사건인데 태사공이 잘못하여 여기에 뒤섞은 것이다."(『사기전증』)

162  「연소공세가」와 「육국연표」에는 모두 '문공文公'으로 기재되어 있어, 여기서 '문후'라 표기한 것은 오류다.

163  역왕易王(재위 기원전 332~기원전 321)은 문공의 아들이다.

164  이 사건은 17년 이후 제 선왕 6년(기원전 314) 당시 연나라 자지子之의 난으로 인해 군대를 일으켜 연나라를 공격한 사건을 잘못 기술한 것이다. 대부분의 역사가는 연나라의 성 10개를 탈취한 사건을 '권權(지금의 허베이성 정딩正定 북쪽)에서의 전쟁'이라고 부른다.

165  사마천은 소진이 만난 왕을 '제 선왕'으로 기재했으나 당시 제나라의 군주는 '위왕威王'이었다. 제 선왕이 연나라를 공격한 때는 연왕 쾌噲 때로, 곧 제 위왕 시기였다.

어서 고개를 들어 애도를 표했다.[166] 제나라 왕이 물었다.

"왜 이리 축하하자마자 빠르게 애도를 표하시오?"

소진이 대답했다.

"신이 듣건대 굶주린 사람이 아무리 굶주려도 오훼烏喙[167]라는 독초를 먹지 않는 까닭은 이것이 잠시 배를 채울 수는 있으나[168] 매우 빠르게 사람의 목숨을 잃게 하여 굶어 죽는 것과 다름없기 때문입니다. 지금 연나라는 비록 힘이 약하고 작지만 연나라 왕은 여전히 진나라 왕의 사위입니다. 대왕께서는 연나라 10개 성의 이익을 탐하여 강대한 진나라와 원수가 되었습니다. 지금 약소한 연나라를 기러기의 행렬처럼 선봉으로 세우고 강대한 진나라가 뒤에서 엄호하면서 아울러 각국의 정예병을 불러들여 제나라로 진격해온다면, 이는 오훼를 먹는 것과 같습니다."

제나라 왕은 걱정스러워 낯빛이 바뀌며 말했다.

"어떻게 하면 좋겠소?"

소진이 대답했다.

"신이 듣건대 옛날에 문제를 잘 처리하는 사람은 화를 복으로 바꾸고 실패를 성공으로 바꿀 수 있다고 했습니다. 대왕께서 진실로 신의 계책을 받아들이시겠다면 즉시 10개 성을 연나라에 돌려주십시오. 연나라는 난데없이 성을 돌려

---

166   소진이 제나라 왕에게 바친 경축은 연나라 10개 성을 취한 일에 대한 것이고, 애도는 바로 그 일에 대한 유감과 우려의 표현이다. "유씨가 말하기를 '당시 경축과 애도를 표할 때 마땅히 그에 대한 말이 있었으나 사마천이 기록하지 않았을 뿐이다'라고 했다."(『색은』)

167   오훼烏喙: 독이 있는 식물 약재로, 『광아廣雅』에 이르기를 '1년 된 것은 오탁烏啄, 3년 된 것은 부자附子, 4년 된 것은 오두烏頭, 5년 된 것은 천웅天雄이라고 한다'고 했다."(『정의』) 이에 대해 '수정본'에서는 '1년' 뒤에 '爲前子二歲' 다섯 글자가 빠져 있다고 하면서 "1년 된 것을 즉자前子라 하고 2년 된 것을 오탁이라 한다"가 되어야 한다고 했다.

168   원문은 '유충복유充腹'으로, 『전국책』 「연책 1」에서는 '유愈'를 '투偸'로 기록했다. 왕염손은 "유愈는 투偸와 통한다"고 했다. "오두烏頭를 먹으면 잠시 배고픔을 잊을 수 있도록 배를 채워주지만 곧 독이 퍼져 죽게 되므로 또한 굶어 죽는 것과 같은 질환이다."(『색은』) '수정본'에서는 경본·황본·팽본·가본·능본·전본에서는 원래 '오두를 먹으면' 앞에 '기인飢人(굶주린 사람)' 두 자가 있다고 했다.

받게 되면 틀림없이 기뻐할 테고, 진나라 왕도 자신 때문에 연나라의 성이 반환되었음을 알면 틀림없이 좋아할 것입니다. 이것이 바로 원수를 없애고 돌처럼 단단한 우정을 얻는 방법입니다. 연나라와 진나라가 모두 제나라와 사이좋게 지낸다면 대왕께서는 천하를 호령하게 될 것이고, 감히 호령을 따르지 않는 자가 없을 것입니다. 이는 대왕께서 단지 빈말로써 진나라에 귀순하는 것일 뿐 실제로는 10개의 성으로 천하를 얻는 것이니, 패왕의 업적이라 하겠습니다."

제나라 왕이 말했다.

"좋소."

그러고는 10개의 성을 연나라에 돌려주었다.

누군가 연나라 왕에게 소진을 헐뜯으며 말했다.

"소진은 양쪽으로 영합하여 사익을 취하면서 나라를 팔아먹기를 수시로 하는 신하이니 반란을 일으킬 것입니다."

소진은 죄를 지을까 두려워 연나라로 돌아왔지만 연나라 왕은 다시 직무를 맡기지 않았다. 소진은 연나라 왕을 만나 말했다.

"신은 동주東周의 비천한 한낱 평민으로 공로를 조금도 세우지 못했지만 대왕께서 친히 종묘에서 신에게 관직을 주셨고,[169] 조정에서 예로 대접해주셨습니다. 지금 신은 대왕을 위해 제나라 군대를 물리치고 10개의 성을 수복했으니[170] 신을 더욱 친근하게 대해주셔야만 합니다. 지금 신이 연나라로 돌아왔으나 대왕께서 신에게 직무를 맡기지 않는 것은 틀림없이 누군가 신이 신용을 지키지 않는 자라고 모함했기 때문일 것입니다. 그러나 신이 신용을 지키지 않는 것은 대왕의 복입니다. 신이 듣건대 충성스럽고 신용이 있는 사람은 행동하는 모든 것이

---

169   고대에 대신에게 작위를 하사하고 관직을 수여할 때는 엄숙하고 정중함을 표시하기 위해 종묘에서 의식을 거행했다.

170   원문은 '공득십성攻得十城'이다. 『전국책』「연책」에 이르기를 '이로움은 10개 성을 얻은 것이고, 공적은 위태로운 연나라를 보존시킨 것이다'라고 했다.('수정본') "'공功'자는 불필요한 글자다."(『찰기』) "각 판본에는 '공功'자가 생략되어 있다. 여기에서는 공격하지 않고 얻은 것이다."(『사기탐원』)

자신의 도덕적 명성을 위한 것이고, 진취적인 사람은 행동하는 모든 것이 다른 사람을 위함이라 합니다. 또 신이 제나라 왕에게 유세한 것이 어찌 그를 속인 것이겠습니까? 신이 연로한 모친을 동주에 버려둔 것은 본래 자기의 명예를 돌아보지 않고 국가를 위한 진취적인 행동이었습니다. 만일 지금 증삼曾參 같은 효자, 백이伯夷 같은 청렴한 인물, 미생尾生 같은 신의가 있는 세 사람이 와서 대왕을 섬긴다면, 어떻겠습니까?"

연나라 왕이 대답했다.

"매우 좋지요."

소진이 말했다.

"증삼같이 효성스러운 사람은 효도를 해야 하기 때문에 자기 부모 곁을 떠나 밖에서 하룻밤도 자지 못할 것입니다. 대왕께서는 어떻게 그에게 1000리를 걸어와 약소한 연나라와 위험에 빠진 연나라 왕을 섬기라 하시겠습니까?[171] 백이처럼 청렴한 사람은 절개를 지켜 고죽군孤竹君의 계승자가 되지 않았고 무왕의 신하가 되려고도 하지 않았으며, 후작의 봉읍도 받지 않고 수양산 아래에서 굶어 죽었습니다. 이와 같이 청렴한 사람이 있다면 대왕께서는 또 어떻게 1000리 밖 제나라로 보내 속여 넘기게 할 수 있겠습니까? 또한 미생과 같이 신용을 지키는 사람은 다리 밑에서 여인과 만나기로 약속했으나 그 여인이 오지 않자 물이 불어도 떠나지 않고 다리 기둥을 껴안고 있다가 물에 빠져 죽었습니다. 이와 같이 신용을 지키는 사람이 있다면 왕께서는 또 어떻게 1000리 밖으로 보내 제나라의 강한 병사를 물리치게 할 수 있겠습니까? 신은 충성스럽고 신용을 지켰기 때문에 대왕께 죄를 지은 것입니다."

연나라 왕이 말했다.

"그대는 충성과 신용을 다하지 않았던 것이오. 어찌 충성스럽고 신용을 지키

---

171    원문에는 '위왕危王(위험에 빠진 왕)'으로 되어 있다. "『전국책』에는 '위주危主(위험에 빠진 군주)'라고 되어 있다."('수정본')

는데 죄를 지을 수 있겠소?"

소진이 대답했다.

"그렇지 않습니다. 신은 이런 이야기를 들었습니다. 관리가 되어 먼 지방으로 간 사람이 있었는데, 그 아내가 다른 사람과 사사로이 정을 통했다고 합니다. 그녀의 남편이 돌아올 때가 되어 정부가 걱정을 하자, 아내는 '걱정하지 마십시오. 내가 이미 독약을 탄 술을 준비해놓고 그를 기다리고 있습니다'라고 말했습니다. 사흘이 지나 과연 그녀의 남편이 돌아오자 아내는 첩을 시켜 독이 든 술을 그에게 가져가도록 했습니다. 첩은 술에 독이 들어 있다는 말을 하자니 주모主母[172]가 쫓겨날까 두려웠고, 말을 하지 않자니 주부主父를 죽이게 될까 두려웠습니다. 그래서 일부러 넘어져 술을 엎질렀습니다. 주부는 크게 화를 내며 그녀를 몽둥이로 50대나 때렸습니다. 첩은 일부러 넘어져 술을 엎어 위로는 주부를 살리고 아래로는 주모를 쫓겨나지 않게 했지만 자신이 매 맞는 것은 피하지 못했습니다. 어찌 충성스럽고 신용을 지킨다고 해서 죄가 없다고 할 수 있겠습니까? 무릇 신의 죄는 불행하게도 이와 같다고 하겠습니다!"

연나라 왕이 말했다.

"선생은 다시 원래 직위를 맡아주시오."

그러고는 더욱더 그를 우대했다.


연나라 역왕의 모친은 연나라 문후의 부인으로, 소진과 사사로이 정을 통했다.[173] 연나라 역왕은 이 사실을 알면서도 소진을 더욱 대우해줬다. 소진은 죽게

---

172  주모主母: 주인의 정처正妻(정부인)를 말한다. 고대에는 처와 첩의 구분이 매우 엄격하여 첩의 지위는 하인과 같았으므로 남편을 주부主夫라 하고 정부인을 주모라 했다.

173  "뉴홍언이 말하기를 '『전국책』에는 이 일이 기재되어 있지 않다. 소진은 연나라 소왕(재위 기원전 311~기원전 279) 때 연나라에 들어가기 시작했는데, 어찌 역왕(재위 기원전 332~기원전 321)의 모친과 사통할 수 있겠는가? 이것은 틀림없이 소진을 미워하고 제나라에 친근한 자가 날조한 말이다'라고 했다."(『사기전증』)

될까 두려워 연나라 왕을 설득하며 말했다.

"신이 연나라에 있으면 연나라의 지위를 높일 수 없지만 제나라로 가면 연나라의 지위를 제고시킬 수 있습니다."[174]

연나라 왕이 말했다.

"선생이 하고 싶은 대로 하시오."

그래서 소진은 거짓으로 연나라에서 죄를 지은 것처럼 꾸며 제나라로 도망쳤다. 제나라 선왕은 그를 객경客卿[175]으로 삼았다.

제나라 선왕이 죽고 민왕湣王이 왕위에 오르자,[176] 소진은 민왕을 설득하여 선왕의 장례를 성대하게 치러 효심을 드러내게 하고, 궁실을 높게 짓고 원유苑囿[177]를 넓게 하여 자신이 뜻한 바를 얻었음을 드러내게 했다. 그러나 이것은 제나라를 쇠퇴하게 만들어 연나라에게 그 틈을 이용할 기회를 제공하려는 계책이었다.[178]

연나라 역왕이 죽고 쾌噲가 즉위했다.[179] 그 뒤 제나라 대부 가운데 소진과

---

174  이 일은 역왕 때가 아니라 그 이후인 소왕 때 일이다.
175  객경客卿: 고대 관직으로 춘추전국시대에 본국 사람이 아닌데 본국에서 고급 관원이 된 사람에게 수여했다. 진나라 시기에도 객경의 관직이 있었는데 다른 제후국 사람을 진나라로 청해 관원이 되어 지위가 경卿에 이르면 손님의 예로써 대접했으므로 객경이라 했다. 이후에는 일반적으로 본국에서 관리가 된 외국인을 가리켰다. "서광이 말하기를 '연나라 역왕 10년(기원전 323) 때의 일이다'라고 했다."(『집해』)
176  선왕 19년(기원전 301)의 일이다. 『사기』에서 태사공은 연나라 역왕 10년(기원전 323), 즉 제 선왕 19년으로 기재하고 있지만 사실은 역왕 19년, 즉 제 위왕 34년의 일이다. 제 선왕은 이로부터 3년 뒤에 즉위했다. 제 선왕의 사망과 제 민왕의 즉위는 연 소왕 11년(기원전 301)에 해당된다. 제 민왕의 재위 기간은 기원전 301~기원전 284이다.
177  원유苑囿: 고대에 금수를 기르고 제왕이 오락을 즐기던 원림園林을 뜻한다.
178  "소진은 연나라를 돕기 위해 제나라 백성에게 무덤을 높고 크게 만들고 그 안에 많은 재물을 저장하게 했으며, 소진이 직접 관을 끌어 영구를 묘지로 보내면서 제나라 사람에게 정중한 장례를 격려했다. 결과적으로 재물은 소진되었고 백성은 빈곤해졌으며 국고는 텅 비게 되고 군대는 약화되었다. 연나라 군대가 돌연 쳐들어오자 제나라는 스스로 방어할 힘이 없어 군사는 격파되고 성읍은 점령당했으며 군주는 달아나고 백성은 뿔뿔이 흩어졌다."(『논형』「박장薄葬」)
179  이 일은 연 소왕 때의 일이다.

왕의 총애를 다투는 자가 많았는데, 그중 한 사람이 사람을 시켜 소진을 죽이려고 했으나 죽이지는 못하고 깊은 상처만 입히고 달아났다. 제나라 왕은 사람을 보내 소진을 찌른 자를 찾도록 했으나 잡지 못했다. 소진은 죽음을 눈앞에 두고 제나라 왕에게 말했다.

"신이 죽게 되면 신을 거열 형벌로 다스려 시장 사람들에게 돌려 보이시고 '소진이 연나라를 위해 제나라에서 반란을 일으켰다'고 하십시오. 이와 같이 하면 신을 암살하려던 자를 반드시 잡을 수 있을 것입니다."

그의 말대로 했더니 과연 소진을 죽이려 한 자가 자수를 했고, 제나라 왕은 그를 잡아 죽였다. 연나라에서는 이 소식을 듣고 다음과 같이 말했다.

"제나라가 이런 방법으로 소진 선생의 원수를 갚았지만 너무 지나치구나."[180]

소진이 죽은 뒤 그가 연나라를 위해 제나라를 약화시키려 했던 사실이 폭로되었다.[181] 뒤에 제나라가 그 사실을 알고 연나라 왕에게 노여움을 표하자 연나라 왕은 매우 두려워했다. 소진의 동생은 소대蘇代고, 소대의 동생은 소려蘇厲다.[182] 두 사람은 형의 성공을 보고 모두 종횡술을 익혔다. 소진이 죽음에 이르

---

180 소진이 죽음에 임박하여 자신의 원수를 갚기 위해 계책을 세우는 내용은 『전국책』에 기재되어 있지 않다. 태사공이 어디에서 자료를 취했는지 알 수 없다.

181 "마용馬雍이 말하기를 '『사기』 가운데 소진에 관한 기록의 착오가 끊임없이 발생하고 있으며 그 출처는 대부분 위조된 것으로, 믿을 수 있는 것은 10에 1, 2 정도다. 더욱이 엄중한 것은 소진이 연왕 쾌 재위 당시에 죽었다는 사실로, 소왕이 재위했을 때 소진은 이미 죽은 상태였다'고 했다. 또 뉴홍언은 '사마천은 연왕 쾌가 즉위했을 때 소진이 죽었다고 오해했기 때문에 『전국책』에서는 이후 소진의 행위를 모두 소대로 바꾸었다'고 했다."(『사기전증』) 소진은 기원전 284년에 사망했고, 연왕 쾌의 재위 기간은 기원전 320~기원전 312년이며, 연 소왕의 재위 기간은 기원전 335~기원전 279년이다.

182 「소진열전」 첫 부분에서 "초주가 말하기를 '소진의 형제는 다섯 명인데, 소진이 막내다. 형은 소대代이고 소대의 동생은 소려蘇厲와 소벽蘇辟, 소곡蘇鵠이다'라고 했다."(『색은』) "「진책」에서는 소진에게 형수가 있었고 형수가 그를 계자季子라고 불렀다. 앞 문장에서 '형제, 형수, 누이동생'이라고 했고, 또 '곤제昆弟(형제)와 아내, 형수'라고 말했으니 소진은 형제 가운데 넷째인 것 같다. 「연책」과 『사기』에서 소대와 소려를 소진의 동생이라고 하는 것은 무엇 때문인가?"(『사기지의』) "탕란이 말하기를 '소대는 당연히 소진의 형이다. 소대가 제후들에게 유세한 것은 비교적 이른 시기로 기원전 4세기 말에 이미 위魏, 연, 제 각국으로 갔고 소진의 사적은 비교적 많이 늦다'고 했다."(『사기전증』)

자 소대는 연나라 왕을 만나[183] 소진이 예전에 하던 일을 이어서 하고 싶다며 말했다.

"신은 동주에서 태어난 미천한 한낱 평민입니다. 대왕의 의기가 매우 높다는 말을 듣고 천하고 어리석지만 김매던 호미를 던지고 대왕을 만나 뵈러 왔습니다. 신이 조나라의 도읍 한단[184]에 이르렀을 때 그곳에서 본 것은 동주에서 들은 것과는 거리가 멀어 내심 실망했습니다.[185] 이제 연나라 궁정에 와서 왕의 신하들과 하급 관리들을 보니 비로소 대왕께서 진정 천하의 가장 현명한 군왕임을 알게 되었습니다."

연나라 왕이 물었다.

"그대가 말한 현명한 왕이란 어떤 것이오?"

소대가 대답했다.

"신이 듣건대 현명한 왕은 자신의 과실을 듣는 데 힘쓰고 자신의 장점에 관한 칭찬을 듣는 것을 좋아하지 않는다고 합니다. 신이 대왕의 과실을 말씀드릴 수 있도록 허락해주십시오. 제나라와 조나라는 연나라의 원수이고[186] 초나라와 위나라는 연나라의 동맹국입니다. 지금 대왕께서는 원수의 나라를 도우면서 동맹국을 공격하고 있으니, 이는 연나라를 이롭게 하는 행동이 아닙니다. 대왕께서 스스로 잘 생각해보십시오. 이것은 잘못된 책략입니다. 그런데도 이러한 잘못을 대왕께 말하지 않는 사람은 충신이 아닙니다."

---

183   위의 각주 181~182에 근거하면 여기서 소대는 소진으로 바꿔야 한다. 연왕은 연 소왕을 가리킨다. 물론 내용의 혼란이 생겨 실제로 바꿔 읽기는 곤란하다. 형(소대)과 동생(소진), 활동 시기의 전후에 대한 팩트가 그렇다는 것이다.
184   소씨 고향인 낙양에서 연나라 도성(지금의 베이징)까지 가려면 조나라 도성인 한단을 거쳐야 한다.
185   한단에서 만난 사람들에게 들은 연나라 왕에 대한 평가가 낙양에서 들었던 것보다 높지 않음을 의미한다. 그러나 『전국책』에서는 "한단에 당도했고, 한단에서 들은 것이 동주에서 들은 것보다 평가가 높았다"고 반대의 의미로 기록했다.
186   "조趙자는 당연히 삭제해야 한다. 아래도 마찬가지다."(『전국책신교주』) "제 선왕은 연왕 쾌의 난을 틈타 대대적으로 연나라를 공격했으므로 양국 간에는 깊은 원한이 있다."(『사기전증』)

연나라 왕이 말했다.

"무릇 제나라는 본디 과인의 원수로,[187] 정벌을 하고자 해도 나라가 피폐해져 역량이 부족할까 걱정이오. 그대가 지금의 연나라로 제나라를 공격할 수 있다면 과인은 이 나라를 그대에게 맡기겠소."

소대가 대답했다.

"천하에 전쟁을 수행할 실력이 있는 대국이 일곱 나라인데, 그중에서 연나라는 비교적 약소국이므로 단독으로 싸우기에는 역량이 부족합니다. 어느 한 국가에 의지한다면 그 국가의 지위는 제고될 것입니다. 남쪽으로 초나라에 의지하면 초나라의 지위가 제고될 것이고, 서쪽으로 진나라에 의지하면 진나라의 지위가 더욱 제고될 것이며, 중원 지구의 한나라와 위나라에 의지하면 한나라와 위나라의 실력이 증강될 것입니다. 다시 말해서 연나라가 의지하는 나라의 지위가 제고되면 반드시 왕의 위세도 자연스럽게 제고될 것입니다. 지금 저 제나라는 장주長主[188]가 모든 일을 독단적으로 전횡하고 있습니다. 제나라는 남쪽으로 초나라를 5년 동안 공격하느라[189] 쌓아놓은 재물을 거의 소진했고, 서쪽으로는 진나라를 3년 동안 괴롭혀[190] 병사들이 버틸 수 없을 만큼 지쳐 있으며, 북쪽으로는 연나라와 싸워 자신의 삼군을 전부 잃고 겨우 연나라 장수 두 명만을 포로로 잡았을 뿐입니다.[191] 그러나 그런 뒤에도 잔여 병력으로 남쪽을 향하여 전

---

187 "연왕 쾌 때 제나라는 연나라와 원수지간이 아니었다. 소대(마땅히 소진이라 해야 한다)의 이 말은 소왕 때이므로 제 민왕을 장주라 불렀고, 게다가 남쪽으로 송나라를 격파한다는 말을 한 것이다(제 민왕 38년에 송나라를 멸망시켰다)."(『고이』)

188 장주長主: 나이가 많은 혹은 권위가 있는 군주를 말한다. "제나라 왕이 나이가 많아서 붙인 호칭이다. 혹은 제나라가 강성하여 장주라 했다는 말도 전한다."(『색은』) 당시 제나라 왕은 민왕이었다.

189 초나라가 합종을 어겼다는 이유로 진나라가 제·한·위나라와 함께 초나라를 정벌한 일을 말한다. 「초세가」에 따르면 주나라 난왕赧王 12년(기원전 303)의 일이다. 그로부터 2년 뒤 이 네 나라는 초나라를 공격하여 초나라 장수 당말唐昧을 죽였다. 제나라가 초나라를 공격한 전쟁은 앞뒤로 5년간이었다.

190 주나라 난왕 17년에서 19년(기원전 298~기원전 296), 제·한·위가 진나라를 공격하여 함곡관으로 진입한 사건을 말한다.

191 기원전 296년, 연나라와 제나라 간의 제1차 대전으로, 전장은 권權(혹은 환桓, 지금의 허베이성 정

차 5000승을 보유한 큰 송宋나라를 격파하고,192 12개의 작은 제후국193을 포위하여 취하려고 합니다. 이는 군주의 야심을 만족시킬 수는 있지만 백성의 힘은 도리어 고갈되는 것으로, 또 무엇을 취할 수 있겠습니까? 게다가 신이 듣자하니 전쟁이 빈번해지면 백성이 고단하고, 군사를 부리는 시간이 길어지면 병사들이 피폐해진다고 합니다."

연나라 왕이 말했다.

"내가 들은 바로 제나라에는 청제淸濟와 탁하濁河194가 있어 굳게 지킬 수 있고, 장성長城, 거방鉅防195이 있어서 요새로 삼기에 충분하다고 하던데, 정말 그

---

딩正定 북쪽)이다. "과거에 제나라와 연나라가 환(혹은 권)에서 교전을 벌였는데 연나라는 승리를 거두지 못하고 10만 군대가 전멸했다."(『전국책』 「제책 5」) "제나라가 북쪽으로 연나라와 교전을 벌였는데 삼군이 전멸당하고 장수 두 명을 사로잡았다."(『전국책』 「연책 1」) "양콴은 제나라의 이번 전쟁을 지휘한 사람은 민왕의 대장인 사마양저로 여겼다."(『사기전증』)

192 원문은 '거오천승지대송擧五千乘之大宋'이다. "나카이 리켄이 말하기를 '아래 문장에 장차 쉽게 송나라를 멸망시킬 수 있다 말했으니, 이때 송나라는 아직 멸망하지 않았다. 여기서 말한 '거擧'는 아마도 크게 이겼음을 과장한 것 같다'고 했다."(『사기회주고증』) 그러나 "양콴의 「전국대사연표戰國大事年表」를 보면 주 난왕 29년(기원전 286) 시기에 '제나라가 송나라를 멸망시켰는데, 송나라 왕 언偃이 위나라 온溫에서 죽었다'고 했다. '거擧'는 점령했다는 뜻이다. 송나라의 도읍은 원래 수양睢陽(지금의 허난성 상추 동남쪽)이었다가 후에 팽성으로 천도했다. '전차 5000승'은 '만승의 전국칠웅'이라 불리지는 못해도 상당한 실력을 갖춘 국가다."(『사기전증』) "「제표齊表」에서는 '제 민왕 38년에 송나라를 멸망시켰다'고 했는데, 난왕 29년(기원전 286)이 마땅하다. 이는 곧 연나라 꽤 때이며 주 신왕周愼王 때로, 제나라가 송나라를 멸망시킨 것은 30여 년 전으로 문장이 잘못되었을 것이다."(『정의』) "「제표」의 '齊滅宋在前三十餘年(제나라가 송나라를 멸망시킨 것은 30여 년 전)'이라는 문장에는 원래 '멸滅'자가 없었는데, 장문호의 『찰기』에서도 '제'자 다음에 '멸'자가 빠져 있다는 견해에 근거해 '멸'자를 보충한 것이다."('수정본')

193 12개 제후국은 사수泗水 유역의 12개 소국 제후를 말한다. "양콴의 『전국사』에서는 '송宋, 위衛, 노魯, 추鄒, 등滕, 설薛, 예郳, 거莒, 비費, 담郯, 임任, 비邳 등 12국을 가리킨다'고 했다."(『사기전증』)

194 청제淸濟와 탁하濁河: '청제'는 제수濟水를 말하고 '탁하'는 황하를 말한다. 제수는 맑고 황하는 탁하기 때문에 청제와 탁하라고 했으며 모두 제나라 서북쪽 경계를 이룬다. 제수는 허난성 지위안濟源에서 발원하여 산둥성 리진利津에 이르러 바다로 유입된다.

195 장성長城, 거방鉅防: 장성은 곧 거방으로 제나라가 길게 둘러친 성이다. 서쪽으로 지금의 산둥성 핑인平陰 동북쪽에서 시작해 동쪽으로 타이산泰山 북쪽을 거쳐 다시 동쪽으로 이위안沂源 북쪽을 거쳐 동남쪽으로 꺾여 지금의 자오난膠南 서남쪽의 낭야琅邪에 이른다. 당시 제나라의 남쪽 경계다. "뉴훙언이 말하기를 '방防은 제나라 장성의 다른 명칭이다. 처음에 제수의 제방을 증축하여 성을 만들었기 때문에 명칭을 방이라 했다'고 했다."(『사기전증』) "『죽서기년』에는 '양 혜왕 20년, 제 민왕이 제방을 쌓아 장성을 만들었다'고 했고, 『태산기太山記』에는 '태산 서쪽에 장성이 있는데 황하를 따라 태산을

렁소?"

소대가 대답했다.

"천시天時가 이롭지 않으면196 청제와 탁하가 있다 한들 어떻게 굳게 지킬 수
있겠습니까? 백성의 힘이 지쳐버리면 장성, 거방이 있다 한들 어떻게 그것들이
요새를 이룰 수 있겠습니까? 게다가 이전에 제나라가 제수濟水 서쪽 지역에서197
군사를 징집하지 않은 것은 조나라의 침입을 대비하기 위함이고, 황하 북쪽 지
역에서198 군사를 징집하지 않은 것은 연나라의 침입에 대비하기 위함이었습니
다. 그런데 지금 제수 서쪽과 황하 북쪽 일대에서 군사를 징집하여 온 나라가
피폐해졌습니다. 대체로 교만한 군주는 반드시 이익을 좋아하고 멸망한 나라의
신하는 반드시 재물을 탐한다고 합니다. 대왕께서 진실로 조카199와 동생을 인
질로 보내는 것을 부끄럽게 여기지 않으시고, 아울러 진귀한 진주와 옥과 비단
을 제나라 왕의 좌우 신하들에게 뇌물로 주면, 제나라는 연나라에 감격하여 마
음 놓고 송나라를 멸망시키려 할 것입니다. 그렇게 되면 제나라는 우리 연나라
에 의해 소멸될 수 있을 것입니다."

연나라 왕은 말했다.

"나는 반드시 그대의 말을 들어 상천의 명령을 따르겠소."

연나라는 공자 한 명200을 제나라에 볼모로 보냈다. 소려는 연나라의 인질과
함께 제나라로 갔고, 아울러 연나라의 인질을 통해 제나라 왕을 만났다. 제나

---

거쳐 1000여 리를 흐르다가 낭야대琅邪臺에 이르러 바다로 흘러든다'고 했다."(『정의』) '수정본'에서는
『태산기』의 '태산 서쪽'을 '서북쪽'으로 수정했다.

196　상천이 제나라를 돕지 않는다는 의미다.

197　지금의 산둥성 랴오청, 양구陽穀 일대를 가리킨다.

198　지금의 산둥성 우청武城, 린칭臨淸 등의 지역을 가리킨다.

199　원문은 '종자從子(조카)'로, 『전국책』「연책 1」에는 '총자寵子(친아들)'로 기재되어 있다. '수정본'
에서는 경우본·소흥본·경본·황본·팽본·가본·능본·전본에 '총寵'으로 기재되어 있다고 했다.

200　"『전국책』「연책」에서는 연왕의 동생을 인질로 제나라에 보냈다고 했는데, 이것은 잘못이다. 소
대가 연나라에서 유세한 것은 반드시 연 소왕 때의 일로 마땅히 연나라 왕 쾌의 아들이며 소왕의 동
생이다."(『사기지의』) 소왕의 동생은 양안군襄安君을 말한다.

라 왕은 소진에 대한 원망으로 소려를 가두려 했으나 연나라 볼모로 온 공자가 소려를 위해 대신 사죄했고 소려 또한 몸을 맡기길 청하여 제나라의 신하가 되었다.

연나라 상相 자지子之[201]는 소대와 혼인을 통해 사돈을 맺고,[202] 연나라의 정권을 탈취하고자 소대를 제나라로 보내 인질이 된 공자를 모시도록 했다. 제나라 왕은 소대를 연나라로 보내 보고하도록 했고, 연나라 왕 쾌는 소대에게 이렇게 물었다.

"제나라 왕은 천하의 패자가 될 만하오?"

소대가 대답했다.

"될 수 없습니다."

연나라 왕이 말했다.

"어째서 그렇소?"

소대는 대답했다.

"제나라 왕은 자신의 신하를 신임하지 않기 때문입니다."

연나라 왕이 나라의 대권을 자지에게 맡기고 오래지 않아 왕위까지도 그에게 물려주었으므로 연나라는 크게 혼란스러워졌다.[203] 제나라는 연나라로 진공하여 연나라 왕 쾌와 자지를 죽였다.[204] 연나라에서는 소왕昭王[205]을 옹립했다. 이

---

201　자지子之: 연나라 왕 쾌의 상으로 그의 성은 전해지지 않는다.
202　"소진이 연나라에 있을 때 연나라 상 자지와 혼인 관계를 맺어 사돈이 되었고 소대와 자지는 친하게 지냈다."(「연소공세가」)
203　소대는 자지에게 중임을 맡길 것을 연왕 쾌에게 권했고, 연왕 쾌 3년(기원전 318)에는 세객 녹모수鹿毛壽가 자지에게 양위할 것을 연왕 쾌에게 권했다. 자지가 왕권을 행사한 지 4년째 되는 해(기원전 315) 연나라는 크게 어지러워지기 시작했다.
204　제 선왕 6년, 연왕 쾌 7년(기원전 314) 때의 일이다. "맹가孟軻(맹자)가 제나라 왕에게 말했다. '지금 연나라를 토벌하는 것은 문왕과 무왕이 주紂를 토벌하여 은나라를 멸망시키는 형세이니 놓칠 수 없습니다.' 제나라 왕은 장자章子에게 명하여 오도五都(제나라의 도都는 다른 나라의 군郡에 해당된다. 임치, 평육平陸, 고당高唐, 즉묵卽墨, 거莒)의 군대를 인솔하고 아울러 제나라 북부 일대의 군대를 모아 연

로부터 소대와 소려는 감히 다시는 연나라로 들어가지 못한 채 제나라에 귀의 했다.[206] 제나라에서는 그들을 우대해줬다.

소대가 위나라를 지날 때 위나라는 연나라를 위해서 소대를 체포했다.[207] 제 나라에서는 사람을 보내 위나라 왕[208]에게 이렇게 말했다.

"제나라가 송나라 땅을 경양군涇陽君[209]의 봉읍지로 바치려 해도 진나라는 결코 받지 않을 것입니다. 진나라는 제나라를 가까이 끌어들이고 송나라의 토 지를 얻는 것을 이익으로 여기지 않는 것이 아니라 제나라 왕과 소대를 믿지 않 기 때문입니다.[210] 지금 제나라와 위나라가 이처럼 불화가 심하면[211] 제나라는 진나라를 속이지 않을 것입니다.[212] 진나라가 제나라를 믿으면 제나라와 진나라 가 연합할 것이고 경양군은 송나라 땅을 얻을 텐데, 이는 위나라에 매우 불리합

나라를 토벌하게 했다. 연나라 사졸들은 출전하지 않았고 성문을 닫지 않았으며 연나라 군주 쾌는 피 살되고 제나라는 대승을 거뒀다."(『연소공세가』)

**205**  연 소왕燕昭王(재위 기원전 311~기원전 279)은 이름이 직職이고 연왕 쾌의 아들이며 태자 평平의 동생이다. 태자 평이 혼란 중에 피살되어 기원전 311년 지위를 계승했다.

**206**  "뉴홍언이 말하기를 『한비자』에서는 자지와 소대의 혼인관계를 말하지 않고 다만 소대가 제나 라 사자가 되어 연나라에 갔다고만 했다. 이것은 소대의 활동이 소진보다 이르다는 것을 증명하는 것 이다. 연왕 쾌가 소대의 충동질에 나라를 양보하고 제나라가 또 그 기회를 틈타 연나라를 침략했으므 로 연 소왕이 세워지자 소대와 소려는 결국 다시는 연나라로 들어가지 못하고 제나라에 귀의한 것이 다. 이러한 기록은 사실에 부합하며 논리적이다'라고 했다."(『사기전증』)

**207**  "뉴홍언이 말하기를 '체포된 사람은 소진이며 소대가 아니다. 이 사건은 기원전 286년에 일어났 는데, 제나라가 송나라의 혼란한 틈을 타 송나라를 공격해 멸망시켰다. 이 사건은 각국을 진동시켰고, 위나라는 먼저 안읍과 하내를 진나라에 바쳤고 소대를 가뒀다'라고 했다."(『사기전증』)

**208**  위 양왕魏襄王(재위 기원전 318~기원전 296)이다.

**209**  경양군涇陽君: 진 소왕(재위 기원전 306··기원전 251)의 동생으로 이름이 불市이며, 봉지는 경양 涇陽(지금의 산시陝西성 징양涇陽 서북쪽)이다.

**210**  "제나라가 진나라와 친해져서 송나라를 함께 공격한다면 송나라 영토를 진나라에게 바쳐 섬기겠 다고 했다. 그러나 진나라는 제나라와 소대를 믿지 않았기에 아마도 성공하지 못했을 것이다."(『정의』)

**211**  앞 문장에서 위나라가 연나라를 위해 소대를 체포한 사실을 가리킨다.

**212**  제나라는 진심으로 진나라의 비위를 맞추려는 것이며, 그 목적은 동서로 위나라를 협공하는 것 임을 증명한 것이다.

니다. 그러니 왕께서는 소대를 동쪽 제나라로 돌려보내는 것이 좋으며, 그렇게 되면 진나라는 분명히 제나라를 의심하고 소대를 믿지 않을 것입니다. 제나라와 진나라가 연합하지 않으면 천하의 형세에 큰 변화가 생기지 않아 차차 제나라를 토벌할 국면이 형성될 것입니다."

이에 위나라는 소대를 풀어주었다. 소대가 송나라에 도착하자 송나라에서는 그를 극진하게 대접했다.[213]

제나라가 송나라로 진공하자 송나라는 위급해졌다.[214] 소대는 곧바로 연나라 소왕에게 다음과 같은 편지를 써 보냈다.[215]

무릇 연나라는 만승의 대국에 배열시킬 수 있는데 제나라에 인질을 보낸 것은 연나라의 명성을 떨어뜨리고 권세를 보잘것없게 만드는 일입니다.[216] 연나라의 모든 역량으로 제나라를 도와 송나라를 공격하면 반드시 백성은 피로해지고 군비는 소진될 것입니다. 송나라를 격파하고 초나라의 회북淮北[217] 지역을 침범하

213 　「위책 1」의 '소진이 위나라에 구금되다'는 「연책 1」의 '소대가 위나라를 지나다'와 '위나라가 연나라를 위해 소대를 체포하다'와 마찬가지로 한 가지 사건을 기록한 것인데, 「위책」에서는 '소진'이라고 하고 「연책」에서는 '소대'라고 했다. 『사기』 「소진전」에서는 이 인물을 '소대'라고 기재하고 있고 연 소왕이 처음 즉위했을 때의 사건으로 여기고 있다. 『사기』에서는 잘못하여 소진의 연대를 너무 일찍 제기했고, 아울러 소진의 사망 연도를 연왕 쾌가 사망했을 때(주 난왕 원년, 기원전 314)로 제기하여, 이후 소진의 사적을 모두 소대 혹은 소려로 고쳐버렸다. 위나라를 지나다가 체포된 인물은 당연히 소진이며, 『전국책』 「연책」과 『사기』에서 소대라고 잘못 기재했다. 탕란이 말하기를 '기원전 286년, 제와 진은 연합했다. 그리하여 세 번째로 송나라를 공격했다. 이에 송나라는 안으로 어지러워졌고 제나라는 송나라를 공격해 멸망시켰다. 송나라 왕 언偃은 위나라로 달아났으며 온溫에서 사망했다. 제나라의 이번 대규모 승리는 각국을 모두 진동시켰다. 위나라는 먼저 안읍과 하내를 진나라에 바쳐 화친을 요청했고, 아울러 소진을 체포했다. 제나라는 소려를 파견해 유세하게 하여 비로소 제나라로부터 돌아왔다'고 했다."(『전국책고변』)

214 　제나라 민왕 15년, 연나라 소왕 26년으로 기원전 286년의 일이다.

215 　"이 장은 소진의 말투를 모방한 것으로 대부분이 사실과 부합하지 않으며, 『전국책』과 『사기』가 모두 소대라고 기재했는데 맞지 않다."(『전국책신교주』)

216 　앞 문장에서는 소대가 연나라 왕에게 공자를 제나라에 보내라고 권한 반면 여기서는 제나라에 인질을 보내는 것은 명성을 떨어뜨리고 권세를 보잘것없게 만드는 일이라고 모순된 말을 하고 있다.

217 　회북淮北: 지금의 장쑤성, 안후이성 화이허淮河 북쪽 지역을 가리킨다. 탕란은 "당시 회북은 송

면 반드시 제나라는 장대하게 될 것이고, 적은 강대해지는데 자신의 국가는 해를 입게 될 것이니 이 세 가지 상황은 모두 연나라에 크게 불리합니다. 그런데도 대왕께서 이렇게 하는 것은 제나라의 신임을 얻기 위해서입니다. 그러나 제나라는 오히려 대왕을 믿지 않으며 연나라를 더욱더 꺼릴 테니, 이것은 대왕의 책략이 잘못되었음을 설명하는 것입니다. 무릇 송나라의 토지를 회북 지역과 합친다면 역량이 만승의 대국을 뛰어넘을 텐데,[218] 제나라가 그것을 병탄한다면 또 하나의 제나라가 보태지는 결과를 낳게 되는 것입니다. 북이北夷[219]의 땅은 사방 700리인데 여기에 노魯나라와 위衛나라의 땅을 더하면 강대한 만승의 국가가 될 것이고, 제나라가 다시 그것을 점유한다면 제나라 한 개가 더 보태지는 결과가 될 것입니다. 제나라 하나의 강대함에도 연나라는 이리처럼 두려워하며 뒤돌아보면서 지탱하기 어려운데, 앞으로 세 개의 제나라 역량이 연나라를 짓누르게 된다면 그 재앙은 틀림없이 매우 엄중할 것입니다. 그러나 비록 이와 같을지라도 지혜로운 자는 일을 처리할 때 화를 복으로 만들고 실패를 성공으로 바꿉니다. 제나라 사람들의 자주색 비단은 본래 낡은 흰색 비단을 물들인 것이지만[220] 그 값은 열 배나 비싸고, 월나라 왕 구천은 일찍이 회계산으로 쫓겨났지만 오히려 강대한 오나라를 격파하고 천하를 제패했습니다. 이는 모두 화를 복으로

나라 땅이었다. 여기에서 회북을 초나라 땅이라고 한 것은 명백한 착오다"라고 했다.(『사기전증』)

**218** 포표는 "송나라는 5000승의 국가인데, 회북 지구가 더해지면 1만승으로 강해진다"고 했다.

**219** 북이北夷: 구이九夷라고 해야 맞다. "산융山戎, 북적北狄이 제나라에 귀순한 것을 말한다."(『색은』) 산융과 북적은 연나라 주변의 소수민족이다. "북이는 마땅히 구이라고 해야 한다. 구이의 땅은 동쪽으로 12 제후와 접하고 있다. 노나라는 12 제후 가운데 하나이므로 이 말은 제나라가 구이와 노나라, 위衛나라를 병탄하는 것을 말한다."(『독서잡지』 「사기」)

**220** "제나라 군주가 자주색을 좋아했으므로 제나라 풍속은 자주색을 숭상했다. 낡은 흰색 비단을 물들였지만 그 가격은 10배나 비쌌다."(『정의』) "제 환공이 자주색 옷 입기를 좋아하자 나라 전체가 자주색 옷을 입었는데, 당시 흰 비단 10필이 자주색 비단 1필만 못했으므로 제 환공이 그것을 걱정했다. 관중이 '군주께서 그만두고자 하시면서 어찌하여 옷을 버리지 않으십니까?'라고 했다. 제 환공이 신하들에게 '자주색 냄새를 싫어한다'고 하자 사흘 만에 경내에 자주색 옷을 입는 자가 없어졌다'고 했다."(『한비자』) "『한비자』 「외저설」에서는 '흰 비단 10필이 자주색 비단 1필만 못했다'는 구절에서 '흰 비단 5필'이라고 했다."('수정본')

만들고 실패를 성공으로 바꾼 사례입니다. 대왕께서 지금이라도 화를 복으로 만들고 실패를 성공으로 바꾸려 하신다면 제나라에 아첨하며 비위를 맞추면서 패주로 떠받들어 존숭하는 것보다 더 나은 방법은 없습니다. 그러자면 각국으로 하여금 주나라 왕실로 사자를 보내 제나라를 맹주로 받들기로 맹세하게 하고, 진나라의 부절符節을 불태워버리고[221] 이렇게 선포하십시오.

"가장 좋은 책략은 진나라를 공격해 격파하는 것이고, 그다음은 영원히 진나라가 동방으로 진출하지 못하도록 저지하는 것입니다."

진나라가 각국의 배척을 받아 파멸당하는 위협을 기다리게 된다면 진나라 왕은 반드시 이 일을 걱정할 것입니다. 진나라는 연이어 5대 군주[222]가 모두 제후들을 공격해왔지만[223] 현재는 도리어 제나라 아래 머물고 있으니, 진나라 왕은 단지 제나라를 곤경에 빠뜨릴 수 있다면 진나라의 역량이 기울어지는 것도 애석하게 여기지 않고 이루고자 할 것입니다. 그런데도 대왕께서는 어째서 세객을 보내 다음과 같은 말로 진나라 왕을 설득하지 않으십니까?

"연나라와 조나라가 송나라를 격파하여 제나라를 더욱 강대하게 하고 제나라를 존숭하며 그에게 굴종하는 것은 연나라와 조나라에 이로움이 있기 때문이 아닙니다. 연나라와 조나라가 자기 나라에 이롭지도 않은데도 이러한 형세를 이루려는 것은 진나라 왕을 믿지 않기 때문입니다.[224] 그렇다면 대왕께서는 어째서 신뢰할 만한 사람을 보내 연나라 및 조나라와 친교를 맺지 않으시며, 먼저 경양군과 고릉군高陵君[225]을 연나라와 조나라로 보내지 않습니까? 두 나라는 진

---

221  부절符節은 조정에서 명령 전달, 군사 징집, 각종 사무에 쓰이는 일종의 증빙이다. 부절을 불태운다는 것은 관계를 끊는다는 의미다.

222  5대 군주는 헌공, 효공, 혜문왕, 무왕, 소왕이다.

223  원문에서는 '벌伐'이라 했지만 『전국책』에서는 '결結'이라 했다. '벌'은 동방 제후국들에게 공격을 가하는 것이고 '결'은 동방 제후국과 맹약을 맺는 것으로 해석할 수 있는데, 두 가지 모두 가능하다.

224  진나라 왕이 연과 조와 친교를 맺어 두 나라를 보호해주리라 믿지 않는 것을 말한다.

225  "두 사람은 모두 진나라 왕과 어머니가 같은 동생들이다. 고릉군은 이름이 현顯이고, 경양군은 이름이 회悝다."(『색은』) 하지만 고릉군의 이름은 '현'이 아니라 '회悝'이며, 경양군의 이름은 '회'가 아

나라의 변심을 두려워한다면 이 두 사람을 인질로 삼을 것입니다. 이렇게 된다면 연나라와 조나라는 반드시 진나라를 믿을 것입니다. 그리하여 진나라는 서제西帝가 되고 연나라는 북제北帝가 되고 조나라는 중제中帝가 되어 삼제三帝가 수립되면 천하를 호령할 수 있을 것입니다.[226] 한나라와 위나라가 그 호령을 따르지 않으면 진나라가 그들을 토벌하고, 제나라가 그 호령을 따르지 않으면 연나라와 조나라가 그를 토벌할 텐데, 천하에서 누가 감히 복종하지 않겠습니까? 천하가 복종하여 명령을 듣게 되면 한나라와 위나라를 몰아 제나라를 토벌하게 하고 '반드시 송나라 땅을 돌려주고 초나라의 회북 지역을 돌려달라'고 위협하십시오. 제나라가 송나라 땅을 돌려주고 초나라 회북 지역을 돌려주는 것은 연나라와 조나라에 모두 이익이 되는 일입니다.[227] 그리고 삼제가 나란히 서는 것 또한 연나라와 조나라가 바라는 바입니다. 이와 같이 되면 연나라와 조나라는 실제적인 이익을 얻게 되고 지위가 제고되어, 그들은 헌 짚신을 벗어던지듯이 제나라를 버릴 것입니다. 대왕께서 연나라와 조나라를 한편으로 끌어들이지 못한다면 제나라의 패업이 분명 성공하게 될 것입니다. 제후들이 한편이 되어 제나라를 옹호하는데 대왕만 복종하지 않으신다면 진나라는 제후들의 공격을 받게 될 것입니다.[228] 제후들이 제나라를 옹호하는데 대왕도 따르신다면 스스로 명성을 떨어뜨리게 됩니다. 연나라와 조나라를 한편으로 끌어들이면 대왕의 국가는 안정되고 명망이 높이 오르겠지만, 연나라와 조나라를 한편으로 끌어들이지 못하면 국가는 위험해지고 명성은 떨어질 것입니다. 대체로 명망이 존귀해지고 국가가 안정되는 것을 버리고 국가가 위험하고 명성이 떨어지는 것을 선택한다면 이는 지혜로운 사람이 할 일이 아닙니다."

나라 '시市'다. 두 사람 모두 진 소왕과 어머니가 같다.
226   "원황袁黃이 말하기를 '육국 중에 오직 연나라가 가장 약한데, 어찌 감히 제와 진과 함께 황제라 칭할 수 있는가?'라고 했다."(『사기전증』)
227   제나라가 송나라와 회북 지역을 돌려주면 국력이 감소되어 연나라와 조나라에 유리하다.
228   "표표는 '진나라는 제나라의 공격을 받게 될 것이다.'라고 했다."(『사기전증』)

진나라 왕은 이런 말을 들으면 틀림없이 심장을 찔리는 듯한 통증을 느낄 것입니다. 그런데 대왕께서는 어째서 세객을 파견해 이러한 말로 진나라에 유세하지 않습니까? 진나라 왕은 틀림없이 받아들일 테고[229] 제나라 또한 반드시 토벌될 것입니다.[230] 대체로 진나라의 신임을 얻는 것은 중대한 외교이고 제나라를 토벌하는 것은 정당한 이익입니다. 중요한 외교를 잘 처리하고 정당한 이익을 강구하는 것은 성왕聖王의 사업입니다.

연나라 소왕은 소대의 편지를 좋다고 여기고는 말했다.

"선왕께서 일찍이 소씨 집안에 은덕을 베풀었으나[231] 자지子之의 난으로 소씨 형제는 연나라를 떠났다. 연나라가 제나라에 원수를 갚으려면 역시 소씨 형제가 아니고서는 안 된다."

그리하여 소대를 불러들여 다시 잘 대우하고 그와 제나라를 토벌할 일을 상의하여 마침내 제나라를 격파하고 제나라 민왕을 달아나게 했다.[232]

그 뒤 오랜 시간이 지나 진나라에서 연나라 왕을 초대했다.[233] 연나라 왕이 가려고 하자 소대는 말리면서 말했다.

"초나라는 지枳[234] 땅을 취했기 때문에 도성을 잃었고,[235] 제나라는 송나라를

---

229  진나라는 반드시 대왕의 건의를 받아들여 연나라, 조나라와 친교를 맺을 것임을 뜻한다.
230  제나라는 반드시 진나라의 공격을 받게 될 것이라는 뜻이다.
231  연나라가 소진을 조나라로 보내 합종의 일을 제창하게 했던 것을 말한다.
232  연나라 소왕 28년, 제나라 민왕 17년의 일로 기원전 284년이다. "이 장은 소진의 말투를 모방하여 지었는데, 말 대부분이 사실과 부합하지 않는다. 『전국책』과 『사기』에 모두 소대라고 했는데, 옳지 않다."(『전국책신교주』)
233  진 소왕(재위 기원전 306~기원전 251)이 연 소왕(재위 기원전 311~기원전 279)을 부른 것을 말한다.
234  지枳: 진나라의 현으로 지금의 쓰촨성 푸링涪陵이다. 표표는 파군에 속한다고 했다.
235  원문은 '국망國亡'이다. "도성을 잃는 것을 말한다."(『사기회주고증』) 진나라 소왕 29년, 초나라 경양왕頃襄王 21년(기원전 278) 진나라 장수 백기白起가 초나라 도읍 영郢을 공격해 점령하자, 초나라는 도읍을 진陳(지금의 허난성 화이양)으로 옮겼다.

멸망시켰기 때문에 자신의 국가도 무너졌습니다.[236] 제나라와 초나라가 지 땅과 송나라를 점유할 수 없으면서도 신하가 되어 진나라를 섬긴 것은 무엇 때문입니까? 성공한 국가는 어느 나라든 진나라와 서로 원한이 깊은 원수가 되기 때문입니다. 진나라는 천하를 탈취하면서 인의를 실행하지 않고 폭력을 사용했습니다. 진나라는 폭력을 사용하면서 천하에 공개적으로 선포했습니다.

초나라에는 다음과 같이 경고했습니다.

'촉 땅의 군대[237]가 배에 올라 문수汶水[238]를 타고 물이 불어난 여름철에 장강으로 내려오면 닷새 만에 초나라 도읍인 영郢에 이를 수 있소. 한중漢中의 군대가 배에 올라 파수巴水[239]에서 출발하여 물이 불어난 여름철에 한수漢水로 내려오면 나흘 만에 오저五渚[240]에 이를 수 있소. 과인이 직접 원宛 동쪽에서 군대를 모아 수隨[241]로 진군한다면 초나라의 지혜로운 사람이라도 대책을 세울 겨를이 없고, 용사라도 성내며 위력을 발휘할 겨를이 없을 테니 과인은 화살로 매를 쏘는 것처럼 빠르게 초나라를 손에 넣을 것이오. 그런데 왕[242]은 천하의 군대가 함곡관을 공격해오기를 기다리고 있으니, 너무 황당하다 하지 않겠소!'

초나라 왕은 이 때문에 17년[243] 동안 신하로서 진나라를 섬겼습니다.

---

236  「육국연표」에 따르면 주 난왕 29년(기원전 286) 제나라가 송나라를 멸망시켰고, 난왕 31년(기원전 284) 악의樂毅가 5개 나라 병사를 이끌고 제나라를 격파했고 제 민왕은 사망했다.
237  파·촉 일대의 군대를 말하며, 파와 촉은 진 혜문왕 후원 9년(기원전 316) 진나라에 멸망당해 진나라에 편입되었다.
238  민수汶水: 장강의 지류인 민강岷江으로 민산汶山(민산岷山이라고도 부른다)에서 발원했으므로 민수汶水라 했다. 『색은』에서는 '汶'의 음을 '민뭇'이라 했고, 『정의』에서도 음을 '민瑉'이라 했다.
239  한중漢中은 진나라의 군으로 대략 지금의 산시陝西성 동남부와 후베이성 서북부 일대에 해당된다. 파수巴水에 대해서 "파巴는 강으로 한수漢水와 가깝다"(『색은』)고 했는데, 한수 부근에 파수가 있다는 것을 들어본 적이 없기 때문에 '파巴'자는 '한漢'자를 잘못 표기한 것으로 의심된다.
240  오저五渚: 견해가 일치하지 않는다. 『집해』에서는 지금의 후난성 둥팅호 일대라고 했는데, 『색은』에서는 한수에 가깝다고 했다.
241  수隨는 지금의 후베이성에 속했다.
242  여기서 왕이란 초 경양왕楚頃襄王(재위 기원전 298~기원전 263)으로, 회왕의 아들이다.

또 진나라는 한나라에 이렇게 경고했습니다.

'우리 군대가 소곡少曲[244]에서 출병하면 하루 만에 태항산의 통로를 끊을 수 있소.[245] 우리 군대가 의양宜陽에서 출병하여 평양平陽을 공격하면 이틀 안에 한나라 땅 전체가 동요할 것이오.[246] 우리 군대가 동주東周와 서주西周[247]를 지나 한나라 도성인 신정新鄭으로 진공한다면[248] 닷새 안에 한나라를 점령할 수 있소.'

한나라는 확실히 이와 같다고 여겼기 때문에 진나라를 섬겼습니다.

또 진나라는 위魏나라에 경고했습니다.

'우리 군대가 안읍安邑을 공격하고 여극女戟[249]을 막으면 한나라의 태원太原으로 통하는 도로가 차단될 것이오.[250] 우리 군대가 출병하여 지도軹道, 남양南陽, 봉封과 기翼를 경유하여[251] 동주와 서주를 포위하고 물이 불어난 여름에 가볍고 빠른 전선을 띄워서 강력한 쇠뇌를 앞세우고 예리한 창을 뒤따르게 하며 형구滎口[252]

---

243  "경양왕 4년부터 20년까지(기원전 295~기원전 279)다."(『사기전증』)

244  소곡少曲: 한나라 땅으로 지금의 허난성 친위안沁源 서북쪽이다.

245  한나라 도성(지금의 허난성 신정)과 상당 사이의 태항산을 경유하는 통로를 말한다. 이 통로는 당시 소곡 동북쪽에 있었다.

246  의양에서 출병하여 황하를 건너 북쪽으로 평양을 공격하는 것을 말한다. 의양은 지금의 허난성 이양宜陽 서쪽으로 기원전 308년에 진나라에 점령당했다. 평양은 한나라의 현으로 지금의 산시山西성 린펀臨汾 서남쪽 지역이다.

247  동주東周는 지금의 허난성 궁현鞏縣이고 서주西周는 지금의 뤄양이다.

248  낙양 일대를 경유하여 한나라 도성인 신정으로 진격하는 것을 말한다.

249  『색은』에 따르면 여극女戟은 태항산 서쪽 지역이다.

250  원문은 '한씨태원권韓氏太原卷'이다. 태원太原은 조나라 땅으로 한나라에 속하지 않았다. "유백장이 말하기를 '태원은 태항太行이라 해야 한다. 권卷의 의미는 단절이다'라고 했다."(『정의』) "한나라 태항산 서쪽 땅이 진나라에 의해 점령될 것이라는 뜻이다."(『사기전증』)

251  지도軹道는 정亭으로 진나라 도성인 함양 동남쪽(지금의 시안 동북쪽)이었다. 봉封과 기翼는 모두 위나라 읍으로, 봉은 봉릉封陵, 즉 지금의 산시山西성 펑링두風陵渡의 황하 동쪽 연안이다. 기翼는 지금의 산시山西성 지산稷山이다. 이 네 곳의 방위가 뒤섞여 분명하지 않다. '수정본'에서는 '下軹, 道南陽, 封, 冀'로 표기하고 있는데, '도道'는 경유한다는 뜻이다. 역자는 『사기전증』에 따라 '下軹道, 南陽, 封, 冀'로 번역했는데 의미는 마찬가지다.

252  형구滎口: 지금의 허난성 정저우 북쪽의 황허 가다.

를 터뜨리면 위나라의 대량大梁은 없어지고 말 것이오.253 백마白馬254의 물목을 터뜨리면 위나라의 외황外黃과 제양濟陽255이 없어지고, 숙서宿胥256의 물목을 터뜨리면 위나라의 허虛와 돈구頓丘257가 없어질 것이오. 육지로 공격하면 하내河內258를 격파할 수 있고 물길로 진공하면259 대량을 멸망시킬 것이오.'

위나라는 확실히 그러할 것이라 여겨 진나라를 섬겼습니다.

진나라는 위나라의 안읍을 공격하려고 했으나, 제나라가 구원할까 두려워 제나라에게 송나라를 병탄하도록 맡기며 이렇게 말했습니다.

'송나라 왕260은 무도하여 과인의 모습과 똑같은 나무 인형을 만들어놓고 그 얼굴에 화살을 쏜다고 합니다. 과인의 국가는 송나라와는 영토가 단절되어 있고 군대를 보내도 멀어서 직접 공격할 방법이 없습니다. 왕께서 만일 송나라를 격파하고 점유할 수 있다면 과인이 스스로 얻은 것과 같습니다.'

그러나 뒤에 진나라는 안읍을 빼앗고 여극을 막은 다음, 송나라를 격파한 것을 오히려 제나라의 죄라고 했습니다.

또 진나라는 한나라를 공격하려 하면서 천하의 제후들이 구원하러 올 것이 두려워 제후들에게 제나라를 맡기며 이렇게 말했습니다.

'제나라 왕은 네 번이나 과인과 맹약을 맺었으나 네 번 다 과인을 속였으며, 천하의 제후들을 이끌고 과인을 공격하려고 결심한 것이 앞뒤로 세 차례나 됩

---

253  위나라 도성 대량이 강물에 잠기게 될 것이라는 말이다.
254  백마白馬: 지금의 허난성 화현滑縣 동북쪽의 옛 황하 주변으로, 백마진白馬津이라고도 한다.
255  외황外黃과 제양濟陽은 모두 위나라 현으로, 외황은 지금의 허난성 란카오蘭考 동남쪽 지역이고 제양은 란카오 동북쪽 지역이다.
256  숙서宿胥: 지금의 허난성 화현 서남쪽의 옛 황하 주변이다.
257  허虛와 돈구頓丘: 허는 위나라 현으로 지금의 허난성 옌진 동쪽 지역이고, 돈구는 위나라 읍으로 지금의 허난성 칭펑清豊 서쪽 지역이다.
258  하내河內: 지금의 허난성 신샹新鄕, 치현 일대를 가리킨다. 당시에는 모두 옛 황하 북쪽에 있어 '하내'라 불렸다.
259  이후 진나라가 위나라를 멸망시킬 때 형구를 터뜨려 대량을 잠기게 했다.
260  송나라 왕의 이름은 언偃(재위 기원전 328~기원전 286)이다.

니다.261 제나라가 있으면 진나라가 없고, 진나라가 있으면 제나라가 없을 것입니다. 반드시 제나라를 토벌하여 멸망시켜야 합니다.'

그러나 뒤에 진나라는 한나라의 의양과 소곡을 빼앗고 린繭과 이석離石262을 점령했으며, 또 제나라를 공격한 것을 천하 각국의 죄로 덮어씌웠습니다.

진나라가 위나라를 공격하려 할 때는 초나라가 출병하여 구원할 것이 두려워263 남양을 초나라에 내주면서 이렇게 말했습니다.

'과인은 본래 한나라와 관계를 끊으려고 했습니다. 만일 초나라가 균릉均陵을 도륙하고 맹액郖阨264을 점거하는 것이 초나라에 유리하다면 과인 스스로 그곳을 점령한 것처럼 기쁠 것입니다.'

그러나 나중에 위나라가 동맹국을 저버리고 진나라와 연합하자 진나라는 또 맹액을 점거한 것을 초나라의 잘못으로 돌렸습니다.

진나라 군대가 위나라를 치다가 임중林中에서 곤경에 처해졌을 때265 연나라와 조나라가 기회를 틈타 공격할까 두려워하여 교동膠東을 연나라에 병탄하도록 맡기고,266 제수濟水 서쪽 지역을 조나라에 점령하도록 맡겼습니다. 그런데 뒤에

261　여기서 제나라 왕은 민왕이다. 네 번 맹약을 맺고 네 번 속인 일과 세 차례나 진나라를 공격하려 했다는 사실은 기록에 없다.
262　린繭은 지금의 산시山西성 리스離石 서쪽에 위치한 현이고, 이석離石은 산시山西성 리스다. 당시에는 모두 조나라에 속한 땅이었다. "이것은 모두 책사들이 지리를 판별하지 못하고 한 말이다."(『전국책신교주』)
263　원문은 '중초重楚'로, 『색은』에서는 '중重'은 '존尊'의 의미라고 했다. 상당수의 번역가들이 이 견해를 받아들여 '초나라를 존중하다'로 번역했다. 그러나 『정의』에서는 '초나라가 위나라를 구원할까 두려워'라고 해석했다. 『사기회주고증』과 『사기전증』은 『정의』의 해석이 옳다고 보았고, 역자 또한 『정의』의 해석에 따랐다.
264　균릉均陵은 지금의 후베이성 쥔현均縣이고, 맹액郖阨은 지금의 허난성 신양信陽 서남쪽 평전관平靖關이다. 균릉과 맹액은 본래 초나라 영토로 위나라에 속하지 않았다.
265　임중林中: 지금의 허난성 신정 동북쪽 지역이다. "뉴훙언이 말하기를 '이것은 진나라 소왕 24년(기원전 283) 진나라가 위나라를 공격하여 대량에 이르자 위나라 상 전문田文이 북쪽으로 조와 연나라에 유세했고, 조와 연나라가 출병하여 위나라를 구원한 사건을 가리킨다'고 했다."(『사기전증』)
266　교동膠東: 교하膠河의 동쪽으로 제나라 땅이었으며, 지금의 산둥성 자오둥 반도다. 연나라로 하여금 발해를 건너 제나라를 공격하게 한 것을 말한다.

진나라는 위나라와 강화하고 아울러 위나라의 공자 연延을 볼모로 잡고는[267] 즉시 위나라 장수 서수犀首(공손연)에게 군사를 통솔하여 조나라를 공격하게 했습니다.

진나라 군대가 초석譙石[268]에서 조나라와 싸우다가 좌절하고 양마陽馬[269]에서 패배하자, 위나라가 기회를 틈타 공격해올까 두려워 섭葉과 채蔡[270]를 위나라에게 점령하도록 맡겼습니다. 그런데 뒤에 진나라가 조나라와 강화하고는 위나라를 위협하며 점유했던 섭과 채를 분할해주지 않았습니다.[271] 진나라는 싸움에 패해 곤경에 처하면 태후의 동생 양후穰侯[272]를 보내 강화를 맺도록 하고, 진나라가 싸움에 이겨 형세가 호전되면 외삼촌 양후와 모친을 모두 속였습니다.

진나라 왕은 연나라를 꾸짖을 때는 교동을 공격한 것을 구실로 삼고, 조나라를 꾸짖을 때는 제수 서쪽 지역을 빼앗은 것을 구실로 삼고, 위나라를 꾸짖을 때는 섭과 채를 점령한 것을 구실로 삼고, 초나라를 꾸짖을 때는 맹액을 점거한 것을 구실로 삼고, 제나라를 꾸짖을 때는 송나라를 공격하여 격파한 것을 구실로 삼았습니다. 이와 같이 진나라 왕이 각국을 꾸짖는 말은 수레바퀴 돌리듯

267 원문은 '지공자연至公子延'이다. "지至는 마땅히 질質(인질)이어야 한다."(『색은』) "공자 연은 마땅히 공자 요繇다."(『사기찰기』) 공자 요는 진 소왕의 동생이다.
268 초석譙石: 『전국책』과 '수정본'에서는 앞쪽 문장에서 언급한 '이석離石'으로 기재했다.
269 양마陽馬: 양읍陽邑(지금의 산시山西성 타이구太谷 동북쪽)과 마릉(지금의 산시山西성 타이구太谷 서남쪽)으로 당시에는 모두 조나라에 속했다. '수정본'에 따르면 『전국책』「연책」에서는 양마를 마릉으로 기록했다.
270 섭葉과 채蔡: 두 지역은 초나라의 현으로 섭은 지금의 허난성 예현葉縣 서남쪽 지역이고 채는 지금의 허난성 상차이上蔡 서남쪽 지역이다.
271 원문은 '則劫魏, 魏不爲割'이다. '수정본'에서는 원래 두 번째 '위魏'자는 없었는데 장문호의 『찰기』에서 "마땅히 불不 앞에 위魏가 있어야 한다. 『전국책』에도 있다"는 말에 근거해 글자를 보충했다고 했다. 이럴 경우 번역은 "위나라를 협박했고, 위나라는 땅을 분할하려 하지 않았다"가 되며, 위아래 문장과 연관성이 떨어진다. 그러나 두 번째 '위'자를 삭제하면 '則劫魏不爲割'이 되어 "위나라를 협박하여 분할해주지 않았다"로 해석된다. "진정웨이金正煒가 말하기를 '이전에는 섭과 채를 위나라에게 점령하도록 맡기더니, 지금은 위나라를 협박하여 분할해주지 않았다'라고 했다."(『사기전증』) 역자 또한 '수정본'과 달리 두 번째 '위'자를 삭제하고 번역했다.
272 양후穰侯: 위염魏冉으로 소왕의 외삼촌이며 선태후宣太后의 동생이다.

다른 나라를 공격할 구실을 찾으며, 서로 교차시켜 군사를 부리는 것은 수를 놓듯이 쉽게 하니 모친도 통제할 수 없고 외삼촌도 단속할 수 없습니다.

위나라 장수 용가龍賈와의 전투,[273] 한나라 안문岸門에서의 전투,[274] 위나라 봉릉封陵에서의 전투,[275] 고상高商의 전투,[276] 조나라 장수 조장趙莊과의 전투[277] 등에서 진나라가 죽인 삼진三晉 지역의 백성은 수백만 명이나 되고 지금 살아 있는 자는 모두 진나라에 의해 살해된 사람들의 고아들입니다. 서하西河의 바깥, 상락上雒의 땅, 삼천三川[278] 일대는 진나라의 공격을 받아 이미 삼진의 땅 절반을 진나라가 점유했으니 진나라가 가지고 온 재앙이 이토록 엄중합니다. 그런데도 진나라에 갔던 연나라와 조나라의 세객들은 앞 다투어 자기 나라의 군주에게 진나라를 섬겨야 한다며 설득합니다. 이것이야말로 신이 가장 적정하는 일입니다."

연나라 소왕은 진나라로 가지 않았고, 소대는 다시 연나라에서 중용되었다.[279]

연나라는 소대를 파견해 소진이 활동하던 때처럼 제후들과 합종의 맹약을 맺어 진나라에 대항하려 했다. 제후 중에는 합종에 참가하는 자도 있고 참가하지 않는 자도 있었지만 천하는 이 일로 인하여 소씨 형제가 체결한 합종 맹약

---

273 「육국연표」에서는 위나라 혜왕 후원 2년(기원전 333)에 진나라가 위나라를 패배시키고 장수 용가를 사로잡았다. 그러나 『집해』와 양콴, 먀오원위안은 위 양왕魏襄王 후원 5년(기원전 330)이라고 했다.
274 한나라 선혜왕 19년(기원전 314), 진나라는 한나라를 안문(지금의 허난성 쉬창 서북쪽, 한나라 땅)에서 패배시켰다.
275 위 양왕 16년(기원전 303) 진나라는 위나라 봉릉을 공격해 탈취했다.
276 "이 전투에 관한 내용은 상세하지 않다."(『집해』) "우장于鄯은 고안高安의 잘못으로 의심된다. 「조세가」에 성후成侯 4년에 '진나라와 고안에서 전투를 벌였다'는 기록이 있다."(『전국책주석』)
277 「육국연표」에서는 조나라 무영왕 13년(기원전 313)의 일이다.
278 서하西河의 바깥이란 지금의 황허강 서쪽의 산시陝西성 동부 지역으로, 전국시대 초기에는 위나라에 속했다. 상락上雒의 땅은 지금의 산시陝西성 뤄난洛南 일대의 뤄수이洛水 상류 일대로 전국시대 초기에 위나라에 속했다. 삼천은 지금의 허난성 서부 황허, 뤄수이, 이수이伊水 유역으로 전국시대 초기에 한나라에 속했다. 서하, 상락, 삼천은 삼진이 진나라와 교전을 가장 빈번하고도 가장 격렬하게 벌였던 지역이다.
279 이상은 『전국책』 「연책 2」에는 보이지만 「연세가」와 「육국연표」에는 기재되어 있지 않다. "이 「책策」은 모방하여 가탁한 문장으로 사실이 아니다. 모두가 믿을 수 없다."(『전국책신교주』)

을 추종하게 되었다. 소대와 소려는 모두 타고난 수명을 누리다 죽었고 제후들 사이에서 그 명성을 드러냈다.

태사공이 말한다.

"소진 형제 세 사람은 모두 제후들에게 유세하여 명성을 드날렸으며, 그들은 모두 임기응변에 뛰어났다. 소진이 제나라에서 반간反間의 죄명으로 죽음을 당하자 천하 사람은 모두 그를 비웃고 감히 공개적으로 그의 유세 학설을 학습하기를 꺼렸다. 그러나 세상에 전해지는 소진의 사적에 대해서는 많은 주장이 있는데, 후세에 일어난 그와 유사한 사적을 모두 소진에게 덧붙였기 때문이다.[280] 민간 출신의 소진이 여섯 나라를 연합시켜 합종을 맺게 한 것은 그 지혜가 확실히 보통 사람보다 뛰어나다고 할 수 있다. 그래서 나는 시간 순서에 따라 그의 사적을 서술하여 유독 그만이 좋지 않은 명성을 듣지 않도록 했다."

---

[280] "양콴이 말하기를 '그는 소진이 유세한 말을 믿었고 소진의 시대를 장의와 동시대로 언급했으나 도리어 『전국책』의 진정한 소진의 사적을 소대와 소려로 바꾸었기 때문에 소진의 사적을 더욱 혼란스럽게 했다'고 했다."(『사기전증』)

# 10

## 장의열전

張 儀 列 傳

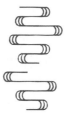

전국시대에 연횡을 주창한 대표 인물인 장의를 중심으로 한 진진, 서수와의 합전이다. 「장의열전」은 합종을 주창한 「소진열전」과 구성이 비슷하면서도 대조적이다. 우선 장의와 소진은 각자 합리적이고 시행 가능성 있는 주장을 펼쳤기에 나름의 공적을 이루었다. 그러나 소진이 확고한 자기 소신을 세우기보다는 상황에 따라 수시로 입장을 바꾼 반면 장의는 시종일관 진나라를 위한 입장에서 수단을 가리지 않고 자신의 모든 역량을 발휘했다는 점에서 차이를 드러낸다. 또한 소진이 변화무쌍하면서도 나름의 이치를 가지고 상대방의 처지를 이해하는 유세를 펼쳤다면, 장의는 무력을 바탕으로 상대를 위협하는 방식이 두드러진다.

「장의열전」은 대부분의 유세 내용이 『전국책』에 보이는데, 서로 다른 부분이 많다. 그리고 장의와 소진은 함께 귀곡 선생 밑에서 종횡술縱橫術을 배웠다고 되어 있지만 장의가 활동한 시기는 소진보다 20여 년 앞선 것으로, 이는 사마천의 착오가 분명하다. 「소진열전」과 마찬가지로 사실과 다르거나 과장된 부분이 많기는 하지만 이들 종횡가들이 언급한 전국시대의 상황과 형세 분석이 틀렸다고 할 수는 없다. 사마천은 "소진과 장의 두 사람은 참으로 나라를 기울게 하고 전복시킬 위험한 인물들이라 하겠다!"고 말함으로써 둘을 통렬히 비판하는 한편, 소진에게는 동정심을 드러내고 장의에 대해서는 혐오와 견책의 태도를 보였다.

장의張儀[1]는 위魏나라 사람으로 일찍이 소진과 함께 귀곡 선생을 따르며 종횡
術縱橫術을 배웠는데[2] 소진은 스스로 배운 바가 장의에 미치지 못한다고 생각
했다.

　장의는 학업을 마치자 즉시 유세하러 떠났다. 한번은 그가 초楚나라 재상을
모시고 술을 마신 적이 있었는데 술자리를 마친 후 초나라 재상은 자신이 지니
고 있던 옥벽玉璧[3]이 사라진 것을 알았다. 상부相府의 사람들이 장의가 한 짓으
로 의심하며 말했다.

　"장의 이자는 곤궁한데다 품행이 좋지 않으니 그가 상군相君(상의 존칭)의 옥
벽을 훔친 것이 확실합니다."

　그러고는 모두 장의를 붙잡아 몽둥이로 수백 대를 때렸다. 그래도 장의가 인
정하지 않자 그들은 장의를 풀어주는 수밖에 없었다. 그의 아내가 말했다.

　"에그! 당신이 글을 읽지도 않고 유세하러 가지도 않았다면 어찌 이런 모욕
을 당했겠어요?"

　그러자 장의가 아내에게 대꾸했다.

---

1　"『여씨춘추』에 따르면 '장의는 위나라의 여자餘子(적장자 이외의 아들)다'라고 했다."(『집해』) "『한서』
「예문지」에 따르면 '『장자張子』10편이 있으며 종횡가에 속한다'고 했다."(『정의』) 현재 『장자』는 소실
된 상태다.
2　"뉴홍언이 말하기를 '귀곡 선생은 전국시대 은사로 귀곡에 은거했으며 지금 판본의 『귀곡자』는 남
의 이름을 빌린 것으로 여기고 있다. 귀곡자가 설령 그 사람일지라도 소진과 장의가 그를 스승으로 섬
겼다는 말은 또한 믿을 수 없다'고 했다."(『사기전증』)
3　옥벽玉璧: 중앙에 구멍이 뚫린 평평한 원형의 옥을 조각한 기물이다.

"내 혀가 아직 붙어 있는지 봐주겠소?"

아내가 웃으면서 말했다.

"혀는 당연히 있지요."

장의가 말했다.

"그럼 됐소."[4]

이 당시 소진은 이미 조나라 왕을 설득하여 각국과 합종 연맹을 결성하기로 약속했지만 진나라가 제후들을 공격해 연맹이 해산되어 실패로 돌아갈까 두려워했다. 그는 진나라에 중용되어 진나라를 좌우할 수 있는 사람을 찾으려 했으나 떠오르는 사람이 없었다. 이에 은밀하게 장의에게 사람을 보내 마음을 움직이도록 했다.

"애초에 그대와 소진은 사이가 좋았소. 지금 소진은 이미 권력을 장악했는데 그대는 어찌하여 그를 찾아가 정치에 참여하고자 하는 뜻을 부탁하지 않소?"

장의는 이에 조나라로 가서 자신의 이름이 적힌 명첩名帖을 올리고 소진에게 만나주기를 청했다.[5] 소진은 미리 아랫사람을 시켜 그에게 아무 통보도 하지 말되 그가 떠나지 못하게 하라고 지시했다. 며칠을 머무른 후에야 장의는 비로소 소진을 접견할 수 있었다. 소진은 장의를 대청 아래에 앉게 하고 하인과 시녀들이 먹는 음식을 제공하고는 지난 일들을 열거하면서 그를 책망했다.

"자네의 재능이 도리어 자신을 이토록 곤궁하고 초라한 지경에 이르게 한 것이네. 내 어찌 왕께 말씀드려 자네를 부귀하게 만들지 못하겠느냐만, 자네 같은 사람은 받아들일 가치가 없네."

소진은 장의의 요청을 거절하고 그를 돌려보냈다. 장의는 본래 소진과 오랜

---

4  "소진은 세속의 부끄러운 마음을 지니고 있으나 장의는 우둔하고 부끄러움이 없는 자라고 말할 수 있다!"(『사기전증』)

5  원문은 '상알上謁'이다. 만남을 요청한다는 뜻이다. 안사고는 『한서』 주석에서 "상알이란 지금의 통성명"이라고 해석했다. 알謁은 명첩名帖(지금의 명함)으로 성명, 거주지, 신분, 관직 등을 적는 것이다.

친구라 생각하여 도움을 받고자 찾아온 것이었는데 오히려 모욕을 당하자 분노가 치밀어 올랐다. 장의는 제후들[6] 가운데 온 힘을 다해 섬길 만한 사람은 없으나 오직 진나라만 조나라를 곤경에 빠뜨릴 수 있다고 생각하고 마침내 진나라로 들어갔다.

장의가 떠나자 소진은 사인舍人에게 말했다.

"장의는 천하에 재능 있는 사람으로 나 또한 그의 상대가 되지 못할 것이네. 지금 내가 요행히도 먼저 득세했으나 진나라의 정권을 좌우할 만한 사람은 장의밖에 없네. 그러나 그는 곤궁하여 진나라 왕에게 접근할 기회가 없을 것이네. 나는 그가 작은 이익에 만족하여 큰 뜻을 실현하지 못할까 하는 염려 때문에 그에게 모욕을 주어 의지를 북돋운 것이네. 자네가 나를 대신해 은밀하게 그를 보살펴주게."

이에 소진은 자신의 생각을 조나라 왕에게 알리고 얼마간의 황금과 예물, 수레와 말을 요청한 뒤 사람을 시켜 장의를 따라가 그와 함께 먹고 자면서 점차 친분을 맺어 수레와 말, 금전을 제공하도록 했다. 또한 필요로 하는 것은 모두 충분히 제공해주되 그 이유는 알려주지 말라고 했다. 장의는 마침내 진나라 혜왕惠王을 만날 수 있었다. 혜왕은 그를 객경客卿으로 임명하고 제후들을 공격할 계책을 의논했다.

이때 소진의 사인이 장의에게 작별을 고했다. 장의가 말했다.

"그대의 도움에 의지해 내가 비로소 이런 혁혁한 지위에 올랐소. 내가 그대에게 보답하려 하는데 어찌 떠나려고 하시오?"

그러자 사인이 말했다.

"저는 선생을 진정으로 알고 있는 사람이 아니며 선생의 재능을 알고 대우해주신 분은 소군蘇君(소진, 소선생)이십니다. 소군께서는 진나라가 조나라를 공격

6  동쪽의 한韓, 위魏, 제齊, 초楚, 연燕 등의 국가를 가리킨다.

하여 합종 맹약이 깨질 것을 염려하다가 진나라의 정권을 장악할 수 있는 사람은 선생밖에 없다고 생각하셨습니다. 그런 까닭에 일부러 선생을 격노하게 만들고 은밀하게 저를 보내 일체의 재물을 제공하게 한 것입니다. 이는 전부 소군께서 계획하신 일입니다. 이제 선생께서 진나라에서 득세하셨으니 저는 돌아가 소군께 보고를 드리려 합니다."

장의가 말했다.

"아, 이 술수는 내가 배웠던 것의 하나인데 깨닫지 못했으니 내가 소군보다 못하다는 것을 증명한 것이다! 내가 새로이 임명되었는데 어떻게 조나라를 칠 계책을 꾸미겠소? 나를 대신해 소군께 감사하다고 전해주시오. 소군이 권력을 잡고 있는데 내가 어떻게 감히 이 일을 말하겠으며, 하물며 소군이 살아 있는데 내가 어찌 대항할 수 있겠소!"[7]

장의는 진나라 상이 된 후[8] 성토하는 격문檄文[9]을 써서 초나라 상에게 경고했다.

"처음에 내가 그대를 따라가 술을 마셨을 때 그대의 옥벽을 훔치지 않았음에도 그대는 나를 매질했소. 이제 그대의 국토를 잘 지키시오. 내가 그대의 성지를 훔칠 것이오!"[10]

---

7 "뉴홍언이 말하기를 '전국시대 전적을 통계하면 『전국책』을 제외하고는 장의의 이름이 『맹자』 『죽서기년』 『순자』 『한비자』 『여씨춘추』 『간축객서諫逐客書』에 보인다. 『한비자』에는 5편에서 장의가 언급되었는데 소진은 한 번도 언급되지 않았다. 소진의 이름은 단지 『순자』와 『여씨춘추』에만 보인다. 이것은 전국시대에 소진의 명성이 근본적으로 장의와 같지 않았음을 입증하는 것이다. 장의의 시대가 소진보다 빠른 것이 그 원인이다'라고 했다."(『사기전증』)

8 "장의는 혜왕 10년(기원전 328)에 상이 되었고, 진나라에서 처음 임명되었을 때는 상이 아니었다."(『사기지의』)

9 격문檄文: 고대에 초빙이나 명시할 때 사용하는 정부 공고문으로, 죄상을 성토하거나 폭로하는 문서를 말하기도 한다.

10 "오늘날 전국사와 『전국책』을 연구하는 사람들은 초나라 상이 장의를 모욕한 사실과 소진이 자본을 대어 장의를 도운 사실을 부정하고 있다."(『사기전증』)

그 무렵 저苴[11]와 촉蜀나라가 서로 공격하고는 양국이 모두 진나라에 구원을 요청했다.[12] 진나라 혜왕은 파병하여 촉을 정벌하고자 했으나 촉으로 가는 길의 지세가 험하고 협소하여 통행이 어려울 것으로 판단했으며, 한韓나라 또한 경계로 침입할 준비를 하고 있었다. 진 혜왕은 먼저 한나라를 정벌한 다음 촉을 공격하고자 하니 성공하지 못할까 두려웠고, 먼저 촉을 친다면 한나라가 빈틈을 타고 진나라를 기습할까 두려워 망설이며 결정을 내리지 못했다.

사마착司馬錯[13]과 장의가 혜왕 앞에서 논쟁을 벌였는데, 사마착이 촉을 정벌하자고 주장하자 장의가 말했다.

"한나라를 공격하는 것이 낫습니다."

혜왕이 말했다.

"그대들 각자의 이유를 들어봅시다."

장의가 말했다.

"위나라와 가깝게 지내고 초나라와 친해지면서 군사를 삼천三川[14]으로 보내 십곡什谷[15]의 입구를 막고 둔류屯留[16]의 통로를 지키면서 위나라 군사로 남양南

11  저苴: 지금의 쓰촨성 경내에 있던 소국으로 도읍은 지금의 광위안廣元 서남쪽 지역이다.
12  "옛날 촉왕이 자신의 동생을 한중漢中에 봉하고 저후苴侯라 불렸고 그 읍을 가맹葭萌이라 했다. 저후는 파왕巴王과 사이가 좋았는데 파와 촉은 원수였으므로 촉왕이 분노하여 저를 공격했다. 저('수정본'에서는 '후侯'자가 생략된 것으로 의심한다. 즉 저가 아닌 저후苴侯다)는 파로 달아나 진나라에 구원을 요청했다. 진나라에서는 장의를 파견해 자오도子午道를 통해 촉나라를 공격했다. 촉나라('수정본'에서는 원래 '촉蜀'자가 없었는데, 장문호『찰기』에 따라 보충했다고 했다) 왕은 가맹에서 그들을 방어했는데 패배하여 무양武陽까지 달아났지만 진나라 군대에 의해 해를 입었다. 진나라는 마침내 촉나라를 멸망시키고 저와 파를 취했다."(『정의』)
13  사마착司馬錯: 진나라의 명장으로 사마천의 선조다.『색은』에서는 '착'은 '조'의 음으로도 읽는데 여러 자료에서 'cuo'로 표기했기에 역자는 '착'으로 표기했음을 밝힌다.
14  삼천三川: 한나라가 설치한 군으로 지금의 허난성 뤄양 일대다. 황허, 이수이伊水, 뤄수이洛水를 끼고 있어 삼천이라 불리는데, 나중에 진나라가 이곳에 삼천군을 설치했고 다시 한나라가 하남군河南郡으로 변경했다. 지금의 황허강 남쪽 허난성 링바오 동쪽, 중머우中牟 서쪽과 북쪽, 루허汝河강 상류 일대다.
15  십곡什谷: 한나라 땅으로 지금의 허난성 원현溫縣 남쪽, 궁현 동북쪽 지역이다.
16  둔류屯留: 한나라의 현으로 지금의 산시山西성 동남부의 툰류屯留 남쪽 지역이다.

陽의 길을 끊게 하고 초나라 군사로 남정南鄭[17]으로 돌진하게 하고, 우리 진나라는 즉시 신성新城과 의양宜陽[18]을 공격해야 합니다. 그러고 나서 동주東周와 서주西周 교외로 진격하여[19] 주왕周王의 죄과를 성토하고[20] 초나라와 위나라의 근거지를 점령해야 합니다.[21] 그렇게 되면 주나라 군주는 형세가 구원받을 방법이 없음을 스스로 알고 틀림없이 국가 정권을 상징하는 구정九鼎[22]을 바칠 것입니다. 구정에 근거해 천하의 지도와 호적을 장악하고 천자를 끼고 천하를 호령한다면 천하 제후 가운데 감히 따르지 않는 자가 없을 것이니, 이것이 바로 천하를 통일하는 왕업이라 하겠습니다. 지금의 촉나라는 서쪽 지역의 외진 국가에 불과하고 융적戎翟과 같은 부류이므로 무기를 손상시키고[23] 백성을 수고롭게 할 뿐 천하에 명성을 드날리기에 부족하며, 그들의 국토를 점령하는 것 또한 실제적인 이익이 되지 않습니다. 신이 듣건대 공명을 다투는 자는 마땅히 조정으로 가야 하고 이익을 다투는 자는 시장으로 가야 한다고 합니다. 지금의 삼천과 주나라 왕실은 천하의 조정과 시장과 같은데 대왕께서 이를 쟁탈하지 않고 융적과 같이 낙후된 땅을 다투려 하시는 것은 왕업과는 거리가 먼 것입니다."

---

17  남정南鄭: 한나라의 도성인 신정新鄭인데 당시에는 남정이라고도 했다.

18  신성新城과 의양宜陽: 한나라의 현으로, 신성은 지금의 허난성 이촨伊川 서남쪽 지역이고 의양은 지금의 허난성 이양宜陽 서쪽 지역으로 한나라 초기의 도읍이다.

19  "주나라 현왕 이후 주 천자는 점차 허수아비가 되었고 그 수하의 두 귀족인 왕성王城(지금의 뤄양)을 통제하는 귀족을 서주군西周君이라 했고, 궁현을 통제하는 귀족을 동주군東周君이라 했는데, 주나라 천자는 이 두 귀족의 처마 아래 기거했다."(『사기전증』)

20  주왕의 죄과란 주 신정왕周愼靚王(재위 기원전 320~기원전 315) 당시 한나라와 연맹한 것을 뜻한다.

21  "중평녠鍾鳳年은 '장의가 처음에 〈위나라와 가깝게 지내고 초나라와 친해진다〉고 말하고 나서 〈위나라 군사로 남양의 길을 끊게 한다〉고 했으니 초와 위나라는 진나라를 돕는 것이 틀림없다. 그런데 아래에 〈초나라와 위나라의 근거지를 점령한다〉고 했는데 진나라가 주와 한나라에 대립하는 사이에 반대로 자신을 돕는 자를 침략하려 하겠는가? 〈초楚, 위魏〉 두 글자는 반드시 잘못이다'라고 했다. 그러므로 두 글자를 삼천三川으로 해야 한다."(『전국책신교주』) 즉 초나라와 위나라의 근거지를 점령하는 것이 아니라 삼천 땅을 점령하는 것을 말한다.

22  구정九鼎: 하우夏禹가 주조한 솥으로 구주九州를 상징한다. 하·상·주 시대에는 국가 정권을 상징하는 보배로 여겼다.

23  원문은 '폐병敝兵'으로, 군사를 지치게 한다는 뜻으로도 해석할 수 있다.

사마착이 말했다.

"그렇지 않습니다. 신이 듣건대 국가를 부강하게 만들려면 모름지기 국토를 확충하는 데 힘써야 하고, 군대를 강성하게 만들려면 백성이 부유해지도록 애쓰며, 왕이 되려면 덕정을 널리 시행하는 데 힘써야 한다고 했습니다. 이 세 가지(지地, 민民, 덕德) 조건을 구비한다면 왕업 또한 뒤따라올 것입니다.

지금 대왕의 영토는 협소하고 백성은 빈곤하기 때문에 우선은 용이한 곳부터 처리하시기를 바랍니다. 무릇 촉은 서쪽의 외지고 동떨어진 국가인 데다 융적의 영수이며 걸傑과 주紂처럼 흉포하게 행동하여 형세가 어지럽습니다. 우리 진나라 군대가 촉을 공격하는 것은 마치 승냥이와 이리로 양떼를 쫓는 것과 같습니다. 촉의 토지를 빼앗는다면 강토를 확장시킬 수 있고 촉의 재산을 얻으면 백성을 부유하게 하고 무기와 장비를 정비할 수 있으며, 많은 사람을 다치게 하지 않고도 촉나라는 즉시 복종할 것입니다. 촉나라를 점령한다 해도 천하 사람들이 포악하다고 여기지 않을 것이며 그곳 서해西海[24]의 이익을 모조리 취한다 해도 천하 사람들이 탐욕스럽다고 여기지 않을 것이니, 이것은 일거에 명성과 실익을 모두 얻는 것일 뿐만 아니라[25] 흉포한 세력을 억제하고 혼란한 국면을 다스렸다는 명성을 얻게 될 것입니다.[26] 그러나 지금 한나라를 공격하고 주나라 천자를 협박한다면 오명을 남길 뿐만 아니라 반드시 이롭지 못할 것이며, 의롭지 못하다는 명성을 얻게 될 것입니다. 천하가 공격하기를 바라지 않는 국가를 공격하는 것으로, 이는 매우 위험한 일입니다. 신 청컨대 그 이유를 진술하도록 윤허해주십시오.

주나라는 천하의 종실이고 제나라는 한나라와 동맹국입니다.[27] 주나라 왕실

<hr>

24  당시 중원 사람들은 촉나라 서쪽 끝은 바다가 있을 것으로 믿었다.
25  원문은 '명실名實'로, "명名은 덕德을 전하는 것을 말하고, 실實은 토지, 재화와 진귀한 보배를 얻는 것을 말한다."(『색은』)
26  저와 촉 사이의 전쟁을 결속시키는 것을 가리킨다.
27  "중펑녠은 '제, 조, 한, 주나라는 동맹국이다'로 바꿔야 한다고 했으며, 그다음 문장의 '제나라와

이 장차 구정을 잃을 것이고 한나라가 삼천을 잃게 될 것을 헤아리면 두 나라는 반드시 힘을 합쳐 도모할 것이고, 제와 조 두 나라에 의지하고 아울러 초와 위에 포위를 풀어달라고 구원을 요청할 것입니다. 주나라가 구정을 초나라에 넘겨주고 한나라가 토지를 위나라에 내주어도 대왕께서는 막을 방법이 없을 것입니다. 이것이 바로 신이 위험하다고 말씀드린 바이니 촉을 공격하는 것만큼 완벽하지 못합니다."

혜왕이 사마착에게 말했다.

"좋소. 과인은 그대의 말대로 하겠소."

마침내 군사를 일으켜 촉을 공격하여 이해 10월에 촉나라를 수중에 넣었다.[28] 촉나라를 평정한 후에 촉의 왕을 '후侯'로 낮춰 부르고[29] 아울러 진장陳莊을 파견하여 촉의 상으로 삼았다. 촉이 진나라에 귀속되자 진나라는 더욱 강대하고 부유해졌으며 각국 제후들을 업신여겼다.


진나라 혜왕 10년(기원전 328), 혜왕은 공자公子 화華[30]와 장의를 파견하여 군사를 이끌고 위魏나라의 포양蒲陽[31]을 포위하여 곤경에 빠뜨렸고 지키던 군사들을 항복시켰다. 장의는 진나라에 제의하여 포양을 위나라에 돌려주고 공자 요

조나라'는 이 말을 이어서 등장한 것이라고 했다."(『전국책신교주』)
28  진나라 혜왕 후원 9년(기원전 316)의 일이다. "오직 「장의열전」에서만 이 사건을 혜왕 전前 9년 장의가 상이 되기 전으로 서술하고 있는데, 큰 오류다."(『사기전증』). "「진본기」와 「연표」에 촉 정벌은 혜왕 후원 9년의 사건이라고 했는데, 이 열전에서는 혜왕 10년 이전, 즉 전前 9년으로 잘못 서술하고 있다."(『고이』)
29  촉왕은 후로 강등되었을 뿐 계속 자신의 백성을 다스리게 했다는 것이다. 「기紀」와 「표表」에는 모두 '초나라를 공격해 멸망시켰다'고 기록되어 차이가 있다."(『사기회주고증』) "멍원통蒙文通의 『파촉고사논술巴蜀古史論述·파촉사적문제巴蜀史的問題』에 이르기를 '진·한의 제도와 민월閩越의 사례로 보면 촉후蜀侯로 봉한 대상은 결코 진나라의 자손이 아닌 촉의 자손이었다'라고 했다."(『전국책신교주』)
30  「육국연표」에서는 '공자 상桑'이라고도 하고 '공자 혁赫'이라고도 했는데, 어느 왕의 아들인지 상세하지 않다.
31  포양蒲陽: 위나라의 현으로 지금의 산시山西성 시현隰縣이다.

繇[32]를 위나라에 볼모로 보냈다. 장의는 위나라 왕에게 권했다.

"진나라 왕께서 위나라를 이토록 관대하게 예우했으니 위나라에서도 예로써 보답해야 하지 않겠습니까."

위나라는 상군上郡과 소량少梁[33]을 진나라에 넘겨주는 것으로 혜왕에게 사례했다. 혜왕은 이에 장의를 상으로 임명했고 아울러 소량의 명칭을 하양夏陽으로 바꿨다.[34]

장의는 진나라에서 상이 된 지 4년 만에 혜왕을 왕으로 추대했다.[35] 또 그로부터 1년 뒤에[36] 장의는 장수가 되어 군사를 이끌고 섬현陝縣[37]을 공격해 점령했으며 상군에 요새를 지었다.[38]

2년 뒤[39], 장의는 사신으로 파견되어 제나라와 초나라의 상들을 설상齧桑에서 만났다.[40] 동쪽에서 돌아온 후 장의는 진나라 상의 지위를 버리고[41] 진나라

---

32  "마페이바이가 말하기를 '혜문왕의 아들로 이름은 통通 혹은 통국通國이라고도 한다'고 했다." (『사기전증』)

33  상군上郡은 지금의 산시陝西성 동북부 지역으로 원래는 위魏나라에 속했다. 소량少梁은 현으로 지금의 산시陝西성 한청韓城 남쪽이며 원래는 위魏나라에 속했다. "「기」「표」「위세가」에 보면 이해에 상군을 진나라에 할양했다는 내용은 있으나 소량이라는 두 글자는 없다. 위魏나라의 소량은 이미 진 효공 8년에 취했다."(『사기지의』)

34  "「진기秦紀」에서는 '혜왕 11년(기원전 327)에 이름을 변경했다'고 했다."(『사기지의』)

35  혜왕을 왕으로 추대한 것은 혜왕 13년(기원전 325)으로, 이듬해에는 '후원後元 원년元年'이라 했다.

36  혜왕 후원 원년, 한나라 선혜왕 9년(기원전 324)이었다.

37  섬현陝縣: 한나라의 현으로 지금의 허난성 싼먼샤三門峽 서쪽 지역이다.

38  "양콴이 말하기를 '이때 진나라는 이미 하서의 상군을 점유하고, 아울러 하동의 분음汾陰, 피지皮氏 등의 읍을 점유했으며, 더욱이 하남의 섬현을 점유하고 나서는 황하의 천연 요새를 전부 장악함으로써 동방 육국에 대한 진나라의 압력이 가장 컸다'고 했다."(『사기전증』)

39  진 혜왕 후원 3년, 제 위왕 35년, 초 회왕 7년(기원전 322)이다.

40  설상齧桑은 송나라의 읍으로 지금의 장쑤성 페이현沛縣 서남쪽이다. "「기」「표」「위세가」와 「전완세가」에서는 섬현을 취한 이듬해에 장의는 설상에서 상들을 만났으므로 여기서 2년 후라고 한 것은 오류다."(『사기지의』) "양콴이 말하기를 '『전국사표戰國史表』에서 설상의 회맹은 진 혜왕 후원 2년(기원전 323)에 있었다고 했다'고 말했다."(『사기전증』)

41  고의로 혜왕을 시켜 자신을 면직시킨 것이다.

의 이익을 위해 위魏나라로 가서 상을 맡아[42] 위나라를 진나라에 귀순시킨 다음 다른 제후국들이 그것을 본받게 하려 했다. 그러나 위나라 왕은 장의의 의견에 따르려 하지 않았다. 이에 분노한 진나라 왕이 군사를 보내 위나라의 곡옥曲沃과 평주平周[43] 두 성을 점령하고, 또 은밀하게 장의를 더욱 두텁게 대우했다. 장의는 돌아가 진나라 왕에게 보고할 어떠한 공적도 없음을 부끄럽게 여겼다.

위나라에 머문 지 4년 만에 위나라 양왕襄王이 세상을 떠나고 애왕哀王이 즉위했다.[44] 장의는 다시 애왕에게 진나라에 귀순하도록 설득했으나 애왕 역시 따르지 않았다. 이에 장의는 은밀히 진나라가 위나라를 공격하도록 했고 위나라는 군사를 일으켜 진나라와 싸웠으나 패하고 말았다.

그 이듬해[45]에는 제나라가 또 침범하여 관진觀津[46]에서 위나라 군대를 패배시켰다. 진나라는 다시 위나라를 공격하고자 먼저 한나라 신차申差가 이끄는 군대를 격퇴시키고 8만 명을 참수하여 각국 제후들을 겁먹게 했다.[47] 장의는 다시 위나라 왕에게 유세했다.

"위나라 토지는 사방 1000리가 못 되며 사병들도 30만 명에 불과합니다. 지

---

42  이때는 진 혜왕 후원 3년, 위 혜왕 후원 13년(기원전 322)이다.
43  곡옥曲沃과 평주平周: 두 지역 모두 위나라의 현으로 곡옥은 지금의 허난성 취위曲沃 남쪽, 원시聞喜 동북쪽이다. "지금의 허난성 산현陝縣에 곡옥 옛 성이 있었는데 진晉나라 도성 곡옥이 아니다."(『사기회주고증』) 곡옥은 당시 한나라에 속했다. 평주는 지금의 산시山西성 제수介休 서쪽 지역이다.
44  "양襄은 혜惠로 고쳐야 하고 애哀는 양襄으로 고쳐야 한다."(『사기지의』) 따라서 이하 문장에서 '애왕'은 모두 '양왕'으로 고쳐야 한다. 위 혜왕이 사망하고 위 양왕이 즉위한 해는 진 혜왕 후원 6년(기원전 319)이다.
45  진 혜왕 후원 8년, 제 선왕 3년, 위 양왕 2년(기원전 317)이다.
46  「육국연표」에 근거해 '관택觀澤'이라고 해야 한다. 관택은 위나라의 읍으로 지금의 허난성 칭펑清豐 서남쪽 지역이다. 관진은 지금의 허베이성 우이武邑 동쪽 지역으로 당시 조나라에 속했다.
47  "혜문왕 7년 한, 조, 위, 연, 제나라가 흉노 군대를 거느리고 연합하여 진나라를 공격했다. 진나라는 서장庶長 질疾(혜문왕의 배다른 동생, 당시 서장이 아닌 진나라 작위 20등급 가운데 열네 번째인 우경右更이었다)을 보내 수어修魚(한나라 현으로 지금의 허난성 위안양原陽 서남쪽)에서 교전을 벌인 끝에 한나라 장수 신차를 포로로 잡고 조나라 공자 갈渴과 한나라 태자 환奐을 격퇴시켰으며 8만2000명을 참수했다."(「진본기」)

세는 사면이 평탄하고 각 제후국들과 바큇살이 바퀴통에 모이듯이 사방으로 통하며 높은 산과 큰 강이 가로막혀 있지 않습니다. 신정에서 대량까지는 불과 200여 리[48]로, 전차가 질주하고 보병이 달리면 모두 힘들이지 않고 도달할 수 있습니다. 위나라 남쪽은 초나라와 인접해 있고 서쪽으로는 한나라와 잇닿아 있으며 북쪽으로는 조나라와 가깝고 동쪽으로는 제나라와 붙어 있습니다. 군대는 사방을 지켜야 하고 변경의 감시초소와 성보를[49] 방비하는 병사가 10만 이상이어야 합니다. 위나라의 지세는 본래 싸움터입니다. 남쪽의 초나라와 연맹을 맺고 동쪽의 제나라와 사이좋게 지내지 않으면 제나라가 동쪽에서 진공할 것이고, 동쪽의 제나라와 우호 관계를 맺고 북쪽의 조나라와 친선 관계를 맺지 않으면 조나라 군사가 북쪽에서 공격해올 것이며, 한나라와 화목하게 지내지 않으면 한나라 군사가 위나라의 서쪽을 공격할 것이고, 초나라와 친하게 지내지 않으면 초나라 군사가 위나라의 남쪽 변경을 침입해올 것입니다. 이것이 바로 사람들이 말하는 사분오열四分五裂입니다.

게다가 각국 제후들이 합종 연맹을 맺으려 하는 것은 국가의 사직을 안전하게 하고 군주의 지위를 공고히 하며, 군대의 역량을 증강시키고 명성과 위엄을 드러내기 위함입니다. 지금 각기 합종하는 국가들은 천하를 하나로 연합시켜 서로 형제와 같은 친밀한 관계를 맺고 원수洹水[50] 가에서 백마를 잡아 삽혈歃血[51]하며 맹세하여 서로의 연맹 의지를 확고히 하기로 했습니다. 그러나 한 부모

---

48  『전국책』에는 '신정에서 대량까지 100리에 불과하고 진陳에서 대량까지는 200여 리에 불과하다'는 문장이 있는데 여기서는 누락되어 있다."(『사기지의』) 진陳은 초나라의 현으로 지금의 허난성 화이양 지역이다.
49  원문은 '정장亭障'이다. "정은 변경의 사방을 흙으로 쌓은 토대土臺 위에 건축한 전망대 같은 것으로, 국방상 최전선의 감시초소다. 장은 규모가 비교적 큰 성보城堡를 말한다."(『전국사』)
50  원수洹水: 지금의 허난성 안양安陽 북쪽을 거쳐 동북쪽으로 흘러 황허로 유입되는 강으로, 당시 원수 일대는 조나라에 속했다.
51  삽혈歃血: 고대에 동맹을 맺을 때 치르는 의식으로, 맹약을 낭독한 후 참가자들이 희생물의 피를 마시는 방식이다. 희생물의 피를 입 주변에 바르는 것이라는 주장도 있다.

에게서 태어난 형제간에도 재물을 다투는 일이 있는데, 합종한 각국이 속이고 위장하며 수시로 변하는 소진의 지난날 계획에 의지하고 있으니 그것이 성공하지 못함은 또한 명백합니다.[52]

대왕께서 진나라를 섬기지 않으신다면 진나라는 출병하여 하외河外[53]를 공격하고 권卷, 연衍, 연燕, 산조酸棗를 점거하고 위衛나라를 위협하여 양진陽晉을 탈취할 것이니 조나라는 남하하여 위魏나라를 구원할 수 없게 될 것입니다. 조나라가 남하할 수 없게 되면 위나라도 북쪽으로 향해 조나라와 연합할 수 없게 될 것이고, 위나라가 조나라와 연계할 수 없다면 각국을 합종하는 길은 단절될 것이며, 각국을 합종하는 길이 끊어지게 된다면 대왕의 국가는 위험에서 벗어날 수 없게 될 것입니다. 진나라가 한나라를 굴복시키고 위나라를 공격한다면 한나라는 진나라를 두려워하여 진나라와 연합할 것이고, 그렇게 되면 위나라의 멸망이 코앞에 닥칠 것입니다. 이것이 바로 신이 대왕을 위해 염려하는 바입니다.

지금 대왕을 위한 계책으로 진나라를 섬기는 일보다 나은 것은 없습니다. 진나라를 섬긴다면 초와 한은 틀림없이 함부로 행동하지 못할 것이고, 초와 한이 침범하는 우환만 없다면 대왕께서는 베개를 높이고 걱정 없이 주무실 수 있으며 국가에 어떠한 걱정거리도 없을 것입니다.

게다가 진나라가 약화시키고자 하는 국가는 초나라이고, 초나라를 약하게 할 수 있는 나라는 위나라입니다. 초나라는 백성이 부유하고 국가가 강대하다는 명성을 지니고 있으나 실제로는 그리 충실하지 못합니다. 그들의 군사가 많다고 하지만 싸움터에 나가면 쉽게 패주하기 때문에 격전을 치를 수 없습니다. 위나라의 군사를 전부 집결시켜 남쪽으로 초나라를 공격한다면 틀림없이 승리

---

52  사마천은 소진의 시기가 장의보다 앞선 것으로 여기고 있다. 그러나 "소진의 연배는 장의보다 낮다. 장의가 죽었을 때 소진의 사적은 여전히 드러나지 않았다. 여기서 말한 것은 역사의 사실에 부합되지 않는다."(『전국책신교주』)

53  하외河外: 여기서는 당시 황하 이남인 지금의 정저우, 옌진, 푸양 일대의 연안을 가리킨다. 고대에는 황하 북쪽을 '하내河內'라 불렀으므로 황하 남쪽 연안은 '하외河外'가 된다.

를 거둘 것입니다. 초나라의 영토를 갈라놓는 것은 위나라에 이롭고, 초나라를 쇠약하게 하는 것은 진나라에 반가운 일이니, 재앙을 돌림으로써 국가를 안정시키는 것이 확실히 좋은 방법입니다. 대왕께서 신의 의견을 듣지 않으신다면 진나라는 동쪽으로 위나라를 공격할 텐데 그때 가서 진나라를 섬기려 한들 불가능할 것입니다.

또한 합종을 주장하는 사람들은 대체로 호언장담을 늘어놓지만 신뢰할 만한 것은 매우 적으며, 한 나라의 제후만 설득해도 후侯에 봉해지기 때문에 천하에 유세에 종사하는 사람들은 밤낮으로 주먹을 움켜쥐고 눈을 부릅뜨고 이를 물어가면서 합종의 장점을 널리 알리면서 각 나라 군주의 마음을 사로잡으려 하지 않는 자가 없습니다. 군주들은 그들의 말재간에 이끌려 그 의견을 신임하니 어찌 미혹되지 않을 수 있겠습니까!

신이 듣건대 깃털도 많이 쌓이면 배를 가라앉히고 가벼운 물건도 가득 실으면 수레바퀴 축이 부러지며, 사람들의 입은 쇠를 녹이며 험담이 쌓이면 사람을 죽게 할 뿐만 아니라 심지어 그의 뼈를 녹인다고 했습니다. 그러므로 대왕께서는 국가의 큰일을 신중하게 결정하시기 바랍니다. 신은 이제 위나라를 떠나 요양할 수 있도록 해주시기를 청합니다."[54]

애왕[55]은 이에 합종의 맹약을 저버리고 장의를 통하여 진나라에 우호 관계를 청했다. 장의는 진나라로 돌아간 후 여전히 진나라의 상을 지냈다.[56] 3년 뒤 위나라는 다시 진나라를 배반하고 합종에 가담했다. 진나라는 위나라를 공격해 곡옥을 빼앗았다. 이듬해 위나라는 다시 진나라를 섬겼다.

---

54  이상 장의가 연횡으로 위 양왕을 유세한 내용은 『전국책』 「위책 1」에는 보이지만 「위세가」에는 기재되어 있지 않다.
55  당연히 양왕襄王이라고 해야 한다.
56  "이는 진 혜왕 후원 8년(기원전 317)의 일이다. 앞에서 장의가 파와 촉을 멸망시키는 일로 사마착과 논쟁하는 대목이 이 구절 뒤로 와야 한다. 그 일은 혜왕 후원 9년(기원전 316)의 사건이다."(『사기전증』)

진나라가 제나라를 정벌하려 하자 제와 초는 합종을 맺어 관계가 친밀해졌다. 이에 장의는 초나라로 가서 상황을 살피려 했다.[57] 장의가 왔다는 소식을 받은 초나라 회왕懷王[58]은 친히 그를 가장 좋은 관사에 머물게 하면서 물었다.

"초나라는 구석지고 궁색한 나라인데, 그대는 무엇을 가르쳐주러 이곳으로 오셨소?"

장의가 초나라 왕을 설득했다.

"대왕께서 진실로 신의 의견을 들으시어 변경의 관문을 닫고 제나라와 맺은 맹약을 깨신다면, 신은 상오商於[59] 지구 600리의 토지를 초나라에 바치고 진나라 공주를 대왕의 처로 보내도록 하겠으며,[60] 진과 초 양국이 아내를 얻고 딸을 시집보내 영원히 형제의 국가가 되도록 하겠습니다. 이것은 북쪽으로는 제나라를 쇠락케 하고 서쪽으로는 진나라에 이익이 되는 일이니 더없이 좋은 계책입니다."

초나라 왕은 매우 기뻐하며 장의의 의견을 받아들였다. 군신이 모두 회왕에게 축하의 말을 했지만 진진陳軫만이 홀로 우려하며 근심했다. 초나라 왕이 화를 내며 말했다.

"과인이 군사를 일으켜 파병하지 않고도 600리의 땅을 얻어 대신들이 모두 경하하는데 오직 그대는 근심하고 있으니 까닭이 무엇인가?"

진진이 대답했다.

"그렇지 않습니다. 신이 살펴보건대 상오의 땅은 얻을 수 없고 제와 진 양국은 오히려 연합할 것입니다. 그렇게 되면 반드시 초나라에 재난이 닥칠 것입니다."

---

57  혜왕 후원 12년, 초 회왕 16년(기원전 313)의 일이다.
58  회왕懷王(재위 기원전 328~기원전 299)의 이름은 괴槐다.
59  상오商於: 대략 지금의 산시陝西성 상난商南과 허난성 네이향內鄉 일대다.
60  원문은 '기추지첩箕帚之妾'이다. 기箕는 쓰레받기이고 추帚는 빗자루로, 옛사람들은 딸을 출가시키는 것을 겸손하게 표현하여 '시기추侍箕帚(모시며 청소한다)'라고 했다.

초나라 왕이 말했다.

"무슨 근거로 그렇게 말을 하시오?"

진진이 대답했다.

"무릇 진나라가 초나라를 중시하는 것은 초나라 배후에 제나라가 있기 때문입니다. 지금 초나라가 관문을 닫고 제나라와 맹약을 깬다면 초나라는 고립무원의 처지가 될 것입니다. 진나라가 어떻게 한낱 고립된 국가를 중시하여 600리나 되는 상오 땅을 내주겠습니까? 장의가 진나라로 돌아간 다음에는 틀림없이 대왕을 배신할 것입니다. 이는 초나라로 하여금 북쪽으로 제나라와 관계를 끊게 하고 서쪽 진나라로부터 재난을 불러들이는 것으로, 분명히 두 나라의 군사들이 국경을 침범할 것입니다. 대왕을 위해 가장 좋은 방법은 표면적으로는 제나라와 관계를 끊되 은밀하게 제나라와 우호관계를 맺고 장의가 진나라로 갈 때 사람을 보내는 것입니다. 우리에게 토지를 내준 뒤에 제나라와 관계를 끊어도 늦지 않을 것이고, 그들이 우리에게 토지를 내주지 않으면 제나라와 은밀하게 연합하여 대책을 세우면 될 것입니다."

초나라 왕이 말했다.

"진자陳子는 더 이상 말하지 말고 과인이 진나라 토지를 얻는 것이나 기다리시오."

회왕은 장의에게 초나라 상의 인장과 함께 많은 재물을 안겨주었다. 그러고는 관문을 닫게 하고 제나라와의 약속을 저버리더니 진나라로 돌아가는 장의에게 장군 한 명을 붙여 보냈다.

장의는 진나라에 당도한 후 일부러 수레에 오를 때 잡는 밧줄을 잡아당기지 않아 발을 헛디뎌 땅바닥에 떨어졌고, 이를 빌미로 3개월 동안 조정에 나오지 않았다. 그 소식을 들은 초나라 왕이 말했다.

"장의는 과인이 제나라와 관계를 끊음이 철저하지 못하다고 싫어하는가?"

이에 용사들을 송나라[61]로 파견해 송나라의 부절을 빌려 제나라 경계로 들어가 제나라 왕을 꾸짖게 했다.[62] 그러자 제나라 왕은 분노하여 즉시 제와 초 양국 연맹의 신물인 부절을 파기하고 진나라에 의탁했다. 이렇게 진나라와 제나라가 국교를 회복하자 장의는 즉시 조정에 나아가 초나라 사신에게 말했다.

"신의 봉읍 6리를 그대의 대왕 전하께[63] 바치고 싶습니다."

그러자 초나라 사신이 말했다.

"신은 초나라 왕의 명령을 받들어 상오의 땅 600리를 받으러 왔을 뿐 6리라는 말은 듣지 못했습니다."

사신이 돌아가 보고하자 회왕은 크게 화를 내면서 군대를 일으켜 진나라를 공격하려 했다. 그러자 진진이 말했다.

"이 진진이 말씀을 드려도 되겠습니까? 진나라를 공격하기보다는 차라리 땅을 할양하여 진나라에게 뇌물로 주는 것이 나을 듯합니다. 그런 다음 다시 진나라와 연합하여 제나라를 친다면 우리는 진나라에 토지를 할양해주고 제나라로부터 보상받는 것으로, 대왕의 국토를 보존할 수 있을 것입니다."

그러나 초나라 왕은 듣지 않고 끝내 병사를 일으키고 장군 굴개屈匄를 보내 진나라를 공격하게 했다. 진나라는 제나라와 함께 초나라에 맞서[64] 초나라 군사 8만 명의 목을 베고 굴개를 죽였으며, 마침내 초나라의 단양丹陽[65]과 한중漢中 땅을 빼앗았다. 초나라는 또다시 군사를 증강하여 진나라를 기습하여 남전藍

---

61 송나라는 당시 이미 쇠약해진 제후국으로 원래 도읍은 상구였으나 이때는 이미 팽성으로 옮겼다. 송나라는 춘추시대 때부터 항상 초나라에 의탁했다.

62 "이 말은 의심스럽다. 제나라 왕을 꾸짖는데 왜 부절이 필요한가. 초나라 자신도 부절이 있는데, 또 무엇 때문에 송나라 부절을 빌리는가?"(『사기지의』)

63 원문은 '대왕좌우大王左右'로, 여기서 '좌우'는 왕의 측근을 말하는 것이 아니라 '전하殿下' '각하閣下'와 같은 겸손한 표현이다. 여기서는 '초왕 전하게 바친다'라는 뜻이다.

64 「한세가」에 따르면 이때 한韓나라도 초나라 공격에 참여했다.

65 단양丹陽: 초나라 땅으로 대략 지금의 허난성 시샤西峽 서쪽 지역이다.

田[66]에서 큰 전투를 벌였으나 초나라 군은 대패했으며, 이에 초나라는 두 개 성을 진나라에 할양하고 화해했다.[67]

진나라는 초나라를 위협하여 무관武關 밖의 토지를 초나라의 검중黔中[68]과 맞바꾸고자 했다. 그러자 초나라 왕이 말했다.

"땅을 바꾸고 싶지는 않지만, 장의를 얻는다면 검중 땅을 진나라 왕에게 바치겠소."

진나라 왕은 장의를 초나라로 보내고 싶었으나 차마 말을 꺼내지 못했다. 그런데 장의가 스스로 초나라로 가겠다고 청했다. 진나라 혜왕이 말했다.

"초나라 왕은 그대가 상오의 땅을 주겠다고 한 언약을 저버린 것에 분노하고 있소. 그대가 가면 분풀이로 죽이려 들 것이오."

장의가 말했다.

"진나라는 강하고 초나라는 약합니다. 신은 초나라의 근상斳尙과 사이가 좋으며, 근상은 초나라 왕의 부인인 정수鄭袖를 위해 일하고 있으며, 초나라 왕은 정수가 말하는 것은 무엇이든 들어줍니다. 게다가 신은 대왕의 부절을 가지고 사신으로 가는데 초나라가 어떻게 감히 신을 죽이겠습니까? 설령 신을 죽인다 하더라도 진나라가 검중의 땅을 얻는다면 신이 가장 바라던 바입니다."

결국 장의는 초나라에 사신으로 갔다. 초나라 회왕은 장의가 도착하자 그를 가두고 죽이려 했다. 근상이 정수에게 말했다.

"부인께서는 장차 초나라 왕에게 총애를 받지 못하고 버림받게 될 것을 아십니까?"

정수가 물었다.

---

66  남전藍田: 진나라의 현으로 지금의 산시陝西성 란톈藍田 서쪽, 시안西安 동남쪽 지역이다.
67  진 혜왕 후원 13년, 초 회왕 17년(기원전 312)의 일이다. 『전국책』「진책 2」에 보인다. "남전의 전쟁에서 성을 할양한 일이 없으니 사실이 아닐 것이다."(『사기지의』)
68  검중黔中: 초나라의 군으로 대략 지금의 후난성 서부 그리고 서로 이어진 지금의 구이저우성 동부 지구에 해당된다.

"어째서 그렇소?"

근상이 말했다.

"진나라 왕은 장의를 중시하기에 반드시 그를 구하려 할 것입니다.[69] 앞으로 상용上庸[70]에 속한 6개 현을 초나라에 뇌물로 주고 미녀를 초나라에 시집보내고 진나라 궁중의 노래 잘하는 여자들을 혼수로 삼으려 할 것입니다. 초나라 왕[71]은 토지를 중시하고 진나라를 존경하므로 진나라 미녀는 틀림없이 총애를 얻을 것입니다. 그렇게 되면 부인께서는 내쳐지게 것이니, 차라리 대왕께 장의를 풀어주도록 말씀드리는 것이 나을 듯합니다."

정수는 이에 밤낮으로 회왕에게 진언했다.

"신하된 자는 각기 자신의 군주를 위해 온 힘을 다합니다. 지금 우리 토지를 아직 진나라에 넘겨주지도 않았는데 진나라가 장의를 파견한 것은 대왕께 존중을 표한 것입니다. 대왕께서 예로써 상대하지 않고 오히려 장의를 죽인다면 진나라는 크게 노하여 초나라를 공격할 것입니다. 첩의 모자母子가 강남江南으로 옮겨져 진나라 병사들에게 생선과 고기처럼 유린당하지 않게 해주십시오."

회왕은 생각을 바꾸어 장의를 사면하고 예전처럼 두터운 예로 대접했다.[72]

장의는 석방된 후 초나라를 떠나지 않고 있었는데 소진이 이미 죽었다는 소식을 듣고는[73] 즉시 초나라 왕에게 유세했다.

---

69  원문은 '秦王甚愛張儀而不欲出之'이다. "'불不'자를 반드시 '필必'자로 해야 한다. 이때 장의가 초나라에 구금되었으므로 반드시 구출하려 할 것이다."(『색은』) 역자 또한 『색은』에 따랐다.

70  상용上庸: 한중군에 속한 상용현과 주변 일대로, 상용현은 지금의 후베이성 서북쪽 주산竹山의 서남쪽 지역이다.

71  근상은 '초왕'이라 칭할 수 없다. "서부원徐孚遠이 말하기를 '마땅히 대왕大王이라고 해야 하며 초왕이라 말하는 것은 잘못이다'라고 했다."(『사기전증』)

72  초 회왕이 장의를 구금하고 석방한 사건은 『전국책』 「초책 2」에 보인다. 「초세가」에서는 초 회왕 18년, 진 혜왕 후원 14년(기원전 311)으로 기재하고 있다.

73  사마천은 『전국책』의 잘못된 자료에 근거해 소진을 장의보다 앞에 배열했다. "이때는 회왕 18년으로 소진이 죽은 지 이미 10년이 지났는데, 어찌하여 장의가 이때 이르러 처음으로 소진이 죽었다는

"진나라의 영토는 천하의 절반을 차지하고 있고 병력은 사방 제후국들을 감당할 만하며, 배후가 험준하고 황하에 둘러싸여 있어 사방이 모두 요새로 형세가 견고합니다. 보유한 용사가 100만 명이고 전차는 1000승이며 전마는 1만 필이고 식량은 산과 같이 쌓여 있습니다. 법령이 엄격하고 명백하며 사졸들은 또 위험과 곤란을 두려워하지 않고 죽음을 기꺼이 받아들입니다. 군주는 현명하고 위엄 있으며 장수들은 지모와 용맹이 있으며, 출병하지 않으면 몰라도 한번 출병하면 험준한 상산常山을 석권하여 반드시 천하의 척추를 꺾을 것이니[74] 천하에 늦게 귀순하는 국가는 먼저 멸망할 것입니다. 합종을 주장하는 이들은 양떼를 몰아 사나운 호랑이를 공격하는 것과 다름없습니다. 호랑이와 양은 역량 차이가 명백한데도 지금 대왕께서는 맹호와 친분을 맺지 않고 도리어 양떼와 친구가 되려 하시니 신은 대왕의 계책이 틀렸다고 생각합니다.

무릇 천하의 강국은 진나라 아니면 초나라이고, 초나라 아니면 진나라입니다. 두 나라가 서로 다툰다면 그 세력은 양립할 수 없을 것입니다. 대왕께서 진나라와 친분을 맺지 않으신다면 진나라는 출병하여 의양宜陽을 점거할 것이고 한나라 상지上地와는 통할 수 없을 것입니다.[75] 진나라가 다시 하동河東[76]을 공격하여 성고成皐[77]를 탈취한다면 한나라는 틀림없이 투항하여 신하를 칭할 것이고 위나라 또한 뒤따라 진나라에 의탁하게 될 것입니다. 진나라가 초나라의 서쪽을 공격하고 한과 위가 초나라의 북쪽을 공격한다면 사직이 어찌 위험하지

소식을 들었단 말인가? '聞蘇秦死(소진이 죽었다는 소식을 듣고)' 넉 자는 삭제해야 한다."(『사기지의』)
74 「소진열전」에 근거하면 조나라는 당시 동방의 합종 제후국의 영수로 북쪽에는 연나라가 있다. 진나라가 만일 출병하여 조나라를 기습하면 그들의 수령을 타격함과 동시에 합종 제후국의 남북 연락을 끊어버리기 때문에 '천하의 척추를 꺾을 것'이라고 말한 것이다."(『사기전증』)
75 상지上地는 상당上黨으로, 즉 지금의 산시山西성 동남부의 창즈 일대를 말한다. 한나라 상당과 도성인 신정新鄭과 연락이 단절됨을 가리킨다.
76 하동河東: 지금의 산시山西성 서남부의 린펀, 윈청運城 일대로 당시에 위魏나라에 속했고 동쪽은 한나라 영토다.
77 성고成皐: 한나라의 읍으로 지금의 허난성 싱양 서북쪽의 사수진汜水鎭 서쪽 지역이다.

않을 수 있겠습니까?

게다가 합종 맹약은 약한 국가들을 한데 모아 가장 강한 국가를 공격하는 것으로, 상대방을 헤아리지 않고 경솔하게 싸움을 벌이고 있습니다. 국가가 빈궁하면서도 빈번히 전쟁을 일으키는 것은 스스로 멸망하는 길입니다. 신이 듣기로는 '병력이 상대보다 강하지 못하면 전쟁의 실마리를 주어서는 안 되고, 양식이 상대보다 많지 않으면 장기전을 벌여서는 안 된다'고 했습니다. 합종을 이야기하는 자들의 말은 모두 듣기에는 좋으나 결코 실제에 토대한 언사가 아니며 군주에게 진나라를 섬기지 않는 절개를 치켜세우고 합종의 좋은 점만 말할 뿐 해로운 점은 말하지 않고 있습니다. 그러다가 돌연 진나라가 공격해오는 재앙을 불러일으킨다면 그때는 돌이킬 수 없을 것입니다. 이 때문에 원컨대 대왕께서는 진지하게 고려하시기를 바랍니다.

진나라는 서쪽으로 파와 촉 땅을 소유하고 있으므로 큰 배에 양식을 싣고 민산汶山[78]에서 출발하여 장강을 따라 내려가면[79] 초나라까지 3000여 리입니다. 배 두 척을 나란히 하고 병사들을 태운다면 한 척에 군사 50명과 3개월 분량의 식량을 실을 수 있고, 배가 물결을 따라 내려간다면 하루에 300여 리를 갈 수 있습니다. 비록 먼 거리의 여정이라 할지라도 소와 말의 힘을 빌리지 않고 열흘 안에 초나라의 한관扞關[80]에 당도할 수 있을 것입니다. 한관 땅이 진동하게 되면 국경 동쪽[81]의 성읍들은 모두 성을 방비해야 하기 때문에 대왕은 검중과 무군巫郡[82]을 차지하지 못할 것입니다. 진나라가 군대를 거느리고 무관으

---

78  민산汶山: 민산岷山으로 지금의 쓰촨성 쑹판松潘 북쪽에 있다.
79  민산에서 민강岷江을 거쳐 장강으로 들어가 물길 따라 내려가면 초나라에 이를 수 있다는 말이다.
80  한관扞關: 지금의 후베이성 이창 서쪽 지역이다.
81  원문은 '경이동境以東'으로, '수정본'에서는 '경境'을 '경릉竟陵'으로 해야 한다고 했다. 『전국책』 「초책」에서도 '경릉竟陵 동쪽'이라고 기록했다. 경릉은 초나라의 현으로 지금의 후베이성 첸장潛江 서북쪽이다.
82  무군巫郡: 초나라의 군으로 지금의 충칭 동부의 우산巫山, 평제奉節 일대로 당시 초나라에 속했다.

로부터 남쪽으로 쳐들어온다면 초나라 북쪽 지역[83]은 단절될 것입니다. 진나라 군대가 초나라를 공격하면 3개월이 못 되어 초나라는 위험과 곤란한 지경에 직면하게 될 테고 여러 제후국이 초나라를 구원해주려면 반년은 기다려야 할 것입니다. 이런 형세는 당연히 돌볼 틈이 없습니다. 약한 국가의 구원에 의지하면서[84] 강력한 진나라의 재난을 망각하는 것이 바로 신이 대왕을 위해 걱정하는 바입니다.

대왕께서는 일찍이 오나라 사람들과 전쟁을 벌인 적이 있었습니다.[85] 다섯 차례 맞붙어 싸워서 세 차례 승리를 거두었지만 싸움에 임했던 사졸들을 모조리 잃었고, 새로이 공격하여 점령한 성읍[86]을 지키기 위해 살아남은 백성 또한 고통을 받고 있습니다. 신이 듣건대 공이 크면 재난을 초래하기 쉽고 백성이 곤궁하면 군주를 원망한다고 했습니다. 허위의 작은 승리로 스스로 강하다 여겨 강대한 진나라의 뜻을 거스르는 것은 신이 보기에 대왕께 위태로운 일입니다.

그리고 진나라가 15년 동안 함곡관 밖으로 군사를 내보내 제와 조나라를 치지 않은 것은[87] 은밀하게 천하를 삼키려는 계획이 있기 때문입니다. 초나라는 일찍이 진나라와 전쟁을 벌여 쌍방이 한중에서 교전한 적이 있었는데, 초나라

---

83 "호삼성은 주석에서 '초나라 북쪽 경계의 땅으로 진陳, 채蔡, 여汝, 영潁이다'라고 했다."(『사기전증』)
84 원문은 '대약국지구待弱國之救'다. "『독서잡지』 「사기」에서는 '대待(기다리다)'를 시恃(의지하다)로 해야 한다'고 했다."('수정본') 『전국책』 「초책」 또한 '시恃'로 기재하고 있어 역자는 '수정본'에 따랐다.
85 "서부원이 말하기를 '회왕 때 오나라는 초나라에 속한 지 오래되었는데 어떻게 오나라와 다섯 번 전쟁을 벌일 수 있단 말인가? 이것은 잘못이다'라고 했다."(『전국책신교주』) "기원전 473년에 오나라는 월나라에 멸망당해 초 회왕의 시대까지는 150년 이상 거리가 있다. 기원전 306년(초 회왕 23) 초나라가 월나라를 멸망시켰으니, 여기서 초나라가 오나라와 벌인 전쟁이란 초나라가 월나라를 멸망시킨 전쟁을 말한다."(『전국책선주』)
86 원문은 '신성新城'이다. "신성은 오와 초 사이에 있다."(『색은』) "새로 공격하여 손에 넣은 성지로, 어디에 있는 곳인지는 상세하지 않다."(『정의』)
87 "소진은 본래 여섯 나라를 합종하여 진나라에 대항한 일이 없으므로 진나라가 15년 동안 함곡관을 나가지 못했다는 말은 터무니없음이 명백하다."(『전국책신교주』) "첸무가 말하기를 「육국표」에 근거할 때 소진은 처음에 연나라에 유세한 지 15년 후 연왕 쾌 원년에 죽었으니, 본래 15년이란 바로 이것이다'라고 했다."(『사기전증』)

사람들은 승리를 거두지 못해 열후나 집규執珪 작위를 가진 자들이 70여 명이나 죽음을 맞았고 초나라는 한중 땅을 잃고 말았습니다.[88] 이에 초나라 왕[89]은 진노하여 군사를 일으켜 진나라를 급습했으며 양군은 남전에서 교전을 벌였습니다. 이것은 이른바 두 호랑이가 싸우는 격으로, 결국 진과 초나라 양국이 힘을 소모하여 쇠약해지면 한과 위魏나라 양국이 온전한 병력으로 그들의 후방을 견제하게 되니 이보다 위험한 실책은 없습니다. 대왕께서는 이 점을 진지하게 고려하시기 바랍니다.

진나라가 군대를 보내 위衛나라의 양진을 점령한다면 틀림없이 천하의 가슴에 해당되는 교통의 요충지가 단절될 것입니다.[90] 대왕께서 전 병력을 일으켜 송나라를 공격한다면 수개월 이내에 송나라를 함락시킬 수 있을 것이고, 송나라를 점령한 다음 다시 군대를 지휘하여 동쪽으로 향한다면 사수泗水 유역의 12개 제후국을 대왕께서 차지하게 될 것입니다.

무릇 천하 제후국들이 합종에 성공하리라고 믿은 것은 바로 소진 때문이었습니다. 그는 무안군武安君으로 봉해지고 연나라의 상으로 임명된 후에 은밀히 연나라 왕과 더불어 제나라를 공격하여 제나라의 영토를 나누기로 계책을 꾸몄습니다.[91] 이 때문에 소진은 죄를 지어 연나라를 떠나 제나라로 달아난 것으로 꾸몄고 제나라 왕[92]은 그를 거두어 상으로 삼았습니다. 2년 후 그 음모가 드

---

88 「초세가」에 따르면 진나라가 초나라 한중을 취한 시기는 초 회왕 17년(기원전 312)이다. 즉 기원전 312년 초나라 군대는 진나라를 공격했으나 대패하고 장군 굴개屈匄가 포로로 잡히고 8만 명의 병력 손실을 입었으며 한중 땅을 잃었다.

89 "마땅히 대왕大王으로 해야 한나."(『사기회주고증』)

90 "양진은 진秦·진晉·제·초나라의 교통 요충지이다. 진나라 군대가 양진을 점거하는 것은 천하의 가슴을 닫는 것과 같은 것으로 다른 나라가 움직일 수 없게 된다는 뜻이다."(『색은』)

91 「연소공세가」에서는 소진이 연나라를 위해 제나라로 들어가 반간을 실행한 것은 연 역왕(재위 기원전 332~기원전 321) 때로 기재되어 있지만, 실제로는 수십 년 후인 연 소왕(재위 기원전 311~기원전 279) 때의 일이다. "만일 소진이 기원전 284년에 죽었다면 연왕은 당연히 연 소왕이다."(『전국책주석』)

92 "소진이 기원전 284년에 죽었다면 제나라 왕은 민왕(재위 기원전 300~기원전 284)이다."(『전국책주석』)

러나자 제나라 왕은 크게 노하여 소진을 저잣거리에서 거열형에 처했습니다.[93] 그리하여 한낱 간사하게 거짓을 일삼는 소진이 천하를 경영하고자 여러 제후들을 하나로 묶으려 한 방법은 성공할 수 없음이 명백히 드러났습니다.

지금 진나라는 초나라와 서로 영토가 맞닿아 있고 그 형세로도 본래는 친밀하게 지내야 할 국가입니다. 대왕께서 진실로 신의 말을 따르시겠다면 신이 진나라 왕께 태자를 초나라에 인질로 보내도록 청하겠으니 대왕 또한 태자를 인질로 진나라로 보내십시오. 아울러 진나라 왕의 따님을 대왕의 아내로 삼게 하고 다시 1만 호의 큰 성을 바치게 하여 부세를 거두어 대왕의 목욕 비용을 충당할 수 있는 탕목읍湯沐邑으로 삼도록 하겠습니다. 이와 같이 한다면 진과 초는 형제 국가가 되어 영원히 서로 공격하는 일이 없을 것입니다. 신이 생각하기에 이보다 더 좋은 책략은 없습니다."[94]

이때 초나라 회왕은 이미 장의를 얻었고, 또 검중의 땅을 잘라 진나라에 내주고 싶지 않았기 때문에 장의의 의견을 받아들이려 했다. 그러자 굴원屈原이 초나라 왕에게 말했다.

"지난번 대왕께서 장의에게 속으셨으니 이번에 장의가 초나라에 온다면 신은 대왕께서 그를 삶아 죽일 것이라 생각했습니다. 지금 차마 그를 죽일 수 없다 하더라도 그의 터무니없는 말을 믿으시고 그대로 따르셔서는 안 됩니다."[95]

---

93  "소진이 죽은 때는 주 난왕 31년(기원전 284)이고 장의가 죽은 때는 주 난왕 5년(기원전 309)으로, 소진의 죽음과는 26년 차이가 나는데 어떻게 소진이 거열 형벌을 받을 것을 미리 알았겠는가?"(『전국책신교주』) "탕란의 견해에 따르면, 소진의 전반적인 활동은 연 소왕을 위해 반간계를 펼치는 한편 연과 제의 국교를 수립하고 제와 조의 관계를 파괴하는 것으로, 그 목적은 제나라를 약화시켜 연나라를 위해 제나라 공격을 준비하는 것이다. 기원전 284년 반간계가 폭로되고 제나라를 위해 시장에서 거열 형벌을 받았으니, 그가 죽었을 때는 대략 50여 세였다. 『사기』 「소진열전」에서는 소진과 총애를 다투던 제나라 대부가 사람을 시켜 소진을 찔러죽이게 한 것으로 되어 있으나 당시는 기원전 4세기 말로, 모두 오류가 있다."(『전국책선주』)
94  이상 장의가 초나라 왕에게 연횡으로 유세한 내용은 『전국책』 「초책 1」에는 보이지만 「초세가」에는 보이지 않다.
95  "전국시대 옛 전적에는 굴원이 없는데, 「굴원열전」과 이 문장에서 굴원의 사적을 서술하고 있다.

초나라 회왕이 말했다.

"장의의 의견을 받아들여 검중의 땅을 보전하는 것은 매우 유익한 일이오. 이미 승낙했는데 다시 약속을 어기는 것은 좋지 않소."

마침내 장의의 건의를 승낙하고 진나라와 우호 관계를 맺었다.

장의는 초나라를 떠나 즉시 한韓나라로 가서 한나라 왕[96]에게 유세했다.

"한나라의 지세는 험악해서 백성은 산악지대에서 살고 있으며, 기르는 오곡五穀[97]도 콩 아니면 보리뿐이라서 백성은 대개 콩밥을 먹고 콩잎으로 끓인 국을 먹고 있습니다. 한 해라도 거두어들이지 못하면 백성은 지게미와 쌀겨조차 배불리 먹지 못합니다. 영토는 사방 900리에 불과하고 두 해 분량의 비축 식량도 없습니다. 대왕 수하의 군대를 헤아려보건대 모두 30만에도 달하지 않으며 그중에는 허드렛일을 하는 이들까지[98] 포함되어 있습니다. 변경의 감시대와 성보城堡를 지키는 병사들을 제외하고 나면 현재 동원할 수 있는 군사는 최대 20만 명에 불과할 따름입니다. 그러나 진나라의 군대는 100여만 명이고 전차가 1000승에 전마가 1만 필이며, 호랑이처럼 용맹한 병사, 맨발에 투구도 쓰지 않고 활시위를 당겨 적을 쏘고[99] 극戟을 휘두르며 적진으로 돌격하는 병사가 수를 헤아

---

태사공이 어디에서 취했는지 알 수 없다."(『사기전증』)

96   한나라 왕이란 양왕襄王(재위 기원전 311~기원전 296)으로 이름이 창倉이다.

97   오곡五穀: 오곡의 종류에 대해서는 여러 견해가 있지만 두 가지 주장이 일반적이다. 첫 번째는 稻(벼), 黍(기장), 稷(조), 麥(보리), 菽(콩)이다. 두 번째는 麻(참깨), 黍(기장), 稷(조), 麥(보리), 菽(콩)이다. 고대의 경제 중심은 황하 유역으로 벼의 주요 생산지는 남방 지역이고 북방 지역에서는 벼가 제한적으로 생산되었으므로 두 번째 주장에서는 벼를 포함시키지 않았다. "오곡에 대한 견해는 일치하지 않으며 당시에는 곡물의 통칭이었다."(『전국책주석』)

98   원문은 '사도부양廝徒負養'이다. "'廝'의 음은 '사斯'이며 잡역에 종사하는 천한 사람이다. 부양負養은 어깨에 메고 등에 지면서 공가公家에 필요한 물자를 제공하는 것을 말하거나 천한 사람을 뜻한다."(『색은』) "'시역호양廝役扈養'이라는 말이 있는데 김을 매는 것을 시廝, 물을 긷는 것을 역役, 말을 기르는 것을 호扈, 밥을 짓는 것을 양養이라 한다."(『공양전』 선공宣公 12년)

99   원문은 '貫頤'다. "두 손으로 양쪽 뺨을 감싸고서 적진으로 돌진하는 것으로 용맹함을 말한 것이다."(『색은』) "왕준도王駿圖의 견해에 따르면 화살이 꿰뚫는 것을 '貫'이라 하는데, 화살이 뺨을 꿰뚫어

릴 수 없을 만큼 많습니다. 진나라의 전마는 훌륭하고 기병이 많으며, 앞발을 치켜들고 뒷발로 땅을 한 번 차서 3심尋100을 뛰어오르는 말들 또한 수를 셀 수가 없습니다. 산동 육국의 군사들은 갑옷과 투구를 갖추고 진나라 군사들과 결전을 벌이지만 진나라 군사들은 갑옷과 투구를 벗어버리고 상반신을 드러내고 맨발로 대적하는데, 왼손으로는 적의 머리를 들어 올리고 오른손으로는 겨드랑이에 끼어서 사로잡습니다. 진나라 군사들과 산동 육국의 병사들을 비교하자면 마치 용사 맹분孟賁과 겁쟁이와 같으며, 양군이 맞붙어 진나라 군사가 막강한 힘으로 누르는 것은 마치 장사 오획烏獲이 어린아이를 상대하는 것과 같습니다. 맹분과 오획 같은 군대를 이용하여 저항하는 약소국을 공격하는 것은 1000균鈞101의 무게로 새알을 누르는 것과 같으니, 산동 육국 중 어느 나라도 요행으로 모면할 도리가 없습니다.

군신102 제후들은 자기 국토의 협소함을 고려하지 않은 채 합종을 선전하는 자의 달콤한 말에 넘어가 한패가 되어 맞장구치면서 모두 떨쳐 일어나 '내 주장을 듣는다면 천하의 패권을 차지할 수 있다'고 말합니다. 국가의 원대한 이익은 돌아보지 않고 한때의 듣기 좋은 말에 빠진다면 군주를 그르치게 하기에 이보다 큰 잘못은 없을 것입니다.

대왕께서 진나라를 섬기지 않으면 진나라는 군대를 파견하여 의양을 점거하고 한나라의 상지(상당) 지역을 끊을 것이며, 다시 동쪽으로 성고와 형양滎陽103

---

도 극을 잡고 적진으로 돌격해 들어가는 것으로 진나라 군사들이 싸움을 좋아하고 죽음을 두려워하지 않음을 말한다고 했다. 그러나 왕염손은 왕인지王引之의 말을 인용하면서, '貫'은 '만궁彎弓(활시위를 당기다)'의 '만彎'이다. '頤'는 활 명칭이다. '만궁'은 다음 문장 '분극奮戟(극을 잡고 돌진)'과 대구를 이룬다고 했다. 진직陳直은 왕염손의 말이 맞다'고 했다.(『사기전증』) 한자오치도 왕염손의 견해를 따랐으며 역자 또한 왕염손의 견해에 따라 번역했다.

100 심尋: 『색은』에서는 심을 '7척尺'이라고 했다. 『전국책』에서는 '2심'이라고 했다.
101 균鈞: 1균은 30근斤. 진나라 때 1균은 7590그램이므로 1000균은 7590킬로그램이다.
102 "『전국책』에 '군신羣臣' 두 글자가 없으므로 여기서도 불필요한 글자로 의심된다."(『사기전증』)
103 형양滎陽은 한나라 현으로, 지금의 싱양 동북쪽 지역이다.

을 취한다면 홍대鴻臺의 궁궐과 상림桑林104의 원림園林105은 대왕의 소유가 될 수 없을 것입니다. 성고를 가로막고 상당의 통로를 끊는다면 대왕의 국토는 쪼개질 것입니다. 그러므로 일찌감치 진나라를 섬기면 안전할 것이고 진나라를 섬기지 않으면 위태로워질 것입니다. 무릇 화근을 만들어놓고 복으로 돌아오기를 바란다면 계획이 허술하기 때문에 원한만 깊어질 것이고, 진나라를 배신하고 초나라를 따른다면 나라의 멸망을 막을 수 없을 것입니다.

그러므로 대왕을 위한 계책은 진나라를 섬기는 것입니다. 진나라가 원하는 바는 초나라를 쇠퇴시키는 것으로, 초나라를 쇠약하게 할 수 있는 나라는 바로 한나라입니다. 한나라가 초나라에 비해 강대해서가 아니라 한나라의 지세가 그렇기 때문입니다. 지금 대왕께서 서쪽으로 진나라를 섬기고 초나라를 공격한다면 진나라 왕은 틀림없이 기뻐할 것입니다. 초나라를 치는 것은 한나라가 영토를 확장하는 데 이롭고 진나라의 공격을 받는 화를 돌려 진나라를 기쁘게 하

---

104  『색은』에 따르면 홍대와 상림은 모두 한나라의 궁원宮苑이다.
105  원문은 '원苑'이다. 일반적으로 '유囿'자와 같이 사용하여 '원유苑囿'라고 하는데, 고대에 새와 짐승을 길러 제왕에게 오락거리를 제공하던 원림園林이었다. 원래 '유囿'는 은주殷周 시대에 과일과 채소 경작을 겸한 원림으로 노예를 거느리는 귀족들이 사냥과 경치를 즐기던 장소였다. 그 규모가 『시경』에서는 '천자 100리, 제후 40리'라고 했고, 『태평어람』에서는 '백호통白虎通'을 인용해 '천자 100리, 대국 40리, 차국次國 30리, 소국 20리'라고 했다. 진秦나라 시대에 들어 苑이 囿를 대체하면서 '원유苑囿'라는 병렬 구조의 용어가 출현했다. 『자림子林』에 따르면 '원'과 '유'의 차이점은 울타리의 유무다. 즉 울타리가 있는 것은 원이고 울타리가 없는 것은 유다. 또한 원은 유보다 규모가 크다. 초기 제왕의 원은 자연 지형을 이용하여 그 안에 많은 궁전과 관서 등을 건축했으므로 울창한 수목을 구경하거나 사냥을 즐기다 나중에는 이궁, 별관, 정자, 누각이 주체가 되는 인공 원림으로 발전했다. '원苑'은 봉건 제왕이 누리는 원림이라고 할 수 있다. 한편 '원園'이라 불리는 공간은 본래 울타리를 둘러치고 채소와 꽃, 나무를 경작하는 곳으로 항상 '유'와 결합된 농업경제 영역이었으며 동시에 봉건 제왕의 능묘 화원이었다. 유만 있었던 선진先秦 시대에는 천자, 왕공, 이하 노예를 소유한 귀족 수령의 차등이 엄격했으며 개인 소유의 원림은 없었다. 진·한 시대에 제왕의 원림은 유에서 원苑으로 바뀌었으며, 개인 소유의 원림인 원園이 등장해서 한나라 이후 보편화되었다. 또한 공공 원림도 출현하게 되었다. 당나라 때 중앙절 등의 명절에는 부용원芙蓉園(또는 芙蓉苑)을 일반 백성에게 개방했다. 고대에는 '공원公園'이라는 명칭이 없었다. 정리하면 '원園'은 고대에 개인 원림의 명칭이었고, 후대에는 제왕의 원림으로도 사용되었으며, 공공 원림과 종묘 제사의 원림으로도 통용되었다. 이 때문에 현재의 '원園'은 자연스럽게 형성된 원림의 통칭이라 할 수 있다. 이에 따라 역자는 본문의 '원苑'을 '원림'으로 번역했다.

는 것으로 이보다 좋은 것은 없습니다."

한나라 왕은 장의의 계책을 따르기로 했다.106

장의가 진나라로 돌아가 보고하자 혜왕은 장의에게 다섯 성읍을 하사하고 무신군武信君이라는 칭호를 내렸다. 장의는 동쪽 제나라에 사신으로 가서 민왕湣王에게 유세했다.107

"천하의 강국들도 모두 제나라를 뛰어넘을 수 없으며, 제나라의 부형父兄108 귀족 대신들은 모두 재산과 하인이 많으며 부유하고 안락하게 지냅니다. 그러나 대왕을 위해 계책을 꾸미는 자들은 모두 한때의 안정만을 돌볼 뿐 백대의 이익은 돌보지 않습니다. 합종을 주장하는 자들은 대왕에게 유세할 때 틀림없이 '제나라 서쪽에는 강성한 조나라가 있고 남쪽으로는 한나라와 위나라가 있습니다. 제나라는 바다를 등지고 있는데다 영토가 넓고 백성이 많으며 군대가 강하고 병사들이 용맹하여 설령 100개의 진나라가 있다 할지라도 제나라를 어찌하지 못할 것입니다'라고 말할 것입니다. 대왕께서는 그 말을 옳다 여기시고 실제를 살피지 못한 것입니다. 합종을 주장하는 사람들은 두루 패거리를 짓고서 합종이 옳다 하지 않는 자가 없습니다. 신이 듣건대 제나라는 노나라와 세 차례 교전을 벌여 노나라가 세 번 모두 승리를 거뒀지만109 이 때문에 나라가 위태로워져 도리어 노나라가 멸망했다고 들었습니다. 비록 전쟁에서 승리를 거둔 명성은

106  이상 장의가 한나라 왕에게 연횡으로 유세한 내용은 『전국책』「한책 1」에는 보이지만 「한세가」에는 보이지 않는다. 장의가 한나라 왕을 유세한 것은 주 난왕 4년, 진 혜왕 14년, 한 양왕 원년(기원전 311)의 일이다.
107  "『전국책』에서는 '장의가 진나라를 위해 제나라 왕에게 연횡으로 유세했다'고만 했을 뿐 민왕이라 하지는 않았다. 태사공이 '민湣'자를 잘못 첨부한 것으로, 여기서는 민왕이 아닌 선왕宣王이라 해야 한다. 민왕은 이름이 지地이고 선왕의 아들이며 기원전 300년에 즉위했다."(『사기전증』)
108  "부형父兄은 동성同姓의 노신老臣을 말한다."(『사기회주고증』) 『맹자』「등문공滕文公」에서는 '부형 백관父兄百官'이라고 했다.
109  표포는 "노나라가 제나라와 전쟁을 벌여 승리했다는 사실은 역사서에 전해지지 않는다"고 했다. 당시 노나라는 존재하기는 했지만 유명무실한 상태였다.

남았으나 초래한 것은 망국의 현실입니다. 이는 무엇 때문이겠습니까? 제나라가 강대하고 노나라는 약소했기 때문입니다. 지금의 진나라와 제나라[110]는 제나라와 노나라에 비교할 수 있습니다. 진과 조나라가 하장河漳 가에서 싸움을 벌인 적이 있는데,[111] 조나라 군이 두 번 싸워 두 번 승리를 거두었습니다. 파오番吾[112] 성 아래에서도 교전을 벌였는데 조나라 군이 또 두 차례나 진나라 군대에 승리를 거두었습니다. 이 네 번의 싸움으로 인해 전사한 조나라의 군사는 수십만 명이 넘었고 겨우 도성인 한단만이 살아남았으니, 조나라가 승리를 거둔 명성만 있을 뿐 국가는 이미 파괴되었습니다. 이 원인은 무엇 때문이겠습니까? 진나라는 강하고 조나라는 약하기 때문입니다.

지금 진과 초 양국은 서로 딸을 시집보내고 아내를 얻어[113] 형제의 나라가 되었습니다. 그리고 한나라는 의양을 바치고[114] 위나라는 하외河外를 바쳤으며,[115] 조나라 왕은 민지澠池[116]로 가서 진나라 왕을 알현했고 하간河間을 할양하고[117]

---

110  '진나라와 조나라'로 바꿔야 한다. 『전국책』에서도 '조나라와 진나라'로 기재하고 있다. 이하 문장은 모두 진나라와 조나라 사이의 사건을 말한다.

111  황하와 장수漳水를 말한다. 당시 황하는 조나라 동쪽으로 흐르고 장수는 조나라 남쪽 경계를 지나 동북쪽으로 흐르는 강으로, 당시 역사에서 진나라와 조나라 간에 이런 전쟁은 없었다.

112  파오番吾: 당시 조나라에는 파오가 두 곳이었다. 하나는 지금의 허베이성 스자좡 서북쪽(링수靈壽 서남쪽)에 있고, 다른 하나는 지금의 허베이성 츠현에 있었다. 여기서는 후자를 말한다. "조나라가 진나라를 파오에서 격퇴시킨 사건은 실제로 있었는데, 조 왕천趙王遷(유무왕幽繆王, 재위 기원전 235~기원전 228) 4년(기원전 232)에 발생한 일이다. 『전국책』을 지은 자는 어떻게 이후의 일을 앞의 일로 한 것일까?"(『사기지의』)

113  "진나라가 조나라의 신부를 맞이한 때는 장의가 죽고 5년 뒤의 일이다."(『사기지의』)

114  "진나라가 의양을 취한 때는 장의가 죽고 4년 후다"라고 했다.(『사기지의』) "진나라 장수 감무甘茂가 한나라 의양을 공격해 취한 것은 진나라 무왕武王 3년(기원전 308) 때 일로 한나라가 바친 것이 아니다."(『사기전증』)

115  호삼성은 "진나라는 하동河東을 하외河外라 하고 위魏(양梁)나라는 하서河西를 하외河外라 한다. 장의는 진나라 입장에서 말한 것이다"라고 했다. 하외 또한 진나라가 공격해 취한 것이지 위나라가 바친 것은 아니었다.

116  민지澠池: 현으로 지금의 허난성 몐츠澠池 서쪽으로 원래는 한나라에 속했는데, 민지로 가서 알현했으니 이미 진나라에 속하게 되었다.

117  하간河間: 장수와 황하 사이의 지역으로 지금의 허베이성 런치우任丘, 셴현獻縣 일대다. "조나라

신하로서 진나라를 섬기고 있습니다. 대왕께서 진나라를 섬기지 않는다면 진나라는 한과 위 양국을 부추겨 제나라 남쪽을 공격하게 할 것이고, 조나라 군대 전체를 출동시켜 청하淸河를 건너 곧장 박관博關으로 쳐들어간다면 임치와 즉묵即墨[118] 두 성을 지킬 수 없을 것입니다. 제나라가 공격을 당하면 그때 진나라를 섬기려 해도 이미 늦습니다. 그러므로 대왕께서는 진지하게 고려해보시기 바랍니다."

제나라 왕이 말했다.

"제나라는 구석지고 세상과 단절된 동해 가에 있어 일찍이 사직의 장구한 이익에 관한 의견을 들은 적이 없소."

이에 장의의 건의를 따르기로 했다.[119]


장의는 제나라를 떠나 서쪽 조나라로 가서 조나라 왕[120]에게 유세했다.

"진나라 왕께서 신을 사신으로 파견하여 대왕께 한 가지 계책을 바치도록 하셨습니다. 대왕께서 천하의 제후들과 연합하여 진나라를 배척하자 진나라 군사들은 15년 동안 감히 함곡관으로 나오지 못하고 있습니다.[121] 대왕의 위엄이 산동에 두루 떨치고 있기에 우리 진나라는 가만히 움츠린 채 갑옷을 손질하고 병기를 다듬으며, 전차와 전마를 정돈하고 말 타기와 활쏘기를 연습하고, 부지런히 경작에 힘써 양식을 저장하고, 사방 변경의 관문을 지키면서 전전긍긍할 뿐

가 민지로 가서 진나라 왕을 알현할 때 하간을 할양하지 않았다. 민지의 회합은 장의가 죽은 지 30년 뒤의 일이다. 『사기』에서 장의가 여러 나라에 유세한 기록은 모두 『전국책』을 토대로 한 것으로, 대부분 믿을 수 없다.(『사기지의』) "조나라 왕이 민지에서 진나라 왕을 알현한 것은 「염파인상여열전」에서 서술한 민지 회합으로 조 혜문왕 20년, 진 소왕 28년(기원전 279) 당시다."(『사기전증』)

118  즉묵即墨: 제나라 동부의 현으로 지금의 산둥성 핑두平度 동남쪽 지역이다. 전국시대 즉묵은 제나라의 가장 중요한 도시 중 하나로 임치와 함께 제나라를 대표했다.

119  이상 장의가 제나라 왕에게 연횡으로 유세한 내용은 『전국책』 「제책 1」에 보인다.

120  조나라 무영왕(재위 기원전 325~기원전 299)으로 이름이 옹雍이다.

121  "이것은 책사의 터무니없는 말이다. 진나라 혜왕 때 이런 일은 없었다."(『전국책신교주』)

감히 함부로 움직이지 못하고 있습니다. 이것은 오직 대왕께서 저희의 과오를 꾸짖으려는 뜻을 갖고 계시기 때문입니다.

지금 저희는 대왕의 힘에 의지하여 진나라는 이미 파와 촉을 공격해 점령했고[122] 한중을 병탄했으며[123] 동주와 서주 두 주를 모두 차지했고 구정을 옮기고[124] 백마진白馬津 나루터를 점거하여 지키고 있습니다.[125] 진나라가 비록 멀리 떨어진 구석진 곳에 있으나 오랜 동안 마음속에 분노를 품고 있었습니다.

지금 진나라는 한 갈래 지친 남은 부대를 민지에 주둔시키고[126] 황하와 장수를 건널 준비를 하고 있으며, 파오로 진격해 점령하고 조나라 군대와 한단성 아래에서 만나 갑자일甲子日에 결전을 벌여 주 무왕이 은나라 주왕을 토벌한 일을 재연하고자 합니다.[127] 그래서 특별히 신을 사신으로 파견하여 미리 알려드리는 것입니다.

무릇 대왕께서 합종 맹약을 믿은 것은 소진에 의지했기 때문입니다. 소진은 제후들을 현혹시켜 옳은 것을 그르다고 하고 그른 것을 옳다고 하며 제나라를 전복시키려다 끝내 저잣거리에서 거열당하는 일을 자초했습니다. 이로 보건대 천하는 하나로 연합될 수 없음이 분명해졌습니다. 지금 초나라는 진나라와 형제의 의를 맺었고, 한과 위魏(양梁)는 자신들이 진나라 동쪽 울타리라며 신하로

---

122 「육국연표」에 근거하면 진나라가 촉을 멸망시킨 때는 혜문왕 후원 9년, 조나라 무영왕 10년(기원전 36)이다.

123 「진본기」와 「초세가」에 따르면 진 혜왕 후원 13년(기원전 312) 단양에서 초나라와의 싸움에서 승리하여 한중 땅을 취했다. 노나라 무영왕 14년이다.

124 "이것은 헛소리에 지나지 않는다. 동주와 서주를 모두 차지한 것은 혜왕이 아니며 구정을 옮긴 일 또한 없었다.(『사기지의』) 진나라가 서주를 멸망시킨 것은 소왕 51년(기원전 256)이고, 동주를 멸망시킨 것은 장양왕莊襄王 원년(기원전 249, 조나라 효성왕孝成王 17)이므로 장의가 죽고 나서 61년이 지난 후에 발생한 일이다.

125 백마진을 지키고 있다는 것은 이미 진나라 군사가 동방 제후국의 중심지를 통제하고 있음을 뜻한다. 당시 위衛나라에 속했다.

126 호삼성은 "그 세력을 펼친 것이 조나라에 임박했음을 말한 것이다"라고 했다.

127 주 무왕은 갑자일에 목야에서 은나라 주왕을 대패시켰다.

칭하고 있으며,[128] 제나라는 진나라에게 물고기와 소금이 생산되는 영토를 바쳤으니,[129] 이것은 바로 조나라의 오른팔을 절단해버린 것입니다. 오른팔이 절단된 사람이 다른 사람과 다투려 하고, 자기편을 잃고 고립된 처지에 위태롭지 않기를 바라는 것이 가능한 일이겠습니까?

지금 진나라 왕이 세 명의 장군을 파견한다면, 그중 한 갈래 군대는 오도午道[130]를 끊고 제나라로 하여금 군대를 파견해 청하를 건너 한단 동쪽에 주둔케 할 것이고, 다른 한 갈래 군대는 성고에 머물면서 한과 위(양)의 군대를 하외河外에 주둔케 할 것이며, 나머지 한 갈래 군대는 민지에 주둔케 할 것입니다. 이 네 나라는 하나가 되어 조나라를 공격할 것이고, 조나라가 파멸하면 틀림없이 네 나라가 땅을 나누어 가질 것입니다. 그리하여 신은 감히 이러한 의도와 정황을 숨기지 않고 먼저 대왕 선하게 전달해드리는 것입니다. 신 대왕을 위해 생각하건대 진나라 왕을 민지에서 만나 얼굴을 맞대고 친히 구두로 약정하시어 공격하는 일이 없도록 청하셔야 합니다. 대왕께서는 계책을 결정하시기 바랍니다."

조나라 왕이 말했다.

"선왕[131]께서 살아 계실 때 봉양군奉陽君[132]이 권력을 독점하고 제멋대로 하면서 선왕을 속이고 독단적으로 정무를 처리했는데, 그때 과인은 스승의 지도

---

128 「진본기」에서는 진 소양왕 53년(기원전 254) 한나라 왕이 진나라로 와서 진왕을 알현했고, 위나라는 국정을 진나라에 넘겼다고 했는데, 이때는 장의가 사망하고 55년이 지난 후다. 또 「시황본기」에 근거하면 한나라가 진나라에 신하로 청한 것은 진시황 13년(기원전 234)으로 장의가 사망하고 75년이 지난 후다.

129 호삼성은 "이때 제나라는 진나라에 영토를 바치지 않았다. 장의가 구실 삼아 조나라를 두렵게 하여 혼란을 일으키게 한 것뿐이다"라고 했다.

130 오도午道: "당시 조나라 동쪽 제나라의 서쪽에 있었다. 오도는 지명이다. 정현은 교도交道라고 했다."(『색은』) 교도란 사통팔달의 길을 뜻한다.

131 조나라 왕이란 숙후(재위 기원전 349~기원전 326)를 가리킨다. "조나라 혜문왕은 어린 나이에 즉위했기 때문에 봉양군 이태가 상이 되어 권력을 마음대로 휘둘렀다. 지금 『전국책』의 문장은 조나라 혜문왕 때의 사건을 무영왕의 '선왕先王 시기'로 옮긴 것으로, 역사적 사실에 크게 위배된다. 숙후는 왕이라 칭하지 않았으니 또한 선왕이라 칭할 수도 없다."(『전국책신교주』)

132 봉양군奉陽君: 조나라의 권신 이태李兌를 가리킨다.

를 받고 있어 국가 대계에 관여하지 않았소. 선왕께서 군신들을 남기고 세상을 떠나셨을 때 과인은 어린 나이에 즉위하여 제사를 모시고 나라를 다스리게 되었소. 이후에 내심 의심이 들었고 온 마음으로 합종 맹약에 참여하여 진나라를 섬기지 않은 것은 조나라의 원대한 이익이 아니라고 생각했소. 이 때문에 과인은 생각을 바꾸어 국토를 할양하여 이전의 과오를 사례하고 진나라를 섬기고자 했소. 거마를 준비해 급히 진나라로 가려던 터에 마침 선생의 영명한 가르침을 듣게 되었소."

조나라 왕이 장의의 의견을 승낙하자 장의는 바로 조나라를 떠났다.[133]

장의는 북쪽으로 연나라로 가서 연나라 소왕昭王을 만나 유세했다.

"대왕께서 친근하게 지내는 나라는 조나라뿐입니다. 지난날 조양자趙襄子[134]가 일찍이 그의 누이를 대代나라 왕[135]에게 시집보냈습니다. 그 후에 대나라를 삼키려는 뜻을 품고 대나라 왕을 구주산句注山의 요새지에서 만나기로 했습니다. 그는 대장장이에게 금두金斗[136]를 만들 것을 명하면서 그 자루를 길게 하여 사람을 칠 수 있도록 했습니다. 조양자는 대나라 왕과 술을 마실 때 요리사에게 슬쩍 '술이 거나하게 취해 흥겨워졌을 때 뜨거운 탕을 가져오고 금두를 거꾸로 돌려 잡고 대나라 왕을 치라'고 분부했습니다. 이에 술자리가 무르익자 뜨거운 탕이 올랐고 요리사는 탕을 따르면서 금두를 거꾸로 돌려 잡고 대나라 왕을 쳐서 죽이자 대나라 왕의 뇌수가 바닥으로 흘러내렸습니다. 이 소식을 들은

---

133 이싱 장의기 조나라 왕을 연횡으로 유세한 것은 『전국책』「조책 2」에는 보이지만 「조세가」에는 기재되어 있지 않다. "제 선왕이 연나라를 격파한 지 얼마 되지 않았기에 제나라 국력이 왕성한데 어찌하여 장의가 '진나라에게 물고기와 소금이 생산되는 영토를 바쳤다'고 유세할 수 있는가? 이 또한 차용한 것이다"(먀오원위안, 『전국책고변』)

134 조양자趙襄子(재위 기원전 475~기원전 425)는 조나라의 첫 군주로 이름이 무휼毋恤이다.

135 대왕代王: 조양자 당시 제후들은 '왕'의 호칭을 사용하지 않았기 때문에 '대군代君'이라 해야 한다. 대代나라는 지금의 허베이성 위현蔚縣 동북쪽에 있었다.

136 금두金斗: 동으로 제작한 술잔으로 국자와 비슷한 모양이다.

조양자의 누이는 비녀를 날카롭게 갈아서 스스로 찔러 죽었으며, 그로 인해 오늘날 마계산摩笄山[137]이라는 이름이 생겼습니다. 대나라 왕이 죽은 이야기는 천하에 모르는 사람이 없습니다.

조나라 왕이 이리처럼 흉악하고 잔인하며[138] 친척들조차 용서하지 않는다는 것을 대왕께서도 분명히 보셨는데, 아직도 조나라 왕을 가까이할 만한 사람으로 여기십니까? 조나라가 군대를 일으켜 연나라로 쳐들어와서는 두 차례나 연나라의 도성을 포위하여 대왕을 위협했고,[139] 대왕께서는 10개 성지를 할양하고 사죄하셨습니다.[140] 지금 조나라 왕은 이미 민지에서 진나라 왕을 알현하고 하간 일대를 바침으로써 진나라를 섬기고 있습니다. 대왕께서 진나라를 섬기지 않는다면 진나라는 운중雲中과 구원九原으로 군대를 파견하고 조나라를 부추겨 연나라를 공격하게 할 것이니, 이렇게 된다면 역수易水와 장성長城은 대왕의 소유가 되지 못할 것입니다.

게다가 지금 조나라는 진나라의 한낱 군현과 같아 감히 함부로 군사를 일으켜 싸울 수 없습니다. 대왕께서 진나라를 섬긴다면 진나라 왕은 틀림없이 기뻐할 것이며 조나라 또한 감히 경거망동하지 않을 것이니, 이는 연나라 서쪽으로는 강대한 진나라의 원조가 있고 남쪽으로는 제와 조가 침범할 근심을 없애는 것입니다. 대왕께서는 진지하게 고려하시기 바랍니다."

연나라 왕이 말했다.

---

137　마계산摩笄山: 비녀를 날카롭게 간다는 뜻을 지닌 산으로, 지금의 허베이성 줘루涿鹿 서북쪽에 있다.

138　원문은 '낭려狼戾'다. '수정본'에서는 원래 '흔려很戾(매우 흉악하다)'인데 경우본·소홍본·경본·황본·팽본·능본·전본에 따라 '낭려狼戾'로 수정했다고 했다. 『전국책』 「연책」에도 '낭려'로 기재되어 있어 역자 또한 '수정본'에 따랐다.

139　연나라 도성은 지금의 베이징으로 당시에는 계薊라 칭했다. "뉴훙언은 「연세가」와 「조세가」에 근거하면 조나라 효성왕孝成王 15년부터 17년((기원전 251~기원전 249)까지 조나라 군대가 두 차례 연나라 도성을 포위했다'고 했다. 양콴의 「전국사표」에 근거하면 조나라는 세 차례 진격하여 연나라 도성을 포위했는데, 그 사건은 모두 장의가 사망한 이후의 일로 살아 있을 때의 사건이 아니다."(『사기전증』)

140　"이 사건은 『전국책』 『사기』에 모두 기재되어 있지 않다."(『사기지의』)

"과인은 만이蠻夷 같은 구석진 곳에 살고 있어 비록 장성한 남자이긴 하나 어린아이와 같은지라 말하는 것이 실제로는 정확한 계책을 얻기에는 부족하오.[141] 지금 다행히 선생의 가르침을 받았으니 원컨대 서쪽으로는 진나라를 섬기고 아울러 항산恒山 끝의 다섯 개 성지를 바치겠소."[142]

연나라 왕은 장의의 의견을 따르기로 했다.[143]


장의는 진나라로 돌아가 보고하려 했는데 함양에 당도하기도 전에 진 혜왕이 이미 세상을 떠났고 무왕武王[144]이 즉위했다. 무왕은 태자 시절부터 장의를 좋아하지 않았으므로 즉위 이후 여러 군신이 장의를 헐뜯었다.

"그는 신용이 없고 행실이 이랬다저랬다 하며 나라의 이익을 팔아 군주의 환심을 사려고 합니다. 우리 진나라가 다시 그를 중용한다면 천하 사람들의 비웃음을 살 것입니다."

---

141 원문은 '언부족이채정계言不足以采正計'로, 문장이 매끄럽지 않다. 『전국책』「연책」에는 '言不足以求正,謀不足以決事(말하는 것은 정확한 의견을 구할 수 없고 지모는 상황을 결단할 수 없다)'로 되어 있다. "시비를 분별하고 정확한 의견을 들을 능력이 없다는 뜻이다."(『사기전증』)

142 『정의일문正義佚文』에 '상산 동쪽의 5개 성으로 지금의 역주易州 경계'라고 했고, 호삼성은 '상산은 북악 항산恒山이고 그 끝은 연나라의 서남쪽 경계'라고 했다.(『사기전증』)

143 이상 장의가 연나라 왕에게 연횡으로 유세한 것은 『전국책』「연책 1」에 보인다. "장의와 진나라가 종횡으로 각국을 유세한 말은 모두 사실이 아니다. 이 장에서도 허위가 드러났다. 첫째는 조양자를 조왕이라 칭한 것으로, 무영왕 시기에 조나라가 왕을 칭했음을 모르고 있으며 조양자 때에 대代는 더욱이 왕이라 칭하지 않았다. 둘째는 조나라 무영왕이 군대를 일으켜 재차 연나라 도성을 포위하자 연나라가 10개의 성을 조나라에 할양했다는 이 사건은 다른 서적에서 고찰할 만한 게 없으니 억측이 드러난 것이다.(먀오원위안의 이 말은 타당하지 않다) 셋째는 『전국책』에서 '조나라 왕이 이미 민지에서 진나라 왕을 알현하고 하간 일대를 바치고 진나라를 섬기고 있다'고 했는데, 양옥승의 『사기지의』에서는 '민지에서 진나라 왕을 알현했을 때 하간 일대를 할양하고 진나라를 섬긴 일은 없으며, 게다가 민지에서의 회맹은 장의가 죽은 지 30년 뒤의 일'이라고 했다. 전조망全祖望의 『경사문답經史問答』에서는 '진나라가 육국의 땅을 소유한 것은 한韓과 위魏가 가장 먼저고 그 다음이 초나라이고, 그 뒤에 조나라인데, 취한 땅은 진나라 경계 지역이다. 지금 『전국책』에서는 '장의가 한 번 나가자 조나라는 하간을 바치고 연나라는 상산의 꼬리 5개 성을 바치며, 제나라는 해변의 물고기와 소금이 나는 땅 300리를 바쳤다'고 하니 지리를 알지 못하고 한 말이 아니겠는가?'라고 했다. 믿을 수 없다."(『전국책고변』)

144 무왕武王(재위 기원전 310~기원전 307)은 혜왕惠王의 아들로, 이름이 사駟다.

제후들은 장의가 진나라 무왕과 소원해졌다는 소식에 모두 연횡을 버리고 다시 합종에 나섰다.

진나라 무왕 원년(기원전 310), 대신들이 밤낮으로 장의에 대한 비방을 그치지 않았고 제나라도 사신을 보내 장의를 책망했다. 장의는 죽음에 처할까 두려워 진나라 무왕에게 말했다.

"제게 한 가지 계책이 있는데 대왕께 바치고자 합니다."

무왕이 물었다.

"무슨 계책이오?"

장의가 말했다.

"진나라의 사직을 위한 계책으로, 동쪽에 커다란 변화가 나타난 후에 대왕께서는 비로소 많은 영토를 할양받으실 수 있습니다. 지금 듣자 하니 제나라 왕이 저를 매우 증오한다고 하니, 제가 있는 곳이라면 반드시 군대를 보내 공격할 것입니다. 따라서 저는 재능 부족한 몸이 되어 위(양)나라로 가고자 합니다. 그러면 제나라는 반드시 군사를 일으켜 위(양)나라를 공격할 것이고, 위(양)와 제나라의 군대가 대량성 아래에서 뒤얽혀 싸우느라 벗어나지 못하는 틈을 이용해 대왕께서는 한나라를 공격하여 삼천으로 들어가시고, 함곡관으로 출병시키되 공격하지 않고 주나라를 위협한다면 주나라는 반드시 대왕께 제기祭器145를 내어놓을 것입니다. 천자를 끼고 천하의 지도와 호적을 장악하는 것이 바로 왕업이라 하겠습니다."146

진나라 왕은 그럴 만하다고 생각하여 30승의 전차를 갖추어 장의를 위(양)나라로 보냈다. 제나라는 과연 군사를 일으켜 위(양)나라를 공격했다. 위(양)나라

---

145 "무릇 왕이 크게 제사를 지낼 때는 반드시 문물과 헌거軒車(병풍 같은 칸막이가 있는 수레로, 대부 이상이 사용했다), 이기彝器(종묘에서 사용하는 청동 제기의 총칭) 등을 배치하므로 이런 것들을 제기라 한다.(『색은』) 고대에는 제기祭器를 나라의 보배로 여겼다.
146 "호삼성은 '장의는 주나라를 무너뜨리고 진나라를 위했기에 시종일관 이 말을 위주로 했다'고 했다."

애왕哀王[147]이 두려워하자 장의가 말했다.

"대왕께서는 근심하지 마십시오. 제나라 군사들을 물러나게 하겠습니다."

장의는 사인인 풍회馮喜를 초나라로 보냈고, 그는 초나라 사신의 신분을 빌려 제나라로 가서 왕[148]에게 말했다.

"대왕께서는 장의를 매우 증오하십니다. 그럼에도 진나라보다 장의에게 더욱 의지하고 계십니다!"

제나라 왕이 말했다.

"과인은 장의를 증오하기에 장의가 가는 곳이라면 어디든 군사를 일으켜 공격할 것이오. 그런데 어찌 장의에게 의지하고 있다고 하시오?"

그러자 사자가 대답했다.

"그것이 바로 대왕께서 장의에게 의지하는 것입니다. 장의가 진나라를 떠날 때 진나라 왕과 이렇게 약속했다고 합니다. '왕을 위해 생각하건대, 동쪽에 커다란 변화가 나타난 후에 대왕께서는 비로소 많은 영토를 할양받으실 수 있습니다. 지금 듣자 하니 제나라 왕이 저를 매우 증오한다고 하니, 제가 있는 곳이라면 반드시 군대를 보내 공격할 것입니다. 따라서 저는 재능 부족한 몸이 되어 위(양)나라로 가고자 합니다. 그러면 제나라는 반드시 군사를 일으켜 위(양)나라를 공격할 것이고, 위(양)와 제의 군대가 대량성 아래에서 뒤얽혀 싸우느라 벗어나지 못하는 틈을 이용해 대왕께서는 한나라를 공격하여 삼천으로 들어가시고, 함곡관으로 출병시키되 공격하지 않고 주나라를 위협한다면 주나라는 반드시 대왕께 제기祭器를 내어놓을 것입니다. 천자를 끼고 천하의 지도와 호적을 장악하는 것이 바로 왕업이라 하겠습니다.' 진나라 왕은 그럴 만하다고 생각하여 전차 30승을 갖추어 장의를 위(양)나라로 들어가게 한 것입니다. 지금 장의는 위(양)나라에 당도했고 대왕께서는 과연 위(양)나라를 공격했습니다. 이것은 안으로는 국

---

147    마땅히 양 혜왕의 아들, 양 양왕梁襄王이다. 이때는 진나라 무왕 원년, 양 양왕 9년이다.
148    제 선왕을 말한다.

력을 소모하고 밖으로는 연맹국을 공격하여 주변에 널리 적들을 많이 만듦으로써 스스로 위험에 직면케 되는 것으로, 진나라 왕이 장의를 더욱 신임하도록 하는 것입니다. 그래서 바로 장의에게 의지한다고 말씀드린 것입니다."

제나라 왕이 말했다.

"옳소."

이에 철군을 명령했다.[149]

장의는 위나라에서 상이 된 지 1년 만에 위나라에서 죽었다.[150]

진진陳軫은 유세하는 책사다.[151] 그는 장의와 함께 진나라 혜왕을 섬겼고 두 사람 모두 존귀한 인물로 중용되었기 때문에 항상 총애를 다투었다. 장의가 진 혜왕에게 진진을 헐뜯었다.

"진진이 많은 예물을 가지고 항상 진과 초 사이에 사신으로 다니는 것은 본래 국가를 위해 외교를 처리하고자 함입니다. 지금 초나라가 진나라에 우호적이지 않은데 진진을 대우해주는 것은 진진이 자기의 이익을 두텁게 하면서 대왕을 위해서는 신경 쓰지 않기 때문입니다. 게다가 진진은 진나라를 떠나 초나라에 의탁하려고 하는데 대왕께서는 무엇 때문에 그를 떠나도록 하지 않으십니까?"

혜왕이 진진에게 물었다.

"내 듣자 하니 그대가 진나라를 떠나 초나라에 의탁하려 한다는데 그런 것이오?"

---

149 "진나라 무왕은 태자 때부터 장의를 좋아하지 않았고, 즉위하자 좌우에서 장의를 헐뜯는 자들이 많았으며 군신 간에 틈이 발생한 것이 제후들에게 알려지자 장의가 위나라로 갔다고 했는데 사실은 쫓겨난 것이다. 이 장과 「위책」의 문장은 모두 책사들이 조작하고 모방한 말로, 태사공이 자세히 살피지 않고 「장의열전」에 잘못 삽입한 것일 따름이다."(『전국책신교주』)
150 "위나라 애왕(양왕이라 해야 한다) 10년, 진 무왕 2년(기원전 309)에 장의가 죽었다."(「육국연표」) 그러나 장의는 위 양왕 9년, 진 무왕 원년(기원전 310)에 사망했다.
151 "「진책」에 진 혜왕이 진진에게 '자진인子秦人'이라고 했으니, 그가 진나라에서 벼슬을 한 것이다."(『사기회주고증』)

진진이 대답했다.

"그렇습니다."

혜왕이 말했다.

"장의의 말이 과연 맞구나."

그러자 진진이 말했다.

"이 일은 장의만이 아는 것이 아니라 길 가는 행인도 모두 아는 사실입니다. 옛날에 오자서는 자신의 군주에게 충성을 다했으므로[152] 천하의 제후들이 그를 불러들여 대신으로 임명하려 다투었고, 증삼은 부모에게 효도를 다했기에 천하의 부모들이 그를 자신의 자식으로 삼고자 했습니다. 그러므로 노비가 인근 고을을 벗어나기 전에 빠르게 팔린다면 좋은 노비이며, 남편에게 버려진 부녀자가 그 고을에서 재가할 수 있다면 좋은 부인입니다. 지금 신이 자신의 군주에게 충성스럽지 않다면 초나라 왕 또한 어찌 저를 충신으로 보겠습니까? 충심으로도 버림받는다면 신이 초나라에 의탁하지 않고 어디로 가겠습니까?"

진나라 혜왕은 진진의 말이 과연 그러하다고 여기고 마침내 잘 대접해줬다.[153]

진진이 진나라에 머문 지 1년 만에 진 혜왕은 끝내 장의를 상으로 임명했고 (진 혜왕 10년, 기원전 328) 이에 진진은 초나라에 몸을 의탁했다. 초나라는 그를 중용하지 않고 도리어 사신으로 삼아 진나라에 파견했다. 진진은 위(양)나라를 지나는 길에 서수犀首[154]를 만나고자 했으나 서수는 거절하고 만나주지 않았다. 진진이 말했다.

"나는 일이 있어 왔는데[155] 그대가 나를 만나주지 않으니 떠나야겠소. 내일까

---

152 오자서가 충직하게 한마음으로 오왕吳王 부차를 섬겼던 일을 말한다.
153 "장의가 진나라 상이 되기 1년 전인 진 혜왕 9년(기원전 329)의 일이다."(『사기전증』)
154 서수犀首: "사마표司馬彪가 말하기를 '위나라 관직명으로 지금의 호아장군虎牙將軍과 같다'고 했다."(『집해』) 그 사람의 이름은 공손연이다.
155 "진진은 서수에게 '내가 일부러 와서 그대를 가르치고자 할 일이 있는데 어찌하여 만나주지 않

지 기다릴 수 없소."

서수가 진진을 만나자 진진이 물었다.

"공은 어찌하여 술 마시는 것을 좋아하오?"

서수가 대답했다.

"할 일이 없기 때문이오."

진진이 말했다.

"내 그대를 바쁘게 일하도록 해줄 수 있는데, 어떻겠소?"

서수가 물었다.

"어떻게 하겠다는 것이오?"

진진이 말했다.

"위나라 상 전수田需[156]가 제후국들과 합종을 맺으려 하는데 초나라 왕은 의심스러운 태도로 믿지 않고 있소. 그대가 위나라 왕에게 '신은 연과 조, 두 나라의 군주와 오랜 교분이 있는데 여러 차례 사람을 보내 하는 일 없이 한가하면서 어찌 만나러 오지 않느냐고 합니다. 바라건대 그들을 한번 만나고자 합니다'라고 하십시오. 위나라 왕이 허락하더라도 공은 많은 수레를 청하지 말고 30승의 수레만 정원 안에 늘어놓고 공개적으로 연과 조 양국으로 간다고 말하시오."

위나라에 기거하고 있던 연과 조 사람들이 이 소식을 듣고는 황급히 수레를 몰아 각자의 군주에게 보고했고, 두 나라 모두 사람을 위나라로 보내 서수를 맞이하게 했다. 그 사실을 듣게 된 초나라 왕은 크게 화를 내며 말했다.

"전수가 과인과 약속을 했는데도 서수가 연과 조로 가는 것은 분명히 나를 속인 것이다."[157]

---

는가'라는 말을 한 것이다."(『색은』)

156  전수田需: 『색은』에서는 "당시 위나라 상"이라고 했지만 『전국책』「위책 1」에서는 "이종李從"이라는 다른 이름이 기재되어 있다.

157  "전수가 내게 위나라와 친하게 지내자고 말했는데 지금 연과 조가 서수를 영접하여 북쪽으로 가고자 하는 것은 전수가 초나라를 연계하여 나를 속였음을 표명한 것이다."(『사기전증』)

초나라 왕은 분노하여 전수의 건의를 듣지 않았다.[158] 제나라 왕은 서수가 북쪽으로 간다는 소식을 듣고 사람을 보내 국사를 그에게 맡겼다. 서수는 이에 길을 나섰고 연, 조, 제 3국 상相의 일을 모두 서수가 결정하게 되었다.[159] 진진이 마침내 진나라에 당도했다.

한, 위 두 나라는 서로 맞서 싸운 지 1년이 되도록 판가름이 나지 않았다. 진 혜왕이 싸움을 중재할 뜻으로 좌우 대신들에게 의견을 구했다. 어떤 이는 중재하는 게 낫다고 하고 어떤 이는 중재하지 않는 게 낫다고 하자 진 혜왕은 결정을 내리지 못했다. 마침 진진이 진나라에 당도하자 진 혜왕이 그에게 물었다.

"그대는 과인을 떠나 초나라로 갔는데 거기서도 과인을 생각했소?"

진진이 대답했다.

"대왕께서는 월나라 사람 장석莊舃에 대해 들어보셨습니까?"

혜왕이 말했다.

"들어본 적 없소."

진진이 말했다.

"월나라 사람 장석은 초나라에서 집규執珪를 담당했는데 오래지 않아 병이 들었습니다. 초나라 왕이 '장석은 월나라에서 지위가 비천한 사람인데 지금 초나라에서 집규가 되어 부귀하게 되었으나 아직 월나라를 생각하고 있을까?'라고 물었습니다. 중사中謝[160]가 대답하기를 '무릇 한 사람이 지난 일을 회상하는 것은 그가 병들었을 때입니다. 그가 월나라를 생각한다면 신음 소리가 월나라 말일 것이나, 월나라를 생각하지 않는다면 초나라 말로 신음할 것입니다'라고 했습니다. 초나라 왕이 장석이 있는 곳으로 사람을 보내 엿듣게 했더니 그의 신

---

158   진진이 서수에게 이러한 계책을 일러준 목적은 초와 위의 연맹을 깨뜨리고 자신이 초나라에서 상에 오르지 못한 한을 갚기 위한 것이다.
159   제, 조, 연이 모두 앞 다투며 위나라의 비위를 맞추는 것을 가리킨다.
160   중사中謝: 제왕을 가까이 모시는 시종으로 중랑中郎, 낭중郎中과 비슷하며 중사中射라고도 한다.

음 소리가 월나라 말이었다고 합니다. 지금 신이 비록 버림받아 초나라로 갔지만 어떻게 진나라 말을 쓰지 않을 수 있겠습니까!"

진 혜왕이 말했다.

"좋소. 지금 한나라와 위나라가 서로 공격하여 싸운 지 1년이 지나도록 해결되지 않고 있소. 어떤 사람은 과인에게 중재하는 게 좋다고 하고 어떤 사람은 좋지 않다고 하니 과인이 결정을 내리지 못하고 있소. 바라건대 그대는 그대의 군주인 초나라 왕을 위해 계책을 내는 틈에 과인을 위해서도 계책을 내어주시오."

진진이 대답했다.

"일찍이 대왕께 변장자卞莊子¹⁶¹라는 자가 호랑이를 찌른 일을 들려드린 사람이 있었습니까? 변장자가 호랑이를 찌르려 하자 객관의 머슴이 그를 말리면서 '두 마리의 호랑이가 소를 잡아먹으려 하는데 맛이 좋은 부위를 먹으려 반드시 경쟁할 것입니다. 경쟁을 하면 반드시 싸움을 벌일 것이고, 싸운다면 큰 호랑이는 상처를 입을 테고 작은 호랑이는 죽을 것입니다. 이때 상처 입은 호랑이를 찌른다면 한꺼번에 두 마리의 호랑이를 잡은 명성을 얻을 수 있습니다'라고 했습니다. 변장자는 그 말이 옳다 여기고 서서 두 호랑이가 서로 싸우기를 기다렸습니다. 잠시 후 두 호랑이가 과연 싸우기 시작하더니 큰 호랑이는 상처를 입고 작은 호랑이는 죽었습니다. 변장자는 상처 입은 호랑이를 찔렀고, 과연 한꺼번에 두 호랑이를 죽이는 공을 거뒀다고 합니다. 지금 한나라와 위나라가 맞서 싸운 지 1년이 넘도록 해결이 안 되었다면 틀림없이 대국은 손실을 입을 것이고 소국은 멸망할 것입니다. 군사를 일으켜 손실을 입은 국가를 공격한다면 틀림없이 한꺼번에 두 나라를 격파하는 효과를 거둘 것입니다. 이는 바로 변장자가 호랑이를 찌른 것과 같습니다. 신이 초나라 왕을 위해 계책을 세우는 것과 대왕을 위해 계책을 내는 것이 무엇이 다르겠습니까?"

---

161　변장자卞莊子: 춘추시대 때 노나라의 대부다.

진 혜왕이 말했다.

"좋소."

그러고는 끝내 한나라와 위나라의 다툼을 제지하지 않았다. 과연 큰 나라는 손상을 입고 작은 나라는 멸망에 직면했다. 이때 진나라 왕이 군사를 일으켜 토벌에 나서 큰 승리를 거두었다. 이는 모두 진진의 계책이었다.[162]


서수는 위魏나라의 음진陰晉[163] 사람으로 이름이 연衍이고 성이 공손씨公孫 氏[164]다. 장의와는 관계가 좋지 않았다.

장의가 진나라를 위해 위나라로 갔을 때 위나라 왕은 장의를 상으로 임명했다.[165] 서수는 그것이 자신에게 이롭지 않다고 여겼기 때문에[166] 사람을 보내 한나라의 공숙公叔[167]에게 말을 전하게 했다.

"장의는 이미 진과 위 두 나라를 연합시키고 '위나라는 한나라의 남양을 공격해 취하고 진나라는 한나라의 삼천을 공격해 취할 것이다'라고 했습니다. 위왕이 장의를 중시하는 것은 한나라 영토를 얻기 위해서입니다. 게다가 한나라의 남양은 곧 점령당할 텐데 공께서는 어찌하여 제게 작은 일이라도 맡겨 한나라와 위나라 간의 일을 처리하지 않습니까? 그리한다면 진과 위 양국의 연맹 관

---

162 "진진이 진나라를 위해 계책을 바친 내용은 『전국책』 「진책2」에 보이는데 『사기』와는 달리 제나라와 한나라가 서로 공격한 것으로 기재되어 있다. 먀오원위안은 『사기』의 내용이 맞으며 한나라와 위나라가 서로 공격했다고 했다. 전국사 연구자들은 이 사건을 진 혜왕 후원 13년(기원전 312)의 일이라고 했다."(『사기전증』)

163 음진陰晉: 지금의 산시陝西성 화인華陰 동쪽 지역으로, 옛날에는 위魏나라에 속했으나 나중에 진나라에 속했다.

164 "아마도 위나라 종실일 것이다."(『사기전증』)

165 진 혜왕 후원 3년, 위 양왕 13년(기원전 322)의 일이다.

166 "서수는 당시 위나라에 있었는데, 위나라에서 펼칠 계책이 없었으므로 한나라의 세력을 빌려 장의를 무너뜨리려 한 것이다."(『사기전증』)

167 공숙公叔: "포표의 주석에 따르면 '한韓나라 공족이다'라고 했다."(『전국책』 「동주책東周策」) "「한세가」에 공숙 백영伯嬰이 있는데, 여기서의 공숙은 백영으로 보인다."(『사기회주고증』)

계를 중단시킬 수 있을 것입니다. 그러면 위나라는 반드시 진나라를 도모하고자 장의를 버릴 것이고 한나라를 자기편으로 끌어들여 저를 상으로 삼을 것입니다."

공숙은 그 주장이 좋다고 여기고 모든 것을 서수를 통해 처리했으며 그가 공로를 세우도록 했다. 서수는 과연 위나라의 상이 되었고 장의는 위나라를 떠날 수밖에 없었다.

의거義渠[168]의 군주가 위나라에 와서 알현했다. 서수는 장의가 다시 진나라 상이 되었다는 소식을 듣고는 근심했다. 서수는 이에 의거의 군주에게 말했다.

"의거는 아주 멀리 있어 군주께서는 다시 이곳을 오시기 어려우니 진나라의 상황을 알려드리겠습니다."

서수가 이어서 말했다.

"중원의 각국이 진나라를 공격하지 않으면 진나라는 군의 국가를 침략하여 불태울 것입니다. 그러나 각국이 진나라를 공격하게 된다면 진나라는 즉각 사신을 보내 두터운 예로써 군의 국가를 받들 것입니다."

그 후 초, 위, 제, 한, 조 다섯 나라가 함께 진나라를 공격했다.[169] 마침 진진이 진나라 왕에게 말했다.

"의거의 군주는 만이蠻夷 중에서도 현명하고 재주 있는 자로, 뇌물을 보내 그의 마음을 위로함이 좋을 듯합니다."

진나라 왕이 말했다.

"좋소."

---

**168**　의거義渠: 당시 산시陝西성 서북부와 이웃한 네이멍內蒙, 닝샤寧夏 일대에 세력을 형성한 소수민족이다. 「흉노열전」에서는 그들의 군주를 '의거융왕義渠戎王'이라 칭했다.

**169**　「표」에 진 혜왕 후원 7년 초, 위, 제(마땅히 연이라 해야 한다), 한, 조 다섯 나라가 함께 진나라를 공격했는데, 이 일을 말한다."(『색은』) "첸무가 말하기를 '장의는 혜왕 사후에 위나라로 갔으므로 그 이듬해 위나라는 다섯 나라와 맹약을 맺고 진나라를 공격했다'고 했다. 진 혜왕 후원 7년, 위 양왕 원년(기원전 318)의 사건이다."(『사기전증』)

이에 화려하게 수놓은 비단 1000돈純[170]과 여인 100명을 의거의 군주에게 보냈다. 의거의 군주는 군신들을 소집해 상의했다.

"이것이 바로 공손연이 내게 말했던 그 일인가?"

이에 군대를 일으켜 진나라를 기습했고 이백李伯[171]에서 진나라 군대를 대패시켰다.[172]

장의가 죽은 후 서수는 진나라로 들어가 상이 되었다.[173] 그는 일찍이 다섯 나라의 상 인장을 차고 다섯 나라 맹약의 우두머리가 되었다.[174]


태사공은 말한다.

"삼진三晉 땅에는 권모술수와 임기응변에 능한 사람이 많았는데, 합종과 연횡을 제창하고 선도하여 진나라를 강대하게 한 사람은 대개 삼진 사람이었다.[175] 장의의 행위가 소진에 비해 훨씬 나빴는데도 세상 사람들이 소진을 더 혐오한 이유는 그가 장의보다 먼저 죽었고 장의가 그의 단점을 과장되게 폭로함으로써

170 『색은』에 따르면 1단段은 1돈純(tun)이다. 1돈은 즉 1필匹이다. 『전국책』 「진책」에서는 '필'로 기재하고 있다.

171 이백李伯: 『전국책』 「진책」에서는 '이백李帛'으로 기재하고 있다. 일설에는 백양성伯陽城이라고도 하는데, 지금의 간쑤성 톈수이天水 동쪽으로 80리 떨어진 곳이다.

172 이상 서수가 의거와 진나라의 관계를 도발한 일은 『전국책』 「진책 2」에 보인다. "의거가 이백에서 진나라를 패배시킨 시기는 마땅히 다섯 나라가 진나라를 공격한 해로, 즉 진 혜왕 후원 7년(기원전 318)이고, 서수가 의거군을 도발한 시기는 마땅히 혜왕 후원 7년 이전의 사건이다."(『사기전증』)

173 "「진본기」에서는 장의가 진 무왕武王 2년에 죽었다고 했으나, 첸무 등은 무왕 원년(기원전 310)에 죽었다고 한다'고 했다.(『사기전증』) "장의를 계승하여 진나라 상이 된 자는 저리질樗里疾, 감무甘茂, 설문辭文, 누완樓緩, 위염魏冉으로, 공손연이 진나라 상이 되었다는 말은 들어본 적이 없다."(『사기지의』)

174 "서수는 나중에 다섯 나라의 상이 되어 합종 혹은 연횡을 펼치며 항상 맹약의 우두머리가 되었다."(『색은』) "양콴이 말하기를 '공손연이 일찍이 장의를 계승하여 진나라 상이 되었다는 말은 믿을 수 없으며, 공손연이 다섯 나라의 상 인장을 차고서 맹약의 우두머리가 되었다는 말은 과장된 것이다. 그러나 공손연이 다섯 나라의 합종 맹약을 맺고 진나라를 공격했다는 것은 사실이다'라고 했다."(『사기전증』)

175 "합종은 진나라에 대항하는 것이고 연횡은 진나라를 섬기는 것으로 사용하는 술수가 각기 다르다. 그런데 태사공이 '합종과 연횡을 제창하고 선도하여 진나라를 강대하게 하다'라고 말한 것은 진나라의 세력이 날로 강해지자 합종과 연횡을 말하는 자들이 모두 결국은 진나라 입장에서 이로움을 강구한 것이다."(『사기찰기』)

자신의 설법을 부각하여 연횡의 책략을 완성했기 때문이다.[176] 요컨대 이들 두 사람은 참으로 나라를 기울게 하는 위험한 인물이라 하겠다!"

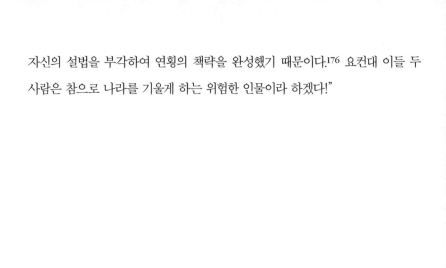

176　"『전국책』에 두 가지 사실이 기록되어 있는데, 하나는 소진의 활동이 먼저이고 먼저 죽었다는 것이고 다른 하나는 소진의 활동은 연 소왕 시대라고 적은 것이다. 태사공은 전자를 믿고 그 뒤의 소진을 전부 소대로 바꾸었지만, 실제로는 소진이 장의보다 나중이다."(『사기전증』)

史 記 列 傳

# 저리자감무열전

## 樗里子甘茂列傳

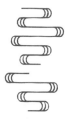

진나라 책사인 저리자와 감무의 사적을 기본으로 하면서 상수와 감라에 관한 고사가 포함된 합전이라 할 수 있다. 저리자는 진나라의 귀족 출신으로 진 혜문왕·무왕·소왕 3대에 걸쳐 총애를 받을 만큼 출중한 변론을 펼쳤으며 지모 또한 풍부해 '지낭智囊(꾀주머니)'이라 불렸다. 반면 감무는 초나라의 평민 출신임에도 재능과 박식함을 갖춰 진나라의 책사로 활동한 인물이다. 이 둘은 출신은 달랐으나 진나라의 좌승상과 우승상으로 임명되어 동방 육국과 첨예하게 대립하던 시기에 중요한 공적을 세운 인물들로, 사마천은 「태사공자서」에서 "진나라가 동방으로 확장하고 제후들에게 영웅을 자처할 수 있었던 것은 저리자와 감무의 계책 때문이었기에 「저리자감무열전」을 지었다"고 했다. 서술의 초점은 진나라를 강대하게 만드는 데 큰 역할을 한 책사들의 재능과 활동에 맞추되 그들 간의 모순과 다툼에 대해서도 주목하고 있다. 그 다툼은 결국 각자 자신의 이익 때문이었으며 시대적 산물이었음을 보여주려고 했다. 사마천은 이들 책사들에 대해 "이들은 비록 행실이 독실한 군자라고 할 수는 없으나 전국시대의 유명한 책사였다. 당시 진나라가 날로 강성해졌기 때문에 천하 각국은 더욱 모략을 꾸미는 인물을 중시했다"고 말했다.

저리자樗里子의 이름은 질疾이고[1] 진나라 혜왕[2]의 이복동생이다. 그의 모친은 한韓나라 사람이다.[3] 그는 말솜씨가 뛰어나고[4] 지모도 풍부하여 진나라 사람들이 꾀주머니(지낭智囊)라고 불렀다.

　진나라 혜왕 8년(기원전 330) 저리자는 우경右更[5]이라는 작위를 수여받았고, 진나라 왕은 그에게 군대를 이끌고 위魏나라의 곡옥을 공격하게 했다. 그는 곡옥 일대의 위나라 거주민을 모조리 내쫓고 성을 차지하고는 진나라 영토로 편입시켰다.[6]

---

**1**　성이 영嬴이고 이름이 질疾이다. "나카이 리켄이 말하기를 '마을里에 저樗(가죽나무)가 있으므로 저리樗里라 했고, 저리에 기거하는 사람이므로 저리자樗里子라 했다'고 했다."(『사기회주고증』)

**2**　진 혜왕秦惠王(재위 기원전 337~기원전 311)은 효공孝公의 아들로, 진 혜문왕秦惠文王이라고도 한다.

**3**　저리자의 모친은 한나라 군주의 딸이다. 진 혜왕 초기에 한나라의 군주는 대략 한 소후韓昭侯(재위 기원전 362~기원전 333)였다.

**4**　원문은 '골계滑稽'로, "추탄鄒誕이 말하기를 '골은 어지럽다亂는 뜻이다. 계는 같다同는 뜻이다. 말을 잘하고 사고가 민첩한 사람을 말하는데, 그른 것을 옳은 것처럼 말하고 옳은 것을 그른 것처럼 말하며, 같고 다름을 어지럽힐 수 있음을 말한다'고 했다."(『색은』) "골은 물이 저절로 흘러나오는 것이고 계는 헤아리는 것이다. 지모와 발언하는 것이 샘과 같이 끝없이 흘러나오는 것을 말한다."(『정의』)

**5**　우경右更: 진나라 작위 20등급 중 14번째 등급이다.

**6**　"「연표」에서는 '11년(기원전 327)에 위나라 곡옥을 점령하고 그곳 백성을 돌려보냈다'고 했고, 또한 『진본기』에서는 '혜문왕 후원 8년(기원전 330, '수정본'에서는 「진본기」와 「육국연표」에 근거해 7년으로 해야 한다고 했다)에 다섯 나라가 함께 진나라를 포위하자 서장 질疾이 수어脩魚와 교전하여 8만 명을 참수했다. 11년에는 저리질이 위나라 초焦를 공격해 항복시켰다'고 했다. 곧 초와 곡옥을 공격한 때는 모두 11년임이 분명하다. 그런데 「전」에서는 '8년에 점령했다'고 다르게 기록하고 있다."(『색은』) "「진기」에서는 여러 차례 서장 질이라고 했을 뿐 우경이 된 적은 없는 것 같다. '8년'은 마땅히 '24년'으로 해야 하며, 곧 후원 11년(기원전 314)이므로 이것은 잘못이다. '곡옥' 또한 '초焦'의 잘못이다."(『사기지의』) "「육국연표」에서는 진 혜왕 8년에 진나라가 곡옥을 취했다고 하여 「열전」과 같지만 위왕의 연도에 오류가 많다. 현재 전국사 연구자 대부분은 『색은』과 『사기지의』의 견해를 취하지 않으며, 이 사건은 기원전

---

진나라 혜왕 25년[7]에는 다시 저리자를 장군으로 삼아 조나라를 공격하게 했다. 그는 조나라 장군 장표莊豹를 사로잡고 인藺을 점령했다.[8] 그 이듬해에는 위장魏章을 도와 함께 초나라를 공격하여 초나라 장군 굴개를 물리치고 원래 초나라에 속해 있던 한중漢中을 점령했다.[9] 진나라는 저리자를 [엄 땅에] 봉하고 엄군嚴君이라 불렀다.[10]

진나라 혜왕이 사망하고 태자인 무왕武王이 즉위했다.[11] 무왕은 장의와 위장을 내쫓고 저리자와 감무를 각각 좌승상과 우승상으로 임명했다.[12] 진나라는 감무를 파견해 한나라를 공격하게 하여 의양을 탈취했다.[13] 그런 다음에 저리자를 파견해 전차 100승을 이끌고 주나라로 들어가게 했다. 주나라에서는 사병

---

330년으로 본다."(『사기전증』)

7   진 혜왕 25년은 후원 12년으로, 조 무영왕 13년(기원전 313)에 해당된다.

8   『사기지의』에 따르면 장표는 '조장趙莊'이라고도 한다. "「진기」에서는 '조장장趙將莊'이라 하고, 「조세가」와 「연표」에서는 '조장'이라 했다."(『사기회주고증』) 인藺은 조나라의 읍으로 지금의 산시山西성 리스離石 서쪽 지역이다.

9   위장魏章은 원래 위나라 사람이었으나 이후 진나라 장수가 되었다. "마페이바이가 말하기를 '위장이 재차 초나라 군대를 패배시키고 마침내 초나라 한중을 취하여 한중군을 설치했는데, 초나라를 약화시킨 그의 실제 공헌은 사마착이 파촉을 공격해 평정시킨 것보다 낮지 않다. 위장이라는 자는 장의의 외교 활동에서 가장 강력한 후원자라 할 수 있다'고 했다."(『사기전증』)

10   "엄군은 작위와 봉읍 이름으로 엄도嚴道에 봉해졌을 것이다."(『색은』) 엄도嚴道는 진나라 읍으로 지금의 쓰촨성 청두成都 서남쪽의 잉징滎經이다.

11   진 무왕秦武王(재위 기원전 310~기원전 307)의 이름은 탕蕩이다.

12   승상丞相은 황제를 보좌하고 전국의 정무를 총괄하는 최고 관직으로, 상방相邦이라고도 했다. 춘추시대 제나라 경공景公이 좌우左右 상相 각 한 명씩 설치했고, 전국시대 진秦나라 무왕이 좌우 승상을 설치한 이후 한나라 때까지 이어졌다. 「진본기」와 「육국연표」에 따르면 장의와 위장은 무왕 원년에 쫓겨났으며, 저리자와 감무는 무왕 2년(기원전 309)에 좌승상과 우승상에 임명되었다. "이수李讎가 공손연에게 말하기를 '그대는 위나라에서 감무를 불러들이고, 한나라로부터 공손현公孫顯(일명 공손석公孫奭)을 불러들이고, 국내에서는 저리자를 등용하는 것이 좋습니다. 이 세 사람은 모두 장의의 원수로 그들을 임용하면 제후들은 반드시 장의가 진나라에서 권력을 잃고 중용되지 못했다고 생각할 것입니다'라고 했다."(『전국책』 「진책」) "여기서 장의를 내쫓고 저리자와 감무를 좌·우승상으로 임명했다는 내용은 이수의 말에서 비롯된 것이다."(『사기전증』)

13   진나라 무왕 4년, 한 양왕 5년(기원전 307)의 일이다.

들을 열을 짓게 하여 저리자를 영접했으며[14] 매우 공경했다. 이 일을 알게 된 초나라 왕[15]은 화를 내며 주나라 천자가 진나라 사신을 지나치게 예우하며 존중한 것을 꾸짖었다. 이때 유등游騰[16]이 주나라를 위해 초나라 왕에게 유세했다.

"지백知伯이 구유仇猶[17]를 정벌할 때 먼저 큰 수레를 보내고 이어서 군대를 뒤따르게 하여 구유는 멸망했습니다.[18] 무엇 때문이겠습니까? 방비를 하지 않았기 때문입니다. 제나라 환공이 채나라를 공격할 때도,[19] 입으로는 초나라를 정벌한다고 하고는 실제로는 채나라를 기습했습니다.[20] 지금 진나라는 호랑이와 이리처럼 흉악한 나라인데 저리자를 파견해 전차 100승을 이끌고 주나라로 들어가게 했습니다. 주나라는 구유와 채나라의 일을 교훈 삼아[21] 긴 극을 쥔 병사

---

14  원문은 '주이졸영지周以卒迎之'다. "『전국책』에 따르면 '주周'는 서주군西周君을 가리킨다. 100명을 '졸卒'이라 하는데, 졸은 위병대를 가리키는 것으로 반드시 100명을 뜻하는 것은 아니다. 전후 분맥으로 보아 중대한 의식이었으므로 초나라의 불만을 사게 된 것이다."(『사기전증』)

15  초 회왕 30년(기원전 299), 진나라 소왕은 회맹을 명분으로 초나라 회왕을 진나라로 들어오게 한 뒤 감금했다. 경양왕 3년(기원전 296)에 초나라 회왕은 진나라에서 사망했다.

16  유등游騰: 서주군西周君에 속해 있던 유세객이다.

17  지백知伯(또는 지백智伯)은 진晉나라 육경六卿 중 한 명으로 이름이 요瑤다. 구유仇猶는 지금의 산시山西성 양취안陽泉 위현盂縣 부근에 거주하던 소수민족으로 '구유仇由' 또는 '구유厹由'라고도 한다.

18  "정현은 광거廣車를 '횡진지거橫陳之車(가로로 늘어놓은 수레)'라 했다."(『집해』) "지백은 구유를 정벌하려고 했지만 길이 험해서 통행이 어려웠다. 그래서 큰 종을 주조하여 구유의 군주에게 바치고자 했다. 구유의 군주는 매우 기뻐하며 도로를 내어 종을 받으려 했다. 이때 적장만지赤章蔓枝가 말했다. '안 됩니다. 큰 종을 보내는 것은 작은 나라가 큰 나라를 섬기는 방법입니다. 그런데 지금 대국에서 큰 종을 보내왔으니, 군대가 반드시 뒤따라올 것입니다. 그렇기에 받아서는 안 됩니다.' 구유의 군주는 그의 말을 듣지 않고 결국 받아들였고 적장만지는 굴대를 짧게 자르고 내달려 제나라로 도망쳤다. 7개월 후 구유는 멸망했다."(『한비자』 「설림 하」) "지백이 구유를 공격하고자 먼저 구유에게 큰 종을 큰 수레에 실어 보냈다. 큰 종을 운반하는 기회를 이용해 병사들이 따라 들어갔고 구유는 결국 멸망당했다."(『전국책』 「서주책西周策」)

19  제 환공齊桓公(재위 기원전 685~기원전 643)은 춘추시대 제후국의 패주로 이름이 소백小白이다. 채나라는 남쪽으로 초나라와 이웃하고 있었다.

20  초나라를 정벌한다고 하고 실제로는 채나라를 기습했다는 것은 역사적 사실에 부합하지 않는다. "제 환공은 본래 부인 소희少姬에게 화가 나서 군사를 일으켜 남쪽 채나라를 치려 했는데 관중은 이 기세를 몰아 초나라까지 토벌하도록 하여 초나라가 제때에 주나라 왕실에 포모包茅를 공물로 바치지 않은 것을 꾸짖었다."(『사기』 「관안열전」)

21  원문은 '관언觀焉'이다. "『전국책』에서는 '관언'을 '계지戒之'라 했다."(『사기각증』) 역자는 『사기각

---

들을 앞에 세우고 쇠뇌를 든 병사들을 뒤따르게 하니 표면적으로는 저리자를 호위하는 것이라 했지만 실제로는 그를 포위한 것입니다. 주나라가 어찌 자신들 사직의 안위를 걱정하지 않겠습니까? 어느 날 갑자기 나라가 멸망하여 대왕께 우려를 끼치게 될까 두려워한 것입니다."[22]

초나라 왕은 이 말을 듣고 기뻐했다.

진나라 무왕이 죽고 소왕昭王이 즉위하자 저리자는 더욱 존경을 받게 되었다.

소왕 원년(기원전 306) 저리자는 군대를 이끌고 위衛나라의 포蒲 땅을 공격할 준비를 했다. 포성을 지키는 장수가 두려워하며 호연胡衍[23]에게 계책을 청했다. 호연은 저리자에게 가서 말했다.

"공이 포성을 공격하려는 것은 진나라를 위해서입니까? 아니면 위魏나라[24]를 위해서입니까? 위나라를 위한 것이라면 좋으나 진나라를 위해서라면 아마도 이로운 점이 없을 것입니다. 지금 위衛나라가 국가로서 존재할 수 있는 것은 포성이 있기 때문입니다.[25] 지금 포성을 공격한다면 포성은 위魏나라에 귀속될 것이고, 그렇게 되면 위衛나라는 반드시 굴복하여 위魏나라를 따를 것입니다.[26] 위魏

증』의 견해에 따라 번역했다.

22  당시 주나라와 초나라는 연맹 관계였으므로 유등이 이렇게 말한 것이다. 이상 유등이 주나라를 위해 초나라 왕을 유세한 사건은 주난왕 8년, 초 회왕 22년(기원전 307)의 사건이며, 『전국책』「서주책」에 보인다.

23   호연胡衍은 『전국책』「한책 2」와 「위책」에 한 번씩 언급되었다. "호연이란 인물에 대해서는 고증이 없으니 아마도 가탁한 인물일 것이다."(『전국책신교주』)

24  당시 위魏나라는 대량에 도읍을 건설했다. 진 소왕 원년은 위 양왕 13년이다.

25  "포는 위衛나라를 가리고 보호해주는 곳이다."(『정의』) 당시 포는 위衛나라 도성 복양濮陽의 서남쪽에 있었다.

26  원문은 '今伐蒲入於魏, 衛必折而從之'로, 문장이 매끄럽지 않다. "『전국책』에서 이르기를 '지금 포성이 진나라에 귀속되면 위衛나라는 반드시 굴복하여 위魏나라에 귀속될 것이다'라고 하여 이곳과는 상반된다고 했다."(『색은』) "왕염손이 말하기를 '포성이 진나라에 귀속되는 것이 맞다. 고유高誘의 주석에 따르면 '위衛나라는 반드시 포성을 잃을 것을 알기에 스스로 위魏나라에 귀속되어 구원을 요청할 것이다'라고 했는데, 바른 문장은 '지금 포성이 진나라에 귀속되면 위衛나라는 반드시 굴복하여 위魏나라에 귀속될 것이다'이다."(『사기전증』)

나라가 일찍이 서하西河 바깥쪽 영토를 잃었으나[27] 되찾지 못하는 것은 군사력이 약하기 때문입니다. 지금 위衛나라가 위魏나라에 합병된다면 위魏나라는 더욱 강대해질 것이고, 위나라가 강대해지는 날에는 서하 바깥 영토가 위태롭게 될 것입니다. 게다가 진나라 왕은 앞으로 공의 행동을 살펴볼 텐데, 진나라를 해롭게 하고 위魏나라를 이롭게 한다면 반드시 공에게 죄를 물을 것입니다."

저리자가 물었다.

"어떻게 하면 좋겠소?"

호연이 말했다.

"포성을 치려는 계획을 버리신다면 제가 포성으로 들어가 공의 뜻을 확실히 전함으로써 위衛나라 군주로 하여금 공이 베푼 덕에 감사하도록 하겠습니다."

저리자가 말했다.

"좋소."

호연은 포성으로 들어가 포성을 지키는 장수에게 말했다.

"저리자는 포성이 직면한 곤란함을 알고 '반드시 포성을 공격해 함락시키겠다'고 공언하고 있습니다. 제가 저리자로 하여금 포성을 공격하지 않도록 할 수 있습니다."

포성을 지키는 장수는 두려워했고 두 번 절하며 말했다.

"바라건대 그가 포성을 공격하지 않도록 해주십시오."

그러고는 황금 300근을 호연에게 내주면서 말했다.

"진나라 병사가 정말 물러난다면 반드시 위衛나라 군주에게 그대의 공을 말씀드려 영지를 나누어주고 군君[28]에 봉해질 수 있도록 하겠소."

---

27 "혜문왕 8년(기원전 330) 위魏나라가 황하 서쪽 땅을 진나라에 할양했고, 혜문왕 10년(기원전 328)에는 위魏나라가 상군上郡의 15개 현을 진나라에 할양했다."(「진본기」) 서하의 바깥쪽 영토는 지금의 산시陝西성 동부의 황하 서쪽 연안에 인접해 있으며, 원래는 위魏나라에 속했다.

28 당시 각 제후국의 군주는 스스로 왕이라 칭하고, 제후국 내의 봉건 영주는 군君이라 칭했다.

그리하여 호연은 포성에서는 황금을 받고[29] 위나라에서는 존귀하게 대우받았다.

저리자는 포성의 포위를 풀고 돌아가는 길에 또 위魏나라의 피지皮氏[30]를 공격했으나 항복하지 않자 빈손으로 돌아갔다.

소왕 7년(기원전 300) 저리자는 사망했고, 위수渭水 남쪽 기슭의 장대章臺[31] 동쪽에 묻혔다. 저리자는 죽기 전에 이렇게 말했다.

"내가 죽고 100년 뒤에 천자의 궁전이 내 무덤 양쪽에 우뚝 세워질 것이다."[32]

저리자 질疾의 집은 소왕의 사당 서쪽, 위수 남쪽 기슭의 음향陰鄕[33] 저리樗里에 있었기 때문에 사람들이 그를 저리자라고 불렀다. 한漢나라가 세워지고 나서 과연 장락궁長樂宮[34]이 그의 무덤 동쪽에 건축되었고, 미앙궁未央宮[35]이 서쪽에 세워졌으며, 무기고가 무덤 정면에 자리 잡았다. 진나라 속담에 "힘이 세기로는 임비任鄙[36]요, 지모가 뛰어나기로는 저리다"라는 말이 있다.

---

29  "저리자 또한 황금 300근을 받고 돌아갔다. 『전국책』과 『사기』에서는 저리자를 언급하지 않고 있다."(『사기지의』)

30  피지皮氏: 위魏나라의 읍으로 지금의 산시山西성 허진河津이다.

31  장대章臺: 진나라 대관臺觀(누대, 관각館閣 같은 높고 큰 건축물)으로 당시 진나라 도읍인 함양은 위수 북쪽 기슭에 있었고 장대는 위수 남쪽 기슭에 건축되었다.

32  "후세의 풍수쟁이가 조작한 것으로 태사공 또한 채택했으나 특별한 의미는 없다. 「여불위열전」에서 '하 태후夏太后는 생전에 사람들에게 그녀가 죽으면 단독으로 두현杜縣(지금의 시안西安 동남쪽) 성 동쪽에 매장하도록 했다. 그렇게 하면 동쪽으로 아들을 볼 수 있고, 서쪽으로는 남편을 볼 수 있을 뿐만 아니라 이 지방이 100년 후에는 1만 호가 거주하는 성시城市가 될 것이라고 말했다는데, 이와 유사한 것이다."(『사기전증』)

33  음향陰鄕: 옛 향鄕으로 지금의 산시陝西성 시안西安 서쪽 지역이다.

34  장락궁長樂宮: 전한前漢 고제高帝 때 진秦나라 흥락궁興樂宮을 개조한 궁이다. 미앙궁, 건장궁建章宮과 함께 한나라의 3궁에 속한다. 한나라 초기에 황제가 이곳에서 정무를 보았으나 혜제惠帝 이후에는 태후가 기거했다. 장락궁은 '장구쾌락長久快樂'이라는 뜻이며, 장안성長安城 내 동남쪽 근처에 있다.

35  미앙궁未央宮: 전한의 궁정으로 한 고조高祖 7년(기원전 200)에 소하蕭何가 진나라 장대章臺를 기초로 건설을 주관했다. 한나라 장안성의 가장 높은 서남쪽 모퉁이 용수원龍首原에 있다. 이후 전한 황제들은 모두 이곳에 거주했다.

36  임비任鄙: 진秦나라의 용사로 무왕武王 때 사람이다. "무왕은 힘이 세고 다른 사람과 시합하기를

감무甘茂는 하채下蔡37 사람이다. 그는 하채의 사거史擧38 선생을 모시면서 제
자백가諸子百家의 학설을 배웠다.39 이후 장의와 저리자의 소개로 진나라 혜왕을
만났다. 그를 본 혜왕은 매우 기뻐하며 진나라의 장군으로 삼고 위장魏章을 도
와 함께 한중을 평정하게 했다.40

혜왕이 사망하고 무왕이 즉위하자, 장의와 위장이 모두 진나라를 떠나 위魏
나라로 갔다.41 이때 마침 촉후蜀候 휘輝와 상相인 장壯이 반란을 일으키자42 진
나라는 감무를 파견해 촉을 안정시키도록 했다. 임무를 마치고 돌아온 감무를
좌승상으로 삼고43 저리자를 우승상으로 삼았다.

진나라 무왕 3년(기원전 308) 무왕이 감무에게 말했다.

"과인이 수레를 타고44 삼천三川45 일대까지 가서 주나라의 형세를 엿볼 수 있

좋아했는데, 역사力士인 임비, 오획烏獲, 맹열孟說 등이 그로 인해 대관大官이 되었다."(「진본기」)

37  하채下蔡: 초나라의 현으로 지금의 안후이성 펑타이鳳台다.
38  사거史擧: 전국시대 중기의 유명한 학자다. "『전국책』과 『한비자』에서는 모두 '사거는 상채上蔡의
    감문監門(문을 지키는 관리)이다'라고 했다."(『색은』) "아마도 은자隱者일 것이다."(『사기전증』)
39  원문은 '학백가지설學百家之說'로, '수정본'에서는 원래는 '설說'이 아닌 '술術'이었는데, 경우본·
    소흥본·경본·황본·팽본·가본·능본·전본에 근거해 '설說'로 고쳤다고 했다. "아마도 잡가雜家일 것이
    다."(『사기전증』)
40  혜왕 후원 13년(기원전 312) 감무는 저리자와 함께 위장을 보좌하여 한중을 탈취하고 진나라 군
    을 설치했다.
41  『사기』「장의열전」에 따르면, 무왕 원년(기원전 310) 대신들이 장의에 대한 비방을 그치지 않자 장
    의는 무왕에게 위魏나라로 가겠다고 요청했고 1년 후 위나라에서 사망했다. 위장은 어떻게 됐는지 알
    수 없다.
42  "혜왕 후원 14년(기원전 311) 촉 상相 장壯이 촉후를 죽이고 와서 투항했다", "무왕 원년(기원전
    310) 촉 상 장을 주살하다."(「진본기」) "휘는 진나라의 공자로 촉에 봉해졌다. 『화양국지華陽國志』에서
    는 휘暉로 되어 있다. 장壯의 성은 진陳이다."(『색은』) "휘輝는 오류로 「본기」에 근거해 통通이라 해야
    한다."(『사기지의』) "나카이 리켄이 말하기를 「장의전」에 근거해 혜왕 때 촉을 정벌하여 취하고 촉왕을
    후侯로 낮추고 진장陳莊을 촉 상으로 삼았으니 원래 촉왕이 촉후가 된 것이다. 그렇다면 촉후 휘는 아
    마도 촉왕이거나 혹은 그 아들이어야 한다. 「본기」에서의 '공자 통通을 촉에 봉하다'라는 문장은 혼란
    스럽다'고 했다."(『사기회주고증』)
43  "마페이바이의 『진집사秦集史』에서 무왕 2년(기원전 309)의 일이라고 했다."(『사기전증』)

다면 그때는 편안히 눈을 감을 수 있을 것이오."

감무가 말했다.

"청컨대 신이 위魏나라로 가서 그들과 함께 한韓나라를 공격하겠습니다.46 상수向壽를 데려가게 해주십시오."47

감무는 위나라에 당도하자 상수에게 말했다.

"그대는 돌아가서 대왕께 '위나라는 이미 신의 말을 들어주었습니다. 그러니 바라건대 대왕께서는 한나라를 공격하지 마십시오'48라고 말씀드리시오. 상황이 해결된 후 그대에게 모든 공을 돌리겠소."49

상수는 진나라로 돌아가 왕에게 감무의 말을 전했다. 진나라 왕은 친히 식양息壤50까지 와서 감무를 맞이했다. 감무가 돌아오자 진나라 왕은 한나라에 대한 계획이 바뀐 까닭을 물었다. 감무가 대답했다.

44  원문은 '용거容車'로, 크게 세 가지 의미로 해석할 수 있다. 첫 번째는 도로가 좁아 겨우 한 대의 수레만 통과할 수 있다는 뜻으로, 한 대의 수레가 통과할 만한 좁은 길이라도 내어 동방으로 향하겠다는 완곡한 표현이다. 두 번째는 영구를 묘지로 보낼 때 죽은 자의 의관衣冠과 초상화를 실은 수레로, '죽어서라도 삼천의 주나라 도성을 보고 싶다'는 뜻이다. 세 번째는 "용거는 부인이 타는 작은 수레로 휘장이 덮여 있어 형상을 가릴 수 있다"(『석명釋名』, 「석거釋車」)는 것으로, 이 문장과는 관련이 없다. 또 다른 견해로 진정웨이金正煒와 허젠장은 '거車'자는 '동東'자의 오류로 의심된다고 했다.
45  삼천三川에 대한 견해는 다양하다. 오사도吳師道는 '의양'을 뜻한다고 했다. "삼천은 하나의 읍 또는 군을 가리키기도 하고 황하, 낙수, 이수를 가리킨다고도 한다. 오사도의 의견이 맞는 것 같다."(『전국책신교주』)
46  "한나라는 주나라와 이웃하고 있어 한나라를 격파한 후에 진나라 수레가 삼천까지 막힘없이 통할 수 있음을 말한다."(『사기전증』)
47  "나카이 리켄이 말하기를 '감무와 상수는 서로 사이가 좋지 않다. 그러나 그를 데려가려 한 데는 모함하여 해치려는 의도가 있었을 것이다'라고 했다. 무왕 또한 상수를 시켜 감무를 감시하고자 함이다. 상수는 선 태후(진 소왕의 모친)의 외족外族이다."(『사기회주고증』)
48  위나라가 우리와 함께 한나라를 공격하기로 호응했으나 아직 한나라를 공격하지 않는 것이 좋다는 뜻이다.
49  "오사도는 '감무는 상수가 진나라 왕에게 공격하지 말라는 말을 하게 함으로써 왕이 그 까닭을 의심하게 만들고자 함이다. 감무는 그렇게 보고하도록 했기 때문에 '상황이 해결된 뒤에 그대에게 모든 공을 돌리겠소'라고 말한 것이라고 했다."(『전국책신교주』)
50  식양息壤: 『정의』에서는 진나라의 읍이라고 했지만 상세하지 않다. 『사기전증』에서는 함양 동쪽이라고 했다. 허젠장은 위魏나라와 가까운 진나라 읍일 가능성이 있다고 했다.

"한나라의 의양은 큰 현입니다. 상당上黨과 남양南陽[51]의 물자를 이곳에 비축해놓은 지 오래입니다. 명의상으로 현이라고 하지만 실제로는 군郡에 해당됩니다.[52] 지금 왕께서는 여러 험준한 지역[53]을 넘어 천 리 길을 가서 공격하려 하는데, 그것은 매우 어려운 일입니다.

옛날에 증삼이 비읍費邑[54]에 거주하고 있을 때 노나라 사람 가운데 증삼과 이름과 성이 똑같은 자가 사람을 죽였습니다. 어떤 사람이 달려와 증삼의 모친에게 '증삼이 사람을 죽였습니다'라고 했지만 그 모친은 베 짜는 일을 멈추지 않았으며 태연했습니다. 이는 아들인 증삼을 믿었기 때문입니다. 잠시 후 또 한 사람이 와서 증삼의 모친에게 '증삼이 사람을 죽였습니다'라고 했지만 여전히 태연하게 베를 짰습니다. 그러나 잠시 후 또 한 사람이 와서 증삼의 모친에게 '증삼이 사람을 죽였습니다'라고 하자 그 모친은 베 짜던 북을 내던지고 베틀에서 내려와 담장을 넘어 달아났다고 합니다. 무릇 증삼이 어질었기에 모친은 그를 믿었지만 세 사람이 전한 거짓말이 그의 모친을 그토록 놀라게 했습니다. 지금 신은 증삼처럼 어질지 못하고, 신에 대한 대왕의 믿음도 아들에 대한 증삼 모친의 믿음보다 못합니다. 신을 의심하는 신하가 세 사람에 그치지 않으니 하루아침에 대왕께서 증삼의 모친이 거짓말을 믿고서 놀라 베 짜는 북을 던져버리고 담장을 넘어 달아난 것과 같을까 두렵습니다. 당초에 장의는 서쪽으로 파

---

51  상당上黨은 대략 지금의 산시山西성 창즈, 가오핑高平 일대다. 상당과 남양은 모두 한나라에 속했고 의양이 있는 삼천군과 이웃해 있다.
52  "두우杜佑가 말하기를 '춘추시대에는 열국이 서로 멸망시킨 뒤 그 영토를 대부분 현으로 삼았기에 현이 크고 군이 작았으므로, 조앙趙鞅은 '상대부가 현을 수여받고 하대부下大夫가 군을 수여받았다'고 했다. 전국시대에 이르면서 군이 크고 현이 작아졌다. 그래서 감무가 '의양은 큰 현이나 실제로는 군이다'라고 말한 것이다."(『사기회주고증』) "한나라 북쪽 세 군郡의 물자를 하남 의양현에 쌓아놓은 지 오래되었다는 말이다."(『정의』) "『전국책』「진책」에서 '상당, 남양의 물자를 그곳에 쌓아놓은 지 오래되었다'고 했으니 '두 군'이라 해야 한다."(수정본)
53  "함곡 및 삼효三崤와 오곡五谷을 말한다."(『정의』)
54  비읍費邑: 노나라의 읍으로 지금의 산둥성 페이현 서북쪽이다.

와 촉 땅을 병탄하고[55] 북쪽으로 서하 바깥쪽을 개척했으며[56] 남쪽으로 상용上庸을 탈취했지만[57] 당시 천하 사람들은 장의를 칭찬하지 않고 선왕을 현명하다고 칭송했습니다. 위魏나라 문후文侯는 악양樂羊을 파견해 군대를 이끌고 중산中山을 공격하게 했고 3년 뒤에 점령했습니다.[58] 악양이 승리를 거두고 돌아와 공적을 논할 때 문후는 악양을 비방하는 상주문 상자를 그에게 보여줬습니다. 악양은 두 번 절하고 머리를 조아리며[59] '이번에 중산을 멸망시킬 수 있었던 것은 신의 공적이 아니라 주군의 역량입니다'라고 말했습니다.

지금 신은 한낱 타향에서 떠돌아다니는 손님에 불과합니다.[60] 저리자와 공손석公孫奭[61] 두 사람이 한나라의 입장에서 의론한다면 대왕께서는 반드시 그들의 말을 믿게 될 것입니다. 이렇게 되면 대왕께서는 위나라 왕을 속이게 되고, 신은

---

**55** "혜왕 후원 9년(기원전 316)에 사마착이 촉을 공격하여 멸망시켰다."(「진본기」) 「장의열전」에서는 사마착이 촉 정벌을 주장했으며 장의는 이에 반대했기 때문에 여기서 장의가 파와 촉 땅을 병탄했다고 말하는 것은 모순이다. "「수경주」에 따르면 혜왕이 장의와 사마착 등을 시켜 촉을 멸망시켰다'고 했다. 『화양국지』에서는 '장의와 사마착을 시켜 촉을 공격해 멸망시켰다'고 했다. 이 두 사람이 함께 갔다."(「사기지의」)

**56** "혜문왕 10년(기원전 328), 장의가 진나라 상이 되었고 위나라는 상군上郡의 15개 현을 진나라에 할양했다."(「진본기」) "상군은 지금의 산시陝西성 쑤이더綏德, 미즈米脂, 위린榆林 일대로 바로 서하의 땅이다."(『사기전증』)

**57** "「진본기」에 혜왕 후원 13년(기원전 312), '초나라 한중을 공격해 600리 토지를 탈취하고 한중군을 설치했다'고 했다. 이때 장의는 여전히 진나라 상이었다. 상용은 한중군의 요지로 지금의 후베이성 주산竹山 동남쪽이었다."(『사기전증』)

**58** 위나라는 문후 38년(기원전 408)에 중산을 공격했고 문후 40년(기원전 406)에 중산을 멸망시켰다. 중산은 전국시대 전기에 선우인鮮虞人이 건립한 제후국이다.

**59** 원문은 '재배계수再拜稽首'다. "절할 때 머리를 땅바닥에 대는 것을 계수稽首라고 하고, 무릎을 꿇고 두 손을 맞잡고 손 있는 데까지 고개를 숙이고 마음을 평온하게 하는 것은 배拜라고 한다. 재배再拜는 배를 두 번 하는 것이다. '재배계수再拜稽首'는 '길배吉拜'라고 하며 예물을 받아들이는 것을 표시한다. '계수재배稽首再拜'는 '흉배凶拜'라고 하여 예물의 거절을 표시하는 것이다"(양보쥔, 『맹자역주孟子譯注』)

**60** 원문은 '기려羈旅'다. 타향에 기거하는 사람으로 여객旅客을 말한다. 감무는 원래 초나라 사람인데 진나라에서 벼슬을 하므로 스스로 '기려'라 한 것이다.

**61** 공손석公孫奭: 진나라 귀족으로 공손학公孫郝, 공손혁公孫赫, 공손연公孫衍이라고도 한다.

한나라 상 공중치公仲侈의 원한을 사게 될 것입니다."62

진나라 왕이 말했다.

"과인은 그들의 말을 절대 듣지 않겠다고 그대에게 맹세하겠소."

마침내 승상 감무를 시켜 병사를 이끌고 한나라의 의양을 공격하게 했다. 5개월 동안 연이어 공격해도 함락시키지 못하자 과연 저리자와 공손석이 반대 의견을 제기했다. 진나라 무왕이 감무를 불러들여 철군시키려 하자 감무가 말했다.

"식양에서의 맹세가 아직 저기에 있습니다!"

무왕이 깨닫고는 말했다.

"있구나."

이에 대병을 증파하여 감무로 하여금 의양을 공격하도록 했다. 결국 대승을 거두어 한나라 군사 6만 명을 참수하고 마침내 의양을 점령했다.63 한나라 양왕 襄王64은 공중치를 진나라에 보내 사죄하고 진나라와 화친을 맺었다.65

---

62 "약속을 저버리는 것이므로 위나라 왕을 속이는 것이라고 말한 것이다. 한나라를 공격하는 계책 이므로 공중치의 원한을 사게 된다고 말한 것이다. 양옥승은 '공중치는 즉『전국책』에서 한나라의 공 중붕公仲朋'이라고 했다."(『사기회주고증』)

63 진나라 무왕 3년, 한나라 양왕 4년(기원전 308)의 일이다. "오래도록 의양을 점령하지 못하자 감무 는 '청컨대 내가 내일 북을 두드리며 다시 공격하여 의양을 함락시키지 못한다면 의양의 곽郭(외성外 城)을 내 무덤으로 삼겠소'라고 했다."(『전국책』「진책」) "한나라는 의양에 군사 10만 명을 주둔시키고 있었고 양식과 기계 등의 물자 등은 몇 년을 지탱할 수 있었다. 진나라가 의양을 점령한 것은 하나의 대승리다. 이때부터 진나라의 강역은 중원까지 확장되었을 뿐만 아니라 효산과 함곡관의 험준함을 완 전히 통제하게 되었다. 진나라의 동쪽 진출에 장애가 되는 의양을 장악함으로써 진나라는 험준한 요 새에 의지해 나아가 공격하고 물러나 지킬 수 있는 주동적 지위를 확보하게 되었고 형세는 더욱 진나 라에 유리하게 발전했다."(『중국군사통사』)

64 한 양왕韓襄王(재위 기원전 311~기원전 296) 이름은 창倉이다.

65 진나라가 감무를 시켜 한나라 의양을 공격한 사건은『전국책』「진책 2」에 보인다. "감무가 의양을 공격한 것은 진나라 무왕 3년(기원전 308)이고, 그 이듬해에 의양을 점령했다. 이 장에서 감무는 의양 을 함락하기 어려운 것을 알고 먼저 비유로 진나라 왕을 설득하고 식양에서 맹세한 후 마침내 진공하 게 된다. 감무는 군사에도 능숙할 뿐만 아니라 또한 지혜도 뛰어났다."(『전국책신교주』)

진나라 무왕이 마침내 주나라 도성으로 진입했지만 그곳에서 죽고 말았다.[66] 그의 동생이 왕위를 계승했는데 그가 바로 진나라 소왕昭王이다. 소왕의 모친인 선태후宣太后는 초나라 사람이었다.[67] 초나라 회왕은 지난날 초나라가 단양에서 진나라에 패했을 때[68] 한나라가 출병하여 구원해주지 않은 일을 원망하여 군대를 파견해 한나라의 옹지雍氏를 포위했다.[69]

한나라는 상 공중치를 진나라에 파견해 위급한 상황을 알렸다. 당시 진나라는 소왕이 새로 왕위에 오른 데다 태후 또한 초나라 사람이었기 때문에 출병하여 한나라를 구원하려 하지 않았다. 그러자 공중치는 감무의 도움을 빌리려 했고 감무는 한나라를 위해 진 소왕에게 말했다.

"공중치는 진나라의 원조를 받을 수 있다고 생각했기 때문에 감히 초나라에 저항했습니다. 그런데 지금 옹지가 초나라 군대에 포위되었는데도 진나라 군대가 동쪽으로 효산을 나가[70] 구원하지 않으면, 공중치는 놀라 당황하며[71] 진나라

---

66 "무왕은 힘이 세고 다른 사람과 시합하기를 좋아하여 역사인 임비, 오획, 맹열 등이 그로 인해 대관이 되었다. 무왕은 맹열과 낙양에서 정鼎을 들어 올리는 시합을 했는데 손을 놓치면서 슬개골이 부러졌다. 8월에 진나라 무왕이 사망했다."(「진본기」)

67 소왕의 모친은 초나라 사람으로 성이 미羋였으며 혜왕의 첩이었다. 무왕이 죽자 소왕은 자신의 모친과 외삼촌인 양후穰侯의 역량에 의지해 왕위를 쟁취했고, 즉위한 후에는 자신의 모친을 태후로 높였다. 선宣은 시호다.

68 진나라 혜왕 후원 13년, 초 회왕 17년(기원전 312)의 일이다.

69 "황식삼黃式三은 마씨馬氏의 『역사繹史』를 인용하여 '초나라가 옹지를 포위한 사건에는 세 가지 견해가 있는데, 첫 번째는 진나라 혜왕 후원 13년, 진과 한이 초나라 굴개를 단양에서 패배시키자 초나라 왕이 한나라를 원망하여 옹지를 포위한 것이고, 두 번째는 진나라 무왕이 사망하고 소왕이 즉위했는데, 『전국책』에서 '한나라는 사자를 파견해 진나라에 구원을 요청했다'와 「감무전」에서 말한 것이 바로 이 사건이라는 견해이고, 세 번째는 한 양왕 12년(기원전 300), 공자 구咎가 기슬蟣虱과 나라를 다투었고 결국 초나라로 하여금 옹지를 포위하게 했다는 견해다'라고 했다."(『사기전증』) 옹지는 한나라 옛 도읍 양적陽翟(지금의 허난성 위저우禹州) 동북쪽에 있는 읍이다.

70 원문은 '하효下殽'다. 서쪽의 지세가 높기 때문에 원문에 '하下'자를 사용했다. '효殽'는 '효崤'와 같다.

71 원문은 '앙수仰首'다. "나카이 리켄이 말하기를 '놀라 당황하여 어찌할 줄 모르는 상태'라고 했다."(『사기회주고증』) 『전국책』 「한책」에는 '억수抑首(고개를 숙이고)'로 기재되어 있다. 역자는 나카이 리켄의 견해에 따랐다.

에 알현하지 않을 것입니다. 한나라의 공숙公叔[72]도 남쪽으로 가서 한나라를 초나라에 합병시킬 것입니다. 초나라와 한나라가 연합하면 위魏나라도 감히 그들의 말을 듣지 않을 수 없습니다. 이렇게 되면 동방 각국이 연합하여 진나라를 공격하는 형세가 될 것입니다. 앉아서 상대가 공격해 오기를 기다리는 것과 주동적으로 상대를 공격하는 것 중 어느 쪽이 더 유리하겠습니까?"

소왕이 대답했다.

"좋소."

이에 즉시 군사를 동쪽 효산으로 보내 한나라를 구원하니 초나라 군사가 물러갔다.[73]

진나라는 상수를 파견해 점령한 의양을 안정시키도록 했고, 동시에 저리자와 감무를 파견해 위魏나라의 피지皮氏를 공격하도록 했다. 상수는 선태후의 친정 사람으로[74] 어려서부터 소왕과 함께 성장했기 때문에 진나라에서 중용되었다. 상수가 이전에 초나라에 갔을 때,[75] 초나라에서는 진나라가 상수를 존귀하게 여긴다는 사실을 알고 극진히 대접하며 관계를 맺으려 했다. 이번에 상수가 진나라를 위해 의양에 주둔하여 지키게 되었고 한나라를 공격하기 위해 출병을 준비하자 한나라 상 공중치는 소대를 보내 상수에게 말했다.[76]

"금수도 곤경에 처해 급박해지면 사람의 수레에 부딪쳐 뒤엎는다고 합니다.

---

72  "공숙은 한나라 공자다."(『사기회주고증』)
73  감무가 한나라를 위해 진나라 왕을 설득하여 출병한 사건은 『전국책』 「한책 2」에 보인다. "양옥승은 이때를 진나라 소왕 원년(기원전 306)으로 여겼다."(『사기전증』)
74  원문은 '외족外族'으로, 친정의 친속을 말한다. 따라서 상수는 초나라 사람일 것이다.
75  원문은 '상수여초向壽如楚'다. "나카이 리켄은 '지난 일을 서술한 것이다'라고 했고, 다키가와 스케노부는 '상수 다음에 상嘗 자가 첨부되어 있는 것으로 보인다'고 했다."(『사기회주고증』) "현재의 일이 아니다."(『사기전증』)
76  "여기서는 당연히 공중치가 사람을 시켜 상수에게 말한 것으로 말하는 자의 이름은 실전되었다. 『사기』에서는 소대라고 여겼는데 아니다."(『전국책신교주』)

지난날 공은 한나라를 격파하고 공중치를 모욕했기에, 공중치는 국토를 수습해 진나라를 섬기지 않을 수 없었습니다. 당시에 그는 본래 봉지를 얻을 수 있다고 생각했는데 받지 못했습니다. 지금 공은 또 초나라에 해구解口[77] 땅을 주고 초나라 소영윤小令尹을 두양杜陽[78]에 봉했습니다. 진나라와 초나라가 연합하여 다시 한나라를 공격한다면 한나라는 반드시 멸망할 것입니다. 한나라가 멸망하면 공중치는 자신의 사병을 거느리고 죽음을 무릅쓰고 진나라에 대항할 것입니다. 바라건대 공께서는 깊이 고려하십시오."

상수가 말했다.

"내가 진나라와 초나라를 연합시키려는 것은 한나라에 대응하기 위함이 아니오. 그대는 나를 대신해 공중치에게 가서 진나라와 한나라의 연맹이 건립될 수 있다고 전해주시오."

소대가 대답했다.

"저 또한 공께 말씀드리겠습니다. 사람들이 말하기를 '자신이 존귀하게 된 곳을 귀중하게 여길 수 있어야 비로소 존귀함을 영원히 보존할 수 있다'고 했습니다. 진나라 왕께서는 공을 공손석만큼 친근하게 여기지 않고, 공의 지혜와 재능이 감무만 못하다고 평가하고 있습니다. 그런데 지금 그 두 사람이 진나라의 국가 대사에 직접 참여하지 못하고, 공 혼자 진나라 왕과 함께 국가의 일체 사무를 결정할 수 있는 까닭이 무엇이겠습니까? 그들에게 실책이 있기 때문입니다. 공손석은 한나라와 결탁하고 감무는 위魏나라와 결탁하고 있기 때문에 진나라 왕께선 그들을 신임하지 않습니다. 지금 진나라가 초나라와 힘을 겨루고 있는데 공이 초나라와 결탁하는 모습을 보인다면 그것은 공손석이나 감무와 같은 길을 걷는 것으로, 공과 그들이 무엇이 다르겠습니까? 모든 사람들은 초나라가 수

---

77    해구解口: "진나라 지명이며 한나라에 가깝다. 지금 초나라에 주려고 한다."(『색은』)

78    소영윤小令尹은 초나라 관직 명칭이며 누구를 가리키는지는 상세하지 않다. 두양杜陽은 진나라 읍 명칭이나 위치는 상세하지 않다.

시로 태도를 바꾸어 약속을 지키지 않는 국가라고 말하는데 공은 도리어 그런 일은 없다고 하시니, 이는 이후에 발생할 문제에 대해 공의 책임이 있다는 것입니다. 공은 진나라 왕과 함께 초나라가 이후에 변할 것에 대처할 방법을 계획하고 한나라와 관계를 맺어 초나라를 방비하는 것이 낫습니다.[79] 이와 같이 한다면 어떠한 근심도 없을 것입니다. 한나라는 반드시 먼저 공손석에 의탁하고 난 다음에 감무에게 맡길 것입니다. 한나라는 공의 원수입니다. 그러나 지금 공이 뜻밖에 한나라와 친하게 지냄으로써 초나라를 방비하는 방안을 내신다면, 이것은 바로 외부의 인재를 등용할 때 원수라도 피하지 않는 것과 같습니다."

상수가 말했다.

"좋소, 나 또한 한나라와 연맹을 맺기를 바라오."

소대가 대답했다.

"감무는 이미 공중치에게 진나라에게 점령당했던 무수武遂[80]를 한나라에 되돌려주고, 또 쫓겨난 의양 사람들을 의양으로 돌려보내도록 승낙했습니다.[81] 그런데 지금 공은 근거 없이 되찾아오려 하니 이것은 매우 어려운 일입니다."

상수가 말했다.

"그렇다면 어찌해야 좋겠소? 무수를 돌려주지 않을 수는 없소?"

소대가 대답했다.

"공은 어찌하여 진나라의 명의로 한나라를 위해 초나라에게 영천潁川[82]을 요

---

79 "방포方苞는 '사람들이 모두 초나라는 수시로 잘 변하여 믿을 수 없다고 말하는데, 상수만이 홀로 초나라는 반드시 변하는 것이 없다고 하니 왕에게 자책해야 한다는 것을 말한다'고 했다."(『사기회주고증』)

80 무수武遂: 한나라 읍으로 지금의 산시山西성 위안취垣曲 동남쪽 지역이다.

81 "서부원이 말하기를 '진나라가 의양의 포로가 된 백성을 한나라에 돌려보낸 것은 결코 의양 땅을 한나라에 돌려준 것이 아니다. 뒤에 '마침내 무수를 한나라에 돌려줬다'고 한 말도 또한 의양을 말하는 것은 아니다'라고 했다."(『사기전증』)

82 영천潁川: 당시에 초나라에 의해 점령당한 한나라 군으로, 지금의 허난성 위현禹縣 일대다.

구하지 않습니까? 영천은 본래 한나라 땅인데 초나라에게 빼앗겼습니다.[83] 공의 요청으로 돌려받게 된다면 공의 명령이 초나라에서 집행되고, 동시에 한나라가 땅을 되찾게 되어 덕을 베푼 것이 설명됩니다. 그러나 만약 공께서 요청했는데도 초나라가 돌려주지 않으면 한나라와 초나라의 원한은 풀리지 않고 더욱 깊어질 것이며 두 나라 모두 앞 다투어 진나라에 의탁하려 할 것입니다. 진나라와 초나라가 서로 강자를 다투고 있을 때 공이 초나라의 과실을 조금만 책망하고 한나라를 친근하게 대한다면 진나라에 유리할 것입니다."[84]

상수가 말했다.

"어떻게 하면 좋겠소?"

소대가 대답했다.

"이렇게 하는 것이 좋습니다. 감무는 위나라의 역량을 빌려 제나라를 공격해 취하려 하고, 공손석은 한나라의 역량을 빌려 제나라를 공격해 취하려 하고 있습니다. 지금 공은 의양을 안정시킨 공로가 있고 또 초나라와 한나라를 연계시켜 공이 이룩한 의양의 공적을 더욱 공고히 할 수 있으니[85] 재차 제나라와 위나라의 죄를 토벌한다면 공손석과 감무는 아무것도 할 수 없을 것입니다."

감무는 마침내 진나라 소왕에게 권유하여 무수를 한나라에 돌려주었다. 상수와 공손석은 이에 대해 반대하여 간언했지만 성공하지 못했다. 이때부터 상수와 공손석은 감무를 원망하고 비방하기 시작했다. 그러자 감무는 두려워하며

---

83  원문에는 '기지寄地'라고 표현했다. "영천은 본래 한나라 땅인데, 초나라가 그것을 취했으므로 기지寄地라고 밀하는 것이다"라고 했다.(『사기색은』)

84  "만약 두 나라가 모두 진나라를 섬기게 되면 공은 조금씩 초나라의 과실을 말함으로써 한나라를 끌어들이게 될 것이니, 이것은 진나라에 유익한 것이다."(『정의』) "한나라를 거두는 것이 진나라에 이로운 것은 한과 초의 관계는 끝내 합해질 수 없고, 초나라 또한 반드시 진나라와 강자를 다툴 수 없게 된다는 것이다."(『사기찰기』)

85  상수가 한나라·초나라와 진나라의 관계를 안정시킨 뒤에 역량을 집중하여 위와 제에 대응할 수 있다는 것을 말한다.

위나라 포판蒲阪 공격을 중단하고[86] 진나라를 떠났다. 저리자는 위나라와 강화를 맺고 싸움을 그쳤다.[87]

감무는 진나라를 떠나 급히 제나라로 달아나는 길에 소대를 만났다. 소대는 제나라의 사자가 되어 진나라에 가던 중이었다.[88] 감무가 말했다.

"저는 진나라에서 죄를 얻고 두려워서 달아났으나 몸을 안전하게 의탁할 만한 곳이 없습니다. 제가 듣기로, 가난한 여인과 부유한 여인이 함께 실을 잣던 중 가난한 여인이 이렇게 말했다고 합니다. '나는 초를 구하기 어렵지만 당신은 다행히 촛불을 돋우기에 넉넉하니, 남는 빛을 나에게 빌려준다면 당신에게는 아무 손해가 없고 내게는 큰 편리함을 줄 수 있을 것입니다.' 지금 저는 곤경에 빠져 있고 그대는 마침 진나라에 사신으로 가고 있는데다 지위가 높으니 진나라에서 말하는 데 무게가 있습니다. 이 감무의 처자식이 아직 진나라에 있으니 바라건대 그대의 남는 빛으로 구제해주십시오."

소대는 승낙했다. 소대는 진나라에 당도했고 제나라 왕의 뜻을 진나라 왕에게 전달하여 사신의 임무를 마친 뒤 진나라 왕에게 말했다.

---

86　"양옥승이 말하기를 '포판은 바로 피지皮氏의 오류'라고 했고, 양콴도 같은 의견이다. 심가본沈家本이 말하기를 「저리자전」이 증명하듯이 감무는 이때 저리자와 함께 포蒲를 공격했고, 감무는 도망쳤다. 저리자 또한 포의 포위를 풀고 돌아오는 길에 피지를 공격했다. 그렇다면 피지를 공격한 사람은 저리자이므로 아래 문장에서 '저리자는 위나라와 강화를 맺고 두 나라는 전쟁을 멈췄다'고 한 것이다'라고 했다. 앞 문장에서 '저리자는 포의 포위를 풀고 돌아가는 길에 또 피지를 공격했으나 항복하지 않자 빈손으로 돌아갔다'고 말한 것이 서로 상응한다. 여기서 말하는 포판은 바로 앞에서 말한 포다."(『사기전증』)

87　이 사건은 진 소왕 원년, 한 양왕 6년, 주 난왕 9년(기원전 306)의 사건으로『전국책』「한책 1」에 보인다. "『전국책』에서는 단지 한나라 공중公仲이 사람을 파견해 상수에게 유세하게 했다고 했을 뿐 소대를 보냈다고 하지 않았다. 이 단원 첫머리의 '사소대史蘇代(소대를 파견하다)' 세 글자는 태사공이 덧붙인 것이다."(『사기전증』).

88　『전국책』「진책 2」에서는 '함곡관을 나가다가 만났다'고 했다. 표표는 "제나라에서 연나라 태자를 모시고 있었는데 마침 진나라로 가는 중이었다"라고 했다. "이것은 진 소왕 원년의 일이다.『사기』에서 '감무는 진나라를 떠나 급히 제나라로 달아나는 길에 소대를 만났다. 소대는 제나라의 사자가 되어 진나라로 가는 중이었다'고 했는데, 이 일은 이전 일이며 당시 소대는 제나라에서 벼슬을 하고 있었다"(첸무,『선진제자계년고변先秦諸子繫年考辨』)

"감무는 보통 사람이 아닙니다. 그가 진나라에 있을 때 몇 대에 걸쳐 거듭 중용되었습니다.[89] 효殽의 요새에서부터 귀곡鬼谷[90]에 이르기까지 험준하고 평탄한 땅의 형세를 모두 명확히 알고 있습니다. 그가 제나라로 하여금 한나라, 위나라와 연합하게 하고 도리어 진나라를 도모한다면 진나라에 이롭지 않을 것입니다."

진나라 왕이 말했다.

"그렇다면 어찌해야 좋겠소?"

소대가 말했다.

"대왕께서는 사람을 시켜 많은 예물을[91] 보내고 높은 관직과 두터운 봉록을 주어 그를 돌아오게 하는 것이 낫습니다. 그가 돌아오면 귀곡에 연금시키고 평생 그곳에서 나오지 못하게 하십시오."

진나라 왕이 말했다.

"좋소."

그러고는 즉시 감무를 상경上卿[92]에 봉하고 진나라 상의 인장을 제나라로 보내어 영접하도록 했다. 그러나 감무는 돌아오지 않았다. 소대는 제나라 민왕潛王[93]에게 말했다.

---

**89**  "이광진李光縉이 말하기를 '감무는 혜왕, 무왕, 소왕 세 명의 왕을 섬겼으므로 누세累世(여러 대에 걸쳐)라 말한 것이다'라고 했다."(『사기전증』)

**90**  귀곡鬼谷: 지명으로 괴곡槐谷이라고도 하고 청수곡淸水谷이라고도 한다. 지금의 허난성 산시陝西성 춘화淳化 동쪽, 싼위안三原 서북쪽 지역이다. "어떤 사람은 지금의 허난성 덩펑 동남쪽의 귀곡鬼谷을 가리킨다고 여긴다. 덩펑 동남쪽은 아마도 소대가 가리키는 곳은 아닐 것이다."(『사기전증』) 『전국책』 「진책 2」에서는 앞에서는 '계곡溪谷'이라 표기하고 뒤에서는 '괴곡槐谷'으로 표기했다.

**91**  원문은 '지贄'로, 누군가를 만날 때 손에 들고 가는 예물을 뜻한다. 『좌전』 장공莊公 24년에서는 노나라 대부인 어손御孫의 말을 빌려 "남자가 만나러 갈 때 가지고 가는 예물은 큰 것은 옥백玉帛(옥과 비단)이고 작은 것은 금조禽鳥(새)"라고 했다. 공公, 후侯, 백伯, 자子, 남南 다섯 등급의 제후는 옥을 들고 가고, 제후의 태자, 속국 군주와 제후의 고경孤卿(조정의 고관)은 비단을 들고 가며, 경卿은 새끼양, 대부大夫는 기러기, 사士는 꿩, 평민은 오리, 상공업자는 닭을 들고 갔다.

**92**  상경上卿: 춘추시대 가장 높은 장관에 해당하는 관직으로 상경, 중경, 하경으로 나뉘었다. 전국시대 들어서는 일반적으로 공적이 높은 대신이나 귀족에게 수여했는데 승상(재상)에 상당했다.

**93**  제 민왕齊潛王(재위 기원전 300~기원전 284)은 선왕宣王의 아들이고 이름이 지地다.

"감무는 현명하고 재능 있는 사람입니다. 지금 진나라 왕이 그에게 상경 작위를 하사하고 상 인장을 가져와 영접하려 하고 있습니다. 그러나 감무는 대왕께서 베푸신 은덕에 감사한 마음으로 신하가 되고자 했기에 사양하고 진나라로 돌아가지 않았습니다. 지금 대왕께서는 어떤 예로 그를 맞으시겠습니까?"

제나라 왕이 말했다.

"좋소."

그러고는 즉시 감무에게 상경의 작위를 하사하고 그를 머물도록 했다. 진나라에서는 이로 인해 감무 집안의 일체 노역과 부세를 면제시켜 제나라와 다르다는 것을 표시했다.[94]


제나라 왕은 감무를 초나라에 사신으로 보냈다. 당시 초나라 회왕은 막 진나라와 혼인 관계를 맺어 양국은 관계가 좋았다.[95] 진나라는 감무가 초나라에 있다는 말을 듣고는 사람을 보내 초나라 회왕에게 말했다.

"바라건대 감무를 진나라로 보내주십시오."

초나라 왕은 범연范蜎[96]에게 물었다.

"과인이 한 사람을 진나라에 보내 상이 되도록 하려는데 누가 적합하겠소?"

범연이 대답했다.

"신은 판단할 능력이 부족합니다."

---

94   원문은 '이시어제以市於齊'로, "시市는 교역을 하는 것을 말한다. 감무가 제나라를 선동하여 진나라에 이롭지 못한 일을 한 것을 면제해준다는 뜻이다."(『사기전증』) "시市는 물품을 비유한 것으로, 진나라가 감무를 예우하여 그를 제나라에 있지 않도록 하고자 함을 말한 것이다. 능치륭은 '진나라가 감무 집안의 노역과 부세를 면제해주었다는 것은 앞에서 '남는 빛'으로 그들을 구제했다는 뜻이다'라고 했다.(『사기회주고증』) 이상 소대가 '남는 빛'으로 감무를 도운 일은 『전국책』 「진책 2」에 보인다. 『전국책』에서는 이 사건의 인물이 소대가 아니라 소진이라 했다.

95   이 혼인은 초 회왕 24년, 진 소왕 2년(기원전 305)의 일이다. 「초세가」에는 '초왕영부往迎婦(초나라가 가서 부인을 맞이하다)'로 되어 있고, 『정의』에는 '영부어초迎婦於楚(초나라에서 부인을 맞이하다)'로 되어 있어 내용이 조금 다르다.

96   『전국책』 「초책 1」에서는 범연이 아니라 범환范環이라 했고, 초나라 사람이라고 했다.

초나라 왕이 물었다.

"과인이 감무를 상으로 추천하려는데, 어떻소?"

그러자 범연이 대답했다.

"안 됩니다. 감무의 스승인 사거는 하채에서 한낱 문을 지키던 사람으로 크게는 군주를 섬기지 못했고 작게는 집안을 돌보지 못했습니다. 빈천하게 되는 대로 살았으며 청렴하지 않은 것으로 세상에 알려졌으나 감무는 그를 섬기고 따랐습니다. 그런 까닭에 혜왕의 명확한 판단, 무왕의 세밀한 통찰, 장의의 언변을 섬기면서 10여 개의 관직을 맡게 되었고 조금의 죄도 범한 적이 없습니다. 이처럼 감무는 현명하고 능력 있는 사람으로, 진나라의 상이 되어서는 안 됩니다. 진나라에 현명하고 능력 있는 상이 있으면 초나라에 이로울 것이 없습니다. 왕께서는 일찍이 소활召滑을 월나라에 파견해 임용하게 한 적이 있었는데, 소활은 월나라에서 장의章義의 난을 일으키게 하여 월나라를 혼란하게 했습니다.[97] 이 틈에 초나라가 남쪽의 여문厲門[98]을 요새로 삼고 다른 한편으로는 강동江東의 땅을 초나라 군郡으로 만들었습니다. 당시에 왕께서 이러한 공적을 이룰 수 있었던 것은 월나라가 혼란스러웠고 초나라는 잘 다스려지고 있었기 때문입니다. 지금 왕께서는 월나라에 사용한 계책을 알면서도 진나라에 대해서는 잊고 계시니, 신은 대왕의 중대한 과실이라고 여깁니다. 그리하여 왕께서 진나라에 상을 추천하시고자 할 때 상수만한 사람이 없습니다. 상수는 진나라 왕과 친속 관계로, 어렸을 때는 서로 옷을 같이 입고, 성장해서는 수레를 함께 탔으며 진나라 왕이 그에게 정사를 물었습니다.[99] 왕께서는 반드시 상수를 진나라의 상이 되

---

97 "소활을 시켜 장의가 월나라에서 난을 일으키도록 했다. 장의는 아마도 월나라 사람이다."(『사기회주고증』) "왕께서 일찍이 소활을 월나라에 보내 임용하게 하고 구장句章(옛 월나라 땅으로 지금의 저장성 경내)을 초나라에 편입시키려 했는데 비록 당매唐昧가 살해되었지만(초 회왕 28년, 기원전 301년 제, 진, 한, 위 등이 연합하여 초나라를 공격하고 당매를 살해했다) 월나라에 내란이 발생했다."(『전국책』「초책 1」)

98 "유백장이 말하기를 '여문은 영남嶺南을 넘는 중요한 길이다'라고 했다."(『정의』) 지금의 광시성 핑러平樂 서남쪽이라는 견해도 있다. 『전국책』에서는 '뇌호瀨胡'라고 했는데, 위치는 상세하지 않다.

게 하십시오. 그래야 초나라에 이로울 것입니다."

그리하여 초나라 왕은 사자를 파견해 진나라 왕에게 상수를 상으로 임명하도록 요청했다. 진나라가 마침내 상수를 상으로 삼았고, 감무는 끝내 다시는 진나라로 돌아가지 못하고 위나라에서 사망했다.[100]

감무에게는 이름이 감라甘羅인 손자가 있었다.


감라는 감무의 손자다. 감무가 죽었을 때 감라는 열두 살이었는데, 진나라 상이었던 문신후文信侯 여불위呂不韋를 섬겼다.[101]

진나라 시황제始皇帝는 강성군剛成君 채택蔡澤을 연나라에 사신으로 보냈고,[102] 3년 후에 연왕燕王 희喜[103]는 연나라 태자 단丹을 진나라에 볼모로 보냈다.[104] 진나라는 장당張唐을 연나라로 파견해 상을 맡게 하고 연나라와 함께 조나라를 공격하여 하간河間 땅을 넓히고자 했다.[105] 장당이 문신후 여불위에게 말했다.

---

99   "진나라 왕의 의복을 입고 정사를 처리했다被王衣以聽事."(『전국책』「초책 1」)
100   감무가 진나라로 들어가지 못하도록 범연이 저지한 일은 『전국책』「초책 1」과 『한비자』「내저설內儲說」에 보인다.
101   『전국책』에 따르면 당시 감라는 여불위 밑에서 시종侍從에 해당하는 서자庶子 직책을 맡고 있었다.
102   채택은 원래는 연나라 사람인데 진나라로 들어와 범저范雎를 계승하여 상이 되었고 강성군이라 불렸다. "문신후 여불위는 조나라를 공격하여 하간 영토를 늘리고자 강성군 채택을 파견해 연나라 왕을 섬기게 했다."(『전국책』「진책」)
103   연왕燕王 희喜(재위 기원전 254~기원전 222)는 효왕孝王의 아들로 이름이 희喜다.
104   태자 단丹은 연왕 희의 아들로, 앞서 조나라에 볼모로 보내졌다가 채택이 연나라로 들어온 후 연왕 희 23년(기원전 232) 진나라에 볼모로 보내졌다. 정확한 나이는 알 수 없다.
105   하간은 당시 조나라 거록군巨鹿郡의 군치 소재지로 지금의 허베이성 셴현獻縣 동남쪽 지역이다. "이때 진나라는 이미 유차楡次 37개 성을 취하여 태원군太原郡을 설치했고, 태항 동쪽을 취하여 동쪽으로 황하까지 이르게 하고자 했다."(『사기회주고증』) "문장의 의미에 근거하면 진나라는 이미 하간을 취하여 여불위에 봉했으므로 여불위는 조나라를 공격하여 봉지를 넓히고자 한 것이다."(『전국책신교주』) 이 사건은 대략 장양왕 재위 혹은 진왕 정이 즉위하기 3년 전으로, 기원전 249~기원전 244년 사이에 벌어진 일이다.

"저는 진나라 소왕을 위해 조나라를 공격한 적이 있는데,[106] 조나라가 저를 원망하며 말하기를 '누구든 장당을 잡아오는 자에게는 사방 100리 땅을 주겠다'고 했습니다. 지금 연나라로 가려면 반드시 조나라를 거쳐야 하기 때문에 저는 갈 수가 없습니다."

그 말을 들은 여불위는 언짢았으나 그를 강제로 가게 할 수는 없었다. 이때 감라가 말했다.

"군후君侯[107]께서는 어찌하여 이토록 언짢아하십니까?"

여불위가 말했다.

"내가 강성군 채택에게 연나라로 가서 연나라 왕을 섬기라고 한 지 3년이 지났고, 연나라 태자 단이 진나라에 볼모로 와 있다. 지금 내가 장경張卿[108]을 연나라로 보내 상을 시키려고 하는데 그가 가지 않으려고 한다."

감라가 말했다.

"제가 그를 가도록 하겠습니다."

여불위가 큰소리로 꾸짖었다.

"물러가라! 내가 직접 그에게 요청해도 받아들이지 않는데, 네가 어떻게 가게 할 수 있단 말이냐?"

감라가 말했다.

"옛날에 대항탁大項橐[109]은 일곱 살에 공자의 스승이 되었습니다. 지금 저는

---

106  진 소왕 50년(기원전 257)의 일이다.
107  군후君侯: 진·한 시기에는 열후나 승상이 된 자를 일컫는 말이었으나 한나라 이후부터는 관직이 귀인에 도달한 자에 대한 경칭으로 사용됐다.
108  "장당을 말하며, 경卿은 그의 자다."(『색은』) 「자객열전」의 『색은』에서 '경은 당시 사람들이 존중하는 호칭'이라고 했으니, 장경의 경도 같은 의미다.(『사기회주고증』) 장경은 장당에 대한 경칭일 것이다.
109  원문은 '대항탁大項橐'이다. "항탁은 7세 때 공자의 스승이 되었고, 공자는 그가 말하는 것이 들을 만한 가치가 있다고 여겼다."(『회남자』 「수무修務」) "이 또한 우화로 감라가 자신의 나이 열두 살이 적지 않다고 했으므로 이것을 가탁하여 서로 비교한 것이다. 사실 항탁 그 사람은 아니다."(『사기탐원』) "그의 도덕을 존중했으므로 대항탁이라 말한 것이다."(『색은』) "『전국책』에서는 '대大'가 아닌 '부夫'로 표기하여 문장이 순조로운데, 여기서 '대大'라 표기한 것은 억지스럽다."(『사기전증』) '수정본'에서도 '대

열두 살입니다. 군후께서는 저를 시험해보시면 되는데 어찌 앞질러 꾸짖으십니까?"

이에 감라가 장경을 만나 말했다.

"경의 공로를 무안군武安君 백기白起와 비교하면 누가 더 큽니까?"

장경이 말했다.

"무안군은 남쪽으로 강대한 초나라를 물리치고 북쪽으로는 연나라와 조나라에 위세를 떨쳤으니,[110] 그는 싸우면 반드시 승리하고 공격하면 반드시 쟁취했소. 그가 일생 동안 격파하고 무너뜨린 성과 읍은 헤아릴 수 없을 정도이니 당연히 나의 공로는 그만 못하네."

감라가 또 말했다.

"응후應侯 범저范雎가 진나라에서 권력을 독점한 것을 문신후 여불위와 비교한다면 누가 더 권력이 크다고 하겠습니까?"

장경이 말했다.

"응후가 문신후보다 못하네."

감라가 말했다.

"경께서는 응후가 문신후보다 권력이 크지 않음을 분명히 알고 계십니까?"

장경이 말했다.

"알고 있네."

감라가 말했다.

"응후는 조나라를 공격하려 했으나 무안군은 이기기 어렵다고 여기고 거절했

---

大'자가 의심스럽다고 했다.

**110** 진 소왕 28년(기원전 279) 백기가 초나라의 언, 등, 서릉을 공격해 점령했다. 29년(기원전 278)에는 초나라 도성 영을 점령하고 초나라 이릉夷陵을 불태워 초나라로 하여금 진陳(지금의 허난성 화이양)으로 천도하도록 압박했다. 47년(기원전 260) 백기는 또한 장평長平에서 조나라 군대를 대파하고 병사 45만 명을 생매장시켰다.

는데[111] 결국 함양에서 7리[112] 떨어진 두우杜郵에서 죽음을 맞았습니다.[113] 지금 문신후께서 직접 경에게 연나라로 가서 상이 되어줄 것을 청했는데 경은 가기를 꺼려하시니, 저로서는 경이 어디에서 죽음을 맞을지 모르겠습니다."

장당이 말했다.

"어린 그대의 말이 옳구나. 가도록 하겠네."

장당은 사람을 보내 여장을 꾸리고 출발할 채비를 하게 했다.[114]

장당이 떠나기 전 감라는 문신후에게 말했다.

"제게 수레 다섯 대를 빌려주시면 장당을 위해 미리 조나라에 말해두겠습니다."

그러자 문신후는 궁궐로 들어가 시황제에게 말했다.[115]

"옛날 감무의 손자 감라는 나이는 어리지만 명망 높은 가문의 자손으로, 각국 제후들이 그를 알고 있습니다. 이번에 장당이 병을 핑계로 연나라에 가지 않으려는 것을 감라가 설득해서 가도록 했습니다. 감라가 먼저 조나라에서 가서 통보하기를 청하니 그를 보내도록 허락해주십시오."

시황제는 감라를 불러 만나보고는 조나라에 사자로 파견했다. 조나라 양왕襄王[116]은 교외까지 나와 감라를 영접했다. 감라가 조나라 왕에게 말했다.

---

111  진 소왕 49년(기원전 258) 범저는 무안군 백기에게 조나라 한단을 공격할 것을 청했으나 무안군은 승리하기 어렵다고 여겨 거절했다.

112  「백기열전」에서는 '7리'가 아닌 '10리'로 기재하고 있다.

113  진나라 왕은 조나라를 공격하라는 명령을 백기가 듣지 않자 다시 범저에게 재촉하도록 했다. 백기가 여전히 따르지 않자 진나라 왕은 백기를 면직시켜 사졸로 삼았고, 그가 두우(고대에 여행객에게 숙박을 제공하던 장소인 정역亭驛 명칭)에 이르렀을 때 검을 내려 자결하게 했다.

114  "사마광이 말하기를 '감라가 어린 나이에 세상에 명성을 드러낸 것은 그의 기이한 전략이라기보다는 세력으로 장당을 두렵게 만들었을 뿐이다. 지혜롭고 민첩하다고 하지만 군자는 세상을 다스리는 데 취하는 바가 없다'고 했다."(『사기전증』)

115  "『전국책』에는 이 문장부터 감라를 조나라에 사신으로 파견했다는 내용이 보이지 않으니, 태사공이 임의로 보충한 것이다. 다른 근거가 있었겠지만 「진책」에는 보충할 만한 것이 없다. 혹은 원래 태사공이 본 「진책」에는 이 내용이 있었을지도 모르겠으나 알 수 없는 일이다."(『사기각증』)

116  조 양왕趙襄王(재위 기원전 244~기원전 236)은 효성왕孝成王의 아들로, 이름이 언偃이다.

"대왕께서는 연나라 태자 단이 진나라에 볼모로 들어와 있다는 것을 들으셨습니까?"

조나라 왕이 말했다.

"들었소."

감라가 또 물었다.

"대왕께서는 장당이 연나라 상으로 간다는 소식을 들으셨습니까?"

조나라 왕이 대답했다.

"그것 또한 들었소."

감라가 말했다.

"연나라 태자 단이 진나라에 볼모로 온 것은 연나라가 진나라를 속이지 않는다는 것을 표명한 것이고, 장당이 연나라 상으로 간다는 것은 또한 진나라가 연나라를 속이지 않는다는 것을 표명한 것입니다. 연나라와 진나라가 서로 속이지 않으면서 연합하여 조나라를 공격한다면 조나라는 위험해집니다. 연나라와 진나라가 서로 속이지 않는 이유는 조나라를 공격해서 하간의 땅을 넓히려하기 때문입니다. 대왕께서는 진나라에 5개 성을 넘겨주겠다는 소식을 신이 가지고 돌아가게 하시고 진나라가 하간 땅을 넓히도록 하십시오. 그러면 신은 돌아가 진나라 왕에게 연나라 태자 단을 돌려보내게 한 다음 진나라와 조나라가 연합하여 약소한 연나라를 공격할 수 있게 하겠습니다."

조나라 왕은 즉시 5개 성을 진나라에 할양하고 하간 땅을 넓히도록 했고, 진나라 또한 연나라 태자를 석방하여 돌려보냈다. 이어서 조나라는 연나라를 공격해 상곡上谷117 일대의 30개 성을 빼앗아 진나라에게 10분의 1을 주었다.118

---

117  상곡上谷: 연나라 군으로 지금의 허베이성 쉬안화宣化, 화이라이懷來 일대에 해당된다.

118  "여기에서도 「진책」은 터무니없다. 연나라 태자 단은 진나라에서 도망쳐 돌아간 것이지 진나라가 돌려보낸 것이 아니다. 진나라가 해마다 조나라를 공격했기에 조나라는 나라의 멸망을 막고자 겨를이 없었는데 어떻게 연나라를 공격할 수 있겠는가? 시황제 19년 조나라가 멸망한 후 대왕代王은 연나라와 상곡에서 군대를 연합시켰는데 이때가 시황제 25년이다. 어떻게 상곡의 30개 성을 빼앗았다고

감라가 진나라로 돌아와 왕에게 이 일을 보고하자 진나라 왕은 감라를 상경으로 봉하고 원래 감무가 소유했던 전답과 저택을 모두 감라에게 내렸다.[119]

태사공은 말한다.

"저리자는 골육 관계[120]로 진나라에서 중용되었으니 합당하다 하겠으나, 진나라 사람들이 그의 지혜를 칭송했기 때문에 그 사적을 기재했다. 감무는 하채의 평민 출신이지만 나중에 각국 제후들 사이에서 명성을 드날렸고 강대한 제나라와 초나라에서 중용되었다.[121] 감라는 나이는 어리지만 한 가지 기이한 계책을 내어 후세에 자신의 이름을 남겼다. 이들은 비록 행실이 독실한 군자라고 할 수는 없으나 전국시대의 유명한 책사였다. 당시 진나라가 날로 강성해졌기 때문에 천하 각국은 더욱 모략을 꾸미는 이를 중시했다."

---

말하는가? 모두가 사실이 아니다."(『사기지의』)

119　"감라가 12세에 승상이 되었다는 것은 세속의 터무니없는 황당한 말이다."(『사기지의』) "전국시대의 책사들은 대부분 상황에 따라 구실을 꾸미는데 사실이 아니며, 태사공이 「감라전」을 택한 것은 잘못이다."(『사기찰기』) "이 장에서 언급한 것은 모두 사실에 부합하지 않으며 아마도 이후에 책사들이 모방하고 가탁하여 지은 것이다."(『전국책신교주』)

120　저리자는 진나라 혜왕의 동생이다.

121　"서광이 말하기를 '아마도 이 말은 강한 제나라에 중용되었다고 해야 할 것이다'라고 했다."(『집해』) "감무가 강한 제나라와 초나라에 중용되었다."(『정의』)

# 12

## 양후열전

穰 侯 列 傳

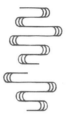

양후는 진나라 소왕의 모친인 선태후의 동생으로 이름이 위염이다. 소왕이 어린 나이에 즉위하자 실권을 장악한 선태후가 섭정하면서 동생인 양후에게 국가 대사를 맡겼다. 상의 지위에 오른 양후는 백기를 장군으로 삼아 함께 소왕을 보좌하면서 한·위·제·초를 정벌하여 제후들을 잠식해 나감으로써 진나라를 강대하게 만들었다. 그러나 양후의 집권 기간이 장기화되자 소왕은 그를 꺼리게 되었고, 이 갈등의 빈틈을 파고든 범저의 유세와 참언으로 인해 결국 양후는 천수를 누리지 못하고 비극적 종말을 맞았다.

한자오치는 말했다. "양후가 추진한 정치노선은 '근교원공近交遠攻'으로 많은 노력을 기울인 데 비해 진나라가 실질적으로 장악한 땅은 많지 않았고, 도리어 양후의 사적 이익만을 도모하는 결과를 낳았다. 바로 이러한 두 가지 상황으로 인해 범저의 참언은 진나라에게 이익이었다. 범저가 시행한 원교근공遠交近攻이 진나라 영토를 확대시키는 데 더욱 효과적이었기 때문에 범저가 위염을 배척했음을 완전히 부정하기는 어렵다."(『사기전증』) 사마천은 양후의 공적에 대해 "위魏나라 도성 대량을 포위하여 동방 제후들로 하여금 신하로서 두 손 맞잡고 조아리게 한 것은 모두 양후 위염의 공로였다"고 경의를 표했다. 그러나 "그의 부귀가 정점에 이르렀을 때 한낱 필부인 범저의 유세로 인해 권세를 빼앗기고 비극적인 최후를 맞았다. 왕의 친족으로 공적이 있어도 이와 같은데 하물며 다른 나라에 기거하는 객경客卿이야 어떠했겠는가?"라고 한탄하며 동정했다.

양후穰侯 위염魏冉[1]은 진나라 소왕昭王[2]의 모친인 선태후宣太后의 동생이다. 그의 선조는 초나라 사람으로 성이 미羋씨다.

　진나라 무왕武王이 죽었을 때 아들이 없었으므로 그의 동생을 세웠는데, 바로 소왕이다. 소왕 모친의 원래 봉호는 미팔자羋八子였으나 소왕이 즉위하자 선태후로 높여 불렀다.[3]

　선태후는 무왕의 모친이 아니었다. 무왕의 생모는 혜문후惠文侯로 무왕보다 먼저 죽었다.[4] 선태후에게는 두 명의 동생이 있었다. 첫째동생은 선태후와 어머니가 같고 아버지가 다른 양후로, 성이 위魏이고 이름은 염冉이다. 둘째동생은 선태후와 아버지가 같고 어머니가 다른 미융羋戎으로 화양군華陽君[5]이다. 소왕

1　위염魏冉: 진 소왕의 외삼촌이다. 봉지는 양穰(지금의 허난성 덩현鄧縣)으로, 원래 초나라에 속했으나 이 당시는 진나라에 귀속되었다.
2　진 소왕秦昭王(재위 기원전 306~기원전 251)은 혜문왕의 아들이며 무왕의 이복동생으로, 이름이 칙則이다.
3　소왕에 의해 태후로 승격되기 전에는 미팔자羋八子로 불렸다. "진인석이 말하기를 '팔자는 부인夫人 아래의 칭호로 작위는 네 번째 등급이다'라고 했다."(『사기회주고증』) "한나라가 건립된 후 진나라 후궁 제도의 칭호를 계승하여 황제의 모친은 황태후皇太后, 조모祖母는 태황태후太皇太后, 정처正妻는 태후太后, 첩은 모두 부인夫人이라 칭했다. 이밖에 미인美人, 양인良人, 팔자八子, 칠자七子, 장사長使, 소사少使의 칭호가 있었다."(『한서』「외척전」) '선'은 시호로, 살아생전의 칭호가 아니다.
4　"「진기秦紀」에서는 '서장庶長인 공자 장壯(계군季君이라고도 하고 소왕의 형제이며 당시 대서장大庶長을 맡고 있었다)은 대신, 제후, 공자들과 반역을 꾀하여 난을 일으켜 모두 주살되었고, 혜문후도 이에 연루되어 제명에 죽지 못했다'고 했다. 아래 문장의 계군季君의 난은 여기서 말한 '무왕보다 먼저 죽었다'의 잘못이다."(『사기지의』)
5　정리하자면 선태후 모친은 전남편(성이 미羋)과의 사이에서 선태후를 낳았으며, 두 번째 남편(성이 위魏)과 위염을 낳았다. 선태후의 부친 또한 처를 맞아들여 미융을 낳았다. 화양군의 봉지인 화양은 지금의 허난성 미현密縣 동남쪽 지역이다. 화양군은 신성군新城君, 섭양군葉陽君이라고도 한다.

에게도 어머니가 같은 두 명의 동생이 있는데, 고릉군高陵君과 경양군涇陽君이다.6 이들 가운데 위염이 가장 현명하고 재능이 있어 혜왕과 무왕 때부터 요직을 맡아 중용되었다. 무왕이 사망하고 나자 무왕의 동생들 사이에서 왕위 다툼이 벌어졌는데, 이때 위염의 역량으로 소왕이 즉위할 수 있었다. 소왕은 즉위하자 위염을 장군으로 임명하고 도성인 함양을 보위하게 했다. 위염은 계군季君 공자 장壯의 난을 평정했고,7 이어서 무왕의 왕후를 위魏나라로 내쫓았으며,8 또 소왕의 여러 형제 중에서 행동이 단정하지 못한 자들을 모조리 제거하여 위세를 전국에 떨쳤다. 당시 소왕은 나이가 어렸기 때문에 선태후가 실권을 쥐고 국가 대사를 위염에게 맡겨 처리하도록 했다.9

소왕 7년(기원전 300) 저리자가 죽자 진나라는 경양군을 제나라에 볼모로 보냈다. 조나라 사람 누완樓緩10이 진나라로 와서 상이 되려 하자 조나라는 자국에 이롭지 않다고 여겨 구액仇液11을 진나라로 보내 위염을 진나라 상으로 삼을 것을 요청하도록 했다. 구액이 떠나려 할 때 그의 문객 송공宋公12이 말했다.

6  "고릉군의 이름은 현顯이고 경양군의 이름은 회悝다."(『색은』) 그러나 「진본기」의 『색은』에서는 경양군의 이름은 불市(fu)이라 했고, 이름이 회悝인 자는 고릉군이라 했다.
7  "계군季君이란 공자 장壯으로, 분수에 넘치게 제멋대로 즉위하여 계군이라 했다. 양후는 소왕을 즉위시킬 힘이 있었고 장수가 되어 함양을 지키고 계군과 혜문후를 주살했으므로 「본기」에서 '복주伏誅(사형에 처해지다)'라고 말한 것이다. 또한 '혜문후도 이에 연루되어 제명에 죽지 못했다'고 한 것은 아마도 혜문후가 당시 공자 장을 편들어 그를 즉위시키려 했고 장이 주살되었을 때는 근심하다 죽었으므로 '제명에 죽지 못했다'고 말한 것인데, 사서에서 그것을 꺼린 것이다."(『색은』)
8  "무왕의 왕후를 위나라로 돌려보낸 것도 일의 형세가 그렇게 된 것이다."(『색은』) 무왕의 왕후 또한 소왕의 계승에 찬성하지 않은 것 같다.
9  "가유기柯維騏가 말하기를 '한漢, 당唐 이래 황후가 조정에 나와 정사를 돌보며 독단적으로 정치를 한 것은 미태후로부터 시작되었다'고 했다."(『사기전증』)
10  누완樓緩: 조나라 무영왕의 중신으로 진나라 상을 지낸 기록이 있다. 당시에 유명한 유세객이었다.
11  "『전국책』에는 구학仇郝으로 되어 있다. 같은 사람을 다르게 기록한 것이다."(『색은』) 현재 『전국책』 「조책 3」에서는 '기학机郝'으로 기재되어 있다.
12  송공宋公: "『전국책』에서는 송교宋交라 했다."(『색은』) "『전국책』에 송돌宋突이라 했다."(『사기회주고증』) 양콴은 당연히 '송돌宋突'로 해야 한다고 했다.

"진나라에서 공의 말에 따르지 않는다면 누완은 반드시 공을 원망할 것입니다.[13] 공은 먼저 누완에게 '저는 공을 위하여 진나라 왕께 서둘러 위염을 상으로 삼지 말아달라고 할 것입니다'라고 말하십시오. 그러면 진나라 왕은 조나라가 위염을 상으로 삼아달라는 요청이 급하지 않다고 여겨 공의 말에 따르지 않을 것입니다. 공의 말대로 이루어지지 않으면 누완에게 덕을 베푼 셈이 되고, 이루어진다면 위염은 공의 덕을 입는 셈입니다."

구액이 그의 말대로 하자 진나라 왕은 과연 누완을 면직시키고 위염을 진나라 상으로 삼았다.[14]

이후 진나라 왕이 여례呂禮를 죽이려 하자 여례는 제나라로 도망쳤다.[15]

소왕 14년[16](기원전 293) 위염이 백기白起를 추천하여 상수 대신 장군으로 삼고[17] 한나라와 위나라를 공격하게 했다. 백기는 한나라와 위나라 연합군을 이궐伊闕[18]에서 대파하고 적군 24만 명을 참수했으며 위나라 장수 공손희公孫喜를

---

13  구액의 요청대로 이루어지지 않는다면 누완이 진나라의 상이 될 것이므로 구액은 누완에게 죄를 짓는 처지가 된다는 뜻이다.

14  소왕 13년(기원전 294) 때의 일이다. 이상 조나라 사자 구액仇液(기학机郝)이 진나라로 들어가 위염을 상으로 삼아달라고 요청한 일은 『전국책』 「조책 3」에 보인다.

15  여례呂禮는 진나라 장수로 작위는 오대부五大夫였다. 그는 소왕 13년(기원전 294) 제나라로 달아난 후 위나라와 진나라를 전전하며 권력을 장악했다. "양콴의 『전국사표』에 따르면 이해에 제나라 대신이 난을 일으키자 제나라 상이었던 맹상군이 도망쳤고 여례가 상의 자리에 앉았다. 또 '여래는 진나라에서 도망친 것이 아니라 진나라가 사람을 보내 제나라의 중신과 관계를 맺으려 시도했다. 여례가 위나라와 제나라로 도망친 것은 바로 여례가 제나라로 들어갔을 때를 가탁한 말이다'라고 했다."(『사기전증』)

16  한 이왕韓釐王 3년, 위 소왕魏昭王 3년(기원전 293)에 해당된다.

17  "백기는 소왕 13년에 이미 좌서장左庶長이 되어 군사를 이끌고 한나라 신성新城을 격파했으니 소왕 14년에 천거된 것은 아니다"(『사기지의』)라고 하여 소왕 14년 이전에 백기가 진나라 장군이었음을 밝혔다. "스즈몐施之勉이 말하기를 「진기」에 소왕 13년 상수가 한나라를 공격했다고 했고 여기서 14년에 위염이 백기를 천거했다고 했는데, 이것은 상수 대신 백기를 장군으로 천거한 것이다. 『통감』에 양후가 좌경左更인 백기를 진왕에게 천거하여 상수를 대신해 장군이 되게 했다고 한 것이 이것이다. 양옥승의 『사기지의』 의견은 잘못되었다."(『사기각증』)

18  이궐伊闕: 산 입구로 용문龍門이라고도 한다. 당시 낙양 서남쪽(지금의 뤄양성 남쪽)이다.

사로잡았다. 이듬해에 또 초나라의 원宛과 섭葉[19]을 공격해 점령했다. 위염이 병을 이유로 사직하자 객경客卿 수촉壽燭을 상으로 삼았다. 그 이듬해(소왕 16년, 기원전 291) 수촉이 면직되고 다시 위염이 상으로 기용되었다. 이때 진나라 소왕은 위염에게 양현穰縣을 봉지로 하사하고 도현陶縣 땅을 더해 '양후'라 불렀다.[20]

위염은 양후로 봉해진 지 4년 만에[21] 진나라 장군이 되어 위나라를 공격했고, 위나라는 하동河東 땅 사방 400리를 바쳤다.[22] 또 위나라 하내 지역을 공격해 크고 작은 성 60여 개를 빼앗았다.[23] 진나라 소왕 19년(제나라 민왕 13년, 기원전 288) 진나라는 자칭 서제西帝라 일컬었고 제나라 민왕도 동시에 동제東帝라 칭했다.[24] 한 달이 지나 여례가 제나라에서 진나라로 돌아왔고, 제나라와 진나라는 각기 동시에 '제'라는 칭호를 취소하고 다시 왕이라 일컬었다.[25] 위염은 다시 진나라 상이 된 지 6년 만에 면직되었다.[26] 2년 뒤에 또 다시 진나라 상이 되

---

19  원宛과 섭葉은 모두 초나라 현으로 원현의 현치縣治(현의 치소)는 지금의 허난성 난양이고, 섭현의 현치는 지금의 허난성 예현葉縣 서남쪽이다. 「기」 「표」 「한세가」에는 모두 섭葉에 대해 언급하지 않고 있다."(『사기지의』)

20  "「기」에서는 위염이 상이 되었을 때 이미 양현에 봉해졌고, 다시 상이 되었을 때 도현을 더해서 봉한 것이 맞다. 여기에서는 다시 상이 되어 양현에 봉하고 도현을 더했다고 하여 동시에 이루어진 것처럼 말한 것은 잘못이다. 양현은 한나라 땅으로 소왕 6년 때 점령했고, 도현은 송나라 땅으로 언제 점령했는지는 고찰할 수 없다."(『사기지의』) "양콴의 『전국사표』에 따르면 진나라가 도현을 취하여 위염에게 봉한 것은 소왕 26년(기원전 281)이다."(『사기전증』) 도현은 지금의 산둥성 딩타오定陶 서북쪽 지역이다.

21  양후가 두 번째로 진나라 상이 된 지 4년째 된 해를 말한다. "4년은 마땅히 3년의 잘못이다. 4년이라 하면 소왕 19년인데 어찌하여 아래에 소왕 19년이라고 말하겠는가?"(『사기지의』)

22  「위세가」에 따르면 위 소왕 6년, 진 소왕 17년(기원전 290)이다.

23  "성을 빼앗은 것은 백기이지 양후와는 관련이 없다. 혹은 그가 상이었기 때문에 공적을 그에게 돌린 것인가? 양후가 하내를 점령했다는 말은 더욱 잘못되었다. 진나라가 하내를 취한 것은 소왕 44~46년 사이였는데, 여전히 하내의 땅을 완전히 취하지도 못했다."(『사기지의』) 그러나 "양콴楊寬은 '당시에 백기는 하동을 공격하고 사마착이 하내를 공격했으며, 원垣은 두 군대가 연합하여 취했다'고 여겼다. 하내 지역 61개 성을 빼앗은 것은 사마착이다."(『사기전증』)

24  당시 일곱 나라 중 진나라와 제나라가 가장 강성했으므로 진 소왕과 제 민왕은 다른 제후들과 같이 '왕王'이라는 칭호를 '제帝'로 바꾸도록 했다.

25  "같은 해 12월, 제 민왕은 소진의 계책을 듣고 스스로 제라는 칭호를 취소하고 합종에 따라 진나라를 배척했다. 진 소왕도 어쩔 수 없이 제라는 칭호를 취소하고 이전대로 왕이라 칭했다."(『사기전증』)

26  "「육국연표」의 기술은 분명하지 않다. 마페이바이의 『진집사』에서는 양후가 소왕 19년(기원전

었다.[27] 상이 된 지 4년째(소왕 29년, 기원전 278) 되던 해, 그는 백기를 파견해 초나라 도성 영郢[28]을 공격해 함락시켰고 그곳에 남군南郡[29]을 설치했다. 백기는 무안군武安君에 봉해졌다.[30] 백기는 양후가 추천했기 때문에 두 사람의 관계가 매우 돈독했다. 이때 양후는 왕실보다 더 부유했다.[31]

소왕 32년(기원전 275)[32] 양후는 상국相國이 되어[33] 군대를 이끌고 위魏나라를

288)에 다시 상이 되었고, 24년(기원전 283)에 면직된 것으로 보았다."(『사기전증』)

27  양후는 소왕 24년 상에서 면직되었고 26년(기원전 281)에 다시 진나라 상이 되었다. 『사기지의』와 『사기각증』에서는 "「진기」에 근거해 '2년'이 아닌 '4년 뒤'라고 해야 한다"고 했지만 스즈몐은 2년이 맞다고 했다.

28  "여기서 영郢은 초나라 전기의 도성인 강릉江陵(지금의 후베이성 징저우荊州 장링江陵 서북쪽)을 가리킨다."(『사기전증』)

29  남군南郡: 진나라의 군으로, 군치는 초나라의 옛 도성인 강릉이다.

30  "봉호만 있고 봉지는 없다."(『사기전증』) "조나라에는 두 명의 무안군이 있는데, 소진과 이목李牧이다. 진나라 또한 백기를 무안군이라는 이름으로 봉했는데 명호만 있을 따름이다."(『사기탐원』)

31  "현관縣官을 파견해 양후에게 수레와 소를 이용해 거처로 짐을 옮기도록 했는데 동원된 수레가 1000대가 넘었다. 함곡관에 당도하여 관문을 지키는 관리가 그의 진귀한 물품을 검사했는데 보물과 진귀한 물품이 왕실보다 많았다."(「범저채택열전」)

32  위나라 안희왕 2년(기원전 275)이다.

33  네 번째로 상국相國에 임명된 것이다. 앞에서는 '상'으로 표기하다가 여기서는 '상국'으로 기재하고 있다. 『사기』에는 '상' '상국' '승상'이 혼재되어 있다. 『여씨춘추』 「거난擧難」에서 "상相은 백관百官의 장長(우두머리)"이라고 했다. 춘추시대 제나라 경공景公이 좌우 상을 한 명씩 설치했고, 전국시대에 이르러서는 각국이 계승하여 상, 상국, 상방相邦, 승상 등을 설치(초나라는 '영윤'이라 했다)했는데, 군주를 도와 정무를 처리하는 최고 장관의 통칭이었다. '상'은 한나라 때 제후 왕국 내의 행정장관으로, 처음에는 '상국'이라 했다가 혜제 원년(기원전 194)에 '승상'으로 명칭을 변경했고, 이후 경제景帝 중원中元 5년(기원전 145)에 다시 '상'이라 했다. 후한 시대에는 대사도大司徒가 재상의 직책을 맡았다. 『자치통감』에 대한 호삼성의 주석에 따르면 '상국'은 주 난왕 16년에 시작되었고 진과 한이 답습했다. 또한 한과 위魏나라로 이어지면서 승상보다 높았다고 한다. 진나라 때는 상국과 승상을 함께 두었고 대신大臣에게 존귀함을 더해주는 칭호로 사용되었다. 여불위는 진나라 상국을 담당했다. 전한 초기에도 승상을 두었다가 명칭을 상국으로 변경했다. 소하, 조참은 당시 저명한 상국이었다. 여후 때 다시 승상으로 변경되었다. 상국의 직무는 승상과 같으나 지위는 승상보다 존귀하고 권력을 독점했다. 승상은 좌우 두 사람을 두었으나 상국은 한 명이었다. '승상'은 『사기』 「진본기」에 대한 응소의 주석에서 "승丞은 승承이고, 상相은 조助"라고 했다. '천자의 명령을 받들어 천자를 돕고 보좌하며 천하의 각종 중요한 정무를 처리한다'는 뜻이다. 전국시대 진秦나라 무왕이 좌우 승상을 한 명씩 두었고, 진과 한 시대로 이어졌다. '상방相邦'이라고도 했으며 진나라 이후에 봉건 관료 중의 최고 관직이다. 한 고조가 즉위 후 한 명의 승상을 두었고 11년(기원전 196)에 상국으로 명칭이 변경되었다가 다시 승상으로 바뀌었다. 전한 말에 '대사도'로 변경되었다가 후한 말에 다시 승상으로 바뀌었다. 후대에는 '유방'을 피휘하기 위해

공격해 위나라 장수 망묘芒卯[34]를 패퇴시킨 후 북택北宅으로 진격하여 위나라 도성 대량을 포위했다.[35] 이때 양梁(위)나라 대부 수가須賈가 양후를 설득했다.[36]

"제가 들자하니 위나라의 장리長吏[37]들이 위나라 왕에게 말하기를 '옛날 양혜왕이 조나라를 공격하여 삼량三梁[38]에서 승리를 거두고 한단을 점령했지만, 조나라는 땅을 할양해주지 않았고 한단을 끝내 회수했습니다.[39] 제나라 사람들

상국으로 바뀌었다. 『사기』에는 또 '제후상諸侯相'이란 말이 등장하는데 제후국의 상(승상)을 말한다. 고제高帝 때 중앙의 편제를 모방하여 상국을 설치했는데, 중앙에서 임명했으며 봉록은 2000석이었다. 오초칠국吳楚七國의 난이 평정된 이듬해, 즉 경제 5년(기원전 152)에 조서를 내려 다시 제후왕이 나라를 다스리지 못하게 하고 상으로 변경했다. 『사기』에서는 동일 인물이면서 활동 시기가 같은데도 상과 상국 또는 승상을 혼용해 기재하는 경우가 많다. 역자는 이 명칭을 일괄적으로 통일하지 않고, 같은 인물일지라도 가능한 한 원문에 표기된 명칭 그대로 옮겼으며, 주석 역시 인용 자료에서 표기한 대로 번역했다.

34  "망묘는 『전국책』에서는 맹묘孟卯라고 했다. 맹묘가 맞다."(『사기신증』)

35  북택北宅: 택양宅陽이라고도 하며, 지금의 허난성 싱양 동북쪽 지역이다. "진나라는 화양華陽(지금의 허난성 신정新鄭 북쪽)에서 위나라를 패배시켰고 망묘는 달아났으며 진나라 군대는 대량을 포위했다."(『전국책』 「위책 3」) "이해에 포연暴鳶을 격파해 개봉開封으로 달아나게 했을 뿐이다. 여기서의 내용은 잘못이다."(『사기지의』) "양관이 말하기를 '기원전 273년 조와 위는 연합군을 조직하여 한나라로 진공했고 화양에까지 당도했다. 한나라는 진나라에 구원을 요청했고, 진나라는 백기를 파견해 조와 위 연합군을 화양에서 대파하고 15만 명을 참수했다'고 했다."(『전국사』) "『사기』 화양 전쟁의 시기를 「위세가」 「한세가」 「양후열전」 「백기열전」 「육국표」에서는 기원전 273년이라 했고, 「진본기」와 「조세가」에서는 기원전 274년이라고 했다. 기원전 273년이 맞다."(『전국책주석』)

36  대량으로 천도한 후 양梁나라로 불렸기 때문에 양나라 대부란 위나라 대부를 말한다. 이번 위나라 공격의 주장主將은 양후이며 주요 장수는 무안군 백기와 객경 호양胡陽(혹은 호상胡傷)이다. "수가가 설득한 것은 마땅히 진 소왕 34년 망묘를 격파한 후로, 32년이라고 말한 것은 잘못이다."(『사기지의』)

37  장리長吏는 현을 다스리는 고위급 벼슬로, 『한서』 「백관공경표」에 근거하면 현령과 현장의 봉록은 1000~300석에 이르고 현승縣丞과 현위縣尉는 400~200석에 이른다. 100석 이하의 봉록을 받는 관리는 소리小吏라 하여 두식斗食과 좌사佐史가 있다. 장리와 소리는 한나라 때의 통칭이다.

38  삼량三梁: 『색은』에 따르면 남량南梁을 말한다. "삼량의 방위에는 여러 설이 있다. 한단과 가깝다고 하기도 하고, 지금의 허베이성 융녠永年 동남쪽의 고곡량古曲梁이라고도 한다. 『수경주』 「구수滱水」에서는 지금의 허베이성 왕두望都 동남쪽의 삼량정三梁亭이라고 했다."(『사기전증』)

39  「위세가」에 따르면 위나라가 한단을 공격한 때는 기원전 354년이고 한단을 점령한 때는 기원전 353년이다. 또한 한단을 조나라에 돌려준 때는 기원전 351년이었다. "한 번 점령했다가 한 번 돌려주었다는 것은 허튼소리다. 『집해』와 『색은』에서 남량 전쟁이라 한 것은 잘못이다. 남량 전쟁은 조나라와 위나라가 한나라를 공격한 것으로, 위나라가 조나라를 공격한 것이 아니다."(『사기지의』)

이 위衛나라를 공격해서 옛 도성인 초구楚丘를 점령하고 자량子良을 죽였지만,[40] 위나라 또한 땅을 할양해주지 않았고 초구는 결국 위나라로 다시 돌아왔습니다. 위나라와 조나라가 국가를 보전하고 병사를 강화하여 제후들에게 합병되지 않은 까닭은 그들이 고난을 견뎌내고 토지를 쉽게 할양하지 않았기 때문입니다. 그러나 송나라와 중산中山은 여러 차례 침략을 받아 누차 토지를 할양해주었기 때문에 국가도 뒤이어 멸망했습니다.[41] 저는 위나라와 조나라의 방법을 본받고 송나라와 중산의 방법은 경계로 삼아야 한다고 생각합니다. 진나라는 탐욕스럽고 포악하니 친근하게 대해서는 안 됩니다. 진나라는 위나라를 잠식하고, 또 진晉나라 땅을 전부 점령했습니다.[42] 이어서 한나라 장수 장군 포연暴鳶을 격퇴시키고 8개 현을 할양받았는데,[43] 이 8개 현의 할양 과정이 끝나기도 전에 또 다시 진나라 군대기 출병했습니다. 진나라에게 어찌 만족스러움이 있겠습니까! 지금 또 망묘를 패퇴시키고 북택까지 진입하여 점령했는데, 이것은 위나라 도성 대량을 공격해 점령하려는 목적이 아니라 왕을 위협하여 더 많은 토지를 할양받으려는 속셈입니다. 왕께서는 절대로 들어주면 안 됩니다. 지금 왕께서 초나

40 "『전국책』에는 '위衛'자가 모두 '연燕'으로 기재되어 있으며 '자량子良'은 '자지子之'로 되어 있는데 아마도 틀렸을 것이다."(『색은』) "어느 것이 맞는지 모르겠다. 『색은』은 「위책」이 틀렸다고 했는데, 무엇을 본 것인가?"(『사기지의』) "제나라가 위衛나라를 공격하고 자량을 죽인 사건은 「위세가」에 기재되어 있지 않으며, 제나라가 연나라를 공격하여 자지를 죽이고 거의 연나라를 멸망시킬 뻔한 사건은 연왕 쾌 7년(기원전 314)의 일이다. 뒤에 연나라 소왕이 즉위하여 국가를 다시 안정시켰다."(『사기전증』)
41 제나라가 송나라를 멸망시킨 때는 기원전 286년이고, 조나라가 중산을 멸망시킨 때는 기원전 301년이었다.
42 "하동, 하서, 하내는 모두 위魏나라 영토인데, 곧 옛 진晉나라다. 지금 진秦나라가 위나라를 잠식하고 진晉나라의 모든 땅을 모두 점령했다는 뜻이다."(『색은』) 진晉도 위魏에 대한 당시 사람들의 칭호였다.
43 "진나라가 위나라 2개 현을 점령하고 위나라가 현온溫縣을 진나라에 내주어 모두 3개 현이다. 8개 현은 잘못이다."(『사기지의』) "소왕 32년 양후가 위나라 대량으로 진격하여 포연의 군대를 격파하고 4만 명을 참수했으며 포연은 달아났다. 위나라는 3개 현을 할양하고 화평을 청했다."(『진본기』) 「육국연표」에 따르면 진 소왕 32년(기원전 275)에 한나라는 포연에게 군사를 이끌고 위나라를 구원하도록 했으나 포연은 진나라에 패퇴한 후 개봉으로 달아났다.

라, 조나라와의 연맹을 저버리고 진나라와 강화를 맺는다면 초나라와 조나라는 분개하여 왕을 떠나 서로 진나라를 섬기려 할 것이고, 진나라는 반드시 그들을 받아들일 것입니다. 그때 진나라가 초나라와 조나라의 군대를 이끌고 함께 대량을 공격한다면 위나라는 멸망하지 않을 수 없습니다. 원컨대 왕께서는 절대로 진나라와 강화를 맺지 마십시오. 왕께서 강화를 맺으려고 한다면 토지를 조금만 할양해주시고 진나라로 하여금 인질을 위나라로 보내게 하십시오. 그러지 않으면 진나라에 반드시 속을 것입니다'라고 했답니다. 이것이 제가 위나라에서 들은 소식이니, 바라건대 군君[44]께서는 이 점에 유의하여 고려하십시오.

「주서周書」에 '천명은 변하지 않는 것이 아니다'[45]라고 했으니, 이는 연이어 발생할 수 있는 일이 아니라는 말입니다. 포연과 싸워 이겨서 한나라의 8개 현을 취한 것은 결코 병력이 정예로워서가 아니며 또한 계책이 좋아서도 아니라 행운이 큰 부분을 차지합니다. 지금 또 망묘를 패배시켜 달아나게 하고 북택으로 진입하여 점령하고 대량을 포위하여 공격하고 있는데, 이 역시 행운이 항상 자신에게 내려 성공할 수 있다고 여기기 때문입니다. 하지만 지혜로운 사람은 그렇게 생각하지 않습니다.

제가 듣기로 위나라 왕이 전국[46]의 무장 병력을 징집하여 대량을 수호하고 있다고 하는데, 제 생각에 30만 명은 족히 될 것입니다. 병사 30만 명으로 7인 仞[47] 높이의 대량성을 지키고 있으니 은나라 탕왕이나 주나라 무왕이 다시 살아난다 해도 쉽게 무너뜨리기 어려울 것입니다. 대체로 위나라의 연맹인 초나라

---

44  "원래 '군君' 뒤에 '왕王'자가 있었다. 장문호의 『찰기』에서 '군은 양후를 가리키는데, 그 증거는 다음 문장에서 여러 차례 군이라 지칭한 것이다.' '왕'자는 불필요한 글자다."('수정본') "『전국책』에는 '왕'자가 없다."(『사기회주고증』)

45  '惟命不于常.'(『상서』「주서·강고康誥」)

46  원문은 '백현百縣'으로, 100개의 현이 아닌 '전국'으로 해석해야 옳다.

47  『전국책』「위책」에서는 '10인'으로 기재하고 있다. 성벽이 지극히 높다는 뜻이다. 인仞은 고대의 길이 단위로 주나라 때 1인은 8척이고 한나라 때에는 7척이다.

와 조나라의 병력이 배후에 있는데도 이를 가볍게 여기고 7인이나 되는 높은 성벽을 공격하여 30만 병력과 싸워서 기필코 점령하려는 것은 하늘과 땅이 생긴 이래로 있지 않았던 일입니다. 공격하여 함락하지 못한다면 진나라 병사는 반드시 피로해질 것이고 봉지인 도읍陶邑을 잃게 될 것입니다.[48] 그러면 지금까지의 공로는 모두 사라져버리게 됩니다.

지금 위나라 왕은 망설이고 있으니 그에게 약간의 토지를 할양받는 방법으로 굴복시킬 수 있습니다. 바라건대 군께서는 초나라와 조나라의 원군이 대량에 당도하기 전에 서둘러 약간의 토지를 할양받는 것으로 위나라를 복종시키십시오. 지금 망설이고 있는 위나라 왕이 토지를 조금 할양하는 편이 자신에게 유리하다고 여긴다면 반드시 그렇게 할 것이고,[49] 군께서는 원하던 바를 달성할 수 있습니다. 초나라와 조나라는 위나라가 자신들보다 먼저 진나라와 강화하는 것에 분노하여 반드시 앞 다투어 진나라를 섬길 것입니다. 이렇게 되면 그들 간의 합종 연맹은 와해될 것이고 군께서는 그 후에 결정하시면 됩니다. 토지를 얻기 위해 군께서 무력을 사용할 필요가 있습니까? 옛 진晉나라 영토[50]를 할양받고 싶으면 진나라 군사가 공격하지 않아도 위나라는 반드시 강絳[51]과 안읍安邑을 바칠 것입니다. 또한 진나라부터 군의 봉지인 정도定陶까지 두 갈래 통로가 열릴 것이고,[52] 옛 송나라 영토도 전부 군께 귀속될 뿐만 아니라[53] 위衛나라도

---

48 "정도定陶는 대량에서 가까운데 양후가 대량을 공격하다가 병사가 피로해지면 정도는 반드시 위나라의 정벌을 받게 될 것이다."(『정의』)

49 원문은 '魏方疑而得以少割爲利, 必欲之'다. 이중에 '이利'라는 글자에 대해서 『사기회주고증』에서는 '풍산본에는 '화和'로 되어 있다"고 했고, 『전국책』 「위책」에서도 '화和'로 기재되어 있다. 이에 따르면 문장은 "지금 망설이고 있는 위나라 왕이 약간의 토지를 할양해주는 방법으로 강화를 할 수 있다면 반드시 그렇게 할 것이고"로 번역된다. '화和'자가 문맥상 더 어울린다고 할 수 있다.

50 옛 진晉나라는 위魏나라를 가리킨다. 여기서의 영토는 하동 지역을 말한다.

51 강絳은 위나라 읍으로 지금의 산시山西성 취위曲沃 동북쪽이다.

52 "양후는 이전에 정도에 봉해졌는데 옛 송나라와 선보는 정도의 남쪽 길이고 위나라의 안읍과 강은 정도의 북쪽 길이다."(『정의』)

53 "이때 송나라는 이미 멸망했는데, 진나라가 장차 송나라 영토를 전부 차지하려 한다."(『색은』) "송

반드시 선보單父[54]를 내줄 것입니다. 진나라 군사는 조금의 손실도 없이 군께서 그들을 통제할 수 있으니 어떤 것인들 얻지 못하겠으며, 어떤 상황인들 이루지 못하겠습니까! 바라건대 군께서는 상세히 살펴서 위험을 무릅쓰는 일은 하지 마십시오."

양후가 말했다.

"좋소."

양후는 대량에 대한 포위를 풀었다.[55]

그 이듬해(소왕 33년, 기원전 274) 위魏나라는 다시 진나라를 배반하고 제나라와 연맹을 맺었다.[56] 진나라 왕은 양후에게 위나라를 공격하게 하여 위나라 병사 4만 명을 참수하고 위나라 장수 포연을 달아나게 했으며, 위나라의 3개 현을 탈취했다.[57] 그로 인해 양후는 봉지를 더하게 되었다.

이듬해(소왕 34년, 기원전 273) 양후는 백기, 객경 호양胡陽과 함께 조나라, 한나라, 위魏나라를 공격하여[58] 화양에서 망묘를 격파하고 10만 명을 참수했으며[59]

---

나라는 이때 이미 제나라에게 멸망당했다."(『정의』)

54  선보單父: 위衛나라 읍으로 지금의 산둥성 산현單縣이다.

55  진 소왕 34년, 위나라 안희왕 4년(기원전 273)의 일이다. "「표」에서는 위나라 안희왕 2년에 진나라 군대가 대량성에 주둔했는데, 한나라가 구원하러 왔고 진나라와 원만하게 화친했다."(『정의』) "양나라 포위를 푼 것은 남양 땅을 바쳤기 때문인데 무엇 때문에 수가가 양후에게 그만두도록 설득하겠는가?"(『사기지의』) "이번 대량의 포위는 위나라가 남양 일대를 바쳐 풀어진 것으로, 『전국책』에서 수가가 설득하자 양후가 '좋소' 하고 진나라 군대가 포위를 풀고 돌아갔다고 한 것은 분명히 유세가의 역할을 과장한 것이다."(『전국책신교주』)

56  "심가본에서는 「위세가」와 「표」에 따르면 안희왕 3년, 진 소왕 33년으로, 이 시기와 부합된다. 그러나 「진기」, 「한세가」, 「한표韓表」에서는 소왕 37년으로 기재하고 있어 이 시기와 같지 않다'고 했다." (『사기회주고증』)

57  "위나라 장수는 한나라 장수의 잘못이다. 또 이 사건은 진나라 소왕 32년에 벌어진 일인데 33년으로 잘못 서술했다."(『사기지의』)

58  "이때 진나라는 한나라를 구원하고 조나라와 위나라를 공격했는데 어째서 한나라를 공격했다고 말하는가? 마땅히 '한韓'자는 불필요하다."(『사기지의』)

59  '수정본'과 『사기지의』에서는 "마땅히 15만 명이라 해야 한다"고 했다. 「진본기」와 「육국연표」를 근

위나라의 권卷, 채양蔡陽, 장사長社, 조나라의 관진觀津60을 점령했다. 뒤이어 다시 진나라는 조나라에 관진을 돌려주는 대신 조나라에 병력을 더해주어 제나라를 공격하도록 했다. 이 소식을 들은 제나라 양왕襄王61은 두려워하며 소대62를 시켜 은밀히 양후에게 한 통의 편지를 보내게 했다. 편지 내용은 다음과 같다.

저는 진나라에서 온 사람이 "진나라는 장차 조나라에 군사 4만 명을 보태 제나라를 공격하게 하려 한다"고 말한 것을 들었습니다. 저는 남몰래 우리 제나라 왕께 "진나라 왕은 영명하고 계책에 뛰어나며 양후는 지혜롭고 일 처리에 능숙하므로 그들은 결코 조나라에 병사 4만 명을 더해주어 제나라를 공격하지 않을 것입니다"라고 했습니다. 무엇 때문이겠습니까? 삼진이 연합하는 것을 진나라가 극히 꺼려하기 때문입니다. 삼진은 무수히 진나라를 배신하고 무수히 속였으면서도 그들 자신은 신의가 없다고 여기지 않으며 나쁜 짓을 했다고 여기지도 않습니다. 그런데 지금 진나라가 제나라를 격파해서 조나라를 강대하게 한다면 진나라에게 조나라는 매우 꺼릴 만한 적이 될 테니 진나라에 이로울 게 없습니다. 이것이 첫 번째 이유입니다.

진나라의 지략가들은 반드시 이렇게 말할 것입니다. "제나라를 공격해 격파하는 것은 진晉과 초를 피폐하게 만드는 것으로, 그렇게 한 다음에 그들의 승리를 제압해야 합니다."63 그러나 지금 제나라는 쇠약한 국가로, 천하의 국가들이 연합하여 공격하는 것은 1000균鈞이나 되는 쇠뇌로 곪은 종기를 쏘아 터뜨리는

거로 삼았다.
60  권卷은 지금의 허난성 위안양原陽 서남쪽 지역이고, 채양蔡陽은 지금의 허난성 상차이 동북쪽 지역이고, 장사長社는 지금의 허난성 창거長葛 동북쪽 지역으로, 모두 위나라의 읍이다. 관진觀津은 조나라의 현으로 지금의 허베이성 우이武邑 동쪽 지역이다.
61  제 양왕齊襄王(재위 기원전 283~기원전 265)은 제 민왕의 아들로, 이름이 법장法章이다.
62  마땅히 소진이라고 해야 한다.
63  진晉과 초가 제나라와 전쟁을 벌여 이긴다 해도 공격하는 두 나라도 힘이 약해질 테니, 그 틈에 진나라가 진晉과 초를 제압하여 복종시킨다는 뜻이다.

것과 같아서 제나라는 반드시 멸망하겠지만 어떻게 진나라와 초나라를 피폐하게 만들 수 있겠습니까? 이것이 두 번째 이유입니다.

진秦나라가 병사를 적게 보내면 진晉나라와 초나라는 믿지 않을 것이고, 병사를 많이 보내면 진나라와 초나라는 진秦나라에 의해 통제되는 격입니다. 이렇게 되면 제나라 왕은 두려워 진나라에 의탁하지 않고 진晉나라와 초나라를 따르려 할 것입니다. 이것이 세 번째 이유입니다.

진나라가 제나라 영토를 할양하여 진晉나라와 초나라에 주면 두 나라는 군대를 파견해 지킬 것이니, 진나라는 도리어 적의 공격을 받는 결과가 될 것입니다. 이것이 네 번째 이유입니다.

이는 결과적으로 진晉나라와 초나라가 진秦나라를 이용하여 제나라를 도모하는 동시에 제나라를 이용하여 진秦나라를 도모하는 것이니, 어찌하여 진晉나라와 초나라는 이토록 총명한데 진秦나라와 제나라는 이토록 어리석습니까? 이것이 다섯 번째 이유입니다.

그러므로 진나라는 안읍을 얻어 잘 다스리면 반드시 근심이 없게 될 것입니다.[64] 진나라가 안읍을 소유한다면 한나라는 반드시 상당을 보전하지 못할 것입니다. 천하의 위장胃腸과 같이 중요한 땅인 상당을 취하는 것과 출병하여 제나라를 공격하고도 돌아오지 못할까봐 걱정하는 것 중 어느 것이 더 유리하겠습니까? 이 때문에 저는 "진나라 왕은 영명하고 계책에 뛰어나며 양후는 지혜롭고 일 처리에 능숙하므로, 절대로 조나라에 병사 4만 명을 보태서 제나라를 공격하게 하지 않을 것"이라고 말한 것입니다.

그리하여 양후는 조나라에 병사를 보태 제나라를 공격하려던 계획을 실행하지 않고 병사를 이끌고 돌아왔다.

---

64 "진나라가 안읍을 취하고 제나라와 친선 관계를 맺어 제나라를 안정시키면 반드시 우환이 없을 것이다."(『전국책』「진책」)

소왕 36년(기원전 271) 상국 양후는 객경 조竈를 진나라 왕에게 천거했고, 조로 하여금 제나라의 강剛, 수壽 두 읍을 공격해 자신의 봉지인 정도를 넓히려 했다.[65] 이때 위魏나라 사람 범저范雎가 장록張祿 선생으로 가장하여[66] 진나라에 와서는 양후가 삼진을 넘어 제나라를 공격하는 것은 진나라에 어떠한 이익도 안 된다고 비판했다. 그는 이 기회를 이용해 진나라 소왕 앞에 나아가 유세했고, 소왕은 그를 중용했다. 범저는 이어서 선태후의 독단적인 정치, 양후가 제후들 사이에서 권력을 제멋대로 휘두르는 것,[67] 경양군과 고릉군 등의 무리가 지나치게 사치스럽고 왕실보다도 부유한 사실을 비평했다. 이에 소왕도 깨우치고는 양후를 상국에서 내려오게 했고[68] 경양군 등 일족을 모두 동쪽 함곡관 너머 자신들의 봉읍으로 돌아가게 했다. 양후가 함곡관을 나갈 때 소가 끄는 짐수레가 1000대도 넘었다.

양후는 정도에서 생을 마쳤고 그곳에 묻혔다. 양후가 죽은 뒤 진나라는 정도를 거둬들이고 그곳에 군郡을 설치했다.[69]

태사공은 말한다.

"양후는 진나라 소왕의 친 외삼촌이다. 진나라가 동쪽으로 영토를 확장하고 동방의 제후들을 약화시키고, 진 소왕이 한때 '서제'라 칭제하여 천하의 제후들로 하여금 서쪽을 향해 머리를 조아리고 복종케 한 것은 양후의 공적이다. 그러

---

65 강剛은 지금의 산둥성 닝양寧陽 동북쪽의 위치한 옛 읍이고, 수壽는 지금의 산둥성 둥핑東平 서남쪽에 위치한 옛 읍이다. "이는 소왕 37년(기원전 272)의 사건인데, 여기서는 36년으로 잘못 서술했다."(『사기지의』)
66 "『전국책』에서는 '장록 선생'이라는 말이 없다. 태사공이 다른 곳에서 의거한 것이다."(『사기각증』)
67 "진나라 왕을 거치지 않고 제멋대로 다른 국가에 명령을 발포하고 시행하는 것이다."(『사기전증』)
68 소왕 41년(기원전 266)의 일이다.
69 "양콴이 말하기를 '위염이 죽은 뒤 군을 설치했으나 기원전 254년 도군陶郡은 위魏나라에 빼앗겼고, 진나라가 위나라를 멸망시킨 뒤에 다시 군을 설치하지 않았다'고 했다."(『사기전증』) "진나라에는 도군이 없다. 마땅히 현이라고 해야 한다."(『사기지의』)

나 그의 부귀가 정점에 이르렀을 때 한낱 필부인 범저의 유세로 인해 권세를 빼앗기고 우울한 최후를 맞았다. 왕의 친족으로 공적이 있어도 이와 같았는데 하물며 다른 나라에 기거하는 객경客卿이야 어떠했겠는가?"

# 백기왕전열전

## 白 起 王 翦 列 傳

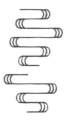

백기와 왕전은 진나라 역사상 가장 저명한 장수였다. 백기는 진 소왕 때 전쟁에 승리를 거두어 70여 개 성을 장악했고 장평에서 조나라 군사 40여만 명을 생매장시켜 제후들을 두려움에 떨게 했다. 왕전은 아들인 왕분과 더불어 진시황을 보좌하여 6국을 통일할 때 전투에서 혁혁한 공을 세웠는데, 한나라를 제외한 다섯 나라가 왕전 부자에게 멸망되었다. 백기와 왕전의 합전인 이 열전에서는 그들의 사적을 통해 진나라가 6국을 통일하는 과정을 살펴볼 수 있다.

백기와 왕전은 전쟁에서 큰 공적을 세워 세상에 명성을 남겼다는 점에서 서로 비슷하면서도 처세와 결말은 조금 달랐다. 우선 이 둘의 공통점은 용병에 뛰어난 군사가로서 진나라에게 결정적인 승리를 안겨줬다는 점이다. 백기는 초나라를 격파하고 장평에서 조나라를 패배시켜 진나라에게 매우 유리한 형세를 안겨주었고, 왕전은 가장 어렵고도 중요한 초나라와의 전쟁에서 승리하여 천하 통일을 가능케 했다. 그러나 이들의 활약은 군주의 의심과 대신들의 시기를 불러일으켰다. 백기는 참언에 의해 비극적인 죽음을 맞았고, 왕전은 군주의 의심을 피하기 위해 두려워하며 편치 않은 만년을 보냈다.

이 열전에서는 군주와 신하간의 끊임없는 긴장과 의심에 관심의 초점을 두고 있다. 이와 같은 군신 관계의 예로, 왕전은 초나라와의 일전을 앞두고 자신에 대한 왕의 의구심을 없애기 위해 일부러 물욕을 드러내며 비옥한 논밭과 가옥을 요구해 대권에는 관심이 없다는 태도를 취하기도 했다.

사마천이 한나라 초 공신들인 한신, 위표, 팽월, 경포의 사적을 서술한 방식도 대체로 이 열전과 비슷하다고 할 수 있다.

백기白起는 미현郿縣[1] 사람으로 군사를 다루는 실력이 뛰어나 진나라 소왕을 섬겼다.[2] 소왕 13년(기원전 294) 백기는 좌서장左庶長[3]에 임명되어 군대를 이끌고 한나라 신성新城을 공격했다. 이해[4]에 양후는 진나라 상이 되었고 임비任鄙를 한중군漢中郡 군수로 천거했다.[5] 그 이듬해(소왕 14년, 기원전 293) 백기는 좌경左更에 올라 이궐산에서 한나라와 위魏나라 연합군을 공격하여 적군 24만 명을 참수하고 위나라 장수 공손희를 사로잡았으며 5개 성을 점령했다.[6] 백기는 다시 국위國尉[7]에 올라 군대를 이끌고 황하를 건너 한나라 안읍安邑 동쪽에서 간하乾河[8] 일대에 이르는 영토를 점령했다. 이듬해(기원전 292) 백기는 대량조大良造[9]가 되었고, 위魏나라를 공격하여 크고 작은 성 61개를 점령했다.[10] 또 이듬해(기원전

1　미현郿縣: 진나라 현으로 지금의 산시陝西성 메이현眉縣 동북쪽 지역이다.
2　「양후열전」에서 백기는 양후가 천거했으며 둘 사이가 돈독했다고 기록되어 있다.
3　좌서장左庶長: 진나라 때 열 번째 등급의 작위다.
4　"이해는 앞의 소왕 13년이다. 그러나 「기」와 「표」에서는 15년이라 하여, 이와 다르다."(『사기평의』)
5　임비任鄙는 진나라 장수로 무왕의 총애를 받았다. '힘으로는 임비, 지혜로는 저리자'라는 말이 있다. 당시 한중군의 군치는 남정南鄭(지금의 산시陝西성 한중)이었다.
6　"여기서 점령했다는 5개 성이 위魏나라인지 한韓나라인지 알 수 없다."(『사기지의』) 또한 「진본기」에서 양옥승은 "위나라가 '공손희를 파견해 초나라를 공격하게 했다'고 했으니 공손희는 위나라 장수로, 「양후전」에서도 '위나라 장수 공손희를 사로잡았다'고 했다. 그러나 「진본기」와 「백기전」에서는 공손희가 어느 나라 장수인지 언급하지 않았다. 「육국표」에서는 '한표韓表'에서 '공손희를 사로잡았다'고 서술했고, 「한세가」에서는 '공손희를 시켜 진나라를 공격하게 했고, 진나라는 공손희를 사로잡았다'고 했으니, 공손희는 한나라 장수다'라고 했다. 그러나 지금 이 시점에서 공손희와 5개 성은 어느 소속인지 분명하지 않다.
7　국위國尉: 최고의 군사 장군으로 『정의』에 따르면 태위太尉를 말한다. "상국을 진나라 때 '상방'이라 했듯이 이 또한 '방위邦尉'라고 해야 한다."(『사기신증』)

291)에 객경 사마착과 함께 원성垣城을 공격해 점령했다.[11] 이로부터 5년 뒤 백기는 조나라를 공격해 광랑성光狼城을 빼앗았다.[12] 다시 7년 뒤 백기는 초나라를 공격해 언鄢과 등鄧의 5개 성을 점령했다. 그 이듬해에 재차 초나라를 공격해 초나라 도성 영을 점령하고 이릉夷陵을 불태웠으며 마침내 동쪽으로 경릉竟陵까지 이르렀다.[13] 초나라 왕은 도성인 영을 떠나 동쪽으로 피신한 후 도성을 진陳으로 옮겼다. 진나라는 영을 남군南郡으로 삼았다. 백기는 이로 인해 무안군武安君[14]에 봉해졌다. 이어서 무안군 백기는 초나라의 무군巫郡, 검중군黔中郡을 평정했다.[15] 소왕 34년(기원전 273) 백기는 위魏나라를 공격하여 화양을 함락시키고

---

**8**  간하乾河: 교수敎水라고도 불리는 강으로, 지금의 산시山西성 위안취垣曲 동쪽에서 발원해 북쪽에서 남쪽으로 흘러 황하에 유입된다.『집해』에서는 '乾'의 음을 '간干'이라 했다. "위나라 안읍이 진나라에 귀속되었는데, 안읍 동쪽에서 간하 일대에 이르기까지 모두 한韓나라의 옛 영토였으므로 한나라 안읍을 빼앗았다고 말한 것이다."(『색은』) 안읍은 위나라 전기의 도성이었으나 양 혜왕 6년(기원전 364) 동쪽 지역의 통제를 강화하기 위해 대량으로 천도했고, 이후 양 혜왕 18년, 진 효공 10년(기원전 352) 진나라가 안읍을 공격해 진나라 땅이 되었다.

**9**  대량조大良造: 진나라 작위 중 16번째 등급인 대상조大上造다.

**10**  어느 지역을 점령했는지 확실히 밝히고 있지 않다. "소왕 15년(기원전 292), 대량조 백기가 위나라를 공격해 원현垣縣(지금의 산시山西성 위안취垣曲 동남쪽)을 탈취했으나 오래지 않아 원현을 위나라에 돌려줬다."(『진본기』) "심가본에 따르면 「위세가」와 「육국표」에서는 크고 작은 성 61개를 점령했다는 사건은 모두 소왕 18년(기원전 289) 객경 사마착의 진군을 말한 것으로 백기가 아니다'라고 했다."(『사기회주고증』) "양콴이 말하기를 '백기는 주로 하동을 공격했고 사마착은 하내를 공격했으며, 원현은 두 사람이 함께 공격했다'고 했다."(『사기전증』)

**11**  "소왕 16년(기원전 291), 진나라 좌경 사마착이 위나라의 지軹와 등鄧 두 읍을 공격해 점령했다."(『진본기』) 원성垣城을 점령한 사건은 소왕 15년(기원전 292)으로 기재되어 있다.

**12**  진 소왕 21년, 조 혜문왕 13년(기원전 286)의 일이다. 「진본기」에서는 광랑성光狼城을 빼앗은 일을 소왕 27년(기원전 279)으로 기재하고 있다. 광랑성은 조나라 읍으로 지금의 산시山西성 가오핑 서쪽 지역이다.

**13**  이릉夷陵은 초나라 선왕의 능묘가 있는 현으로, 지금의 후베이성 이창宜昌 동남쪽 지역이다. 경릉竟陵 또한 초나라의 현으로, 지금의 후베이성 첸상潛江 서북쪽 지역이다.

**14**  "군사를 기르고 싸우면 반드시 이겨서 백성을 안정시켰으므로 무안武安이라 불렸다."(『진본기』『정의』) "조나라에 두 명의 무안군이 있었는데, 소진에서 시작되어 이목李牧으로 끝났다. 진나라에도 이 명칭을 백기에게 봉했으나 명호만 있을 뿐이었다."(『사기탐원』)

**15**  "소왕 30년(기원전 277), (진나라의) 촉군蜀郡 군수 약若이 초나라를 공격하여 무군을 점령했고, 이전에 빼앗은 강남 지구와 합쳐 검중군을 설치했다."(『진본기』) 무군의 군치는 지금의 충칭 우산巫山 북쪽 지역이고 검중군의 군치인 임원臨沅은 지금의 후난성 창더常德 지역이다.

장수 망묘를 달아나게 했으며,[16] 삼진三晉의 장수들을 사로잡고 적병 13만 명을 참수했다.[17] 또한 조나라 장군 가언賈偃과 교전을 벌여 패배시키고 그의 병사 2만 명을 황하에 빠져 죽게 했다. 소왕 43년(기원전 264) 백기는 한나라 형성陘城[18]을 공격해 5개 성을 점령하고[19] 적병 5만 명을 참수했다. 44년(기원전 263)에는 남양의 태항산 길을 공격해 점령하고 태항산의 교통을 끊었다.[20]

소왕 45년(기원전 262) 백기가 한나라의 야왕野王[21]을 공격했다. 야왕이 진나라에 투항하자 한나라의 상당과 본국을 연계하는 길이 단절되었다. 상당군의 군수 풍정馮亭은 현지 백성과 상의했다.

"도성 신정과의 교통이 이미 끊겼으니 한나라는 이곳의 우리를 돌볼 수 없을 것이다. 진나라 군대가 날로 다가오고 있는데도 한나라는 우리를 구원할 수 없으니 성당을 바쳐 조나라에 귀속되는 편이 낫다.[22] 조나라가 우리를 받아준다면 진나라는 화를 내며 조나라를 공격할 것이다. 조나라가 공격을 받게 되면 한나라와 손잡을 것이고, 한나라와 조나라가 하나가 되면 진나라에 저항할 수 있을 것이다."

풍정은 조나라에 사람을 보내 이러한 뜻을 알렸다. 조나라 효성왕孝成王[23]은

---

16　"이 전쟁은 양후, 백기, 호양胡陽이 함께 군사를 통솔한 것이기에 오직 백기만 이야기하는 것은 마땅하지 않다. 화양은 한나라 땅이니 위나라로 말할 수 없으며, 화양에서 위나라 군대를 격파했을 뿐이다."(『사기지의』)

17　"「한세가」에 따르면 이 전쟁의 발발은 조와 위魏 두 나라가 한나라를 공격하자 진나라가 군대를 일으켜 한나라를 도와 화양에서 조·위 연합군을 격파한 것이다. 여기서 삼진의 장수들을 사로잡는다는 것은 위魏나라 장수를 사로잡았다는 뜻이다."(『사기전증』) 또한 「진본기」와 「육국연표」에는 모두 15만 명을 참수했다고 했는데, 조와 위 두 나라의 참살된 병사를 합친 수다."(『사기전증』) '수정본' 또한 '15만 명'이라 해야 한다고 했다.

18　형성陘城: 한나라 현으로 지금의 산시山西성 취워曲沃 동북쪽 지역이다.

19　"'오성五城(5개 성)'은 잘못 표기된 것으로 '발지拔之(형성을 점령하다)'로 해야 한다."(『사기지의』) 「진본기」에서는 9개 성을 점령했다고 했다.

20　위나라의 동서 방향이 연계되는 길이 끊긴 것이다.

21　야왕野王: 한나라 현으로 지금의 허난성 친양沁陽이다.

22　상당의 동쪽은 조나라와 이웃해 있고 동북쪽은 조나라 도성인 한단과 멀리 떨어져 있지 않다.

평양군平陽君, 평원군平原君[24]과 함께 상의했다. 평양군이 말했다.

"받아들이지 않는 것이 좋습니다. 이익보다 재앙이 더 클 것입니다."

그러자 평원군이 말했다.

"아무 조건 없이 군郡 하나를 얻는 것이니 받아들이는 것이 좋습니다."

조나라 왕은 받아들이기로 결정하고 풍정을 화양군華陽君에 봉했다.[25]

소왕 46년(기원전 261) 진나라는 다시 한나라의 구지緱氏와 인藺[26]을 공격하여 점령했다.

소왕 47년(기원전 260) 진나라는 좌서장左庶長 왕흘王齕을 보내 한나라를 공격하게 했고 상당을 점령했다. 상당의 백성이 조나라로 달아났다. 이때 조나라 군대는 장평長平[27]에 주둔했고 상당의 백성이 흩어지지 않도록 민심을 안정시켰다. 그해 4월 왕흘이 조나라를 공격하자 조나라는 염파廉頗에게 장평의 군대를 지휘하게 했다. 조나라 군대 사졸들이 진나라 정찰병에게 싸움을 걸었다가 도리어 비장裨將[28] 조가趙茄가 진나라 정찰병에게 죽임을 당했다.[29] 6월에 진나라 군

---

23  효성왕孝成王(재위 기원전 265~기원전 245)은 조나라 혜문왕의 아들로, 이름이 단丹이다.

24  평양군平陽君은 조표趙豹로, 혜문왕의 동생이자 효성왕의 숙부다. 봉지는 평양平陽으로 지금의 산시山西성 린펀 서남쪽 지역이다. "『전국책』에서는 평양군이 혜문왕의 어미가 같은 동생이라고 했다." (『사기회주고증』) 평원군平原君은 조승趙勝으로, 혜문왕의 배다른 동생이자 효성왕의 숙부다.

25  "상산常山은 일명 화양華陽이라 한다."(『정의』) 조나라의 상산은 지금의 스자좡 동북쪽이었다. 『전국책』 「조책 1」에서는 "풍정은 작위 수여를 사양하고 한나라로 돌아갔다"고 하여 열전과 다르게 기재하고 있다. "조나라 왕이 풍정을 화양군에 봉했고, 그는 조나라 대장 조괄과 함께 진나라에 대항했으나 장평에서 전사했다."(『한서』 「풍봉세열전馮奉世列傳」)

26  구지緱氏는 한나라 현으로 지금의 허난성 옌스偃師 동남쪽 지역이다. 인藺은 『집해』에서 서광이 말하기를 영천潁川에 속한다고 했다. 이에 대해 "영천에는 인이 없다. 『괄지지』에 이르기를 '낙주洛州 숭현嵩縣('수정본'에서는 『구당서舊唐書』에서 인용한 『지리지』에 근거해 숭양현嵩陽縣이라 해야 한다고 했다)은 본래 하夏나라의 윤국綸國이며, 구지 동남쪽 60리 떨어진 곳에 있다'고 했다. 윤綸과 인藺의 음이 비슷하여 글자가 인藺으로 바뀌게 된 것 같다."(『정의』)

27  장평長平: 한나라 현으로 지금의 산시山西성 가오핑 서북쪽 지역이다.

28  비장裨將: 부장副將을 말한다.

29  "거중예葛中岳가 말하기를 '조가가 지휘하는 기동부대가 20킬로미터를 전진하여 진나라 기동부대인 사마경司馬梗 부대와 맞닥뜨려 교전을 벌였는데, 조가는 전사하고 부대는 전멸했으며 남은 병사들은 흩어져 도망쳤다. 진나라 군대가 전초전의 승리를 거두었다'고 했다."(『사기전증』)

대는 조나라 군대를 격파하고 2개의 작은 성[30]을 탈취했으며 위관尉官[31] 네 명을 사로잡았다. 7월에 조나라 군대는 군영을 견고하게 하기 위해 보루[32]를 쌓고 지켰으나, 진나라 군대가 다시 보루를 공격하여 두 명의 위관을 사로잡고 그 진지를 격파하여 서쪽 보루를 빼앗았다.[33] 염파는 보루를 견고하게 쌓고 진나라 군대의 공격을 방어했으며, 진나라 군대가 여러 차례 싸움을 걸었지만 조나라 군대는 응전하지 않았다. 그러자 조나라 왕은 몇 차례 사람을 보내 염파가 두려워서 싸우지 않는 것을 꾸짖었다. 한편 진나라의 상 응후應侯 범저는 조나라에 사람을 보내 천금을 바치면서 이간하도록 했으며, 다음과 같은 말을 퍼뜨리게 했다.

"진나라 사람이 가장 두려워하는 것은 마복군馬服君 조사趙奢의 아들[34] 조괄趙括이 장군이 되는 것뿐이다. 염파는 상내하기 쉬우며, 그는 즉시 투항할 것이다."

---

30  원문은 '장鄣'으로, 작은 성을 뜻한다. 나카이 리켄은 "장은 성과 비슷하지만 작다"고 했다. "양관이 말하기를 '정亭과 장鄣은 원래 작전을 벌이는 전선 혹은 요새, 장성에 짓는 적의 동태를 살피는 초소다'라고 했다."(『사기전증』) '장鄣'은 '장障'이라고도 하며 원래는 물을 막는 흙담을 뜻한다. 안사고는 "험준하고 중요한 곳을 막고 수축하여 별도로 정찰병을 설치했기 때문에 장벽이면서 적을 살피는 곳이다"라고 했다.

31  위관尉官: 장군 휘하의 군관인 도위都尉, 교위校尉를 말하는 것이다.

32  원문은 '누벽壘壁'이다. '누壘'란 "흙을 파내어 쌓아 만든 장벽"이다.(『설문해자』) 군영 사방을 둘러싸는 장벽으로, 두 종류가 있다. 하나는 전쟁 때 임시로 땅을 선택하여 구축하는 것이고, 다른 하나는 변경에 수축하여 고정적으로 군대를 주둔시켜 방비하는 것이다. '벽壁'은 본래 궁실의 담을 뜻하지만, 군사 방어시설의 경우 반드시 일정한 고도와 규격이 있으며 비교적 가파르고 수직으로 되어 있어 적이 오르기 어렵다. 벽에는 출입할 수 있는 문을 낸다. '루'와 '벽'은 전차전이 쇠퇴하고 기병이 활발해지면서 나타난 방어물이다. 정리하면 '루'는 군영의 사방을 에워싸는 담장 혹은 공사를 말하고, '벽'은 높고 견고한 보루라 할 수 있다. 역자는 '누벽'을 '보루'로 번역했다.

33  "조나라 서쪽 보루는 택주澤州 고평현高平縣 북쪽 6리 지점에 있다. 즉 염파가 견고하게 보루를 쌓고 진나라를 기다렸으며, 왕흘이 조나라의 서쪽 보루를 빼앗은 것이다."(『정의』)

34  원문은 '마복자馬服子'로, 마복군馬服君 조사趙奢의 아들이라는 뜻이다. 조사는 조나라의 명장으로 일찍이 진나라를 격파하여 마복군에 봉해졌다. 한편 '자子'를 존칭으로 보아 '마복'이 조괄의 봉호라고 하는 견해도 있다.

이때 조나라 왕은 이미 염파가 많은 군사를 잃었고 여러 차례 작전에 실패했으며 또 보루를 견고하게 지킬 뿐 맞서 싸우려 하지 않는 데 분노하고 있었다. 진나라가 전한 이간의 말을 들은 조나라 왕은 즉시 조괄을 파견해 염파를 대신해 진나라를 공격하게 했다. 조괄이 장군이 되었다는 소식을 들은 진나라는 은밀히 무안군 백기를 상장군上將軍,[35] 왕흘을 부장[36]으로 삼았으며, 군중에 명령을 내려 무안군 백기가 장군이 되었다는 사실을 누설하는 자는 참수하겠다고 했다.

조괄은 장평에 당도하자마자 즉시 출병하여 진나라 군대를 공격했다. 그러자 진나라 군대는 거짓으로 패퇴하는 척 달아났고, 은밀히 좌우 양쪽 날개에 기습 부대를 배치해 조나라군의 퇴로를 끊으려 했다. 조나라 군대는 승세를 타고 추격하여 진나라 보루까지 이르렀지만 보루가 견고하여 진격할 수 없었다. 이때 매복해 있던 진나라 기습 부대 2만5000명이 조나라 군대의 퇴로를 끊었고, 또 별도의 기병 5000명이 조나라 군대와 보루 사이를 끊었다. 조나라 군대는 끊어져 둘로 나뉘었고 양식 보급로가 차단되었다. 진나라 군대는 날랜 부대를[37] 출동시켜 조나라 군대를 공격했다. 싸움에 불리해진 조나라 군대는 보루를 쌓아 굳게 지키면서 구원병이 오기를 기다렸다. 진나라 왕은 조나라 군대의 식량 보급로가 끊어졌다는 소식을 듣고는 친히 하내河內[38]로 가서 백성에게 각각 작위를 한 등급씩 올려주고, 열다섯 살 넘은 남자를 징발하여[39] 전부 장평으로 보내

---

35  상장군上將軍은 전국시대의 무장 관직이다. 한나라 때에는 상경上卿 다음 지위로 도성의 방위와 변경의 주둔병을 관장했으나, 한나라 말기부터 장군의 명호가 많아지면서 점차 폐기되었다. 호삼성은 "상장군은 춘추시대에 원수元帥였다"고 했다.

36  원문은 '위비장尉裨將'으로, 비장은 부장副將을 의미한다. '위尉'는 "장군 부하인 도위나 교위 직분으로 이해서는 안 되고, 전군의 사법을 관리하는 군위軍尉, 중위中尉 같은 유형이다."(『사기전증』)

37  원문은 '경병輕兵'이다. "갑옷을 입지 않은 인마人馬를 경병이라 한다."(『정의』)

38  하내는 앞에서 서술한 야왕 일대로, 나중에 진나라는 이곳에 하내군을 설치한다.

39  "고대 규정에 남자가 23세(때로는 20세로 규정)가 되면 성정成丁(성인 남자)으로 국가의 병역과 요역을 이행하기 시작한다. 전쟁 시기에는 집권자의 필요에 의해 결정된다. 양콴은 "이로 보건대 진나라 제도는 남자가 15세가 되면 호적에 등기를 하고 복역과 호부세戶賦稅를 납부하는 책임이 시작되었다"고

조나라의 구원병과 식량 보급을 끊도록 했다.

9월이 되어 조나라 군영에 양식이 끊어진 지 46일에 이르자 몰래 서로를 죽여서 먹는 지경에 이르렀다. 조나라 군대는 포위를 돌파하고자 사졸들을 네 부대로 나누어 번갈아가며 진나라 보루를 네댓 차례 공격했지만 포위를 뚫고 나갈 수 없었다. 장군 조괄은 직접 정예병을 이끌고 출전하여 사투를 벌였으나 진나라 군사가 쏜 화살에 맞아 죽었다. 조괄의 군사가 패하자 병졸 40만 명이 모두 무안군 백기에게 투항했다. 백기는 계획을 말했다.

"이전에 진나라가 상당을 점령했을 때 상당 백성은 진나라에 귀의하기를 원치 않고 조나라에 귀의했다. 조나라 병사들은 수시로 변하기 때문에 모조리 죽여버리지 않으면 나중에 반란을 일으킬 것이다."

이에 속임수를 사용하여 그들을 모조리 생매장시켰고, 그중에 남은 어린아이 240명만 조나라로 돌려보냈다. 이번 전쟁을 앞뒤로 하여 참살당하고 포로로 잡히고 투항했다가 생매장당한 자가 45만 명이나 되었다.[40] 이 소식을 들은 조나라 사람들은 크게 놀라며 두려워했다.

48년(기원전 259) 10월[41] 진나라는 거듭 상당군을 평정했다.[42] 진나라는 군대를 두 갈래 길로 나누어[43] 왕흘이 피뢰皮牢[44]를 공격해 점령하고, 사마경司馬梗

했다."(『사기전증』)

40    "『상당기上黨記』에 이르기를 '장평성은 군의 성 남쪽에 있었고 진나라의 주둔지는 성 서쪽에 있었다. 양군은 산골짜기에 흐르는 시내의 물을 함께 마셨는데, 서로 떨어진 거리가 5리에 불과했다. 진나라가 조나라 군사들을 생매장하고 그들의 머리를 거두어 주둔지에 높은 대를 쌓았는데 (…) 지금도 여전히 백기대白起臺라고 부른다'고 했다."(『수경주』) "『진회요정보秦會要訂補』「병상兵上」에 이르기를 '진나라는 상앙의 계책을 사용하여 작위를 20등급으로 제정하고 전쟁에서 수급을 얻은 자에게 그 수를 계산하여 작위를 얻도록 했다. 이로 인해 진나라 사람들은 전쟁에서 승리를 거둘 때마다 노약자와 여인네들까지 모조리 죽여 공적으로 계산해서 수만 명에 이르렀기에 천하에서는 진나라에 대해 수급을 얻는 전공戰功을 숭상하는 나라라고 했다'고 했다. 이에 근거하면 진나라 군대가 몰살한 45만 명에는 일정 수의 조나라 평민과 상당에서 장평으로 도망쳐 온 한나라 백성이 포함되어 있었다."(『중국군사통사』)

이 태원太原[45]을 평정했다. 한나라와 조나라는 두려운 나머지 소대에게 두터운 예물을 가지고 진나라로 가서 상인 응후 범저에게 유세하도록 했다.

"무안군이 이미 조괄의 군대를 섬멸했습니까?"[46]

범저가 대답했다.

"그렇소."

소대가 또 말했다.

"진나라 군대가 즉시 한단을 포위할 생각입니까?"

범저가 말했다.

"그렇소."

소대가 말했다.

"조나라가 멸망하면 진나라 왕은 제帝[47]라 칭하게 될 것이고, 무안군은 삼공 三公[48]의 지위에 오를 것입니다. 무안군이 진나라를 위해 전쟁에서 승리를 거두

---

41  전국시대에 진나라가 어떤 종류의 역법을 사용하고 어떤 달을 세수歲首(한 해의 첫 달)로 삼았는지에 대해서는 학자마다 견해가 다르다. 『사기지의』에서는 "시월十月 두 글자는 불필요하다"고 했는데, 당시 진나라는 아직 10월을 세수로 삼지 않았다. 『사기각증』에서는 "7월로 의심된다"고 했다. "양콴이 말하기를 '진나라는 원래 주력周曆을 사용했는데 진 소왕 42년(기원전 265) 『전욱력顓頊曆』으로 바꿔 사용하여 10월을 세수로 삼았다. 진 소왕 49년에 다시 정월正月을 세수로 삼는 것을 회복시켰다. 진시황 26년(기원전 221)에 다시 10월을 세수로 삼는 것으로 변경했다'고 했다."

42  "진나라는 이전에 조나라를 공격하여 상당을 격파했지만, 군사를 돌렸다가 다시 그 군을 평정한 것으로 그 나머지 성은 여전히 조나라에 속해 있었다."(『색은』)

43  「진본기」와 『자치통감』에서는 "군대를 세 갈래로 나누었다"고 기재하고 있다. "여기서는 왕흘과 사마경 두 군대만 언급하고 먼저 본국으로 돌아간 무안군의 군대는 계산하지 않았다."(『사기지의』)

44  피뢰皮牢: 한나라 현으로 지금의 산시山西성 이청翼城 동북쪽 지역이다.

45  태원太原: 진양晉陽(지금의 산시山西성 타이위안 서남쪽) 일대를 가리키며, 당시에는 조나라에 속했다. 나중에 진나라가 이 일대에 태원군을 설치했고, 군치는 진양이다.

46  원문은 '금금禽'으로 기재되어 있다. '금禽'은 '금擒'과 같아 사로잡거나 생포한다는 뜻이지만 여기서는 소멸·섬멸의 뜻이다.

47  원문은 '왕王'으로 기재되어 있다. 호삼성은 "진나라가 왕이라 칭하는 것은 그 국가의 왕일 따름이다. 지금 조나라를 격파하면 장차 천하의 왕이 된다"는 뜻이라 했고, 나카이 리켄은 "왕은 당연히 제帝로 해야 한다"(『사기회주고증』)고 했다. 역자는 나카이 리켄의 견해에 따랐다.

48  삼공三公: 『통전通典』에 따르면 주나라 시기의 삼공은 태사·태부·태보였고, 진나라 시기에는 승

고 빼앗은 성만 70여 개나 되는데, 남쪽으로는 언, 영, 한중을 평정했고,[49] 북쪽으로는 조괄의 군대를 전멸시켰습니다. 주공周公, 소공召公, 여망呂望의 공적도 이보다는 크지 않습니다. 이제 조나라가 멸망하고 진나라 왕이 제帝라 칭하게 되면 무안군은 반드시 삼공이 될 텐데, 군께서는 그의 밑에서 기꺼이 참고 견딜 수 있겠습니까? 그때는 그의 밑에 있지 않으려 해도 어떻게 할 수 없게 됩니다. 진나라가 일찍이 한나라를 공격하면서 형구邢丘를 포위하고[50] 상당을 곤란에 빠뜨렸을 때[51] 상당 백성이 모두 조나라에 귀순한 것은 천하 사람들이 진나라의 백성이 되기를 즐거워하지 않은 지 오래되었음을 말해주는 것입니다. 지금 진나라가 조나라를 멸망시키면 북부의 땅은 연나라에 편입되고, 동부의 땅은 제나라에, 남부의 땅은 한韓나라[52]와 위魏나라에 편입될 테니, 그렇게 되면 진나라가 얻는 백성은 얼마 되지 않을 것입니다.[53] 그러므로 이 기회를 이용해 조나라로 하여금 땅을 할양하면서 화친을 구하도록 하여 무안군이 공을 세우는 기회를 없애는 것이 낫다고 생각됩니다."[54]

상·태위·어사대부였고, 한나라 때는 승상·대사마·어사대부였다.

**49** "백기가 초나라를 격파하고 언과 영을 빼앗은 사건은 이미 앞에서 볼 수 있다. 그러나 진나라가 초나라의 한중군을 취한 것은 진 혜문왕 후원 13년(기원전 312)이었고, 당시 장수는 '서장장庶長章(대서장대庶長 위장魏章)'으로 백기가 아니었다."(『사기전증』)

**50** "한나라 환혜왕 9년, 진나라가 형구邢陘을 점령한 사건이다."(『사기지의』) "형구는 위나라 땅이며 한나라 땅이 아니다. '형邢' 뒤의 '구丘'자는 불필요한 글자다. 「진책」에 '진나라는 한나라 형 땅을 공격했고 상당을 곤경에 빠뜨렸다'고 한 것이 그 증거다. '형邢'은 '형陘'을 가차한 글자다."(『독서잡지』, 「사기」) "이것은 앞에서 서술한 소왕 43년(기원전 264)에 백기가 한나라 형성陘城을 공격해 5개 성을 점령한 사건이다."(『사기전증』)

**51** 「진본기」에 따르면 소왕 47년(기원전 260) 진나라가 한나라의 상당으로 진공하자 상당은 조나라에 투항했다. 진나라는 이 때문에 조나라로 쳐들어갔고 조나라는 군사를 징발하여 진나라에 맞섰다.

**52** 『전국책』「진책」에는 한나라가 아닌 초楚나라로 기재되어 있다. "종평녠이 말하기를 '조나라는 초나라와 이웃하지 않기에 한나라와 위나라로 하는 것이 맞다'고 했다."(『전국책신교주』)

**53** "앞의 네 국가에 대해서는 모두 '땅地'을 언급하고 진나라에 대해서는 유독 '사람人'을 언급했다."(『사기전증』) "진나라가 얻게 되는 것은 도리어 얼마 되지 않는다."(『전국책』「진책」)

**54** 이 대화는 소대가 범저에게 말하는 것으로 되어 있는데 『전국책』「진책 3」에는 범저에게 말하는 사람이 누구인지 기재되어 있지 않다. 『전국책고변』에서도 이러한 사실을 바탕으로 『사기』에서 소대라 지목한 근거가 부족하다고 했다.

그리하여 응후는 진나라 왕에게 말했다.

"진나라 사병들이 매우 피로합니다. 청컨대 한나라와 조나라가 땅을 할양하고 화친을 요청하는 것을 허락하시고 잠시 우리 병사들을 쉬게 하십시오."

진나라 왕은 그의 요청을 허락했다. 이에 한나라는 원옹垣雍[55]을 할양하고 조나라 또한 성 6개를 할양하여 진나라와 강화를 맺었다. 정월正月[56]에 진나라 군대는 모두 철군했다. 무안군은 이 소식을 듣고 난 후로 응후와 틈이 벌어졌다.

그해 9월[57], 진나라는 다시 출병했고 오대부五大夫[58] 왕릉王陵을 시켜 조나라의 한단을 공격하게 했다. 이때 마침 무안군 백기는 병이 들어 전투를 지휘할 수 없었다. 49년 정월[59] 왕릉이 한단을 공격했지만 순조롭게 되지 않자 진나라 왕은 다시 부대를 지원하여 왕릉을 돕게 했다. 그러나 왕릉의 군대는 실패했고 5개 교校[60]의 인마를 잃었다. 무안군의 병이 호전되자 진나라 왕은 왕릉 대신 그를 장군으로 삼으려 했다. 그러자 무안군이 말했다.

"한단은 실제로 쉽게 점령할 수 없습니다. 게다가 다른 제후국의 구원병이 빠르게 당도할 것입니다. 저 제후국들은 진나라를 원망한 지 이미 오래되었습니다. 지금 비록 진나라가 장평에서 조나라 군대를 격파했다고는 하나 아군 또한 절반 이상 잃어 나라 안이 비어 있습니다. 산 넘고 물 건너 다른 나라의 도성을 공격하려고 하니 조나라 군대가 안에서 호응하고, 제후국들이 밖에서 친다면 진나라 군대는 반드시 패배할 것입니다. 한단을 공격해서는 안 됩니다."

---

55  원옹垣雍: 한나라 현으로 지금의 허난성 위안양原陽 서쪽 지역이다.
56  "이해에 '10월'을 세수로 삼았기 때문에 '정월'을 '10월' 뒤에 서술한 것이다."(『사기전증』)
57  "「진기」에서는 10월이라 했다."(『사기지의』)
58  오대부五大夫: 진나라 작위 중 9번째 등급이다. 20등급 가운데 이보다 높은 것은 5, 6, 7번째 등급의 대부大夫, 관대부官大夫, 공대부公大夫로 '대부지존大夫之尊'이라 부른다.
59  이해부터 진나라는 다시 정월을 세수로 변경하여 연초를 정월로 서술한 것이다. 진 소왕 49년은 조 효성왕 8년(기원전 258)이다.
60  교校: 군대 편제 단위로, 부대장은 교위다. 교위는 전국시대 후반에 나타난 관직으로 진나라 때에는 중급 군관이었다. 한나라 전성기에는 각 장군의 다음 지위를 차지한다.

진나라 왕은 자신의 명령에도 백기가 들으려 하지 않자 응후를 보내 부탁하도록 했다. 무안군은 끝내 사양하며 나가기를 거부했으며 병을 핑계로 삼았다.

진나라 왕은 왕릉 대신 왕흘을 장군으로 삼아 8~9개월 동안 한단을 에워쌌지만 함락시키지 못했다. 이때 초나라의 춘신군春申君과 위魏나라 공자61가 수십만 대군을 이끌고 진나라 군대를 공격했고, 많은 진나라 사졸이 다치고 죽었다. 그러자 무안군이 말했다.

"진나라 왕이 내 계책을 듣지 않더니 지금 상황이 어떠한가!"62

이 말을 들은 진나라 왕은 화를 내며 무안군을 억지로 불러내고자 했으나 무안군은 병이 위중하다는 핑계를 댔다. 응후 또한 가도록 요청했지만 부름에 따르려 하지 않았다. 진나라 왕은 격노하여 무안군의 지위를 박탈하고 일반 사졸로 격하시킨 뒤 음밀陰密63에 가서 살도록 했다. 그러나 무안군은 건강이 안 좋아 떠나지 못했다. 석 달이 지나 진나라 군대에 대한 제후들의 공격이 거세지자 진나라 군대는 여러 차례 패퇴했으며 연일 다급함을 알리는 사자가 당도했다. 그러자 진나라 왕은 백기에게 사람을 보내 즉시 떠나도록 했고 함양에 더 이상 머물지 못하게 했다. 무안군이 출발하여 함양의 서문을 나가 성에서 10리 떨어져 있는 두우杜郵64에 이르렀을 때 소왕은 응후 등 군신들과 상의하면서 이렇게 말했다.

"백기는 유배를 떠나면서 속으로는 여전히 불만스러워하며 복종하지 않고 한없이 원망하는 말을 했소."

---

61　춘신군春申君은 초나라 대신 황헐黃歇의 봉호다. 위魏나라 공자는 신릉군信陵君으로 이름은 무기無忌이고 위나라 안희왕의 동생이다.

62　"서부원이 말하기를 '무안군이 뒷말을 하지 않았을 것이니 응후가 퍼뜨린 뜬소문으로 의심된다'고 했다."(『사기전증』)

63　음밀陰密: 진나라 현으로 지금의 간쑤성 링타이靈台 서남쪽 지역이다.

64　두우杜郵: 당시 함양성 서남쪽, 지금의 셴양 동북쪽에 위치한 정역亭驛(여행객에게 숙박을 제공하는 장소)이다.

이에 진나라 왕은 사자를 보내 검을 내려 스스로 목숨을 끊도록 했다.[65] 무안군은 검을 받고서 자신의 목을 베기 전에 이렇게 말했다.

"내가 하늘에 무슨 죄를 지었기에 이 지경에 이르렀단 말인가?"

한참 있다가 그는 다시 스스로에게 말을 했다.

"나는 죽어 마땅하다. 장평 전투에서 조나라 병사 수십만 명이 내게 투항했는데, 도리어 그들을 속여서 모조리 생매장시켰으니 이것만으로도 죽어 마땅하다."

그는 말을 마친 후 스스로 목숨을 끊었다. 무안군 백기는 진나라 소왕 50년(기원전 257) 11월[66]에 죽었다. 그는 죄가 없는데 죽임을 당했으므로 진나라 사람들은 모두 그를 가엾게 여겼고, 많은 향읍鄕邑에서 제사를 지내주었다.

왕전王翦은 빈양頻陽[67] 동향東鄕 사람이다. 어려서부터 병법을 좋아했고 진나라 시황제를 섬겼다. 진시황 11년(기원전 236)에 왕전은 군사를 이끌고 조나라 어여閼與를 공격해 격파하고 성 9개를 점령했다.[68] 진시황 18년(기원전 229), 왕전은 다시 군사를 이끌고 조나라를 공격했다. 1년여 지나 조나라 도성 한단을 점령하자 조나라 왕[69]이 투항했다. 조나라 영토가 모두 평정되어 진나라의 군현郡縣이 되었다.[70] 이듬해[71] 연나라는 형가荊軻를 보내 진나라 왕을 찔러 죽이려 했

---

65 『전국책』「진책」에서는 백기의 죽음에 대해 다르게 기록하고 있다. 감라(감무의 손자)가 말하는 내용에서 백기는 "함양에서 7리 떨어진 곳에서 목매어 죽임을 당했다"고 했다.

66 「진본기」에서는 '12월'로 기록하고 있다.

67 빈양頻陽: 진나라 현으로 지금의 산시陝西성 부핑富平 동북쪽 지역이다.

68 어여閼與: 조나라 현으로 지금의 산시山西성 허순和順이다. '어閼'는 e(알), yu(어), yan(연)으로 발음되는데 『사기전증』을 비롯한 여러 자료에 'yu(어)'로 표기하고 있어 역자 또한 이에 따랐다. "양콴이 말하기를 '조나라 왕이 1년 전 진나라에 입조했을 때 진나라 왕은 함양에서 술자리를 마련하고 접대했다. 그리하여 진과 조는 서로 연합했고, 진나라는 조나라가 연나라를 공격하는 것을 허락했다. 이후 연나라 사자가 진나라 왕에게 유세하자 진나라는 다시 군대를 일으켜 연나라를 구원하고 조나라의 9개 성을 점령했다'고 했다."(『사기전증』)

69 당시의 왕은 조왕 천(재위 기원전 235~기원전 228)이다.

다. 진나라 왕이 왕전을 파견해 연나라를 공격하자 연나라 왕 희喜[72]는 요동遼東[73]으로 달아났다. 왕전은 마침내 연나라 도성 계薊를 평정하고 돌아왔다.[74] 이때 진나라 왕은 다시 왕전의 아들 왕분王賁을 파견하여 초나라를 공격하게 했고,[75] 초나라 군대를 격파한 후 다시 군사를 돌려 위魏나라를 공격했다. 위나라 왕이 투항을 선언하여 결국 위나라 영토를 모두 평정했다.[76]

진시황은 한·조·위 삼진三晉을 멸망시키고[77] 연나라 왕을 달아나게 했으며, 연이어 초나라 군대를 격파했다. 진나라 장수 가운데 이신李信[78]이라는 자는 젊고 용감했는데, 일찍이 군사 수천 명을 이끌고 연나라 태자 단을 연수衍水 근처

---

70  "조나라 왕 천은 한단을 바쳐 진나라에 투항했고, 이후 조나라 사람들은 다시 북부의 대현代縣(지금의 허베이성 위현蔚縣 동북쪽의 대왕성代王城)에서 조가趙嘉를 옹립하여 대왕代王으로 삼았다. 6년 뒤(기원전 222)부터 진나라에 의해 멸망되기 시작했다."(『사기전증』)

71  진왕 정 20년, 연왕 희 28년(기원전 227)이다.

72  연왕 희喜(재위 기원전 254~기원전 222)는 연나라의 마지막 군주로 태자 단의 부친이다.

73  요동遼東: 연나라 군으로, 군치는 양평襄平(지금의 랴오닝성 랴오양遼陽)이다.

74  계薊는 연나라 도성으로 지금의 베이징이다. 왕전이 계성을 점령하고 연나라 왕이 요동으로 달아난 때는 진왕 정 21년, 연왕 희 29년(기원전 226)이다. 4년 후인 진왕 정 25년, 연왕 희 33년(기원전 222)에 왕전의 아들 왕분이 요동군을 공격하기 시작하여 연왕 희를 사로잡고 요동군을 평정했다.

75  진왕 정 21년, 초왕 부추負芻 2년(기원전 226)의 일이다. 원문에는 초나라를 '형荊'으로 기재했다. 이에 대해 서광은 "진나라가 초를 피휘하기 위해 형이라 말한 것"(『집해』)이라 했다. "진시황의 부친 이름이 '자초子楚'이지만 초나라를 '형'이라고 한 것은 훨씬 이전으로, 진시황 때부터 시작된 것이 아니다. 혹은 초나라가 형산 부근에서 건국되었으므로 '형'이라 부른 것이라고 하기도 한다."(『사기전증』) 『좌전』 소공 12년에는 "옛날 우리 선왕이신 웅역熊繹(초나라에 최초로 봉해진 군주 이름)께서 외진 형산에 거주하면서"라는 문구가 있다. 이에 따라 이후 '형'을 '초나라'로 번역했다.

76  진왕 정 22년, 위왕 가假 3년(기원전 225)의 일이다. "진왕 정 22년, 왕분이 위나라를 공격하면서 홍구의 물을 파내어 대량성 안으로 흘려보내자 대량성이 무너졌고 위나라 왕이 항복을 청했다. 그리하여 진나라는 위나라 영토를 전부 빼앗았다."(『사기』 「진시황본기」)

77  조와 위나라를 멸망시킨 일은 이미 기술되어 있다. 한나라를 멸망시킨 것은 진왕 정 17년(기원전 230)의 일이다. 「진시황본기」에서는 "진왕 정 17년, 내사內史 등騰이 한나라를 공격하여 한나라 왕 안安을 사로잡고 한나라의 모든 영토를 빼앗았다. 아울러 그곳에 군을 설치했는데, 영천군潁川郡이라 했다"고 했다.

78  이신李信은 한漢나라 장수 이광李廣의 선조다. "이광 장군의 선조 이신은 진나라의 명장으로 일찍이 연나라 태자 단을 추격하여 사로잡은 적이 있다."(「이장군열전李將軍列傳」)

까지 뒤쫓아 단의 군대를 격파하고 단을 사로잡은 적이 있었다.[79] 진시황은 이 신을 능력 있고 용감한 인물로 여겼다. 시황제가 이신에게 물었다.

"내가 초나라를 공격해 멸망시키려고 하는데 장군 생각에는 어느 정도 병력이면 되겠소?"

이신이 대답했다.

"20만 명 정도면 충분합니다."

시황제가 왕전에게 묻자, 왕전이 대답했다.

"60만 명이 못 되면 어렵습니다."

시황제가 말했다.

"왕 장군은 늙었구려. 어찌 이토록 겁내시오! 이 장군이 과단성 있고[80] 용감하다더니, 그의 말이 옳소."

마침내 이신과 몽염蒙恬에게 군사 20만 명을 이끌고 남쪽으로 초나라를 정벌하게 했다. 왕전은 자신의 의견이 받아들여지지 않자 병을 핑계로 고향[81]인 빈양으로 돌아와 요양했다. 한편 이신은 평여平與[82]를 공격하고 몽염은 침寢을 공격하여 초나라 군대를 대파했다.[83] 이신은 또 언 땅과 영 땅을 공격해 격파하고[84]

---

79　진왕 정 21년, 연왕 희 29년(기원전 226)의 일이다. 연수衍水는 번시本溪와 랴오양遼陽 일대를 흐르는 타이즈허太子河강이다. 「자객열전」과 「연세가燕世家」에는 '이신이 태자 단을 추격했고 태자 단은 연수 가로 달아났는데 연나라 왕은 사람을 시켜 태자 단을 죽였고, 진나라 왕에게 바치려 했다'고 했다. 여기서는 태자 단이 이신에게 생포된 것처럼 말하고 있는데, 잘못된 것 같다."(『사기전증』)

80　원문의 표기는 '과세果勢'다. "서광이 말하기를 '세勢는 단斷이라고도 한다'고 했다."(『집해』) 『사기전증』에서도 '과세'는 마땅히 '과단果斷'이라 해야 한다고 했고, '수정본'과 장문호도 『어람御覽』을 인용하여 '세'는 '단'이라고 했다. 역자 또한 '과단'으로 번역했다.

81　원문의 표기는 '노老'인데, 이 글자는 고향이라는 뜻도 있으며 '사직'의 뜻도 담겨 있다. 즉 '사직하고 빈양으로 돌아왔다'고 번역할 수 있다.

82　평여平與: "『통감』에서는 '평여平與를 평여平輿라 했다."(『사기회주고증』) "여輿는 여與의 잘못이다." (『사기지의』) 평여는 초나라의 현으로 지금의 허난성 핑위平輿 서북쪽 지역이다.

83　"여기서 앞뒤로 세 번 몽염이 언급되고 있는데, 「육국연표」와 「몽염전」을 고찰하면 이 무렵 몽염은 아직 장군에 오르지 못했으므로 당연히 몽무蒙武(몽염의 부친)를 잘못 기재한 것이다."(『사기지의』) 침寢은 옛 읍으로 지금의 허난성 선추沈丘 동남쪽 지역이며, 침구寢丘라고도 한다.

군대를 서쪽으로 돌려 성보城父85에서 몽염과 합류하려 했다. 그러나 초나라 군대가 사흘 밤낮을 쉬지 않고 진나라 군을 뒤따라와 끝내 이신의 군대를 크게 격파했고 이신의 진영 두 곳을 습격해 도위 7명을 죽였다. 진나라 군대는 대패하여 도망쳐 돌아왔다.86

이신이 실패했다는 소식을 들은 시황제는 크게 화를 냈고, 직접 수레를 타고 빈양으로 달려와 왕전에게 사과하며 말했다.

"과인이 장군의 계책을 쓰지 않아 이신이 결국 진나라 군대로 하여금 모욕을 당하게 했소. 듣자 하니 지금 초나라 병사가 날마다 서쪽으로 진격해 온다고 하니, 장군이 비록 병들었다고 해도 어찌 과인을 저버릴 수 있겠소!"

왕전이 사양하며 말했다.

"노신은 병들고 정신마저 혼미하니 대왕께서는 다른 훌륭한 장군을 택하십시오."

시황제는 사과하며 말했다.

"이미 결정되었으니, 장군은 다시는 사양하지 마시오!"

왕전이 말했다.

"대왕께서 하는 수 없이 신을 반드시 쓰시겠다면 군사 60만이 아니면 안 됩니다."

시황제가 대답했다.

"장군의 계책에 따를 뿐이오."

---

84 "나카이 리켄이 말하기를 '앞서 백기가 이미 언과 영을 점령했는데 초나라가 회복했다는 것을 듣지 못했다. 여기서 말하는 언과 영을 공격했다는 것은 무엇인가? 아마도 초나라 고열왕考烈王(재위 기원전 262~기원전 238)이 동쪽으로 옮겨가 수춘壽春을 영郢이라고 이름 붙인 것일 것이다. 언鄢은 자세하지 않다'고 했다."(『사기회주고증』) "『대사기大事記』에 이르기를 '언과 영은 백기가 빼앗아 남군을 설치했는데, 이 당시 초나라에 속하지 않은 지 오래되었다. 「열전」이 틀렸다'고 했다."(『사기지의』)
85 여기서의 성보城父는 「오자서열전」에 나오는 성보城父와는 다른 곳이다. 초나라 현 명칭으로 지금의 안후이성 하오셴亳縣.
86 진왕 정 22년, 초왕 부추 3년(기원전 225)의 일이다.

그리하여 왕전은 병사 60만 명을 이끌고 출정했고, 시황제는 친히 파상灞上[87]까지 왕전을 전송했다. 왕전은 출발하기 전에 비옥한 논밭과 가옥, 연못이 있는 정원을 요청했다. 그러자 시황제가 말했다.

"장군은 빨리 출발하시오. 어찌하여 나중에 빈곤해질 것을 걱정하시오?"

왕전이 말했다.

"대왕의 장군이 되어 공적을 세웠으나 끝내 후로 봉해지지 못했습니다.[88] 그래서 대왕의 신임을 받은 기회에 때맞춰 신은 연못 딸린 정원을 요청하여 자손의 산업으로 만들어주려 할 따름입니다."

시황제는 크게 웃었다. 함양을 떠나 함곡관에 당도해서도 왕전은 다섯 차례나 사람을 보내 진시황에게 비옥한 논밭을 요청했다. 그러자 어떤 사람이 말했다.

"장군의 끝없는 요청 또한 지나치십니다."

왕전이 말했다.

"그렇지 않소. 진왕은 난폭하고 의심이 많아 남을 믿지 않소. 지금 진나라의 무장 군사를 모두 내게 맡겼는데, 내가 자손의 산업을 위해 논밭과 집을 여러 차례 요청함으로써 굳게 믿게 하지 않으면 진왕은 앉아서 나를 의심하지 않겠소?"

왕전은 이신을 대신하여 초나라를 공격했다. 초나라는 왕전이 더욱 많은 군사를 이끌고 온다는 소식을 듣고 곧바로 나라 안의 병사를 모두 동원해 진나라 군대에 저항했다. 왕전은 전선에 도착했으나 보루를 견고히 하고 지킬 뿐 싸우려 들지 않았다. 초나라 군대가 연이어 몇 차례 도전했지만 끝내 나가지 않았다. 왕전은 매일 병사들을 쉬게 하고 목욕을 시켜주었으며 잘 먹이고 두루 살펴주었고, 왕전 자신도 사졸들과 함께 음식을 먹었다. 시간이 흐르자 왕전은 사람을

---

**87**　파상灞上: 패상霸上이라고도 하며, 당시 함양성 동남쪽으로 지금의 시안西安 동쪽의 패수霸水 서쪽 지역이다.

**88**　"진나라의 공신과 장상 중 후侯에 봉해진 자는 비교적 적었다. 왕전 이전에 위대한 공적을 세운 장의, 사마착, 백기 그리고 왕전 이후에 특별한 공훈을 세운 이사, 몽염 모두 나중에 봉해졌다는 사실을 볼 수 없다."(『사기전증』)

시켜 병사들이 군중에서 무슨 놀이를 하는지 물었다. 그 사람이 대답했다.

"돌 던지기와 멀리뛰기 시합을 하고 있습니다."

그러자 왕전이 말했다.

"이런 사졸들은 출전시킬 수 있다."

한편 초나라 군대는 여러 차례 도전했지만 진나라 군대가 나오지 않자 군사를 이끌고 동쪽으로 이동했다. 왕전은 즉시 출병하여 추격했고, 장사들을 선발하여 적진에 뛰어들게 하여 초나라 군대를 크게 격파했다. 기현蘄縣89 남쪽까지 추격했을 때 초나라 장군 항연項燕을 죽이자 초나라 군대는 마침내 패하여 달아났다.90 진나라 군대는 기세를 몰아 초나라 영토의 성과 읍을 점령하여 평정했다. 1년 지나서 초나라 왕 부추負芻를 사로잡고 초나라의 모든 영토를 진나라의 군현으로 삼았다.91 이어서 남쪽으로 백월百越을 정벌했다.92 왕전의 아들 왕분 또한 이신과 함께 연나라와 제나라 영토를 평정했다.93

진시황 26년에 천하를 통일했는데 왕전 부자와 몽염 형제의 공로가 가장 컸으며, 그들의 명성은 후대에까지 전해졌다.

---

89  기현蘄縣: 초나라 현으로 지금의 안후이성 쑤현宿縣 남쪽 지역이다.

90  진왕 정 23년, 초왕 부추 4년(기원전 224)의 일이다. 항연項燕은 초나라의 명장으로 항우項羽의 조부다. "진왕 정 24년, 왕전과 몽무(몽염의 부친)가 초나라를 공격하여 초나라 군대를 격파했는데, 창평군昌平君은 전사하고 항연은 결국 자살했다."(『사기』 「진시황본기」) 이처럼 사건 발생 시기도 다르고 항연의 죽음도 다르게 기록하고 있다. 그러나 「항우본기」와 「초세가」에서는 본 열전과 같이 항연이 진나라 군대에 의해 죽임을 당한 것으로 기록하고 있다.

91  "『집해』에서 손검孫檢이 말하기를 '초나라 명칭을 없애버리고 초나라 땅을 3개 군으로 만들었다'고 했다."(『사기전증』)

92  "진왕 정 25년, 왕전이 마침내 초나라의 강남 지역을 평정하고 월왕 구천의 후손을 항복시켰으며 그곳에 회계군會稽郡을 설치했다."(『사기』 「진시황본기」) "진자룡이 말하기를 '왕전은 60만 대군으로 3년여에 걸쳐 초나라 땅을 평정했는데, 진나라가 국가를 멸망시키는 데 이처럼 오래 걸린 적이 없었다. 초나라 땅은 광대하고 험난한 곳이 많았기 때문이다'라고 했다."(『사기전증』)

93  "진왕 정 25년, 진나라는 왕분을 파견해 군사를 이끌고 연나라의 요동군을 공격하게 했고 연나라 왕 희를 사로잡았다" "진왕 정 26년, 진나라 왕은 장군 왕분을 파견하여 연나라 남쪽에서 제나라를 공격하게 하여 제나라 왕 건建을 사로잡았다."(『사기』 「진시황본기」)

진 2세[94] 때 왕전과 그 아들 왕분은 이미 죽었고,[95] 진 2세는 몽씨 일가를 죽였다. 진승陳勝이 군대를 일으켜 진나라에 반기를 들었을 때 진 2세는 왕전의 손자인 왕리王離를 보내 조나라를 공격하도록 했다. 왕리는 조나라 왕과 장이張耳를 거록성鉅鹿城에서 포위했다.[96] 누군가가 말했다.

"왕리는 진나라의 명장이다. 지금 강대한 진나라 군사를 이끌고 이제 새로 건립된 조나라[97]를 공격했으니 반드시 승리를 거둘 것이다."

그의 문객이 말했다.

"그렇지 않소. 무릇 대를 이어 장군이 된 자는 3대에 이르러 반드시 실패하기 마련이오. 반드시 실패하는 것은 무엇 때문이겠소? 그들 선조가 너무 많은 사람을 죽인 탓에 그 후손이 상서롭지 못한 응보를 받는 것이오. 지금의 왕리는 이미 3대째[98] 장군이 되었소."

얼마 지나지 않아 항우가 조나라를 구원하여 진나라 군대를 격파하고 왕리를 사로잡았다. 왕리의 군대는 결국 항우에게 투항했다.[99]


태사공은 말한다.

"속담에 '한 척尺인데 짧을 때가 있고, 한 촌寸인데 길 때가 있다'[100]는 말이 있

---

94  진 2세: 이름은 호해胡亥이고 진시황의 18번째 아들이다. 3년간 재위(기원전 209~기원전 207)했으며 조고趙高에게 살해되었다.

95  "시황 21년 왕전은 병으로 관직에서 물러나 요양했고, 28년 「낭야송琅邪頌」에 왕분과 왕리는 이름이 열거되었으나 왕전은 없었으니, 이전에 죽은 것이다. 어찌 진왕 2세 시기를 기다리겠는가?"(『사기지의』)

96  진 2세 2년(기원전 208) 9월에 발생한 일이다. 거록鉅鹿은 진나라의 군으로 지금의 허베이성 핑샹平鄕 서남쪽 지역이다.

97  장이와 진여가 조헐을 보좌하여 건립한 조나라 정권으로, 9개월 되었을 무렵이다.

98  조부 왕전, 부친 왕분, 왕리까지 3대가 장군에 올랐다.

99  진 2세 3년(기원전 207) 1월의 일이다.

100  『초사楚辭』「복거卜居」에도 같은 말이 있다. "한 척의 길이도 어떤 때는 짧을 때가 있고, 한 촌의 길이도 어떤 때는 도리어 길 때가 있다. 만물은 모두 부족한 곳이 있고, 지혜로운 자도 이해하지 못하는 것이 있다夫尺有所短, 寸有所長, 物有所不足, 智有所不明."

다. 백기는 적의 상황을 헤아려 임기응변했고 기이한 계책을 무수히 일으켜 천하에 명성을 떨쳤지만 응후의 모함에서는 벗어나지 못했다. 왕전은 진나라 장군이 되어 여섯 나라를 멸망시켰고, 당시 숙장宿將[101]이 되어 진시황은 그에게 가르침을 청하며 스승으로 섬겼다.[102] 그러나 진나라를 보좌하며 덕정을 펼쳐 국가의 근본을 공고히 하지 않고 그저 진시황에 영합하여 비위를 맞추며 구차히 살다가 죽음에 이르렀다.[103] 그의 손자인 왕리 때에 이르러 항우에게 사로잡힌 것 또한 마땅한 일이 아니겠는가! 그들에게는 각기 단점이 있었다."

---

101  숙장宿將: 나이가 많고 명망 있는 노장을 말한다.
102  "진시황이 그를 매우 존중한 사실을 나타내는 것으로, 앞서 언급한 '직접 수레를 타고 빈양으로 달려갔다'는 것 등과 같다."(『사기전증』)
103  "나카이 리켄이 말하기를 '왕전은 한 사람의 무인일 따름이다. 시황제가 그를 스승으로 섬긴 것 또한 군대와 전쟁에 관련된 것을 배운 것뿐이다. 왕전에게는 학술이 없었고 또한 국가를 다스리는 재능도 없었다. 인의도덕으로 말한다면 일찍이 마음에 둔 적이 없었거늘 어찌 나라를 세우고 국가의 근본을 공고히 하는 것을 원했단 말인가? 또한 명령을 받아 토벌에 나서 큰 공적을 세웠으니 기용되어 공무를 위해 힘썼을 뿐 비위를 맞추며 구차하게 살아간 일은 없다고 할 수 있다. 여기서 내세운 이론은 태사공의 잘못이다'라고 했다."(『사기회주고증』)

史 記 列 傳

# 맹자순경열전

## 孟子荀卿列傳

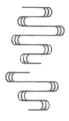

이 편은 「노자한비열전」에 이은 학술 관련 열전으로, 제목은 맹자와 순자의 사적을 기술한 것으로 표명하고 있지만 실제로는 추연을 비롯해서 제나라의 직하稷下 선생들인 순우곤, 신도, 환연, 접자, 전변, 추석, 공손룡, 이회, 묵적 등 상당히 광범위한 인물까지 포괄하여 기술하고 있다. 서두에 맹자를 언급하고 말미에는 순자를 서술하는 구성을 이루고 있지만 이들에 관련된 내용은 많지 않고 오히려 추연의 사적이 더 많은 비중을 차지하고 있다. 또한 「골계열전」에 등장하는 순우곤에 관한 고사를 서술하고 있는데, 그 내용은 학술적인 내용이 아니라 골계에 가까운 것이다.

유가의 대표적인 인물이라 할 수 있는 맹자와 순자를 깊게 다루지 않은 것을 보면 이들에 대한 사마천의 평가가 후대 사람들에 비해 그리 높지 않았음을 짐작할 수 있다. 또한 당대에도 맹자와 순자의 영향력이 크지 않았음을 엿볼 수 있는데, 전국시대에 가장 흥성한 학술은 병가, 법가와 종횡가였기에 다른 학파들이 맹자와 순자의 학술을 받아들이기에는 시대 상황에 적합하지 않았을 것이다.

사마천은 이 편에서 전국시대 중·후기에 연이어 나타난 여러 학파의 특색을 서술하고 있다. 제나라 직하 학파의 역사적 작용을 긍정적으로 평가하면서 제나라가 학술에 재능 있는 사람들로 하여금 새로운 학술을 창안할 수 있는 기반을 조성했기에 번창할 수 있었다는 점을 강조하고 있다. 또한 춘추시대 말기부터 사상의 흐름을 주도한 유학이 백가쟁명을 거쳐 융합하는 추세를 형성했음을 보여주고 있다.

태사공이 말한다.[1]

"나는 『맹자孟子』라는 책의 문장을 읽다가 양나라 혜왕이 맹자에게 '어떻게 해야 우리나라를 이롭게 할 수 있소?'[2]라고 묻는 구절에 이르렀을 때 도중에 책을 덮고 감탄하지 않은 적이 없었다. '아! 이익이란 진실로 모든 혼란의 근원이로구나! 공자가 이익에 대해 드물게 말한 것[3]은 아마도 혼란을 발생케 하는 근원을 막고자 한 것이다. 이 때문에 공자는 '이익만을 좇아서 행동하면 원망을 사는 일이 많아진다'[4]고 했던 것이다. 사실상 천자부터 일반 백성에 이르기까지 이익을 좋아하여 발생하는 병폐가 어찌 다르겠는가!"

---

1  사마천이 『사기』를 서술하면서 '태사공왈太史公曰'로 의견을 제시하는 내용은 대부분은 말미에 배치되어 있다. 그러나 일부는 앞쪽에 배치하기도 했는데, 「맹자순경열전」과 「유림열전儒林列傳」「화식열전貨殖列傳」 등이 그렇다. 앞에 서문을 두고 말미에도 '태사공왈'로 시작하는 의견을 제시한 것은 「순리열전循吏列傳」「혹리열전酷吏列傳」「유협열전游俠列傳」 등이 있다. 또한 『색은』에서는 「서전序傳」에는 「맹상군열전」이 제14권이고, 「맹자순경열전」이 제15권인데, 아마도 후세 사람이 순서를 아래로 내렸을 것이다'라고 했다. 현재 『사기열전』의 실제 순서는 「맹자순경열전」이 14권, 「맹상군열전」이 15권이다.
2  "양 혜왕이 묻기를 '노선생老先生께서는 천 리를 멀다 하지 않고 여기까지 오셨는데, 우리 양나라를 이롭게 해줄 묘책이 있으시겠지요?'라고 하자, 맹자는 '왕께서는 어찌하여 이로움만을 말씀하십니까? 다른 것으로 인의仁義도 있습니다'라고 대답했다."(『맹자』「양혜왕 상」)
3  "공자께서는 이利와 명命과 인仁에 대해서는 드물게 말씀하셨다."(『논어』「자한子罕」) 정자程子가 말하기를 "이利(이익)를 계산하면 의義를 해치고, 명命(명운, 천명)의 이치는 미묘하며, 인仁의 도는 크므로 모두 부자夫子(공자)께서 드물게 말씀하신 것이다"라고 했다. 『논어』에 공자가 인仁에 대해 말한 것은 대부분 제자들의 물음에 답한 내용으로, 공자 스스로 인을 논한 경우는 드물다.
4  출전은 『논어』「이인里仁」으로, 정자가 말하기를 "자신에게 이롭게 하고자 하면 반드시 남에게 해를 입히게 되므로 원망이 많아지는 것이다"라고 했다.

맹가孟軻[5]는 추騶[6] 사람이다. 그는 자사子思의 제자로부터 학문을 배웠다.[7] 그는 유가의 도를 배워 통달한 뒤 먼저 제 선왕[8]에게 가서 유세하고 섬기려 했으나 제 선왕은 그의 의견을 받아들이지 않았다. 그리하여 그는 다시 양나라로 갔지만[9] 양 혜왕 또한 그의 이론을 입으로만 칭찬하고 받아들이지 않았는데, 그의 사상이 크기만 하고 실제에 적합하지 않다고 여겼다.

당시 진나라는 상군을 등용하여 변법을 시행하여 부국강병을 꾀했고, 초나라와 위魏나라는 오기를 등용하여 전쟁에 승리를 거두며 적국을 약화시켰다.[10]

---

5　"『사기』에서는 맹자의 자字를 서술하지 않았다.『한서』「예문지」안사고 주석에서는「성증론聖證論」을 인용해 자를 '자거子車'라 했고,『부자傅子』와『순자荀子』「비십이자非十二子」에서는 '자여子輿'라 했다. 또한 '자거子居'라고도 했다. 고대에 '거車'와 '여輿'는 통용되었다. '거居'는 아마도 음은 같지만 잘못된 것 같다."(『사기지의』)

6　추騶: 노나라의 읍으로, 원래 명칭은 주邾였다. '추鄒'라고도 쓰며 지금의 산둥성 추현 동남쪽 지역이다. "장보첸蔣伯潛의『제자통고諸子通考』에 이르기를 "맹가는 주 열왕周烈王 4년(기원전 373)에 태어나서 주 난왕周赧王 26년(기원전 289)에 사망했다."(『사기전증』)

7　원문은 '수업자사지문인受業子思之門人'이다. "왕소는 '인人'을 불필요한 글자로 여겼다. 맹가가 공급孔伋(자사子思)의 문하에서 배웠다고 여긴 것이다. 지금 문인門人이라고 말하는 것은 자사의 제자에게 배운 경우를 말한다."(『색은』) "백어伯魚(공자의 아들)는 공자보다 5년 앞서 죽었고, 자사는 많이 어리지 않았다. 자사는 82세에 사망했는데 공자가 죽었을 때 10세로 계산하면 위 열왕威烈王 18년(기원전 408)에 죽은 셈이다. 난왕赧王 원년(기원전 314) 제나라가 연나라를 정벌했을 때 맹자가 그를 만났으니 자사가 죽은 뒤 95년이다. 맹자의 나이가 100여 세 되어야 자사를 만날 수 있게 되는데, 맹자는 그토록 장수하지 않았으니 어찌 자사의 문하에 들어가 직접 수업을 받을 수 있었겠는가! 게다가 맹자 스스로 사숙제자私淑諸子(『맹자』「이루離婁 하」, 사숙제자란 당사자로부터 직접 수업을 받지는 못했으나 공경하여 그의 학술을 전승하고 스승으로서 모시는 제자)라고 했으니 더욱 확실한 증거로『사기』가 맞는 것 같다."(『사기지의』) 나카이 리켄 또한 "공자가 사망한 때로부터 제 선왕까지 150년이다. 자사의 나이가 100세라 하더라도 맹자의 탄생 기일을 만날 수 없다"고 했다.(『사기회주고증』)

8　제 선왕齊宣王(재위 기원전 319~기원전 301)은 위왕의 아들로, 이름이 벽강辟疆이다.

9　『사기지의』『사기전증』『사기회주고증』에서는『통감』에 근거해 맹자가 먼저 양나라에 갔으며 혜왕이 죽은 후 제나라로 향했다고 하여『사기』「맹자순경열전」의 순서가 잘못되었다고 했다. "『통감』에는 맹가가 양나라에 온 때가 주 현왕周顯王 33년(기원전 336)으로 표기되어 있으나 첸무는 주 신정왕周慎靚王 원년(기원전 320)이 마땅하다고 보았다. 지금 학계에서는 거의 첸무의 견해를 채택하고 있다.『사기』에는 제나라와 위나라의 연대 기록에 중대한 착오가 있으며『통감』또한 답습하여 잘못 기재했다."(『사기전증』)

10　"오기를 상군 다음에 서술했는데, 사실은 오기의 활동이 상군보다 수십 년 앞서고 손자와 전기보다는 100여 년 뒤로, 태사공은 맹자와 동시대까지 끌어왔다."(『사기전증』) "오기는 위 문후, 초 도왕 시대에 임명되었으므로 맹자의 시기로 말할 수 없다."(『사기지의』)

제나라 위왕과 선왕은 손빈孫臏, 전기田忌 같은 무리를 임용했기에 각국 제후들은 모두 동쪽으로 제나라에 알현하며 복종했다.[11] 당시 천하는 모두 합종 혹은 연횡에 힘쓰며 남을 공격하고 정벌하는 것을 능력으로 여겼는데, 맹가는 당요唐堯와 우순虞舜 그리고 하·상·주 삼대의 덕정을 펼쳤으므로 가는 곳마다 요구에 부합하지 않았다. 그는 결국 집으로 돌아가 그의 제자인 만장萬章 등과 『시경』 『서경』을 연구하여 상세히 해석하고 공자의 사상을 명백히 밝혀 『맹자孟子』 일곱 편을 지었다.[12] 맹자 이후에 여러 추자騶子가 출현했다.

제나라에는 세 명의 추자가 있었다.[13] 가장 앞선 시기의 인물은 추기騶忌로, 그는 거문고를 타는 것으로 제나라 위왕을 만났고 그 기회를 이용해 국정에 참여하여 성후成侯에 봉해지고 상 인장을 받았다.[14] 그는 맹자보다 앞선 시대 사람이다.

그다음은 추연騶衍으로, 맹자보다 후대 사람이다. 추연은 당시 국가를 통치하는 자들이 나날이 음란하고 사치스러워져서 도덕을 숭상할 수 없고, 『시경』 「대아大雅」에서 말한 것처럼 먼저 스스로 모범을 보여도 뭇 백성에게 널리 전파할 수 없다고 봤다.[15] 이 때문에 그는 음양의 소멸과 성장을 깊이 관찰하고 기

---

11  "전국시대 전기 100여 년 동안 위나라는 가장 강대했고 문후, 무후, 혜왕 전기까지는 위나라에 대적할 나라가 없었다. 제나라는 위왕 때부터 강대해지기 시작해서 두 차례 위나라를 패배시킨 후 쇠약해진 위나라는 다시 일어나지 못했다. 제나라는 위나라의 패주 지위를 대신하게 되었고, 연나라와 조나라 등 다섯 국가의 연합으로 제 민왕이 패배할 때까지 전제田齊는 가장 눈부신 50년이었다."(『사기전증』)

12  "맹자는 전문적으로 『시경』과 『서경』을 서술하지 않았으나, 7편 가운데 『서경』을 29차례, 『시경』을 35차례 언급했다."(『사기지의』)

13  추기騶忌, 추연騶衍, 추석騶奭을 말한다.

14  "추기자騶忌子(추기)는 제 위왕을 만난 지 석 달 만에 제나라 상의 인장을 받았다. 1년이 지나 제 위왕은 히비下邳(제나라 현, 지금의 장쑤성 피저우邳州 서남쪽)를 추기자에게 내리고 성후에 봉했다."(「전경중완세가」)

15  "먼저 부인 앞에서 모범을 보이고, 그다음 형제들에게까지 모범이 되니, 온 나라를 다스리시네刑于寡妻, 至于兄弟, 以御于家邦."(『시경』 「대아大雅·사제思齊」)

괴하고 허황된 학설을 창작하여 「종시終始」 「대성大聖」 등의 문장 10여 만 자를 지었다.[16]

그의 이론은 웅대하고 실제와 동떨어진 것으로, 먼저 작은 사물로 실험을 한 다음 그것을 추론하고 확장시켜 한계가 없는 데 이르렀다. 그의 서술은 현재로부터 시작해 황제黃帝 시대까지 거슬러 올라갔는데, 각 시기의 학자들이 공통적으로 강술한 것을 이용했고 대체로 각 왕조의 흥망을 근거로 융성과 쇠퇴의 도리를 논술했다. 그로 인해 길흉화복과 각종 제도를 기술할 때도 이러한 방법에 따라 천지개벽 이전까지 추론함으로써 아득히 멀고 분명하지 않은 근본과 고찰할 방법이 없는 것을 강설했다.

그는 중국의 유명한 산, 큰 하천, 산골짜기의 날짐승과 길짐승, 물과 뭍에서 생장하는 것들, 인류가 진귀하게 여기는 각종 물건을 기재하고, 아울러 이로부터 유추하여 누구도 보지 못했던 나라 밖의 것들까지 확대시켰다. 그는 천지개벽 이래로 각 시대는 모두 금金, 목木, 수水, 화火, 토土 다섯 종류의 덕성德性에 따라 변화하고 발전해왔기 때문에 그에 상응하는 덕성으로 국가를 다스려야 비로소 잘 다스릴 수 있고, 하늘과 인간 사이에는 예시하는 징조와 서로 감응하는 관계가 있다고 말했다. 그는 유생들이 일반적으로 말하는 중국은 천하의 81분의 1에 불과하다고 여겼고, 중국을 적현신주赤縣神州라 불렀다. 신주神州 안에는 또 9개 주로 나뉘어 있는데, 이것은 우임금이 구획한 9주로[17] 추연이 말한 9개 주의 숫자는 아니다. 중국 밖에 적현신주와 같은 주가 9개 있는데, 이것이 바로 그가 말한 진정한 9개 주다. 각 주에는 작은 바다[18]가 있어서 주를 둘러싸

---

16　"음양가 중에 『추자鄒子』 49편이 있고, 『추자종시鄒子終始』 56편이 있는데, 지금은 모두 전하지 않는다."(『한서』 「예문지」)

17　"대우大禹가 치수를 한 뒤에 구획한 9개 주를 말한다. 『상서』 「우공禹貢」에 따르면 '기주冀州, 청주靑州, 연주兗州, 서주徐州, 양주揚州, 형주荊州, 예주豫州, 양주梁州, 옹주雍州'로, 사실은 전국시대 사람들의 견해다."(『사기전증』)

18　원문은 '비해裨海(작은 바다)'로, 옛사람들은 중국의 사방에 모두 바다가 있다고 여겼다. "구주의

고 있고, 백성과 짐승이 서로 왕래할 수 없어 마치 하나의 독립된 지역과 같은데, 이것이 하나의 주다. 이와 같은 주가 모두 9개 있고 9주의 바깥을 다시 넓은바다가 둘러싸고 있으니, 그곳이 바로 천지의 끝이고 천지가 서로 이어지는 곳이다.

추연의 학설은 모두가 이와 같다. 그러나 그 근본이 되는 사상을 고찰해보면인의와 절약으로 귀결되며 그가 강조한 것은 군주와 신하, 위와 아래, 육친六親간의 화목인데, 처음 들으면 허무맹랑하고 이치에 맞지 않을 따름이다. 왕공王公귀족들은 그의 학설을 처음 들으면 놀라고 기이하게 여겨 배울 생각을 하지만나중에는 누구도 실행할 수 없게 된다.[19]

이 때문에 추연은 제나라에서 중시된 적이 있었다. 나중에 그가 양梁나라로갔을 때 혜왕은 직접 교외까지 나와 영접하고 그를 귀빈의 예로 대접했다.[20] 이후 추연이 조나라로 갔을 때 평원군은 몸을 기울여 옆으로 걸으면서 안내하고그가 앉을 자리의 먼지를 소매로 털었다. 연나라에 갔을 때 소왕昭王은 빗자루를 안고 앞에서 길을 안내했으며,[21] 또한 그의 제자들 사이에 앉아 학습할 수있도록 해달라고 부탁했다. 아울러 소왕은 갈석궁碣石宮[22]을 건축하고는 직접그곳으로 가서 추연에게 수업을 받았다. 추연은 그곳에서 「주운主運」편을 저작했다.[23]

추연이 각 제후국을 주유했을 때 이처럼 존중을 받았는데, 어찌 공자가 진陳

바깥에 더욱 큰 바다가 있으므로 여기서의 비裨는 작은 바다임을 알 수 있다. 게다가 장수 중에도 비장裨將이 있는데, 비는 작다는 의미다."(『색은』)
19  "반드시 인의와 절약에 귀결되므로, 이러한 요구는 부귀한 사람이 받아들일 방법이 없다."(『사기전증』)
20  원문은 '빈주지례賓主之禮(손님과 주인의 예절)'로, 양 혜왕이 추연을 신하가 아니라 자신과 동등한 손님으로 모셨음을 뜻한다.
21  "그를 위해 땅을 쓸고 옷소매로 빗자루를 안고 가면서 먼지가 장자長子에 닿을까 걱정하는 것을 말하는 것으로 존경을 표하기 위한 것이다."(『색은』)
22  갈석궁은 "유주幽州 계현薊縣(지금의 베이징) 서쪽 30리 영대寧臺 동쪽에 있다."(『정의』)
23  "유향의 『별록』에 따르면 '추자鄒子(추연)의 책에 「주운」편이 있다'고 했다."(『색은』)

과 채蔡 사이에서 포위되어 양식이 끊겨 굶주린 얼굴빛을 한 일이나 맹자가 제나라와 양나라에서 곤경에 빠진 것을 함께 이야기할 수 있겠는가!24 이 때문에 주나라 무왕이 인의를 명분 삼아 은나라 주왕을 토벌하고 스스로 왕을 칭했지만 백이는 차라리 굶어 죽을지언정 주나라 곡식을 먹지 않으려 했고, 위衛나라 영공이 공자에게 진을 펼치는 법을 물었을 때 공자는 대답하지 않았고,25 양나라 혜왕이 맹자와 조나라를 공격할 계획을 상의했을 때 맹자는 도리어 주나라 태왕太王이 이민족의 침략을 피해 무리를 이끌고 빈邠을 떠나 기산岐山으로 옮겨 거주한 일을 강론했다.26 여기에 어찌 세속에 영합하여 구차히 아부하려는 생각이 있었겠는가! 네모난 장부를27 둥근 구멍에 넣으려 한다면 어떻게 들어갈 수 있겠는가?28

누군가 이렇게 말했다. "이윤은 밥 짓는 솥을 짊어지고서 힘써 탕왕을 보좌하여 천하를 통일했고, 백리해는 수레 밑에서 소에게 꼴을 먹이다가 진 목공秦穆公을 도와 패업을 이루게 했으니, 모두 먼저 설법으로 군주의 뜻에 영합한 다음29 천천히 군주를 인의의 바른 길로 인도했다. 추연의 학설은 정상적인 법칙에 들어맞지는 않으나, 어쩌면 소에게 꼴을 먹인 백리해와 솥을 짊어졌던 이윤과 같은 뜻이 아니었겠는가?"

---

24  "중니와 맹자는 선왕의 도를 본받아 인의의 교화를 행하고도 굶주린 기색의 곤경에 처했는데 추연은 궤변으로 제후들을 미혹케 하고도 이처럼 예로써 중시되었으니 깊이 탄식할 만하다."(『색은』)
25  위 영공衛靈公(재위 기원전 534~기원전 493)은 춘추시대 후기 위衛나라의 군주로, 이름이 원元이다.
26  태왕太王은 주나라 문왕의 조부인 고공단보로, 원래는 빈邠(빈豳이라고도 하며 지금의 산시陝西성 빈현彬縣 동북쪽)에 거주했으나 나중에 기산岐山(지금의 산시陝西성 치산岐山 동북쪽)으로 옮겼다.
27  원문은 '방예方枘'인데 네모난 장부를 말한다. '장부'는 구멍에 맞춰 끼우기 위해 나무 끝을 깎아 가늘게 만든 부분을 일컫는 명칭이다.
28  "전국시대에 중니와 맹자가 당시의 군주에게 인의로써 추구한 것은 마치 네모난 장부에 둥근 구멍과 같다는 것을 말한 것이다."(『색은』) 장부란 각종 용구의 두 부분을 요철凹凸을 이용하여 연결할 때 볼록 튀어나온 부분(凸)을 가리킨다.
29  원문은 '작선합作先合'인데, "이립李笠이 말하기를 '작作은 사詐(속이다)와 통하여, 먼저 속이는 수단으로 군주의 뜻에 영합한 다음이라는 의미'라고 했는데, 참고할 만하다."(『사기전증』)

추연과 제나라의 직하稷下[30] 선생들, 예를 들어 순우곤淳于髡, 신도愼到, 환연環淵, 접자接子, 전변田騈, 추석騶奭[31] 같은 무리들은 각기 책을 지어 자신의 학설을 세우고 나라의 혼란한 상황을 다스리는 문제를 토론함으로써 당시 군주가 알아봐주기를 원했으니, 이러한 사람들을 어떻게 다 말할 수 있겠는가!

순우곤은 제나라 사람으로 견문이 넓고 기억력이 좋으며 어느 한 학설에만 전념하여 배우지 않았다. 그는 군주에게 의견을 제시하는 데 안영晏嬰의 사람됨을 앙모하여 따르고자 했으나[32] 군주의 안색을 살피고 뜻에 순응하는 데 힘썼다.

어떤 빈객이 순우곤을 양나라 혜왕에게 추천하여 만나게 해주었다. 양 혜왕은 주변 사람들을 물리고 두 차례나 단독으로 그를 접견했지만 순우곤은 단 한 마디도 말을 하지 않았다. 양 혜왕은 기괴하게 여겨 그를 소개한 빈객을 꾸짖었다.

"그대는 순우 선생이 관중과 안영도 미칠 수 없는 인물이라고 칭찬했소. 그런데 과인은 그를 만나 얻은 것이 아무것도 없소. 설마 과인이 그와 말할 만한 자격이 없다는 말이오? 그가 말 한 마디 하지 않은 것은 무슨 까닭이오?"

빈객이 돌아가 순우곤에게 양 혜왕의 말을 전하자 순우곤이 말했다.

"당연하지요. 내가 전에 대왕을 처음 만났을 때 대왕은 말을 달려 사냥할 생각만 하고 있었고, 두 번째 만났을 때는 아름다운 음악에 정신이 팔려 있었

---

30  직하稷下: "직하는 제나라의 성문이다. 누군가는 직하가 산 이름이라고도 한다. 제나라의 학사學士들이 직문稷門 아래에 모여 있는 것을 말한다."(『색은』) "『색은』에서 또 우희虞喜가 말하기를 '제나라에 직산稷山이 있는데, 그 아래에 손님을 묵게 하는 건물을 지어 유세하는 선비들을 대접했다'고 했다. 만약 직산이라고 한다면 아래 문장의 '사방으로 통하는 넓고 큰 길을 열고 높은 대문의 큰 집들을 길 따라 건축하다'의 말에 합치되지 않으니 성문으로 해석하는 것이 대체로 좋다."(『사기전증』)

31  신도愼到는 조나라 사람이다. 『한서』 「예문지」에 『신자愼子』 42편에 대한 기록이 있다. 환연環淵은 『한서』 「예문지」에 초나라 사람이며 노자의 제자라고 기록되어 있다. 접자接子·전변田騈·추석騶奭은 "『접자接子』는 2편이다. 『전자田子』는 25편으로 제나라 사람이며 직하稷下를 드나들었고 천구天口라 불렸다. 접자와 전변 두 사람은 도가다. 『추석』은 12편인데, 음양가다."(『정의』) "추연이 순우곤의 후대 사람인데 문장에서 순우곤보다 앞에 둔 것은 추기에 이어서 세 명의 추자를 말하고자 했기 때문일 뿐이다."(『사기탐원』)

32  태사공은 「관안열전」에서 안영에 대해 "군주에게 간언할 때는 군주의 위엄을 범했다"라고 칭송했다.

소.[33] 그래서 나는 말을 하지 않은 것이오."

빈객이 이 말을 양 혜왕에게 전하자 혜왕은 깜짝 놀라며 말했다.

"아, 순우 선생은 진정한 성인이구나! 이전에 순우 선생이 과인을 처음 만나러 왔을 때 어떤 사람이 좋은 말을 바쳤는데, 과인이 그 말을 살펴보기 전에 마침 선생께서 오셨소. 선생이 두 번째 왔을 때는 또 어떤 사람이 노래 잘하는 사람을 바쳤는데, 과인이 노래를 들어보기 전에 마침 선생께서 오셨소. 그때 주변 사람들을 물렸지만 과인의 마음은 확실히 그것들에 향해 있었으니, 사실이라 하겠소."

그 뒤 순우곤이 다시 양 혜왕을 만났는데, 이번에는 사흘 밤낮을 이어 말했는데도 두 사람 모두 피곤한 줄 몰랐다. 양 혜왕은 순우곤에게 경상卿相의 지위를 내리고 대접하려 했지만 순우곤은 사양하고 떠났다. 그리하여 양 혜왕은 네 필의 말이 끄는 안거安車[34]를 안배하고, 속백束帛[35]과 그 외에 벽옥璧玉, 황금 100일鎰을 보냈다. 순우곤은 평생 동안 벼슬하지 않았다.[36]

신도는 조나라 사람이고, 전변과 접자는 제나라 사람이며, 환연은 초나라 사람이다. 이들은 모두 황제와 노자의 도덕에 관한 학문을 학습하여 그 학설의 취지를 논술하고 발휘했는데, 신도는 12편의 논문을 썼고,[37] 환연은 상하 편을 지었으며,[38] 전변과 접자 등도 모두 저술이 있었다.

33 "이것이 바로 군주의 안색을 살피고 뜻에 순응하며 간언한 것이다"라고 했다.(『사기평림』)
34 안거安車: 고대의 수레는 보통 선 채로 타는 방식인 반면 안거는 앉아 탈 수 있는 작은 수레를 말한다. 통상적으로 한 마리 말이 끌지만 존귀한 자를 예우할 때는 네 마리의 말이 끌게 했다. 연로한 고급 관원과 귀부인이 탈 때도 제공했다. 또한 덕이 높고 명망이 큰 사람을 영접할 때는 흔들림을 방지하기 위해 안거의 바퀴를 부들로 싸맨 안거포륜安車蒲輪(혹은 안거연륜安車軟輪)을 보내 예우를 표했다.
35 속백束帛: 한 묶음이 5필인 비단 다발로, 고대에 국가 간에 주고받는 증정의 예물이다.
36 "순우곤이 어찌 평생 동안 벼슬하지 않았는가. 이 말은 사실과 부합하지 않는다."(『사기지의』) "심가본은 '아래 문장에서 순우곤 이하 모두 대부의 대우를 누렸다고 했으니 서로 모순된다'고 했다."(『사기전증』)
37 "서광이 말하기를 '지금 『신자』는 유향이 확정한 바에 따르면 41편이 있다'고 했다."(『집해』) 반면 『한서』 「예문지」에서는 "『신자』 42편"이라고 했다.

추석은 제나라의 여러 추자騶子 중 한 사람으로, 추연의 학설을 여러 방면으로 채용하여 문장을 지었다.[39]

그리하여 제나라 왕은 직하의 이러한 학자들을 칭찬하고 순우곤 이하 모두에게 대부의 대우를 누리게 했다. 또한 그들을 위해 사방으로 통하는 넓고 큰 길을 열고[40] 높은 대문의 큰 집들을 길 따라 건축하여 이러한 사람들이 비할 수 없는 존경과 총애를 받도록 했다. 제나라 왕이 이렇게 한 까닭은 제나라가 천하의 재능 있는 인사를 불러들인다는 사실을 천하 각 제후국의 군주와 빈객들에게 보여주기 위함이었다.

순경荀卿[41]은 조나라 사람인데 50세가 되어서야 제나라에 와서 학문을 강연했다.[42] 추연의 학설은 한없이 광대하고 변론적이며, 추석의 이론은 사리에 맞고 완비되었지만 실행하기 어려웠으며, 순우곤과는 오래도록 함께 지내다 보면 때때로 좋은 말을 들을 수 있었다. 이 때문에 제나라 사람들이 그들을 칭송하기

---

38  "『연자蜎子』 13편, 이름은 연淵, 초나라 사람, 노자의 제자다."(『한서』 「예문지」)
39  "앞에서 제나라에 세 사람의 추자가 있다고 한바 추석도 그중 한 명이다. 또 『한서』 「예문지」에서는 '『추석자騶奭子』 12편이 있고 음양가에 포함되는데 아마도 추연의 종시終始 유형일 것이다'라고 했다."(『사기찰기』)
40  원문은 '강장지구康莊之衢(사통팔달의 큰길)'로 표기되어 있다. "『이아』에 이르기를 '사방으로 통하는 것을 구衢라 하고, 다섯 방향으로 통하는 것을 강康이라 하며, 여섯 방향으로 통하는 것을 장莊이라 한다'고 했다."(『집해』)
41  "이름은 황황況이다. 경卿은 당시 사람들이 존경하여 경이라 부른 것이다. 제나라에서 벼슬을 하여 좨주祭酒가 되었고 초나라에서는 난릉령蘭陵令이 되었다. 나중에 손경자孫卿子라 부른 것은 한나라 선제宣帝를 피휘하기 위해 바꾼 것이다."(『색은』) "경은 순황荀況의 자다. 『순자』에서도 경이라 불렀다. 『색은』에서는 존호로 여겼으나 아마도 아닐 것이다."(『사기찰기』), "『순자』에서도 또한 손경孫卿이라 칭했는데, 아마도 당시에 순荀과 손孫의 음이 비슷해서 서로 통용된 듯하다."(『사기신증』)
42  "여기서는 순경이 50세 때 제나라에 오고 양왕 때 스승이 되었다고 했는데, 언제 제나라에 왔는지는 말하지 않고 있다. 『풍속통風俗通』 「궁통窮通」 편에서 '제나라 위왕, 선왕 때 손경(순자)은 수재였고 15세 때 유학하기 시작하여 양왕 때 손경은 가장 나이 많고 학문이 높은 스승이 되었다'고 했다. 이에 근거하면 위왕 말년에서 양왕 초년까지는 61년으로, 순자의 나이는 76세다. 50세 때 제나라로 왔다면 마땅히 양왕 때로 순자는 120여 세가 된다. 여기서 '50'은 잘못 표기한 것으로 의심된다."(『사기지의』)

를 "위로 하늘의 일까지 말하지 않는 것이 없는 추연, 용의 문양을 조각한 듯 문사가 아름다운 추석,[43] 수레 굴대의 기름을 담아둔 기구처럼 지혜가 넘치는 순우곤"[44]이라 했다. 당시 전변 등은 모두 사망했으므로 제나라 양왕 때에는 순경이 제나라에서 가장 연로하고 학문이 높은 스승이었다. 당시 제나라에는 학자들에게 대부의 지위로 대접하는 규정이 남아 있어 빈자리가 발생하면 즉시 보충했는데, 순경은 세 차례나 좨주祭酒[45]의 관직을 지냈다. 제나라의 어떤 사람이 순경을 헐뜯자 그는 제나라를 떠나 초나라로 갔다. 당시 춘신군春申君이 초나라 정권을 장악하고 있었는데, 춘신군은 순경을 난릉蘭陵 현령으로 임명했다.[46] 나중에 춘신군이 죽자 순경도 면직되었지만[47] 이때부터 난릉에서 정착하여 살았다. 이사李斯는 일찍이 순경의 제자였는데 훗날 진나라 상이 되었다.[48] 순경은

43　원문은 '談天衍, 雕龍奭'이다. "유향의 『별록』에서는 '추연이 말한 오덕종시五德終始는 천지와 같이 광대하고, 하늘의 일을 모두 말했으므로 담천談天이라 했다. 추석은 추연의 문장을 꾸미는 데 용의 문양을 조각하듯 장식했으므로 조룡雕龍이라 한 것이다'라고 했다."(『집해』) 나카이 리켄은 "추연의 학술은 그저 현실에 맞지 않고 광대하며 한없이 넓기만 하여 '담천'과 같다. 담천 또한 비유일 뿐 그 책이 하늘의 일을 말한 것을 칭찬한 것은 아니다'라고 했다.(『사기회주고증』)
44　원문은 '자곡과곤炙轂過髡'이다. "유향의 『별록』에 이르기를 '과過자는 과輠로, 수레의 기름을 채우는 기구다. 구운 고기처럼 수레바퀴가 뻑뻑해져도 남아 있는 기름방울이 있다는 뜻으로, 순우곤의 지혜가 수레의 기름을 저장해둔 기구처럼 다함이 없다는 것을 말한다'고 했다."(『색은』)
45　좨주祭酒: 고대에 향연을 베풀 때 술을 땅에 뿌리며 신에게 제사를 지내는 장자長者를 말한다. 이후 관서의 우두머리 관원을 가리키는 말로 통용되었다. "예식禮食(군주가 신하에게 음식을 하사하는 일종의 예우) 때 반드시 먼저 제사를 지내며 술을 마실 때도 역시 그렇게 하는데, 반드시 좌중의 존귀한 자 한 사람이 제사를 담당하게 된다. 나중에 관직 명칭이 되었는데, 오왕비五王濞가 유씨劉氏의 좨주가 된 것이 바로 이것이다."(『색은』)
46　난릉蘭陵은 초나라 현으로 지금의 산둥성 창산蒼山 서남쪽 지역이다. 고열왕 8년(기원전 255) 때 순경은 난릉현 현령을 맡았다.
47　「초책」, 『한시외전』 「사」, 유향의 「순자서荀子序」, 『풍속통』 「궁통」에 근거하면 춘신군은 세객의 권유로 사람을 시켜 순경을 사직시켰고, 결국 순경은 조나라로 가서 상경이 되었다. 춘신군은 또 세객의 권유로 조나라에 사람을 보내 순경을 돌아오도록 했다. 순경은 편지를 써서 거절했으나 나중에 하는 수 없이 다시 난릉현 현령이 되었다. 『사기』에서는 그가 조나라로 간 것을 기재하지 않았으니 매우 부족하다. 춘신군이 죽자 순경도 면직되었다고 한 것은 그가 난릉현령이 된 때를 가리킨다." (『사기지의』)
48　이사는 진나라로 들어간 후 여불위의 사인으로 지내다가 진나라 객경이 되었다. 육국을 소멸시킨 후 이사는 어사대부를 담당했고 진시황 말년에 상이 되었다.

당시 세상의 정치가 혼탁하고, 멸망하는 나라와 우매하고 우둔한 군주가 연달
아 등장하고, 집정자들이 성인의 대도를 행하지 않고 도리어 황당한 귀신과 사
설에 현혹되어 길흉의 징조를 신봉하며, 천박하고 비루한 서생들은[49] 사소한 일
에 구속되고, 장주莊周 같은 이들이 익살스러운 수단으로 풍속을 어지럽히는 것
을 몹시 미워했다. 그리하여 순경은 유가, 묵가, 도가의 학설과 이러한 학설이 실
천된 뒤의 성패와 득실을 분석하여 연구하고 차례대로 정리하여 수만 자를 남
기고 죽었다. 순경은 난릉에 묻혔다.[50]

당시 조나라에는 공손룡公孫龍[51]이라는 자가 나타나 견백동이堅白同異의 학설
을 창립했으며,[52] 또 극자劇子의 언론이 있었다.[53] 위魏나라에는 이회李悝라는 사

---

49  원문은 '비유鄙儒'로, 천박하고 비루한 서생을 뜻한다. "장보첸이 말하기를 '유儒에는 본래 두 가
지 의미가 있는데, 첫 번째는 학자의 통칭으로 학식과 도술이 있는 자를 모두 유라고 불렀다. 그러므로
「순경열전」에서 '천박하고 비루한 서생들은 사소한 일에 구속되고, 장주 같은 사람'이라고 했고, 『논
어』 「옹야」에서 공자가 자하에게 '너는 군자다운 선비가 되고, 소인 같은 선비가 되지 말라女爲君子儒,
無爲小人儒'고 한 것이다. 두 번째로는 학식과 도술이 있으면서 남을 가르칠 수 있는 자를 '유'라고 하는
데, 지금의 교육자이다. 개인이 무리를 모아놓고 학문을 강의한 것은 공자에게서 시작되어 그의 제자인
자유, 자하, 증자 등과 같은 사람들이 모두 설교를 했으므로 '유'라 부른다. 이후로는 학파의 명칭이 되
었다'라고 했다."(『사기전증』)
50  "순경이 어느 해 사망했는지 알 수 없다. 『염철론』 「훼학毁學」 편에 이르기를 '이사가 진나라 상을
담당했을 때 진시황은 그를 신임했고, 신하들 가운데 그와 비할 수 있는 자가 없었다. 그러나 이사의
스승인 순경은 이것을 걱정하여 먹어도 배부르지 않았는데, 자신의 제자가 장차 예측할 수 없는 재앙
을 만나게 될까 해서였다'고 했다. 이 내용에 따르면 이사가 진나라 상이었을 때 순경은 살아 있었다.
『사기』에서 이사가 상이 된 때는 진나라가 천하를 합병한 뒤로, 춘신군이 사망하고 24년 후이며 제 양
왕이 사망하고 51년 후다. 이때 순자가 살아 있었다면 장수한 사람이다."(『사기회주고증』)
51  "중니의 제자 이름이다. 여기서는 조나라 사람이라 했고, 「제자전弟子傳」('수정본'에서는 마땅히 『가
어家語』라고 해야 한다고 했다)에서는 위衛나라 사람이라 했으며, 정현은 초나라 사람이라 했는데, 각기
그 진실을 알 수 없다."(『색은』) 「중니제자열전」에 기재된 공손룡과는 같은 인물이 아니다.
52  '견백堅白은 견석백마堅石白馬의 설이고, 동이同異는 같은 것을 다르다 하고 다른 것을 같다고 하
는 것이다. 지금 판본의 『공손룡자公孫龍子』에는 「적부跡府」 「백마白馬」 「지물指物」 「통변通變」 「견백
堅白」 「명실名實」 6편이 있다. '흰 말은 말이 아닌데, 그렇다고 할 수 있는가?' '할 수 있다.' '어째서인
가?' '말이라는 것은 형태를 명명한 것이다. 희다는 것은 색을 명명한 것이니 색을 명명한 것은 형태를
명명한 것이 아니기 때문이다.'(「백마」 편) '견堅, 백白, 석石을 셋이라 할 수 있는가?' '할 수 없다.' '둘이
라 할 수 있는가?' '할 수 있다. 돌을 보되 흰색을 보고 단단함을 알지 못하면 흰 돌白石이라 한다. 돌
을 만져보되 단단함은 알지만 희다는 것을 모르니 단단한 돌堅石이라 하는 것이다. 단단하고 흰 것堅

람이 있었는데 토지의 잠재력을 발휘하도록 사람들을 가르쳤다.[54] 초나라에는 시자尸子[55]와 장로長蘆[56]가 있었고, 제나라의 아阿 땅에는 우자吁子라는 사람이 있었다.[57] 맹자부터 우자에 이르기까지 이러한 사람들의 저작이 세상에 많이 전해지기 때문에 일일이 다시 논술하지 않고 단지 그들의 전기만 서술했다.

묵적墨翟은 송나라의 대부로 군사적으로는 방어를 잘했고, 사상적으로는 검소와 절약을 주장했다. 어떤 사람은 그가 공자와 같은 시대 사람이라고도 하고, 또 어떤 사람은 공자보다 이후 사람이라고도 한다.[58]

白은 끝내 하나가 될 수 없다'(「견백」)고 했다."(『사기회주고증』)

53 "서광이 말하기를 '응소의 『씨성주姓注』에서 처자處子라 했다'고 했다."(『집해』) 또한 『한서』「예문지」에서는 『처자』 9편이 있다고 했다. '책을 저술한 사람의 성은 극씨劇氏이고 자子로 부른 것이다. 이전 역사에서 그 이름을 기록하지 않은 것이다. 조나라에는 극맹劇猛과 극신劇辛이 있었다."(『색은』)

54 「위세가」와 「화식전」에서는 모두 '이극李克'이라고 했다. 양콴은 "확실히 두 사람이다. 『한서』「예문지」에 이자李子는 법가에 열거하고, 『이극李克』 7편은 유가에 있으며 자하子夏의 제자다. 『여씨춘추』와 『한비자』 등에 두 사람의 사적을 기록했는데 그 구분이 매우 상세하다. 『한서』「예문지」에 이회의 저작 『이자』가 32편인데 법가의 첫머리에 나열했으나 불행하게도 산실되었다. 『수서隋書』「경적지經籍志」 이후로는 저록이 보이지 않는다'고 했다."(『사기전증』)

55 "유향의 『별록』에 이르기를 '『시자서尸子書』에 근거하면 진晉나라 사람으로 이름이 교佼이며, 진나라 상 위앙의 빈객이다. 위앙 상군이 일을 도모하고 계획을 세우고, 법률을 제정하고 백성을 다스리면서 시교와 함께 계획하지 않은 적이 없었다. 상군이 형벌을 받자 시교는 함께 주살될까 두려워하여 이에 도망쳐 촉으로 들어갔다. 스스로 이 20편의 책을 지었는데 모두 6민 여 자나. 죽어서 촉나라에 매장되었다'고 했다."(『집해』)

56 장로長蘆: 사적은 상세하지 않고 『한서』「예문지」 도가에 『장로자長蘆子』 9편이 기재되어 있다.

57 아阿는 제나라 현으로 지금의 산둥성 둥어東阿 서남쪽 지역이다. "『별록』에서는 '미자芈子'라 했다."(『색은』) "「예문지」에 따르면 '『우자吁子』는 18편으로, 이름이 영嬰, 제나라 사람이며 칠십자七十子의 후예'라고 했다."(『정의』)

58 "묵적을 별도로 첨부했으므로 제자諸子와 같은 시대가 아님이 의심된다."(『사기정화록』)

# 15

# 맹상군열전

## 孟嘗君列傳

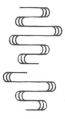

맹상군 전문은 조나라의 평원군, 초나라의 춘신군, 위나라의 신릉군과 더불어 전국 '사공자四公子'에 속한 인물로, 전국시대에 빈객을 양성하기로 유명했다. 이 편에서는 소년 시절의 맹상군이 부친에게 자신의 출생에 대해 변호하는 일화로 시작해서 빈객인 풍환의 도움으로 명성을 더욱 드날리게 되기까지 서술되어 있다. 또한 개 흉내로 도둑질을 하고 닭울음소리를 잘 내는 빈객의 도움으로 함곡관을 탈출한 고사를 통해 백성에게 칭송받았던 면모를 보여주고 있다.

맹상군은 제나라 민왕 때 상을 역임했지만 뚜렷한 공적은 전해지지 않았고 빈객을 많이 양성한 명성만이 전해질 따름으로, 여러 제후의 빈객뿐만 아니라 범죄를 저지르고 도망친 자들까지 문하로 받아들인 것으로 알려졌다. 그는 자신의 집에서 밥을 먹는 수천 명의 빈객을 귀천을 가리지 않고 평등하게 대우했기에 사람들은 저마다 맹상군과 친하다고 여기고 희생을 무릅쓰고 보답하고자 했다. 그 결과 맹상군은 난관에 처할 때마다 무사히 극복할 수 있었다. 사마천은 맹상군이 빈객을 귀하게 대하는 태도를 통해 은혜와 의리를 쉽게 저버리는 무리 또는 세태를 강력히 비판하고자 했다. 그러나 맹상군이 빈객을 양성한 목적은 사적인 이익과 지위를 공고히 하는 데 있었다. 또한 적국과 결탁하거나 법을 어기는 자들까지 불러들여 빈객으로 삼은 품성은 고명하다고 할 수 없다. 사마천은 맹상군의 봉읍지인 설 땅의 청년들이 대부분 흉악하고 사나웠다고 평가했다.

맹상군孟嘗君[1]은 이름이 문文이고 성이 전田이다. 그의 부친은 정곽군靖郭君[2] 전영田嬰으로, 제나라 위왕의 막내아들이자 제나라 선왕의 배다른 동생이다.[3] 전영은 위왕 때부터 관직을 맡아 나랏일을 관리했고 성후成侯 추기鄒忌, 전기田忌 와 함께 군사를 이끌고 위魏나라를 공격해 한韓나라를 구원한 적이 있었다.[4] 성 후 추기는 전기와 군주의 총애를 다퉜는데 성후는 제나라 왕 면전에서 전기를 모함했다. 전기는 두려워서 제나라의 변방 읍을 기습했지만 성공하지 못하고 도 망쳤다.[5] 마침 위왕이 죽고 선왕이 즉위했다.[6] 선왕은 성후 추기가 전기를 모함 한 것을 알고 다시 전기를 불러들여 이전처럼 장군으로 삼았다.

선왕 2년[7]에 전기는 손빈, 전영과 함께 위魏나라를 공격하여 마릉에서 패배 시키고 위나라 태자 신申을 사로잡았으며 위나라 장군 방연龐涓을 죽였다. 선왕 7년[8] 전영은 한韓나라와 위魏나라에 사신으로 가서 한나라와 위나라를 제나라

---

1 맹상군孟嘗君: "전문田文의 봉호다. 나카이 리켄은 '맹상孟嘗은 아마도 봉읍의 명칭인데, 그 토지 를 획득하지 않았다면 기재하여 전하지 않았을 것이다'라고 했다."(『사기전증』)
2 정곽군靖郭君은 전영田嬰의 봉호다. "전학기電學琪가 말하기를 '곽郭은 곽수漷水(지금의 곽하漷河) 에 가까운 읍으로 전영이 설薛 땅에 봉해졌을 때 곽읍으로 가는 것이 가장 가까웠으므로 정곽군이라 했다'고 했다."(『전국책신교주』)
3 원문은 '서제庶弟'로, 첩이 낳은 자녀를 말한다. "왕소는 『전국책』에 근거해 제나라의 모변貌辯이 선왕에게 '왕께서 태자였을 때 제가 정곽군에게 말하기를 태자를 폐하고 교사郊師를 세우는 것만 못 하다고 하자, 정곽군은 차마 하지 못하겠습니다'라고 하니, 선왕이 크게 탄식하며 '과인이 어려서 전혀 몰랐다'고 한 것으로 볼 때 전영은 선왕의 동생이 아닌 것이 분명하다."(『색은』)
4 "이것은 제 위왕 26년(기원전 331)의 계릉 전투로 조나라를 구원한 것이지 한나라를 구원한 것이 아니다. 게다가 성후는 전기와 함께 장군으로 참여하지 않았는데, 「전완세가」에 매우 명백하게 기재되 어 있다. 마땅히 여기서는 전영이 전기와 함께 군사를 이끌고 조나라를 구원하고 위魏나라를 공격했다 고 해야 한다."(『사기지의』) 여기서의 출병은 위왕 4년(기원전 353) 때이며 손빈이 제나라 군사軍師였다.

에 복종하게 했다. 전영은 한나라 소후昭侯,9 위나라 혜왕과 함께 제나라 동아

남쪽으로 가서 선왕을 회견하고 맹약을 맺게 하고 돌아왔다.10 이듬해 다시 양

(위)나라 혜왕과 견甄11에서 회담했다. 이해에 양(위)나라 혜왕이 죽었다.12

선왕 9년13에 전영은 제나라 상이 되었고, 선왕은 위 양왕과 서주徐州에서 회

견하고14 서로 상대방을 왕으로 승인하기로 했다.15 초나라 위왕威王16은 이 소

5  추기는 공손한公孫閈과 모의하여 전기가 위나라 공격에 나서도록 제나라 왕을 종용했고, 뒤에 전
기가 대승을 거두자 추기와 공손한은 다시 전기가 모반하려 한다고 모함했다. "전기는 부하들을 이끌
고 임치를 습격하여 성후 추기를 잡으려 했으나 성공하지 못하자 하는 수 없이 제나라로 도망쳤다."
(『전완세가』) 그러나 『전국책』에서는 '임치를 습격했다'와 '제나라 변방 읍을 기습했다'는 말은 보이지
않는다. "전기가 도망친 것은 선왕 2년(기원전 318)으로 위왕 때의 일이 아니다. 또한 전기가 제나라를
기습한 일도, 제나라 왕이 다시 그를 불러들인 일도 없었다."(『사기지의』) 양콴도 제나라를 기습한 일은
없었다고 했다.
6  "이 문장은 「육국연표」에 근거하는데, 태사공은 위왕의 사망과 선왕의 즉위를 주 현왕 26년(기원전
343)으로 여겼다. 그러나 『죽서기년竹書紀年』에 따르면 위왕의 사망과 선왕의 즉위는 주 신정왕 원년
(기원전 320)이다. 지금의 전국사 연구가들은 모두 『죽서기년』을 따른다. 『사기』 가운데 「전완세가」와
「육국연표」의 제나라 제후 연보는 모두 잘못이다."(『사기전증』)
7  위왕 16년, 위 혜왕 29년(기원전 341)이라 해야 한다.
8  위왕 21년, 위 혜왕 34년, 한 소왕 27년(기원전 336)이라 해야 한다.
9  한 소후韓昭侯(재위 기원전 362~기원전 333)는 의후懿侯의 아들이다.
10  "「육국연표」 「위세가」 「전완세가」에는 동아가 아니라 평아平阿 남쪽에서 회견했다고 했다. 평아에
서는 위나라 왕과 제나라 왕이 회견했으며 한나라 소후는 없었다."(『사기지의』) 평아는 제나라 읍으로
지금의 안후이성 화이위안懷遠 서남쪽 지역이다. 동아는 지금의 산둥성 둥아 서남쪽 지역이다.
11  당시 위나라는 대량으로 천도했으므로 양 혜왕이라고도 한다. 견甄은 제나라 읍으로 지금의 산
둥성 쥐안청 북쪽 지역이다.
12  "마땅히 '양 혜왕 개원改元'이라고 해야 한다. 이듬해에 양 혜왕은 '후원後元 원년'으로 변경했다.
여기서 '양 혜왕이 죽었다'고 한 것은 매우 잘못된 것이다. 게다가 「위세가」와 「육국연표」에서 기재한
위나라 제후들의 연대기는 수십 년의 착오가 있다."(『사기전증』)
13  위왕 23년(기원전 334)이라고 해야 한다.
14  "제 선왕은 마땅히 제 위왕이라 해야 하고, 위 양왕은 위 혜왕이라 해야 한다. 이해는 위 혜왕 후
원 원년이다. 서주는 서주舒州라고도 하며 당시에는 설薛이라고 했다. 지금의 산둥성 텅저우滕州 동남
쪽으로 당시 제나라에 속했다."(『사기전증』)
15  주나라 왕조의 규정상 주나라 천자만이 '왕'이라 칭하고 다른 제후들은 공公, 후侯, 백伯 등의 작
위를 지닐 수 있었다. 전국시대 이후 주나라 천자가 유명무실해지고 7개 제후의 세력이 강대해지면서
제후들이 각자 왕을 자처했다. "이때 서로 상대방을 왕으로 존중한 일은 없었고, 회합 또한 제나라와
위나라 두 나라뿐이었다. 위 양왕은 마땅히 위 혜왕이라 해야 한다."(『사기지의』)
16  초 위왕楚威王(재위 기원전 339~기원전 329)은 이름이 상商이다.

식을 듣고 전영에게 화를 냈다. 이듬해에 초나라는 제나라 군대를 공격해 서주
에서 패배시키고 사자를 제나라 왕에게 보내 전영을 쫓아내도록 했다.[17] 전영은
장축張丑을 보내 초 위왕을 설득했고 위왕은 전영을 내쫓지 않기로 했다.[18] 전영
이 제나라 상을 지낸 지 11년이 되었을 때 선왕이 죽고 민왕이 즉위했다.[19] 민왕
이 즉위한 지 3년 만에 전영을 설 땅에 봉했다.[20]

당초 전영에게는 40여 명의 아들이 있었는데, 그중 천한 첩이 낳은 문文이라
는 아들이 있었다. 전문田文은 5월 5일에 태어났다. 전영은 전문의 어미에게 말
했다.

"이 아이를 키우지 마라."[21]

그러나 그의 모친은 남몰래 그를 키웠다. 전문이 장성하자 모친은 그의 다른
형제들과 함께 전영을 만나게 했다.[22] 그러자 전영이 전문의 모친에게 화를 내며
말했다.

---

17 "이 말은 이해할 수 없다. 전영이 제나라 상이 되었다고 화를 냈다는 말인가? 아니면 서로 상대방
을 왕이라 승인했다고 화를 낸 것인가? 이 당시를 살펴보면 제나라가 월나라를 설득하여 초나라를 공
격하게 했기에 초 위왕이 분노하여 제나라를 공격한 것이다. 「초세가」에서 '제나라가 초나라를 속였다'
고 했으니 전영에게만 화를 낼 수 없는 일이다. 또 「제책 1」에는 '제나라가 전영을 설에 봉하자 초 회왕
은 그 소식을 듣고는 크게 노하여 제나라를 공격하려 했는데 공손한이 설득하여 그만두었다'고 기재
하고 있다. 이것은 14년 뒤의 일로 초나라 위왕의 일이 아니다. 『사기』의 오류다."(『사기지의』)
18 "전영의 문객인 장축이 계책을 바치는 것으로 가장하여 초나라 왕에게 말했다. '대왕께서 서주에
서 승리를 거둘 수 있었던 것은 제나라가 전반자田盼子(전반)를 기용하지 않았기 때문입니다. 지금 대
왕께서 전영을 쫓아낸다면 전영은 쫓겨나겠지만 전반자가 반드시 임용될 것입니다. 다시 사졸들을 통
솔하여 대왕과 부딪친다면 대왕께 불리할 것입니다.' 초나라 왕은 전영을 쫓아내지 않았다."(「초세가」)
19 "「육국연표」에서는 '태사공은 선왕의 사망과 민왕의 즉위를 주 현왕 45년(기원전 324)이라 했다.
『죽서기년』과 지금의 전국사 연구가들은 주 현왕 45년을 제 위왕 33년, 위 혜왕 후원 11년으로 확정했
다'고 했다."(『사기전증』)
20 "『기년』에서는 양 혜왕 후원 13년(기원전 322) 4월에 제 위왕이 전영을 설에 봉했다고 여겼다.
10월에는 설 땅에 성을 축조했다. 14년에 설자영薛子嬰이 조정에 와서 알현했다. 15년에 제 위왕이 사
망하고 전영이 처음으로 팽성에 봉해졌다고 했다. 모두 여기서 언급한 내용과 다르다."(『색은』)
21 원문은 '물거야勿舉也'다. '거舉'란 아기가 태어났을 때 목욕을 시켜주는 의례로, 양육을 뜻한다.
따라서 '물거勿舉'는 양육하지 말라는 뜻이다.
22 "다른 모친들과 형제들 40여 명이 함께 알현하는 것이다."(『사기찰기』)

"내 너에게 이 아이를 버리라고 했는데, 무엇 때문에 감히 키운 것이냐?"

전문이 머리를 조아리며 모친을 대신해 말했다.

"아버님께서 5월에 태어난 아이를 키우지 못하게 하신 것은 무슨 까닭입니까?"

전영이 말했다.

"5월에 태어난 아이가 출입문 높이만큼 자라면 부모에게 이롭지 못하기 때문이다."[23]

전문이 물었다.

"사람이 태어날 때 운명을 하늘로부터 받습니까? 아니면 출입문으로부터 받습니까?"

전영은 잠자코 대답하지 않았다. 전문이 다시 말했다.

"사람의 운명을 하늘로부터 받는다면 아버님께서는 무엇을 걱정하십니까? 운명을 출입문으로부터 받는다면 출입문을 높이면 그만입니다. 누가 출입문 높이까지 계속 자라겠습니까!"

전영이 말했다.

"그만하거라."

이후 한참 지나서 전문은 기회를 틈타 부친인 전영에게 물었다.

"아들의 아들을 무엇이라 합니까?"

전영이 대답했다.

"손자라고 한다."

전문이 또 물었다.

"손자의 손자는 무엇이라 합니까?"

전영이 대답했다.

---

23  "『풍속통』에 이르기를 '속설에 5월 5일에 태어난 아들은 아비를 해치고 딸은 어미를 해친다'고 했다."(『색은』)

"현손玄孫이라 한다."

전문이 다시 물었다.

"현손의 손자는 무엇이라고 합니까?"

전영이 대답했다.

"모르겠다."[24]

전문이 말했다.

"아버님은 정권을 장악하고 제나라의 상을 맡아 지금까지 위왕, 선왕, 민왕을 거쳤습니다. 그간 제나라의 영토는 넓어지지 않았는데 아버님 집안은 황금 1만 근의 부를 쌓았고 문하에는 현명하고 재능 있는 사람을 한 명도 볼 수 없습니다. 제가 들건대 장수의 가문에는 반드시 장수가 나올 수 있고, 상의 가문에는 반드시 상이 나올 수 있다고 합니다. 지금 아버님의 처첩과 하녀들은 아름다운 긴 주름비단옷을 발밑에 밟고 있지만, 선비들은 거칠고 초라한 베옷도 제대로 입지 못하고 있습니다. 아버님의 노복과 첩들에게는 좋은 음식과 고기가 남아돌지만 선비들은 지게미와 쌀겨조차 배불리 먹지 못하고 있습니다. 지금 아버님께서는 많은 재산을 축적하는 데 열중하면서 확실하지 않은 후손에게 남기려고만 할 뿐 국가의 상황이 날로 안 좋아지는 데는 관심을 두지 않으시니, 제게는 기이하게 생각됩니다."

이 말을 들은 전영은 전문을 중시하여 집안일을 돌보게 하고 빈객들을 접대하게 했다. 이때부터 전영의 집을 찾아오는 빈객들이 날로 늘어났고 전문의 명성이 제후들에게 전해지기 시작했다. 각국 제후들이 모두 사람을 보내 설공薛公 전영에게 전문을 태자太子[25]로 삼도록 요청하자 전영이 이를 허락했다. 전영이

---

24  "『이아』에 따르면 '현손의 아들은 내손來孫이고, 내손의 아들은 곤손昆孫이고, 곤손의 아들은 잉손仍孫이고, 잉손의 아들은 운손雲孫이다'라고 했다. 또 이손耳孫이라고 있는데 현손의 아들로 같지 않다."(『색은』)

25  태자太子: 선진先秦 시대와 서한西漢 초기에는 제왕과 토지를 분봉받은 군君의 적장자를 말한다. 이후에는 황제의 적장자만을 지칭하는 용어로 쓰였다.

사망하자 시호를 정곽군靖郭君이라 했다. 전문이 설 땅에서 부친의 작위를 계승하니, 이 사람이 바로 맹상군이다.[26]

맹상군이 설 땅에 있을 때 여러 제후의 빈객과 각종 죄를 짓고 도망친 자들을 불러들이자 모두가 맹상군 문하로 귀의했다. 맹상군이 자신의 가산을 털어 그들을 후하게 대접하자 천하 각지의 인사들이 그를 찾아왔다. 그의 집에서 밥을 먹는 자들이 수천 명이나 되었으나 맹상군은 귀천을 가리지 않고 동등하게 대우했다.[27] 맹상군은 앉아서 손님과 대화를 나눌 때 항상 병풍 뒤에 기록을 담당하는 시사侍史를 두고 손님과 담화를 나눌 때 그의 친척이 거주하는 곳을 물어 그 내용을 기록하도록 했다. 손님이 떠난 뒤 맹상군은 손님 집으로 사람을 보내 위문하고 그의 친척들에게 예물을 보냈다. 한번은 맹상군이 밤에 손님들에게 식사를 대접했는데, 그중 한 사람이 불빛을 가리는 바람에 어두운 그림자 아래서 밥을 먹게 되었다. 한 손님이 먹는 음식이 모두 똑같지 않은 것으로 의심하여 화를 내고는 식사를 하지 않고 자리를 떠나려 했다. 맹상군이 일어나 자신의 밥그릇을 그의 것과 비교해 보이자 손님은 부끄러움 때문에 스스로 목숨을 끊었다. 이 일로 인해 더욱 많은 선비가 맹상군에게 모여들었다. 맹상군은 손님을 가리지 않고 잘 대접했으므로 사람들은 저마다 자신이 맹상군과 친하다

26  "양콴이 말하기를 '작위가 있고 봉지를 소유한 사람이 선비들을 보살피는(봉군양사封君養士) 풍습은 정곽군 전영에서 비롯되었을 것이다. 『여씨춘추』「지사知士」와 『전국책』「제책」에 따르면 정곽군은 제나라 사람 제모변齊貌辨을 좋아하여 상사上舍(고급 객사客舍)에서 묵게 하고, 장자長子를 시켜 수레를 몰게 하고는 아침저녁으로 그에게 음식을 보냈다. 이후 맹상군도 많은 선비들을 보살폈다. 빈객 중에는 어객魚客과 거객車客의 구별이 있었고, 객사도 대사代舍, 행사幸舍, 전사傳舍의 구분이 있었는데, 모두 그 부친인 전영의 유풍이었다.'(『사기전증』) "맹상군 문하에서 상객上客은 고기를 먹고, 중객中客은 물고기를 먹고, 하객下客은 채소를 먹었다."(『열사전列士傳』)

27  원문은 '무귀천일여문등無貴賤一與文等'으로, 원문 그대로 번역하면 '귀천을 가리지 않고 일률적으로 자신(文, 즉 전문)과 똑같이 대우했다'가 된다. 반면 "'문은 마땅히 '지之'의 잘못이다. 앞의 문장에 '전문이 부친의 작위를 계승하니, 이 사람이 바로 맹상군이다'라고 했고, 그다음부터는 모두 '맹상군'이라 칭하고 '문'이라 하지 않았다. 이 구절에서만 '文'이라 하면 위아래 문장이 서로 합치되지 않는다. '지'는 식객을 가리키며 맹상군을 가리키는 것이 아니다."(『독서잡지』「사기」) 역자 또한 이 견해에 따랐다.

고 여겼다.

진나라 소왕이 맹상군이 현명하고 재능이 있다는 소문을 듣고는 먼저 자기 동생인 경양군을 제나라에 인질로 보내고 맹상군을 만나고자 했다. 맹상군이 수락하고 진나라로 가려 하자 빈객들은 그가 가는 것을 바라지 않았고 가지 못 하게 말렸으나 맹상군은 듣지 않았다. 이때 소대[28]가 말했다.

"오늘 아침 제가 밖에서 오는 길에 나무 인형과 흙 인형이 나누는 이야기를 들었습니다. 나무 인형이 '하늘에서 비가 내리면 너는 무너져 흐물흐물해질 거 야'라고 말하자 흙 인형이 '나는 흙에서 태어났으니 무너지면 흙으로 돌아가지 만, 하늘에서 비가 내리면 빗물이 너를 떠내려가게 할 텐데 어디까지 갈지 알 수 없지'라고 대답했습니다. 지금 진나라는 호랑이나 이리처럼 흉악합니다. 그런 데도 군께서는 가려고 하시니, 돌아오지 못하게 된다면 흙 인형에게 비웃음을 당하는 것과 같지 않겠습니까?"[29]

이 말을 들은 맹상군은 진나라로 가려던 것을 그만두었다.[30]

제나라 민왕 25년[31] 제나라는 결국 맹상군을 진나라로 들어가도록 했고, 소 왕은 맹상군을 즉시 진나라 상으로 삼으려고 했다. 그러자 누군가 진나라 소왕 에게 말했다.

"맹상군은 현명하고 재능이 있는데다 또한 제나라 왕의 친족입니다. 지금 그

28  『전국책』「제책 3」에서는 '소대'가 아닌 '소진'으로 기재하고 있다. 당시 소진은 제나라에서 연나 라 인질로 있었고, 인질로 인해 제나라에 신하가 되었으므로 맹상군에게 진언한 것이다.
29  "왕준도王駿圖가 말하기를 '소대는 예를 들어 맹상군을 비유하면서, 제나라에 있으면서 본토를 지켜야 하는데 진나라로 들어가면 어디로 떠돌아다니게 될지 모른다는 말을 한 것이다'라고 했다."(『사 기전증』)
30  "『사기』「육국연표」「전완세가」「양후열전」에 따르면 이것은 주 난왕周赧王 15년(기원전 300)의 사건으로, 당시 제 선왕이 죽고 민왕이 즉위한 초년이다. 「맹상군열전」에서 민왕 24년이라 한 것은 잘 못이다."(『전국책신교주』)
31  마땅히 제 민왕 2년이라고 해야 한다. 즉 진 소왕 8년(기원전 299)이다.

를 진나라 상으로 삼으면 반드시 먼저 제나라의 이익을 생각한 후에 진나라를 고려할 것입니다. 이렇게 되면 진나라는 위험해집니다."

진 소왕은 맹상군을 상으로 삼으려던 생각을 접었다. 그리고 맹상군을 가두고 핑계를 만들어 죽이려 했다. 맹상군은 사람을 시켜 소왕이 총애하는 첩에게 구원해주기를 요청했다. 소왕의 첩이 말했다.

"저는 맹상군이 가지고 있는 흰여우 가죽옷32을 갖고 싶습니다."

당시 맹상군은 흰여우 가죽옷을 한 벌 가지고 있었는데, 가치가 천금이나 되고 천하에 둘도 없는 것이었다. 그러나 진나라에 올 때 소왕에게 바쳤으며 다른 가죽옷은 없었다. 맹상군이 걱정스러워 빈객들에게 두루 물어보았지만 대책을 구할 수 없었다. 이때 가장 아랫자리에 앉아 있던 개 흉내로 좀도둑질하던 빈객이 나서면서 말했다.

"제게 흰여우 가죽옷을 손에 넣을 방법이 있습니다."

밤이 되자 그는 개인 양 진나라 궁궐 안 창고로 숨어 들어가서는 맹상군이 진나라 소왕에게 바쳤던 흰여우 가죽옷을 훔쳐서 돌아왔고, 맹상군은 다시 그것을 진나라 왕의 첩에게 바쳤다. 소왕의 첩이 맹상군을 위해 소왕에서 좋은 말을 하자 소왕은 맹상군을 풀어주었다. 맹상군은 나오자마자 즉각 말을 달려 달아났고, 통행증을 위조하여 이름과 성을 바꾸어 함곡관을 빠져나가려 했다. 그들은 한밤중에 함곡관에 당도했다. 이때 소왕은 맹상군을 풀어준 것을 후회하고 다시 사람을 보내 그를 찾았으나 이미 맹상군이 달아난 뒤였으므로 즉각 사람을 시켜 역참 수레로 추격하게 했다. 맹상군은 함곡관에 당도했지만 관을 지키는 규정에 새벽닭이 울어야 관문을 열도록 되어 있었다. 맹상군이 추격병이 당도할까 두려워하고 있는데 아랫자리에 앉아 있던 빈객 중에 닭울음소리를 배운 자가 있었다. 그가 닭울음소리를 내자 갑자기 근처의 닭들이 모두 울었다. 마

<hr/>

32  원문은 '호백구狐白裘'다. "위소가 말하기를 '여우의 흰 털로 만든 가죽옷이다. 여우 겨드랑이 털을 모은 것으로 아름답고 얻기 어려운 것을 말한다'고 했다."(『집해』)

침내 맹상군 무리는 통행증을 보이고 함곡관을 빠져나왔다. 그들이 관문을 통과하고 밥 한 끼 먹을 시간이 지나자 진나라 소왕이 파견한 추격병들이 함곡관에 도착했지만 맹상군이 이미 빠져나간 후였으므로 어쩔 수 없이 돌아갔다.

처음 맹상군이 개 흉내로 도둑질하는 자와 닭울음소리를 내는 사람을 빈객으로 삼았을 때 다른 빈객들은 모두 그들과 함께하기를 수치로 여겼다. 그런데 맹상군이 진나라에서 곤경에 처하게 되어서는 전적으로 두 사람의 활약으로 위험에서 벗어날 수 있었다. 이때부터 빈객들은 모두 그들을 진심으로 받아들였다.

맹상군이 조나라를 지날 때 조나라 평원군이 맹상군을 대접했다.[33] 조나라 사람들은 맹상군이 현명하고 재능 있다는 소문을 듣고 몰려와 구경하더니, 모두 비웃으며 말했다.

"설공薛公(맹상군)은 키가 크고 건장한 줄 알았는데, 지금 보니 왜소하고 허약한 사내였구나."

맹상군이 이 말을 듣고 화를 내자 그의 빈객과 수행원들이 수레에서 뛰어내려 수백 명을 찍어 죽였고, 마침내 하나의 현을 소멸시킨 뒤에야 떠났다.[34]

제나라 민왕은 자신이 맹상군을 진나라로 보내 곤경에 빠뜨린 일로 가책을 느끼며 불안해했다. 이에 맹상군이 돌아오자 제나라 상으로 삼고 정사를 그에게 맡겼다.[35] 맹상군은 진나라에 원한을 품었으며, 제나라가 한나라와 위魏나라

33  조나라의 도성은 한단이었고, 당시 군주는 무영왕(재위 기원전 325~기원전 299)이었다.
34  이 내용은 믿기 어렵다. "소씨邵氏(소태구邵泰衢)의 『단궁의문檀弓疑問』에 이르기를 '제후들이 맹상군의 명성을 듣고 있고 천하의 선비들이 그에게 기우는데 '왜소하다'는 한마디에 어떻게 사람들을 죽이고 현 하나를 소멸할 수 있는가? (…) 게다가 제나라 맹상군이 조나라 현을 없애버렸단 말인가?'라고 했다."(『사기지의』) 또한 양콴도 말하기를 "맹상군이 함곡관을 나간 후 한과 위를 거치지 않고 먼 길을 돌아 조나라를 지났으며, 맹상군과 함께 함곡관을 도망쳐 나온 빈객이 많지도 않은데 어떻게 조나라에서 수백 명을 찍어 죽이고 현 하나를 없애버리고 떠날 수 있단 말인가? 믿을 수 없다"고 했다.
35  제 민왕 3년(기원전 298)의 일이다.

를 도와 초나라를 공격했기에 한나라와 위나라와 함께 진나라를 공격하기로 하고[36] 아울러 서주西周[37]로부터 무기와 양식을 빌리려 했다. 소대가 서주의 이익을 위해 맹상군에게 말했다.[38]

"군께서 제나라의 역량을 이용하여 한나라와 위나라를 도와 초나라를 공격한 지 9년이나 됩니다.[39] 원宛과 섭葉 북쪽 지구를 탈취하여 한나라와 위魏나라의 역량을 더욱 강력하게 만들었습니다.[40] 그런데 지금 다시 진나라를 공격하여 한과 위를 더욱 이롭게 하려고 하십니다.[41] 한과 위 입장에서 남쪽으로는 초나

---

36 『자치통감』「주기周紀 3」에 따르면 제·한·위가 연합하여 초나라를 공격한 것은 주 난왕 12년(기원전 303)이고, 「육국연표」에 따르면 위나라가 제·한과 연합하여 진나라를 공격한 것은 주 난왕 17년(기원전 298)이다. "우창于鬯의 『전국책연표』에서는 제·한·위가 초나라를 공격한 때는 초 회왕 24~28년(기원전 305~기원전 301)이고, 한경이 설공에게 유세한 때는 주 난왕 17년(기원전 298)이며, 주 난왕 17년에 제·한·위나라가 진나라를 공격해서 19년에 끝났다고 했다."(『전국책주석』) "양콴이 말하기를 '서술에 오류가 있다. 삼국이 초나라를 공격한 것은 맹상군이 진나라로 들어가기 전이고, 제나라가 한나라와 위나라와 연합하여 진나라를 공격한 것은 맹상군이 진나라를 떠나 제나라로 돌아온 뒤였다. 아울러 삼국의 진나라에 대한 공격은 3년간 지속되었으며, 함곡관으로 진공하여 진나라로 하여금 동방 각국의 일부분 토지를 돌려주도록 압박하여 설공은 제·위·한 삼국이 여러 해에 걸쳐 초나라를 격파하고 진나라를 굴복시켰으며, 연나라를 패배시켜 그 명성과 기세가 대단했다'고 했다."(『사기전증』)

37 주 현왕顯王(재위 기원전 368~기원전 321) 때에 이르러 주나라 천자는 힘을 잃고 유명무실했다. 작은 영지만 소유하고 수하의 두 귀족이 나누어 점유하고 있었다. 공현鞏縣(지금의 허난성 궁현鞏縣 서남쪽)을 점유한 자를 동주군이라 하고, 왕성王城(지금의 뤄양)을 점유한 자를 서주군이라 했다. 당시 주 난왕은 서주군 울타리 아래에 기거하고 있었다.

38 "『전국책』에서는 '한경韓慶이 서주를 위해 설공薛公에게 말했다'고 했다."(『색은』) 한경은 한韓나라 사람으로 서주에서 벼슬을 했다.

39 "이것은 「서주책西周策」의 오류다. 제나라는 3년 전에 진·한·위魏와 함께 초나라를 공격했고, 5년 전에는 한·위魏와 함께 초나라를 공격했기 때문에 여기서 9년은 잘못 기재한 것이다. 원과 섭을 탈취했다는 것 또한 허튼소리다."(『사기지의』) 9년은 6년 혹은 5년이라고 해야 한다. 「육국연표」와 『자치통감』「주기」에 근거하면 초나라를 공격하고 나서 진나라를 공격하기까지 6년이다. 우창은 "5년이 맞다. 초 회왕 24년부터 28년까지는 주 난왕 10년에서 14년까지로 5년이다"라고 했다.

40 "한나라와 위魏나라는 남쪽으로 초나라와 이웃하고 있고 제나라는 월나라를 멀리 떨어진 변경으로 여길 수 없다. 전쟁에서 승리하고 영토를 얻은 후에 그 영토가 한나라와 위나라의 소유가 되었기 때문에 한나라와 위나라를 강하게 만든 것이다."(『사기전증』)

41 한나라와 위나라는 서쪽으로 진나라와 이웃하고 있으므로 제나라가 그들을 도와 진나라를 공격하여 영토를 얻으면 한나라와 위나라 차지가 될 것이고, 결국 두 나라의 국력을 더욱 강성하게 할 것이라는 뜻이다.

라에 대한 우려가 사라지고 서쪽으로는 진나라에 대한 근심이 사라지면 오히려 제나라가 위험해질 것입니다. 그렇게 되면 한나라와 위나라는 반드시 제나라를 경시하고 진나라를 두려워할 테니, 군에게는 위험하다고 생각합니다. 군께서는 서주, 진나라와 관계를 더욱 긴밀히 하고, 서주를 공격해서는 안 되며 또한 군대와 양식을 빌려서도 안 됩니다. 군사를 이끌고 함곡관까지 가더라도 진나라를 공격하지 말고 저희 주나라(서주)로 하여금 진나라 소왕에게 다음과 같이 말하게 하십시오. '설공은 절대로 진나라를 격파하여 한나라와 위나라를 강성하게 만들지 않을 것입니다. 그가 진나라를 공격하려는 것은 대왕께서 초나라 왕[42]을 설득해서 초나라 동쪽 땅 일부[43]를 제나라에 내어주게 하고, 또한 진나라에 구금되어 있는 초나라 회왕을 풀어주어 초나라와 화해하는 조건으로 삼기를 바라기 때문입니다.'[44] 저희 주나라를 통해 이러한 좋은 뜻을 진나라 소왕에게 전하면 초나라가 자신의 동쪽 영토 일부를 내줌으로써 제나라의 공격을 피할 수 있기 때문에 진나라는 반드시 동의하고자 할 것입니다. 초나라도 진나라에 억류된 회왕이 석방될 수 있으니 틀림없이 제나라에 고마워할 것입니다. 제나라가 초나라 동쪽 지역을 손에 넣으면 더욱 강대해질 것이고, 군의 봉지인 설 땅역시 대대로 우환이 없을 것입니다. 진나라가 크게 약화되지 않은 상태에서 삼진(한, 조, 위魏)의 서쪽에 있으면 삼진은 반드시 제나라에 의지할 것입니다."

설공이 말했다.

"좋소."

---

42  여기서 초나라 왕은 경양왕(재위 기원전 298~기원전 263)이다.

43  원문은 '동국東國'으로, 『정의』에 따르면 동국은 제나라와 서이徐夷다. "능치륭이 말하기를 '제나라는 마땅히 초나라라고 해야 한다'고 했다."(『사기회주고증』) "포표가 말하기를 '동국은 초나라의 동쪽 지역이다. 서이는 지금의 장쑤성 쓰훙泗洪 남쪽에 거주하던 소수민족이다. 당시 이 일대는 초나라 동쪽 변방에 속했고 제나라에 가까웠다'고 했다."(『사기전증』)

44  「초세가」에서 초나라 회왕은 진나라 소왕 8년, 주 난왕 16년(기원전 299) 속아서 진나라에 들어갔다가 인질로 억류되었다.

그리하여 그는 한나라와 위나라로 하여금 진나라에 축하하도록 하고,[45] 제·한·위 세 나라가 다시는 진나라를 공격하는 일이 없도록 했으며, 무기와 양식을 서주에서 빌리지 않기로 했다. 당시 초나라 회왕이 진나라로 들어갔다가 억류되어 있었기 때문에 회왕이 풀려날 수 있도록 애썼다. 그러나 진나라는 끝내 초나라 회왕을 풀어주지 않았다.[46]

맹상군이 제나라 상을 지낼 때 그의 사인舍人인 위魏 아무개[47]가 맹상군 봉지의 조세를 거두었다. 그는 세 차례나 봉지인 설현에 가서 조세를 거두었지만 한 번도 가져오지 않았다. 맹상군이 그 까닭을 묻자 그는 대답했다.

"제가 현자를 만났는데 거두어들인 조세 수입을 사사로이 그에게 빌려줬기 때문에 드릴 수가 없습니다."

맹상군이 화를 내며 그를 물러나게 했다. 그로부터 몇 년 뒤, 어떤 사람이 제나라 민왕 앞에서 맹상군을 헐뜯었다.

"맹상군이 반란을 일으키려고 합니다."

나중에 전갑田甲이 반역하여 민왕을 위협하자,[48] 민왕은 맹상군이 사주한 것으로 의심했다. 맹상군은 하는 수 없이 나라 밖으로 도망쳤다. 이때 현자에게 돈을 빌려주었던 위 아무개가 이 사실을 듣고 맹상군이 반란을 일으키지 않았

---

45   원문은 '인령한위하진因令韓魏賀秦'이다. 『전국책』 「서주책」에는 '인령한경하진因令韓慶賀秦'으로 기재되어 있다. 즉 "한경으로 하여금 진나라에 가게 했다"는 뜻이다. "'위하' 두 글자는 오류다. 이때 삼국이 진나라를 공격하려다가 공격하지 않아 다행인데, 무엇을 축하한단 말인가!"(『사기지의』)

46   이상 소대가 서주를 위해 맹상군에게 유세한 일은 『전국책』 「서주책」에 보인다. 유세한 사람은 소대가 아니라 한경이었다. "양콴은 이 사건을 진 소왕 10년, 제 민왕 4년(기원전 297)이라 했다."(『사기전증』) "한경이 설공을 유세한 내용은 삼국이 서주로부터 병사와 양식을 빌리지 못하게 하는 것이면서 삼국을 이간하여 진나라에 이롭게 한 것이니, 진나라를 위해 유세한 것이다."(『전국책신교주』)

47   원문은 '위자魏子'다. "성은 기재하고 이름은 생략했으므로 위자魏子라 한 것이다."(『색은』)

48   "이 사건은 「전완세가」에 기재되어 있지 않고 과정도 상세하지 않다. 「육국연표」에는 주 난왕 21년(기원전 294)에 '전갑이 왕을 위협하자 상相 맹상군이 달아났다'고만 되어 있다. 태사공은 이해를 제 민왕 30년으로 여겼으나 실제로는 민왕 7년이다."(『사기전증』)

다는 상서를 올렸으며, 자신의 목숨을 걸고 맹세하겠노라면서 궁궐 문 앞에서 목을 베어 맹상군의 결백을 밝혔다. 깜짝 놀란 민왕이 맹상군의 행적을 조사해 보니 과연 맹상군은 반란을 일으키려 하지 않았다. 이에 다시 맹상군을 불러들 였으나[49] 맹상군은 병을 핑계로 사양하고 자신의 봉지인 설 땅으로 돌아가 여 생을 보내겠다고 했다. 민왕은 그의 요구를 허락했다.

그 뒤 진나라에서 도망쳐온 장군 여례呂禮가 제나라 상이 되어,[50] 소대를 곤 경에 빠뜨리려 했다.[51] 소대가 맹상군에게 말했다

"주나라 공자 주최周最[52]는 제나라에 있을 때 제나라에 대한 감정이 매우 좋 았으나, 나중에 제나라 왕이 그를 쫓아냈습니다. 제나라 왕이 친불親弗[53]의 말 을 들어 여례를 상으로 삼은 목적은 진나라와 결연을 맺고자 함입니다. 제나라 와 진나라의 관계가 좋아져 연합한다면 친불과 여례가 중시될 것입니다. 그들이 중용되면 제나라와 진나라는 반드시 군을 경시할 것입니다.[54] 이 때문에 군께서 는 서둘러 북방으로 군사를 출병시켜 조나라를 재촉하여 진나라, 위魏나라와 화친을 맺게 하고 제나라 왕에게 주최를 다시 불러들여 두텁게 대접하도록 권

49  "명나라 당순지唐順之가 말하기를 '위자와 풍환은 하나의 사건인데, 어찌하여 다르게 전하는가?' 라고 했다."(『사기평림』) 양콴은 "한 가지 사건에 두 열전을 담은 것, 이른바 '맹상군을 다시 불러들였다' 와 '상의 지위를 회복시켰다'는 말은 모두 믿을 수 없다"고 했다.
50  「양후전」에서는 '위염이 진나라 상이 되어 여례를 죽이려 하자 여례는 제나라로 도망쳤다'고 했 다."(『사기회주고증』) "이는 진나라 소왕 12년(기원전 295)의 사건이다."(「진기」) "이 사건은 「육국연표」에 기재되어 있지 않고, 양콴은 이 사건을 진나라 소왕 13년, 제 민왕 7년, 즉 전갑이 제 민왕을 위협하고 맹상군이 모함을 받아 도망친 해로 표기했다. 양콴이 말하기를 '여례는 진나라에서 도망쳐온 신하가 아니라 진나라가 제나라로 파견하여 제나라 중신들과 관계를 맺도록 한 것이다. 여례가 위와 제로 도 망쳤다고 하는 것은 제나라로 들어왔을 때 핑계로 삼은 말이다'라고 했다."(『사기전증』)
51  "여기서 서술한 소대와 여례의 투쟁은 당시 합종과 연횡책의 투쟁에 대한 표현이다."(『사기전증』)
52  주최周最는 주나라의 공자로, 이전에 제나라에서 직무를 맡았다. 주최周聚라고도 한다.
53  친불親弗은 제나라 민왕이 신임하는 신하로, 『전국책』에는 '축불祝弗'로 기재되어 있다.
54  원문은 '有用, 齊, 秦必輕君'이다. 그러나 『전국책』에서는 '有周齊, 秦必輕君(제나라에서 중용된다면 진나라는 반드시 군을 경시할 것이다)'이라고 기재하고 있다. "'유용제有用齊'는 두 사람(친불과 여례)이 제 나라에 중용되는 것을 말한다."(오사도吳師道, 『전국책교주보정戰國策校注補正』)

유하는 것이 낫습니다.[55] 이와 같이 한다면 진나라와 결연을 맺으려는 제나라 왕의 생각을 바꿀 수 있고, 또한 천하의 다른 국가들에게 발생할 변화를 방지할 수 있습니다. 제나라가 진나라와 연맹을 맺지 않으면 천하의 제후들은 반드시 제나라에 모여들 것이고, 그때 친불은 틀림없이 스스로 달아날 것입니다. 이렇게 되면 제나라 왕은 군 없이 누구와 함께 국가를 다스릴 수 있겠습니까."[56]

이에 맹상군이 소대의 계책을 따르자 여례는 맹상군을 몹시 미워했다.[57]

맹상군은 두려워하며 진나라 상 양후 위염에게 편지를 보냈다.

진나라가 여례를 통해 제나라와 친교를 맺으려 한다고 들었습니다. 제나라는 천하의 강대한 국가이니, 이 일이 성공한다면 그대는 진나라에서 경시될 것입니다.[58] 제나라가 진나라와 연합해 삼진을 위협한다면 여례는 틀림없이 제나라와 진나라의 상국을 겸하게 될 것입니다. 이는 당신이 제나라를 통해 여례의 지위를 막중하게 만들어주는 것입니다. 제나라가 이로 인해 안정되어 천하 각국의 공격을 면하게 된다면 여례는 제나라가 그대를 더욱 증오하도록 선동할 것입니다. 당신은 진나라 왕에게 제나라를 공격하도록 권하는 편이 낫습니다.[59] 제나라가 패배하면 제가 진나라 왕께 요청하여 진나라가 점령한 영토를 당신에게 봉하도록 하겠습니다. 제나라가 패배하면 진나라는 진(晉)나라가 강성해질 것을 경

---

**55** "급히 북방으로 병사를 출병시키고 조나라를 재촉하여 진나라, 위나라와 호응하게 하고 서로 제나라를 공격하게 하는 것이 낫다는 말이다."(『전국책신교주』) "천강陳抗이 말하기를 '주최를 거두어 머물게 하는 것이 당신의 명예를 드높이는 것이다'라고 했다."(『사기전증』)

**56** "소대의 말은 표면적으로는 맹상군을 위한 것이지만 실제로는 자신을 지키면서 그가 제창한 합종 노선을 유지시키는 것이다."(『사기전증』)

**57** 이상 소대가 맹상군에게 말한 내용은 『전국책』 「동주책」에 보이지만, 말하는 자가 누구인지는 언급되어 있지 않다.

**58** "서부원이 말하기를 '여례는 진나라에서 도망쳐온 장군이니 양후와 관계가 원만하지 않을 것이다. 그가 제나라에서 등용되기를 양후도 싫어할 것이다'라고 했다."(『사기전증』)

**59** 진나라 왕에게 한과 위魏를 인솔하여 제나라를 공격하도록 권하는 것을 말한다.

계할 테니[60] 진나라 왕은 반드시 당신을 중용하여 진晉나라와 결연을 맺으려할 것입니다. 진晉나라도 제나라와의 전쟁으로 손실을 입게 될 뿐만 아니라 또한 진나라를 두려워할 것이니, 그들도 반드시 당신의 힘을 빌려 진나라와 친하게 지내기를 요청할 것입니다. 그때 당신은 제나라를 패배시킨 공적을 이루고 또 진晉나라를 끼고 지위가 막중해질 것입니다. 이와 같이 되면 당신이 제나라를 격파하여 봉지를 얻고 진나라와 진晉나라가 일제히 당신을 귀하게 여길 것입니다. 그러나 제나라가 무너지지 않으면 여례는 재차 진나라의 중시를 받을 것이고, 당신은 몹시 궁지에 몰릴 것입니다.

그리하여 양후가 진나라 소왕에게 제나라를 공격하도록 권유하자[61] 여례는 제나라에서 도망쳤다.[62]

그 이후 제나라 민왕은 송나라를 멸망시키고[63] 더욱 교만해져서 맹상군을 쫓아내고자 했다. 맹상군은 두려워하여 위魏나라로 갔다. 위나라 소왕昭王은 그를 상으로 삼았다.[64] 이에 맹상군은 서쪽의 진나라, 조나라와 연합하고 연나라

60 진晉은 한나라와 위魏나라를 가리킨다. 이 두 나라가 진나라를 도와 제나라를 공격하고 나면 실질적인 이득을 얻게 되어 국력이 강성해질 것을 두려워하는 것이다.
61 진나라가 제나라를 공격한 것은 진 소왕 22년, 제 민왕 16년(기원전 285)이다.
62 여례가 도망쳐 진나라로 돌아온 것이다. "여례가 진나라에서 제나라로 간 것은 본래 진나라의 계획으로, 명령에 실패하여 다시 진나라로 돌아온 것이다."(『전국책신교주』) "「진기」에 따르면 제나라를 공격한 것은 소왕 22년이고 여례가 진나라로 돌아온 것은 소왕 19년이다. 이것은 진나라가 제나라를 공격하고 여례가 도망친 것을 말하는데, 진나라 상에게 편지를 보냈다는 것은 터무니없는 일이다."(『사기지의』) "「맹상군열전」에서는 '여례가 맹상군을 몹시 미워하자 맹상군은 두려워서 진나라 상 양후 위염에게 편지를 보냈다'고 했는데, 『전국책』에 따르면 맹상군은 당시 위나라에 있었다. 『사기』에서 맹상군이 편지를 보낸 시기는 위나라로 가기 전이니 부합하지 않는다. 제 민왕이 거만하고 횡포하여 맹상군은 제나라로 가지 않았는데 어찌 감히 진나라 군대를 불러들여 제나라를 공격하겠는가? 따라서 『사기』의 내용은 오류임을 알 수 있다. 설공은 제 민왕에게 쫓겨났기 때문에 제나라를 격파하여 원수를 갚고자 위염에게 제나라와 연합하지 말라고 한 말이다."(『전국책신교주』)
63 「육국연표」에서는 진 소왕 21년(기원전 286)의 일이다. 태사공은 제 민왕 38년이라고 여겼지만 실제로는 제 민왕 15년이다.
64 위 소왕魏昭王(재위 기원전 295~기원전 277)은 양왕襄王의 아들로 이름이 속速이다. 위 소왕이 맹

군대와 함께 제나라를 격파했다.[65] 제나라 민왕은 거莒[66] 땅으로 달아났고 그곳에서 죽었다. 제나라 양왕襄王이 즉위했을 때 맹상군은 제후들 사이에서 중립을 지킨 채 어느 나라에도 귀속되지 않았다. 제나라 양왕은 즉위 후 맹상군을 두려워하여 그와 화해를 청하고 좀더 친해지려 했다. 전문이 죽자 시호를 맹상군이라 했다.[67] 그의 아들들이 권력을 계승하기 위해 다툴 때 제나라와 위魏나라가 협공하여 설 땅을 멸망시켰고,[68] 맹상군 집안은 후대가 단절되어 계승할 자가 없었다.[69]

당초에 풍환馮驩[70]은 맹상군이 빈객을 좋아한다는 말을 듣고 짚신을 신은 채 그를 만나러 왔다. 맹상군이 말했다.

"선생께서는 먼 길을 오셨는데, 나에게 무엇을 가르쳐주시겠소?"

상군을 상으로 임명한 시기에 대해서는 견해가 다양하다. "태사공은 제 민왕이 송나라를 멸망시킨 다음이라고 했고, 먀오원위안은 이전에 맹상군이 진나라를 책동해 제나라를 공격했을 때 맹상군은 이미 위나라에 있었다고 여겼고, 탕란唐蘭은 제 민왕 10년, 위 소왕 5년(기원전 291)이라 여겼다. 그 시기를 더욱 멀리 본 양콴은 제 민왕 7년, 위 소왕 2년(기원전 294)이라 했다. 즉 '전갑이 반역하여 민왕을 위협하자 맹상군이 달아난' 이후라고 했다. 양옥승은 힘써 맹상군을 변론하여 '위나라로 달아나 위나라 상이 되었다는 것은 허튼소리'라고 했다."(『사기전증』)

65 연 소왕 28년, 제 민왕 17년(기원전 284) 악의樂毅가 연 소왕을 위해 다섯 나라를 이끌고 제나라를 격파한 일이다.

66 거莒: 제나라 읍으로 지금의 산둥성 쥐현莒縣이다.

67 원문은 '시위맹상군諡爲孟嘗君'이다. "아마도 시諡는 호號일 것이다. 시법諡法으로 해석해서는 안 되며, 진·한 때 사람들의 말로 보인다."(『사기지의』) 양콴은 "전문이 살아 있을 때도 맹상군으로 불렸다. 죽은 뒤의 칭호가 아니다"라고 했고, 나카이 리켄은 "맹상은 봉읍 명칭"일 수 있다고 했다.

68 『자치통감』에 근거하면 맹상군이 제후들 사이에서 중립을 지키고 제와 위가 설 땅을 멸망시킨 것은 주 난왕 36년, 제 양왕 5년(기원전 279)의 일이다.

69 "스즈멘이 말하기를 『오지설종전배주吳志薛綜傳裴注』에서 『오록吳錄』을 인용해 말하기를 '제나라 맹상군을 설 땅에 봉했고, 진나라가 육국을 멸망시키자 그의 제사는 없어지고 자손들은 흩어졌다. 한 고조가 천하를 평정하고 제나라를 지나가다 맹상군 후손을 찾았고 그의 손자인 능陵과 국國을 찾았다. 그들을 다시 봉하려 했으나 능과 국 형제는 사양하고 받지 않았다. 그들은 죽읍竹邑으로 갔는데, 그곳에 집이 있었다. 그래서 결국은 설薛씨가 되었다'라고 기록되어 있다. 맹상군에게는 후손이 있었으며 계승이 단절된 것이 아니었다'고 했다."(『사기각증』)

70 『전국책』「제책 4」에는 '풍훤馮諼'으로 기록되어 있다.

풍환이 대답했다.

"군께서 선비를 좋아한다는 말을 듣고 가난한 이 몸을 군께 의탁하고 싶습니다."

맹상군은 풍환을 전사(傳舍)71에 머물게 했다. 열흘이 지나 맹상군은 객사를 관장하는 자에게 물었다.

"저 손님은 무엇을 하고 있는가?"

책임자가 말했다.

"풍환 선생은 무척 가난해서 검 한 자루밖에 지닌 것이 없는데, 검 자루를 새 끼줄로 감았습니다. 그 검을 튕기면서 '긴 검아, 우리 돌아가자꾸나. 여기에서는 생선도 먹지 못하는구나!'라고 노래를 부르고 있습니다."

맹상군은 그를 행사(幸舍)로 옮겨주고 생선을 먹을 수 있게 해줬다.72 닷새 후 다시 객사를 관장하는 자에게 묻자 이렇게 대답했다.

"손님은 다시 검을 튕기면서 '긴 검아, 우리 돌아가자꾸나. 여기는 문을 나가도 수레가 없구나'라고 노래를 불렀습니다."

맹상군은 다시 대사(代舍)로 그의 거처를 옮겨줬다. 그곳에서는 출입할 때 수레를 탈 수 있었다. 닷새 후 맹상군이 다시 책임자에게 묻자 그가 대답했다.

"선생께서 또 검을 튕기면서 '긴 검아, 우리 돌아가자꾸나. 여기에는 가족을 부양할 돈이 없구나'라고 노래를 불렀습니다."

그러자 맹상군은 언짢아했다.73

---

71 "전사, 행사(幸舍), 대사(代舍)는 상·중·하 등급에 해당하는 객사의 명칭이다."(『색은』) 앞서 "맹상군은 그들의 귀천을 가리지 않고 일률적으로 평등하게 대우했다"는 말과 모순된다. 전사(傳舍)는 역참에서 행인들에게 숙식을 제공하는 건물로, 여기서는 등급 낮은 객사를 뜻한다.

72 "『열사전』에 이르기를 '맹상군의 주방에는 세 등급이 있는데, 상등객은 고기를 먹고, 중등객은 생선을 먹고, 하등객은 채소를 먹었다'고 했다."(『전국책교주보정』)

73 『전국책』「제책 4」에 따르면 이 문장 뒤에 다음과 같은 내용이 있다. "모두 그를 싫어했고 그가 탐욕스러워 만족할 줄 모른다고 여겼다. 맹상군이 물었다. '풍 선생은 친족이 있소?' '노모가 계십니다.' 맹상군은 그의 모친에게 음식과 물품을 보내 가난하지 않게 해줬다. 그러자 풍훤(풍환)은 다시 노래 부르지 않았다."

1년이 지니도록 풍환은 어떠한 말도 하지 않았다. 이때 맹상군은 제나라 상이었는데, 제나라 왕은 그에게 1만 호의 설 땅을 봉지로 내렸다. 당시 맹상군의 빈객은 3000명이나 되어 봉지의 조세 수입만으로는 빈객들을 부양할 수 없었다. 그래서 그는 사람을 시켜 설 땅 사람들에게 돈놀이를 하도록 했다. 그러나 1년이 지니도록 수입은 없었고 돈을 빌려간 자들 모두 이자조차 지불하지 않아 더 이상 빈객을 먹여 살리기 힘든 처지가 되었다. 맹상군은 근심하다가 주변 사람들에게 물었다.

"누가 나를 도와 설 땅에 가서 빚을 받아올 수 있겠소?"

객사 책임자가 말했다.

"상등 객사인 대사에 머물고 있는 빈객 풍공馮公은 용모도 매우 출중할74 뿐만 아니라 덕이 높은 사람입니다. 나이는 많은데 별다른 재주가 없으니 그를 보내 빚을 받아오도록 하면 좋을 것 같습니다."

맹상군은 이에 풍환을 불러 부탁하며 말했다.

"빈객들은 내가 변변치 못한 사람인 줄 모르고, 몸을 맡기고 있는 사람이 3000명이나 되오. 봉지의 수입으로는 빈객들을 봉양하기에 부족해서 설 땅 사람들에게 이자를 받으려고 돈을 빌려주었소. 그런데 올해 설 땅의 수확이 좋지 않아 적지 않은 백성이 이자조차 내지 못하고 있소. 지금 빈객들을 먹일 비용마저 떨어질 마당이니, 선생께서 가서서 빌려준 돈을 받아주시기를 부탁드립니다."

풍환이 말했다.

"좋습니다."

그는 작별 인사를 하고 떠나 설 땅에 당도했다. 풍환은 맹상군에게 돈을 빌린 사람들을 모두 불러 모아 10만 전의 이자를 거두었다. 이어서 풍환은 술을

---

74　원문은 '형용상모심변形容狀貌甚辯'이다. 여기서 '변辯'은 말을 잘하는 언변의 의미가 아니다. "변辯은 눈썹과 눈이 분명하고 당당하며 출중한 모양을 가리킨다. 혹은 심로心路를 가리키기도 하는데, 총명하고 지혜롭고 재능이 있음을 말한다."(『사기전증』) 역자 또한 『사기전증』의 해석에 따랐다.

많이 빚고 살진 소를 사들이고는 돈을 빌려간 사람들에게 알려 이자를 낼 수 있는 자들과 이자를 낼 수 없는 자들도 모두 오게 하되, 모두 차용증을 지참하게 하여 즉석에서 대조 확인했다. 돈을 빌려간 자들이 전부 모이자 그날 소를 잡고 술자리를 벌였다. 술자리가 흥겨워지자 풍환은 차용증을 꺼내 이전처럼 사람들이 지참한 차용증을 일일이 대조하고, 이자를 낼 수 있는 자들에게는 이자 낼 날을 정하고,[75] 가난하여 이자를 낼 수 없는 자들에게는 그들의 차용증을 걷어 태워버렸다. 그러고는 말했다.

"맹상군이 여러분에게 돈을 빌려준 이유는 생활할 방법이 없는 백성에게 생계를 도모할 본전을 제공해준 것이고, 여러분에게 약간의 이자를 요구한 것은 빈객들을 봉양할 비용이 부족해서입니다. 지금 넉넉한 사람에게는 돈 갚을 날짜를 정하고, 가난하여 갚을 수 없는 사람에게는 차용증을 불태워 빚을 면제했습니다. 여러분은 많이 마시고 드십시오. 이처럼 좋은 주인이 있는데 우리가 어찌 그를 저버릴 수 있겠습니까!"

자리에 앉아 있던 사람들이 모두 일어나 두 번 절하며 감사했다.

맹상군은 풍환이 차용증을 불태워버렸다는 소식을 듣고는 화가 나서 즉시 사자를 보내 풍환을 불러들였다. 풍환이 돌아오자 맹상군이 말했다.

"나는 빈객이 3000명이나 되기 때문에 설 땅 사람들에게 돈을 빌려준 것이오. 내 봉지의 조세 수입이 많지 않은 데다 돈을 빌려간 사람들이 대부분 제때 이자를 내지 않아 식객들을 제대로 먹이지 못할까 걱정되어 선생에게 돈을 받아오도록 책임을 맡긴 것이오. 그런데 듣자 하니 선생께서는 돈을 거두어들인 즉시 많은 소를 잡고 술을 사고 차용증을 불살라버렸다고 하던데, 이유가 무엇이오?"

풍환이 대답했다.

---

75  원문은 '能與息者, 與爲期'로, 나카이 리켄은 '기期'를 '원금 갚는 날을 정하는 것'이라 한 반면 스즈멘은 '이자 내는 날을 정하는 것'이라고 했다. 역자는 스즈멘의 해석을 따랐다.

"그렇게 했습니다. 고기와 술을 많이 준비하지 않으면 돈을 빌려간 사람을 모두 모이게 할 수 없고, 그들 중에서 누가 부유하고 누가 가난한지를 알아낼 방법이 없었습니다. 부유한 자들에게는 이자를 받을 날짜를 정해주었습니다. 그러나 가난한 자들에게는 차용증을 가지고 10년간 재촉한들 받을 수 없고 결국 이자만 더욱 불어날 것이며, 다그치면 달아나 스스로 자신의 빚을 면제시켜주는 꼴이 되니 결국은 아무것도 받을 수 없게 됩니다.[76] 이렇게 되면 위에서는 군께서 이익만 탐하여 백성을 사랑할 줄 모른다고 할 것이고, 백성이 채무를 피해 도망치게 함으로써 주인을 배반한 죄명을 얻게 했다고 할 것이니, 백성을 격려하고 군의 명성을 빛내는 방법이 아닙니다. 쓸모없는 차용증을 불살라 받을 수 없는 빚을 없애는 방책으로써 설 땅의 백성이 군을 친하게 여기게 하고 군의 훌륭한 명성을 빛내드리고자 한 것입니다. 군께서는 의심스러운 점이 있습니까?"

맹상군은 손뼉을 치며 칭찬하고 고마워했다.

제나라 왕은 진나라와 초나라의 이간질에 현혹된 나머지 맹상군의 명성이 자신보다 높을 뿐만 아니라 제나라의 권력을 독차지하려 한다고 생각하여 결국 맹상군을 파면했다.[77] 맹상군 문하의 빈객들은 그가 면직되는 것을 보고 모두 떠나갔다. 풍환이 말했다.

"진나라로 갈 수 있는 수레 한 대를 제게 빌려주시면 반드시 군이 제나라에

---

76  원문은 '若急, 終無以償'이다. 『사기회주고증』에서는 '약급若急'을 불필요한 글자로 봤다. 그리고 '종무이상終無以償'의 문구는 앞 문장에 붙여 해석하는 것이 옳다. 앞 문장과 함께 정리했을 때 원문인 '急, 卽以逃亡自捐之. 若急, 終無以償(재촉하면 달아나 빚을 면제시킬 것입니다. 만일 급하게 재촉하여 끝내 아무것도 돌려받지 못하면)'은 '急, 卽以逃亡自捐之, 終無以償(재촉하면 달아나 스스로 그들의 빚을 면제시켜주는 꼴이 되니 결국 아무것도 받을 수 없게 됩니다. 이렇게 되면……)'으로 해석하는 것이 바람직하다고 생각한다. 역자는 『사기회주고증』의 견해에 따랐다.

77  "『전국책』에서 풍환이 설 땅에서 차용증을 불사른 지 1년 후 맹상군이 상의 지위에서 면직되어 자신의 봉지인 설 땅으로 가는데, 100리도 못 가 백성이 늙은이는 부축하고 어린이는 손을 잡고서 영접했다고 했다. 태사공이 기재하지 않았으니 처음과 끝이 빠진 것 같다."(『사기평림』)

서 중용되도록 할 것이며 아울러 봉지도 더욱 넓혀드릴 수 있습니다. 어떻게 하시겠습니까?"

맹상군은 수레와 예물을 준비시켜 그를 진나라로 보내주었다. 풍환은 서쪽으로 가서 진나라 왕에게 유세했다.[78]

"천하에 유세하는 선비로서 급히 수레를 몰아 서쪽 진나라로 들어오는 사람치고 진나라를 강대하게 하고 제나라를 약화시키려 생각하지 않는 자가 없습니다. 또 급히 수레를 몰아 동쪽 제나라로 들어가는 사람치고 제나라를 강대하게 하고 진나라를 약화시키려 생각하지 않는 자가 없습니다. 진과 제는 자웅을 겨루는 나라로, 양립할 수 없으며 수컷이 되는 나라가 천하를 얻을 것입니다."

진나라 왕은 무릎을 꿇고 앉아 있다가 몸을 꼿꼿이 세우고는[79] 물었다.

"어떻게 하면 진나라를 수컷이 되게 하고 암컷이 되지 않게 할 수 있겠소?"

풍환이 말했다.

"대왕께서는 제나라가 맹상군을 파면한 일을 알고 계십니까?"

진나라 왕이 대답했다.

"들었소."

그러자 풍환이 말했다.

"제나라를 천하에서 존중받는 나라로 만든 사람은 바로 맹상군입니다. 그러나 지금 제나라 왕은 비방하는 말을 듣고 그를 파면시켰기 때문에 맹상군은 마음에 원한을 얻어 반드시 제나라를 배신할 것입니다. 그가 제나라를 등지고 진나라로 온다면 제나라의 정황뿐만 아니라 관리와 백성의 실상을 모두 내놓을 것입니다. 그렇게 되면 제나라 땅을 얻을 수 있을 것이니, 어찌 수컷에 값하겠습

---

78  "『전국책』에 '서쪽 양粱나라로 가서 혜왕에게 유세했다'고 되어 있는데, 아마도 위 양왕 혹은 위 소왕일 것이다. 진나라 왕이 맞다면 진 소왕일 것이다."(『사기전증』)
79  원문은 '기跽'로, 이는 무릎을 꿇고 앉아 있는 자세에서 다급하거나 존중을 표할 때 상반신을 꼿꼿이 세우는 자세를 말한다.

니까? 대왕께서는 서둘러 사자를 시켜 초빙의 예물을 가져가 은밀히 맹상군을 맞아들이십시오. 이런 좋은 시기를 놓쳐서는 안 됩니다. 제나라 왕이 각성하여 다시 맹상군을 기용한다면 누가 암컷이 되고 수컷이 될지 알 수 없을 것입니다."

진나라 왕은 크게 기뻐하면서 곧 수레 10대에 황금 100일鎰을 실어 보내 맹상군을 영접하게 했다. 풍환은 진나라 왕에게 자신이 앞서 들어가게 해줄 것을 청하고 서둘러 제나라로 돌아와서는 제나라 민왕에게 말했다.

"천하에 유세하는 선비로서 급히 수레를 몰아 동쪽 제나라로 들어오는 사람 치고 제나라를 강대하게 하고 진나라를 약화시키려 생각하지 않는 자가 없습니다. 또 급히 수레를 몰아 서쪽 진나라로 들어가는 사람치고 진나라를 강대하게 하고 제나라를 약화시키려 생각하지 않는 자가 없습니다. 진과 제는 자웅을 겨루는 나라로, 진나라가 강대해지면 제나라는 쇠약해지게 됩니다. 이러한 형세는 수컷으로 양립할 수 없습니다. 신이 슬쩍 듣자 하니 지금 진나라가 사자를 파견해 황금 100일을 실은 수레 10대로 맹상군을 맞이하려 한다고 합니다. 맹상군이 서쪽 진나라로 가지 않으면 그만이지만 진나라로 가서 상의 자리에 앉으면 천하가 진나라를 따를 테니, 진나라는 수컷이 되고 우리 제나라는 암컷이 되고 말 것입니다. 우리가 암컷이 되면 임치와 즉묵 땅이 위험해집니다. 대왕께서는 어찌 진나라 사자가 도착하기 전에 서둘러 맹상군의 관직을 되돌리고 더 많은 봉지로써 사과의 뜻을 전하지 않으십니까? 맹상군은 반드시 기뻐하며 받아들일 것입니다. 진나라가 아무리 강대국이라 한들 어찌 남의 나라 상을 영접하기를 청하겠습니까! 이와 같이 해야 진나라의 음모를 좌절시키고 천하의 패자가 되려는 책략을 끊어버릴 수 있습니다."

제나라 왕이 말했다.

"좋소."

제나라 왕은 곧 서쪽 변경으로 사람을 보내 진나라 사자가 오는지 살피게 했다. 마침 진나라 사자가 국경으로 들어오자 제나라 사자는 급히 돌아와 이 사실을 제나라 왕에게 보고했고, 왕은 맹상군을 불러들여 다시 상의 지위를 회복시키고 아울러 옛 봉지 외에 1000호를 더 늘려줬다. 진나라 사자는 맹상군이 제나라 상을 되찾았다는 소식을 듣자 수레를 돌려 돌아갔다.[80]

이전에 제나라 왕이 비방하는 말을 듣고 맹상군을 파면했을 때 모든 빈객은 그를 떠났다. 이후 제나라 왕이 다시 맹상군을 불러 지위를 회복시키자 풍환은 빈객들을 맞아들이려 했다. 빈객들이 도착하기 전, 맹상군이 길게 탄식하며 말했다.

"나는 항상 빈객을 좋아하여 그들을 대접하는 데 조그마한 실수도 없었기에 빈객이 많을 때 3000여 명이나 되었음은 선생도 알 것이오. 그러나 빈객들은 내가 하루아침에 면직되는 것을 보자 모두 나를 등지고 떠났으며 나를 살펴봐주는 자가 없었소. 지금 선생 덕분에 지위를 회복했지만 그들이 무슨 낯으로 다시 나를 보러 온단 말이오? 그들 중 누구라도 나를 다시 보러 오는 자가 있다면 내 그 얼굴에 침을 뱉어 크게 모욕을 주겠소."

풍환은 이 말을 듣자 즉시 말고삐를 놓고 수레에서 내려 맹상군에게 절을 했다.[81] 맹상군도 급히 수레에서 내려 그를 일으키면서 말했다.

"선생께서는 빈객들을 위해 사죄하는 것이오?"

풍환이 대답했다.

"빈객들을 위해 사죄하는 것이 아니라 군의 말씀이 틀렸기 때문입니다. 만물

---

80  이상 풍환의 일은 『전국책』「제책 4」에 보인다. "민왕이 맹상군을 다시 부른 것은 전갑의 난 이후이고 맹상군은 결국 설 땅으로 돌아갔다. 민왕이 또 맹상군을 보내려고 했고, 이에 위나라로 갔다. 풍환의 이러한 계책은 틀림없이 맹상군을 다시 불렀을 때로, 다시 상의 지위를 회복시켜주었다는 말은 사실이 아닐 것이다. 『전국책』에서는 '상으로 지낸 지 수십 년'이라고 했는데, 더욱 믿을 수 없다."(『사기지의』) 양콴은 "'맹상군을 다시 부르다'와 '상의 지위를 회복시키다'는 모두 책사가 전하는 말일 뿐 결코 사실이 아니다"라고 했다.
81  이때 풍환이 맹상군을 위해 수레를 몰고 있었고 수레에서 내려 예를 표하느라 손에 쥐고 있던 말고삐를 내려놓은 것이다.

에는 필연적인 규율이 있고 세상일에는 일정한 도리가 있음을 군께서는 아십니까?"

맹상군이 대답했다.

"내 미련하여 선생께서 하신 말씀이 무슨 뜻인지 모르겠소."

풍환이 말했다.

"생명이 있는 것이 반드시 죽게 되는 것은 만물의 필연적인 규율입니다. 부유하고 귀해지면 사람들이 많이 모여들고, 가난하고 천해지면 벗이 적어지는 것은 당연한 도리입니다. 군께서는 혹시 시장으로 물건을 사러 가는[82] 사람들을 본 적이 없습니까? 날이 밝아지는 때는 모두들 어깨를 밀면서 앞 다투어 시장 문으로 들어가지만 날이 저문 뒤에는 시장을 지나는 사람들이 팔을 휘저으면서 옆을 돌아보지도 않습니다. 이는 결코 그들이 아침을 좋아하고 날이 저무는 것을 싫어해서가 아니라, 그들이 사고 싶은 물건이 시장에 없기 때문입니다. 지금 군께서 상의 지위를 잃었을 때 빈객들이 모두 떠나버렸다고 해서 선비들을 원망하고 공연히 빈객들이 의탁하러 오는 것을 막을 필요는 없습니다. 바라건대 예전처럼 그들을 대접하십시오."

맹상군이 두 번 절하며 말했다.

"삼가 선생의 말씀을 따르겠소. 선생의 말씀을 듣고 어찌 감히 가르침을 받들지 않겠소."


태사공은 말한다.

"내가 일찍이 설 땅을 지나간 적이 있었는데, 그곳의 풍속은 평민 백성[83]의

---

82  원래는 '조취시朝趣市(아침에 시장으로 가다)'인데 '수정본'에서는 '취시조趣市朝(시장으로 가다)'로 수정했다. "'조취시'는 '취시조'로 해야 한다. 아래 문장의 '과시조過市朝(시장을 지나다)'가 이 문장을 잇게 된다."(『독서잡지』 「사기」) 역자 또한 '수정본'에 따랐다. 시조市朝란 시장을 말한다. "시장의 늘어선 자리가 마치 조정의 관원들 배열과 같아서 시조라고 말했을 따름이다."(『색은』)

83  원문은 '여리閭里'로, '여'와 '이'는 항상 이어서 쓰인다. '여'는 거주민 등록제에서 거주 구역을 구

자제 대부분이 흉악하고 사나웠으며 추鄒나라와 노魯나라와는 완전히 달랐다. 내가 현지인에게 그 까닭을 묻자 '그 당시 맹상군이 천하 각지의 의협심이 강한 협객들과 법을 어기기 좋아하는 자들을 설 땅으로 불러들였는데, 대강 6만여 집이나 되기 때문이오'라고 했다. 세상 사람들이 전하기를 맹상군이 빈객을 좋아하여 그들을 양성하기를 즐겼다고 하더니, 확실히 그 명성이 헛되이 전해진 것은 아니로구나."

획하는 기본단위다. 구역 사방에는 담장이 둘려 있는데 그 대문을 '여'라고도 한다. 즉 '이문里門'을 뜻한다. 『주례』에서는 5채 집을 비比라 하고, 5비를 여閭라 했다. '이'는 본래 향촌의 기본 단위로, 5채의 집을 인鄰이라 하고 5린을 '이'라고 한다. 1리가 몇 호인지는 견해가 다르다. '여리'는 민간 또는 평민을 가리킨다.

史 記 列 傳

# 16

# 평원군우경열전

## 平原君虞卿列傳

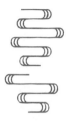

이 편은 조나라의 위급함을 구원하고 보위하는 데 중요한 역할을 한 평원군 조승과 우경 두 사람을 다룬다. 평원군은 비범한 사람은 아니었으나 자신의 이익을 위해 빈객들을 양성했던 맹상군과는 달리 간언을 받아들이고 자신의 잘못을 바로잡았으며 국가를 위해 충심을 다했기에 좋은 품성을 지닌 인물이라 할 수 있다. 반면 평원군의 빈객은 수천 명에 달했음에도 불구하고 맹상군의 빈객들과는 달리 위급한 상황에서 뛰어난 계책을 내놓지 못했다. 오히려 조나라가 위기에 처했을 때 평원군을 도와 큰 공적을 세운 자들은 평소에 평원군이 중시하지 않았던 하층민인 모수와 이동이었다. 평원군 앞에서 자신을 추천한 모수는 지혜와 용기로써 초나라 왕을 설득하여 합종 맹약을 이끌어냈고, 이동은 한단이 진나라 군대에 포위되었을 때 평원군의 가족을 군대에 편입시켜 다른 사람들과 똑같이 노역을 분담하게 하고 집안의 재산을 털어 사졸들을 위로하도록 간언했다. 그로 인해 평원군은 자신을 위해 목숨을 바칠 수 있는 3000명의 병사를 얻었으며 마침내 진나라 군대와 맞서 싸워 물리칠 수 있었다.

우경은 조나라 책사로, 진나라를 섬겨야 한다는 신하들의 그릇된 의론을 예리한 언사로 반박하면서 오직 조나라의 이익을 위해 충심을 바쳤다. 그는 소진, 장의 같은 부류의 책사들과는 달리 일관된 입장을 고수하고 절개를 지켰으며, 합종을 주장하여 진나라와의 연횡을 결사적으로 반대했다. 우경은 위제를 돕기 위해 만호후의 지위와 상의 인장을 포기하고 조나라를 떠나 대량으로 갔으나 곤궁하게 지냈으며, 뜻을 이루지 못하게 되자 국가 정치의 득실을 풍자하는 책을 저술했다. 이에 세상 사람들은 『우씨춘추』라고 했다.

평원군平原君 조승趙勝은 조나라 공자 중 한 사람이다.1 공자 중에서 조승이 가장 재능이 있었는데, 빈객을 사귀기를 좋아하여 그의 문하에는 빈객이 대략 수천 명에 이르렀다. 평원군은 조나라 혜문왕惠文王과 효성왕의 상을 지냈는데, 세 차례 면직되었다가 다시 세 차례 기용되었고,2 그의 봉지는 동무성東武城3에 있었다.

평원군의 집은 누樓4가 높아서 백성의 집을 내려다볼 수 있었다. 민가에 한 절름발이가 있었는데 매일 다리를 절룩거리면서 우물가에 가서 물을 길었다. 하루는 평원군을 모시는 첩5이 누에서 절름발이의 거동을 보고는 크게 웃었다. 이튿날 절름발이가 평원군의 집 문 앞에 와서 말했다.

1  조승趙勝: 조나라 무영왕의 아들이고 혜문왕의 동생이다. 최초의 봉지가 평원平原이었으므로 평원군으로 불렸다.
2  「육국연표」에 따르면 혜문왕 원년에 평원군은 상이 되었고, 효성왕 원년에 또 상이 되었다고 하여 두 차례만 기록하고 있을 따름이다. 「조세가」에서는 혜문왕 14년(15년이 맞다) 악의樂毅가 제나라를 공격한 사건, 효성왕 원년 전단田單이 연나라를 공격하고 2년에 상이 된 사건이 있는데, 여기에 평원군이 세 차례 상이 되었다가 세 차례 면직당한 증거가 있다. 효성왕 2년에 전단이 상이 된 것은 평원군이 다시 상이 되었다가 1년이 지나 면직되었기 때문으로, 전단이 제나라로 간 이후 평원군이 다시 복귀한 것은 『사기』에서 생략했다."(『사기지의』) 그러나 양콴은 "혜문왕은 혜후惠后의 소생으로, 무영왕이 혜후를 맞아들인 것은 16년이고 혜문에게 왕위를 전한 것은 27년이다. 당시 혜문왕은 11세였고 평원군은 10세였는데 어떻게 상이 될 수 있는가? 평원군이 처음 상이 된 때는 알 수 없다"고 했다.
3  동무성東武城: 조나라 읍으로 지금의 산둥성 우청武城 서북쪽 지역이다.
4  누樓란 『설문해자』에 따르면 '중옥重屋'이라 하여 이층집을 뜻한다. 누는 전국시대에 출현한 건축물로 궁실은 모두 높은 토대 위에 건축되었으므로 누를 짓지 않았다. "좁을 뿐만 아니라 길게 구부러진 것을 누라고 한다."(『이아』, 「석궁釋宮」)
5  원문은 '미인美人'이다. 전한 초기에 후궁에 대한 칭호 가운데 하나로 첩을 말한다.

"저는 군께서 선비를 양성하는 것을 좋아한다고 들었습니다. 그리고 선비들이 천 리를 멀다 하지 않고 찾아오는 것은 바로 군께서 선비를 귀하게 여기고 첩을 하찮게 여기기 때문입니다. 저는 불행히도 다리를 절고 등이 굽는 장애를 지니고 있는데 군의 첩이 저를 내려다보면서 비웃었습니다. 저를 비웃은 여인의 목을 원합니다."

평원군이 웃으면서 대답했다.

"알았네."

절름발이가 돌아가자 평원군은 웃으면서 말했다.

"이 자식 보게. 한 번 웃었다고 내 첩을 죽이라고 하다니 너무 심하지 않은가!"

평원군은 끝내 첩을 죽이지 않았다. 1년이 지나자 빈객과 문하의 사인들이 조금씩 떠나가더니 절반 이상 떠나버렸다. 평원군은 이를 이상하게 여겨 말했다.

"내가 그들을 대접하는 데 조금도 예의에 벗어난 적이 없거늘 어찌하여 떠나는 자가 갈수록 많아지는가?"

이때 그의 문하 사람 중 한 명이 나서더니 말했다.

"군께서 절름발이를 비웃은 첩을 죽이지 않았기 때문입니다. 모두 군께서 여색을 좋아하고 선비를 하찮게 여긴다고 생각하기 때문에 선비들이 떠나는 것입니다."

그러자 평원군은 절름발이를 비웃은 첩의 목을 베고는 직접 절름발이의 집을 찾아가 사과했다. 그 후 다시 사람들이 그의 문하로 모여들었다. 이 당시 제나라에는 맹상군, 위魏나라에는 신릉군信陵君, 초나라에는 춘신군春申君이 있어 서로 다투듯 선비들을 대접했다.[6]

---

6 "나카이 리켄이 말하기를 '네 명의 군 가운데 맹상군이 가장 선배로, 세 명의 군과는 시대를 같이 하지 않았다. 오늘날 이들을 나란히 언급하는 것은 가생賈生의 「과진론過秦論」을 답습한 것이다'라고 했다."(『사기회주고증』)

진나라 군대가 조나라 도성 한단을 포위하자,[7] 조나라 왕은 평원군을 파견하여 초나라에 도움을 요청하고 공동으로 진나라에 대항하는 합종 맹약을 맺도록 했다. 평원군은 빈객과 문하 중에서 용기와 역량이 있고 문무를 겸비한 20명을 선발하여 초나라로 데려가기로 했다. 평원군이 말했다.

"평화로운 방법으로 임무를 완수할 수 있으면 가장 좋습니다. 그러나 평화로운 방법으로 해결하지 못한다면 무력을 사용해 조정에서 초나라 왕을 협박하여 희생의 피를 마시는 삽혈로써 반드시 합종 맹약을 맺고 오겠습니다. 수행원은 다른 곳에서 찾을 것 없이 제 문하의 빈객 중에서 선발해도 충분합니다."

평원군은 19명을 선발했으나 나머지 한 명을 뽑지 못해 20명을 채울 수 없었다. 문하에 모수毛遂라는 빈객이 있었는데, 앞으로 나서더니 평원군에게 자신을 추천하며 말했다.

"군께서는 초나라와 합종 맹약을 맺기 위하여 빈객과 문하에서 수행원 20명을 선발하여 함께 가기로 약속하고, 사람을 밖에서 찾지 않기로 했다고 들었습니다. 지금 한 사람이 부족하니 저를 끼워 넣어 인원을 채운 다음 출발하시기 바랍니다."

평원군이 말했다.

"선생은 내 문하에서 지낸 지 몇 년 되었소?"

모수가 말했다.

"3년 됐습니다."

평원군이 말했다.

"무릇 재능이 출중한 사람이 이 세상에서 생활하는 것은 마치 주머니 속에

---

7 「육국연표」에 따르면 진나라 소왕 50년, 조나라 효성왕 9년(기원전 257)의 일이다. 이로부터 3년 전 조괄이 장평에서 패하여 조나라 병사 40여만 명을 잃었다. 그 이듬해 진나라 군대는 계속 진공하여 마침내 한단을 포위했다. 『사기각증』에서 스즈몐은 「진기」「육국표」「조세가」에 근거해 조 효성왕 7~9년(진나라 소왕 48~50) 3년 동안 한단을 포위했다고 했다.

있는 송곳 같아서 그 끝이 드러나게 마련이오. 지금 선생은 내 문하에서 3년이나 있었지만 주변 사람들이 선생에 대해 한 번도 칭찬한 적이 없었고 나 또한 어떤 재능이 있는지 들어본 적이 없으니, 이는 선생에게 별 재능이 없다는 것을 말해주는 것이오. 선생은 같이 갈 수 없으니 남아 있으시오."

모수가 말했다.

"저는 오늘에야 비로소 이 송곳을 주머니 속에 넣어달라고 요청하는 것입니다. 저를 일찍 주머니 속에 넣었더라면 송곳 자루까지 드러났을 것이며 그 뾰족한 끝만 드러나지는 않았을 것입니다."

평원군은 결국 모수와 함께 가는 수밖에 없었다. 나머지 19명은 모수를 비웃는 눈빛이었으나 겉으로 드러내지는 않았다.

모수는 초나라로 가는 동안 19명과 대화를 나누었는데, 19명 모두가 감복했다. 평원군이 초나라 왕과 함께 합종의 이로운 점과 해로운 점을 이야기하는데 해가 뜰 때 논의를 시작한 것이 정오가 되도록 결론을 맺지 못했다. 이때 19명이 모수에게 말했다.

"선생이 나가서 말씀해보시오."

그러자 모수는 검 자루를 쥐고 한 걸음에 한 계단씩 올라[8] 평원군에게 말했다.

"합종의 이로운 점과 해로운 점은 두 마디면 명확해지는데, 해 뜰 무렵부터 시작해 정오가 되도록 결정을 내리지 못하는 것은 무엇 때문입니까?"[9]

초나라 왕[10]이 평원군에게 물었다.

---

8  원문은 '역계歷階'로, 한 걸음에 한 계단씩 오르는 것을 뜻한다. 원래 아랫사람이 계단을 오를 때는 계단마다 두 발을 모았다가 천천히 올라가야 하는 게 예법인데, 모수는 상황이 급박하여 예법을 무시하고 계단을 오른 것이다.
9  "임운명林雲銘의 『고문석의古文析義』에 이르기를 '실제로는 초나라 왕에게 묻는 것인데, 도리어 평원군에게 말하니 묘하다'라고 했다."(『사기전증』)
10  초 고열왕(재위 기원전 262~기원전 238)으로 이름이 완完이다. 당시 초나라는 진나라의 핍박을 받

"이 손님은 무엇 하는 사람입니까?"

평원군이 대답했다.

"제 사인입니다."

초나라 왕이 큰 소리로 꾸짖으며 말했다.

"빨리 내려가거라! 내 너의 주인과 이야기하는 중인데, 무엇 하는 짓이냐!"

모수가 검을 잡고 성큼 앞으로 다가서면서 말했다.

"대왕께서 저를 꾸짖는 것은 주변에 초나라 사람이 많기 때문입니다. 그러나 지금 열 걸음 이내에 대왕께서는 초나라 사람 무리에 의지할 수 없습니다. 대왕의 목숨은 제 손에 달려 있습니다. 제 주인이 앞에 있는데 저를 크게 꾸짖는 것은 무슨 까닭입니까? 게다가 제가 듣건대 은나라 탕왕은 70리의 땅으로 천하를 통치했고, 주나라 문왕은 100리의 땅으로 천하의 제후들을 신하로 복종시켰다고 하는데,[11] 그들이 의지한 사람이 많아서겠습니까? 실제로 그들은 당시의 형세를 잘 파악하고 기회를 이용하여 위력을 발휘했기 때문입니다. 지금 초나라 땅은 사방 5000리인데다 극을 지닌 전사가 100만이나 됩니다. 이것은 천하의 패왕이 될 수 있는 자본입니다. 초나라는 강대하여 천하에 대적할 자가 없습니다. 그러나 백기 같은 용렬하고 무지한 놈[12]이 수만 명을 이끌고 초나라와 교전을 벌여 한 번 싸워 언 땅과 영 땅을 점령하고, 두 번째 싸움에서는 이릉을 불태우고, 세 번째 싸움에서는 초나라 선왕이 모욕을 당할 줄 누가 알았겠습니까?[13] 이는 초나라에게 100대가 지나도 다 갚을 수 없는 원한이며, 조나라도 초

아 동쪽 진陳(지금의 허난성 화이양)으로 천도했다.

11 "덕으로 어진 정치를 행하는 사람은 왕업을 완성할 수 있다. 왕업을 완성하는 데 강대한 나라가 있어야만 하는 것은 아니다. 상탕은 단지 사방 70리, 문왕은 사방 100리의 땅으로 성공했다."(『맹자』 「공손추 상」)

12 원문은 '소수자小豎子'다. "소수자는 용렬하고 무지하기가 어린아이 같음을 말한다."(『사기회주고증』)

13 "다시 7년 뒤(소왕 28년, 기원전 279)에 백기는 초나라를 공격해 언과 등의 5개 성을 점령했다. 그 이듬해(소왕 29년, 기원전 278)에 재차 초나라를 공격해 초나라 도성 영을 점령하고 이릉을 불태웠으며 마침내 동쪽으로 경릉에까지 이르렀다. 초나라 왕은 도성인 영을 떠나 동쪽으로 피난했고 도성 또한

나라를 위해 부끄러이 여기고 있습니다. 그런데 대왕께서는 도리어 증오할 줄 모르고 계십니다. 진나라에 대항하는 합종은 초나라를 위한 일이지 우리 조나라를 위한 일이 아닙니다. 제 주인이 앞에 있는데 저를 크게 꾸짖는 것은 무엇 때문입니까?"

초나라 왕이 말했다.

"옳소. 진실로 선생이 말씀하신 것과 같소. 삼가 사직을 받들어 조나라와 합종 맹약을 하겠소."

모수가 물었다.

"합종을 결정하신 겁니까?"

초나라 왕이 대답했다.

"결정했소."

모수가 즉시 초나라 왕의 좌우 사람들에게 말했다.

"닭과 개와 말의 피를 가져오시오."[14]

모수는 닭, 개, 말의 피가 담긴 구리 쟁반을 두 손으로 받쳐 들고 먼저 무릎을 꿇은 채 초나라 왕에게 올리면서 말했다.

"대왕께서 응당 삽혈하시어 합종 맹약이 확정되었음을 표명하시고, 다음은 제 주인, 그다음은 제 차례입니다."[15]

---

진陳으로 옮겼다. 진나라는 영을 남군南郡으로 삼았다."(『사기』「백기왕전열전」) "초나라의 선왕이 모욕을 당했다는 것은 호삼성의 말에 따르면 '이릉의 능묘와 종묘를 불태운 것'을 뜻하는 것이다."(『사기회주고증』) "여기서 실제로는 두 차례의 전쟁이었는데, 모수가 일전一戰, 이전二戰, 삼전三戰으로 나누어 말한 것은 기세를 가중시킨 것이다."(『사기전증』)

14   "맹약에 사용되는 희생물은 귀천에 따라 다른데, 천자는 소와 말을 사용하고 제후는 개와 수퇘지를 사용하며 대부 이하는 닭을 사용한다. 지금 여기서는 맹약에 사용하는 피를 총괄해서 말했으므로 '닭과 개와 말의 피를 가져오시오'라고 했을 따름이다."(『색은』) "왕준도가 말하기를 '세 종류의 피가 필요했으므로 가져오라고 한 것이다. 초나라가 제멋대로 왕이라 칭했으므로 모수는 천자의 예로써 존중한 것이다'라고 했다."(『사기전증』)

15   "임운명이 말하기를 '삽혈하는 순서에 자신을 포함시켰으므로 어느 정도의 지위를 확보했다'고 했다."(『사기전증』)

그리하여 대전大殿에서 합종 맹약의 의식을 거행하고 확정했다. 그러고 나서 무수는 왼손에 피가 담긴 구리 쟁반을 들고 오른손으로 아래에 있던 19명을 불러 말했다.

"그대들은 아래에서 서로 삽혈하여 맹약에 참가한 것으로 하시오. 그대들은 평범하기 짝이 없는, 이른바 남의 힘에 의지해 일을 이루는 자들에 불과하오."

평원군은 초나라와의 합종 맹약의 임무를 완수하고 조나라로 돌아온 후 사람들에게 말했다.

"나는 다시는 감히 선비를 식별할 수 있다고 말하지 않겠다. 내가 지금까지 식별해낸 선비가 많으면 1000명이고 적어도 수백 명은 될 것이다. 나 스스로 천하에 재능 있는 선비를 빠뜨린 적이 없다고 생각해왔는데, 이번에 모 선생을 잘못 볼 줄 누가 생각이나 했겠는가. 모 선생은 한 번 초나라에 가서 우리 조나라의 지위를 구정九鼎이나 대려大呂[16]보다 존귀하게 만들었다. 모 선생의 세 치 혀는 100만 군대보다 강했다. 나는 감히 다시는 선비를 식별하지 않겠다."

그러고는 마침내 모수를 상객上客으로 삼았다.[17]

평원군이 조나라로 돌아온 후 초나라는 춘신군에게 군사를 이끌고 조나라를 구원하도록 했고,[18] 위나라의 신릉군도 거짓으로 왕명이라 전하여 진비晉鄙가 통솔하는 군대를 탈취한 후 조나라를 도우러 왔으나,[19] 그들 모두 아직 당도하

16  구정九鼎은 하·상·주 삼대에 걸친 국가 정권의 상징이자 보배로운 기물이다. 『정의』에 따르면 대려大呂는 주나라의 큰 종을 말한다.
17  모수의 사적은 『전국책』에는 보이지 않으며 다른 제자백가 서적에도 적게 언급되어 있다. "조나라에 두 명의 모수가 있었다. 평민 모수가 우물에 빠져 죽었다. 빈객 가운데 누군가 평원군에게 이 사실을 알리자 평원군은 '아, 하늘이 내게 이 사람을 잃게 했구나!'라고 했다. 얼마 후 죽은 모수는 평원군의 빈객인 모수가 아니라는 사실이 알려졌다."(『서경잡기西京雜記』) 평원군이 모수를 중시했음을 알 수 있는 대목이다.
18  초 고열왕 6년, 조 효성왕 9년(기원전 257)의 일이다.
19  「위공자열전」에 따르면 진비는 위魏나라 장수로, 신릉군이 병부를 훔쳐 거짓으로 왕의 명령이라 하여 진비의 군대를 빼앗아 조나라를 구원한 일을 말한다.

지 않았다. 진나라는 서둘러 한단을 포위했고 한단이 위기에 처해 항복 직전에 놓이자 평원군은 크게 우려했다. 한단의 전사傳舍를 관리하는 자의 아들 이동李同[20]이 평원군에게 말했다.

"군께서는 조나라의 멸망을 걱정하지 않으십니까?"

평원군이 대답했다.

"조나라가 멸망하면 나는 포로가 될 텐데 어떻게 걱정하지 않겠느냐?"

이동이 말했다.

"지금 한단의 백성은 죽은 사람의 뼈를 땔감으로 사용하고 있고 차마 자식을 먹을 수 없어서 서로 자식을 바꾸어 먹고 있으니, 위급하다고 할 수 있습니다. 그런데 군의 집안에는 첩이 100여 명이고, 시녀들도 아름다운 주름 비단옷을 입고 있으며, 양식과 고기가 남아돌고 있습니다. 백성은 거친 베로 만든 짧은 옷조차 갖춰 입지 못하고 지게미와 쌀겨조차 배불리 먹지 못하고 있습니다. 병사들은 곤궁한데다 무기도 없어 어떤 자는 나무를 깎아 날카롭게 하여 창과 화살을 만드는 지경인데 군의 집안에 있는 각종 용구와 종鍾과 경磬 같은 악기는 손상되지 않고 그대로입니다. 진나라가 조나라를 멸망케 한다면 군께서는 어떻게 이런 물건들을 가질 수 있겠습니까? 조나라가 보전될 수 있다면 군께서는 어찌 이런 것들이 없음을 걱정하겠습니까? 지금 군께서 진실로 부인을 비롯한 가족을 군대에 편입시켜 다른 사람들과 똑같이 노역을 분담하게 하고, 집안의 재산을 모두 내어 사졸들을 위로한다면 위기와 고통에 처해 있는 사람들은 군의 은덕에 쉽사리 감격할 것입니다."

평원군은 즉시 이동의 의견에 따랐고, 죽음을 불사하는 병사 3000명을 얻었다. 마침내 이동이 3000명의 병사를 이끌고 진나라 군대를 향해 돌격하자 진나라 군대는 30리를 물러났다. 때마침 초나라와 위魏나라의 구원병이 당도하자 진

---

20　이동李同: 이담李談이다. 사마천이 부친을 피휘하기 위해 이동이라 했다.

나라는 군대를 퇴각시켰고 한단은 다시 보존되었다. 이동은 전투 중에 죽음을 맞았고 그의 부친을 이후李侯로 봉했다.[21]

우경虞卿은 평원군이 신릉군에게 조나라를 구원해달라고 요청하여 한단을 지켜낸 일로 조나라 왕에게 평원군의 봉지를 늘려주기를 청하려 했다.[22] 이 소식을 들은 공손룡이 그날 밤 수레를 몰고 와서 평원군을 만나 말했다.

"제가 듣자 하니 신릉군이 한단을 구원한 일 때문에 우경이 군을 위해 대왕께 봉지를 요청하려 한다는데, 그런 일이 있습니까?"

평원군이 말했다.

"그렇소."

공손룡이 말했다.

"그것은 절대 안 됩니다. 무릇 대왕께서 군을 발탁하여 조나라 상으로 삼은 것은 결코 군의 지혜와 재능을 지닌 자가 조나라에서 없기 때문이 아닙니다. 동무성東武城을 떼어내어 군에게 봉한 것도 군에게 공로가 있고 다른 사람들에게 공훈이 없어서가 아니라 군이 조나라 왕의 친척이기 때문입니다. 군께서 상의 인장을 받으면서 능력이 없다고 사양하지 않고, 봉지를 받으면서도 이룬 공이 없다고 사양하지 않은 것 역시 군 스스로 왕의 친척이라 여겼기 때문입니다. 지

21 "이전 학설에는 모두가 봉읍이 이李(지금의 허난성 원현溫縣 서남쪽 옛 이성李城)였기 때문에 이후李侯라 불렸다고 했다. 그러나 양콴은 '원현 일대는 위魏나라 땅이었으므로 조나라가 이담李談(이동)의 부친을 봉할 수 없다. 이후는 당연히 칭호이고 결코 봉읍은 없었다'고 했다. 이동의 사적은 『전국책』에 보이지 않고 유향의 『설원』 「복은復恩」에 보이는데, 문자가 『사기』와 동일하여 『사기』를 베낀 것으로 의심된다."(『사기전증』)

22 "신릉군은 평원군의 친척이고 신릉군의 군대 또한 평원군의 요청으로 한단을 구제할 수 있었기 때문에 평원군 또한 공적이 있다. 그러나 『전국책』 「조책 3」에서는 우경이 조나라 왕에게 평원군에게 공적이 있다고 청하면서 '한 명의 사졸도 싸우지 않고 한 자루의 극도 손상시키지 않고 조와 위 두 나라의 환란을 해결했으니, 이것은 평원군이 노력한 결과다'라고 말하고 있는데, 이것은 유세하는 선비의 과장된 말로 사실에 부합하지 않는다. 당시 초나라와 위나라 양군이 조나라를 구원할 때 안팎으로 진나라 군대를 협공하느라 전투가 극렬했다."(『사기전증』)

금 신릉군이 한단을 구원한 것으로 봉지를 청하는 것은 친척의 신분으로 봉지를 받는 것이고, 또 보통 사람의 신분으로 공로를 계산하여 국가에 보상을 요청하는 것입니다.[23] 이는 절대로 안 됩니다. 지금 우경은 양쪽의 권력을 장악하고자 하는 것으로, 일이 이루어지면 우권右券[24]을 쥐고서 보상을 요구할 것이고, 일이 이루어지지 못하면 봉지를 받도록 청했다는 헛된 명성으로 군의 덕을 얻으려 할 것입니다. 군께서는 절대로 우경의 말을 듣지 마십시오."

평원군은 결국 우경의 말을 듣지 않았다.[25]

평원군은 조나라 효성왕 15년(기원전 251)에 사망했다.[26] 그의 자손이 평원군을 계승했으나, 훗날 조나라가 멸망했을 때 평원군의 봉지도 함께 취소되었다.[27]

평원군은 공손룡을 두텁게 대우했다. 공손룡은 견堅과 백白의 논리로 유명한 학자였으나 나중에 추연이 조나라를 지날 때 대도大道를 담론한 다음부터 평원군은 공손룡을 멀리했다.

우경은 유세하는 선비다. 짚신을 신고 긴 자루가 있는 우산을 메고 와서는 조나라 효성왕 앞에서 유세했다. 그를 처음 만난 후 효성왕은 황금 100일과 백옥 한 쌍을 하사했고, 두 번째 만나서는 조나라 상경으로 임명했으므로 사람들

---

23  "처음에 공이 없는데 봉지를 받는 것은 친척 신분이기 때문이고, 지금 공이 있어 또 봉지를 받는 것은 보통 사람의 신분으로 공로를 계산하여 보상을 받는 것이다."(『사기회주고증』)

24  '권券'은 계약을 뜻한다. 고대에는 나무를 깎아 좌우 두 개로 나누어 가지는 방식으로 계약을 했으며 채권자는 오른쪽 부분을 가졌기 때문에 우권이라 했다.

25  "우경이 평원군을 위해 봉지를 요청하고 공손룡이 간언하여 말린 일은 한단에서 포위가 풀리고 진나라 군대가 물러난 뒤인 주 난왕 58년(기원전 257)이다. 공손룡의 말은 명철하며 공적을 사양하는 도리에 부합되므로 평원군은 그의 말을 듣고 봉지를 사양했다."(『전국책신교주』)

26  "「육국연표」와 「세가」에서는 14년(기원전 252)에 사망했다고 하여 이 내용과 다르다."(『색은』) 그러나 '수정본'에서는 「육국연표」에 근거해 평원군이 효성왕 15년(기원전 251)에 사망한 것이 맞으며 『색은』의 내용이 틀렸다고 수정했다.

27  조나라가 멸망한 때는 대왕代王 가嘉 6년(기원전 222)으로, 평원군의 사망 시기와 30년 차이가 난다.

이 모두 그를 우경虞卿이라 불렀다.[28]

진나라와 조나라는 장평에서 전투를 벌였는데, 조나라는 승리를 거두지 못하고 도위 한 명을 잃고 말았다. 조나라 왕은 장수 누창樓昌과 우경을 불러서 말했다.

"우리 장평의 군대는 전투에서 이기지 못했고 도위마저 죽었소. 과인이 가볍게 무장한 군대를[29] 신속히 적진으로 보내 결전으로 벌이고자 하는데, 그대들 생각은 어떻소?"

누창이 말했다.

"어떠한 이익도 없습니다. 지위가 높은 사신을 보내 화친을 구하는 것이 낫습니다."

우경이 말했다.

"누창이 화친을 주장하는 것은 그렇게 하지 않으면 우리 군대가 반드시 패할 것이라 생각하기 때문입니다. 그러나 화친을 하고 안 하고는 진나라의 결정에 달려 있습니다. 대왕께서 진나라를 살펴볼 때 진나라가 우리 조나라 군대를 격파하려 한다고 생각하십니까? 아니면 그렇지 않다고 생각하십니까?"

조나라 왕이 대답했다.

"진나라는 남김없이 전력을 다해 우리 조나라 군대를 격파하려 할 것이오."

우경이 말했다.

"그렇다면 대왕께서는 신의 건의를 들으시고 사신을 파견해 진귀한 보물을 가지고 가서 초나라, 위魏나라와 연합하십시오. 초나라와 위나라는 대왕의 귀중

---

28  우경虞卿은 「열전」의 내용과 달리 성이 우이고 자가 경이었던 것 같다. "초주가 말하기를 '식읍이 우虞에 있다'고 했다."(『집해』) "우가 성씨이므로 책 이름을 『우씨춘추虞氏春秋』라고 했다. 경卿은 아마도 그의 자字일 텐데 순경荀卿(순자), 형경荊卿(형가荊軻)과 같은 것으로 반드시 상경이었기 때문은 아닐 것이다."(『사기회주고증』) "양콴이 말하기를 '경은 마땅히 자이며 상경 때문에 얻은 이름이 아니다. 『한비자』 「외저설」에는 '우경虞慶'이라 했는데, 경慶과 경卿은 같은 음으로 통용된다'고 했다."(『사기전증』)
29  원문은 '속갑束甲'이다. 갑옷을 벗고 신속하게 적진을 기습하는 것이다.

한 보물을 얻고자 반드시 우리 사자를 받아들일 것입니다. 조나라 사자가 초나라와 위나라에 들어가면 진나라는 반드시 천하의 제후들이 합종하여 진나라에 대항하려는 것으로 의심하고 두려워할 것입니다. 그렇게 하면 진나라와 화친할 수 있을 것입니다."

그러나 조나라 왕은 우경의 말을 듣지 않고 평양군과 상의하여 진나라와 화친하기로 결정하고 정주鄭朱를 진나라로 파견했으며, 진나라는 정주를 받아들였다. 조나라 왕이 우경을 불러 말했다.

"과인이 평양군에게 사람을 파견해 진나라와 화친하도록 했고, 진나라는 이미 정주를 받아들였소. 그대는 이 일을 어떻게 생각하시오?"

우경이 대답했다.

"대왕께서 화친을 요청하는 목적은 성공할 수 없고 우리 군대는 반드시 패배할 것입니다. 지금 전쟁의 승리를 축하하는 제후들이 모두 진나라에 가 있습니다. 정주는 조나라에서 지위가 높고 귀한 인물이기 때문에 진나라에 가면 진나라 왕과 응후應侯[30]는 반드시 정주를 존중하는 모습을 천하에 드러내 보일 것입니다.[31] 초나라와 위나라는 조나라가 이미 진나라에 화친을 구한 것으로 여기고 틀림없이 대왕을 지원하지 않을 것입니다. 천하가 모두 대왕을 지원하지 않을 것을 진나라가 알게 되면 우리의 화친 요청은 성공할 수 없을 것입니다."

응후는 과연 정주를 존중함으로써 전쟁의 승리를 축하하러 온 천하의 사절들에게 보여주었을 뿐 끝내 조나라와 화친하려 하지 않았다. 조나라 군대는 장평에서 대패했고, 결국 한단까지 포위당하여 조나라는 천하 사람들의 웃음거리가 되었다.

---

30  당시 진나라 왕은 진 소왕이고, 응후應侯는 진나라 상 범저였다. 응應(지금의 허난성 루산魯山현 동쪽 지역) 땅에 봉해졌으므로 응후라 했다.
31  정주를 존중하는 모습을 보여줌으로써 다른 국가들과 조나라의 관계를 이간시켜 조나라를 고립시키려는 것이다.

진나라가 한단의 포위를 풀자[32] 조나라 왕은 진나라로 가서 진나라 왕을 알현하고, 조석趙郝[33]을 시켜 진나라에 복종할 것을 약속하면서 6개 현을 할양하여 화친을 맺으려 했다.[34] 이때 우경이 조나라 왕에게 말했다.

"이번에 진나라가 대왕을 공격했는데, 싸우다 지쳐서 군대를 물린 것이라고 생각하십니까? 아니면 더 진격할 힘이 남아 있는데 대왕에 대한 호의로 공격을 멈추었다고 생각하십니까?"

조나라 왕이 대답했다.

"진나라는 우리를 공격하느라 모든 힘을 쏟아 부었소. 그들은 틀림없이 지쳐서 철군한 것이오."

우경이 말했다.

"진나라는 온힘을 다해 그들이 얻고자 하는 것을 빼앗고자 했으나 얻지 못하고 지쳐서 돌아갔습니다. 그런데 대왕께서는 그들이 힘으로 탈취할 수 없었던 것을 그들에게 주려고 하시니, 이것은 진나라를 돕고 자신을 공격하는 것입니다. 내년에 진나라가 다시 대왕을 공격해온다면 대왕께서는 아마도 구원받지 못할 것입니다."

조나라 왕이 우경의 말을 조석에게[35] 전하자 조석이 말했다.

"우경이 진나라의 역량이 어느 정도인지 정확히 알 수 있습니까? 진나라가 다

---

32 "한단의 포위가 풀린 요인은 매우 많은데, 첫 번째는 조나라 사람들의 결연한 항쟁이고, 두 번째는 위나라와 초나라 등 여러 국가의 외부 원조이며, 세 번째는 진나라 내부의 암투로 인해 백기가 범저에게 해를 입은 것이다."(『사기전증』)
33 『집해』에 따르면 '조학趙郝'은 '조석'으로 읽는다. 서광은 '석'을 '사赦'라고도 했다.
34 "진나라가 장평에서 조나라로 진공하여 조나라 군대를 대패시키고 군대를 이끌고 돌아갔다. 사람을 조나라로 파견해 6개의 성을 얻어내고 조나라와 강화를 맺었다"고 했다. 표포는 주석에서 "『사기』에서는 이 사건을 한단을 포위한 이후로 서술했는데, 한단의 포위를 푼 것은 진나라가 조나라에 덕을 베푼 것이 아니라 조나라가 위나라의 힘에 의지했기 때문인데, 어찌하여 진나라를 알현하고 6개 성으로 강화를 맺었겠는가? 장평에서 격파되어 두려워서 뇌물을 준 것이라는 『전국책』의 내용이 맞다."(『전국책』「조책 3」)
35 『전국책』「조책3」에서는 조석이 아닌 '누완樓緩'으로 기재하고 있다.

시 우리를 공격할 역량이 없음을 그가 확실히 알고 있다면 탄환만큼 작은 땅도 진나라에 내줄 수 없겠지만, 진나라가 내년에 다시 우리를 공격한다면 그때 대왕께서는 이 6개 현을 내주는 데 그치지 않고 안쪽의 땅까지 바쳐야 화친을 구할 수 있지 않겠습니까?"

조나라 왕이 말했다.

"그대 말대로 땅을 진나라에 떼어주면, 그대는 내년에 진나라가 다시 우리를 공격하지 못하게 할 수 있겠소?"

조석이 대답했다.

"그것은 신이 감히 보증할 수 없습니다. 지난날 한, 조, 위 삼진과 진나라의 관계는 사이가 좋았습니다. 지금 진나라가 한나라와 위나라와 우호적이면서도 대왕을 공격한 까닭은 대왕께서 진나라를 섬기는 정도가 한과 위나라만 못하기 때문입니다. 지금 신이 대왕을 위해 과거에 진나라를 배반하여 초래한 공격36을 해소하고 조나라와 진나라 양국이 이웃한 관문을 개방해 사자가 왕래하도록 하여37 한나라, 위나라와 조나라의 관계와 같이 했는데도 내년에 대왕만 진나라의 공격을 받게 된다면, 이는 대왕께서 진나라를 섬기는 정도가 한나라나 위나라만 못하기 때문입니다. 이것은 신이 책임질 수 없는 일입니다."

왕이 조석의 말을 우경에게 전하자 우경이 대답했다.

"조석의 말은 '우리가 화친을 요청하지 않으면 내년에 진나라가 다시 대왕을 공격할 것이고, 그렇게 되면 대왕은 6개 현에 그치지 않고 그 안쪽 땅까지 내줘야 화친할 수 있다'는 것입니다. 그러나 지금 화친을 요청하자고 하면서도 조석은 진나라가 다시 우리를 공격하지 않을 것이라고 보증하지 않았습니다. 그렇다

---

36  장평 전투의 원인이 되었던 사건으로, 한나라의 상당을 접수하고 군사를 일으켜 진나라 군대에 저항했다.
37  원문은 '통폐通幣'로, 사자를 파견해 서로 왕래하는 것을 말한다. '폐幣'는 사자가 가져가는 예물을 가리킨다.

면 지금 진나라에 6현을 내준다 한들 무슨 이익이 있겠습니까? 내년에 진나라가 다시 공격해온다면 우리는 또 진나라가 자신의 역량으로 탈취할 수 없는 땅을 떼어주고 화친을 구하게 될 것이니, 이것은 스스로 멸망을 자초하는 방법이니 화친하지 않는 것만 못합니다. 진나라가 싸움을 잘한다 하더라도 우리 현 6개를 쉽게 빼앗아 갈 수는 없을 것이고, 조나라가 비록 잘 막아낼 수는 없다 해도 현 6개를 쉽게 잃지는 않을 것입니다. 진나라는 지쳐서 돌아갔으니 병사들은 반드시 피곤할 것입니다. 우리가 현 6개를 내걸어 천하 각국을 끌어들인 다음 진나라를 공격한다면 그 국가들에게 내준 6현에 대한 대가를 진나라로부터 보상받을 수 있을 것이니, 우리에게 유리합니다. 가만히 앉아서 땅을 내주어 자신을 약하게 하고 진나라를 강하게 만드는 방법에 비한다면 어느 것이 낫겠습니까? 지금 조석은 '진나라가 한나라, 위나라와 우호적이면서 조나라를 공격하는 것은 대왕께서 진나라를 섬기는 정도가 한나라와 위나라만 못하기 때문이다'라고 했는데, 이는 대왕으로 하여금 해마다 6개 성을 내주어 진나라를 섬기게 하는 것입니다. 그렇게 되면 앉아서 조나라의 성을 모두 진나라에 잃게 될 것입니다. 내년에 진나라가 다시 땅을 달라고 요구하면 대왕께서는 주시겠습니까? 내주지 않으면 이전의 공은 모조리 쓸모없이 되어 진나라가 다시 쳐들어오는 화를 초래할 것입니다. 내주려 한들 내줄 토지가 없게 되는 것입니다. 속담에 '강한 자는 공격을 잘하고 약한 자는 잘 지키지 못한다'고 했습니다. 지금 가만히 앉아서 진나라의 요구를 들어주면 진나라는 군대를 쓰지 않고도 많은 토지를 얻게 될 것이니, 이것은 진나라를 강성하게 하고 우리 조나라를 약하게 만드는 길입니다. 더욱 강성해진 진나라가 점차 약해지는 조나라를 할양받는 것이니 진나라의 야심은 그치지 않을 것입니다. 게다가 대왕의 토지는 한계가 있지만 진나라의 요구는 끝이 없을 것이니, 제한된 토지로 끝없는 탐욕을 채우려 한다면 조나라는 반드시 멸망할 것입니다.'[38]

조나라 왕이 계책을 정하지 못하고 있는데 마침 누완樓緩³⁹이 진나라에서 돌아왔다. 조나라 왕은 누완과 상의하며 말했다.

"진나라에 땅을 떼어주는 게 좋겠소? 주지 않는 게 좋겠소?"

누완이 사양하며 말했다.

"이것은 신이 대답할 수 있는 일이 아닙니다."

조나라 왕이 말했다.

"그렇다 하더라도 그대 개인적인 의견을 말해보시오."

누완이 대답했다.

"대왕께서는 저 공보문백公甫文伯⁴⁰의 어머니 일을 들어보신 적이 있습니까? 공보문백이 노나라에서 벼슬을 하다가 병들어 죽었는데, 그 집안의 두 첩이 그를 따라서 스스로 목숨을 끊었습니다.⁴¹ 그의 어머니는 아들이 죽었다는 소식을 듣고도 소리 내어 울지 않았습니다. 그 집의 보모⁴²가 '아들이 죽었는데 소리 내어 울지 않는 어머니가 어디 있습니까?'라고 하자, 어머니는 '공자는 어진 사람인데 노나라에서 쫓겨났을 때 내 아들은 공자를 따라가지 않았소. 지금 아들이 죽었는데 오히려 그를 위하여 두 여자가 스스로 목숨을 끊었으니, 아들이 덕망 높은 사람에게는 야박하게 대하고 부인들에게는 잘 대했다는 것이오'라고

---

38   "토지로 진나라를 섬기는 것은 마치 장작을 안고 불을 끄는 것과 같아 장작을 다 태우지 않으면 불은 멈추지 않을 것이다."(『전국책』「위책 3」)

39   "양관이 말하기를 '누완은 진秦나라에 친한 조나라 노신老臣으로 한때 진나라 상을 지냈다'고 했다."(『사기전증』)

40   공보문백公甫文伯: 이름이 촉歜이고 춘추시대 말기 노나라의 대귀족으로, 계강자의 당형제堂兄弟였다.

41   순장殉葬을 자처했다는 뜻이다. "『신서新序』와 같은데, 『전국책』에서는 '이팔二八(2×8=16)'이라고 했고, 또 '그를 위해 방안에서 자살한 부인들이 16명'이라고 했다. '이인二人'으로 말했다면 모두 '팔八' 자의 오류다. 그러나 『단궁檀弓』과 『공자가어』에서는 '공보문백이 죽자 처첩들이 모두 큰 소리로 울고 오열하다가 목이 메어 소리를 내지도 못했다'고만 했으니 자살한 것은 아니었을 것이다. 변사의 말이 지나치거나 믿을 수 없는 것이다."(『사기지의』)

42   원문은 '상실相室'로, 집안일을 관리하는 사람을 뜻한다.

말했습니다. 이 말이 어머니의 입에서 나왔다면 현명한 어머니라고 하겠지만 아내의 입에서 나왔다면 반드시 질투심 많은 아내라고 할 것입니다. 그러므로 같은 말이라도 말하는 사람이 다르면 듣는 사람의 마음도 달라지기 마련입니다. 지금 신은 막 진나라에서 돌아왔기에 땅을 내주지 말라고 말씀드리면 좋은 방법이 아니고, 땅을 내주라고 말씀드리면 대왕께서 신이 진나라를 위한다고 여기실까 두렵습니다. 이 때문에 감히 대답하지 못하는 것입니다. 신이 대왕을 위해 고려한다면 땅을 내주는 것이 좋을 것 같습니다."

조나라 왕이 말했다.

"알겠소."

우경이 이 소식을 듣고는 즉시 입궁하여 조나라 왕을 만나 말했다.

"누완의 말은 모두 거짓으로 꾸며 사람을 속이는 것으로, 대왕께서는 부디 진나라에 땅을 내주어선 안 됩니다!"

누완은 우경이 왕을 만났다는 소식을 듣고는 다시 왕을 만나러 왔다. 조나라 왕이 또 우경의 말을 누완에게 전하자 누완이 말했다.

"그렇지 않습니다. 우경은 하나만 알고 둘은 모릅니다. 지금 진나라와 조나라가 원수가 되어 싸우니[43] 천하 각국이 모두 기뻐하고 있는데, 무엇 때문이겠습니까? 사람들은 '강자에 의지해 약자에 올라탄다'고 말합니다. 지금 조나라 군대가 진나라 군대로 인해 곤경에 처해 있으니 천하의 제후들은 틀림없이 진나라에 승리를 축하하는 사자를 파견했을 것입니다. 그러므로 서둘러 토지를 할양하고 화친을 맺어 천하 각국으로 하여금 헷갈리게 만들고 진나라의 마음을 위로하는 것이 낫습니다. 그렇지 않으면 천하 각국은 강대한 진나라가 성내고 조나라가 지쳐 있는 때를 틈타 박을 쪼개듯 조나라를 분할하려 할 것입니다. 조나라가 곧 멸망할 텐데 어떻게 진나라를 도모하겠습니까? 그래서 우경은 하나

---

43  장평 전투를 말한다.

만 알고 둘은 모른다고 말한 것입니다. 바라건대 대왕께서는 이렇게 결정하시고 더 이상 고려하지 마십시오."

우경은 이 말을 들은 뒤 다시 조나라 왕을 만나 말했다.

"누완이 진나라를 위해 대왕께 내놓은 의견은 진실로 위험한 것으로, 그렇게 한다면 앞으로 조나라에 대해 천하가 더욱 의심하게 될 텐데 어찌 침략하려는 진나라의 마음을 달랠 수 있겠습니까? 어찌 천하 각국에게 조나라의 허약함을 폭로한 것이라 말하지 않을 수 있겠습니까? 신이 진나라에 토지를 내주지 말라고 한 것은 단순히 주지 말라는 것이 아닙니다. 진나라가 6개 현을 요구하니 대왕께서는 이 6개 현을 제나라에 뇌물로 주십시오. 제나라는 진나라와는 철천지원수44이므로 그들이 조나라의 6개 현을 얻을 수 있고 또 조나라와 협력하여 서쪽으로 진나라에 대항할 수 있다면, 제나라 왕은 대왕의 의견을 들을 때 그 말이 끝나기도 전에 따를 것입니다. 이렇게 되면 대왕께서는 제나라에서 잃어버린 것을 진나라에서 보상받을 수 있습니다. 제나라와 조나라는 진나라에 대한 깊은 원한을 갚을 수 있고, 천하 각국에 우리 조나라가 능력을 지니고 있음을 보여줄 수 있습니다. 대왕께서 제나라와 연합하여 진나라에 대항한다는 소식을 천하에 명백히 알리면 제나라와 조나라의 군대가 진나라 변경에 접근하기도 전에 진나라 사자가 두터운 예물을 가지고 우리 조나라로 와서는 도리어 화친을 요청하게 되는 것을 볼 수 있을 것입니다. 그때 우리가 진나라의 화친 요청에 응답하면 한나라와 위나라는 이 소식을 듣고 반드시 대왕을 중시할 것입니다. 그들이 대왕을 중시하게 되면 틀림없이 귀중한 보물을 바치며 앞 다투어 대왕과 결연을 맺으려 할 것입니다. 이렇게 되면 대왕께서는 일거에 제, 한, 위 세 나라와 화친을 맺게 되니 그때가 되면 대왕과 진나라의 관계는 완전히 뒤바뀔 것입

---

44 "호삼성이 주석에서 이르기를 '제나라는 선왕, 민왕 이래로 초나라와 친했고 진나라와 원수지간이었다. 맹상군은 일찍이 제후들을 이끌고 진나라를 공격하여 함곡관에 이른 적이 있었다'고 했다." (『사기전증』)

니다."

조나라 왕이 말했다.

"좋소."

그리하여 즉시 우경을 동쪽으로 파견해 제나라 왕[45]을 만나 함께 진나라에 대항할 일을 상의하게 했다. 우경이 조나라로 돌아오기도 전에 진나라에서 화친을 요청하는 사자가 조나라에 당도했다. 누완은 이 소식을 들은 후 도망쳤다. 조나라 왕은 우경에게 성 한 개를 봉해주었다.[46]

얼마 지나지 않아 위나라가 조나라와의 합종을 요청했다. 조나라 효성왕은 우경을 불러 이 일을 상의하려 했다. 우경은 먼저 평원군을 방문했다. 평원군이 말했다.

"합종의 좋은 점을 말씀드려주시길 바라오."

우경은 입궐하여 조나라 왕을 만났다. 조나라 왕이 말했다.

"위나라가 우리와의 합종을 청해왔소."

우경이 대답했다.

"위나라가 잘못하고 있습니다."

조나라 왕이 말했다.

"과인은 아직 그 요청에 대답하지 않았소."

우경이 대답했다.

"대왕께서 잘못하셨습니다."

조나라 왕이 말했다.

"위나라가 합종을 요청했다 하니 그대는 위나라가 잘못했다고 하고, 과인이 아직 대답하지 않았다고 했는데 또 과인이 잘못했다고 하니, 그렇다면 어찌 됐든 합종해서는 안 된다는 말이오?"

우경이 대답했다.

"신이 듣기로는 작은 나라와 큰 나라가 연합하면 이로울 때는 큰 나라가 복을 받고, 잘못되면 작은 나라가 화를 입는다고 했습니다. 지금 위나라는 작은 나라인데 우리와 연합하여 스스로 화를 부르고 있고, 대왕은 큰 나라인데 도리어 연합을 거절하여 복을 사양하고 있습니다. 이 때문에 신이 대왕께서 잘못하고 있고 위나라도 잘못하고 있다고 말씀드린 것입니다. 신은 당연히 합종하는 편이 좋다고 생각합니다."

조나라 왕이 말했다.

"좋소."

그리하여 위나라와 합종했다.[47]

그 뒤 우경은 위제魏齊를 도왔다가 만호후萬戶侯[48] 지위와 상의 인장을 포기하고 위제와 함께 몰래 조나라를 떠나 지름길로 대량으로 갔으나 그곳에서 곤궁하게 지냈다.[49] 위제가 죽은 뒤 우경은 뜻을 이루지 못하자 책을 저술하기 시

---

47  "진·한 이래로 군주에게 말할 때는 반드시 그 나라의 세력을 과장해야 하고 그 군주의 현명함을 높여야 하는데, 이는 우경에서부터 시작된 것이다. 이때 조나라 땅은 위나라보다 넓지 않았고 그 세력 또한 위나라보다 낫지 못했다. 시황제 9년 조나라를 멸망시키고 조왕 천遷을 포로로 잡았고, 22년 위나라를 멸망시키고 위왕 가假를 포로로 잡았다. 조나라가 진나라와 국경을 접한 상황은 위나라보다 더 극렬했다. 우경의 영합하고 아첨하는 것은 실제로 진·한 이후 2000년의 풍조를 열었다."(『사기찰기』)

48  만호후萬戶侯: 식읍이 1만 호인 열후 작위다. 전국시대 진나라와 조나라 등에 설치되었으며 한나라도 이어받았다.

49  위제魏齊는 위魏나라 안희왕의 상이었는데 범저를 심하게 매질한 적이 있다. 범저는 도망쳐 진나라로 갔고 상이 된 후 위나라에 위제를 넘겨줄 것을 요구했다. 위제가 조나라로 달아나 평원군에 의지하자 진나라는 조나라에 위제를 요구했다. 조나라 왕이 두려워하여 위제를 잡아다 바치려 했다. 당시 조나라 상이었던 우경이 조나라 왕에게 간언했지만 들어주지 않자 상의 인장을 버리고 위제와 함께 위나라로 도망쳐 신릉군에 의탁했다. 그러나 신릉군이 주저하며 만나주지 않자 위제는 자살했으며 우경은 대량에서 곤궁하게 지냈다.

작했다. 그는 위로는 『춘추』에서 자료를 채집하고 아래로는 근대의 역사를 고찰하여 「절의節義」 「칭호稱號」 「췌마揣摩」 「정모政謀」 등 8편을 지었다. 그는 국가 정치의 득실을 풍자했는데 세상에 전해져 사람들은 이를 『우씨춘추虞氏春秋』라고 했다.[50]

태사공은 말한다.

"평원군은 새가 날렵하게 나는 것처럼 혼탁한 세상에서 고상함을 지닌 귀족 자제였으나 전반적인 정세를 잘 알지는 못했다. 속담에 '이익을 탐하면 지혜를 잃는다'고 했는데, 평원군은 풍정의 그릇된 말을 믿었기 때문에 조나라 병사 40여 만 명을 장평에서 잃고 도성인 한단을 거의 멸망시킬 뻔했다. 우경이 형세를 헤아리고 적의 상황을 예측하여 조나라를 위해 내놓은 계책들은 얼마나 교묘했던가! 나중에는 위제가 곤경에 빠진 것을 차마 볼 수 없어 결국 자신을 대량에서 곤궁한 처지로 떨어뜨리고 말았다. 평범한 사람이라도 위제와 함께 달아나면 결과가 좋을 리 없다는 걸 아는데, 하물며 현명한 우경이 몰랐겠는가? 그러나 우경이 곤궁하지 않았다면 책을 지어 자신의 이름을 후대에 전할 수 없었을 것이다."

---

50  "『한서』 「예문지」에서는 15편이라고 했다."(『정의』) 그러나 「십이제후연표서」에서는 "조나라 효성왕 때 상이었던 우경이 위로는 『춘추』에서 자료를 채집하고 아래로는 근대의 역사를 고찰하여 8편을 저술했는데 『우씨춘추虞氏春秋』다"라고 하여 사마천이 기술한 내용과 같다.

史 記 列 傳

# 17

# 위공자열전

## 魏公子列傳

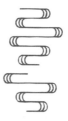

전국시대 '사공자' 가운데 한 명인 신릉군은 위魏나라 공자 무기로, 소왕의 막내아들이며 안희왕의 이복동생이다. 「태사공자서」에는 "부유하고 귀하면서도 가난하고 천한 사람들에게 굽히고, 현명하고 재능이 있으면서도 현명하지 못한 사람에게 굽혔으니, 오직 신릉군만이 할 수 있는 것이었다"고 평가했다. 이편에서는 "공자는 사람됨이 어질었으며 겸허하게 선비들과 교제했다. 선비가 재능이 있든 없든 누구에게나 겸손한 예로써 사귀었고, 자신의 부유함과 지위를 내세워 오만하게 선비를 대하지 않았다. 이 때문에 사방 수천 리의 선비들이 앞 다퉈 찾아와 의탁하여 빈객이 3000명이나 되었다"고 했다. 이렇듯 신릉군은 예로써 인재를 대우할 줄 알았던 인물로, 그가 교류한 인사들 중에는 걸출한 재능을 지닌 인물이 적지 않았다. 신릉군은 그들을 신임하여 진지하게 의견을 귀담아 들었으며 능력을 맘껏 발휘할 수 있게 했다.

「위공자열전」에는 신릉군이 병부를 훔쳐 진비의 병권을 탈취한 후 진나라를 물리치고 조나라를 구원한 사적이 담겨 있다. 진나라 병사들을 함곡관 밖으로 나오지 못하게 만든 이 싸움으로 신릉군은 천하에 위세를 떨쳤다. 이후 여러 제후 빈객이 병법에 관한 문장을 그에게 적어 올렸고, 그는 이 자료들을 수집·정리하여 『위공자병법』이라는 제목으로 엮었다. 『한서』 「예문지·병가兵家」에 『위공자』 21편이 기재되어 있다.

또한 신릉군에게 예우를 받은 후영, 주해, 모공, 설공의 활약이 열전 후반에 소개되어 있다. 그중 자신을 알아준 신릉군을 위해 중요한 때에 지혜를 바치고 스스로 목숨을 끊은 후영은 '선비는 자신을 알아주는 사람을 위해 죽는다'는 말을 실천한 인물이다.

위魏나라 공자 무기無忌는 위나라 소왕의 막내아들이며 위나라 안희왕의 이복동생이다.[1] 소왕이 죽고 안희왕이 즉위했으며 공자를 신릉군信陵君[2]으로 봉했다. 이 당시 위나라에서 도망친 범저는 진나라 상이 되었는데, 위나라의 상 위제에 대한 원한 때문에 진나라 군대를 일으켜 위나라 대량을 포위하고 곧이어 화양華陽[3]에 주둔한 위나라 군대를 격파해 위나라 장수 망묘를 달아나게 했다.[4] 위나라 왕과 공자는 이런 상황을 걱정했다.

공자는 사람됨이 어질었으며 겸허하게 선비들과 교제했다. 선비가 재능이 있든 없든 누구에게나 겸손한 예로써 사귀었고, 자신의 부유함과 지위를 내세워 오만하게 선비를 대하지 않았다. 이 때문에 사방 수천 리의 선비들이 앞 다퉈 찾아와 의탁하여 빈객이 3000명이나 되었다. 당시 제후들은 공자가 현명할 뿐만 아니라 문하에 능력 있는 빈객이 매우 많았기 때문에 10여 년 동안 감히 출병하여 위나라를 침범하지 못했다.[5]

1  위 안희왕魏安釐王(재위 기원전 276~기원전 243)은 이름이 어圉다.(희釐는 희僖로 적기도 한다.)
2  신릉군信陵君: 위나라 공자의 봉호로, 신릉은 지금의 허난성 닝링寧陵 서쪽 지역이다.
3  화양華陽: 지금의 허난성 신정 북쪽으로, 당시에는 위나라에 속했다.
4  안희왕 2년(기원전 275)에 진나라가 대량을 포위했고 안희왕 4년에 화양에서 위나라 군대를 격파하고 망묘를 달아나게 했다. 이때 진나라 장수였던 백기는 조·위 연합군 15만 명을 습격하여 죽였다. "범저가 진나라 상이 된 것은 진 소왕 42년(기원전 265)이고, 진나라가 대량을 포위하고 화양의 군대를 격파한 것은 소왕 32년(기원전 275), 34년(기원전 273)에 발생한 일이다. 당시 진나라 상은 양후穰侯였는데 어찌 범저가 위제에 대한 원한 때문에 군대를 일으킬 수 있겠는가? 이는 오류다."(『사기지의』)
5  「위세가」에서는 안희왕 원년에 진나라가 위나라 성 두 곳을 점령했고, 2년에는 또 두 곳을 점령했다. 3년에는 성 네 곳을 점령했고 4년에는 진나라가 위나라를 격파하자 진나라에게 남양 땅을 바치고 화친했다. 9년에는 진나라가 위나라 회懷(지금의 우즈武陟 서남쪽) 땅을 점령했고 11년에는 진나라가 위

한번은 공자가 위나라 왕과 바둑을 두고 있었는데, 북쪽 변경에서 봉화가 올랐다는 보고를 받았다.

"조나라 군대가 쳐들어와 우리 국경을 침범하려 합니다."

위나라 왕은 바둑 두던 것을 멈추고 대신들을 불러 모아 대책을 상의하려 했다. 공자가 왕을 말리며 말했다.

"조나라 왕은 사냥하러 나왔을 뿐 우리나라를 침범하려는 것이 아닙니다."

두 사람은 바둑을 계속 두었다. 그러나 위나라 왕은 걱정이 되어 바둑 둘 마음이 없었다. 얼마 지나지 않아 또 북쪽 변경에서 소식을 전해왔다.

"조나라 왕은 사냥을 했을 뿐 우리나라를 침범한 것이 아닙니다."

위나라 왕은 크게 놀라며 물었다.

"공자는 어떻게 그것을 알았느냐?"

공자가 말했다.

"신의 빈객 중에 조나라 왕의 비밀스러운 일까지 살피는 자가 있습니다. 조나라 왕이 무슨 일을 하는지 그가 바로 신에게 보고하기 때문에 신이 이 일에 대해 알 수 있었습니다."

이 사건 이후로 위나라 왕은 공자가 현명하고 재능이 있음을 두려워하여 나랏일을 공자에게 맡기려 하지 않았다.


위나라에 후영侯嬴이라 하는 은거 선비가 있었다. 나이가 일흔이었는데 집이 가난하여 대량의 이문夷門(동문東門)에서 성문을 지켰다. 공자는 이 사람에 대해

---

나라 형구邢丘(지금의 허난성 원현溫縣 동북쪽)를 점령했다. 제나라와 초나라가 위나라를 공격하자 진나라가 구원해줬고, 위나라 왕이 한나라를 공격하여 옛 영토를 회복하고자 하자 신릉군이 간언했다. 20년에는 진나라가 한단을 포위하자 신릉군은 속임수로 진비의 군대를 빼앗아 조나라를 구원했다. 위나라는 안희왕이 즉위한 이래 해마다 진나라 군대의 침입을 받았다. 당시 진나라는 더욱 강성해지고 육국은 날로 쇠약해졌다. 이른바 제후들이 10여 년 동안 감히 출병하여 위나라를 침범하지 못했다고 말하는 것은 태사공의 극적인 묘사일 뿐 사실이 아니다."(『사기찰기』)

듣고는 직접 그를 찾아가 넉넉히 예물을 보내려 했다. 그러나 후영은 받지 않으면서 말했다.

"저는 수십 년간 몸과 마음을 수양하며 청렴하게 살아왔습니다. 비록 성문을 지키면서 곤궁하게 살고 있지만 공자의 재물을 받을 수는 없습니다."

공자는 이에 성대한 연회를 열어 빈객들을 모이게 했다. 빈객들이 모두 자리를 잡자 공자는 거마와 수행원들을 따르게 하고 수레의 왼쪽 자리를 비운 채 직접 동문으로 후영을 맞이하러 갔다. 후영은 낡은 의관을 정리하고는 곧장 공자의 윗자리에 올라탄 채 사양하지 않았는데, 공자의 태도를 살펴보려는 것이었다. 공자는 말고삐를 잡고서 더욱 공손하게 대했다. 후영이 또 공자에게 말했다.

"제게 시장 푸줏간에 친구가 한 명 있습니다. 바라건대 수레를 돌려 그를 만나고 싶습니다."

위공자는 수레를 몰아 시장으로 들어갔다. 후영은 수레에서 내려 그의 친구인 주해朱亥를 만나 일부러 서서 오랫동안 이야기를 나누면서 곁눈질로 몰래 위공자를 관찰했다. 그러나 공자의 안색은 더욱 온화하기만 했다. 당시 공자의 집에는 장상將相과 종실의 귀빈들이 대청을 가득 채웠고 공자가 돌아와 술잔을 들어 연회를 열어주기를 기다리고 있었다. 시장 사람들은 모두 공자가 손에 말고삐를 잡고서 후영을 기다리고 있는 것을 봤고, 수행원들은 모두 속으로 후영을 욕했다. 후영은 끝내 공자의 낯빛이 변하지 않는 것을 보고는 비로소 친구인 주해와 헤어져 수레에 올랐다. 집에 당도하자 공자는 후영을 윗자리로 이끌어 앉히고 일일이 빈객들에게 소개했다. 빈객들은 모두 놀랐다. 술이 거나하게 취하자 공자가 일어나 후영의 장수를 기원하며 술을 권했다. 그러자 후영이 공자에게 말했다.

"오늘 저 또한 공자를 위해 충분히 일했습니다. 저는 동문을 지키는 문지기에 불과한데 공자께서 몸을 낮추어 친히 수레를 몰아 많은 사람이 모인 장소로 저를 맞이해주셨습니다. 다른 곳을 들르기 어려웠을 텐데 뜻밖에 공자께서는 들러주셨습니다. 저는 공자의 명성을 더욱 높이기 위해 일부러 공자의 수레가 오래도록 시장에 머물도록 했습니다. 지나는 사람들이 모두 공자를 보았고 공자께서는 더욱 공손했습니다. 시장 사람들은 모두 저를 소인이라 욕할 것이고, 공자께서는 덕망이 높고 선비를 겸손히 대하는 분이라고 칭찬할 것입니다."

그리하여 술자리가 끝났고, 후영은 공자의 상객이 되었다.

후영이 공자에게 말했다.

"제가 만나러 갔던 백정 주해는 어진 이인데 세상에 알아주는 사람이 없어서 푸줏간에서 숨어 살고 있을 따름입니다."

공자가 여러 차례 주해를 찾아갔지만 주해는 짐짓 답례하지 않았다. 공자는 매우 이상하게 여겼다.

위나라 안희왕 20년(기원전 257), 진나라 소왕은 장평에서 조나라 군대를 물리친 후 다시 군대를 진격시켜 조나라 도성 한단을 포위했다. 공자의 누이는 조나라 혜문왕의 동생인 평원군의 부인이었는데, 평원군은 여러 차례 위나라 왕과 공자에게 편지를 보내 구원을 요청했다. 위나라 왕은 장군 진비晉鄙를 파견해 군사 10만 명을 이끌고 가서 조나라를 구원하게 했다. 그러자 진나라 왕은 사자를 파견해 위나라 왕에게 통보했다.

"나는 조나라를 공격해 조만간 점령할 것이다. 제후들 가운데 감히 조나라를 구원하는 자가 있다면 한단을 함락시킨 뒤 반드시 군사를 이동시켜 먼저 그를 공격하겠다!"

이 말을 들은 위나라 왕은 두려운 나머지 사자를 보내 진군하던 진비의 군사를 멈추게 한 뒤 업鄴 땅에 주둔하고 보루를 쌓게 했다.[6] 구실은 조나라를 구원

---

6 업鄴은 위나라 현으로 지금의 허베이성 츠현 남쪽 지역이다. 『전국책』「조책 3」에서는 업 땅이 아닌 탕음湯陰(지금의 허난성 탕인蕩陰)에서 진군을 멈추게 했다고 했다. "업과 탕음은 멀리 떨어져 있지 않다. 10만 명이 주둔하기에 전군前軍과 후군後軍의 사이일 따름이다."(『사기전증』)

하는 것이었으나 실제로는 양다리를 걸친 채 진나라와 조나라의 형세를 관망하려는 것이었다. 평원군은 거듭하여 높은 관리를 사자로 보내 공자를 꾸짖었다.

"내가 스스로 혼인으로 공자와 인척 관계를 맺은 것은 공자의 사람됨이 고상하고 의로우며 남의 곤란함을 자신의 급한 일로 여겨 행동한다고 여겼기 때문이오. 지금 한단이 곧 진나라에 투항하려 하는데 위나라의 구원병이 오지 않고 있으니, 남의 곤란함을 자신의 급한 일로 여겨 행동하는 공자는 어디 있단 말이오? 게다가 공자가 나를 경시하여 진나라에 투항하도록 내버려두고 있는 건 그렇다 치고, 공자의 누이가 가엽지도 않은 것이오?"

공자는 이 일을 매우 걱정하며 여러 차례 위나라 왕에게 청원하기도 하고, 수하의 빈객과 말 잘하는 변사辯士들을 시켜 온갖 방법으로 위나라 왕을 설득했다. 그러나 위나라 왕은 진나라를 두려워하여 끝내 위공자의 부탁을 들어주지 않았다. 위공자는 어떻게 해도 위나라 왕을 설득시킬 수 없고, 또 조나라가 멸망하도록 두고 홀로 살아남을 수는 없다고 생각했다. 그리하여 빈객들을 부르고 거마 100여 대를 끌어 모은 후 빈객들과 함께 진나라 군대로 돌진하여 조나라와 함께 죽기로 했다.

위공자는 동문을 지나다가 후영을 만나 자신이 진나라 군대와 목숨을 걸고 싸우고자 하는 까닭을 자세히 이야기했다. 인사를 마치고 가려 하자 후영이 말했다.

"공자께서는 고생하십시오. 이 늙은이는 함께 갈 수 없습니다."

위공자가 몇 리를 가는데 마음이 좋지 않았다.

"내가 세심하게 후영을 대접한 것을 천하에 모르는 사람이 없다. 지금 내가 죽으러 가는데도 후영은 몇 마디 좋은 말도 없이 나를 보내니, 내게 무슨 실수라도 있단 말인가?"

위공자는 거마를 이끌고 되돌아가 후영에게 다시 물었다. 그러자 후영이 웃으면서 말했다.

"저는 본래 공자께서 되돌아오실 줄 알았습니다."

그러고는 이어서 말했다.

"공자께서는 선비를 받아들이는 일을 좋아하여 천하에 이름이 알려져 있습니다. 지금 곤란에 처해 다른 방법을 생각하지 않고 진나라 군대를 향해 돌진하려 하십니다. 이것은 굶주린 호랑이에게 고깃덩이를 던져주는 것과 다를 바 없으니, 무슨 공이 있겠습니까? 그렇다면 어째서 빈객들을 섬기셨습니까? 공자께서는 저를 지극히 잘 대접해주셨는데, 결전을 치르러 떠나는 공자께 저는 제대로 전송조차 하지 않았습니다. 그러니 공자께서 원망스러워 발길을 돌리실 것을 알았습니다."

공자가 두 번 절하고 그에게 방법을 물었다. 후영은 곁에 있던 사람들을 물리치고 소리를 낮춰 말했다.

"제가 듣기로 진비의 병부兵符[7] 한쪽은 항상 왕의 침실 안에 있다고 합니다. 여희如姬가 가장 총애를 받고 있어 왕의 침실에 자유롭게 출입할 수 있다고 하니, 그녀가 병부를 훔칠 수 있을 겁니다. 또 제가 듣자 하니 여희의 아버지가 다른 사람에게 살해당해 여희는 3년 동안 마음속에 원한을 쌓았고[8] 왕을 비롯하여 아랫사람들이 그녀를 위해 원수를 갚을 사람을 물색했으나 찾지 못했습니다. 결국 여희가 공자에게 눈물을 흘리며 부탁하자 공자께서는 빈객을 보내 그 원수의 머리를 베어 여희에게 바치셨지요. 여희는 공자의 은덕에 보답하는 일이라면 죽음도 마다하지 않을 것이나 그럴 기회가 없었을 따름입니다. 공자께서

---

7　병부兵符: 명령을 전달하거나 병력을 이동시킬 때 또는 장수를 파견할 때 사용되는 증표다. 구리, 옥, 나무, 돌 등으로 제작되었으며 호랑이 형상이어서 '호부虎符'라고도 한다. 두 개로 나누어 제작했는데 오른쪽은 국군國君이 지니고 왼쪽은 통솔자가 가졌다. 군대를 파견할 때 반드시 두 개를 합친 후에야 비로소 효력이 발생할 수 있었다.

8　원문은 '자지삼년資之三年'이다. "옛날에는 '자지삼년資之三年'을 자최齊衰(상복)를 입는 것이라고 해석했다. 부친의 원수를 갚기 위해 마음속에 간직한 지 이미 3년이 되었다는 것을 말한다."(『색은』) 그런 한편 '자資'를 '현상금을 걸다'의 뜻으로 보아 '현상금을 내건 지 3년'으로 해석하기도 한다.

한 번 입을 열어 도움을 청한다면 여희는 반드시 승낙할 것입니다. 그렇게 되면 호부虎符를 손에 넣고 진비의 병권을 빼앗은 다음 북쪽으로는 조나라를 구원하고 서쪽으로는 진나라를 격파할 수 있으니, 이는 춘추오패春秋五霸의 공업9과 같습니다."

공자는 후영의 의견을 받아들이고 여희에게 도움을 요청했다. 여희는 과연 진비가 갖고 있는 병부와 합칠 수 있는 나머지 반쪽 병부를 훔쳐 위공자에게 전달했다.

위공자가 병부를 가지고 출발하려고 하자 후영이 말했다.

"장수가 군사를 이끌고 밖에 있을 때 군주의 명령도 접수하지 않을 수 있는 것은 국가의 이익을 위한 일이기 때문입니다.10 공자께서 설사 병부를 합쳐 보이더라도 진비가 병권을 넘겨주지 않고 다시 왕에게 지시를 요청한다면 사태가 위험해질 것입니다. 그러니 제 친구인 백정 주해와 함께 가십시오. 그는 힘이 센 장사입니다. 진비가 말을 들어주면 아주 좋겠지만 듣지 않는다면 주해를 시켜 그 자리에서 쳐 죽이십시오."

이 말을 듣고 공자가 눈물을 흘리자 후영이 물었다.

"공자께서는 죽음을 두려워하십니까? 무엇 때문에 우십니까?"

공자가 대답했다.

"진비는 위세가 당당한 노장이니 내가 간다 해도 명령을 듣지 않을 것입니다. 그때는 반드시 그를 죽여야 하기 때문에 눈물을 흘리는 것일 뿐 어찌 죽음을 두려워하겠습니까?"

---

9 　원문은 '벌伐'인데 공업功業의 뜻으로 쓰였다. "고대에 신하의 공로를 5개 등급으로 나누었는데, 도덕이 고상하고 종묘를 건립하고 사직을 안정시키는 것을 훈勳이라 하고, 고명한 언론으로 문제를 해결하는(통치자에게 계책을 내거나 외교활동으로 적을 굴복시키는) 것을 노勞라 하며, 무력으로 승리를 쟁취한 것을 공功이라 하고, 국가를 위해 질서를 건립한 것을 벌伐이라 하며, 공로가 없어도 오래도록 노고가 있는 것을 열閱이라 한다."(『고조공신후자연표高祖功臣侯者年表』)
10 　"장수는 군주의 명령을 받아 군사를 모으되, 군주의 명령을 접수하지 않을 수도 있다."(『손자병법』 「구변九變」)

공자는 즉시 주해에게 같이 가기를 청했다. 주해가 웃으면서 말했다.

"저는 시장에서 칼을 잡고 고기를 파는 백정인데, 공자께서 친히 여러 차례 방문해주셨습니다. 이전에 답례하지 않은 이유는 작은 예절 같은 것은 아무 쓸모가 없다고 생각했기 때문입니다. 지금 공자께서 긴급한 상황에 처해 있으니 바로 제가 목숨을 바쳐 보답할 때입니다."

마침내 주해는 공자와 함께 가기로 했다. 공자가 후영에게 들러 작별 인사를 하자 후영이 말했다.

"저 또한 마땅히 공자를 따라가야 하지만 늙어서 그럴 수가 없습니다. 공자의 노정을 계산하여 공자께서 진비의 군대에 도착하는 날 북쪽을 향하여[11] 스스로 목숨을 끊는 것으로 공자께 보답하겠습니다."

공자는 마침내 출발했다.

업 땅에 당도한 공자는 위조한 위왕의 명령을 전하며 진비를 대신해 관할하려 했다. 진비는 병부를 서로 맞추어보고도 의심스러워 손을 들어[12] 공자를 보면서 말했다.

"지금 나는 10만 명의 대군을 이끌고 이곳 국경에 주둔하고 있는데, 이것은 나라의 중대한 임무입니다. 그런데 이렇게 단거單車[13]로 와서 나를 대신하겠다니 어찌된 일입니까?"

진비는 위공자의 명령을 거절했다. 이때 주해가 소매 속에 감춰뒀던 40근의 철추鐵椎[14]를 꺼내 진비를 쳐 죽였고 공자는 마침내 진비의 병권을 탈취했다. 이

---

11  업 땅이 위나라의 북쪽 경계에 있으므로 북쪽을 향하는 것이다.
12  '손을 든다擧手'는 것은 "일종의 긴장이나 급박함을 표시하는 것이다."(『사기전증』) '거수擧首(고개를 들다)'의 잘못이라는 주장도 있다.
13  "단거를 한 대의 수레로 이해해서는 절대로 안 된다. 공자는 당시에 '거마 100여 대'를 이끌었기 때문이다. 군주가 전장의 대장을 교체할 때는 동시에 두 명의 인물을 파견했는데, 한 사람은 직무를 이어받는 장군이고 다른 한 사람은 왕의 명령을 전달하는 특사다."(『사기전증』)
14  철추鐵椎: 자루를 쥐고 쳐서 죽이는 박 모양의 무기.

어서 공자는 부대를 정돈하고는 명령을 내렸다.

"아비와 아들이 함께 군중에 있으면 아비가 돌아가고, 형제가 모두 군중에 있으면 형이 돌아가며, 외아들로 형제가 없는 자는 돌아가 부모를 봉양하도록 하라."

이렇게 재편성하고 남은 정예병[15] 8만 명을 진격시켜 진나라 군대를 공격했다. 진나라 군대는 포위를 풀고 철수했고 공자는 마침내 한단을 구원하고 조나라를 보전했다. 조나라 왕과 평원군은 친히 국경까지 나와 공자를 영접했고 평원군은 자신이 직접 공자를 대신해 화살통을 메고 앞장서서 길을 안내했다. 조나라 왕이 공자에게 두 번 절하고는 말했다.

"예로부터 어진 사람으로 공자에 이를 만한 사람이 없습니다."

이때 평원군은 감히 자신을 공자와 견주려 하지 않았다. 한편 후영은 공자가 떠난 뒤 그가 진비의 군대에 당도했을 때를 헤아리고는 과연 북쪽을 향해 스스로 목숨을 끊었다.

위나라 왕은 공자가 병부를 훔치고 군주의 명령이라 속여서 진비를 죽였다는 사실을 알고 분노했고, 공자 또한 이를 알고 있었다. 이 때문에 공자는 진나라로부터 조나라를 보전시킨 다음 즉시 장수들에게 군대를 이끌고 위나라로 돌아가도록 하고 자신은 빈객들과 함께 조나라에 머물렀다. 조나라 효성왕은 위공자가 거짓 명령으로 진비의 군대를 탈취하여 조나라를 구원해준 은덕에 감사하여 평원군과 상의하여 공자에게 성 5개를 봉읍으로 주려고 했다. 이 소식을 들은 공자는 자신의 공로가 크다고 여기며 얼굴에 교만한 표정을 드러냈다. 이때 빈객 중 한 사람[16]이 공자를 설득하며 말했다.

---

**15** 원문은 '선병選兵'으로, 『사기전증』에 따르면 병사를 선발한다는 뜻이 아니라 선발을 거친 정병精兵(정예병)이다.
**16** 『전국책』「위책 4」에 따르면 이 빈객은 당저唐雎(당저唐且라고도 함)다. 당저는 위나라 사람으로 안

"잊어서는 안 되는 사정이 있고, 또 잊어야만 하는 사정이 있습니다. 다른 사람이 공자께 베푼 은덕은 잊어서는 안 되지만, 공자께서 다른 사람에게 베푼 은덕은 잊으시기를 바랍니다. 더욱이 위나라 왕의 명령이라 속이고 진비의 군대를 탈취해 조나라를 구원한 것은 조나라로서는 당연히 공로가 있는 것이지만 위나라에게는 충신이라 할 수 없습니다. 공자께서는 스스로 공이 있다고 여기고 교만해하시는데, 이는 공자께서 취할 바가 아닙니다."

공자는 이에 스스로를 돌이켜 자성하고는 부끄러워 어찌할 바를 몰라 했다. 조나라 왕은 물 뿌리며 길을 청소하고 주인이 귀빈을 맞이하는 예로 공자를 영접하고는 서쪽 계단으로 오르도록 안내했다.[17] 그러나 공자는 겸허히 옆으로 비켜 걸으며 사양하고 동쪽 계단으로 올라갔다. 공자는 스스로 지은 죄를 말하기를, 위나라를 배반하고 조나라에는 어떠한 공로도 없다고 했다. 조나라 왕은 날이 저물도록 공자를 모시고 술을 마셨지만 공자의 겸허하고 사양하는 태도 때문에 성 5개를 봉읍으로 바치겠다는 말을 차마 꺼내지 못했다. 이후 공자는 조나라에 머무르게 되었다. 조나라 왕은 호部[18] 땅을 공자에게 내주어 탕목읍으로 삼도록 했고, 위나라에서도 신릉을 공자에게 봉읍으로 내렸다. 공자는 계속 조나라에 머물렀다.

공자는 노름꾼들 사이에 숨어 사는 모공毛公 그리고 술 파는 집에 숨어 사는 설공薛公이라는 두 처사處士[19]가 조나라에 있다는 소문을 들었다. 공자는 두 사람을 만나보고 싶었지만 두 사람은 스스로 몸을 숨기고 공자를 만나려 하지 않

릉군을 위해 진나라 왕에게 유세했던 사람이다.
17  "주인은 동쪽 계단으로 올라가고 손님은 서쪽 계단으로 올라간다. 만약 손님의 작위가 낮으면 주인을 따라 동쪽 계단으로 오른다."(『예기』 「곡례 상」)
18  호部: 지금의 허베이성 가오이高邑 동쪽 지역이다.
19  처사處士: 원래는 덕과 재주가 있으면서 관직에 나아가지 않는 사람을 가리켰으며, 이후에는 일반적으로 관직을 지내지 못한 선비를 가리키기도 한다.

왔다. 공자는 그들이 있는 곳을 알아내고는 옷을 갈아 입고 몰래 두 발로 걸어가 그들과 어울렸는데 매우 기뻐했다. 평원군이 이 소식을 듣고는 부인에게 말했다.

"처음에 나는 당신 동생인 공자가 천하에 둘도 없는 인물이라고 들었소. 그러나 지금 들어보니 노름꾼과 술 파는 자와 사귀고 있다 하니, 공자는 제멋대로 사는 사람일 뿐이오."

평원군의 부인이 이 말을 공자에게 전하자, 공자는 누이에게 조나라를 떠나겠다고 하면서 말했다.

"처음에 나는 평원군이 현명하고 능력 있다고 들었기 때문에 위나라 왕을 등지고 조나라를 구원하여 평원군을 만족하게 했소. 그런데 평원군이 교제하는 것을 보아하니 헛된 명성과 겉치레만 도모할 뿐 진정으로 인재를 찾으려 하는 것이 아니오. 내가 대량에 있을 때부터 이곳의 모공과 설공 두 사람이 어질고 능력 있는 인재라는 소리를 항상 들었기에 조나라에 온 이후로 그들을 만나지 못할까 두려워했소. 내가 찾아가도 그들이 나와 어울리기를 꺼릴까봐 걱정했는데, 지금 평원군은 그들과 사귀는 것을 부끄럽게 여기니, 평원군이야말로 어울리기에는 부족한 것 같소."

그러고는 행장을 꾸려 떠날 준비를 했다. 평원군의 부인이 공자의 말을 평원군에게 자세히 전하자 평원군은 급히 관을 벗어 공자에게 예를 갖춰 사죄하고 머물러 달라고 했다. 평원군 문하의 빈객들이 이 소식을 듣자 절반 넘는 사람들이 평원군을 떠나 위공자에게 귀의했으며, 천하의 선비들이 계속 찾아와 공자에게 의탁하여 공자의 빈객 수가 평원군을 크게 넘어섰다.

공자는 조나라에 머문 지 10년이 되도록 위나라로 돌아가지 않았다. 진나라는 공자가 아직 조나라에 있다는 소식을 듣고 밤낮으로 군대를 출병시켜 동쪽으로 위나라를 공격했다. 위나라 왕은 근심하다가 조나라에 사자를 보내 공자에게 돌아오라고 청했다. 그러나 공자는 위나라 왕이 지난 일로 화를 낼까 두려워서 문하의 빈객들에게 경계시키며 말했다.

"누구든 감히 위나라 왕의 사자를 위해 내게 통보하는 자가 있으면 죽음을 맞을 것이다."

위공자의 빈객들은 모두 공자와 함께 위나라를 배반하고 조나라로 온 사람들이기 때문에 감히 공자에게 돌아가도록 권하는 자가 없었다. 이때 모공과 설공 두 사람이 공자를 만나 말했다.

"공자께서 조나라에서 존중받고 제후들 사이에 명성을 얻을 수 있었던 것은 위나라가 있었기 때문입니다. 지금 진나라가 위나라를 공격해 나라가 긴급한 지경인데 공자께서는 관심도 두지 않습니다. 만약 진나라 군대가 대량을 격파하고 위나라 선왕의 종묘를 파헤쳐 평평하게 만든다면 그때는 무슨 면목으로 천하에 발을 붙이시겠습니까?"

말이 끝나기도 전에 공자의 안색이 바뀌더니 급히 거마를 불러 위나라를 구하고자 돌아갔다.

위나라 왕은 공자를 보자 서로 얼굴을 맞대고 울었다. 위나라 왕은 상장군의 인장을 공자에게 수여했고, 공자는 다시 위나라의 군대를 통솔했다. 위나라 안희왕 30년(기원전 247), 공자는 제후들에게 사자를 파견해 자신이 위나라 군대를 통솔하게 되었다는 소식을 두루 알렸다. 제후들은 공자가 군대를 통솔한다는 소식을 듣고 각기 장수를 파견해 군대를 이끌고 위나라를 구원하도록 했다. 공자는 다섯 나라(위, 한, 조, 초, 연)의 군대를 이끌고[20] 하외河外에서 진나라 군대를 격파하여 진나라 장수 몽오蒙驁[21]를 달아나게 했다. 승승장구하여 진나라 군대를 뒤쫓아 함곡관에 이르러 진나라 병사를 막자 진나라 병사들은 감히 함

---

20　"양콴이 말하기를 '이때 천하가 합종했는데, 조·초·위 삼국이 주모자가 되고 신릉군이 병부를 훔쳐 조나라를 구원하고 진나라를 격파하여 자못 명성을 갖추었기에 오국 연합군의 총수로 추대된 것이다'라고 했다."(『사기전증』)

21　몽오蒙驁: 진나라 장수 몽염蒙恬의 조부로, 당시 진나라의 상경이었다.

곡관에서 나오지 못했다. 이때 공자의 위세는 천하를 진동케 했다. 제후의 빈객들이 공자에게 병법에 관련된 문장을 적어 올리자 공자는 그것들을 수집·정리하여 자신의 이름으로 책 제목을 삼았는데, 이것이 바로 세상 사람들이 말하는 『위공자병법魏公子兵法』[22]이다. 진나라 왕은 위공자의 위세를 염려해 위나라에 황금 1만 근을 풀어 진비의 빈객들을 찾아냈고, 그들로 하여금 위나라 왕에게 공자를 비방하도록 했다.

"공자는 도망쳐 나라 밖에서 10년을 있었는데 지금은 위나라 통수권자가 되었고 제후의 장수들까지 모두 그에게 예속되어 명령을 받고 있습니다. 제후들은 위나라에 공자가 있다는 것만 알 뿐 위나라 왕이 있음은 알지 못합니다. 공자 또한 이러한 때를 이용해 남쪽을 향해 앉아 왕이 되려 하고 있으며, 제후들도 공자의 위세가 두려워 공자를 위나라 왕으로 옹립하려 준비하고 있습니다."

진나라는 연이어 사람을 보내 이간시키는 반간계反間計[23]를 사용했다. 공자가 위나라 왕이 된 것을 축하하고 나서 아직 위나라 왕이 되지 않았음을 알게 된 것처럼 가장했다. 위나라 왕은 매일 공자에 대한 비방을 듣게 되자 믿지 않을 수 없게 되었고, 결국 다른 사람이 공자를 대신하여 군대를 통솔하게 했다. 공자는 자신이 두 차례나 비방으로 인해 파면되어 곤경에서 벗어날 수 없음을 알고 병을 핑계로 조정에 나가지 않았다. 그는 빈객들과 밤새도록 술자리를 벌였고 독한 술을 마셨으며 항상 여인들을 가까이했다. 이렇게 밤낮으로 음주와 향

---

22 『한서』 「예문지」 병가兵家에 『위공자魏公子』 21편이 기재되어 있다. "고대에는 많은 사람을 소집하여 집체적으로 책을 저작했는데, 통상적으로 소집한 자의 이름으로 책명을 정했다. 『여씨춘추』 『회남자』 등이 모두 이와 같은 것으로, 지금의 관점으로 빼앗았다고 할 수는 없다. 능치륭은 '왕세정王世貞이 말하기를, 위나라 공자가 병법을 잘 알고 있던 것은 아니다. 공자의 빈객이 잘 알고 있었던 것이라고 누군가 말했다'고 했는데, 그렇지 않다. 공자가 사망하고 그의 빈객이 서쪽으로 진나라에 대항했다는 말을 듣지 못했다. 그의 빈객이 병법을 잘 알고 있었다 하더라도 공자만이 그것을 잘 운용한 것이다'라고 했다."(『사기전증』)

23 반간계反間計: 원래는 적의 첩자를 이용하여 거짓 상황을 적에게 알려 실수하게 만드는 계책을 뜻하지만, 나중에는 적의 내부를 이간시켜 그들을 단결하지 못하게 하는 계책으로 썼다. "반간反間이라는 것은 적이 파견한 첩자를 매수하여 나를 위해 기용하는 것이다."(『손자병법』 「용간用間」)

락에 빠져 4년을 보낸 후, 끝내 술로 인한 병을 얻어 죽고 말았다.[24] 그해에 위나라 안희왕도 죽었다.

진나라는 공자가 죽었다는 소식을 듣자 즉시 몽오를 시켜 위나라를 공격해 성 20개를 함락시키고 진나라 직속의 동군東郡[25]을 설치하기 시작했다. 그 뒤 진나라는 조금씩 동쪽으로 위나라의 남은 영토를 잠식하여 공자가 죽은 지 18년[26]이 되던 해, 위나라 왕을 사로잡고 도성 대량을 도륙했다.[27]

한나라 고조高祖 유방劉邦은 어렸을 때 위나라 공자가 현명하고 능력 있다는 말을 자주 들었다. 그는 천자의 자리에 오르고 난 뒤 대량을 지날 때마다 공자에게 제사를 지내주었다. 고조 12년(기원전 195) 경포黥布[28]를 치고 돌아오는 길에 공자를 위해 집 다섯 채를 설치함으로써 공자의 무덤을 지키고 대대로 매년 사계절 공자에게 제사를 지내도록 했다.[29]


태사공은 말한다.

"나는 대량의 옛터를 지나다가 사람들이 말하는 이문이라는 곳을 물어 찾

---

24  공자 신릉군은 위나라 안희왕 34년(기원전 243)에 사망했다.

25  "양관이 말하기를 '이해에 진나라가 위나라를 공격해 20여 개 성을 취했는데, 동일한 지구에 있지는 않았다. 진나라가 처음에 동군에 설치했을 때는 몇 개에 불과했는데, 그 후 진나라는 계속해서 동쪽으로 진공하여 동군을 확장했다'고 했다."(『사기전증』) 동군은 대략 지금의 허난성 동북부, 허베이성 동남부와 산둥성 서부 일대다. 군치는 복양(지금의 허난성 푸양 서남쪽)이었다.

26  진왕 정 22년(기원전 225)이다.

27  이 당시 위나라 왕(재위 기원전 227~기원전 225)은 안희왕의 손자이자 경민왕의 아들로, 이름이 가假였다. "왕분王賁이 위나라로 진공하여 홍구의 물을 파서 대량에 붓자 대량성이 무너졌고 위나라 왕이 항복을 요청했다."(『사기』 「진시황본기」)

28  경포黥布: 원래 이름은 영포英布인데 경형黥刑(묵형)을 받아 경포라 불리게 되었다. 한나라 초기의 명장으로 처음에는 항우를 따랐으나 이후 유방에게 귀순했고, 공적에 따라 회남왕에 봉해졌다. 이후 모반하여 고조 12년에 평정되었다.

29  "이해(고조 12) 11월, 고조는 경포를 토벌하고 장안으로 돌아왔다. 12월 명령을 내리기를 진시황, 초나라 은왕隱王 진섭陳涉, 위나라 안희왕, 제나라 민왕, 조나라 도양왕은 모두 후대가 없다. 그들에게 각기 10채의 집을 배치하여 무덤을 지키게 하고, 그중에서 진시황은 20채, 위나라 공자 무기에게는 5채를 안배하라고 했다."(『사기』 「고조본기」)

아갔다. 이문은 원래 대량성의 동문이다.[30] 당시 천하의 여러 공자들 역시 선비를 좋아했지만 신릉군은 산림과 동굴에 숨어 사는 이들을 찾아가 만났고 신분이 낮은 사람들과 교제하기를 부끄럽게 여기지 않았다. 그의 명성이 제후들을 뛰어넘었다는 것은 헛된 이야기가 아니었다. 한나라 고조도 대량을 지날 때마다 찾아가서 제사를 지냈을 뿐만 아니라 백성으로 하여금 제사가 끊어지지 않게 했다."

---

30  "『태평어람』 158에서 '대량성에는 12개의 문이 있는데, 동문을 이문夷門이라 했다'고 했다."(『사기평의』)

史 記 列 傳

# 춘신군열전

## 春申君列傳

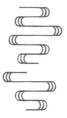

초나라 사람 춘신군(황헐)은 25년 동안 초나라 상을 지낸 인물로, 초 경양왕 때 진나라가 초나라를 공격하려 하자 진나라 소왕에게 글로써 유세하여 진격을 중단시켰다. 또한 자신을 희생하여 진나라에 볼모로 잡힌 태자를 몰래 탈출시켜 초나라의 왕위를 계승하도록 했다. 이러한 행적은 초나라 사직을 이은 것으로, 용감하고 의로운 업적으로 칭송될 만하다. 그러나 말년에는 임신한 첩을 왕에게 보내 자신의 아들이 초나라 왕위를 이어받게 했다가 이원에게 살해되는 최후를 맞았다.

황헐의 인생을 전반과 후반으로 나눌 때 지극히 상반된 모습을 엿볼 수 있다. 초반에는 초나라를 지키려는 충심과 각고의 노력을 펼쳐 칭송 받을 만한 행적을 보인 반면, 후반에는 부귀를 탐하고 지위를 보전하기 위한 용렬한 모습을 보이고 있다. 특히 임신한 첩을 초왕에게 보낸 행위는 또 다른 여불위를 보는 듯하다. 결국 그는 머리가 잘려 성문 밖으로 내던져지는 죽음으로 천하의 조롱거리가 되었다. 사마천은 "처음에 춘신군이 초나라를 공격하지 않도록 진나라 소왕을 설득하고, 또 자신의 희생을 두려워하지 않고 초나라 태자를 고국으로 돌아오게 한 것은 얼마나 고명한 지혜인가! 그런데 나중에 도리어 이원에게 제약받은 일은 진정 눈과 귀가 어두워진 것으로, 누가 이를 생각이나 했겠는가"라며 탄식했다.

춘신군 또한 많은 빈객을 양성한 인물로 천하에 이름을 날렸으나 그는 현명한 자와 아첨하는 자를 구분하지 못했고, 빈객의 간언과 충심을 받아들이지 못했다. 단지 자신의 명예를 위해 많은 빈객을 대우했을 뿐이며 맹상군, 평원군, 신릉군에 견주어볼 때 가장 졸렬하다고 평가할 수 있다.

춘신군春申君은 초나라 사람으로 성이 황黃이고 이름이 헐歇이다.1 여러 지방을 두루 다니며 배웠기 때문에 견문이 넓었으며, 초나라 경양왕을 섬겼다. 경양왕은 황헐의 말솜씨가 뛰어나다고 여겨 진나라에 사자로 파견했다. 이에 앞서 진나라 소왕은 백기를 시켜 한나라와 위魏나라를 공격했다. 백기가 한·위 연합군을 화양에서 물리치고 위나라 장수 망묘를 사로잡자2 한나라와 위나라는 굴복하고 진나라를 섬겼다. 진나라 소왕은 백기를 보내 한나라, 위나라와 연합하여 초나라를 정벌하려 했다. 군대가 출발하기 전, 초나라의 사자 황헐이 마침 진나라에 도착하여 진나라의 계획을 듣게 되었다. 당시 진나라는 이미 백기로 하여금 초나라를 공격해 무군巫郡과 검중군黔中郡을 빼앗고3 언과 영 땅을 함락시켰으며,4 아울러 동쪽으로 경릉까지 쳐들어갔으므로 초나라 경양왕은 도리 없

1 춘신군春申君은 황헐黃歇의 봉호다. 황헐은 이전에 회북淮北에 봉해졌다가 나중에 오吳(지금의 쑤저우 일대)에 봉해졌다. "춘신군은 황국黃國의 후손으로 의심되는데, 『좌전』에 '한양漢陽(한수漢水 이북, 수水의 북쪽을 양陽이라 한다)의 성이 희姬인 국國이 모두 이미 초나라에 합병되었다'(희공僖公 28년)고 했다. 나라가 멸망한 후 초나라로 귀의했으므로 초나라 사람이라고 한 것이다."(『사기신증』) "진정웨이, 쳰무, 양콴 등의 고증에 근거하면 황헐은 초나라 경양왕의 동생이며, 전국 사공자四公子로 열거했다." (『사기통해』)
2 진나라 소왕 34년, 한나라 희왕 23년, 위나라 안희왕 4년(기원전 273)의 일이다. "화양의 전쟁은 진나라가 조나라와 위나라를 공격하여 한나라를 구원한 것으로, 한나라를 공격한 것이 아니다. 군사를 통솔한 장수는 백기만이 아니었다. 또 『전국책』과 『사기』에서는 모두 '망묘를 달아나게 했다'고 했는데 여기서만 '사로잡았다'고 한 것은 잘못이다."(『사기지의』) 화양華陽은 한나라 읍으로 지금의 허난성 신정新鄭 서북쪽 지역이다.
3 "소왕 30년(기원전 277), 촉군 군수 약若이 초나라를 정벌하여 무군을 점령하고 이전에 취했던 강남 땅 합쳐서 검중군을 설치했다."(「진본기」) 무군은 대략 지금의 충칭 펑제奉節, 우산巫山과 후베이성 청장淸江 중상류 일대이고, 검중군은 대략 지금의 후난성 서부와 구이저우성 동북부 일대다.
4 「진본기」에 따르면, 백기는 소왕 28년(기원전 279)에 언과 등을 점령하고, 29년(기원전 278)에 영을

이 동쪽 진현陳縣으로 도읍을 옮겼다.[5] 황헐은 초나라 회왕懷王이 유인당해 진나라로 들어갔다가 속임수에 넘어가 줄곧 감금되었다가 그곳에서 죽음을 맞은 것을 보았다. 경양왕은 초나라 회왕의 아들이므로 진나라는 그를 업신여겼고, 황헐은 진나라가 이번에 출병해서 초나라를 멸망시키지 않을까 우려했다. 이에 황헐은 진나라 소왕에게 글을 올려 말했다.[6]

"천하에 진나라와 초나라보다 강대한 나라는 없습니다. 지금 듣자 하니 대왕께서 출병하여 초나라를 정벌하려 한다는데 이것은 마치 호랑이 두 마리가 서로 싸우는 것과 같습니다. 호랑이 두 마리가 서로 싸우다 지치면 우둔한 개(한과 위나라)가 그 기회를 틈타 이익을 가져갈 것이니, 초나라와 친하게 지내는 편이 낫습니다. 신이 그 도리를 말씀드리고자 합니다. 신이 듣자 하니 사물이 절정에 이르면 다시 되돌아오는데 겨울과 여름 두 계절의 변화가 바로 이와 같은 것이고, 또 어떤 사물이든 지나치게 높아지면 위험해지는데 바둑돌을 쌓는 것이 바로 이와 같은 것이라고 합니다. 지금 진나라 땅은 천하의 서쪽과 북쪽 두 방향 끝까지[7] 점유하고 있으니, 백성이 생긴 이래로 만 승의 전차를 보유한 제왕의 국가 가운데 이렇게 큰 국가는 없었습니다. 선제先帝인 문왕文王과 장왕莊王

취해 남군南郡을 설치했다.
5 경양왕 21년(기원전 278)의 일이다. 진현陳縣은 지금의 허난성 화이양이다.
6 황헐이 진나라 소왕에게 글을 올렸다는 사실은 확실하지 않다. "『전국책』옛 판본에는 단지 '진나라 왕을 설득하다'라는 문장만 있다. 이러한 말을 누가 했는지도 말이 없으며, 또한 이 말을 듣는 '진나라 왕'이 누구인지도 밝히지 않았다. 사마천이 춘신군이 진나라 소왕을 설득한 것으로 밝힌 이후 후대의 허다한 서적들이 이것에 따라 서술한 것이다. 사마광은 『자치통감』을 편찬하면서 이에 문제가 있음을 발견했으므로 이 사건을 초나라 경양왕 26년(진나라 소왕 34)으로 변경했지만, 언급한 사실 또한 많은 부분이 부합하지 않는다. 현대의 『전국책』과 전국사 연구자들은 책에 서술한 사실에 근거해 이 사건을 진왕 정 12년(초나라 유왕 3년, 기원전 235)의 일로 규정하고 있다. 글을 올린 사람 또한 황헐이 아니며 황헐은 이미 진왕 정 9년에 사망했다."(『사기전증』)
7 원문은 '이수二垂'로, 두 방향의 끝을 의미한다. "호삼성이 말하기를 '진나라의 땅은 천하의 서쪽과 북쪽의 이수二垂를 점유했다'고 했는데, 호삼성의 말이 맞다. 『정의』에서는 '동쪽과 서쪽 끝'이라 했는데 틀렸다."(『사기전증』)

그리고 대왕에 이르기까지[8] 3대에 걸쳐 군주가 진나라 국토를 제나라와 경계를
접하게 하여 동방 여섯 나라가 남북으로 합종하는 연맹을 끊으려는[9] 생각을 잊
은 적이 없습니다. 지금 대왕께서는 성교盛橋[10]를 한나라로 파견해 감독하게 했
으며 성교로 하여금 한나라의 큰 땅덩어리를 진나라에 합병시키도록 했으니, 이
것은 대왕께서 갑옷 입은 병사를 쓰지도 않고 위력을 펼치지도 않고서 100여
리의 땅을 손에 넣은 것입니다. 대왕께서는 실로 능력 있는 분이라고 할 수 있
습니다. 대왕께서 다시 군대를 일으켜 위나라를 공격하여 대량의 길목을 막고
하내를 취하고 연燕, 산조酸棗, 허虛,[11] 도인桃人을 점령하자 놀란 초나라[12]와 위
나라 군대는 구름처럼 흩어져 감히 구원하지 못했습니다. 대왕께서 이룩하신
공적 또한 실로 많습니다. 대왕께서는 군대를 휴식시키며 정비하고 2년 후에 다

8   원문은 '先帝文王, 莊王之身'이다. 『전국책』 「진책 4」에서는 '莊王' 다음에 '王'이 더해진 '先帝文王,
莊王, 王之身'으로 되어 있다. 문왕은 진시황의 조부인 효문왕을 가리킨다. 장왕(장양왕)은 진시황의 부
친이며, 왕王이 바로 진시황이다. 진나라 소왕은 진왕 정政이 즉위하기 4년 전(기원전 251)에 이미 사망
했다. 여기서 언급한 내용은 모두 진왕 정 때의 사건으로 유세 대상은 진나라 소왕이 아니다.
9   원문은 '이절종친지요以絕從親之要'이다. "요要는 음이 요腰(허리)다. 산동 국가들이 맺은 합종에서
한나라와 위魏나라가 바로 허리에 해당한다는 말이다."(『색은』) 즉 진나라가 한나라와 위나라를 합병
하여 제나라와 경계를 접하게 되면 동방의 합종 연맹을 끊을 수 있다는 말이다. "대대로 항상 한나라
와 위나라를 취하여 제나라와 경계를 접함으로써 산동의 합종 맹약을 끊는 것을 잊지 않았다는 것을
말한다. 『전국책』 주석에는 요要를 약約(맹약)이라 했다."(『사기회주고증』) "뉴홍언이 말하기를 '진나라
왕 정政 5년(기원전 242), 몽오가 위나라 산조 등 12개 성을 빼앗아 동군을 설치하기 시작했으므로 합
종 연맹을 끊으려 한다고 말한 것이다'라고 했다."(『사기전증』)
10  성교盛橋: 진나라 왕 정政의 동생으로 장안군長安君에 봉해졌다. 성교成橋 또는 성교盛蟜라고도
한다.
11  연燕은 지금의 허난성 옌진 동북쪽 지역이고, 산조酸棗는 허난성 옌진 서남쪽 지역이고, 허虛는
허난성 옌진 동쪽 지역이다. 모두 위나라의 현이다. "서광이 말하기를 '진시황 5년(기원전 242)에 산조,
연, 허를 탈취했다'고 했다."(『집해』)
12  원문은 '도桃, 입형入邢, 위魏'다. 『사기지의』에 이르기를 '도입桃入을 『전국책』에서는 도인桃人이
라 했는데, 이것이 맞다. '入'자는 잘못이다. '邢'자는 불필요한 글자로 『전국책』에는 없다'('수정본') 도인
은 위나라 현으로 지금의 허난성 창위안 서북쪽 지역이다. "형邢은 형荊의 잘못이다."(『사기각증』) "황비
열黃丕烈이 말하기를 '형邢은 마땅히 형荊이라 해야 한다. 즉 초나라를 가리킨다'고 했다."(『사기전증』)
역자는 '수정본'과 『사기전증』의 주석에 따랐다.

시 출정시켜 위나라의 포蒲, 연衍, 수首, 원垣[13]을 병합하고, 이어서 인仁과 평구平丘[14]를 공격하자 황黃과 제양濟陽[15]을 지키던 장수는 놀라 성문을 잠그고 나오지 못했으며, 위나라는 대왕께 굴복할 수밖에 없었습니다. 대왕께서는 다시 복수濮水와 역산歷山의 북쪽 땅을 떼어내 점거하고[16] 제나라와 진나라의 중간지대에 병력을 투입해 초나라와 조나라를 잇는 척추를 끊어버리자 동방 각국 또한 여러 차례 연합했지만 누구도 감히 군대를 보내 구원하지 못했습니다. 대왕의 명성과 위엄이 최고조로 발휘되었다고 할 수 있습니다.

대왕께서 현재의 공업과 위세를 유지하면서 이후로 공격하여 점령하려는 마음을 버리고 인의仁義를 널리 실행하셔서 훗날의 근심이 없게 하신다면 대왕께서는 역사에 삼왕三王과 함께 나란히 사왕四王으로 불리게 될 것이며, 오패五伯와 함께 나란히 하여 육패로 불리는 것도 어렵지 않을 것입니다. 그러나 대왕께서 사람이 많은 것과 군사가 강성한 것에 기대고 위나라를 격파시킨 위세를 타고 무력으로 천하 각국을 신하로 복종시키려 한다면 후환이 있을까 염려스럽습니다. 『시경』에 '처음 시작은 잘했지만 끝이 잘되기란 드물다'[17]고 했고, 『역경』에서는 '여우가 강물을 건널 때는 조심한다 해도 결국 꼬리를 적시기 마련이다'[18]라고 했습니다. 이것은 시작은 쉽지만 끝까지 유지하기는 어렵다는 말입니다. 어떻게 이같이 되는 것을 알 수 있습니까? 옛날 지씨智氏는 조나라를 공격하

---

13  포蒲는 지금의 허난성 창위안, 연衍은 지금의 허난성 정저우 북쪽, 수首와 원垣은 지금의 허난성 창위안 동북쪽 지역이다. 모두 위나라의 현이었다.

14  인仁은 상세하지 않다. 평구平丘는 지금의 허난성 창위안 서남쪽 지역으로 위나라의 현이었다.

15  황黃은 소황小黃이라고도 하는데 지금의 카이펑 동쪽 지역이고, 제양濟陽은 지금의 허난성 란카오 동북쪽 지역이다. 모두 위나라의 현이었다.

16  복수濮水는 지금의 허난성 푸양 남쪽을 흘러 산둥성 쥐안청 동남쪽에서 쥐예巨野 호수로 유입된다. 역산歷山은 지금의 산둥성 쥐안청 남쪽에 있다.

17  '靡不有初, 鮮克有終.'(『시경』「대아大雅·탕蕩」)

18  '狐涉水, 濡其尾.'(『역경』「미제未濟」) "여우는 꼬리를 소중하게 여겨 물을 건널 때마다 꼬리를 들어 물에 젖지 않게 하지만, 지극히 곤란한 경우에 처하면 결국 꼬리를 적시게 된다는 것을 말한다. 무력을 사용하여 그들을 신하로 굴복시킬 수 없음을 비유한 것이다."(『정의』)

는 이익만 보았을 뿐 본인이 유차榆次에서 살해되는 화는 헤아리지 못했습니다.19 오나라 왕 부차는 제나라를 공격하는 이익만 보았을 뿐 본인이 패배하여 간수干隧에서 죽을 줄은 생각도 못했습니다.20 지씨와 오왕 부차가 큰 공을 세우지 않은 것은 아니지만 단지 눈앞의 이익만을 보고 다가올 재난을 소홀히 한 것이 문제였습니다. 오나라는 월나라를 믿고 월나라와 함께 제나라를 공격했고 애릉艾陵에서 제나라 군대를 격파하긴 했지만 돌아오는 길에 오나라 왕 부차는 삼저三渚 물가에서 월나라 왕에게 사로잡혔습니다.21 지씨는 당시 한나라와 위魏나라를 믿고 그들과 함께 조나라를 공격했습니다. 그들이 조나라의 진양晉陽22을 포위 공격하여 승리를 눈앞에 뒀을 때 한나라와 위나라가 돌연 배반하고 지백요智伯瑤(지백)를 착대鑿臺23 밑에서 죽였습니다. 지금 대왕께서는 초나라가 격파되지 않은 것을 시기할 뿐 초나라가 망하면 한나라와 위나라가 더욱 강성해진다는 사실은 잊고 계십니다. 신이 대왕을 위해 고려한다면 이렇게 하지는 않을 것입니다.

19  춘추시대 말기 진晉나라 귀족 지요智瑤(지백智伯)는 세력이 강대해지자 거만하게 횡포를 부렸고, 한나라와 위나라를 이끌고 진양에서 조나라를 공격했는데, 결과적으로 조나라는 한나라와 위나라를 유인하여 세 나라가 함께 지씨를 멸했다. 유차는 진양의 동남쪽 땅으로, 지백이 세 나라에게 패한 후 유차성 남쪽에서 죽었다고 전해진다.

20  춘추시대 말기 오나라 왕 부차는 강성한 국력에 의지해 여러 차례 북쪽의 제나라를 공격했으나 남쪽에 이웃한 월나라를 방비하지 않은 탓에 제나라, 진晉나라와 승부를 다투는 사이에 월나라의 급습을 받았으며 부차는 자결했다. 간수干隧는 지금의 쑤저우 서북쪽 지역으로 부차가 자결한 곳으로 전해진다.

21  "이것은 과장된 말이다. 「십이제후연표」에 근거하면 부차 12년 제나라를 패배시키고, 14년 진晉나라와 황지에서 회맹하자 월나라 군대가 기회를 틈타 오나라를 습격했고 오나라와 월나라는 화친을 맺었다. 18년에는 월나라가 다시 오나라를 공격하여 패배시켰고, 23년 월나라가 오나라를 격파했다. 오나라 왕의 자살로 오나라는 멸망한다. 애릉 전투에서 오나라가 멸망하기까지의 기간은 11년이다."(『사기전증』) 『전국책』「진책 4」에서는 삼저三渚를 '삼강三江 물가'라고 했는데, 삼강은 누강婁江·송강松江·동강東江을 말하며 당시 오나라 도성에서 멀리 떨어져 있지 않다.

22  진양晉陽: 조씨의 봉읍으로 지금의 산시山西성 타이위안太原 서남쪽 지역이다.

23  착대鑿臺: 지백은 진양성에 물을 대기 위한 관개수로를 지으면서 흙을 쌓아 대를 만들었는데, 이를 착대라 한다. 지금의 산시山西성 위츠榆次 남쪽 지역이다.

『시경』에서 말하기를 '대규모 군대는 멀리까지 정벌을 나가서는 안 된다'[24]고 했습니다. 이로 보건대 초나라는 응당 진나라를 돕는 입장이고, 이웃 국가인 한나라와 위나라는 대왕의 적입니다. 또『시경』에 '껑충껑충 잽싸게 뛰어다니는 토끼도 사냥개를 만나면 잡히고 만다네. 다른 사람이 마음속에 무언가를 생각하면 내가 헤아려 그걸 알 수 있다네'[25]라고 했습니다. 지금 대왕께서 한나라와 위나라가 대왕께 우호적이라고 믿는 것은 바로 오나라 왕이 월나라를 믿었던 것과 같습니다. 신이 듣기로, 적에게는 관용을 베풀어서는 안 되고 시기는 놓쳐서는 안 된다고 했습니다. 한나라와 위나라가 겸손한 말을 하고 어떠한 우려나 경계심도 드러내지 않는 것은 사실 대국인 진나라를 속이기 위해서가 아닐까 우려됩니다. 무엇 때문이겠습니까? 진나라 왕은 한나라와 위나라에 대대로 어떠한 은덕도 베푼 적이 없고 도리어 대대로 원한만 남겨져 있습니다. 한나라와 위나라의 아버지와 아들과 형과 동생이 발뒤꿈치를 밟듯이 연달아 진나라에 죽임을 당한 지가 이미 10대에 이르렀습니다. 그들 국가의 근본이 진나라에 의해 손상되고 그들의 사직과 종묘가 진나라에 의해 파괴되고 무너졌습니다. 그들의 백성은 배가 갈라져 창자가 끊어지고, 목이 잘리고 얼굴은 찢어지고, 머리와 몸이 나뉘어 시신과 두개골이 황량한 들판과 못에 나뒹굴고 있는 것을 양국의 국경 곳곳에서 볼 수 있습니다. 아버지와 아들, 늙은이와 아이들은 목과 양손이 새끼줄로 묶인 채 포로가 되어 끌려가는 사람들이 길 위에 끊이지 않습니다. 전장에서 죽은 자의 조상 또한 지하에서 제사지내줄 사람이 없어 외로이 슬퍼하고 있습니다. 남아 있는 백성은 살아갈 방법이 없어 일가족이 뿔뿔이 흩어져 유랑하다 노비와 첩이 된 자가 천하에 가득합니다. 그러므로 한나라와 위나라가

---

24　원문은 '대무원택이불섭大武遠宅而不涉'이다. "이 구절은『일주서逸周書』「대무大武」에 나오는데, 그 문장은 '大武遠宅而不薄'이다.(『사기전증』)" "박薄은 박迫이다. 불박不迫과 불섭不涉은 의미가 비슷하다.(『사기회주고증』)

25　'趯趯毚兔, 遇犬獲之. 他人有心, 余忖度之.'(『시경』「소아·교언巧言」)『시경』의 문장은 '他人有心, 予忖度之. 趯趯毚兔, 遇犬獲之'다.

멸망하지 않은 것은 진나라 사직의 근심거리인데, 지금 대왕께서는 한나라와 위나라에 군사를 지원하여 함께 초나라를 공격하려고 하시니, 이 어찌 큰 실책이 아니겠습니까!

또 대왕께서 초나라를 공격하면 어느 길로 출병하시겠습니까? 원수인 한나라와 위나라에게 길을 빌리려고 하십니까? 그렇다면 군대는 출발하는 날부터 돌아오지 못할 것을 근심하게 될 것입니다. 이는 대왕께서 군대를 원수인 한나라와 위나라로 보내주는 셈입니다. 대왕께서 원수인 한나라와 위나라에게 길을 빌리지 않는다면 반드시 수수隨水의 오른쪽(서쪽) 땅으로26 나아가야 합니다. 그곳은 넓은 강과 산림과 계곡으로 이루어져 경작할 수 없습니다. 대왕께서 그곳을 점령한다 해도 땅을 얻었다고는 할 수 없습니다. 이것은 대왕께서 초나라를 무너뜨렸다는 명성만 얻을 수 있을 뿐 땅을 얻는 실속은 없는 일입니다.

또 대왕께서 출병하여 초나라를 공격한다면 제, 한, 위, 조 네 나라가 반드시 함께 군대를 일으켜 대왕에게 대응할 것입니다. 진나라와 초나라의 군대가 맞붙어 양보하지 않고 계속 일진일퇴한다면 위나라가 그 기회를 틈타 유留, 방여方與, 질銍, 호릉湖陵, 탕碭, 소蕭, 상相27을 공격하여 옛 송宋나라 땅을 모두 점령할 것입니다. 제나라 군대는 남쪽으로 초나라를 공격할 것이니 사수泗水 유역은 반드시 제나라에게 빼앗길 것입니다. 이곳은 모두 사통팔달의 평원이 비옥하게 펼쳐진 땅으로, 위나라와 제나라가 공격하여 독차지할 것입니다. 대왕께서 초나라를 공격하는 것은 한나라와 위나라를 중원 지역에서 살찌게 하고, 또한 제나라

26 지금의 허난성 서남부와 후베이성 서북부로 당시에는 초나라에 속했다. 수수隨水는 차수溠水라고도 하며, 지금은 운수溳水라고 불린다. 퉁바이산桐柏山에서 발원하여 남쪽으로 후베이성 쑤이현, 안루安陸를 거쳐 한수이漢水로 유입된다.
27 유留는 지금의 장쑤성 페이현沛縣 동남쪽, 방여方與는 지금의 산둥성 위타이魚台 서쪽, 질銍은 지금의 안후이성 쑤현宿縣, 호릉湖陵은 호릉胡陵이라고도 하며 지금의 산둥성 위타이 동남쪽, 탕碭은 지금의 허난성 융청永城 동북쪽, 소蕭는 지금의 안후이성 샤오현蕭縣 서북쪽, 상相은 지금의 안후이성 쑤이시濉溪 서북쪽 지역이다. 모두 전국시대 중기 이전까지 송나라에 속했으나 제나라에 이어 초나라에 점령당한 현이다.

를 더욱 강성하게 만드는 것입니다. 한나라와 위나라가 강성해지면 진나라에 맞서 대항할 수 있게 되고, 제나라는 남쪽으로 사수를 경계로 삼고 동쪽으로 바다를 등지고 북쪽으로 황하에 의지하게 되므로 배후를 걱정할 필요가 없게 됩니다. 이렇게 되면 천하의 나라 중 제나라와 위나라[28]보다 강대한 국가는 없게 됩니다. 제나라와 위나라[29]가 땅의 실질적인 이익을 얻으면서 거짓으로 하급 관리처럼 복종한다면 1년 뒤에는 스스로 제帝를 칭할 수는 없어도 대왕이 제를 칭하지 못하게 할 정도는 될 것입니다.

대왕께서 이처럼 넓은 땅, 많은 백성, 강대한 병력을 보유하고 있으면서 겨우 한 차례 군사행동으로 초나라와 원수 사이가 되고, 한나라와 위나라로 하여금 제라는 칭호로써 제나라를 존중하게 한다면 이것은 대왕의 실책입니다. 신이 대왕을 위해 생각하건대 초나라와 친선 관계를 맺는 것이 가장 좋습니다. 진나라와 초나라가 연합하여 한나라에 대응한다면 한나라는 반드시 움츠리며 제멋대로 행동하지 못할 것입니다. 그런 다음 대왕께서 동산東山[30] 일대의 험준한 지세를 통제하고 굽이진 강의 유리한 지형[31]을 이용하면 그때 한나라는 반드시 항복하여 진나라의 한낱 작은 관내후關內侯가 될 것입니다.[32] 이와 같은 형세가 조성된 다음에 대왕께서 10만 대군을 파견해 한나라 도성 신정新鄭에 주둔시키면 양씨梁氏(위나라)는 깜짝 놀라서 허許와 언릉鄢陵[33]에서는 성문을 닫아걸고 지킬 뿐 감히 출전하지 못할 것이고, 상채上蔡와 소릉召陵은 위나라와 연락이 단

---

28  "『전국책』에는 위魏(위나라) 글자가 없다."(『사기회주고증』)
29  "나카이 리켄이 말하기를 '제위齊魏(제나라, 위나라) 두 글자 중에서 위魏(위나라)는 불필요한 글자로 의심된다'고 했다."(『사기회주고증』)『사기전증』역시 『사기회주고증』의 분석에 동의하고 있다.
30  동산東山은 화산華山, 효산崤山 등 진나라 동쪽 경계의 여러 산을 말한다.
31  지금의 평링두風陵渡 북쪽에서 흘러내렸다가 동쪽으로 굽어 도는 황하의 형세를 말한다.
32  관내후關內侯는 20등급의 작위 중 19등급에 해당하며 봉지는 없었다. 진나라 내의 작은 후侯가 되어 다시는 독립국가가 될 수 없음을 뜻한다.
33  허許는 지금의 허난성 쉬창 동쪽 지역이고, 언릉鄢陵은 안릉安陵이라고도 하며 지금의 허난성 옌링鄢陵 북쪽 지역이다. 모두 위나라의 현이었다.

절될 것입니다.[34] 이렇게 되면 위나라 또한 진나라의 작은 관내후가 될 것입니다. 대왕께서 일단 초나라와 친선 관계를 맺기만 하면 전차 만 승을 가진 두 국가의 군주를 대왕의 관내후로 만들 수 있을 뿐만 아니라, 대왕의 영토 경계를 동쪽으로 밀어 제나라와 접하게 할 수 있으니, 이와 같이 된다면 제나라의 오른쪽(서쪽) 땅은 대왕께서 조금의 힘도 낭비하지 않고 차지할 수 있습니다. 그때가 되면 대왕의 영토는 서해에서 동해까지 곧장 통하게 되어[35] 온 천하가 대왕의 통제를 받게 될 것이고, 연나라와 조나라는 다시는 제나라, 초나라와 연계할 수 없고, 제나라와 초나라 또한 연나라, 조나라와 연계할 수 없게 됩니다. 그런 뒤 대왕께서 북쪽으로 연나라와 조나라를 위협하고, 이어서 동쪽과 남쪽으로 제나라와 초나라를 동요시키면, 이 네 나라는 대왕께서 힘을 다해 치지 않아도 저절로 복종할 것입니다."[36]

진나라 소왕이 대답했다.

"좋소."

---

34 초나라 북쪽 경계와 위나라 도성 간의 연계가 단절되는 것이다.
35 "중국의 동서를 가로지르는 것을 말한다."(『정의』) 고대에는 중국이 바다로 둘러싸여 있다고 생각했기 때문에 서쪽에 있는 진나라가 제나라 영토를 차지한다면 서쪽에서 동쪽 바다를 관통하게 된다는 뜻이다.
36 이상 황헐이 진나라 왕에게 글을 올린 내용은 『전국책』 「진책 4」에는 보이지만 「진본기」와 「초세가」에는 실려 있지 않다. "초나라를 위해 진나라 왕에게 유세한 것으로, 유세한 자의 성명은 없으며 시간은 대략 진왕 정 12년(기원전 235)이다. 문장 가운데 문왕과 장왕을 '선왕先王'이라 하고, 또 진왕 정 5년과 9년의 전쟁을 진술했으니 확실히 진왕 정에게 유세한 말이다. 진왕 정 12년에 진나라가 '4개의 군의 군사를 징발하여 위나라를 도와 초나라를 공격'한 내용이 「육국연표」에 있는데, 본문에서 '지금 대왕께서 초나라를 공격하면'이라고 말한 것은 마땅히 이 사실을 가리키는 것이다. 그러나 춘신군은 이미 진왕 정 9년(기원전 238)에 사망했다."(『전국책선주』) "『통감』과 『대사기大事記』에서는 황헐이 진 소왕에게 유세한 것은 난왕赧王 42년(기원전 273)이라고 했는데, 이 장에서 유세한 말과 부합하지 않는다."(『전국책고변』) "『전국책』에서 '진나라가 위나라의 포, 연, 수원을 탈취하다'는 말은 당연히 시황 9년 '진나라가 위나라의 원, 포양, 연을 점령하다'의 잘못이다. 『전국책』에서 또 '초나라를 훼손시켜 위나라를 강대하게 만들지 말라'는 말은 「육국연표」에 근거하면 시황 12년의 '진나라가 4개 군의 군사를 징발하여 위나라를 도와 초나라를 공격'한 것으로, 이 장에서의 서술은 이때의 일로 의심된다. 진나라에서 유세한 사람은 그 이름을 알 수 없고 황헐은 이미 진시황 9년(기원전 238)에 죽었으므로 결코 황헐의 유세가 아니다."(『전국책신교주』)

그리하여 소왕은 백기가 초나라로 진군하려던 것을 중지시키고, 동시에 이러한 사실을 한나라와 위나라에게 알려 출병을 거절했다. 이어서 초나라에 사신을 보내 예물을 주고 초나라와 연맹을 수립했다.

황헐은 진나라와 맹약을 체결한 후 초나라로 돌아왔다. 초나라는 다시 황헐과 태자 완完을 함께 진나라에 볼모로 보냈고, 그들은 진나라에서 몇 년을 머물렀다. 이후 초나라 경양왕頃襄王이 병에 걸렸는데 태자 완은 초나라로 돌아올 수 없었다. 초나라 태자는 진나라 상 응후 범저와 사이가 좋았기 때문에 황헐이 응후를 설득했다.

"상국相國37께서는 진실로 초나라 태자와 친합니까?"

응후가 대답했다.

"그렇소."

황헐이 말했다.

"지금 초나라 왕의 병세가 깊어 일어나지 못할 것 같으니,38 진나라는 서둘러 초나라 태자를 돌려보내는 편이 좋을 것 같습니다. 태자가 즉위하게 되면 반드시 진나라를 공경하며 정중하게 섬길 뿐만 아니라 상국의 은덕에 무한히 감사할 것입니다. 이것이 바로 상국께는 동맹국과의 관계를 강화하고 미래에 만승의 군주를 비축해두는 일입니다. 돌려보내지 않는다면 태자는 함양咸陽에 사는 미천한 백성에 지나지 않는 신세로, 초나라가 다른 태자를 세우면 즉위한 후에는 진나라를 섬기지 않을 것입니다. 이는 도리어 동맹국 하나를 잃게 되는 것이며 초나라와 같은 대국과 화목한 관계를 끊는 것으로, 좋은 계책이 아닙니다. 원컨대 상국께서는 이 점을 깊이 고려하시기 바랍니다."

---

37 앞에서는 '상相'으로 표기했는데, 여기서는 '상국相國'으로 표기하고 있다.('상'과 '상국'에 대한 상세 내용은 「양후열전」 주석 참조)
38 원문은 '공불기질恐不起疾'으로, "문장이 순조롭지 못하다. 『통감』에서는 '疾恐不起(병 때문에 아마도 일어나지 못할 것 같다)'로 바꾸었는데, 이것이 맞다."(『사기전증』)

응후가 말을 진나라 왕에게 알리자, 진나라 왕이 말했다.

"초나라 태자의 스승을 먼저 돌려보내서 초나라 왕의 병세를 살피게 하고, 그가 돌아온 뒤에 다시 상의해봅시다."

이 말을 들은 황헐은 초나라 태자 완에게 계책을 세워 말했다.

"진나라가 태자를 억류시키는 것은 더 많은 이익을 얻기 위해서입니다. 그러나 지금 태자에게는 진나라에 어떠한 이익도 제공해줄 만한 힘이 없기 때문에 제가 그 점을 매우 걱정하고 있습니다. 그리고 초나라에는 형제인 양문군陽文君[39]의 두 아들이 있습니다. 초나라 왕이 세상을 떠나고 또 태자가 초나라 국내에 없게 된다면 반드시 양문군의 아들이 왕으로 옹립되어 계승자가 될 것이니, 태자께서는 종묘의 제사를 받들 수 없을 것입니다. 그렇기 때문에 초나라로 가는 사자[40] 일행에 끼어 진나라를 나가는 수밖에 없습니다. 저는 여기에 남아서 목숨을 걸고 뒷일을 감당하겠습니다."

초나라 태자는 옷을 갈아입고 초나라 사자의 마부가 되어 함곡관을 빠져나갔다. 황헐은 태자의 객사에 남아 지키면서 태자가 병이 났다는 핑계로 방문객을 돌려보냈다. 태자가 멀리 떠나 진나라가 추격할 수 없게 되었을 즈음 황헐은 스스로 진나라 소왕에게 가서 말했다.

"초나라 태자는 이미 고국으로 돌아가는 중으로 멀리 갔습니다. 죽어 마땅한 죄를 지었으니 죽여주십시오."

소왕은 크게 화를 내며 그를 자결하도록 하려 했다. 그러자 응후가 말했다.

"황헐은 신하로서 자신의 목숨을 바쳐 주인을 구하려 했을 뿐입니다. 태자가 초나라 왕위에 오르면 반드시 황헐을 등용할 것이니, 죄를 묻지 말고 돌려보내어 초나라와 친분을 강화하는 것이 낫습니다."

---

39  양문군陽文君: 초나라 경양왕의 형제로 알려져 있으나 그 이름과 사적은 상세하지 않다.
40  "강백구가 말하기를 '초나라 왕을 문병하기 위해 보내는 사자를 말한다'고 했다."(『사기회주고증』)

진나라 왕은 황헐을 초나라로 돌려보냈다.[41]

황헐이 초나라로 돌아온 지 석 달 만에 초나라 경양왕은 병으로 사망하고[42] 태자 완이 왕위를 계승했다. 이 사람이 바로 초나라 고열왕考烈王이다. 고열왕 원년(기원전 262)에 왕은 황헐을 상에 임명하고 춘신군春申君[43]에 봉했으며 회북淮北 땅 12개 현을 하사했다. 그로부터 15년이 지나 황헐이 초나라 왕에게 말했다. "회하淮河 북쪽 땅은 제나라와 매우 가까워서 항상 긴급한 일이 발생하는 곳입니다. 그곳을 군郡으로 바꿔서 다스리는 쪽이 편리할 것입니다."[44]

그러고는 회하 북쪽 지구 12개 현을 모두 조정에 바치고 강동江東[45]을 봉해줄 것을 요청했고, 고열왕은 이를 허락했다. 그리하여 춘신군은 옛 오나라 도성 터에 성을 수축하고 자신의 도읍으로 삼았다.[46]

춘신군이 초나라 상이 되었을 무렵 제나라에는 맹상군이 있었고, 조나라에는 평원군이 있으며, 위나라에는 신릉군이 있었다. 이들은 모두 선비를 예의와 겸손

---

41  "황헐이 초나라 태자를 진나라에서 탈출시킨 사건은 『전국책』에 기재되어 있지 않다. 춘신군의 명성이 당시 천하에 널리 퍼져 있었기 때문이 아닐까?"(『사기전증』)

42  경양왕 36년(기원전 263)의 일이다. "36년 가을, 경양왕이 사망했다."(「초세가」)

43  춘신군春申君: "『삼국지집해三國志集解』에서 조일청趙一淸이 말하기를 '춘신春申은 본래 기춘蘄春, 신申, 식息에서 얻은 이름이다. 강동江東으로 옮겨가서 옛 오나라 도성 터에 성을 수축했는데, 지금의 쑤저우蘇州다. 송강松江의 황포黃蒲는 일명 춘신포春申蒲라 불리는데, 아마도 황헐의 봉호를 빌려 지은 듯하다'고 했다."(『사기전증』)

44  "군을 설치하여 국가가 직접 관리하면 긴급한 상황이 발생했을 때 처리하기가 쉽다는 의미다." (『사기전증』)

45  강동江東: 지금의 우시無錫, 쑤저우, 상하이 일대를 가리킨다. 서쪽에서 동쪽으로 흐르는 장강 물줄기가 안후이성 경계에 이르러 북쪽으로 바뀌었다가 장쑤성 전장鎭江에서는 다시 동쪽으로 바뀌기 때문에 강이 흐르는 동쪽 지역을 강동이라 했다. 강의 서쪽은 강서江西(지금의 안후이성 창장강 이북과 화이허강 하류 일대)라 했다.

46  춘추시대 말기 오나라의 도성으로 지금의 쑤저우다. "우경이 춘신군에게 말하기를 '듣자 하니 『춘추』에 두 구절이 있는데, 평안할 때 위험을 생각해야 하고 위험할 때는 평안을 고려해야 한다고 했습니다. 지금 초나라 왕의 연세가 많으니 그대의 봉지를 빨리 정하지 않으면 안 됩니다. 그대를 위해 봉지를 고려해보건대 초나라와 멀리 떨어져 있는 편이 좋습니다'라고 했다."(『전국책』 「초책 4」)

으로 대하고 빈객들을 불러 모았다. 이후 그들은 서로 강함을 다투고 승리하기를 좋아했으며 그들 모두가 각자의 국가에서 군주를 보좌하며 권력을 쥐었다.

춘신군이 초나라 상이 된 지 4년(기원전 259) 만에 진나라는 장평에 주둔해 있던 조나라 군사 40여 만 명을 섬멸했고,[47] 5년째 되던 해에는 한단을 포위했다.[48] 한단에서 초나라에 위급함을 알리자 초나라는 춘신군을 파견해 군사를 이끌고 구원하게 했다. 그러나 이때 진나라 군대가 스스로 철군했으므로 춘신군은 돌아왔다. 춘신군이 초나라 상이 된 지 8년째 되던 해 그는 군사를 이끌고 북벌에 나서서 노나라를 멸망시키고,[49] 순경荀卿을 난릉현령에 임명했다.[50] 이당시 초나라는 다시 강대해졌다.[51]

한번은 조나라 평원군이 춘신군에게 사자를 보내자, 춘신군은 그를 상급 관사에 머물게 했다. 조나라 사자는 초나라에서 자신을 과시하고자 머리에 대모玳瑁로 만든 비녀를 꽂고 칼집을 주옥으로 장식한 칼을 차고 의기양양해하며 춘신군의 빈객들에게 만남을 청했다. 이때 춘신군의 빈객은 3000명이 넘었는데, 조나라 사자를 접견하러 나온 상등의 빈객들이 모두 주옥으로 장식한 신

47 고열왕 3년, 조 효성왕 6년, 진 소왕 47년(기원전 260)의 일이다.
48 "장평 전쟁은 춘신군이 상이 된 지 3년째 되는 해에 있었고, 한단을 구원한 것은 6년째 되는 해였다. 열전의 내용은 모두 오류다."(『사기지의』) 진나라 군대가 조나라 도성 한단을 포위한 것은 조 효성왕 7년, 진 소왕 48년(기원전 259)에 발생한 일이다.
49 「연표」에 따르면 8년에 노나라를 취하고 노나라 군주를 거莒에 봉하고 14년에 멸망시켰다고 했다.(『색은』) "노 경공魯傾公 24년에 멸망하기 시작해 초나라 고열왕 13년에 초나라가 노나라를 취하고 노나라 군주를 거에 봉했다. 여기서 멸망시켰다고 말하는 것은 오류다."(『사기지의』) 양콴의 『전국사연표』에 따르면 노나라가 초나라에 멸망당한 해는 고열왕 7년(기원전 256)이다.
50 "순경荀卿은 이름이 황況이고 경卿은 경칭이다. 형가荊軻를 형경荊卿이라 부르는 것과 같다."(『사기전증』) "「춘신군열전」에서 특별히 순경의 일을 기재한 것은 마치 「위세가」에서 맹자의 일을 서술한 것과 같다. 태사공이 유학자를 존중한 뜻을 볼 수 있다."(『사기회주고증』)
51 "「초세가」에서 고열왕의 시대에 대해서 '이때 초나라는 더욱 약해졌다'고 했다. 한번은 출병하여 조나라를 구원하고 한번은 제후들과 함께 진나라를 공격했다가 불리해지자 물러났으며, 결국은 수춘으로 도읍을 옮겼다. 여기서 '초나라가 다시 강대해졌다'고 말한 것 또한 춘신군의 명성과 위세를 드높이려는 것일 뿐이다'라고 했다.(『사기찰기』) 양콴은 "이때 초나라는 노나라를 멸망시키지 않았고 제나라 서쪽 변경의 성읍을 차지했기 때문이다"라고 했다.(『사기전증』)

을 신고 있어 조나라 사신은 매우 부끄러워했다.

춘신군이 상이 된 지 14년째 되던 해 진나라 장양왕莊襄王이 왕위에 올랐고[52] 여불위를 상으로 삼고는 문신후에 봉했다. 같은 해에 진나라는 동주東周를 멸망시키고 탈취했다.

춘신군이 상이 된 지 22년째 되던 해[53] 동방의 제후들은 자국에 대한 진나라의 공격이 끊이지 않음을 걱정하여 서로 합종을 약속하고 함께 서쪽으로 진나라를 공격했다.[54] 초나라 왕이 합종의 수장이 되었고 춘신군이 모든 사무를 관리했다. 그러나 함곡관에 이르렀을 때 진나라가 군사를 일으켜 공격하자 제후들의 모든 군대는 싸움에 패하여 달아났다.[55] 초나라 고열왕이 이 일로 춘신군을 질책했고, 춘신군은 이때부터 고열왕과 사이가 멀어졌다.

이 당시 춘신군의 빈객 가운데 관진觀津[56]에서 온 주영朱英[57]이라는 사람이 있었는데, 그가 춘신군에게 말했다.

"사람들은 모두 초나라가 강대했으나 군께서 집정하면서 약해졌다고 합니다만, 저는 그렇게 생각하지 않습니다. 선왕께서 살아 계실 때 초나라가 진나라와 20년 동안 사이좋게 지내고[58] 진나라가 초나라를 공격하지 않은 이유는 무엇이

52  진 장양왕秦莊襄王(재위 기원전 249~기원전 247)은 진시황의 부친으로, 이름이 초楚다. 고열왕 14년(기원전 249)에 즉위했다.
53  고열왕 22년, 진왕 정 6년(기원전 241)이다.
54  "뉴훙언이 말하기를 '이것이 바로 조나라 장수 방난龐煖이 조직한 최후의 1차 동방 합종으로 조·초·위·연·한 다섯 국가의 연합군이 진나라를 공격하여 최蕞(지금의 산시陝西성 린퉁臨潼 북쪽)에 이르렀으나 진나라 군대에게 격퇴당했다'고 했다."(『사기전증』)
55  "양콴의 『전국사료편년집증戰國史料編年輯證』에서 말하기를 '이번 전쟁은 비록 조나라 왕을 합종의 수장으로 추대했지만 실제로는 조나라 장수 방난龐煖이 주장主將이었다. 방난은 군사가일 뿐만 아니라 종횡가였다. 최蕞는 지금의 산시성 린퉁 북쪽으로 이미 진나라 땅 깊숙한 곳에 있어 당시 다섯 나라의 군사들이 공격할 수 있는 곳이 아니었다'고 했다."(『사기전증』)
56  관진觀津: 조나라 현으로 지금의 허베이성 우이武邑 동쪽 지역이다.
57  "『전국책』에 '위앙魏鞅'이라 했는데, 잘못된 글자다."(『사기전증』)
58  원문은 '선진이십년善秦二十年'이다. "풍산본, 삼조본에는 '선善'자가 없다. 『전국책』과 부합한다."(『사기회주고증』)

겠습니까? 진나라가 당시에 맹애眶隘[59]의 험준한 요새를 넘어서 초나라를 공격하기가 매우 불편했고, 동주와 서주에게 길을 빌린다 한들 한나라와 위나라 땅을 넘어 초나라를 공격하기에도 어려웠기 때문입니다.[60] 그러나 현재는 그렇지 않습니다. 멸망을 코앞에 두고 있는 위나라로서는 허許와 언릉鄢陵을 아까워할 수 없으니 두 땅을 진나라에 떼어줄 것입니다. 그러면 진나라 군대와 우리 초나라의 도성 진陳과의 거리는 단 160리밖에 안 됩니다. 제가 보건대 진나라와 초나라는 날마다 전투를 벌이게 될 것입니다."[61]

그리하여 초나라는 진陳을 떠나 수춘壽春으로 도성을 옮겼다.[62] 그리고 진나라는 위衛나라의 도성을 복양濮陽에서 야왕野王으로 천도시키고 복양에 동군東郡을 설치했다.[63] 춘신군은 이때부터 정식으로 오吳 땅에 봉해졌고, 여전히 상의 직무를 겸임했다.

59 "맹애眶隘는 지금의 허난성 신양信陽 남쪽으로 허난성과 후베이성 두 성 사이의 천연 병풍이다. 그 땅에 평정관平靖關, 무승관武勝關 등이 있다. 진나라는 소왕 29년(초나라 경양왕 21년, 기원전 278)부터 초나라 옛 도성 영을 공격해 점령하고 그곳에 남군을 설치했고, 초나라는 압박을 받아 진陳(지금의 허난성 화이양)으로 천도했다. 이후 진나라가 남군으로부터 출병하여 진陳을 공격한다면 맹애의 요새를 넘어야 했다."(『사기전증』)
60 당시 한나라와 위나라는 여전히 강성했기에 서주·동주와 연합하여 진나라 군대의 퇴로를 끊는 상황을 말하는 것이다.
61 이상 주영이 춘신군에게 말한 내용은 『전국책』「한책 1」에 보인다. "주영의 말은 진나라와 가까워지면 공격을 받기 쉽기 때문에 초나라는 자신의 유세를 받아들여 도읍을 수춘으로 옮기라는 것이다. 초나라가 스스로 강해질 수 없다면 도성을 옮긴들 무슨 이익이 있겠는가!"(『전국책신교주』)
62 수춘壽春은 지금의 안후이성 서우현壽縣이다. 수춘으로 천도한 때는 진왕 정 6년, 초 고열왕 22년(기원전 241)이다.
63 "위衛나라의 마지막 군주(위원군衛元君)를 야왕野王(지금의 허난성 친양沁陽)으로 보내고, 위나라의 원래 도성에 동군을 설치했다. 위나라는 서주 초기에 건립된 제후국으로 춘추시대 이래로 점차 쇠약해져 전국시대 후기에 이르러서는 도성인 복양濮陽(지금의 허난성 푸양 서남쪽)만 남았고 위나라 제후의 칭호는 '공公'에서 '군君'으로 격하되었다. 진나라 왕 정 5년(기원전 242) 진나라 군대가 위魏나라 북부의 넓은 땅을 점령하고 그곳에 동군을 설치했는데, 군치郡治가 바로 복양이다. 진나라 왕 정 6년, 위원군은 가족과 함께 복양에서 쫓겨나 야왕으로 떠나 살게 되었다."(『사기전증』) "진나라 장양왕 원년(기원전 249)에 몽오는 진나라 장수가 되어 한나라를 정벌하여 성고와 형양을 탈취하고 삼천군三川郡을 설치했다. 5년(기원전 242)에는 위魏나라를 공격해 20개의 성을 탈취하고 동군을 설치했다."(『몽염전蒙恬傳』)

초나라 고열왕에게는 아들이 없었다. 춘신군은 이를 걱정하여 여자들을 적지 않게 찾아 바쳤지만 고열왕은 끝내 아들을 얻지 못했다.[64] 이때 조나라 사람 이원李園이 자신의 누이동생을 초나라 왕에게 바치고자 했으나, 초나라 왕이 아이를 낳을 수 없다는 말을 듣고는 시간이 흘러 누이동생이 왕의 총애를 잃을 것을 걱정했다. 그래서 이원은 춘신군을 찾아가 그의 사인이 되었다. 한번은 이원이 휴가를 청해 집에 갔다가 일부러 정해진 기한을 넘겨서 돌아왔다. 돌아왔음을 보고하자 춘신군은 늦게 온 이유를 물었고, 그는 이렇게 대답했다.

"제나라 왕이 사신을 보내 제 누이동생에게 청혼했습니다. 제가 그 사신을 모시고 술자리를 같이하느라 늦게 돌아오게 됐습니다."

춘신군이 물었다.

"제나라 왕이 신부 측에 보내는 예물은 받았소?"

이원이 대답했다.

"아직 받지 않았습니다."

춘신군이 말했다.

"내가 그대의 누이동생을 만나볼 수 있겠소?"

이원이 말했다.

"만나보실 수 있습니다."

그리하여 이원은 누이동생을 춘신군에게 바쳤고, 그녀는 이내 춘신군의 총애를 얻었다. 이원은 자신의 누이동생이 임신한 사실을 알고 그녀와 계책을 상의했다. 이원의 누이동생은 기회를 틈타 춘신군에게 말했다.

---

64  「초세가」에 따르면 초나라 고열왕 25년, 고열왕이 사망하자 아들 유왕幽王 한悍이 왕위를 계승했다. 초나라 유왕 10년, 유왕이 죽고 같은 어머니에게서 태어난 형제 가운데 동생 유猶가 왕위를 계승했는데, 이 사람이 바로 초나라 애왕哀王이다. 애왕이 즉위한 지 두 달 만에 애왕의 서형庶兄(첩의 소생형)인 부추負芻의 무리가 기습해 애왕을 죽이고 부추를 옹립했다. 여기서 고열왕에게 아들이 없었다고 한 것은 「초세가」의 내용과 다르니 사실을 알 수 없다"고 했다.(『사기찰기』) 부추負芻와 유猶는 모두 유왕幽王의 동생이다.

"초나라 왕께서 당신을 귀하게 여기는 바는 친형제보다 더한 것 같습니다. 지금 당신은 초나라 상이 된 지 20년이 넘었고 왕께는 아들이 없으니 하루아침에 왕께서 돌아가시면 왕의 형제가 왕으로 세워질 것입니다. 새로운 군주가 즉위하게 되면 원래 친했던 사람들을 중용할 것입니다. 그러면 당신은 어찌 오래도록 총애를 받으면서 지위를 유지할 수 있겠습니까? 그건 그렇다 치고, 당신은 초나라 상 지위에 오래 있었으니 그동안 왕의 형제들에 대해 예에 어긋나게 한 일이 많았을 것입니다. 그 형제 중 한 명이 즉위한다면 당신에게 큰 화가 닥칠 텐데 어떻게 상의 인장과 강동의 봉지를 보전하겠습니까? 지금 저는 임신을 했고 남들은 이 사실을 모릅니다. 제가 당신의 총애를 받은 지 얼마 안 되었으니, 당신의 지위를 이용해 저를 초나라 왕에게 바친다면 왕은 반드시 저를 총애할 것입니다. 하늘의 보우를 받아 제가 사내아이를 낳게 된다면 당신 아들이 초나라 왕이 될 것이고 초나라는 모두 당신 것이 될 것입니다. 예측할 수 없는 재앙을 만나는 것에 비해 무엇이 낫겠습니까?"

춘신군은 이에 수긍하고 곧 이원의 누이동생을 내보내 다른 안전한 곳에서 지내게 한 뒤 초나라 왕에게 그녀를 추천했다. 초나라 왕은 그녀를 궁중으로 불러들이고 매우 총애했다. 오래지 않아 그녀는 사내아이를 낳았다. 초나라 왕은 그 아들을 태자로 세웠으며 이원의 누이동생은 왕후에 봉해졌다. 초나라 왕은 이원을 중용하여 그를 국가 대사에 참여하게 했다. 이원은 자신의 누이동생이 궁궐에 들어가 왕후가 되고 그녀가 낳은 아들이 태자가 되자 춘신군이 비밀을 누설하거나 더욱 거만해질까 걱정되어 자신을 위해 목숨을 바칠 만한 병사들을 몰래 양성하여 춘신군을 죽여 그의 입을 막으려 했다. 그러나 초나라 안에는 이 일을 알고 있는 사람들이 적지 않았다.

춘신군이 초나라 상이 된 지 25년째 되던 해,[65] 초나라 고열왕이 병을 앓았다. 주영이 춘신군에게 말했다.

"세상에는 생각지 못한 복이 오기도 하고, 또 생각지 못한 화가 닥치기도 합니다. 지금 군께서는 생각지 못한 세상에 처해 있고 생각지 못한 군주를 섬기고 계시니,[66] 이런 상황에서 어찌 군을 도와줄 생각지 못한 인물[67]이 없겠습니까?"

"무엇이 생각지 못한 복이라는 말이오?"

"군께서 초나라 상을 지낸 지 20여 년이나 됩니다. 비록 자리는 상국相國이지만 실제로는 초나라 왕이라 할 수 있습니다. 지금 초나라 왕이 병들어 곧 돌아가실 상황입니다. 그러면 군께서는 옛날 이윤伊尹이나 주공周公과 같이 어린 군주를 보좌하여 일체의 국가 대사를 행사하신 후, 군주가 장성하면 정권을 돌려주시겠지요. 그렇지 않으면 남쪽을 향해 고孤라 칭하며 초나라를 차지하겠지요. 이것이 생각지 못한 복이라는 것입니다."

"무엇이 생각지 못한 화란 말이오?"

"이원은 비록 국정을 관장하지는 않으나 초나라 왕의 처남입니다.[68] 장군이 되어 군대를 장악하지는 않았지만 죽음을 각오할 만큼 용맹한 병사를 양성한 지 오래되었습니다. 초나라 왕이 죽으면 이원은 반드시 먼저 궁궐로 들어가 권력을 장악하고 아울러 군을 죽여 입을 막을 것입니다. 이것이 바로 생각지 못한 화입니다."

춘신군이 물었다.

---

65  고열왕 25년, 진왕 정 9년(기원전 238)이다.
66  "기쁨과 노여움이 조절되지 않음을 말한다."(『정의』) "이 구절은 병중에 있는 초나라 왕의 생사를 예측할 수 없음을 가리킨다."(『사기전증』)
67  "생각지 않게 갑자기 나타난 귀인이란 주영 자신을 가리키는 것이다."(『사기전증』) "나카이 리켄이 말하기를 '생각지 못한 세상이란 화와 복이 일반적이지 않은 것을 말하고, 생각지 못한 군주란 총애를 기대할 수 없음을 말하고, 생각지 못한 인물이란 구하지 않았으나 어려움과 재난에서 벗어나게 해주는 사람이 찾아오는 것을 말한다'고 했다."(『사기회주고증』)
68  원문은 '군지구君之仇(춘신군의 원수)'다. "『전국책』에 '왕지구王之舅(왕의 처남)'로 기재되었는데, 이것이 맞다. 이것은 구仇와 구舅가 서로 음이 비슷해서 생긴 오류로, 이원이 왕의 처남임을 말한 것이다. 아래에 춘신군이 '내가 이원에게 잘 대해준다'는 문장이 있으니, 원수로 생각하지 않음이 분명하다." (『사기지의』) "앞뒤의 '君'자는 모두 춘신군을 배척하는 것이므로 구仇(원수)가 맞다. 양옥승의 『사기지의』 견해는 옳지 않다."(『사기각증』) 역자는 『사기지의』의 견해에 따라 '왕의 처남'으로 번역했다.

"누가 생각지 못한 인물이란 말이오?"

주영이 대답했다.

"군께서는 저를 낭중郎中[69] 직위에 배치해주십시오. 초나라 왕이 죽으면 이원은 반드시 먼저 궁궐로 들어갈 것이니 제가 군을 위해 이원을 죽이겠습니다. 이것이 바로 생각지 않게 군을 도와줄 인물입니다."

춘신군이 말했다.

"그대는 다시는 말하지 마시오. 이원은 연약한 사람이며, 나 또한 그를 잘 대해주고 있소. 어떻게 그런 상황에 이르겠소!"

주영은 자신의 말이 받아들여지지 않자 큰 화를 입게 될까 두려워 달아났다.

17일이 지나 초나라 고열왕이 사망하자, 이원은 과연 먼저 궁궐로 들어가 극문棘門[70] 안에 용맹한 병사들을 매복시켰다. 춘신군이 극문으로 들어서자 이원의 병사들이 춘신군을 양쪽에서 잡고 찔렀고 그의 머리를 잘라 극문 밖으로 내던졌다.[71] 곧이어 이원은 관리를 보내 춘신군의 일가를 모조리 죽였다.[72] 이원의 누이동생은 원래 춘신군의 총애를 받아 임신하고 나중에 궁중으로 들어가 낳

---

69  낭중郎中: 본래 제왕의 시종관을 통칭하는 관직으로, 궁궐 문 또는 전차나 전마에 관한 일을 관장했다. 안으로는 호위를 담당하고 밖으로는 작전에 종사했다. 비록 등급은 높지 않지만 상당히 총애받는 자리로, 한나라 때 열후의 작위를 지니고 있어도 낭중 직급인 자들도 있었다.

70  초나라 도성 수춘의 성문이다. "극棘은 극戟과 통한다. 극문은 즉 궁문으로 극戟을 잡고 지키는 것이다."(『사기전증』)

71  "지금의 안후이성 화이난淮南 뇌산賴山에 춘신군의 묘가 있는데, 서우현壽縣 성에서 12킬로미터 떨어져 있다. 묘의 봉토는 높이가 11미터, 동서 길이는 약 90미터, 남북으로 폭은 대략 80미터다." 또한 『우리자郁離子』에서 이르기를 '초나라 태자(초유왕楚幽王)가 오동나무 씨앗을 먹여 올빼미를 사육하면서 봉황 울음소리를 내기를 기대했다. 그러자 춘신군이 '올빼미의 천성을 바꿀 수 없는데 먹는 것이 무슨 관계가 있습니까?'라고 했다. 주영은 이 말을 듣고 춘신군에게 '군께서는 올빼미는 음식물로 그 특성을 바꾸어 봉황이 될 수 없음을 알고 계시지만, 군의 문하에는 개와 쥐새끼같이 도적질하는 무뢰한이 아닌 자가 없습니다. 그런데 군께서는 그들을 총애하고 중시하며 좋은 음식을 먹이고 주옥으로 장식한 신발을 신기면서 그들이 온 나라가 추앙하며 존중하는 걸출한 인사가 되어 군께 보답하기를 바라고 계십니다. 오동나무 씨앗을 먹여 올빼미를 사육하면서 봉황 울음소리를 내기를 바라는 방법과 무엇이 다르겠습니까?'라고 했다. 춘신군은 여전히 깨닫지 못하고 끝내 이원에게 죽임을 당했다. 그의 문하에 있는 식객들 가운데 그를 위해 원수를 갚는 자가 한 명도 없었다."(『사기전증』)

은 아들이 초나라 왕위를 계승했으니, 이 사람이 바로 초나라 유왕幽王[73]이다.

이때는 진시황이 즉위한 지 9년째 되던 해였다.[74] 노애嫪毐[75] 또한 진나라에서 난을 일으켰다가 발각되어 삼족三族[76]이 몰살되었고, 여불위는 파면되었다.

태사공은 말한다.

"내가 초나라를 지나가다 춘신군의 옛 성을 참관했는데, 궁실을 보니 과연 웅대하고 호화로웠다! 처음에 춘신군이 초나라를 공격하지 못하게 진나라 소왕을 설득하고, 또 자신의 희생을 두려워하지 않고 초나라 태자를 고국으로 돌려보낸 것은 얼마나 고명한 지혜인가! 그런데 훗날 이원에게 제약받은 일은 눈과 귀가 어두워진 것으로, 누가 생각이나 했겠는가. '마땅히 결단할 때 결단하지 못하면 그 재앙을 자신이 받게 된다'[77]는 옛말은 춘신군이 주영의 말을 듣지 않아 죽음을 맞은 경우 아니겠는가?"[78]

---

72　춘신군이 이원의 누이동생을 궁으로 들인 후 이원에게 살해당한 일은 『전국책』 「초책 4」에 보인다.

73　초 유왕楚幽王(재위 기원전 237~기원전 228)의 이름은 한悍이다.

74　고열왕 25년, 진나라 왕 정 9년, 기원전 238년이다.

75　노애는 원래 여불위의 사인으로, 진나라 왕 정의 모친과 사통을 벌인 사실이 드러나 반란을 일으키려 했다가 거열형에 처해졌다.

76　삼족三族: 부父, 자子, 손孫 혹은 부족父族, 모족母族, 처족妻族을 가리킨다.

77　'當斷不斷, 反受其亂.' "「제도혜왕세가齊悼惠王世家」에 따르면 이 말은 도가의 말이다."(『사기각증』)

78　"이 논리는 잘못되었다. 『고사古史』에서 이르기를 '비록 주영의 말을 듣지 않았지만 또한 화를 피하지는 못했을 것이다'라고 했는데, 이 말이 당연하다. 주영이 춘신군에게 현상을 유지하고 화를 멀리하는 도를 말하지 않고 스스로 자객이 되어 이원을 죽이는 방법을 권했으니 소견이 천박하다고 하겠다. 만일 해내지 못하면 극문의 참사를 피할 수 있었을까? 여유정은 '황헐의 재앙은 주영을 잃은 데 있지 않고 이원의 누이동생에게 미혹된 것에 있다'고 했다."(『사기지의』)

# 범저채택열전

## 范 雎 蔡 澤 列 傳

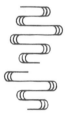

범저와 채택은 전국시대의 저명한 변사로, 태어난 나라는 서로 달랐지만 진나라로 와서 위세를 떨쳤다. 그러나 그들이 진나라에서 이룬 공적은 그다지 크지 않고 개인의 공명과 이익을 주로 취했으며, 또한 왕과 대신간의 불화를 기회로 삼아 상相에 임명되고 후侯에 봉해졌다. 범저는 소왕과 양후의 틈을 이용해 양후를 몰아내고 상에 임명되었고, 채택은 소왕과 범저의 갈등을 이용해 범저를 몰아내고 상에 오르고 후에 봉해졌다. 이 두 사람의 공통점이라면 치욕을 참아내고 좌절을 극복한 정신이라 할 수 있다. 사마천은 "이 두 사람도 곤경에 빠지지 않았더라면 또 어떻게 분투의 의지를 불러일으킬 수 있었겠는가?"라는 말로써 가혹한 형벌을 받은 자신의 처지와 심경을 은연중 드러내고 있다. 이렇듯 좌절을 딛고 성공을 거둔 인물은 『사기』에서 자주 다루어진다.

이 편에서는 범저의 복수를 중점적으로 서술하고 있다. 범저는 과거에 자신에게 치욕을 안긴 수가가 진나라에 사신으로 왔을 때 그를 대청 아래에 앉혀놓고 말여물을 내놓는 앙갚음을 하거나 자신을 흘겨본 정도의 사소한 원한도 잊지 않고 응징하는가 하면 밥 한 끼의 은정을 베푼 자에게까지 보답하기를 잊지 않았다.

사마천은 범저와 채택의 능력이나 재능에 대해서는 긍정했으나 그들의 인품에 대해서는 말하지 않았다. 이들은 온갖 수단을 써서 다른 사람을 쓰러뜨리고 자신의 명성과 이익만을 추구했기 때문이다. 명나라 때 산문가인 모곤은 "범저의 은혜와 원한은 수면 위의 안개가 천 리까지 끼어 있는 듯하고, 채택이 한 마디 말로 상의 지위를 차지한 부분은 그 형세가 손바닥에서 둥근 환약을 굴리는 것 같다"라고 묘사했다.

범저范雎[1]는 위魏나라 사람으로 자가 숙叔이다. 그는 제후들에게 유세하여 위나라 왕을 섬기려 했지만 집안이 가난해서 활동 자본을 마련하지 못해 우선 위나라의 중대부인 수가須賈를 섬겼다.

범저는 수가가 위나라 소왕의 사자로 제나라로 갈 때 그를 따라갔다. 몇 달이나 제나라에 머물렀으나 제나라로부터 어떤 회답도 받지 못했다. 제나라 양왕은 범저가 말솜씨가 뛰어나다는 말을 듣고 금 10근과 소고기와 술을 내렸지만 범저는 사양하고 감히 받지 못했다. 이 사실을 알게 된 수가는 크게 화내며 범저가 위나라의 비밀을 제나라에 누설했기 때문에 이런 선물을 받게 된 것이라 생각했다. 그는 범저에게 소고기와 술만 받고 금은 돌려주도록 했다. 위나라로 돌아온 수가는 범저에 대한 분노의 감정으로 위나라 상에게 범저가 제나라로부터 선물 받은 일을 보고했다.[2] 당시 위나라 상은 여러 공자 가운데 한 명인 위제魏齊로, 그는 크게 노하여 사인에게 범저를 매질하게 했고, 범저는 갈비뼈가 부러지고 이도 빠졌다. 범저가 죽은 척하자 그들은 그를 대자리로 둘둘 말아 뒷간

---

1  범저范雎: 옛 판본에는 '범수范雎'로도 기재되어 있다. "전대흔이 『무량석실화상발미無梁石室畫像跋尾』에서 말하기를 '전국시대, 진·한 시대에 많은 사람이 '저且'를 이름으로 삼았다. 양저穰且, 예저豫且, 하무저夏無且, 용저龍且가 모두 이러한 경우다. 혹은 저且 옆에 '추隹'를 덧붙이기도 했는데 범저, 당저唐雎 같은 경우라고 했다. 그렇다면 '수雎'로 쓰는 것은 잘못이다'라고 했다."('수정본') 나카이 리켄 또한 '雎'의 음은 '저'라고 했다. 역자는 '수정본'의 견해에 따랐다.
2  "능치릉은 목문희穆文熙의 말을 인용하면서 '수가의 원한이 위제보다 깊은데 어찌하여 위제에게만 보고했는가?'라고 했다. 「양후열전」에서는 수가가 양후에게 편지를 보내 양(위)나라에 대한 진나라의 공격을 중단하게 했으니 그 인품과 재간이 부족한 사람이 아니다. 여기에서 범저와 갈등이 발생한 데는 반드시 이유가 있을 것이다."(『사기전증』)

에 던져버렸다. 술을 마시고 취한 빈객들이 범저의 몸에다 여러 번 소변을 보았다. 욕을 보임으로써 나중에 기밀을 누설하는 이가 없도록 경계하려는 것이었다. 범저가 대자리에 말린 채 지키고 있는 자에게 말했다.

"나를 풀어준다면 내 반드시 두텁게 사례하겠소."

범저를 지키던 자가 대자리 속의 시신을 버리겠다고 하자 술에 취한 위제가 말했다.

"그렇게 하라."

비로소 범저는 도망쳐 나올 수 있었다. 나중에 위제는 실수한 것을 깨닫고 다시 범저를 찾아오도록 했다. 위나라 사람 정안평鄭安平이 이 일을 듣고 범저를 데리고 달아나 숨겨주었고, 범저는 성과 이름을 바꿔 장록張祿이라 했다.

마침 이때 진나라 소왕이 알자謁者3 왕계王稽를 위나라에 사신으로 파견했다. 정안평은 심부름꾼으로 위장하여 왕계의 시중을 들었다. 왕계가 물었다.

"위나라에 나와 함께 서쪽 진나라로 유세하러 갈 만한 현자가 있소?"

정안평이 대답했다.

"제 마을에 장록 선생이라는 분이 계신데 군을 뵙고 천하 대사를 말씀드리고 싶다 합니다. 그런데 이 사람에게는 원수가 있어 낮에는 감히 찾아뵐 수 없습니다."

왕계가 말했다.

"그러면 밤에 함께 오시오."

정안평은 밤에 장록과 함께 왕계를 만나러 갔다.

두 사람이 말을 마치기도 전에 왕계는 범저의 현능함을 알아차리고 말했다.

"선생은 삼정三亭4 남쪽에서 나를 기다려주시오."

---

3  알자謁者: 춘추전국시대에 시작된 관직으로, 국군國君을 위해 전달하는 일을 관장했다. 진·한 시기에 낭중령(한나라 때에는 광록훈光祿勳)의 속관이었다. 전례典禮를 거행할 때 의식을 인도하고 일을 접수하여 천자에게 전달하는 일을 관장했고 그 장관은 알자복야謁者僕射였다.

범저는 왕계와 은밀하게 약속을 정하고 떠났다.

왕계는 위나라 왕에게 인사를 올리고 길을 나선 후 삼정을 지날 때 범저를 수레에 태워 진나라로 들어갔다. 그들이 호현湖縣5에 이르자 서쪽 멀리 거마가 다가오는 것이 보였다. 범저가 물었다.

"저기 오는 사람은 누구입니까?"

왕계가 대답했다.

"진나라 상 양후穰侯가 동쪽의 현읍을 시찰하는 것이오."

범저가 말했다.

"제가 듣기로 양후는 진나라의 권력을 독점하고 있어 다른 제후들의 빈객을 받기를 싫어한다고 합니다. 그가 저를 모욕할까 걱정스러우니 잠시 수레 안에 숨어 있는 것이 좋겠습니다."

잠시 후 과연 양후는 다가와 왕계를 위로하고는 거마를 멈춰 세우고는 말했다.

"관동關東6에 무슨 변화라도 있소?"

왕계가 대답했다.

"없습니다."

양후는 또 왕계에게 말했다.

"알군謁君께서는 설마 제후들의 빈객과 함께 오지 않으셨는지요? 그런 자들은 아무 쓸모 없이 나라를 어지럽힐 뿐입니다."

왕계가 대답했다.

---

4  삼정三亭: 위나라 도성인 대량의 서남쪽에 위치한 읍으로, 지금의 허난성 웨이스尉氏 서남쪽 지역이다. 『괄지지』에 이르기를 '삼정강三亭岡은 변주汴州 울지현尉氏縣 서남쪽 37리 지점에 있다. 아마도 '강岡'자는 '남南'자의 잘못일 것이다'라고 했다.(『정의』)
5  호현湖縣: 지금의 허난성 링바오 서북쪽 지역으로 당시에는 진나라에 속했다.
6  관동關東: 진秦, 한漢, 당唐 등이 지금의 산시陝西성에 도읍을 정했기 때문에 함곡관 또는 동관潼關 동쪽 지역을 관동이라 불렀다. 여기서는 동방 제후국을 가리킨다.

"감히 그럴 수는 없지요."

양후는 즉시 작별하고 떠났다. 범저가 말했다.

"양후는 지혜로운 선비라고 들었는데 일하는 것은 무던 편이군요. 방금 수레 안에 사람이 있는지 의심하면서도 안을 살펴보지 않았습니다."

범저는 수레에서 내리더니 달려가면서 말했다.

"그는 반드시 살펴보지 않은 것을 후회하고 있을 것입니다."

10여 리쯤 가자 과연 양후는 기마병을 보내 수레 안을 수색하게 했고, 빈객을 찾지 못하고 돌아갔다. 왕계는 범저와 함께 진나라 도성 함양으로 들어갔다.

왕계는 사신으로 다녀온 정황을 보고한 뒤 이어서 말했다.

"위나라에 장록 선생이라는 분이 있는데 천하에 언변이 뛰어난 선비입니다. 그가 말하기를 '진나라 왕의 국가는 달걀을 쌓아놓은 것처럼 위험하지만 내가 안전하게 할 수 있소. 그러나 서신으로 의견을 전할 수는 없소'라고 하여 신이 그를 수레에 태워 데리고 왔습니다."

그러나 진나라 왕은 믿지 않고 범저를 객사에 묵게 한 뒤 거친 음식을 제공했다.[7] 범저는 1년 넘도록 진나라 왕과의 접견을 기다렸다.

이때 소왕은 왕위에 오른 지 이미 36년이 되었다.[8] 진나라는 남쪽을 공격하여 초나라의 언과 영 땅을 점령했고,[9] 초나라 회왕은 진나라에 유폐되었다가 죽었다.[10] 또 진나라는 동쪽으로 제나라를 격파했다.[11] 제나라 민왕은 일찍이 제帝

---

7  원문은 '사사식초구使舍食草具'다. "또한 객사에 머물게 하면서 하등의 손님이 먹는 음식을 내주는 것을 말한다. 초구草具란 거친 밥에 명아주 풀 반찬을 말한다."(『색은』)

8  기원전 271년으로 초 경양왕 28년, 제 양왕 13년에 해당된다.

9  「진본기」에 따르면 진나라 장수 백기가 초나라 땅 언과 등을 빼앗은 것은 소왕 28년(기원전 279)이고, 영 땅을 점령한 것은 소왕 29년(기원전 278)의 일이다.

10  「진본기」에 따르면 소왕 10년(8년이 맞다. 기원전 299)에 초나라 회왕이 진나라에 들어왔다가 구금되어 11년에 진나라에서 사망했다.

11  「진본기」에 따르면 소왕 22년(기원전 285) 진나라 장수 몽무가 제나라를 공격했다. 23년(기원전 284) 진나라는 또 연나라 장수 악의를 따라 제나라를 공격하여 제나라 군대를 제서濟西(제수의 서쪽, 즉 지금의 산둥성 츠핑, 랴오청 일대)에서 격파했다.

를 칭했으나 이후에는 이 칭호를 거두었다. 진나라는 여러 차례 삼진三晉을 곤경에 빠뜨렸다.[12] 진나라 소왕은 언변에 능한 유세가들을 싫어해 그들이 하는 말을 믿지 않았다.

양후와 화양군華陽君은 소왕의 모친인 선태후宣太后의 동생이며,[13] 경양군涇陽君과 고릉군高陵君[14]은 모두 소왕의 친아우다. 양후는 진나라 상이 되고 다른 세 사람은 교대로 장군이 되었으며 모두 자신의 봉읍이 있었다. 선태후와 가까운 관계로 인해 그들의 개인 재산은 왕실보다 많았다. 양후가 진나라 장군이 되었을 때 한나라와 위나라를 넘어 제나라의 강綱과 수壽[15]를 공격해 자신의 봉읍인 도陶[16] 땅을 확장시키려 했다. 이에 범저가 글을 올려 말했다.

---

**12** 「진본기」에 따르면 소왕 14년(기원전 293) 진나라 장수 백기가 이궐伊闕에서 한나라와 위나라를 공격해 24만 명을 참수했고, 15년(기원전 292)에는 백기가 위나라를 공격해 현 원垣을 빼앗았으며, 21년(기원전 286)에는 사마착이 위나라 하내를 공격했고, 24년(기원전 283)에는 위나라 현 안성安城을 점령하고 대량에 이르렀으며, 25년(기원전 282)에는 조나라 성 2개를 점령했고, 27년(기원전 280)에는 백기가 조나라를 공격해 대군의 광랑성을 점령했으며, 31년(기원전 276)에는 백기가 위나라를 공격해 성 2개를 취했고, 32년(기원전 275)에는 양후가 위나라 대량을 공격해 4만 명을 참수했으며, 33년(기원전 274)에는 객경客卿 호양胡陽이 위나라의 권卷, 채양蔡陽, 장사長社를 점령하고 화양에서 망묘를 공격해 15만 명을 참수했다.

**13** 화양군華陽君은 신성군新城君이라고도 하며 성이 미芈이고 이름이 융戎이며 원래는 초나라 사람이다. 화양군은 선태후의 둘째 동생으로 아버지가 같다. 양후 위염은 첫째 동생으로 아버지가 다르다. 선태후는 진나라 혜왕惠王의 첩으로 원래 초나라 사람이다. 소왕 즉위 후 태후로 추대되었다.

**14** 경양군涇陽君의 봉지는 경양涇陽(지금의 산시陝西성 징양涇陽 서북쪽)이었고, 나중에 초나라를 공격해 점령한 원현宛縣(지금의 허난성 난양)이 봉지로 더해졌다. 고릉군高陵君은 처음에 팽彭에 봉해졌으나 나중에 고릉(지금의 산시陝西성 가오링高陵)에 봉해졌고, 또 한나라를 공격해 얻은 등鄧(지금의 허난성 덩청鄧城 동남쪽)이 더해졌다. 나중에 섭양군葉陽君이라고도 불렸다.

**15** 강綱은 강剛이라고도 하며 지금의 산둥성 닝양寧陽 동북쪽 지역이고, 수壽는 지금의 산둥성 둥핑東平 서남쪽 지역이다. 모두 제나라의 읍이었다.

**16** 도陶: 제나라의 현으로 지금의 산둥성 딩타오定陶 북쪽 지역이다. "양콴의 『전국사연표』에서는 소왕 26년에 양후에게 도 땅을 봉했다고 했다. 「진본기」에서는 '소왕 36년 객경客卿 조竈(『전국책』「진책」에는 조造로 기재됨)가 제나라를 공격하여 강·수 땅을 점령했고 진나라는 두 읍을 양후에게 분봉했다'고 했다. 「육국표」에서는 진나라가 제나라 강과 수를 점령한 것을 소왕 37년으로 기재하고 있어 양콴의 표와 같다."(『사기전증』)

신이 듣자 하니 '현명한 군주가 집정을 하면[17] 공로가 있는 자는 상을 하사하지 않을 수 없고 능력 있는 자는 관리로 삼지 않을 수 없으며, 공로가 큰 자는 봉록이 두텁고 공로가 많은 자는 작위가 응당 존귀해지고 높으며, 백성을 잘 다스릴 수 있는 자는 그 관직이 클 수밖에 없다. 이 때문에 능력 없는 자는 감히 관직을 맡을 수 없고, 능력 있는 자 또한 드러나지 않을 수 없다'고 합니다. 제 말이 옳다고 생각하시면 이대로 받아들여 실행하시길 바랍니다. 그러면 나라를 다스리는 데 이익이 될 것입니다. 그러나 신의 말이 옳지 않다고 생각하신다면 저를 이곳에 오래 머무르게 해봤자 별 소용이 없을 것입니다. 속담에 '평범한 군주는 자신이 총애하는 자에게 상을 내리고 싫어하는 자에게 징벌을 주지만, 현명한 군주는 그와는 달리 상은 반드시 공 있는 자에게 주고 형벌은 반드시 죄를 지은 자에게 내린다'고 했습니다. 지금 제 가슴은 침질椹質[18]의 벌을 감당하기에 부족하고 허리는 부월斧鉞의 벌을 감당하기에 부족한데 어찌 의심스러운 일로 대왕을 시험하겠습니까! 대왕께서 저를 천한 놈이라 업신여기고 모욕하신다 해도, 신을 신임해준 분(왕계)이 대왕께 파악되지도 않은 일을 말씀드리지는 않을 것이라고 어찌 믿지 않으십니까?

또한 신이 듣자 하니 '주나라에는 지액砥砨이 있고, 송나라에는 결록結綠이 있으며, 양梁나라에는 현려縣藜가 있고, 초나라에는 화박和朴이라는 보옥寶玉이 있는데, 이 네 가지는 흙속에서 나온 것으로 처음에는 뛰어난 장인들도 그것을 소홀히 대했으나 나중에는 천하에서 가장 유명한 보배가 되었다'[19]고 합니다. 그렇

---

다면 성명한 군왕이 버린 사람이라 하여 어찌 국가를 부강하게 하기에 부족하다 하겠습니까?[20]

　신이 듣자 하니 '가족을 풍족하게 할 사람은 국가 안에서 찾고, 국가를 부강하게 할 사람은 제후 가운데서 찾는다'[21]고 했습니다. 천하에 현명한 군주가 있으면 다른 제후들이 독자적으로 부강해질 수 없는 것은 무엇 때문이겠습니까? 이는 제후의 영화로움을 분할할 수 있기 때문입니다. 훌륭한 의원은 환자의 생사를 알고, 영명한 군주는 일의 성공과 실패에 밝습니다. 이로우면 행하고, 해로우면 버리고, 의심스러우면 조금 더 시험해보십시오. 비록 순임금과 우임금이 다시 살아나더라도 이렇게 처리할 수밖에 없을 것입니다. 가장 중요한 말[22]은 신 감히 글로 적을 수 없고, 하찮은 말은 또한 들으실 만한 것이 못됩니다. 신이 어리석어 대왕의 마음에 들지 않은 것입니까? 그렇지 않으면 신을 추천한 자의 지위가 낮아 쓸모없는 말이라 여기시는 것입니까? 이와 같지 않다면 대왕께서 유람하며 감상하시는 틈을 조금만 내주시어 대왕을 한 번 뵐 수 있기를 바랍니다. 신이 드리는 말씀 중에 쓸모없는 말이 한 마디라도 있으면 죄를 인정하고 죽음을 달게 받겠습니다.

　진나라 소왕은 매우 기뻐하며 왕계에게 사과하고 사람을 시켜 전거傳車[23]로

20　"강백구가 말하기를 '성명한 군왕聖王은 진나라 왕이고, 버린 사람은 범저 자신을 말한다'고 했다."(『사기회주고증』)
21　원문은 '善厚家者取之於國, 善厚國者取之於諸侯'이다. '후가厚家'는 자신 가족의 재산과 권세를 늘린다는 뜻이고, '후국厚國'은 국가를 부유하게 하고 영토를 확장한다는 뜻이다.
22　"선태후와 양후, 화양군 등이 국정을 독단하는 일을 내비친 것이다."(『사기통해』)
23　전거傳車는 역참에서 전용으로 사용하는 수레로, 당시 범저는 함양에 있었으므로 전거를 사용할 필요가 없었다. "수레를 몰고 가서 범저를 불러오게 했다."(『전국책』 「진책 3」)

범저를 불러오게 했다.[24]

범저가 이궁離宮[25]에서 진나라 왕을 만나게 되었다. 그는 영항永巷[26]을 모르는 척하면서 안으로 들어갔다. 마침 진나라 왕이 오자 환관은 화를 내며 범저를 내쫓으면서 말했다.

"대왕께서 행차하신다!"

범저는 환관에게 함부로 말했다.

"진나라 어디에 왕이 있단 말이오? 진나라에는 태후와 양후만 있을 뿐이오."[27]

이는 소왕을 격노하게 만들고자 한 말이었다. 소왕이 다가와 범저가 환관과 말다툼하는 것을 듣고는 범저를 맞이하며 사과했다.

"과인이 일찍 선생의 가르침을 받았어야 했는데 마침 의거義渠[28]의 일이 긴급하여 아침저녁으로 태후의 지시를 받아야 했소. 지금은 의거의 일이 끝났으니[29]

---

24  범저가 진나라 소왕을 만난 시기는 진 소왕 36년(기원전 271)이다.
25  이궁離宮: 도성 밖에 있는 다른 궁전으로, 일반적으로 황제가 순시를 나갔을 때 머무르는 용도로 쓰인다. "장안 옛 성은 본래 진나라의 이궁이었고 옹주雍州 장안 북쪽 13리 지점에 있다."(『정의』)
26  영항永巷: "영항은 궁중의 감옥이다."(『정의』) "영항은 내궁으로 통하는 길이다. 범저가 내궁의 길로 들어가는데 진나라 왕이 마침 궁에서 나오자 환관이 꾸짖으며 범저를 내쫓으려 한 것이다. 범저는 진나라 왕을 만나려고 기다리고 있었는데 무엇 때문에 일부러 감옥 안으로 들어가려 하겠는가?(『사기찰기』) "영항은 때로는 궁중의 감옥을 가리키며 '액정掖庭'이라고도 부르지만, 여기서 말하는 영항은 감옥과는 무관하다. 마땅히 곽숭도의 『사기찰기』에서 말한 것처럼 깊은 궁궐로 통하는 긴 통로다."(『사기전증』)
27  "능약언凌約言이 말하기를 '진나라의 국가 대사는 태후와 양후를 높이는 데 있지 않다고 생각한 범저는 태후와 양후를 폐해야 함을 유세하고자 했으므로 진나라 왕을 만나기 전에 이런 계책으로 진나라 왕을 감동시켜 진언한 것이다'라고 했다."(『사기평림』)
28  의거義渠: 산시陝西성 서북부와 인근 내몽골, 닝샤寧夏 일대의 소수민족이다. "진나라 소왕 때 의거융왕義渠戎王이 소왕의 모친인 선태후와 간통하여 아들 둘을 낳았다. 그러나 선태후는 의거융왕을 속여 감천궁甘泉宮으로 오게 해 죽인 후 군대를 일으켜 의거의 융족을 대패시켰다."(『흉노열전』)
29  『후한서』 「서강전西羌傳」과 양콴의 「전국사표」에 따르면 진 소왕 35년(기원전 272)에 의거를 멸망시킨다.

과인이 이제야 선생의 가르침을 받게 되었소. 과인이 우매하고 어리석으나 선생을 공경하며 귀빈의 예절로 대접하는 것을 허락해주시오."

범저는 사양했다. 이날 범저가 소왕을 만나는 광경을 본 신하들은 모두 공경하면서도 두려워하며[30] 낯빛을 바꾸지 않는 자가 없었다.

진나라 왕은 좌우 사람들을 물러가게 하여 궁중 안에 아무도 없게 했다. 진나라 왕이 무릎을 꿇고[31] 청했다.

"선생께서는 과인에게 무엇을 가르쳐주시겠습니까?"

범저가 대답했다.

"예, 예."

조금 뒤 진나라 왕이 다시 무릎을 꿇고 청했다.

"선생께서는 과인에게 무엇을 가르쳐주시겠습니까?"

범저가 또 대답했다.

"예, 예."

이렇게 연거푸 세 차례 되풀이했다. 진나라 왕은 무릎을 꿇은 채 몸을 꼿꼿이 세우고 말했다.

"선생께서는 끝내 과인에게 가르침을 주지 않으려는 것입니까?"

범저가 대답했다.

"신이 감히 그렇게 할 수는 없습니다. 신이 듣자 하니, 옛날에 여상呂尙이 주나라 문왕을 만났을 때는 위수渭水 가에서 낚시질하는 늙은 어부였습니다. 이와

---

30  원문은 '선연洒然'이다. '洒'의 음은 '선(xian)'이다. "여유정은 말하기를 '공경하는 것뿐만 아니라 두려워하는 의미도 있다'고 했다."(『사기평림』)

31  원문은 '기跽'인데 '장궤長跪'를 말한다. "고염무가 말하기를 '옛사람은 앉을 때 두 무릎을 자리에 붙인다. 공경할 때는 무릎을 꿇은 상태에서 윗몸을 일으켜 꼿꼿하게 세우는데, 이를 장궤長跪라고 한다'고 했다."(『사기회주고증』) 『전국책』 「진채 3」에서는 '궤跪'로 기재하고 있다. 무릎을 바닥에 붙이고 엉덩이를 발뒤꿈치에 붙여 몸을 편안하게 하는 자세는 '좌坐'라 하고, 허벅지를 들어 올리고 허리를 세우는 자세는 '궤跪'라 한다.

같다는 것은 그들의 교분이 소원했음을 말해줍니다. 그러나 이야기를 나누고 나서 여상은 태사太師[32]로 세워졌고 문왕과 함께 수레를 타고 돌아왔으니,[33] 이는 그의 말이 매우 적절하여 서로 의기투합했기 때문입니다. 마침내 문왕은 여상의 도움으로 공적을 이루고 천하의 왕이 되었습니다.[34] 문왕이 여상을 멀리하여 그와 깊은 이야기를 나누지 못했다면 주나라는 천자의 덕행이 없었을 것이고,[35] 문왕과 무왕도 왕업을 성취할 수 없었을 것입니다. 신은 지금 타지에서 온 나그네와 같아서 대왕과 사이가 가깝지 않습니다. 그러나 신이 말씀드리고자 하는 것은 군왕을 바로잡는 일이며 혈육 간의 관계를 논의하는 것으로[36], 우매하나마 충성을 다하고자 하나 대왕의 진심을 모르겠습니다. 이것이 바로 대왕께서 세 차례나 물으셨는데도 신이 감히 대답하지 못한 까닭입니다. 신은 결코 두려워서 대답하지 않은 것이 아닙니다. 신은 오늘 대왕 앞에서 말씀드리고 내일 죽음에 처해질 수 있음을 알지만 감히 피하지 않겠습니다. 대왕께서 진실로 신의 말을 믿고 실행하신다면 제가 죽게 되더라도 걱정하지 않을 것이며, 유랑하는 처지가 되더라도 우려하지 않을 것이며, 몸에 옻칠을 한 문둥병 환자가 되고 머리를 풀어헤친 미치광이가 되더라도 부끄럽게 여기지 않을 것입니다. 게다가 오제五帝 같은 성명한 제왕도 죽고, 삼왕三王 같은 어진 군주도 죽었으며, 오백五伯 같은 현능한 제후도 죽고, 오획烏獲과 임비任鄙 같은 힘센 장사도 죽고, 성형成

---

32　태사太師: 서주西周 때 설치되었고 원래는 고급 무관으로 군대의 최고 통수권자였다. 춘추시대에는 진晉과 초楚에서 국군國君을 보필하는 관직이었으나 전국시대 말에 폐지되었다. 한나라 때 다시 설치되어 태부太傅, 태보太保와 함께 삼공三公이라 했다. 후대에는 대부분 '태자태사太子太師'를 가리키며 태자를 보좌하며 지도하는 관직이었다.

33　"주서백周西伯(주나라 문왕)이 사냥을 나갔다가 위수 북쪽 연안에서 태공을 우연히 만났고, 그와 이야기를 나눈 후 매우 기뻐했다. 그와 함께 수레를 타고 돌아왔고 태사로 임명했다."(『사기』「제태공세가」)

34　"주 문왕은 단지 무왕이 상나라를 멸망시키기 위한 기초를 공고히 했을 뿐인데 후대의 유생들이 '문왕이 천명을 받았다'는 논리를 꾸며낸 것이다."(『사기전증』)

35　주나라가 상나라를 멸망시킴으로써 제帝라 칭할 수 없었을 것이라는 말이다.

36　"태후와 양후를 암시한다."(『사기평림』)

荊·맹분孟賁37·왕경기王慶忌38·하육夏育39 같이 용감한 자들도 죽었습니다. 죽음이란 사람이 피할 수 없는 것입니다. 이렇듯 필연적인 삶에서 진나라에 조금이라도 보탬이 되는 것, 이것이 신이 가장 바라는 바인데 신이 또 무엇을 근심하겠습니까! 오자서는 자루 속에 숨은 다음에야 비로소 소관昭關을 빠져나왔고40 밤에 길을 재촉하고 낮에는 숨어 지내면서 능수陵水41에 이르렀을 때는 먹을 것이 없어 무릎을 꿇고 바닥을 기어 다니며 머리를 조아리고 웃통을 벗은 채 배를 두드리고 지篪42를 불면서 오나라 시장에서 구걸했지만,43 끝내는 오나라를 부흥시키고 합려闔閭44를 패주로 만들었습니다. 신으로 하여금 오자서처럼 모든 지략을 발휘할 수 있게 해주신다면, 감옥에 갇혀45 평생 대왕을 만나 뵐 수 없게 되더라도46 신의 주장이 받아들여 실행될 수 있다면 신이 또 무엇을 근심하

37  "허신許愼이 말하기를 '성형은 옛 용사이고, 맹분은 위衛나라 사람이다'라고 했다."(『집해』) 진직陳直의 『사기신증』에서는 『한서』를 인용하여 성형을 '성경成慶'이라고 했다. "궁전 문 위에 장사 성경成慶의 그림을 그려 넣었는데, 짧은 옷에 넓은 바지를 입고 장검을 차고 있었다. 유거劉去는 그것을 매우 마음에 들어 하여 7척 5촌의 검을 제조했고 모든 복장도 성경을 모방했다."(『한서』 「경십삼왕전景十三王傳」)
38  왕경기王慶忌는 춘추시대 말 오왕 요僚의 아들로서 용감하기로 유명했다. "경기慶忌는 『좌전』에 보이지 않으며 후한 사람이 지은 『오월춘추』에 보인다. 또 경기는 일찍이 왕이라 칭한 적이 없기에 여기서는 응당 '왕자 경기'라고 해야 한다."(『사기전증』)
39  "『한서음의漢書音義』에서 이르기를 '하육은 위衛나라 사람이라고도 하며 천 균鈞을 들 정도로 힘에 셌다'고 했다."(『집해』)
40  소관昭關은 지금의 안후이성 한산含山 북쪽 소현산小峴山 위에 있는 지역으로, 오와 초 사이의 교통 요지였다. "소관을 지날 때 소관을 지키던 관리가 그들을 체포하려 했다. 오자서와 태자의 아들 승勝은 거마와 따르는 자들을 버리고 맨몸으로 걸어서 도망치는데 뒤에서 추격하는 자들이 바짝 따라붙어 거의 벗어날 수 없는 지경이었다."(『사기』 「오자서열전」)
41  능수陵水: 지금의 리수이溧水다. 안후이성 우후蕪湖에서 발원하여 동쪽으로 흘러 장쑤성의 타이후太湖로 유입된다.
42  지篪: 형상이 피리와 비슷하고 대나무로 제작한 관악기.
43  "장발이 말하기를 '오자서가 구걸한 곳은 단양丹陽 율양현溧陽縣이다'라고 했다."(『집해』) 『오월춘추』에서는 율양이라는 곳에서 빨래하는 여인에게 구걸하여 밥을 얻어먹었다고 했다. 율양은 지금의 장쑤성 리양溧陽 경내로, 당시 오나라에 속했다.
44  합려闔閭(재위 기원전 514~기원전 496)는 춘추시대 말기 오나라 군주로 이름은 광光이다.
45  "뉴홍언은 이 말이 오자서와 무관하며 응당 기자箕子의 말을 여기에 잘못 뒤섞였다고 여겼다."(『사기전증』)
46  "오자서는 합려를 보좌하여 패주로 불리게 했고 또 오나라 왕 부차를 보좌하여 월나라 왕 구천

겠습니까? 기자箕子와 접여接輿는 몸에 옻칠을 하여 문둥병자로 꾸미고 머리를 풀어헤쳐 미치광이로 가장했지만 자신의 군주에게 아무런 이익을 주지 못했습니다.[47] 신이 기자와 똑같은 행동을 해서라도 현명한 군주가 되게 하는 데 보탬이 될 수만 있다면 이것은 신에게 커다란 영광이니, 무엇을 부끄러워하겠습니까? 오직 신이 두려워하는 것은 신이 죽은 뒤에, 충성을 다하고도 신의 죽음을 본 천하 사람들이 입을 다물고 걸음을 멈추어 진나라로 오지 않으려 하는 것입니다. 족하足下[48]께서 위로는 태후의 위엄을 두려워하고 아래로는 간신들의 아첨하는 말에 현혹되어 깊은 궁궐에 계시면서 아보阿保[49]의 손아귀에서 벗어나지 못해 미혹된다면 평생토록 간사한 자를 분명하게 가리지 못할 것입니다. 크게는 종묘가 뒤집혀 멸망하고 작게는 대왕께서 고립되어 위태롭게 될 것입니다. 이것이 바로 신이 두려워하는 일입니다. 곤궁해지고 치욕을 당하는 것 또는 죽거나 유랑하게 되는 우환을 신은 결코 두려워하지 않습니다. 신이 죽어서 진나라가 잘 다스려진다면 신이 죽는 것이 사는 것보다 낫습니다.'

진나라 왕은 무릎을 꿇은 채 말했다.

"선생은 무슨 말을 이와 같이 하십니까! 진나라는 외지고 먼 곳에 있으며 과인은 어리석고 현명하지 못한데 다행히 선생께서 몸을 낮춰 이곳까지 오셨습니다. 이는 하늘이 과인에게 선생의 수고를 얻어 선왕의 종묘를 보존하도록 한 것입니다. 과인이 선생의 가르침을 받을 수 있는 것은 하늘이 선왕에게 은총을 베

---

을 크게 물리쳤지만, 나중에 부차와 정치적 의견이 갈리자 부차에게 살해당했다. 이 말은 은근히 그 사건을 가리킨다."(『사기전증』)

47  "접여는 춘추시대 말기 초나라의 '미치광이'로 『논어』에 보이고 있으나 몸에 옻칠을 하고 문둥병자로 행세했다는 일은 들어본 적이 없다. 뉴홍언은 여기에서 '접양'을 '예양豫讓'으로 해야 한다고 했다."(『사기전증』)

48  족하足下: 윗사람 혹은 동년배나 친구에 대한 경칭이다. "전국시대 선비들도 군주를 부를 때 사용했는데, 소대가 연 소왕에게 보낸 편지, 악의樂毅가 연 혜왕에게 보낸 편지, 소진이 연 역왕燕易王에게 보낸 편지 등으로 모두 『전국책』에 보인다."(『사기전증』)

49  아보阿保: 군주의 생활 기거를 책임지는 여자 관원으로, 보모와 같은 역할을 수행했다.

풀어 그의 고아인 과인을 버리지 않았기 때문입니다. 그런데 선생은 어찌하여 그런 말씀을 하십니까! 일이 크든 작든 가리는 바 없이 위로는 태후부터 아래로는 대신에 이르기까지, 바라건대 선생께서는 전부 가르쳐주시되 과인을 의심하지 말아주십시오."

범저가 감사의 절을 올리자 진나라 왕도 절을 했다.

범저가 말했다.

"대왕의 나라는 사방이 요새로 견고한데, 북쪽에는 감천산甘泉山과 곡구谷口[50]가 있고, 남쪽에는 경수涇水와 위수渭水[51]가 감돌고 있으며, 서쪽에는 농산隴山과 촉산蜀山[52]이 있고, 동쪽에는 함곡관과 상판商阪[53]이 있습니다. 용감한 분격奮擊[54]이 100만 명이고 전차는 1000대나 있어 유리할 때는 출격하고 불리할 때는 들어와 지키면 됩니다. 이곳은 왕업을 이루기 좋은 제왕의 땅입니다. 백성은 사사로운 싸움에는 겁을 내지만 나라를 위해 출전하는 데는 용감하니,[55] 이

---

50   감천산甘泉山은 진나라 제왕의 이궁離宮이 있는 곳으로, 지금의 산시陝西성 춘화淳化 서북쪽 지역이다. 곡구谷口는 '호구瓠口'라고도 하며 지금의 산시陝西성 춘화淳化 서남쪽, 첸현乾縣 동북쪽 지역이다.

51   경수涇水는 류판산六盤山 동쪽 기슭에서 발원하여 간쑤성을 거쳐 산시陝西성으로 진입하여 가오링高陵 경내에서 웨이수이강으로 모여 흐르는 하천이다. 위수渭水는 웨이위안渭源의 냐오수산鳥鼠山에서 발원하여 동쪽으로 흘러 횡으로 산시陝西성 중부를 관통하여 둥관潼關 부근에서 황허강에 유입되는 최대 지류다.

52   농산隴山은 지금의 간쑤성과 산시陝西성의 경계 지역에 있는 산으로 관중關中 서부를 병풍처럼 둘러싸고 있다. 촉산蜀山은 지금의 산시陝西성 남부와 쓰촨성에 인접해 있는 큰 산이다.

53   원문은 '관關, 판阪'으로 기재하고 있다. 표표는 주석에서 '함곡관과 농판隴坂'이라고 했다. "장기가 말하기를 '마땅히 상판商阪이라고 해야 한다. 즉 지금 상주商州의 상락산商洛山이다. 진과 초나라의 험준한 요새다'라고 했다."(『전국책신교주』)

54   "위魏나라의 병력은 무사가 20만이고, 창두가 20만이며, 필사적으로 적에게 돌진하는 부대(분격奮擊)가 20만, 잡일을 하는 병사(시도廝徒)가 10만 명이 있다."(「소진전」) "이것은 단지 분격을 말한 것이지만 진나라 군대를 개괄한 것이다."(『사기신증』)

55   "백성은 모두 국가를 위한 전쟁에는 용감하고 감히 사사로이 다투지 않았다."(「상군열전」) "상앙의 변법이 있을 때 이미 진나라 법이 규정하기를 '군대에서 공적을 세운 사람은 각기 규정에 근거해 작위의 등급을 올려주고, 사적인 일로 싸움을 하는 자는 각기 그 상황의 가볍고 무거움에 따라 크고 작은 형벌을 받는다'(「상군열전」)고 했다. 이때부터 이런 풍조가 조성되었다."(『사기전증』)

것이 바로 제왕의 백성입니다. 대왕께서는 이 두 가지를 모두 지니고 계십니다. 진나라가 병사의 용맹함과 많은 전차와 기병에 의지하여 제후를 정벌하는 것은 마치 한로韓盧[56]를 풀어 절룩거리는 토끼를 잡는 것과 같아서 패왕의 공업을 이룰 수 있으나, 군신들 중에 그 직무를 감당할 만한 사람이 없습니다. 지금까지 15년 동안 관문을 닫아두고 감히 출병시켜 산동을 엿보지 못하고 있습니다.[57] 이것은 양후가 충심으로 진나라를 위한 계책을 내지 않은데다가 대왕의 계책에도 잘못이 있는 것입니다."

진나라 왕이 무릎을 꿇고 말했다.

"과인의 실수를 듣고 싶습니다."

그러나 주변에 몰래 엿듣는 자가 많아서 범저는 두려워 나라 안의 일은 말하지 않고 먼저 나라 밖의 일을 꺼냄으로써[58] 진나라 왕이 어떻게 듣는지를 살폈다. 범저가 진언했다.

"양후가 한나라와 위나라를 넘어 제나라의 강綱과 수壽를 치고자 하는 것은 좋은 계책이 아닙니다. 병력을 적게 쓰면 제나라에 손상을 입히기에 부족하고 병력을 크게 쓰면 진나라가 해를 입습니다. 신이 대왕의 계획을 추측해보면 진나라는 병력을 적게 하고 한나라와 위나라로 하여금 부족한 병력을 채우려는 것인데, 이것은 도의에 맞지 않습니다. 지금 동맹국인 한나라, 위나라와 친하지 않은데 어찌 남의 나라를 넘어서까지 진공할 수 있겠습니까? 이는 매우 세심하

---

56  한로韓盧: 한나라의 빠르고 용맹한 사냥개.
57  "범저가 진나라에서 유세한 것은 소왕 36년으로, 이때 진나라는 백기를 임용하여 조나라, 위나라, 초나라를 여러 차례 격파시켰고, 양후가 출병하여 강綱과 수壽를 공격했는데, 어찌 15년 동안 관문을 닫는 일이 있었겠는가?"(『고이』) "진나라가 15년 동안 출병하지 않았다는 말은 터무니없는 소리다."(『사기지의』) "뉴홍언이 말하기를 『전국책』에는 15년이란 글자가 없는데, 매우 옳다. 이것은 태사공이 후대에 지은 장의의 유세에 근거하면서 오류를 더한 것이다'라고 했다."(『사기전증』)
58  "모곤이 말하기를 '여기서 나라 안의 문제는 말하지 않고 먼저 나라 밖의 문제를 말하는 것은 범저가 진나라 왕과 깊은 교분을 쌓은 뒤에야 양후 무리 3명을 축출할 수 있기 때문이다'라고 했다."(『사기평림』)

지 못한 계책입니다. 옛날 제나라 민왕은 남쪽의 초나라를 공격하여 군대를 격파하고 장군을 죽였으며, 재차 사방 1000리나 되는 땅을 개척하려 했으나[59] 결국 제나라는 한 척 한 촌의 땅도 얻지 못했습니다. 어찌 그것이 땅을 얻기 싫어서였겠습니까? 당시 형세가 땅을 점유할 수 없었기 때문입니다. 각국 제후들은 제나라가 피폐해지고 군주와 신하 사이가 화목하지 않은 것을 보자 군대를 일으켜 제나라를 공격하여 크게 격파했습니다.[60] 제나라 군대가 치욕을 당하고 군비까지 큰 손실을 입자 모두가 제나라 왕에게 허물을 돌리면서 '누가 이런 계책을 제출했습니까?'라고 물었고, 제나라 왕은 '문자文子다'[61]라고 말했습니다. 대신들은 난을 일으켰고, 문자는 나라 밖으로 달아났습니다.[62] 제나라가 대패한 원인은 초나라를 공격하여 한나라와 위나라를 살찌운 데 있습니다.[63] 이

59 "이것은 당연히 제나라 민왕 15년(주 난왕 29년, 기원전 286)에 제나라가 송나라를 멸망시키고 초나라 회북 땅을 취한 것을 말한다."(『전국책신교주』) "뉴홍언은 이것이 제나라 민왕 때의 사건이 아니며, 『전국책』에 '제나라가 초나라를 공격하다'라고 한 것은 실제로는 선왕宣王 19년(기원전 301)에 제나라가 한나라, 위나라와 함께 초나라를 공격한 것으로 생각했다. 「육국연표」의 제나라 연대가 여기에서도 잘못되었다. 양콴은 「전국사연표」에서 제나라 선왕 19년에 '제나라는 광장匡章을 파견하고, 위나라는 공손희公孫喜를 파견했으며, 한나라는 포연暴鳶을 파견하여 함께 초나라 방성方城을 공격했으며 초나라 장수 당매唐眛를 죽였고, 한나라와 위나라는 원宛과 섭葉 이북 땅을 취했다'고 했다."(『사기전증』)
60 제 민왕 17년(기원전 284)에 악의樂毅가 다섯 나라 군대를 인솔하여 제나라를 공격한 일이다.
61 "전문, 즉 맹상군을 말한다. 『전국책』에서 전분田盼과 전영田嬰을 분자盼子, 영자嬰子라 한 것과 같다."(『색은』) "뉴홍언이 말하기를 '제 선왕이 한나라, 위나라와 연합하여 초나라를 공격했을 때 맹상군은 제나라 상이었다. 『전국책』 또한 맹상군이 제나라 상이었을 때 초나라를 5년 동안 정벌하고 진나라를 3년 동안 공격했다고 했다'고 했다."(『사기전증』) "동빈이 말하기를 '문자(맹상군)를 언급한 것은 양후를 비유한 것이다'라고 했다."(『사기평림』)
62 "이것은 바로 「맹상군열전」에 기재된 전갑田甲이 민왕을 위협한 사건이다. 양콴 등은 맹상군이 전갑을 사주한 이 일이 실패로 돌아가자 위나라로 달아난 것으로 보았다. 이 사건은 제나라 민왕 7년(기원전 294)의 일인데 「육국연표」에서는 민왕 30년으로 잘못 기재했다. 이 두 구절(대신들은 난을 일으켰고, 문자는 나라 밖으로 달아났다)은 시간 순서에 따라 마땅히 '제후들은 제나라가 피폐해지고 군주와 신하 사이가 화목하지 않은 것을 보자 군대를 일으켜 제나라를 공격하여 크게 격파시켰다'는 문장 앞으로 옮기면 상황이 완전히 들어맞게 된다. 이 문장의 전후가 가지런하지 않은 것은 태사공의 실수로 의심된다. 『전국책』에는 이 내용이 기재되어 있지 않다."(『사기전증』)
63 제 선왕 19년(기원전 301) 제나라는 한나라, 위나라와 함께 초나라를 공격했다. 제나라는 헛되이 힘만 낭비하고 돌아왔으나 한나라와 위나라는 원과 섭 이북 땅을 차지했다.

것은 도적에게 무기를 빌려주고 강도에게 식량을 보내주는 격이라 할 수 있습니다.[64] 대왕께서는 멀리 떨어져 있는 국가와 우호관계를 맺고 이웃한 국가를 공격하는 것이 좋습니다.[65] 그렇게 하면 한 촌의 땅을 얻어도 대왕의 것이 되고 한 척의 땅을 얻더라도 대왕의 것이 됩니다. 지금 이런 계책을 버리고 멀리 떨어져 있는 국가를 공격하는 것은 역시 터무니없는 책략이 아니겠습니까? 또한 옛날 중산국中山國[66]은 영토가 사방 500리였는데 조나라가 독차지해 공업을 성취하고 명성을 세우는 이익을 얻었는데 천하의 그 누구도 방해할 수 없었습니다.[67] 지금 한나라와 위나라는 중원에 위치하고 있어 천하 사방으로 통하는 문이라고 할 수 있으니, 대왕께서 천하를 제패하고자 한다면 반드시 먼저 중원의 중심인 한나라, 위나라와 친선을 맺어 두 나라를 다른 제후국을 통제하는 관건으로 삼으면서 초나라와 조나라를 위협해야 합니다.[68] 초나라가 강대해지면 조

64 "군자가 되지 못할 사람을 가르친다면 강도에게 양식을 보내주고 도적에게 무기를 빌려주는 것과 같다非其人而教之, 齎盜糧, 借賊兵也."(『순자』「대략大略」)
65 원문은 '원교이근공遠交而近攻'이다. "모곤이 말하기를 '진나라의 패업은 원교근공遠交近攻 한 마디에 결정되었다'고 했다."(『사기평림』) "임소영林少穎이 말하기를 '진나라가 천하를 얻은 것은 원교근공 책략 외에는 없다. 이 계책은 사마착에게서 나와 범저에서 완성되었다. 진나라가 육국을 취한 것을 잠식蠶食이라 한다. 누에가 나뭇잎을 먹을 때는 가까운 데서부터 시작하여 먼 곳에 이른다'고 했다."(『사기회주고증』) "진나라가 이 전술을 이용하여 제후들을 격파하고 천하를 합병시켰다."(『전국책교주보정』) "왕응린王應麟이 말하기를 '진晉과 초楚의 쟁패는 정鄭나라에 있고, 진나라가 천하를 다투는 것은 한과 위나라에 있으며, 육국이 진나라에 합병되는 것은 범저의 원교근공 책략에서 나온 것인데, 한과 위나라를 취하는 것이 천하를 다투는 관건이다. 진나라가 육국을 취하는 것을 '잠식'이라고 말한다. 누에가 나뭇잎을 먹을 때 가까운 데서부터 시작하여 먼 곳에 이르는 것이 바로 잠식이다'라고 했다."(정여경程餘慶, 『사기집설史記集說』)(이하 『사기집설』로 표기함)
66 중산국中山國: 전국시대 중기에 선우鮮虞 사람이 건립한 소국으로, 전기의 도성은 고顧(지금의 허베이성 딩현定縣)였고, 후기의 도성은 영수靈壽(지금의 허베이성 링수靈壽 서북쪽)였다. 중산국은 조나라 혜문왕惠文王 3년(기원전 296)에 조나라에게 멸망당했다.
67 조나라와 중산국은 이웃해 있었기 때문에 다른 국가들은 조나라의 침략에 어쩔 도리가 없었다. "범저는 이상 제나라의 실패와 조나라의 성공이라는 정반대의 경험으로 '원교근공'의 방략의 정확함을 증명한 것이다."(『사기전증』)
68 먼저 한나라와 위나라와 화친하여 의지하도록 만든 다음 밖으로 확장시켜 남방의 초나라와 북방의 조나라가 진나라에 의지하도록 만들어야 한다는 뜻이다.

나라를 의지하게 만들고, 조나라가 강대해지면 초나라를 의지하도록 만드십시오.[69] 초나라와 조나라가 모두 진나라에 의지하게 되면 제나라가 반드시 두려워할 것입니다. 제나라는 두려워하면서 반드시 말을 겸손하게 하고 많은 예물을 가지고 와서 진나라를 섬길 것입니다. 제나라가 진나라에 의지하게 되면 한나라와 위나라의 왕을 포로로 잡고 멸망시킬 수 있습니다."[70]

소왕이 말했다.

"내가 위나라와 친해지려 한 지 오래되었으나 위나라는 변덕스러운 나라여서 과인이 친하게 만들지 못했습니다. 어떻게 해야 위나라와 친근해질 수 있겠습니까?"

범저가 대답했다.

"대왕께서는 겸손한 말과 많은 예물로 위나라를 섬기십시오. 그래도 안 되면 뇌물로 땅을 나눠주십시오. 그래도 안 되면 군대를 일으켜 정벌하십시오."

소왕이 말했다.

"과인은 정중히 선생의 명령에 따르겠습니다."

그리하여 소왕은 범저를 객경客卿으로 임명하고 군사에 관한 일을 계획했다. 마침내 범저의 계책에 따라 오대부五大夫인 관管[71]을 파견해 위나라를 공격하여 회懷[72]를 점령했고, 2년 뒤에 형구邢丘를 함락시켰다.[73]

객경 범저는 다시 소왕을 설득하며 말했다.

---

69 "호삼성이 말하기를 '강한 자는 온건하게 순종하기가 쉽지 않으므로 먼저 약자를 친근히 하여 의지하게 하는 것이다'라고 했다."(『사기전증』)
70 멀리 떨어진 대국 제나라가 진나라를 따르게 된다면 진나라가 인근의 한나라와 위나라를 병탄할 수 있다는 뜻이다. "범저의 '원교遠交' 책략은 제나라와 친해져 의지하도록 만드는 데 있다. 제나라와 친해져 의지하도록 하려면 반드시 먼저 초나라와 조나라와 친해져 의지하도록 만들어야 한다. 초나라, 조나라와 친해져 의지하도록 하려면 반드시 먼저 한나라와 위나라와 친해져 의지하도록 만들어야 한다. 이른바 '근공近攻'은 또 먼저 '근친近親'에서 시작되어야 한다. '근친'은 수단으로 임기응변의 계책이고, '근공'이 비로소 궁극적인 목적이다."(『사기전증』)
71 '관管'은 사람 이름으로 그의 성은 알려져 있지 않다.

"진나라와 한나라의 지형은 수를 놓은 것처럼 서로 뒤얽혀 있습니다.[74] 진나라에게 한나라는 이웃 국가이지만 나무에 좀벌레가 있고 사람의 심장과 배에 질병이 생긴 것과 같습니다. 천하에 아무런 변동이 없으면 그만이지만 일단 천하에 변동이 생기면 진나라의 근심거리로 한나라보다 더한 것이 있겠습니까? 대왕께서는 한나라를 거두는 것이 좋습니다."[75]

소왕이 말했다.

"나는 일찌감치 한나라를 거두려 했으나 한나라가 말을 듣지 않으니, 어떻게 하면 좋겠소?"

범저가 대답했다.

"한나라가 어찌 말을 듣지 않을 수 있겠습니까? 대왕께서 군대를 남하시켜 형양을 공격하면 공鞏과 성고를 잇는 길이 막히게 되고,[76] 북쪽으로 태항산太行

---

72  회懷는 위나라 현으로 지금의 허난성 우주武陟 서남쪽 지역이다. "양콴의 「전국사연표」에서는 진나라 소왕 39년(기원전 268)의 사건으로 기재하고 있다."(『사기전증』)

73  진 소왕 41년(기원전 266)의 일이다. "「위세가」에 따르면 안희왕 9년(진 소왕 39)에 진나라는 위나라 회현을 점령하고, 안희왕 11년(진 소왕 41)에 진나라는 위나라의 처구懷丘(지금의 산둥성 둥아東阿 경내)를 점령했다. 「진본기」에 따르면 진나라가 위나라의 회현과 형구를 점령한 것은 모두 진 소왕 41년으로 기재하고 있다."(『사기전증』) 이상 범저가 진나라 왕을 '원교근공'으로 유세한 일은 『전국책』 「진책 3」에 보인다. "범저가 진나라 정치무대에 등장했을 때 전면의 양수라는 우두머리와 막후의 선태후라는 강력한 정치집단에 직면해 있었는데, 이른바 네 명의 존귀한 자들이라 하여 '사귀四貴'라 한다. 범저는 한낱 객지 생활을 하는 신하로서 자신의 정치 목적에 도달하는 것은 결코 쉬운 일이 아니었다. 이 때문에 그는 자신의 주장을 내세우기 전에 의심스럽고 우려되는 것을 먼저 말하는 동시에 반복적으로 진나라 왕에 대한 충심을 표명했다. 말하는 바가 상세하고 주도면밀하며 간절하고 사람을 감동시켜 끝내 소왕의 신임을 얻었다. 이편의 언사는 확실히 '정세에 따라 시기를 잡고 언사의 운용은 중요한 일에 적중시킨다順情[煩情]入機, 動言中務(『문심조룡文心雕龍』 「논설論說」)'로서, 전국시대 논설을 잘한 책사의 한 예다."(『전국책주』)

74  "영토가 개의 이빨처럼 들쑥날쑥한데, 마치 비단에 수놓은 무늬가 교차하는 것과 같다."(『사기전증』)

75  "한나라를 가까이 하여 따르게 하는 것으로, 앞에서 정벌을 통해 회현과 형구를 취하면서 위나라로 하여금 따르게 했으므로 지금 다시 한나라를 끌어들이는 것을 논의하는 것이다."(『사기전증』)

76  한나라 도성 신정과 주나라의 연락이 끊어지게 되는 것을 말한다. 공鞏은 주나라 현으로 지금의 허난성 궁현 서남쪽 지역이다.

山의 도로를 끊어버리면 상당에 주둔한 군대는 돌아가지 못하게 됩니다. 대왕께서 일단 군대를 일으켜 형양을 공격하면 한나라는 세 토막으로 나뉠 것입니다.77 그러면 한나라는 반드시 멸망할 텐데 어떻게 진나라의 말을 듣지 않을 수 있겠습니까? 한나라가 말을 들으면 정세를 따라 패업을 이루기 위한 계획을 고려해볼 만합니다."78

소왕이 말했다.

"좋소."

그러고는 소왕은 바로 한나라에 사신을 보내려 했다.

범저는 날이 갈수록 소왕의 신임을 얻었고 거듭 진언하여 중용된 지 몇 년이 지났다. 범저는 기회를 보아 단독으로 소왕을 만나 설득했다.

"신은 산동山東79에 있을 때 제나라에 전단田單80이 있다는 말은 들었으나 왕이 있다는 말은 듣지 못했으며, 진나라의 태후·양후·화양군·고릉군·경양군81이 있다는 말은 들었으나 대왕이 있다는 말은 듣지 못했습니다. 대체로 국가의

---

권력을 쥔 사람을 왕이라 하고, 사람에게 이익을 주거나 해를 입힐 수 있는 사람을 왕이라 하고, 사람을 살리고 죽이는 위력을 가진 자를 왕이라 합니다. 그런데 지금 태후는 대왕을 돌아보지 않고 마음대로 권력을 휘두르고 있고, 양후는 다른 나라로 사신을 파견하면서 대왕께 보고하지 않으며, 화양군과 경양군은 제멋대로 사람을 죽이는 데 거리낌이 없고, 고릉군은 사람을 선발하고 내보내면서 대왕께 청하지 않습니다. 이 네 부류의 높은 자가 있으면서 나라가 위태롭지 않은 적은 없었습니다. 이 네 부류의 높은 자를 신하로 두는 것은 왕이 없는 것이라 할 수 있습니다. 이렇게 되면 권력이 어떻게 기울지 않을 수 있으며, 명령이 어찌 대왕으로부터 나올 수 있겠습니까? 신이 듣기로 '나라를 잘 다스리는 사람은 안으로는 그 위엄을 단단히 하고 밖으로는 그 권력을 무겁게 한다'고 합니다. 양후가 파견한 사자는 대왕의 중대한 권력을 행사하며 제후국에 명령을 내리고 시행하며 천하 제후들에게 병부를 내주어 적국을 정벌하고 다른 나라를 공격하게 하는데 감히 명령을 듣지 않는 자가 없습니다. 싸워서 이기고 공격해서 빼앗으면 그 이익을 자신의 봉국인 도陶 땅으로 돌리고, 폐해가 발생하면 다른 나라에 전가시키며, 싸움에 지면 백성의 원성이 거리에 넘치게 하고 그 화를 국가에 돌리고 있습니다. 옛 시에서 '나무에 열매가 너무 많으면 가지가 부러지고, 가지가 부러지면 중심인 줄기를 상하게 한다.[82] 봉국의 도읍이 지나치게 크면 그 나라의 수도가 위협을 받게 되고,[83] 신하가 지나치게 존귀해지면 그 군주가 비천해진다'고 했습니다. 최저崔杼와 요치淖齒[84]가 제나라의 대권을 장악했을 때, 최저는 제나라 장공莊公의 넓적다리를 쏘아 죽였고[85] 요치는

---

82    "꽃봉오리가 아름다우면 그 가지가 꺾일 수 있고, 꽃가지가 아름다우면 큰 가지가 부러질 수 있으며, 큰 가지가 아름다우면 그 나무는 뿌리째 뽑힐 수 있다葉之美也解其柯, 柯之美也離其枝, 枝之美也拔其本."(『일주서逸周書』 「주축周祝」)

83    "도읍의 성벽 길이가 300장丈을 넘으면 국가 수도에 위해가 된다."(『좌전』 「은공隱公」)

84    최저崔杼는 춘추시대 중·후기의 제나라 귀족이었고, 요치淖齒는 전국시대 후기의 초나라 장수였다.

85    제 장공齊莊公(재위 기원전 553~기원전 548)이 최저의 처와 사통했는데 최저가 집안에서 나가지

민왕의 힘줄을 뽑아낸 다음 종묘의 대들보에 매달아 곧바로 죽게 했습니다.[86] 이태李兌는 조나라의 권력을 장악하자 주보主父를 사구沙丘의 궁전 안에 가두고 100일 동안 굶겨서 죽였습니다.[87] 지금 신이 듣자 하니[88] 진나라는 태후와 양후가 국정을 주관하고 있고, 고릉군과 화양군과 경양군이 그들을 보좌하고 있으면서 진나라 왕은 안중에 두지 않는다고 하니, 이들 역시 요치와 이태 같은 무리입니다. 하·상·주 삼대가 멸망한 원인은 군주가 정권을 신하에게 맡긴 채 술에 빠지거나 말을 달려 사냥하는 데 치중해 정사를 돌보지 않았기 때문입니다. 정권을 넘겨받은 신하가 현능한 자를 시기하고 아랫사람들을 억누르고 군주를 가리고 기만하며 사사로운 이익만 채우고 군주를 위한 계책을 세우지 않는데도 군주가 그것을 깨닫지 못하기 때문에 나라를 잃게 되는 것입니다. 지금 하급 관리부터[89] 중신들과 대왕 좌우에 있는 신하에 이르기까지 상국相國인 양후의 사람 아닌 자가 없습니다. 지금 보건대 대왕께서는 조정에서 고립되어 있습니다. 신이 속으로 대왕을 걱정하는 것은 만대 이후에 진나라를 소유하는 사람이 대왕의 자손이 아닐 것이라는 점입니다."

소왕은 이 말을 듣고 매우 두려워하며 말했다.

못하도록 막았다. 장공이 담장을 넘어 도망치다가 최저가 쏜 화살에 맞아서 죽었다.
86  연나라 장수 악의가 제나라를 공격해 임치를 격파하자 제 민왕은 거현으로 도망쳤다. 이에 초나라가 파견한 요치가 제나라를 구원하고 제나라 상에 임명되었다. 요치는 연나라와 결탁해 제나라를 분할하려는 목적으로 제나라 민왕을 죽였다. 원문의 '숙석宿昔'이라는 표현은 지극히 짧은 시간을 말하는 것으로, 매우 빠르게 죽였음을 말한다. 그러나 호삼성은 숙석을 "하룻밤 사이"라고 했다.
87  이태李兌는 전국시대 중·후기의 조나라 대신이었다. 주보主父는 무영왕으로, 일찍이 왕위에서 물러나 스스로 '주보'라 하고 작은아들 하何에게 왕위를 물려줬는데, 그가 바로 혜문왕이다. 장자인 장章이 난을 일으켰다가 실패하자 도망쳐 사구궁沙丘宮(지금의 허베이성 평상平鄕 동북쪽)에서 무영왕에 의지했다. 이태는 사구궁을 포위함으로써 공자 장은 살해되고 무영왕은 굶어 죽었다.
88  "나카이 리켄이 말하기를 『전국책』에는 '臣聞(신이 듣자 하니)' 두 글자가 없는데, 여기서는 불필요한 글자로 의심된다'고 했다."(『사기회주고증』) 두 글자가 없는 것이 문맥상 더 좋다.
89  원문은 '유질有秩'로, 가장 낮은 하급 관리를 가리킨다. 『한서』 「백관공경표」에 현縣 제도를 서술하면서 '대략 10리마다 정亭을 설치하고 정에는 정장亭長이 있다. 10정이 1향鄕이고, 향에는 삼로三老, 유질有秩, 색부嗇夫, 유요游徼가 설치되었는데, 모두 진나라 제도다'라고 했다. 전국시대 말기의 진나라에는 이미 이 제도가 있었다."(『사기신증』)

"옳소."

그러고는 소왕은 태후를 폐하고[90] 양후·고릉군·화양군·경양군을 함곡관 밖으로 내쫓았다.[91] 소왕은 범저를 상으로 임명했다. 양후의 인장을 거두고[92] 도 땅으로 돌려보내면서 현관縣官[93]에게 짐수레와 소를 내어 물건을 옮기게 했는데, 이때 동원된 수레가 1000대가 넘었다. 함곡관에 당도하여 관문을 지키는 관리가 물품을 검사했는데 보물과 진귀한 물품이 왕실보다 많았다.[94] 진나라는 범저를 응應[95] 땅에 봉하고 응후應侯라고 불렀다. 이때가 진나라 소왕 41년(기원전 266)이다.[96]

90 "오사도가 말하기를 '범저는 소왕 41년(기원전 266)에 상이 되었다. 「진기秦紀」에 '이듬해 태후가 사망하자 지양芷陽(진나라의 현으로 당시는 함양의 동남쪽 지역이며 지금의 시안西安 동북쪽 지역)의 여산酈山(린퉁臨潼 동남쪽으로, 지양 경내에 있지 않다)에 안장했다. 9월에 양후는 자신의 봉지인 도 땅으로 나갔다'고 했다. 처음에는 태후가 폐위되지 않았고 양후도 상에서 면직되었으나 봉국으로 내려가지는 않았다. 태후가 안장된 다음에 도 땅으로 갔다. 이는 말 잘하는 자들이 수식을 더한 것으로 사실이 아니다.'(『사기전증』) "『대사기大事紀』에 이르기를 「진본기」에서 선태후의 죽음을 훙薨, 장葬이라고 서술했으니, 폐위된 것은 아니다. 위공자 무기가 위왕에게 진나라와 친교를 간언하면서 '선태후는 진 소왕의 모친으로 우울해하다 죽었다'고만 했을 뿐 폐위되었다고는 말하지 않았다. 양후가 비록 상의 지위에서 면직되었으나 태후와 연고가 있어 봉국으로 가지 않다가 태후가 안장된 후 비로소 도 땅으로 떠났을 따름이다. 「범저전」에 기재된 것은 특별히 변사들의 꾸미는 말을 더하고 범저의 일을 과장하고자 한 것이다'라고 했다."(『사기지의』)
91 양콴은 "범저가 소왕에게 진언하여 태후를 폐하고, 네 명의 존귀한 자들을 내쫓은 다음 상에 임명한 후 즉시 응에 봉해지고 응후라 불렸다는 것은 유세가들의 과장된 말일 뿐이다"라고 했다.
92 "나카이 리켄이 말하기를 '인장을 거두어들인 것은 양후에게 봉한 것을 빼앗는 것으로 오직 도읍陶邑만 남긴 것이다'라고 했다."(『사기회주고증』)
93 현관縣官: 현의 관리 또는 현의 장관을 가리키기도 하고 조정을 가리키기도 한다. 때로는 제왕 본인을 가리키기도 한다.
94 "서부원이 말하기를 '상에서 면직되어 봉국으로 돌아가는데 진나라가 재물을 가져가게 한 것은 옛 은혜가 있기 때문이다'라고 했다."(『사기전증』)
95 응應: 진나라 현으로 치소는 지금의 허난성 루산魯山 동북쪽이다.
96 "양콴이 말하기를 '태후를 폐하고 네 명의 존귀한 자들을 쫓아낸 일은 대부분 유세하는 선비들의 과장된 말로 쫓겨난 자는 양후 위염과 화양군 미융 두 사람이다. 양후가 함곡관을 나가 도 땅으로 간 것은 소왕 42년(기원전 265)이고, 미융이 함곡관을 나가 봉국으로 간 것은 소왕 45년(기원전 262)의 일이다'라고 했다."(『사기전증』) 범저가 나라를 위태롭게 하는 '사귀'를 제거할 것을 소왕에게 건의한 일은 중대한 사건이었다. "소왕은 범저를 얻은 뒤 양후를 폐하고 화양군을 내쫓아 진나라 왕의 권력을 강화하고 귀족과 권신들의 국정 독점을 막았으며, 동쪽으로 제후의 토지를 잠식하여 진나라가 천하를

범저가 이미 진나라 상이 되었지만 진나라 사람들은 그를 '장록'이라 불렀기 때문에 위나라에서는 이런 사실을 모른 채 범저가 오래전에 죽었다고 여겼다.[97] 위나라는 진나라가 또 동쪽으로 한나라와 위나라를 공격하려 한다는 말을 듣고 수가를 진나라에 사신으로 파견했다. 범저는 이 소식을 듣고 신분을 감추고 낡아 해진 옷을 입고서 객관客館으로[98] 걸어가서 수가를 만났다. 수가는 범저를 보자 놀라며 물었다.

"범숙范叔(숙叔은 범저의 자)은 평안하고 무사했는가!"

범저가 대답했다.

"그렇습니다."

수가가 웃으면서 말했다

"범숙은 진나라 왕에게 유세를 하고 있는가?"

범저가 대답했다.

"아닙니다. 지난날 위나라 상 위제에게 죄를 짓고 이곳으로 도망쳐 왔는데, 어떻게 감히 유세를 할 수 있겠습니까!"

수가가 물었다.

"지금 범숙은 어떤 일에 종사하고 있는가?"

---

통일할 수 있는 기초를 건립했다."(이사李斯, 「간축객서諫逐客書」) "소왕을 세우고 그의 재해를 제거했으며 백기를 추천해 장군으로 삼아 남쪽으로 언과 영을 취하고 동쪽으로 제나라 땅을 귀속시켜 천하 제후들에게 머리를 조아리며 진나라를 섬기게 한 것은 양후의 공적이다. 그가 비록 전횡을 일삼고 교만하며 탐욕스러워 화를 자초했을지라도 범저의 말과 같이 하지는 않았다. 범저 또한 진나라를 위해 충심으로 모의하지 않았고 양후의 지위를 얻고자 했으므로 급소를 눌러 빼앗은 것뿐이다. 결국 진나라 왕으로 하여금 모자母子의 도리를 끊게 만들고 외숙外叔의 은혜를 저버리게 했다. 요컨대 범저는 진실로 위험한 선비로다!"(사마광, 『자치통감』)

97 "뉴홍언이 말하기를 '『편년기編年紀』에 소왕 52년에 '왕계王稽, 장록張祿이 사망하다'라고 기재되어 있으니 진나라에서 범저는 줄곧 장록이라 불렸음을 알 수 있다'고 했다."(『사기전증』)

98 원문은 '저邸'로, 관저官邸나 사저私邸라는 표현에서 알 수 있듯이 고급 관원의 숙소를 가리킨다. 각 제후국이 도성에 설치한 외국 귀빈을 접대하는 고급 영빈관으로 전국시대부터 시작되었다. 안사고는 『한서』의 주석에서 "제후왕과 여러 군郡에서 천자를 알현하고자 온 자들이 묵는 관을 '저'라고 한다'고 했다. 역자는 '저'를 '객관客館'으로 번역했다.

범저가 대답했다.

"저는 남의 집에 고용되어 일하고 있습니다."

수가는 그를 불쌍히 여겨 범저를 자리에 앉히고 함께 밥을 먹으면서 말했다.

"범숙이 이와 같이 빈곤한 신세가 되었구나!"

그러고는 두꺼운 비단 도포 한 벌을 꺼내 주고는 물었다.

"진나라 상이 장 선생이라고 하던데 알고 있느냐? 내가 듣기로는 그가 진나라 왕의 총애를 받고 있어서 천하의 모든 일을 그가 결정한다고 하네. 지금 내 일의 성패가 장 선생에게 달려 있는데, 유자孺子[99]는 상을 잘 아는 사람을 아느냐?"

범저가 말했다.

"제 주인이 그를 잘 압니다. 저도 그를 뵌 적이 있으니, 장 선생을 뵐 수 있도록 청해보겠습니다."

수가가 말했다.

"내 말은 병들고 수레 축도 부러졌으며, 네 마리 말이 끄는 큰 수레가 없어서 나설 수가 없네."

범저가 말했다.

"제가 당신을 위해 주인에게 큰 수레를 빌려보겠습니다."

범저는 돌아가서 큰 수레를 가져오더니 수가를 위해 수레를 몰아 진나라 상부相府로 들어갔다. 상부 사람들은 멀리서 바라보다가 범저를 알아보고는 모두 길을 양보했다. 수가는 이를 기괴하게 여겼다. 관저 문 앞에 이르자 범저가 수가에게 말했다.

"기다리시면 제가 먼저 들어가 상께 보고하겠습니다."

수가는 문 앞에서 기다렸다. 오랫동안 수레를 지키고 있다가 문지기에게 물었다.

---

99   유자孺子는 나이 먹은 자가 소년을 부를 때 쓰는 호칭으로, 여기서는 신분이 높은 자가 신분이 낮은 자를 무례하게 부르는 호칭이다.

"범숙이 아직도 나오지 않는데 무슨 일인가?"

문지기가 대답했다.

"이곳에 범숙이라는 사람은 없습니다."

수가가 말했다.

"방금 나와 함께 수레를 타고 와서 안으로 들어간 사람 말일세."

그러자 문지기는 말했다.

"그분은 우리 상이신 장 선생입니다."

수가는 크게 놀라더니 자신이 범저에게 속은 사실을 깨닫고 이내 윗옷을 벗어 몸을 드러내고 무릎걸음으로 걸어가 문지기에게 죄를 청할 수 있게 해달라고 청했다. 드디어 범저가 호화로운 휘장을 치고 많은 시종을 거느리고 와서 수가를 만났다. 수가는 머리를 조아리고 죽을죄를 지었다면서 말했다.

"저는 군께서 스스로 노력하여 이토록 높은 지위에 오르리라고는 생각지 못했습니다. 감히 다시는 천하의 책을 읽지 않을 것이며 천하의 정사에도 감히 참여하지 않겠습니다. 저는 끓는 솥에 삶아 죽어 마땅한 죄를 지었지만 호맥胡貉[100]의 황량한 땅으로 귀양 보내 영원히 빠져나오지 못하게 해주십시오. 저의 생사를 판결해주십시오!"

범저가 말했다.

"네 죄상이 몇 가지인지 아느냐?"

수가가 대답했다.

"제 머리카락을 모두 뽑아 머리카락 한 올을 한 가지 죄목으로 계산한다 한들 부족할 것입니다."[101]

---

100  호맥胡貉: 고대 북방과 동북방 지역의 소수민족이다. 맥貉은 맥貊과 통한다.
101  원문은 '속續'이다. "방씨方氏의 『보정補正』에 이르기를 '북방에서 속續과 수數의 음이 서로 비슷해서 발생한 오류다. 혹자는 머리카락을 뽑아 그것을 이어도 그 죄의 길이에 비해서 여전히 부족하다는 말이라고 한다'고 했다."(『사기지의』)

범저가 말했다.

"네게는 세 가지 죄목이 있다. 옛날 초나라 소왕昭王 때 신포서申包胥가 초나라를 위하여 오나라 군대를 격퇴시켰으므로[102] 초나라 왕이 형荊 땅의 5000호에 봉하려 했으나 그는 사양하며 받으려 하지 않았다. 이것은 그의 조상 무덤이 형 땅에 있기 때문이었다.[103] 지금 내 조상의 무덤이 위나라에 있는데, 너는 이전에 내가 제나라에 딴마음을 품고 있다고 여겨 위제에게 나를 모함했으니, 이것이 너의 첫 번째 죄다. 위제가 나를 뒷간에 던져버리고 나를 모욕했을 때 너는 제지하지 않았으니, 이것이 두 번째 죄다. 술에 취한 빈객들이 번갈아 내게 오줌을 누었는데 너는 어찌 모른 척했는가? 이것이 너의 세 번째 죄다. 그러나 네가 죽을죄를 면하게 된 것은 네가 나를 불쌍하게 여겨 두꺼운 비단 도포를 주면서 옛정을 그리워하고 있었기 때문이니, 너를 석방하겠다."

그러고는 수가를 객관으로 돌아가게 했다. 범저는 궁궐로 들어가 소왕에게 보고하고 수가가 진나라로 와서 하고자 했던 일을 처리하고 본국으로 돌아가게 했다.

수가가 범저에게 작별 인사를 하려 하자 범저는 풍성한 연회를 열어 각국 사신들을 모두 초대하여 대청 위에 앉게 한 뒤 푸짐한 음식을 대접했다. 그러나 수가는 대청 아래에 앉히고 그 앞에 말의 여물을 놓고 묵형을 받은 두 명의 노예로 하여금 양쪽에서 그를 붙잡아 눌러 여물을 먹이듯이 하고 나서는 꾸짖었다.

"나를 대신해 당장 위제의 목을 보내라고 위나라 왕에게 알려라! 그러지 않으면 대량성을 도륙하겠다."

수가는 위나라로 돌아와 위제에게 모든 사실을 알렸다. 위제는 두려워 조나

---

102  신포서는 초나라 대신으로 초나라 소왕 10년(기원전 506) 오자서가 부형의 원수를 갚기 위해 오나라 군대를 이끌고 초나라를 격파하고 영郢으로 진입하자 신포서가 진나라에 구원을 요청했고, 진나라 군대에 의지해 오나라 군대를 쫓아내고 초나라를 안정시켰다.

103  "강백구가 말하기를 '오나라 군대를 격퇴한 것은 본래 자신의 조상 무덤이 형 땅에 있기 때문이지 반드시 초나라를 위한 것이 아니었으므로 공적이라 여기지 않은 것이다'라고 했다."(『사기회주고증』)

라로 달아나 평원군 집에 몸을 숨겼다.

범저가 상의 자리에 오르자 왕계가 범저에게 말했다.

"일에는 예측할 수 없는 세 가지가 있고, 어찌할 수 없는 세 가지가 있습니다. 대왕께서 하루아침에 세상을 떠날지 알 수 없으니, 이것이 첫 번째 예측할 수 없는 일입니다. 당신이 갑자기 관사捐舍를 버리게 될지[104] 모르니, 이것이 두 번째 예측할 수 없는 일입니다. 제가 갑자기 죽어 골짜기 속에 버려질지 알 수 없으니,[105] 이것이 세 번째 예측할 수 없는 일입니다. 대왕께서 하루아침에 돌아가시면 당신이 저를 추천하지 않은 것을 후회한들 어찌할 수 없습니다. 당신이 돌연 관사를 버리고 사망하면 당신이 나를 임용하지 않은 것을 후회한들 어찌할 수 없습니다. 제가 갑자기 죽어 골짜기 속에 버려진다면 당신이 저를 임용하지 않은 것을 후회한들 역시 어찌할 수 없습니다."

범저는 불쾌했지만 궁궐로 들어가 소왕을 만나 말했다.

"왕계의 충성심이 아니었다면 신을 함곡관 안으로 데려올 수 없었을 테고, 대왕의 어짊과 현명함이 아니었다면 신은 존귀해지지 못했을 겁니다. 지금 신의 관직은 상에 이르렀고 작위는 열후에 들었는데 왕계의 관직은 여전히 알자에 머물고 있으니, 이는 신을 진나라로 데리고 온 왕계의 뜻이 아닐 것입니다."

소왕은 왕계를 불러 하동河東 군수로 임명했다. 그런데 왕계는 부임한 지 3년이 되도록 제때 상계上計[106]를 올리지 않았다. 범저가 또 정안평을 추천하자 소

104  원문은 '연관사捐館舍'로 인데, 죽음으로 관사를 버리고 떠나게 되었다는 뜻으로 귀인의 죽음을 완곡하게 표현한 것이다.
105  죽은 뒤에 매장해줄 사람이 없어 골짜기 속에 버려지는 것으로, 빈천한 사람의 죽음을 가리킨다. 왕계 자신의 죽음을 겸손하게 표현한 것이다.
106  "군수가 되어 정치적 업적이 없고 직무를 맡을 만하지 못하다는 뜻이다."(『사기전증』) 상계上計는 지방 행정장관이 정기적으로 상급 기관에 제출하는 관리 상황 문서다. 현령(현장)이 연말에 현의 호구, 농지의 경작, 돈과 곡식, 형벌 상황 등을 조사하여 계부計簿(계리計吏가 기재한 호구, 부세, 인사의 명부)를 편제하여 군국郡國에 전했다. 속현屬縣에서 보고한 계부에 근거해 군수郡守와 국상國相은 군郡의 계부를 조정에 보고했다. 조사 결과에 근거해 승진과 강등, 상벌을 부여하는 '상계上計 제도'가 건립되었는데, 이것은 중앙이 지방 재정의 통제를 강화하기 위한 것이다. 무릇 입경入京하여 상계를 집행하는

왕은 그를 장군으로 임명했다. 그리고 범저는 자신의 집 재물을 풀어 과거에 함께 곤란에 처했던 사람들에게 보답했다. 밥 한 끼 은정을 베푼 자에게도 반드시 보답했고, 눈을 흘겨본 쳐다본 정도의 사소한 원한일지라도 반드시 되갚아주었다.[107]

범저가 진나라 상이 된 지 2년, 즉 진나라 소왕 42년(기원전 265)에 동쪽으로 한나라의 소곡少曲과 고평高平을 공격하여 함락시켰다.[108] 진나라 소왕은 위제가 평원군의 집에 있다는 말을 듣고 범저를 위해 원수를 갚아주고자 평원군에게 친선을 가장하여 서신 한 통을 보냈다.

과인은 그대가 고상한 의기를 지녔다고 들었소. 당신과 평등하게 두터운 친분을 맺기를 바라고 있소. 그대가 이곳을 한번 찾아준다면 그대와 함께 열흘 동안 술을 마시고자 하오.

평원군은 진나라가 두렵기도 하고 그 말이 진실이라 여겨지기도 하여 진나라

인원을 '상계리上計吏'라 하는데 줄여서 '계리'라 했다. "사마표司馬彪가 말하기를 '무릇 군수는 백성을 다스리고, 현자를 천거하며, 공적을 권하고, 송사를 판결하며 간사한 자를 추궁하는 일을 관장한다. 항상 봄에는 소속 현으로 행차하여 백성에게 농업과 양잠을 권하고 먹을 것이 부족하고 떨어진 자를 구제하며, 가을과 겨울에는 품행과 능력 있는 관리를 파견하여 죄수들을 심문하고 처벌을 공평하게 하며 하등과 상등의 군공軍功 혹은 정치적 업적을 심사하며, 연말에는 관리를 파견해 상계上計한다'고 했다."(『정의』)
107 이상 범저가 수가에게 보복한 일은 『전국책』에 기재되어 있지 않다.
108 소곡少曲과 고평高平은 지금의 허난성 지위안濟源 동북쪽과 남쪽에 위치한 지역이다. "윗 문장에서 범저가 은정에 보답하고 원한에 보복한 것을 서술했으니, 마땅히 위제에 대해 원수를 갚는 단락을 삽입해야 하는데, 어찌하여 한나라를 공격하는 사건을 끼워 넣었는가. 「기紀」「표」「세가」「열전」을 두루 살펴봤지만 진 소왕 42년에 한나라를 공격한 일은 없었다. 범저가 상국이 된 지 2년에 해당하는 해는 소왕 43년이며 42년이 아니다. 여기서 23자는 당연히 불필요한 글자다."(『사기지의』) "23자는 아래의 '소왕도 비로소 평원군을 풀어줘 함곡관을 나가 조나라로 돌아가도록 했다'고 한 문장 다음에 와야 한다."(『사기탐원』)

로 들어가 소왕을 만났다. 소왕과 평원군은 며칠 동안 술을 마셨고, 평원군에게 말했다.

"옛날에 주나라 문왕은 여상을 얻어 그를 높여 태공이라 했고,[109] 제나라 환공은 관이오管夷吾를 얻어 그를 높여 중부仲父라 했는데,[110] 지금 범군范君 또한 과인에게는 숙부叔父[111]지요. 그런데 범군의 원수가 그대 집에 있으니, 그대는 사람을 보내 그의 머리를 가져오도록 해주시오. 그러지 않으면 그대를 함곡관 밖으로 나가지 못하게 하겠소."

평원군이 말했다.

"지위가 존귀할 때 사람과 교제하는 것은 세력을 잃어 천해졌을 때 의지하기 위한 것이고, 부유할 때 사람과 교제하는 것은 빈곤해졌을 때 도움을 받기 위한 것입니다.[112] 위제는 저의 벗입니다. 그가 제 집에 있다 하더라도 넘겨줄 수 없으며 지금 그는 제 집에 없습니다."[113]

그러자 소왕은 조나라 왕[114]에게 서신을 보내 말했다.

---

109 "양옥승의 말에 따르면 태공太公은 마땅히 태사太師로 해야 한다. 태공은 조부祖父를 말하는 것으로 중부仲父와는 상대적인 말이다."(『사기회주고증』) "문왕 혹은 무왕이 여망을 '조부'라고 하는 걸 들어본 적이 없다. 다키가와(『사기회주고증』 저자)의 말이 신기하다."(『사기전증』) "중부仲父, 숙부叔父는 상부尙父의 뜻과 서로 상응한다. 문왕은 선대 군주를 태공이라 했고, 상부라고 한 대상은 '태공망太公望'이지 '태공'은 아니었다. 태공망을 태공이라 부른 것은 한나라 이후로, 선진 시대에는 그렇게 부르지 않았다. 상부로 여긴 자는 무왕인데, 문왕에 속하게 할 수 있는가? 태공망을 얻은 사람은 문왕이고 상보로 여긴 사람은 무왕이었다."(『사기탐원』)

110 관이오管夷吾는 자가 중仲이고 제 환공의 신하였다. 중부仲父의 "중仲은 이오夷吾의 자이고, 부父는 아비처럼 섬기는 것이다."(『순자』 「중니」 '양경楊倞' 주석) 『사기』 「항우본기」에 있는 '아부亞父'가 이와 비슷하다.

111 "김정위가 말하기를 '숙叔은 범저의 자'라고 했다. 아마도 양경이 해석한 중부와 같은 것이다." (『사기전증』)

112 "부귀하면서 깊은 정으로 교제하는 것은 빈천해졌을 때 잊을 수 없게 하기 위한 것이다."(『색은』)

113 "왕유정이 말하기를 '평원군이 절대 위제를 내주지 않는 것은 선비를 얻었기 때문이다'라고 했다."(『사기평림』)

114 조 효성왕孝成王(재위 기원전 265~기원전 245)을 가리킨다. 이름은 단丹이고 혜문왕의 아들이다.

대왕의 아우115가 진나라에 있으며, 범군의 원수인 위제가 평원군의 집에 있습니다. 대왕께서는 사람을 보내 서둘러 위제의 목을 보내시오. 그러지 않으면 군대를 일으켜 조나라를 공격하고 대왕의 아우도 함곡관 밖으로 나가지 못하게 하겠소.

조나라 효성왕은 이에 병사를 보내 평원군의 집을 에워쌌다. 사태가 급박해지자 위제는 밤을 틈타 달아나 조나라 상 우경虞卿을 찾아가 만났다. 우경은 조나라 왕을 설득할 방법이 없음을 헤아리고 상의 인장을 풀어놓고 위제와 더불어 지름길로 달아났다. 곤궁하여 길이 없는 상황에서 의지할 만한 제후가 없다는 생각에 다시 대량으로 돌아가 신릉군에 의지해 초나라로 달아나려 했다. 신릉군은 두 사람이 왔다는 소식을 들었으나 진나라가 두려워서 망설이면서 그들을 만나려 하지 않고116 물었다.

"우경은 어떤 인물이오?"

이때 후영侯嬴이 곁에 있다가 말했다.

"사람이란 본디 알기가 쉽지 않으며117 남을 아는 것 또한 쉬운 일은 아닙니다.118 저 우경이란 인물은 짚신을 신고 우산을 메고 왔는데, 처음 조나라 왕을 만나고 백옥 한 쌍과 황금 100일을 받았고, 두 번 만나고 나서는 상경에 올랐으며, 세 번 만나고 나서는 상의 인장을 받고 만호후에 봉해졌습니다. 이때 천하

---

115 '왕의 아우'로 되어 있으나 '왕의 숙부'로 해야 한다. "이해는 소왕 42년, 조나라 효성왕의 원년이다. 평원군은 혜문왕의 동생이고 효성왕에게는 숙부가 된다. 혜문왕은 이미 사망했고 동생이라 불러서는 안 된다."(『고이』)

116 "서부원이 말하기를 '위제는 위나라 상이었고 신릉군은 위나라 공자였다. 위제가 다급해졌는데도 신릉군한테 가지 않고 평원군에게 간 것은 당시 나라 상황이 신릉군의 뜻에 부합하지 않았기에 정보를 제공하지 않은 것으로 의심된다. 나중에 다시 신릉군에게 갔으나 신릉군이 망설이며 만나지 않으려 했으니 더욱 그 상황을 알 수 있다'고 했다."(『사기전증』)

117 "강백구가 말하기를 '이것은 우경을 말한다'고 했다."(『사기회주고증』)

118 "이것은 신릉군을 말한다."(『사기회주고증』)

사람들은 앞을 다투어 그와 사귀려고 했습니다. 그런데 위제가 곤궁해져 우경에게 찾아가자 우경은 존귀한 작록에 연연해하지 않고 상의 인장을 풀어놓고 만호후도 버린 채 위제와 함께 지름길로 달아났습니다. 그는 남의 곤궁함을 자신의 급한 일로 여겨 공자께 의지하고자 왔는데, 공자께서는 도리어 우경이 '어떤 인물'이냐고 물었습니다. 사람은 본디 알기가 쉽지 않으며 남을 아는 것 또한 쉬운 일은 아닙니다!"

신릉군은 매우 부끄러워하며 서둘러 수레를 몰아 야野[119]로 가서 두 사람을 영접했다. 그러나 위제는 신릉군이 처음에 만나기를 난처해한다는 말을 듣고 화가 나서 스스로 목숨을 끊었다. 조나라 왕은 이 소식을 듣고 끝내 그의 목을 취하여 진나라 왕에게 보냈다. 진나라 소왕도 비로소 평원군을 풀어주고 조나라로 돌아가도록 했다.

소왕 43년(기원전 264) 진나라가 한나라의 분汾 땅과 형陘 땅[120]을 공격하여 점령하고 내친김에 황하 가의 광무廣武[121]에 성을 쌓았다.

이로부터 5년 뒤[122] 소왕은 응후의 계책에 따라 반간계를 시행하여 조나라를 속였다. 조나라는 계책에 빠지자 염파廉頗를 대신해 마복군馬服君 조사趙奢의 아들 조괄趙括[123]을 장군으로 삼았다. 진나라는 조나라 군대를 장평에서 대패시

---

119  야野는 교郊 바깥이므로 교외郊外라고도 말한다. "읍邑(수도) 밖을 교郊라 하고, 교 밖을 목牧이라 하고, 목 밖을 야野라 하며, 야 밖을 임林이라 하고, 임 밖을 동坰이라 한다."(『이아』 「석지釋地」) 주周나라는 국도國都(수도)에서 100리 혹은 50리, 30리, 10리 떨어진 곳을 교郊라 했는데 나라의 대소에 근거해 결정했다. 곽박郭璞은 "가령 100리의 국가라면 50리의 경계인데 경계는 각 10리다"라고 했다.
120  분汾과 형陘은 한나라의 요새로 지금의 허난성 쉬창 서남쪽 지역이다. "양콴이 말하기를 '아마도 펀수이汾水 양쪽 연안의 분성汾城과 형성陘城 일대를 가리키는 것'이다."(『사기전증』)
121  광무廣武: 지금의 허난성 싱양 동북쪽 지역이다. "양콴이 말하기를 '황하가 광무에 성을 쌓았다'고 했는데, 황하는 펀수이汾水의 오류다'라고 했다."(『사기전증』)
122  "진나라가 한나라 형 땅을 점령하고 4년 후 조나라를 장평에서 패배시켰으니 5년이라고 말한 것은 잘못이다."(『사기전증』) 4년 후는 즉 진나라 소왕 47년(기원전 260)이다.
123  원문은 '마복자馬服子'다. "어떤 사람은 그의 부친인 조사가 마복군에 봉해졌으므로 그 아들을 마복자라고 부른 것이다."(『사기전증』) "마복자는 마복의 아들로 『색은』에서 마복자를 조괄의 칭호라고 한 것은 틀렸다."(『사기평림』) "『채택전蔡澤傳』에서는 '백기가 강대한 조나라를 공격하여 북방에서 마복

키고 마침내 한단을 포위했다.[124] 얼마 후 응후는 무안군 백기와 사이가 벌어지자 소왕에게 백기를 비방해 죽게 했다. 응후 범저는 정안평을 장군으로 추천해 조나라를 공격하게 했다. 그러나 정안평은 조나라 군대에게 포위당했고 상황이 위급해지자 병사 2만 명을 이끌고 조나라에 투항했다.[125]

이 때문에 응후는 멍석을 깔고 무릎을 꿇고 앉아 죄를 청했다.[126] 진나라 법률은 사람을 추천한 경우 추천받은 사람이 죄를 지으면 추천한 사람도 그와 같은 죄로 처벌받아야 했다. 응후의 죄는 마땅히 삼족을 멸하는 죄에 해당했다. 진나라 소왕은 응후의 마음이 상할까 염려하여 전국에 명령을 내렸다.

"누구든 감히 정안평 사건을 말하는 자가 있으면 정안평과 같은 죄로 처벌할 것이다."

동시에 상국 응후에게 평소보다 더 많은 음식과 물품을 하사하여 그의 마음이 평온해질 수 있도록 위로했다. 2년 뒤 왕계가 하동 군수로 있을 때 제후들과 내통한 죄로 처형을 당했다. 이로 인해 응후는 날이 갈수록 마음이 편안하지 못했다.

어느 날 소왕이 조정에 나와 탄식하자 응후가 앞으로 나와 말했다.

"신이 듣건대 '군주가 근심하면 신하는 치욕을 느끼고, 군주가 치욕을 당하면

---

군 조괄을 생매장시켜 죽였다'고 했으며, 『한비자』 「현학」에서는 '조나라가 마복의 변론을 신임하여 장평에서 생매장당하는 화가 있었다'고 했는데, 모두 '마복자'라고 말하지 않았으니 아마도 조괄이 부친의 칭호를 계승한 것 같다. 자子는 남자의 칭호이지 '부자父子'의 '자子'가 아니다."(『사기회주고증』)

124　한단을 포위한 기간은 진나라 소왕 48년(기원전 259)을 전후로 3년이다.

125　"「육국연표」에는 기재되어 있지 않으나 양콴은 소왕 50년(기원전 257)의 사건이라 했다. 이때 신릉군, 춘신군 등이 군사를 이끌고 조나라를 구원했고 마침내 진나라 군대를 격파하고 한단의 포위를 풀었다."(『사기전증』)

126　"마페이바이가 말하기를 '대체로 당시의 진나라 정황은 매번 집정했을 때마다 반드시 자신이 가장 신임하는 사람을 장군으로 삼았는데, 위염이 상이었을 때 백기를 추천해 장군으로 삼았고, 범저가 상이 되었을 때 역시 정안평을 천거하여 장군으로 삼았다. 장상將相의 진퇴도 또 왕왕 서로 전이되므로 범저가 소왕을 설득해 양후를 파면시킨 지 오래지 않아 백기를 죽였는데 정안평이 전쟁에 패하여 적에게 항복했으니 범저 또한 자신의 지위에서 물러나야 한다. 장의와 위장魏章의 관계도 대개 이와 같았다'라고 했다."(『사기전증』)

신하는 죽는다'127고 합니다. 지금 대왕께서 조정에 나오셔서 근심하고 계시니, 신은 감히 죄를 청하옵니다."

소왕이 말했다.

"내가 듣기로는 초나라의 철검鐵劍은 예리하고 광대들은 신통치 않다고 하오. 철검이 예리하면 군사들이 용감할 것이고 광대가 신통치 않으면 생각이 심원할 것이오. 무릇 생각이 심원하고도 용맹한 군사들을 부려서 초나라가 진나라를 도모할까 두렵소. 대체로 모든 일은 평상시에 잘 준비하지 않으면 갑작스러운 상황에 대처할 수 없소. 지금 무안군은 죽었고 정안평 무리는 배신했소. 나라 안에 훌륭한 장수가 없고 나라 밖에는 많은 적국이 있으니, 나는 이것을 우려하는 것이오."

소왕은 이런 말로 응후에게 충고128하려 했다. 응후는 두려워 어찌할 바를 몰랐다. 이때 채택蔡澤이 소식을 듣고는 진나라로 왔다.

채택은 연燕나라 사람이다. 그는 크건 작건 많은 제후국에 유세하러 다녔지만 기회를 얻지 못했다. 그래서 그는 관상을 보러 당거唐擧129를 찾아가 말했다.

"내가 듣기로 선생이 이태李兌의 관상을 보고 100일 안에 나라의 정권을 장악하게 될 것이라고 했다는데, 그런 일이 있었습니까?"

당거가 말했다.

---

127  원문은 '主憂臣辱, 主辱臣死'다. "『국어國語』「주어周語」에서 범려가 '신이 듣자 하니 신하 된 자는 군주가 근심하면 노고를 나누어야 하고, 군주가 치욕을 당하면 죽어야 합니다臣聞之, 爲人臣者, 君憂臣勞, 君辱臣死'고 했다. 「월세가越世家」도 같다. 여기서 '신臣' 다음의 '욕辱'자는 마땅히 '노勞'자로 해야 한다."(『사기회주고증』)

128  원문은 '격려激勵'다. "격려는 충고, 풍자의 의미다. 그러므로 범저가 듣고서 두려워한 것이다."(『사기전증』) 역자는 『사기전증』의 견해에 따랐다.

129  당거唐擧는 당시 유명한 관상가로 『순자』 「비상非相」에 다음과 같이 언급되어 있다. "현재는 양梁나라에 당거라는 사람이 있어 사람의 형상과 안색을 보고서 길흉과 흉조와 길조를 알아내 세상 사람들이 칭송한다고 한다. 그러나 이런 일은 옛사람에게도 없었고 학자들도 이야기하지 않은 것이다."

"있었습니다."

채택이 물었다.

"선생이 보시기에 저는 어떻습니까?"

당거가 채택을 한 번 자세히 보더니 웃으면서 말했다.

"선생은 코끝이 위로 들려 있고[130] 어깨가 높이 솟아 있으며[131] 이마는 툭 튀어나오고 콧등은 주저앉았으며 양 무릎이 곧지 않고 휘었습니다. 듣자 하니 성인은 외모로 판단할 수 없다고 하던데,[132] 바로 선생 같은 분이 아니겠습니까?"

채택은 당거가 자신을 놀리는 줄 알고 말했다.

"부귀는 내 스스로 파악할 수 있는데 내가 알 수 없는 것은 수명입니다. 그대의 생각을 듣고 싶습니다."

당거가 말했다.

"선생은 앞으로 43년 더 살 수 있습니다."

채택은 웃으면서 그에게 감사하고 떠났다. 그러고는 그의 수레를 모는 마부에게 말했다.

"내가 만약 쌀밥을 먹고 기름진 고기를 씹으며[133] 나는 듯이 말을 질주하고 황금 인장을 품속에 간직하며 자줏빛 인끈을 허리에 묶고[134] 군주의 존중과 양보를 받으며 귀하게 살 수 있다면[135] 43년으로도 충분하다."

---

130  원문은 '갈비曷鼻'다. "갈曷은 알遏로 읽는다. 알비遏鼻는 언비偃鼻다. 언비는 앙비仰鼻(들창코)다."(『독서잡지』 「사기」) "갈비는 코가 갈충蝎蟲(전갈)과 같은 것을 말한다."(『색은』)

131  원문은 '거견巨肩'이다. "거견은 어깨가 목보다 큰 것을 말하는데, 아마도 목이 짧아 어깨가 솟아오른 것을 말한 것이다."(『색은』)

132  성인은 종종 외모가 출중하지 않다는 뜻이다.

133  원문은 '지량자치비持粱剌齒肥'로, 정확하게는 '持粱齧肥'가 맞다. "지량持粱은 양미粱米(곡물의 일종, 기장밥)를 지어서 그릇에 담아 먹는 것을 말한다. 자치剌齒 두 글자는 잘못된 글자로, '설齧'자가 되어야 한다. '설비齧肥'는 살진 고기를 먹는 것을 말한다."(『색은』)

134  "상국과 승상은 모두 진나라 관직으로 황금 인장과 자줏빛 인끈을 묶었다."(『한서』 「백관공경표百官公卿表」) 인수印綬는 인신印信(도장)과 인신을 묶는 명주 끈으로 몸에 지녔다.

135  원문은 '식육부귀食肉富貴'다. "식육食肉은 앞 문장에서 '기름진 고기를 씹으며'라는 문장이 있

그는 연나라를 떠나 조나라로 갔지만 쫓겨났다. 다시 한나라와 위나라로 가려 했지만 도중에 밥 지어 먹는 데 사용하는 부釜와 역鬲136을 강탈당했다. 그는 응후가 추천한 정안평과 왕계가 모두 진나라에서 큰 죄를 저질러 응후가 속으로 매우 부끄러워한다는 말을 듣고 곧바로 서쪽 진나라로 들어갔다. 채택은 진나라 소왕을 만나기 전에 사람을 시켜 응후의 노여움을 사도록 떠벌리게 했다.

"연나라에서 온 손님 채택은 천하의 재능이 뛰어나고 웅변을 잘하는 지혜로운 사람입니다. 그가 진나라 왕을 만나기만 하면 진나라 왕은 반드시 당신을 곤경에 빠뜨릴 뿐만 아니라 상의 지위를 빼앗을 겁니다."

그 말을 들은 응후가 말했다.

"나는 오제와 하·은·주 삼대의 일과 제자백가의 학설을 모두 이해하고 있으며 많은 사람의 변론도 모두 내가 좌절시켰다. 채택이 어떻게 나를 곤경에 빠뜨리며 나의 지위를 빼앗을 수 있단 말인가?"

응후는 사람을 시켜 채택을 불렀다.

채택이 들어오더니 응후를 향해 읍揖만 했다. 응후는 이미 불쾌하게 생각하고 있던 차에 만나고 보니 오만하고 무례하기에 꾸짖으며 말했다.

"그대가 나를 대신해 진나라 상이 되겠다고 큰소리쳤다는데, 그런 일이 있었소?"

채택이 대답했다.

"있습니다."

응후가 말했다.

"그대 말을 들어보겠소."

채택이 말했다.

---

어 중복되므로 불필요한 글자로 의심된다."(『사기회주고증』) 역자 또한 생략했다.

136  부釜와 역鬲: 밥을 지어 먹는 데 사용하는 취사도구로, 부는 솥이고 역은 다리가 구부러진 정鼎이다.

"아, 어떻게 이토록 둔하십니까! 무릇 봄, 여름, 가을, 겨울 네 계절은 순서가 있어 제 임무를 이루면 물러갑니다. 사람이 일생 동안 신체가 건강하고 팔다리가 민첩하고 귀가 맑고 눈이 밝으며 마음이 지혜로운 것이 선비의 바람이 아니겠습니까?"

응후가 말했다.

"그렇소."

채택이 말했다.

"인을 근본으로 삼고 의를 견지하며 도를 시행하여 덕을 베풀면 천하에 자신이 지향하는 바를 실현할 수 있고, 천하 사람들이 좋아하여 경애하며 존경하고 흠모하여 모두가 군주로 삼기를 바란다면, 이것은 웅변을 잘하고 총명한 사람이 기대하는 바가 아니겠습니까?"

응후가 대답했다.

"그렇소."

채택이 다시 말했다.

"재물이 많고 지위가 높아 천하에 명성을 날리며 만물을 다스리고 사물을 각기 자기가 있을 자리에 있게 하며, 장수하고 평안하며 천수를 누리고 단명 요절하지 않으며, 천하가 그의 전통을 계승하고 그의 기업을 지켜 부단히 전해지게 하며, 명성과 업적이 부합하여 은택이 천리 밖까지 미치며, 대대로 칭송이 끊어지지 않고[137] 천지와 함께 시작과 끝을 같이한다면, 도덕에 부합하여 성인이 말하는 상서롭고 좋은 일이 아니겠습니까?"[138]

---

137 원문은 '澤流千里, 世世稱之而無絕'이다. "천리千里의 은택은 무엇을 말하는가? 서광은 어떤 판본에는 '이里'자가 없으며 『전국책』에서는 '澤流千世, 稱之而毋絕(천대에 전해지며 그 칭송이 끊어짐이 없다)'고 했다. 이것이 맞다."(『사기지의』)

138 원문은 '豈道德之符而聖人所謂吉祥善事者與?(어찌 도덕에 부합하며 성인이 말한 상서롭고 좋은 일이겠습니까?)'이다. "『전국책』「진책」에는 '기豈'자 다음에 '비非'자가 있다"('수정본') "『전국책』에서는 '기비豈非'로 기재하고 있는데, 여기서는 '비非'자가 빠져 있다."(『사기지의』) 역자 또한 '수정본'과 『사기지

응후가 대답했다.

"그렇소."

채택이 말했다.

"진나라의 상군, 초나라의 오기, 월나라의 대부 종種[139] 같은 사람의 죽음 또한 사람들에게 흠모할 만한 가치가 있습니까?"

응후는 채택이 말로써 자신을 곤경에 빠뜨리려는 것을 알고 일부러 사리에 맞지 않게 말했다.

"안 될 게 무엇이 있겠는가? 공손앙公孫鞅[140]은 진나라 효공을 섬기면서 죽을 때까지 두 마음을 품지 않았고 나라를 위해 진력했을 뿐 자신은 돌보지 않았소. 그는 도거刀鋸[141] 같은 형구를 설치해 간사한 행위를 금하게 했고 상벌 제도를 명확히 해서 통치를 이루었소. 남을 믿고 성의로써 대하며 진실하게 피력하여[142] 다른 사람의 원한을 견뎌냈고[143], 옛 친구를 기만하면서까지 위공자魏公子 앙卬을 사로잡았으며,[144] 진나라의 사직을 안정시켜 백성을 이롭게 했고, 결국 진나라를 위해 장수를 사로잡아 적을 격파해 영토를 1000리나 확대시켰소. 오기는 초나라 도왕悼王을 섬기면서 사사로운 일로 공무를 해치지 못하게 했고, 헐뜯는 말로 충성스럽고 선량한 신하를 가리지 못하게 했으며, 원칙을 따지지 않고 구차하게 영합하는 말을 듣지 않았고, 이랬다저랬다 하는 행위를 취하지 않았으며, 위험하다고 해서 행동을 바꾸지 않았고, 의로운 일을 실행할 때 곤란

---

의』의 견해에 따라 '비非'자를 포함해 번역했다.

139 문종文種을 말한다. 춘추시대 말기의 월나라 대신으로, 월나라 왕 구천을 보좌하여 오나라를 멸망시켰으나 구천에게 살해당했다.

140 공손앙公孫鞅: 상앙商鞅으로, 공손公孫은 출신을 일컫는 것이고 상商은 봉지를 일컫는다.

141 도거刀鋸: 고대에 발을 자르는 형벌을 내릴 때 사용된 칼과 톱으로, 형벌을 상징한다.

142 "속을 터놓고 대한다는 의미로 한마음으로 진나라를 위했음을 가리킨다."(『사기전증』)

143 "포표가 말하기를 '상앙은 일찍이 태자의 태부와 태사를 형벌에 처했는데, 필시 원한을 사게 될 것을 무릅쓰고 실행했다는 뜻이다'라고 했다."(『사기전증』)

144 상앙이 전장에서 거짓 편지를 보내 위공자 앙과 약속한 뒤 기회를 틈타 습격하여 사로잡은 것을 말한다.

함을 피하지 않았으며, 군주를 천하의 패자로 불리게 하고 국가를 부강하게 하기 위해서는 재해와 위험도 마다하지 않았소. 대부 종은 월나라 왕 구천을 섬기면서 군주가 곤경에 빠지고 치욕을 당하더라도[145] 충성을 다하며 게을리 하지 않았고, 군주의 대가 끊어지고 나라가 멸망하려 할 때도[146] 자신의 재능을 다했을 뿐 월나라를 떠나지 않았으며, 공적을 이루어도 교만하지 않았고, 부귀했으나 게으르지 않았소. 이 세 사람이야말로 도의의 가장 높은 모범이요 충절의 귀감이오. 이 때문에 군자는 도의를 위해 죽기에 죽는 것을 자기 집으로 돌아가는 것으로 보고, 살아서 치욕을 겪느니 차라리 죽어서 광영을 누리는 것이 낫다고 여기는 것이오. 선비는 본래 자신을 희생하여 이름을 성취하는 전통이 있어 도의가 있는 곳에 존재하기에 설사 죽는다 하더라도 유감스럽게 생각하지 않는 법이오. 안 될 게 무엇이 있겠는가?"

채택이 말했다.

"군주가 영명하고 슬기로우며 신하가 현명하고 능력 있는 것은 천하의 가장 큰 복입니다. 군주가 사리를 알고 신하가 정직한 것은 국가의 복입니다. 아버지가 자애롭고 자식이 효성스러우며 남편이 성실하고 아내가 절개가 있는 것은 가정의 복입니다. 비간比干은 충성스러웠지만 도리어 은나라를 보존하지 못했고,[147] 오자서는 지혜로웠지만 오나라를 보전하지 못했으며, 신생申生은 효성스러웠지만 진晉나라는 크게 어지러워졌습니다.[148] 이들은 모두 충신이며 효자인데 국가가 망하고 가정이 어지러워진 까닭은 무엇입니까? 지혜로운 군주와 현명

---

145 구천이 오나라에 패배당하자 치욕을 참아내며 화친을 요청한 일을 말한다.
146 원문은 '주수절망主雖絕亡'이다. 『전국책』에서는 '주수망절主雖亡絕(군주가 비록 나라가 멸망하고 대가 끊어지다)'로 되어 있다. 진정웨이는 '주主'자를 마땅히 '국國'자로 해야 한다고 했다. 아마도 월나라가 당시에 이미 오나라에 멸망당하는 상황에 근접했음을 말한 것이다.(『사기전증』)
147 비간比干은 은나라 말기의 정직한 신하였는데 은나라 주왕에게 간언하고 권고하다 심장이 갈려 죽었고, 이후 은나라는 주나라에 멸망당했다.
148 신생申生은 춘추시대 진 헌공晉獻公의 태자로, 부친이 총애한 첩 여희驪姬의 음모를 폭로하지 않았다가 자신은 죽임을 당하고 진나라는 크게 어지러워졌다.

한 부친이 없어 그들의 충성스러운 말을 듣지 못했기 때문입니다. 그래서 천하 사람들이 모두 그 군주와 부친을 치욕스럽게 여기고 그들의 신하와 자식을 가 엾게 여겼습니다. 지금 상군, 오기, 대부 종은 신하로서 틀림이 없었지만 그들의 군주는 옳지 않았습니다. 이 때문에 세상 사람들이 모두 세 사람이 큰 공을 세 우고도 덕을 드러내지 못했다고 칭송하는데, 어찌 밝은 군주를 만나지 못해 죽 은 것을 흠모하겠습니까? 죽은 뒤에야 비로소 충성스럽다는 명성을 얻었다면 미자微子[149]는 어진 사람이라 불리기에 부족하고, 공자는 성인이라 불리기에 부 족하며, 관중은 위대한 인물이라 불리기에 부족합니다. 무릇 사람이 공을 세울 때 어찌 목숨을 보전하기를 바라지 않겠습니까? 목숨과 명성을 모두 보전할 수 있는 것이 가장 좋고, 명성은 세상 사람들의 모범이 되었으나 목숨을 잃는 것이 그다음이며, 명성은 욕보였으나 목숨을 보전하는 것이 가장 낮은 것입니다."

그러자 응후가 머리를 끄덕이며 동감했다.

채택은 약간의 말할 틈이 생기자 이어서 말했다.

"상군과 오기와 대부 종이 신하로서 충성을 다하고 공을 이룬 것은 당연히 흠모할 만한 가치가 있지만, 굉요閎夭[150]가 주나라 문왕을 섬기고 주공이 주나 라 성왕成王[151]을 보좌한 것이 어찌 충성스럽고 성명한[152] 일이 아니겠습니까? 군주와 신하의 관계를 논하자면[153] 상군, 오기, 대부 종과 굉요, 주공을 비교하 면 누가 더 흠모할 만합니까?"

---

149  미자微子: 은 주왕의 형으로, 황음무도한 주왕에게 권고할 수 없음을 알고 은나라를 떠났다. 미 자微子는 비간, 기자와 함께 공자가 말한 은나라의 삼인三仁이다.

150  굉요閎夭: 주 문왕을 보좌한 대신으로, 산의생散宜生 등과 함께 명성을 날렸다.

151  성왕成王: 어려서 즉위한 무왕의 아들로, 숙부인 주공의 보좌를 얻어 태평성세를 이루었다.

152  원문은 '충성忠聖'이다. "장조張照는 어떤 판본에는 '성聖'자가 없다고 했다. 『전국책』에도 '성'자 가 없다. '성'자가 없는 것이 매끄럽다."(『사기전증』) 반면 "왕본, 가본, 능본에는 '충忠'자가 없다."(『찰기』)

153  원문은 '이군신논지以君臣論之'다. "비각본, 풍본, 삼본에는 '군君'자 다음에 '신臣'자가 없다고 했는데, 이것이 옳다."(『사기회주고증』) "『사기회주고증』에 따른다면 이 구절의 의미는 '당신이 보기에'가 된다."(『사기전증』)

응후가 말했다.

"상군, 오기, 대부 종이 굉요와 주공만 못하오."

채택이 말했다.

"그렇다면 지금 당신의[154] 군주가 자애롭고 인자하여 충성스러운 신하를 신임하고 옛 친구들을 친밀하게 대하며, 그가 현명하고 지혜로워 덕을 행하는 선비와 아교와 옻처럼 친밀하게 지내며,[155] 도의를 견지하고 공적 있는 신하를 버리지 않는다는 점에서 진나라 효공, 초나라 도왕, 월나라 구천과 비교할 때 누가 더 낫습니까?"

응후가 대답했다.

"어떤지 모르겠소."

채택이 말했다.

"지금 당신의 군주가 충신을 가까이 함은 진나라 효공, 초나라 도왕, 월나라 구천을 뛰어넘지 못합니다. 당신은 지략과 재능을 펼쳐 군주를 위해 위험한 국면을 안정시키고 정치를 청명하게 했으며, 혼란을 다스리고 군사를 강화했으며, 근심을 제거하고 재난을 소멸시켰으며, 영토를 확장하고 곡식을 증가시킴으로써 국가를 부강하게 하고 백성을 풍족하게 했습니다. 게다가 군주의 권위를 강화하고 사직을 드높이고 종묘의 명성을 드날려 천하가 감히 군주를 속이거나 범하지 못하게 했으며, 군주의 위엄으로 온 세상을 두려워 떨게 하고 공업을 만리 밖까지 선명하게 드러냈으며, 빛나는 명성을 천 대까지 전하도록 한 것으로 상군, 오기, 대부 종과 비교한다면 누가 더 낫습니까?"

응후가 대답했다.

---

154　원문은 '군君'으로, 고대에 대부大夫 이상으로 토지를 소유한 통치자의 칭호다. 이하 채택은 범저를 말할 때 '군君'이라는 호칭을 사용하고 있는데, 역자는 편의상 '당신'이라 번역했음을 밝힌다.

155　원문은 '其賢智與有道之士爲膠漆'인데, 어순이 매끄럽지 않다. 이 문장은 두 가지로 해석할 수 있는데, 하나는 '그가 현명하고 지혜로워 덕행이 있는 선비와 아교와 옻처럼 친밀하게 지내다'이고, 다른 하나는 '그는 현명하고 지혜로우며, 덕행이 있는 선비와 아교와 옻처럼 정이 깊게 지내다'다.

"내가 그들만 못하오."

채택이 말했다.

"지금 당신 군주가 충신을 가까이 하고 옛 친구를 잊지 않는다는 점에서 효공, 도왕, 구천만 못하고, 당신의 공적과 군주로부터 받는 총애와 신임도 상군, 오기, 대부 종만 못합니다. 그러나 당신의 작록과 지위의 고귀함, 재산은 이 세 사람을 넘어서는 것이니, 당신이 지위에서 물러나지 않으면 이후에 닥칠 재난은 아마도 이 세 사람보다 엄중할 것입니다. 저는 당신을 위해 이 점이 위험하다고 생각합니다. 속담에 '해가 중천에 뜨면 기울고, 달도 차면 이지러진다'¹⁵⁶고 했습니다. 만물이 지극히 왕성해졌다가 점차 쇠미해지는 것은 천지간에 변하지 않는 이치입니다. 나아갔다가 물러나고 남았다가 모자라는 것은 때에 맞게 바뀌는 것이니 성인이 마땅히 따라야 할 규율입니다. 이 때문에 '나라에 도가 있으면 나아가 벼슬하고, 나라에 도가 없으면 물러나 은거해야 한다'¹⁵⁷고 하는 것입니다. 성인이 말하기를 '나는 용이 하늘에 출현하면 대인을 만나기에 이롭다'¹⁵⁸고 하고, '도의를 따지지 않고 얻은 재산과 지위는 내게 뜬구름과 같다'¹⁵⁹고 했습니다. 지금 당신의 원한은 다 갚았고 은덕 또한 보답했고 마음으로 하고자 한 것을 모두 실현했는데 세상의 변화에 대한 대책을 세우지 않았으니, 저는 사사로이 당신이 옳지 않다고 여깁니다. 물총새, 고니, 코뿔소, 코끼리 같은 동물은 사는 곳이 죽음의 위험으로부터 멀리 떨어지지 않은 것은 아니지만 그런데도 죽게 되는 까닭은 미끼의 유혹을 받기 때문입니다. 소진과 지백의 지혜는 모욕을 피하고 죽음을 멀리하기에 부족하지 않았지만 그들이 죽게 된 원인은 이익을 탐하는 데 미혹되어 제때에 그칠 줄 몰랐기 때문입니다. 이 때문에 성인聖

---

156  원문은 '日中則移, 月滿則虧'이고 출전은 『역경』이다.
157  원문은 '國有道則仕, 國無道則隱'이고 출전은 『논어』 「태백」이다.(『논어』에는 '국國'이 아닌 '천하天下'로 되어 있다.)
158  원문은 '飛龍在天, 利見大人'이고 출전은 『역경』이다.
159  원문은 '不義而富且貴, 於我如浮雲'이고 출전은 『논어』 「술이」다.

人[160]은 예법을 제정하여 욕망을 절제하게 했고, 백성에게 세금을 걷는 데 한도를 두었으며, 백성을 부리는 데도 때에 맞게 했고 고용하는 데도 그치는 데가 있었습니다. 그러므로 지향하는 바가 지나치게 넘치지 않고 행동거지는 교만하지 않으며 언제나 도에 부합하며 벗어나지 않으니, 천하가 줄곧 전승되며 단절되지 않은 것입니다. 옛날에 제나라 환공은 아홉 차례나 제후들을 규합하여[161] 천하를 바로잡았지만, 규구葵丘의 회맹 때 교만하고 뽐내는 태도를 드러내자 아홉 나라가 배반했습니다.[162] 오나라 왕 부차의 군대는 천하에 대적할 자가 없었지만 용맹함과 강함에 의지해 제후들을 업신여기고 제나라와 진晉나라를 압박하려다 결국 자신은 죽고 나라는 멸망했습니다. 하육夏育과 태사교太史噭는 고함을 질러 삼군을 놀라게 했지만 평범한 자의 손에 죽었습니다.[163] 이는 모두가 가장 성한 때에 이르렀을 때 도리를 돌아보지 않고, 자신을 낮추고 절검하며 단속하지 않아 생긴 재앙입니다. 상군은 진나라 효공을 위해 법령을 명백히 해 간사한 근원을 철저히 금지하고, 공이 있어 존귀한 작위를 획득한 자는 반드시 상을 주고[164] 죄를 지은 자는 반드시 처벌을 받게 했습니다. 저울을 통일시키고 길

---

160  "성인聖人을 풍본·삼본에서는 성왕聖王이라 했고, 비각본에서는 성주聖主라 했다."(『사기회주고증』)

161  『사기』「제태공세가」의 "세 차례 군사 회맹을 주재하고 여섯 차례 화평 회맹을 주재하다兵車之會三, 乘車之會六"를 말한다. 모두 아홉 차례 제후들을 회맹에 소집했다. "아홉이라는 수는 많다는 뜻으로, 여러 차례 제후들을 회맹에 소집했다는 뜻이다."(『사기전증』)

162  제 환공 35년(기원전 651)의 일이다. 규구葵丘는 지금의 허난성 란카오 동쪽으로, 제 환공이 규구 회맹 때 교만한 기색을 보이자 제후들 가운데 배반한 자가 나왔다. 여기서 '아홉 나라'는 채택이 과장한 것이다. "아홉 나라는 과장된 말이다.「봉선서封禪書」에 보인다."(『사기지의』)

163  "고유高誘가 말하기를 '하육은 전박田博에게 죽임을 당했다'고 했다."(『색은』) "태사교는 「전단열전」에서는 태사교太史嶠라 했고,「전완세가」에서는 태사교太史敫라고 했다. 아마도 제나라 군왕후君王后의 부친일 것이다. 『전국책』에서는 또 태사계太史啟라 했다. 『색은』에서는 '누구에게 죽임을 당했는지 알 수 없다. 아마도 제 양왕 때 태사太史는 아닐 것이다'라고 했다. 표포는 '이 사람은 상세하지 않다'고 했다."(『사기지의』)

164  원문은 '존작필상尊爵必賞'으로 어순이 매끄럽지 못하다. "농경과 전쟁에서 공이 있어 존귀한 작위를 획득한 자는 반드시 상을 준다."(『사기전증』)

이와 용량을 재는 기구들을 교정했으며, 부세의 무거움과 가벼움을 조정하고[165] 농지의 경계였던 천맥阡陌을 폐지하여[166] 백성의 생활을 안정시키고 습속을 통일시켰습니다. 또 백성에게 농경을 권장하고 토지의 생산력을 모두 이용하게 했으며,[167] 한 가정에서 두 종류의 직업에 종사하지 못하게 하고, 농사에 노력하고 양식을 저장하며 전쟁터의 작전을 모두 익히도록 했습니다. 이 때문에 진나라는 출병하면 영토가 확장되고 출병이 없으면 국가가 풍족해져 천하에 대적할 자가 없고, 제후들 가운데 위엄을 세우고 공업을 이루었습니다. 그러나 공을 이룬 후 상군은 거열車裂 형벌에 처해졌습니다. 초나라는 영토가 사방 수천 리에 이르고 극戟을 든 병사가 백만이나 됩니다. 그러나 백기는 수만 명의 군사를 이끌고 초나라와 교전을 치렀는데, 한 번 싸워서 언과 영 땅을 점령하고 이릉을 불태웠으며,[168] 두 번 싸워서 남쪽으로 촉과 한중을 병합했습니다.[169] 또 한나라와 위나라를 넘어 강대한 조나라를 공격하여 북방에서 마복군 조괄을 생매장시키고 40여 만 명의 군사를 장평에서 학살했는데, 흐르는 피가 내를 이루고 세차게 흐르는 소리는 천둥 치는 것과 같았습니다. 이어서 한단을 포위하여 진나라의 제업帝業의 기초를 성취하게 했습니다.[170] 초나라와 조나라는 천하의 강국

165 "부세의 경중을 조정하는 것으로, 예를 들면 「상군열전」에서 '백성 가운데 두 명 이상의 성년 남자가 분가하지 않고 거주하면 부세를 두 배로 부가하게 한다' 등과 같은 것이다'라고 했다."(『전국책선주』)
166 천맥阡陌은 농지 사이의 작은 길을 뜻하는데, 남북으로 난 길을 '천'이라 하고 동서로 난 길을 '맥'이라 한다. 즉 옛 정전井田 제도를 폐지하고 새로운 토지 정책을 시행함을 말한다.
167 원문은 '권민경농이토勸民耕農利土'로, 어순이 매끄럽지 않다. "경장본 표기에 육씨陸氏이 말하기를 '이토利土는 토지의 마땅한 이로움을 모두 사용한다'고 했다."(『사기회주고증』) 즉 농민에게 농경을 권장하고 토지의 생산력을 충분히 발휘시킨다는 의미다.
168 진 소왕 29년, 초 경양왕 21년(기원전 278)의 일이다.
169 "촉과 한중은 장의와 사마착의 일로, 백기와는 관련이 없다. 22년 뒤에 백기가 출병하기 시작한다. 『전국책』에서는 '한 번 싸워 언과 영(마땅히 등鄧이라고 해야 한다)을 점령하고 두 번 싸워 이릉을 불태웠다'고 했는데, 이것이 맞다."(『사기지의』) "뉴홍언이 말하기를 '촉을 멸망시키고 초나라 한중을 점령한 것은 진실로 백기와는 관련이 없다. 여기서의 한漢은 한중을 가리키는 것이 아니라 실제로는 전 한수漢水 유역을 가리킨다'고 했다."(『사기전증』)

으로서 진나라의 원수였는데, 이후 모두 두려워 굴복하며 감히 진나라를 공격

하지 못한 것은 바로 백기의 위세 때문이었습니다. 백기는 직접 70여 개의 성을

정복했는데 큰 공적을 이룬 다음에 도리어 두우에서 검을 하사받고 자결했습니

다. 오기는 초나라 도왕을 위해 법률을 제정하고 대신들의 권력을 약화시켰으

며, 재능 없는 관리를 파면하고 쓸모없는 관원을 없앴으며, 그리 필요하지 않은

관직을 삭감하고 사사로운 청탁을 막았습니다. 또 초나라 풍속을 통일시켜 백성

이 하는 일 없이 빈둥거리는 것을 금하고, 농경과 전쟁에 힘쓰는 사병을 격려하

여 남쪽으로는 양월楊越[171]을 수복하고 북쪽으로는 진과 채 땅을 병합했으며,[172]

종횡가의 유세를 분쇄하고 유세객들이 입을 열지 못하게 했습니다.[173] 그는 붕

당을 결성하여 사리를 꾀하는 것을 금지하고, 백성을 격려하여 초나라 정국을

안정시켰으며, 군대는 천하를 떨게 만들었으며 위세로 제후들을 굴복시켰습니

다. 그러나 공업을 이루고 난 뒤에는 결국 사지가 찢겨 죽임을 당했습니다.[174] 대

부 종은 월나라 왕 구천을 위해 깊고 원대한 책략을 수립하여 회계의 위급한

재난으로부터 벗어나게 하고,[175] 멸망해가는 나라를 지켜내어 치욕을 영광으로

---

170  한단을 포위한 것은 왕흘王齕, 왕릉王陵 등으로 백기는 명령을 받들지 않아 소왕에게 죽임을 당
했다. 한단 포위는 백기와 무관하다.

171  양월楊越: 지금의 푸젠·광둥·광시 일대의 백월 땅으로, 옛날 양주楊州에 속했으므로 양월이라
불렀다.

172  "오기가 진과 채를 합병시켰다는 말은 터무니없는 소리다."(『사기지의』) 「손자오기열전」에서 "남
쪽으로는 백월을 평정하고, 북쪽으로는 진과 채를 병탄했다"는 내용도 마찬가지로 잘못이다. 오기가
초나라에 있을 때 진나라 제후는 진 헌공(재위 기원전 384~기원전 362)이었으며, 이때 오기가 도왕을
보좌하여 초나라를 강대하게 만들었다는 것은 사실과 다르다. "양옥승이 말하기를 '진은 초 혜왕 11년
(기원전 478)에 멸망했고 채는 초 혜왕 42년(기원전 477)에 멸망했는데, 어떻게 도왕이 그들을 병탄하겠
는가?'라고 했다."(『사기전증』)

173  "오기의 주요 목표는 군사 역량을 더욱 강화하고 도처를 다니며 합종과 연횡을 주장하는 유세
객들을 단호하게 배척하는 것이었다."(「손자오기열전」) 여기서의 내용과 상통한다. "오기의 시기에는 종
횡가의 유세가 아직 성행하지 않았다."(『사기회주고증』)

174  "오기는 화살에 맞아 죽었는데, 여기서는 사지가 찢겼다고 말하고 있으니 「진책」의 오류다."(『사
기지의』) 그러나 『한비자』「난언難言」과 「문전問田」 두 편에는 사지가 찢겨 죽임을 당했다고 했다.

175  월나라가 오나라에 패배한 후 구천은 한동안 회계산에 거주했다. 이후에 문종과 범려 등이 오나

돌렸으며, 황무지를 개간해 백성을 불러 성읍을 채웠으며,[176] 토지를 개척하여 곡식을 심고, 사방의 선비들을 통솔해 위로부터 아래까지 역량을 하나로 모으고, 현명한 구천을 보좌하여 오나라 왕 부차에게 원수를 갚고, 마침내 강대한 오나라 왕을 사로잡아 월나라를 천하의 패주로 불리게 만들었습니다.[177] 그의 공적은 이렇듯 분명하고 확실했지만 구천은 끝내 의리를 저버리고 그를 죽였습니다.[178] 이 네 사람은 공적을 이룬 뒤에도 떠나지 않아 큰 재앙을 당했습니다. 이를 두고 '펼 줄만 알고 굽힐 줄 모르며, 앞으로 나아갈 줄만 알고 물러날 줄 모르는 사람'이라고 말하는 것입니다. 범려는 이러한 도리를 명백하게 알아 초연하게 속세를 떠나 도주공陶朱公이 되었습니다.[179] 당신은 도박하는 사람을 보지 못했습니까? 어떤 때는 판돈을 크게 걸고 어떤 때는 판돈을 몇 차례 나누어 작게 거는데,[180] 이것은 당신도 잘 알고 있을 것입니다. 그런데 지금 당신은 진나라

라와 담판하여 구천이 도성인 회계로 돌아왔다.

176　원문은 '간초입읍墾草入邑'이다. "유씨가 말하기를 '입入'은 '충充'과 같은 뜻이다. 뿔뿔이 흩어진 백성을 불러 인솔하여 성읍을 가득 채우는 것을 말한다고 했다."(『색은』) 『전국책』「진책」에는 '간초창읍墾草創邑'이라 되어 있는데 '황무지에 도성을 다시 건설한다'는 뜻으로 본문의 내용과 비슷하다.
177　"구천은 오나라를 평정한 후 군사를 이끌고 북쪽으로 회하를 건너 제나라, 진晉나라의 제후들과 서주徐州(지금의 산둥성 덩저우滕州 동남쪽)에서 회맹하고 주나라 천자에게도 공물을 보냈다. 주 원왕 周元王(재위 기원전 475~기원전 469)도 사람을 보내 구천에게 제사에 사용하는 고기를 보내고 방백方伯(제후의 수장, 패주를 말한다)으로 봉하니 바로 제후의 맹주다."(『사기』「월왕구천세가」)
178　"누군가 문종을 모함하여 그가 반란을 일으키려 한다고 말하자 구천은 사람을 시켜 문종에게 검을 하사하며 말했다. '그대는 일찍이 내게 오나라를 정벌하는 일곱 가지 묘술을 가르쳤는데, 나는 단 세 가지만 사용하여 오나라를 패배시키고 나머지 네 가지는 사용하지 않았다. 그대는 그것을 가지고 구천에 가서 나의 선조들을 도와 다시 시험해보라!' 문종은 할 수 없이 자살했다."(『사기』「월왕구천세가」)
179　범려는 춘추시대 말 월나라의 대신으로, 구천을 보좌하여 오나라를 멸망시킨 뒤 월나라를 떠나 도읍陶邑(지금의 산둥성 딩타오定陶 서북쪽)으로 가서 장사로 큰돈을 벌어들이자 사람들은 그를 '도주공'이라 불렀다.
180　원문은 '或欲大投, 或欲分功'이다. '대투大投'는 판돈을 크게 거는 것이고 '분공分功'은 돈은 많지만 판돈을 작게 걸어 천천히 승부를 내는 것이다. "나카이 리켄이 말하기를 '대투는 밑천을 다 걸어 최후의 승부를 내는 유형이고, 분공은 작게 승부를 거는 것으로 큰 승부를 추구하지 않는다. 대투는 매번 승부에 지는 사람으로 성질이 급하고, 분공은 매번 승리를 거두는 자로 성질이 느긋하다'고 했다." (『사기회주고증』)

의 상이 되어 계책을 세우되 자리를 떠날 필요가 없고, 조정에서 나가지 않고 그곳에 앉아 제후들을 통제할 수 있으며, 삼천三川의 이익을 개척하여 의양宜陽을 충실하게 하고,181 양장羊腸의 험로를 끊고 태항太行으로 통하는 길을 막으며,182 또 범씨范氏와 중항씨中行氏가 점거했던 통로를 절단하여183 육국이 합종할 수 없게 하고, 천리에 이르는 잔도棧道184를 수축하여 촉과 한중을 통하게 함으로써 천하가 진나라를 두려워하게 했습니다. 이렇게 하여 진나라의 욕망이 만족스럽게 채워졌고 당신의 공로 또한 절정에 달했습니다. 이제 진나라는 단계적으로 판돈을 작게 걸어 이익을 취할 때입니다. 이때 당신이 물러나지 않으면 상군, 백공白公(백기), 오기, 대부 종과 같게 됩니다. 제가 듣자 하니 '물을 거울로 삼는 자는 자기 얼굴을 볼 수 있고, 다른 사람을 거울로 삼는 자는 자기 장래의 길흉을 알 수 있다'185고 합니다. 또 『서書』에서 말하기를 '공적을 이룬 다음에는 오래 머물러서는 안 된다'186고 했습니다. 이 네 사람이 입은 화를 왜 불러들이려 하십니까? 당신은 어찌 이 기회에 상의 인장을 반환하여 현명한 사람에게

181　의양宜陽은 지금의 허난성 이양宜陽 서쪽 지역으로 원래는 한나라에 속했지만 50년 전 이미 진나라에 패했다. 이 문장의 의미는 삼천 지구에서 위세를 드날려 자신의 의양 일대에서의 실력을 강화함을 말한다. 원문은 '利施三川, 以實宜陽'인데, "비각본·풍본·삼본에는 '이利'자가 없는데, 「진책」에는 있다. 없는 것이 맞다. 「한세가」에서는 '삼천 일대에 가서 위세를 뽐내고 돌아오다施三川而归'라고 했다."(『사기회주고증』)
182　양장羊腸의 험로는 양장판羊腸坂을 말하며, 지금의 산시山西성 진청晉城 남쪽의 태항산 위로 허난성 중부에서 산시山西성 동남부까지 이르는 중요 교통로다.
183　"유백장이 말하기를 '범씨范氏와 중항씨中行氏로 통하는 길은 제나라와 진晉나라의 주요 통로'라고 했다."(『사기회주고증』) 대략 조가 일대를 가리킨다. 범씨와 중항씨는 춘추시대 말기 진晉나라의 대귀족으로 지씨智氏·조씨趙氏·한씨韓氏·위씨魏氏와 분쟁을 일으켜 쫓겨났는데, 먼저 조가로 달아났다가 다시 제나라로 달아났다.
184　잔도棧道: 깎아지른 듯한 절벽을 따라 건설된 도로로 각도閣道, 복도復道라고도 불린다. 높은 누각 사이 공중에 설치한 통로 또한 잔도라고 한다.
185　원문은 '鑒於水者見面之容, 鑒於人者知吉與凶'이다. "군자는 물로 거울을 삼지 않고 사람을 거울로 삼는다. 물로 거울을 삼으면 자신의 얼굴을 볼 수 있지만, 사람을 거울로 삼으면 자신의 길흉을 예측할 수 있다君子不鏡於水而鏡於人. 鏡於水, 見面之容. 鏡於人, 則知吉與凶."(『묵자墨子』「비공非攻」)
186　원문은 '成功之下, 不可久處'다. 『사기회주고증』에서 "『서書』는 『일주서逸周書』를 말한다"고 했으나 『상서』와 『일주서』에는 이 말이 없다.

자리를 넘겨주고, 물러나 바위굴에 살면서 흐르는 개울을 감상하려 하지 않습니까? 그러면 반드시 백이와 같이 청렴하다는 명성을 얻고 영원히 응후가 되어 자손대대로 고孤라 칭하게 될 뿐만 아니라, 허유許由나 연릉계자延陵季子[187]처럼 겸양의 칭찬을 듣고, 왕자교王子喬나 적송자赤松子처럼 오래 살 것인데, 화를 입고 죽는 것과 비교해 어느 것이 좋겠습니까? 당신은 어느 것을 선택하려 하십니까? 상의 지위에서 스스로 떠나는 것을 차마 할 수 없어 망설이면서 결단을 내리지 않는다면 반드시 저 네 사람과 같은 화를 당할 것입니다. 『역경』에 '높이 올라간 용도 후회할 일이 생긴다'[188]는 말이 있습니다. 이는 올라갈 줄만 알고 내려올 줄 모르며, 펼 줄만 알고 굽힐 줄 모르고, 가기만 하고 되돌아올 줄 모르는 사람을 가리키는 말입니다. 바라건대 당신은 잘 헤아리십시오!"

응후가 말했다.

"좋은 말씀이오. 나 또한 '욕망만 있고 절제할 줄 모르면 하고자 하는 바를 잃게 되고, 가지고 있으면서 만족할 줄 모르면 가지고 있던 것마저 잃게 된다'는 말을 들었소. 다행히 선생께서 가르쳐주셨으니 공경하며 가르침을 받겠소."

그리하여 채택을 상좌上座로 들이고 상객으로 대접했다.

며칠 뒤 범저는 조정으로 들어가 진나라 소왕에게 말했다.

"이번에 효산 동쪽에서 새로 온 빈객이 있는데 이름이 채택이라고 합니다. 이 사람은 변론에 뛰어난 선비로 삼왕三王의 일과 오패의 공업과 세속의 변화에 밝으므로 진나라의 국정을 맡기기에 충분합니다. 신은 매우 많은 사람을 알고 있지만 이 사람에 미칠 수 있는 이는 없으며, 신도 그만 못합니다. 신이 감히 그를 추천하는 바입니다."

---

187　허유許由는 요임금 때의 은사로, 요가 천하를 허유에게 양보하려 했으나 허유는 받지 않았다. 연릉계자延陵季子는 계찰季札로, 오나라 왕 수몽壽夢의 넷째아들이다. 그의 부친이 오나라를 계찰에게 전하려 했으나 계찰은 받지 않았다.

188　원문은 '亢龍有悔'이고, 출전은 『역경』「건괘乾卦」다.

진나라 소왕은 채택을 불러 이야기를 나누고는 크게 기뻐했으며, 그를 객경 자리에 앉혔다. 응후는 병을 핑계로 상의 인장을 내놓게 해달라고 청했다. 소왕이 억지로 만류했지만 범저는 병세가 깊다고 했다. 범저는 끝내 상의 자리에서 내려왔고,[189] 소왕은 채택의 계책을 듣고 기뻐하며 그를 상으로 임명하고 동쪽으로 주나라를 멸망시켰다.[190]

채택이 진나라 상이 되고 몇 개월이 지나자 어떤 사람이 그를 헐뜯었다. 채택이 살해될까 두려워 병을 핑계로 상의 인장을 내놓자 소왕은 그를 강성군綱成君[191]으로 봉했다. 채택은 진나라에서 10여 년 동안[192] 머물면서 소왕, 효문왕, 장양왕[193]을 섬겼다. 최후에는 시황제[194]를 섬겼으며 연나라에 사신으로 갔다가 3년 뒤에 연나라 태자 단을 진나라에 인질로 들어오게 했다.[195]

189 "『진집사秦集史』「승상표丞相表」에서는 진나라 소왕 52년(기원전 255)의 일이라고 했다."(『사기전증』) 범저의 죽음에 대해서는 역사에 전해지지 않는다. "고민高敏의 『운몽진간초탐雲夢秦簡初探』에서 고증에 근거해 범저는 소왕 52년(기원전 255)에 왕계가 적과 내통한 안건 때문에 주살되었다. 진나라 법에 관리가 중죄를 저지르면 추천한 사람도 연좌되었다."(『사기통해』) "마이베이바이는 『전국책』「진책 3」을 인용하여 말하기를 '범저의 죽음은 범저가 채택을 추천하여 자신을 대신하게 하고 병으로 상에서 면직될 때다. 그의 죽음은 전형적인 것이 아닌 사약에 의해 죽었다. 그 사건의 진행은 매우 비밀스러웠고 바깥사람이 알 수 있는 바가 아니었다'라고 했다."(『사기전증』)

190 "「주본기」에서는 진 소왕 51년(기원전 256)에 주 난왕이 사망하자 진 소왕은 마침내 서주군西周君을 멸망시켰다. 「진본기」에 따르면 진나라가 서주군을 멸망시킨 것은 진 소왕 52년(기원전 255)이다. 그리고 7년 후 진나라 장양왕 원년(기원전 249)에 진나라는 다시 동주군東周君을 멸망시킨다."(『사기전증』)

191 "강성綱成은 옛 읍으로 지금의 허난성 취창 동북쪽이라고 하는데 이에 대해 첸무는 어딘가 상세하지 않다고 여겼다. 진자룽은 '진나라의 상국은 비록 파직되었다 할지라도 봉호가 있었으므로, 한나라 승상이 후작에 봉해지는 시작이다'라고 했다."(『사기전증』)

192 "10여 년은 20년이라 해야 맞다. 채택이 상을 대신한 것은 소왕 52년으로 시황제 5년에 연나라 태자가 인질로 될 때까지 24년이다. 채택이 진나라 사신으로 연나라에 갔는데, 어찌하여 10여 년이라 말하는가?"(『사기지의』)

193 효문왕은 이름이 주柱이고 소왕의 서자다. 즉 『사기』「여불위열전」에서 말하는 안국군安國君이다. 재위 기간은 기원전 250년 단 1년에 불과했다.

194 시황제始皇帝: 이름이 정政이고 장양왕의 아들이다. 기원전 246년에 진왕秦王으로 즉위했고, 기원전 221년에 육국을 통일하고 황제라 칭했다.

195 "「육국표」에 연나라 태자 단이 진왕 정 15년에 진나라로부터 도망쳐 연나라로 돌아갔다고 기재되어 있는데, 언제 진나라에 인질로 들어왔는지는 기재되어 있지 않다. 양옥승은 태자 단이 진나라에 인질로 들어온 때를 진왕 정 5년(기원전 242)이라고 여겼는데, 확실한지는 알 수가 없다. 만약 태자 단

태사공은 말한다.

"한비자가 '옷소매가 길어야 춤추기에 편하고, 돈이 많아야 장사하기에 유리하다'196고 했는데 진실로 옳은 말이다! 범저와 채택은 모두 세상에서 말하는 한 시대의 걸출한 변사辯士였다.197 그러나 제후들에게 유세하면서 머리가 하얗게 될 때까지 기회를 얻지 못한 것은, 그들의 계책이 졸렬해서가 아니라 그들이 유세한 국가의 역량이 충분치 못했기 때문이다. 이 두 사람이 여행자의 신분으로 진나라로 들어와 잇달아 경상卿相의 지위를 획득하고 천하에 공적을 세운 것은198 마땅히 국가 세력의 강약이 같지 않기 때문이었다. 그러나 선비에게는 때를 만남이 있는데, 이 두 사람과 같은 재능을 가지고도 자신의 재지를 충분히 발휘하지 못한 이들을 어찌 이루 말할 수 있겠는가! 이 두 사람도 곤경에 빠지지 않았더라면 또 어떻게 분투의 의지를 불러일으킬 수 있었겠는가?"199

이 과연 진왕 정 5년에 진나라에 인질로 들어왔다면 채택이 연나라 사신으로 간 것은 진왕 정 2년이다."(『사기전증』)

196  원문은 '長袖善舞, 多錢善賈'로, 출전은 『한비자』 「오두五蠹」이다.

197  원문은 '일체변사一切辯士'다. "일체一切는 일세一世다. 즉 뭇 사람들보다 출중한 변사다."(『사기통해』)

198  "범저와 채택은 진나라에 조금의 공적도 없고 입으로 관직을 얻었을 따름인데, 천하에 공적을 세웠다고 말하는 것은 무엇 때문인가!"(『사기지의』)

199  "이것은 태사공이 은밀히 자신이 형벌을 받은 것을 역사에 말하는 것이다. 나카이 리켄이 말하기를 '범저는 죄가 있고 공적이 없으며, 채택은 비록 죄는 없지만 공적이 보이지 않는다. 태사공은 제목을 빌려 자신의 분함을 토로한 것이나 사실에 위배됨을 자각하지 않는다'라고 했다."(『사기회주고증』)

史　記　列

傳

# 20

# 악의열전

樂 毅 列 傳

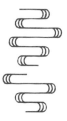

악의는 조나라 출신의 어질고 재능 있는 군사가로 잘 알려져 있다. 그는 자신을 귀빈의 예로 대접한 연나라 소왕을 보좌하면서 다섯 나라의 군대를 통솔해 강한 제나라를 패배시켰다. 이로써 연나라는 제나라에게 당했던 패배를 설욕할 수 있었다. 연나라 소왕이 죽고 그 아들인 혜왕이 즉위했는데, 혜왕은 태자 시절부터 악의에게 불만을 품고 있었다. 그러자 제나라 전단이 반간계를 써서 둘의 관계를 이간했다. 연 혜왕은 기겁을 파견해 악의를 궁으로 불러들였으나 악의는 돌아가면 죽게 되리라는 사실을 알아차리고 조나라로 달아나 투항했다. 제나라 전단은 기겁과 교전을 벌여 크게 이겼으며 잃었던 제나라의 영토를 완전히 수복했다. 연나라 혜왕은 군대와 장수를 잃고 땅까지 빼앗기자 자신의 잘못을 깨우쳤으며, 악의는 연나라 왕과 서신을 주고받는 등 거리를 두고 조나라와 연나라 사이를 왕래하다가 조나라에서 죽음을 맞았다.

이 편에서는 현자를 예로써 대접한 연 소왕과 자신을 알아준 군주에게 충심을 다하는 악의의 활동에 초점을 두고 있는데, 이것이 사마천이 이상적으로 생각하는 군신관계라 할 수 있다. 악의가 연나라 혜왕에게 보낸 「보연왕서報燕王書」는 군신간의 의리를 통찰한 것으로 유명하다. "신이 가장 두려워하는 것은 신이 모욕과 비방을 받고 동시에 사람을 알아보는 선왕의 명성을 손상시키는 것"이라는 말과 "옛 군자는 친구와 절교를 하더라도 결코 상대방에 대해 험담하지 않고, 충신은 배척되어 그 나라를 떠나더라도 결코 자신의 억울함을 씻고자 군주에게 잘못을 돌리지 않는다"는 말이 그러하다. 이러한 악의의 사상과 품격은 전국시대에서 염파와 굴원과 함께 논할 만하다.

악의樂毅의 선조 중에 악양樂羊[1]이라는 사람이 있다. 악양은 위魏나라 문후의 장군이 되어 중산中山을 정벌하여 빼앗았고,[2] 위나라 문후는 영수靈壽[3]에 그를 봉했다. 악양이 사망하여 영수 땅에 묻혔으므로 그의 후손들도 이곳에 정착하게 되었다. 이후 중산은 다시 나라를 세웠지만[4] 조나라 무영왕 때 다시금 조나라에 멸망당했다.[5] 이때 악씨의 후손 중에 악의라는 사람이 있었다.

악의는 어질고 재능이 있었으며 병법을 좋아하여 조나라 사람이 그를 천거해 관리가 되었다. 그러나 조나라에서 사구沙丘의 난이 발생해 무영왕이 죽자[6] 악의는 조나라를 떠나 위나라로 갔다. 당시 연나라[7]에서 자지子之의 난이 일어나고[8] 그 틈을 타 쳐들어온 제나라에 의해 연나라가 크게 패배하자 연나라 소

1  악양樂羊: 전국시대 초기 위문후의 장수였다.

2  위나라는 문후 38년(기원전 408)에 중산을 정벌하기 시작하여 문후 40년(기원전 406)에 멸망시키고 취했다. 중산은 전국시대 전기에 선우인鮮虞人이 건립한 소국으로, 도성은 고顧(지금의 허베이성 딩저우定州)였다.

3  영수靈壽: 옛 읍으로 지금의 허베이성 핑산平山 동북쪽 지역이다. "탄치상譚其驤의 『역사지도집歷史地圖集』에서는 허베이성 링수靈壽 서북쪽이라고 표기했는데, 오류다."(『사기전증』)

4  중산이 다시 나라를 세운 시기와 과정은 상세하지 않다. "경후敬侯 10년(기원전 377), 조나라 군대는 중산의 군대와 방자房子(조나라의 현, 지금의 허베이성 가오이高邑 서남쪽 지역)에서 교전을 벌였다."(「조세가」) 이를 통해 중산은 기원전 377년 이전에 다시 나라를 세웠음을 알 수 있다.

5  「조세가」에 따르면 조나라가 중산을 멸망시킨 시기는 혜문왕 3년(기원전 296)이고, 「육국연표」와 「전경중완세가」에 따르면 혜문왕 4년(기원전 295)의 일로 기재하고 있다.

6  혜문왕 4년(기원전 295) 주보의 큰아들이자 혜문왕의 형인 조장趙章이 일으킨 난이다.

7  원문은 '연소왕燕昭王'이다. "나카이 리켄은 '昭王' 두 글자는 불필요하다고 했다."(『사기회주고증』) 역자 또한 '소왕'을 생략했다. 연 소왕은 연왕 쾌噲의 아들이다.

8  자지子之는 연왕 쾌(재위 기원전 320~기원전 312)의 상이었다. 연왕 쾌 3년(기원전 315) 자지의 도당인 소대蘇代, 녹모수鹿毛壽의 권유로 연왕 쾌가 왕위를 자지에게 넘겨준 뒤 신하의 지위로 물러나자 연

왕은 제나라를 원망하며 복수할 것을 하루도 잊지 않고 있다는 소문이 들렸다. 그러나 연나라는 작은 나라인 데다 멀리 구석진 곳에 있어서 제나라를 꺾을 힘이 없었다. 그래서 연나라 소왕은 몸을 굽혀 예의와 겸손으로 선비를 대했고, 먼저 곽외郭隗를 우대함으로써 널리 현자를 불러들였다.[9] 마침 이때 악의가 위나라 소왕의 사자로서 연나라에 가게 되자 연나라 소왕은 귀빈의 예로 그를 대접했다. 악의는 사양했지만 끝내 몸을 맡기고 신하가 되어 힘을 다했다. 연나라 소왕은 악의를 아경亞卿[10]에 봉했고, 그 뒤 오랜 세월이 흘렀다.

이 당시 제나라는 민왕이 권력을 장악했고 국가가 강대해지자 남쪽으로는 초나라의 상 당말唐眛을 중구重丘에서 물리치고,[11] 서쪽으로는 관진觀津에서 삼진三晉의 군대를 꺾었으며,[12] 마침내 한나라·위나라와 연합하여 진나라를 공격하고,[13] 또 조나라를 도와 중산을 멸망시켰으며,[14] 송나라를 격파하여 제나라의 영토를 1000여 리나 넓혔다.[15]

---

나라가 크게 어지러워졌다. 연왕 쾌 6년(기원전 312) 제나라가 군대를 일으켜 연나라를 공격하자 연나라는 제대로 대응도 못한 채 대패했으며 연왕 쾌와 자지는 모두 죽었다.

9  "곽외가 말하기를 '대왕께서 반드시 현사를 부르시고자 한다면 먼저 이 곽외부터 시작하십시오. 이 곽외보다 어질고 능력 있는 사람이 어찌 천리를 멀다 하고 오지 않겠습니까!'라고 했다. 소왕은 곽외를 위해 주택을 다시 짓고 항상 스승으로 모셨다. 악의가 위나라로부터 오고, 추연鄒衍이 제나라로부터 왔으며 극신劇辛이 조나라로부터 오자 선비들이 앞 다투어 연나라로 왔다."(『사기』「연소공세가」) "양콴이 말하기를 '극신은 전국 말년에 연나라 장수가 되었고 추연은 극신의 동료로, 그들 모두 연나라 소왕이 즉위했을 때 연나라로 들어오는 것은 불가능하다. 악의가 연나라에 들어온 것은 조나라 무영왕이 내란으로 굶어 죽은 다음이므로 연나라 소왕 17년 이후다'라고 했다."(『사기전증』)
10  아경亞卿: 차경次卿으로 정경正卿 아래의 작위다.
11  제 선왕 19년, 초 회왕 28년(기원전 301)의 일이다. "초나라 회왕 28년, 진나라는 제·한·위와 함께 초나라를 공격했고 초나라 장수 당말을 죽이고 중구를 탈취한 뒤에 물러났다."(「초세가」) 중구重丘는 지금의 허난성 비양泌陽 동북쪽 지역이다.
12  "이때 관진에서 조나라와 위나라만 제나라에 패배했으며 한나라는 없었다. 제 선왕 3년(기원전 317)에 일어난 일로 민왕 때의 일이 아니다."(『사기전증』) 관진觀津은 「육국연표」에는 관택觀澤으로 기재되어 있으며, 지금의 허난성 청펑淸豊 서남쪽 지역이다.
13  제 민왕 3년, 진 소왕 9년(기원전 298)의 협공으로 함곡관까지 진격했다.
14  제 민왕 5년, 조 혜문왕 3년(기원전 296)의 일이다.
15  제 민왕 15년(기원전 286)의 일이다.

제나라 민왕은 진나라 소왕과 높고 낮음을 다투며 각자 제帝라 칭했다가 오래지 않아 다시 왕이라고 불렀다. 이때 동방 제후국들은 진나라를 이탈하여 제나라에 복종하려고 했다. 민왕이 거만해지자 백성은 이를 견디지 못했다. 이때 연나라 소왕이 제나라를 공격할 방법을 묻자 악의가 대답했다.

"지금의 제나라는 옛날에 패주였던 대국의 후대16로서 영토가 광활하고 인구가 많아 연나라 단독으로 공격하는 것은 쉽지 않습니다. 대왕께서 반드시 제나라를 정벌하고자 하신다면 조나라, 초나라, 위나라와 연합해야 합니다."

그리하여 연나라 소왕은 악의를 파견해 조나라 혜문왕과 맹약을 맺도록 하고, 동시에 다른 사자를 각기 초나라와 위나라로 보냈으며, 다시 조나라를 시켜 제나라를 연합 공격하는 것의 이로움을 진나라에게 설득하게 하여 연맹에 참여하도록 했다. 제후들은 제나라 민왕의 거만함과 포악함을 미워했기 때문에 모두 다투어 연나라와 연합하여 제나라를 공격하려 했다. 악의가 돌아와 상황을 보고하자 연나라 소왕은 즉시 모든 병력을 동원하고 악의를 상장군으로 임명했다. 조나라 혜문왕은 상국相國의 인장을 악의에게 내렸다. 악의는 조·초·한·위·연, 다섯 나라의 군대를 통솔하여 제나라를 공격했고17 제수濟水 서쪽에서 제나라 군대를 격파했다.18 다른 제후들의 군대는 모두 공격을 중지하고 철군했으나19 연나라 군대만은 악의의 통솔 아래 독자적으로 제나라 군대를 추격하여

---

16  제나라는 멀게는 춘추시대의 제 환공 때, 가까이는 전국시대 위왕과 선왕 때 천하에 위세를 떨쳤다.
17  "여섯 나라가 제나라를 격파했는데, 여기서는 진나라를 서술하지 않았다."(『사기지의』) 「진본기」와 「조세가」에 근거하면 이번에 연합하여 제나라를 정벌한 나라는 연·조·한·위·진 다섯 나라이며 초나라는 없다. 지금의 전국사 연구가들도 이견이 없다. 양콴은 '본문으로 보건대, 합종으로 제나라를 정벌한 행동이 전부 악의의 계책으로 조합되고 이루어진 것이라면 당시 합종연횡 형세의 변화는 제나라를 정벌한 형세와 완전히 부합되지 않는다'라고 했다.(『사기전증』)
18  다섯 나라가 연합하여 제나라를 격파한 때는 연 소왕 28년, 진 소왕 23년, 조 혜문왕 15년, 제 민왕 17년(기원전 284)이다. 제수 서쪽은 지금의 산둥성 랴오청, 츠핑, 가오탕高唐 일대로 당시 제나라의 서쪽 지역이다.
19  "제후들이 중도에 돌아간 것은 제나라가 연나라에 멸망당하는 것이 각국에 이롭지 않음을 잘 알고 있었기 때문이다."(『사기전증』)

곧장 제나라 도성 임치까지 쳐들어갔다. 제나라 민왕은 제수 서쪽에서 패하고 도망쳐 거莒 땅을 굳게 지켰다.[20] 악의는 홀로 제나라에 머물며 점령하지 못한 곳을 계속 공격했으나 제나라 군대는 모두 성으로 들어가 굳게 지켰다. 악의는 임치를 공격하여 점령한 이후 제나라의 보물과 재물 그리고 제나라 왕이 제사 때 사용하는 제기를 모조리 빼앗아 연나라로 실어 보냈다.[21] 연나라 소왕은 크게 기뻐하여 직접 제수 강변까지 나아가 군대를 위로하고 사졸들을 포상했으며, 악의를 창국昌國[22]에 봉하고 창국군昌國君이라고 불렀다.

연나라 소왕은 제나라에서 약탈한 전리품들을 가지고 연나라로 돌아갔고, 악의에게는 다시 군사를 이끌고 아직 점령하지 못한 제나라의 성들을 평정하게 했다. 악의는 제나라에 머물면서 계속 작전을 벌여 5년 만에 70여 개의 성을 함락했고 군과 현을 설치하여 연나라가 직접 관할하도록 했으나, 오직 거와 즉묵卽墨만이 항복하지 않았다. 이때 마침 연나라 소왕이 죽고 그 아들이 혜왕惠王으로 즉위했다.[23] 연나라 혜왕은 태자 시절부터 항상 악의를 불쾌하게 여겼는데, 혜왕 즉위 후 제나라 전단田單이 이 소문을 듣고 연나라에 사람을 보내 반간계를 시행했고, 이러한 말을 퍼뜨렸다.

"제나라 성 가운데 점령되지 않은 곳은 두 곳뿐이다. 그런데 이 두 성이 빨리 점령되지 않는 이유를 듣자 하니, 악의가 새로 즉위한 연나라 왕과 틈이 생기자 고의로 두 성을 남겨두고 양군이 작전을 벌이는 상황을 유지하면서 제나라 군

20  "양콴이 말하기를 '악의가 제나라를 격파한 주요 경력은 양대 전쟁으로 제서濟西 전쟁과 진주秦周 전쟁이다. 제서 전쟁은 제나라 장수 촉자觸子가 패주하자 제나라 군대가 물러나 진주秦周(임치 서문인 옹문雍門의 서쪽)를 지키면서 임치를 보호한 것이고, 진주 전쟁은 제나라 장수 달자達子가 전사하는 바람에 임치성을 지킬 수 없어 제 민왕이 달아난 것이다'라고 했다."(『사기전증』)
21  "목문희穆文熙가 말하기를 '제나라를 정벌한 것은 진실로 공적이 있으나 제나라의 보물을 연나라로 옮긴 것은 인의仁義의 군대라 할 수 없다'고 했다."(『사기전증』)
22  창국昌國: 당시 연나라가 점령한 제나라 읍으로, 창성昌城이라고도 한다. 지금의 산둥성 쯔보 동남쪽 지역이다.
23  연 혜왕惠王(재위 기원전 278~기원전 272)은 소왕이 33년(기원전 279)에 사망하기 1년 전 즉위했다.

대와 군사 연맹을 맺어 제나라에 머물면서 제나라 왕이 될 기회를 노리는 것이라 한다. 그래서 지금 제나라가 걱정하는 것은 오직 연나라가 다른 장수를 파견하는 것이라고 한다."

그러자 연나라 혜왕은 이미 악의를 의심하고 있던 차에 제나라의 이간질을 듣고는 기겁騎劫을 파견해 악의를 대신하게 하고 악의를 국내로 소환했다. 악의는 연나라 혜왕과 사이가 좋지 않아 교체되었음을 깨닫고 죽임을 당할까 두려워 서쪽 조나라로 달아나 투항했다. 조나라는 악의를 관진觀津에 봉하고 망제군望諸君[24]이라 칭했다. 조나라가 악의를 존중하고 총애한 것은 악의의 명성으로 연나라와 제나라를 위협하기 위함이었다.

제나라의 전단은 나중에 기겁과 교전을 벌였는데, 속임수를 써서 연나라 군대를 기만하고 즉묵성 밖에서 기겁을 대패시켰다.[25] 이어서 이리저리 옮겨 다니며 연나라 패잔병을 추격하여 곧장 제나라 북방의 황하 가[26]에 이르러 제나라의 영토를 완전히 수복하고, 제나라 양왕襄王을 거에서 영접하여 임치로 돌아왔다.

연나라 혜왕은 기겁으로 하여금 악의를 대신하게 한 탓에 군대는 패하고 장수도 잃었으며 이전에 장악한 제나라 땅까지 빼앗긴 것을 후회했다. 또한 악의가 조나라에 투항한 것을 원망하면서 조나라가 악의를 중용하여 연나라가 피폐해진 틈을 타 공격하지 않을까 걱정했다. 이에 연나라 혜왕은 조나라에 사신을 보내 악의를 책망하는 한편 사과하는 말을 전했다.

---

24　망제군望諸君: "망제望諸는 제나라에 있는 호수다. 조나라 소유였으므로 그렇게 불렀을 것이다. 『전국책』에서는 망별자가 남藍자로 되어 있다."(『색은』)
25　제 양왕 5년(기원전 279)에 벌어진 전투로, 당시 연나라 혜왕은 왕위를 계승했지만 아직 개원하지 않은 상태였다.
26　북방의 황화 가까지 이르렀다는 것은 곧 지금의 더저우, 창저우 일대까지 추격한 것으로 당시에는 제나라 북쪽 경계였다.

"선왕께서는 나라 전체를 장군에게 위임했소. 장군이 연나라를 위해 제나라를 격파하고 선왕의 원수를 갚자 온 천하가 떨었는데, 과인이 어찌 하루인들 감히 장군의 공로를 잊을 수 있겠소! 마침 선왕께서 세상을 떠나고[27] 과인이 막 즉위하자 좌우 신하들이 과인을 그르쳤소. 과인이 기겁을 파견해 장군과 교체한 것은 장군이 오랫동안 밖에서 햇볕에 그을리고 비에 젖어 지쳐 있을 것을 고려해 잠시 돌아와 휴식을 취하게 한 뒤 대사를 상의하려 했던 것이오. 그런데 장군은 나의 뜻을 오해하여 과인과 틈이 생겼다고 여겨 연나라를 버리고 조나라로 갔소. 장군 개인으로 본다면 그렇게 하는 것이 당연할 수 있으나 선왕께서 장군을 과분하게 대접한 뜻을 무엇으로 보답하겠소?"

악의는 연나라 혜왕에게 답장을 보냈다.

신은 재주가 없어 대왕께서 신에게 돌아오라고 한 명령을 받들지 못했고, 또한 좌우 신하들의 마음도 따르지 못했습니다. 당시에 신이 그렇게 한 것은 돌아간 뒤 죽임을 당하면 사람을 알아보는 선왕의 밝음을 해치게 되는 것이고, 또한 대왕께서 선왕의 신하를 죽인 불의에 빠질까 두려워 조나라로 도망친 것입니다.[28] 지금 대왕께서는 사람을 보내 신의 죄를 열거하며 꾸짖으셨습니다. 지금 신은 대왕께서 무엇 때문에 선왕께서 신을 총애하고 중용했는지를 이해하지 못하시고, 또 신이 선왕을 섬긴 마음을 명확히 밝히지 못할까 두려워 감히 서신을 보냅니다.

신이 듣자 하니, 도덕과 재지가 높은 군주는 사적으로 친한 자에게 국가의 작록을 내리지 않고 누구든 공로가 많은 자에게 내리며, 능력이 적합한 자에게 작위를 감당하게 한다고 합니다. 따라서 능력을 살펴 관직을 수여하는 이는 공

---

27  원문은 '기군신棄群臣'으로 왕의 죽음을 가리킨다.
28  자신이 연나라를 떠나 조나라로 간 것은 결코 계략이 아니라 선왕과 혜왕을 위하여 행동한 것임을 말한다.

적을 이룰 수 있는 군주이고, 상대방 품행의 좋고 나쁨에 근거해 그와의 교제
여부를 결정하는 이는 명성을 드날릴 수 있는 선비입니다. 신이 남몰래 선왕의
행동거지를 살펴보니 다른 군주들보다 높은 뜻을 가지고 있기에 위나라의 사신
으로 오는 기회를 이용해 연나라를 직접 살펴본 것입니다. 선왕께서는 과분하게
도 신을 발탁하여 빈객들 사이에 끼워 넣고 신하들의 위에 서게 했으며, 종실의
연장자들과 상의하지 않고 신을 아경으로 임명했습니다. 당시 신은 속으로는 제
능력을 정확히 알지 못했으나 선왕께서 주신 임무를 완성할 수 있고 다행히 잘
못도 없다고 여겼기 때문에 사양하지 않고 임명을 받아들였습니다.

선왕께서 당시 신에게 "나는 제나라에 사무친 원한이 깊어29 연나라의 역량을
헤아리지 않고 제나라를 패배시키는 것을 목표로 삼고자 한다"30고 말씀하셨
습니다. 신은 "지금의 제나라는 일찍이 패자라 칭했던 대국의 후대이고 또 여러
차례 승리를 거둔 경험이 있으므로 그들의 군대는 훈련이 잘되어 있고 전투에
도 익숙합니다. 대왕께서 제나라를 공격하시려거든 반드시 천하 제후들과 연합
해야 합니다. 천하 제후들과 연합하려면 그중에서 우선 조나라와 맹약을 맺는
것이 가장 좋습니다. 또한 회북淮北31과 송나라 일대는 초나라와 위나라가 차지
하고자 하는 땅입니다.32 조나라가 동의하고 그다음에 네 나라가 연합하여 함
께 진공한다면33 제나라를 크게 격파시킬 수 있을 것입니다"라고 말씀드렸습니

---

29  기원전 314년 제나라가 연나라의 내란을 틈타 연나라를 공격해 격파하고 소왕의 부친인 연왕 쾌
를 죽이고 연나라가 거의 멸망할 뻔했으므로 소왕이 제나라에 원한을 품은 것이다.
30  국력의 약소함을 헤아리지 않고 제나라에 병사를 일으키겠다는 것으로, 여기서는 전쟁을 가리킨다.
31  회북淮北은 회하의 북쪽 지역으로, 본래 초나라에 속했는데 기원전 318년 송나라가 공격해 점령
했다. 기원전 286년 제나라가 송나라를 멸망시키고 제나라에 귀속되었다.
32  "포표가 말하기를 '초나라는 회하 북쪽을 차지하고자 하고 위나라는 송나라를 차지하고자 하는
것으로 당시 모두 제나라에 속했다'고 했다."(『사기회주고증』)
33  "나카이 리켄이 말하기를 '여기서는 조, 초, 위를 언급하고 나서 '네 나라'라고 한 것을 보면 한韓
나라가 빠진 것이다. 게다가 초와 위나라가 하고자 하는 바를 말하면서 초와 위나라의 말이 없으니 모
두 문장이 빠진 것이다'라고 했다. 진정웨이는 '네 나라는 연나라와 함께 계책을 세운 것이다'라고 했
다."(『사기회주고증』) "스즈멘이 말하기를 『전국책』 「연책 2」에서 '조나라가 동의한다면 초·위·송이 힘

다. 선왕께서는 신의 말이 옳다고 여기시고 신에게 부절을 가지고 조나라에 사신으로 가게 하셨습니다. 신은 돌아와 보고를 마치고 이어서 군대를 일으켜 제나라를 공격했습니다. 하늘의 복과 선왕의 위풍으로 황하 이북 지역이 선왕의 의지에 따라 점령되었으므로 연나라 군대는 곧장 제수 가로 전진했습니다.[34] 이어서 제수 가에 주둔해 있던 연나라 군대는 명령을 받고 계속 진공하여 제나라 군대를 대파하고 우리 정예 부대는 먼 거리를 신속하게 진군하여 제나라 도성 임치를 점령했습니다. 궁지에 빠진 제나라 민왕은 거성으로 달아나 간신히 몸을 피했습니다. 제나라의 주옥, 돈과 진귀한 보배, 수레와 병기, 귀중한 그릇 등의 전리품을 모두 거두어 연나라로 보냈습니다. 제나라에서 가져온 종묘의 제기를 연나라 영대寧臺[35]에 진열하고, 대려大呂는 원영元英에 전시했으며,[36] 과거에 제나라가 빼앗아갔던 정鼎을 되찾아 역실曆室에 두고,[37] 연나라 도성 계구薊丘에는 제나라 문수 가에서 자라는 대나무를 옮겨다 심었습니다.[38] 춘추오패 이래 선왕의 공로와 비교할 수 있는 사람은 없었습니다. 선왕께서는 이 때문에 만족스러워하시며 한 덩어리의 땅을 떼어 신을 봉하시고 작은 나라 제후에 비길 만

을 다하여 네 나라가 함께 제나라로 진공하면 제나라를 대패시킬 수 있다'고 했으니 네 나라는 조·초·위·송이다."(『사기각증』)

34  원문은 '河北之地隨先王而擧之濟上'이다. 『전국책』에는 '河北之地, 隨先王擧而有之於濟上(황하 이북 땅이 잇달아 선왕의 공격으로 점령되었다)'로 기재되어 있다. "뉴홍언과 먀오원위안 모두 '어제상於濟上' 석 자를 불필요한 글자로 여겼다. 악의는 공적을 모두 선왕에게 돌렸는데, 연나라 소왕이 확실히 직접 제수 강변을 찾아가 군사들을 위로했으므로 완곡하게 말한 것이다. 또 양콴은 이 구절을 '악의가 먼저 제나라와 연나라의 접경인 황하 이북을 공격하고, 이어서 제수 가를 점령했는데, 사실 연나라 군대는 직접 남하하여 제나라의 황하 이북을 공격하지 않았고, 조나라 군대를 따라서 조나라 동쪽을 거쳐 남하했고 다섯 나라의 군대가 연합하여 제나라의 주력을 제수 서쪽에서 대패시켰다'고 해석하여 여기서 말한 것은 사실에 부합하지 않는다."(『사기전증』)

35  "『괄지지』에 이르기를 '연나라 원영과 역실은 모두 연나라의 궁전으로 유주幽州 계현薊縣 서쪽 4리 영대寧臺 아래에 있다'고 했다."(『정의』)

36  대려大呂는 종鐘 명칭으로 제나라 묘당廟堂의 악기다. 원영元英은 제나라 궁전 명칭이다.

37  정鼎은 원래 연나라가 소유하던 것인데 자지의 난 때 제나라가 빼앗아갔다.

38  "연나라의 계구에 심은 것이 모두 제나라 왕이 문수 가에 심은 대나무라는 말이다."(『색은』) 계구薊丘는 연나라 도성인 계성薊城으로, 지금의 베이징 서남부 지역이다.

한 지위를 주셨습니다. 신 당시에 스스로의 능력을 정확히 알지 못하면서도 선왕께서 주신 임무를 완성할 수 있고 다행히 잘못이 없다고 여겼기 때문에 사양하지 않고 선왕의 임명을 받아들였습니다.

신이 듣자 하니, 도덕과 재지가 높은 군주는 자신이 건립한 공훈을 보호하고 남에 의해 손상되지 않도록 하기에 역사에 이름을 영원히 남길 수 있고, 앞일을 멀리 내다보는 선비는 자신의 명성을 보호하고 남에 의해 폐기되지 않도록 하기에 후세에 칭송된다고 합니다. 선왕께서는 자신의 깊은 원한을 갚고 치욕을 씻었으며 만승의 강대한 국가를 평정하여 800년39 동안 쌓은 재물을 모조리 거두어 돌아오셨습니다. 군신들을 떠나실 때에도 남기신 가르침이 쇠락하지 않았습니다. 당시 정사를 맡은 대신들도 모두 법령에 따라 일을 처리했고 왕실 공자들에 대한 일을 신중하게 처리했으며40 평민 백성에게 은택이 두루 미치게 하셨으니, 모두 후대의 가르침이 될 만합니다.

또 신이 듣건대, 일을 잘 꾸밀 줄 아는 자라도 반드시 성공할 수 있는 것은 아니며, 시작을 잘 한다고 해서 반드시 마무리가 좋은 것도 아니라고 합니다. 옛날에 오자서의 의견을 오나라 왕 합려가 받아들였기 때문에 오나라 왕의 발자취가 멀리 초나라 도성 영까지 도달했습니다.41 그러나 그 아들 부차는 오자서의 의견을 옳지 않다고 여겨 그에게 검을 내려 죽게 하고, 그 시신을 가죽 자루에 넣어 강물에 던졌습니다. 부차는 오자서 생전의 견해대로 하면 공적을 이룰 수 있음을 깨닫지 못해 오자서를 강물에 던지고도 후회하지 않았고, 오자서도 두 군주의 기량이 같지 않음을 일찌감치 인식하지 못했기 때문에 자신이 강물에 던져질 때까지 태도를 바꾸지 않았던 것입니다.

---

39  제나라의 역사는 서주 초기(약 기원전 1046)에 건립되어 민왕이 제수 서쪽에서 패배하기까지(기원전 283) 대략 800여 년이다.

40  "왕실 여러 공자에 대한 일을 신중하게 하여 그들이 내부에서 난을 일으키지 않도록 하는 것을 말한다."(『사기전증』)

41  오왕 합려 9년(기원전 506), 오나라 군대가 초나라를 격파하여 도성인 영으로 진입한 사건을 말한다.

신의 가장 높은 이상은 일생 동안 화를 입지 않고 국가를 위해 공을 세움으로써 선왕이 사람을 알아보고 제대로 등용했음을 증명하는 것입니다. 신이 가장 두려워하는 것은 신이 모욕과 비방을 받고 동시에 선왕의 사람을 알아보는 명성을 손상시키는 것입니다. 면전에서 설명할 수 없는 큰 죄를 지었는데, 요행으로 사적인 이익을 도모하는 것[42]은 신 도의상 절대로 할 수 없습니다.

신이 듣자 하니, 옛날의 군자는 친구와 절교하더라도 결코 상대방을 험담하지 않고, 충신은 배척되어 떠나더라도 결코 자신의 억울함을 씻고자 잘못을 군주에게 돌리지 않는다고 합니다.[43] 신이 비록 재능은 없으나 여러 차례 군자의 가르침을 받들었습니다. 대왕께서 좌우의 신임하는 사람들의 말만 믿고 소원해진 신의 행위를 이해하지 못할까 걱정되어 감히 이 서신을 대왕께 바치니, 오직 세심하게 살펴주시기를 바랍니다.[44]

이에 연나라 혜왕은 편지를 읽은 후 악의의 아들 악간樂間을 창국군에 봉했다. 악의는 이때부터 다시 연나라 왕과 친분을 맺고 연나라와 왕래했으며, 연나라와 조나라 모두 악의를 객경客卿으로 임명했다. 악의는 조나라에서 생을 마쳤다.

악간이 연나라에 산 지 30여 년이 되었다.[45] 연나라 왕 희喜는 상相 율복栗腹

---

42　연 혜왕이 걱정하는 일로, 조나라가 악의를 중용하여 연나라가 피폐해진 틈을 타 공격하는 것을 가리킨다.

43　"충신은 본국을 떠나서도 스스로 명성을 깨끗하다고 하고 자신은 죄가 없다고 말하지 않는 것을 말한다. 그러므로 『예기』 「곡례 하」에 이르기를 '대부는 자신의 나라를 떠나서도 남들에게 자신은 죄가 없다고 변명하지 않는다'고 했다."(『색은』)

44　이상 악의가 연 혜왕에게 보낸 서신은 『전국책』 「연책 2」에서 볼 수 있다. "제나라 전단이 기겁을 패배시키고 연나라 군대를 격파하고 제나라 땅을 회복시킨 이후로 주 난왕 37년(연나라 혜왕 원년, 기원전 278)의 사건이다."(『전국책신교주』)

45　"악간이 계승하여 창국에 봉해진 것은 연나라 혜왕 원년 이후로, 율복의 계책으로 조나라를 공격할 때까지 어찌 30여 년인가? 마땅히 20여 년으로 해야 한다."(『사기지의』)

의 계책을 받아들여 조나라를 공격하려 하면서 창국군 악간에게 의견을 물었다. 악간이 말했다.

"조나라는 사방으로 적과 마주하며 싸워온 나라이고[46] 그 백성은 군사 작전에 익숙하기 때문에 조나라를 공격해서는 안 됩니다."

연왕 희는 악간의 말에 따르지 않고 결국 조나라를 공격했다. 조나라에서는 염파廉頗를 파견해 맞서 공격하게 했고, 호部에서 율복의 군대를 대파하고[47] 율복과 악승樂乘을 사로잡았다.[48] 악승과 악간은 동족이었기 때문에[49] 악간 또한 조나라로 달아났다.[50] 조나라가 기세를 몰아 연나라 도성을 포위하자 연나라는 큰 면적의 토지를 떼어주고 화친을 구했다. 조나라는 비로소 포위를 풀고 돌아갔다.

연나라 왕은 악간의 말을 듣지 않은 것을 후회했지만 이미 악간은 조나라에 있었다. 이에 악간에게 서신을 보내 말했다.

은나라 주왕 때 기자는 비록 충고가 받아들여지지 않았음에도 불구하고 간언을 게을리 하지 않고 주왕이 받아들이기만을 기대했소. 상용商容 또한 파면되면

---

46  원문은 '사전지국四戰之國'이다. "나카이 리켄이 말하기를 '사전四戰은 지형을 말하는 것으로 사방이 적이라는 뜻이다'라고 했다."(『사기회주고증』) "동쪽으로는 연나라, 제나라와 이웃하고 있고, 서쪽으로는 진나라, 누번과 맞대고 있으며, 남쪽으로는 한나라, 위魏나라와 경계를 두고 있고, 북쪽으로는 흉노와 가까이하고 있다."(『정의』)

47  조 효성왕 15년, 연왕 희 4년(기원전 251)의 일이다. 호部는 조나라 읍으로 지금의 허베이성 가오이高邑 동남쪽 지역이다.

48  "악승은 경진卿秦을 잘못 적은 것이다. 「조세가」에 이르기를 '염파가 조나라 장군으로 임명되어 율복을 격파하여 죽이고 경진(연나라 장수)과 악간을 사로잡았다'고 한 것이 이것이다. 또 율복이 조나라에 패배했다고 하는데, 「세가」와 「노연전魯連傳」에서는 그가 죽었다고 하지 않았고, 「연표」 「조세가」 「염파전」에서는 모두 살해되었다고 했는데, 여기에서만 유독 사로잡았다고 하니 또한 이상하다."(『사기지의』) "양콴이 말하기를 '악승은 조나라 장수이기 때문에 사로잡힐 수 없다. 아래 문장에서 악간과 악승은 함께 조나라에 머물렀다고 했는데, 잘못이다'라고 했다."(『사기전증』)

49  "이 구절은 뒷문장인 '조나라는 악승을 무양군에 봉했다' 다음에 와야 한다. 순서가 잘못되었다."(『사기지의』)

50  "연왕 희가 자신의 말을 받아들이지 않은 것을 원망하여 조나라로 달아난 것이다."(『사기전증』)

서까지 간언했으나 받아들여지지 않고 몸은 곤욕을 치렀지만 그는 여전히 주왕이 잘못을 고치기만을 바랐소. 그러다가 민심이 떠나고 나라가 어지러워져 죄수들마저 자유롭게 감옥에서 도망치는 상황에 이르자[51] 두 사람은 물러나 은거했소. 이 때문에 주왕은 잔인하고 포학하다는 죄명을 짊어졌지만 두 사람은 충성스럽고 품덕이 고상하다는 명성을 잃지 않았소. 무엇 때문이겠소? 그들은 국가와 군주를 걱정하는 의무를 다했기 때문이오. 지금 비록 과인은 우둔하지만 주왕처럼 흉포하지는 않으며, 비록 연나라 백성이 어지럽기는 하지만 옛날 은나라 백성만큼 심하지는 않소. 집안에 분쟁이 있다고 하여 집안에서 해결하지 않고 나가서 이웃들에게 말하는 것이 합당하오? 이상 두 가지로 말하자면 그대의 방법이 옳지 않다고 생각하오.[52]

그러나 악간과 악승은 연나라 왕 희가 자신들의 계책을 들어주지 않은 것을 원망하며 끝내 조나라에 머물렀다.[53] 조나라는 악승을 무양군武襄君에 봉했다.[54] 그 이듬해에 악승과 염파가 조나라를 위해 군대를 이끌고 나가 연나라 도성을 포위했다. 연나라 왕은 다시 두터운 예물로써 화친을 청했고 조나라 군대는

---

51 원문은 '民志不入, 獄囚自出'이다. "백성의 뜻이 들어가지 않는다는 것은 나라가 어지러워져 마음이 떠나 밖으로 향하는 것을 말하므로 '들어가지 않는다不入'고 한 것이다. 또한 감옥의 죄수가 자유롭게 나왔다는 것은 정치가 어지럽고 군사들이 법을 지키지 않는 것이다."(『색은』) "백성의 뜻이 들어가지 않는 것은 백성의 뜻이 위에 도달하지 않는 것이다. 감옥의 죄수들이 자유롭게 나가는 것은 죄수가 감옥을 탈출하는 것이다. 정치에 기강이 없음이 이 지경에 이르자 두 사람은 물러나 은거한 것이다." (『사기회주고증』)

52 이상 연왕 희가 악간에게 보낸 편지는 『전국책』「연책 3」에서 볼 수 있다. "앞에서의 연 혜왕이 악의에게 보낸 서신과 응대하는 말이 상통하기 때문에 오사도, 고염무는 이 두 가지를 한 장으로 여겼다. 즉 연 혜왕이 악의에게 보낸 서신을 잘못하여 두 가지로 했다고 여겼다."(『사기전증』) 그러나 양옥승은 본래 두 장이라고 생각했다.

53 "악간이 간언했지만 왕이 듣지 않았으니 연나라를 원망하는 것은 당연하다. 악승은 조나라 장수로 일찍이 연나라에 들어간 적이 없는데 어떻게 연나라 왕을 원망할 수 있는가? '악승樂乘'과 '두 사람二人'은 불필요한 글자다."(『사기지의』)

54 "양콴이 말하기를 '「조세가」에 따르면 악승은 효성왕 10년에 이미 조나라 장수가 되었고 여러 차례 전공을 세웠기 때문에 무양군에 봉해진 것이다'라고 했다."(『사기전증』)

포위를 풀고 물러났다.[55] 5년 뒤에 조나라 효성왕이 죽었다.[56] 조나라 양왕襄王[57]이 악승을 파견해 염파 대신 장군으로 삼았는데, 염파가 이에 따르지 않고 군사를 지휘하여 악승을 공격했다. 악승은 달아났고 염파 또한 도망쳐 위나라로 들어갔다. 그로부터 16년 뒤[58]에 조나라는 진나라에 의해 멸망당했다.

조나라가 멸망하고 20여 년 뒤 한나라 고제高帝가 조나라의 옛 땅을 지나다가[59] 현지인에게 물었다.

"악의의 후손이 있는가?"

누군가가 대답했다.

"악숙樂叔이라는 자가 있습니다."

고제가 악숙을 악향樂鄕[60]에 봉하고 화성군華成君이라 불렀다. 화성군은 악의의 손자다. 악씨의 가족 중에 악하공樂瑕公과 악신공樂臣公[61]이 있었는데, 그들은 조나라가 진나라에게 멸망당하기 전에 제나라의 고밀高密[62]로 도망쳤다. 악

55  "심가본에서 이르기를 '앞 문장에서 '조나라는 기세를 몰아 연나라 도성을 포위했고 연나라는 큰 면적의 토지를 떼어주고 화친을 구했으며, 조나라는 비로소 포위를 풀고 돌아갔다'고 했다. 이 문장에서 반복된 것으로, 삭제되지 않았다. 「연세가」와 「염파전」에 연나라와 조나라가 화친한 것은 한 차례에 그친다'고 했다."(『사기회주고증』)

56  조 효성왕은 연왕 희 10년(기원전 245)에 사망했다.

57  마땅히 도양왕이라 해야 한다.

58  조왕 천遷 8년, 진왕 정 19년(기원전 228)이다.

59  고제高帝 7년(기원전 200) 2월, 유방은 북쪽으로 한왕韓王 신信을 정벌하고 돌아올 때 조나라 도성 한단을 지나갔다.

60  "악향樂鄕은 원래 악경樂卿이었는데, 경우본·소흥본·경본·황본·팽본·가본·능본·전본에 근거해 악향樂鄕으로 고쳤다. 『한서』 「고제기」에서도 악향이라 했고, 『지리지』에서도 신도국信都國에 악향이 있었다."(『수정본』) "『지리지』에 '신도信都에 악향현이 있다'고 했다."(『정의』) 신도는 지금의 허베이성 지현冀縣이다.

61  악신공樂臣公: "거공巨公이라 하기도 한다."(『집해』) "'거巨'자가 맞다. 「전숙전田叔傳」에서 '거공巨公'이라 했고, 『한서』에서도 '거鉅'라고 한 것이 이를 증명한다. 이 열전에서 잘못 기재했을 따름이다."(『사기지의』) "거공은 득도得道한 인물을 말하는 것이며 묵가墨家의 '거자鉅子'와 같은 것으로 이름이 아니다. 아래 문장 네 명의 '신공臣公'은 모두 '거공巨公'이라 해야 한다."(『사기회주고증』)

62  "서광이 말하기를 '고高를 가假라 하기도 한다'고 했다."(『집해』) "고밀을 가밀이라고도 하는데, 고高와 가假는 옛날에 통했다."(『사기각증』) "「조상국세가」와 『한서』 「조참전曹參傳」에는 가밀이라 했다."

신공은 황제와 노자 학설을 깊이 배워 제나라에서 명성을 날렸고 사람들로부터 현사賢師로 칭송되었다.

태사공은 말한다.

"일찍이 제나라의 괴통蒯通과 이후의 주보언主父偃[63]은 악의가 연나라 왕에게 보낸 '보연왕서報燕王書'를 읽을 때마다 감격하여 책을 내려놓고 눈물을 흘리지 않은 적이 없었다고 한다. 악신공은 황제와 노자의 학설을 배웠다. 그의 원래 스승은 하상장인河上丈人[64]이라 불리는 사람으로, 어디 사람인지는 알 수 없다. 하상장인은 안기생安期生[65]을 가르쳤고, 안기생은 모흡공毛翕公을 가르쳤으며, 모흡공은 악하공樂瑕公을 가르쳤고, 악하공은 악신공을 가르쳤으며, 악신공은 갑공蓋公[66]을 가르쳤다. 갑공은 제나라의 고밀과 교서膠西[67]에서 학문을 가르쳤는데 상국 조참曹參의 스승이 되었다."[68]

(『사기전증』)
63  괴통蒯通의 본명은 괴철蒯撤로, 무제의 휘를 피하기 위해 괴통이라 했다. 진한 시대의 변사辯士로 『한서』에 「괴통전」이 실려 있다. 주보언은 한 무제 때 사람으로 종횡가이며 『한서』「예문지」에 『주보언主父偃』 28편이 기록되어 있다.
64  하상장인河上丈人: 하상공河上公이라고도 하는데 그 이름은 알 수 없다. 『노자』에 주석을 달았다고 한다.
65  안기생安期生: 이후에 신선이라 했고 「봉선서封禪書」에 보인다.
66  갑공蓋公: 한나라 초기 사람으로, 그 이름은 알 수 없다. 당시 도가학파의 유명한 인물로 상국 조참이 추종했다. '蓋'의 음을 『색은』과 안사고 모두 '갑'이라 했다.
67  교서膠西: 한나라 시대의 제후국으로 도성은 고밀高密이다.
68  "효혜제孝惠帝 원년(기원전 194), 제후국에 상국을 설립하는 방법을 폐지하고 조참을 제나라 승상으로 변경해 봉했다. 조참은 교서 지방에 갑공이라는 사람이 있는데 황제와 노자 학설에 정통하다는 말을 듣고 사람을 보내 두터운 예물로 그를 불러오도록 했다. 조참이 갑공을 만났는데 갑공은 청정淸靜 무위無爲하면 백성이 저절로 다스려지는 도리를 말했다. 조참은 즉시 승상부의 정당正堂을 비우고 갑공이 거주하도록 했다."(『사기』「조상국세가曹相國世家」)

# 염파인상여열전

## 廉 頗 藺 相 如 列 傳

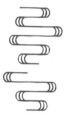

이 편은 조나라의 충신으로서 국가를 보위한 염파, 인상여, 조사, 이목의 합전이며, 조괄 등의 사적을 포함하고 있다. 이들 네 사람은 모두 재능 있고 충성스러웠으며 조나라의 흥망과 관련되어 있기 때문에 사마천은 이들을 한데 묶어 서술했다.

이들 가운데 인상여가 가장 강렬한 인상을 주고 있다. 인상여는 화씨벽을 가지고 진나라에 갔다가 영웅적인 기지를 발휘하여 화씨벽을 온전히 조나라로 가져왔으며, 민지 회담에서는 적국을 압도하는 위세를 펼쳐 보였다. 또한 큰 공적을 쌓아 높은 지위를 얻었으면서도 염파를 피해 다닌 이유에 대해 "내가 생각하기에 강한 진나라가 감히 우리 조나라로 진공하지 못하는 이유는 우리 두 사람이 있기 때문이오. 지금 두 호랑이가 서로 다툰다면 세력으로 보아 둘 다 살지 못할 것이오. 내가 이와 같이 하는 이유는 바로 국가의 급한 이익을 앞에 두고 개인의 사사로운 원망을 뒤에 두기 때문이오"라고 했다. 이에 잘못을 깨달은 염파는 인상여와 생사를 같이하는 절친한 벗이 되었으니, 두 인물의 고상하고도 광명정대한 품격을 엿볼 수 있다. 염파와 인상여를 함께 기록한 사마천의 취지는 바로 여기에 있다.

또한 이 편에서는 현명한 인재의 득실에 따라 국가의 흥망이 좌우된다는 사실을 강조하고 있다. 조사는 논밭의 조세를 징수하는 한낱 관리에 불과했지만 그가 크게 기용됨으로써 국가의 세금이 공평해지고 백성은 부유해졌으며 국고가 채워졌을 뿐더러 혜문왕은 조사의 의견을 받아들여 강한 진나라를 격파할 수 있었다. 반면 뒤를 이은 효성왕은 진나라 군대와 장평에서 대치한 상황에서 조사의 유언과 인상여의 권고를 받아들이지 않고 조괄을 임용하여 45만의 군사를 잃었다. 이목은 조나라의 변경을 안정시키고 진나라를 격파시킨 명장이었지만 진나라의 반간계와 곽개의 이간질에 넘어간 군주에 의해 죽임을 당했으며 조나라는 멸망의 길로 들어서게 되었다.

염파廉頗는 조나라의 뛰어난 장수다. 조나라 혜문왕 16년(기원전 283), 염파는 조나라를 위해 군대를 이끌고 제나라를 공격해 크게 격파하고 제나라의 양진陽晉을 취했다.[1] 그는 조나라로 돌아온 후 상경上卿에 봉해졌으며 용맹함으로 천하에 명성을 날렸다. 인상여藺相如는 조나라 사람으로 환관의 수령인 환자령宦者令[2] 무현繆賢의 사인舍人이었다.

조나라는 혜문왕 때 초나라의 화씨벽和氏璧[3]을 손에 넣었다. 이 소식을 들은 진나라 소왕은 사람을 보내 조나라 왕에게 서신을 보내어 진나라의 성 15개와 화씨벽을 맞바꿀 것을 청했다. 조나라 왕은 대장군大將軍[4] 염파 등 여러 대신과 이 문제를 상의했다. 화씨벽을 주자니 진나라에게 속아 성을 받지 못할까 두렵

---

1  당시 제나라 제후는 양왕襄王(이름이 법장法章, 재위 기원전 283~기원전 265)이었다. "양진은 위衛나라 땅이었는데 나중에 제나라에 귀속되었다. 지금 제나라가 취한 것이다."(『색은』) "「연표」와 「조세가」에 따르면 15년의 일이다. 양진은 마땅히 회북이라고 해야 한다."(『사기지의』)
2  환자령宦者令: 환관의 우두머리. "『한서』 「백관공경표」에 소부少府 속관으로 환자령이 있었는데, 한나라는 진나라 제도를 답습했고 진나라도 육국 시기의 관제를 채택했다. 또 환자령은 600석 관리로서 사인을 거느릴 수 있었는데, 이것은 진한 제도와 다른 육국의 제도다."(『사기신증』)
3  "초나라 사람 화씨和氏가 초산楚山에서 옥돌을 손에 넣어 여왕麗王에게 바쳤다. 여왕은 옥을 다듬는 장인에게 감정하도록 했다. 장인이 말했다. '이것은 돌입니다.' 여왕은 화씨가 자신을 속였다고 여기고는 그의 왼쪽 발을 절단했다. 여왕이 죽고 무왕武王이 즉위하자 화씨는 다시 그 옥돌을 무왕에게 바쳤다. 무왕이 옥을 다듬는 장인에게 그것을 감정하게 했더니 장인은 역시 '돌입니다'라고 했다. 무왕 또한 화씨가 자신을 속이려 한다고 여겨 그의 오른쪽 발을 절단시켰다. 무왕이 죽고 문왕文王이 즉위하자 화씨는 그 옥돌을 끌어안고 초산 아래에서 사흘 밤낮을 울었다. (…) 문왕은 옥을 다듬는 장인에게 그 옥돌을 다듬게 했고 아름다운 보배를 얻었다."(『한비자』 「화씨和氏」)
4  대장군大將軍: 장군 중 최고 칭호로 전국시대에 설치되기 시작되어 한나라로 이어졌다. 황금 인장과 자색 인끈으로 전한 무제武帝 때부터 녹상서사錄尚書事를 이끌었고, 밖으로는 정벌을 책임지고 안으로는 국정을 주관하는 등 권세가 승상을 초월했다. 그러나 이 당시에는 고정된 관직 명칭이 아니었다.

고, 화씨벽을 주지 않자니 진나라가 군대를 보내 쳐들어올까 걱정되었다. 결정을 내리지 못한 채, 진나라에 사신으로 가서 진나라 왕에게 답변할 만한 인물을 찾았지만 적합한 사람이 없었다. 이때 환자령 무현이 말했다.

"신의 사인인 인상여를 사신으로 보낼 만합니다."

조나라 왕이 물었다.

"그를 보낼 만하다는 것을 어떻게 알았소?"

무현이 대답했다.

"신이 일찍이 죄를 짓고 몰래 연나라[5]로 달아나려고 계획했는데, 그때 사인인 인상여가 신을 말리면서 '당신은 어떻게 연나라 왕을 알게 되었습니까?'라고 했습니다. 그래서 신은, 한번 대왕을 모시고 연나라 왕과 국경에서 만났을 때 연나라 왕이 사사로이 내 손을 잡으며 '그대와 친분을 맺고 싶소'[6]라고 했고, 이 일로 연나라 왕을 알게 되었기에 연나라로 가려고 한 것이라고 말했습니다. 그러자 인상여는 신에게 '당시 조나라는 강대하고 연나라는 약소했습니다. 또 당신은 조나라 왕의 총애를 받고 있었기 때문에 연나라 왕이 그대와 관계를 맺으려 한 것입니다. 지금 당신이 연나라로 달아나면 연나라는 조나라를 두려워하여 그대를 머물 수 있게 하지 않고 즉시 묶어서 조나라로 돌려보낼 것입니다. 그대는 웃옷을 벗어 어깨를 드러내고 부질斧質[7]에 엎드려 죄를 청하는 편이 낫습니다. 그러면 요행히 죄를 면할 수도 있을 것입니다'라고 했습니다. 신이 그의 계책대로 했더니 다행히 대왕께서도 신의 죄를 용서해주셨습니다. 이 때문에 신은 인상여가 용감할 뿐만 아니라 지혜롭다고 여겼고, 이에 사신의 임무를 완수할

---

5　당시 연나라 제후왕은 연 소왕燕昭王(재위 기원전 311~기원전 278)이다.
6　원문은 '원결우願結友'다. "왕염손의 『독서잡지』 「사기」에 따르면 '友'는 '交'의 잘못이다. 『문선文選』 「한부恨賦」와 『어람御覽』 「치도부治道部」에서도 '交'라 했다."(『찰기』) 역자 또한 '友'자를 '交'자로 번역했다.
7　부질斧質: 도끼와 나무 받침판, 즉 부질斧鑕을 뜻한다. 요참腰斬(허리를 자르는 형벌)에 사용하는 형구다.

수 있다고 생각됩니다."[8]

조나라 왕은 즉시 인상여를 불러들여 물었다.

"진나라 왕이 성 15개와 과인의 화씨벽을 교환하자고 하는데 그대가 보기에 주는 것이 좋겠소? 아니면 주지 않는 게 좋겠소?"

인상여가 대답했다.

"진나라는 강대하고 조나라는 약소하므로 허락하지 않을 수 없습니다."

조나라 왕이 말했다.

"만약 진나라 왕이 화씨벽만 취하고 우리에게 성을 내주지 않으면 어떻게 하오?"

인상여가 말했다.

"진나라가 성을 내주고 화씨벽을 달라고 했는데 우리 조나라가 받아들이지 않는 것은 조나라로서 도리에 맞지 않는 처사입니다. 그러나 조나라가 화씨벽을 주었는데도 진나라가 우리에게 성을 주지 않으면 진나라로서 도리에 맞지 않는 처사입니다. 이 두 가지 대책을 비교해볼 때 차라리 수락함으로써 도리에 맞지 않는 처사에 대한 부담을 진나라에게 지우는 편이 낫습니다."

조나라 왕이 말했다.

"그럼 누가 사신으로 가는 것이 좋겠소?"

인상여가 말했다.

"대왕께 적합한 인물이 없다면 신이 화씨벽을 가지고 사신으로 가겠습니다. 성이 조나라의 수중에 들어오면 화씨벽을 진나라에 두고 오겠지만, 성이 조나라 수중에 들어오지 않으면 신이 화씨벽을 온전하게 가지고 돌아오도록 하겠습니다."

---

8 "서부원이 말하기를 '무현이 남을 천거하면서 자신이 연나라로 달아나려 했다는 계획을 감추지 않은 것을 보면 그가 딴마음을 가지고 있음이 의심된다. 아마도 인정人情으로는 미치기 어려운 바다'라고 했다. 지나간 잘못을 감추지 않으니 도리어 진정성이 있다."(『사기회주고증』)

마침내 조나라 왕은 인상여에게 화씨벽을 가지고 서쪽 진나라로 들어가도록 했다.

진나라 왕은 장대章臺[9]에 앉아 인상여를 접견했다. 인상여가 화씨벽을 받들어 진나라 왕에게 바쳤다. 진나라 왕은 크게 기뻐하며 첩과 신하들에게 돌려가며 보여주자 모두 만세를 불렀다. 인상여는 진나라 왕이 조나라에게 성을 보상할 뜻이 없음을 알고 앞으로 나아가 말했다.

"이 화씨벽에는 작은 얼룩이 하나 있는데 대왕께 그것을 보여드리겠습니다."

진나라 왕이 화씨벽을 인상여에게 건넸다. 인상여는 화씨벽을 받자마자 뒤로 몇 걸음 물러나 기둥에 기대더니 곤두선 머리카락이 관을 들어 올릴 정도로 화를 내며 진나라 왕에게 말했다.

"대왕께서는 화씨벽을 얻고자 사자를 파견해 조나라 왕에게 서신을 보냈습니다. 조나라 왕은 신하들을 소집해 이 문제를 상의했습니다. 모두가 말하기를 '진나라는 매우 탐욕스러워 자신의 강대함에 의지해 빈말로 속여 화씨벽을 차지하려는 것이니 화씨벽을 넘겨주고 보상받기로 한 진나라 성은 얻을 수 없을 것이다'라고 했습니다. 상의 끝에 진나라에 회씨벽을 주지 않기로 했습니다. 그러나 신은 '평민 백성 간의 거래에도 속임수를 사용하지 않는데 하물며 대국은 어떻겠는가! 뿐만 아니라 작은 화씨벽 하나 때문에 강대한 진나라의 환심에 거스르는 일은 해서는 안 된다'고 생각했습니다. 그리하여 조나라 왕은 닷새 동안 재계齋戒[10]한 뒤 신을 파견해 화씨벽을 받들게 하고, 출발할 때는 친히 대전 아

---

9  장대章臺: 진나라 이궁離宮에 있는 대로서 장화대章華臺라고도 한다. 당시 함양성 서남쪽, 즉 지금의 시안西安 서북쪽의 장안 옛 성에 있다. 조정이 아닌 이궁에서 다른 나라 사신을 접견한다는 것은 낮잡아본다는 뜻이다.
10  재계齋戒: 옛 사람이 제사나 기타 전례를 거행하기 전에 목욕하고 옷을 갈아입고 술을 마시지 않고 생선이나 육류로 만든 요리를 먹지 않으며 처첩과 동침하지 않음으로써 경건하고 정성스러우며 공손함을 표시하는 예의를 말한다.

래로 내려와 뜰까지[11] 신을 전송하면서 대왕께 보내는 국서를 전달하는 예를 표했습니다. 무엇 때문에 이와 같이 하겠습니까? 바로 대국의 위엄을 경외하여 경건한 뜻을 표하기 위함입니다. 그런데 지금 신이 진나라에 왔는데 대왕께서는 신을 일반 궁전에서 접견하고 예절이 매우 오만하며, 화씨벽을 받으시고는 여인들에게 건네주어 신을 농락했습니다. 신이 보건대 대왕께서는 조나라 왕에게 성을 내줄 뜻이 없음을 알았기에 화씨벽을 다시 회수한 것입니다. 대왕께서 신을 핍박하려 하신다면 신의 머리는 이 화씨벽과 함께 기둥에 부딪쳐 부서질 것입니다!"

인상여는 화씨벽을 잡고 기둥을 곁눈질하며 함께 기둥에 부딪치려 했다. 진나라 왕은 그가 정말로 화씨벽을 깨뜨릴까 두려워 그에게 사과하고 부디 그렇게 하지 말 것을 청했다. 그러고는 유사有司[12]를 불러 지도를 가져오게 하여 살펴보고는 여기서부터 저기까지 15개의 성을 가리키며 조나라에 내주라고 했다. 인상여는 진나라 왕이 단지 조나라에 성을 내주는 척하는 것일 뿐 실제로 받을 수 없음을 헤아리고 진나라 왕에게 말했다.

"화씨벽은 천하가 모두 공인하는 보물로, 조나라 왕은 진나라가 두려워 감히 바치지 않을 수 없었습니다. 조나라 왕은 신을 통해 화씨벽을 보낼 때 닷새 동안 재계하셨습니다. 지금 대왕께서도 마땅히 닷새 동안 재계한 다음 조정에서 구빈九賓의 예를 갖추신다면[13] 그때 신이 정식으로 화씨벽을 바치겠습니다."

---

11  원문은 '정庭'이다. 『사기통해』에서는 "정庭은 정廷과 통한다"고 하여 '조정朝廷'을 뜻한다고 했다. 그러나 역자는 '재계'와 마찬가지로 뜰(정원)로 해석하여 조나라 왕이 뜰까지 나와서 정성스럽게 전송하는 뜻으로 번역했다. 이와 비슷한 경우로 「자객열전」에 "사신을 진나라로 파견할 때 연나라 왕이 직접 정원에서 전송하는 예의를 거행하다"라는 구절이 있다.

12  유사有司: 주관 부서의 관리를 가리킨다. 고대에는 관직을 두고 직분을 나누었으며 각기 전사專司(전문 관리)가 있었으므로 유사라 칭했다.

13  "구빈의 예를 갖춘다는 말은 「자객열전」에도 보이는데, 그 제도는 경전에 보이지 않으니 궁극적으로 무엇을 말하는지 모르겠다."(『사기전증』) "위소가 말하기를 '구빈은 『주례』의 구의九儀(천자가 각기 다른 알현하러 온 자를 접대하고 제정한 아홉 가지 예절)다.'"(『집해』) "『주례』 「대행인大行人」에서는 구빈을 구별했는데 구복九服(왕기王畿, 즉 왕성王城 주변 1000리 바깥의 9개 땅)의 빈객이라 했다. 『열사전』에서

진나라 왕은 화씨벽을 강제로 뺏을 수 없음을 알아차리고 마침내 닷새간의 재계를 받아들인 뒤, 상여를 광성전廣成傳[14]에 묵게 했다. 인상여는 진나라 왕이 설사 재계를 하더라도 약속을 저버리고 절대 조나라에게 성을 내주지 않을 것이라 생각했다. 이에 자신의 수행원에게 거친 베옷을 입혀 평민 백성으로 꾸민 다음 화씨벽을 품속에 감추고 샛길로 도망치도록 하여 화씨벽을 조나라로 돌려보냈다.

진나라 왕은 닷새 동안 재계한 뒤 조정에 성대한 구빈의 예를 행하고 사람을 보내 조나라 사신 인상여를 불러들였다. 인상여가 들어와 진나라 왕에게 말했다.

"진나라는 목공繆公 이래 20명이 넘는 군주가 있었지만[15] 지금까지 확고하게 맹약을 준수하신 분이 없습니다. 신은 진실로 대왕에게 속아 조나라를 저버리게 될까 두려워 미리 사람을 시켜 화씨벽을 가지고 나가게 했으니, 이미 조나라에 도착했을 겁니다. 진나라는 강대하고 조나라는 약소하기에 대왕께서 보잘것없는 사자 한 명을 조나라에 보냈는데도 조나라는 즉시 신으로 하여금 화씨벽을 받들게 하여 진나라로 보냈습니다. 지금 이렇게 강대한 진나라가 먼저 성 15개를 조나라에 할양해준다면 조나라가 어찌 감히 화씨벽을 주지 않고 대왕께 죄를 짓겠습니까? 신은 대왕을 속인 죄로 마땅히 죽어야 함을 알고 있으니, 청컨대 끓는 가마솥에 삶기는 형벌[16]을 받고자 합니다. 오직 대왕께서는 이 일

는 구뢰九牢(소, 양, 돼지 세 가지 희생물을 일뢰一牢라고 했는데, 구뢰는 소·양·돼지를 각 아홉 마리씩 대례大禮에 사용하는 것)를 갖추는 것이라고 했다."(『색은』) "유백장이 말하기를 '구빈은 주나라 왕이 갖추는 예로 황제가 정전正殿에 앉지 않고 전전前殿으로 나가 구복九服이 함께 모이는 것이다. 진나라와 조나라가 어떻게 구빈을 행할 수 있는가? 단지 수레와 문물을 배치한 것뿐이다.'"(『정의』)

14 광성전廣成傳: "광성廣成은 전사傳舍의 명칭이다."(『색은』) '전사'란 관부에서 공무로 왕래하는 사람들에게 숙식을 제공하는 공간이다. 안사고는 "전사는 사람이 가는 길을 멈추고 쉬는 곳이다. 앞사람은 떠나고 다시 뒷사람이 오니 돌면서 서로 차지하는 것이다"라고 했다.

15 『사기』「진시황본기」에 따르면 진나라 목공부터 진나라 소왕까지 군주는 모두 21대다.

16 원문은 '탕확湯鑊'으로, 물이나 기름을 끓이던 가마솥인데 고대에는 죄인을 삶는 형구로 사용했다. 옛날에 사람을 죽이는 큰 가마를 '정鼎' 혹은 '확鑊'이라 했는데 모두 구리나 철로 주조했다. 서로 다른 점은 정은 다리가 3개이고 확은 다리가 없다는 것이다.

을 신하들과 자세히 상의해주십시오."

진나라 왕과 신하들은 서로 바라보면서 놀라며 탄식하는 소리를 냈다.[17] 진나라 왕 곁에 있던 시종 중에는 인상여를 끌어내 형벌을 집행하려는 자도 있었다. 그러자 진나라 왕이 말했다.

"지금 인상여를 죽인다 한들 화씨벽을 얻을 수 없고, 도리어 진나라와 조나라의 좋은 관계만 단절될 것이다. 차라리 그를 후하게 대접하여 조나라로 돌려보내는 편이 낫다. 조나라 왕이 어찌 화씨벽 하나 때문에 우리 진나라를 속일 수 있겠는가!"

마침내 인상여를 다시 조정에서 접견하고 예를 마친 뒤 조나라로 돌아가게 했다.

인상여가 돌아온 뒤 조나라 왕은 그를 현명하고 능력 있는 대부로 여겼고,[18] 진나라에 사신으로 가서 제후 면전에서 국가의 존엄을 유지했기 때문에 인상여를 상대부上大夫[19]로 임명했다. 진나라는 역시 조나라에게 성을 주지 않았고, 조나라도 끝내 화씨벽을 진나라에게 주지 않았다.

그 후 진나라는 조나라를 공격하여 석성石城을 점령했고,[20] 그 이듬해(기원전

---

17   원문은 '秦王與群臣相視而嘻'다. '희嘻'의 의미에 대해 여러 견해가 있다. "놀라고 분노하는 말"(『색은』), "원망하고 분노하는 소리"(『정의』) 등이다. 반면 "나카이 리켄은 말하기를 '희嘻는 단지 놀라고 괴이하게 여겨 내는 소리로, 분노의 뜻은 아니다'라고 했다."(『사기회주고증』) "이 상황을 생각해보면 실로 울 수도 없고 웃을 수도 없는 지경인데 '희' 한 글자로 생생히 전달된다! 혹자는 분노라고 해석하는데 잘못이다."(『사기정화록』)

18   원문은 '趙王以爲賢大夫使不辱於諸侯'다. "현賢 뒤의 '대부大夫' 두 글자는 불필요하다. 당시 인상여는 무현의 사인이었을 뿐 아직 대부가 아니었다."(『광사기정보』) '대부'를 삭제할 경우 번역은 "조나라 왕은 그가 현명하고 능력 있으며 진나라에 사신으로 가서 제후 면전에서 국가의 존엄을 유지했다고 여겼기 때문에 인상여를 상대부로 임명했다"가 된다.

19   상대부上大夫: 경卿과 대부大夫는 균등히 상·중·하 세 등급으로 나뉘었는데, 상대부는 경 다음의 지위였다.

20   조 혜문왕 18년(기원전 281)의 일이다. 석성石城은 지금의 허난성 린현 서남쪽 지역이다.

280)에 재차 조나라로 진공하여 2만 명을 죽였다.[21]

진나라 왕[22]은 조나라 왕에게 사자를 보내 조나라 왕과 서하외西河外[23] 민지澠池에서 우호 회담을 갖고 싶다고 통보했다. 조나라 왕은 진나라를 두려워하여 가지 않으려 했다. 염파와 인상여가 상의하여 말했다.

"대왕께서 가시지 않으면 조나라는 약소하고 비겁하게 보일 것입니다."

조나라 왕은 하는 수 없이 가기로 했고 인상여가 곁에서 수행했다. 염파는 그들을 국경까지 따라와 전송하고 조나라 왕과 헤어질 때 말했다.

"대왕께서 이번에 가시는데, 회담과 가고 오는 거리에 소요되는 기간을 헤아려보면 30일이 넘지 않을 것입니다. 만일 30일이 지나도 돌아오시지 않으면 태자를 조나라 왕으로 옹립하여 진나라가 대왕을 인질로 삼아 협박하려는 생각을 끊을 수 있도록 해주십시오."

조나라 왕은 허락했고, 마침내 민지에서 진나라 왕을 만났다. 진나라 왕은 거나하게 취해 흥겨워졌을 때 말했다.

"과인은 조나라 왕께서 음악에 정통하시다고 들었습니다. 거문고 연주 한 곡 부탁드리겠습니다."

조나라 왕은 하는 수 없이 거문고 한 곡을 연주했다. 진나라 어사御史[24]가 나오더니 다음과 같이 적었다.

---

21  "「표」에 따르면 죽은 조나라 병사는 3만 명이다."(『사기지의』) "「진본기」 「육국표」에 따르면 이해에 진나라 장수 백기가 조나라를 공격하여 광랑성光狼城을 탈취했다."(『사기전증』)
22  "'秦王' 앞에 '明年(이듬해)' 두 글자가 빠진 것으로 의심된다."(『사기지의』) "양옥승(『사기지의』)의 말이 맞다. 다음 문장의 '민지에서의 회맹'은 조 혜문왕 20년, 진 소왕 28년(기원전 279)으로 '明年' 두 글자를 보충해야 한다."(『사기전증』)
23  서하외西河外는 하외河外의 서남부, 즉 지금의 허난성 서부의 황하 이남을 가리킨다. 춘추전국시대에서 한나라 때에 이르기까지 사람들은 통상적으로 지금의 허난성 황하 이북 지역을 하내河內라 하고, 황하 이남을 하외河外라 했다.
24  어사御史: 전국시대 때 도서와 전적을 관장하던 관원으로 후대의 사관史官과 같다. 진나라 시대에 규탄과 탄핵을 담당했던 관원과는 다르다.(『사기전증』)

'어느 해 어느 달 어느 날에 진나라 왕이 조나라 왕을 만나 술을 마셨을 때 진나라 왕이 조나라 왕에게 거문고를 연주하도록 명령했다.'

그러자 인상여가 즉시 앞으로 나와서 말했다.

"조나라 왕 또한 진왕께서 진나라 음악에 정통하시다고 들었습니다. 청컨대 분부盆鈇[25]를 진왕께 올릴 터이니 한 곡 연주하시어 함께 즐기도록 해주십시오."

진나라 왕은 화를 내며 응하지 않았다. 그러자 인상여는 앞으로 나아가 분부를 바치며 무릎을 꿇고 진나라 왕에게 연주하기를 청했다. 진나라 왕이 여전히 분부를 두드리려 하지 않자 인상여가 말했다.

"신과 대왕 사이는 다섯 걸음도 떨어져 있지 않습니다. 대왕께서 두드리시지 않으면 신의 목의 피를 대왕께 뿌리겠습니다!"

이때 진나라 왕 주위에 있던 호위병들이 칼을 뽑아 인상여를 죽이려 했지만 인상여가 눈을 부릅뜨고 큰 소리로 꾸짖자 모두 놀라 뒤로 물러났다. 진나라 왕은 내키지 않아 하며 조나라 왕을 위해 분부를 한 번 두드렸다. 인상여는 즉시 고개를 돌려 조나라의 어사를 불러 다음과 같이 적도록 했다.

'어느 해 어느 달 어느 날에 진나라 왕이 조나라 왕을 위해 분부를 두드렸다.'

이때 진나라 신하들이 말했다.

"조나라 왕은 성 15개를 진나라 왕의 장수를 기원하는 예물로 바치시오."

인상여도 말했다.

"진나라 왕은 도성 함양을 조나라 왕의 장수를 기원하는 예물로 바치시오."

진나라 왕은 연회가 끝날 때까지 조나라 왕을 압도할 수 없었다. 조나라 또한

---

25  분부盆鈇: "『풍속통의風俗通義』에서 이르기를 '부鈇는 토기로 술을 담는 데 사용하며 진나라 사람들은 그것을 두드려서 노래의 박자를 맞췄다'고 했다."(『집해』)

많은 군사를 배치하고 진나라를 방비했으므로 진나라가 함부로 움직일 수가 없었다.

민지에서 회담을 마치고 돌아온 조나라 왕은 인상여의 공로가 컸기 때문에 그를 상경에 봉했는데, 그 지위가 염파보다 높았다.[26] 그러자 염파가 말했다.

"나는 조나라 장군이 되어 성을 공격하고 들판에서 적과 싸운 큰 공[27]이 있는 반면 인상여는 단지 입과 혀를 놀렸을 뿐인데 지위가 나보다 위에 있다. 게다가 인상여는 본디 출신이 미천하니 나는 부끄러워서 차마 그의 아래에 있을 수 없다."

그러고는 공개적으로 떠벌렸다.

"어느 때이든 인상여를 만나면 반드시 모욕을 줄 것이다."

이 말을 들은 인상여는 염파와 마주치지 않으려 했다. 매번 조회에 가야 할 때마다 인상여는 병을 핑계로 집에 있으면서 염파와 지위의 높고 낮음을 다투려 하지 않았다. 그 뒤 외출했을 때 멀리 염파가 보이자 인상여는 수레를 돌려 피해 숨었다. 그러자 그의 사인들이 모두 간언했다.

"저희가 멀리 부모[28]를 떠나와서 군을 섬기는 이유는 바로 군의 고상한 의리를 앙모하기 때문입니다. 그런데 지금 군께서는 염파[29]와 같은 등급의 지위이면서, 염군廉君이 공개적으로 나쁜 말을 퍼뜨리며 모욕하고 다니는데도 군께서는

---

26  원문은 '우右'로, 진한 시대 이전에는 오른쪽을 귀하게 여겼기에 더 높다는 의미를 지닌다.

27  원문은 '대공大功'이다. "'대大'자는 후세 사람이 첨가한 것이다. 『문선文選』「서정부西征賦」주석, 『후한서』「구순전寇恂傳」주석, 『태평어람太平御覽』「병부兵部」「인사부人事部」「질병부疾病部」에도 모두 '대大'자가 없다. 『군서치요群書治要』와 『통감通鑑』「주기周紀 4」도 같다."(『독서잡지』「사기」) '수정본'에서도 『독서잡지』「사기」의 내용에 근거해 수정했다.

28  원문은 '친척親戚'이다. "친척은 부모를 말한다. 「초세가」에서 회왕이 사망하자 '초나라 사람들이 모두 그를 가련하게 여겨 마치 자신의 친척을 잃은 것처럼 비통해했다'고 기록했고, 「정세가鄭世家」에서는 자산子産이 사망하자 '정나라 사람들이 모두 흐느끼를 마치 친척이 사망한 것과 같이 슬퍼했다'고 기록하고 있는데, 모두 이러한 예와 같다."(『사기각증』)

29  "'염파'는 '염군廉君'이라 해야 한다. 다음 문장에 염군이라 한 것이 그 증거다."(『독서잡지』「사기」)

두려워하며 피하고 계시니 겁내는 것이 지나치게 심합니다. 이런 일은 보통 사람들도 부끄러워하는 일인데, 하물며 장상將相의 지위에 있는 사람이라면 어떻겠습니까! 못나고 어리석은 저희는 떠나고자 합니다."

인상여는 그들을 끝까지 만류하며 말했다.

"그대들은 염장군과 진나라 왕 중에 누가 더 대단하다고 생각하시오?"

사인들이 대답했다.

"당연히 염장군이 진나라 왕에 미치지 못합니다."

인상여가 말했다.

"저 진나라 왕의 위엄에도 나는 진나라 조정에서 그를 큰 소리로 꾸짖고 그의 신하들을 부끄럽게 만들었소. 나 인상여가 우둔하다 한들 어찌 염장군을 두려워하겠소? 내가 생각하기에 강한 진나라가 감히 우리 조나라로 진공하지 못하는 이유는 우리 두 사람이 있기 때문이오.[30] 지금 두 호랑이가 서로 다툰다면 세력으로 보아 둘 다 살지 못할 것이오. 내가 이와 같이 하는 이유는 바로 국가의 급한 이익을 앞에 두고 개인의 사사로운 원망을 뒤에 두기 때문이오."

이 말을 전해들은 염파는 즉시 웃옷을 벗어 상체를 드러내고 가시나무를 등에 지고 빈객으로 하여금 자신을 이끌게 하여 인상여의 집 앞에 이르러 사죄하며 말했다.

"저는 비천한 사람으로 장군의 품은 뜻이 이토록 넓으신 줄은 몰랐습니다."

이때부터 두 사람은 서로 화해하고 생사를 같이하는 절친한 벗이 되었다.[31]

이해[32]에 염파는 동쪽으로 제나라를 공격하여 부대 하나를 격파했다.[33] 또

---

30  "태사공이 염파와 인상여를 함께 열전으로 기록한 본래 취지가 바로 이것이다."(『사기평의』)
31  원문은 '문경지교刎頸之交'다. "최호崔浩가 말하기를 '생사를 함께하여 목이 베어져도 후회가 없음을 말한다'고 했다."(『색은』)
32  조 혜문왕 20년, 제 양왕 5년(기원전 279)의 일이다.
33  "이해에 연나라 군대가 제나라를 공격하자 조나라는 염파를 시켜 돕도록 했다. 「조세가」에도 내용이 있다."(『사기회주고증』)

2년 뒤[34] 염파는 다시 출병하여 제나라 기幾를 공격하여 점령했고[35] 3년 뒤[36]
에는 위나라 방릉防陵과 안양安陽[37]을 공격하여 모두 점령했다. 다시 4년[38] 뒤에
는 인상여가 군대를 이끌고 제나라를 공격하여 곧장 평읍平邑[39]까지 쳐들어갔
다가 돌아왔다. 그 이듬해에 조사趙奢가 어여閼與[40] 부근에서 진나라 군대를 격
파했다.

  조사趙奢[41]는 조나라 논밭의 조세를 징수하는 한낱 전부리田部吏[42]였다. 한번
은 그가 조세를 징수할 때 평원군의 집에서 조세를 납부하지 않으려고 하자, 조
사는 법률에 따라 이 사건을 처리하여 평원군의 집안일을 관리하는 아홉 명의
사람을 죽였다.[43] 화가 난 평원군이 조사를 죽이려고 하자, 조사가 평원군에게
말했다.
  "군께서는 조나라의 귀공자입니다. 지금 제가 군의 집안사람을 방치하고 국가

34  "마땅히 3년이라고 해야 한다"고 했다.(『사기지의』) 즉 조 혜문왕 23년(기원전 276)이다.
35  '기幾는 위魏나라 읍이다. 「조세가」에서 '염파가 위나라 기를 공격해 점령했다'고 했고, 「조책 3」
    에서도 '진나라가 어여(조나라 읍, 지금의 산시山西성 허순和順 경내)에서 패했는데 도리어 위나라의 기로
    진공했다. 염파가 기를 구원하고 진나라 군대를 대패시켰다'고 했다. 여기서 '제나라 기'라고 한 것은
    잘못이다. 배인裴駰도 '혹자는 제나라에 속했다고 하는데 아니다'라고 했다. 앞서 누창이 기를 공격했
    으나 점령하지 못했으므로 다시 정벌했다고 말하는 것이다."(『사기지의』) 양콴도 기가 위나라 읍이라
    했다. 지금의 허베이성 다밍大名 동남쪽 지역이다.
36  "마땅히 1년 뒤라고 해야 한다. 혜문왕 24년(기원전 275)의 일이다."(『사기지의』)
37  방릉防陵과 안양安陽은 위나라 현으로 지금의 허난성 안양 서남쪽 지역이다.
38  조 혜문왕 28년, 제나라 양왕 13년(기원전 271)이다.
39  평읍平邑: 제나라 현으로 지금의 허난성 난러南樂 동북쪽 지역이다.
40  어여閼與: '閼'의 음은 알(e), 어(yu), 연(yan)이 있는데, 『사기통해』에서는 '연(yan)'이라 표기한 반
    면 『사기전증』을 비롯한 여러 자료에서는 '어(yu)'로 표기하고 있어, 역자 또한 '어'로 번역했다.
41  "『당서唐書』 「세계표世系表」에 이르기를 '조나라 왕자 조사는 혜문왕의 장군이었고 목牧을 낳았
    는데, 그 또한 조나라 장군이었다'고 했는데, 『사기』와 다르다."(『사기지의』)
42  전부리田部吏: 전부田賦(논밭에 대한 세금, 일종의 토지세)를 징수하는 관리를 일컫는다.
43  "평원군은 조나라 공자이고 조사는 한낱 전부리에 불과하다. 무슨 근거로 평원군의 집안일을 관
    리하는 자를 9명이나 죽인단 말인가? 이것은 태사공이 기이한 것을 좋아하여 여러 전해지는 기이한
    말을 취한 것으로, 심하다."(『사기찰기』)

법령에 따라 처리하지 않으면 국가 법령이 효력을 잃게 될 것입니다. 국가 법령이 효력을 잃으면 국가가 쇠약해질 것이고, 국가가 쇠약해지면 제후들이 출병하여 우리를 공격해올 것이고, 제후들이 출병하여 공격해오면 우리 조나라는 멸망할 것입니다. 그때가 되면 군 집안의 부귀가 보존될 수 있겠습니까? 군과 같이 지위가 고귀한 분이 공무를 중히 여기고 법률을 지킨다면 전국의 위아래가 평온해질 것이고, 위아래가 평온해지면 국가가 강대해질 것이며, 국가가 강대해지면 조나라 왕의 지위 또한 공고해질 것입니다. 그렇게 되면 군께서는 국왕의 친속이신데 어찌 천하 사람들이 경시하겠습니까?"

이 말을 들은 평원군은 조사가 현명하다고 여겨 조나라 왕에게 천거했다. 조나라 왕이 그를 등용하여 전국의 세금을 관리하게 하자 국가의 세금이 공평해지고 백성은 부유해졌으며 국고 또한 가득 차게 되었다.


그 뒤 진나라가 한나라로 진공하여 어여에 군대를 주둔시켰다.[44] 조나라 왕

---

44 "통행되는 판본('수정본' 포함)의 원문은 '秦伐韓, 軍於閼與(진나라가 한나라로 진공하여 어여에 군대를 주둔시켰다)'다. 그렇다면 어여에 군대를 주둔시킨 주체는 진나라이고 아래 문장에서 분명하게 '遂解閼與之圍而歸(마침내 어여의 포위를 풀고 돌아갔다)'고 했으니 어여에 포위된 주체는 한나라 군대다. 「조세가」에도 '진나라 군대가 한나라를 공격하여 어여를 포위했다'고 했으니 본문의 뜻과 상통한다. 오늘날 학자들은 당시 어여가 한나라에 속했는지 아니면 조나라에 속했는지, 또한 어여에 포위된 군대가 한나라 군대인지 조나라 군대인지에 대해 연구한 결과 어여는 조나라에 속했으며 포위된 군대는 당연히 조나라 군대라고 고증하고 있다. 게다가 아래 문장에서 진나라 장수가 '조사의 군대가 도성 한단으로부터 30리 떨어진 곳에서 군대를 전진시키지 않고 단지 보루만 보강하고 있으니 어여는 다시는 조나라 땅이 되지 않을 것이다'라는 말을 통해 어여가 조나라에 속해 있었음을 알 수 있다. 『통감』 난왕赧王 45년에는 '진나라가 조나라를 공격하여 어여를 포위했다'고 했고, 『어람』에서는 『전국책』을 인용해 '진나라 군대가 어여에서 조나라 군대를 포위했다'고 했으며, 「조책 3」에서는 '진나라 왕이 衛위나라 호양胡陽에게 조나라로 진공하여 어여를 공격하도록 명령했다'고 했다. 또한 「진본기」에서도 '진나라의 중경中更 호양이 조나라의 어여를 공격했다'고 했고, 『어람』에서도 『사기』에 이르기를 '조나라 어여를 공격했다'고 했다. 따라서 이 구절은 마땅히 '秦伐趙軍於閼與(진나라가 어여에 주둔해 있던 조나라 군대를 공격하다)'라고 하는 것이 마땅하다."(『사기전증』) 역자는 『사기전증』의 견해에 따라 고쳐서 번역하지 않고 '수정본' 원문으로 번역했다. 또한 진나라가 어여를 공격한 연대는 「조세가」와 「육국연표」에 모두 조 혜문왕 29년, 진 소왕 37년(기원전 270)으로 기재하고 있으나, 「진본기」에서는 진 소왕 38년(기원전 269)으로 기재하고 있다. 『전국사표』와 『전국사계연집증戰國史繫年輯證』은 모두 후자를 따르고 있다. 그리

이 염파를 불러 물었다.

"우리가 어여의 한나라 군대를 구원할 수 있겠소?"

염파가 말했다.

"길이 먼 데다 험하고 좁아서 구원하기 어렵습니다."[45]

다시 악승을 불러 물었지만 악승의 대답 또한 염파와 같았다. 조나라 왕이 다시 조사를 불러 묻자, 조사가 대답했다.

"길이 먼데다 험하고 좁으므로 그곳에서 작전하는 것은 마치 쥐 두 마리가 쥐구멍 속에서 다투는 꼴이니 결국 용감한 장수가 승리를 거둘 것입니다."[46]

조나라 왕은 즉시 조사를 장군으로 임명하고 어여를 구원하도록 했다.

조나라 군대가 한단을 떠나서 30리쯤 왔을 때 멈췄고, 조사는 군중에 명령을 내렸다.

"누구든 군사 행동에 관련해서 간언하는 자가 있으면 사형에 처하겠다."

이때 진나라 군대가 무안武安[47]성 서쪽 근처에 주둔하고는 북을 두드리고 함성을 지르면서 훈련을 하는데 그 소리가 너무 우렁차 무안성 안의 지붕 기와들이 다 흔들렸다. 이때 군중에서 적의 상황을 정탐하는 군중후軍中候[48] 한 명이 빨리 군사를 이동시켜 무원을 구원할 것을 조사에게 권하자 조사는 그 자리에

---

고 이번에 어여를 공격한 진나라 장수는 호양이었다.

45  조나라 도성 한단에서 출병하여 서북쪽으로 가서 어여를 구원하려면 태항산을 넘어야 하기 때문에 '길이 먼데다 험하고 좁다'고 말한 것이다.

46  원문은 '兩鼠鬪於穴中, 將勇者勝'으로, 『손자병법』에는 이 구절이 없다.

47  무안武安: 조나라의 현으로 지금의 허베이성 우안武安 서남쪽 지역이다. 조나라 도성 한단의 서북쪽에 위치하며 한단에서 어여로 가는 길 위에 있다.

48  군중후軍中候: 군중에서 적의 상황을 정탐하는 일을 주관하는 관원을 말한다. 일부 판본에는 '후候'라고 되어 있는데 '후候'라 표기해야 하며 '수정본'에도 '후候'라고 했다. "대장 군영에는 오부五部가 있는데 부部에는 교위 1명을 두었다. 부部 아래는 곡曲으로 곡에는 군후軍候 1명을 두었다. 곡 아래는 둔屯으로 둔에는 둔장屯長 1명을 두었다."(『속한서續漢書』 「백관지百官志」) 장군이 통솔하는 군대는 몇 개의 '부部'로 나뉘어져 있고 '부'의 장관은 교위다. '부' 아래로는 몇 개의 '곡'으로 나뉘는데 '곡'의 장관을 '후'라고 한다.

서 그의 목을 베었다. 이어서 조사는 보루를 보강하고 그곳에서 28일이나 주둔한 채 전진하지 않았을 뿐만 아니라 지속적으로 보루만 수축했다. 진나라의 첩자가 조나라의 군영으로 잠입해왔는데 조사는 일부러 그를 잘 대접해주고 돌려보냈다. 이 첩자가 돌아가 진나라 장수에게 상황을 보고하자 진나라 장수는 크게 기뻐하며 말했다.

"조사의 군대가 도성 한단으로부터 30리 떨어진 곳에서 군대를 전진시키지 않고, 단지 보루만 보강하고 있으니 어여는 다시는 조나라 땅이 되지 않을 것이다."

한편 조사는 진나라 첩자를 돌려보낸 다음 즉시 전군에게 갑옷을 벗고 급히 어여까지 행군하게 하여 1박 2일 만에 당도했다. 그리고 활을 잘 쏘는 부대를 선발하여 어여에서 50리 떨어진 곳에 배치하여 주둔시켰다. 조나라 군대의 보루가 완성되자 진나라 군대는 이 소식을 듣고 즉시 전군을 동원하여 쳐들어왔다. 이때 조나라 군사 중 허력許歷[49]이라는 자가 작전에 관한 의견을 내고 싶다고 요청하자 조사가 말했다.

"그를 들여보내라."

허력이 말했다.

"진나라 군은 우리 군대가 이곳에 도달할 것이라 생각지 못하고 전군이 왕성한 기세로 쳐들어올 것입니다. 장군께서는 반드시 역량을 집중시켜 진지를 지켜야 합니다. 그러지 않으면 반드시 실패할 것입니다."

조사가 말했다.

---

49 "왕찬王粲의 시에서 '허력은 완사完士(평범한 사람)인데 한마디 말로 진나라를 패배시켰네'라 했는데, 이는 조사가 허력의 계책을 써서 진나라 군대를 격파했다는 뜻이다. 강수江遂는 '한나라 법령에 온전히 머리카락을 깎지 않는 형벌을 내耐라고 했는데, 완사는 종군을 면하지 못한 것이다'라 했다."(『색은』) 양관은 "온전히 하여 머리카락을 깎지 않는다는 것은 단지 귀밑털과 수염만 깎고 머리카락을 밀지 않는 것을 말한다. 허력은 이러한 내형耐刑을 받아 종군한 자임을 알 수 있다. '완完'은 원래 육형肉刑인 삭발을 부과하지 않고 벌로써 노역에 복역하는 자를 가리킨다"고 했다.

"네 의견을 받아들이겠다."

허력이 말했다.

"청컨대 군령에 따라 부질鈇質 형벌로 죽여주십시오."

조사가 말했다.

"한단으로 돌아간 후에 명령을 기다리도록 하라."[50]

그러자 허력이 다시 건의할 것이 있다며 말했다.

"누구든 먼저 북쪽 산 정상을 점령하는 쪽이 이길 것이고 늦게 도착하는 쪽이 패할 것입니다."

조사는 그의 의견에 동의하여 즉각 1만 명의 군사를 보내 북쪽 산 정상을 점령하도록 했다. 진나라 군대는 뒤늦게 도착하여 먼저 산 정상을 점령한 조나라 군대와 다투었으나 올라가지 못했다. 이때 조사는 군사를 지휘하여 맹렬하게 공격한 끝에 진나라 군대를 대패시켰다. 진나라 군대는 포위를 풀고 달아났다. 마침내 조사는 어여의 포위를 풀고 돌아왔다.[51]

---

50   원문은 '胥後令邯鄲(한단으로 돌아간 이후에 명령을 기다리도록 하라)'다. 당장은 죽이지 않겠다는 뜻이다. "한단 두 글자는 마땅히 욕전欲戰이라 해야 한다. 전쟁에 임할 때 허력이 다시 간언한 것이다."(『색은』) "나카이 리켄이 말하기를 '한단은 마땅히 장전將戰이라 해야 한다'고 했다."(『사기회주고증』) 즉 뒤에 오는 문장과 함께 연결하여 '胥後令. 欲戰(혹은 將戰)許歷復請諫'으로 해야 한다는 것이다. '돌아간 다음에 명령을 기다리도록 하라. 싸우고자 하는데(장차 싸우려 하는데) 허력이 다시 건의를 제출했다'로 해석해야 한다는 견해다. "양콴이 말하기를 '조사가 말한 '누구든 군사 행동에 관련해서 간언하는 자가 있으면 사형에 처하겠다'는 것은 명령의 엄중함이고, 여기서 허력의 건의를 받아들이고 '돌아간 다음에 명령을 기다리도록 하라'고 한 것은 임기응변이다'라고 했다."(『사기전증』)

51   "마페이바이가 말하기를 '어여 전쟁 이후 국제 관계에서 발생한 파장이 매우 크다. 신릉군이 위나라 왕에게 말하기를 '진나라는 높은 산을 넘고 황하를 건너고 한나라의 상당을 횡단하여 강대한 조나라를 공격해야 하는데, 이것은 어여의 전쟁에서 조나라에 패한 전철을 다시 밟는 것으로 진나라는 반드시 할 수 없을 것입니다'라고 했다.(『전국책』「위책 3」) 당시 진나라가 어여의 전쟁에서 입은 상처가 어느 정도 깊은지 미루어 알 수 있다. 또 「진책」에서 '천하 선비들이 조나라에 모여들어 합종을 상의하고 진나라로 진공할 것을 준비했다'고 말하고 있다. 그렇다면 어여 전쟁 이후에 조나라의 한단은 일약 합종하여 진나라를 도모할 수 있는 국제 정치의 중심이 된 것이다'라고 했다."(『사기전증』)

조나라 혜문왕은 조사를 마복군馬服君52으로 봉하고, 허력을 국위國尉53에 임명했다. 그리하여 조사는 염파, 인상여와 같은 지위가 되었다.

4년 뒤 조나라 혜문왕이 죽고 그의 아들 효성왕이 즉위했다. 조나라 효성왕 7년54, 진나라 군대는 조나라 군대와 장평長平에서 대치했다.55 이때 조사는 이미 죽었으며 인상여는 병이 위독했다. 그러자 조나라는 염파를 파견해 군대를 이끌고 진나라에 대항하도록 했다. 진나라 군대는 여러 차례 조나라 군대를 물리쳤지만 조나라 군대는 보루만 견고히 지킬 뿐 싸우려 하지 않았다. 진나라 군대가 수차례 싸움을 걸었지만 염파는 싸움에 응하지 않았다. 마침 이때 조나라 왕은 진나라 첩자가 퍼뜨린 소문을 믿게 되었는데, 그 소문은 다음과 같았다.

"진나라가 가장 두려워하는 것은 오직 마복군 조사의 아들 조괄趙括을 장군으로 삼는 것뿐이다."56

52  마복군馬服君은 조사의 봉호다. 마복馬服은 한단 서북쪽에 있는 산이다. "양콴이 말하기를 '마복은 응당 봉호로, 봉지의 명칭은 아니다. 「염파열전」의 『집해』에서 장화張華가 말하기를 '조사의 무덤은 한단 경계 서쪽 산 위에 있으며 마복산이라 불렀다'고 했다. 마복산은 조사를 매장하여 얻은 명칭으로 결코 조사를 이 땅에 봉했기 때문이 아니라는 것을 알 수 있다'고 했다."(『사기전증』)

53  국위國尉: 대략 후대의 도위나 교위에 해당되는 지위로, 장군보다는 낮았다.

54  "7년은 8년의 잘못이다."(『사기지의』) "7년은 6년의 잘못이다. 「진표秦表」「백기열전」에 모두 진소왕 47년, 즉 조 효성왕 6년이라고 했다. 『통감』에는 주 난왕 55년인데, 또한 효성왕 6년에 해당된다."(『사기각증』)

55  「진본기」와 「육국연표」에 따르면 효성왕 4년(기원전 262)에 진나라 군대는 한나라 야왕野王(지금의 허난성 친양沁陽)을 공격해 점령했다. 이에 한나라의 상당군과 도성인 신정 간의 연계가 끊어졌다. 한나라의 상당군 군수 풍정馮亭이 군대를 이끌고 조나라에 투항하자 조나라는 그를 화양군華陽君에 봉했다. 진나라는 좌서장左庶長 왕흘王齕을 파견해 상당을 공격해 점령했고, 다시 군대를 진격시켜 마침내 조나라 군대와 장평에서 대치하게 된 것이다. 진과 조나라가 장평에서 대치한 사건은 효성왕 5년(기원전 261)에 시작되어 이듬해(진 소왕 47)에 끝난다. 조나라는 장평에서 패배한다.

56  "진나라의 상 응후 범저는 사람을 파견해 천금을 가지고 조나라에 가서 이간시키도록 했고, 다음과 같은 말을 퍼뜨리게 했다. '진나라 사람이 가장 두려워하는 것은 마복군 조사의 아들 조괄이 장군이 되는 것뿐이다. 염파는 상대하기 쉽고, 그는 즉시 투항할 것이다.' 이때 조나라 왕은 이미 염파의 군대가 많은 군사를 잃었고 여러 차례 작전에 실패했으며 또 보루를 견고하게 지킬 뿐 싸우려 하지 않는 것에 화를 내고 있었기 때문에 진나라가 퍼뜨린 유언비어를 듣고 즉시 조괄을 보내 염파를 대신하게 하고 진나라를 공격하게 했다."(『사기』「백기왕전열전」)

조나라 왕은 이를 진실로 여기고 염파 대신 조괄을 장군으로 삼으려 했다. 그러자 인상여가 말했다.

"대왕께서는 헛된 명성만 믿고 조괄을 임용하려 하시는데, 이는 거문고 줄의 조임을 조정하는 축을 아교로 붙여서 움직일 수 없게 해놓고 연주하는 것과 같습니다. 조괄은 단지 그의 부친이 남긴 병서만을 읽었을 뿐 임기응변을 이해하지 못합니다."

그러나 조나라 왕은 듣지 않고 결국 조괄을 장군으로 임명했다.

조괄은 어려서부터 병법을 배워 군사에 대해 이야기하기를 좋아했고 천하에 누구도 자신을 능가할 수 없다고 여겼다. 일찍이 그는 부친인 조사와 함께 군사에 관해 논쟁한 적이 있었는데, 조사는 그를 이겨낼 수 없었다. 그렇지만 조사는 결코 자신의 아들이 잘한다고 말하지 않았다. 조괄의 모친이 조사에게 그 까닭을 물었다.

"전쟁이란 사람의 생사와 관련된 큰일인데,[57] 괄은 너무 쉽게 말하고 있소. 조나라가 괄에게 군사를 이끌게 하지 않으면 모르겠으나 괄에게 군사를 거느리게 한다면 조나라 군대를 파멸시킬 자는 반드시 괄일 것이오."

조괄이 장군으로 임명되어 출발하려 할 때, 그의 모친이 조나라 왕에게 글을 올려 말했다.

"조괄을 장군으로 임명해서는 안 됩니다."

조나라 왕이 말했다.

"무엇 때문이오?"

조괄의 모친이 대답했다.

"예전에 제가 조괄의 부친을 모셨는데, 조나라 장군이었을 때 그가 매일 직접 음식을 들어 나르며 접대하고 공경한 이가 수십 명이었고 평등하게 친구로 대접

---

[57] "전쟁이란 국가의 큰일이다. 군민軍民의 생사에 관련된 문제로, 국가 존망의 관건이니 자세히 살피지 않을 수 없다兵者, 國之大事, 死生之地, 存亡之道, 不可不察也."(『손자병법』「계편計篇」)

한 사람은 수백 명이었습니다. 대왕과 종실에서 상으로 하사한 재물 일체를 모두 수하의 군관과 막료들에게 나누어줬고, 출정 명령을 받으면 그날부터 집안일에 관심을 두지 않았습니다.[58] 그러나 지금 제 아들인 조괄은 하루아침에 장군이 되자 오만하게 동쪽을 향해 앉아서 부하들의 알현을 받고 있지만[59] 수하의 군관들 중 누구도 제 아들을 우러러보는 이가 없습니다. 그는 대왕께서 하사하신 황금과 비단을 모두 가지고 와서 집에 감추어두고 날마다 어디에 이익을 얻을 만한 밭이나 집이 있는지 관찰해두었다가 그것들을 사들입니다. 대왕께서는 어찌 그의 부친과 그가 같다고 여기십니까? 부자父子는 심성이 같지 않으니 그를 파견해서는 안 됩니다."

조나라 왕이 말했다.

"노마님께서는 다른 말씀 하지 마시오. 나는 이미 결정했소."

그러자 조괄의 모친이 말했다.

"대왕께서 끝내 그를 파견하시어 나중에 그가 소임을 감당하지 못해 패배하더라도 저를 연루되지 않게 해주시겠습니까?"

조나라 왕은 그녀의 요구대로 해주겠다고 약속했다.

조괄은 염파를 대신하게 되자 즉시 염파의 옛 규칙과 규정을 전면적으로 바꾸고 염파가 임명했던 군관들을 교체했다.[60] 진나라 장군 백기는 이러한 상황을 듣고는 기습 공격하는 기병奇兵을 파견해 거짓으로 패하여 달아나는 척하게 하

---

58 "장군은 군주의 임명을 받은 날로부터 집안일을 잊어야 하고, 군대를 향해 기율을 발포할 때부터 자신의 양친도 잊어야 하며, 북을 치며 진군할 때부터는 자신의 안위를 잊어야 한다."(『사기』 「사마양저열전」)
59 "동쪽을 향해 앉아서 부하들의 알현을 받는 것은 함부로 거만한 행동을 나타낸 것이다. 선진 시기부터 한나라 초까지 대개 집회나 술자리에서는 모두 동쪽으로 향하는 것을 존중으로 삼았다."(『사기전증』)
60 "진나라는 조괄이 장군이 되었다는 소식을 듣고는 은밀히 무안군 백기를 상장군에 왕흘을 부장에 앉히고, 군중에 명령을 내려 무안군 백기가 장군이 되었다는 것을 누설하는 자는 참수하겠다고 했다."(『사기』 「백기왕전열전」)

고, 별도로 다른 부대를 보내 조나라 군대의 양식 보급로를 끊어 조나라 군대 를 둘로 나누자 조나라 사졸들의 마음이 흩어졌다. 40여 일이 지나자 조나라 군사들은 굶주렸고 조괄은 하는 수 없어 정예부대를 선발하여 직접 포위를 돌파하고자 사투를 벌였지만, 조괄은 진나라 군사가 쏜 화살에 맞아죽었다. 조괄 의 군대는 대패하고 군사 수십만 명이 진나라에 투항했다. 진나라 군대는 이들 을 모조리 생매장시켜 죽였다.[61] 조나라가 이 싸움에서 잃은 병사가 전후로 45만 명이나 되었다. 이듬해 진나라 군대는 계속해서 진공하여 마침내 한단을 포위했고, 한단은 1년여 동안 포위되어 거의 멸망의 재난에서 벗어나지 못하고 있었다.[62] 다행히 이때 초나라와 위나라 제후들이 군대를 파견해 구원에 나서서 비로소 한단의 포위가 풀리게 되었다.[63] 조나라 왕은 조괄의 모친이 전에 한 말 때문에 그녀를 죽이지 않았다.

한단의 포위가 풀린 지 5년이 지나자[64] 연나라는 "조나라 장년 남자들은 장

---

61  "조괄의 군사가 패하자 병졸 40만 명이 모두 무안군 백기에게 투항했다. 백기는 속으로 궁리하며 말했다. '이전에 진나라가 상당을 점령했을 때 상당 백성은 진나라에 귀의하기를 원치 않고 조나라에 귀의했다. 조나라 병사들은 수시로 변하기 때문에 모조리 죽여버리지 않으면 나중에 반란을 일으킬 것이다.' 이에 속임수를 사용하여 그들을 모조리 생매장시켰고, 그중에 남은 어린아이 240명만 조나라로 돌려보냈다. 이번 전쟁을 앞뒤로 하여 참살당하고 포로로 잡히고 투항했다가 생매장당한 자가 45만 명이나 되었다. 이 소식을 들은 조나라 사람들은 크게 놀라며 두려워했다."(『사기』「백기왕전열전」)

62  장평 전쟁 이후 백기는 즉시 한단으로 진공하려 했지만 백기의 공적을 질시한 진나라 상국 범저의 방해로 이루지 못했다. 백기는 결국 분노하며 병을 핑계로 군대를 떠났다. 이듬해에 진나라 소왕은 다시 왕릉을 파견해 한단을 포위했다.

63  진나라 군대가 한단을 포위한 것은 조 효성왕 9년(기원전 257)까지다. 위공자가 진비의 병부를 훔쳐 구원하러 오고, 춘신군도 초나라 군사를 이끌고 구원하러 왔다. 그들이 함께 진나라 군대를 공격하자 진나라 장수 정안평이 조나라에 투항하면서 한단의 포위가 비로소 풀렸다.

64  "5년은 7년의 잘못이다."(『사기전증』) 그러나 「연세가」「조세가」와 「육국연표」에 근거하면 한단의 포위가 풀린 것은 효성왕 9년(기원전 257)이고 연나라 율복이 조나라를 공격한 것은 효성왕 15년(기원전 251)으로 앞뒤로 7년이다. 5년이라고 말한 것은 중간의 격차가 5년이라는 말이다."(『사기통해』) 왕보상의 『사기선』에서도 한단을 포위한 해와 조나라를 도모한 해를 계산하지 않아 5년이라 한 것이라고 했다. 또한 「조세가」와 「육국연표」에 근거하면 연나라 장군 율복이 군사를 이끌고 조나라를 공격했다가 염파에게 대패한 사건은 조나라 효성왕 15년, 연왕 희 4년(기원전 251)으로 한단의 포위가 풀린 지

평 전쟁에서 전부 죽고 남아 있는 고아들은 아직 장성하지 않았다"는 상相 율복의 계책을 받아들여 군대를 일으켜 조나라로 진공했다. 조나라는 염파를 장군으로 삼아 군대를 이끌고 맞서 싸우게 하여 호鄗65에서 연나라 군대를 물리치고 율복을 죽였으며, 이어서 연나라 도성을 포위했다. 연나라에서 성 5개를 할양하여 화친을 청하자 조나라는 요청을 들어줬다.66 조나라 왕은 위문尉文67 땅을 염파에게 하사하여 봉지로 삼게 하고 신평군信平君으로 봉했으며, 아울러 상국의 직무를 대리하게68 했다.

당초 염파가 장평에서 파직되어 권세를 잃고 돌아왔을 때 그의 집안에 있던 빈객들이 모두 떠났다. 염파가 다시 장군으로 임명되자 빈객들이 또다시 돌아왔는데 염파가 말했다.

"빈객들은 돌아가라!"

그러자 어떤 빈객이 말했다.

"아! 군께서는 어떻게 이토록 알아차리지 못하십니까? 지금 천하 사람들은 모두 시장에서 사고파는 것처럼 이익에 따라 친구 관계를 맺습니다. 군께서 권세가 있으면 저희가 의탁하러 오고 군께서 권세를 잃으면 떠나갑니다. 이것은 자연의 이치인데 무엇을 원망하십니까?"

6년 뒤69 조나라는 다시 염파를 파견해 위나라를 공격하게 했고 번양繁陽70을

---

6년 뒤의 일이다."(『사기전증』)

65  호鄗: 조나라 읍으로 지금의 허베이성 가오이高邑 동쪽 지역이다.

66  "염파가 연나라 군대를 500여 리 추격하여 연나라 도성을 포위했다. 연나라가 화친을 요청했으나 조나라는 동의하지 않았고 장거將渠가 강화를 처리하는 일을 주재하게 했다. 연나라의 상 장거가 강화를 주재했다. 조나라는 장거의 말을 듣고 연나라의 포위를 풀었다."(『사기』 「연소공세가」) 장거는 연나라의 신하로 연나라 왕이 조나라를 공격하는 것을 반대했다.

67  위문尉文: 위치가 상세하지 않다. "왕준도가 말하기를 '조나라 서북쪽 경계에 있으며 울주蔚州에 속한 읍이다'라고 했다."(『사기전증』)

68  원문은 '가假'로, '대리代理'의 뜻이다. "명목상 이름만 있고 그 직무를 담당하는 것은 아니다. 한나라 때 한신, 번쾌 등에게 모두 이런 칭호가 있었다."(『사기전증』)

점령했다.

조나라 효성왕이 사망하고 그의 아들 도양왕悼襄王이 즉위하자71 악승으로 하여금 염파를 대신하게 했다. 화가 난 염파는 악승을 공격했고 악승은 도망쳤다. 염파 자신도 마침내 조나라를 떠나 위나라 대량으로 달아났다. 그 이듬해72 조나라는 이목李牧을 장군으로 삼아 연나라를 공격해 무수武遂와 방성方城73을 점령했다.

염파는 대량에서 오랫동안 머물렀지만 위나라는 그를 신임하지 않았다. 이때 조나라는 여러 차례 진나라 군대의 공격을 받아 곤란했기 때문에 왕은 다시 염파를 기용하기를 희망했고, 염파 또한 조나라에서 다시 중용되기를 바랐다. 조나라 왕은 사자를 대량으로 보내 여전히 염파를 장군으로 기용할 만한지를 살펴보게 했다. 이때 염파의 원수인 곽개郭開가 사자에게 많은 돈을 뇌물로 주어 염파를 험담하도록 했다. 염파는 조나라 사자를 만나자 그의 면전에서 한 두斗의 쌀밥과 고기 열 근을 먹은 다음 갑옷을 입고 말에 올라 자신의 신체가 건강하고 쓸 만하다는 것을 보여주었다. 그러나 사자는 조나라로 돌아와 조나라 왕에게 말했다.

"염파 장군은 비록 연로하지만 아직 식사는 잘합니다. 그러나 신과 이야기하는 잠깐 동안에 세 차례나 측간을 갔습니다."74

조나라 왕은 염파가 이미 늙었다고 여겨 결국 부르지 않았다.

69 조나라 효성왕 21년, 위 안희왕 32년(기원전 245)이다.
70 번양繁陽: 위나라 현으로 지금의 허난성 네이황內黃 서북쪽 지역이다.
71 효성왕 21년, 진왕 정 2년(기원전 245)의 일이다. 도양왕(재위 기원전 244~기원전 236)은 이름이 언偃이다.
72 "마땅히 '2년 뒤'라고 해야 한다. 염파가 위나라로 달아난 해는 효성왕이 사망한 해이고, 이목이 연나라를 공격한 것은 도왕 2년이다."(『사기지의』) "「육국연표」에 따르면 이목이 연나라를 공격하고 무수, 방성을 점령한 것은 조나라 도양왕 2년(기원전 243)이다."(『사기전증』)
73 무수武遂와 방성方城은 연나라의 현으로, 무수는 지금의 허베이성 쉬수이徐水 서쪽이고 방성은 허베이성 구안固安 남쪽이다.
74 원문은 '삼유시三遺矢'다. "여러 차례 일어나 변을 보는 것이다. '시矢'를 '시屎'로 쓰기도 한다."(『색은』)

초나라에서는 염파가 위나라에 있다는 소식을 듣고 몰래 사람을 보내 그를 초나라로 맞아들였다.[75] 염파는 초나라에서 장군이 되었지만 어떠한 공적도 세우지 못했다.[76] 그는 스스로 말했다.

"나는 여전히 조나라의 사병을 지휘하고 싶다."

염파는 결국 수춘壽春에서 죽었다.[77]

이목은 조나라 북쪽 변방을 지키는 우수한 장수로 일찍이 대군代郡과 안문군雁門郡[78] 일대에 장기간 주둔하면서 흉노匈奴[79]의 침입을 방비했다. 이목은 실제 수요에 근거해 관리를 임명하고, 시장에서 거둔 세금을 전부 자신의 막부莫府[80] 소유로 돌려 사졸들의 생활을 위한 비용으로 사용했다. 그는 매일 소를 몇 마리씩 잡아[81] 사병들을 위로하고 포상했으며 활쏘기와 말 타기 훈련을 시켰다. 그는 연락을 위한 봉화대를 설치해두고 많은 첩자를 보내 적의 상황을 정탐했으며 사병들을 두텁게 대우했다. 이목은 전군에게 규정을 선포했다.

"만일 흉노인들이 침범해오면 신속하게 보루[82]로 들어와 굳게 지켜라. 감히 나가서 적을 포로로 잡으려고 하는 자가 있다면 목을 벨 것이다."

75  당시 초나라 왕은 고열왕이다.
76  "염파가 초나라로 들어갔을 때는 고열왕이 동쪽 수춘으로 도성을 옮긴 이후로, 그 세력 또한 무엇을 하기에 부족했다. 염파는 신중한 것을 좋아했는데 초나라 군대는 사납고 날랬기 때문에 초나라 사람이 즐겨 쓰려 하지 않았다."(『사기찰기』)
77  "염파의 무덤은 수춘현 북쪽 4리 지점에 있고, 인상여의 무덤은 한단 서남쪽 6리 지점에 있다." (『정의』)
78  대군代郡과 안문군雁門郡은 조나라 북부에 위치한 군이다. 대군은 지금의 다퉁大同 동쪽의 산시山西성 북부와 허베이성 서부 지역이고, 안문군은 다퉁 서쪽의 산시山西성 북부 지역이다.
79  흉노匈奴: 옛 종족으로 호胡라고 부르기도 한다. 전국시대 연·조·진 이북 지역에서 활동했다.
80  막부莫府: '막부幕府'와 같다. '막幕'은 군대의 장막이고 '부府'는 왕실 등이 재화와 문건을 보관해두는 장소로, 출정 때 장막으로 장군의 부서府署(관청)를 삼았기 때문에 막부라 했다.
81  원문은 '격우擊牛'로, 고대에 몽둥이로 쳐서 소를 잡는 방식이다. '추우椎牛'라고도 한다.
82  원문은 '보保'로, 성곽 교외에 구축한 방어용 작은 토성을 뜻하는 '보堡'와 같다. 정현은 현읍縣邑의 소성小城이라고 했다. 역자는 '보루'로 번역함을 밝혀둔다.

흉노인들이 침범해올 때마다 봉화대로 즉시 긴급 사태를 알리고 부대는 신속하게 보루로 들어와 군게 지키면서 맞서 싸우지 않았다. 이처럼 하기를 몇 년이 지나자 조나라 군대는 어떠한 손실도 입지 않았다. 그러나 흉노인들은 이목을 겁쟁이로 여겼고 조나라 변방을 지키는 병사들까지도 우리 장군은 겁이 많고 나약하다고 생각했다. 조나라 효성왕은 이목을 꾸짖었지만 이목은 이전과 같았다. 화가 난 조나라 왕은 이목을 불러들이고 다른 사람을 보내 이목을 대신하게 했다.

이로부터 1년간 흉노인이 침입해올 때마다 조나라 군대는 나가서 싸웠지만, 싸울 때마다 작전이 이롭지 못해 사상자가 많았으며 변경 지역에서는 경작하거나 가축을 기를 수 없게 되었다. 조나라 왕은 도리 없이 이목을 다시 불렀다. 이목은 문밖으로 나오지 않은 채 병을 핑계로 사양했다. 조나라 왕은 강제로 그가 다시 군대를 이끌도록 하자 이목이 말했다.

"대왕께서 반드시 신을 임용하시겠다면 신은 이전과 같이 할 것입니다. 그렇게 해도 된다면 감히 임명을 받겠습니다."

조나라 왕이 허락했다.

이목은 변방에 당도한 뒤 다시 이전에 했던 규정을 회복시켰다. 흉노인은 몇 년 동안 아무런 소득이 없었고, 시종 이목을 겁쟁이라고 여겼다. 변방의 사병들은 매일 상을 받았지만 싸울 일이 없자 모두들 한 번 싸우기를 원했다. 그리하여 이목은 심혈을 기울여 전차 1300대와 1만 3000명의 기병을 선발하여 준비시키고, 또 백금百金의 상을 받은[83] 용사 5만 명과 강한 활을 당길 수 있는 사수 10만 명을 조직하여 전투 훈련을 시켰다. 그리고 일부러 많은 사람을 내보내 가축을 키우게 하니 들판에 사람이 가득했다. 이때 적은 수의 흉노가 침입하자 이목은 일부러 패하는 척 달아나 수천 명을 그들에게 버려두었다. 선우單于[84]가

83 "배인은 『관자管子』를 인용하여 '적을 격파하고 장수를 사로잡은 자에게 백금百金의 상을 하사했다'고 했다."(『사기전증』)
84 선우單于: 흉노어로 전체 명칭은 '탱리고도선우撑犁孤塗單于'다. 탱리는 '천天'이고, 고도는 '자子'

이 소식을 듣고 대부대를 이끌고 침범해왔다. 이때 이목은 많은 적의 눈을 속이는 진형을 배치하고 좌우 양 날개를 펼쳐 포위 공격하여 흉노를 대파하고 10여만 명의 흉노 기병을 죽였다. 이어서 담람檐攬을 멸망시키고 동호東胡를 격파하고 임호林胡[85]를 항복시키자 선우는 달아났다.[86] 이때부터 10여 년 동안 흉노인은 감히 조나라 변경 성에 접근하지 못했다.

도양왕 원년,[87] 염파가 이미 위나라로 도망쳤으므로 조나라는 이목으로 하여금 군사를 이끌고 연나라를 공격하게 하여 무수와 방성을 점령했다. 2년[88] 뒤에 방훤龐煖[89]이 연나라 군대를 격파하고 극신劇辛을 죽였다.[90] 또 7년[91] 뒤에 진나라는 무수성[92]에서 조나라 군대를 물리쳐 조나라 장군 호첩扈輒[93]을 죽이고 조

이며 선우單于는 '광대廣大'다. 즉 하늘같이 광대한 아들이라는 뜻으로, 흉노 최고의 수령으로서 군정과 대외 일체의 대권을 장악한 천자天子에 해당한다.

85 담람檐攬은 당시 대군代郡 북쪽에서, 동호東胡는 지금의 랴오닝 서부와 네이멍구 동부 일대에서, 임호林胡는 지금의 네이멍구 둥성東勝 일대에서 활동하던 소수민족이다.

86 「조세가」와 「육국연표」에는 이목이 담람을 멸망시키고 동호를 격파하고 임호를 항복시킨 일과 선우를 달아나게 한 일은 기재되어 있지 않다. 과장한 것으로 의심된다. 『통감』은 진왕 정 3년, 즉 조 도양왕 원년(기원전 244) 사건으로 기재하고 있는데, 『전국사계연집증』은 『통감』의 내용을 따랐다."(『사기전증』)

87 "마땅히 2년(기원전 243)으로 해야 한다."(『사기지의』) 「조세가」와 「육국연표」에도 도양왕 2년으로 기재하고 있다.

88 "2년은 마땅히 1년으로 해야 한다."(『사기지의』) 즉 조 도양왕 3년, 연왕 희 13년(기원전 242)이다.

89 '煖'의 음은 'nuan(난)과 xuan(훤)'이 있는데, 『사기통해』에서는 'nuan(난)'으로 표기하고 있지만 대부분의 자료는 'xuan(훤)'으로 표기하고 있어, 역자 또한 '훤'이라 했다.

90 "극신은 원래 조나라에 거주하면서 방훤과 관계가 좋았고 나중에는 연나라로 달아났다. 연나라는 조나라가 여러 차례 진나라에 공격당하는 것을 본 데다 또 염파가 떠나고 방훤을 장군으로 삼자 조나라가 피폐해진 틈을 이용해 공격하려고 했다. 연나라 왕이 극신에게 자문을 구하자 극신은 '방훤은 대처하기 쉽습니다'라고 말했다. 연나라는 극신을 장군으로 삼아 조나라를 공격했고 조나라는 방훤에게 반격하게 하여 2만 명의 연나라 군대를 격파하고 포로로 잡았으며 극신을 죽였다."(『사기』 「연소공세가」)

91 "마땅히 8년이라고 해야 한다."(『사기지의』) 즉 조왕 천 3년, 진왕 정 14년(기원전 233)이다.

92 무수성武遂城: "무성武城이라고 해야 한다."(『사기지의』) 「조세가」에서는 무성이라고 했다. 무수는 연과 조나라의 경계로 진나라 군대는 이곳에 온 적이 없었다."(『고이』) 무성은 지금의 허난성 츠현 서남쪽이다. 『사기』 「진시황본기」에 따르면 여기서 호첩을 죽이고 조나라 병사 10만 명을 격파한 진나라 장군은 이목에게 패해 달아난 환의다.

93 호첩扈輒은 조나라 장수 이름이다. "한나라 장이張耳 때 별도로 호첩이 있었다."(『색은』)

나라 병사 10만 명의 목을 베었다. 조나라 왕은 이에 이목을 대장군으로 임명하고 의안宜安[94]으로 진공하게 했으며, 결국 진나라 군대를 의안에서 크게 격파하고 진나라 장군 환의桓齮를 달아나게 했다. 이로 인해 이목은 무안군武安君[95]에 봉해졌다. 그로부터 3년[96] 뒤 진나라 군대가 조나라의 파오番吾[97]를 공격하자 이목이 진나라 군대를 격퇴시키고, 동시에 남쪽으로 한나라와 위나라 양국[98]의 위협을 막아 해소시켰다.[99]

조나라 왕 천遷 7년,[100] 진나라가 왕전王翦을 파견해 조나라를 공격하자, 조나라에서는 이목과 사마상司馬尚을 보내 대적하게 했다. 이때 진나라는 사람을 보내 조나라 왕이 총애하던 신하 곽개에게 많은 황금을 주어 이목과 사마상이 모반하려 한다는 소문을 퍼뜨리게 했다.[101] 조나라 왕은 진실이라 믿고서 조총趙葱과 제나라에서 온 장수 안취顔聚를 보내 이목을 대신하게 하려 했다. 이목이 왕명을 받아들이지 않자 조나라 왕은 사람을 보내 은밀하게 이목을 체포해 죽이고,[102] 동시에 사마상을 파면시켰다. 3개월 뒤[103] 왕전이 맹렬하게 조나라를 공격해 조나라 군대를 격파하고 조총을 죽였으며, 조나라 왕 천과 그의 장군 안취를 사로잡았다. 마침내 조나라는 멸망하고 말았다.

---

94   의안宜安: 조나라 현으로 지금의 허베이성 가오청藁城 서남쪽 지역이다.
95   무안군武安君: 당시에 각국에서 많은 공신이 '무안군'을 봉호로 삼았다. 예를 들어 진나라는 백기를 무안군에 봉했고 조나라는 소진을 무안군에 봉했다.
96   "마땅히 1년이라고 해야 한다."(『사기지의』) 즉 조왕 천 4년, 진왕 정 15년(기원전 232)이다.
97   파오番吾: 조나라 현으로 지금의 허베이성 핑산平山 남쪽 지역이다.
98   당시는 한왕韓王 안安 7년, 위나라 경민왕景湣王 11년이다.
99   당시 한나라와 위나라는 이미 진나라의 명령에 따랐기 때문에 이목은 진나라를 격파함과 동시에 한나라와 위나라를 막은 것이다.
100   진왕 정 18년(기원전 229)이다. 조왕 천(재위 기원전 235~기원전 228)은 도양왕의 아들이다.
101   "진나라가 왕전을 파견해 조나라를 공격하게 하자 조나라는 이목과 사마상을 보내 맞서 싸우게 했다. 이목이 여러 차례 진나라 군대를 격파했고 진나라 장군 환의를 죽였다. 왕전은 이것을 근심하여 조나라 왕이 총애하는 신하 곽개 등에게 많은 황금을 보내 그들로 하여금 반간계를 실행하도록 했다." (『전국책』「조책 4」)『전국책』「진책 5」에 근거하면 이목을 험담하여 해친 사람으로 한창韓倉이 등장한다.

태사공은 말한다.

"사람이 죽게 될 처지를 알게 되면 용감해지는데, 죽는 것이 어려운 것이 아니라 죽음에 어떻게 대처할 것인가가 어려운 것이다.[104] 인상여가 화씨벽을 들고 기둥을 노려보다가 진나라 왕 주위에 있던 자들을 호되게 꾸짖었을 때는 죽음에 처한 형세로, 겁 많고 나약한 선비는 감히 이렇게 하지 못한다. 인상여가 한 번 굳센 기개를 떨치자 그 위세는 적국을 완전히 압도했다. 그러나 돌아와서는 겸허히 염파에게 양보했기 때문에 명성이 태산만큼 무거웠다. 인상여는 지혜와 용기 두 가지를 겸비했다고 말할 수 있다."

---

102　이목의 죽음에 관한 내용은 『전국책』 「조책 4」와 같다. 그러나 「진책 5」에서는 다음과 같이 다르게 기재하고 있다. "조나라 왕이 한창을 시켜 무안군(이목)을 꾸짖게 하자 한창은 무안군에게 말했다. '장군이 전쟁에서 승리를 거두자 대왕께서 장군에게 술을 권했소. 장군은 대왕께 장수를 기원하는 술을 권할 때 몰래 비수를 감추고 있었으니 법에 따라 응당 참수해야 하오.' 무안군이 말했다. '나는 팔에 병이 있어 곧게 펼 수 없소. 팔뚝이 오그라들어 땅을 짚을 수 없어 대왕 면전에서 공경하지 않아 죽을죄를 지을 것 같아 두려워했기 때문에 장인을 시켜 나무 막대기로 손에 붙였소. 대왕께서 믿지 않으시면 그대가 직접 보도록 하시오.' 그러고는 팔을 펴서 한창에게 보여줬는데, 그 모양이 나무 막대기 같았고 베로 둘둘 말려 있었다. 무안군이 '그대가 대왕께 상황을 설명해 주시오'라고 하자, 한창이 말했다. '나는 대왕의 명령을 받았기에 장군에게 죽음을 내릴 뿐 사면해줄 수는 없소. 내 감히 그대를 위해 말씀드리지는 못하겠소.' 무안군이 북쪽을 향해 두 번 절하고 죽음을 내린 은혜에 감사했다. 그는 오른손으로 보검을 쥐었으나 팔이 짧아 보검이 목에 닿지 않자 입에 보검 뾰족한 끝을 물고 기둥에 부딪쳐 스스로 찔러 죽었다. 무안군이 사망하고 5개월 뒤에 조나라는 멸망했다." "이목의 죽음을 『전국책』에서는 '북쪽을 향해 두 번 절하고 검을 물고 스스로 찔렀다'고 했고, 『사기』에서는 '명령을 받아들이지 않아 체포해 죽였다'고 했으니, 두 말이 판이하다. 『통감』은 『사기』를 위주로 했고, 『대사기大事記』는 『전국책』을 위주로 했으며, 표와 오사도는 『사기』가 틀렸다고 여겼다. 태사공은 「조세가」와 「풍당전馮唐傳」에서 '조왕 천이 곽개의 말을 믿어 이목을 죽였다'고 했는데 여기서는 '명령을 받아들이지 않아서'라고 하니, 어찌 모순이 아니겠는가?"(『사기지의』) "진인석이 말하기를 '진나라, 호흉(흉노) 수십만 명이 염파와 이목을 죽이는 데 부족했으나 곽개 한 명이 염파와 이목을 죽이는 데는 남음이 있다'고 했다."(『사기전증』)

103　"『전국책』에서는 5개월 뒤라고 했다."(『사기지의』) "사공마司空馬라는 사람이 예언하기를 '조나라가 무안군 이목을 장군으로 삼으면 1년 뒤에 멸망할 것이고, 무안군을 죽인다면 반년 안에 멸망할 것이다'라고 했다."(『전국책』 「진책 5」)

104　원문은 '知死必勇, 非死者難也, 處死者難'이다. "『남고시람古詩』 주석에서는 '죽는 것이 어려운 것이 아니라 죽음에 어떻게 대처하는가가 어렵다는 말이다'라고 했다."(『광사기정보』)

史 記 列 傳

# 전단열전

田 單 列 傳

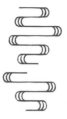

이 편은 연나라의 침략을 받았을 때 제나라 영토를 지키고 사직을 보전한 전단의 활약을 서술하고 있다. 전단은 제나라 민왕이 도성 임치를 잃고 거 땅으로 달아난 후에도 즉묵 땅을 지키며 비범한 지혜와 군사적 재능을 발휘하여 연나라 군대를 격파했으며 그 기세를 몰아 빼앗긴 영토를 수복함으로써 패망의 위기에 처한 국가를 구원한 공적을 이루었다.

초기에 전단은 아무에게도 주목받지 못한 채 시장에서 관리자로 일했지만 훗날 나라가 위기에 처하게 되자 총명한 재지로 기이한 계책을 냈다. 고립된 성안에서 반간계를 사용하여 적을 도발하고 미신적 관념을 이용하여 대중의 마음을 사로잡고 소문을 퍼뜨려 적을 속이는 작전으로 성에 갇힌 백성과 병사들의 투지를 끌어올림으로써 획기적인 승리를 거둔 것이다. 전단이 연나라를 격파하고 제나라 땅을 수복한 전략은 확실히 놀랄 만한 것으로, 훌륭한 장수를 신중하게 선별하여 기습 공격으로 승리를 쟁취하는 이러한 전법은 지략의 전형이라 할 수 있다. 특히 그의 지혜와 계책은 『손자병법』「세」편에서 말한 "정면으로 작전하는 군사를 사용해 적에 대항하고, 생각지 않은 틈을 타 기습 공격하는 군사를 사용하여 승리를 쟁취하는 것"과 완전히 부합한다고 할 수 있다.

사마천 또한 "대체로 처음에는 마치 처녀처럼 나약하게 보여 적들이 문을 열고 경계를 느슨하게 하도록 하고, 나중에는 그물을 빠져나가는 토끼처럼 뛰쳐나가 적들이 막을 수 없게 하는 것으로, 이것이 바로 전단의 병법을 이르는 것이다!"라고 높게 평가하면서 전단의 군사 재능과 탁월한 역사적 업적을 칭송하고 있다.

전단田單은 제나라 전씨田氏 왕실의 먼 친족이다.[1] 전단은 제나라 민왕 때 임치의 시장을 관리하는 시연市掾[2]이었는데, 그를 중시하는 사람은 아무도 없었다. 연나라 왕이 악의를 파견해 제나라를 공격해 격파하자 제나라 민왕은 임치에서 달아나 거성莒城을 지켰다. 연나라 군대가 먼 거리를 달려와 제나라 성지들을 평정하자 전단 또한 안평安平[3]으로 달아났다. 전단은 종족들에게 수레바퀴 축 양쪽으로 길게 튀어나온 부분을 잘라내고 쇠로 테를 씌우게 했다. 얼마 뒤 연나라 군대가 안평으로 진격해 성을 부수자 제나라 사람들이 앞 다투어 달아났는데, 긴 수레 축이 서로 부딪쳐 부러지면서 수레를 부서지게 하여 연나라 군대의 포로로 사로잡혔다. 그러나 전단 일족의 수레는 축이 짧은 데다 강철 테로 씌웠기 때문에 탈출하여 동쪽 즉묵 땅에서 목숨을 보전할 수 있었다. 연나라는 제나라의 성들을 거의 항복시켰으나 거 땅과 즉묵만 점령하지 못했다.[4] 연나라 군대는 제나라 민왕이 거성에 숨어 있다는 소식을 듣고는 병력을 집중시켜 공격했다. 이때 제나라를 구하기 위해 초나라가 파견한 장군 요치가 도리어 제나라 민왕을 죽이고 거성을 굳게 지키자 연나라 군대는 여러 해 동안 점령할

---

1  원문은 '제전소속諸田疏屬'이다. "당시에 제나라에는 전씨 성을 지닌 귀족이 매우 많았기 때문에 제전諸田이라 한 것이다."(『사기전증』)
2  시연市掾: 시장을 관리하는 관리. 보좌하는 관리를 통칭하여 연속掾屬이라고 했다.
3  안평安平: 제나라 읍으로 지금의 산둥성 쯔보 린쯔 동북쪽 지역이다.
4  "양콴이 말하기를 '제나라는 전국시대에 군郡을 설치하지 않고 별도로 오도五都의 제도가 있었다. 제나라 도都 중에 항복하지 않은 곳은 오직 거와 즉묵이었으나, 제나라 성읍 중에서 점령되지 않은 곳이 거와 즉묵뿐이었던 것은 아니다'라고 했다."(『사기전증』)

수 없었다.5 연나라 군대는 병력을 동쪽으로 이동시켜 즉묵을 에워쌌다. 즉묵대
부即墨大夫6가 성 밖으로 나가 싸웠으나 패하여 목숨을 잃었다. 이때 성안에 있
던 군사와 백성이 모두 전단을 제나라 군대의 통수권자로 추대하며 말했다.

"안평 싸움에서 전단 일족만이 전단이 가르쳐준 대로 수레 축을 쇠로 씌웠기
때문에 안전할 수 있었으니, 이는 그가 군사에 대해 잘 알고 있다는 것이다."

이에 모두 전단을 옹립하여 장군으로 삼았고, 즉묵을 지키며 연나라 군대에
저항했다.

오래지 않아 연나라 소왕이 죽고 혜왕이 즉위했지만 혜왕은 악의와 사이가
좋지 않았다. 전단은 이 사실을 알고 연나라에 사람을 보내 반간계를 시행하고
소문을 퍼뜨리게 했다.

"제나라 민왕은 이미 죽임을 당했고 함락되지 않은 제나라 성은 이제 두 곳
뿐이다. 지금 악의는 연나라 왕에게 죽임을 당할까 두려워 감히 돌아오지 못하
면서 제나라 정벌을 명분으로 삼아 제나라에 머물고 있지만, 실제로는 제나라
의 병력을 연합해7 제나라 남쪽에서 왕을 칭하고자 하는 것이다. 지금 제나라
사람들이 자신을 따르지 않고 있어 즉묵을 공격하기를 늦추면서 때가 무르익기
를 기다리고 있는 것이다. 제나라 사람들이 가장 두려워하는 것은 오직 다른
장군이 파견되어 즉묵을 완전히 결딴내는 것이다."

---

5 "당시 초나라는 요치를 파견해 군사를 이끌고 제나라를 구원하게 했는데, 요치는 제나라 민왕의
상이 되었다. 나중에 요치는 민왕을 죽이고 연나라와 함께 제나라의 토지를 분배했고 제나라의 보배
로운 기물들을 강탈했다."(『사기』「전경중완세가」) 요치가 민왕을 죽이는 상황에 대해 『전국책』「제책 6」
에서는 다음과 같이 기재하고 있다. "민왕이 거로 달아나자 요치가 그의 죄에 대해서 여러 차례 말했
다. '하늘이 피 비를 내려 옷을 적시는 것은 하늘이 왕을 훈계하는 것이고, 땅이 갈라져 샘물을 솟아나
게 하는 것은 땅이 왕을 훈계하는 것이며, 사람이 궐 앞에서 흐느끼는 것은 사람이 왕을 훈계하는 것
입니다. 하늘, 땅, 사람이 모두 왕을 훈계하는데 왕은 여전히 훈계를 알지 못하니, 어떻게 왕을 죽이지
않을 수 있습니까?' 그러고는 고리鼓里(거성 안의 골목 명칭)에서 민왕을 죽였다." 또 옛 주석에는 "요치
가 민왕을 시해하고 그의 힘줄을 뽑아내고 종묘 기둥에 걸어놓는데 잠깐 사이에 죽었다"고 했다.
6 즉묵대부即墨大夫: 즉묵성의 행정장관으로, 후대의 현령縣令에 해당한다.
7 원문은 '연병連兵'으로, 제나라의 즉묵과 거성에 주둔하고 있는 연합 군대를 말한다.

연나라 왕은 이 소문을 진실로 여겨 기겁을 파견해 악의를 대신하게 했다.

악의는 면직된 후 조나라로 달아나 귀순했고,[8] 연나라 군사와 백성은 매우 분개했다.[9] 이때 전단은 성안 사람들에게 명령을 내려 밥을 먹기 전에 반드시 마당에 밥과 반찬을 차리고 조상에게 제사를 지내도록 했다. 그러자 즉묵 상공에 많은 새가 빙빙 돌다가 내려와 음식을 쪼아 먹었다. 성 밖의 연나라 군사들은 그 광경을 보고 기괴하게 여겼다. 전단은 다시 소문을 퍼뜨렸다.

"신이 내려와 나를 가르쳐주시는 것이다."

또 성안 사람들에게 말했다.

"신인神人이 와서 내려와서 내 스승이 될 것이다."

이때 한 병졸이 말했다.

"제가 장군의 스승이 될 수 있습니까?"

말을 마치더니 몸을 돌려 가버렸다. 전단은 서둘러 달려가 그 병졸을 끌고 와서는 동쪽을 향해 그를 앉힌 다음 스승의 예로 섬겼다.[10] 그러자 병졸이 말했다.

"제가 속였습니다. 사실 저는 아무것도 할 수 없습니다."

전단이 말했다.

"너는 아무 말도 하지 말거라!"

그러고는 그를 공개적으로 스승으로 삼았다. 전단은 명령을 내릴 때마다 스승의 뜻이라고 말했다.[11] 이어서 전단은 또 사람을 내보내 소문을 퍼뜨리게 했다.

"내가 오직 두려워하는 것은 연나라 군사가 포로로 잡힌 우리 제나라 병사

---

8 "악의는 연나라 혜왕과 사이가 좋지 않아 교체되었음을 깨닫고 죽임을 당할까 두려워 서쪽 조나라로 달아나 투항했다."(《사기》 「악의열전」)

9 "악의가 공적이 있고 죄가 없는데 면직당한 것을 동정했기 때문이다."(《사기전증》)

10 전국, 진·한 시기에는 제왕이나 행정 장관이 대전에 오르거나 대청에 올라 군신과 백료들과 회견할 때는 남쪽을 향하는 것을 존귀한 것으로 여겼으며, 그 외에 연회나 한가하게 대화를 나누는 일반적인 경우에는 동쪽을 향해 앉는 것을 존귀함으로 여겼다.

11 호삼성이 말하기를 '전단은 사람들의 마음이 하나가 되지 못하는 것을 두려워하여 신을 빌려 명령을 내리는 것이다'라고 했다.

들의 코를 베고 그들을 앞줄에 세워 우리와 싸우게 하는 것으로, 그렇게 되면 즉묵은 반드시 함락될 것이다."

연나라 사람들은 이 말을 믿고 즉시 전단의 말대로 했다. 즉묵 성안에 있는 사람들은 항복한 제나라 군사들이 모두 코를 베인 것을 보고 매우 분노하여 성을 굳게 지켰으며, 포로가 되어 코를 베일까 봐 두려워했다. 전단은 또 사람을 보내 반간계를 시행하며 말을 퍼뜨렸다.

"내가 가장 두려워하는 것은 연나라 사람들이 우리 성 밖에 있는 무덤을 파헤쳐 조상을 욕보이는 것으로, 소름 끼치는 일이다."

연나라 군사들은 즉시 즉묵 사람들의 조상 무덤을 모조리 파헤쳐 유골을 불태워버렸다. 즉묵 사람들은 멀리 성 위에서 이런 광경을 바라보고 모두 흐느껴 울었으며, 분노가 열 배는 더해져 모두 성 밖으로 뛰쳐나가서 결전을 벌이려 했다.[12]

전단은 사졸들이 지휘에 따를 만하게 되었음을 깨닫고 손수 판자와 삽을 들고 사졸들과 함께 성을 방어하는 작업에 나섰다. 또한 자신의 아내와 첩도 군대에 편입시켜 복무하도록 했으며 먹을 것을 모두 풀어 사졸들을 위로했다.[13] 그런 다음 갑옷 입은 사졸들은 모두 매복시키고 노약자와 부녀자들을 성 위로 오르게 하여 적들의 경계를 늦춘 뒤, 사자를 보내 연나라에 투항을 약속했다. 연나라 군사는 모두 환호하며 만세를 불렀다. 전단은 또 백성으로부터 황금 1000일을 모아 즉묵의 부자를 통해 연나라 장수에게 보내며 말했다.

"즉묵이 항복하면 바라건대 내 가족의 처첩들만은 빼앗지 말고 편안하게 살게 해주십시오."

---

12 "서부원이 말하기를 '악의가 두 성을 여러 해 동안 공격했지만 점령하지 못하자 덕으로 제나라 사람들을 품으려 한 것인데, 기겁이 장군을 대신하면서 악의가 했던 것을 모두 바꾸고 제나라에 포악함을 시행하자 전단은 그것을 자본으로 여긴 것이다'라고 했다."(『사기회주고증』)

13 「평원군우경열전」에 따르면 이동李同이 평원군에게 건의한 계책이다.

연나라 장수는 크게 기뻐하며 요구를 들어줬다. 연나라 군사들은 이 일로 인해 경계가 더욱 느슨해졌다.

이때 전단은 성안에서 1000여 마리의 소를 모아 붉은 비단을 걸치고 비단에 오색으로 용무늬를 그려 넣었고, 쇠뿔에는 예리한 칼을 묶고 쇠꼬리에는 기름을 부은 갈대를 묶은 다음 그 끝에 불을 붙였다. 그러고는 성벽에 수십 개의 구멍을 뚫어 어두운 밤을 틈타 그 구멍으로 소들을 내보낸 뒤 장사 5000명을 뒤따르게 했다. 갈대가 타면서 꼬리가 뜨거워진 소들이 성내며 연나라 군영을 향해 돌진하자 연나라 군사들은 한밤중에 크게 놀랄 수밖에 없었다. 쇠꼬리에 붙어 갈대가 타오르자 마치 횃불처럼 밝게 빛났는데, 연나라 군사들이 보기에 모두 용무늬였고 부딪치는 사람은 죽거나 다쳤다. 뒤따르던 5000명의 장사들은 입에 하무를 물고 공격해 왔고, 성안에 있는 백성은 북을 두드리며 함성을 질렀으며, 노약자들은 모두 구리 그릇을 두드리며 소리를 냈는데, 그 소리가 천지를 진동시켰다. 연나라 군사들은 크게 놀란 나머지 싸움에 패하고 달아났다. 제나라 사람들이 마침내 연나라 장수 기겁을 참살하자 연나라 군사는 혼란에 빠져 달아났다. 제나라 사람들이 패배하여 달아나는 적을 추격하자 지나가는 성읍마다 모두 연나라를 배반하고 전단에게 귀순했다. 전단의 병사는 날이 갈수록 많아지면서 승세를 몰아 추격했고 연나라는 하루하루 패하여 퇴각하다가 결국 황하 가에 이르렀다.[14] 그리하여 연나라에 빼앗긴 제나라의 성 70여 개[15]를 모두 수복했다. 전단은 즉시 제나라 거성으로 가서 양왕襄王을 영접하고 임치로

14  원문은 '하상河上'이다. 당시의 황하는 허난성 서부로부터 흘러와 푸양 북쪽으로 갔다가 지금의 산둥성 펑위안, 더저우를 거쳐 지금의 허베이성 창저우 동북쪽 황화에서 바다로 흘러들었다. 지금의 창저우, 황화 일대가 당시 제나라와 연나라의 경계선이었다.
15  "제나라에 성 70여 개가 있다는 말은 전국시대부터 전한 초까지 줄곧 같다. 연나라 혜왕이 악의를 파면하고 기겁을 임용하고 전단이 소에 불을 붙이는 방식으로 연나라 군대를 대파하여 잃어버린 땅을 수복하고 제나라를 재건한 사건은 모두 제나라 양왕 5년 때의 일이다. 연나라 소왕이 사망하고 혜왕이 왕위를 계승했으나 아직 개원하기 전(기원전 279)이다. 그러나 소에 불을 붙인 싸움에 관련된 구체적인 정황은 지금 『전국책』에 기재되어 있지 않다."(『사기전증』)

들어가 국정을 주재했다.

제나라 양왕 또한 전단을 봉하고 안평군安平君이라 불렀다.[16]


태사공은 말한다.

"전쟁의 작전은 정면으로 맞붙어 싸우고, 생각지 못한 변칙의 기술로 승리하는 것이다.[17] 작전을 잘 펼치는 사람은 기이한 계책이 무궁무진하다. '기奇'와 '정正'을 교차하여 사용하는 것은 마치 둥근 고리와 같아 시작과 끝이 없게 된다.[18] 대체로 처음에는 마치 처녀처럼 나약하게 보여 적들이 문을 열어 경계를 느슨하게 하고, 나중에는 그물을 빠져나가는 토끼처럼 뛰쳐나가 적들이 막을 수 없게 하는 것으로,[19] 이것이 바로 전단의 병법을 이르는 것이다!"


처음에 요치가 제나라 민왕을 죽이자 거성을 지키고 있던 사람들은 민왕의 아들 법장法章을 찾아 나섰다. 나중에 태사교太史嬓[20]의 집에서 찾았는데, 그는 채소밭에 물을 주는 일을 하고 있었다. 태사교의 딸은 그를 가련하게 여겨 잘 대해주고 있었다. 나중에 법장은 자신의 사정을 그녀에게 말해주었고, 그녀는

---

16  "전단이 안평에서 일어났으므로 안평군이라 부른 것이다."(『색은』) "장문호의 『찰기』 권5에서 「전단전」은 미완성인 것 같으나 지금은 완성할 수 없다'고 했다."('수정본'))

17  원문은 '兵以正合, 以奇勝'이다. "무릇 전쟁이란 정면으로 작전하는 군사를 사용해 적에 대항하고, 생각지 않은 틈을 타 기습 공격하는 군사를 사용하여 승리를 쟁취하는 것이다凡戰者, 以正合, 以奇勝."(『손자병법』「세편勢篇」) "위 무제(조조)가 말하기를 '처음에 나가서 싸우는 것이 정正이고, 나중에 나가서 싸우는 것이 기奇다. 정은 적과 정면으로 맞붙어 싸우는 것이고, 기는 적이 대비하지 않은 틈을 이용해 기습 공격하는 것이다'라고 했다."(『집해』)

18  "작전의 기본 방법은 기奇와 정正 두 항목에 지나지 않으나 기정奇正의 뒤섞이는 변화는 도리어 무궁무진하다. 기정 사이의 상호 변화 관계는 마치 고리에 끝이 없는 것과 같아 처음과 끝이 없는데, 누가 능히 모두 헤아릴 수 있겠는가?"(『손자병법』「세」) "용병의 전술에는 정공법을 쓰기도 하고 기이한 계책을 쓰기도 하여 앞의 적이 예측할 수 없도록 하는 것이 마치 고리의 중심을 찾는 것처럼 그 끝의 경계를 모름을 말한다."(『색은』)

19  원문은 '始如處女, 適人開戶 ; 後如脫兔, 適不及距'다. 문장의 출전은 『손자병법』「구지九地」다.

20  태사교太史嬓: 성이 태사太史이고 이름이 교嬓다. 『전국책』에서는 '교敫'라고 했다.

남몰래 법장과 정을 통하게 되었다.

거성 사람들이 함께 법장을 옹립하여 그는 제나라 왕이 되었고[21] 거성을 굳게 지키면서 연나라 군대에 저항했으며, 태사교의 딸은 왕후가 되었다. 이른바 역사에서 말하는 군왕후君王后다.[22]

연나라 군대가 처음 제나라로 공격해 들어갔을 때 획읍畫邑[23] 사람 왕촉王蠋이 어질다는 말을 듣고 연나라 장군은 군중에 명령을 내렸다.

"획읍을 중심으로 사방 30리 안으로 들어가지 말라!"

이는 왕촉을 존중한 것이었다. 그러고는 바로 사람을 보내 왕촉에게 말했다.

"제나라 사람 대부분이 당신의 의로움을 높이 사고 있소. 나는 당신을 장군으로 임명하고 1만 호의 식읍을 봉해주겠소."

왕촉이 단호하게 거절하자 연나라 장군이 말했다.

"그대가 내 말을 듣지 않으면 나는 삼군을 이끌고 획읍 사람들을 모조리 죽일 것이오."

왕촉이 말했다.

"충성스러운 신하는 두 군주를 섬기지 않고, 절개 있는 여자는 개가하여 두 남편을 섬기지 않소. 제나라 왕이 처음에 나의 권고를 듣지 않았기 때문에 관직에서 물러나 들에서 밭을 일구며 살고 있소. 지금 제나라는 이미 패배하여 망했고 나는 나라를 보전할 수 없소. 지금 또 무력으로 위협하여 그대들의 장군이 된다는 것은 걸왕桀王을 도와 포악한 짓을 하는 것과 같소. 그와 같이 살아서 의롭지 못한 짓을 할 바에야 차라리 삶겨져 죽는 편이 낫소."

그러고는 나뭇가지에 목을 매고 힘껏 목을 죄어 목숨을 끊었다. 사방으로 흩어져 도망치던 제나라 대부들은 이 소식을 듣고는 말했다.

---

21  기원전 284년의 일이다. 법장은 제 양왕(재위 기원전 283~기원전 265)이다.
22  "양왕이 세워지고 태사씨의 딸을 왕후로 삼았는데, 바로 군왕후다."(『사기』「전경중완세가」)
23  획읍畫邑: 제나라 현으로 지금의 산둥성 쯔보 린쯔 서쪽 지역이다.

"왕촉은 한낱 보통 백성에 불과하지만 의리를 지켜 북쪽을 향해[24] 연나라를 섬기려 하지 않았다. 하물며 관원이 되어 봉록을 누리는 우리는 더 말할 것이 있겠는가!"

그리하여 거성에 모여 제나라 민왕의 아들 법장을 찾아 제나라 왕으로 옹립했는데, 이 사람이 바로 양왕이다.[25]

---

24  고대에 제왕은 남쪽을 향해 앉고 신하들은 북쪽을 향해 머리를 조아렸기에 신하로서 복종하는 것을 뜻한다.

25  원문은 '求諸子立爲襄王'으로, 문장이 매끄럽지 못하다. "제자諸子는 마땅히 기자其子(그 아들)라고 해야 한다."(『사기탐원』) "나카이 리켄이 말하기를 '입立'자 다음에 '법장法章' 두 자가 빠져 있다고 했다."(『사기회주고증』) "왕손가王孫賈는 당시 15세였는데, 제 민왕을 섬겼다. 제 민왕이 달아났는데 왕손가는 그의 행방을 알지 못했다. 왕손가의 모친이 그에게 말하기를 '네가 아침에 나가 저녁에 돌아올 때면 나는 집 문에 기대에 네가 돌아오기를 바라본다. 네가 저녁에 나가 돌아오지 않으면 나는 마을 문에 기대어 네가 돌아오는지 바라본다. 너는 지금 대왕을 모시고 있으면서 어찌 도망친 대왕의 행방도 모른 채 집으로 돌아온단 말이냐?'라고 했다. 왕손가는 이에 시장으로 가서 말했다. '요치가 제나라에서 난을 일으키고 민왕을 죽였으니, 나와 함께 그를 토벌하기를 원하는 자는 오른쪽 어깨를 드러내고 나오시오!' 시장에 모인 사람들 가운데 그를 따르는 사람이 400명이나 되었고, 그와 함께 요치를 토벌하고 요치를 찔러 죽였다."(『전국책』「제책 6」)

# 노중련추양열전

## 魯 仲 連 鄒 陽 列 傳

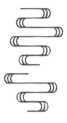

이 편은 노중련과 추양의 합전이지만 둘이 활동한 시기는 서로 다르며 활동의 내용도 관련성이 크지 않다. 그럼에도 사마천이 이들을 합쳐 서술한 이유는 그들의 곧은 성정 때문이다. "노중련은 자신의 지향하는 바를 견지하여" 제후에게 굴복하지 않았고 "추양은 강직하고 정직하며 굴복하지 않았다."

조나라 효성왕 때 진나라 군대가 조나라 도성 한단을 포위하자 효성왕은 다른 제후국들에게 구원해줄 것을 요청했으나 어느 나라도 감히 군대를 보내 진나라에 맞서지 못했다. 위나라 장군 신원연이 찾아와 조나라 왕에게 진나라 소왕을 받들고 제帝라고 부르도록 설득하려 했으나 노중련은 신원연을 크게 꾸짖었다. 결국 노중련은 진나라 군대를 물러가게 하고 진나라에 대한 항전 의지를 고취시키며 동방 제후들이 연합 전선을 형성하는 데 큰 공적을 세웠다. 이후 조나라가 관작을 주려 했지만 그는 끝내 사양하면서 "천하에 선비가 귀하게 여겨지는 까닭은 그가 다른 사람의 우환을 해결해주고 재난을 제거하며 분규를 없애주고도 보상을 요구하지 않기 때문입니다"라고 말했다. 어려움에 처한 사람을 돕는 그의 협의俠義 정신과 청렴성을 보여준다. 또한 제나라의 요성을 공격해 함락시킨 연나라 장군이 모함을 당해 본국으로 돌아가지 못하고 있을 때 노중련은 편지를 화살에 묶어 성안으로(「유연장서遺燕將書」) 쏘아보내는데, 편지를 읽은 연나라 장군은 사흘 동안 눈물을 흘리다가 자결했다.

추양은 양 효왕에게 총애를 받았으나 자신을 험담하는 자들에 의해 갇혀 죽을 처지에 내몰리자 후세에 오명을 남길 것이 두려워 양 효왕에게 「옥중상양왕서獄中上梁王書」를 써서 바쳤다. 사마천은 이 상서를 게재한 이유를 이와 같이 밝혔다. "추양은 언사가 공손하지는 않지만 비슷한 유형의 사물에 연결해 비유함으로써 사람으로 하여금 비애를 느끼게 했고, 또한 강직하고 정직하며 굴복하지 않았기 때문에 나는 그를 열전에 붙였다."

노중련魯仲連은 제나라 사람이다.[1] 그는 남을 도와 평범하지 않은 기묘한 계책을 계획할 수 있었지만 관리가 되어 직무를 맡는 것을 원치 않았고, 고상한 절개를 지키기 좋아했다. 노중련은 조나라를 떠돌아다닌 적이 있었다.

조나라 효성왕 때 진나라 소왕은 백기를 파견해 장평에서 조나라 군대를 격파하고 40여 만 명을 생매장했으며, 진나라 군대는 마침내 동쪽으로 조나라 도성 한단을 포위했다. 조나라 왕은 두려워하며 다른 제후국들에게 군사를 요청했지만 누구도 감히 진나라 군대를 공격하지 못했다.

위나라 안희왕安釐王은 장군 진비晉鄙를 파견해 조나라를 구원하도록 했지만 진나라가 두려워 중도에 진비를 탕음蕩陰에 멈추게 하고는 나아가지 못하게 했다.[2] 동시에 객장군客將軍 신원연新垣衍[3]을 몰래 한단에 잠입시켜 평원군을 통해 조나라 왕에게 말하도록 했다.

"진나라가 이렇게 급하게 조나라를 공격해 한단을 포위한 것은 바로 일전에 제나라 민왕과 강함을 다투며 제帝라 칭했다가 얼마 지나지 않아 다시 제라는

1 당시 제나라 왕은 건建(재위 기원전 264~기원전 221)이다.
2 "위나라 왕은 장군 진비를 파견해 군사 10만 명을 이끌고 가서 조나라를 구원하게 했다. 그러자 진나라 왕은 사자를 파견해 위나라 왕에게 통보했다. '나는 조나라를 공격해 조만간 점령할 것이다. 제후들 중에서 감히 조나라를 구원하는 자가 있다면 한단을 함락한 뒤 반드시 군사를 이동시켜 먼저 그를 공격하겠다!' 이 말을 들은 위나라 왕은 두려운 나머지 사자를 파견해 진비의 진군을 멈추게 한 뒤 업鄴 땅에 주둔시키고 보루를 쌓게 했다."(「위공자열전」) 탕음蕩陰은 지금의 허난성 탕인湯陰이다. "업현은 탕음현 북쪽에 있고 서로 거리가 멀지 않으므로 두 문장(본문과 「위공자열전」)이 일치하지 않는다."(「사기전증」)『전국책』「조책 3」에서는 업이 아니라 탕음에서 진군을 멈추게 했다고 기재했다.
3 객장군客將軍은 타국 사람으로 장수가 된 자를 말하며, 진나라의 객경客卿과 같다. 신원연新垣衍은 성이 신원新垣이고 이름이 연衍이다. 『전국책』에서는 '신新'을 '신辛'이라고 했다.

칭호를 취소하고 원래대로 돌아갔기 때문입니다. 지금 제나라는 이미 갈수록 약해지고 있고[4] 진나라만이 천하에 대적할 자가 없는 영웅을 자처하고 있으니, 진나라가 이번에 조나라를 공격한 것은 틀림없이 한단을 탐내서가 아니라 '제'라 칭하기를 원하기 때문입니다. 조나라가 만일 사자를 파견해 진나라 소왕昭王[5]을 제로 높여 받든다면 소왕은 반드시 기뻐하며 군대를 물려 돌아갈 것입니다."

평원군은 망설이며 결정을 내리지 못했다.

이때 마침 노중련은 조나라를 돌아다니고 있었는데, 진나라 군대가 조나라 한단을 포위했고 위나라 장군 신원연이 와서 조나라 왕에게 진나라 소왕을 받들어 '제'라고 부르도록 설득하고 있다는 말을 들었다. 이에 노중련은 평원군을 만나 말했다.

"이 일을 어떻게 처리하실 생각입니까?"

평원군이 말했다.

"내 어떻게 감히 말할 수 있겠소![6] 얼마 전에 조나라가 밖에서 군사 40만 명을 잃었고 지금은 진나라 군대가 또 안으로 한단을 포위하고 있으니 그들을 물리칠 방법이 없소. 그런데 위나라 왕이 객장군 신원연을 파견해 조나라에게 진나라를 제라고 높여 받들라고 하고 있소. 지금 그 사람이 이곳에 있소. 내 어찌

---

4　제 민왕 17년(기원전 284), 악의가 연나라를 위해 다섯 나라 연합군을 인솔하여 제나라를 정벌했고 제서濟西에서 제나라 군대를 크게 깨뜨렸다. 연나라 군대는 다시 승세를 몰아 깊이 침입하여 임치를 격파하자 제 민왕은 거로 달아났으나 초나라 장수 요치에게 살해되었다. 이때 이후로 제나라는 재기하지 못했다.

5　"표표는 '소昭' 자가 불필요한 글자라고 했는데, 여기서 '소'는 진왕 사후의 시호다."(『사기전증』)

6　「조세가」에 따르면 조나라 효성왕 4년(기원전 262), 진나라 군대가 한나라의 상당과 도성인 신정 간의 연락을 끊어버리자 한나라는 버틸 수 없어 진나라에 투항했다. 상당을 지키던 장수 풍정은 진나라에 투항하지 않고 군사와 백성을 인솔하여 동쪽 조나라에 투항했다. 조나라는 풍정의 투항을 받아들여야 할지 말지 의견이 갈렸다. 평원군은 힘을 낭비하지 않고 땅을 얻는 것이라 여기고 조나라 왕을 설득했고 왕은 받아들였다. 이 일은 이후 장평에서 패배를 불렀고 다른 신하들은 평원군이 사리사욕에 눈이 어두워졌다고 질책했다. 따라서 평원군은 두려워하며 양심의 가책을 받고 있는 상태다."(『사기전증』)

감히 무슨 말을 하겠소!"

노중련이 말했다.

"저는 본래 군을 천하의 현명한 공자라 생각했는데, 오늘에서야 군께서 천하의 현명한 공자가 아님을 알게 되었습니다. 양(위)나라[7]의 손님 신원연은 어디에 있습니까? 제가 군을 위해 그를 꾸짖어 돌려보내겠습니다."

평원군이 말했다.

"그럼 내가 그를 선생과 만나도록 소개하겠소."

그리하여 평원군은 신원연에게 가서 말했다.

"동국東國[8]에 노중련이라는 선생이 계시는데, 지금 이곳에 와 계십니다. 내가 그분을 장군께 소개드리고 싶은데 만나보시지요."

신원연이 대답했다.

"저는 노중련 선생이 제나라의 품행이 고상한 선비라고 들었습니다. 그렇지만 저는 양(위)나라 신하로서 사신의 직무를 가지고 이곳에 왔으므로 노중련 선생을 만나고 싶지 않습니다."

평원군이 말했다.

"내가 이미 그분께 장군에 대해서 말씀드렸습니다."

신원연은 하는 수 없이 허락했다.

노중련은 신원연을 만난 자리에서 아무 말도 하지 않았다. 그러자 신원연이 말했다.

"제가 포위된 이 성 안에 머물고 있는 사람들을 살펴보니 모두 평원군에게 바라는 것이 있는데, 지금 선생의 용모를 보니 평원군에게 바라는 것이 없는 것

7  위魏나라는 처음에 안읍에 도읍을 정했다가, 혜왕 때 대량으로 천도했고, 위나라는 이때부터 양梁나라로 불렸다.
8  동국東國: 제나라를 가리킨다. 제나라가 조나라의 동쪽에 있었기 때문에 조나라 사람들이 동국이라 불렀다.

같습니다. 무엇 때문에 고립된 이 성에서 오래 머무르며 떠나지 않으십니까?"

노중련이 말했다.

"세상 사람들은 포초鮑焦가 도량이 좁아 죽었다고 하는데 이것은 사람들이 잘못 본 것입니다.[9] 일반 사람들은 포초를 이해하지 못하면서 포초가 자신 개인의 체면과 명예만을 위해 죽었다고 생각합니다. 저 진나라는 예의를 내버리고 적의 머리를 베어 세운 공적을 숭상하는 나라이기에[10] 사대부를 간사한 방법으로 다루고 백성을 마치 노예처럼 부립니다. 이런 국가의 군주가 제멋대로 제帝라 칭하며 천하를 통치하게 된다면 나는 차라리 동해東海에 뛰어들어 죽지 절대로 그의 백성이 되지는 않을 것입니다. 장군을 만나고자 한 까닭은 제가 조나라를 돕고자 함을 장군에게 알려드리고자 함입니다."

그러자 신원연이 물었다.

"선생께서는 어떤 방법으로 조나라를 돕고자 하십니까?"

노중련이 대답했다.

9  "「한시외전」에 이르기를 '포초는 성이 포鮑이고 이름이 초焦로, 주나라 때의 은자다. 외모를 거짓으로 꾸며 행동하고 세속을 비난했으며, 청렴결백을 지키면서 짐을 메고 땔나무를 하며 도토리를 주워 배를 채웠다. 대를 이을 자식도 없었고 천자의 신하가 되지도 않았고 제후들과 사귀지도 않았다. 자공子貢이 그를 만나 말하기를 '내가 듣건대, 그가 처한 시대를 비평하려면 그 안에서 이익을 취하지 않고, 그의 군주를 질책하려면 그의 국토를 밟지 않는다고 했소. 그런데 지금 그대는 그 군주를 질책하면서 그의 국토를 밟고 있고, 그 처한 시대를 비평하면서 도리어 그곳에서 채소를 채취하고 있으니, 그것이 옳소?'라고 했다. 그러자 포초가 말하기를 '내가 듣건대 청렴한 선비는 관리가 되는 것을 중히 여기되 관직을 버리는 것을 가벼이 여기며, 현인은 쉽게 부끄러워하고 죽음을 가볍게 여긴다고 했소'라고 했다. 그러고는 나무를 안고서 말라죽은 나무처럼 선 채로 죽었다고 한다. 노중련이 조나라에 머물며 떠나지 않는 것은 자기 한 몸을 위해서가 아니라는 뜻이다.'(『정의』) "노중련이 포초를 통해 자신을 비유한 것으로, 포초의 죽음은 도량이 좁아서가 아니라 모종의 대의를 견지하고 모종의 원칙을 지키기 위함이라고 여긴 것이다."(『사기전증』)
10  원문은 '상수공上首功'이다. 호삼성은 "진나라는 전쟁에서 참수한 공이 있는 자를 상上으로 삼았기 때문에 '상수공上首功'이라 했다"고 했다. '상上'은 숭상한다는 뜻이다. "초주가 말하기를 '진나라는 위앙衛鞅의 계책으로 20등급의 작위를 제정하고 전쟁에서 수급을 얻은 자에게 작위를 수여했다. 이 때문에 진나라가 전쟁에서 승리를 거둘 때마다 많은 노약자와 부녀자가 죽었으며 공으로 상을 수여받은 자가 만萬을 헤아리게 되었다. 천하에서 목을 베는 것을 으뜸의 공적으로 삼는 나라라고 하는 것은 그 행위를 증오하는 말이다'라고 했다."(『색은』)

"저는 양(위)나라와 연나라[11]가 조나라를 돕도록 하겠습니다. 제나라와 초나라는 본래부터 이미 조나라를 돕고 있습니다."[12]

신원연이 말했다.

"선생께서 연나라가 조나라를 돕게 한다는 말씀은 제가 잠시 믿겠습니다. 그러나 양(위)나라에 대해서는 제가 바로 양(위)나라 사람입니다. 어떻게 양(위)나라가 조나라를 돕도록 할 수 있습니까?"

노중련이 대답했다.

"양(위)나라는 진나라가 제를 칭하고 나서 발생할 화를 보지 못할 따름입니다. 진나라가 제를 칭한 뒤에 일어날 화를 보게 된다면 반드시 조나라를 도울 것입니다."

신원연이 말했다.

"진나라가 제라고 칭할 경우 해로움은 어떤 것입니까?"

노중련이 대답했다.

"옛날 제나라 위왕威王은 일찍이 인의를 제창하고 천하 제후들을 이끌고 주나라 천자[13]에게 알현하려고 했습니다. 그러나 당시 주나라는 이미 가난하고 쇠약해져 제후들은 알현하려 하지 않았기에 제나라만 알현하러 갔습니다. 1년쯤 지나 주나라 열왕이 붕어했는데,[14] 제나라는 제때에 조문을 보내지 않았습니다. 주나라는 화를 내며 제나라에 부고를 통보하면서 '지금 하늘이 무너지고 땅이

---

11  이 당시 연나라 왕은 효왕孝王(재위 기원전 257~기원전 255)이다.

12  "이때 초나라는 진나라의 공격을 받아 이미 동북쪽 진현陣縣(지금의 허난성 화이양)으로 천도했다." (『사기전증』)

13  제 위왕(재위 기원전 356~기원전320) 당시 주나라 천자는 현왕顯王(재위 기원전 368~기원전 321)이며, 주나라 도읍은 낙양이다.

14  "이 서술은 잘못되었다. 주 열왕은 이름이 희喜이고 재위 기간은 기원전 375~기원전 369년으로 제나라 위왕과 동시대가 아니다. 혹자는 '주 열왕'을 마땅히 '주 현왕'이라고 해야 한다고 하는데, 주 현왕은 기원전 321년에 사망했고 당시 제나라는 위왕 36년이었다."(『사기전증』)

갈라지고 새로 즉위한 천자가 거적에서 잠을 자고 오두막에서 기거하고[15] 계시는데, 동쪽 번국藩國[16]의 신하인 인제因齊[17]가 감히 제때에 오지 않다니 목을 베야 마땅하다'고 말했습니다. 이 말을 들은 제나라 위왕은 발끈하여 화를 내며 '뭬, 종년이 낳은 자식 주제에!'라고 욕했고, 결국 천하의 비웃음거리가 되고 말았습니다.[18] 주나라 천자가 살아 있을 때는 주나라에 알현했지만 그가 죽은 다음에 욕하는 것은 진실로 주나라의 가혹한 요구를 받아들일 수 없었기 때문입니다. 저 천자라는 사람은 본래 이 같은 기질이어야 하니 괴이하게 여길 필요는 없습니다."

신원연이 말했다.

"선생께서는 저 하인들을 보지 못했습니까? 열 명의 하인이 주인 한 명을 모시는 것이, 설마 힘이 그만 못하고 지혜가 그만 못해서겠습니까? 주인을 두려워하기 때문입니다."

노중련이 말했다.

"아! 그렇다면 양(위)나라와 진나라의 관계가 결국 하인과 주인 같은 것이란 말입니까?"

신원연이 말했다.

"그렇습니다."

---

**15** 원문은 '하석下席'이다. "하석은 죽음을 가리킨다. 혹자는 말하기를 '하늘이 무너지고 땅이 갈라지는 것은 천자의 죽음을 가리키고, 하석은 새로운 천자가 상복을 입고 장례를 치르는 것을 가리킨다'고 했다."(『사기전증』) "하석은 거적에서 자고 오두막에서 기거하는 것을 말한다."(『색은』)

**16** 원문은 '동번東藩'으로, 동방의 제후국인 제나라를 가리킨다. 고대에 제후국은 천자의 울타리 또는 병풍처럼 둘러친 보호벽이라 하여 '번藩'이라 불렀다.

**17** 인제因齊는 제나라 위왕의 이름으로, 왕의 이름을 부르는 것은 깎아내리는 표현방식이다.

**18** "『사기』는 전국시대에 관련한 착오가 특히 심하다. 주열왕이 사망했을 때는 전제 환공田齊桓公 시기로, 제 위왕과는 서로 일치하지 않는다. 어찌 제 위왕이 주열왕에게 알현하는 일이 있을 수 있겠는가? 첸무의 말에 따르면, 위나라 혜왕이 기원전 344년에 봉택逢澤(지금의 허난성 카이펑 동남쪽)에서 회맹을 소집하고 회맹 이후 제후들을 이끌고 맹진孟津에서 주나라 왕을 알현한 일을 잘못 전한 것이다."(『전국책신교주』)

노중련이 말했다.

"그렇다면 제가 진나라 왕으로 하여금 양(위)나라 왕을 삶아 잘게 다져 젓갈로 만들게 하겠습니다."[19]

신원연이 불쾌해하며 말했다.

"아! 선생의 말씀이 지나치십니다. 선생께서 말씀하신 대로 어떻게 진나라 왕에게 양(위)나라 왕을 삶아 잘게 다져 젓갈로 만들도록 할 수 있다는 말입니까?"

노중련이 말했다.

"당연합니다. 장군께 말씀드리려고 했습니다. 옛날에 구후九侯, 악후鄂侯, 주나라 문왕[20]은 은나라 주왕의 삼공三公[21]이었습니다. 구후에게 아름다운 딸이 있어 주왕에게 바쳤는데, 주왕은 그녀를 안 좋게 여겨 구후를 죽여 젓갈로 만들어버렸습니다.[22] 악후가 강하게 말리면서 구후를 변호하자 주왕은 악후를 죽여 말린 고기로 만들어버렸습니다. 문왕이 이 소식을 듣고 상심하며 탄식하자 주왕은 문왕을 유리羑里[23]에 있는 창고에 100일이나 가두어 죽이려 했습니다. 본래는 은나라 주왕과 같이 모두 왕이라 칭하는데, 무엇 때문에 잘게 다진 젓갈로 만들어지고 말린 고기가 되려 합니까? 제나라 민왕이 노나라로 달아나려 할 때, 뒤에서 말채찍을 잡고 따르던 이유자夷維子[24]가 노나라 사람에게 '당신들은

---

19 "동빈이 말하기를 '하인에 비유한 것은 심하게 모욕하여 격분시키려 한 것이다. 신원연이 노복이 되는 것이라 여기기에 도의로써는 격분시킬 수 없으므로 생사로써 격분시킨 것이다'라고 했다."(『사기평림』)
20 구후九侯는 상나라 시대의 소수민족 부락의 수령으로 '귀후鬼侯'라고도 한다. 대략 지금의 산시山西성 북부에서 활동했다. 악후鄂侯는 악국鄂國(지금의 허난성 친양沁陽 서북쪽)의 군주였다.
21 삼공三公: 주나라 때 사도司徒, 사마司馬, 사공司空으로 여기서는 조정의 중신을 가리킨다.
22 "구후의 딸이 음란한 것을 좋아하지 않자 주왕은 화를 내며 그녀를 죽이고 구후를 잘게 다져 젓을 담았다"(『사기』 「은본기」)
23 유리羑里: 지금의 허난성 탕인湯陰 북쪽 지역의 옛 읍으로, '유리羑里'라고도 한다.
24 이유자夷維子: "응소가 말하기를 '옛날 내이萊夷 유읍維邑이라고 했다. 아마도 읍을 성으로 삼은 것 같다. 자子는 남자의 미칭이다. 또한 '자子'는 작위라고도 한다."(『정의』) "이유夷維는 제나라 지명으로 지금의 산둥성 웨이팡濰坊인데, 나중에 봉지를 소유한 귀족의 성씨가 되었다. '자子'라고 한 것은 역사에서 그의 이름을 잃었기 때문이다."(『사기전증』)

우리 군주를 어떤 예절로 초대하겠소?'라고 물었습니다. 노나라 사람이 '우리는 십태뢰十太牢[25]의 예절로 당신 군주를 대접하겠습니다'라고 대답하자, 이유자가 '당신들은 우리 군주를 접대하는 예절을 어디서 배운 것이오? 우리 군주는 천 자이시오. 천자가 순수巡狩[26]를 하면 제후들은 자신의 궁전을 비우고 바깥으로 나가 거주해야 하고,[27] 자신의 성문과 궁문의 열쇠를 넘기며, 직접 소매를 걷어 올려 쟁반을 바르게 하여 대청 위로 올리고, 땅으로 내려와 서서 천자가 식사하 기를 기다려야 하오. 천자께서 식사를 끝낸 뒤에 물러나 조정에서 정사를 들을 수 있소'라고 말했습니다. 이 말을 들은 노나라 사람들은 분노하여 열쇠를 땅바 닥에 던져버리고[28] 제 민왕을 들이지 않았습니다. 민왕은 노나라로 들어갈 수 없게 되자 설薛[29] 땅으로 가기로 했는데, 중간에 추鄒나라를 거쳐야 했습니다. 그때 마침 추나라 군주가 죽었으므로 민왕은 조문을 하려 했습니다. 이유자가 죽은 추나라 군주의 아들에게 말했습니다. '천자께서 조문하러 오면 주인은 반 드시 죽은 자의 관의 방향을 바꿔야 하는데, 관을 북쪽을 향하게 하고 천자는 북쪽에 앉아서 남쪽을 향해 조문하도록 해야 하오.'[30] 이 말을 들은 추나라 신 하들은 '반드시 그와 같이 해야 한다면 우리는 차라리 검으로 스스로 목을 베

---

25  태뢰太牢: 옛사람들이 제사 혹은 연회 때 소·양·돼지 세 가지 희생물을 사용하는 것을 말한다. 십 태뢰란 당시 제후들에게 술과 음식을 바쳐 위로하는 예절로 소·양·돼지를 10마리씩 사용하는 것이다.
26  순수巡狩: 천자가 각 군국郡國을 순행하며 시찰하는 것이다. '수狩'는 천자가 제후를 봉하여 경계 울타리로 삼았고 제후는 천자를 위해 국가를 수호한다는 뜻으로, '수守'라 쓰기도 한다. 지금의 '시찰' 과 같다. "천자가 제후의 경내로 가는 것을 순수라 한다. 순수의 의미는 제후가 지키는 토지를 순시하 는 것이다天子適諸侯曰巡狩, 巡狩者巡所守也."(『맹자』「양혜왕 하」)
27  "천자가 제후를 순시하면 제후는 감히 자신의 궁실에 있을 수 없고 감히 주인의 예의로 천자를 영접할 수 없다"(가의, 『신서新書』「예禮」)
28  원문은 '투기약投其籥'으로, 두 가지 해석이 있다. "내문內門을 닫아버리고 제나라 군주를 들이지 않은 것이다."(『색은』) "약籥은 즉 열쇠다. 열쇠를 땅바닥에 집어 던진 것이다."(『정의』)
29  설薛: 제나라 읍으로 당시 맹상군의 봉지였다. 지금의 산둥성 짜오좡棗莊 서북쪽 지역이다.
30  고대에는 북쪽에서 남쪽을 향하는 것이 바른 위치이므로 영당靈堂(영구나 영정을 모신 방)은 모두 남쪽을 향해 설치한다. 여기서는 민왕이 북쪽에 앉아서 남쪽을 향해 조문할 수 있도록 영당을 북쪽 으로 향하게 하라는 뜻이다.

어 자살하는 것이 낫소'라고 말했습니다. 결국 민왕은 감히 추나라로 들어가지 못했습니다. 추나라와 노나라의 신하들은 군주가 살아 있을 때에는 궁핍하여 제대로 모시며 봉양하지 못했고, 죽은 뒤에도 재물과 의복 같은 예물을 함께 매장하지 못했습니다.[31] 그런데 민왕이 노나라와 추나라에서 천자의 예의를 행하려고 하므로 그들이 절대로 받아들이지 않은 것입니다. 지금 진나라는 만승의 국가이고, 양(위)나라 또한 만승의 국가입니다. 모두 만 승의 전차를 보유한 국가이며 각기 왕이라 칭하는 명분이 있는데도, 진나라가 한 번 싸움에서 승리를 거두는 것을 보고는 순종하며 제라 높여 받들려 하고 있습니다. 어찌 삼진三晉의 대신들을[32] 추나라와 노나라 같은 작은 나라의 하인과 첩만도[33] 못하게 만드는 것이라 말하지 않을 수 있겠습니까. 게다가 진나라는 제라 칭하는 것으로 그치지 않고 반드시 제후국의 집정대신들을 바꾸려 할 것입니다. 저들은 자신들이 좋지 않게 여기는 대신의 권위를 빼앗아 자신들이 현명하다고 여기는 사람들에게 줄 것이며, 자신들이 미워하는 사람들을 파면시키고 자신들이 좋아하는 사람들을 임용할 것입니다. 또한 그들은 진나라 왕실의 여자와 남을 헐뜯고 해치기 좋아하는 여인들을 각국 제후들의 첩으로 삼게 하여 양(위)나라 궁전 안에 살게 할 것입니다. 그렇게 되면 양(위)나라 왕이 어찌 편안하게 살 수 있겠습니까? 장군은 또 어떻게 이전과 같은 총애와 작록을 유지할 수 있겠습니까?"

신원연은 일어나 두 번 절하고 사과하며 말했다.

"처음에 저는 선생을 평범한 사람으로 생각했는데, 오늘 말씀을 듣고 비로소 천하에 드문 걸출한 선비임을 알았습니다. 청컨대 돌아가서 다시는 진나라를

---

31  원문은 '부득부수不得賻襚'다. "의복을 수襚라 하고 재물을 부賻라 하는데, 모두 산 자를 돕고 죽은 자를 보내는 예법이다."(『정의』) "함께 매장하는 재화를 부賻라 하고, 함께 매장하는 의복을 수襚라 한다."(『사기통해』)

32  여기서 삼진三晉은 위나라를 가리킨다. '삼진의 대신들'은 신원연을 가리키는 것으로, 그가 공개적으로 진나라를 제로 높이는 것을 제창했기 때문이다.

33  제 민왕을 받아들이지 않은 추나라와 노나라의 신하들을 가리킨다.

제로 높이는 일을 제안하지 않을 것입니다."

이 소식을 들은 진나라 장군은 군사를 50리나 뒤로 물렸다.[34] 마침 이때 위 공자 무기가 진비의 병권을 빼앗아 조나라를 구원하러 와서 진나라 군대를 공격했으므로 진나라 군대는 마침내 철군하여 돌아갔다.

사건이 해결된 후 조나라의 평원군은 노중련에게 관작을 봉하려 했지만, 노중련은 세 번 사양하고 끝내 받으려 하지 않았다. 평원군은 이에 주연을 열어 대접하고 술이 한창 달아올랐을 때 일어나 노중련 앞으로 가서는 천금의 예물을 전하고 술을 권하며 노중련의 장수를 축원했다. 그러자 노중련이 웃으면서 말했다.

"천하의 선비가 귀하게 여겨지는 까닭은 그가 다른 사람의 우환을 해결해주고 재난을 제거하며 분규를 없애주고도 보상을 요구하지 않기 때문입니다. 만일 일을 처리하고 보상을 받는다면 상인이 장사를 하는 것이니, 이 노중련은 차마 할 수 없는 일입니다."

마침내 평원군에게 인사하고 떠났고, 이로부터 평생 다시는 만나지 않았다.[35]

그 뒤 20여 년이 지나 연나라 장군이 제나라의 요성聊城을 공격해 함락시켰는데,[36] 어떤 요성 사람이 연나라에 가서 장군을 중상 모략했다. 연나라 장군은

---

**34** "노중련이 진나라를 제라 칭하는 이로움과 해로움을 논하자 신원연이 부끄러워하며 그 제안을 버린 것에 불과한데, 진나라 군대가 무엇을 예측하고서 군사를 50리나 물렸겠는가? 이것은 유세가가 지나치게 과장한 것이다."(사마광, 『통감고이』) "임춘부林春溥가 말하기를 '『통감고이』에서는 진나라 군대가 50리를 물러났다는 것은 터무니없다고 여겨 삭제했다. 이때 조나라 이동이 3000명을 이끌고 진나라 군대를 향해 진격하자 진나라 군대가 30리를 물러난 것으로, 『전국책』은 아마도 이 때문에 과장했을 것이다'라고 했다."(『전국책고변』) "이동이 마침내 감히 죽을 수 있는 병사 3000명을 이끌고 진나라 군대를 향해 돌격하자 진나라 군대는 30리를 물러났다."(「평원군우경열전」)

**35** "쳰무가 말하기를 '이 문장은 후세 사람이 기록하여 문장을 꾸민 것으로 오류가 많다. 결코 당시 노중련이 한 말이 아니다. 더욱이 노중련이 직접 기록한 것도 아니다. 아울러 후세 사람이 『사기』를 베끼면서 『전국책』 「조책 3」의 문장을 삽입한 것이며, 『사기』에서 이 문장은 후세 사람이 『노련자魯連子』에서 차용하여 채택한 것이다'라고 했다."(『사기전증』)

죽을까 두려워 요성을 지킨 채 감히 돌아가지 못했다. 제나라의 전단이 1년여 동안 요성을 공격했지만 많은 사졸만 죽게 했을 뿐 요성을 함락시키지는 못했다. 노중련은 이에 편지 한 통을 써서 화살에 묶어 성안에 있는 연나라 장군에게 쏘아 보냈다. 편지의 내용은 다음과 같다.

제가 듣건대 지혜로운 사람은 시기를 놓쳐 이익을 버리지 않고, 용감한 자는 죽음을 회피하여 명예를 훼손시키지 않으며, 충성스러운 신하는 자신의 이익을 앞에 두고 군주를 뒤에 두지 않는다고 합니다. 지금 공께서는 한때의 분노 때문에 연나라 왕이 신하를 잃은 것을 고려하지 않고 있으니37 이것은 충성스럽지 않은 것입니다. 제나라 군대의 공격을 받아 자신은 죽고 요성마저 잃게 된다면 명성 또한 제나라에서 떨칠 수 없게 되니 용감한 것이 아닙니다. 공업에 실패하고 명성을 잃어 후대의 칭송을 받을 수 없게 되면 지혜로운 것이 아닙니다. 이러한 세 가지 행동이 있다면 세상의 군주들은 그를 신하로 임용하지 않을 것이고, 유세하는 선비 또한 이런 사람의 사적을 언급하지 않을 것입니다. 이 때문에 지혜로운 사람은 결단 내리기를 망설이지 않으며 용감한 사람은 죽음을 두려워하지 않습니다. 공은 지금 사느냐 죽느냐, 영예냐 치욕이냐, 귀함과 천함 그리고 존귀와 비천의 선택에 직면해 있으니, 이런 기회는 다시 오지 않습니다. 바라건대

36 "서광이 말하기를 '「연표」에 근거하면 전단이 요성을 공격한 것은 장평 전쟁 10여 년 뒤다'라고 했다."(『집해』) "『색은』본에서는 '30년'이라고 했다. (…) 지금 판본은 모두 20년이라고 하는데, 잘못이다. 『고사古史』는 10여 년이라고 했는데 이것이 맞다."(『사기지의』) "마땅히 10여 년 뒤라고 해야 한다. 즉 노중련이 전단에게 보낸 「유연장서遺燕將書(연나라 장군에게 편지를 보내다)」는 신원연을 유세한 10여 년 뒤다. 노중련이 신원연을 유세한 것은 진나라가 한단을 포위했을 때인 제왕 건 6년(기원전 259)이다. 연나라 장수가 제나라 요성을 격파한 것은 『자치통감』에서는 기원전 250년으로 기재하고 있는데, 전단이 1년여 동안 공격했으나 함락시키지 못했으며, 노중련의 편지는 기원전 249년으로 제왕 건 16년이니, 진나라가 한단을 포위하고 신원연을 유세한 때와 11년의 차이가 있다."(『사기통해』) "양관은 이 사건을 제왕 건 15년, 연왕 희 5년(기원전 250)의 일로 여겼다."(『사기전증』) 요성聊城은 제나라 읍으로 지금의 산둥성 랴오청 서북쪽 지역이다.
37 "감히 연나라로 돌아가지 않고 연나라 왕의 명령도 효과가 없음을 가리킨다."(『사기전증』)

진지하게 고려하여 속된 사람처럼 되지 마십시오.

게다가 초나라는 제나라의 남양南陽38을 공격하고 위나라는 평륙平陸39을 공격하고 있지만, 제나라는 남쪽을 향해 반격할 마음이 없습니다.40 이것은 남양을 잃는 손해는 작지만 제수濟水 북쪽 지역을 빼앗는 이익41이 크다고 생각하기 때문에 이러한 계획을 정하고 신중하게 대처하는 것입니다. 지금 진나라가 출병하여 동쪽으로 위나라를 공격하면42 위나라는 감히 동쪽을 향해 제나라의 평륙을 공격하지 못할 것이고, 제나라가 진나라와 우호 관계를 맺는 연횡의 형세가 이루어지면 초나라의 형세가 위험에 빠져 다시는 남양을 공격하지 못할 것입니다. 제나라는 남양을 버리고 서쪽 평륙을 잃어서라도43 제수 북쪽을 평정할 것이니, 이런 계획은 실행할 만합니다. 제나라는 반드시 요성을 되찾으려 결심할 것이니 공은 다시 생각해서는 안 됩니다.44 지금 초나라와 위나라는 모두 제나라에서 군사를 물리고 있는데 연나라의 구원병은 아직 오지 않고 있습니다. 제나라의 병력을 온전히 하고 있으니 다른 국가의 위협이 없는 상태에서 1년여 동안 피폐해진 요성을 공격한다면 공은 이길 수 없을 것으로 예상됩니다. 게다가 연나라에는 큰 혼란이 발생했는데 군주와 신하들은 대책이 없어 위아래가 모두

---

38  "즉 제나라의 회북淮北, 사상泗上의 땅이다."(『색은』) 대략 지금의 장쑤성 서북쪽의 페이현, 쉬저우 일대다.

39  평륙平陸: 제나라 현으로 지금의 산둥성 원상汶上 서북쪽 지역이다.

40  "제나라가 남쪽을 향해 초나라와 위나라를 공격할 뜻이 없다는 것을 말한다."(『정의』) "나카이 리켄이 말하기를 '남쪽을 향하는 것은 출병하여 초나라에 대항하고 남양을 구하는 것이다. 여기서 서쪽을 향해 위나라에 대항하는 것을 언급하지 않은 것은 그 의미가 포함되었을 따름이다'라고 했다."(『사기회주고증』)

41  연나라가 점거하고 있는 요성을 공격해 빼앗는 것을 가리킨다. 요성은 제수 북쪽에 있다.

42  "포표가 말하기를 '이때 제나라는 진나라와 관계가 좋았으므로 출병하여 구원하는 것이다'라고 했다."(『사기전증』)

43  평륙을 할양하여 위나라가 점령하도록 하는 것을 가리킨다.

44  『전국책』「제책 6」에서는 "제나라는 반드시 요성을 되찾으려 결심할 것이니 공은 다시 생각해서는 안 됩니다"라는 문장이 아래 문장인 "공은 이길 수 없다고 예상됩니다" 뒤에 있다.

판단력을 잃고 있습니다. 율복栗腹은 10만[45] 대군을 거느리고 밖에 있으면서 다섯 차례나 패하여[46] 만승의 국가이면서도 조나라에게 포위당하고 영토는 분할되었으며, 군주는 곤란한 지경에 빠져 천하의 웃음거리가 되었습니다. 국가는 피폐해지고 재난마저 많아져 민심은 흩어져 돌아갈 곳이 없습니다. 그런데 지금 공은 도리어 지쳐버린 요성의 백성에 의지해 제나라의 병력 전체에 대항하고 있으니 이것은 마치 묵적墨翟이 성을 지킨 것과 같다고 말할 수 있습니다.[47] 지금 성안에서는 양식이 떨어져 사람의 고기를 먹고 땔감이 없어 사람의 뼈로 불을 지피는 지경인데[48] 사졸들은 배반할 마음이 없으니[49] 이것은 손빈孫臏의 사병이라 말할 수 있습니다.[50] 공의 재능은 이미 온 천하에 드러났습니다. 비록 이와 같다 할지라도 공을 위해 생각해보면 군대를 보전하여 연나라에 보답하는 편이 낫습니다. 군대를 이끌고 연나라로 돌아가면 연나라 왕은 반드시 기뻐할 것입니다. 공이 살아서 나라로 돌아가면 백성은 부모를 만난 듯이 기뻐할 것이며, 공의 친구들은 소매를 걷어 붙이고 도처에서 당신을 칭찬할 것이며, 공의 공업은

---

**45** 『전국책』「제책 6」에는 '100만'으로 기재되어 있다.

**46** 연왕 희 4년(기원전 251)의 일이다. "한단의 포위가 풀린 지 5년 뒤 연나라는 상相 율복의 계책을 받아들여 군대를 일으켜 조나라로 진공했다. 조나라는 염파를 장군으로 삼아 군대를 이끌고 맞서 싸우게 했고 호部(지금의 허베이성 가오이高邑 동쪽)에서 연나라 군대를 크게 격파하고 율복을 죽였으며, 이어서 진격하여 연나라 도성을 포위했다."(『사기』「염파인상여열전」)

**47** 『묵자』「공수公輸」에 따르면, 기구를 잘 만드는 공수반公輸般이 초나라를 위해 운제雲梯(성을 공격할 때 성벽을 타고 오르는 데 사용하던 긴 사다리)를 만들어 송나라를 공격하려고 했다. 묵적은 공수반과 시험삼아 전쟁을 해보기로 했다. 묵적은 허리띠를 풀어 성을 만들고 젓가락으로 성을 공격하는 기계를 만들었다. 공수반은 아홉 번이나 성을 공격하는 기술을 부려보았지만 묵적이 모두 막아냈다. 결국 초나라는 송나라를 공격하지 않기로 했다.

**48** 원문은 '식인취골食人炊骨'이다. 『좌전』 선공宣公 15년에 "자식들을 죽여 바꿔 먹고 시체의 뼈를 떼어내어 땔감으로 쓰다易子而食, 析骸以爨'라는 말이 있다. 후대에 '식인취골'은 포위된 성을 지키는 어려움을 표현하는 말로 쓰였다.

**49** 원문은 '사무반외지심士無反外之心'이다. "'반反'은 마땅히 북北이라 해야 한다. '북北'은 옛날 '배背'였다. 「제책」의 '사무반북지심士無反北之心'이 그 증거다."(『독서잡지』「사기」) '수정본'도 『독서잡지』「사기」 의견에 동의했다.

**50** "손빈이 사졸들을 잘 어루만져 사졸들이 두 마음을 품지 않았음을 말한다."(『정의』)

---

천하에 드러나게 될 것입니다. 위로는 군주를 보좌하여 신하들을 통제하고, 아래로는 백성을 부양하여 유세가들에게 좋은 논의가 되는 이야깃거리를 제공하고, 국가 대사를 바로잡고 나쁜 풍속을 개혁하면 공명을 건립할 수 있을 것입니다. 이러한 뜻이 없다면 연나라를 떠나 세상을 등지고 제나라에 귀순하는 것은 어떻습니까? 공은 제나라의 분봉을 받아 위염魏冉, 위앙衛鞅[51]과 같이 부유해질 수 있고, 자손대대로 고孤라 일컬으며 제나라와 함께 영원히 공존할 것이니, 이 또한 하나의 방법입니다. 이 두 가지 대책은 모두 명성을 날리고 두터운 재부를 얻을 수 있는 방법입니다. 바라건대 자세히 따져보고 한 가지를 택하십시오.

뿐만 아니라 제가 듣건대 사소한 일에 구애받는 사람은 혁혁한 명성을 이룰 수 없고, 작은 치욕을 싫어하는 사람은 위대한 공업을 건립할 수 없다고 합니다. 옛날 관이오管夷吾(관중)가 제나라 환공을 쏘아 그 허리띠의 갈고리를 맞힌 것은 반역을 도모한 것이었고, 공자 규糾를 저버리고 주인을 위해 죽지 않은 것은 죽음을 겁내는 행동이었으며,[52] 스스로를 묶고 질곡桎梏[53]을 차고 제나라로 돌아간 것은 치욕스러운 일이었습니다. 세상의 군주는 이런 세 종류의 행동을 한 사람을 신하로 쓰지 않을 것이며, 고향 사람들도 소통하려 하지 않을 것입니다. 당초에 관중이 감옥에 갇힌 채 세상에 나오지 못했거나 자살하여 제나라로 돌아오지 않았다면 굴욕과 치욕을 알지 못하고 비천한 행위를 했다는 오명을 피하지 못했을 것입니다. 노비[54]조차 그와 이름을 같이하는 것을 부끄러워할 텐데,

---

**51** 원문은 '도陶, 위衛'다. "왕소가 말하기를 '위염은 도陶에 봉해졌고, 상군商君 성은 위衛다'라고 했다."(『색은』) 상앙은 원래 위衛나라 사람이라 위앙衛鞅이라고도 불린다. "도陶와 위衛는 모두 당시의 상업 중심지로, 여기서는 도와 위에 봉해지는 자들에 비해 부유하다는 말이다."(『전국책신교주』) "허팅장何廷章은 도는 주공朱公, 위는 자공子貢을 가리킨다고 여겼다. 도주공陶朱公의 부는 「월왕구천세가」, 자공의 부는 「화식열전」에 보인다."(『사기전증』)

**52** 공자 규가 패한 후 관중이 공자 규를 버리고 제 환공에게 귀의한 일을 가리킨다.

**53** 질곡桎梏: 나무로 만든 형구로, 발에 차는 것을 '질'이라 하고 손에 차는 것을 '곡'이라 했다. 현대의 수갑과 유사하다.

**54** 원문은 '장획臧獲'이다. "『방언方言』에서는 '형荊, 회淮, 해海, 대岱, 연燕, 제齊 사이에서는 남자 노비를 욕하며 장臧이라 하고 여자 노비를 욕하며 획獲이라 했다'고 했다."(『집해』)

하물며 세상의 일반 사람들은 어떻겠습니까! 이 때문에 관중은 감옥에 갇혀 있음을 부끄러워하지 않고 천하를 태평하게 다스리지 못하는 것을 부끄러워했으며, 공자 규를 따라서 죽지 않은 것을 부끄러워하지 않고 제나라가 제후들 사이에서 위세를 펼치지 못하는 것을 부끄러워했습니다. 그리하여 그는 세 가지 과실을 범했을지라도 환공을 보좌하여 오패의 우두머리로 만들어 그 명성을 천하에 드날리고 이웃 국가에까지 찬란한 빛을 비추게 했습니다. 조자曹子는 노나라 장군이 되어 제나라와 세 번 싸웠지만 세 번 모두 패주하여 노나라 영토 500리를 잃었습니다.[55] 당초에 조자가 전쟁터에서 죽음을 무릅쓰고 결연하게 뒷걸음치지 않고 나아가 스스로 목을 베어 죽었다면, 역시 전쟁에서 패하고 포로로 잡힌 장군이라는 오명을 피하지 못했을 것입니다. 그러나 조자는 세 차례 패한 치욕을 떨쳐내고 돌아와 노나라 군주와 함께 계책을 상의했습니다. 제나라 환공이 천하 제후들과 회견할 때[56] 조자는 검 한 자루에 의지해 회맹하는 단상에 올라 환공의 심장을 겨누었습니다. 그는 낯빛 하나 변하지 않았고 말하는 기색은 어긋남이 없었으니, 세 차례 싸움에서 잃어버린 영토를 하루아침에 되찾았습니다.[57] 이것으로 그는 천하를 진동시키고 제후들이 놀라 두려워하게 했으며, 멀리 오나라와 월나라에까지 위세를 떨쳤습니다.[58] 이 두 사람은 결코

---

55 "장공莊公 9년(기원전 685) 건시乾時(제나라 지명, 지금의 산둥성 환타이桓臺 남쪽)에서 제나라에 패했을 때부터 13년(기원전 681) 가柯(제나라 읍, 지금의 산둥성 양구陽穀 동북쪽)에서 회맹할 때까지 중간에 장작長勺(지금의 산둥성 취푸)에서의 승리만 있어, 노나라는 단 한 번 싸워 한 번 승리를 거뒀는데, 어찌 세 번 패하는 일이 있을 수 있단 말인가?'라고 했고, 또 양옥승은 「자객전」에서 '노나라 영토가 이렇게 넓단 말인가!'라고 했다.(『사기지의』) 조자曹子는 조말曹沫이다. 노나라 사람으로 제 환공을 위협하여 침탈한 노나라 땅을 되돌려 받았다. 이 사건은 노 장공 13년(기원전 681)에 발생했다. 『전국책』 「제책 6」에서는 '500리'가 아닌 '1000리'로 기재하고 있다.
56 가柯에서의 회맹을 가리킨다. 제 환공 5년, 노 장공 13년(기원전 681)의 일이다.
57 "제나라 환공은 방법이 없자 그들이 점령한 노나라 영토를 모두 돌려주겠다고 약속했다. 말을 마치자 조말은 손에 있던 비수를 내던지고 단상에서 내려와 북쪽을 향해 신하들의 자리로 돌아왔는데, 얼굴빛이 조금도 변하지 않았고 말소리도 상황이 발생하기 전과 같았다."(「자객열전」)
58 "역사에 기재된 것이 없다. 게다가 오나라와 월나라 모두 이후에 일어난 국가들로, 춘추시대 전기에는 중원의 각국과 어떠한 관계도 없었다."(『사기전증』)

작은 청렴을 성취하거나 작은 절개를 실행할 수 없었던 것이 아니며, 자기 목숨을 버리고 나서 후대가 끊어져 공명을 세우지 못하는 것을 지혜롭지 않다고 생각한 것입니다. 이런 까닭에 그들은 한때의 분노에 찬 원망을 버리고 일생의 명예를 확립했으며, 성급한 분노에 따른 절개를 취하지 않고 대대로 전해질 수 있는 공훈을 건립한 것입니다. 그들의 공업은 삼왕과 함께 후세에 전해질 수 있고, 그 명성은 천자와 함께 오래도록 공존할 수 있습니다. 바라건대 공은 한 가지를 선택해 실행하십시오.

연나라 장군은 노중련의 편지를 읽고 사흘 동안 흐느껴 울었지만 망설이며 결정을 내리지 못했다. 연나라로 돌아가자니 연나라 왕과 사이가 벌어져 죽임을 당할까 두렵고, 제나라에 투항하자니 죽이고 포로로 잡은 제나라 사람들이 너무 많았기에 투항한 뒤에 치욕을 당할까 두려웠다. 그는 탄식하며 말했다.

"다른 사람에게 죽느니 차라리 스스로 목숨을 끊는 게 낫겠다."

그러고는 스스로 목숨을 끊고 말았다.

요성이 크게 어지러워지자 전단은 그 기회를 틈타 마침내 요성을 도륙했다.[59]

---

59  이상 노중련이 연나라 장군에게 보낸 편지는 『전국책』 「제책 6」에 보이는데, 문자 대부분이 상통하지 않는다.("『자치통감』에서는 '전단이 요성을 함락시켰다'고 했다. 요성은 본래 제나라 땅이었으니 당연히 도살하지는 않았다. 여기서 도살했다고 말하는 것은 과장된 말이다."(『사기통해』) "『전국책』에 따르면, 연나라 장군이 말하기를 '공경하며 가르침을 받겠소' 하고는 군사 행동을 멈추고 행장을 수습하여 요성을 떠나 철군했다고 했다. 오주吳注에서는 '『사기』에서 연나라 장군이 편지를 받고 자살하고 전단이 요성을 도륙했다고 했는데, 사실이 아니다. 노중련의 대의는 군사 행동을 멈추고 백성을 쉬게 하는 데 있고, 그 예상됨이 분명하기에 연나라로 돌아가거나 제나라에 투항을 권유한 것이다. 또한 그 계책이 반드시 실행할 수 있음을 헤아렸는데, 그를 압박하여 궁지에 몰고 죽음에 이르게 하는 것이 어찌 그의 마음이겠는가! 설득을 한 것은 바로 요성의 백성을 온전하게 하고 도륙하는 것을 차마 앉아서 볼 수 없었기 때문이다. 『전국책』이 사실이고 『사기』는 믿을 수 없다'고 했다. 손시어孫侍御는 '요성은 제나라 땅이고 전단은 제나라 장수인데 어찌 요성을 도륙할 수 있겠는가?'라고 했다."(『사기지의』) "뉴홍언은 『유요성연장서사실고遺聊城燕將書史實考』에서 말하기를 '연나라 장군이 요성을 공격한 것은 기원전 253년 혹은 기원전 252년이고, 전단이 제나라 요성을 공격한 것은 기원전 250년 말 혹은 기원전 249년 초이며, 노중련이 연나라 장군에게 편지를 보낸 것은 기원전 249년 말 혹은 기원전 248년초다. 「유연장서」는 '가탁', '차용'으로 설득력이 부족한 이유다'라고 했다."(『사기전증』)

전단은 제나라로 돌아온 뒤 제나라 왕에게 노중련의 공적을 말하고 그에게 작위를 봉해줄 것을 요청했다. 그러나 노중련은 달아나 바닷가에 숨어 살면서 이렇게 말했다.

"나는 부귀하면서 남에게 굴종하느니 차라리 빈천할지라도 세상을 가볍게 여기며 내 뜻대로 자유롭게 살겠다."[60]

추양鄒陽은 제나라 사람이다. 그는 양나라에서 두루 돌아다니면서 원래 오나라 사람인 장기莊忌 부자夫子[61]와 회음淮陰 사람인 매생枚生[62] 같은 이와 교유했다. 그는 양 효왕梁孝王[63]에게 글을 올려 자신을 추천하여 양 효왕의 총애를 받았는데, 총애의 정도가 양승羊勝, 공손궤公孫詭와 비슷했다. 그런데 양승 등은 추양을 시기하여 양 효왕에게 그를 험담했다. 화가 난 효왕은 추양을 옥리에게 넘겨 죽이려 했다. 추양은 양나라에서 객으로 유람하다가 헐뜯는 말로 인해 체포되었으니, 죽어서 오명까지 남기게 될까 두려워 옥중에서 양 효왕에게 글을 올

---

60  "상산사호商山四皓가 노래하기를 '부귀하면서 남을 두려워하네, 빈천하면서 내 뜻대로 함이 차라리 낫네'라고 했는데, 여기에서 가탁한 듯하다."(『사기신증』)

61  장기莊忌 부자夫子: "기忌는 회계 사람으로 성이 장莊씨이고 자가 부자夫子다. 나중에 한 명제漢明帝의 휘를 피하기 위해 성을 엄嚴으로 바꿨다."(『색은』) 장기는 전한 전기의 사부가辭賦家로, 「애시명哀時命」 한 편이 남아 있다. "부자夫子 두 글자는 불필요한 글자로 의심된다. 『한서』에서는 단지 '엄기嚴忌'라고만 칭했다."(『사기각증』) 이에 따르면 '부자'는 '선생'을 뜻하는 존칭이다.

62  회음淮陰은 한나라 현으로 치소는 지금의 장쑤성 화이인淮陰 서남쪽 지역이다. 매생枚生은 이름이 승乘이고 자가 숙叔으로, 전한 전기의 사부가로 대표작은 「칠발七發」이다. '생生' 또한 선생이라는 존칭이다. "오왕吳王 유비劉濞는 사방의 유세가들을 불러 모았는데 추양과 오나라 사람 엄기嚴忌, 매승 등이 모두 오나라에서 벼슬을 하고 있었고, 그들 모두 글재주와 말재간으로 유명했다. 긴 시간이 지나서 오왕은 태자의 일로 원망을 품고 병을 핑계로 황제를 알현하지 않았으며 은밀하게 정당하지 못한 계획을 품었는데, 추양이 글을 올려 간언했으나 오왕은 받아들이지 않았다. 이때 경제景帝(한 문제의 아들 유계劉啟)의 막내동생 양 효왕(유무劉武)은 고상하고 명성이 빛났으며 또한 선비들을 두텁게 대접했다. 그리하여 추양, 매승, 엄기는 오왕을 설득할 수 없음을 알고 모두 오나라를 떠나 양나라로 갔으며 이때부터 양 효왕을 따르며 교유했다."(『한서』 「추양전鄒陽傳」)

63  양 효왕梁孝王(재위 기원전 168~기원전 144)은 한 문제의 아들이자 한 경제의 동생으로, 이름이 무武이며 효孝는 시호다.

렸다.

신이 듣기로 충성된 사람은 상응하는 보상을 받지 않을 수 없고 성실한 사람은 의심을 받지 않는다고 합니다. 신은 항상 이 말이 옳다고 여겼는데 지금 보니 빈 말에 불과할 따름입니다. 옛날 형가荊軻가 연나라 태자 단丹의 의기를 경모하여 진나라로 가서 진나라 왕을 찌르려 했는데, 그의 충심에 하늘이 감동하여 흰 무지개가 태양을 가로로 꿰뚫는 징조가 나타났지만 태자는 그가 겁내며 두려워 한다고 의심했습니다.64 위衛 선생이 진나라를 위해 장평 전쟁에서 승리한 다음 조나라를 멸망시키는 일을 계획했을 때, 그의 정성에 하늘이 감동하여 태백성太 白星이 묘수昴宿65 위치로 운행하는 징조가 출현했지만 진나라 소왕은 그를 의심 했습니다.66 이 두 사람의 정성은 천지를 변화시켰지만 성실은 두 군주를 분명 하게 이해시키지 못했으니, 어찌 애통한 일이 아니겠습니까! 지금 신은 충성과 정성을 다하여 가지고 있는 모든 계책을 바쳐 대왕께서 신을 이해해주시기를 바랐으나, 대왕 주변에서 모시는 자들이 밝지 못한 탓에 마침내 옥리에게 넘겨 져 심문당하고 세상 사람들로부터 의심을 받게 되었습니다. 이와 같다면 형가와 위 선생이 다시 살아난다 해도 연나라와 진나라는 여전히 깨닫지 못할 것입니 다. 바라건대 대왕께서는 자세히 살펴주십시오.

64 "『열사전』에서 이르기를 '형가가 출발한 다음 태자가 직접 기상을 관찰했더니 무지개가 해를 관 통하지 못하는 것을 보고 '내 일이 성공하지 못하겠구나'라고 했다. 나중에 형가가 죽고 일도 성공하지 못했다는 소식을 듣자 '내 그렇게 될 줄 알았다'고 말했는데, 이를 두려워한 것이다'라고 했다."(『색은』)
65 태백성太白星은 금성金星을 말한다. 묘수昴宿는 이십팔수二十八宿 중의 하나로 서방백호西方白虎 7수 중 네 번째 별자리이며 7개의 별로 이루어져 있다. 별자리 분야로 봤을 때 조나라 지대에 속한다.
66 위衛 선생이라는 인물은 『전국책』과 「백기열전」에 모두 기재되어 있지 않다. "복건이 말하기를 '위 선생은 진나라 사람이다. 백기가 장평에서 조나라 군대를 공격하자 위 선생을 파견해 소왕에게 군 량을 늘리도록 유세하게 했지만 양후(마땅히 응후應侯라고 해야 한다)의 방해로 일이 성공하지 못했다. 정성이 하늘을 감동시켰으므로 태백성이 묘수를 교란시킨 것이다. 묘수는 조나라 지역이다'라고 했다. 또 여순如淳은 '태백성은 서방西方을 주재하는데 진나라가 서쪽에 있으니 조나라를 패하게 할 징조다' 라고 했다."(『색은』)

옛날에 변화卞和는 보옥을 바쳤지만 초나라 왕은 도리어 그의 발을 잘라버렸습니다. 이사李斯는 충성을 다했지만 호해胡亥는 그를 극형에 처했습니다.[67] 기자가 미친 척하고,[68] 접여가 세상을 피한 것[69]은 바로 이런 재난을 만날까 두려웠기 때문입니다. 바라건대 대왕께서는 변화와 이사의 뜻을 자세히 살펴 앞으로 초나라 왕과 호해처럼 헐뜯는 말에 귀 기울이지 않도록 하시고, 신이 〔저승에서〕 기자와 접여에게 비웃음을 사지 않도록 해주십시오. 신 듣자 하니 비간比干은 주왕紂王에게 심장이 파내어지고, 오자서는 오왕에게 죽임을 당한 다음에 가죽 주머니에 담겨 강물에 던져졌다고 합니다. 신은 처음에는 믿지 않았지만 지금에야 비로소 그것이 사실임을 알게 되었습니다. 대왕께서는 상황을 상세히 살피시어 신을 조금이라도 가엾게 여겨주십시오.

속담에 "어떤 사람은 백발이 되도록 알고 지냈는데도 막 알게 된 것 같은 이가 있고, 어떤 사람은 길에서 우연히 만나 수레를 멈추고 잠깐 이야기한 것이 전부인데 마치 오랜 친구 같은 이가 있다"[70]고 했습니다. 무엇 때문이겠습니까? 이것은 바로 서로가 이해하느냐 이해하지 못하느냐에 있습니다.[71] 옛날 번오기樊於期는 진나라에서 연나라로 달아났는데, 자신의 머리를 형가에게 내주어 그로 하여금 태자 단의 임무를 완수하도록 했습니다.[72] 왕사王奢는 제나라를 떠나 위

---

67  "이사를 자신에게 비유하면서 이사가 충성을 다했다고 말하는 것은 추양의 실언이다."(『사기지의』)
68  기자箕子는 은나라 주왕의 숙부로, 주왕에게 간언했다가 갇혔다. 이후 살육을 피하기 위해 미친 행세를 했다.
69  접여接輿는 초나라의 은자로 이름이 육통陸通이고 자가 접여接輿다. "초나라 미치광이 접여가 노래 부르며 공자의 수레 앞을 지나갔다. '봉황이여! 봉황이여! 어찌하여 덕이 이토록 쇠퇴했는가? 지난 일은 간언할 수 없지만 다가올 일은 좇아갈 수 있다. 말지어다! 말지어다! 지금 정치에 종사하는 사람은 위태로울 따름이다'라고 했다. 공자가 수레에서 내려 그와 함께 이야기를 하고자 했으나, 그가 재빨리 몸을 피해 이야기를 나눌 수 없었다."(『논어』 「미자微子」)
70  원문은 '경개여고傾蓋如故'로, '경개傾蓋'란 두 수레의 거개車蓋(수레 위에 비를 막고 해를 가리는 우산 모양의 덮개)가 서로 가까워 기울어지는 것을 말한다.
71  "환담桓譚의 『신론新論』에 이르기를 '속으로 서로 이해하느냐 그렇지 않느냐의 문제는 새로 알게 되었느냐 오래전부터 알았느냐에 있지 않음을 말한 것이다'라고 했다."(『집해』)
72  번오기樊於期는 전국시대 말 진나라 장수로, 진나라 왕의 미움을 받아 연나라로 달아났다. 나중

나라로 갔는데, 성에 올라 스스로 목을 베어 제나라 군대를 물리치고 위나라를 보존시켰습니다.[73] 왕사와 번오기는 제나라·진나라와 새롭운 관계도 아니고, 연나라·위나라와 오래된 관계도 아닙니다. 그들이 제나라와 진나라를 떠나 위나라 군주와 연나라 태자를 위해 목숨을 바친 것은 자기 의지에 부합하고 끝없는 의기를 흠모했기 때문입니다. 그러므로 소진은 천하 사람들에게 신임을 얻지는 못했지만 연나라에 대해서는 미생尾生처럼 신의를 지켰고,[74] 백규白圭는 전쟁에서 패해 성 6개를 잃었지만 도리어 위나라를 위해 중산中山을 점령했습니다.[75]

무엇 때문이겠습니까? 진실로 서로 상대방을 이해해줬기 때문입니다. 소진이 연나라에서 상으로 임명되었을 때 연나라의 어떤 사람이 연나라 왕 면전에서 그를 험담하자, 연나라 왕은 도리어 검을 만지면서 화를 냈고, 결제駃騠[76]를 잡아 그 고기를 소진에게 보내 먹도록 했습니다. 백규가 중산을 점령한 공적으로 중

에 연나라 태자 단이 형가를 보내 진나라 왕을 찔러 죽이려 할 때 진나라 왕의 신임을 얻기 위해 자신의 목을 바쳤다.

73  "『한서음의漢書音義』에서 이르기를 '왕사는 제나라 사람으로 위나라로 망명했다. 그 후 제나라가 위나라를 공격하자 왕사는 성에 올라 제나라 장수에게 '지금 그대가 온 것은 나 때문이 아니겠는가. 무릇 의리는 구차하게 살면서 위나라에 폐를 끼치는 것이 아니다'라 말한 뒤 스스로 목을 베어 자살했다'고 했다."(『집해』)

74  "소진은 연나라 소왕의 신임을 얻고 협조하여 제나라에 원수를 갚았고 제나라에 반간계를 시행했으며 제나라에 불리한 많은 일들을 진행하다가 끝내 거열 형벌에 처해졌다. 소진은 다른 국가의 입장으로 보면 이랬다저랬다 하는 소인이지만 연나라 입장에서 보면 충성스러우며 두 마음이 없는 지조가 굳은 선비다. 미생尾生은 고대에 신의를 지키기로 유명한 사람으로, 한 여자와 다리 밑에서 만나기로 약속했는데 여자가 오지 않았다. 홍수가 나서 물이 밀려드는데 미생은 약속을 지키기 위해 움직이지 않고 있다가 결국 다리 기둥을 끌어안고 죽었다."(『사기전증』)

75  "장안이 말하기를 '백규는 중산의 장수로 6개 성을 잃어 군주가 그를 죽이려 하자 위나라로 도망쳐 들어갔는데 문후가 그를 두텁게 대접하자 도리어 중산을 함락시켰다'고 했다."(『집해』) "「화식열전」에 백규가 있는데 마찬가지로 문후 때 사람이지만 장수가 되었다는 언급이 없어 이 사람이 한 사람인지 아닌지 알 수가 없다. 「육국연표」에 위 문후 17년에 '위나라가 태자를 시켜 중산을 정벌했다'고 기록하고 있는데, 백규의 일은 언급하지 않았다."(『사기전증』) 중산은 전국시대 전기에 선우單虞 사람이 건립한 국가로, 도성은 고顧(지금의 허베이성 딩저우定州)였고 위 문후 40년(기원전 406)에 악양樂羊에 의해 멸망했다.

76  "『한서음의』에서 이르기를 '결제는 준마로, 태어난 지 7일이 되면 그 어미를 뛰어넘는다. 소진을 존중하여 험담과 비방이 있을지라도 진기한 음식을 먹도록 한 것이다'라고 했다."(『집해』)

산에서 지위가 높고 귀해졌을 때 중산의 어떤 사람이 위나라 문후에게 그를 험담했지만, 문후는 오히려 밤에도 빛을 발하는 보옥을 백규에게 증정했습니다. 무엇 때문이겠습니까? 이것은 두 군주와 두 신하가 심장을 가르고 간을 드러내는 것처럼 서로 신임했기 때문이니, 어찌 근거 없는 말에 흔들리겠습니까!

여자는 아름답든 추하든 상관없이 궁중으로 들어가기만 하면 질투를 받고, 선비는 현명하든 어리석든 조정으로 들어가기만 하면 질시를 받습니다. 옛날에 사마희司馬喜는 송나라에서 슬개골을 도려내는 형벌을 받았지만[77] 끝내는 중산에서 상이 되었고,[78] 범저는 위나라에서 갈비뼈가 부러지고 이가 깨졌으나 결국은 진나라에서는 응후가 되었습니다. 이 두 사람은 모두 자신들의 계획이 반드시 실현될 것이라 믿었기에, 파벌을 만들고자 하는 사사로운 마음을 버리고 홀홀단신으로 몸을 세웠기 때문에 질시하는 사람들의 음해로부터 벗어날 수 없었습니다. 이 때문에 신도적申徒狄은 스스로 강물에 빠져 죽었고,[79] 서연徐衍은 돌을 짊어지고 스스로 바다에 뛰어들었습니다.[80] 이들은 세상 사람들에게 받아들여지지 않았지만 의를 지켰으며 구차하게 조정에 결탁하여 사리사욕을 채우거나 군주의 마음을 바꾸려 하지 않았습니다. 백리해는 길에서 빌어먹었지만 진나라 목공은 그에게 국정을 맡겼고, 영척寗戚은 수레 아래에서 소를 먹이고 있었으나 제나라 환공은 그에게 나라를 맡겼습니다.[81] 이 두 사람이 어찌 조정에서 관원

---

77 '빈형臏刑'이라고 한다. 발을 잘라내는 형벌을 가리키기도 한다.
78 사마희司馬喜에 대한 사적은 상세하지 않다. "진작晉灼이 말하기를 '사마희는 중산에서 세 차례나 상을 지냈다'고 했고, 소림蘇林이 말하기를 '육국 때 사람'이라고 했다."(『집해』)
79 신도적申徒狄은 은나라 말기 사람이다. "『장자』에 이르기를 '신도적은 간언했다가 받아들여지지 않자 돌을 지고서 황하에 투신했다'고 했다."(『색은』)
80 서연徐衍은 "『열사전』에서 말하기를 '주나라 말기 사람이다'라고 했다."(『집해』)
81 영척寗戚은 춘추시대 때 위衛나라 사람으로 집이 가난하여 남을 위해 수레를 끌었다. "응소가 말하기를 '제 환공이 밤에 나가 손님을 맞이하는데 영척이 쇠뿔을 빠르게 두드리며 상가商歌를 불렀다. '남산의 잘게 부서진 돌, 흰 돌이 빛나는데 태어나서 요와 순의 선양을 못 만났네. 짧은 베옷에 홑옷은 정강이까지 닿고, 황혼 무렵부터 소 먹여 한밤중에 가까워졌는데, 길고 긴 밤 언제 아침이 오려나?' 환공이 불러 그와 함께 대화를 나눠본 후 기뻐하며 대부로 삼았다'고 했다."(『집해』) 상가商歌란 슬프고

들의 역량에 의지하고 좌우의 칭찬에 힘입어 두 군주에게 임용된 것이겠습니까? 그들은 마음이 서로 통하고 지향하는 바가 같고 의기투합하며 친밀하기가 아교와 옻을 칠한 것과 같아서 친형제처럼 그들을 떨어뜨릴 수 없었으니, 어찌 사람들의 말에 미혹될 수 있겠습니까? 이 때문에 한쪽의 말만 들으면 간사하고 아첨하는 일이 생겨나고, 한 사람에게 조정을 맡기면 혼란이 일어나게 됩니다. 옛날에 노나라는 계손季孫의 말만 듣고 공자를 내쫓았고,[82] 송나라는 자한子罕의 계책만 믿고 묵적墨翟을 가두었습니다.[83] 공자와 묵적의 총명한 재지도 자신을 참언과 아부에서 벗어나지 못하게 했고, 이로 인해 노나라와 송나라는 위태로움에 빠졌습니다. 무엇 때문이겠습니까? 여러 사람의 입은 무쇠라도 녹일 수 있고, 헐뜯는 말이 쌓이면 뼈도 녹일 수 있습니다.[84] 이 때문에 진나라는 융戎 사람 유여由余를 중용하여 중국을 제패했고,[85] 제나라는 월나라 사람 몽蒙[86]을

처량한 노래로 스스로를 천거하는 내용이다.

82 "계손季孫은 계손씨季孫氏로, 춘추시대 노나라의 귀족이며 대대로 노나라 정사를 관장했다. 정공定公 14년(기원전 496), 공자가 노나라의 사구司寇를 담당하며 상의 직무를 대리했는데, 제나라 사람들은 자신들에게 이롭지 못하다고 여기고 노나라 군주에게 가녀歌女 80명과 털에 아름다운 무늬가 있는 말 120필을 선물하여 그들 사이를 소원하게 만들었다. 계손씨가 제나라의 예물을 받고 현명한 인사를 가까이하지 않자 마침내 공자는 노나라를 떠나 위衛나라로 갔다."(『사기전증』)

83 자한子罕은 전국시대 송나라의 권신으로 송나라 소공昭公의 상이었다. "자한이 송나라 군주에게 말했다. '상을 받는 것은 백성이 좋아하는 것이므로 군주께서 친히 시행하시고, 살육과 형벌은 백성이 싫어하는 것이므로 신이 담당하겠습니다.' 이 때문에 송나라 군주는 형벌의 권한을 상실하게 됐고, 자한은 이를 이용한 결과 송나라 군주는 위협을 받게 되었다."(『한비자』, 「이병二柄」) "송나라에는 두 명의 소공이 있고 자한 또한 두 명이 있는데, 여기서는 모두 전국시대 사람을 말하는 것으로 춘추시대의 소공과 현명한 신하 자한을 말하는 것이 아니다. 『한서』와 『문선』에서는 자한을 자염子冉이라고 했다. 묵적이 갇힌 일은 출처가 상세하지 않다."(『사기전증』) "『한서』「추양전』과 『신서新序』에는 자한을 자염으로 기재하고 했다. 어찌 염冉과 한罕이 음이 가깝다고 통용되겠는가?"(『사기지의』) "『문선』에도 자염이라 했고, 『예문유취藝文類聚』에는 자주子舟라고 했는데, 주舟는 염冉의 오류다."(『사기각증』)

84 "사람들의 입은 쇠를 녹이고 험담이 쌓이면 사람을 죽게 할 뿐만 아니라 심지어 그의 뼈도 녹인다."(「장의열전」)

85 「진본기」에 따르면 유여는 원래 춘추시대 진晉나라 사람이었는데, 사건 때문에 도망쳐 융족에게 갔고 융왕은 그를 임용했다. 나중에 융왕의 사신으로 진秦나라로 왔는데 목공은 그의 재주를 알아보고 계책을 사용해 융왕과 유여의 관계를 이간시켜 유여를 진나라에 귀순시켰으며 진나라의 명신名臣이 되었다."(『사기전증』)

기용하여 위왕威王과 선왕宣王의 시대에 강성해졌습니다. 이 두 나라가 어찌 세

속에 얽매여 끌려다니고 아첨과 편파적인 말에 속박된 일이 있었겠습니까? 의

견을 공정하게 듣고 두루두루 관찰했기 때문에 당대에 명성을 드리운 것입니

다.[87] 그러므로 지향하는 뜻이 서로 맞으면 호인胡人이나 월인越人도 모두 형제가

될 수 있으니,[88] 유여와 월나라 사람 몽이 바로 이와 같은 사람들입니다. 그러나

지향하는 뜻이 서로 맞지 않으면 골육 간이라도 쫓겨날 수 있으니, 요임금의 아

들 단주丹朱, 순임금의 동생 상象,[89] 주 무왕의 동생 관숙선管叔鮮과 채숙도蔡叔

度[90]가 바로 이와 같은 경우입니다. 현재의 군주가 진실로 제나라와 진나라처럼

의로운 방법을 사용하고 송나라나 노나라처럼 험담하는 말을 듣지 않는다면 오

패의 공업은 물론이거니와, 삼왕의 공업도 쉽게 실현할 수 있을 것입니다.

이 때문에 성명한 군왕은 이러한 도리를 깨닫고서 자지子之의 마음을 꿰뚫어보

고 내칠 수 있었으며, 전상田常 같은 재간은 좋아하지 않습니다.[91] 주나라 무

86 "월나라 사람인 몽蒙은 나온 곳을 모른다. 장안이 말하기를 '자장子臧은 월나라 사람이다'라고 했
는데, 혹여 몽蒙의 자일 것이다."(『색은』) 『한서』와 『문선』에는 '월나라 사람 자장'이라고 기재하고 있다.

87 원문은 '수명당세垂名當世'로, 『한서』에서는 '수명당세垂明當世(당대에 분명히 관찰한 명성을 남겼
다)'로 기재하고 있다. "만약 명名(명성)이라고 한다면 마땅히 수후세垂後世(명성을 후세에 남기다)라고
해야 한다. 『한서』와 『문선』에는 명明으로 기재하고 있다."(『광사기정보』) "나카이 리켄이 말하기를 '수
垂라고 한다면 마땅히 후세後世라고 해야 한다. 당세當世라고 말한다면, 앞에 입立자가 있어야 한다.
반드시 한 글자는 오류다'라고 했다."(『사기회주고증』) 결국 원문인 '垂名當世'는 오류이고 『한서』에 기재
된 '垂明當世'가 옳다고 하겠다.

88 "평소 관계가 없는 사람끼리도 친밀해질 수 있음을 비유한 것이다. 호胡는 고대 북방 소수민족을
가리키며 월越은 지금의 저장·푸젠·광둥·광시 일대의 소수민족을 가리키는 말이다."(『사기전증』)

89 단주丹朱는 요임금의 아들로, 그는 사람됨이 현명하지 못했으므로 요임금이 그에게 왕위를 전하
지 않고 순舜에게 전했다고 한다. 상象은 순임금의 동생으로, 사람됨이 사악하고 악독하여 여러 차례
순임금을 해쳤다고 한다.

90 관숙선管叔鮮과 채숙도蔡叔度는 주 무왕의 동생이다. 무왕이 죽은 다음 성왕이 나이가 어려 주
공이 정사를 보좌했는데, 관숙선과 채숙도가 은나라 사람과 결탁하여 모반하자 주공에게 주살당하고
유배 보내졌다.

91 전상田常은 전항田恒, 진항陳恒이라고도 하는데 춘추시대 말의 제나라 권신이었다. 대두大斗로 빌
려줘 소두小斗로 거둬들이는 방법으로 민심을 얻었다. 기원전 481년 제 간공齊簡公(재위 기원전 484~
기원전 481)을 죽이고 제 평공齊平公을 세우고 나아가 제나라 정권을 통제했다. 손자 전화田和에 이르

왕은 비간比干의 후손을 봉하고,92 주왕에게 배가 갈려 살해된 임신부의 무덤을 손질해줬기 때문에93 공업이 천하를 뒤덮었습니다.94 무엇 때문이겠습니까? 그것은 무왕이 선한 일을 하는 데 싫증내지 않았기 때문입니다. 진晉나라 문공은 그의 원수인 발제勃鞮와 친하게 지냄으로써 제후들 가운데 강한 패자가 되었고,95 제나라 환공은 자신의 원수인 관중을 임용하여 천하를 바로잡았습니다. 무엇 때문이겠습니까? 이것은 그들의 자애로움과 인자함, 정성과 진심으로 사람의 마음을 움직인 것이지 헛된 말로 얻은 것이 아닙니다. 진나라는 상앙의 변법을 사용하여 동쪽으로 한나라와 위나라를 약화시키고 천하의 군사 강국으로 만들었지만 끝내 상앙을 거열형에 처했습니다. 월나라는 대부 종種의 계책을 사용하여 오나라 왕을 사로잡고 중국의 패자가 되었지만 결국 그를 주살하고 말았습니다. 이 때문에 손숙오孫叔敖는 세 차례나 상에서 면직되었지만 후회하지 않았고,96 오릉於陵의 자중子仲은 삼공의 지위도 사양하고 남의 집에서 채소밭에 물 주는 일을 했습니다.97

러서는 마침내 제나라 정권을 빼앗고 강姜씨의 국가가 멸망하고 말았다.
92  비간比干이 주왕에게 살해되자 무왕이 은나라를 멸망시킨 다음 비간의 아들을 봉한 것을 말한다.
93  주왕의 왕비 달기妲己가 임신부의 태아가 남자인지 아닌지를 알 수 있다고 말하자 주왕이 임신부의 배를 갈라 증명해 보였다. 무왕은 은나라를 멸망시킨 다음 임신부의 무덤을 손봐줬다.
94  원문은 '공업부취어천하功業復就於天下'로, 『한서』에서는 '공업복취천하功業覆於天下'라고 기재하고 있다. "취就자는 불필요한 글자다. 무왕의 창업은 중흥이라 할 수 없으니, 부復(다시)라고 말할 수 없음이 분명하다. 『한서』『신서新序』『문선』에 모두 '부'라 했고 '취'자는 없다."(『광사기정보』) 역자 또한 『한서』에 따랐다.
95  진 문공은 이름이 중이重耳로 춘추시대 때 진晉나라 군주다. 그가 공자였을 때 부친인 진 헌공이 여희驪姬의 참언을 듣고 발제를 보내 그를 죽이려 하자 도망쳤다가 훗날 돌아와 군주가 되었다. 발제가 다시 만나기를 청하자 진 문공은 발제를 사면해줬고, 발제는 반란의 음모를 진 문공에게 보고하여 화를 피할 수 있었다.
96  손숙오孫叔敖는 초나라 사람으로 장왕莊王 때 초나라 영윤이 되었다. 일찍이 그는 세 차례나 영윤에 임명되었지만 얼굴에 좋아하는 기색이 없었고, 세 차례나 영윤에서 면직되었지만 얼굴에 근심하는 기색이 없었다.
97  자중子仲은 진중자陳仲子로 오릉於陵(지금의 산둥성 쩌우핑鄒平 동남쪽)에 거주했으므로 '오릉중자於陵仲子' 혹은 '오릉자중於陵子仲'이라 불린다. 『맹자』「등문공滕文公 하」에 따르면 진중자는 제나라 귀족 진대陳戴의 동생으로, 진대의 식록이 만 종鍾에 이르렀지만 진중자는 이를 의롭지 않게 여겨 오릉

지금 군왕이 진실로 교만한 마음을 버리고 마음속에 보답할 뜻을 품고 속내를 드러내며 정의를 표출하고, 속을 터놓고 대하며 은덕을 두텁게 베풀고, 시종 일관되게 안락과 고난을 함께하고, 선비를 대접하는 데 인색하지 않게 재물과 지위를 준다면, 걸왕의 개라도 요임금에게 짖게 할 수 있고 도척의 문객이라도 허유許由[98]를 찔러 죽이게 할 수 있습니다. 하물며 만승 국가의 대권을 장악하고 성명한 왕의 숭고한 지위에 의지한 사람이라면 어떻겠습니까? 그렇다면 형가가 칠족七族이 주멸당하는 위험을 무릅쓰고 진나라 왕을 찔러 죽이려 한 것이나,[99] 요리要離가 모진 마음으로 처자식을 불태워 죽이고 경기慶忌를 찔러 죽인 일[100]은 말할 것도 없습니까!

신이 듣건대, 어두운 길을 걸어가는 행인에게 명월주明月珠와 야광벽夜光璧을 던지면 검을 어루만지며 노려보지 않는 자가 없다고 합니다. 무엇 때문이겠습니까? 아무 이유 없이 진기한 보물이 그의 눈앞에 던져졌기 때문입니다. 구불구불한 나무뿌리는 형상이 괴이할지라도 만승의 전차를 거느리는 제왕의 관상용 물

으로 가서 살았다. 그는 손수 신발을 만들고 아내는 삼실을 다듬으며 살았는데, 사흘 동안 먹지 못하자 귀에 들리는 것이 없고 눈에 보이는 것이 없는 지경이 되었다. 그러나 '삼공의 지위도 사양하고 남의 집에서 채소밭에 물 주는 일을 했다'는 언급은 보이지 않는다. "『열사전』에 이르기를 '초나라의 오릉자중은 초나라 왕이 상으로 삼고자 했지만 그는 응하지 않고 남의 채소밭에 물을 대주었다'고 했다."(『집해』)
98  허유許由는 요임금 때의 은사로 요임금이 일찍이 천하를 그에게 양보하려 했지만 그가 받지 않았다고 전해진다. 허유는 후세에 청렴결백하고 덕 있는 사람의 대표가 되었다. "괴통이 말하기를 '도척이 기르는 개가 요 임금을 보고 짖는 것은 결코 요 임금이 어질지 못해서가 아니니, 본래 기르는 주인이 아니면 짖게 마련이다'라고 했다."(『회음후열전』)
99  "『논형』「어증語增」에 이르기를 '진나라 왕이 형가의 구족을 주멸하고 다시 그 고향 사람들을 전부 죽였다고 한 것은 왕충王充(『논형』 저자)이 과장한 것이다'라고 했다."(『사기전증』) "장안이 말하기를 '칠족七族은 위로 증조까지고 아래로 증손자까지'라고 했다."(『집해』) "일설에는 '부친의 족속이 첫째, 고모의 아들이 둘째, 자매의 아들이 셋째, 딸의 아들이 넷째, 모친의 족속이 다섯째, 조카가 여섯째, 처부모에 이르기까지 모두 일곱이라고 했다."(『색은』)
100  "『여씨춘추』「충렴忠廉」에 따르면 합려가 오나라 왕 요僚를 죽인 다음 다시 요리를 파견해 요의 아들 경기를 죽이게 했다. 요리는 경기에게 접근하여 그의 신임을 얻기 위해 합려를 시켜 자신의 처자식을 죽이게 했을 뿐만 아니라 자신의 한쪽 팔마저 자르게 했다. 이 같은 고심을 거친 끝에 과연 찔러 죽이는 데 성공했다."(『사기전증』)

건이 될 수 있습니다. 무엇 때문이겠습니까? 주변 사람이 먼저 그것을 조각하여 꾸미기 때문입니다. 그러므로 아무런 이유 없이 사람 눈앞에 나타나면 설사 수후주隨侯珠[101]나 야광벽과 같은 보물일지라도 원한만 불러올 뿐 은덕에 감사하지 않을 것입니다. 이 때문에 누군가 미리 말해준다면 마른나무와 썩은 그루일지라도 공적을 세우고 잊히지 않게 될 것입니다. 지금 천하에 지위도 없고 생활이 곤궁한 선비들은 빈천한 처지인 탓에 비록 요와 순 같은 치국의 재능을 지녔고 이윤과 관중 같은 재지가 있으며 용봉龍逄[102]과 비간의 충심으로 당대 군주를 위해 충성을 다하고자 해도 평소 군주 주변 사람의 칭찬과 추천이 없으니, 정신과 심지를 다하여 충성과 믿음을 보여주고 군주의 치국을 돕고자 해도 군주는 검을 어루만지며 주시하는 것입니다. 이것은 벼슬 없는 선비를 마른나무와 썩은 등걸의 쓰임만도 못하게 하는 것입니다.

그리하여 성명한 왕이 세상을 다스리고 풍속을 바로잡는 것은 마치 도공이 도균陶鈞[103]을 운용하는 것과 같이 자기만의 교화 방식이 있어서 천하고 혼란스러운 말에 좌우되지 않으며 많은 사람의 말로 인해 자신의 결정을 바꾸는 일이 없습니다. 그러므로 진시황은 중서자 몽가蒙嘉의 말만 듣고 형가의 유세하는 말을 믿었다가 감추어둔 비수에 찔릴 뻔했으나, 주나라 문왕은 경수涇水와 위수渭水 가에서 사냥하다가 여상呂尙을 만나 그를 수레에 태워 돌아와 천하의 왕이라 불리게 되었습니다. 진시황은 주변 사람의 말만 믿다가 죽을 뻔했지만[104] 주나라 문왕은 까마귀가 몰려들 듯 우연히 만난 여상呂尙을 임용하여 천하에 왕으로 불리게 되었습니다.[105] 무엇 때문이겠습니까? 주나라 문왕은 자신을 속박하

---

101  수후주隨侯珠: 수隨는 춘추시대 제후국으로, 수후隨侯가 일찍이 뱀 한 마리를 구해주었는데 나중에 그 뱀이 진귀한 구슬을 물고 와서 보답했다고 한다. 사람들은 이 구슬을 '수후주'라 했다.
102  용봉龍逄: 하나라 시대의 현명한 신하로, 걸왕에게 간언했다가 죽임을 당했다.
103  도균陶鈞: 고대에 도기를 제조하는 기계로, 국가 정권을 비유한 용어로 쓰였다.
104  "형가가 진시황을 찌르지 못했는데 어찌하여 죽음殺을 말하는가? 『한서』와 『문선』에서는 '망亡'이라 기재했는데, 더욱 아니다."(『사기지의』)

는 언론을 초월하고 세속의 의론을 벗어나서 독자적으로 밝고 넓은 대도를 볼

수 있었기 때문입니다.

지금의 군주는 아첨하는 말에 빠지고 신하들의 견제를 받아 재능과 식견이 높

은 인재를 소와 말처럼 대우하니, 이것은 포초가 세속을 원망하고 부귀한 쾌락

에 연연해하지 않은 까닭입니다.

신이 든건대 덕행을 수양하고 조정에 들어온 사람은 이익 때문에 의로움을 더

럽히지 않으며, 자신의 명예와 인망을 연마한 사람은 욕망 때문에 품행을 손상

시키지 않는다고 합니다. 이 때문에 효도를 강구한 증자曾子는 '승모勝母'라는

곳에 들어가지 않았고,106 절검을 제창한 묵자는 '조가朝歌'라는 이름이 붙은 성

읍에서 수레를 돌렸다고 합니다.107

지금은 포부가 원대하여 속박되지 않는 선비들을 위력과 권세로 통제하고, 존

귀한 세력에 복종시키고 그 태도를 바꾸게 하여 절개를 더럽히고, 아첨하는 소

인배를 섬기게 하고 좌우 대신과 친분을 구하기를 바라고 있으니, 그들은 깊은

동굴과 바위 속에서 늙어 죽을 것입니다. 어찌 충성과 신의를 다하려는 사람이

있어 궐闕 아래로108 달려오겠습니까!

---

105  원문은 '秦信左右而殺, 周用烏集而王'이다. 안사고는 "문왕이 태공太公(여상)을 얻은 것은 옛 연고
에 기인한 것이 아니라 까마귀가 갑자기 모여든 것과 같음을 말하는 것이다"라고 했다. "진시황이 몽가
를 임용하고 형가에게 죽임을 당하지 않았으니 또한 이것은 망국亡國이 아니며, 좌우를 믿은 것은 몽
가를 가리키는 것이 아니다. 까마귀가 모이듯 했다는 것 또한 태공을 가리키는 것이 아니다. 진 2세가
조고를 믿어 자신은 죽고 나라가 망한 것으로, 이것이 좌우를 믿어서 죽고 망한 것이다. 주 무왕이 주
왕을 토벌하고자 하여 맹진에 이르렀을 때 800명의 제후가 약속도 없이 모여든 것이 까마귀가 모여든
것과 같음이다. 이에 까마귀가 모여들 듯 우연히 만난 사람을 임용하여 천하에 왕이라 불리게 되었다
는 말이다."(왕선겸王先謙, 『한서보주漢書補注』)(이하 『한서보주』로 표기함)
106  "『회남자』와 『염철론』에 이르기를 '마을 이름이 승모勝母라고 하여 증자가 들어가지 않았다'고
했는데, 그 이름을 불순하다고 여겼기 때문일 것이다. 『시자尸子』에서는 공자가 승모현에 당도하자 날
이 저물었는데도 숙박하지 않았다고 하여 서로 내용이 다르다."(『색은』)
107  조가朝歌는 은나라의 도성으로, 지금의 허난성 치현이다. 묵자가 이곳을 지나갈 때 그 명칭이 자신
이 주장하는 '비락非樂(즐기지 않는다)'에 부합되지 않아 들어가지 않고 수레를 돌려 떠났다고 전해진다.
108  궐闕은 원래 궁문 양쪽에 세운 기둥 혹은 궁문 위의 작은 망루를 가리켰으나, 후대에는 황제의
거처를 상징하는 말로 쓰였다. 여기서는 양 효왕을 가리킨다.

이 서신을 양나라 효왕에게 올리자, 효왕은 사람을 보내 추양을 풀어주고 끝내 상객으로 삼았다.

태사공은 말한다.

"노중련의 취지는 비록 대의에 부합되는 것은 아니지만 한낱 벼슬 없는 신분으로서 자신의 지향하는 바를 견지하고 제후에게 굴복하지 않았으며, 당대에 고상하고 오묘한 의론을 주고받으며 경상卿相을 납득시킨 점[109]을 칭찬한다. 추양은 언사가 공손하지는 않지만 비슷한 유형의 사물에 연결해 비유함으로써 사람으로 하여금 비애를 느끼게 했고, 또한 강직하고 정직하며 굴복하지 않았기 때문에 나는 그를 열전에 붙였다."

---

109  신원연을 좌절시키고 평원군을 존경하며 탄복시킨 것 등을 말한다.

# 굴원가생열전

屈原賈生列傳

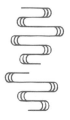

굴원은 전국시대 사람이고 가의는 한나라 때 사람으로 이들은 서로 다른 시기에 활동했지만 「노중련추양열전」과 마찬가지로 합전으로 구성되어 있다. 노중련과 추양은 굴복하지 않는 성정을 주목한 반면 굴원과 가의는 비방에 의해 쫓겨난 인물이라는 공통점에 주목했다. 굴원과 가의는 높고 넓은 식견을 지녔으며 국가를 위해 충성했지만 중상모략으로 중용될 수 없었다. 이 둘의 삶은 인재를 알아보는 군주의 능력의 중요성 그리고 현명하고 곧은 자를 시기하는 신하들의 해악을 대변한다. 또한 두 인물은 자신의 재능을 펼칠 기회를 얻지 못하고 우울하게 살다가 비극적인 종말을 맞이했기에 세상의 안타까움을 불러일으키기에 충분하다.

굴원은 견문이 넓고 기억력이 좋았으며, 국가의 혼란을 다스리는 도리에 정통했고 외교적 언사에 뛰어났다. 그는 간사하고 바르지 않은 무리가 공정함을 해치는 것과 단정하고 정직한 사람이 세상에 받아들여지지 못함을 걱정했다. 굴원은 공정하고 정직하게 군주를 섬겼지만 소인배의 이간질로 인해 초 회왕과 경양왕에게 배척당하고 쫓겨나 결국 돌을 안고 강물에 몸을 던졌다. 이후 초나라는 쇠락의 길을 걷다가 수십 년 뒤 진나라에게 멸망당했다. 굴원이 「이소離騷」를 지은 동기는 바로 원망과 분노에서 기인한 것이라 할 수 있다.

가의는 한나라 초기의 뛰어난 정치가로서 한 문제 때 예법과 율령을 개정하고 열후들을 자신의 봉지로 돌려보내는 등의 역량을 발휘했으나 굴원과 마찬가지로 주변 신하들의 험담 때문에 조정에서 쫓겨났다. 훗날 다시 조정의 부름을 받아 양 회왕을 보좌했으나 양 회왕의 갑작스러운 죽음에 대한 죄책감으로 눈물을 흘리며 지내다가 고작 33세에 죽음을 맞았다. 사마천은 뛰어난 재능과 곧은 심성을 지녔으면서 때를 만나지 못했던 두 인물의 삶에 깊은 유감을 표하고 있다.

굴원屈原은 이름이 평平이고[1] 초나라 왕과 같은 성씨다.[2] 그는 초나라 회왕의 좌도左徒[3]를 담당했다. 견문이 넓고 기억력이 좋았으며, 국가의 혼란을 다스리는 도리에 정통했고 외교 응대의 언사에 뛰어났다. 조정에 들어가서는 초나라 왕과 함께 국가대사를 상의하고 각종 정령을 입안하고 발포했으며, 조정을 나가서는 각국 사절단을 접대하고 제후들을 응대했다. 초나라 왕은 그를 매우 신임했다.

　상관대부上官大夫[4]는 굴원과 지위가 같았는데, 회왕의 총애를 다투면서 속으

1　「이소離騷」에서는 "이름이 정칙正則이고 자가 영균靈均"이라고 했다. 주희朱熹는 "정正은 평平(평영, 공평)이고, 영靈은 신神이며, 칙則은 법法(법도)이고 균均은 조調(고르다, 적절)다. 높고 평평한 것을 '원原'이라 말하므로 이름을 '평平'이라 하고 자를 '원原'이라 한 것이다. 정칙과 영균은 각각의 의미를 해석하면 미칭美稱일 따름이다"라고 했다.

2　초나라 왕족의 성씨는 미羋인데 굴원 또한 초나라 선왕의 후예로, 그의 선조(굴하屈瑕)가 굴屈 땅에 봉해져 성씨로 삼았다. 굴씨屈氏, 경씨景氏, 소씨昭氏는 초나라 왕실 혈통의 대성大姓이다. 굴원의 거주지는 지금의 후베이성 쯔구이秭歸의 러핑리樂平里로 전해진다. 『이소경서離騷經序』홍주洪注에서는 『원화성찬元和姓纂』에 근거해 '굴은 초나라 공족公族(초나라의 동성同姓)이고 미羋 성의 후예다. 초무왕楚武王의 아들 하하瑕의 채읍이 굴屈이었으므로 씨가 되었다. 굴평屈平은 그 후손이다'라고 했다."(『사기각증』)

3　좌도左徒는 주나라와 초나라의 관직으로 다른 제후국에는 없었다. 국왕 측근으로 정사에 참여하고 조령詔令을 기안하고 외교에 참여하여 처리했다. "황헐黃歇(춘신군)이 좌도로 있다가 초나라 영윤이 되었는데, 좌도 또한 초나라의 고귀한 대신이었다."(『고이』) 『문학사참고자료文學史參考資料』에 이르기를 '황헐과 굴원은 모두 초나라 귀족이며 초나라 군주의 친척으로, 당시 초나라 대부분의 귀족 근신近臣들은 이 직무를 담당했을 것으로 생각된다'고 했다."(『사기전증』)

4　성씨가 상관上官이고 이름은 알려져 있지 않다. "왕일王逸은 『이소경서』에서 상관대부는 근상斳尙이라 했고, 근래에 궈모뤄郭沫若 또한 이 학설을 인용했다. 서부원은 '「장의전」에 근상이 등장하는데 상관이라고 언급하지 않았으니 다른 사람으로 보인다'고 했다."(『사기전증』) "왕일의 『이소경서』에서 상관을 근상이라 언급한 것은 아마도 『신서新序』「절사節士」의 잘못일 것이다. 『전국책』「초책」에 따르면 근상은 장모張旄에게 살해당했는데, 회왕 때의 일이다. 여기서 언급한 상관은 자란子蘭이 부리던 사람으로 경양왕 때이니 반드시 다른 사람이다. 그래서 『한서』「인표」에서 상관대부를 5등급에 두고 근상

로 굴원의 재능을 시기했다. 한번은 회왕이 굴원에게 법령의 초안을 잡도록 했다. 굴원이 초고를 써놓고 확정하지 않았다. 상관대부가 그것을 보고 빼앗으려 했으나 굴원이 내주지 않자 회왕에게 굴원을 비방했다.

"대왕께서 굴원에게 법령의 초안을 잡도록 하신 일을 모르는 사람이 없는데, 매번 법령이 반포된 뒤에 자신의 공적을 과시하며 '내가 아니면 누구도 할 수 없다'고 말합니다."

왕은 화를 내며 굴원을 멀리했다.

굴원은 회왕이 한쪽 말만 곧이듣고 옳고 그름을 구분하지 못하며, 아첨하는 소인배가 왕이 보고 듣는 것을 가리고, 간사하고 바르지 않은 무리가 공정함을 해치며, 단정하고 정직한 사람이 세상에 받아들여지지 못하는 것을 근심했다. 그리하여 그는 우울해하면서 깊은 생각에 잠겨 「이소離騷」라는 시를 지었다.[5]

'이소'란 '근심을 만나다'라는 뜻이다.[6] 무릇 하늘은 사람의 시작이며 부모는 사람의 근본이다. 사람이 곤궁하고 위급해졌을 때 근본을 돌아보기 때문에 고생스러워 견딜 수 없을 만큼 피곤해졌을 때 하늘을 외치지 않는 이가 없고, 아픔을 참아낼 수 없을 때 부모를 외치지 않는 이가 없다. 굴원은 올바른 도리를 곧게 실천하고 충성과 지혜를 다하여 군주를 섬겼지만 남을 헐뜯는 소인배의 이간질로 인해 곤궁한 지경에 처해졌다고 말할 수 있다. 신의를 지킨 사람이 의심을 받고 충직한 사람이 비방을 받으니 어찌 원망하지 않을 수 있겠는가? 굴원이 지은 「이소」는 바로 이런 원망에서 생겨난 것이다. 「국풍國風」[7]은 남녀 간의

---

은 7등급에 두었다."(『사기지의』)

5 "소철蘇轍이 말하기를 '태사공은 회왕과 소원해지기 시작하자 「이소」를 지었다고 했다. 「이소」의 문장에서 자란을 꾸짖고 찔러 죽인 때는 회왕 말년으로 경양왕 때다'라고 했다."(『사기전증』)

6 "응소가 말하기를 '이離는 조遭(만남)이고 소騷는 우優(근심)다'라고 했다."(『색은』) 이외에 '이소'의 의미에 대해서는 여러 견해가 있는데, 역자는 가장 많이 통용되는 『색은』의 견해에 따랐다.

7 「국풍國風」: 『시경』의 '풍風'에 속하며, 15개 나라 각지의 가요 160편을 기록한 것이다.

사랑을 묘사했으나 음란하지 않고, 「소아小雅」[8]는 원망과 분노의 정을 반영했지만 난을 일으킬 마음을 먹지 않게 했는데, 「이소」는 「국풍」과 「소아」의 특징을 모두 지녔다고 말할 수 있다. 굴원은 「이소」에서 위로는 제곡帝嚳[9]을 칭송하고 아래로는 제나라 환공을 말하고 있으며, 그 중간에는 은나라 탕 임금과 주나라 무왕의 허다한 일들을 언급하며 세상일을 풍자했다. 그중에는 고대 제왕의 도덕道德[10]의 숭고함을 밝히고 국가 정치의 흥성과 쇠퇴의 조리에 대해 드러내지 못한 바가 없었다. 그의 문장은 간결하고 용어는 함축적이며, 뜻하는 바는 고결하고 행위는 청렴하고, 그 문장의 단어와 어구는 비록 간략하지만 뜻은 지극히 깊고 넓으며, 이해하기 쉽고 현실에 가까운 비유를 들고 있으나 뜻은 심원하다. 굴원의 뜻이 고결하므로 그는 문장에서 꽃과 향초를 언급하기를 좋아했고, 그의 행위가 청렴하므로 죽을 때까지 자신이 초나라를 떠나는 것을 용납하지 않았다. 더러운 진흙탕 속에 있어도 매미가 허물을 벗듯이 씻어내 스스로 순결을 유지할 수 있고, 먼지로 가득한 세상 밖으로 뛰쳐나와 세속의 더러운 때를 타지 않았으니, 결백하여 진창 속에 있어도 더러워지지 않았다. 굴원의 이러한 사상과 지조는 해와 달과 빛을 다툴 만한 것이다.

굴원이 파면된 뒤, 진나라는 제나라를 공격하려 했는데, 당시 제나라와 초나라는 합종 맹약을 맺어 우호적인 관계였다.[11] 진나라 혜왕은 초나라가 관여할 것을 걱정하여 장의를 시켜 거짓으로 진나라를 떠나 두터운 예물을 가지고 초나라로 가서 의탁하게 했다.[12] 장의가 초나라 왕에게 말했다.

---

8  「소아小雅」: 『시경』의 '아雅'에 속하며, 74편의 시로 구성되어 있다. 주요 내용은 국가와 백성을 근심하는 것이며 정치의 어두운 면을 비판한 풍자시도 있다. 「대아大雅」는 31편이다.
9  제곡帝嚳: 전설 속 오제五帝 중 한 명으로, 고신씨高辛氏라고도 한다.
10  "여기서의 도덕은 한 개인의 품덕 수양을 가리키는 것이 아니라 나라를 다스리는 큰 도리와 덕으로 교화시키는 교육을 가리킨다."(『사기전증』)
11  당시 제나라 제후는 제 선왕이다.

"진나라는 제나라를 매우 미워하고 있는데, 제나라는 초나라와 합종을 맺고 있습니다. 초나라가 제나라와 관계를 끊는다면 진나라는 상商과 오於[13] 일대의 땅 600리를 바치겠습니다."[14]

초나라 회왕은 욕심 때문에 장의의 말을 믿고 결국 제나라와 관계를 끊은 다음 진나라에 사신을 보내 할양해주기로 한 땅을 받아오게 했다. 이때 장의는 교활하게 발뺌하며 말했다.

"나는 초나라 왕에게 6리의 땅을 주겠다고 했을 뿐 600리라고 말한 적이 없소."

초나라 사신은 매우 화를 내며 돌아와 회왕에게 보고했다. 회왕은 분노하여 대군을 일으켜 진나라를 공격했다. 진나라도 출병시켜 맞서 싸웠는데 단수丹水와 석수淅水[15] 사이에서 초나라 군대를 격파하여 8만 명의 목을 베고 초나라 장군 굴개屈丐를 사로잡았으며, 결국 초나라 한중漢中까지 점령했다.[16] 회왕은 이에 전 병력을 동원하여 진나라 깊숙이 쳐들어가 남전藍田에서 교전을 벌였다. 이때 위魏나라는 초나라가 비어 있음을 알고 초나라를 기습하여 남쪽으로 향해 등鄧 땅에 이르렀다.[17] 초나라 회왕은 두려워했고 진나라에서 철군하는 수밖에 없었

---

12  장의가 초나라에 들어간 때는 초 회왕 16년(기원전 313)이며, 초나라 상의 지위를 받았다.

13  상商과 오於는 당시의 진나라 땅으로, 대략 지금의 산시陝西성 상현商縣에서 허난성 네이샹內鄉 일대다.

14  "이상 장의가 진나라를 위해 초나라 회왕을 속인 일은 「초세가」와 「장의열전」에 상세하게 기재되어 있다. 소설과 같은 내용이라 어느 정도까지 믿을 만한지 말하기 어렵다."(『사기전증』)

15  단수丹水는 상현商縣 서북쪽에서 발원하여 동쪽으로 흘러 허난성으로 들어가 시촨 남쪽에서 석수淅水와 합류한다. 석수는 균수均水라고도 하며 허난성 루스盧氏 경계에서 발원하여 남쪽으로 흘러 단수와 합류했다가 다시 남쪽으로 흘러 후베이성으로 들어갔다가 한수漢水와 합류한다. 여기서 말하는 단수와 석수는 지금의 허난성 서남부의 시사西峽, 시촨 일대를 가리킨다.

16  진 혜문 후원 13년, 초 회왕 17년(기원전 312)의 일이다.

17  이때 위나라 제후는 양왕이었고 도성은 대량이었다. "「초세가」에 따르면 위魏나라는 마땅히 한韓나라라고 해야 한다."(『사기지의』) 「초세가」에서는 "한과 위나라가 초나라를 기습하다"라고 기록했다. 당시 한나라 제후는 선혜왕이다. 등鄧은 초나라 현으로 지금의 허난성 옌청 동남쪽 지역이고, 등읍鄧邑은 지금의 후베이성 상판襄樊 서북쪽 교외다. 만약 한나라가 등을 공격했다면 이곳이 더욱 요긴하다.

다. 제나라는 초나라 회왕이 맹약을 파기한 데 화가 나서 초나라를 지원하지 않았다. 결국 초나라는 매우 곤궁한 처지에 놓이게 되었다.

이듬해(기원전 311)에 진나라는 한중을 돌려주면서 초나라와 강화를 맺으려 했다.[18] 초나라 왕이 말했다.

"나는 한중 땅을 얻고 싶지 않소. 단지 장의를 얻어 그를 죽이고 원한을 풀고 싶을 뿐이오."

장의가 이 소식을 듣고는 말했다.

"이 한 몸으로 한중 땅과 바꿀 수 있다면 신이 초나라로 가겠습니다."

장의는 초나라에 이르자 권력을 장악한 신하 근상斯尚에게 두터운 예물을 주었고, 회왕의 총애하는 첩 정수鄭袖를 속여 회왕을 설득하게 했다.[19] 회왕은 결국 정수의 말을 듣고 다시 장의를 풀어줬다. 이때 굴원은 이미 초 회왕과 사이가 소원해져 조정의 직무를 맡지 못하고[20] 명을 받들어 제나라에 가 있었다. 굴원은 돌아와 회왕에게 물었다.

"무엇 때문에 장의를 죽이지 않았습니까?"

회왕 또한 후회하고는 다시 사람을 보내 장의를 뒤쫓게 했으나 이미 따라잡

"진나라 군대에 호응하여 초나라를 기습한 나라는 한나라이며 위나라가 아니다. 한나라 군대가 등에 이르렀는데, 지금의 후베이성 샹양襄陽 북쪽으로 직접 초나라 군대의 후방을 위협했으므로 초나라가 두려워하여 철군시킨 것이다."(『사기통해』)

18　「초세가」에서는 "진나라는 사자를 파견해 초나라와의 우호 관계를 회복하고 한중의 절반을 나누기로 약속하고 초나라와 강화를 맺었다"고 했으나, 「장의열전」에서는 "진나라는 초나라를 위협하여 무관 밖의 토지를 초나라의 검중과 교환하고자 했다"고 되어 있다. "한중은 본래 초나라 땅으로, 초나라가 크게 곤란에 빠진 이듬해에 진나라가 한중 땅 절반을 돌려주면서 초나라와 강화를 맺으려 한 것은 아마도 제나라와 관계를 끊으려는 회왕의 마음을 군게 하고, 한편으로는 회왕이 장의에게 속은 분노를 멈추게 하려는 것일 뿐이다."(『사기각증』)

19　"부인 정수에게 말하기를 '진나라 왕은 특별히 장의를 아끼는데, 대왕(회왕)께서 그를 죽이고자 하십니다. 지금 진나라는 상용上庸의 6개 현을 초나라에 뇌물로 주고 많은 미인을 초나라 왕에게 보내면서 진나라 궁중에서 노래에 능한 여자들을 시녀로 보내려고 합니다. 대왕께서는 토지를 중히 여기시고 진나라의 여자들도 대왕의 총애를 받을 것이니, 그렇게 되면 부인은 틀림없이 배척당하실 것입니다. 부인께서는 대왕께 장의를 석방하도록 말씀드리는 편이 낫습니다'라고 했다."(「초세가」)

20　"다시는 좌도의 지위에 있지 않음을 말한다."(『사기지의』)

을 수가 없었다.

이후 제후들은 다시 연합하여 함께 초나라를 공격해 초나라 군대를 크게 격파하고 초나라 대장 당말唐眜을 죽였다.[21]

뒤에 새로 즉위한 진나라 소왕은 초나라와 인척 관계를 맺었는데, 초나라 회왕에게 진나라에서 회합을 청했다. 회왕이 가려고 하자 굴원이 말리며 말했다.

"진나라는 호랑이나 이리 같은 흉포한 나라이므로 믿어서는 안 됩니다. 가지 않는 것이 좋습니다."

그러나 회왕의 어린 아들 자란子蘭은 회왕에게 행차하기를 권하면서 말했다.

"어떻게 진나라의 호의를 거절하겠습니까!"

결국 회왕은 진나라로 갔다. 회왕이 진나라의 무관武關에 들어서자, 숨어 있던 진나라 군사들이 즉각 돌아갈 길을 끊고서 회왕을 억류한 뒤 영토 분할을 요구했다. 회왕은 화를 내며 요구를 들어주지 않았다. 나중에 회왕은 기회를 틈타 조나라로 달아났지만 조나라는 감히 그를 받아들이지 못했다.[22] 도리 없이 다시 진나라로 돌아온 회왕은 끝내 진나라에서 죽음을 맞았고 고국으로 보내져 장사지냈다.[23]

회왕의 맏아들 경양왕이 왕위에 오르고[24] 그의 동생 자란은 영윤을 맡았다.

---

21   초 회왕 28년(기원전 301)의 일이다. "진나라는 제·한·위와 함께 초나라로 진공했고, 초나라 장군 당말을 죽이고 중구重丘를 취한 뒤에 비로소 철군했다."(「초세가」) 『여씨춘추』와 『한서』「고금인표古今人表」에서는 당멸唐蔑로 되어 있는데, 음이 서로 비슷하여 다르게 적은 것 같다.(『사기전증』)

22   회왕이 진나라에 구금된 지 3년째 되던 해로, 경양왕 2년(기원전 297)의 일이다. "초나라 회왕이 도주하여 고국으로 돌아가려 했지만 진나라가 알아채고 초나라로 통하는 도로를 봉쇄했다. 회왕은 두려워하며 오솔길을 통해 조나라로 달아나 초나라로 돌아갈 방법을 모색했다. 조나라 무영왕이 대代에 있었고 그의 아들 혜왕이 막 즉위하여 왕권을 행사하고 있었는데, 진나라가 두려워 감히 초나라 회왕을 호송하여 초나라로 돌아가도록 하지 못했다. 회왕은 위나라로 가려 했지만 진나라가 추격해오자 하는 수 없이 진나라 사자와 함께 다시 진나라로 돌아갔다."(「초세가」)

23   경양왕 3년(기원전 296)의 사건으로 회왕이 구금된 지 4년째 되던 해다.

24   초 회왕 30년, 회왕이 진나라에 구금되자 초나라 국내에서는 경양을 왕으로 옹립했다. 원년元年으로 바꿔 부른 것은 회왕이 구금된 지 2년째(기원전 298) 되던 해였다.

초나라 사람들은 당초에 자란이 회왕에게 진나라로 갈 것을 권유하는 바람에 화왕이 살아서 돌아오지 못했다면서 그를 책망했다.

이미 굴원은 자란 등이 나라를 망치는 것을 원망했으며, 비록 밖으로 내쫓겼어도[25] 여전히 초나라를 그리워하고 회왕을 염려했으며, 조정으로 돌아가 국가를 위해 충성할 수 있기를 기대했다. 또한 군주가 깨닫고 국가의 풍속이 바뀌기를 희망했다. 군주를 그리워하며 초나라를 진흥시키고자 이 한 편의 시(「이소」)에 여러 차례 뜻을 담았다. 그러나 결국 어찌할 도리가 없었고 군주 곁으로 돌아오지 못했으므로[26] 끝내 회왕이 깨닫지 못했음을 알 수 있다.

군주 된 자는 어리석든 총명하든 상관없이 신하들이 자신을 위해 충심을 다하기를 바라며 재능 있는 사람을 등용하여 자신을 보좌하게 하려 하지만, 나라가 망하고 집안이 무너지는 일들이 끊임없이 일어나고 있으니, 성군이 여러 대에 걸쳐 나라를 다스리는 일을 볼 수 없는 것은 충신이라 불리는 자들이 실제로는 충성스럽지 않고, 현명하다고 하는 자들이 실제로는 현명하지 않기 때문이다. 회왕은 어떤 사람이 충신인지 식별하지 못했기[27] 때문에 안으로는 정수에게 미혹되었고 밖으로는 장의에게 속았으며, 굴원을 멀리하고 상관대부와 영윤 자란을 총애하며 믿었다. 결국 군사적으로 좌절되었고 영토가 줄어들어 여섯 군을 잃었으며,[28] 자신은 진나라에서 객사하여 세상의 웃음거리가 되었다. 이것은 모두 인물을 알아보지 못한 재앙이다. 『역경』에 이르기를 "우물을 준설했는

---

25  "이 문장부터 '어떻게 사람들이 행복할 수 있겠는가!'까지의 문장은 마땅히 '경양왕은 성내며 굴원을 더욱 먼 지방으로 쫓아냈다'는 문장 다음에 있어야 한다. 태사공이 붓 가는 대로 쓰다가 그 순서를 잃었을 따름이다."(『사기지의』)
26  원문은 '불가이반不可以反'으로, "군주 곁으로 돌아오지 못했음을 말하는 것이다."(『사기각증』) 역자는 『사기각증』의 견해에 따랐다. "굴원은 확실히 회왕 때 쫓겨나 떠돌았던 것 같다."(『사기전증』)
27  원문은 '충신지분忠臣之分(충신이 마땅히 수행해야 하는 직무 본분)'이다. "신臣자는 오류로 의심된다."(『찰기』) "충신忠臣은 마땅히 충간忠奸(충신과 간신)이라 해야 한다."(『사기전증』)
28  "한중 일대를 말하는데, 구체적으로 가리키는 곳이 상세하지 않다. 태사공이 과장한 것으로 의심된다. 양콴의 『전국사』에 따르면 초나라는 전후로 모두 6개의 외군外郡(도성 이외의 주군州郡)을 설치했는데, 비록 회왕이 꺾이고 실패했다 할지라도 그 전부를 잃을 만한 이유가 없다."(『사기전증』)

데도 마시지 못하니 내 마음이 아프구나. 이 물은 퍼올릴 수 있다. 왕이 현명하면 모두 함께 행복을 누릴 수 있다"29고 했다. 왕이 현명하지 못한데, 어떻게 사람들이 행복할 수 있겠는가!30

이 말을 들은31 영윤 자란은 크게 화를 냈고, 결국은 상관대부를 시켜 경양왕 면전에서 굴원을 헐뜯게 하자 경양왕은 성내며 굴원을 더욱 먼 지방으로 쫓아냈다.32

굴원은 유랑하다 강가33에 이르러 머리를 풀어헤치고 물가를 거닐면서 읊조렸다. 그의 얼굴빛은 초췌하고 몸은 비쩍 말랐다. 한 어부가 그의 모습을 보고는 물었다.

"당신은 삼려대부三閭大夫34가 아니십니까? 무슨 일로 여기까지 오셨습니까?"

굴원이 대답했다.

"온 국가가 혼탁한데 나만 홀로 깨끗하고, 모든 사람이 취해 있는데 나만 홀로 깨어 있어서 쫓겨났소."

어부가 말했다.

"성인聖人35이란 사물에 지나치게 구애받아서는 안 되고 시대의 변화에 따라

---

29  『역경』 「정괘井卦」의 원문은 '井泄不食, 爲我心惻, 可以用汲. 王明, 并受其福'이다. "우물을 파서 물이 깨끗해졌으나 여전히 마시는 사람이 없어 마음이 아프다. 이 우물물은 퍼 올려 마실 수 있다. 만일 국왕이 영명하면 전국이 모두 따라서 복을 누릴 수 있다."(『사기전증』)

30  "나카이 리켄이 말하기를 '사람에게 복을 줄 수 없음을 말한다'고 했다."(『사기회주고증』)

31  "스즈멘이 말하기를 '증국번曾國藩에 따르면 '이 말을 들었다'는 것은 굴원이 「이소」를 지었다는 말을 들었다는 것'이라고 했다."(『사기각증』)

32  "「이소서離騷序」에 이르기를 '강남江南으로 옮겼다'고 했다."(『집해』)

33  『초사』 「어부漁父」에 따르면 강은 상강湘江이다. "장기蔣驥의 『산대각주초사山帶閣注楚辭』에서는 위안장강沅江을 가리킨다고 여겼다."(『사기전증』)

34  삼려대부三閭大夫: 전국시대 초나라의 관직으로 종묘 제사를 주관했으며 귀족인 굴屈, 경景, 소昭 세 성씨 자제의 교육을 관장했다.

35  "여기서 어부가 말한 '성인'은 노자나 장자 같은 사람을 가리킨다."(『사기전증』)

바뀌어야 합니다. 온 국가가 혼탁하다면 어찌하여 물결치는 대로 흘러가지 않고 물결을 더 크게 휘저으십니까? 모두 취해 있다면 어찌하여 술 마시고 지게미를 먹고 함께 취하지 않으십니까? 어찌하여 아름다운 옥처럼 높은 재능과 미덕을 가졌으면서 스스로 남에게 내쫓기는 길을 찾으셨습니까?"

굴원이 말했다.

"내가 듣건대 막 머리를 감은 사람은 반드시 관의 먼지를 털어서 쓰고, 막 목욕을 한 사람은 반드시 옷의 흙먼지를 떨어내고 입는다고 했소. 사람이라면 또 누군들 자신의 깨끗한 몸에 바깥의 더러운 먼지와 때를 묻히려 하겠소!³⁶ 내 차라리 강물에 뛰어들어 물고기 배 속에 장사를 지낼지언정 어찌 밝고 투명하며 새하얀 품격으로 세속의 더러운 때를 받아들이겠소!"³⁷

그러고는 「회사懷沙」라는 부賦³⁸ 한 편을 지었다. 문장은 다음과 같다.

> 양기陽氣 왕성한 초여름³⁹이라, 초목이 무성하게 생장하는구나.
>
> 끝없는 근심과 슬픔 품고, 세찬 물결처럼 급히 남쪽으로 가네.
>
> 한없이 넓은 광야⁴⁰ 바라보니, 곳곳이 모두 죽은 듯 고요하구나.
>
> 원통함 가득한데⁴¹ 하소연할 방법 없으니, 오랜 슬픔과 근심으로 곤경에 빠지고

---

36  "막 목욕을 한 사람은 옷을 털어 입고, 막 머리를 감은 사람은 관을 털어 쓰는데, 이것은 사람의 성정이다. 그 누가 자신의 깨끗한 몸으로 남의 더러움을 받아들일 수 있겠는가?新浴者振其衣, 新沐者彈其冠, 人之情也. 其誰能以己之溫溫, 受人之掝掝者哉?"(『순자』「불구不拘」)

37  "홍홍조洪興祖의 『초사보주楚辭補注』에서 말하기를 '「복거卜居」와 「어부漁父」는 모두 문답을 가공하여 감정을 기탁한 것뿐이다. 태사공의 「굴원전」은 채집하여 실록으로 삼았지만 사실이 아니다'라고 했다."(『사기전증』)

38  부賦는 『초사楚辭』에서 발전하고 『시경』의 풍자 전통을 계승한 것으로, 시보다 산문적이다. 부는 '펼친다鋪'는 뜻으로, 문체를 늘어놓아 사물을 묘사하고 뜻을 표현하는 것이다.

39  원문은 '맹하孟夏'로, 하력夏曆 4월을 말한다. 여름의 첫 번째 달, 즉 음력 4월이다.

40  원문은 '요요窈窈'로, 『초사』에는 '묘묘杳杳'로 기재되어 있다. 의미는 같으며 아득히 멀고 어두컴컴한 모양을 말한다.

41  원문은 '원결冤結'로, 『초사』에는 '욱결鬱結(울적함이 쌓이다)'로 기재되어 있다.

스스로 반성해도 어떠한 잘못 없는데, 단지 억울함 참아내며 스스로 억제하네.


네모난 나무 깎아 둥글게 만들려 하지만, 원래의 원칙은 바꿀 수 없고[42]

자기 본래의 길[43]을 바꾸는 사람은, 군자로부터 경시받게 되네.

계획 명확히 하고 준칙 명심하며, 이미 확정된 것은 바꿀 수 없으니

정직한 마음과 장중한 성품은, 군자[44]가 찬미하는 바다.

솜씨 뛰어난 장인이 깎지 않으면, 누가 꼭 맞는지 살필 수 있겠는가?[45]

검은색 무늬를 어두운 곳에 두면, 장님[46]은 무늬가 선명하지 않다고 말하고

이루離婁[47]는 실눈을 뜨고도 볼 수 있는데, 장님은 그의 눈이 밝지 않다고 말하네.

흰 것을 검게 변했다고 말하고, 위를 바꾸어 아래라고 말하네.

봉황을 새장 속에 가두어두고, 닭과 꿩[48]은 사방으로 날아다니도록 두네.

돌과 옥덩이를 뒤섞어놓고는, 동일한 척도로 함께 재려 하네.

저 결탁하는 소인들 비열하고 시기하니, 나의 뛰어난 재덕 알지 못하네.


무거운 물건 짊어지고 많이 실었건만, 수렁에 빠져 나아가지 못하는구나.[49]

아름다운 옥 같은 재능 품었지만, 처지가 곤궁하여 남에게 보여줄 수 없네.

---

42   "나쁜 세력이 현명한 선비를 좌절시켜 절개를 바꾸게 하려 하지만, 원래 가지고 있던 사상과 지조는 바뀌지 않는다."(『사기전증』)

43   원문은 '본유本由'로, 『초사』에는 '본적本迪'으로 기재되어 있다. 의미는 같다.

44   원문은 '대인大人'이다. '대인'의 뜻으로는 첫째 군자君子, 둘째 지위가 높은 사람, 셋째 더할 수 없이 높은 덕을 지닌 사람이다. 역자는 '군자'로 번역했음을 밝혀둔다.

45   원문은 '규정揆正(정확한지 자세히 보다)'으로, 『초사』에서는 '발정撥正(굽었는지 곧은지)'으로 기재되어 있어 '누가 굽었는지 곧은지 알 수 있겠는가?'로 번역된다.

46   원문은 '몽矇'으로, 눈알은 있지만 물체를 볼 수 없는 것을 말한다.

47   이루離婁: 고대 전설에서 눈이 밝은 사람으로, 100보 거리에 있는 짐승의 가는 털끝도 분명하게 볼 수 있다고 한다. 이주離朱라고도 불린다.

48   원문은 '계치鷄雉'로, 『초사』에서는 '계목鷄鶩(닭과 오리)'으로 기재되어 있다.

49   "왕일이 말하기를 '자기의 능력이 왕성하여 무거운 짐을 감당할 수 있으나 매몰되고 침체되어 자신의 본래 뜻을 이룰 수 없음을 말한 것이다'라고 했다."(『집해』)

마을의 개들 떼 지어 짖는 것은, 기이하고 특별한 것을 보았기 때문이며

준걸을 비방하고 의심하는 것은, 본래 세속의 소인들 태도지.50

겉은 세심하지 않으나 속은 통달했는데, 사람들이 기이한 재능 몰라주고

기둥 같은 덕행과 재능 쌓였건만, 그들은 도리어 조금도 알아주지 않네.

인의로 자신을 수양하고, 정중함과 너그러움으로 자신을 풍부하게 했는데

중화重華51를 만나볼 수 없으니, 그 누가 나의 우수함을 알아주겠는가!

예부터 영명한 군주와 어진 신하 함께 나올 수 없으니, 그 까닭 어찌 알겠는가?

탕임금과 우임금 아득히 멀리 떨어져, 사모의 정 전달할 방법이 없네.

마음속의 분노를 가라앉히고, 마음을 억눌러 스스로를 굳세게 하며

근심과 슬픔에 빠졌지만 이상 버리지 않아, 내 뜻 후세에 본보기 되기 바라네.

북쪽으로 발길 돌려 잠시 쉬려고 하니,52 날은 어둑해져 이미 저물어가네.

근심 풀어버리고 슬픔 위로하는데, 내 목숨의 기한 이미 죽음에 다다랐네.


요약하여 말하노니53

넓고 큰 원수沅水와 상수湘水,54 멈추지 않고 용솟음치며 흐르는구나.

50  "왕일이 말하기를 '천 사람의 재주를 지닌 것을 준俊이라 하고, 한 나라에서 재덕이 높은 사람을 걸傑이라 한다'고 했다. 또한 덕이 높은 자는 뭇 사람과 어울리지 못하고 행동이 특이한 사람은 세속에 어울리지 않으므로 개들이 짖고 뭇 사람이 비방하는 것이다'라고 했다."(『사기전증』) "지혜가 1만 명을 뛰어넘는 것을 영英이라 하고, 1000명을 뛰어넘는 것을 준俊이라 하며, 100명을 뛰어넘는 것을 호豪라 하고, 10명을 뛰어넘는 것을 걸傑이라 한다智過萬人者謂之英, 千人者謂之俊, 百人者謂之豪, 十人者謂之傑."(『회남자』「태족泰族」)
51  중화重華: 우순虞舜을 말한다. 어떤 사람은 중화가 이름이고 순舜은 시호라고 말한다.
52  원문은 '진로북차혜進路北次兮'다. "북차北次는 북쪽 도성 영郢으로 방향을 바꾸는 것을 말한다. 여기서는 속으로 동경하는 것이다."(『사기통해』) "궈모뤄의 『굴원부금역屈原賦今譯』에서는 '북차北次는 잘못하며 숙소를 지나치는 것'이라고 했다."(『사기전증』)
53  원문은 '난왈亂曰'이다. "홍흥조가 말하기를 '난은 부賦의 끝을 총정리하는 것이다'라고 했다." (『사기전증』)
54  원수沅水는 구이저우성 구이딩貴定 동쪽에서 발원하여 동북쪽으로 흘러 후난성으로 들어갔다가 동정호로 유입된다. 상수湘水는 후난성 링링零陵 남쪽에서 발원하여 북쪽으로 흘러 동정호로 유입된다. 두 강 유역은 굴원이 당시에 유배된 지방이다.

길게 이어진 길 초목으로 깊숙하고 고요하며, 아득히 멀어 그 끝이 없구나.

나의 슬픔 노래하기를 그치지 않으니, 탄식 멈추지 않고 길게 이어지는구나.

이 세상 이미 나를 이해하는 이 없으니, 나도 그들에게 내 마음 말할 필요 없네.

내심 좋은 감정과 품격을 지녔는데, 도리어 나와 어울리는 사람 찾을 수 없네.

백락伯樂은 이미 죽고 없으니, 그 누가 천리마를 식별할 수 있겠는가?

사람은 태어날 때 저마다 운명이 다르니, 제각기 정해진 자신의 명운이 있네.

마음을 진정시키고 뜻을 넓혔으니, 또 무엇이 나를 두렵게 하겠는가?

깊은 상심과 슬픔 그치지 않고, 긴 탄식이 이어져 끊이지 않네.

혼탁한 세상에 나를 알아주는 이 없으니, 나 또한 진심 다시 말하지 않으리라.[55]

이미 죽음 피할 수 없음을 알기에, 수명의 길고 짧음을 애석해할 필요 없네.

군자들에게 분명히 알리니, 내 영원히 쇠하지 않는 후세의 본보기가 되리라.


그러고는 돌을 안고 마침내 멱라강汨羅江에 몸을 던져 죽었다.[56]

굴원이 죽은 뒤 초나라에는 또 송옥宋玉, 당륵唐勒, 경차景差[57] 등의 사람이 모

55　이상 네 구절의 원문은 '曾傷爰哀, 永歎喟兮. 世溷不吾知, 心不可謂兮'다. "왕인지王引之가 말하기를 '이 네 구절은 후세 사람이 『초사』에 근거해 더한 것으로 『사기』의 원문은 아니다'라고 했다."(『독서잡지』 「사기」)

56　"오균吳均의 『속제해기續齊諧記』에서 말하기를 '굴원이 5월 5일에 멱라강에 뛰어들어 죽자 초나라 사람들이 그를 가엾게 여겨 매년 이날이 되면 대나무 통에 쌀을 넣어 강물에 던져 제사를 지내주었다. 한나라 건무 연간에 웬 사람이 대낮에 장사長沙 사람 구회區回를 찾아와서는 스스로를 삼려대부라 하고 이렇게 말했다. 〈듣자 하니 그대가 항상 제사를 지내준다고 하던데, 매우 좋소. 그러나 해마다 보내주는 것을 교룡蛟龍에게 빼앗기고 있소. 이제 은혜를 베풀려거든 멀구슬나무 잎으로 위를 막고 오색실로 싸매시오. 그러면 교룡이 꺼리는 물건이 되오.〉 구회는 그 말대로 했다. 세상 사람들이 5월 5일에 주악(단오 때 먹는 떡)을 만들고 아울러 오색실과 멀구슬나무 잎을 가지고 있는 것은 모두 멱라의 전해 내려오는 풍습이다'라고 했다."(『정의』) 멱라강은 후난성 핑장平江 동쪽에서 발원하여 서쪽으로 흘러 지금의 미뤄汨羅 서북쪽에 이르러 상장강湘江으로 유입된다.

57　송옥宋玉: 경양왕 때의 유명한 문사로 『초사』 중에 「구변九辯」 1편이 있다. 『소명문선昭明文選』에는 「풍부風賦」 「고당부高唐賦」 「신녀부神女賦」 「등도자호색부登徒子好色賦」 4편이 있다. 『고문원古文苑』에는 「대언大言」 「소언小言」 「적부笛賦」 「조부釣賦」 「풍부諷賦」 5편이 있다. 당륵唐勒은 『한서』 「예문지」에 4편의 부가 있다고 한다. 경차景差는 『초사』 중의 「대초大招」를 쓴 인물이라고 보는 견해도 있다.

두 문사를 좋아하고 부를 지어 유명했지만, 그들 모두 굴원의 완곡한 함축만 본받을 뿐 끝내 굴원과 같이 직언으로 간하는 사람은 없었다. 이후 초나라는 갈수록 쇠약해지다가 수십 년 뒤에 결국 진나라에게 멸망당하고 말았다.[58]

굴원이 멱라강에 투신해 죽은 지 100여 년 후[59] 한나라에 가생賈生이라는 사람이 나왔다. 그는 장사왕長沙王[60] 때 태부로 임명되어 상수를 지나다가 한 편의 문장[61]을 지어 강물에 던져 굴원을 애도했다.

가생은 이름이 의誼이며 낙양雜陽[62] 사람이다. 그는 열여덟 살 때『시경』을 암송하고 문장을 지어 군郡에서 유명했다. 오정위吳廷尉[63]가 하남 태수로 있을 때 가생이 수재秀才[64]라는 소문을 듣고 문하로 불러들여 매우 아끼고 좋아했다. 효문제孝文帝는 막 제위에 올랐을 때 하남 태수 오공吳公의 치적이 가장 뛰어나며 이사李斯와 같은 고장 출신으로[65] 일찍이 이사로부터 배웠다는 말을 듣고 그를 불러들여 정위로 삼았다. 정위는 가생이 나이는 어리지만 제자백가의 학문에

58  굴원은 경양왕 21년(기원전 278)에 사망했고, 초나라는 그로부터 55년 후인 기원전 223년에 멸망했다.

59  "한나라 문제文帝 4년(기원전 175)에 가의가 조정에서 배제되어 장사왕 태부가 되었고, 상수를 지나다가 굴원을 애도했다. 굴원의 사망은 기원전 278년이니, 그 기간 차이는 102년이다."(『사기통해』)

60  장사長沙: 유방의 공신 오예吳芮의 봉국으로 지금의 후난성 창사長沙다. 당시 장사왕은 오예의 손자 오저吳著였다.

61  「조굴원부弔屈原賦」를 말한다.

62  낙양雜陽: 낙양洛陽과 같다. 본래 낙雜이었는데 삼국시대 위魏 시기에 낙洛으로 변경되었다. 지금의 허난성 뤄양 동북쪽 지역으로, 당시 하남군의 치소였다.

63  오정위吳廷尉: 성이 오吳이고, 이름은 역사에 알려지지 않았다. 정위는 진한 시기에 형벌을 관장하는 행정장관으로서 구경九卿에 속했다. "『사기』에서 매번 사람의 이름 전체를 기재하지 않는 것은 아마도 줄인 것이지, 당시에 이름이 전해지지 않았던 것이 아니다. '공公' '군君' '생生'이라 부르는 경우가 많다. 태사공은 어찌하여 한 글자에 인색했는가? 『사기』 전체를 살펴보건대 가장 유감스러운 부분이다."(『사기지의』)

64  수재秀才는 한나라 때 과거시험의 한 과목으로, 후한 광무제光武帝 때에는 제왕의 휘諱인 '수秀'를 피휘하기 위해 '무재茂才'라 했다.

65  아마도 오공 또한 초나라 상채 사람일 것이다.

통달했다는 말을 올렸고, 문제는 가생을 불러 박사博士66로 삼았다.

이때 가생은 겨우 20세 남짓으로, 박사들 중에서 가장 어렸다. 문제가 매번 조령詔令67을 하달하여 박사들에게 의견을 구할 때마다 나이 많은 선생들이 대답하지 못하는 것을 가생이 대답했는데, 모두 자신들이 말하고자 하는 뜻에 부합된다고 여겼다. 그래서 여러 선생은 자신의 재능이 가생에 미치지 못함을 인정했다. 효문제는 매우 기뻐하며 단계를 건너뛰어 가생을 승진시킴으로써 1년 만에 태중대부太中大夫68에 이르렀다.

가생은 한나라가 흥기하여 효문제에 이르기까지 20여 년 동안69 천하가 태평하고 융합되자 마땅히 역법과 정삭正朔70을 고치고 거마와 복색服色을 바꾸고, 각종 새로운 전장제도를 개정하고 관직명을 새로이 정비하고 예악을 제작하고 진흥시켜야 한다고 여겼다. 그리하여 전체 예의와 법도의 초안을 잡았는데, 색깔은 황색을 숭상하고,71 숫자는 5 단위를 기준으로 사용하며,72 관직 명칭을

---

66  박사博士: 춘추전국시대 이전에 '박사'라는 명칭은 관직명이 아니라 일반적으로 학식이 넓은 선비를 가리키는 말이었다. 진나라가 천하를 통일한 후 박사관博士官이라는 관직을 설치했고 고금古今을 통하고 자문을 관장했다. 한나라 역시 진나라 제도를 계승했으며, 한 무제 때 오경박사五經博士는 경학을 가르치고 조정에서 해결하기 곤란한 일을 자문했다. 또한 태학太學에서 유가 경전을 강의하는 등 후진 양성을 책임졌다.

67  조령詔令: 황제 명의로 발포하는 공문의 통칭. 민간에서는 일반적으로 '성지聖旨'라고 부른다. 대체로 제도·전례典禮·봉상封賞에 관한 문서와 일상적인 정무 활동에 관한 문서로 나뉜다.

68  진나라 때의 관직을 이어받은 것으로 대중대부大中大夫라고도 한다. 황제를 모시고 자문과 응대를 관장하고 의정을 조언했으며 조서를 받들어 사신으로 파견되는 등 대부분 총애하는 신하나 귀족이 담당했다. 후한 시대 후기에는 권력과 직책이 약화됐다. 가생은 문제 원년(기원전 179), 즉 22세에 태중대부에 올랐다.

69  유방이 진나라를 멸망시키고 한왕漢王이라 칭한 때가 기원전 206년이고, 항우를 멸망시키고 황제라 칭한 때가 기원전 202년이다. 그로부터 약 23~27년 후에 효문제가 즉위했다.

70  정삭正朔: 1년 중에 첫 번째 시작하는 날(정월 초하루)이다. 개국 황제가 즉위하면 정삭을 공포하고 시행했는데 소속된 봉국이 정삭을 받는 것은 황제의 통치를 받는다는 뜻이다. 하·상·주 이래로 왕조가 바뀔 때마다 역법을 변경했는데, 각기 정월正月이 달랐으므로 하력夏曆, 은력殷曆, 주력周曆, 진력秦曆 등으로 불렸다. 유방은 한나라를 건국한 후 역법을 비롯하여 진나라의 각종 제도를 답습했다.

71  진나라는 흑색黑色을 숭상했다. 당시 방술하는 선비들은 진나라는 수덕水德이라 흑색을 숭상했으나 한나라는 토덕土德이므로 황색을 숭상해야 한다고 했다.

제정하여 진나라 때의 법도를 모두 바꾸었다. 효문제는 즉위한 지 얼마 되지 않아 겸손하고 신중했기 때문에 이런 일들을 돌볼 겨를이 없었다. 그러나 이러한 예법과 율령을 개정하고, 열후들을 모두 자신의 봉지로 돌아가도록 하는 의견은 모두 가생이 제안한 것이었다. 그리하여 천자는 가생을 공경公卿의 지위에 임명할 것을 고려했다. 그러나 강후絳侯, 관영灌嬰, 동양후東陽侯, 풍경馮敬73 등은 모두 내심 원치 않고 가생을 헐뜯었다.

"이 낙양 사람은 나이도 어리고 학문도 부족한데 권력을 제멋대로 휘둘러 모든 일을 어지럽히려고 합니다."

그러자 천자도 나중에는 그를 멀리하고 그의 의견을 받아들이지 않았으며, 결국 가생을 장사왕의 태부로 삼았다.74

가생이 작별을 고하고 장사로 가는데, 장사라는 고장이 지대가 낮고 습하다는 말에 자신의 수명이 길지 않으리라 여겼다. 또한 강등을 당하여 가는 길이므로 마음이 매우 울적했다. 상수湘水를 건널 때 그는 한 편의 부를 지어 굴원을 애도했다.75 문장은 이와 같다.

---

72　"숫자 5를 사용하는 것은 아마 토土가 금金, 목木, 수水, 화火, 토土 오행五行 중에서 다섯 번째 배열이기 때문일 것이다."(『사기전증』) "숫자는 6 단위를 기준으로 삼아 부절과 법관法冠(제사, 조회 등의 성대하고 장중한 장소에서 쓰는 모자)이 모두 6촌이고, 수레의 폭도 6척, 6척을 1보로 삼고, 수레를 모는 말도 6필이었다."(『진시황본기』)

73　강후絳侯 주발周勃과 영음후潁陰侯 관영灌嬰은 모두 유방의 개국 공신이며 문제를 옹립한 인물이다. 문제 즉위 초기에 주발은 승상이었고 관영은 태위였다. 동양후東陽侯는 장상여張相如로 유방의 공신이며 문제 때 대장군이었다. 풍경馮敬은 이때 전객典客(속국에 대한 왕래 등의 사무를 관장)이었다가 나중에 어사대부가 되었다.

74　문제 4년(기원전 176)의 일이다. 「한흥이래제후왕연표漢興以來諸侯王年表」에서는 당시 장사왕을 '오저吳著'라 했고, 『색은』과 『한서』 「이성제후왕표異姓諸侯王表」에서는 '오산吳産'이라 했고, 『정의』에서는 '오차吳差'라 했다.

75　"장안에서 장사로 가는데, 멱라강을 거치지 않고 상강을 경유한 것은 바로 멱라강과 서로 통하기 때문이므로 상강에 글을 던져 조의를 표한 것이다."(『사기전증』)

공경하며 황제의 명령 받들어,76 장사에서 직무를 맡게 되었네.77

곁에서 굴원의 일을 들으니,78 스스로 멱라강에 뛰어들었다고 하네.

내 상수의 흐르는 물에 부탁하여,79 선생에게 경의와 애도를 전하노라.

어둡고 혼란한 세상을 만나, 몸을 던져 목숨을 버렸구나.

오호라, 슬프구나. 상서롭지 못한 때를 만났구나!

난새와 봉황은 멀리 숨어버리고, 올빼미가 하늘에서 활개를 치는구나.80

비천한 사람이 존귀해지고, 아첨하는 사람이 뜻을 얻으니,

도덕과 재지 높은 사람은 끌어당겨지고, 바르고 정직한 사람 거꾸로 아래 자리

에 세워지네.

세상 사람이 백이를 탐욕스럽다 하고, 도리어 도척을 청렴하다 하며,

막야莫邪81의 검을 무디다고 하고, 납으로 만든 칼 도리어 날카롭다 하네.

아, 말없이 뜻을 잃음이여, 선생은 이유 없이 이런 재앙을 만났구나!

진귀한 주나라 솥82 내던지고, 깨진 질항아리 보배로 삼고,

---

76  원문은 '가혜嘉惠'로, '황제의 명령'을 가리킨다. 여기서는 문제가 장사왕 태부로 명령한 것을 가리킨다.

77  원문은 '사죄俟罪'로, '대죄待罪'라고도 한다. 관리가 직무를 맡게 된 것을 겸손하게 표현한 말이다. 고대에 관리들은 실직하여 죄를 얻게 되는 것을 두려워하여 임관되는 것을 이와 같이 표현했다.

78  "굴원이라는 인물과 그에 관련된 일은 선진 시기의 어떠한 옛 책에도 보이지 않는다. 한나라로 들어선 이래 첫 번째로 굴원에 대해 발언한 사람은 가의였고, 두 번째는 회남왕 유안이며, 세 번째는 사마천으로, 이 세 사람은 마침 남방을 지나던 길이었다. 가의가 남방에 와서 처음으로 굴원의 일을 '곁에서 들었다'는 것은 장사에 오기 전에는 들은 적이 없으며, 중원에서도 굴원이라는 인물과 관계된 일에 대해 들어본 적이 없음을 말해준다. 아마도 가의 이후에 굴원의 이름이 중원에 전파되기 시작한 것 같다."(『사기전증』)

79  자신이 직접 멱라강에 갈 수 없으므로 상수에게 대신 전해달라고 부탁하는 것이다.

80  난새와 봉황은 전설 속의 상서로운 새로, 재덕이 출중한 인사에 비유되나. 반면 올빼미는 간사한 악인에 비유되었다.

81  『오월춘추』에 따르면 오왕 합려는 간장干將에게 두 자루의 보검을 주조하게 했다. 쇳물을 녹일 수 없자 간장의 아내인 막야莫邪는 머리카락과 손톱을 잘라 용광로에 넣고 300명의 소년과 소녀를 시켜 풀무질을 하게 하여 비로소 두 자루의 검을 주조했다. 웅검雄劍을 '간장'이라 하고 자검雌劍을 '막야'라 했는데, 그 예리함에 견줄 검이 없었다. 훗날 간장과 막야는 보검을 일컫는 말로 쓰였다.

82  원문은 '주정周鼎'으로 '구정九鼎'을 가리킨다. 대우大禹가 제조했다고 전해지며 나중에는 역대

지친 소에게 끌채를 끌게 하고, 절름발이 나귀를 곁에서 끌게 하며,

천리마는 두 귀를 늘어뜨린 채,[83] 도리어 소금 수레를 끄는구나.

장보章甫[84]를 신발 깔개로 삼으니, 오래갈 수 없네.

선생을 탄식함이여, 결국 이런 재앙 만났구나!


요약하여 말하노니[85]

그만두자, 온 나라에 나를 이해하는 이 없으며, 나 홀로 우울하니, 누구에게 말하랴?

봉황새 훨훨 높게 멀리 날아가는데, 본래는 이같이 스스로 물러나 멀리 가야 하네.

깊은 연못 속의 신룡神龍을 배우니, 깊이 숨어 스스로를 소중히 여기네.

밝은 빛 멀리하고 숨어 지내지만, 어떻게 개미, 거머리, 지렁이를 따를 수 있겠는가?

내 소중하게 여기는 성인의 신덕神德이여, 이곳 탁한 세상 멀리 떠나 스스로 숨네.

천리마 굴레에 묶였으니, 개나 양과 또 무엇이 다르겠는가!

어지러운 세상에서 이 같은 재앙 만나니, 또한 선생 자신의 잘못이구나!

천하를 두루 둘러보고 군주를 찾아야지, 어찌 이 도성만을 생각했단 말인가?[86]

봉황은 천 길 하늘 위로 날아올라, 덕이 빛나는 것을 보면 내려오지만,

덕이 적은 소인의 음흉한 징조 보게 되면, 날개 퍼덕이며 멀리 날아 떠나가네.


제왕의 국가를 전하는 보배가 되었다. 고귀한 현인을 비유한 것이다.

83  말이 무거운 짐을 짊어지면 두 귀를 늘어뜨린다.

84  "응소가 말하기를 '장보는 은나라 관冠'이라고 했다."(『집해』)

85  원문은 '신訊'이다. "신訊은 고告, 선고宣告다. 『한서』에서는 수誶라고 했는데 의미는 같다. 아마도 『초사』 결말에서 말한 난亂과 같을 것이다."(『사기전증』)

86  "다른 나라까지 시야를 넓혀 적합한 군주를 찾아가지 않고 어찌 초나라 이곳 도성을 차마 떠나지 못하고 죽었는가 하는 의미다."(『사기전증』)

저 작은87 논도랑이여, 어떻게 배를 삼킬 만한 물고기를 받아들일 수 있으랴!

강과 호수를 가로지르는 큰 물고기여, 반드시 개미와 땅강아지에게 제압당

하리.88

가생이 장사왕의 태부가 된 지 3년째89 되던 해에 부엉이 한 마리가 가생의

집으로 날아들어 자리 옆에 앉았다. 초나라 사람들은 부엉이를 '복服'이라고 불

렀다.90 가생은 좌천되어 장사에서 거주하고 있었는데, 장사는 지대가 낮고 습한

지역이기에 자신이 오래 살지 못할 것이라 생각했다. 이를 애석히 여겨 부를 지

어 위안으로 삼았다. 그 문장은 다음과 같다.91

정묘丁卯년,92 4월 초여름.

경자庚子일93 해 질 무렵, 부엉이가 내 집으로 날아들었네.

자리 옆에 앉았는데, 매우 여유로워 보이네.

이상한 새가 들어오니, 괴이하게 느껴지네.

---

87  원문은 '심상尋常'이다. 고대에 8척을 1심尋, 2심을 1상常이라고 했다. 심상은 매우 작고 짧은 것
을 가리킨다.
88  "경상초庚桑楚가 말하기를 '배를 삼킬 만한 큰 물고기라도 이리저리 다니다 물 밖으로 나와 육지
에 오르면 개미들이라도 그를 해칠 수 있다'고 했다."(『장자』, 「경상초」) "정곽군靖郭君 전영田嬰의 빈객
이 말하기를 '바닷속 큰 물고기를 들어보셨습니까? 그물로도 잡을 수 없고 갈고리로 걸어 당겨 잡을
수 없지만, 수면 위를 이리저리 다니다 물을 떠나게 되면 작은 땅강아지와 개미도 그를 제압할 수 있습
니다'라고 했다."(『전국책』, 「제책 1」)
89  이때는 효문제 6년(기원전 174)이다.
90  "가생의 마음은 울적하고 답답한데 지금 또 부엉이가 집안으로 날아들었다. 『한서보주』에서는
『시경집기西京雜記』에 이르기를 '장사 시방 속남에 부엉이가 집으로 들어오면 주인이 죽는다'고 했기
에 가생은 더욱 죽은 자를 애도한 것이다."(『사기전증』)
91  가의가 지은 「복조부」를 말한다. 옛 사람들은 부엉이를 상서롭지 못한 동물로 여겼고, 부엉이가
집 지붕에 내려앉으면 주인이 불행을 만나게 된다고 여겼다.
92  원문은 '단알單閼'이다. "서광이 말하기를 '묘卯의 해를 단알單閼이라 한다. 문제 6년은 정묘丁卯
년이다'라고 했다."(『집해』) 단알은 묘해卯亥년의 다른 명칭으로 여기서는 정묘丁卯년을 말한다.
93  이해의 음력 4월 23일이다.

책을 펼쳐 점을 쳐보니, 책에서 알려주기를,

"들새가 집으로 들어오면, 주인이 장차 죽으리라."

내 부엉이에게 묻기를,

"내가 집을 떠나 어디로 가는가?

길하면 내게 알려주고, 흉하면 어떤 재앙인지 말해다오.

생사가 조만간 정해지니, 내게 어느 날인지 말해다오."

부엉이가 이에 탄식하고, 머리를 들어 올리고 날갯짓하네.

입으로 말할 수 없으니, 내 부엉이의 뜻 짐작해보네.


만물은 변화하여, 본래 멈춤이 없구나.

돌고 돌아 변화하니, 밀고 가는 것 같지만 도리어 다시 돌아오네.

형체와 음양의 기가 계속해서 변하니,[94] 변화함이 서로 교체되네.

깊고 미묘하며 끝이 없으니, 어찌 말로 다할 수 있겠는가!

화란 복이 의지하는 것이고, 복이란 화가 숨어 있는 것이며,[95]

근심과 기쁨은 함께 모이고, 길함과 흉함은 한곳에 있네.

저 오나라는 강대했으나, 부차는 도리어 패망했네,

월나라 회계로 피했지만, 구천은 도리어 세상에 패자라 칭했네.

이사李斯는 유세에 성공했으나, 끝내 오형五刑을 받았네.

부열傅說은 죄수였으나, 결국 무정武丁의 상相이 되었네.[96]

---

94 "도가 학설에 따르면 만물이 모두 기氣로 구성되며, 기가 만물로 변화하고 만물 또한 기로 변화하니, 이런 변화는 영원히 그침이 없다'고 했다.(『사기전증』)
95 『노자』 58장의 "禍兮, 福之所倚, 福兮, 禍之所伏"이다. "나카이 리켄이 말하기를 '화가 있으면 복 또한 화와 함께 서로 의지하는데, 복이 있으면 화 또한 그 속에 잠복해 있음을 말한다'고 했다."(『사기회주고증』)
96 "하루는 무정武丁이 꿈속에서 한 성인을 만났는데 이름이 열說이라 했다. 그는 꿈에서 본 사람을 백관들 사이에서 찾아보았으나 비슷한 사람이 한 명도 없었는데, 마침내 부험傅險(지금의 산시山西성 핑루平陸 동쪽)에서 열을 찾아냈다. 당시 열이라는 사람은 죄를 짓고 노역에 동원되어 부험에서 길을 닦

화와 복이여, 꼬인 두 가닥 새끼가[97] 서로 의존하는 것과 무엇이 다르겠는가.

운명이란 분명히 말할 수 없는 것이니, 누가 그 결말을 알겠는가?

물은 부딪치면 용솟음치며, 활은 힘껏 당기면 화살 멀리 날아가네.

만물은 빙빙 돌며 부딪치고, 뒤흔들며 서로 변하네.

구름 올라가 비를 내리니, 변화가 뒤섞여 복잡하구나.

상천이 만물을 만들지만, 운무처럼 자욱하고 한없이 넓어 끝이 없네.

하늘은 함께 사려할 수 없으니, 도道[98]는 상상할 방법이 없네.

이름과 늦음 정해진 운명 있는데, 그때를 어찌 알 수 있겠는가?


또 천지는 커다란 화로이고, 조물주는 장인이며,

음양은 숯이고, 만물은 구리이네.[99]

모였다 흩어지고 줄었다 늘었다 변화하니, 어찌 일정한 규칙이 있으랴.[100]

천 번 만 번 끊임없이 변화하여, 처음부터 그 끝은 없었느니라.[101]

우연히 사람 되었으니, 무엇이 소중히 여길 가치가 있으며,

죽어서 귀신 되었으니,[102] 또 무엇이 근심할 가치가 있겠는가!

---

고 있었다. 무정이 그와 이야기를 나누어보자 과연 성인이었다. 무정은 파격적으로 그를 발탁해 상으로 임명했다. 무정은 부험의 '부'자를 그의 성씨로 하고 부열傅說이라 불렀다.(『사기』「은본기」)

97  원문은 '규묵糾纆'이다. 두 가닥이 하나의 끈이 되는 것을 규糾라고 하고, 세 가닥이 하나의 끈이 되는 것을 묵纆이라고 한다.

98  "도道는 노장老莊에서 객관적으로 존재하지만 구체적으로 모종의 신비한 작용이 있는 법칙을 가리킨다."(『사기전증』)

99  "옛사람은 세계의 만물이 음양 두 기운으로 구성되어 있다고 했는데, 지금 음양을 원료에 비교하지 않고 숯불에 비교한 것은 반드시 적절하다고 할 수 없다."(『사기전증』). 구리는 제련하는 물질에 비유한 것이다.

100  "『장자』「지북유知北遊」에 이르기를 '사람의 태어나는 것은 기가 모이는 것이다. 기가 모이면 태어나게 되고 기가 흩어지면 죽는다人之生, 氣之聚也. 聚則爲生, 散則爲死'고 했다."(『색은』)

101  "『장자』「대종사大宗師」에 이르기를 '사람의 형체는 끊임없이 변화하여 처음부터 그 끝이 없는 것이다人之形, 千變萬化, 未始有極'라고 했다."(『색은』)

102  원문은 '이물異物'로, "죽어서 형체가 귀신으로 변하는 것을 이물이라고 한다."(『색은』)

지혜가 작은 사람들은 자기만 돌아보며, 남은 낮게 보고 자신은 높이며,103

통달한 사람은 원대하게 보니, 만물이 모두 같지 않음이 없네.

탐욕스러운 자는 재물을 위해 죽고, 열사는 명예를 위해 목숨을 버리며,104

권세를 과시하는 자는 권세 때문에 죽고, 평범한 사람은 단지 목숨만을 아끼네.

이익에 유혹되고 빈천 때문에 핍박받는 자는, 종일토록 이익 좇아 동분서주하며,

대인大人105은 물욕 때문에 굽히지 않으니, 천 번 만 번 변해도 시종 한결같네.

세속 습관에 얽매인 어리석은 사람은, 감옥에 갇힌 죄수와 같지만,

일체의 사물을 잊어버린 지인至人106은, 단지 대도大道와 함께 있네.

뭇사람 미혹에 빠져, 좋아하고 미워함이 마음속에 가득하지만,

진인眞人107의 담박함은, 단지 대도와 공존할 뿐이네.

지혜와 형체를 버리니, 초연히 나를 잊게 되지만,

끝없이 넓고 희미하여, 대도와 함께 나는구나.

흐름 따라 흘러가다, 작은 모래톱 만나면 멈추지만,

몸을 운명에 맡기니, 자신에게 어떠한 편애도 없네.

살아 있음은 마치 떠내려가는 것과 같고, 죽으면 멈추는 것과 같네.

조용히 머물 때는 깊은 연못과 같고, 움직일 때는 매이지 않은 배와 같네.

---

103  "『장자』「추수秋水」에 이르기를 '사물 본연의 관점에서 보면 자신은 귀하고 남은 천한 것이다以
物觀之, 自貴而相賤'라고 했다."(『색은』)
104  "소인은 이익을 위해 목숨을 버리고, 선비는 명예를 위해 목숨을 버리며, 대부는 영지를 유지하
고 확장하기 위해 목숨을 버리고, 성인은 천하를 다스리기 위해 목숨을 버렸다. 이러한 사람들은 하는
일이 다르고 명성과 칭호도 각기 달랐지만 본성을 해치고 추구하는 것에 목숨을 버렸다는 점에서는
도리어 모두 같다小人則以身殉利; 士則以身殉名; 大夫則以身殉家; 聖人則以身殉天下. 故此數子者, 事業不
同, 名聲異號, 其於傷性以身爲殉, 一也."(『장자』「병무駢拇」)
105  "살아서 작위가 없고, 죽은 다음에는 시호가 없으며 재물을 축적하지도 않고 명성을 수립하지
도 않으니, 이런 사람을 대인大人이라 부른다生無爵, 死無諡, 實不聚, 名不立, 此之謂大人."(『장자』「서무
귀徐無鬼」) "여기서 말하는 '대인大人' '성인聖人'은 장자 등 도가에서 말하는 것으로, 유가에서 말하는
'성인聖人'의 함축된 의미와는 다르다."(『사기전증』)
106  지인至人: 대인大人, 성인聖人과 같은 뜻이다.
107  진인眞人: 성인聖人, 지인至人과 같은 뜻이다.

살아서 자신을 소중히 여기지 않으니, 공허한 천성 배양하여 물결치는 대로 휩

쓸리고,

덕 있는 사람 어떠한 얽매임 없어,[108] 운명을 알고 있으니 근심이 없네.

하찮은 작은 일이여,[109] 어찌 근심하고 의심할 만한가!


1년여 지나자[110] 가생은 효문제의 부름을 받고 알현했다. 효문제는 마침 제사

를 지내고 남은 고기를 받고[111] 선실宣室[112]에 앉아 있었다. 그는 귀신의 일에 감

동받은 바가 있어 귀신의 근본에 대해 가생에게 물었다. 가생은 귀신에 대한 도

리를 구체적으로 설명했다. 두 사람은 깊은 밤까지 이야기를 나누었고 효문제는

들을수록 자기도 모르는 사이에 가생에게 가까이 다가갔다. 가생이 설명을 마

치자 효문제가 말했다.

"내가 오랫동안 그대를 만나지 못해 스스로 그대를 뛰어넘었다고 여겼소. 그

런데 지금에 와서 보니 그대만 못하오."

얼마 후 가생은 양 회왕梁懷王[113]의 태부로 임명되었다. 양 회왕은 효문제의

막내아들로 효문제가 아꼈다. 양 회왕이 독서를 좋아했으므로 가생을 그의 태

부로 삼은 것이다.


---

108   원문은 '덕인德人'이라 했는데, 도를 체득한 사람을 말한다.

109   "작은 일이란 닭털이나 마늘 껍질처럼 작은 일로 늘 마음에 걸리는 것인데, 여기서는 가의가 물은 생사 기한 문제를 가리킨다."(『사기전증』)

110   문제 7년(기원전 173)이다.

111   원문은 '희釐'다. 한나라 제도에 조정이나 지방의 중대한 제사에 사용한 고기를 황제에게 보내 복을 받기를 구하는 것이다.

112   선실宣室: "『삼보고사三輔故事』에 이르기를 '선실은 미앙전 북쪽에 있다'고 했다."(『색은』) 아마도 미앙궁에 있는 어떤 방을 말한 것이다. 미앙궁은 한나라 장안성에서 가장 높은 서남쪽 모퉁이 용수원龍首原에 위치해 있으며, 미앙궁이 건립된 후 전한 황제들은 모두 이곳에 거주했다.

113   양 회왕梁懷王: 이름이 즙揖이고 문제의 막내아들이다. 문제 2년(기원전 178)에 양왕에 봉해졌고, 도읍은 정도定陶(지금의 산둥성 딩타오定陶 서북쪽)였다.

얼마 후 효문제는 다시 회남 여왕淮南厲王의 아들 넷을 모두 열후에 봉했다.[114] 가생은 이 일로 장차 우환이 발생할 것이라고 간언했다. 가생은 여러 차례 상소를 올려, 어떤 제후가 몇 개 군을 점유하는 것은 오랜 제도에 맞지 않으므로 점차 줄여나가야 한다고 말했지만 효문제는 듣지 않았다.

몇 년 뒤 회왕이 말을 타다가 떨어져 죽었는데 후사가 없었다.[115] 가생은 태부로 있으면서 책임을 다하지 못한 것에 상심하여 1년여 동안 곡을 하며 슬피울다가 죽었다.[116] 이때 그의 나이 33세에 불과했다. 효문제가 사망하고 효무제가 즉위했을 때,[117] 가생의 두 손자를 발탁하여 군수郡守 자리에 오르게 했다.[118] 그중에서 가가賈嘉가 학문을 좋아하여 가의의 가풍을 계승했는데, 나와 서신을 주고받았다.[119] 그는 효 소제孝昭帝 때에 이르러 구경九卿[120]의 지위에 올랐다.

태사공은 말한다.

---

114 문제 8년(기원전 172)의 일이다. 회남 여왕은 이름이 장長이고 유방의 아들로 문제와는 배다른 동생이다. 한 고조 11년(기원전 196)에 회남왕에 봉해졌고, 문제 6년(기원전 174)에 모반을 꾀하다 유배되어 죽었고 회남국 또한 폐지되었다. 문제 8년 다시 유장劉長의 아들 유안劉安을 부릉후阜陵侯에, 유발劉勃을 안양후安陽侯에, 유사劉賜를 양주후陽周侯에, 유량劉良을 동성후東城侯에 봉했다. 무제 때 유안과 유사가 과연 반란을 일으켰다.

115 문제 11년(기원전 169)의 일이다.

116 문제 12년(기원전 168)의 일이다.

117 "이 문장은 후세 사람이 증가시켜 고친 것이다. '효무孝武'는 마땅히 '금상今上'이라고 해야 한다. 중간에 경제景帝가 있으므로 '효문제 사망'이라는 말은 할 필요가 없고 '금상황제가 즉위하자'라고 말해야 한다."(『사기지의』)

118 "『당서唐書』「표」에 따르면 가의의 아들은 이름이 번璠이고, 번의 두 아들은 가嘉와 운惲이다." (『사기지의』)

119 태사공 자신을 가리킨다. "서부원의 말에 따르면 '나와 서신을 주고받았다'는 내용은 태사공 자신이 한 말이다. 그러나 '효소제 때에 이르러'는 후세 사람이 덧붙인 것이다."(『사기회주고증』) "'효소제 때에 이르러' 두 구절은 당연히 삭제해야 한다."(『사기지의』)

120 구경九卿은 공公의 다음 지위로, 9는 통칭하는 허수로 일반적으로 지위가 상당한 고급 관원을 가리킨다. 한나라 때의 구경은 태상太常(진한 초기-봉상奉常), 광록훈光祿勳(진한 초기-낭중령郎中令), 위위衛尉, 태복太僕, 정위廷尉, 대홍려大鴻臚, 종정宗正, 대사농大司農, 소부少府로 나뉘었으며 '구사대경九寺大卿'이라고도 했다.

"내가 「이소」 「천문天問」 「초혼招魂」 「애영哀郢」121 등의 시가를 읽어보니 비통했다. 장사에 가서 굴원이 몸을 던진 깊은 강을 참관했을 때122 눈물을 흘리며 굴원의 사람됨을 생각하지 않을 수 없었다. 가생이 굴원을 조문한 「조굴원부弔屈原賦」를 읽어보고, 또 기괴하게 느꼈는데, 굴원이 그 같은 재능을 가지고 다른 제후에게 가서 유세했더라면 어느 나라가 그를 받아들이지 않았겠느냐마는, 하필이면 스스로 이런 결말로 떨어뜨렸구나. 내 다시 「복조부」를 읽어보니 삶과 죽음을 같은 것으로 보아 관직에 나아가거나 물러남을 담담하게 여긴 것으로, 다시 온몸이 가벼워지면서 나의 근심과 고통이 모두 사라져버렸다."

---

121 「천문天問」은 굴원이 유배 중에 푸른 하늘에 의문들을 제시한 내용이고, 「애영哀郢」은 「구장九章」 시 중 한 편으로 초나라의 도성과 왕을 그리워하는 내용이다. 「초혼招魂」에 대해서는 논쟁이 있는데, 태사공은 굴원의 작품이라 여기고 초나라 회왕의 영혼을 부르는 것으로 여겼다. 그러나 왕일은 이 시가가 송옥宋玉의 작품이며 굴원의 혼을 부르는 내용이라 했다.
122 "『형주기荊州記』에 이르기를 '장사長沙 나현羅縣(지금의 후난성 미뤄汨羅 서북쪽)은 북쪽으로 멱수를 끼고 있다. 현에서 40리 떨어진 곳이 굴원이 스스로 투신한 곳이며 북쪽 물가에 사당이 있다'고 했다."(『색은』)

# 25

여불위열전

呂 不 韋 列 傳

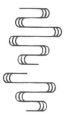

이 편은 한(韓)나라의 큰 상인이었던 여불위가 정치에 발을 들이게 되는 계기와 진나라의 정권을 장악했다가 몰락하여 자살하기까지의 생애를 기술하고 있다. 조나라 한단에서 장사를 하고 있던 여불위는 인질로 와 있는 진나라 소왕의 아들 자초를 만나보고 "이것은 진귀한 물건이니, 저장해뒀다가 비싸게 팔 만하다"라고 했다. 이어서 소왕의 태자 안국군의 첩인 화양부인에게 뇌물을 바치고 자초를 아들로 삼도록 했다. 이후 여불위는 임신한 자신의 첩을 자초에게 바쳤고 그녀는 진시황인 정을 낳았다. 마침내 진시황이 왕위를 계승하자 여불위는 상국의 지위에 올라 진나라의 정권을 장악했다.

여불위는 상앙, 장의, 범저, 이사 같은 인물들과 나란히 진나라의 통일 사업을 완성하는 데 큰 역할을 한 걸출한 인물임에는 틀림없다. 또한 그는 진나라가 강대하면서도 인재 양성에서는 신릉군, 춘신군, 평원군, 맹상군들에 비해 못한 것을 부끄럽게 여기고 3000여 명에 이르는 선비를 자신의 문하로 불러들였으며, 빈객들에게 견문을 모아 글을 쓰게 하여 천지고금의 모든 지식을 망라한 『여씨춘추』라는 저작을 남겼다.

나중에 여불위는 태후와 노애가 사통한 사건의 빌미를 제공한 죄로 진시황의 핍박을 받게 되었고, 끝내 독주를 마시고 자살하여 생을 마감했다. 이러한 결말은 춘신군 황헐과 상통한다고도 할 수 있다. 사마천은 여불위를 "자초와 친분을 맺어 많은 제후가 앞 다투어 진나라를 섬기게 만들었다"고 평가한 반면 "공자가 말한 헛된 명성만 있고 실질적인 재주와 덕이 없는 사람인 '문인(聞人)'이라 바로 여불위를 가리키는 것은 아닐까?"라고 하여 명예와 이익을 취한 인물로 보았다. 「여불위열전」은 많은 부분에서 『전국책』과 그 내용이 일치하지 않으며 믿을 수 없는 내용도 포함되어 있다.

여불위呂不韋는 양적陽翟[1]의 큰 상인으로 곳곳에서 물건을 낮은 가격에 사들여 비싸게 되팔아 집안에 천금千金의 재산을 쌓아두었다.

진나라 소왕 40년(기원전 267)에 태자가 죽자,[2] 42년(기원전 265)에 둘째아들 안국군安國君[3]을 태자로 삼았다. 이때 안국군에게는 이미 20여 명의 아들이 있었다. 안국군에게는 가장 사랑하는 첩이 있었는데, 나중에 그녀를 정부인으로 세우고 화양華陽 부인[4]이라 불렀다. 화양 부인에게는 아들이 없었다. 안국군의 아들 가운데 중간쯤 되는 아들[5]은 이름이 자초子楚였다.[6] 그의 친어머니인 하희夏姬는 안국군의 총애를 받지 못했고, 이 때문에 자초는 진나라를 위해 조나라에 인질로 보내졌다. 이후 진나라가 여러 차례 조나라를 공격하자 조나라는 자

---

1 양적陽翟: 한나라 전기 경후景侯·열후烈侯·문후文侯 때의 도성으로 지금의 허난성 위현禹縣이다. "『전국책』에서 '여불위는 복양濮陽(당시 衛나라 도성) 사람이며 그 사적의 기록 또한 대부분 이 열전과는 다르다'고 했다."(『색은』) '양적'에서 '翟'의 음은 '적'이다. 『색은』에서도 '음은 적狄'이라고 했다. 다른 자료도 또한 발음을 'di'라고 하여 '적'으로 표기했다. 역자 또한 '책'이 아닌 '적'으로 표기했다.
2 "진나라 소양왕의 도태자悼太子가 위魏나라에서 죽자(위나라에 인질로 갔다가 사망함) 진나라로 운구해 지양芷陽(지금의 시안西安 동북쪽 지역)에 매장했다."(『진본기』) 「위세가」에서는 "위나라에 인질로 있던 진나라 태자가 위나라에서 죽었다"고 했는데, 구체적인 정황은 상세하지 않다.
3 안국군安國君: 이름이 주柱이고, 이후의 효문왕이다.
4 "호삼성이 말하기를 '아마도 화양이 탕목읍湯沐邑이었기 때문에 화양 부인이라 부른 듯하다'고 했다."(『사기전증』) 화양은 지금의 산시陝西성 상현商縣 경계다.
5 원문은 '중남中男'으로, 장남과 막내아들 중간에 있는 형제들의 통칭이다. '중자中子'라고도 한다.
6 자초子楚는 이후의 장양왕으로, 본래 이름이 이인異人이다. "이인이 진나라로 돌아오자 여불위는 그에게 초나라 복장을 입히고 왕후를 알현하게 했다. 왕후는 그의 옷차림에 대해 기뻐하며 그가 매우 지혜롭다 여기고 '나는 초나라 사람이다'라고 말했다. 그를 자신의 아들로 삼고 그의 이름을 초楚라 바꾸어 불렀다."(『전국책』 「진책 5」)

초를 제대로 예우하지 않았다.

자초는 본래 진나라 왕의 적자가 아닌 여러 서자의 손자인 데다,[7] 다른 나라에 인질로 가 있었으므로 거마車馬 비용이 풍족하지 않고 생활이 매우 곤궁하여 우울해했다.

이때 여불위는 마침 한단에서 장사를 하고 있었는데, 자초의 상황을 듣고 가련하게 생각하며 말했다.

"이것은 진귀한 물건이니, 저장해뒀다가 비싸게 팔 만하다."[8]

그러고는 자초를 찾아가 말했다.

"나는 당신의 가문을 광대하게 만들어줄 수 있습니다."

그러자 자초가 웃으면서 말했다.

"먼저 당신 가문을 광대하게 만든 뒤에 내 가문을 광대하게 만들어주시오!"

여불위가 말했다.

"당신이 모르는 것 같은데, 제 가문은 당신 가문에 의지해 광대해질 것입니다."

자초는 여불위가 말한 의도를 알아차리고는 안으로 불러들여 앉아서 깊은 대화를 나누었다. 여불위가 말했다.

"진나라 왕은 이미 늙었고 안국군이 지금 태자가 되었습니다. 제가 듣기로 안국군이 화양 부인을 총애한다고 하는데, 화양 부인에게는 아들이 없습니다. 안국군의 계승자를 세우는 일은 오로지 화양 부인에게 달려 있습니다. 지금 그

---

7  원문은 '제서얼손諸庶孽孫(여러 서자의 손자)'으로, 소왕의 직계가 아닌 일반 왕손을 일컫는다. "풍본, 삼본에는 '제諸'자가 없다."(『사기회주고증』) "『통감』에도 '제諸'자가 없다."(『사기각증』)

8  "복양 사람 여불위가 한단에서 장사를 했는데, 진나라 인질인 공자 이인을 만나보고는 돌아와 그의 부친에게 '농사의 이익이 몇 배입니까?'라고 물었다. 부친이 '10배다'라고 대답했다. 그가 다시 '주옥珠玉을 팔면 몇 배의 이익을 얻을 수 있습니까?'라고 묻자 부친은 '100배다'라고 대답했다. 다시 또 '국가의 군주를 옹립하면 몇 배의 이익을 얻을 수 있습니까?'라고 묻자 부친은 '헤아릴 수 없다'고 했다. 그러자 여불위는 '지금 농사일에 노력해도 따뜻하게 입고 배불리 먹을 수가 없는데, 국가를 건립하고 군주를 옹립하면 은택을 후세에까지 남길 수 있습니다. 저는 가서 이 일을 할 생각입니다'라고 했다." (『전국책』「진책 5」)

대의 형제는 20명도 넘는데다가 그대는 중간쯤이고 총애도 받지 못하고 있습니다. 또한 오래도록 제후국에 인질로 있습니다. 어느 날 대왕이 세상을 떠나고 안국군이 즉위하면 그대는 당신의 맏형을 비롯한 여러 형제들과 태자 지위를 놓고 아침저녁으로 다툴 가망이 없게 됩니다."

자초가 말했다.

"맞습니다. 그러면 어떻게 하면 좋겠습니까?"

여불위가 말했다.

"당신은 곤궁한 데다 조나라에서 타향살이를 하고 있어 부모에게 공경의 뜻으로 드릴 물건도 없고 빈객과 친분을 맺을 힘도 없습니다. 제가 비록 부유하지는 않지만 그대를 위해 천금을 가지고 서쪽으로 가서 안국군과 화양 부인을 섬겨 그들이 당신을 후계자로 세우도록 하겠습니다."

이 말을 들은 자초는 머리를 숙여 절하며 말했다.

"당신 계책이 정말로 실현된다면 진나라를 그대와 나누어 함께 누리도록 하겠소."

여불위는 자초에게 500금을 주어 빈객들과 교제하는 비용으로 사용하게 하고, 또 500금으로는 진기한 물건과 노리개를 구입한 뒤 진나라로 가지고 갔다. 그는 먼저 화양 부인의 언니[9]를 찾아가서는 가져온 예물을 모두 화양 부인에게 바치도록 부탁했다. 그리고 자초는 현명하고 지혜로우며 이미 천하의 제후와 빈객들과 두루 친분이 있다고 말하면서, 자초는 항상 사람들에게 "나 자초가 평생 의지하는 분은 화양 부인이고, 그분을 하늘과 같이 여기며 매일 밤마다 태자인 부친과 화양 부인을 생각하며 눈물을 흘린다"고 말한다고 했다. 이 말을 전해들은 화양 부인은 무척 기뻐했다. 여불위는 다시 화양 부인의 언니에게 다음과 같은 말로써 화양 부인을 설득하도록 했다.[10]

9  『전국책』에서는 화양 부인의 언니에 대해서는 언급하지 않았다.
10  『전국책』「진책 5」에 따르면 여불위는 화양 부인의 동생인 양천군陽泉君을 통해 화양 부인을 설

"제가 듣건대 아름다운 용모로 남을 섬기는 사람은 늙으면 총애도 점차 줄어들게 된다고 합니다. 지금 부인께서는 태자를 섬기며 특별히 총애를 받고 있지만 부인에게는 아들이 없습니다. 이런 때를 이용하여 일찌감치 태자의 여러 아들 가운데 현명하고 효성스러운 자를 선택하여 그를 아들로 여기고 후계자로 세워야 합니다. 이와 같이 해야 남편이 살아 있을 때 부인이 존중을 받고,[11] 남편이 세상을 떠난 뒤에는 부인이 인정하는 아들이 왕위를 계승하게 되므로 권세도 잃지 않게 될 것이니, 이것은 한마디로 말해 만대에 걸친 이익이라 하는 것입니다. 젊고 용모가 아름다울 때 토대를 세워야지 늙어서 총애를 잃은 다음에는 비록 한마디인들 꺼낼 수 있겠습니까? 지금 자초는 사람됨이 어질고 또 형제 중에 서열이 중간이라 서열에 따르면 후계자가 될 수 없음을 알고 있고, 그의 모친도 총애를 받지 못하기 때문에 스스로 부인에게 의지할 것입니다. 부인께서 진실로 이러한 시기를 이용해 그를 아들로 삼고 후계자로 세운다면 부인은 평생 진나라에서 총애를 받을 것입니다."

화양 부인은 그 말이 옳다고 여기고, 태자가 한가한 틈에 조나라에 인질로 가 있는 자초의 사정을 말하면서 자초의 사람됨이 매우 어질고 현명하며 진나라와 조나라를 왕래하는 사람들이 모두 그를 칭찬한다고 부추겼다. 그러고는 눈물을 흘리며 말했다.

"첩은 다행히 후궁으로 들어왔지만 불행하게도 아들이 없습니다. 원컨대 자초를 아들로 여기고 있으니 후계자로 세워 첩이 평생 의지할 수 있도록 해주십시오."[12]

득하게 했다.

11  원문은 '중존重尊'이다.『사기전증』에서는 '권세가 막중하고 지위가 존귀하다'라고 밝혔다. 반면 '수정본'에서는 장문호의『찰기』권5와『통지通志』권94·열전 7을 근거로 '존중尊重'이라 해야 한다고 했다. 역자는 '수정본'에 따랐다.

12  원문은 '이탁첩신以託妾身'이다. "옛날에 '자이모귀子以母貴'라는 말이 있는데 모친이 총애를 받아야 그 아들이 비로소 태자로 세워질 수 있고, '모이자귀母以子貴'라는 말은 그 아들이 태자로 세워

안국군은 허락하고 이에 화양 부인에게 옥부玉符를 새겨주어 자초를 후계자로 세울 것을 약속했다.[13] 안국군과 화양 부인은 사람을 보내 자초에게 많은 물건을 내렸고, 여불위에게 그를 돕고 지도하도록 부탁했다. 이때부터 자초는 제후들 사이에서 명성이 갈수록 커졌다.

이후 여불위는 한단의 여러 여자[14] 가운데 용모가 아름답고 춤 솜씨가 뛰어난 여자를 얻어 함께 살았는데, 오래지 않아 그녀가 임신한 것을 알게 되었다. 하루는 자초가 여불위의 집에 와서 술을 마시다가 그녀에게 반했다. 자초는 자리에서 일어나 여불위에게 장수를 기원하는 술을 권하며 그녀를 달라고 청했다. 여불위는 화가 났지만[15] 이미 자초를 위해 가산을 깬 목적이 진귀한 물건을 낚으려는 것임을 생각하고는 그녀를 자초에게 바쳤다. 그녀는 자신이 임신한 사실을 숨기고 12개월이 되어[16] 아들을 낳았는데, 이름을 정政이라고 했다. 자초는 마침내 그녀를 부인으로 세웠다.

지고 작위를 계승하여 왕으로 칭해져야 그 모친의 부귀, 존귀, 영예가 비로소 보장받을 수 있다는 것이다. 화양 부인이 자신의 남은 일생을 자초에게 기탁하려는 것이다."(『사기전증』)
13  옥부玉符는 옥으로 만든 신물信物을 말한다. "나카이 리켄이 말하기를 '당시 소왕이 살아 있었으므로 태자는 드러내놓고 협의를 결정하고 이름을 내세울 수 없었으므로 은밀하게 옥부를 새겨 약속한 것이다'라고 했다."(『사기회주고증』)
14  원문은 '한단제희邯鄲諸姬'로, "한단의 오락 장소에서 노래와 춤을 업으로 삼는 여자다."(『사기전증』)
15  『통감』에는 "여불위가 화난 척했다"고 되어 있다. "종성鍾惺이 말하기를 '임신한 것을 알게 되었다고 말한 것은 '임신한 것을 스스로 숨긴 것'을 말하는 것으로 여불위와 여자가 계책을 정한 지 오래되었다는 것인데 어찌하여 화났다고 하는가? 이것은 교묘한 술책으로 진정 장사꾼의 교활함이다'라고 했다."(『사기전증』) "여불위는 처음에 여자를 바칠 생각이 없었으나 이미 자초를 진귀한 물건으로 삼은 데다가 지금 여자를 바치면 자기 아들이 진나라의 후계자가 될 것이니 더욱 진귀한 것이 된다. 『통감』에서 '노怒' 앞에 '양佯'자를 보충한 것은 맞지 않다."(『사기회주고증』)
16  원문은 '대기大期'다. "서광이 말하기를 '기期는 12개월이다'라고 했다."(『집해』) "초주가 말하기를 '사람은 10개월이면 태어나는데 여기서는 두 달을 넘겼으므로 '대기'라고 말한 것이다.' 당연한 것으로 보인다. 임신한 것을 숨겼으니 정政을 낳은 것은 분명 보통의 기일을 넘긴 것이다."(『색은』) "대기는 10개월 기간으로, 12개월이 아니다. 『사기』의 주석대로 12개월이 대기라면 기한이 되지 않는 것은 의심스럽지만 기한을 넘겼다면 무엇이 의심스러웠겠는가?"(『사기지의』)

진나라 소왕 50년(기원전 257), 진나라는 왕의王齮를 파견해 한단을 포위하게 했고,[17] 형세가 급박해지자 조나라는 자초를 죽이려 했다. 자초는 여불위와 상의하여 자초를 감시하던 관리에게 금 600근을 뇌물로 주고 탈출하여 진나라 군대로 도망쳤고 마침내 본국으로 돌아갈 수 있었다. 조나라는 자초의 아내와 아들을 죽이려 했으나 자초의 부인은 조나라의 권세 있는 집안의 딸로서[18] 몸을 숨길 수 있었다. 이로써 모자母子는 살아남을 수 있었다. 진나라 소왕 56년(기원전 251)에 소왕이 죽자 태자 안국군이 계승하여 왕위에 올랐고, 화양 부인은 왕후가 되었으며 자초는 태자가 되었다. 이때 조나라 또한 자초의 부인과 아들 정을 받들어 진나라로 돌려보냈다.

안국군이 진나라 왕으로 즉위한 지 1년 만에 죽자 시호를 효문왕孝文王이라 했다.[19] 태자 자초가 왕위를 계승하니 이 사람이 바로 장양왕莊襄王이다. 장양왕이 모친으로 모시는 화양 왕후는 화양 태후라 불렸고, 그의 생모인 하희夏姬는 하태후夏太后로 높여졌다. 장양왕 원년(기원전 249), 여불위를 승상丞相[20]으로 삼

---

17  장평 전투에서 참패한 후 한단이 진나라에 포위된 것을 말한다. 왕의王齮는 왕홀王齕과 동일인물이다. 「진시황본기」에 '왕홀'이라 했고, 『집해』에서 서광은 '홀齕이라고도 한다'고 했다. 「진본기」와 「백기전白起傳」에도 '홀'이라고 했고, 『통감』 「주기周紀 5」, 「진기秦紀 1」에서도 마찬가지다. '의'와 '홀'은 옛날에 서로 통용되었다.(『사기각증』)

18  앞에서는 '한단제희(한단의 오락 장소에서 노래와 춤을 업으로 삼는 여자)'라고 했는데, 여기에서는 "조나라의 권세 있는 집안의 딸'이라고 했다. "여불위가 자초에게 여자를 바쳤고, 역사에서는 그녀의 성씨를 상세하게 기록하지 않았는데 어떻게 그녀가 권세 있는 집안의 딸임을 알겠는가? 아래 문장에서 '조나라 또한 자초의 부인과 아들 정을 받들어 진나라로 돌려보냈다'고 했으니, 자초 부인과 아들 정은 조나라에 머물며 숨지 않은 것이다. 태사공이 앞뒤로 서술한 것이 서로 부합되지 않는다.(『사기찰기』) "서부원은 말하기를 '자초의 부인은 여불위의 첩이었고 권세 있는 집안의 딸이 아니다. 진나라에서 보낸 인질이었으므로 권세 있는 집안에 숨어서 벗어날 수 있었던 것이다'라고 했다.(『사기각증』)

19  효문왕의 재위 기간은 1년으로 기원전 250년이다.

20  "아래 문장에서는 '상국相國으로 높였다'고 했다. 『한서』 「백관표」에 의하면 '모두 진나라 관직으로 황금 인장과 자주색 인끈으로 천자를 받들어 국가 기밀을 보좌했다. 진나라 때는 좌우 두 명을 설치했다가 고제 때 한 명만 설치했고, 나중에 상국으로 변경했다가 애제哀帝 때 다시 대사도大司徒로 명칭을 변경했다."(『색은』)

고 문신후文信侯에 봉했으며, 하남 낙양 일대의 10만 호를 식읍으로 내렸다.[21]

장양왕이 즉위한 지 3년(기원전 247) 만에 죽자 태자 정이 왕위를 계승했고,[22] 여불위를 상국相國[23]으로 높이고 그를 공경하여 중부仲父[24]라 불렀다. 당시 진시황은 나이가 어렸기 때문에 태후는 때때로 여불위와 은밀히 사통했다. 여불위의 집에는 노비가 만 명이나 있었다.

이 당시 위나라에는 신릉군, 초나라에는 춘신군, 조나라에는 평원군, 제나라에는 맹상군이 있었는데, 모두 현명한 인물을 예우했으며 서로 다투어 빈객을

21  "『전국책』에서는 '남전藍田의 12개 현을 식읍으로 삼게 했다'고 했다. 그러나 「진본기」에서는 장양왕 원년 초에 삼천군을 설치했다고 했고, 『지리지』에서는 고조가 명칭을 하남으로 변경했다고 했다. 여기서는 진나라 시기인데 '하남'이라 한 것은 『사기』가 나중에 저작되었기에 한나라 군郡에 의거하여 표기한 것일 뿐이다."(『색은』) "양관이 말하기를 「진책」에 근거하면 장양왕이 즉위하고 여불위를 상국으로 삼고 남전 12개 현을 식읍으로 봉해줬다. 그의 식읍이 하남 낙양 10만 호라고 한 것은 당시 여불위가 동주東周 이후에 취했기 때문이다. 낙양은 원래 동주의 도읍이었다'고 했다. 첸무가 이 말을 인용해 '『사기』에서 여불위가 진나라로 들어간 시기는 소왕 때로 효문왕이 아직 태자로 있을 때지만, 「진책」에서 여불위가 자초를 위해 진나라에서 유세한 것은 효문왕 때로 첫 번째로 다른 점이다. 『사기』에서는 여불위가 먼저 화양 부인의 언니를 설득하지만 「진책」에서는 여불위가 진나라 왕후의 동생인 양천군을 설득하는데, 두 번째 다른 점이다. 『사기』에서는 자초가 한단이 포위됐을 때 탈출하여 진나라 군대로 도망쳤다고 했는데, 「진책」에서는 왕후가 조나라에 요청하여 조나라가 스스로 그를 보낸 것으로 언급하고 있어, 이것이 세 번째 다른 점이다. 「진책」의 말대로라면 여불위가 진나라에서 유세한 것은 시황제가 태어난 지 이미 10년(시황제는 소왕 48년 정월에 태어났다)이 지난 다음인데, 여불위가 어떻게 진귀한 물건을 낚는다고 예측할 수 있었겠는가?'라고 했다."(『사기전증』) "학자들 고증에 따르면 대부분 『사기』에서 말한 것은 실제 상황에 가깝지 않고, 『전국책』의 문장을 옳다고 여긴다."(『전국책신교주』)
22  "서광이 말하기를 '이때 태자 정의 나이는 13세였다'고 했다."(『집해』)
23  상국相國: 진나라 때는 상국과 승상을 함께 두었으며 '상국'은 대신의 존귀함을 더해주는 칭호로 사용되었다. 전한 초에도 승상을 설치했다가 뒤에 다시 상국으로 변경했다. 소하蕭何, 조참曹參은 당시에 저명한 상국이었다. 상국의 직무는 승상과 같으나 승상보다 지위가 존귀하고 권력을 독점했다. 승상은 좌우 두 사람을 두었으나 상국은 한 명이었다.
24  중부仲父: "중仲은 중中으로 차부次父(아버지 다음)를 말한다. 제 환공이 관중을 중부라 한 것을 모방한 것인 듯하다."(『정의』) "나카이 리켄이 말하기를 '중부는 숙부叔父와 같다. 소양昭襄이 범저를 숙부라 부르고, 진시황이 여불위를 중부라고 부른 것은 아마도 그 예에 따른 것일 것이다'라고 했다."(『사기회주고증』) "제 환공이 관중을 중부라 부르고, 진나라 소왕이 범저를 숙부라 부른 것은, 중仲과 숙叔이 관중과 범저의 자이기 때문이다. 진나라 왕 정이 여불위를 중부라 부르고, 항우가 범증을 아부亞父라 부른 것은 바로 '아버지 다음'의 의미로 해석할 수 있다."(『사기전증』)

모셨다.[25] 여불위는 진나라가 강대하면서도 그들에 비해 못한 것을 부끄럽게 생각하여, 그 또한 선비들을 불러들여 후하게 대접하니, 빈객이 3000여 명에 이르렀다. 이때 제후국들에는 변사辯士[26]가 많았는데, 순경荀卿 같은 무리의 저술이 천하에 두루 전해졌다. 이에 여불위는 빈객들에게 각자 자신이 듣거나 아는 것을 모두 쓰게 하고, 이러한 논저들을 편집하여 「팔람八覽」「육론六論」「십이기十二紀」[27] 등 20여만 자[28]를 완성했다. 그는 천지 만물과 고금의 일을 모두 갖추었다고 여기고 『여씨춘추』[29]라 이름 지었다. 이 책을 함양의 시장 대문 앞에 게시하면서 천금을 내걸고는 제후국의 유세객이나 빈객들을 초청하여 누구든 이 책에 한 글자라도 더하거나 뺄 수 있는 자에게는 천금을 주겠다고 했다.[30]

진시황이 점차 나이가 들어 성장하는데도 태후는 음란한 행동을 그치지 않았다. 여불위는 진시황에게 발각되어 자신에게 재앙이 미칠까 두려워 음경이 큰

---

**25**  「연표」에서 이르기를 '진 소왕 56년(기원전 251)에 평원군이 죽었고, 시황 4년(기원전 243)에 신릉군이 죽었으며, 시황 9년(기원전 238)에 이원李園이 춘신군을 죽였다. 맹상군은 진 소왕 24년(기원전 283) 이후에 죽었으니 가장 빠르다'고 했다.("정의』) "네 명의 군이 빈객을 좋아했다는 것은 당시의 풍습을 서술한 것뿐이다."(『사기회주고증』) "네 명의 군이 명성이 있었기에 여불위 자신이 그들을 흠모한 것일 뿐 동시대에 승부를 다툰 것은 아니다. 여불위는 『여씨춘추』를 성취했으므로 명성을 얻는 데 재능이 있었다. 네 명의 군이 미칠 수 있는 바가 아니다."(『사기찰기』)
**26**  변사辯士: 사물의 이치를 명백하게 구별하고 말재주가 있고 문장을 잘 짓는 사람으로, 후대의 종횡가縱橫家와는 같지 않다.
**27**  팔람八覽은 「유시람有始覽」「효행람孝行覽」「신대람愼大覽」「선식람先識覽」「심분람審分覽」「심응람審應覽」「이속람離俗覽」「시군람恃君覽」이다. 육론六論은 「개춘론開春論」「신행론愼行論」「귀직론貴直論」「불구론不苟論」「이순론以順論」('수정본'에서는 『여씨춘추』에서는 「사순似順」이라고 했는데, 옛날에 이以와 사似는 통용되었다'고 했다) 「사용론士容論」이다. 십이기十二紀는 「맹춘기孟春紀」「중춘기仲春紀」「계춘기季春紀」「맹하기孟夏紀」「중하기仲夏紀」「계하기季夏紀」「맹추기孟秋紀」「중추기仲秋紀」「계추기季秋紀」「맹동기孟冬紀」「중동기仲冬紀」「계동기季冬紀」다.
**28**  "고유高誘의 『여씨춘추』 「서序」에서 17만 3054자라 했다."(『사기각증』)
**29**  "후세에는 잡가雜家라 불렸으며, 『사고전서총목제요四庫全書總目提要』에 따르면 '대개 기紀라는 것은 내편內篇이고, 남覽과 논論은 외편外篇인가? 대체로 유가를 위주로 했고 도가와 묵가를 참조했다'고 했다."(『사기전증』)
**30**  "고유의 『여씨춘추』 「서」에 이르기를 '당시 사람들은 할 수 없었다. 상국을 꺼리고 그의 세력을 두려워했기 때문일 것이다'라고 했다."(『사기지의』)

노애<sub>嫪毐</sub>³¹라는 자를 은밀히 찾아내 사인으로 삼았다. 여불위는 집안에서 가무와 잡기를 상연할 때 노애로 하여금 음경에 오동나무로 만든 수레바퀴를 걸고 걷게 하고는 태후의 귀에 들어가게 하여 꾀어냈다.³² 태후는 이야기를 듣고는 과연 은밀하게 그를 얻고자 했다. 그러자 여불위는 노애를 태후에게 보내는 동시에, 고의로 사람을 시켜 노애는 응당 궁형<sub>宮刑</sub>³³의 죄로 처벌해야 한다고 고발했다. 여불위는 다시 은밀하게 태후에게 말했다.

"거짓으로 궁형을 받은 것으로 꾸민 뒤 그를 급사중<sub>給事中</sub>³⁴으로 삼으십시오."

이에 태후는 은밀하게 궁형을 주관하는 관리에게 뇌물을 넉넉히 주어 형벌을 집행한 것처럼 위장하고 노애의 수염과 눈썹을 뽑아 환관으로 만들어³⁵ 태후를 시중들게 했다. 태후는 사사로이 노애와 정을 통했고 그를 매우 아꼈다. 그러다 임신하게 되자 태후는 남들이 알까 두려워 거짓으로 점을 쳐서 일정 기간 궁정을 피해야³⁶ 한다고 둘러대고는 옹<sub>雍</sub>³⁷ 땅의 이궁으로 옮겨 거주했다. 노애는 항상 태후의 시중을 들어 많은 상을 받았으며, 나라의 대소사를 노애가 결

---

31  "진직陳直은 '노애嫪毐'를 '규애叫嫪'로 해야 한다고 보았다."(『사기전증』)
32  "양콴은 말하기를 '노애로 하여금 음경에 오동나무로 만든 작은 수레바퀴를 걸고 걷게 했다'는 말은 터무니없고 날조된 것으로 믿을 수 없다. 진시황의 모친이 본래 노애를 알지 못했다는 것 또한 확증이 없다'고 했다."(『사기전증』)
33  원문은 '부죄腐罪'로, 부형腐刑을 받아야 할 죄라는 뜻이다. 궁형宮刑은 남자 생식기를 거세하고 여자 생식기를 훼손하는 형벌이다. 남자에 대한 궁형은 부형腐刑, 여자에 대한 궁형은 유폐幽閉라고도 한다.
34  급사중給事中: '급사'는 심부름을 기다린다는 뜻으로, 이후 급사중은 궁정 내의 관직명이 되었다. 지위는 중상시中常侍 다음이며 황제를 모시고 고문顧問과 응대應對를 준비하고 정사를 토론했으며 매일 조정에 나와 황제를 알현했다.
35  "환관은 수염이 없을 뿐 눈썹이 없는 것은 아니다. 여기서 '수염과 눈썹을 뽑았다'고 한 것은 결코 눈썹을 뽑은 것이 아니다. 특별한 수사의 예로 수'鬚'자 다음에 '미眉'자가 따라다니는 것일 뿐이다."(『사기탐원』) "환관은 아름다운 용모를 위해 눈썹을 뽑아야 하지만 전부 뽑는 것은 아니다."(『사기각증』)
36  원문은 '피시避時'로, 어떤 재난이 올 것을 피해 특정 시기에 숨어 있는 것을 '피시일避時日'이라 했다.
37  진나라 덕공德公(재위 기원전 677~기원전 676) 때 함양으로 도성을 옮긴 뒤에는 옹궁雍宮을 행궁으로 삼았다.

정했다.[38] 노애 집안의 노비는 수천 명이나 되었고, 관직을 얻기 위해 노애의 사인이 된 자도 1000여 명이나 되었다.

진시황 7년(기원전 240)에 장양왕의 모친인 하태후夏太后가 사망했다. 효문왕의 왕후인 화양 태후를 효문왕과 함께 수릉壽陵[39]에 합장했고, 하태후의 아들 장양왕은 지양芷陽[40]에 묻혔기 때문에 하태후는 생전에 사람들에게 자신이 죽게 되면 홀로 두杜 동쪽[41]에 묻어달라고 말했다.

"동쪽으로는 내 아들을 바라볼 수 있고, 서쪽으로는 내 남편을 바라볼 수 있다.[42] 뿐만 아니라 100년 뒤에는 옆에 만호가 거주하는 성읍이 형성될 것이다."[43]

진시황 9년(기원전 238)에 어떤 사람이 노애는 실제로 환관이 아니며[44] 태후와 사사로이 정을 통해 이미 아들 둘을 낳았고 모두 숨겨뒀다고 고발했다. 또한

38  진시황이 나이가 어려 대부분의 일을 태후가 결정했는데, 노애가 태후 곁에 있으므로 결국 노애가 결정하게 됐다.

39  수릉壽陵: "진나라 효문왕릉은 옹주雍州 만년현萬年縣 동북쪽 25리 지점에 있다."(『정의』) 만년萬年은 한나라 현으로 치소는 지금의 산시陝西성 린장臨漳 동북쪽이다.

40  지양芷陽: 진나라 현으로 치소는 지금의 시안西安 동북쪽 지역이다.

41  '두杜 동쪽'은 두현의 성 동쪽을 말한다. 두현의 치소는 지금의 시안 동남쪽이다.

42  "하태후의 묘가 있는 두현의 위치는 남쪽으로 치우쳐 있고, 효문왕의 묘가 있는 만년과 장양왕의 묘가 있는 지양의 위치는 모두 북쪽으로 치우쳐 있다. 이것을 비교해보면, 효문왕의 묘는 동쪽으로 치우쳐 있고 장양왕의 묘는 서쪽으로 치우쳐 있어 지금 하태후가 말한 '동쪽으로는 내 아들을 바라볼 수 있고, 서쪽으로는 내 남편을 바라볼 수 있다'는 말의 위치와 상반되어 『사기』에 오류가 있음이 의심된다."(『사기전증』)

43  "『색은』에 이르기를 '선제宣帝 원강元康 원년(기원전 65)에 두릉杜陵을 건설했다. 『한구의漢舊儀』에서는 무武, 소昭, 선宣 세 능이 모두 3만 호라고 했는데, 계산해보면 지금부터 160여 년의 차이가 있다'고 했다. 내가 조사해보니 진시황 7년 하태후가 사망하고 두릉의 건설까지 176년이다."(『사기지의』) "「저리자열전」에 이르기를 '소왕 7년(기원전 300)에 저리자가 사망하자 위수渭水 남쪽 기슭의 장대章臺 동쪽에 매장했다. 저리자는 죽기 전에 '내가 죽은 다음 100년 뒤에 천자의 궁전이 내 무덤 양쪽에 우뚝 세워질 것이다'라고 했는데, 여기가 대략 상통한다. 아마도 풍수의 학설은 진나라 사람에게서 시작된 것 같다."(『사기회주고증』)

44  "노애가 시중 및 주변의 귀인들과 함께 노름을 하며 술을 마셨다. 술에 취하자 노애는 말다툼 끝에 몸싸움을 하다가 눈을 부릅뜨고 큰 소리로 욕하며 말했다. '나는 황제의 의붓아버지이고 너희는 가난한 놈들인데 어떻게 감히 나에게 비할 수 있는가!' 그와 싸우던 사람이 도망쳐 황제에게 가서 보고했다. 황제는 크게 노했고 노애는 황제가 자신을 죽일까 두려워 기회를 틈타 난을 일으키고 함양궁을 공격했다."(『설원說苑』 「정간正諫」)

태후가 노애와 모의하여 "왕이 죽으면 우리 아들을 왕으로 삼자"고 했다는 사실도 밝혔다. 이 말을 들은 진시황은 주관하는 관리를 시켜 심문하도록 하여 실제 정황을 알아보니 상국인 여불위가 이 일에 연루되어 있었다.

그해 9월[45] 진시황은 명을 내려 노애의 삼족을 멸하고 그와 태후 사이에 태어난 두 아들을 죽였으며, 마침내 태후를 내쫓아 옹 땅의 이궁에 거주하도록 했다.[46] 노애의 사인들은 모두 재산을 몰수하고 촉 땅으로 내쫓았다. 진시황은 상국 여불위도 죽이려 했지만 선왕을 섬긴 공로가 크고 그의 빈객과 변사들이 그를 위해 사정했기에 차마 법에 따라 처벌할 수 없었다.

진나라 왕[47] 10년(기원전 237) 10월, 상국 여불위를 면직시켰다. 제나라 사람 모초茅焦가 진시황을 설득하자 진시황은 비로소 옹현으로 가서 태후를 맞이하고 함양으로 돌아왔고,[48] 문신후文信侯 여불위는 도성을 떠나 자신의 봉지인 하남으로 내려보냈다.

이후 1년 넘도록 제후국의 빈객과 사자들이 길에서 마주칠 정도로 빈번하게

---

45  "「시황기」에 따르면 노애를 주살한 때는 4월이다. 여기서 9월이라고 한 것은 잘못이다."(『사기지의』)
46  "노애가 실패하자 진시황은 노애의 사지를 거마에 묶어 찢었고, 두 동생은 자루에 넣어 때려 죽였으며, 황태후를 부양궁萯陽宮으로 옮겼다."(『설원』 「정간」) "『정의』에서 이르기를 '옹현에 역양궁이 있는데, 진나라 소왕 때 건설한 것이다'라고 했다. 양콴은 '지금의 산시陝西성 평샹鳳翔 남쪽 고성촌古城村 동북쪽에 역양의 깨진 기와가 발견되었는데, 이것은 역양궁이 확실히 옹현에 있었다는 증거다'라고 했다."(『사기전증』)
47  "앞뒤로 '시황'이라 칭하다가 여기서 갑자기 '진왕'이라고 하여 통일되지 않았다. 사실은 앞뒤 모두 '진왕'이라 해야 한다. 육국을 통일하고 난 후에 '황제'라고 했고, 이후 역사서에 '시황'이라 했다."(『사기전증』)
48  "제나라 사람 모초가 진나라 왕을 설득하며 말하기를 '진나라는 천하를 통일하는 것을 목표로 삼았는데, 대왕께서는 도리어 모후를 쫓아낸 나쁜 명성을 가지고 계시니, 각국 제후들이 이를 알고서 진나라를 배반할까 두렵습니다'라고 말했다."(「진시황본기」) "모초가 말하기를 '폐하께서 의붓아버지를 거열시킨 것은 폐하께 질시의 마음이 있는 것을 설명하는 것이고, 두 동생을 자루에 넣어 때려죽인 것은 폐하가 자애롭지 못하다는 명성을 안겨줄 것이며, 모친을 부양궁으로 옮긴 것은 폐하께 불효의 행실이 있음을 표명하는 것이며, 간언하는 선비에게 질려蒺藜(가시 있는 식물)로 복종시키는 것은 폐하께서 걸과 주와 같은 잔인함이 있음을 드러내는 것입니다. 지금 천하 사람들이 이 일을 듣고 잇달아 마음을 돌려 진나라를 향하지 않고 있습니다'라고 했다."(『설원』 「정간」)

문신후 여불위를 방문했다.[49] 진나라 왕은 문신후가 반란을 일으킬까 두려워 편지를 보내 말했다.

"그대가 진나라에 무슨 공을 세웠기에 진나라가 그대를 하남에 봉하고 식읍이 10만 호나 내렸소? 그대가 진나라와 무슨 친척 관계가 있기에 그대를 중부라고 부르오? 그대는 가족을 데리고 촉 땅으로 옮겨 살도록 하시오!"

여불위는 갈수록 이러한 핍박이 조여오는 것을 스스로 헤아리고 주살당할 것이 두려워 독주[50]를 마시고 죽었다. 진나라 왕은 몹시 미워했던 여불위와 노애가 모두 죽자 촉 땅으로 쫓겨났던 노애의 사인들을 모두 돌아오게 했다.

진시황 19년(기원전 228)에 태후가 죽자 시호를 제태후帝太后[51]라 하고, 장양왕과 함께 채양茝陽[52]에 합장했다.

태사공은 말한다.

"여불위와 노애는 존귀해졌을 때 봉호가 문신후文信侯였다.[53] 어떤 사람이 노

---

49  원문은 '청문신후請文信侯'다. "문신후 여불위를 자기 나라로 부르는 것을 말한다. 서부원이 말하기를 '이때 제후의 상이 파면되면서 열국 대부분이 그를 초청했는데, 감무와 맹상군 같은 경우로 모두 누차 제후의 상이 되었다'고 했다."(『사기전증』) "청請은 위문하고 선물을 증정하는 뜻으로, 여불위는 진나라 상국으로서 권력이 막중하기 때문에 물러났다 해도 제후들이 그를 위문하고 선물을 증정하는 일이 끊이지 않은 것이다. 『사기회주고증』에서는 '청은 알현'이라고 했다. 서부원과 곽숭도 두 학설이 모두 가능하다고 하겠다."(『사기찰기』)
50  원문은 '짐鴆'으로, 전설상의 독조毒鳥를 뜻한다. 이 새의 깃털에는 맹독이 있으며 그 깃털을 술에 담근 것을 짐주鴆酒라 하는데, 독성이 강해서 마시면 즉사했다. 여기서는 독주를 가리킨다. 진왕 정 12년(기원전 235)에 여불위는 사망했다.
51  "왕소가 이르기를 '진나라는 시법諡法을 사용하지 않았으니 이는 아마도 호일 따름일 것이다'라 했는데, 그 의미 또한 타당하다. 시황이 황제라 칭한 뒤였으므로 그 모친을 제태후라 부른 것이지 어찌 살아 있을 때의 행적을 애도하여 열거한 것이겠는가!"(『색은』)
52  채양茝陽: 마땅히 지양芷陽이라 해야 한다.
53  의미가 명확하지 않다. "문신후는 여불위의 봉호이고 노애의 봉호는 장신후長信侯다. 앞에서 이미

애를 고발했을 때 노애도 바로 알았다. 진시황은 먼저 은밀하게 태후와 노애의 주변 사람을 조사 심문했고 상황을 공개하지 않은 채 하늘에 제사를 지내기 위해 옹 땅으로 갔다.[54] 노애는 진시황이 돌아온 다음에 화를 면하지 못할까 두려워 자신의 무리와 상의하고, 태후의 인새印璽를 도용한 다음 태후의 명의로 군사를 출병시키고는 기년궁蘄年宮[55]에서 반란을 일으켰다. 진시황은 군대를 보내 노애를 토벌했고 노애는 패배하여 달아났는데, 호치好畤[56]까지 추격해 목을 베고 그의 온 가족을 죽였다.[57] 여불위도 이 일로 인해 쫓겨나고 권세를 잃기 시작했다. 공자가 말한 헛된 명성만 있고 실질적인 재주와 덕이 없는 '문인聞人'[58]이란 바로 여불위를 가리키는 것은 아닐까?"

여불위의 봉호를 말했는데 이 찬贊에서는 노애가 총애를 얻어 존귀해진 것은 여불위에 의한 것이므로 지금 여기서는 합해서 장신후라고 한 것이다."(『색은』) 나카이 리켄은 "이 문장에 아마도 잘못이 있는 것 같다"고 했다.(『사기회주고증』)

54   원문은 '옹교雍郊'로, 교郊는 고대에 제왕이 하늘에 제사지내는 예의다. 옹현 일대에는 진나라 왕이 하늘에 제사를 지내는 대가 있고 역대 선왕의 능묘가 있으며 많은 이궁과 별관이 있으므로 역대 진나라 왕들은 항상 옹현으로 갔다.

55   기년궁蘄年宮: 옹현 성 서쪽에 있었고 제사와 풍년을 기원하기 위해 지은 궁이다. 당시 진나라 왕 정이 이곳에 임시로 거주하고 있었다.

56   호치好畤: 진나라 현으로 지금의 산시陝西성 첸현乾縣 동북쪽 지역이다. "현 안에 상제에게 제사지내는 '호치好畤(제사지내는 대臺)'가 있었으므로 현을 호치라고 불렀다."(『사기전증』)

57   진왕 정 9년(기원전 238)의 일이다.

58   공자가 말한 문聞은 헛된 명성만 있고 실제적인 재덕이 없는 명인名人을 말한다. "마융이 말하기를 '이것은 아첨하는 사람을 말한다'고 했다." (『집해』) "무릇 명성聞이란 것은 얼굴빛은 어질게 하고도 행동은 그것을 어기며, 그렇게 하면서도 한 번도 의심하지 않는 것이다. (그렇게 하면) 나라 안에서도 명성이 있을 것이고, 채읍에서도 명성이 있을 것이다."

史 記 列 傳

**26**

# 자객열전

## 刺客列傳

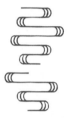

이 편은 인물의 이름을 제목으로 삼지 않고 특징적인 유형을 제목으로 삼은 유전類傳이라 할 수 있다. 유전이란 특정한 역사 환경에서 비슷한 인물들의 활동과 사적을 모아 기재한 것으로, 이러한 열전으로는 이 편을 비롯하여 「순리循吏」「유림儒林」「혹리酷吏」「유협游俠」「영행佞幸」「골계滑稽」「일자日者」「귀책龜策」「화식貨殖」 10편이 있다. 여기서는 조말, 전제, 예양, 섭정, 형가 다섯 명의 사적을 기재하고 있는데, 그 가운데에서도 형가의 서술 분량이 가장 많아 중심인물이라고 할 수 있다.

이 편에 소개되는 인물들의 핵심은 한마디로 "선비는 자기를 알아주는 사람을 위해 목숨을 바친다"로 요약된다. 전제는 공자 광을 위해 오나라 왕 요를 찔러 죽였고, 예양은 지백을 위해 조양자를 찔렀으며, 섭정은 엄중자를 위해 협루를 찔러 죽였으니, 이들은 모두 자신을 알아준 이를 위해 죽음을 돌아보지 않았다. 그러나 이들의 활동과 죽음은 통치자들의 내부 투쟁에 얽혀 옳고 그름을 구분할 수 없는 것으로 긍정적으로만 평가할 수는 없다. 조말과 형가는 그들의 행위가 국가의 안위와 직결되며, 침입자에 대항하기 위해 용감하게 분투한 경우에 속한다. 조말은 회맹에서 제 환공을 비수로 위협해 노나라가 빼앗긴 토지를 단번에 되찾았고, 형가는 진나라에 인질로 있으면서 진나라 왕에게 무례한 대접을 받은 연나라 태자 단의 원한을 갚는 동시에 코앞에 닥친 진나라의 침략을 저지하고자 진나라 왕을 암살하려 했다. 이들은 남의 위급함을 자신의 일처럼 여겨 강한 자를 두려워하지 않고 약소한 자를 도왔으며 자신의 희생을 두려워하지 않았다.

사마천은 이들의 의로운 죽음에 대해 "조말부터 형가에 이르기까지 다섯 사람이 행했던 의거는 성공하기도 하고 성공하지 못하기도 했다. 그러나 그들의 목적은 매우 명확하고 절대로 자신의 뜻에 위배되지 않았으니, 그 명성이 후세에 전해지는 것이 어찌 허망한 것이라 하겠는가!"라고 평했다.

조말曹沫1은 노나라 사람으로, 용기와 역량으로 노나라 장공莊公2을 섬겼다. 장공 또한 용맹하고 힘이 센 사람을 좋아했다. 조말은 노나라 장군이 되어 제나라와 작전을 벌였지만 세 차례나 패했다.3 노나라 장공은 두려워하여 결국 수읍遂邑4을 제나라에 할양해주고 화친을 맺는 수밖에 없었다. 그러면서도 여전히 조말을 노나라 장군으로 삼았다.

제나라 환공은 노나라 장공과 가柯5에서 만나 맹약 맺는 것을 허락했다.

제나라 환공과 노나라 장공이 단상에서 맹약을 맺는데, 조말이 돌연 뛰어들어 손에 비수匕首6를 들고 제나라 환공을 위협했다. 환공 주위에 있던 사람들은

1 "이 열전은 「유협」「골계」「화식」과 서로 같은 부류에 속하는데, 이곳에 배치된 것은 후세 사람이 그 순서를 어지럽힌 것이다."(『사기탐원』)
"조자曹子의 이름을 『좌전』 『곡량전』과 「인표」「관자」「대광大匡」에는 모두 '귀劌'라 했다. 『여람呂覽』 「귀신貴信」에서는 '홰翽'라 했고, 「제책」「연책」과 『사기』에서는 '말沫'이라 했다. 아마도 음은 서로 비슷한데 글자가 다른 것일 뿐이다."(『사기지의』) "뉴훙언이 말하기를 '말'에는 'hui'라는 또 다른 음이 있는데 '귀'와 음이 같다. 옛 음을 고찰해보면 응당 '말'과 비슷하다고 했다."(『사기전증』)
2 노 장공魯莊公(재위 기원전 693~기원전 662)은 성이 희姬고 이름이 동同이다.
3 "장공 9년에 건시乾時(지금의 산둥성 칭저우靑州)에서 패하고 나서 13년 가柯에서 회맹할 때까지 사이에 장작長勺(지금의 산둥성 라이우萊蕪 동북쪽)에서 한 번 승리했다. 노나라는 단 한 번 싸워 한 번의 승리를 거두었는데 어찌 세 번 패하는 일이 있겠는가?"(『사기지의』)
4 수읍遂邑: 원래 국國이었으나 나중에 제나라에 의해 멸망했다. 지금의 산둥성 페이청肥城 남쪽 지역이다. "제 환공이 북행北杏(지금의 산둥성 둥어東阿 경내)에서 회맹했는데 수나라 사람이 오지 않자 멸망시켰다. 수는 노나라 땅이 아닌데 어떻게 이 땅을 바칠 수 있는가? 모두 터무니없는 말이다."(『사기지의』)
5 가柯: 제나라 읍으로 지금의 산둥성 양구陽穀 동북쪽 지역이다.
6 비수匕首: "유씨가 이르기를 '단검短劍이다'라고 했다. 『염철론』에서는 길이가 1척 8촌이고 머리가 국자(匕)와 유사하여 비수라 했다."(『색은』) 이에 대해 '수정본'에서는 "머리가 국자(匕)와 유사하여 비수라 했다"는 문장 앞에 '통속문운通俗文云(『통속문』에 이르기를)' 네 글자가 빠져 있다고 했다.

감히 움직일 수 없었다. 제나라 환공이 물었다.

"무슨 짓을 하려는 것인가?"[7]

조말이 대답했다.

"제나라는 강대하고 노나라는 약소한데 대국인 제나라가 소국인 노나라를 침략하는 것은 지나칩니다. 지금 우리 노나라의 성벽이 무너지면 제나라 땅으로 넘어질 정도이니,[8] 군께서 헤아려주십시오!"

제나라 환공은 도리 없이 그들이 점령한 노나라 영토를 모두 돌려주겠다고 약속했다. 말을 마치자 조말은 손에 있던 비수를 내던지고 단상에서 내려와 북쪽을 향하고 있는 신하의 자리로 돌아왔는데, 얼굴빛이 조금도 변하지 않고 말소리도 상황이 발생하기 전과 같았다. 환공이 화를 내며 약속한 말을 어기려 하자 관중이 말했다.

"안 됩니다. 작은 이익을 탐하는 것으로 일시의 통쾌함을 도모한다면 제후들의 신의를 상실하고 천하 사람들의 지지를 잃게 될 것이니 약속대로 그들에게 땅을 돌려주는 편이 좋습니다."

그리하여 환공은 마침내 점령한 노나라 땅을 돌려줬고, 조말은 세 차례 싸움에서 잃어버린 토지를 모두 노나라 땅으로 되돌려놓았다.

그로부터 167년이 지나[9] 오나라에 전제專諸의 사건이 발생했다.

전제專諸[10]는 오나라 당읍堂邑[11] 사람이다. 오자서는 초나라에서 달아나 오나

---

7  조말이 제 환공을 위협한 사건은 『춘추』와 『좌전』에는 보이지 않고 『공양전』 장공 13년에만 보인다. 또한 『공양전』에서는 조말과 관중이 묻고 대답한 것으로 기재되어 있다.("관중이 나아가서 말하기를 '노나라 군주는 무엇을 요구하고 있소?'라고 했다.") 이에 따르면 환공이 물은 것이 아니라 관중이 물어본 것임을 알 수 있다.

8  제나라 국경과 노나라 도성이 지극히 가깝다는 표현이다.

9  전제가 요왕僚王을 찔러 죽인 사건은 소공昭公 27년(기원전 515)의 일로, 조말이 제 환공을 위협한 해로부터 167년 뒤다.

라로 갔을 때 전제의 능력을 알아보았다. 오자서가 오나라 왕 요僚12를 만나 초나라 토벌의 이익에 대해 설득했다. 오나라 공자 광光이 말했다.

"저 오자서의 부친과 형이 모두 초나라에서 살해당했습니다. 오자서가 우리에게 초나라를 토벌하라고 권하는 것은 자신의 원수를 갚으려는 것이지 결코 우리 오나라를 생각하는 것이 아닙니다."

이 말을 들은 오나라 왕은 초나라를 토벌하는 일을 그만두었다.

공자 광이 하는 말을 들은 오자서는 그가 오나라 왕을 죽이고 스스로 왕이 되려는 생각이 있음을 알고, 속으로 가만히 생각했다.

'저 공자 광은 국내에서 왕위를 탈취할 뜻을 품고 있으니, 지금 그에게 나라 밖으로 군사를 부리는 일을 설득해서는 안 된다.'

그러고는 전제를 공자 광에게 추천했다.

공자 광의 부친은 오나라 왕 제번諸樊13이다. 제번에게는 세 명의 동생이 있었는데 바로 아래 동생이 여채餘祭이고, 그다음은 이말夷眛이며, 막냇동생은 계자찰季子札14이다. 제번은 계자찰이 현명함을 알고 일부러 태자를 세우지 않고 형제들에게 차례대로 세 동생이 왕위를 계승하여 결국에는 오나라를 계자찰에게 물려주려 했다. 제번이 죽자 왕위는 여채에게 전해졌고, 여채가 죽자 왕위는 이말에게 전해졌다. 이말이 죽자 왕위는 마땅히 계자찰에게 전해져야 했는데, 계자찰이 왕위를 물려받지 않으려고 도망치자 오나라 사람들은 이말의 아들 요

---

10 『좌전』 소공昭公 20년에는 '전설제鱄設諸'로 기재되어 있다.

11 당읍堂邑: 오나라 읍으로 지금의 장쑤성 류허六合 북쪽 지역이다.

12 오왕 요僚(재위 기원전 526~기원전 515)는 오왕 이말夷眛의 아들이다. 『사기지의』에 따르면 요가 수몽壽夢의 아들이라는 설도 있다.

13 제번諸樊(재위 기원전 560~기원전 548)은 오왕 수몽의 아들로, 『사기지의』에 따르면 셋째인 이말이 공자 광의 부친이라는 설도 있다.

14 여채餘祭(재위 기원전 547~기원전 531)는 제번의 왕위를 계승했고, 이말(재위 기원전 530~기원전 527)은 여채의 왕위를 계승했다. 계자찰季子札은 '계찰季札' 또는 '연릉계자延陵季子'라고도 한다. 봉지가 연릉延陵(지금의 장쑤성 상저우)이다.

僚를 왕으로 세웠다. 그러자 공자 광이 말했다.

"형제 순서에 따른다면 당연히 계자찰이 왕이 되어야겠지만 아들을 세워야 한다면 내가 진정한 적장자이니 내가 왕위를 계승해야 한다."

이 때문에 그는 항상 은밀하게 지모가 뛰어난 신하들을 길러 왕위를 찬탈할 기회를 엿봤다.

광은 전제를 얻은 뒤 빈객으로 그를 잘 대접해줬다. 9년 뒤[15] 초나라 평왕平王[16]이 죽었다. 이듬해 봄 오왕 요는 초나라가 국상 중인 틈을 타 두 동생인 공자 개여蓋餘와 촉용屬庸[17]으로 하여금 군사를 이끌고 초나라의 첨潛[18]을 포위하게 했다. 동시에 숙부인 연릉계자延陵季子를 진晉나라로 보내 제후들의 동정을 살피도록 했다. 뜻하지 않게 초나라가 군대를 보내 오나라 장수 개여와 촉용의 돌아갈 길을 막자 오나라 군대는 돌아갈 수 없게 되었다. 이에 공자 광은 전제에게 말했다.

"이 시기를 놓쳐서는 안 되오. 스스로 쟁취하지 않으면 무엇을 얻겠소! 게다가 나는 진정한 왕위 계승자이니 응당 왕이 되어야 하오. 설사 나중에 계자찰이 온다 하더라도 나를 폐할 수는 없을 것이오."

전제가 말했다.

"왕 요를 죽일 수 있습니다. 그의 모친은 늙었고 아들은 아직 어린데다 두 동생은 군사를 거느리고 초나라를 공격하러 갔지만 초나라에서 돌아올 길이 끊어진 상태입니다. 지금 오나라는 밖으로 초나라에게 곤란함을 당하고 있고 나라 안은 텅 비어 있는 데다 강직하게 간언할 대신마저 없으니, 이 기회를 이용한다면 우리를 어찌할 수 없습니다."

---

15  공자가 전제를 얻은 지 9년째 되는 해로, 오왕 요 11년(기원전 516)이다.
16  초 평왕楚平王(재위 기원전 528~기원전 516)은 이름이 기질棄疾인데 나중에 거居로 바꿨다.
17  "두 사람은 모두 요의 동생이다. 『좌전』에서는 엄여掩餘와 촉용燭庸이라고 했다. 엄掩과 개蓋는 뜻이 같다."(『색은』)
18  첨潛: 초나라 읍으로 지금의 안후이성 휘산霍山 동북쪽 지역이다. '潛'의 발음은 'qian(첨)'이다.

공자 광이 그에게 머리 숙여 절하며 말했다.

"이 광의 몸이 곧 그대의 몸이오."[19]

4월 병자일丙子日,[20] 공자 광이 무장한 병사를 지하실[21]에 매복시키고 술자리를 마련하여 오왕 요를 초청했다. 오왕 요는 궁궐에서 공자 광의 집까지 병사들을 배치하여, 문과 계단 양쪽에 오왕 요의 호위병[22]들로 가득 세웠다. 그들은 모두 예리한 칼[23]을 쥐고 길을 끼고 서 있었다. 술이 한참 달아오르자 공자 광은 발이 아픈 척하며 지하실로 들어가서 전제에게 구운 생선 배 안에 비수를 감추고 오왕 요에게 올리도록 했다. 전제는 오왕 요 앞에 이르러 재빠르게 생선의 배를 찢고 비수를 꺼내 쥐고는 오왕 요를 찔렀고, 오왕 요는 그 자리에서 사망했다. 그와 동시에 왕의 좌우에 있던 호위 무사들이 즉시 전제를 죽였다. 오왕 요와 함께 온 측근들이 큰 혼란에 빠지자 공자 광은 미리 매복시킨 무사들을 일제히 내보내 오왕 요의 부하들을 모조리 죽였다. 이어서 스스로 오나라 왕이 되니, 이 사람이 바로 합려闔閭다. 합려는 전제의 아들을 상경上卿으로 봉했다.[24]

이 사건 이후 70여 년[25] 뒤에 진晉나라에 예양豫讓 사건이 발생했다.

---

19  당신 집안의 뒷일은 내가 책임지겠다는 말이다. 태사공은 『좌전』의 문장을 조금 바꾼 것이다. "전설제鱄設諸가 말하기를 '군왕은 죽일 수 있습니다. 그러나 제 모친은 늙었고 아들은 어리기에 제가 없으면 그들은 어떻게 합니까?'라고 했다. 그러자 공자 광이 말하기를 '내가 바로 그대요'라고 했다."(『좌전』 소공昭公 27년)

20  오왕 요 12년(기원전 515) 4월에는 병자일이 없으며 3월 29일이 병자일이다. "병자일이 어디서 나왔는지 알 수 없다."(『사기지의』)

21  원문은 '굴실窟室'로, 지하실을 말한다. '빈방'이라는 견해도 있다.

22  원문은 '친척親戚'이다. 다른 문헌에는 '척戚'자가 없다. 『좌전』 소공 27년의 구절 "門階戶席, 皆王親也"이나 「오세가」의 구절 "門階戶席, 皆王僚之親也"에도 '척'자가 없다. 태사공이 '척'자를 덧붙임으로써 문장의 뜻이 크게 달라진다. 역자 또한 '척'자를 배제하여 번역했다.

23  원문은 '장피長鈹'다. "병기다. 유규劉逵의 「오도부吳都賦」 주에서는 '피鈹는 양날의 작은 칼'이라고 했다."(『색은』)

24  『오월춘추』에서는 '객경'에 임명했다고 했다. 이상 전제가 오왕 요를 찌른 사건은 『좌전』 소공 27년에 보인다.

25  햇수 계산에 착오가 있다. "서광이 말하기를 '합려 원년(기원전 514)에서 삼진이 지백을 멸망시킨 때(기원전 453)까지는 62년이다. 예양의 양은 양襄이라 하기도 한다'고 했다."(『집해』) "칠七은 육六의 잘

예양豫讓26은 진晉나라 사람이다. 그는 일찍이 범씨范氏와 중항씨中行氏27를 섬겼지만 어떠한 명성도 없었다. 이후 예양은 그들을 떠나 지백智伯28에게 의탁했고 지백은 그를 특별히 존중하고 총애했다. 지백이 조양자趙襄子29를 토벌하자 조양자는 한韓, 위魏와 연합하여 지백을 멸했고, 지백을 멸한 뒤에는 그의 토지를 셋으로 나누었다.30 조양자는 지백을 몹시 미워하여31 그의 머리를 잘라 옻칠을 한 뒤 술 마시는 도구32로 사용했다. 이때 예양은 산속으로 달아나면서 이

못이다."(『사기지의』)

26 "할아버지와 손자가 모두 충의롭고 절개가 있었는데 태사공이 열전을 서술하지 않은 것은 무엇 때문인가? 예양의 사적 또한 『전국책』과는 약간의 서술 차이가 있다."(『사기지의』)

27 범씨范氏와 중항씨中行氏는 춘추시대 후반 진晉나라의 대귀족이다. 범씨는 진나라의 대신 사회士會의 후손으로, 사회가 범 땅에 봉해졌으므로 일족이 범을 성씨로 삼았다. 예양이 섬긴 범씨는 범길사范吉射다. 중항씨는 순림보荀林父의 후손으로, 순림보가 중항中行(진晉나라의 중군中軍 원수)을 담당했으므로 그 가족이 중항을 성씨로 삼았다. 예양이 섬긴 중항씨는 순인荀寅이었다.

28 지백智伯: 순요荀瑤를 말하며 춘추시대 중반 진晉나라 대신인 순수荀首의 후손이다. 순수와 순림보는 형제로 순림보의 후대는 중항씨라 했고, 순수의 후대는 지씨智氏(혹은 지씨知氏)라 했다. "춘추시대 중반 이래로 진晉나라 군주의 권력이 점차 하락하여 국가 정사는 범씨, 중항씨, 지씨, 조씨, 한씨, 위씨 여섯 집안의 대신들이 독차지하여 역사에서 이 사건은 '육경전진정六卿專晉政(육경이 진나라 정사를 독점하다)'이라 부른다. 이후에 범씨·중항씨 두 집안은 지씨·조씨·한씨·위씨 네 집안에 의해 무너졌고, 남은 네 집안 중에 지씨의 세력이 가장 컸다."(『사기전증』)

29 조양자趙襄子(재위 기원전 475~기원전 425)는 조나라 정권의 창건자이며 개척자로, 이름은 무휼毋恤이고 진晉나라의 신하인 조최趙衰·조순趙盾의 후손이다. "사마천이 「조세가」를 저술하면서 조양자부터 조나라 왕실 기년을 사용하기 시작했고 조양자 이전의 조씨 활동에 대해서는 여전히 진晉나라 기년을 사용했다. 이것은 바로 사마천이 조양자의 왕위 계승을 조씨 국가가 진나라로부터 분리돼 나온 것을 기준으로 삼은 것이다. 조양자 이전에 조간자趙簡子는 명의상 여전히 진나라 신하의 신분이었고, 명실상부한 조씨 국가의 군왕은 조양자로부터 시작한다."(『사기전증』)

30 「조세가」에 따르면 진 출공晉出公 17년(기원전 458) 지백은 한·조·위 세 집안과 연합하여 범씨와 중항씨를 멸하고 그들의 토지를 나누었다. 진 출공 20년(기원전 455) 지백은 강대함에 의지해 다시 한·조·위 세 집안에게 토지를 할양할 것을 요구했다. 조양자가 내주지 않자 지백은 한·위를 이끌고 진양으로 보내 조양자를 포위했다. 진 출공 22년(기원전 453), 조양자는 사람을 보내 한과 위를 설득했고, 세 집안이 연합하여 지씨를 멸망시켰다.

31 「조세가」에 따르면 진 출공 11년(기원전 464) 조간자의 아들인 조양자는 태자 시절에 지백을 따라 정鄭을 토벌했는데, 이때 지백이 취하여 술을 조양자에게 부은 일이 있었다. 돌아가서도 지백은 조간자에게 조양자를 폐하도록 설득했고 이후 진양에서 지백이 조양자를 포위했으므로 조양자는 지백을 몹시 미워했다.

32 원문은 '음기飮器'라고 했다. 음기는 술 주전자와 술잔의 한 종류다. 그러나 일설에는 '음'자가 '수

렇게 말했다.

"아! 선비는 자기를 알아주는 사람을 위해 목숨을 바치고, 여자는 자기를 사랑하는 사람을 위해 용모를 단장한다고 했다. 이제 지백이 나를 알아주고 신임했으니 내 반드시 원수를 갚은 뒤에 죽겠다. 지백의 원수를 갚는다면 내 영혼도 부끄럽지 않을 것이다."

이에 그는 성과 이름을 바꾸고 노역에 복역하는 죄수로 가장하여 조양자의 궁으로 들어가 측간의 벽에 칠을 바르는 일을 했다.[33] 그는 몸에 비수를 품고서 기회를 틈타 조양자를 찔러 죽일 생각이었다. 조양자가 측간에 가는데 갑자기 심장이 뛰는 것을 느끼고 사람을 시켜 측간 벽을 바르는 죄수를 잡아다 심문해보니 바로 예양이었다. 그의 몸속에는 비수가 숨겨져 있었는데, 예양이 말했다.

"지백을 위해 원수를 갚고자 했소!"

조양자의 시종들이 그를 죽이려 하자, 조양자가 말했다.

"그는 의로운 사람이다. 내가 조심하면서 피하면 그만이다. 게다가 지백은 죽었고 후대가 없는데도 그의 신하가 원수를 갚으려 하니, 이 사람이야말로 천하의 현인이다."

결국 그를 풀어주고 떠나게 했다.

얼마 후 예양은 또 온몸에 옻칠을 하여 문둥이로 꾸미고 숯을 삼켜 쉰 목소리로 바꾸었다.[34] 자신의 모습을 아무도 알아볼 수 없게 하고서 시장을 돌아다니며 구걸을 했는데, 그의 아내조차 알아보지 못했다. 예양이 길에서 친구를 우

溲(오줌)'자의 잘못이라 하여 요강이라는 주장도 있다. "그의 두개골을 옻칠하여 수기溲器(요강)로 삼았다漆其首以爲溲器"(『한비자』 「유로喩老」)

33  원문은 '형인刑人'으로, 형을 판결 받아 복역하는 사람을 뜻한다. "주주경諸祖耿은 '진정웨이가 말하기를 형刑은 마땅히 오圬(흙손으로 바르다)라 해야 한다. 고문에서 형과 오가 비슷하여 틀린 것이다. 오인圬人은 진흙을 바르는 사람이고, 형인刑人은 성과 이름을 바꿀 수 없다'고 했다."(『사기전증』)

34  "아래 문장에 예양이 친구 및 조양자와 묻고 대답하는 내용이 나오는데 쉰 목소리로는 말할 수 없다. 당연히 『전국책』의 내용처럼 '숯을 삼켜 목소리를 바꾸다'로 해야 맞다."(『사기지의』)

연히 만났는데, 그 친구가 예양을 알아보고 말했다.[35]

"자네 예양이 아닌가?"

예양이 말했다.

"맞네."

그 친구가 눈물을 흘리며 말했다.

"자네의 재능으로 조양자에게 몸을 맡겨 섬긴다면 틀림없이 자네를 가까이하고 총애할 것이네. 가까이서 총애를 받아 하고자 하는 일을 한다면 더욱 쉽지 않겠는가? 어째서 이토록 자기 몸을 훼손하고 얼굴을 추하게 하여 원수를 갚으려고 하는가? 이 또한 어려운 일 아니겠는가!"

예양이 말했다.

"몸을 맡기고 섬기면서 그를 죽이려고 하는 것은 두 마음을 품고 주인을 섬기는 것일세. 이러한 방법이 매우 어렵다는 것을 나도 알고 있네! 내가 이렇게 하는 까닭은 천하 후대에 남의 신하가 되어 두 마음을 품고 군주를 섬기는 자들로 하여금 부끄러움을 안겨주려는 것이네."[36]

그렇게 말하고 예양은 친구와 헤어졌다.

얼마 뒤 조양자가 외출할 때 예양은 조양자가 지나게 될 다리 밑에 숨었다. 조양자가 다리 어귀에 이르렀을 때 갑자기 말이 놀라자 조양자가 말했다.

"이 밑에 틀림없이 예양이 있을 것이다."

사람을 시켜 조사하게 했더니 과연 예양이었다. 조양자는 이에 예양의 죄상을 열거하며 꾸짖었다.

"그대는 일찍이 범씨와 중항씨를 섬기지 않았는가? 지백이 그들을 모두 멸망

---

**35** "동빈이 말하기를 '아내가 알아보지 못하는데 친구가 알아보는 것은, 아내는 그 모습에 익숙했고 친구는 그 마음을 알았기 때문이다. 그렇다면 마음으로 아는 친구가 아니라면 그에게 계획을 알려서는 안 된다'고 했다."(『사기평림』)

**36** "차라리 문둥이가 되어 스스로 형벌을 받을지언정 조양자를 섬기다가 그를 죽일 수는 없는 것으로, 신하된 의리를 손상시키면서까지 적을 가까이하는 것은 충성이 아니라는 것을 말하는 것이다."(『색은』)

시켰는데 그대는 그들을 위해 원수를 갚기는커녕 지백에게 의탁하여 신하가 되었다. 지금 지백은 이미 죽었는데 그대는 왜 이토록 지백을 위해 원수 갚는 데 힘을 다하는가?"

예양이 말했다.

"나는 범씨와 중항씨를 섬겼으나 범씨와 중항씨는 모두 나를 평범한 사람으로 대접했으므로 나 또한 평범한 사람으로서 그들에게 보답했소. 그러나 지백은 나를 한 국가의 걸출한 인물國土로 대접했기 때문에 나도 한 국가의 걸출한 인물로서 그에게 보답하려는 것이오."

이 말을 들은 조양자는 탄식하고 눈물을 흘리며 말했다.

"아, 예양 선생이여! 지백을 위한 그대의 명성은 이미 이루었으며 과인[37]이 그대를 용서함 또한 이미 충분하오. 이제 그대 자신이 처리해야 할 것이오. 과인은 다시 그대를 풀어주지는 않을 것이오!"

이에 병사들에게 그를 포위하도록 했다. 예양이 말했다.

"내 듣자 하니, 현명한 군주는 남의 훌륭함을 가려서는 안 되고 충성스러운 신하는 명예를 위해 죽을 수 있는 의리가 있다고 하오. 지난날 그대가 나를 너그럽게 용서한 일로 천하 사람들 가운데 그대의 현명함을 칭찬하지 않는 이가 없소. 오늘 일로 나 또한 죽는 것이 당연하나, 바라건대 그대의 의복을 검으로 쳐서 원수를 갚으려는 염원을 이루도록 해준다면 죽어도 여한이 없겠소. 내가 감히 바라는 바를 실현할 수는 없지만 감히 속마음을 털어놓고 하는 말이오!"

이 말을 들은 조양자는 그의 의기에 크게 감동받아 사람을 보내 의복 한 벌을 가져다 예양에게 주도록 했다. 예양은 검을 뽑아 들고 세 차례 뛰어올라 그 의복을 내리치고는[38] 말했다.

---

37 "조양자는 제후가 되지 못했으니 과인이라 칭해서는 안 되는데, 아마도 「조책」을 답습한 것 같다." (『사기회주고증』)

38 "『색은』에 이르기를 『전국책』에 '옷이 다 해지자 피가 흘러나왔다. 조양자는 수레로 돌아갔는데

"이렇게 했으니, 나는 땅속으로 가서 지백을 만날 수 있겠구나!"

그러고는 검으로 자신의 목을 베어 자살했다. 예양이 죽던 날, 조나라의 뜻있는 선비들은 이 소식을 듣고 모두 그를 위해 눈물을 흘렸다.[39]

이로부터 40여 년 뒤[40] 지軹[41] 땅에서 섭정聶政의 사건이 발생했다.

섭정은 지 땅의 심정深井 마을 사람이다. 그는 사람을 죽이고 원수를 피해 그의 모친과 누나와 함께 제나라[42]로 달아나 백정으로 일했다.

오랜 시간이 지난 뒤 복양의 엄중자嚴仲子[43]가 한韓나라 애후哀侯[44]를 섬겼는데, 그는 한나라 상 협루俠累[45]와 원한 관계에 있었다.[46] 엄중자는 살해당할 것이 두려워 한나라를 도망쳐 사방을 돌아다니며 자기를 대신해 협루에게 원수를 갚아줄 사람을 찾았다. 엄중자가 제나라에 왔는데 어떤 사람이 섭정이라는 용사가 원수를 피해 백성들 사이에 숨어 살고 있다고 말해줬다. 이 말을 들은

수레바퀴가 움직이기도 전에 죽고 말았다'고 했다. 여기서 옷에서 피가 나온 것을 말하지 않은 것은 태사공이 아마도 황당무계하고 허망하다고 여겨 생략한 것이다."(『사기지의』) 지금 『전국책』 「조책 1」에는 『색은』의 이러한 내용이 보이지 않는다.

39  이상 예양이 조양자를 찌르려 했던 일은 『전국책』 「조책 1」에 보인다.

40  여기서 말한 40여 년은 타당하지 않다. "삼진이 지백을 멸망시킨 때부터 섭정이 협루를 죽이는 때까지는 57년 기간이 있다."(『집해』)

41  지軹: 위나라 현으로 지금의 허난성 지위안濟源 동남쪽 지역이다.

42  이 당시 제나라 군주는 후염侯剡(재위 기원전 383~기원전 375)이었다.

43  엄중자嚴仲子는 이름이 수遂이고 한나라 귀족인데, 이때 도망쳐 복양에 거주했으므로 '복양 엄중자'라고 불렸다. 표포는 '중자'를 엄수嚴遂의 자로 보았다.

44  한 애후韓哀侯(재위 기원전 376~기원전 374)는 문후의 아들이다. 「한세가」에 따르면 열후列侯 3년(기원전 397)에 섭정이 한나라 상 협루를 찔러 죽였다고 하여, 한 애후 때가 아닌 한 열후 때 사건으로 기재하고 있다. 그러나 역사가들은 한 애후 3년 때의 일로 판단하고 있다.

45  협루俠累는 이름이 괴傀로, 『전국책』에서는 한괴韓傀라고 했고 한 애후의 숙부다.

46  "한괴(자가 협루)는 한나라의 상이며 엄수(엄중자)는 한나라 군주에게 중용되었는데, 둘은 서로를 공격했다. 엄수가 정면으로 한괴의 잘못을 지적하자 한괴는 이로 인해 엄수를 조정에서 질책했다. 엄수가 즉시 검을 뽑아들고 한괴를 쫓았는데, 다행히 어떤 사람이 구해줘 큰 화가 발생하지 않았다. 엄수는 한괴가 자신을 죽일까 두려워하여 한나라에서 도망쳤고, 여기저기 돌아다니면서 자신을 위해 한괴에게 원한을 갚아줄 사람을 찾아다녔다."(『전국책』 「한책 2」)

엄중자는 즉시 섭정의 집으로 찾아가 만나기를 청하고 몇 차례 찾아왔으며, 섭정의 집에서 술자리를 마련해 그의 모친에게 술잔을 올렸다. 술이 얼근하게 취하자 엄중자는 황금 100일을 받쳐 들고 섭정의 모친에게 바치면서 장수를 기원했다. 섭정은 과분한 예물에 놀라고 이상하게 생각하여 완강히 사양했다. 엄중자가 여전히 고집을 부리자 섭정이 거절하며 말했다.

"제게는 다행히 늙은 어머니가 살아 계십니다. 집이 비록 가난하고 원수를 피해 비천한 백정 노릇을 하고 있지만 아침저녁으로 맛 좋은 음식을 사서 노모를 봉양할 수 있습니다. 지금 모친을 충분히 봉양할 수 있기 때문에 당신이 주는 것을 받을 수 없습니다."

엄중자는 사람을 피해 아무도 없는 틈을 이용해 섭정에게 말했다.

"내게 원수가 있는데 원수를 갚아줄 사람을 찾기 위해 각 제후국을 두루 돌아다녔소. 제나라에 와서야 비로소 당신의 의기가 매우 높다는 말을 들었소. 그래서 백금을 내어 노모[47]를 공양하는 데 필요한 비용으로 사용하고 그대와 친구 관계를 맺고자 하는 것이지, 어찌 감히 바라는 바가 있겠소!"

섭정이 말했다.

"제가 뜻을 낮추고 몸을 욕되게 하여[48] 시정市井[49]에서 백정 일을 하는 까닭은 노모를 봉양하기 위해서입니다. 노모께서 살아 계신 동안 이 몸은 감히 다른 사람을 위해 쓰일 수 없습니다."[50]

---

**47** 원문에는 '대인大人'으로 기재하고 있다. "위소가 이르기를 '옛날에는 남자를 장부丈夫라 하고 노부인老婦人을 높여 대인大人이라 했다'고 했다."(『정의』) 진한 시대 문헌에서는 '대인'을 부모와 같은 연장자에 대한 존칭으로 사용하는 경우가 흔히 보이며, 다른 사람의 부모에게도 '대인'이라 했다.

**48** "그 심지와 몸을 고결하게 해야 하지만 지금은 그 뜻을 낮추고 그 몸을 굴욕에 처하게 함을 뜻한다."(『색은』) "공자가 말씀하시길 '유하혜는 그 뜻을 굽히고 그 몸을 욕되게 했다'고 했다."(『논어』 「미자微子」)

**49** 시정市井: 시장을 말한다. 옛날에는 우물가에서 물을 퍼 올릴 때 교역이 이루어졌으므로 시정이라고 했다. "나카이 리켄이 말하기를 '마을의 주택이 마치 정井 그림과 같았으므로 시정이라 했다'고 했다."(『사기회주고증』)

**50** "부모가 살아 계시는 동안에는 친구를 위해 죽는 것을 허락하지 않는다父母存, 不許友以死."(『예

엄중자가 재삼 예물을 주려 했으나 섭정은 끝내 받으려 하지 않았다. 엄중자는 끝까지 손님과 주인의 예를 다하고 떠났다.

다시 오랜 시간이 지난 뒤 섭정의 모친이 죽었다. 섭정은 장례를 마치고 3년상을 치른 뒤 말했다.

"아! 나는 시정의 일반 백성으로 칼을 잡고 가축을 잡을 뿐인데, 엄중자는 제후의 경상인데 천리를 멀다 하지 않고 와서 자신의 지위를 낮춰 나와 교분을 맺었다. 그에 대한 나의 대접은 지극히 보잘것없었으며 칭송받을 만한 공적도 있지 않았는데 엄중자는 황금 100일을 내놓으며 모친의 장수를 기원하는 예물로 줬다. 그때 비록 받지는 않았지만, 이러한 것으로 볼 때 그는 나를 깊이 알아준 것이다. 그처럼 현명한 사람이 분개하여 눈을 부릅뜰 만큼 원한을 지녔는데 후미진 곳에 사는 빈곤하고 천박한 나를 가까이하고 신임하고 있으니, 내가 어찌 잠자코 있을 수 있겠는가! 게다가 지난날 그가 와서 내게 도움을 청했으나 나는 노모가 살아 계시다는 이유로 들어주지 않았다. 지금 천수를 누리고 돌아가셨으니, 나는 장차 나를 알아주는 사람을 위해 힘을 다할 것이다."

그리하여 섭정은 제나라를 떠나 서쪽 복양으로 갔고 엄중자를 만나 말했다.

"지난날 중자께서 하신 요청에 대답하지 않은 것은 모친께서 살아 계셨기 때문이었습니다. 지금 불행히도 모친께서 천수를 누리고 돌아가셨습니다. 중자께서 원수를 갚으려는 자가 누구입니까? 제가 그 일을 처리하겠습니다."

그러자 엄중자가 구체적으로 말했다.

"내 원수는 한나라의 상 협루로, 그는 한나라 군주의 계부季父[51]요. 그의 가족은 크게 번성했고 거주하는 곳은 주변 경비가 삼엄하오. 내가 사람을 시켜 그를 찔러 죽이려 했는데 끝내 성공하지 못했소. 지금 그대가 다행히 이 일을 버리지 않고 도와주겠다고 하니, 내 거마와 용사들을 많이 보내 돕도록 하겠소."

기』「곡례 상」)

51   계부季父: 가장 어린 숙부를 말한다. 고대에 형제간의 순서는 백伯, 중仲, 숙叔, 계季였다.

섭정이 말했다.

"위衛나라는 한나라와 멀리 떨어져 있지 않습니다.[52] 지금 한나라 상을 죽이려고 하는데, 그가 또 그 나라 군주의 친족이므로 이러한 형세에서는 많은 사람을 데려가서는 안 됩니다. 일단 사람이 많으면 뜻하지 않은 실수가 발생하지 않을 수 없고,[53] 실수가 발생하면 기밀이 새어나갈 것이며, 기밀이 새어나가면 한나라 전체가 당신을 원수로 여길 텐데 어찌 위험하지 않겠습니까!"

결국 그는 거마와 용사들을 모두 사양했다.

섭정은 엄중자와 헤어지고 홀로 검을 쥐고 한나라에 이르렀다. 당시 한나라 상 협루는 마침 관아 대청에 앉아 있었는데, 손에 병기를 들고 호위하는 인원이 매우 많았다. 섭정이 곧장 들어가 계단을 올라 협루를 찔러 죽이자 주위에 있던 호위병들이 크게 어지러워졌다.[54] 섭정이 크게 고함을 치며 잇따라 또 수십 명을 죽였다. 그런 뒤에 그는 스스로 얼굴을 찢고 눈을 도려내고 또 배를 갈라 창자가 흘러나오게 하여 마침내 죽었다.

한나라에서는 섭정의 시체를 시장 바닥에 드러내놓고 상을 걸어 이자가 누구인지 물었으나 아는 사람이 없었다. 그러자 한나라는 다시 큰 현상금을 내걸고 상 협루를 죽인 자가 누구인지 아는 사람에게 천금을 상금으로 주겠다고 했다. 그러나 오랜 시간이 지나도록 아는 사람이 없었다.

이때 섭정의 누나 섭영聶榮[55]이 소문을 들었는데, 어떤 사람이 한나라 상을

---

52 당시 엄수(엄중자)는 위衛나라 도성 복양에 있었는데, 한나라 도성 신정과의 거리는 400리가 되지 않는다.

53 원문은 '불능무생득실不能無生得失'이다. "어떤 판본에는 '실'자가 없는데, '불능무생득不能無生得'이면 '사로잡히는 자가 없을 수 없다'가 된다."(『사기전증』)

54 "한나라가 마침 동맹東孟(산조酸棗, 즉 지금의 허난성 옌진 경내, 북쪽에 위치)에서의 회합이 있어 한나라 왕과 상이 모두 회합에 있었고 병기를 든 호위병이 매우 많았다. 섭정이 곧장 뚫고 들어가 계단을 뛰어올라 한괴(협루)를 찔렀다. 한괴가 달아나 한나라 애왕을 끌어안자 섭정은 그를 찔렀고 동시에 애후도 찔렀다. 신변 좌우의 사람들이 크게 어지러워졌다."(『전국책』「한책 2」)

55 『집해』에서는 '섭앵聶嫈'으로도 불릴 수 있다고 했다.

찔러 죽였는데 죽인 자는 이미 죽었고[56] 한나라 사람들이 모두 살인범의 이름과 성을 알지 못해 시체를 시장 바닥에 내놓고 천금의 현상금을 걸었다는 것이다. 그녀가 흐느껴 울면서 말했다.

"그는 아마도 내 동생일 것이다. 아! 엄중자가 내 동생을 알아줬구나!"

그녀는 즉시 일어나 한나라 시장으로 갔는데, 죽은 자는 과연 섭정이었다. 그녀는 시신에 엎드려 오열하며 말했다.

"이 사람은 바로 위나라 지현 심정 마을에 사는 섭정입니다."

시장을 지나던 사람들이 모두 말했다.

"이 사람은 우리나라 상을 잔혹하게 살해했기 때문에 왕께서 천금의 현상금을 걸어 이 사람의 이름과 성을 아는 사람을 찾고 있소. 부인은 이 일을 듣지 못했소? 어찌하여 감히 와서는 이 사람을 안다고 하시오?"

섭영이 대답했다.

"저도 들어 알고 있습니다. 당초에 섭정이 오욕을 참아내고 신분을 낮춰 시장 상인들 사이에서 생활한 것은 노모가 다행히 병 없이 건강하게 살아 계시고, 제가 아직 출가하지 않았기 때문이었습니다. 노모는 천수를 누리고 돌아가셨고 저도 시집을 갔습니다. 엄중자는 빈곤하고 지위도 비천한 처지의 제 동생을 알아보고 친구로 지냈습니다. 엄중자가 두터운 은택을 보였는데 제 동생이 어찌할 수 있겠습니까! 선비는 본래 자기를 알아주는 사람을 위해 죽는다고 했지만, 섭정은 제가 살아 있기 때문에 자신의 몸을 훼손하여 이 일에 연루되어 죄를 얻지 않게 하려고 한 것입니다.[57] 제가 어찌 죽게 될 것을 두려워하여 동생의 훌륭

---

56   원문은 '적부득賊不得'이다. "부不는 불필요한 글자다. 살인범의 시체는 이미 얻었지만 그의 성명을 모를 뿐이다."(『사기전증』)

57   "나카이 리켄이 말하기를 '섭정이 자신의 신체를 훼손한 것은 엄중자를 보호하기 위한 것이다. 그러나 그의 누나는 잘못 생각해서 엄중자의 종적을 드러내었으니 섭정의 뜻을 크게 잃게 한 것이다'라고 했다. 진자룡이 말하기를 '섭정은 엄중자의 은덕에 대한 보답을 중히 여겼고, 누나는 동생의 이름을 드날리는 것을 중히 여겼으니, 함께 고려할 수 있는 것은 아니다'라고 했다."(『사기회주고증』)

한 명성을 드러나지 않게 할 수 있겠습니까!"

섭영의 말을 들은 한나라 시장 사람들은 크게 놀랐다. 그녀는 크게 '하늘아!'를 세 번 외치더니 끝내 목메어 울며 슬퍼하다가 섭정 곁에서 죽고 말았다.

진晉,[58] 초楚, 제齊, 위衛나라 각국에서 이 소식을 듣고는 모두 말했다.

"섭정만 뛰어난 게 아니라 그의 누나도 열녀다. 섭정이 일찍이 그 누나가 이토록 참아내지 못하는 성격인데다 죽어 해골이 드러나는 재난을 중히 여기지 않고 험난한 천 리 길을 달려와 그의 이름을 드날리고 끝내 남매가 함께 한나라 시장 바닥에서 죽을 것을 알았더라면, 감히 자신의 몸을 쉽게 엄중자에게 맡겨 쓰이도록 하지 않았을 것이다. 엄중자는 확실히 사람을 알아보는 능력이 있어 섭정과 같은 의로운 선비를 얻었다고 말할 수 있다!"[59]

이 사건 이후로 220여 년 뒤[60]에 진秦나라에 또 형가荊軻 사건이 발생했다.


형가荊軻는 위衛나라 사람이다. 그 조상은 제나라 사람인데 뒤에 위衛나라로 이주하자 위나라 사람들은 그를 경경慶卿[61]이라고 불렀고, 형가가 연나라로 오

---

**58** 진晉은 이미 이름만 존재할 뿐 실제로는 멸망한 상태로, 여기서는 사실상 한·조·위 세 나라를 가리킨다. 이때 조나라의 군주는 조 성후였고 위나라의 군주는 위 무후였다.

**59** 섭정이 엄중자를 위해 한나라 상을 찔러 죽인 일은 『전국책』 「한책 2」에 보인다. 「한세가」에서는 "열후 3년(기원전 397), 섭정이 한나라 상 협루를 찔러 죽였다"고 했고, "애후 6년(기원전 371), 한엄韓嚴(엄중자)이 군주 애후를 죽였다"고 했다. "먀오원위안은 이상 두 가지를 하나의 사건으로 여기고 한나라 애후 3년, 한나라 의후懿侯 원년(기원전 374)의 일이라고 했다. 당시에 협루가 죽임을 당하고 애후 또한 연이어 피살되었다."(『사기전증』) 또한 뉴홍언은 "섭정이 한괴(협루)를 찌르고 엄수(엄중자)가 한나라 애후를 시해한 일은 두 가지이면서 한 가지 일이다. 지금 사람들은 『죽서기년竹書紀年』을 근거로 하여 위 무후 22년, 한 애후 3년(기원전 274)으로 확정하고 있다. 『한책 2』와 『한비자』「내저內儲 하」에서도 모두 한 애후라 하여 『죽서기년』에서 기재한 것과 서로 부합된다"고 했다.

**60** "한나라 의후 원년(기원전 374)부터 진나라 왕 정 19년(기원전 228)까지 기간은 146년으로, 여기서 말한 220여 년은 잘못이다."(『사기전증』)

**61** 경경慶卿은 고대에 남자에 대한 미칭美稱이다. "경경慶은 제나라 대족大族이다. 혹은 형가의 조상이 경씨慶氏에서 나왔다고 하기도 하고 혹은 위衛나라 사람이 제나라 대성大姓을 멋대로 그렇게 불렀다고 하기도 하는데, 모두 상세하게 알 수 없다."(『사기전증』)

자 연나라 사람들은 그를 또 형경荊卿62이라고 불렀다.

형경은 독서와 검술을 좋아했으며, 국가를 강대하게 하는 계책으로 위衛나라 원군元君63에게 유세했으나 원군은 그를 등용하지 않았다. 그 뒤 진秦나라는 위魏나라를 정벌하고 점령한 지구에 동군東郡을 설치하고64 위魏나라의 속국 군주인 위원군衛元君과 그의 친족을 야왕野王으로 옮겨 거주하게 했다.65

이때 떠돌아다니던 형가는 유차楡次66를 지나다가 갑섭蓋聶67과 함께 검술에 대해 토론을 하게 되었는데, 갑섭이 화를 내며 그를 쏘아보았다. 형가가 나가버리자 어떤 사람이 형가를 다시 돌아오게 하라고 갑섭에게 권했다. 그러자 갑섭이 말했다.

"방금 내가 그와 검술에 대해 토론을 벌였는데, 그가 말하는 것 중에 맞지 않은 것이 있어서 내가 눈을 부릅뜨고 노려보았소. 그대가 한번 가서 보시오. 내 짐작에 그는 유차를 떠났을 것이고, 이곳에 감히 머물지 못할 것이오."

사람을 시켜 형가가 거주하던 주인에게 가서 물어보게 했는데, 형가는 이미

---

62  "『색은』에서 이르기를 '위衛나라에 이르러 성을 형荊으로 바꾸었고, 형荊과 경慶의 음이 서로 가까우므로 거주했던 나라에 따라 그 호칭이 달랐을 뿐이다'라고 했다. 그를 형경이라 부른 것은 바로 연나라 사람들이고 형가가 스스로 바꾼 것은 아니다. 『색은』에서 말한 것은 본문에 부합되지 않는다. 혹은 연나라 사람이 경과 형이 음이 서로 가까워 그렇게 바꾸어 부른 것뿐이다."(『사기전증』)

63  위원군衛元君(재위 기원전 251~기원전 230)은 위衛나라 군주로, 이때 이미 위나라는 위魏나라에 항복하여 종속되었고, 위원군은 위魏나라 왕의 사위였으므로 그를 여전히 복양(위衛나라 도성)에 거주시키면서 군君이라 칭했다.

64  진왕 정 5년, 위 경민왕魏景湣王 원년(기원전 242)의 일이다. 동군東郡은 진나라 군으로 치소는 복양이었다.

65  진왕 정 6년(기원전 241)의 일이다. "야왕으로 옮긴 사람은 원군인데, 어찌 그의 친족인가?"(『사기지의』) 이 구절은 '위원군과 그의 친족을 야왕으로 옮겨 살게 했다'가 맞다. 야왕野王은 원래 한韓나라에 속한 읍이었으나 나중에 진나라에 빼앗겼다. 지금의 허난성 친양沁陽이다. "『사기』에서 이 사건을 서술한 것은 우선 위원군이 형가의 나라를 강하게 하는 계책을 채용하지 않은 결과를 설명하기 위함이고, 다른 하나는 형가가 위衛나라를 떠나 떠돌아다니게 된 원인을 설명하기 위함이다."(『사기전증』) 그러나 위衛나라 원군元君이 아닌 각角이라 기록하고 있다.("군주 각角(위원군元君의 아들)이 자신의 친족들을 이끌고 야왕으로 옮겨 거주했다.")(『사기』「진시황본기」)

66  유차楡次: 조나라 읍으로 지금의 산시山西성 위츠楡次 지역이다.

67  『색은』에서는 '蓋'의 음을 '갑'이라 했다.

수레를 몰아 유차를 떠난 뒤였다. 찾으러 갔던 사람이 돌아와 보고하자 갑섭이 말했다.

"그가 떠났을 것이라 짐작하고 있었소. 내가 좀전에 노려보아 위협했으니까!"

이어서 형가가 돌아다니다 한단에 이르렀을 때 노구천魯句踐이란 자와 함께 박博68을 두었는데, 돌을 어디에 두어야 하는지를 놓고 다투게 되었다. 노구천이 화를 내며 큰소리로 꾸짖자 형가는 아무 말 없이 달아났고 결국 두 사람은 다시는 만나지 않았다.69

형가는 연나라로 온 뒤, 연나라의 개 잡는 백정과 축筑70을 잘 치는 고점리高漸離라는 자와 매우 친하게 지냈다. 형가는 술을 좋아하여 날마다 백정, 고점리와 함께 연나라 시장에서 맘껏 술을 마셨다. 술이 한참 달아오르면 고점리는 축을 치며 소리를 내고 형가는 축 소리에 맞춰 시장 가운데서 노래를 부르면서 서로 즐거워하다가 갑자기 서로 눈물을 흘리는 등 마치 주변에 아무도 없는 듯 행동했다.71 형가가 비록 술꾼들과 왕래했지만 그 사람됨은 속이 깊고 책 읽기를 좋아했다. 그는 제후국을 돌아다니면서 늘 그곳의 현사와 호걸, 덕망 높은 명사들과 교제했다. 그가 연나라로 온 뒤에 연나라의 처사處士72인 전광田光 선생도

---

68 박博: 본래는 장기 같은 놀이의 일종이었는데, 나중에는 일반적으로 도박의 뜻으로 발전했다. 『논어』「양화」에도 "박博이나 바둑이라도 있지 않느냐?不有博弈者乎?"라는 문장이 있는데, 여기서 혁奕은 바둑을 말한다.

69 형가가 갑섭, 노구천을 만나 겪은 일에 대해서는 견해가 다양하다. "이 두 사건은 형가가 속을 밖으로 드러내지 않는, 평범하지 않은 사람임을 증명한다."(『사기회주고증』) "능치륭이 조항趙恒의 말을 인용해 '눈을 부릅뜨자 가버리고, 소리 지르자 달아났으니, 속이 깊어 감정을 드러내지 않음을 알 수 있다'고 했고, 모곤이 말하기를 '태사공은 형가가 겁이 많은 면을 묘사한 것으로, 인상여藺相如와 한신韓信 같다'고 했다.(『사기전증』) "선비가 자신을 알아주는 사람을 만나지 못하고 공연히 죽는 것은 무익한 것으로, 두 번이나 달아난 것은 회음후 한신이 몸을 숨겨 땅바닥에 엎드리고는 가랑이 밑으로 기어 지나간 것과 같은 뜻이다."(『사기정화록』)

70 축筑: 고대 현악기로 형태는 거문고와 비슷하며 13개의 현이 있고 현 아래에 기둥이 있다. 연주할 때 왼손으로는 현을 누르고 오른손으로 대나무 자를 잡고 현을 쳐서 소리를 낸다.

71 "앞에는 옛사람이 보이지 않고 뒤에는 오는 사람이 보이지 않으니, 천지의 유유자적함을 생각하고 홀로 슬퍼하며 눈물을 흘린다. 영웅이 때를 만나지 못한 슬픔을 이처럼 지극하게 묘사했다."(『사기전증』)

그를 잘 대접했는데 형가가 평범한 사람이 아님을 알아보았기 때문이다.

    얼마 후, 진나라에 인질로 가 있던 연나라 태자 단<sup>丹</sup>이 진나라에서 도망쳐 연나라로 돌아왔다.[73] 연나라 태자 단은 일찍이 조나라에 인질로 가 있었는데, 당시 진나라 왕 정은 조나라에서 태어났고 어릴 때 태자 단과 사이가 좋았다. 그가 진나라로 돌아가 진나라 왕이 되고 나서 태자 단이 다시 진나라에 인질로 가게 되었는데, 이때 태자 단에 대한 대우가 소홀하자 태자 단은 이를 원망하여 도망쳐 돌아온 것이다. 단은 연나라로 돌아온 뒤 진나라 왕에게 원수를 갚을 기회를 노렸지만 연나라가 약소하고 자신도 역량이 없었다. 그 뒤 진나라는 끊임없이 산동<sup>山東</sup>으로 출병시켜 제나라, 초나라, 삼진[74]을 공격해 각국의 영토를 조금씩 잠식하더니 매우 빠른 속도로 연나라로 향했다. 연나라 군신들은 모두 재난이 임박했음을 두려워했다.[75] 태자 단이 이를 매우 걱정하여 태부인 국무<sup>鞠</sup><sup>武</sup>에게 가르침을 청하자, 국무가 말했다.

    "진나라 영토는 천하에 두루 퍼져 있어 한나라, 위나라, 조나라를 위협하고 있습니다.[76] 진나라는 북쪽에 감천<sup>甘泉</sup>과 곡구<sup>谷口</sup>[77] 같은 견고한 요새가 있고, 남

---

72  처사處士: 본래는 덕과 재주가 있으면서도 은거하면서 관직에 나아가지 않는 사람을 가리켰으나, 나중에는 일반적으로 관직을 지내지 못한 선비를 가리키기도 했다.

73  연나라 태자 단이 진나라로부터 돌아온 시기는 진왕 정 15년, 연왕 희喜 23년(기원전 232)이다. "『연단자燕丹子』에서 이르기를 '태자 단이 진나라에 인질로 있었는데, 진나라 왕이 그를 무례하게 대접하여 뜻을 이루지 못하자 돌아가려 했다. 진나라 왕이 허락하지 않으면서 '까마귀 머리가 하얗게 변하거나, 말에 뿔이 생기면 보내주겠다'는 터무니없는 말을 했다. 태자 단은 하늘을 우러러 탄식했는데, 바로 까마귀 머리가 하얗게 변하고 말에 뿔이 나는 일이 발생했다. 진나라 왕은 하는 수 없이 그를 보냈다'고 했다."(『정의』)

74  이 당시 제나라는 건建, 초나라는 유왕幽王, 한나라는 안安, 조나라는 천遷, 위나라는 경민왕이 군주였다.

75  "이 문장은 태자 단과 형가 등 사람들의 활동을 상세히 서술하면서 때때로 진나라가 동방으로 군대를 진격시키는 형세를 보여주는데, 긴장된 분위기를 고조시키는 한편 형가가 진나라 왕을 찔러 죽이려는 정치적 의의를 부각하려는 것이다."(『사기전증』)

76  "한, 위, 조는 진나라의 동쪽에 면하고 있기에 이미 멸망의 가장자리에 도달한 상태였다."(『사기전증』)

쪽에는 경수와 위수 유역의 비옥한 토양이 있으며, 아울러 파와 한중 지역의 풍요로운 자원까지 독점하고 있습니다. 서쪽에는 농산과 촉산이 있고, 동쪽에는 함곡관과 효산이 있습니다. 그들은 백성이 많고 병사들은 잘 훈련되어 있으며 무기도 충분합니다. 진나라가 밖으로 확장할 생각으로 우리 쪽으로 오면 장성 남쪽과 역수 북쪽의 연나라 지방78은 안정될 곳이 없게 됩니다. 어찌하여 모욕을 당했다는 원한 때문에 진나라 왕의 역린을 건드려 노여움을 사려 하십니까!"

태자 단이 말했다.

"그렇다면 우리가 어떻게 하면 좋겠습니까?"

국무가 말했다.

"제가 좀 더 깊이 생각해보겠습니다."

또 얼마간 시간이 지난 뒤, 진나라 장수 번오기樊於期가 진나라 왕에게 죄를 짓고 연나라로 도망쳐 오자79 태자 단은 그를 받아주고 연나라에 거주하도록 했다.

그러자 국무가 만류하며 말했다.

"안 됩니다. 저 진나라 왕의 포학함과 평소 연나라에 쌓인 원한만으로도 사람을 소름 끼치게 만들기에 충분한데, 하물며 번 장군이 연나라에 있다는 사실

---

77 감천甘泉은 지금의 산시陝西성 춘화淳化 서북쪽에 있는 산이고, 곡구谷口는 경수가 흘러나오는 입구로 지금의 산시陝西성 징양涇陽 서북쪽에 있다.

78 연나라 전체 경계를 가리킨다. 당시 연나라가 흉노를 방어하기 위해 쌓은 장성은 서쪽으로 장자커우張家口에서 시작되어 츠펑赤峰, 푸신阜新, 톄링鐵嶺 북쪽을 거친 다음 남쪽으로 꺾어 푸순撫順, 단둥丹東의 동쪽을 거쳐 북쪽 경계인 한반도로 이어진다. 역수는 당시 연나라의 남쪽 경계였다.

79 번오기가 진나라 왕에게 어떤 죄를 지었는지 역사에는 상세하게 기록되어 있지 않다. "양콴은 말하기를 「연세가」에 근거해, 태자 단이 진나라에 인질로 있다가 도망쳐 연나라로 돌아간 때는 연왕 희 23년, 진왕 정 15년으로 환의桓齮가 패해 달아난 이듬해다. 「진시황본기」에는 매번 출전하는 진나라 장수의 이름을 상세하게 기재하는데, 유독 이 기간에만 보이지 않으니 아마도 번오기가 환의일 것이다. 형가가 진나라 왕을 찌른 고사는 후세 사람이 내용을 전한 것으로, 전달한 자도 입으로 전했으며 기록한 자도 사료를 대조 확인하지 않았다. 다만 구전에 근거해 기록했기 때문에 진나라 장수 환의를 같은 음인 번오기로 적은 것이다'라고 했다. 양콴의 견해가 맞다면 번오기가 진나라 왕에게 죄를 지은 것은 조나라 장수 이목에게 패배하여 처벌을 받아야 할 일을 가리킨다."(『사기전증』)

을 알게 된다면 어떻게 되겠습니까? 이것은 바로 '굶주린 호랑이가 지나는 길목에 고기를 던져놓는 것'으로, 재앙을 구제할 방법이 없을 겁니다! 그때가 되면 설사 관중, 안영처럼 지모가 뛰어난 신하가 있다 해도 계책을 세울 수 없을 것입니다. 태자께서는 서둘러 번 장군을 흉노로 보내 진나라가 우리를 공격할 구실을 없애십시오. 그런 다음에 서쪽으로 삼진과 맹약하고 남쪽으로 제나라, 초나라와 연합하며 다시 북쪽으로 선우單于와 강화를 맺으십시오.[80] 그 후에야 진나라에 대처할 것을 도모할 수 있습니다."[81]

태자 단이 말했다.

"태부의 계책은 헛되이 시일을 보내는 것으로 시간이 오래 걸립니다. 내 마음은 우울하고 어지러워 잠시도 기다릴 수 없습니다. 그뿐만 아니라 번 장군은 천하에 갈 곳이 없는 곤경에 처해 내게 의탁했으니, 나는 강한 진나라에게 핍박을 받을지언정 가련한 친구를 저버린 채 흉노에게 보낼 수는 없습니다. 그것은 내 목숨이 다했을 때나 가능한 일입니다. 태부께서 다시 한 번 고려해주십시오."

국무가 말했다.

"대체로 위험한 행동을 하면서 다른 한편으로 안정을 찾고, 화근을 만들면서 다른 한편으로 복을 구하려 하면 계책은 얕아지고 원한만 깊어집니다. 새로 사귄 친구 한 명을 위해 나라의 커다란 재해를 돌아보지 않는다면 이것이야말로 '원한을 쌓고 재앙을 돕는 것'이라 할 수 있습니다. 진나라가 연나라를 공격하는 것은 기러기 깃털 하나를 화로의 숯불 위에 놓아 태우는 것처럼 단번에 끝

---

80  "스즈멘이 말하기를 「진본기」에 혜문왕 7년(기원전 318) 한, 조, 위, 연, 제가 흉노 군사를 거느리고 함께 진나라를 공격했다고 했는데, 전국시대에 이미 흉노 기병을 이용하여 지원군으로 삼았다'고 했다."(『사기각증』)

81  "국무의 말은 이치가 있는 것 같지만 실제로는 사람을 기만하는 빈말이다. 수십 년 전에 동방 육국이 아직 강성했을 때도 소진 등이 합종을 제창하여 진나라에 저항하는 원교근공遠交近攻도 할 수 없었는데, 하물며 지금 육국은 바람 앞에 흔들리는 등불과 같은 시기가 아닌가? 형가 같은 사람에 비해 국무는 한낱 진부하고 허약한 형상이다."(『사기전증』)

낼 수 있는 일임을 알아야 합니다. 독수리와 매같이 사나운 진나라가 우리에게 원한과 흉포한 노여움을 쏟아낸다면, 그 뒤의 결과를 말할 필요가 있겠습니까! 우리 연나라에 전광 선생이라는 분이 계신데 지혜가 깊고 참다운 용기를 지녔으니 그와 대책을 상의할 만합니다."

태자 단이 말했다.

"태부의 소개로 전광 선생과 사귀고 싶은데, 해주실 수 있습니까?"

국무가 대답했다.

"삼가 명을 따르겠습니다."

국무는 즉시 나가서 전광 선생을 찾아가 말했다.

"태자께서 선생을 만나 국가대사를 상의하고 싶어하십니다."

전광이 대답했다.

"영광스럽게 가르침을 받들겠습니다."

그러고는 태자를 방문했다.

태자는 직접 문 밖으로 나가 전광을 영접하고 뒷걸음질로 길안내를 하여 방으로 들어간 뒤, 무릎을 꿇고 소매로 전광이 앉을 자리를 쓸었다. 전광이 자리에 앉았는데 좌우에는 아무도 없었다. 태자 단은 다시 피석避席[82]하고 가르침을 청하며 말했다.

"연나라와 진나라는 함께 설 수 없으니, 선생께서 당면한 형세에 관심을 가져주시기 바랍니다."

전광이 말했다.

"신이 듣건대 준마가 건장할 때는 하루에 1000리를 달리지만 노쇠해지면 둔한 말이 앞질러 달린다고 합니다. 지금 태자께서는 신이 젊어 왕성했을 때의 이야기만 듣고 신의 정력이 소진된 것은 모르고 계십니다. 비록 신이 감히 국가대

---

**82** 피석避席: 상대방에 대한 존경과 자신의 겸손을 표시하는 예절로, 바닥에 자리를 깔고 앉아 있다가 공경을 표시하기 위해서 자리를 비켜 일어서는 것이다.

사를 도모할 수는 없어도, 다행히 신의 친구인 형경이라는 자가 유용하게 쓸 만
합니다."[83]

태자가 말했다.

"선생의 소개로 형경과 사귈 수 있겠습니까?"

전광이 대답했다.

"삼가 명을 따르겠습니다."

전광은 즉시 일어나 종종걸음으로 나갔다. 태자가 문까지 전송하며 전광에게
당부하며 말했다.

"내가 선생께 말씀드린 것이나 선생께서 말씀하신 것은 모두 국가의 큰일입
니다. 선생께서는 새나가지 않도록 해주십시오!"

전광은 고개를 숙이고 웃으면서 말했다.

"알겠습니다."

전광은 구부정한 몸으로 형경을 찾아가 말했다.

"내가 그대와 친하게 지내는 것을 연나라에서 모르는 사람이 없소. 지금 태
자께서는 내가 젊어서 왕성할 때의 말만 들었을 뿐 내 몸이 마음 같지 않은 줄
은 모르시오. 다행히 가르침을 받들었는데 '연나라와 진나라는 함께 설 수 없으
니, 선생께서 당면한 형세에 관심을 가져주시기 바랍니다'라고 하셨소. 나는 우
리 둘이 남이 아니라고 여겨 족하를 태자께 추천했으니, 족하께서는 궁으로 가
서 태자를 만나보시오."

형가가 말했다.

"삼가 가르침을 받겠습니다."

---

83   "『연자단燕子丹』에서 전광이 대답하기를 '제가 살펴보니 태자의 빈객 중에서 쓸 만한 자가 없습
니다. 하부夏扶는 혈기가 용감한[血勇] 사람으로 화가 나면 얼굴이 붉어지고, 송의宋意는 혈맥이 용감
한[脉勇] 사람으로 화가 나면 얼굴이 푸르게 되며, 무양武陽은 골격에서 용기가 나오는[骨勇] 사람으로
화가 나면 얼굴이 하얗게 됩니다. 제가 알고 있는 형가는 매우 용맹한 사람으로[神勇] 화가 나도 안색
이 변하지 않습니다'라고 대답했다."(『정의』)

전광이 말했다.

"내가 듣자 하니, 나이 들고 덕 있는 사람은 일을 처리하면서 다른 사람이 의심을 품게 해서는 안 된다고 했소. 지금 태자께서 내게 당부하기를 '우리가 말한 것은 모두 국가의 큰일이니, 선생께서는 새나가지 않도록 해주십시오'라고 했소. 이는 태자가 나를 의심한 것이오. 무릇 일을 처리하면서 다른 사람이 의심을 품게 하는 것은 절개 있고 의협심 많은 사람이 아니오."

전광은 스스로 죽음으로써 형경을 격려하기로 결심하고, 형가에게 말했다.

"부디 족하는 서둘러 태자를 찾아가 전광은 이미 죽었다는 말을 전하여 기밀이 새나가지 않았음을 증명하시오."

말을 마치더니 스스로 목을 베어 죽었다.

형가는 즉시 태자를 찾아가 전광이 이미 죽었다는 말을 하고는 그가 죽기 전에 한 말을 태자에게 전했다. 태자는 두 번 절하고는 무릎을 꿇었고 땅바닥에서 무릎을 꿇고 앞으로 나아가며 눈물을 흘렸다. 그러고는 잠시 뒤에 비로소 말했다.

"내가 전광 선생께 말하지 말라고 당부한 까닭은 큰일을 성공시키기 위한 것이었소. 지금 전광 선생이 죽음으로써 기밀이 새나가지 않음을 표명했는데, 어찌 내 본심이었겠소!"

형가가 자리에 앉자, 태자는 또 자리를 벗어나 머리를 조아리고는 말했다.

"전광 선생은 내가 부족한 사람인 줄 모르고 그대 앞에서 감히 내 심사를 말할 수 있게 했으니, 이것은 진실로 하늘이 우리 연나라를 가엾게 여겨 나를 버리지 않은 것이오.[84] 지금 진나라는 이익을 탐내는 마음을 지니고 있으며 욕심은 만족을 모르고 있소. 천하의 토지를 모조리 차지하고 각국의 왕들을 모두

---

84  원문은 '불기기고야不弃其孤也'다. 태자 단이 자신을 '고孤'라 칭하고 있다. "아비가 없는 것을 고라고 한다. 당시 연나라 왕이 아직 살아 있는데도 태자 단이 고라 칭한 것은 아마도 기록하는 자가 실수한 것일 것이다."(『색은』)

신하로 굴복시키지 않고서는 결코 멈추지 않을 것이오. 지금 진나라는 이미 한나라 왕을 사로잡고 한나라의 토지를 전부 거두어들였소.[85] 또한 군대를 일으켜 남쪽으로 초나라를 정벌하고,[86] 북쪽으로는 조나라에까지 바짝 접근했소. 왕전王翦은 대군 수십만 명을 이끌고 이미 조나라의 남쪽 경계인 장수漳水와 업성鄴城[87]에 도달했고, 이신李信은 태원과 운중[88]에서 출병하여 조나라로 진격하고 있소. 조나라는 진나라에 저항하지 못하고 반드시 진나라에 투항해 신하가 될 것이오. 조나라가 투항해 진나라의 신하가 된다면 그 재앙은 우리 연나라에 닥칠 것이오. 연나라는 작고 약해서 여러 차례 전쟁으로 곤혹스러웠는데, 지금은 국가의 모든 역량을 동원해도 진나라의 진공을 막아내지 못할 것이오. 제후들이 진나라를 두려워하여 복종하기 때문에 누구도 감히 우리와 합종하여 진나라에 대항하려 하지 않소.

나의 어리석은 계책으로는 천하의 용사를 얻어 진나라에 사신으로 보내는 것이오. 만약 큰 이익으로 진나라 왕을 유인하여 진나라 왕이 탐한다면 그 형세는 반드시 우리가 바라는 대로 될 것이오. 진나라 왕을 위협하여 그가 점령한 제후들의 토지를 모조리 되돌려주게 한다면 조말이 제 환공을 협박한 것과 같은 것으로,[89] 가장 좋은 결과라 하겠소. 설사 성공하지 못하더라도 기회를 틈타 그를 찔러 죽일 수 있을 것이오. 진나라 대장들은 모두 나라 밖에서 제멋대로 병권을 행사하고 있으므로 안에서 변란이 발생한다면 군주와 신하는 서로

85　진왕 정 17년, 연왕 희 25년(기원전 230)의 일이다. 이해에 진나라는 한나라를 멸하고 한나라 땅에 삼천군을 설치했다. 당시 한나라 왕은 마지막 왕으로 이름은 안安(재위 기원전 238~기원전 230)이다.
86　『사기』「진시황본기」에는 이때 남쪽으로 조나라를 정벌한 사건이 기재되어 있지 않다.
87　장수漳水와 업성鄴城은 당시 조나라의 남쪽 경계였다. 장수는 지금의 산시山西성 동남부에서 발원해서 동북으로 허베이성 남부, 중부를 거쳐 동남부 황화 동쪽에서 바다로 흐르는 강이다. 업성의 옛터는 지금의 허베이성 린장臨漳 서남쪽 지역이다.
88　태원과 운중은 원래 조나라에 속했는데 나중에 진나라에 의해 점령당한 군이다. 태원군은 진왕 정 2년(기원전 245) 설치됐고 치소는 진양晉陽이다. 운중군은 진왕 정 13년(기원전 234)에 설치됐고 치소는 운중(지금의 네이멍구 퉈커터托克托 동북쪽)이다.
89　"제 환공으로 진시황을 바라니, 태자 단의 어리석음이다."(『사기지의』)

의심하게 될 테니,[90] 그 틈에 우리 동방의 제후들이 합종한다면 반드시 진나라를 격파할 수 있을 것이오. 이것이 내가 가장 바라는 바인데, 이러한 사명을 누구에게 맡겨야 좋을지 모르겠소. 형경께서는 이 일을 염두에 두시기 바라오."

한참 지나서 형가가 말했다.

"이것은 국가의 큰일입니다. 신은 자질도 높지 않아 아마도 이러한 사명을 감당하기 부족할 것 같습니다."

태자가 앞으로 가서 머리를 숙여 절하고 사양하지 말아달라고 간청하자 비로소 형가가 허락했다. 그리하여 태자 단은 형가를 높여 상경으로 삼고[91] 상등 관사에 머물도록 했다. 태자 단은 매일 그곳에 가서 안부를 묻고 태뢰의 음식을 제공했으며, 때때로 각종 진기한 보물을 보내고, 거마와 미녀를 보내주어 형가가 마음껏 누리도록 해주었다.[92]

오랜 시간이 지났는데도 형가는 움직일 생각이 없었다. 이때 진나라 장수 왕전은 이미 조나라를 격파하고 조나라 왕을 사로잡았으며 조나라의 영토를 모조리 거두어들였다. 이어서 진나라 군대는 북진하며 땅을 점령하여 연나라 남쪽 경계까지[93] 이르렀다. 태자 단은 두려워하며 형가에게 청하며 말했다.

"진나라 군대가 단시간에 역수를 건넌다면 내 비록 족하를 오래도록 모시려

---

90 "새로운 군주는 노장군들을 신임하지 않을 것이고, 노장군들은 새로운 군주를 신임하지 않을 것임을 말한다."(『사기전증』)
91 "단은 태자이니 형경을 상경으로 높일 수 없다. 이것은 '형경을 상경과 같이 높였다'고 말하는 것일 뿐이다."(『사기각증』)
92 "「연단자」에서 이르기를 '형가가 태자와 함께 동궁 연못에서 놀았는데 형가가 기와 조각을 주워 개구리에게 던지자 태자는 황금으로 만든 알을 바쳤다. 또 함께 천리마를 타고 가다가 형가가 '천리마의 간이 맛있죠'라고 하자 그 자리에서 말을 죽여 간을 바쳤다. 태자가 번 장군과 함께 화양대華陽臺에서 술자리를 벌이고 미인에게 거문고를 타게 했는데, 형가가 '예쁜 손입니다'라고 하자 그 손을 잘라 옥쟁반에 담아줬다. 형가가 말하기를 '태자께서 나를 대접함이 매우 두텁다'고 했는데, 맞는 말이다."(『색은』)
93 대략 지금의 허베이성 바오딩保定, 런치우任丘, 창저우를 잇는 지점이다. 조나라가 격파된 뒤에도 조나라 공자 가嘉는 대代 땅에서 스스로 왕이 되어 진나라 군대에 저항했다.

한들 어찌 그렇게 할 수 있겠소!"

형가가 말했다.

"태자께서 말씀하지 않아도 신이 알현하려 했습니다. 지금 제가 진나라로 간다 해도 그들을 믿게 할 만한 것이 없으니 진나라 왕에게 접근할 방법이 없습니다. 진나라 왕은 진나라에서 도망친 번 장군을 황금 1000근과 1만 호의 식읍을 현상금으로 걸어 잡으려 하고 있습니다. 만약 번 장군의 머리와 연나라 독항督亢94의 지도를 가지고 가서 진나라 왕에게 바친다면 진나라 왕은 반드시 기뻐하며 신을 만날 것입니다. 그때 신이 비로소 태자께 보답할 기회를 얻을 수 있을 것입니다."

태자 단이 말했다.

"번 장군은 곤경에 처해 갈 곳이 없어 내게 의탁했소. 나는 차마 내 사사로운 사정 때문에 덕 있는 사람의 마음을 상하게 할 수는 없소. 청컨대 족하께서는 다른 방법을 생각해보십시오!"

형가는 태자 단이 차마 번오기를 죽이지 못하는 마음을 알고 개인적으로 번오기를 만나 말했다.

"진나라는 장군을 지극히 잔혹하게 대하고, 장군의 부모와 종족을 모조리 살육했습니다.95 지금 듣자 하니 장군의 머리에 황금 1000근과 1만 호의 식읍을 현상금으로 걸었다고 하는데, 이 일을 어찌하려 하십니까?"

이에 번오기는 하늘을 우러러 길게 탄식하고 눈물을 흘리며 말했다.

"나는 매일 이 일을 생각하며 늘 골수에 사무치도록 고통스럽습니다. 아무리 생각해도 어떻게 해야 할지 모를 따름입니다!"

---

94 대략 지금의 허베이성 쥐저우涿州, 딩싱定興, 신청新城, 구안固安 일대 지역으로, 당시 물자가 풍부했다.

95 원문은 '육몰戮沒'이다. "모조리 죽이는 것을 말한다. 일설에는 육戮은 중죄를 저지른 자를 죽이는 것을 가리키고, 몰沒은 죄가 가벼운 자를 관청의 노비로 사는 것을 가리킨다고 한다. 전자의 견해가 맞는 것 같다."(『사기전증』) 역자 또한 '모조리 죽이는 것'으로 번역했다.

형가가 말했다.

"지금 한마디 말로 연나라의 우환을 없애고 동시에 장군의 원수를 갚을 수 있다면 어떻게 하시겠습니까?"

번오기가 다가서며 물었다.

"어떤 방법입니까?"

형가가 대답했다.

"장군의 머리를 얻어 진나라 왕에게 바치고자 합니다. 진나라 왕은 반드시 기뻐하며 저를 만나줄 것입니다. 그때 제가 왼손으로 그의 소매를 잡고 오른손으로는 그의 가슴을 비수로 찌를 것입니다. 그러면 장군은 원수를 갚을 수 있고 또 연나라가 당한 치욕도 씻을 수 있습니다. 장군께서는 이렇게 하실 의향이 있으십니까?"

이 말을 들은 번오기는 즉시 소매를 내려 한쪽 어깨를 드러내고 한 손으로 다른 손의 팔목을 잡고는[96] 형가에게 가까이 다가서며 말했다.

"이것은 제가 밤낮으로 이를 갈고 가슴을 두드리며 생각해내지 못한 좋은 방법인데, 오늘에야 당신의 가르침을 듣게 되었습니다!"

그러고는 스스로 목을 베어 죽었다. 이 소식을 들은 태자 단은 수레를 나는 듯이 달려와서는 시신에 엎드려 통곡하며 매우 비통해했다. 그러나 이미 어찌할 도리가 없었기에 번오기의 머리를 상자에 넣고 밀봉했다.[97]

이때 태자는 미리 천하에서 가장 날카로운 비수를 물색하여 조나라 서부인(徐夫人)[98]이 가지고 있던 비수를 100금에 사두었다. 또 장인을 시켜 비수를 벌겋게

---

96  당시 사람들이 맹세를 하거나 결심을 표현할 때 항상 이러한 자세를 취했다.

97  "모곤이 말하기를 '형가가 번오기에게 머리를 요청한 구절은 사람의 정이 아니라고 말할 수 있다. 당시 형가는 태자와 은밀히 그렇게 하기로 했을 것이다. 호사가들이 기이하게 꾸민 것이거나 혹은 전국시대에 절개가 있고 의협심이 많은 자들을 동경한 것이다'라고 했다."(『사기평림』)

98  "서徐는 성이고 부인夫人은 이름이다. 남자를 말한다."(『색은』) "나카이 리켄이 말하기를 '서부인이 여자가 아니라고 하는데, 알 수 없다'고 했다."(『사기회주고증』) "서徐는 성이고 부인夫人은 자로 의심된

담금질한 다음 독약에 담가 독을 묻히고 시험 삼아 사람을 찌르니 실오라기를 적실 정도로 적은 양의 피를 흘려도 그 자리에서 즉사하지 않는 사람이 없었다. 그리하여 태자 단은 이런 물건을 모두 형가를 위해 수습하여 행장을 꾸리고 그가 진나라로 떠날 수 있도록 준비했다.

연나라에 진무양秦舞陽[99]이라는 용사가 있었다. 그는 열세 살 때[100] 사람을 죽였기에 누구도 감히 그를 정면으로 쳐다보는 이가 없었다. 이에 태자 단은 진무양으로 하여금 형가의 조수를 담당하게 했다. 이때 형가는 함께 갈 어떤 사람을 기다리고 있었는데, 그 사람은 멀리 떨어진 곳에 살았으므로 아직 오지 않았고, 형가는 그를 위해 행장을 다 꾸려놓은 상태였다. 한참이 지나도 형가가 출발하지 않자 태자 단은 그가 시간을 질질 끈다고 여겼다. 그가 마음을 바꿀까 의심이 되어 재차 요청하며 말했다.

"이제 시간이 없소. 형경께서는 무슨 다른 뜻이 있소? 그렇지 않다면 나는 진무양을 먼저 보냈으면 하오."

이 말을 듣자 형가가 화를 내며 큰소리로 태자를 꾸짖었다.

"태자께서는 어찌하여 이토록 재촉하십니까? 한번 가면 다시는 돌아오지 못할 놈입니다! 비수 한 자루 가지고 어떤 변화가 있을지 예측할 수 없는 강대한 진나라로 들어가는 길입니다. 제가 아직 가지 않는 것은 제 친구를 기다렸다가 함께 가고자 함입니다. 지금 태자께서 제가 질질 끈다고 싫어하시니 즉시 작별

다."(『사기각증』)
99  "연나라의 현명하고 재능 있는 장군 진개秦開가 호胡 땅에 인질로 잡혀 있었는데 호인들은 그를 매우 신임했다. 진개는 연나라로 돌아온 뒤 군대를 이끌고 동호東胡를 습격해 격파하여 동호를 1000여 리나 뒤로 물러나게 했다. 형가와 함께 진나라 왕 정을 찌르러 갔던 진무양이 바로 진개의 손자다."(『흉노열전』) "『전국책』『연단자』『인표』『예속隸續』「무량화武梁畵」에 모두 '무양武陽'으로 기재하고 있는데, 『사기』에서만 '무양舞陽'으로 기재하고 있다. 옛날 글자는 서로 통용되었다."(『사기지의』)
100  『전국책』「연책」에는 '12세'로 기재하고 있다.

을 고하고 떠나겠습니다!"

형가는 마침내 출발했다.

태자 단과 이 일을 알고 있는 빈객들이 모두 흰색의 옷과 관을 쓰고 형가를
전송하러 나왔다. 역수 가에 이르러 노신路神에게 제사를 지내고[101] 수레를 서
쪽 방향의 길에 늘어놓았다.[102] 고점리가 축을 치고 형가는 축 소리에 맞춰 노
래를 불렀는데,[103] 변치變徵[104] 음조로 노래 부르자 전송하던 사람들이 모두 눈
물을 흘리며 흐느껴 울었다. 이어서 형가는 다시 앞으로 나아가며 노래 불렀다.

휙휙 부는 바람 소리여, 역수는 차갑기만 한데
장사가 한 번 떠나감이여, 다시 돌아오지 못하리!

이어서 곡조가 격앙되고 기개가 있는 우성羽聲[105]으로 바뀌자 듣는 사람들이
모두 눈을 부릅떴고, 머리카락이 관을 찌를 듯 곤추섰다. 노래를 마친 형가는
수레를 타고 서쪽으로 떠났는데, 끝내 뒤를 돌아보지 않았다.

마침내 진나라에 당도한 형가는 진나라 왕의 총애하는 신하인 중서자 몽가蒙

---

101　옛사람들은 먼 길을 떠날 때 항상 이러한 제사를 지냈다. "안사고가 말하기를 '조는 전송하는
제사이기 때문에 주연을 베풀었다'고 했다. 그리하여 후세에도 사람을 송별하는 주연을 조전祖餞, 조
연祖宴이라 했다."(『사기전증』)
102　원문은 '취도取道'로, 출발하는 길에 거마를 늘어놓는 것이다. "고대에 노신에게 제사지내는 의
식에 대해, 오사도는 『모시전소毛詩傳疏』에서 말하기를 '흙을 산 형상으로 쌓아 막고 그 위에 희생물
을 엎어놓으며 제사를 마치고 전송한다. 술을 마신 다음 수레에 올라타 그것을 밟고 지나간다'고 했다."
(『사기전증』)
103　"형가가 서쪽으로 진나라 왕을 찌르러 가는데, 고점리와 송의가 그를 위해 축을 쳤고 역수 가에
서 노래를 부르니, 그들의 노래를 듣는 사람 중에 마치 화가 난 것마냥 찢어질 듯이 눈을 부라리고 관
을 뚫을 듯이 머리카락을 곤추세우지 않는 사람이 없었다."(『회남자』「태족泰族」)
104　고대 음률에는 궁宮, 상商, 각角, 변치變徵, 치徵, 우羽, 변궁變宮의 7가지 음조가 있는데, 지금의
C, D, E, F, G, A, B에 해당된다. 변치變徵는 즉 F조로 처량하고 쓸쓸한 음조다.
105　우성羽聲: 지금의 A조로 소리가 격앙되고 기개가 있다.

嘉106에게 천금의 예물을 바쳤다. 몽가는 형가를 위해 먼저 진나라 왕에게 이렇게 말했다.

"연나라 왕은 진실로 대왕의 위엄을 두려워하여 감히 군대를 일으켜 우리 군대에 저항하지 못하고 있습니다. 우리에게 투항하여 국가를 넘기고 진나라에 속한 신하가 되어 작은 제후들과 나란히 국내의 군현과 같이 조정에 공물을 바치면서 그들 선왕의 종묘가 훼손되지 않도록 지킬 수 있기를 바라고 있습니다. 그러나 연나라 왕은 대왕을 두려워한 나머지 감히 직접 와서 말하지 못하고 먼저 사람을 보내 번오기의 머리와 연나라 독항의 지도를 가지고 왔습니다. 그들은 머리와 지도를 상자에 넣어 밀봉하고 사신을 진나라로 파견할 때 연나라 왕이 직접 정원에서 전송하는 예의를 거행하고 대왕께 보고하도록 했으니, 지금 대왕의 지시를 기다리고 있습니다."

이 말을 들은 진나라 왕은 매우 좋아하며 조복朝服107으로 갈아입고 구빈九賓108의 예를 갖추어 함양궁咸陽宮109에서 연나라 사자를 접견하기로 했다. 형가가 번오기의 머리가 든 상자를 받들고 앞에서 걸어갔고, 진무양은 독항의 지도가 든 상자를 받들고 차례대로 나아갔다. 두 사람이 계단 앞에 이르러 진무양이 겁을 내며 안색이 바뀌면서 두려워하자 진나라 왕의 군신들이 이를 기괴하게 여겼다. 형가는 고개를 돌려 진무양을 보고 웃음을 짓더니 앞으로 나아가 사죄하며 말했다.

"북방에 사는 만이蠻夷 같은 천박한 사람인지라 천자를 뵌 적이 없기에 이렇

---

106 몽가蒙嘉: 사적은 상세하지 않다. 몽염蒙恬의 동생이라고도 하는데 근거는 없다.
107 조복朝服: 조회 또는 성대한 행사 때 군신들이 입는 예복.
108 구빈九賓: 고대 외교상에서 가장 성대하고 장중한 예절을 말하는데, 경전에 설명이 보이지 않아 구체적으로 무엇을 하는지 알 수가 없다.
109 "『삼보황도三輔黃圖』에서 이르기를 '처음 진나라가 천하를 통일했을 때 함양을 도읍으로 삼았는데, 북릉北陵을 따라 궁전을 건축했고, 자궁紫宮은 제궁帝宮을 모방했으며, 위수가 도읍을 관통하는 것은 천한天漢(은하수)을 모방했으며, 횡교橫橋가 남쪽으로 건너는 것은 견우성을 모방했다'고 했다."(『정의』)

게 두려워하는 것입니다. 바라건대 대왕께서는 이 사람을 관대히 용서하시고, 대왕 앞에서 사신의 임무를 완수할 수 있도록 해주십시오."

진나라 왕이 형가에게 말했다.

"그가 가지고 있는 지도를 가져오시오."

형가는 진무양의 손에 있던 지도를 받아 진나라 왕에게 바쳤다. 진나라 왕이 지도를 받아 펼쳤고, 말려 있던 지도가 모두 펼쳐지자 숨겨뒀던 비수가 드러났다. 이때 형가는 왼손으로 진나라 왕의 소매를 붙잡고 오른손으로는 비수를 쥐고 진나라 왕을 향해 찔렀다. 그러나 비수가 몸을 찌르기 전에 진나라 왕이 놀라며 몸을 뒤로 당겨 일어서면서 소매가 끊어지고 말았다. 진나라 왕은 차고 있던 검을 뽑으려 했지만 검이 너무 길어[110] 뽑지 못하고 급히 칼집만 잡았다. 당시 너무 황급한 데다 차고 있던 검 또한 칼집에 꽉 고정되어 있어 즉시 뽑아낼 수가 없었다. 형가가 진나라 왕을 급하게 쫓자 진나라 왕은 단지 기둥을 돌며 달아나는 수밖에 없었다. 군신들도 놀랐지만 갑자기 일어난 일이라 모두 혼란에 빠졌다. 당시 진나라 법률 규정에서는 어전에 서 있는 신하들은 어떠한 무기도 휴대할 수 없었고, 무기를 소지한 낭중郎中들은 어전 아래에 도열하고 있지만 왕의 명령이 없으면 누구도 어전으로 올라올 수 없었다. 진나라 왕은 당시 급하게 형가를 상대해야 했기 때문에 어전 아래에 있던 호위 병사들을 부르지 못했고, 이에 형가는 진나라 왕을 쫓을 수 있었다. 상황이 다급한 데다 어전에 있던 군신들은 형가를 저지할 방법이 없어 맨손으로 형가와 격투를 벌이는 수밖에 없었다. 이때 진나라 왕을 모시는 의원 하무저夏無且가 수중에 가지고 있던 약주머니를 형가에게 던졌다.[111] 진나라 왕은 기둥을 돌며 달아났으나 당황하여 어찌해

110 『사기전증』에 따르면 『염철론』에서 당시 상황을 기록하면서 '7척의 날카로움'이라 하여 당시 진나라 왕이 차고 있던 검의 길이가 7척이었음을 알 수 있다고 했다. 당시 1척은 지금의 23.1센티미터로, 7척은 곧 162센티미터 정도다.

111 "마페이바이가 말하기를 '춘추전국시대에 훌륭한 의원은 대체로 진나라에 있었다. 편작扁鵲도 본래는 정鄭나라 사람인데 끝내는 진나라로 갔다. 하무저의 의술이 어떤지는 역사에 상세하게 기재되

야 할지 모르고 있는데 주변에 있던 어떤 사람이 진나라 왕에게 소리쳤다.

"대왕, 검을 뒤로 밀어 뽑으십시오!"[112]

진나라 왕은 검을 등 뒤로 민 다음 등 뒤로부터 뽑아내서 형가를 쳤고 그의 왼쪽 다리를 찍어 끊었다. 형가는 바닥에 쓰러졌고, 수중에 있던 비수를 세차게 진나라 왕에게 던졌지만 맞히지 못하고 오동나무 기둥을 맞혔다.[113] 진나라 왕은 다시 칼을 내리쳐 형가는 여덟 군데나 상처를 입었다. 형가는 성공할 수 없음을 스스로 깨닫고 기둥에 기대어 크게 웃더니 두 다리를 벌려 앉아서는[114] 욕설을 퍼부었다.

"오늘 일을 성공시키지 못한 까닭은 너를 사로잡은 다음 위협해서 반드시 우리와 조약을 맺게 하여 태자께 보답하려 했기 때문이다."

주위에 있던 사람들이 달려와 형가를 죽였으나[115] 진나라 왕은 이 일로 오랫동안 우울해했다. 이후 진나라 왕은 공로에 근거해 공이 있는 자에게 상을 주고 죄를 지은 자에게는 벌을 내렸는데 각기 차등을 두었다. 진나라 왕은 특별히 하무저에게 황금 200일을 상으로 하사하며 말했다.

---

어 있지 않지만 약주머니를 던져 생명의 위험에 처한 진나라 왕을 구한 것은 지혜와 용기가 있는 선비라 하겠다!'라고 했다."(『사기전증』)

112  "왕소가 말하기를 '옛날에 차고 다니는 검은 위가 길어서 칼집에서 잘 뽑히지 않았는데 등 뒤로 밀어 앞을 짧게 하면 쉽게 뽑을 수 있으므로 '대왕, 검을 뒤로 밀어 뽑으십시오'라 한 것이다'라고 했다. 또한 『연단자』의 거문고 곡조에서 '녹로鹿盧의 검은 뒤로 지면 뽑을 수 있다'고 한 것이 이것이다'라고 했다."(『색은』)

113  원문은 '중동주中桐柱'다. 『전국책』에는 '동桐'자가 없다. 불필요한 글자로 의심된다. 모본毛本에서는 '동동(즉, 구리 기둥)'이라고 했다."(『찰기』) 『통감』 「진기秦紀 2」에서 시황제 20년 부분에 '중동주中銅柱'라고 기재하고 있고, 『통지通志』 「유협游俠」에서도 같다.'(『수정본』) 대부분의 번역본에서도 '구리 기둥'으로 기재하고 있으나 『전국책』과 같이 단지 '기둥'으로 기재하는 쪽이 타당해 보인다. 역자는 '수정본'의 원문에 따라 '오동나무 기둥'으로 번역했다.

114  "쓰레받기와 비슷하게 앉아 있는 것으로, 이것은 일종의 오만하고 무례한 자세다."(『사기전증』)

115  "태사공은 여기서 진무양이 어떤 상황이었는지 언급하지 않았는데, 아마도 계단 아래에서 호위 병사들에게 잡혔을 것이다."(『사기회주고증』) "모곤이 말하기를 '진무양의 행방이 보이지 않으니, 또한 태사공이 소홀히 한 부분이다'라고 했다."(『사기평림』)

"하무저는 나를 사랑하여, 당시 형가에게 약주머니를 던졌다."

형가 사건으로 격분한 진나라 왕은 더욱 많은 군사를 조나라로 보냈고, 왕전의 군대에 명령을 내려 연나라를 공격하게 했다. 그해 10월 연나라 도읍인 계성薊城이 함락되었다. 연나라 왕 희와 태자 단 등은 정예 병사를 모조리 이끌고 동쪽 요동遼東으로 물러나 지켰다. 진나라 장군 이신李信이 연나라 왕을 급히 추격하자, 대왕代王 가嘉116가 연나라 왕 희에게 편지를 보내 말했다.

진나라 군대가 대왕을 급하게 추격하는 까닭은 태자 단 때문입니다. 지금 대왕께서 태자 단을 죽여 진나라 왕에게 바친다면 진나라 왕은 반드시 추격을 그만둘 것입니다. 그렇게 되면 연나라의 사직은 제사를 유지할 수 있을 것입니다.

그 뒤에 이신이 태자 단을 추격하자 태자 단은 연수衍水117 가로 도망쳐 몸을 숨겼다. 연나라 왕 희는 사람을 보내 태자 단의 목을 베었고 진나라 왕에게 바치려 했다. 그러나 진나라는 여전히 군대를 보내 연나라를 공격했다. 5년 뒤118 진나라는 마침내 연나라를 멸망시키고 연나라 왕 희를 사로잡았다.

그 이듬해(기원전 221) 진나라는 천하를 통일하고119 진왕 정은 칭호를 '황제'

---

116  대왕代王 가嘉는 조나라 공자 가嘉로 도양왕의 적장자다. 나중에 도양왕이 막내아들 천을 사랑했기 때문에 공자 가는 폐위되었다. 조왕 천 8년에 진나라 장군 왕전에게 왕이 사로잡히면서 조나라는 결국 멸망한다. 이때 공자 가는 달아나 대代에 이르렀고, 조나라의 잔여 세력이 그를 세워 대왕이 되었고, 재위 6년째 되던 해(재위 기원전 227~기원전 222)에 진나라에게 멸망당한다. 대 땅의 도성은 지금의 허베이성 위현蔚縣 동북쪽의 대왕성代王城이다.
117  "하천으로, 요동에 있다."(『색은』) 그러나 그 구체적인 방위는 상세하지 않다. "어떤 사람은 지금의 랴오양遼陽 부근 타이쯔강太子河이라고 하는 사람도 있다."(『사기전증』)
118  진왕 정 25년, 연왕 희 33년(기원전 222)이다.
119  진왕 정 17년(기원전 230)에 한나라를 멸망시키고, 19년(기원전 228)에 조나라를 멸망시켰으며, 22년(기원전 225)에 위나라를 멸망시키고, 24년(기원전 223)에 초나라를 멸망시켰으며, 25년(기원전222)에 연과 대代나라를 멸망시키고, 26년(기원전 221)에 제나라를 멸망시켜 마침내 천하를 통일했다.

로 했다.[120] 이어서 명을 내려 태자 단과 형가의 빈객들을 추격해 체포하게 했는데 모두 도망쳐 숨었다.

이때 고점리는 성과 이름을 바꾸고 남의 집 하인[121]이 되어 송자宋子[122]라는 곳에서 몸을 숨기고 일을 했다. 오랜 시간이 지나자 그는 일하기가 고단했다. 매번 주인집 대청에서 손님이 축을 치는 소리를 들을 때마다 고점리는 대청 아래서 한동안 떠날 줄 모르고 배회하면서 항상 이런 말을 내뱉었다.

"축을 치는 저 사람은 어떤 부분은 잘 치는데 어떤 부분은 잘 치지 못하는구나."

이때 주인의 한 시종이 주인에게 알렸다.

"저 하인이 음악을 이해하는지, 축을 치는 소리를 듣고 함부로 평가합니다."

집주인이 고점리를 불러들여 축을 쳐보게 했다. 한바탕 연주를 끝내자 자리에 있던 손님들이 모두 칭찬했다. 주인은 기뻐하며 그에게 상으로 술을 마시게 했다. 고점리는 오래도록 두려움 속에서 빈곤하게 숨어 지낸다면 끝이 없을 것이라고 생각했다. 그리하여 물러나 짐 상자에서 축을 꺼내고 좋은 의상으로 갈아입어 용모를 바꾸고는 다시 주인 앞으로 갔다. 자리에 있던 손님들이 모두 놀라 급히 내려와 고점리와 평등하게 상견례를 행하고 상객으로 모셨다. 그가 다시 축을 치며 노래를 부르자 손님 중에 감동하여 눈물을 흘리지 않는 자가 없었다. 이때부터 송자성 안에서 모두 돌아가며 고점리를 청해 손님으로 맞이했고, 이 소식이 진시황의 귀에까지 전해졌다. 진시황이 그를 불러들여 만났는데,

---

120 『사기』「진시황본기」에 따르면 당시 신하들이 상서를 올려 태황泰皇이 가장 존귀하다고 하자 진나라 왕은 "태泰자를 버리고 황皇자를 남겨두며 상고시대에서 칭한 제帝자를 더해 황제皇帝라 하라"고 했다.

121 원문은 '용보庸保'다. 『한서』에서는 주가보酒家保(술집 심부름꾼)라 했다. 술집에 고용되어 일을 하게 되면 말하는 데 신의를 지켜야 하므로 용보라 한 것이다."(『색은』) "강백구가 말하기를 '고용되어 노동을 파는 기한이 정해졌으므로 보保라 말한 것이다'라고 했다."(『사기회주고증』)

122 송자宋子: 지명으로 지금의 허베이성 자오현趙縣 동북쪽 지역이다.

어떤 사람이 그를 알아보고는 말했다.

"이자는 형가의 친구인 고점리입니다."

진나라 황제는 고점리의 축을 치는 솜씨를 좋아하고 아껴 특별히 그의 죄를 용서했지만 그 대신 눈을 멀게 했다. 그러고는 그에게 축을 치게 했는데 들을 때마다 칭찬하지 않은 적이 없었고 점차 그를 가까이했다. 고점리는 은밀하게 축 속에 납을 부어넣어 무게를 늘리고는 다시 축을 치러 궁으로 들어가 진나라 황제에게 접근했을 때 축을 들어 내리쳤지만 애석하게도 맞지 않았다. 진나라 황제는 결국 고점리를 죽였고, 이후로 죽을 때까지 동방 육국에서 온 사람들을 가까이하지 않았다.

노구천魯句踐[123]은 형가가 진나라 왕을 찔렀다는 소식을 들은 뒤 남몰래 말했다.

"아! 애석하게도 형가는 검술에 정통하지 못했구나! 나 또한 이 사람을 알아보지 못했구나! 지난날 내가 그를 큰소리로 꾸짖었을 때 그는 나를 같은 부류로 여기지 않았겠구나!"[124]

태사공은 말한다.

"세상에 전해지는 형가의 이야기 중에서 연나라 태자 단의 운명을 일컬어 '하늘에서 곡식이 내리고 말 머리에 뿔이 자라났다'고 했는데, 이것은 지나치게 과장된 것이다.[125] 또 형가가 당시에 진나라 왕을 찔러 상처를 입혔다고 하는 것

---

123  서두에 형가가 검술에 대해 토론을 벌인 사람은 노구천이 아니라 갑섭蓋聶이었다. 여기서 노구천이라고 말한 것은 사마천의 실수다.

124  이상 형가가 진나라 왕을 찌른 사건은 『전국책』「연책 3」에 보인다.

125  "전하는 책에 이르기를 '연나라 태자 단이 진나라로 와서 진나라 왕을 만났을 때 그를 가둔 채 떠나는 것을 허락하지 않자 진나라 왕에게 고국으로 돌아갈 수 있도록 청했다. 진나라 왕은 완고히 태자 단을 머물게 했고, 그에게 맹세하며 말하기를 '서쪽으로 기울어진 태양이 다시 중천으로 돌아오고, 하늘에서 곡식이 내리고, 까마귀 머리가 하얗게 변하고, 말에게 뿔이 자라고, 부엌 문 위에 조각한 나무 형상에 고기 다리가 자라난다면 그때 비로소 고국으로 돌아갈 수 있다'고 했다. 바로 이때 천지가 태자

도 맞지 않는 말이다. 이전에 공손계공公孫季功[126]과 동중서董仲舒는 모두 하무저와 왕래가 있어 당시의 일을 잘 알고 있는데, 나중에 그들은 내게[127] 여기에 기재한 내용과 똑같이 말했다. 조말부터 형가에 이르기까지 다섯 사람이 행했던 의거는 성공하기도 하고 성공하지 못하기도 했다. 그러나 그들의 목적은 매우 명확하고 결코 자신의 뜻에 어긋나지 않았으니, 그들의 명성이 후세에 전해지는 것이 어찌 허망한 것이라 하겠는가!"

단을 보우하여 태양이 그를 위해 중천으로 돌아오고, 하늘이 곡식을 내리고, 까마귀 머리가 하얗게 변하고, 말에서 뿔이 자라나며, 주방 문 위에 조각된 나무 형상에서 고기 다리가 자라났다. 진나라 왕은 태자 단을 성인으로 여겨 그를 연나라로 돌아가게 했다.' 이러한 말은 허위의 말이다."(『논형』 「감허感虛」)
126  공손계공公孫季功은 여기서 한 번 보이는데, 그에 대한 사적은 상세하지 않다.
127  본문의 '나余'는 사마담司馬談으로 보인다. "왕궈웨이王國維는 본문에서 '나'는 사마담을 가리킨다고 여겼다. 즉 이 구절은 사마천이 사마담의 말을 전한 것이다. 형가가 진나라 왕을 찌른 사건은 기원전 227년이고, 사마천이 태어난 해는 기원전 145년으로 82년 간격이 있으니 연령이 서로 비슷하지 않다."(『사기통해』)

# 27

# 이사열전

李 斯 列 傳

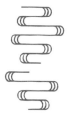

이사는 귀족이 아닌 평민 출신으로서 제후들에게 유세하다가 진나라로 가서 진시황이 천하 통일의 제업을 이루는 데 큰 공을 세웠다. 그 자신도 삼공의 지위에 올라 존중과 총애를 받았으니, 공적으로 보자면 말할 나위 없이 이사가 으뜸이라 할 수 있다. 그러나 진시황 사후에 개인의 이익과 권력을 탐하여 조고의 그릇된 주장을 따르고 그와 결탁하여 진시황의 적장자인 부소를 죽게 만들고 서자인 호해를 옹립했다. 나아가 학정을 일삼는 호해를 돕다가 분노한 백성이 봉기하여 천하가 어지러워지자, 조고와 호해에게 처단되는 최후를 맞았다.

이 편 서두에서 이사는 "재능이 있든 그렇지 않든 사람의 인생이란 이 쥐와 같아서 자신이 처한 환경에 따라 결정되는구나!"라고 말했으며, 초나라를 비롯한 여섯 나라에서는 공을 세우기 어렵다는 판단 아래 진나라로 향했다. 이것은 명성과 이익을 추구하는 그의 인생관을 말해주는 것이다. 또한 순경에게는 "사람이 태어나서 비천한 지경에 처하는 것만큼 부끄러운 일이 없으며, 빈곤한 것만큼 사람을 슬프게 하는 일도 없습니다"라는 말을 남기고 떠나는데, 이 또한 이사의 인생관이자 모든 처세의 근본이라 할 수 있다.

이사는 억울하게 죽었으나 사람들의 동정심을 불러일으키지 못한 것은 자신의 작위와 봉록을 지키기 위해 아첨하고 엄한 형벌과 가혹한 법을 실행했기 때문으로, 진나라의 패망에 책임이 없지 않다. 사마천은 이사가 진나라의 천하 통일에 일조하고 각종 제도를 개혁한 공적에 대해서는 긍정적으로 평가하면서도 조고와 함께 진 2세의 혹정에 협조한 부분에 대해서는 명백한 잘못을 지적하면서 "사람들은 모두 이사가 충성을 다했는데도 오형五刑에 처해져 죽었다고 생각하지만 그 근본을 살펴보면 세속의 사람들이 말하는 것과 다르다는 것을 알 수 있다. 그렇지 않다면 이사의 공적은 진실로 주공이나 소공과 함께 논할 만할 것이다"라고 했다.

이사李斯¹는 초나라 상채上蔡 사람이다. 그는 젊을 때 군郡에서 지위가 낮은 벼슬아치²를 지냈는데, 관사 측간의 쥐들이 더러운 분뇨를 먹다가 사람이나 개가 가까이 가면 항상 놀라 도망치는 것을 보았다. 이사가 양식 창고 안으로 들어가서는 안에 있는 쥐들을 보았는데 쌓여 있는 좋은 양식을 먹으며 큰 집에서 살아서 사람이나 개를 보아도 두려워하지 않는 것을 보았다. 이에 이사는 탄식하며 말했다.

"재능이 있든 그렇지 않든 사람의 인생이란 이 쥐와 같아서 자신이 처한 환경에 따라 결정되는구나!"

그는 순경荀卿을 따르며 삼황오제의 천하를 다스리는 학문을 배웠다.³ 그는 학업을 마치자 초나라 왕⁴은 힘을 다해 섬기기에 부족하고 나머지 여섯 나라⁵는 모두 약소하여 공을 세울 만하지 않다고 여겨 서쪽 진나라로 가기로 결심했다. 그는 순경에게 작별 인사를 하며 말했다.

1  "원나라 오구연吾丘衍의 『학고편學古編』에 이르기를 이사는 자가 통고通古라고 했다."(『사기지의』)
2  "색은본, 풍본에서는 '군'이 아니라 '향鄉'이라 했다. 『유취類聚』, 「수부獸部」, 『어람』 188권에서 『사기』를 인용하여 '향'이라 했다. 왕염손은 '상채의 향'이라고 했다."(『사기회주고증』) "유씨가 이르기를 '향의 문서를 관장했다'고 했다."(『색은』)
3  "이사가 순자에게 말하기를 '진나라는 4대에 걸쳐 항상 전쟁에서 승리를 거두었기에 군대는 해내에서 제일 강한 위세를 제후들 사이에서 펼치고 있는데, 결코 어짊과 의로움으로 한 것이 아니라 편의에 따라 한 것일 따름입니다!'라고 했다. 그러자 순자가 대답하기를 '네가 알 수 있는 일이 아니다! 네가 말하는 편의라는 것은 불편한 편의이고, 내가 말하는 어짊과 의로움이라는 것은 크게 편리한 편의인 것이다'라고 했다."(『순자』 「의병儀兵」)
4  당시 초나라의 왕은 고열왕이다.
5  여섯 나라는 제, 초, 연, 한, 조, 위를 가리킨다.

"제가 듣기로 사람이 때를 만나면 태만해서는 안 된다고 합니다.6 지금은 만 승의 제후들이 패권을 다투는 시기여서 유세를 잘하는 자들이 권력을 장악하고 있습니다. 지금은 진나라 왕이 천하를 집어삼키고 제帝라고 일컬으며 제후들을 통치하려고 하니, 이는 저희 같은 평범한 선비들이 진나라로 달려가 활약하고 유세가들이 솜씨를 펼칠 수 있는 때가 무르익은 것입니다.7 비천한 지위에 있으면서 자신의 처지를 바꾸려 하지 않는 것은 짐승이 고기를 보기만 하고 먹지 못하는 것이며8 겉으로 사람 꼴을 하고서 구차하게 살아가는 것과 같을 뿐입니다.9 그러므로 비천한 지경에 처하는 것만큼 부끄러운 일이 없으며, 빈곤한 것만큼 슬프게 하는 일은 없습니다.10 사람이 오래도록 비천하고 곤궁한 처지에 있으면서 세속을 비난하고 명예와 이익을 싫어하며 스스로 세상일에 관심을 두지 않는 것은 선비의 진실된 사상이 아닙니다. 이 때문에 저는 서쪽으로 가서 진나라 왕에게 유세하려고 합니다."

이사가 진나라에 왔을 때 마침 장양왕이 사망했으므로, 이에 그는 진나라 상국 문신후 여불위를 찾아가 그의 사인이 되기를 청했다. 여불위는 이사가 재능이 있다고 여기고 그를 추천하여 낭관郎官11으로 임명했다. 이사는 이 때문에 진나라 왕에게 유세할 기회를 얻었고, 진나라 왕에게 말했다.

---

6  "범려가 말하기를 '시기를 만나면 태만해서는 안 되니, 시기는 한번 가면 다시 오지 않는다得時無怠, 時不再來'라고 했다."(『국어』「월어越語」)
7  원문은 '유세자지추야游說者之秋也'다. "가을에는 만물이 성숙하니 지금은 강함을 다투는 시기이며 또한 유세가들이 활약할 성숙의 시기라는 것이다."(『정의』)
8  원문은 '금록시육禽鹿視肉'이다. '금록'은 금수禽獸와 같다. "눈독만 들일 뿐 먹지 못한다는 뜻이다. 장보첸이 말하기를 '짐승이 고기를 쳐다보기만 하고 먹지 못하는 것으로, 부귀를 얻어 누리지 못하는 자를 비유한 것이다'라고 했다."(『사기전증』) "사슴을 잡고도 그 고기만을 쳐다볼 뿐 먹지 않는 것으로 부귀영화를 누릴 줄 모르는 것을 비유한 것이다."(『사기각증』)
9  "비록 사람같이 보이지만 실제 근본은 사람의 기개와 재능이 없는 것을 말한다."(『사기전증』)
10  원문은 '故詬莫大於卑賤, 而悲莫甚於窮困'이다. "이 두 마디가 바로 이사가 일생 동안 근심 없이 살아가는 사상의 근본이며, 그의 일체 활동과 행위의 출발점이다."(『사기전증』)
11  낭관郎官: 전국시대에 생겨난 궁궐의 시종직으로, 한나라 때에는 의랑議郎·중랑中郎·시랑侍郎·낭중郎中 등의 관직을 통틀어 '낭'이라 했다. 흔히 다른 중요 관직으로 옮겨가는 출발점이었다.

"기다리는 사람은 유리한 기회를 놓치게 되고 큰 공을 이루는 사람은 상대방에 틈이 생긴 기회를 잡아 잔인하게 상대를 소멸시킵니다.[12] 옛날에 목공穆公이 패자라 일컬으면서도 끝내 동방 육국六國을 병탄하지 못한 것은 무엇 때문이겠습니까?[13] 당시에 제후국이 많은 데다 주나라 왕조의 위엄과 명망이 아직 쇠락하지 않았고, 오패가 차례로 흥기하여 주나라 왕실을 받들어 존중하며 질서 유지를 표방했기 때문입니다. 그러나 효공孝公 이래로 주나라 왕실의 권세가 쇠약해졌고 각 제후국이 서로 합병하여, 끝내는 관동에 여섯 나라만 남게 되었고, 진나라가 승세를 몰아 동방을 노예로 부린 지 지금까지 이미 여섯 대[14]나 되었습니다. 지금 제후국들은 진나라에 복종하여 마치 진나라 국내의 한낱 군이나 현과 같습니다. 무릇 오늘과 같은 진나라의 강대함과 대왕의 현명함이라면 솥단지 위에 앉은 먼지를 쓸듯이 쉽게 제후들을 소멸시키고, 황제의 대업을 완성시켜 천하를 통일할 수 있으니, 이것은 만 대에 한 번 있는 기회입니다. 지금 느슨하게 둔 채 서둘러 성취하지 않으면 제후국들이 다시 강대해져서 서로 모여 합종 연맹할 테고, 그때는 황제黃帝[15]의 현명함이 있다 하더라도 다시 그들을 합병할 수 없을 것입니다."

진나라 왕은 이사를 장사長史[16]로 임명하여 그의 계책을 듣고는 은밀히 모사謀士들에게 황금과 주옥을 가지고 동방 제후들을 찾아가 유세하도록 했다. 동방각 제후국의 명망 있는 인물 가운데 재물로 부릴 수 있는 자는 거금으로 매수

12 "이 말은 이사가 진나라 왕을 보좌하여 나라를 다스리는 근본적 방법이었으며 또한 이사 자신의 근본적인 처세 비결이다."(『사기전증』)
13 춘추시대 말기 동방에 여섯 나라만 있었던 것은 아니다. 이사가 '육국'이라 한 것은 동방의 여러 나라를 지칭한 것이다.
14 여섯 대는 효공부터 혜문왕, 무왕, 소왕, 효문왕, 장양왕까지다.
15 황제黃帝: 전설 속의 고대 제왕으로 사마천이 꼽은 오제五帝 중 한 명이다.
16 장사長史: 진나라 때에 설치된 관직이다. 전한 때 승상·태위·어사대부 속관으로 장사를 두었으며 후한 때도 태위·사도·사공 삼공부三公府에도 장사를 두었다. 여러 부서의 일을 대리했으며 직무의 중요성 때문에 삼공보좌三公輔佐라 불렸다. 여러 부府와 장군부將軍府에도 장사 한 명을 두었으며, 소수민족과 인접한 각 군 태수의 속관으로 배치된 장사는 태수를 보좌하고 군의 병마를 관장했다.

했고, 재물을 받지 않으려는 자는 즉시 검으로 찔러 죽였다. 군주와 신하 관계를 이간시키는 계략을 펼치고[17] 나서 진나라 왕은 훌륭한 장수와 정예병을 파견해 토벌하게 했다. 진나라 왕은 이사를 객경客卿으로 임명했다.

마침 이때 한나라에서 파견한 정국鄭國이라는 자가 진나라로 와서 관개수로를 건설한다는 명분으로 간첩 활동을 했는데, 그 목적은 진나라의 인력과 물력을 소모하기 위함이었다.[18] 그러나 오래지 않아 정국의 음모는 발각되었다.[19] 진나라 종실과 대신들이 모두 진나라 왕에게 말했다.

"동방 제후국에서 진나라로 온 자들은 대부분 자신의 군주를 위해 유세하고 첩자로 활동하니, 대왕께서는 빈객들을 모조리 쫓아내십시오."[20]

17  한나라 때 유방이 항우에게 펼친 반간계가 바로 이사의 방식이다. "진평이 유방에게 말하기를 '대왕께서 몇 만금의 황금을 내어 반간계로 항우와 그 신하 사이의 관계를 이간시켜 서로 의심하고 시기하게 만든다면, 항우는 본래 의심이 많고 험담을 듣기 좋아하니 그들은 빠른 시일 안에 서로를 죽이게 될 것입니다. 그때 대왕께서 기회를 보아 출병하여 공격한다면 초나라 군대를 격파할 수 있을 것입니다.'라고 했다."(『사기』「진승상세가」)
18  이 수로는 지금의 산시陝西성 동부의 경수와 낙수를 통과하는 유명한 관개시설로, 훗날 '정국거鄭國渠'라고 불렸다. "한나라는 진나라가 공정 건설을 일으키기 좋아한다는 소리를 듣고 진나라의 국력을 소모시키고 진나라의 동쪽을 향한 침략을 줄이기 위해서 수리 전문가인 정국을 파견해 간첩활동을 진행시켰다. 그는 진나라 왕을 설득하여 수로를 파서 경수를 끌어 중산(지금의 산시陝西성 춘화 동남쪽)부터 서쪽으로 호구(곡구라고도 하며 정국거의 서쪽 끝이다)에 이르게 했고, 아울러 북부의 산세를 따라 동쪽으로 흘러 낙수에 유입하게 했는데 수로의 전체 길이는 300여 리이며 농사를 위한 관개 용도로 사용하게 했다."(「하거서河渠書」)
19  "수로 공사가 진행되는 도중에 한나라의 음모가 발각되었고 진나라 왕은 정국을 죽이려고 했다. 그러자 정국이 말하기를 '제가 처음에는 간첩의 신분으로 왔지만 수로를 완성한 후에는 진나라에 유익할 것입니다.'라고 했다. 진나라 왕은 그의 말에 이치가 있다고 여기고 그로 하여금 수로를 완성시키게 했다. 이 수로를 정국거라고 했다."(「하거서」)
20  원문은 '일체축객一切逐客'이다. 『한서』「평제기平帝紀」 안사고 주석에 따르면 '일체一切'란 "칼로 물건을 자를 때 정연하게 취하는 것으로 장단과 종횡을 돌아보지 않는 것"이다. "나카이 리켄이 말하기를 '비유하자면 한칼에 꼴(목초) 묶음을 자르는데, 꼴의 장단과 굵고 얇음이 있지만 가리지 않고 한칼에 가지런하게 취하는 것을 말한다'고 했다."(『사기회주고증』) "손시강孫侍講이 말하기를 '빈객을 쫓아내는 혐의는 노애 때문이지 정국 때문은 아니다. 정국의 사건은 진시황 초년에 발생했다'고 했다. 『대사기大事記』에 이르기를 '이때 여불위가 국가를 전횡했는데, 그 또한 빈객이다. 누가 감히 빈객을 쫓아내라고 말하겠는가? 본문에 기재된 일은 여불위가 상국에서 면직된 뒤에나 할 수 있는 것이다'라고 했

이사는 이때 토의를 거쳐 쫓겨날 명단에 자신이 포함되어 있자 글을 올려 말했다.[21]

신이 듣자하니 대신들이 동방에서 온 빈객들을 내쫓을 것을 건의했다는데, 지극히 잘못된 것이라고 생각합니다. 옛날에 진泰나라 목공은 인재를 구하여 서쪽 융戎에서 유여由余를 오게 했고,[22] 동쪽으로는 초나라 원宛에서 백리해를 얻었으며, 송나라에서 건숙蹇叔[23]을 맞이했고, 진晉나라로부터는 비표丕豹와 공손지公孫支[24]를 불러 받아들였습니다. 이 다섯 사람은 모두 진나라에서 태어나지 않았지만, 목공은 이들을 임용하여 끝내 20개 나라를 합병하고 서융西戎의 패자가 되었습니다.[25] 효공이 상앙의 변법을 받아들여 풍속을 바꾸자 백성이 부유

다.(『사기지의』) "「육국표」에 따르면 정국거가 건설된 것은 진왕 정 원년(기원전 246)이고, 「하거서」에서도 정국이 한나라의 간첩으로서 관개수로를 건설하다가 진나라 왕에게 발각된 일을 기재하고 있지만 빈객을 쫓아냈다는 말은 없다. 『사기』 「진시황본기」에 빈객을 쫓아낸 사건은 진왕 정 10년(기원전 237) 노애의 난을 평정한 이후다."(『사기전증』) 양콴은 말하기를 "「진시황본기」에서 진나라가 대대적으로 빈객을 쫓아낸 이유가 노애의 반란 때문이라고 한 것이 옳다. 「이사열전」에서 한나라 사람 정국이 진나라로 와서 정국거를 건설했기 때문에 빈객을 쫓아냈다고 한 것은 잘못이며 옳지 않다. 「육국표」에 정국거는 진시황 원년으로 명확하게 기재하고 있고, 이해의 사건은 아니다"라고 했다.
21  이사가 올린 글은 유명한 「간축객서諫逐客書」로, 「진시황본기」에 따르면 진왕 정 10년(기원전 237)의 일이다.
22  유여由余는 원래 진晉나라 사람으로 도망쳐 융戎 땅으로 들어갔다. 진 목공은 그가 현명하다는 소리를 듣고 반간계를 이용해 융왕으로 하여금 그를 배척하게 하여 유여가 진나라로 오게 했다. 유여는 진나라로 와서 목공을 보좌하여 열두 나라를 합병하고 땅을 1000리나 넓혀 서융에서 패자라 일컬어지게 했다.
23  건숙蹇叔은 백리해의 벗으로, 진나라에서 정권을 장악한 백리해가 목공에게 건숙을 추천하여 상대부 지위에 올랐다. 『괄지지』에 이르기를 '건숙은 기주岐州 사람이다. 당시 그가 송나라에서 돌아다녔기 때문에 송나라로부터 그를 영접한 것이다'라고 했다."(『정의』)
24  비표丕豹는 진晉나라 대신 비정丕鄭의 아들로, 비정이 진 혜공에게 살해되자 진나라로 달아났다. 공손지公孫支는 『괄지지』에 따르면 '기주岐州 사람으로 진晉나라를 돌아다니다 나중에 진秦나라로 귀의했다'고 했다."(『정의』)
25  "진 목공은 유여의 계책을 받아들여 융왕戎王의 영토를 공격해 점령하고 진나라에게 12개 속국을 증가시켰으며 토지를 1000여 리나 넓혀 진나라가 서융에서 패자로 일컬어지기 시작했다."(『진본기』) "1000리의 땅은 혹여 개척할 수는 있지만 12개 나라를 속국으로 더했다는 말은 믿을 수 없다. 「흉노전」에 '8개 나라가 진나라에 복종했다'는 말이 맞다. 「이사전」에서는 '20개 나라를 합병했다'고 했는

해지고 국가는 부강해졌으며, 백성은 국가를 위해 힘쓰기를 즐겁게 여기고 제

후들도 귀순하여 복종했으며, 이어서 초나라와 위나라의 군대를 물리쳐[26] 영토

를 1000여 리나 넓혔고 지금까지 줄곧 안정되고 강대합니다.

혜왕은 장의의 계책을 받아들여 동쪽으로 삼천을 점령하고,[27] 서쪽으로 파와

촉을 합병시켰으며,[28] 북쪽으로는 상군을 점령하고,[29] 남쪽으로는 한중을 탈취

했으며, 구이를 점유하여 언과 영 땅을 통제하고, 또 동쪽으로 험준한 성고를

점거하여 인근의 기름진 토지를 탈취함으로써 마침내 동방 육국의 합종 연맹을

와해시켜 그들이 서쪽을 바라보며 진나라를 섬기도록 했으니, 장의의 공로가

줄곧 오늘에까지 이어지고 있습니다. 소왕은 범저를 얻은 뒤 양후를 폐하고 화

양군을 내쫓아 진나라 왕 자신의 권력을 강화하고 귀족과 권신들이 국정을 독

점하는 것을 막았으며, 동쪽으로 제후의 토지를 잠식하여 진나라가 천하를 통

일할 수 있는 기초를 이루었습니다. 이 네 명의 군주는 모두 동방에서 온 빈객

들의 역량에 의지해 공업을 쌓았습니다. 이를 보건대 동방에서 온 빈객들이 어

찌 진나라를 저버린다고 하겠습니까! 네 명의 군주가 동방에서 온 빈객들을 거

---

데, 사실이 아니다."(『사기지의』) "나카이 리켄은 말하기를 '20개 나라를 합병했다는 말은 어떤 근거인
지 알 수 없고, 과장된 말일 뿐이다'라고 했다."(『사기회주고증』)

26  「진본기」에 따르면, 효공 10년(기원전 352)에 위나라 도성 안읍을 포위하여 항복시키고, 22년(기원
전 340)에 위나라 군대를 격파하고 공자 앙卬을 포로로 잡아 진나라의 동쪽 경계를 황하까지 확장한
후 남쪽으로 초나라를 침범했다. 24년(기원전 338)에는 위나라 군대와 안문岸門(지금의 산시山西성 허진
河津 남쪽, 황하 동쪽 연안)에서 싸워 위나라 장수 위착魏錯을 포로로 잡았다.

27  "이선李善의 『문선주文選注』에 이르기를 '삼천을 통하게 한 사람은 무왕武王으로, 장의가 죽은
다음이다. 혜왕이 장의의 계책을 채용했다는 말은 잘못이다'라고 했다."(『사기지의』) 삼천三川은 대략
지금의 허난성 뤄양 일대로, 전국시대에는 주나라와 한나라에 속했고 이후 진시황이 이곳에 삼천군을
설치했다.

28  진 혜왕 후원 9년(기원전 316)의 일이다. 「진본기」에 따르면 진나라 왕에게 파와 촉을 취하자고 건
의한 인물은 장의가 아닌 사마착으로, 사마착이 군대를 이끌고 촉을 정벌한 것으로 기재하고 있다. "촉
을 정벌한 것은 사마착인데 또한 장의라고 여긴 것은, 장의가 진나라 상이었으니 비록 사마착이 촉을
멸망시켰다 하더라도 공적을 상에게 돌린 것이다. 『화양국지華陽國志』를 살펴보면 촉을 정벌한 것은
장의가 주장이며 사마착이 부장이었다."(『사기지의』)

29  상군上郡은 위나라 군으로, 혜왕 10년(기원전 328) 진나라에 빼앗겼다.

절하여 받아들이지 않고 유능한 인재들을 멀리하고 등용하지 않았더라면 절대로 진나라는 오늘과 같이 부유하고 강대한 명성을 얻을 수 없었을 것입니다.

지금 폐하께서는 곤륜산의 아름다운 옥을 얻었고,[30] 수후隨侯의 구슬[31]과 화씨벽을 소유하고 있으며, 허리에 명월주明月珠를 드리우고 태아검太阿劍을 차고 있으며,[32] 섬리마纖離馬[33]를 타고, 취봉翠鳳의 기를 세우고 영타靈鼉의 북을 진열해 놓았습니다.[34] 이러한 보물은 하나도 진나라에서 생산되지 않은 것인데 폐하께서 그것들을 무척 좋아하시니 무엇 때문입니까? 반드시 진나라에서 생산되는 물건이어야만 사용할 수 있다면 조정은 야광벽夜光璧[35]으로 장식할 수 없고, 코뿔소 뿔이나 상아로 제작된 기구를 즐길 수 없을 것입니다. 정鄭나라와 위衛나라의 미인으로 후궁을 채울 수 없고,[36] 결제駃騠와 같은 천리마로 궁 밖 마구간을 채울 수 없으며, 강남에서 생산된 황금과 주석을 사용할 수 없고,[37] 서촉의 단청丹靑 안료로 그림을 그릴 수도 없습니다.[38] 후궁을 장식하고 희첩들에게 베

30 "곤강昆岡은 우전국于闐國 동북쪽 400리 지점에 있는데, 그 언덕에서 옥이 생산된다."(『정의』) 옛 우전국은 지금의 신장 허톈和田 일대로 곤륜산 북쪽 기슭이다. 이곳은 예로부터 옥이 많이 생산되는 곳으로 유명하다.

31 수후隨侯가 뱀 한 마리를 구해주었더니 나중에 그 뱀이 진귀한 구슬을 물어와 보답했다는 이야기에서 생겨난 말이다.

32 명월주明月珠는 달빛과 같이 투명하고 밝게 빛나는 전설 속의 보배로운 구슬이며, 태아太阿의 검은 고대의 명검이다. "『월절서越絕書』에서 이르기를 '초나라 왕은 구야자甌冶子와 간장干將을 불러 쇠로 검 세 자루를 제작하게 했는데, 첫 번째는 간장干將, 두 번째는 막야莫邪, 세 번째는 태아太阿라 했다'고 했다."(『색은』)

33 섬리마纖離馬: "서광이 말하기를 '섬리와 포초蒲梢는 모두 준마의 이름이다'라고 했다."(『집해』)

34 취봉翠鳳의 기란 물총새의 날개로 만든 봉황 형태의 깃발이고, 영타靈鼉의 북이란 양쯔강 악어의 가죽으로 제작한 북이다.

35 야광벽夜光璧: 야간에 빛을 내는 아름다운 옥이다.

36 고대에 정鄭나라와 위衛나라는 노래 잘하고 춤도 잘 추는 미녀들이 많기로 유명했다.

37 "강남江南(장강 이남)은 지대가 낮고 습하여 남자들이 일찍 죽는 편이고 대나무 목재의 생산이 비교적 풍부하다. 예장군豫章郡(치소는 지금의 장시성 난창南昌)에서는 황금이 생산되고 장사군長沙郡(치소는 지금의 후난성 창사長沙)에서는 주석이 생산되는데 수량이 많지는 않다."(『사기』 「화식열전」)

38 단청丹靑은 주홍색과 청색 안료를 말하며 '회화繪畫'를 가리킨다. "파촉은 광활하며 비옥한 토지에서 주사朱砂가 생산된다."(『사기』 「화식열전」)

풀어 마음을 기쁘게 하고 눈과 귀를 즐겁게 하는 물건들이 반드시 진나라에서 생산되는 것이어야 한다면 원宛 땅의 구슬로 장식한 비녀, 작은 구슬을 꿰어 넣은 귀걸이, 동아에서 생산되는 얇은 흰색 비단으로 제작한 의복,[39] 비단에 수놓은 장식을 더 이상 폐하 면전에 바칠 수 없습니다. 때에 맞추고 풍속에 따라 우아하고 몸매와 용모가 아름다운 조나라 여자 또한 다시는 폐하 곁에 설 수 없을 것입니다.[40] 항아리를 치고 부缶[41]를 두드리며 쟁箏[42]을 뜯고 넓적다리를 손바닥으로 치면서 소리 높여 노래하여 귀를 유쾌하게[43] 하는 것이 진정한 진나라의 음악입니다. 정鄭과 위衛의 음악[44]과 상간桑間 음악,[45] 그리고 소昭, 우虞, 무武, 상象[46]은 다른 나라의 음악입니다. 지금 폐하께서는 항아리를 치고 부를 두드리는 것을 버리고 정과 위나라의 음악을 감상하며 쟁을 뜯는 것을 물리고 소昭와 우虞의 음악을 취하시는데, 이것은 무엇 때문입니까? 실제적으로 눈과 귀가 즐겁고 쾌락을 느낄 수 있기 때문입니다. 그런데 지금 사람을 쓰는 데에는 이와 같지 않습니다. 그 사람이 쓸 만한지 그렇지 않은지를 묻지 않고 옳고 그른지를 따지지도 않으며, 진나라에서 나고 자라지 않았으면 물리치고 밖에서

39  동아東阿는 지금의 산둥성 둥어東阿 서남쪽 지역이다. "서광이 말하기를 '제나라의 동아현東阿縣은 비단이 생산되는 곳이다'라고 했다."(『집해』)
40  조나라의 한단 또한 아름답고 가무를 잘하는 여자들로 유명했다.
41  부缶: 『설문說文』에서 이르기를 '부는 와기瓦器이며 진나라 사람이 치면서 노래의 박자를 맞추었다'고 했다.(『색은』)
42  쟁箏: 고쟁古箏, 진쟁秦箏이라고도 하며 전통적인 줄을 뜯어 소리를 내는 현악기다.
43  원래는 '쾌이목快耳目'인데, '수정본'에서는 '쾌이快耳'로 수정했다. "『독서잡지』「사기」에서 '소리는 귀를 유쾌하게 하지 눈을 유쾌하게 할 수는 없다. '목'자는 후세 사람이 첨가한 것이다'라 했고, 『문선』 『북당서초北堂書鈔』 『예문유취』 『태평어람』에도 '목'자가 없다."(수정본) 반면 "'목'자를 삭제하면 의미는 확실해지지만 여기는 균형을 잃게 된다."(『사기전증』) 역자는 '수정본'의 견해에 따랐다.
44  정나라와 위나라의 민간음악으로, 경쾌하고 쾌활한 특징을 지닌다.
45  상간桑間은 위衛나라의 땅으로 지금의 허난성 푸양 남쪽이다. 원래는 복수濮水 가에 있었다 하여 '상간복상桑間濮上'이라 했으며 위나라 청춘 남녀들이 연애하는 장소였다. 훗날 '상간복상'은 음탕하고 사치스러운 풍조가 있는 지방을 가리키는 말로 사용되었다.
46  소昭, 우虞, 무武, 상象은 고대에 장엄하고 신성한 묘당 음악을 가리킨다. 소昭(韶)와 우虞는 순임금 때의 음악이고, 무武와 상象은 서주 시기 무왕 때의 무곡舞曲이다.

온 빈객은 일률적으로 내쫓으려 합니다. 이것은 보기 좋고 듣기 좋은 것[47]은 중시하면서 인재는 경시하는 것입니다. 이는 결코 천하를 통일하고 제후들을 통제하는 좋은 방법이 아닙니다.

신이 듣기에 토지가 넓어야 생산되는 양식이 많고, 국가가 광대해야 인구가 많아지며, 병력이 강대해야 사병들이 용감해진다고 합니다. 태산은 어떠한 작은 흙먼지도 거절하지 않았기에 거대함을 이룰 수 있었고, 황하와 대해大海는 작은 시냇물을 가리지 않았기에 깊음을 이룰 수 있었습니다. 제왕이 된 자는 어떠한 백성도 배척하지 않아야 그의 덕을 광대하게 할 수 있습니다.[48] 이 때문에 토지에 사방의 구분이 없이 모두 나의 토지이고, 백성이 본국과 타국의 구분이 없으니 모두 나의 백성이며, 사계절이 충실하고 아름다우며 천지 귀신이 모두 복을 내리니, 이것이 바로 오제와 삼왕에게 적이 없었던 까닭입니다. 그러나 지금 폐하께서는 도리어 백성을 버림으로써 적국을 돕고, 사방에서 온 빈객들을 배척하여 그들로 하여금 제후국들이 공업을 성취하게 하고 있으며, 천하의 유능한 선비들을 물러나게 하여 감히 서쪽으로 향하지 못하게 하고, 그들의 두 발을 잡아매어 진나라로 들어오지 못하게 하시니, 이것이 이른바 "적에게 병기를 빌려주고 도적에게 양식을 보내주는 것과 같다"는 것입니다.

진나라에서 생산되지 않는 물건 가운데 진귀한 것이 많으며, 진나라에서 태어나지 않은 인재 가운데 진나라를 위해 충성을 다하고자 하는 사람 또한 많습니다. 지금 빈객들을 내쫓아 적국을 돕게 하고 자신의 백성을 감소시켜 적에게 인

---

47  원문은 '색락주옥色樂珠玉'이다. "풍본, 삼본에는 '주옥' 두 글자가 없다."(『사기회주고증』) 『사기각증』에서도 "스즈멘은 『문선』에 주옥 두 글자가 없고 『예문유취』에도 없다"고 했다. 역자 또한 이 견해에 따랐다.
48  비슷한 구절이 다른 문헌들에도 보인다. "바다는 물을 거절하지 않았기에 대해大海가 될 수 있었고, 산은 토석土石을 거절하지 않았기에 고산高山이 될 수 있었다."(『관자』「형세해形勢解」) "장강이나 황하는 작은 시냇물이 자신에게 가득 차도록 흘러들어오는 것을 싫어하지 않기 때문에 큰 강과 큰 바다를 이룰 수 있는 것이다. 성인은 처리하기 어려운 일을 사양하지 않고 인심을 거역하지 않고 순응함으로써 천하의 그릇이 될 수 있는 것이다."(『묵자』「친사親士」)

구를 증대시키고, 안으로는 허약하게 만들고 밖으로는 제후들에게 원한을 산다면, 국가에 위기가 없게 하려 해도 불가능할 것입니다.

진나라 왕은 즉시 빈객을 내쫓으라는 명령을 거두어들였고 이사의 관직을 회복시켰으며[49] 그의 계책을 채용했다. 이후 이사는 정위廷尉[50]에 이르렀다. 그로부터 다시 20여 년 뒤, 진나라는 마침내 천하를 통일하고[51] 진나라 왕을 황제皇帝로 높였으며, 이사는 승상을 맡았다.[52] 이어서 동방의 각 군과 현의 성벽을 허물어 평지로 만들고 옛 육국의 모든 병기를 녹여 이후로는 다시 사용하지 않겠다는 의지를 보였다.[53] 진나라는 통일한 뒤에 한 척의 땅도 분봉하지 않았고 왕실의 자제를 왕으로 세우지도 않았으며 공신들을 제후로 봉하지도 않았다.[54] 이는 후대에 전쟁의 재앙이 발생하지 않도록 하기 위함이었다.

진시황 34년(기원전 213), 함양궁에서 주연을 베풀어 군신들이 모였을 때 박

49  『신서新序』에서 말하기를 '이사가 쫓겨 가는 중간에 길에서 간언하는 글을 올렸고, 시황에게 전달되었다. 시황이 사람을 보내 쫓아가도록 했고 여읍驪邑에 이르렀을 때 돌아오게 되었다'고 했다.(『집해』)
50  정위廷尉: 진한 시기 중앙의 사법 행정장관으로, 구경九卿 중의 하나다. 주요 직무는 황제가 맡긴 조옥詔獄을 심리하고 지방에서 올라온 형벌 안건을 심리하는 것이었다.
51  "시황 10년(기원전 237)에 빈객들을 쫓아내는 명령이 있었고, 천하를 합병한 것은 17년이다."(『사기지의』) "본 열전에서 빈객을 쫓아낸 논의가 정국이 수로를 만든 이후로 기재하고 있는데, 정국이 수로를 만든 때는 시황 초년이고, 천하를 합병한 것은 바로 시황 20여 년이다."(『사기각증』)
52  진시황은 26년(기원전 221)에 육국을 통일하고 황제라 부르기 시작했다. 이사가 언제부터 진나라의 승상을 담당하게 되었는지 역사에 명문화된 것이 없다. "마페이바이의 『진집사秦集史』의 고증에 따르면, 시황 28년 이후에서 34년 이전일 것이다. 28년의 석각石刻에는 여전히 정위라고 칭했는데 34년에는 승상이라 칭하고 있다."(『사기전증』)
53  "천하의 병기를 몰수하여 함양에 한데 모은 다음 녹여서 약간의 종鍾, 거鐻(종처럼 생긴 악기)를 주조했고, 또 12개의 동인銅人을 주조했는데, 각기 무게가 1000석石(진 시기에 1석은 대략 30킬로그램)이었고 궁정 안에 설치했다."(『진시황본기』)
54  「진시황본기」에 따르면 진시황 28년에 진시황이 낭야산에 올랐을 때 낭야대를 짓고 진나라의 공덕을 칭송하는 내용을 비석에 새겼는데, 그 가운데 '열후列侯 무성후武城侯 왕리王離, 열후 통무후通武侯 왕분王賁'이라는 글이 있다. 또한 아래에 "나 이사는 황상의 총애를 받아 발탁되어 승상이 되었고 통후로 봉해졌다"는 문구가 있다. "공신들을 제후로 봉하지 않았다"는 말이 사실인지 의심스럽다.

사복야博士僕射55 주청신周青臣 등이 시황제의 위엄과 덕행을 칭송했다.56 이때 제나라 사람 순우월淳于越이 앞으로 나아가 간언했다.

"신이 듣건대 은나라와 주나라 왕조가 1000여 년 동안 유지될 수 있었던 것은 자제와 공신들을 분봉하여 중앙의 보조로 삼았기 때문이라고 합니다.57 지금 폐하께서는 천하를 통일했지만 자제들은 모두 평범한 사람에 지나지 않습니다. 나중에 갑자기 제나라의 전상田常, 진晉나라의 육경六卿 같은 인물이 모반을 일으킨다면58 폐하 주위에 보필하는 신하가 없으니 누가 폐하를 구원하겠습니까? 일을 처리함에 있어 옛것을 본받지 않고 오래 유지했다는 말을 들어본 적이 없습니다. 주청신 등은 폐하를 마주보며 아첨하면서 폐하의 잘못을 가중시키고 있으니 충신의 행위가 아닙니다."

진시황은 이 건의를 승상 이사에게 보내 의논하도록 했다. 승상 이사는 순우월의 견해가 터무니없다고 여겨 그의 의견을 물리치고 받아들이지 않았다. 그러고는 글을 올려 말했다.

옛날에는 천하가 분산되고 어지러워 누구도 통일시킬 수 없었기 때문에 제후들이 연이어 일어나 할거했습니다. 많은 사람이 옛것을 칭송하여 지금을 비난하고, 헛된 말을 꾸며서 실제를 어지럽히며, 저마다 자기의 학설이 훌륭하다고 치켜세우면서 자신들의 생각을 준칙으로 삼고 국가가 수립한 것들을 비방했습니

---

55  박사복야博士僕射: 많은 박사 중에 우두머리를 말한다.
56  「진시황본기」에 따르면 당시 박사는 70여 명이었고, 주청신은 진시황의 공덕을 칭송하며 "자고이래로 어떤 사람도 비할 수 없다"고 했다.
57  "새로 공포한 『하상주연표夏商周年表』에 따르면 상나라는 기원전 1600년에 건국하여 기원전 1046년에 멸망하여 총 554년이다. 주나라는 기원전 1046년에 건국하여 기원전 256년에 멸망해 총 790년이다."(『사기전증』) "1000여 년은 아니다."(『사기지의』)
58  전상田常은 춘추시대 말기 제나라의 권세를 잡은 신하로, 간공簡公을 시해하고 평공平公을 세웠다. 이때부터 강씨姜氏의 제나라는 이름만 존재할 뿐 실제로는 멸망했다. 육경六卿은 춘추시대 말기 진晉나라 정권을 장악한 여섯 집안의 대귀족으로 범씨, 중항씨, 지씨, 조씨, 한씨, 위씨였다.

다. 지금 폐하께서는 천하를 통일하여 옳고 그름을 명확하게 하고59 전국이 함께 황제 한 사람만 있도록 높였지만,60 각 학파는 서로 다투며 국가 정치와 각종 법률 제도를 비방하고, 국가가 어떤 법령을 반포하면 자신들 학파의 관점에 근거해 멋대로 질책합니다. 집에 가서는 속으로 반감을 품고 밖에 나와서는 뒷골목에서 시비를 의논하며 황상皇上을 비평하는 것으로써 명예로 삼고, 국가가 정한 것과 상반된 주장을 내세움으로써 고상함으로 삼을 뿐만 아니라 여러 무리를 거느리며 조정을 비방하고 있습니다. 이러한 것을 금지하지 않으면 위로는 황제의 권위가 떨어질 것이고 아래로는 당파가 조성될 것이니 엄격하게 금지시켜야 합니다. 신이 청하건대 민간에서 소장하고 있는 모든 문화 학술 저작과 『시』와『서』 그리고 제자백가의 서적을 일제히 불살라 없애도록 명령을 내리십시오. 명령을 내린 지 30일이 지나도 불사르지 않은 자는 경형黥刑으로 처벌하고 성단城旦61에 처하십시오. 의약, 점술과 재배에 관련된 서적들은 불사르지 않아도 됩니다. 이후에 누구든 배우고 싶은 자가 있으면 관리를 스승으로 임명하면 됩니다.

진시황은 그의 논의가 옳다고 여겨『시』와『서』 그리고 제자백가의 저작을 거둬들였다. 그 목적은 백성을 단순하고 어리석게 만들어 천하 사람들이 다시는 옛것을 인용하며 칭송하고 지금의 조정을 비판하지 못하게 하는 데 있었다. 법도를 엄격하게 밝히고 율령을 제정하는 일이 모두 진시황 때부터 시작되었

---

59　"유씨는 말하기를 '이전에는 나라마다 정사가 달랐고 집안마다 풍속이 달라 사람들이 사적인 말을 지어내어 실제 상황을 판별하지 못했는데, 지금은 곧 흑백(시비是非)을 분별하게 되었다'고 했다." (『색은』)
60　"시황제가 육국을 합병하고 천하를 안정시킨 것을 말하며, 전국이 함께 한 명의 황제만 있도록 높였으므로 이렇게 말한 것이다."(『색은』)
61　성단城旦: 밤에는 성을 건설하고 낮에는 외적을 방비하는 형벌로 진나라 시기에는 4년, 한나라 때는 5년이다.

고,62 문자도 통일시켰다. 또 전국 각 지구에 이궁별관離宮別館63을 두루 지었다. 그 이듬해(진시황 35년, 기원전 212)에 진시황은 각 지역을 순수巡狩하기 시작했고, 동시에 군대를 출병시켜 사방의 소수민족을 공격해 정벌했다.64 이러한 모든 일에서 이사의 힘이 가장 컸다.

이사의 맏아들 이유李由는 삼천군三川郡 군수가 되었는데, 이사의 아들들은 모두 진시황의 공주들을 아내로 맞아들였고, 딸들은 모두 진시황의 아들들에게 시집갔다. 한번은 이유가 휴가를 청해 함양으로 돌아오자 이사는 집에서 주연을 벌였다. 조정의 고관들이 모두 와서 축하하며 장수를 기원했고, 그의 대문 앞 공터에는 거마가 수천 대에 이르렀다. 이사는 길게 탄식하며 말했다.

"아! 나는 순경께 '무슨 일이든 지나쳐서는 안 된다'고 배웠다. 나 이사는 상채 땅에서 태어난 평민으로 시골 골목에서 자랐는데, 황상께서는 나의 노둔함을 싫어하지 않으시고 발탁하여 이런 높은 지위에까지 오르게 하셨다. 지금 문무백관 중에 나보다 높은 사람이 없고, 나의 부귀도 극에 달했다고 말할 수 있다. 만물은 극에 도달하면 반드시 쇠락해지거늘 나의 말로65가 어떻게 될지 알 수 없구나!"

62 "육국의 제도와 법령이 달랐기 때문에 지금 같게 만든 것이다."(『정의』)
63 이궁별관離宮別館은 도성 이외에 지은 제왕의 궁전으로, 일반적으로 황제가 순행을 나갔을 때 머무는 곳이다. "이궁별관이 관중 땅에 300여 곳, 관외關外(함곡관 동쪽으로 옛 육국의 영토)에는 400여 곳이었다."(「진시황본기」) 관중에 대한 설명으로는 다음과 같다. "동쪽으로 함관에 이르고, 서쪽으로 농관에 이르는데 두 관 사이를 관중이라고 한다."(『관중기關中記』) "서광이 말하기를 '동쪽 함곡, 남쪽 무관, 서쪽 산관, 북쪽 소관이므로 관중이라 했다'고 했다. 또 일설에는 동쪽 함곡관으로부터 서쪽 농관에 이르기까지 두 관 사이를 관중이라 한다고 했다
64 "시황 35년에 순수를 한 적이 없다. 그리고 사방의 소수민족을 공격해 정벌한 것도 이해에 있었던 일은 아니다."(『사기지의』) 「진시황본기」에 따르면 진나라의 남월과 흉노 정벌은 33년의 일이고, 「몽염열전」에 따르면 진나라가 흉노를 정벌한 것은 육국을 통일한 이후 얼마 뒤인 것 같다."(『사기전증』)
65 원문은 '탈가稅駕'로, 수레를 끌던 말을 풀어 멈춘다는 뜻이다. 휴식 혹은 귀착점을 상징한다. "탈가는 해가解駕와 같으며, 휴식을 말한다. 이사는 자기가 지금 부귀가 극에 달했지만 앞으로 길흉이 어디에서 멈추게 될지 모르겠다는 뜻이다."(『색은』)

진시황 37년 10월,[66] 시황제는 순행을 나가 회계산會稽山에 이르렀고, 해변을 따라 북상하여 낭야에 당도했다. 이때 승상 이사와 중거부령中車府令[67] 조고趙高가 부새령符璽令[68]의 직무를 대리하면서 함께 수행했다. 시황제에게는 20명이 넘는 아들이 있었다. 장자인 부소扶蘇가 여러 차례 직언을 하자 시황제는 그를 상군上郡에 주둔하고 있는 군대로 보내 감독하게 했으며 몽염蒙恬을 그 군대의 장수로 삼았다. 막내아들 호해胡亥는 줄곧 시황제의 사랑을 받았는데, 그가 따라가겠다고 요청하여 시황제는 허락했다. 나머지 아들들은 따라가지 못했다.[69]

그해 7월 시황제가 사구沙丘에 이르렀을 때 병이 위중해지자, 조고에게 명하여 편지를 적어 공자 부소에게 보내도록 했다.

군대는 몽염에게 넘겨 관장하도록 하고, 너는 서둘러 함양으로 돌아와 영구靈柩를 영접하고 나를 잘 안장하도록 하라.[70]

밀봉한 편지가 사자에게 전해지기도 전에 시황제가 세상을 떠났다. 서신과 인새印璽는 모두 조고의 수중에 있었다. 당시 공자 호해, 승상 이사, 조고와 시황제가 총애하던 환관 대여섯 명만이 시황제가 죽은 사실을 알 뿐 나머지 신하들은 알지 못했다. 이사는 황제가 밖에서 사망했는데 아직 정식으로 태자가 세워지지 않았기 때문에 이 사실을 비밀로 유지하고 봉쇄했다. 그들은 시황제의 시

---

66  기원전 210년 첫 번째 달이다.(당시는 10월을 시작되는 첫 번째 달로 삼았다.)

67  중거부령中車府令: 관직으로 황제의 수레를 관리했다.

68  부새령符璽令: 황제의 인장을 관장하는 관원.

69  "변사辯士가 성과 이름을 숨기고 진나라 장수 장함章邯에게 편지를 보내 말하기를 '이사는 진나라 왕이 죽자 17명의 형을 폐하고 지금의 왕을 세웠다'라 했다. 그렇다면 2세는 진시황의 18번째 아들이다. 이 글은 『선문善文』에 실려 있다."(『집해』) "『수지隋志』에 이르기를 '선문』 50권, 진晉 두예杜預가 저술하다'라고 했다."(『사기회주고증』)

70  "모곤이 말하기를 '시황제의 병세가 심하니 대신들을 불러 유언을 하는 것이 마땅한데 사사로이 태자에게 편지를 전하도록 조고에게 명하여 혼란을 빚게 했으니, 이것은 하늘이 진나라를 멸망하게 한 것이다'라고 했다."(『사기평림』)

신을 온량거輼輬車71 안에 안치하고는 백관들이 일에 대한 지시를 물어보고 음식을 올리는 것을 모두 평소처럼 진행시켰고, 환관 한 명을 그 안에 앉혀 바깥쪽의 물음에 비준하고 처리하게 했다.

조고는 시황제가 부소에게 보낸 새서璽書72를 가지고 있었는데, 공자 호해에게 말했다.

"황제께서 돌아가셨지만 공자들을 왕으로 봉한다는 조서도 없고 오직 한 통의 서신만 장자인 부소에게 남기셨습니다. 부소가 오면 그가 황제가 되고 공자께서는 한 치의 땅도 얻지 못하게 될 텐데, 그때는 어떻게 하시겠습니까?"

호해가 말했다.

"그렇게 되는 것이 당연하오. 내가 듣자 하니, 현명한 군주는 신하를 잘 이해하고 현명한 아버지는 자식을 잘 안다고 들었소. 아버지가 돌아가실 때 아들들을 왕으로 봉하지 않았으니, 자식이 무슨 말을 할 수 있겠소!"

조고가 말했다.

"그렇지 않습니다. 이제 천하의 대권과 죽이고 살리는 결정은 모두 공자와 저와 승상 세 사람의 수중에 있으니, 바라건대 진지하게 고려해보십시오. 남을 통치하는 것과 남에게 통치를 받는 것, 남을 통제하는 것과 남에게 통제를 받는 것이 어찌 같다고 할 수 있겠습니까!"

호해가 말했다.

"형을 폐하고 동생을 세우는 것은 의롭지 못한 것이고, 부친의 유언을 받들어 행하지 않고 죽음을 두려워하는 것73은 효성스럽지 못한 것이며, 능력이 적

---

71  온량거輼輬車: 누워서 잘 수 있는 수레를 뜻한다. "맹강孟康이 말하기를 '의거衣車(귀족 부녀자들이 타는 앞은 문이 열리고 뒤는 휘장으로 가리는 수레)와 같으며 창문이 있어서 닫으면 따뜻하고 열면 시원하므로 온량거라 했다'고 했다."(『집해』)

72  새서璽書: 고대에 진흙으로 봉인한 문서. 고대에 장거리 발송 문서는 파손되기 쉬워 죽간에 글을 쓰고 끈으로 묶은 다음 매듭을 진흙으로 단단히 봉하고 날인했기 때문에 새서라 부른다. 진秦 이후에는 황제의 조서를 가리켰다.

고 소질이 천박한데 억지로 다른 사람의 공업을 빼앗으려 하는 것은 자신의 능력을 정확히 알지 못하는 것이오. 이 세 가지는 모두 나쁜 행동으로, 천하 사람들이 마음으로 복종하지 않을 것이고 자신 또한 위험에 빠질 것이며 사직은 제사를 누리지 못하게 될 것이오."[74]

조고가 말했다.

"신이 듣건대, 상 탕왕과 주 무왕이 자신들의 군주를 죽였지만 천하 사람들은 그들을 의롭다고 말할 뿐 결코 충성스럽지 못하다고 여기지 않았습니다. 위衛나라 군주는 자신의 부친을 죽였지만[75] 위나라 사람들은 그의 덕을 청찬했고, 공자도 그의 사적을 『춘추』에 기재하면서 결코 효성스럽지 못하다고 여기지 않았습니다. 대체로 큰일을 처리하는 사람은 작은 일을 꺼리지 않으며, 큰 덕을 강구하는 사람은 사소한 질책을 두려워하지 않습니다. 향리[76]마다 각기 자신들에게 적합한 풍속이 있고, 백관들이 공을 세우는 방식 또한 서로 같지 않습니다. 그래서 작은 일을 돌아보다가 큰일을 잊는 사람은 나중에 반드시 해를 입게 되고, 의심하고 망설이며 결단을 내리지 못하는 사람은 나중에 반드시 후회하게 됩니다. 결단력 있고 과감하게 행동하는 사람은 귀신도 그에게 양보하고 피하니, 이런 사람이 나중에 큰 공을 이룰 수 있습니다. 공자께서는 따르시길 바랍

---

73  "부소가 즉위한 다음에 자신에게 이롭지 못한 것이 있어, 결국 죄를 짓고 죽임을 당할 것을 두려워하는 것이다."(『사기전증』)

74  국가가 멸망하게 되는 것을 말한다. "동빈이 말하기를 '2세의 말을 살펴보건대 마치 인심이 있는 듯하지만 끝내는 음란하고 포악해져 망국의 군주가 되니 모두 한 명의 환관이 잘못한 것으로, 어린 군주를 보좌하며 인도하는 데 사람을 가리지 못했구나!'라고 했다."(『사기평림』)

75  위 장공(괴외)이 태자였을 때 부친(영공)의 부인을 죽이려 했다가 발각되어 쫓겨났다. 영공이 죽자 괴외는 밖에 있었기에 왕으로 세울 수 없어 위나라 사람들은 괴외의 아들을 군주로 삼았는데, 그가 바로 출공이다. 밖에서 유랑하던 괴외는 다시 진晉나라 조씨의 힘을 빌려 고국으로 돌아와 자신의 아들과 왕위를 다투었고 위나라 사람들에게 패했다. 부자지간에 왕위를 다투긴 했지만 서로 죽인 일은 없었다.

76  원문은 '향곡鄕曲'으로, 향리鄕里와 같은 말이다. 고대 농촌의 편제 단위는 25가구를 1리里라 하고, 10리를 1향鄕이라 했다. 향리의 호구 수에 대해서는 견해가 일치하지 않는다.

니다!"

호해가 탄식하며 말했다.

"지금 황상께서 막 돌아가시어77 발상도 하지 않았고 장례도 처리하지 않았는데, 어떻게 이러한 사정으로 승상을 번거롭게 할 수 있겠소!"

조고가 말했다.

"시간이 급박합니다. 상의할 겨를이 없습니다! 양식을 짊어지고 빠른 말을 타고 달리는 것처럼 시간을 지체할까 두렵습니다!"

호해가 조고의 의견에 동의하자, 조고가 말했다.

"이 일을 승상과 계획하지 않았다가 성공하지 못할까 걱정되니, 신이 공자를 위해 승상과 상의하겠습니다."

그리하여 조고는 승상 이사에게 말했다.

"황상께서 돌아가시기 전에 장자 부소에게 한 통의 서신을 내려 그에게 함양으로 가서 영구를 영접하고 장례를 치른 다음 계승자가 되라고 했습니다. 그 서신은 아직 발송되지 않았고 지금 황상이 돌아가신 것을 아는 사람이 없습니다. 장자에게 내린 서신과 인새는 모두 호해의 수중에 있으니,78 태자를 세우는 일은 군후君侯79와 제 입에 달려 있습니다. 이 일을 장차 어떻게 처리하시겠습니까?"

이사가 말했다.

"그대는 어떻게 나라를 망하게 하는 말을 할 수 있소! 이것은 신하된 자로서 논의해서는 안 될 일이오!"

---

77  원문은 '대행大行'으로, 죽은 지 오래되지 않은 황제를 가리킨다. "『풍속통』에 이르기를 '천자가 막 죽어 아직 시호가 없으므로 그 이름을 대행황제大行皇帝라 한다'고 했다."(『사기전증』)
78  "서부원이 말하기를 '인새와 서신은 조고에게 있는데, 호해가 가지고 있다고 말하는 것은 이사를 위협하는 것이다'라고 했다."(『사기회주고증』)
79  군후君侯: 진·한 시기에는 열후나 승상이 된 자를 부르는 말이었으나 한나라 이후에는 관직이 귀인에 도달한 자에 대한 경칭으로 사용됐다. 당시 승상인 이사의 작위는 통후였으므로 조고가 이사를 '군후'라 부른 것이다.

조고가 말했다.

"군후께서 스스로 헤아려보기에 몽염과 비교했을 때 누가 더 능력이 있습니까? 군후의 공로를 몽염과 비교할 때 누가 더 높습니까?[80] 원대하게 계획하여 착오가 없게 하는 점에서는 몽염과 비교해 누가 더 낫습니까? 천하 사람들에게 원한을 사지 않는 점에서는 몽염과 비교해 누가 더 낫습니까? 장자인 부소와의 교분과 군후에 대한 그의 신임을 몽염과 비교하면 누가 더 낫습니까?"

이사가 말했다.

"이 다섯 방면에서 나는 모두 몽염만 못하오. 그런데 그대는 어찌하여 이렇게 호되게 질책하시오?"

조고가 말했다.

"이 조고는 본래 궁정의 한낱 노복에 불과하지만 다행히도 형법 문서[81]를 잘 알아 진나라 궁으로 들어왔습니다. 사무를 관장한 지 20여 년이나 되었지만 진나라에서 파면된 승상과 공신들 중 작록을 아들에게 전해준 자는 아직까지 보지 못했고, 그들은 끝내 모두 죽임을 당했습니다. 군후께서는 20명이 넘는 시황제의 아들을 모두 알고 계십니다. 장자인 부소는 강직하고 용감하며, 사람을 신임하고 아울러 재능을 발휘할 수 있게 하는 사람입니다. 만일 그가 황제로 즉위하면 반드시 몽염을 등용하여 승상으로 삼을 것이고, 그렇게 되면 군후께서는 결국 통후通侯[82]의 인장을 품지 못하고 고향으로 돌아가게 될 것이 분명합니다. 저는 황제의 명으로 호해를 가르치고 몇 년 동안 법률을 학습하게 했는데,

---

80  원문은 '공고숙여몽염功高孰與蒙恬'이다. "풍본, 삼본에는 '고高'자가 없다. 앞 문장으로 미루어보면 '고'자가 없는 것이 맞다."(『사기회주고증』)

81  원문은 '도필지문刀筆之文'으로, 도필刀筆은 글씨를 쓰는 도구다. 고대에는 죽간이나 목간에 붓으로 글씨를 적었는데 오류가 생기면 칼로 긁어내어 다시 적었으므로, 사람들은 도필을 관장하고 형벌 사무를 관장하는 관원을 '도필리刀筆吏'라 했고, 감옥 관련 법률 문서를 '도필지문'이라고 했다.

82  통후通侯: 진·한 시기에 20등급의 작위 중 가장 높은 작위다. 『후한서』(이현)에 따르면 원래는 철후徹侯라 했다가 한 무제 유철劉徹을 피휘하기 위해 통후로 바뀌었고, 나중에 다시 열후列侯로 바뀌었다.

그에게서 어떠한 과실도 본 적이 없습니다. 그는 자비롭고 어질며 성실하고 관대하며 재물을 가볍게 여기고 인재를 존중합니다. 내심 총명하면서도 말이 어눌하며 현명하고 능력 있는 인재를 예의 존중하여 시황제의 여러 공자 가운데 그에 비할 수 있는 사람이 없으니, 그를 계승자로 세울 만합니다. 군후께서는 잘 고려하여 확정하십시오.”

이사가 말했다.

“그대는 자기 자리로 돌아가시오! 나는 단지 선제의 명령에 따라 실행하고 하늘의 처분을 들을 따름이오. 내가 어떻게 고려하여 결정할 수 있단 말이오?”

조고가 말했다.

“평안이 위기로 변할 수 있고, 위기 또한 평안으로 변할 수 있습니다. 한 개인이 자신과 관련된 안위를 모두 파악할 수 없는데, 총명과 지혜가 무슨 소용이 있겠습니까?”

이사가 말했다.

“나 이사는 본래 상채의 골목에서 살던 한낱 평민이었는데 운 좋게 발탁되어 승상이 되었고 통후로 봉해졌으며 자손도 모두 높은 지위와 많은 봉록을 받게 되었소. 이것은 황상께서 이미 나라의 존망과 안위를 나에게 맡기신 것인데, 어떻게 황상의 부탁을 저버릴 수 있겠소! 무릇 충신은 죽음을 피하여 요행으로 구차하게 살아남으려 하지 않으며[83] 효자는 과도하게 고생스럽게 하여 위험에 빠지려 하지 않소.[84] 신하가 된 자는 각자 자신의 직분을 견지할 따름이오. 그대는 더 이상 말하지 마시오. 나 이사를 죄짓게 하는 것이오.”

---

83 원문은 ‘서기庶幾’로, 해석이 다양하다. “구차하게 모면하는 것을 말한다. 이것은 충신이 죽음을 피하려고 구차하게 살아남지 않는 것을 말한다.”(『광사기정보』) ‘여유정은 ‘목숨을 아끼고 이익을 바라는 것을 말한다’라고 했고, 다키가와는 ‘만에 하나라도 요행을 바라는 것을 말한다’고 했다.”(『사기회주고증』) “요행으로 구차하게 살아남는 것을 도모한다는 말이다.”(『사기찰기』)
84 “이 말은 어색하다. 곽숭도가 말하기를 ‘충신은 요행으로 구차하게 살아남는 것을 도모하지 않고, 효자는 위태로움 빠지지 않기 위해 지나친 수고로움을 느슨하게 한다’고 했다.”(『사기찰기』)

조고가 말했다.

"제가 듣건대, 성인은 일반적인 규칙을 고수하지 않고 형세의 변화에 따르며, 변화를 취하여 시류를 따르고, 상황의 징조를 보고 근본을 알며, 동향을 보고 최종 결말을 안다고 합니다. 사물이란 본래 이처럼 변하는 것인데 어디에 변하지 않는 법칙이 있겠습니까! 지금 천하의 대권과 명운은 모두 호해에게 달려 있으며, 이 조고는 제 의지대로 실행할 수 있습니다. 또한 밖에 있는 사람이 조정을 제약하려는 것을 혹惑(망상)이라 하고, 아래에 있는 사람이 윗사람을 제어하려는 것을 적賊(반란)이라 합니다.[85] 가을에 서리가 내리면 풀과 꽃이 시들어 떨어지고 봄에 얼음이 녹으면 만물이 생장하는 것은 필연의 법칙입니다.[86] 군후께서는 어찌하여 이토록 식견이 둔하십니까?"

이사가 말했다.

"내가 듣자 하니, 진晉나라는 태자를 바꾸었다가 삼대三代가 평안하지 못했고,[87] 제 환공은 형제들과 왕위를 다투다가 결국 형이 죽임을 당했으며,[88] 은나

85  "이사는 승상으로 외조外朝에 있고 군주에 대해서는 아랫사람이니, 이것은 이사에 대한 조고의 위협이다."(『사기통해』)

86  "조고의 이 말은 위에서 어떠한 거동이 있으면 아래에서는 반드시 따를 것임을 설명한 것이다."(『사기전증』)

87  진 헌공은 여희를 총애하여 태자 신생을 폐하고 여희의 아들인 해제奚齊를 태자로 세웠으며 대부 순식荀息이 보좌했다. 헌공이 죽고 순식이 해제를 옹립하자 대부 이극은 따르지 않고 해제를 죽였다. 순식이 다시 여희의 여동생 아들인 도자悼子를 세우자 이극이 또 그를 죽였다. 당시 진秦나라에 있던 공자 이오夷吾를 영접하여 군주로 세웠는데, 이 사람이 혜공惠公이다. 혜공이 즉위한 지 14년 만에 죽자 그의 아들 어圉가 즉위했는데, 바로 회공懷公이다. 이때 나라가 혼란스러워지자 진秦나라는 기회를 틈타 공자 중이를 고국으로 돌려보냈고, 회공을 죽이고 스스로 즉위하니 이 사람이 문공文公이다. 이후 진晉나라는 안정되기 시작했는데, 전후 14년 동안 어지러웠다. "삼대三代는 아마도 오대五代의 잘못이다. 「조세가」에서 '진나라가 크게 어지러워져 오대五代가 평안하지 못했다'고 했는데, 진 헌공, 해제, 도자, 혜공, 회공 오대를 말하는 것이다'라고 했다.(『사기각증』)

88  제 양공(재위 기원전 697~기원전 686)은 지극히 어리석어 사촌동생인 공손무지公孫無知에게 죽임을 당했고, 제나라 사람이 또 공손무지를 죽였다. 당시 양공의 이복동생인 공자 규는 노나라에 있었고 소백은 거 땅에 있었다. 공자 규가 사람을 보내 공자 소백을 죽이려 했으나 성공하지 못했다. 소백이 고국으로 돌아와 즉위했는데, 이 사람이 환공이다. 이후 군대를 보내 노나라를 패배시키고 공자 규를 죽였다.

라 주왕은 친속을 살해하고 권고를 듣지 않아[89] 도성이 폐허로 변하고 사직을 위험에 빠뜨렸다고 했소. 이 세 사건 모두 하늘의 뜻을 거역하여 종묘에 제사지낼 사람이 없게 된 것이오. 나 이사는 아직 사람이거늘 어떻게 이런 음모에 참여할 수 있겠소!"[90]

조고가 말했다.

"위와 아래가 같은 마음이면 오래도록 태평하고 안정될 것이며, 안과 밖이 일치하면 무슨 일이든 착오 없이 완수할 수 있습니다.[91] 군후께서 제 말을 들으시면 오래도록 봉후를 향유하고 대대로 고孤라 일컬으며, 반드시 왕자교王子喬와 적송자赤松子처럼 장수하고, 아울러 공자와 묵자의 지혜로 칭송될 것입니다. 지금 이 기회를 버리고 따르지 않는다면 재앙이 자손에까지 미치고 간담이 서늘하도록 두려운 결과를 얻을 것입니다. 총명한 사람은 화를 돌려 복으로 만들 수 있는데, 군후께서는 어떻게 처신하시렵니까?"

이사는 하늘을 우러러 길게 탄식하고 눈물을 흘리면서 한숨을 내쉬었다.

"아! 나 홀로 이토록 혼란한 세상을 만나 이제 신하로서의 절개를 지켜 죽을 수도 없으니, 누구에게 목숨을 기탁할 수 있겠는가!"

이사는 마침내 조고의 의견을 따르기로 했다. 조고는 즉시 호해에게 보고하며 말했다.

"신이 태자의 명령을 받들어 승상에게 통지했더니, 승상 이사는 감히 명령을

89  「은본기」에 따르면, 주왕의 숙부인 비간은 주왕에게 간언했다가 피살되었고 주왕의 동생인 기자도 간언했다가 수감되었다.

90  원문은 '斯其猶人哉, 安足爲謀'로, 해석이 다양하다. "나는 오늘 아직은 사람이기에 사람의 도를 지키며 따를 것이니, 어찌 역모를 꾀할 수 있겠느냐 하는 뜻이다."(『색은』) "왕준도가 말하기를 '유인은 나 또한 앞에서 언급한 여러 사람과 같을 뿐이다. 저들이 이미 하늘을 거역하여 화를 입었는데, 내가 어찌 꾀할 수 있겠는가! 하는 것이다'라고 했다. 참고할 만하다."(『사기전증』) "이전 사람이 역모를 꾸며 하늘을 거역해 화를 입었다. 나 이사는 단지 한낱 평범한 사람에 불과한데, 어떻게 이런 역모를 꾸밀 수 있겠는가 하는 뜻이다."(『사기통해』) 역자는 '유인'의 의미를 『색은』의 견해에 따랐다.

91  '위'란 호해를 말하고 '아래'란 조고와 이사를 말한다. '안'이란 호해와 조고, '밖'이란 이사를 가리킨다.(『사기전증』)

받들지 않을 수 없었습니다!"

그리하여 그들은 함께 상의하고 시황제의 조서를 승상이 받은 것으로 꾸미고 공자 호해를 태자로 세웠다. 또한 시황제가 장자 부소에게 보내는 서신을 위조했는데, 내용은 다음과 같다.

짐은 천하를 순행하며 이름 있는 산과 여러 신에게 제사지내며 수명을 연장하려 한다. 지금 부소와 장군 몽염은 함께 군사 수십만 명을 이끌면서 변경에 주둔한 지 10여 년이 지났는데도 군사를 진격시켜 영토를 개척하지 못하고 허다한 사졸들만 헛되이 잃었을 뿐 한 치의 땅조차 얻은 공로가 없다. 그런데도 부소는 도리어 여러 차례 글을 올려 짐이 하는 바를 비방하고 군대를 감독하는 직분을 내치고 도성으로 돌아와 태자를 담당하지 못하는 것을 밤낮으로 원망하고 있다. 부소는 아들로서 불효를 했기에 검을 내리니 스스로 목숨을 끊도록 하라! 장군 몽염은 부소와 함께 밖에 있으면서 그의 과실을 바로잡지 못했으며, 그의 음모를 알면서도 보고하지 않았다. 몽염은 신하가 되어 충성하지 않았기 때문에 죽음을 내리며, 병권은 비장裨將 왕리王離[92]에게 넘기도록 하라.

그들은 서신을 시황제의 인새로 봉하고 호해의 빈객을 시켜 서신을 받들고 상군으로 가서 부소에게 전달하게 했다.

사자가 상군에 당도했고, 서신을 펼쳐 읽은 부소는 울면서 내실로 들어가 스스로 목숨을 끊으려 했다. 몽염이 부소를 제지하며 말했다.

"폐하께서는 밖에서 순행하고 계시며 사전에 태자를 세우지 않았습니다. 신을 파견해 30만 대군을 이끌고 변경을 지키게 하고 공자를 시켜 군대를 감시하도록 했으니, 이것은 천하의 중대한 임무입니다. 지금 갑자기 사자 한 명이 와서

---

92  왕리王離는 왕전王翦의 손자로 나중에 거록鉅鹿에서 항우에게 패하여 죽는다.

전했다고 스스로 목숨을 끊으려 하시는데, 그 안에 묘한 속임수가 없다고 어찌 단정할 수 있겠습니까? 청컨대 다시 한 번 지시를 청하시고 회답을 기다린 뒤에 목숨을 끊어도 늦지 않습니다."

사자가 거듭 목숨을 끊도록 부소를 재촉하자 사람됨이 인자한 부소는 몽염에게 말했다.

"아버지가 자식에게 죽음을 내렸는데, 어떻게 다시 지시를 요청할 수 있겠소!"

그러고는 바로 목숨을 끊었다.[93] 몽염이 죽으려 하지 않자 사자는 그를 옥리에게 넘겨 양주陽周[94]의 감옥에 가두었다.

사자가 돌아와 결과를 보고하자 호해, 이사, 조고는 크게 기뻐했다. 그들은 즉시 함양으로 돌아와 장사를 지내고 태자 호해를 2세 황제로 세웠다. 조고는 낭중령에 임명되었고, 항상 궁중에서 황제를 모시면서 대권을 장악했다.

진 2세는 일이 없어 한가할 때 조고를 불러 그와 상의했고, 그에게 말했다.

"사람이 태어나 이 세상에 사는 것은 마치 여섯 필의 준마가 끄는 수레가 벽의 갈라진 틈을 지나치는 것만큼이나 짧다오. 내 이미 천하의 주인이 되었으니 내 눈과 귀의 모든 욕망을 만족시키고 하고 싶은 대로 마음껏 향락을 즐기되, 종묘를 안정시키고 백성이 즐겁게 일하도록 하고, 오래도록 천하를 소유하면서 천수를 누리고자 하는데, 그런 방법이 있겠소?"

조고가 말했다.

"이는 현명한 군주는 할 수 있으나 어리석은 군주는 감히 할 수 없는 일입니다. 신이 부월斧鉞의 형벌로 주살되는 것을 피하지 않고 감히 말씀드리고자 하니, 부디 귀 기울여주시기 바랍니다. 저 사구에서 세운 비밀 계획을 여러 공자와 대신이 모두 의심하고 있는데, 공자들은 모두 폐하의 형님들이며,[95] 대신들은 선

---

93  부소의 묘는 지금의 산시陝西성 쑤이더현綏德縣 성 안에 있는 수수산疏屬山 정상에 있는데, 무덤 높이가 8미터다. 무덤 옆 석비에 '진부소묘秦扶蘇墓'라 새겨져 있다.
94  양주陽周: 진나라 현으로 지금의 산시陝西성 쯔창子長 서북쪽 지역이다.

제께서 임용한 사람들입니다. 지금 폐하께서는 막 즉위하셨기 때문에 이 사람들은 모두 속으로 불만을 품고 복종하지 않고 있는데, 변고가 발생할까 걱정됩니다. 게다가 몽염이 이미 죽었다고는 하지만 그의 동생인 몽의蒙毅는 군대를 이끌고 밖에 있으니,[96] 이것이 신이 하루 종일 전전긍긍하며 결과가 좋지 않을까 두려워하고 있는 바입니다. 그러니 폐하께서 어떻게 이런 상황에서 마음껏 향락을 누릴 수 있겠습니까?"

진 2세가 물었다.

"그럼 어떻게 처리하면 좋겠소?"

조고가 대답했다.

"법을 엄격하게 하고 형벌을 가혹하게 실행하며, 죄를 저지른 자는 서로 연좌시켜 처형하고 그 일족까지 잡아들여 죽이십시오. 조정의 대신들을 주살하고 폐하의 형제들과 조카들을 멀리하십시오. 가난했던 자를 부유하게 하고 비천한 자를 고귀하게 하며, 선제의 옛 신하들을 모두 제거하고 폐하께서 신임하는 자들로 교체하여 임용하고 가까이하십시오. 이렇게 한다면 발탁된 사람은 속으로 폐하의 은덕에 감사하며 귀순할 테니 해로움은 제거되고 간사한 음모는 막히게 될 것입니다. 그때에 신하들은 폐하의 은택과 두터운 덕을 입지 않은 자가 없게 될 것이니, 폐하께서는 베개를 높이 베고 근심 없이 하고 싶은 대로 존귀와 영예, 그리고 안락을 누릴 수 있을 것입니다. 이보다 더 좋은 계책은 없습니다."

95  "이 말은 의심스럽다. 진시황에게 20여 명의 아들이 있다고 했는데,『집해』에서는『선문善文』속의 변사가 장함에게 보낸 편지에서 '이사는 진나라 왕이 죽자 17명의 형을 폐하고 지금의 왕을 세웠다'고 했다. 그렇다면 2세는 진시황의 18번째 아들이 되고, 동생이 더 있는 것이다. 그래서 이사가 이르기를 '당초에 자신의 허다한 형제들을 죽이고 스스로 황제로 서다夷其兄弟而自立也'라 하고, 또 '일반적 도리를 위반하면서 모략을 꾸며 형제를 죽이고行逆於昆弟'라 한 것이다."(『사기지의』) 그렇다면 본문에서 '폐하의 형님들'이 아닌 '폐하의 형제들'이라고 해야 한다. "'형兄'자 다음에 '제弟'자가 빠져 있는 것 같다."(『사기각증』)
96  "「시황기」와 「몽염전」에 따르면 군사를 이끌고 밖에 있는 자는 몽염이고, 안에서 도모하는 자는 몽의다. 호해는 먼저 몽의를 죽이고 그다음에 몽염을 죽였으니, 여기서의 말은 서로 다르다. 마땅히 '몽의는 아직 죽지 않았고 몽염은 군사를 이끌고 밖에 있다'고 하는 것이 합당하다."(『사기지의』)

진 2세는 조고의 말이 옳다고 여겨 법률을 다시 제정했다. 이때부터 조정의 신하들과 공자들 중에 죄를 저지른 자가 있으면 조고에게 넘겨 심문하고 처리하도록 했다. 그리하여 대신 몽의 등이 죽임을 당했고 공자 열두 명은 함양의 거리에서 참수 당했으며,[97] 열 명의 공주는 두杜에서 사지가 찢겨 죽었으며, 그들 가족의 재물은 모두 몰수되어 현관縣官[98]으로 귀속되었다. 여기에 연루되어 살해된 자가 이루 헤아릴 수 없었다.

공자 고高는 달아나려 했지만 온 가족이 죽임을 당할까 두려워 진 2세에게 글을 올려 말했다.

선제께서 살아계실 때 신이 궁으로 들어가면 먹을 것을 하사해주시고 나가면 승여乘輿[99]를 하사해주셨습니다. 어부御府[100]의 옷을 신에게 하사하시고 궁정 마구간의 좋은 말도 하사하시어 신이 누리도록 했습니다. 신 응당 선제를 따라 함께 죽어야 했으나 그렇게 하지 못했으니, 이것은 아들이 되어 효도하지 못한 것이고 신하가 되어 충성하지 못한 것입니다. 불충不忠한 자는 이 세상에서 살아갈 명분이 없습니다.[101] 신 선제를 따라 죽기를 청하니, 신을 여산酈山[102]의 시황제 능묘 곁에 매장해주시길 바랍니다. 폐하께서 신을 가련하게 여기시어 승낙

---

97 「진시황본기」에 따르면 공자들의 죽음이 다르게 기재되어 있다. "공자 6명은 두현에서 죽음에 처해졌고, 황자 장려將閭(진 2세의 형) 형제 3명은(진시황의 여러 공자 가운데 어머니가 같은 형제를 말한다) 궁 안에 갇혔다가 눈물을 흘리며 검을 뽑아 자살했다."

98 현관縣官: 조정, 관부官府를 가리킨다. "현관이라는 말은 여기서 처음으로 보이는데, 이후 양한兩漢(전한, 후한) 사람들이 습관적인 용어가 되었다."(『사기신증』) "『통감』 주석에 이르기를 '한나라 때는 천자를 현관이라 했다. 여기서의 현관은 공가公家(조정, 국가)를 말한다'고 했다."(『사기각증』)

99 승여乘輿: 고대에 천자와 제후가 타는 작은 수레를 말한다. 법가法駕는 천자 수레의 일종으로 『후한서』 이현 주석에 따르면 "채옹蔡邕의 『독단獨斷』에 '천자는 지극히 존귀하기에 감히 불손하게 말할 수 없어 승여라 한 것이다. 천자의 수레에는 대가大駕, 법가, 소가小駕가 있다. 대가는 공경들이 인도하는데 1000량의 수레와 1만의 기병을 갖춘다. 법가는 공경들이 의장 행렬에 있지 않고 집금오執金吾만 앞에서 인도하고 시중이 참승參乘(수레를 탈 때 경호를 담당하는 사람이 수레 오른쪽에 앉는 것)한다'고 했다."

100 어부御府: 내부內府와 같은 말로, 황궁 내의 창고다.

해주십시오.

서신이 올라오자 호해는 크게 기뻐하며 조고를 불러 서신을 그에게 보여주며 말했다.

"이것을 궁지에 몰렸다고 말할 수 있겠소?"

조고가 말했다.

"신하된 자들이 죽게 되지 않을까 걱정하느라 겨를이 없는데, 어떻게 모반을 도모하겠습니까!"

호해는 공자의 요청을 허락하고 그의 가족에게 장례비용 10만 전을 하사했다.

진나라의 법령과 형벌이 날이 갈수록 가혹해지자 신하들은 저마다 위험을 느끼고 모반하려는 자가 많아졌다. 또한 아방궁阿房宮103을 짓고 직도直道와 치도馳道104를 건설하느라 부세가 점점 더 무거워졌으며, 요역과 변방을 지키는 징병과 부역이 그치지 않았다. 그리하여 초楚 땅에서 징발되어 변경을 수비하던 병졸인 진승陳勝과 오광吳廣 등이 반란을 일으켰다. 이때부터 모든 효산 동쪽에

---

101  원문은 '不忠者無名以立於世'다. "풍본·삼본에서는 '불충' 두 글자를 반복하지 않았는데, 이것이 맞다."(『사기회주고증』) 앞 문장에서 '불효'와 '불충'이 짝을 이루고 있으니, 이 문장에서 반복 표기한다면 '불효' 두 글자도 보충해야 한다.

102  여산酈山: 진시황 능묘가 있는 곳으로, 지금의 산시陝西성 린퉁臨潼 동남쪽 지역이다.

103  아방궁阿房宮: 구릉(阿) 옆(旁)에 지은 궁이라는 뜻이다. 당시는 건설 중이어서 궁전의 정식 명칭이 정해지지 않았으므로 사람들이 '아방궁'이라고 불렀다. 옛 터는 지금의 산시성 시안西安 서쪽 지역이다. 진시황 때 건설을 시작해서 2세가 즉위한 후에도 이어졌지만 진나라가 멸망했을 때까지 완공하지 못했다.

104  직도直道는 국가가 통행을 신속하게 하기 위해 산을 깎고 계곡을 메워 건설한 곧게 뻗은 큰 길이다. 「몽염열전」에 "몽염을 파견해 도로를 개통하게 했는데, 구원부터 감천(지금의 네이멍구 바오터우 서쪽에서 산시성 춘화 서북쪽)까지 산을 파내고 계곡을 메웠고 길이가 1800리였다"는 구절이 있다. 치도馳道는 중국 최초의 국도國道다. "응소가 이르기를 '치도는 천자의 도로로 지금의 중도中道와 같다'고 했다."(『집해』) "전국 범위에 치도를 건설했는데, 동쪽으로는 연·제 경계에 닿았고 남쪽으로는 멀리 오·초 경계까지 이르렀으며, 각지의 강과 호수, 연해의 경관에도 모두 이르게 했다. 치도의 폭은 50보이고 양쪽에는 3장丈 거리마다 나무를 심었으며 노면이 조금 솟은 곳은 쇠망치를 써서 단단히 다지고 견고하게 하기 위해 청송青松을 심었다."(『한서』 「가산전賈山傳」)

서 준걸들이 연이어 일어나 스스로 제후와 왕을 자처하며 진나라를 배반했는데, 그들 군대가 함양의 동쪽에서 멀지 않은 홍문鴻門에까지 이르렀다가 패하여 물러났다.[105] 이사는 여러 차례 간언을 청했으나 진 2세는 허락하지 않았다. 도리어 이사를 꾸짖으며 말했다.

"내게도 생각이 있소. 나는 한비韓非의 글에서 이런 말을 접했소. '요堯가 제왕이 되었을 때 집들의 기초는 가장 높은 것이 3척[106]에 불과했고, 서까래의 목재는 깎지 않고 그대로 사용했으며, 지붕을 덮는 띠는 길이가 가지런하지 않아도 자르지 않았으니, 나그네 숙소에서 머무는 것도 이보다 더 고달플 수 없다. 겨울에는 사슴 가죽으로 만든 옷을 입고 여름에는 갈포로 만든 조잡한 옷을 입었으며, 거친 기장밥에 명아주 잎과 콩잎으로 끓인 국을 마셨으며, 흙 단지에 밥을 담고 흙 사발에 국을 담았으니, 문을 지키는 노비도 이보다 누추할 수는 없다. 대우大禹는 용문산龍門山[107]을 뚫어 황하를 대하大夏[108]까지 흐르게 하고 구하九河를 소통시켰으며,[109] 구불구불하게 허다한 둑을 쌓아 고인 물이 흘러 바다로 들어가게 했다. 오랜 노동으로 그의 넓적다리 잔털이 없어지고 종아리의 털까지도 닳아 없어졌으며, 손과 발에는 굳은살이 박이고 얼굴은 검게 그을렸다. 마침내 밖에서 죽어 회계산에 매장되었으니,[110] 노예의 고생도 이보다 고통

---

105 홍문鴻門은 지금의 산시성 린퉁 동북쪽(희정戱亭의 서남쪽)에 있었다. 진 2세 원년(기원전 209) 9월, 진섭陳涉이 봉기하고는 대장 주문周文에게 군사를 이끌고 서쪽 함양을 공격하게 했다. 주문의 군대는 희정에 이르렀다가 진나라 장수 장함章邯에게 패하고 퇴각했다.

106 진나라 때의 1척尺은 23.1센티미터였다.

107 용문산龍門山: 지금의 산시山西성 허진河津 서북쪽과 한청韓城 동북쪽에 위치한 산으로, 황하 양쪽 연안을 걸치고 있다.

108 "『정의』에서 『괄지지』에 이르기를 '대하는 지금의 병주幷州, 진양晉陽과 분汾, 강絳 등의 주州 다.'라고 했다."(『사기전증』)

109 중원 경내를 흐르는 큰 하천들을 정비한 것이다. "나카이 리켄이 말하길 '구하九河는 구주九州의 강이다'라고 했다."(『사기회주고증』) "『상서』 「우공禹貢」에서 구하는 도해강徒駭江, 태사하太史河, 마협하馬頰河, 복부하覆釜河, 호소하胡蘇河, 간하簡河, 결하絜河, 구반하鉤盤河, 격진하鬲津河다. 나카이 리켄의 견해가 맞는 것으로 보인다."(『사기전증』)

110 지금의 저장성 사오싱紹興 남쪽에 위치한 회계산에 우의 무덤으로 전해지는 '우릉禹陵'이 있다.

스럽지는 않았을 것이다'라고 했소. 그렇다면 천하를 소유하여 존귀한 사람은 자신의 심신을 고생스럽게 하고, 나그네 숙소 같은 곳에 거하고, 문을 지키는 노예의 음식을 먹고, 친히 노예와 같이 힘쓰는 노동을 해야 한단 말이오? 이는 변변치 못한 자나 노력하며 종사하는 것이지, 현명하고 능력 있는 사람이 추구할 바가 아니오. 현명하고 능력 있는 사람이 천하를 소유하게 되면 오로지 천하를 자신의 욕망을 만족시키는 데 사용하고자 하니,[111] 이와 같아야 비로소 천자의 존귀함을 드러낼 수 있는 것이오. 무릇 한 사람이 '현명'이라 일컬어지려면 반드시 천하를 안정시키고 만민을 통치할 수 있어야 하오. 지금 자신을 이롭게 하지 못하면서 어떻게 천하를 잘 다스릴 수 있기를 바라겠소! 내가 하고자 하는 것은 내 마음대로 하면서 영원히 천하를 향유하고 어떠한 위해도 입지 않는 것인데, 그대가 보기에는 어찌해야겠소?"

이사의 아들 이유李由는 삼천군 군수였는데, 도적 무리인 오광 등이 서쪽으로 쳐들어와 땅을 점령하면서 삼천군을 지나갔으나[112] 이유는 저지하지 못했다. 장함章邯이 오광 등의 군사를 격파하여 쫓아내자 진 2세는 여러 차례 삼천군에 사람을 보내 책임을 추궁했고, 이사에게는 삼공三公[113]의 지위에 있으면서 어떻게 모반한 자가 이 정도까지 난폭해질 수 있느냐고 했다. 이사는 두려워했지만 작위와 봉록에 연연해했고, 어떻게 처리해야 할지 몰라 진 2세의 뜻에 영합하고 관용을 구하고자 글을 올려 대답했다.[114]

---

111  "이 한 마디 말은 진·한 이래로 천하를 다투어 쟁취한 자의 마음을 말한 것으로, 하·상·주 삼대의 성인이 백성을 위해 제왕으로 즉위하고 천시天時를 받들어 사방을 어루만져 편안하게 했으나 진·한나라 시대에서는 다시는 얻을 수 없는 것이다. 2세가 감개하며 말하니 또한 통쾌하다."(『사기찰기』)
112  "낙양을 지나 서쪽으로 갔다. 「진섭세가」에서는 군대를 이끌고 낙양을 지나 서쪽으로 공격해 관안으로 들어간 자는 진섭의 부장 주문이었다. 오광 등은 당시에 군사를 이끌고 형양을 공격했다. 형양은 비록 삼천군에 속했지만 낙양성 동쪽에 있었으며 오광도 공격도 하기 전에 자신의 부하인 전장田臧 등에게 살해당한다."(『사기전증』)
113  진나라 때는 승상, 태위, 어사대부가 삼공이었으며 이사는 승상이었다.
114  승상 이사가 진 2세에게 올린 이 글은 「행독책서行督責書」라는 제목으로 알려져 있다.

무릇 현명한 군주는 반드시 일련의 제도를 건립하고[115] 독책督責[116] 방법을 시행합니다. 일단 독책을 시행하게 되면 신하들은 감히 군주를 위해 힘을 다하지 않을 수 없습니다. 이렇게 신하와 군주 간의 신분이 확정되고 위아래의 경계가 분명해지면, 그때는 재능이 있는 사람과 없는 사람이 모두 힘을 다해 군주를 위해 순종하며 복무하지 않는 자가 없을 것입니다. 이 때문에 군주는 독자적으로 천하를 장악하고 어느 누구의 제약도 받지 않아야 합니다. 이와 같아야 비로소 향락의 정점에 도달하여 일체의 즐거움을 누릴 수 있으니, 현명한 군주는 이 점을 살피지 않을 수 없습니다!

신불해申不害는 말하기를 "천하를 소유하고도 자신이 하고 싶은 대로 할 수 없다면, 그것은 바로 천하를 질곡桎梏으로 삼는 것이다"라고 했습니다. 이는 다른 뜻이 아니라 바로 제왕이 되어 독책을 실행하지 못하고 반대로 자신을 일반 백성처럼 수고롭게 한 요와 우처럼 하는 것이기 때문에 천하를 질곡으로 삼는다고 한 것입니다. 무릇 신불해와 한비의 유명한 방법을 펼칠 줄 몰라 독책을 실행하지 못하고, 온 천하를 자신에게 복종시켜야 하는데 도리어 심신을 수고롭게 하여 백성을 위해 힘쓰는 것은 노예가 담당할 일이지 천하를 통치하는 제왕이 할 일이 아니니, 어찌 존귀하다고 하겠습니까! 남이 나를 따르게 하면 자신은 존귀해지고 남은 비천해지지만, 내가 남을 따르면 자신은 비천해지고 남은 존귀해집니다. 이 때문에 남을 따르는 자는 비천하고 남을 따르게 하는 자는 존귀해지니, 예로부터 지금까지 그렇지 않은 경우는 없었습니다. 옛사람이 현명한 사람을 존경한 것은 그가 고귀하기 때문이었고, 무능한 사람을 싫어한 것은 그가 비천하기 때문이었습니다. 그러나 요와 우는 몸소 천하 사람들에게 순종했으니 이는 잘못된 것입니다. 세속에 따라 그들을 존경한다면 그것은 현명한 사람을 존경하는 마음을 잃게 되는 것으로, 큰 착오라고 말할 수 있습니다. 그

---

115  원문은 '전도全道'로, "신하와 백성을 통제하는 일련의 방법을 건립하는 것이다."(『사기통해』)
116  독책督責: 『색은』에 따르면 신하의 과실을 감찰하고 형벌로 다스리는 일련의 방법이다.

들이 천하를 자신의 질곡으로 삼았다고 말하는 것이 또한 합당하지 않겠습니까? 그들의 잘못은 독책의 방법을 시행하지 않았기 때문입니다. 한비는 말하기를 "자애로운 어머니에게는 집안을 망치는 자식이 있지만 엄격한 가정에는 흉포하여 복종하지 않는 노비가 없다"[117]고 했습니다. 무엇 때문이겠습니까? 잘못을 저지르면 반드시 엄격하게 징벌하기 때문입니다. 옛날에 상앙은 길가에 재를 버리면 엄격하게 처벌하는 법을 제정했습니다.[118] 무릇 거리에 재를 버리는 것은 가벼운 죄인데 형벌에 처하는 것은 분명히 중벌입니다. 그러나 오직 영명한 군주만이 가벼운 죄를 엄중하게 처벌하는 의의를 명백하게 할 수 있습니다. 가벼운 죄도 엄하게 처벌하는데, 하물며 큰 죄를 저지르면 어떻겠습니까? 이와 같기 때문에 백성이 감히 쉽게 죄를 저지르지 않는 것입니다. 그러므로 한비도 말하기를 "몇 척 길이의 비단은 일반 사람도 가져가지만 녹인 황금 100일은 도척이라도 훔치지 않는다"[119]고 했습니다. 이것은 일반 사람의 욕심이 크거나 몇 척 비단의 가치가 높아서가 아니며, 도척의 욕망이 작아서도 아니며, 더욱이 도척의 행위가 고상하여 황금 100일의 큰 이익을 가볍게 여긴 것도 아닙니다. 손을 뻗어 쥐면 손이 데어 호물호물해져[120] 설사 도척이라도 감히 100일의 금덩이를 가져가지 못하는 것이고, 작은 이익을 탐하여 형벌을 받지 않고 가져가도 아무 일이 없으면 설사 몇 척의 비단이라 할지라도 사람들은 절대 내버려두지 않고

---

117    출전은 『한비자』 「현학顯學」이다.
118    "길에다 재를 버리는 자는 묵형에 처했다. 『한비자』에서 이르기를 '은나라의 법에 거리에 재를 버린 자는 형벌에 처했다. 자공은 이 형벌이 무겁다고 생각해 중니에게 물었다. 중니가 말하기를 '재를 거리에 버리면 반드시 불이 붙어 사람들이 화를 낼 것이고, 화를 내면 싸우게 될 것이며, 싸우게 되면 삼족三族이 서로 죽이는 상황으로 변할 것이니, 처벌하는 것이 적당하다'고 했다."(『정의』) "북쪽 땅은 바람이 많이 불어 재를 버리게 되면 불이 붙을 염려가 생기기 때문에 금지한 것이다."(『사기회주고증』)
119    출전은 『한비자』 「오두五蠹」다. "화로 안에 녹인 황금이 있어도 장교莊蹻(큰 도적 이름)는 돌아보지 않고, 돈이 길에 떨어져 있으면 일반 부녀자들은 모두 그것을 줍는다."(『염철론』 「조성詔聖」)
120    원문은 '수형手刑'이다. "녹인 금은 손에 상처를 입힌다는 것을 말한다."(『사기회주고증』)

가져가는 것입니다.121 이 때문에 성벽의 높이가 5장丈122밖에 되지 않아도, 추녀와 담벼락을 나는 듯이 넘나드는 누계樓季가 이를 오르지 못했고, 100인仞123 높이의 태산이라도 절름발이 어미양은 꼭대기에 올라 풀을 뜯는 것입니다.124 누계가 5장 높이의 성벽에 오르는 것을 어려워하는데, 어떻게 절름발이 어미양이 100인 높이의 높은 산을 쉽게 오를 수 있습니까? 그것은 가파른 것과 완만하게 높아지는 형세가 다르기 때문입니다. 성명한 군주가 오래도록 존귀한 지위에 있으면서 중대한 권력을 장악하고 천하의 이익을 독차지할 수 있었던 까닭은 다른 특별한 방법이 있는 것이 아니고, 대권을 혼자 거머쥐고 엄격하게 독책을 실행하며 반드시 죄 지은 자를 엄중하게 처벌하여 천하에 그 누구도 법을 범하지 못하게 했기 때문입니다. 그런데 지금 사람이 죄를 범하지 않도록 하는 조치에 힘쓰지 않고125 자애로운 어머니가 아들을 망치는 일을 본받는다면, 이런 사람은 성인의 논의126를 이해하지 못하는 것입니다. 성인의 방법을 채용할 수 없다면 천하 사람을 위해 노복을 담당하는 것 외에 또 무엇을 할 수 있겠습니까? 이것이 어찌 슬프지 않을 수 있겠습니까!

절검節儉을 강구하고 인의仁義를 말하기 좋아하는 사람이 조정에 서게 되면 제왕의 한없는 향락의 추구가 중단되고, 의견을 제안하고 도리를 말하기를 좋아하는 신하가 곁에 있으면 제왕의 거리낌 없는 뜻이 줄어들게 되며, 열사가 절개를 위해 죽는 행위가 세상에 드러나면 향락을 추구하는 제왕의 생각은 제지를

121  "반드시 해를 입지 않는다면 일반 사람도 소량의 비단을 버리려 하지 않을 것이고, 손에 반드시 상해를 입는다면 도척도 100일의 녹인 황금을 훔치지 않을 것이다."(『한비자』 「오두」)
122  진나라 때 1장丈은 231센티미터다.
123  인仞은 주나라 척도로 7~8척이다.
124  "10인 높이의 성벽을 누계라 할지라도 뛰어넘을 수 없는 것은 성벽이 지극히 가파르기 때문이고, 1000인의 높은 산에 절룩거리는 어미 양을 방목할 수 있는 것은 산세가 평탄하기 때문이다."(『한비자』 「오두」) "허신許愼이 말하기를 '누계는 위 문후의 동생이다'라고 했다. 그러나 왕손자는 '누계는 위 문후의 형이다'라고 했다."(『집해』)
125  엄한 형벌과 준엄한 법을 실행하는 것을 말한다.
126  한비자의 법가 학설을 가리킨다.

받게 됩니다. 이 때문에 현명한 군주는 이런 세 종류의 사람을 배제하고 독자적으로 군주의 권력을 장악하여 신하들을 부리며 엄명한 법제를 제정해야 합니다. 이와 같아야 비로소 자신을 존귀하게 하고 권세를 크게 할 수 있습니다. 무릇 현명한 군주는 반드시 세속을 거스르고 풍속을 고쳐서 싫어하는 것을 없애며 좋아하는 것을 건립하기에, 살아서는 존귀한 지위에 있으며 막중한 권세를 누리고 죽은 다음에는 현명하고 영명하다는 시호를 받게 됩니다. 그러므로 영명한 군주는 독단적으로 결정하며 권력을 절대로 신하의 수중에 있게 하지 않습니다. 이같이 한 다음에야 비로소 인의를 고취시킬 기회를 단절하고, 도처에서 유세하며 시비를 일으키는 언론을 막으며, 절개를 지키며 죽음을 두려워하지 않는 열사의 행위를 억압하고, 귀를 막고 눈을 가리고도 마음속으로 홀로 보고 들을 수 있습니다. 그러므로 밖으로는 인의나 열사의 행위에 현혹되어 바뀌지 않게 되고 안으로는 간언하는 언사에 동요되지 않습니다. 이와 같아야 군주는 비로소 독단적으로 하고 싶은 대로 할 수 있고 누구도 감히 거역하는 자가 없게 됩니다. 이 같은 뒤에야 신불해와 한비자의 법술을 명백히 하고 상군의 법을 잘 배웠다고 말할 수 있습니다. 상군의 법과 신불해, 한비자의 법술을 실행하고도 천하가 크게 어지러워졌다는 말은 듣지 못했습니다. 그리하여 예로부터 "제왕의 통치 수단은 본래 매우 간단하고 장악하기 쉽다"고 하는 것입니다. 이러한 것들은 현명한 군주만이 실행할 수 있는 것입니다. 이렇게 하면 독책이 진실로 실행되는 것으로, 신하들은 감히 나쁜 짓을 저지를 수 없습니다.[127] 신하들이 감히 나쁜 짓을 저지르지 못하면 천하가 태평해지고, 천하가 태평해지면 군주

---

127 '수정본'의 원문은 '若此則謂督責之誠則臣無邪(이와 같으면 독책이 진실로 실행됐다고 말할 수 있고, 그렇다면 신하들은 감히 나쁜 짓을 저지를 수 없다)'다. 반면 『사기회주고증』에서는 풍본과 삼본에 근거해 '독책지성督責之誠'을 다음과 같이 중복 기재했다. '若此, 則謂督責之誠. 督責之誠, 則無邪(이와 같으면 독책이 진실로 실행되었다고 말할 수 있다. 독책이 진실로 실행된다면 신하들은 감히 나쁜 짓을 저지를 수 없다)' 『사기전증』 역시 "앞뒤 몇 구절의 문장 뜻을 상세히 보면 마땅히 '독책지성' 네 글자를 중복시켜야 한다. 그리고 '성誠'은 '성成'으로 고쳐야 한다. 따라서 '若此, 則謂督責之成. 督責之成, 則臣無邪'로 해야 한다"고 했다. 역자는 '수정본'의 원문에 따랐다.

가 장엄하고 존귀해지며, 군주가 장엄하고 존귀해지면 독책을 확실히 관철시킬 수 있고, 독책이 확실히 관철되면 군주가 바라는 대로 만족되고, 군주가 바라는 대로 만족되면 국가가 부강해지고, 국가가 부강해지면 군주는 향락을 누릴 수 있습니다. 그러므로 독책의 방법이 실행된다면 군주가 바라는 바를 얻지 못함이 없습니다. 그때가 되면 신하와 백성은 자신의 과실에서 벗어나고자 여유가 없을 텐데, 어느 때에 감히 모반을 도모하겠습니까? 이와 같으면 국가를 통치하는 법술이 진정으로 완비되고, 신하들을 제어하는 수단이 명확해졌다고 말할 수 있습니다. 신불해와 한비가 다시 태어난다 해도 폐하를 뛰어넘을 수는 없을 것입니다.128

이사의 글을 보고 진 2세는 매우 기뻐했다. 그리하여 독책은 더욱 엄격하게 시행되었고 백성으로부터 세금을 많이 걷는 자를 훌륭한 관리라고 했다. 진 2세가 말했다.

"이와 같이 하는 것이 진정으로 책責을 실행하는 것이라고 말할 수 있다."129

길을 다니는 행인 중에 절반은 형벌을 받은 자이고, 거리에는 죽음에 처한 사람들의 시체가 날마다 쌓여갔다. 누구든 사람을 많이 죽인 자를 충신이라 했다. 진 2세가 말했다.

"이와 같이 하는 것이 진정으로 독督을 실행하는 것이라고 말할 수 있다."130

---

128 "왕유정이 말하기를 '이사는 제왕의 법술을 순경에게서 배웠는데 신불해와 상앙의 법술을 진나라에서 운용하니 무엇 때문인가?'라고 했다."(『사기평림』) "순경의 학문은 유가를 위주로 하면서 도가, 명가, 법가의 사상을 혼합했다. 후왕後王에게 모범이 되도록 하고 공리功利를 중시하는 학설은 자못 법가와 유사하다. 그렇다면 이사가 스승의 학문을 계승하여 신불해와 상앙의 법술을 진나라에 사용하는 것 또한 괴이하지 않다."(『사기각증』)

129 '수정본'에서는 '가위능독책의可謂能督責矣'로 기재했다. 『찰기』와 『사기전증』에서는 '독'자가 빠져야 한다고 했다. 본 문장과 아래 문장을 봤을 때 역자는 『찰기』와 『사기전증』의 견해가 타당하다고 여겨 이에 따라 번역했다.

130 '수정본'에서는 앞 문장과 똑같이 '가위능독책의可謂能督責矣'라고 기재했다. 그러나 『찰기』에서는 "채본蔡本·중통中統·왕본·가본·모본·『치요』에는 모두 '책'자가 없다"고 했다. "여유정이 말하기를

당초에 조고는 낭중령으로 지낼 때 사람을 죽였을 뿐만 아니라 사사로운 원한을 보복하는 일이 많았다. 조고는 대신들이 조정으로 들어가 진 2세 앞에서 그 일을 폭로하고 헐뜯을까 두려워 진 2세에게 말했다.

"천자는 존귀하기 때문에 사람들은 천자의 목소리만 들을 뿐 얼굴을 볼 수 없습니다. 이 때문에 천자는 스스로 '짐朕'이라고 일컬었습니다.[131] 또 폐하께서는 연령이 많지 않으시니[132] 아직 모든 일에 능통할 수 없는데, 지금 조정에 앉아서 견책과 칭찬을 하면서 타당하지 않게 처리하는 것이 있다면 이는 폐하의 단점을 대신들에게 드러내는 것인데, 폐하의 영명함과 위대함을 천하에 보여주는 것이 아니기 때문입니다. 폐하께서는 금중禁中[133] 깊숙한 곳에서 팔짱 끼고 편안히 앉아 계시면서, 신과 법령에 통달한 시중侍中[134]들이 일을 보고하기를 기다렸다가 일이 생기면 자세히 살펴보시면 됩니다. 이렇게 하면 대신들은 감히 의문스럽거나 진실하지 못한 일을 보고하지 못할 것이며, 천하 사람들 또한 영명한 군주라고 칭송할 것입니다."

'2세의 말을 두 차례나 기재한 것으로 보건대 진나라를 멸망시킨 것은 조고뿐이 아님을 알 수 있다'고 했다.(『사기평림』)

131  "조고가 말하기를 '천자는 스스로 짐이라 일컬었는데, 본래는 사람들이 목소리만 들을 수 있을 뿐 얼굴은 보지 못하는 것을 가리킨다(天子稱朕, 固不聞聲)'고 했다.(『진시황본기』) '고불문성固不聞聲'은 마땅히 '고문성固聞聲'이라고 해야 한다. "천자는 항상 궁중에 있어 신하들이 바라보지만 조짐兆朕만 있으며, 그 목소리만 들릴 뿐 그 형체를 볼 수 없음을 말한다."(『색은』) "짐朕은 진시황이 규정하기 이전에는 일반 백성 또한 짐이라고 했다. 지금 조고가 황제를 신비롭게 하기 위해 일부러 '짐조朕兆'의 의미를 사용했다.(『사기전증』)

132  원문은 '富於春秋(춘추가 아직 풍부하다)'다. 아직 오지 않은 시간이 많음을 말하는데, 나이가 어리다는 것을 가리킨다. 춘추는 시일, 세월을 가리킨다.

133  금중禁中: 출입문을 금지하는 것으로 시위나 출입문 장부에 이름을 기입한 신하가 아니면 안으로 들어갈 수 없다. 전한 원제元帝 때 효원황후孝元皇后(왕정군王政君으로 원제 유석劉奭의 황후이고 성제成帝 유오劉驁의 생모다)의 부친인 왕금王禁의 이름을 피하기 위해 성중省中으로 변경했다. 성省은 성찰省察의 의미다. 이후에 다시 두 명칭을 합하여 금성禁省이라 했다. 황궁을 말한다.

134  시중侍中: 진나라 때의 관직으로 본래는 승상의 속리屬吏였다. 궁전을 왕래하며 천자를 모셨기 때문에 시중이라 했다. 전한 때는 정규 관직 외의 가관加官(원래 있던 관직 외에 직함을 더함)의 하나였다. 황제를 모시고 궁정을 출입하며 조정에 참여했기 때문에 점점 신임하는 중요한 직분이 되었다. 황제의 심복으로 대부분 외척, 공신 자제와 저명한 유학자 등이 담당했다.

진 2세는 조고의 계책을 받아들여 조정에 나가 대신들을 만나지 않고 궁중 깊숙한 곳에 기거하며 나오지 않았다. 조고는 항상 궁중에서 황제를 모시면서 사무를 처리했고, 국가의 대사는 모두 조고가 결정했다.

조고는 이사가 진 2세를 만나 진언하려 한다는 소리를 듣고 이사를 찾아가 말했다.[135]

"함곡관 동쪽에서 도적떼가 사방에서 일어나고 있는데 지금 황상께서는 더 많은 노역 징발을 재촉하여 아방궁을 짓고 개나 말 같은 쓸모없는 노리갯감을 모으고 계십니다. 제가 간언하려 한들 제 지위가 너무 낮습니다. 이것은 군후의 직책 범위 안의 일인데 군후께서는 어찌하여 간언하지 않으십니까?"

이사가 말했다.

"맞소. 내 말씀드리려 한 지 오래되었소. 그러나 지금 황상께서는 조정에 나오시지 않고 매일 궁중 깊은 곳에 계시니 내가 드릴 말씀을 다른 사람을 통해 전달할 수도 없고, 나 자신 또한 황상을 만나 뵐 기회가 없소."

조고가 말했다.

"군후께서 진실로 간언하고 싶다면 군후를 위해 살펴보다가 황상께 한가한 틈이 보이면 즉시 알려드리겠습니다."

조고는 진 2세가 한가롭게 향락을 즐기며 여인들을 앞에 두고 있는 때를 기다렸다가 사람을 보내 이사에게 알렸다.

"황상께서 지금 한가하시니 일을 아뢸 수 있습니다."

승상 이사는 즉시 궁문으로 가서 접견을 요청했다. 이런 일이 세 차례나 이어졌다. 진 2세가 화를 내며 말했다.

"나는 평소 한가한 때가 많은데 승상은 그런 때 오지 않고 하필이면 내가 사사로이 향락을 즐길 때 찾아와 접견을 요청하며 방해하고 있소. 승상은 내가 어

---

135 「진시황본기」에 따르면, 이사는 이때 진 2세에게 아방궁 공사를 중지하도록 간언하려 했다.」 (『사기전증』)

리라고 우습게 보는 것이오? 아니면 나를 천박하다고 깔보는 것이오?"

조고는 기회를 틈타 진 2세에게 말했다.

"그렇게 말씀하시면 대단히 위험합니다! 당초 사구에서의 음모에 승상도 참여했습니다. 지금 폐하께서는 황제가 되셨지만 승상의 지위는 더 높아지지 않았으니, 이에 그는 땅을 할양받아 왕이 되기를 바랄 것입니다. 게다가 폐하께서 묻지 않으시기에 신 감히 말씀드리지 않았습니다만, 승상의 장남 이유는 삼천군수로 있고 초 땅의 도적 진승 등은 모두 승상의 고향과 이웃한 현[136] 출신입니다. 이 때문에 초 땅의 도적들이 막힘없이 제멋대로 돌아다니고 그들이 삼천군을 지날 때도 군수인 이유는 성을 지키기만 하고 나가 공격하려 하지 않았습니다. 신은 그와 도적들 사이에 서신 왕래가 있다고 들었습니다만, 확실한 증거가 없기에 감히 폐하께 말씀드리지 못했습니다. 또 승상은 궁 밖에 있으나 그 권세는 폐하보다도 실제로 크다고 하겠습니다."

진 2세도 조고의 말이 옳다고 여겼다. 진 2세는 승상을 체포하여 심문하려했으나, 그 사실이 확실하지 않은 점을 염려하여 사람을 시켜 삼천군수 이유와 도적 간에 내통한 정황을 조사하도록 했다. 이사도 이런 소식을 들어 알았다.

당시 진 2세는 감천의 이궁에서 곡저觳抵[137]와 익살스러운 연극을 보면서 즐기고 있었기에 이사는 만날 수 없어 글을 올려 조고의 단점을 고발했다.

신 듣자 하니 '신하의 권세가 그 군주에 버금가면 국가가 위태롭지 않은 적이 없으며, 첩의 권세가 남편과 비슷해지면 집안이 위태롭지 않은 적이 없다'고 합

---

136  이사는 상채 사람이고 진승은 상채 서쪽에 이웃해 있는 양성陽城(지금의 허난성 팡청方城 동쪽) 사람이다.

137  곡저觳抵: 각저角抵와 같다. 각저角抵는 오늘날의 씨름과 유사한 것으로, 일종의 작전 기능이었다가 나중에는 병사들을 훈련시키는 방법이 되었다. 또한 민간의 경기로 발전하여 오락성을 지니고 있다. "응소가 말하기를 '전국시대에는 무술을 익히는 예가 차츰 증가하여 오락으로 삼고 서로 과시하는 데 사용되었는데, 진나라에서는 이름을 각저로 바꾸었다'고 했다."(『집해』)

니다. 지금 대신 중에는 폐하 곁에서 대권을 쥐고 이익과 해로움을 제멋대로 독점하여 권력이 폐하와 어떠한 구별도 없는 자가 있으니, 이는 매우 이롭지 못한 상황입니다. 옛날에 사성司城[138] 자한子罕은 송나라 상을 지냈는데, 형벌을 관장하며 위세로 행세하더니 1년 뒤에는 자신의 군주를 협박했습니다.[139] 전상田常[140]은 제나라 간공의 신하였는데 작위는 제나라 안에서 필적할 자가 없이 제일 높았고, 사사로이 취한 재산은 제나라 국고와 대등했습니다. 그는 널리 은혜를 펼치고 덕을 베풀어[141] 아래로 백성의 추대를 얻고 위로는 신하들의 지지를 얻자 은밀하게 제나라 정권을 탈취하고는 대청에서 재여宰予를 살해하고 조정에서 제 간공을 죽여 끝내는 제나라를 탈취했습니다.[142] 이것은 천하 사람들이 모두 알고 있는 일입니다. 지금 조고가 사악한 뜻을 품고 모반을 도모한 행위는

**138** 사성司城: 춘추시대 사공司空과 같은 직책이다. 송나라 무공武公의 이름 '사공'을 피휘하여 사성으로 바꾸었다.

**139** 이 사건은 역사에 명확하게 기재되어 있지 않고, 『한비자』「이병二柄」에서만 다음과 같이 언급하고 있다. "자한이 송나라 군주에게 말했다. '상을 받는 것은 백성이 좋아하는 것이므로 군주께서 친히 시행하시고, 살육과 형벌은 백성이 싫어하는 것이므로 신이 담당하겠습니다.' 이 때문에 송나라 군주는 형벌의 권한을 상실하게 됐고, 자한은 이를 이용했기에 결국 송나라 군주는 위협을 받게 되었다." "진기유陳奇猷의 고증에 따르면 여기서의 자한은 『좌전』에 기록된 송나라 사성 자한이 아니다. 여기서의 자한은 바로 전국시대 중기 사람으로 성은 대戴이고 이름은 희喜이며 자가 자한子罕이다. 즉 역사에서 말하는 척성군剔成君으로, 그가 시해한 군주는 송 환후宋桓侯(재위 기원전 371~기원전 369)이다. 이때부터 상나라 후손인 자씨子氏의 송나라가 멸망하고 대씨戴氏의 송나라가 일어났다. 또한 양관이 말하기를 '송나라에 이름이 희이고 자가 자한인 자가 앞뒤로 두 명이 있다. 전자는 낙씨樂氏로 춘추시대이고, 후자는 황씨皇氏로 전국시대에 있었다. 낙씨와 황씨는 대씨에서 갈라졌기에 한 사람으로 뒤섞어서는 안 된다. 이때 사성 자한이 환후를 쫓아내고 스스로 군주가 되었으므로 『한비자』, 『한시외전』, 『사기』「이사열전」, 『회남자』「도응훈道應訓」, 『설원』「군도君道」에 모두 사성 자한이 환후를 죽이고 스스로 군주가 되었다고 말한 것이다'라고 했다."(『사기전증』)

**140** 전상田常: 원래는 전항田恒이었으나 한나라 때 문제를 피휘하여 전상으로 바꿔 불렀다.

**141** 전상의 부친 전걸田乞은 제나라 경공景公의 신하로, 대두大斗로 빌려주고 소두小斗로 거둬들이는 방법으로 민심을 얻었다. 전상이 부친의 방식을 시행하여 민심을 이끌었다.

**142** 『좌전』 애공哀公 14년에 따르면 제 간공이 신임하는 신하 감지闞止(監止)가 전상을 죽이려 했으나 계획이 탄로되자 전상은 감지를 죽이고 제 간공도 죽였다. "감지의 자가 자아子我이고 공자의 제자 재여宰予와 자가 같기 때문에 사마천은 감지를 공자의 제자 재여로 잘못 생각했다. 여기와 「전경중완세가」가 모두 틀렸다."(『사기전증』)

자한이 송나라 상으로 있을 때와 같고, 사사로이 취한 재산은 전상이 제나라에 있을 때와 같습니다. 그는 전상과 자한 두 사람의 죄악을 겸하고 있고, 또 폐하의 권세에 기대 군신들을 통제하려는 야심은 한기韓玘가 한나라 왕 안安의 상으로 있을 때와 같습니다.[143] 폐하께서 계획을 세우지 않으시면 변란이 발생할까 두렵습니다.

진 2세가 말했다.

"어떻게 그대가 말한 것과 같겠소? 조고는 한낱 환관에 불과하지만 그는 나라가 편안하다고 해서 제멋대로 행동하지 않았고, 나라가 위태롭다고 해서 충심을 바꾸지 않았으며, 행실을 청렴하게 하고 선을 행하고 스스로 노력하여 이러한 지위에 올랐소. 충성으로 승진하고 신의로 직책을 지키고 있어 짐은 실로 그가 현명하고 능력 있다고 생각하는데, 그대는 도리어 그를 의심하고 있으니 무엇 때문이오? 게다가 짐은 어린 나이에 부친을 잃어 어떠한 지식도 없고 백성을 다스리는 데 익숙하지 않은데 그대는 연로하여 내가 천하 사람들과 단절될까 두려웠소. 그러니 짐이 조 선생[144]에게 의지하지 않으면 누구에게 의지할 수 있겠소? 게다가 조 선생은 사람됨이 청렴하고 근면하며 아래로는 민심을 알고 위로는 짐의 뜻과 부합하니 그대는 의심하지 마시오."

이사가 말했다.

"그렇지 않습니다. 조고는 본래 비천한 자로 사리에 밝지 못하고 탐욕이 끝이

---

143 한기韓玘라는 인물은 역사에 보이지 않는다. 한나라 왕 안安은 마지막 군주였고 진나라에 멸망당했다. 『통감』 권8 호삼성 주석에서 이르기를 '내가 보건대 이사가 올린 글의 의미는 바로 호해로 인한 망국의 화가 조석에 있으므로 한나라 왕 안이 기를 임용하여 망한 사건으로 그를 놀라게 하여 주의를 끌게 한 것이다. 한나라 왕 안의 신하 중에 한기가 반드시 있었지만 특별히 『사기』에서 그 사건을 기재하지 않았을 따름이다. 이사와 한나라 왕 안은 같은 시대이고 한나라 왕의 나라가 망한 사건을 호해의 이목에 접목시켰으니 이른바 '은감불원殷鑑不遠(은나라의 멸망을 본보기로 삼아 경계해야 할 일이 멀리 있는 것이 아니다)이다.'(『사기지의』)
144 원문은 '조군趙君'으로, 역자는 '조 선생'으로 번역했음을 밝혀둔다.

없으며 사사로이 이익을 추구하기를 그칠 줄 모릅니다. 그의 권세는 이미 폐하 다음으로, 그가 욕심을 끝없이 부리기 때문에 신은 그가 위험하다고 말씀드리는 것입니다."

진 2세는 이전부터 조고를 신임하고 있었으므로 이사가 그를 죽일까 걱정이 되어 은밀하게 이 일을 조고에게 알려주었다.

그러자 조고가 말했다.

"지금 승상이 근심하고 있는 사람은 바로 이 조고입니다. 이 조고만 죽으면 승상은 즉시 전상이 했던 일을 할 것입니다."

이에 진 2세는 명령을 내려 말했다.

"이사를 낭중령 조고에게 넘겨 조사하여 처리토록 하라!"

조고가 이사를 심문했다. 이사는 체포되어 묶인 채 하옥된 뒤에 하늘을 우러러 탄식하며 말했다.

"아, 슬프구나! 무도한 어리석은 군주를 위해 무슨 계책을 생각할 수 있겠는가! 옛날 하나라 걸왕은 관용봉關龍逢을 죽이고,[145] 은나라 주왕은 왕자 비간을 죽였으며, 오나라 왕 부차는 오자서를 죽였다. 이 세 명의 신하가 어찌 충성스럽지 않았겠는가. 그러나 끝내 죽음을 면치 못한 것은 충성을 바칠 군주를 잘못 선택했기 때문이다.[146] 지금 나의 지혜는 이 세 명의 신하보다 못하고 2세의 무도함은 걸왕, 주왕, 부차보다 심하니, 내가 충성을 다했기 때문에 죽는 것은 당연하다. 하물며 진 2세가 천하를 다스림에 어찌 어지럽지 않겠는가! 그는 많은 형제를 죽이고 스스로 황제가 되었으며, 충신을 죽이고 미천한 자들을 중용했으며, 아방궁을 짓느라 천하 백성으로부터 터무니없이 무거운 세금을 거두어들

---

**145**　관용봉關龍逢은 하나라 걸왕의 어질고 덕망이 높은 신하로, 간언했다가 죽임을 당했다고 전해진다. 그러나 이 일에 관한 내용은 「하본기」와 「은본기」에 기재되어 있지 않다.

**146**　원문은 '然而不免於死, 身死而所忠者非也'다. "身死而(충성을 다해 죽었지만) 세 글자는 불필요한 연자衍字로 의심된다."(『사기전증』) 역자 또한 『사기전증』의 견해가 타당하다고 여겨 '身死而' 석 자를 번역하지 았았다.

였다. 결코 내가 간언하지 않은 것이 아니라 그가 듣지 않은 것이다. 무릇 옛날의 성명한 군왕들은 음식에 일정한 절제가 있었고 거마와 기물에도 정해진 수량이 있었으며 궁실 건축에도 일정 규모를 넘지 않았다. 법령을 반포하고 일을 처리하는 데도 비용만 들 뿐 백성에게 이롭지 못한 것은 금지했기 때문에 오래도록 태평하고 안정되게 다스려질 수 있었다. 그런데 지금 진 2세는 도리에 맞지 않게 형제들을 해치고도 어떠한 엄중한 결과가 발생할지 돌아보지 않고 있고, 충신을 죽이고도 어떠한 재앙이 닥칠지 생각하지 않으며, 궁실을 크게 짓느라 천하 백성의 세금 징수가 가중되는데 백성의 재물을 아끼지 않는다. 이 세 가지 나쁜 일이 시행된 뒤로 천하 사람들 누구도 그 명령에 복종하려 하지 않는다. 지금 배반한 자들이 이미 천하 절반의 토지를 점유하고 있는데도 그는 아직도 꿈속에 있으면서 깨닫지 못하고 여전히 조고를 보좌로 삼고 있으니, 오래지 않아 나는 도적들이 함양으로 쳐들어가고 진나라 궁정의 폐허에서 미록麋鹿이 달리는 것을 보게 될 것이다."[147]

진 2세는 조고를 시켜 이사의 안건을 심문하고 죄를 결정하도록 했다. 조고는 이사를 핍박하여 그의 아들 이유와 함께 모반을 꾀한 사실을 인정하게 했고, 이사의 종족과 빈객들을 모두 체포했다. 조고가 이사를 심문하면서 1000번 이상 매질하자 이사는 고통을 견디지 못하고 스스로 억울한 죄를 뒤집어쓸 수밖에 없었다. 이사가 자살하지 않은 까닭은 자신의 말재주가 뛰어나고 공로가 있다고 자부했으며, 또 확실히 모반할 뜻이 없었으므로 요행히도 진정서를 올

---

147 미록麋鹿은 사슴과에 속하는 동물이다. 모양은 말과 비슷하고, 뿔은 사슴과 비슷하며, 발굽은 소와 비슷하고, 꼬리는 나귀와 비슷하다 하여 사불상四不像이라고도 했다. 이 말은 「오자서열전」에서 오자서가 임종 때 한 말("내 무덤가에 반드시 가래나무를 심어 그것이 자라면 오왕의 관으로 사용하도록 하고, 또한 내 눈알을 도려내 오나라 도성 동문에 매달아 월나라가 침입하여 오나라를 멸망시키는 것을 볼 수 있도록 하라.")을 모방한 것이다. 또한 「회남형산열전」에는 "오자서가 오왕 부차에게 간언했지만 오왕이 듣지 않자, 오자서가 말하기를 '신은 이미 미록麋鹿이 고소대姑蘇臺에서 뛰어다니는 것을 본 것과 같습니다'라고 했다"는 구절이 있다.

릴 수 있다면 진 2세가 깨닫고서 자신을 사면해줄 것이라 여겼기 때문이다. 그리하여 이사는 옥중에서 글을 올려 말했다.

신이 승상을 담당하여 백성을 다스린 지 이미 30여 년[148]이나 되었는데, 당시 신이 진나라에 왔을 때는 강토가 협소했습니다. 선왕이 즉위했을 때 진나라 영토는 사방 1000리를 넘지 않았고 병력은 수십만에 불과했습니다. 신은 미약한 재능을 다하여 신중하게 국가의 법령을 받들고, 남몰래 지모가 뛰어난 신하에게 황금과 주옥을 들려 보내어 동방의 제후들에게 유세하게 했으며, 그와 동시에 국내에서는 은밀하게 무장한 병졸을 훈련시키고 정치와 교화를 정돈했습니다. 또한 용맹한 자를 발탁하여 관리로 삼고 공신들을 존중했으며 그들의 작위와 봉록을 높여줬습니다. 이 때문에 끝내 한나라를 협박하고 위나라를 약화시켰으며 연과 조를 공격해 격파하고 제와 초를 소멸시켰으며 최후에는 육국을 합병하여 그들의 군왕을 사로잡고 선제先帝를 천자로 옹립했습니다.[149] 이것이 바로 신의 첫 번째 죄입니다. 육국을 합병한 뒤 진나라의 강토가 결코 광활하지 않은 것은 아니었지만, 신 다시 선제를 보좌하여 북쪽으로는 호胡와 맥貉을 쫓아버렸고, 남쪽으로는 백월百越을 평정하여 진나라의 강성함을 과시했습니다. 이것이 신의 두 번째 죄입니다. 대신들을 존중하여 그들의 작위를 높이고 그들과 진나라 왕실의 친밀한 관계를 공고히 했습니다. 이것이 신의 세 번째 죄입니다. 사직을 건립하고 종묘를 수축하여 황제의 현명하고 능력 있음을 명백하게 드러냈습니다. 이것이 신의 네 번째 죄입니다. 문자를 개혁하고 도량형을 통일시

---

**148** "진시황 28년에 이사는 여전히 경卿이었는데 「본기」에 근거해 34년에 승상으로 임명되었다면 진나라 승상 재위 기간은 불과 6년이다. 그러나 진시황 10년부터 이사가 승상의 일을 시작한 것으로 계산하면 29년으로, 또한 30여 년은 아니다."(『사기지의』) "30여 년은 아마도 진시황이 이사를 장사로 임명했을 때부터 계산한 것으로, 진시황 초년에 해당된다. 이사가 스스로 연수를 계산했으니 응당 착오는 아니다."(『사기각증』)

**149** 진왕 정 26년(기원전 221)에 전국을 통일하고, 이때부터 진왕을 시황제라 바꿔 불렀다.

켜[150] 천하에 공포함으로써 진나라의 명성을 제고시켰습니다. 이것이 신의 다섯 번째 죄입니다. 황제의 거마가 달릴 수 있는 치도를 건설하여 황제가 만족함을 드러낼 수 있는 각종 시설을 건축했습니다. 이것이 신의 여섯 번째 죄입니다. 형벌을 완화하고 부세를 경감하여 황상께서 백성의 바라는 바를 얻도록 했으며, 만백성이 황상을 추대하여 죽어도 그 은덕을 잊지 않도록 했습니다. 이것이 신의 일곱 번째 죄입니다.[151] 신하로서 저지른 죄상으로 보건대 저는 일찌감치 죽었어야 마땅합니다. 황상께서 다행히 신의 능력을 발휘하도록 하시어 지금까지 살아 있을 수 있었으니, 바라건대 폐하께서는 살펴주십시오!

글이 올라오자 조고는 관리에게 내버리게 하고 아뢰지 않았다. 그는 말했다.

"죄수가 어떻게 글을 올릴 수 있단 말인가!"

조고는 자신의 빈객 10여 명을 진 2세가 파견한 어사御史, 알자謁者,[152] 시중 등의 관원으로 위장하여 번갈아가며 이사를 심문하게 했다. 이사가 실제대로 대답하면 호되게 매질을 하게 했다.[153] 나중에 진 2세가 진짜로 보낸 사람이 와

150 원문은 '更尅畫, 平斗斛度量文章'이다. "'문장文章' 두 글자는 마땅히 '극화尅畫' 다음으로 옮겨야 한다."(『사기회주고증』) 곧 '극화문장尅畫文章'이 되어야 한다는 것이다. "『사기회주고증』의 견해가 맞다. '극화문장'은 즉 문자를 가리키며, 대전大篆을 바꿔 소전小篆을 시행했다는 것을 말한다. 진직陳直이 말하기를 '극화는 각화刻畫로, 종·정·제기를 주조할 때 새겨 넣는 문자를 말한다'고 했는데 참고할 만하다. '평두곡도량平斗斛度量'은 즉 도량형의 통일을 가리킨다."(『사기전증』) 역자는 『사기회주고증』과 『사기전증』의 견해에 따라 "문자를 개혁하고 도량형을 통일시키다"로 번역했음을 밝혀둔다.

151 "진나라는 살인을 애호하고 세금이 가혹했는데 형벌을 완화하고 부세를 경감했다고 말하고, 천하가 함께 진나라를 멸망시키고자 했는데 만백성이 그 은덕을 잊지 않는다고 말하니, 웃을 만하다."(『사기지의』) "오직 일곱 번째 죄만이 거짓말로 꾸민 것으로 사실이 아니다."(『사기회주고증』) "태사공이 찬贊에서 이사에 대해 '엄한 형벌과 가혹한 법을 실행했다'고 했으니, 또한 이사의 말이 허구임을 증명하는 것이다."(『사기각증』)

152 어사御史: 어사대부御史大夫의 속관으로, 백관들의 감찰과 탄핵을 관장했다. 알자謁者는 낭중령郎中令의 속관으로, 전례典禮를 거행할 때 의식을 인도하고 일을 접수하여 천자에게 전달하는 일을 관장했다.

153 "진자룡이 말하기를 '조고는 2세가 반드시 사람을 보내 다시 심문할 것을 알고 있었으므로 미리 그렇게 한 것이다'라고 했다."(『사기전증』)

서 자백 내용을 검증했는데, 이사는 앞서 조고가 보낸 그 무리라고 여기고는 끝내 다른 말을 하지 못하고 죄를 인정했다. 조고가 이사에 대한 판결을 진 2세에게 보고하자, 진 2세는 기뻐하며 말했다.

"조 선생이 아니었다면 내 승상한테 거의 속을 뻔했소."

이어서 진 2세가 이유를 조사하기 위해 보낸 사자가 삼천군에 도착했을 때는 이미 항량項梁에게 살해된 뒤였다.[154] 사자가 함양으로 돌아왔을 때 이사는 이미 옥리에게 넘겨져 하옥되었고, 조고는 이유의 모반에 관한 진술을 마음대로 조작했다.

진 2세 2년(기원전 208) 7월, 조고는 이사에게 오형五刑을 두루 내리고 마지막으로 함양의 시가지에서 허리를 자르도록 판결했다.[155] 이사는 감옥에서 나왔을 때 자신의 둘째아들과 함께 묶여 있었는데 아들을 돌아보며 말했다.

"내 너와 함께 다시 사냥개를[156] 끌고 상채 동쪽 문으로 나가 토끼 사냥을 하려고 했는데, 이제 할 수 없게 되었구나!"

아버지와 아들은 통곡했고, 끝내 이사와 그의 삼족이 죽임을 당했다.

---

154 「항우본기」에서는 진 2세 2년(기원전 208) 8월의 일이다.
155 "이사를 죽인 시기를 『통감』은 이 열전에 근거해 진 2세 2년이라고 했는데, 「진시황기」에서는 오형에 처한 것이 2년(기원전 208)이고 죽이도록 판결을 내린 것은 3년(기원전 207) 겨울이다. 「진시황기」가 맞는 것 같다."(『사기지의』) 그러나 『사기각증』에서는 「육국연표」에 근거해 2세 2년이 맞다고 했다. 순임금 때의 오형五刑은 묵墨(얼굴 혹은 이마에 글자를 새기는 벌), 의劓(코를 베는 벌), 비刖(발을 베는 벌), 궁宮(남자의 생식기 또는 부녀자의 난소를 제거하는 벌), 대벽大辟(목을 베는 벌)인데, 오형의 규정은 시대별로 다르다. "법령으로 규정하기를 '삼족을 멸하는 판결을 받은 자는 모두 먼저 얼굴 혹은 이마에 글자를 새기는 경黥, 코를 베어내는 의劓, 좌우 발을 자르는 형벌, 몽둥이로 때려죽이는 형벌, 머리를 잘라 걸어 대중에게 보이고 시장에서 뼈와 살을 잘게 썰어 절이는 형벌에 처한다. 범인이 비방하거나 욕설을 퍼붓는 행위가 있으면 먼저 혀를 잘라낸다'고 했다. 이 때문에 다섯 가지 형벌을 두루 갖추어 받게 했다고 말하는 것이다."(『한서』 「형법지」) "한나라 기준의 다섯 가지 형벌을 모두 받았다면, 이사가 허리를 잘리는 형벌을 받기 전에 어떻게 자신의 아들과 말을 할 수 있겠는가?"(『사기전증』) 먼저 오형에 해당하는 판결을 내린 다음 결국 허리를 자르는 요참腰斬의 형벌에 처한 듯하다.
156 원문은 '황견黃犬'으로, '사냥개'를 말한다.

이사가 죽은 뒤 진 2세는 조고를 중승상中丞相[157] 자리에 앉혔고, 크든 작든 조정의 모든 일을 조고가 결정했다. 조고는 자신의 권세가 얼마나 큰지 검증해보려고 진 2세에게 사슴을 보내고는 말이라고 했다. 진 2세가 좌우에 있는 자들에게 물었다.

"이것이 사슴이 아니란 말이냐?"

좌우에 있던 자들이 모두 말했다.

"이것은 말입니다."

진 2세 황제는 매우 놀라서 자신의 정신이 이상하다고 여겨 태복太卜[158]을 불러 점을 치게 했다. 그러자 태복이 말했다.

"폐하께서 봄가을에 교사郊祀[159]를 지내고 종묘 귀신을 모시면서 재계할 때 경건하고 정성스럽지 못했기 때문에 이러한 상황에 이른 것입니다. 옛날 성명한 군주의 방법에 따라 경건하게 재계해야 합니다."

그리하여 진 2세는 상림원上林苑[160]으로 가서 재계했다. 그러나 실제로는 매일 사냥하면서 놀았는데, 어떤 사람이 길을 지나다 상림원으로 들어오자 진 2세가 화살을 쏘아 그를 죽였다. 조고는 즉시 자신의 사위인 함양령咸陽令[161] 염

---

**157** 중승상中丞相은 궁중에 기거하며 여러 가지 일을 처리하는 승상이다. "진나라에 상국과 승상은 있어도 중승상이란 명칭은 없었다. 혹은 조고가 환관이었기 때문에 2세가 특별히 중승상을 설치했다고 할 수 있겠는데, 조고의 처음 관직이 중거부령이었던 것과 같다."(『사기신증』)

**158** 태복太卜: 점을 관장하는 관리로, 천자가 의심나는 일을 결정할 때나 국가의 길흉을 살필 때 점을 쳐서 조언했다.

**159** 교사郊祀: 고대 제왕이 동지와 하지에 도성 근교에서 천지에 제사를 지내는 것으로, 동짓날에는 남쪽 근교에서 하늘에 제사를 지내고 하짓날에는 북쪽 근교에서 땅에 제사를 지냈다. 교郊는 대사大祀(제왕의 가장 성대하고 장중한 제사, 천지, 종묘 등에 드리는 제사)를 말하고, 사祀는 군사群祀(대사와 중사中祀 이외의 제사)를 말한다.

**160** 상림원上林苑: 진나라 때 제왕의 사냥터로, 지금의 산시성 시안 서남쪽(지금의 후현戶縣, 싱핑興平, 우궁武功 일대)이다.

**161** "조고는 환관인데 딸이 있으니 아마도 환관이 되기 전에 낳은 듯하다. 바로 사마천에게 딸이 있는 것과 같다. 혹은 진나라 때의 환관은 반드시 거세된 자만 임용한 것은 아니어서, 후대와는 달랐다."(『사기전증』)

락闒樂을 시켜 누군지 알 수 없는 자가 사람을 쏘아 죽였다고 폭로케 하고, 아울러 상림령上林令에게 공문을 보내162 살인범을 체포해야 한다고 했다. 조고는 이에 진 2세에게 간언했다.

"천자가 되어 아무런 이유 없이 죄 없는 사람을 죽이는 것은 상제上帝가 금지하는 바로, 귀신도 제사를 받지 않을 것이고 하늘은 재앙을 내릴 것입니다. 마땅히 궁에서 멀리 떨어진 곳으로 가서 재앙을 쫓는 제사를 지내야 합니다."

진 2세는 이에 도성을 떠나 망이궁望夷宮163으로 가서 머물렀다.

망이궁에 머문 지 사흘 후, 조고는 위사衛士들에게 진 2세의 명의로 된 거짓 조서를 내려 그들에게164 흰옷을 입고165 병기를 들고 망이궁 안으로 진입하게 했다. 조고 자신은 궁으로 들어가 진 2세에게 알렸다.

"산동의 도적떼가 대규모로 쳐들어왔습니다!"

진 2세가 높은 망루에 올라 그들을 내려다보고 두려워하자, 조고는 이 틈을 타고 진 2세에게 스스로 목숨을 끊도록 압박했다.166 조고는 진 2세의 옥새를

---

162　원문은 '이상림移上林'이다. "『정의일문正義佚文』에 이르기를 '이移는 이첩시켜 심문하여 조사하도록 공문을 보내다 또는 상급 기관의 문서를 하급 기관에 전달하다'라는 뜻이다. 어떤 판본에는 '이상림' 세 글자를 앞 문장에 연결하고 한 구절로 읽어 '어떤 자가 사람을 죽인 다음 시체를 상림원으로 옮겼다'고 해석하는데, 이렇게 이해하는 것은 타당하지 않으며 사리에도 부합하지 않는다."(『사기전증』) '수정본'에서도 '이상림'을 앞 문장과 연결했다. 이에 따라 '누군지 알 수 없는 자가 사람을 죽이고 시체를 상림원으로 옮겼다'고 번역한 문헌이 많다. 역자는 『사기전증』의 견해에 따라 '상림령에게 공문을 보내다'로 번역했다.

163　망이궁望夷宮: 함양성 북쪽에 있던 궁이다. "『삼보황도三輔黃圖』에서 이르기를 '진시황 때 함양의 안전을 지키기 위해 경하涇河(징허강) 남쪽 연안의 고지대에 이 궁전을 건축했다. 궁 안에 누각이 있는데 높이가 50장丈으로 멀리 북이北夷의 동정을 살펴볼 수 있어 망이궁이라 했다'고 한다."(『사기전증』)

164　원문은 '사조위사詐詔衛士, 영사令士…'다. "풍본, 삼본에는 '위사衛士' 뒤에 '영令'자가 있다."(『사기회주고증』) 이에 따라 번역하면 "위사령에게 진 2세 명의의 거짓 조서를 내려 위사들에게…"로 된다. 위사령은 궁내의 안전과 경호를 책임지는 위위衛尉 속관이다. 역자는 『사기회주고증』의 견해에 따르지 않았다.

165　"흰색 복장으로 죄지은 통치자를 토벌하고 고생하는 백성을 구제하는(벌죄조민伐罪吊民) 자의 옷이다."(『사기전증』)

166　「진시황본기」에서는 열전과 달리 진 2세가 조고를 만나지 못하고 죽은 것으로 기재하고 있다. 그 내용은 다음과 같다. "진 2세가 말했다. '내가 승상을 만날 수 있소?' 염락이 말했다. '안 됩니다.' 또

가져다 자신이 찼지만 좌우 백관 중에 자신을 따르는 자가 없었다. 조고가 전당에 올랐는데, 전당이 세 차례나 무너지려고 했다.[167] 조고는 자신이 황제가 되는 것을 하늘이 허락하지 않고 신하들도 동의하지 않음을 알고 진시황의 동생 자영子嬰[168]을 불러 옥새를 그에게 넘겨줬다.

자영은 즉위한 후 조고가 권력을 독점하는 것을 근심하여 병을 핑계로 정무를 처리하지 않고 은밀하게 환관 한담韓談 및 자신의 아들과 함께[169] 조고를 죽이기로 모의했다. 조고가 알현을 요청하고 황제의 병세를 물으려 하자 자영은 조고를 궁으로 불러들였고, 기회를 틈타 한담에게 조고를 찔러 죽이게 했으며, 이어서 조고의 삼족을 멸했다.[170]

자영이 즉위한 지 석 달 만에[171] 패공沛公 유방의 군대가 무관武關으로 들어와 함양에 이르렀다.[172] 진나라 신하와 백관은 모두 진나라를 배반하고 저항하

말하기를 '나는 승상의 명령을 받아 천하 사람들을 대신해 족하를 죽이러 왔소. 지금 족하가 여러 말을 하는데, 나는 감히 승상에게 보고할 수 없소.' 진 2세는 하는 수 없이 자살했다." "당시 정세가 매우 혼란스러웠으므로 전하는 말이 두 가지다. 태사공은 모두 기재했는데, 바른 의견을 선택하기가 쉽지 않다. 『춘추후어春秋後語』와 『통감』은 모두 「진시황본기」의 기록을 따랐다."(『사기각증』)

167  "이러한 민간 전설을 역사에 서술했으니, 태사공의 조고에 대한 혐오를 엿볼 수 있다."(『사기전증』)

168  자영이 정확하게 누구인지는 확실하지 않다. 「진시황본기」에서는 "2세 형의 아들인 공자公子 영嬰을 진나라 왕으로 세웠다"고 하여 2세 형의 아들이라고 했다. 『사기각증』에서도 『한서』 「고제기」, 『한기漢紀 1』, 『춘추후어』를 근거로 2세 형의 아들이라고 했다. 『색은』 역시 '제弟'가 아니라 '손孫'으로 기재되어야 한다는 유씨의 주장을 근거로 자영이 2세의 형의 아들이라고 했다. 반면 진시황의 손자라면 '공손公孫'이 맞으며 '공자公子'라고 해서는 안 된다는 견해도 있다. 모두 확실하지 않기에 역자는 원문 그대로 '진시황의 동생 자영'으로 번역했다.

169  「진시황본기」에서는 "자신의 두 아들과 함께 모의했다"고 했다. 『사기지의』에서는 한담에 대해 "태사공의 부친(사마담) 휘인 '담談'과 동일하다. 여기서 한담이라고 한 것은 무엇 때문인가?"라고 했다. "서부원이 말하기를 '『사기』에서는 '담'자를 꺼리므로 이것은 후세 사람이 고친 것이다'라고 했다."(『사기각증』)

170  "「진초지제월표」에 따르면 자영이 조고를 죽인 것은 진 2세 3년 9월이라고 했다."(『사기전증』)

171  "「진초지제월표」에 따르면 자영은 9월에 왕이 되었고 10월에 유방이 관으로 진입했으니 '석 달'은 잘못이다. 「진시황본기」에서는 '자영이 진왕이 된 지 46일'이라고 했으니, 이것이 맞다."(『사기전증』)

172  한나라 원년(기원전 206) 10월의 일이다. 무관은 진나라의 남쪽 관문으로, 동쪽 관문인 함곡관과 서로 호응하여 진나라로 들어가는 문호였다. 패공沛公은 유방을 말한다. 유방이 군대를 일으켜 패현沛縣을 공격해 점령한 뒤 현령으로 추대되었는데, 당시 초나라는 관습적으로 현령을 공공이라 불렀

지 않았다. 그리하여 자영은 처자식을 데리고 명주 끈을 자기 목에 묶고는[173] 지도軹道 옆에서 투항했다. 패공은 자영을 주관하는 관리에게 넘겼다. 그러나 항왕項王(항우)이 함양에 당도한 뒤 자영을 죽였다. 진나라는 마침내 천하를 잃었다.

태사공은 말한다.

"이사는 한낱 평민 출신으로 제후들에게 유세하다가 진나라로 들어가 힘을 다해 섬겼으며, 진나라가 육국을 통일하는 기회를 틈타 진시황을 보좌하여 마침내 제업帝業을 성취하도록 했다. 이사 자신도 삼공의 지위에 이르렀으니 존중과 총애를 받아 중용되었다고 말할 수 있다. 이사는 육경六經의 근본 취지를 이해했으면서도 정치를 공명정대하게 하거나 군주의 결점을 보완하는 데 힘쓰지 않았고, 자신의 작위와 봉록을 지키기 위해 아첨하며 비위를 맞추고 엄한 형벌과 가혹한 법을 실행했다. 또한 조고의 그릇된 주장을 좇아 적장자를 폐하고 서자를 세웠다. 제후들이 이미 배반한 뒤에야 이사는 비로소 진 2세에게 충고하려 했으니, 이 또한 너무 늦지 않았는가! 사람들은 모두 이사가 충성을 다했는데도 오형에 처해져 죽었다고 생각하지만[174] 그 근본을 살펴보면 세속의 사람들이 말하는 것과 다르다는 것을 알 수 있다. 그렇지 않다면 이사의 공적은 진실로 주공이나 소공과 함께 논할 만할 것이다."

---

으므로 패공이라 한 것이다. "초나라 사람은 현령을 공公이라 불렀는데, 공후公侯의 공은 아니다."(『사기회주고증』) 유방은 항우로부터 한왕漢王에 봉해지기 전 2년 여간 패공이라 불렸다.
173   원문은 '계기경이조係其頸以組'다. "조組란 견사로 직물을 짜서 만든 끈이다."(『사기통해』) 역자는 '명주 끈'이라고 번역했음을 밝힌다. 왕이 명주 끈을 목에 거는 행위는 죄를 인정하고 처분을 요청하는 투항의 예절이다.
174   "『법언法言』「중려重黎」에서 어떤 사람이 이사가 충성을 다했다고 답한 것이 있는데, 당시에는 아마도 충성스러웠다고 여겼으므로 추양鄒陽은 '이사도 충성을 다했지만 호해는 그를 극형에 처했다'고 한 것이다."(『사기지의』)

史　記　列　傳

# 28

# 몽염열전

## 蒙恬列傳

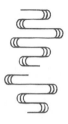

이 편은 진나라가 전국을 통일하는 과정에서 몽염을 중심으로 한 몽씨 일가의 탁월한 공훈과 통일 이후 북쪽으로 흉노를 축출하고 장성을 수축하고 직도를 개통시킨 공적에 대해 자세히 서술하고 있다. 또한 진시황 사후에 몽씨의 세력을 두려워한 조고와 이사의 중상모략과 이러한 상황을 살피지 못한 진 2세의 어리석음으로 인해 몽씨 형제가 죽임을 당하기까지의 과정을 그리고 있다.

사마천은 충성스러운 신하를 해친 조고, 이사 집단에 대한 증오 그리고 진 2세의 포학한 정치 행위에 대한 분노를 표하면서 불행한 최후를 맞은 몽씨 형제에 대해서는 연민의 심경을 드러내고 있다. 그러나 몽염에 대해서는 한마디로 '아의흥공阿意興功(군주의 뜻에 영합하여 큰 공사를 일으켜 공업을 세우려 함)'이라는 냉정한 평가를 내렸다. 몽염이 죽음에 임박하여 "산을 파내며 1만여 리나 성을 쌓았으니, 그중에 지맥을 끊지 않을 수 있었겠는가? 이것이 바로 나의 죄로구나"라고 한 발언에 대해 사마천은 "진나라가 막 제후들을 멸망시켰을 때 천하의 민심은 아직 안정되지 못했고 전쟁으로 입은 상처가 아직 회복되지 않았는데, 몽염은 명장으로서 이러한 때에 백성의 위급한 재난을 구원하고 노인을 공양하며 고아를 정성껏 키우고 백성의 평화를 회복시키는 데 힘을 써야 한다고 적극 간언하지 않고, 진시황의 뜻에 영합하여 큰 공사를 일으켜 공업을 세우려 했으니 그들 형제가 주살된 것은 또한 마땅한 것이 아니겠는가! 어찌하여 지맥을 끊은 죄로 돌리는가?"라고 비판했다. 그러나 『논형』「화허禍虛」 편에서는 사마천의 견해에 반박하여 "몽염에 대한 비판이 힘써 권고하지 않았기 때문에 목숨을 잃는 화를 부른 것이라면, 자신이 잠실에 처해져 궁형을 받은 것 또한 비평할 가치가 있는 것이다. 자신에게 과실이 없다면 이와 같이 몽염을 질책하는 것은 옳지 않다"고 했다.

몽염蒙恬의 선조는 제나라 사람이다. 몽염의 조부인 몽오蒙驁는 제에서 진으로 와서 소왕을 섬겼고 관직이 상경에 이르렀다. 진나라 장양왕 원년(기원전 249)에 몽오는 진나라 장수가 되어 한나라를 정벌하여[1] 성고와 형양을 탈취하고 삼천군을 설치했다. 2년(기원전 248)에는 몽오가 조나라를 공격해[2] 37개의 성을 빼앗았다. 진시황 3년[3]에는 한나라를 공격해 13개의 성을 탈취했고,[4] 5년(기원전 242)에는 위나라를 공격해[5] 20개의 성을 빼앗고 동군東郡을 설치했다.[6] 진시황 7년(기원전 240)에 몽오는 사망했다. 몽오의 아들은 몽무蒙武고, 몽무의 아들이 몽염이다. 몽염은 형법을 배워 소송 안건의 문서를 관장했다. 진시황 23년(기원전 224) 몽무는 진나라의 비장군裨將軍[7]으로 임명되어 왕전과 함께 초나라를 공격하여 대패시키고 항연項燕을 죽였다. 진시황 24년(기원전 223)에는 몽무가 초나라를 공격하여 초나라 왕을 사로잡았다.[8] 몽염의 동생은 몽의蒙毅다.

---

1  장양왕 때의 한나라 제후는 환혜왕桓惠王(재위 기원전 272~기원전 239)이다.
2  장양왕 때의 조나라 제후는 효성왕(재위 기원전 265~기원전 245)이다.
3  마땅히 진왕 정 3년(기원전 244)이라고 해야 한다. 진시황이라 칭하기 시작한 것은 육국을 통일하고 나서 붙인 칭호다.
4  "『통감』에는 12개 성이라 했고, 「육국연표」에도 12개 성이라고 했다. 그러나 「진시황본기」와 「한세가」에서는 13개 성이라고 하여 여기의 내용에 부합된다."(『사기각증』)
5  진왕 정 5년 당시의 위나라 제후는 경민왕(재위 기원전 242~기원전 228)이다.
6  동군東郡은 진나라의 군으로 치소는 복양(지금의 허난성 푸양 서남쪽)이다. "양콴은 말하기를 '이해에 진나라가 위나라의 성 20개를 탈취했는데, 영토가 동일하지는 않았다. 진나라 초기에 동군을 설치했을 때는 몇 개의 성에 불과했는데, 그 이후로 진나라는 계속해서 동쪽으로 진군하여 동군은 점차 확대되었다'고 했다."(『사기전증』)
7  비장군裨將軍: 부장副將을 말한다.
8  초나라의 마지막 군주는 부추負芻(재위 기원전 227~기원전 223)로, 초나라 고열왕의 아들이며 유왕

진시황 26년(기원전 221) 몽염은 대대로 장군을 배출한 집안 출신으로서 진나라 장수가 되어 제나라를 대패시키고[9] 내사內史[10]에 임명되었다. 진나라는 천하를 통일하고 나서 몽염을 파견해 군사 30만 명을 이끌고 북쪽으로 가서 융적을 쫓아내고 황하 이남[11]의 영토를 수복하도록 했다. 이어서 장성長城을 수축하게 했는데, 지형과 산세에 의지해 험준한 요새를 설치했고 서쪽 임조臨洮에서 시작해 동쪽 요동遼東까지 1만여 리나 이어졌다.[12] 몽염은 또 군대를 이끌고 황하를 건너 양산陽山[13]을 점거하고 지켰으며 구불구불 북쪽으로 올라갔다. 몽염의 군대는 비바람과 서리와 이슬을 무릅쓰고 밖에서 10여 년 동안 야영했고, 상군上郡에 주둔했다.[14] 당시 몽염의 위세는 흉노를 두려움에 떨게 했다. 진시황은 몽씨 가족을 매우 존중하고 총애하며 신임했으며, 현명하고 능력 있는 신하라 여겼다. 진시황은 몽의를 가까이 두어 그 지위를 상경에까지 오르게 했고, 밖을

幽王의 서자 출신 형이다. "장조張照가 말하기를 '이 내용은 연표와 같다. 본기 23년 형荊나라(초) 왕을 사로잡고, 24년에 항연이 자살했다'고 했다."(『사기전증』)

9　제나라의 마지막 군주는 건建(재위 기원전 264~기원전 221)으로 양왕의 아들이다. "장조가 말하기를 「기」 「표」에서 제나라를 공격한 장군은 몽염이 아닌 왕분王賁으로 기재되어 있다. 이때 몽염도 종군은 했지만 대장은 아니었을 것이다'라고 했다."(『사기지의』)

10　내사內史: 서주 시대에 시작된 관직으로, 진나라 때는 도성과 교외 지역의 최고 행정장관이다. 후대의 경조윤京兆尹이다. 전한 초기에는 제후 왕국에서 내사를 설치하여 민정民政을 관장하게 했다.

11　지금의 네이멍구 허타오河套 지역을 아우르는 황하 남쪽 연안을 말한다.

12　임조臨洮는 진나라 현으로, 치소는 지금의 간쑤성 민현岷縣이다. 요동遼東은 진나라 군으로, 치소는 양평襄平(지금의 랴오닝성 랴오양遼陽)이었다. "후대에 장성을 진나라가 축조했다고 말하는데 사실은 그렇지 않다. 「조세가」 「소진전」 「흉노전」과 『죽서』를 고찰해보면 대부분은 칠국 때 건설된 것으로 몽염은 특별히 보수하고 증설하여 만 리가 서로 이어지게 했을 따름이다. 어찌 모두 몽염이 건설했다고 하는가?"(『사기지의』)

13　양산陽山: 지금의 네이멍구 허타오 북쪽의 낭산狼山이다. 황하의 북쪽이므로 양陽이라고 했다.

14　"몽염이 진시황 32년에 30만 군대를 이끌고 호胡를 공격할 때부터 37년 죽을 때까지는 앞뒤로 겨우 6년인데 10여 년이라고 말하고 있으니, 「주보전主父傳」 「흉노전」과 함께 잘못이다."(『사기지의』) "만약 진시황 26년, 몽염이 군대를 이끌고 제나라를 정벌하기 시작해서 진시황 37년 몽염이 죽을 때까지라면 앞뒤로 12년이다. 또 「이사열전」에서 '부소와 장군 몽염은 함께 군사 수십만 명을 이끌면서 변경에 주둔한 지 10여 년이 지났다'고 했고, 「평진후주보열전」에서 '진시황은 여러 나라를 합병하고 몽염을 시켜 군사를 이끌고 호를 정벌하게 했는데, 군사들이 바람을 맞고 햇볕에 쪼이며 10여 년을 주둔했다'는 말이 있다."(『사기전증』)

나설 때는 수레를 함께 타고 조정에 돌아와서는 황제의 자리 앞에서 호위하게 했다. 몽염은 바깥의 사무를 담당하고 몽의는 항상 조정에서 황제를 위해 계책을 세웠으며, 충신의 명성이 있었기 때문에 조정의 장상將相들은 감히 그들과 다투려 하지 않았다.

조고는 조나라 왕실의 먼 일족이다. 조고의 형제 몇 명은 모두 은궁隱宮에서 태어났고,[15] 그의 어머니도 형벌을 받았기에 대대로 신분이 비천했다. 진나라 왕은[16] 조고가 능력 있고 형법에 정통하다는 말을 듣고는 발탁하여 중거부령中車府令을 담당하게 했다. 조고는 은밀하게 공자 호해를 섬기면서 그에게 소송 안건을 판결하는 법을 가르쳤다. 조고가 큰 죄를 짓자 진나라 왕은 몽의에게 법에 따라 그를 처벌하도록 했다. 몽의는 감히 법을 어기지 못해 조고를 죽을죄로 판정하고 동시에 관원으로 등기된 명부에서 그를 삭제했다.[17] 그러나 진시황은 조고의 근면한 점을 고려하여 그를 사면하고 관직을 회복시켰다.

진시황은 천하를 순행하고자 했고 노정은 구원九原에서 감천甘泉까지였다. 그래서 몽염을 시켜 길을 개통하게 하여 구원에서 감천까지 1800리나 산을 파내

---

15 은궁隱宮은 궁형을 받은 범인을 가두는 장소로 여겼다. "유씨가 말하기를 '아마 그 아버지가 궁형을 당하고 처자식은 관노비로 적몰되었을 텐데, 처가 나중에 사통하여 낳은 자식들이 모두 조씨 성을 이어받았고, 아울러 그들이 궁형을 받았으므로 '형제가 은궁에서 태어났다'고 했을 것이다'라고 했다." (『색은』) "그 아버지는 죄를 지어 궁형을 받았고 그 어머니도 함께 은궁에 들어갈 수 없으므로 그들의 자식들이 반드시 궁형을 받은 것은 아니다. 조고에게는 염락閻樂이라는 사위가 있었으니, 조고가 어려서 궁형을 받은 것은 아니라는 말이다. 진작은 말하기를 '은궁은 은관隱官의 틀린 글자다'라고 했다. 또한 마페이바이의 『진집사秦集史』에서는 '새로 출토된 『운몽진간雲夢秦簡』의 법률 부분에 은관이라는 명칭이 있는데, 은관은 형벌을 받은 자들을 수용하고 공을 세우면 사면하는 수용소다. 은관에 있는 죄인은 반드시 노동에 종사해야 하기 때문에 그 성격은 대략 후대의 노동교화소와 상통한다. 조고의 모친이 형벌을 받고 나중에 석방되어 은관에 처하게 되었으므로 조고 형제가 모두 은관에서 태어난 것을 말한다. 이것으로 보건대, 은관은 노동교화소처럼 죄를 지은 자들을 징벌하는 곳으로, 조고 형제가 이곳에서 태어났기에 그들을 "대대로 신분이 비천했다"고 한 것이다'라고 했다." (『사기전증』)
16 아직 황제로 칭하기 전의 진왕 영정嬴政이다.
17 "능치릉이 말하기를 '갑자기 조고의 출신과 그가 죄를 지은 단락을 삽입했는데, 몽씨가 당한 화의 실제적인 원인이 여기에 있기 때문이다'라고 했다." (『사기전증』)

고 산골짜기를 메워 평평하게 했지만 공정이 완성되지 못했다.[18]

진시황 37년(기원전 210) 겨울, 회계會稽로 순행하여 해안을 따라 올라가 북쪽 낭야琅邪로 향했다.[19] 도중에 병이 들자 몽의에게 산천을 순회하며 신령들에게 제사지내도록 했으나[20] 몽의가 돌아오기도 전에 진시황은 사망했다.

진시황이 사구에 이르렀을 때 붕어했으나[21] 비밀에 부쳐져 신하들은 이 일을 알지 못했다. 당시 승상 이사, 공자 호해, 중거부령 조고가 항상 곁에서 황제를 모시고 있었다. 조고는 줄곧 호해의 총애를 받고 있었으므로 호해를 황제로 옹립하려 했고, 또 몽의에 대해서는 법에 따라 자신의 죄를 다스리고 자신을 편들어주지 않은 것을 원망하고 있었기 때문에 그를 해치려 마음먹고 있었다. 이에 승상 이사, 공자 호해와 함께 은밀하게 모의하여 호해를 태자로 세웠다. 호해는 태자로 세워지자 사자를 보내 거짓 죄명으로 공자 부소와 몽염에게 자결하도록 했다. 부소가 자결했으나 몽염은 의심을 품고 다시 명령을 청했다. 사자는 몽염을 법을 관장하는 관리에게 넘기고 다른 곳에 가두었다.[22] 호해는 이사의 사인

---

**18**  "「흉노열전」에서는 몽염에게 호胡(흉노)를 공격하게 하여 황하 이남의 토지를 모두 수복했다. 이어서 황하를 따라 장성을 수축하게 하고 직도를 건설하게 했는데, 구원에서 감천 부근의 운양雲陽(감천궁이 있는 현으로 지금의 산시성 춘화淳化 서북쪽 지역)에까지 이르렀다. 변경의 험한 산세를 따라 산을 파내고 계곡을 메워 장성을 보수했는데, 서쪽 임조에서 시작해 동쪽 요동에 이르렀으니 전체 길이가 1만여 리였다. 또 구원에서 운양까지 닦은 도로를 개통하여 변경을 순시하는 계획은 「흉노열전」에서 말한 '직도를 개통'하는 것이 맞을 것이다. 여기서 말한 '천하를 순행하고자 했다'는 것은 사실이 아니다."(『사기찰기』) 진시황이 직도를 건설하게 한 것은 바로 북부의 국방 계획으로, 천하를 순행하기 위한 목적은 아니었다. 공정이 완성되지 못한 이유는 이후에 전개되는 대변혁 때문이다.

**19**  회계會稽는 산 이름이자 진나라 군의 이름이다. 회계산은 지금의 저장성 중부 사오싱紹興 북부 평원 남부에 있고 주봉은 성저우嵊州 서북쪽에 있다. 진시황이 이곳에 올라 남해를 바라봤다고 하여 '진망산秦望山'이라고도 한다. 낭야 역시 산 이름이자 진나라 군의 이름으로, 진시황이 이곳을 순행하여 낭야대를 지었다.

**20**  각지의 명산과 대천에 제사를 지내며 진시황을 위해 재앙을 없애달라고 기도드리는 것을 말한다.

**21**  진시황 37년(기원전 210) 음력 7월의 일이다. 사구는 사구궁으로, 조나라의 이궁이었다. 지금의 허베이성 광중廣宗 서북쪽에 있다.

**22**  원문은 '경치更置'로, 많은 번역본에서는 '몽염의 직위를 다른 사람이 대신하게 하다' 혹은 '다른 사람으로 교체하다'로 풀이하고 있다. 바로 「이사열전」에서의 "몽염으로 하여금 병권을 비장 왕리에게 넘기도록 했다"는 문장에 근거한 것이다. 그러나 여기서의 의미는 '다른 장소에 가두다'로, 다른 장소

을 보내 호군護軍23을 담당하게 했다. 사자가 돌아와 보고하자 호해는 부소가 이미 죽었다는 말을 듣고 몽염을 석방시키려 했다. 그러나 조고는 몽씨가 다시 존귀해져 총애를 받고 정권을 잡으면 자신에게 원한을 품을까 두려워했다.

몽의가 돌아오자 조고는 호해에게 충성하며 계책을 강구하는 척하면서 몽씨를 제거하려고 했다. 이에 그는 호해에게 말했다.

"신이 듣자하니, 선제께서는 오래전에 현명하고 능력 있는 자24를 선발하여 태자로 세우려 했는데 몽의가 간언하며 '그렇게 해서는 안 된다'고 말했답니다. 태자께서 현명하고 능력 있는 것을 알면서도 오래도록 세우려 하지 않았다면, 이는 충성스럽지 않은 것이며 군주를 미혹시킨 것입니다. 신의 어리석은 생각으로는 몽의를 죽이는 것이 낫겠습니다."

호해는 조고의 말을 듣고는 몽의를 대代 땅에 가뒀다.25 이전에 그들은 이미 몽염을 양주陽周에 가뒀다.26 진시황의 영구가 함양에 당도해 장례를 끝내자 태

는 이어지는 내용에 언급되는 양주다.

23  호군護軍: 호군은 고위급 군사 관직으로, 금군禁軍을 관장하고 무관을 선발하고 각 무장을 감독 관리했다. "「이사전」에서는 '부소에게 서신을 보내 병권을 비장 왕리에게 넘기도록 했다'고 했는데, 여기서는 호군이라 했다. 또한 감군監軍의 의미일 것이다."(『사기찰기』) "『한서』에 호군도위護軍都尉는 진秦 시기의 관직으로 평제平帝 원시元始(평제平帝 유간劉衎의 연호, 1~5년) 원년(1년)에 호군으로 명칭이 변경되었다."(『후한서』(이현))

24  여기서 '현명하고 능력 있는 자'는 호해를 가리킨다.

25  대代는 북쪽으로 오환烏桓, 흉노 등의 종족과 이웃하고 있어 전략적으로 중요한 북방의 군郡이다. "지금의 대주代州다. 산천에 기도하러 갔다가 대 땅에 이르자 그를 체포한 것이다."(『정의』) "앞 문장에서 '몽의가 돌아오자'라고 했는데, 도중에 호해를 만난 것이다. 이에 대 땅에서 체포한 것이다."(『사기회주고증』) 「진시황본기」에 근거하면 진시황은 지금의 허베이성 경내인 사구궁에서 사망했고, 조고와 이사는 조서를 거짓으로 꾸미고 정변이 발생한 후에도 곧장 함양으로 돌아가지 않고 진시황의 사망 소식을 봉쇄하고 진시황 시신을 싣고 북쪽으로 계속 이동했다. 그들은 서쪽으로 정형井陘(지금의 허베이성 스자좡 서쪽)에 이르러 북쪽으로 꺾어 대군을 지나 구원에 이르렀다. 그런 다음 다시 구원에서 남쪽으로 꺾어 함양으로 돌아왔다. 몽의는 진시황이 죽은 줄 모르고 산천에 제사를 마친 뒤 진시황 곁으로 돌아오려 했으므로 조고와 이사 등이 대군에서 만난 것이다."(『사기전증』)

26  양주陽周: 진나라 현으로 치소는 지금의 산시성 쯔창子長 서북쪽 지역이다. "몽염과 부소는 원래 북부 변경 군중에 있었고 주둔지가 정확히 어디인지는 알 수 없다. 조고의 사자가 부소를 핍박하여 자살시킨 뒤 몽염은 재차 명령을 분명하게 해달라고 요청했고, 조고의 사자는 결국 몽염을 양주로 옮겨

자가 즉위하여 2세 황제가 되었다. 조고는 진 2세 황제와 친근했기에 밤낮으로 몽씨를 헐뜯고 그들의 잘못을 수집한 다음 죄를 열거하며 탄핵했다.

자영子嬰[27]이 간언했다.

"신이 듣건대 이전에 조나라 왕 천遷은 자신의 어진 신하 이목을 죽이고 안취를 임용했고, 연나라 왕 희喜는 은밀하게 형가의 계책을 받아들여 진나라와의 맹약을 저버렸으며,[28] 제나라 왕 건建은 전대의 충신을 죽이고 후승后勝의 건의를 채용했다고 합니다.[29] 이 세 명의 군주는 모두 옛 규정을 바꾸었기 때문에 나라를 잃고 자신의 몸에까지 재앙이 내렸습니다. 지금의 몽씨는 진나라의 대신이며 모사謀士입니다. 주상께서 하루아침에 그들을 버리려 하시는데, 신은 이렇게 해서는 안 된다고 생각합니다. 신이 듣자하니 경솔하게 일을 처리하는 사람은 나라를 다스리기 어렵고 자기주장만 고집하는 사람은 군주를 보좌하기 어렵다고 합니다. 충신을 죽이고 지조와 품행이 없는 사람을 임용하면 안으로는 신하들을 믿고 복종하게 할 수 없고, 밖으로는 전사들의 뜻을 하나로 뭉치지 못하게 할 것이니, 신은 해서는 안 될 일이라고 생각합니다."

그러나 호해는 자영의 간언을 듣지 않고, 도리어 어사御史 곡궁曲宮을 보내 역마를 타고 대 땅으로 가서 몽의에게 명령을 전하게 했다

"선주先主께서 태자를 세우려 했을 때 경은 반대했다. 지금 승상은 경이 충성하지 않은 죄가 경의 종족에게까지 미친다고 여기고 있다. 그러나 짐은 차마 그렇게 죄를 다스릴 수 없어 경 한 사람에게만 죽음을 내리니, 이 또한 매우 다행인 것이다. 경은 스스로 헤아려 판단하도록 하라!"

가둔 것이다."(『사기전증』)

27  자영子嬰: 이후 진나라 3세 황제가 되는 인물이다.
28  태자 단이 자객 형가를 시켜 진왕을 찌른 사건으로 진왕 정 20년, 연왕 희 28년(기원전 227)의 일이다. 형가를 파견한 사람은 연왕 희가 아니라 태자 단이었다.
29  후승后勝은 제왕 건의 상으로 진나라의 첩자였다. 제왕 건은 후승의 말을 듣고 제나라를 버리고 진나라에 투항했다.

몽의가 대답했다.

"제가 선주의 뜻을 이해하지 못했다고 말씀하셨으나, 저는 젊어서부터 관리가 되어 선주께서 돌아가실 때까지 순종하며 총애를 받았습니다. 이것은 선주의 뜻을 이해했다고 말할 수 있습니다. 제가 태자의 재능을 알지 못했다고 말씀하셨으나, 태자만이 선주를 수행하며 천하를 두루 순행하셨습니다. 이것은 태자에 대한 총애가 다른 공자들보다 월등한 것으로, 제게 어떠한 의문도 없습니다. 선주께서 태자를 세우려 하신 것은 여러 해에 걸쳐 심사숙고한 결과인데 제가 어떻게 감히 간언하고 반대하는 계책을 꾀하겠습니까! 제가 감히 말을 꾸며 변호하여 죽음을 피하고자 하는 것이 아니라 단지 선주의 명성에 누를 끼치는 것이 부끄럽기 때문입니다. 원컨대 대부大夫[30]께서는 이를 헤아리셔서 죽어도 마음에 부끄러움이 없도록 해주십시오. 대체로 순리대로 사람의 목숨을 보전시키는 것은 바른 도리가 귀하게 여기는 바이고, 형벌로 사람을 죽이는 것은 바른 도리가 싫어하는 것입니다. 옛날 진나라 목공은 세 명의 어진 신하[31]를 죽이고 백리해를 처벌했지만 실제로 백리해는 죄가 없었기 때문에[32] 시호를 '목繆'이라 했습니다.[33] 또 진나라 소양왕은 무안군 백기를 죽였고, 초나라 평왕은 오사를 죽였으며, 오나라 왕 부차는 오자서를 죽였습니다. 이 네 명의 군주는 모두 큰 잘못을 저질러 천하 사람들의 비난을 받았고, 현명하지 못한 군주로 여겨져 제

---

30  대부大夫: 어사 곡궁에 대한 경칭이다.
31  엄식奄息, 중항仲行, 침호鍼虎를 말한다. 진 목공이 죽었을 때 그들을 함께 묻어 순장시켰다.
32  "어떤 사건을 가리키는지 정확하게 알 수 없다. 단지 기원전 628년에 진 문공의 사망을 틈타 정鄭나라를 습격했는데, 백리해와 건숙蹇叔이 극력 만류했지만 진 목공은 그들의 말을 듣지 않았을 뿐만 아니라 그들에게 심한 욕설을 퍼부었다. 결과적으로 진나라 군대는 철저하게 괴멸되었으니 백리해와 건숙의 의견이 정확했다는 것을 증명했다. 이 사건은 『좌전』 희공僖公 33년과 「진본기」에서 볼 수 있다. 그리고 『풍속통』 「황패皇霸」에서 이른바 '목공이 어진 신하 백리해를 죽이다'라고 언급했는데, 무슨 근거인지 알 수 없다. 이 책은 후한 후기에 나온 것으로 근거로 삼기에 부족하다."(『사기전증』)
33  시호를 목공繆公이라고 했는데, 목공穆公이라고 쓰기도 한다. 시법諡法에 근거하면 '명여실상왈목名與實爽曰繆(이름이 실제와 어긋나는 것을 繆이라 한다)'이라 했다. 즉 '유명무실'이다.

후들 사이에서 악명을 떨쳤습니다.[34] 그래서 '바른 도리로 나라를 다스리는 사람은 죄 없는 신하와 백성을 죽이지 않고, 무고한 사람에게는 형벌을 내리지 않는다'고 합니다. 부디 대부께서는 이 점을 유념해주십시오!"

그러나 사자는 호해의 의도를 잘 알고 있었기 때문에 몽의의 호소를 듣지 않고 결국 그를 죽였다.

진 2세는 또 사자를 양주로 파견해 몽염에게 명령을 전하게 했다.

"그대의 잘못이 많을 뿐만 아니라 그대의 동생 몽의가 큰 죄를 저질렀으니 법에 의거해 그 죄가 내사인 그대에게까지 연루된다."

몽염이 말했다.

"신의 조상부터 시작해서 자손에 이르기까지 진나라에서 공로와 신의를 쌓은 지 이미 삼대三代[35]가 되었습니다. 지금 신은 30만 대군을 통솔하고 있어 비록 몸은 갇혀 있지만 신의 세력은 충분히 배반할 수 있습니다. 그러나 반드시 죽게 될 것을 스스로 알면서도 대의를 지키는 까닭은 감히 선조의 가르침을 욕되게 할 수 없고 선주를 잊지 못하기 때문입니다. 옛날에 주나라 성왕이 막 즉위했을 때는 아직 포대기 속의 어린아이였지만,[36] 주공 단이 성왕을 업고 조정에 나와 집정하여 끝내 천하를 평정했습니다. 성왕이 병에 걸려 매우 위중했을 때 주공 단은 자신의 손톱을 잘라 황하에 던지면서[37] 말하기를 '군왕께서 아직 어려 사리분별을 못하기에 제가 국가 대사를 관리하고 있습니다. 잘못과 재앙이 있다면 제가 그 재난을 받겠습니다'라고 했습니다. 그러고는 이 말을 기록하여 기부記府[38]에 간직해두었으니 신의를 지켰다고 할 만합니다. 성왕이 나라를 다

---

34  "유씨는 말하기를 '제후들이 모두 그들의 악행을 사적에 기록했다'고 했는데, 사실이 아니다." (『색은』)
35  몽오, 몽무, 몽염·몽의 형제까지를 말한다.
36  「주본기」에 따르면 무왕이 죽고 나서 성왕이 즉위했을 때 나이가 어리다고만 했을 뿐 몇 살이었는지는 밝히지 않았다.
37  옛사람들이 자신의 목숨을 담보로 귀신에게 맹세할 때 하는 풍속이다.
38  기부記府: 고대에 문서와 역사책을 보관하던 관청.

스릴 수 있게 되었을 때 어느 간사한 신하[39]가 말하기를 '주공 단은 반란을 일으키려 한 지 오래되었습니다. 대왕께서 방비를 하지 않는다면 반드시 큰일이 일어날 것입니다'라고 했습니다. 성왕은 크게 화를 냈고 주공 단은 초 땅으로 도망쳤습니다. 성왕은 기부를 살펴보다가 주공 단이 손톱을 황하에 던지며 기도한 글을 보고는 눈물을 흘리며 말했습니다. '누가 주공 단이 반란을 일으키려 한다고 했는가!' 성왕은 비방한 자를 죽이고 주공 단을 다시 돌아오게 했습니다. 그래서 『주서周書』에는 '반드시 여러 방면으로 자문을 구하고 반복해서 비교해 살펴본다'[40]고 했습니다. 지금 이 몽염의 종족은 대대로 두 마음을 품은 일이 없었는데 상황이 갑자기 이렇게 된 까닭은 반드시 간사한 신하가 내부를 어지럽혔기 때문입니다. 성왕은 비록 과실이 있었지만 다시 보완했기에 끝내 창성했고, 하나라 걸왕은 관용봉을 죽이고 은나라 주왕은 왕자 비간을 죽이고도 잘못을 고치려 하지 않았기에 자신은 죽고 나라는 멸망했습니다. 이 때문에 신은 '과실은 바로잡게 하고, 간언은 깨닫게 한다'[41]고 말씀드리는 것입니다. 여러 방면으로 반복해서 고찰하는 것이 영명한 군주가 나라를 다스리는 방법입니다. 신의 이러한 말은 결코 죄에서 벗어나고자 함이 아니라 간언을 드리고 죽고자 함이니, 부디 만민을 위해 바른 도리[42]를 따르십시오."

사자가 말했다.

"나는 조령詔令을 접수하여 장군에게 형을 집행할 뿐이니, 감히 장군의 말씀을 황상께 전할 수는 없소."

몽염은 상심하여 탄식하며 말했다.

39   관숙선管叔鮮, 채숙도蔡叔度 등을 가리킨다.
40   『역경』「계사繫辭」에서는 '여러 차례 반복해서 변화시키고 여러 수를 교차하여 종합한다參伍以變, 錯綜其數'라고 했는데, 즉 사실들을 늘어놓고 비교하여 가장 합리적인 것을 추구한다는 뜻이다.
41   원문은 '過可振而諫可覺'으로, 몽염이 어떤 책에서 이 말을 인용한 것인지 알 수가 없다. (『색은』)
42   앞에서 몽의가 말한 "순리대로 사람의 목숨을 보전시키는 것은 바른 도리가 귀하게 여기는 바이고, 형벌로 사람을 죽이는 것은 바른 도리가 싫어하는 것"을 말한다.

"내가 상천에 무슨 죄를 지었기에 잘못이 없는데 죽어야 한단 말인가?"

한참 있다가 천천히 말했다.

"이 몽염의 죄는 죽어 마땅하다. 임조에서 시작해 요동까지 이어서 산을 파내며 1만여 리나 성을 쌓았으니, 그중에 지맥地脈을 끊지 않을 수 있었겠는가? 이것이 바로 나의 죄다."

그러고는 독약을 삼키고 죽었다.


태사공은 말한다.

"나는 북쪽 변경 지역에 갔다가 직도로 돌아왔다.[43] 길을 따라 몽염이 진나라를 위해 쌓은 장성과 설치한 보루를 보니 산을 깎고 계곡을 메워 직도를 개통했는데, 확실히 백성의 인력과 재력을 중시하지 않은 것이다. 진나라가 막 제후들을 멸망시켰을 때 천하의 민심은 아직 안정되지 못했고 전쟁으로 입은 상처가 아직 회복되지 않았는데, 몽염은 명장으로서 이러한 때에 백성의 위급한 재난을 구원하고 노인을 공양하며 고아를 정성껏 키우고 백성의 평화를 회복하는 데 힘써야 한다고 적극 간언하지 않고 진시황의 뜻에 영합하여 큰 공사를 일으켜 공업을 세우려 했으니, 그들 형제가 주살된 것 또한 마땅한 일 아니겠는가![44] 어찌하여 지맥을 끊은 죄로 돌리는가?"

---

43  구원에서 감천까지의 직도를 거쳐 장안으로 돌아온 것을 말한다. 현재 남아 있는 직도는 폭이 최대 58미터고 가장 좁은 것이 10여 미터이며 평균이 30여 미터다.

44  "태사공은 몽염이 진나라 명장이면서 힘을 다해 진시황을 타이르지 않았기 때문에 목숨을 잃는 화를 맞이했다고 비평했다. 마땅히 간언을 했어야 하는데 하지 않았기에 사형을 당하는 치욕에 이르렀다는 것이다. 사마천 자신도 이릉李陵을 보증하려다 궁형의 판결을 받고 잠실蠶室(궁형을 받은 자가 거하는 감옥)에 처해졌다. 태사공이 몽염을 비평한 말처럼, 자신이 보호해서는 안 되는 사람을 보호했기에 몸을 망치는 치욕을 당하는 천명이 내려진 것이다. 몽염에 대한 비평이 힘써 권고하지 않았기 때문에 목숨을 잃는 화를 부른 뜻이라면, 자신이 잠실에 처해져 궁형을 받은 것 또한 비평할 가치가 있는 것이다. 자신에게 과실이 없다면 이와 같이 몽염을 질책하는 것은 옳지 않다."(『논형』「화허」)

# 29

장이진여열전

張 耳 陳 餘 列 傳

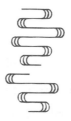

진나라 말기 진섭이 군대를 일으킨 뒤 진나라에 반기를 든 주요 세력은 옛 초·제·조의 영토에서 발생했으며, 그 가운데 조 땅에서 할거한 대표적인 인물이 장이와 진여다. 이 두 사람의 군사 역량은 크지 않았지만 진나라의 주력 군대를 와해시키고 진나라 왕조를 멸망에 이르게 한 결정적인 전장을 관할했다. 이후 둘은 서로 반목하게 되었으며, 초한전쟁에서 항우를 꺾은 유방은 조나라를 멸하고 진여를 죽인 반면 장이는 조씨 세력을 격파한 공적으로 조나라 왕으로 봉했다.

장이와 진여는 당시 저명한 유생이었으며 생사를 같이할 정도로 절친한 관계였지만 인품과 성격이 달랐기에 결국 그 둘은 다른 결말을 맞았다. 생사를 같이하는 관계는 오해로 인해 원한을 품고 대립하는 사이가 되었고, 결국 장이는 한나라에 귀순하고 한신을 도와 진여를 죽음에 이르게 했다. 이에 대해 사마천은 "국토를 소유하고 권세를 쥐자 다투기 시작해 마침내 서로를 공격해 멸망시켰다. 어찌하여 이전에는 진정으로 서로 경모하더니 나중에는 서로 간의 대립이 이토록 지독했는가! 권세와 이익 때문에 서로 교제한 것이 아니겠는가?"라고 개탄했다. 이들의 우정은 결국 권세와 이익을 위한 '세리교勢利交'에 불과했기에 『한서』에서 반고는 "권세와 이익으로 교제하는 것을 옛사람은 부끄럽게 여겼는데, 아마도 이를 두고 한 말일 것이다"라며 두 인물을 혹평하고 있다. 조조曹操 또한 시 「만리행萬里行」에서 "세력과 이익은 사람을 쟁탈하게 만들더니, 뒤이어 자기편끼리 서로 죽이게 만드는구나"라고 한탄했다. 그러나 당시의 혼란스러운 정세에서는 세력 다툼의 소용돌이에 휘말리지 않을 도리가 없었을 것이다. 장이와 진여를 도덕적 잣대로만 평가하고 비평하는 것은 무리가 있다.

장이張耳는 대량 사람으로 젊을 때 위나라 공자 무기毋忌[1]의 빈객이었다. 이후 장이는 어떤 일로 죄를 짓고는 이름과 성을 감추고 외황外黃으로 도망쳤다.[2] 외황의 한 부잣집에 매우 아름다운 딸이 있었는데, 그녀는 노복 같은 일꾼[3]에게 시집을 갔다가 남편으로부터 도망쳐 아버지 빈객의 집으로 갔다.[4] 그 빈객은 이전부터 장이를 잘 알고 있었으므로 그 부잣집 딸에게 말했다.

    "그대가 반드시 좋은 남편을 구하고 싶거든 장이에게 시집가시오."

    여인은 그의 말을 따랐고, 이에 아버지의 빈객은 여자를 대신해 그녀 남편에게 혼인관계를 끊도록 요청했으며, 여인은 장이에게 시집갔다.[5] 장이는 당시 홀

---

1  무기毋忌: 육국 때의 신릉군信陵君으로 '무기無忌'라고도 한다.

2  원문은 '망명유외황亡命游外黃'이다. 외황外黃은 진나라 현으로 치소는 지금의 허난성 민취안民權 서북쪽 지역이다. '망명'은 지은 죄를 피하려고 이름과 성을 바꾸거나 호적을 삭제하고 도망치는 것으로, 일반적으로는 도망친다는 뜻으로 사용된다. 안사고가 말하기를 "명命은 명名(이름)이다. 망명이라는 것은 명적名籍(명부)을 버리고 도망치는 것이다"라고 했다. "유봉세劉奉世가 말하기를 '안사고의 견해는 지나치게 진부한데, 재앙을 피해 스스로 도망치는 것이 명命일 따름이다'라고 했다."(『한서보주』) "최호崔浩가 말하기를 '망亡은 무無다. 명命은 명名이다. 도망쳐 숨으면 명적에서 삭제되므로 도망치는 것을 망명이라 한다'고 했다."(『색은』)

3  원문은 '용노庸奴'다. 비교적 긴 기간 고용되어 노동력을 파는 장공長工으로, 장공은 지주와 장기 계약을 맺은 노동자이고 단공短工은 자신의 집을 소유한 채 일정 기간 노동을 하고 집으로 돌아간다. 이들과 지주는 일종의 소작 관계라 하겠다.

4  원문은 '富人女甚美, 嫁庸奴, 亡其夫, 去抵父客'이다. "부잣집 딸이고 매우 아름답다면 일꾼에게 시집을 갈 이유가 없다."(『독서잡지』 「사기」) 『한서』 「장이진여열전」에서는 '富人女甚美, 庸奴其夫, 亡抵父客'으로 기재되어 있는데, 『사기』의 문장과는 달리 '가嫁'가 생략되어 있고, 이하 문장도 다르다. 따라서 "부잣집에 매우 아름다운 딸이 있었는데, 자신의 남편을 일꾼과 같이 어리석은 사람으로 여기고 도망쳐 아버지의 빈객 집으로 갔다"로 해석된다. 역자 또한 『독서잡지』 「사기」와 『한서』의 견해가 타당하다고 생각하지만 번역은 『사기』의 문장에 따랐다.

5  원문은 '내졸위청결乃卒爲請決'이다. "여자가 아버지의 빈객에게 자신을 위해 남편과 결별하고 장

로 밖에서 떠돌아다닐 때로, 여인의 집에서 많은 돈을 내준 덕분에 천리 먼 곳의 빈객까지도 불러들였다. 이후 그는 위魏나라에서6 관리가 되어 외황의 현령이 되었다. 이때부터 그의 명성이 더욱 높아졌다.

진여陳餘 또한 대량 사람으로 유가의 학설을 좋아하여7 여러 차례 조나라의 고형苦陘8이라는 곳을 두루 돌아다녔다. 고형에 성이 공승公乘인 부자가 딸을 그에게 시집보냈는데, 진여가 평범한 인물이 아님을 알았기 때문이다. 진여는 나이가 어렸으므로 아버지를 대하는 예절로 장이를 대접했으며, 두 사람은 서로 생사를 같이하는 교문을 맺었다.

진나라가 대량을 멸망시켰을 때 장이는 외황에 거주하고 있었다. 한나라 고조 유방이 평민이던 시절 여러 차례 장이를 따라 떠돌기도 했으며 장이 집에서 몇 달 동안 빈객으로 기거했다.9 진나라가 위나라를 멸하고 몇 년이 지나서 장이와 진여가 위나라의 명사라는 소문을 듣고 장이에게는 1000금, 진여에게는 500금의 현상금을 걸어 그들을 잡으려 했다.10 이에 장이와 진여는 이름과 성을 바꾸고 함께 진陳으로 가서 마을 대문을 지키면서 근근이 생계를 유지했다. 하루는 두 사람이 대문에서 서로 마주 보고 당직을 서고 있는데 마을의 사무

---

이에게 시집가게 해달라고 요청한 것을 말한다."(『색은』) 이 해석에 따르면 원문의 주어는 '아버지의 빈객'이다. 대개의 경우 '여인이 남편에게 결별하기를 요청하고 장이에게 시집갔다'고 번역하고 있는데, 이는 잘못이다. 『사기전증』에서도 '아버지의 빈객'이 주어가 된다고 밝혔다.

6　당시 위나라의 군주는 위왕 가假로, 위나라의 마지막 군주였다.

7　「회음후열전」에서 이르기를 '성안군成安君(진여)은 유생으로 항상 의로운 군대라고 말하기를 좋아했고 절대로 교활하게 꾸미거나 예기치 못한 계책을 사용하지 않았다'고 했다. 또한 심흠한沈欽韓은 말하기를 '『공총孔叢』 「독거편獨居篇」에 진여가 자어子魚와 말하는 내용이 있는데, 또한 그가 유가를 좋아했다는 증거다'라고 했다."(『사기회주고증』)

8　고형苦陘: 조나라 현으로, 치소는 지금의 허베이성 우지無極 동북쪽 지역이다.

9　"장이는 나중에 진여에게 패하자 유방에게 투항했고 유방은 자신의 딸인 노원공주魯元公主를 장이의 아들 장오張敖의 아내로 삼게 했다. 장이가 한신을 보좌하여 조나라를 격파하자 유방은 장이를 조왕趙王으로 삼았는데, 모두 각별한 신임이었다. 서로 교류한 것이 아마도 이때부터 시작된 것 같다."(『사기전증』)

10　"나카이 리켄이 말하기를 '장이가 연장자이므로 현상금을 먼저 건 것이고, 황금의 차이도 당연한 것이다'라고 했다."(『사기회주고증』)

를 주관하는 관리가 진여에게 잘못이 있다고 때리기 시작했다. 진여가 반항하려 하자 장이는 진여의 발을 밟아 매를 맞도록 했다. 관리가 떠난 다음 장이는 진여를 뽕나무 아래로 데려가 꾸짖으며 말했다.

"처음에 나와 그대가 무슨 말을 했소? 오늘 사소한 모욕을 당하고 한낱 마을 관리 때문에 목숨을 내버리려 하오?"

진여는 그의 말이 옳다고 여겼다. 진나라 왕은 조서를 내려 현상금을 걸고 두 사람을 잡아들이게 했는데, 두 사람은 도리어 문을 지키는 신분을 이용해 마을 사람들에게 이 명령을 전달했다.

진섭陳涉이 기현蘄縣에서 군대를 일으켜 진군陳郡에 이르렀을 때 병사가 이미 수만 명이나 되었다.[11] 장이와 진여는 진섭에게 만남을 청했다. 진섭과 그의 좌우 사람들은 평소에 이미 장이와 진여가 현명하고 재능이 있다는 소리만 들었을 뿐 만난 적이 없었는데, 이번에 만나보고는 매우 기뻐했다.

진군의 호걸과 원로들이 진섭에게 권하며 말했다.

"장군은 몸에 견고한 갑옷을 걸치고 손에는 예리한 병기를 쥐고 사졸을 이끌어 포학한 진나라를 토벌하고 초나라의 사직을 회복시키고 멸망한 나라를 다시 생존시켜 끊어진 후대를 잇게 했으니,[12] 그 공덕은 마땅히 왕이 되어야 합니다. 게다가 왕이 되지 않으면 천하 각 지역의 장수들을 통솔할 수 없으니, 부디 초나라 왕이 되십시오."

진섭이 이 문제를 장이와 진여에게 묻자, 두 사람이 대답했다.

"진나라는 무도하여 남의 국가를 멸망시키고 남의 사직을 무너뜨렸으며 남의

---

11 "전진하며 병사를 모집하고 부대를 재편성하여 진현에 이르렀을 때 전차는 600~700승, 기병은 1000여 기, 보병은 수만 명을 보유하게 되었다."(「진섭세가」)
12 『논어』 「요왈堯曰」에서 주 무왕의 업적을 설명한 다음 문장을 차용한 것이다. "멸망한 나라를 부흥시키고, 끊어진 세대를 이어주며, 숨어 있던 인재를 등용하니, 천하 백성의 마음이 그에게 돌아갔다 興滅國, 繼絶世, 擧逸民, 天下之民歸心焉."

후대를 단절시키고 백성의 힘을 지치게 하고 백성의 재력을 고갈시켰습니다. 장군께서는 눈을 부릅뜨고 대담하게 결단을 내리셔서 만 번을 죽는다 한들 돌아보지 않을 일생의 계책을 세워 천하 사람을 위해 잔학함을 제거하려 합니다. 지금 막 진군에 오셨는데, 스스로 왕이라 칭하시면 천하 사람들에게 자신의 사사로운 마음을 보이는 것입니다. 장군께서는 왕을 칭하지 말고 서둘러 군대를 이끌고 서쪽으로 진격하시길 바랍니다. 그와 동시에 사람을 각지로 파견해 육국의 후손들을 왕으로 세우고 장군의 동맹군으로 삼아 진나라의 적대 세력을 늘리십시오. 적이 많아지면 진나라의 역량은 분산될 것이고, 우리 동맹군이 많아지면 우리 병력은 강대해질 것입니다. 이렇게 되면 들판에서 감히 우리와 교전을 벌이려는 자가 없어지고 각 현의 성에서는 감히 진나라를 위해 지키려는 자가 없게 될 테니, 우리는 포학한 진나라를 전복시키고 함양을 점령하여 천하를 호령할 수 있게 될 것입니다. 여섯 나라의 제후들은 멸망했다가 다시 복위하게 되므로 반드시 장군의 덕에 감동하며 복종할 것이니, 이렇게 장군께서는 제왕의 대업이 성공하게 될 것입니다. 지금 진군에서 홀로 왕을 칭하신다면 천하의 진나라에 반기를 든 제후들이 뿔뿔이 흩어질까 걱정됩니다."

그러나 진섭은 이 말을 듣지 않고 끝내 스스로 진왕陳王이 되었다.[13]

진여는 이에 다시 진왕을 설득했다.

"대왕께서 양梁과 초楚[14] 땅에서 군사를 일으켜 서쪽으로 진격하는 목적은 함곡관으로 들어가기 위한 것이지만 아직 황하 이북 땅은 수복하지 못했습니다. 저는 일찍이 조나라를 돌아다닌 적이 있어서 그곳의 호걸들과 지형을 알고 있습니다. 제게 한 갈래 기습 부대를 주신다면 북쪽으로 조나라 땅을 공격하겠습니다."

---

13  진 2세 원년(기원전 209) 7월의 일이다.
14  양梁은 대량을 중심으로 하는 지금의 허난성 동북부 일대고, 초楚는 진군을 중심으로 하는 지금의 허난성 동부 일대다. 진군은 전국시대 후기 초나라의 도성이었고, 이 당시는 진섭의 도성이다.

진왕은 동의했지만 자신이 이전부터 알고 지내던 진군 사람 무신武臣을 선발하여 장군으로 임명하고 소소邵騷를 호군護軍으로 삼았으며, 장이와 진여를 좌우 교위校尉[15]로 삼아 병사 3000명을 주어 북쪽으로 조나라 땅을 공격하게 했다.

무신 등은 백마白馬에서 황하를 건너 각 현에 당도할 때마다 현의 호걸들을 설득하며 말했다.

"진나라가 폭정과 혹형을 시행하여 천하를 잔혹하게 해친 지 수십 년이 되었습니다.[16] 북쪽으로는 장성을 수축하는 요역이 있었고, 남쪽으로는 오령五嶺에 주둔하여 지키는 고생스러운 병역이 있었으며[17] 안팎으로 소동이 일어나고 백성은 이미 견디지 못할 정도로 지쳤는데, 그들은 인구수에 따라 세금을 가혹하게 거둬들여 군대 비용으로 사용하고 있습니다. 재력이 모두 소진되고 힘이 다했기에 백성은 편안하게 살아갈 수가 없습니다. 게다가 가혹한 형법과 엄한 형벌을 시행하니 천하의 아버지와 아들들이 하루도 편안한 생활을 할 수가 없습니다. 진왕께서는 팔을 휘두르며 봉기하여 천하를 위해 맨 먼저 진나라에 대한 반기를 제창하며 초 땅에서 왕이라 칭하니, 사방 2000리의 초 땅에서 호응하지 않는 자가 없습니다. 집집마다 분한 감정에 힘차게 일어나고, 사람마다 투지 넘치게 싸움에 나서서 각자 원한을 갚고 원수를 공격하여, 현에서는 현령과 현승

---

15  교위校尉: 진秦 시기에는 중급 군관이었고, 한나라 전성기에는 각 장군 다음의 지위였다. 한 무제 때 장안성의 방어를 강화하기 위해 중루中壘, 둔기屯騎, 보병步兵, 월기越騎, 장수長水, 호기胡騎, 사성射聲, 호분虎賁의 팔교위를 설치했다.

16  진시황이 천하를 통일하고(기원전 221) 진 2세 원년(기원전 209)에 진섭이 일어나기까지 13년이다.

17  오령五嶺은 지금의 후난성, 장시성 남부와 광시성, 광둥성 북부 접경지에 있는 월성령越城嶺, 도방령都龐嶺, 맹저령萌渚嶺, 기전령騎田嶺, 대유령大庾嶺의 다섯 고개를 말한다. "진시황은 50만 명의 병사를 동원하고 몽공蒙公과 양옹자楊翁子를 파견해 병사들을 인솔해 장성을 수축하게 했다. 또 월 땅에서 나오는 무소 뿔, 상아, 비취, 주옥을 얻기 위해 위도수尉屠睢를 파견해 군사 50만 명을 일으켜 부대를 다섯 갈래로 나누었다. 한 갈래는 담성鐔城(후난성 첸양黔陽 서남쪽)의 고개를 점령하게 했고, 또 한 갈래는 구의산九疑山 요새를 지키게 했으며, 한 갈래는 반리番禺(광둥성 광저우)에 주둔하여 지키게 했고, 다른 한 갈래는 남야南野(장시성 난캉南康 서남쪽) 경계에 주둔하여 지키게 했으며, 또 한 갈래는 여간餘干(장시성 동북구 신강信江 하류) 물가에 주둔하게 했다."(『회남자』「인간훈人間訓」)

縣丞[18]을 죽이고 군에서는 군수와 군위郡尉를 죽였습니다. 지금 진왕은 이미 대초大楚의 국가를 건립하고[19] 진군에서 왕이라 칭하고는 오광吳廣과 주문周文에게 100만 대군을 이끌고 서쪽 진나라로 진공하게 했습니다.[20] 이러한 때에 공업을 세워 후에 봉해지지 못하는 사람은 호걸이 아니라 하겠습니다. 여러분은 잘 상의해보십시오! 천하 사람들이 진나라의 통치로 고통을 받은 지 오래되었다고 함께 느낄 것입니다. 지금 천하 사람의 역량을 빌려 무도한 군주를 토벌하여 죽은 아버지와 형의 원수를 갚고 토지를 분할하여 후에 봉해지는 대업을 성취하고자 한다면, 이것은 재능과 식견 있는 선비도 얻기 어려운 좋은 기회입니다."

각지의 호걸들은 모두 이 말을 옳게 여겼다. 이에 무신 등은 전진하면서 병사들을 불러 모아[21] 수만 명을 얻었으며, 그들은 무신을 무신군武信君이라 불렀다. 조 땅의 성 10개를 함락시켰는데, 나머지는 여전히 진나라 왕조를 위해 굳게 지키며 항복하려 들지 않았다.

이에 무신 등은 다시 군대를 이끌고 동북쪽으로 향하여 범양范陽[22]을 공격했

---

18  현승縣丞: 전국시대부터 시작된 관직으로, 현령의 보좌관이다. 진·한 시기에는 공문서와 창고, 감옥을 관장했다.

19  진 2세 원년 7월의 일로, 국호를 '장초張楚'라 했다. 『한서보주』에 따르면 장초는 즉 대초大楚와 같다.

20  당시 진섭이 파견한 서쪽 진나라 정벌군은 오광吳廣과 주문周文 두 갈래였다. "주문은 도중에 병마를 불러 모집했고 함곡관에 이르렀을 때 이미 전차가 1000여 승, 보졸이 수십만 명이었다. 서쪽으로 진격하여 함양 동쪽의 희정戲亭(지금의 산시성 린퉁 동쪽)에 당도하여 주둔했다."(「진섭세가」) 또한 「진섭세가」에 따르면 진왕은 오광을 파견해 자신의 명의로 장수들을 통제하면서 형양을 공격하게 했다.

21  원문은 '行收兵'이다. 여기서 '行行'은 '행군, 전진'의 의미도 있지만 '즉시, 바로'의 의미로 해석해도 무방하다.

22  범양范陽: 진나라 현으로, 연나라에 속했으나 나중에 탁군涿郡에 속하게 되었다. 치소는 지금의 허베이성 딩싱定興 서남쪽의 구청진固城鎭이다 "전대흔이 말하기를 '무신 등이 백마로부터 황하를 건너 겨우 10개 성을 함락시켰는데 어떻게 연나라 땅에 진입할 수 있는가? 게다가 범양을 점령한 뒤에 싸우지도 않고 조나라 땅의 30여 개 성을 함락시킨 다음 한광韓廣에게 연나라 땅을 공략하게 했는데, 어찌 한단을 얻기도 전에 이미 탁군에 다다를 수 있는가? 「한지漢志」에 동군 범현이 있는데 제나라의 서쪽 경계로, 본래는 제나라 땅이었지만 또한 조나라에 속한다'라고 했다. 앞뒤 문장의 뜻을 판단해보면 전대흔의 견해가 맞다. 진나라 때의 범현을 범양이라 불렀는데, 지금의 산둥성 판현范縣 동남쪽, 량산현梁山縣 서북쪽으로 당시 백마진의 동북 방향이다. 당시의 범양은 바로 옛 황하의 남쪽으로 황하

다. 범양 사람 괴통蒯通[23]이 범양현 현령[24]을 설득하며 말했다.

"남몰래 듣자 하니 공이 빨리 죽을 것이라기에 특별히 조문하러 왔습니다. 그럼에도 불구하고 공이 나 괴통을 만나서 살 수 있게 된 것을 축하드립니다."

범양현 현령이 물었다.

"무엇 때문에 조문한다고 말하시오?"

괴통이 대답했다.

"진나라의 법률은 가혹합니다. 족하께서 범양현의 현령으로 있었던 10년 동안 남의 아버지를 죽이고 남의 자식을 고아로 만들었으며, 다리를 자르고 이마에 글자를 새기는 등 해를 입은 사람이 이루 헤아릴 수 없습니다. 그러나 자애로운 아버지와 효성스러운 아들이 감히 공의 배에 칼을 꽂지 못한 것은 진나라의 법률을 두려워했기 때문입니다. 지금 천하가 크게 어지러워져 진나라의 법령이 시행되지 않고 있으니, 그렇다면 자애로운 아버지와 효성스러운 아들이 머지않아 공의 배에 칼을 꽂아 명예를 이루고자 할 것입니다. 이것이 바로 제가 공을 조문하려는 까닭입니다. 지금 전국 각지의 제후들이 이미 진나라를 배반했고, 무신군의 군대 또한 빠르게 범양현에 닥칠 것입니다. 그런데 그대는 진나라를 위해 굳게 지키려고 하니 젊은이들이 모두 앞 다투어 그대를 죽이고 무신군에게 투항할 것입니다.[25] 그대가 빨리 나를 보내 무신군을 만나게 한다면 화를

북쪽에 있지 않았다. 태사공의 서술이 잘못되었다."(『사기전증』)

23 "『사기』와 『한서』에 모두 범양 사람이라고 했다. 『사기』 「회음전」에서는 앞에서는 범양이라 하고 뒤에서는 제나라 사람이라고 했다. 여기서의 범양은 동군 범현이지 탁군의 범양이 아닌 것으로 생각된다. 안사고의 말대로 '괴통은 본래 연나라 사람으로 뒤에 제나라에서 유세했다'고 한다면 어찌하여 고조가 '제나라 변사'라고 말하고, 제나라에 조서를 내려 그를 체포하게 했겠는가? 게다가 이때 무신은 아직 연나라 땅에 진입하지도 않았다."(『사기지의』) 「회음후열전」에 근거하면 괴통 또한 마침 제나라의 서북쪽 경계에서 회음후 한신을 만나 유세했는데, 문장에서는 먼저 '범양 변사 괴통'이라 칭했다가 뒤에 문장에서는 또 '제나라 사람 괴통'이라고 했다. 그렇다면 여기서의 범양은 제나라 땅이고 괴통 또한 제나라 사람임에 틀림없다."(『사기전증』)

24 『한서』에서는 범양현 현령을 '서공徐公'으로 기재하고 있다.

25 "능치륭이 말하기를 '범양의 젊은이들이 반드시 이런 모의를 한 것은 아닌데 괴통이 거짓으로 범

복으로 되돌릴 수 있습니다. 바로 지금이 그때입니다."

범양현 현령은 이에 괴통을 보내 무신군을 만나게 했다.[26] 괴통이 무신군에게 말했다.

"족하께서는 전투를 치러 승리한 뒤에 토지를 얻으려 하고, 적을 공격해 격파한 뒤에 성을 점령하려 하는데, 저는 개인적으로 잘못되었다고 생각합니다. 진실로 제 계책을 들으신다면 공격하지 않고도 성을 점령할 수 있고 교전을 벌이지 않고도 토지를 점유할 수 있으며, 한 편의 격문만 전하고도 1000리를 평정할 수 있습니다. 어떠합니까?"

무신군이 물었다.

"무슨 말이오?"

괴통이 말했다.

"지금 범양현 현령은 마땅히 사졸을 정돈하며 성을 지키기 위해 싸워야 하는데 겁이 많아 죽음을 두려워하고 있으며 탐욕스러워서 부귀를 중시하기 때문에 다른 사람이 투항하지 않을 때 먼저 투항하려 하고 있습니다. 그러나 그대가 자신을 진나라가 임명한 관리라 여기고 이전에 점령당한 10개 성의 관원과 마찬가지로 주살할 것이라 여기며 두려워하고 있습니다. 게다가 지금 범양현의 젊은이들 역시 그 현령을 죽이고 자신들이 성을 지키면서 그대의 군대에 항거하려 합니다. 그대는 어찌하여 내게 후작의 인장을 가지고 가서 범양현 현령을 후에 임명하지 않습니까? 그가 그대의 임명을 받아들인다면 반드시 성을 바치고 투항할 것이고 범양현의 젊은이들도 감히 그를 죽이지 못할 것입니다. 그런 다음 범양현 현령에게 화려하게 장식한 수레를 타고 연과 조 땅의 교외를 한 바퀴 돌게

양 현령을 두렵게 하고 다시 거짓으로 무신군을 유세했으니, 괴통 또한 웅대한 변사로구나'라고 했다." (『사기전증』)

26   『한서』에서는 괴통이 무신군을 위해 문답하는 말로 범양 현령을 유세하는데,『사기』에서는 범양 현령이 괴통을 시켜 무신군을 만나게 하며 그 말 또한 다르다. 마땅히『한서』를 따라야 한다."(『사기지의』)

하십시오. 연과 조 땅의 사람들은 그 모습을 보고 모두 '먼저 투항한 범양현 현령이 이런 대우를 받는구나' 하고 안심하고 기뻐할 것입니다. 이와 같으면 연과 조의 광대한 땅의 성들을 싸우지 않고 항복시킬 수 있을 것입니다. 이것이 바로 제가 말씀드린 한 편의 격문을 전하여 1000리를 평정할 수 있다는 것입니다."

무신군은 그의 계책을 따르기로 하고, 괴통을 시켜 범양현 현령에게 후侯의 인장을 가지고 가서 범양현 현령을 후로 봉했다. 조나라 땅에서 이 소식을 듣고 싸우지 않고 항복한 성이 30여 개였다.

장이와 진여가 한단에 이르자 주장周章(주문)의 군대가 함곡관으로 진입하여 희수까지 왔으나 패하고 물러났다는 소식을 들었다.[27] 또한 여러 장수가 진왕을 위해 성을 공격해 땅을 빼앗았지만 중상모략과 비방으로 죄를 얻어 주살된 자가 많고,[28] 진왕이 자신들의 계책을 쓰지 않고[29] 장군이 아닌 교위로 삼은 것을 원망한다는 말을 들었다. 이에 무신을 설득하며 말했다.

"진왕은 기현에서 군사를 일으켜 진 땅에 이르러 스스로 왕이 되었으니 반드시 육국의 후예로서 왕을 칭한 것은 아닙니다. 장군께서는 지금 군사 3000명을 이끌고 조나라의 성 수십 개를 공격해 점령하고 독자적으로 멀리 황하 이북에

---

27  "주장이 군대를 이끌고 전진하여 함양성 동남쪽의 희수에 이르렀는데, 장함의 군대에 패하여 동쪽으로 물러나 조양曹陽(지금의 허난성 링바오 동쪽)에 이르렀고, 다시 군대가 패한 사건으로 「진초지제월표」에서는 진 2세 원년 9월로 대략 늦게 기술하고 있다. 본문을 참작해보면 주장이 군대를 이끌고 함곡관으로 진입하여 희수에 이른 것과 군대가 패해 물러난 사건은 마땅히 8월 말이라 해야 한다."(『사기전증』)

28  "진왕은 주방朱房을 중정관中正官(관리를 심사하고 관리의 승진과 강등을 결정하는 관직), 호무胡武를 사과관司過官(탄핵을 관장하는 관직)으로 삼아 신하들의 과실을 전적으로 감시하게 했다. 장수들이 출전하여 지반을 넓히고 돌아왔을 때 주방과 호무의 명령을 듣지 않는 사람은 모두 체포해 죄를 다스렸고, 그들은 다른 사람의 결점을 찾아냄으로써 진왕에 대한 충성심을 드러냈다. 이 두 사람이 좋아하지 않는 사람은 사법 관리에게 넘기지 않고 자기들 마음대로 죄를 다스렸다."(「진섭세가」)

29  아래 문장을 참조할 때 여기서 말한 '계책'이란 진왕에게 당분간 왕으로 칭해서는 안 된다고 권고한 것을 말한다.

주둔하고 계시지만 왕이 되지 않는다면 이 지방에 주둔하며 지킬 수 없을 것입니다. 게다가 진왕은 헐뜯는 말에 귀 기울여 장군께서 군사를 이끌고 돌아가 보고한다면 죽음의 화를 피하지 못할 것입니다. 차라리 진왕의 형제 한 사람을 찾아서 왕으로 세우든지, 아니면 조나라 제후의 후손을 세우는 것이 나을 것입니다. 장군께서는 절대로 이 시기를 놓치지 마십시오. 숨 돌릴 여유가 없습니다."

무신은 이 건의를 듣고 마침내 스스로 조왕趙王이 되었다.[30] 그는 진여를 대장군으로 임명하고 장이를 우승상으로 삼고 소소邵騷를 좌승상으로 삼았다.

무신은 사람을 보내 진왕에게 이 사실을 보고했다. 진왕은 크게 화를 내면서 무신 등의 가족을 모두 죽이고 군대를 일으켜 조나라를 치려고 했다. 그러자 진왕의 상국인 방군房君[31]이 말리며 말했다.

"진秦나라가 아직 멸망하지 않았는데 우리가 무신 등의 가족을 죽인다면, 이것은 또 하나의 진秦나라가 생기는 것입니다. 오히려 그를 승인하여 왕이 된 것을 축하하고 그들에게 군대를 이끌고 서둘러 서쪽으로 진나라를 공격하도록 독촉하는 것이 낫습니다."

진왕은 그의 말이 옳다고 여기고, 그 계책에 따라 무신 등의 가족들을 강제로 자신의 궁중에 옮겨 가두어 인질로 삼고 장이의 아들 장오張敖를 성도군成都君으로 봉했다.

진왕은 사자를 조나라로 파견해 무신에게 왕이 된 것을 축하하고, 신속하게 출병하여 서쪽 함곡관으로 진입하도록 재촉했다. 그러자 장이와 진여는 무신을

---

30 「진초지제월표」에서는 진 2세 원년 8월의 일이다.

31 「진섭세가」에서는 "以上蔡人房君蔡賜为上柱國(상채 사람 방군 채사蔡賜를 상주국上柱國으로 임명했다)"이라고 했다. 방군은 채사의 봉호이고, 상주국은 전국시대 초나라에서 적군을 격파하고 장수를 죽인 큰 공을 세운 자에게 수여하는 관직으로 지극히 존귀한 대우를 받았으나 나중에는 이름뿐인 직책이 되었다. "방군은 작위 명칭으로, 혹은 초나라 멸망 이전에 방읍房邑에 봉해진 것을 말한다.「색은」에서 진작晉灼의 말하기를 '상국 방군'이라고 한 것은 아마도 잘못일 것이다. 진섭이 초楚라 부르기 시작했을 때 초나라에는 주국柱國이라는 관직이 있었으므로 채사의 관직이다. 당시에 처음 시작되었을 것으로 보이며, 일찍이 상국이라는 관직을 설치한 적은 없었다'라고 했다."(『사기전증』)

설득했다.

"대왕께서 조 땅에서 왕이 되신 것은 초나라의 뜻이 아니며 단지 계책에 따라 대왕에게 축하한 것에 불과합니다. 초나라가 진나라를 멸망시키고 나면 반드시 방향을 돌려 조나라로 진공할 것입니다. 대왕께서는 서쪽으로 파병하여 함곡관에 진입해서는 안 되고 북쪽으로 진공하여 연燕과 대代[32]를 취하고, 남쪽으로 하내를 손에 넣어 세력을 확대하십시오. 조나라가 남쪽으로 황하[33]를 점거하여 장벽으로 삼고 북쪽으로 연과 대의 광대한 땅을 차지하면, 초나라가 진나라에 승리를 거둔다 하더라도 감히 조나라를 통제하지는 못할 것입니다."

조왕은 옳다고 여겨 군대를 서쪽으로 보내지 않고 한광韓廣에게 연 땅을 공략하게 하고, 이량李良에게는 상산常山, 장염張黶에게는 상당을 공략하게 했다.

한광이 연 땅에 이르자 연나라 사람들은 정세에 따라 한광을 세워 연왕燕王으로 삼았다.[34] 그러자 조왕은 장이, 진여와 함께 북쪽으로 연나라 변경을 공략했다.[35] 한번은 조왕이 변장하고 밖에 나갔다가 뜻하지 않게 연나라 군대에게 붙잡혔다. 연나라 장수는 조왕을 가두고 조나라 영토 절반을 내놓으면 조왕을 돌려보내겠다고 위협했다. 조나라에서는 연이어 사자를 보냈지만 연나라 장수는 그때마다 사자를 죽이고 토지 분할을 요구했다. 장이와 진여가 이 일을 근심하고 있는데, 이때 취사병[36]이 같은 막사의 동료들과 헤어지면서 말했다.

"내가 자네들을 위해 연나라 장수를 설득하여 조왕과 함께 수레를 타고 돌아오겠네."

---

32　연燕은 옛 연나라로, 영토는 지금의 허베이성 동북부와 이웃하고 있는 네이멍구 동남부와 랴오닝성 서부 일대다. 대代는 진나라 군으로 지금의 허베이성 서북부와 산시성 동북부 지역이다.

33　당시 황하는 조나라의 남쪽 경계와 동쪽 경계를 이루며 흘렀다.

34　「진초지제월표」에서는 진 2세 원년 9월의 일이다.

35　"고대의 연과 조가 경계를 나눈 곳으로 대략 지금의 허베이성 런추任丘 북부의 대청하大淸河 일선으로 그 땅에 조북구진趙北口鎭이 있는데, 조나라의 북쪽 경계다."(『사기전증』)

36　원문은 '厮養卒'이다. "『공양전』의 위소 주석에서 '장작 패는 것을 厮, 밥 짓고 삶는 것을 양養이라 한다'고 했다."(『사기전증』)

막사에 있던 사람들이 모두 웃으며 말했다.

"10여 명의 사자들이 가기만 하면 죽었는데 자네가 무슨 방법으로 대왕을 모시고 돌아올 수 있겠는가?"

이에 그는 연나라 보루37로 달려갔고 연나라 장수와 만났다.38 그는 연나라 장수에게 물었다.

"제가 무엇을 하려는지 아십니까?"

연나라 장수가 말했다.

"너는 조왕을 구하려 할 뿐이겠지."

그 병사가 다시 말했다.

"장이와 진여가 어떤 사람인지 아십니까?"

연나라 장수가 말했다.

"재능 있는 사람들이다."

그 병사가 또 물었다.

"그들이 무엇을 하고 싶어하는지 아십니까?"

연나라 장수가 대답했다.

"조왕을 구하려 할 따름이겠지."

그러자 그 취사병이 웃으면서 말했다.

"장군께서는 이 두 사람의 생각을 모르십니다. 저 무신과 장이, 진여는 말채찍 한 번 휘둘러 조나라 성 수십 개를 쉽게 점령했습니다. 이는 그들 모두가 남

---

37 원문은 '벽壁'이다. '벽'의 본래 뜻은 궁실의 담인데, 군사 방어 건축에 시용할 때는 반드시 일정한 고도와 규격이 있으며 비교적 가파르고 수직으로 되어 있어 적이 오르기 어려운 장벽과 같다. '벽'은 높고 견고한 보루라 할 수 있다. 역자는 '보루'로 번역했음을 밝힌다.

38 "여기서 위아래 문장이 연결되지 않는다. 게다가 장이와 진여의 명령을 받지 않고 어찌 감히 황급히 적 진영으로 갈 수 있겠는가!『신서新序』「선모善謀」에 '그는 머리 감고 목욕을 하는 장이, 진여를 만났다. 장이와 진여는 그를 파견해 연왕을 만나게 했다'고 기술하고 있는데, 상황이 비교적 완전하다. 연나라 장수 또한 연왕이라 해야 아래 문장과 같아진다. 왕을 돌아오게 하는 큰일을 연나라 장수가 감히 자기가 주관할 수 있겠는가?"(『사기지의』)

쪽을 향해 앉아 왕이라 칭하고자 하는 것으로, 어찌 한평생 한낱 경상이 되려 하겠습니까? 신하와 주인의 지위를 어찌 같이 논할 수 있겠습니까? 형세가 막 평정되었기에 감히 그 땅을 셋으로 나누어 각자 왕이 될 수는 없으니 일단 나이가 많고 적음에 따라 먼저 무신을 왕으로 세워 조나라의 민심을 안정시키려 한 것입니다. 지금 조나라 땅이 안정되었으니 장이와 진여 두 사람은 조나라를 나누어 왕이 되려 하는데, 다만 적당한 시기를 찾지 못하고 있을 뿐입니다. 지금 장군께서는 조왕을 잡고 계십니다. 이 두 사람은 명분으로는 조왕을 구하려 하지만 실제로는 연나라가 그를 죽이기를 바라고 있습니다. 그렇게 되면 두 사람은 조나라 땅을 나누어 스스로 왕이 될 것입니다. 하나의 조나라도 연나라를 경시하는데, 하물며 두 명의 능력 있는 조나라 왕이 서로 긴밀하게 호응하여 공동으로 조나라 왕을 죽인 죄명으로 성토한다면 연나라를 멸망시키는 것은 아주 쉬울 것입니다."

연나라 장수는 그의 말이 옳다고 여겨 조왕을 풀어줬고, 그 취사병은 조왕을 위해 수레를 몰아 조나라 진영으로 돌아왔다.

한편 이량李良이 상산을 평정하고 돌아와 보고하자, 조왕은 다시 이량을 파견해 태원太原을 취하도록 했다. 이량이 석읍石邑[39]에 이르렀을 때 진나라 군대가 이미 정형井陘[40]을 막고 지키고 있어 전진할 수가 없었다. 진나라 장수가 진 2세를 사칭하여 이량에게 한 통의 서신을 보냈는데, 서신은 봉해져 있지 않았으며[41] 윗면에 이렇게 쓰여 있었다.

---

39  석읍石邑: 진나라 현으로 치소는 지금의 스자좡 서남쪽 지역이다.
40  정형井陘은 태항산의 요새 중 하나다. 산시山西성과 허베이성 사이의 교통요지로 사면이 높고 평평하고 중간 부분이 낮아 우물(井) 형태를 이루어 정형이라 불렀다. 정형구井陘口라고도 한다. 지금의 허베이성 징싱井陘 서북쪽에 있다.
41  "목간木簡 편지함을 새끼로 묶지 않고 봉니封泥(편지함을 새끼로 묶고 그 매듭을 진흙으로 봉하고 도장을 찍음)를 하지 않은 것을 말한다."(『사기신증』) "장안이 말하기를 '누설시켜 군주와 신하가 서로 의심하도록 한 것이다'라고 했다."(『집해』)

이량 그대는 일찍이 나를 섬겨 중용되어 총애를 받았다. 그대가 진실로 조나라를 배반하고 진나라로 귀순한다면 그대의 죄를 사면하고 존귀하게 대접하겠다.

이량은 편지를 보고 의심하면서 믿지 않았다. 이에 한단으로 돌아가 조왕에게 군사를 증원해줄 것을 요청하기로 했다. 한단에 당도하기 전 길에서 연회를 마치고 돌아오는 조왕의 누이 행렬과 마주치게 되었는데, 뒤따르는 기병이 100여 명이었다. 이량은 멀리서 바라보고 조왕인 줄 알고 서둘러 길 옆으로 비켜서 땅바닥에 엎드려 배알했다. 그러나 조왕의 누이는 술에 취해 그가 장군임을 알아보지 못하고 기병 시종을 시켜 이량에게 답례하게 했다. 이량은 본래 고귀했는데,[42] 인사하고 일어나자 자신을 따르는 부하들 앞에서 부끄러움을 느꼈다. 이때 그를 따르던 관리가 말했다.

"지금 천하가 모두 진나라에 반기를 들고 있으니 누구든 능력 있는 자가 먼저 왕이 되는 것입니다. 게다가 조왕의 지위는 본래 장군보다 아래였는데, 지금 한낱 늙은 여편네[43]가 감히 수레에서 내려 장군에게 예를 행하지 않으니, 제가 쫓아가서 죽이게 해주십시오."

이량은 진나라의 편지를 받았을 때 이미 조나라를 배신할 마음이 있었지만 결심을 하지 못했다. 이번에 모욕을 당하자 화가 난 그는 사람을 보내 조왕의 누이를 쫓아가 길에서 그녀를 죽이게 했다. 이어서 군대를 이끌고 한단을 습격했다. 한단에서는 이런 일을 알지 못했기에 대비하지 못해 결국 무신과 소소가 이량에게 죽임을 당했다.[44] 장이와 진여에게는 눈과 귀가 되어 몰래 소식을 알

---

42  "진나라의 반간계에서 진 2세가 '이량 그대는 일찍이 나를 섬겨 중용되어 총애를 받았다'고 말한 것은 허튼소리가 아님을 알 수 있는데, 이량은 아마도 진나라의 존귀한 관직을 역임했던 것 같다."(『사기전증』)

43  원문은 '여아女兒'로, 부녀자를 하대하는 말이다.

44  진 2세 2년(기원전 208) 11월의 일이다. 진나라는 10월을 1년의 첫 번째 달로 하는 세수로 삼았기 때문에 당시에는 10월을 정월로 삼았다. 주나라는 12월, 은나라는 11월, 하나라는 정월을 1년의 시작인 세수로 삼았다. 이렇듯 각기 세수가 다르기 때문에 역사학계에서는 진나라와 한나라 초기의 연도

려주는 조나라 사람이 많았기 때문에 제때에 탈출할 수 있었다. 장이와 진여가 따르는 병사를 거두어들이자 수만 명이 되었다. 이때 빈객 중 한 사람이 장이를 설득했다.

"두 분은 현지 사람이 아니라 타향에서 오셨기에 조나라의 군사와 백성을 귀순시켜 따르게 하기는 어렵습니다. 오직 육국 시기의 조나라 왕의 후손을 옹립하고 대의로써 그를 보좌해야 비로소 공을 이룰 수 있습니다."

이에 그들은 조헐趙歇이라는 자를 찾아내 조나라 왕으로 세우고[45] 신도信都[46]에 거주했다. 그때 이량이 군대를 진격시켜 진여를 공격했지만 진여가 이량을 패배시키자, 이량은 달아나 진나라 장군 장함章邯[47]에게 귀순했다.

장함은 군대를 이끌고 한단에 당도하자 그곳 백성을 모두 하내로 옮기고 한단의 성곽을 평지로 만들어버렸다.[48] 장이는 조나라 왕 헐과 함께 달아나 거록성鉅鹿城으로 들어갔지만 왕리王離가 거록을 포위했다.[49] 진여는 북쪽 상산에서 병력을 모아 수만 명을 얻어 거록성 북쪽에 주둔했다. 장함은 거록 남쪽 극원棘原[50]에 주둔하고 양쪽에 담장을 쌓은 용도甬道[51]를 건설했는데 황하 강변에서

---

와 사건을 표기할 때 세수에 맞춰 10, 11, 12, 정월, 2, (…) 9월 순으로 표기됐다. 예를 들어 10월과 2월의 빠른 순서를 나열한다면 10월을 세수로 삼았기에 10월이 2월보다 빠른 것이다.

45　조헐趙歇에 대한 구체적인 내용은 사서에 기재되어 있지 않다.

46　신도信都: 진나라 현으로 나중에 항우가 양국襄國으로 명칭을 변경했다. 지금의 허베이성 싱타이邢台 지역이다.

47　장함章邯: 진나라의 명장으로, 진섭의 부장 주장이 함곡관으로 쳐들어왔을 때 진나라는 여산에서 시황제 능묘를 짓던 죄수들을 징발하고 장함을 장수로 삼았다.

48　"장함은 진 2세 원년 8월 말에 관중에서 주장의 군대를 내쫓고, 2년 11월 조양에서 완전히 격파하고 주장을 죽였으며, 12월에는 진섭을 격파하고 죽였다. 9월에 항량을 격파하여 죽이고 윤9월 황하를 건너 조나라를 공격했다."(『사기전증』) "하작何焯이 말하기를 '백성을 옮기고 성곽을 평지로 만든 이유는 병사들이 떠났다가 돌아와서 다시 조나라를 위해 지키는 것을 두려워했기 때문이다'라고 했다."(『한서보주』)

49　왕리가 거록을 포위한 것은 진 2세 2년의 윤9월이며, 왕리의 작위는 장함보다 높았다.

50　극원棘原: 옛 지명으로 허베이성 핑샹平鄉 서남쪽 지역이다.

51　용도甬道: 방어용으로 구축하는 통로로, 안전하게 병력과 양식 등을 운송할 수 있다. "응소가 말하기를 '적이 치중輜重(운송부대가 실어 나르는 물자)을 빼앗을까 두려워하여 담장을 쌓은 것이 큰길과

거록성 아래까지 통로를 내어 왕리에게 양식을 운송해줬다. 왕리의 군대는 양식이 풍족해지자 거록성을 맹렬하게 공격했다. 거록성 안에서는 양식이 떨어지고 병력도 부족해지자 장이는 여러 차례 사람을 보내 진여에게 진격해달라고 독촉했지만, 진여는 병력이 적어 왕리의 군대를 대적할 수 없다고 스스로 판단하고 감히 군사를 진격시키지 못했다. 이렇게 몇 개월이 지나자 장이는 크게 화를 내며 진여를 원망했고, 장염과 진택陳澤을 보내 진여를 꾸짖었다.

"처음에 나는 공과 생사를 같이하는 교분을 맺었소. 지금 조왕과 나는 위급함이 조석에 달려 있는데 그대는 수만 명의 병력을 보유하고도 구원하려 하지 않으니 생사를 같이할 교분은 도대체 어디에 있단 말이오! 진실로 그대가 신의를 지키고 있다면 어찌하여 진나라 군대로 진격하여 우리와 함께 목숨을 내걸지 않소?52 그렇게 한다면 열 번 중에 한두 번은 승리를 거둘 희망이 있을 것이오."

진여가 대답했다.

"내 생각에 앞으로 진공한다 해도 끝내 조나라를 구원하지 못하고 헛되이 군대만 다 잃게 될 것이오. 나 진여가 그대들과 함께 죽으려 하지 않는 것은 한 갈래 역량을 남겨두어 조왕과 그대를 위해 진나라에 원수를 갚으려는 것이오. 지금 반드시 함께 죽어야 한다면 굶주린 호랑이에게 고기를 던져주는 꼴과 같은 것으로, 무슨 이로움이 있겠소?"

장염과 진택이 말했다.

"사정이 이미 급박한데 목숨을 내걸고 함께 적과 싸워 신의를 세우는 것이 중요하지, 어찌 뒷일을 고려하십니까?"

진여가 말했다.

"설사 내가 죽는다 해도 아무런 이익이 없음을 알고 있지만, 그대들이 말한 대로 하겠소."

골목과 같다'고 했다."(『집해』)
52    성 안팎에서 일제히 진나라 군대와 맞붙어 목숨을 내걸고 싸우자는 제안이다.

이에 진여는 군사 5000명을 파견했고, 장염과 진택에게 인솔하게 하여 먼저 진나라 군대를 시험 삼아 공격했지만 모두 전멸하고 말았다.

이때 연, 제, 초 땅의 군대가 조나라가 위급하다는 소식을 듣고 모두 구원하러 왔다.[53] 장오도 북쪽 대 땅에서 1만여 명의 군사를 모아 왔는데,[54] 이들은 모두 진여의 보루 옆에 주둔했지만 감히 진나라 군대를 공격하지 못했다. 항우의 군대가 여러 차례 장함이 수축한 양식을 운송하는 용도를 끊자 왕리의 군대는 양식이 부족해졌다.[55] 이어서 항우는 전군을 거느리고 황하를 건너 장함의 군대를 대파했다. 장함은 군사를 이끌고 퇴각했다. 이때 각 제후들의 군대는 비로소 거록성을 포위하고 있던 진나라 군대를 공격하여 마침내 왕리를 사로잡았고, 진나라 장수 섭간涉間은 스스로 목숨을 끊었다.[56] 거록성을 끝내 보존할 수 있었던 것은 초나라 군대의 역량 덕분이었다.

53 "연 땅의 수령 한광은 부장인 장도臧荼를 파견해 군사를 이끌고 왔고, 제 땅의 수령 전영은 항우와 사이가 틀어져 조나라를 구원하려 하지 않았고, 전영에게 쫓기던 전도田都가 부대를 이끌고 왔으며, 초 땅의 수령은 바로 초 회왕인데 조나라를 구원하고자 주력 대군을 파견했다."(『사기전증』)
54 "장오는 원래 궁 안에 갇혀 진섭의 인질이 되었는데, 장함이 진섭을 격파하여 죽이고 진현을 점령할 때 자신의 부친인 장이에게 달아나 조나라의 장수가 되었다."(『사기전증』)
55 "항우는 자신의 숙부인 항량을 따라 군대를 일으킨 뒤 초 회왕을 옹립하여 처음에는 많은 승리를 거두었다. 진 2세 2년 9월, 항량은 교만하게 굴고 적을 가볍게 여기다 장함에게 격파되고 죽임을 당했고 초 회왕은 항우의 병권을 거두어들인 뒤 대장 송의宋義를 수행하고 황하를 건너 조나라를 구원하도록 했다. 가는 도중에 항우는 송의를 죽이고 병권을 빼앗았다. 초 회왕은 어쩔 수 없이 항우를 대장으로 임명했고, 항우는 마침내 군대를 이끌고 거록 전선에 당도했다."(『사기전증』)
56 "항우는 마침내 전군을 이끌고 황하를 건넜다. 강을 건넌 뒤 항우는 명령을 내려 모든 배를 강물 속으로 가라앉히고 솥과 시루를 깨뜨렸으며 막사를 불태우고 사흘 치의 양식만 휴대하게 하여 사졸들에게 죽더라도 전진과 승리만 있을 뿐 절대로 후퇴하지 않겠다는 결심을 보였다. 초나라 군대는 거록에 당도하자마자 왕리의 군대를 포위하고 진나라 군대와 전투를 벌였다. 아홉 번 싸운 뒤에 진나라 군대의 운송로인 용도를 끊고 진나라 군대를 대파했으며, 소각蘇角을 죽이고 왕리를 포로로 잡았다. 섭간은 투항하지 않고 스스로 불에 타 죽었다."(「항우본기」) "왕리는 장함의 부장이 아니며 왕리와 장함이 통솔한 군대는 두 갈래로 병립하던 진나라 대군이었다. 거록에서 그들은 서로 지원하여 협동 작전을 펼쳤을 뿐 결코 누가 누구를 통솔한 것이 아니었다. 또한 항우가 거록에서 장함과 왕리를 겪은 것은 두 단계로서, 용도를 끊은 것은 장함을 격파한 것이고 성을 포위하던 적을 격파한 것은 왕리를 격파한 것이다. 용도를 끊은 것이 앞이고, 왕리를 격파한 것이 다음이다. 「진초지제월표」에 의하면 거록 전쟁은 진 2세 3년(기원전 207) 12월의 사건이다."(『사기전증』)

이때 조왕 헐과 장이는 거록성에서 나와 제후들에게[57] 사의를 표했다. 장이는 진여를 만나 진여가 조나라를 구원하려 하지 않은 일을 꾸짖고, 장염과 진택이 어디로 갔는지 물었다. 진여가 화를 내며 말했다.

"장염과 진택은 내게 그대들과 함께 죽어야 한다고 요구했소. 그래서 내가 그들에게 군사 5000명을 주어 먼저 시험 삼아 진나라 군대를 공격하게 했는데, 전군이 전멸하고 한 사람도 돌아오지 못했소."

장이는 그의 말을 믿지 않고 진여가 그들을 죽였다고 생각하여 여러 차례 캐물었다. 진여가 화를 내며 말했다.

"나에 대한 그대의 원한이 이렇게 깊을 줄은 생각지도 못했소! 내가 어찌 장군의 지위를 버리기를 두려워하겠소?"

그러고는 장군의 인수印綬[58]를 풀어 장이에게 떠밀었다. 장이 또한 놀라며 받으려 하지 않았다. 진여가 일어나 측간에 가자 빈객 한 명이 장이에게 말했다.

"제가 듣건대 '하늘이 내려주는 것을 받지 않으면 도리어 재앙을 받게 된다'[59]고 합니다. 지금 진 장군께서 당신에게 인수를 주셨는데 당신이 받지 않는 것은 하늘의 뜻을 위반하는 것으로 상서롭지 못하니 서둘러 거두십시오!"

장이는 이에 진여의 장군 인수를 차고 진여의 부하들을 자신의 통솔 하에 거두어들였다. 측간에서 돌아온 진여는 이처럼 장이가 사양하지 않는 것을 보고는 원망하며 종종걸음으로 나왔다.[60] 장이는 마침내 진여의 부대를 거두어들였고, 진여는 친하게 지내던 부하 수백 명과 함께 황하 가의 호수로 가서 물고기를 잡고 사냥을 하며 생활했다. 이때부터 진여와 장이 사이에는 결국 틈이 생겨

---

57  여기서 제후는 실질적인 각 대군의 통수권자를 말한다.

58  인수印綬: 인신印信(도장)과 인신을 묶는 명주 끈으로 몸에 달고 있었다.

59  원문은 '天與不取, 反受其咎'로, 전국시대 이래로 유행한 속담이다. 『국어』「월어越語 하」에서는 "天予不取, 反爲之災"라고도 했다.

60  원문은 '추출趨出'이다. "추趨는 고대에 신하가 군주 면전에서 걷는 일종의 자세로, 당시 조왕이 그 자리에 있었기 때문에 진여가 이렇게 걸은 것이다."(『사기전증』)

원한이 싹텄다.

조왕 헐은 다시 신도로 돌아와 머물렀고, 장이는 항우와 제후들을 따라 함 곡관으로 진입했다.[61] 한나라 원년(기원전 206) 2월, 항우는 제후들을 왕에 봉했 다.[62] 장이는 평소에 교제를 잘했기에 많은 사람이 그를 위해 좋은 말을 했고 항우 또한 장이의 재능에 대한 말을 자주 들었으므로 조나라 땅 일부를 분할 하여 장이를 상산왕常山王으로 봉하고 신도에 도읍을 세웠다.[63] 그리고 신도의 이름을 양국襄國으로 변경했다.

진여의 많은 빈객이 항우에게 말했다.

"진여도 장이와 같이 모두 조나라에 공적이 있습니다."

그러나 항우는 진여가 자신을 따라 함곡관으로 들어오지 않았고, 그가 남피 南皮[64]에 있다는 말을 듣고는 남피 부근의 3개 현을 그에게 봉했다. 조왕 헐은 대 땅으로 옮기고 대왕代王으로 봉했다.[65]

장이가 자신의 봉국인 상산으로 가자, 진여는 더욱 화를 내며 말했다.

"장이와 나는 공로가 같은데 지금 장이는 왕으로 봉해지고 나는 한낱 후侯 가 되었다. 이는 항우가 불공평하게 일을 처리한 것이다."

제나라 왕 전영이 초나라를 배반하려 하자,[66] 진여는 하열夏說[67]을 보내 전영 을 설득했다.

---

61  "항우가 거록에서 전쟁을 벌일 때 유방은 남쪽 길로부터 서쪽 함곡관으로 진입했다. 당시 항우는 장함에게 투항을 권유하고 진나라 군대를 거두어 재편했다. 유방이 이미 함곡관으로 들어가 진나라를 멸망시켰다는 소식을 듣고 항우는 각 제후군을 이끌고 허겁지겁 관중으로 달려가 유방과 승리를 다투 었다. 이때가 한나라 원년(기원전 206) 10월(이때도 여전히 10월을 세수로 삼았다)이었다."(『사기전증』)

62  한나라 원년은 유방이 한왕漢王을 칭한 첫해인 기원전 206년을 말한다. "항우는 한나라 원년 12월에 관중으로 들어가 홍문연鴻門宴에서 유방을 만난다. 그 뒤 결국 진나라의 항복한 왕 자영을 죽 이고 함양을 불태웠는데 3개월 동안 불길이 그치지 않았다. 큰불이 이어지고 있는 1월, 2월, 3월에 각 제후들을 분봉하여 왕으로 삼았다."(『사기전증』)

63  신도는 원래 조왕 헐의 도성이었는데, 장이를 봉했다는 것은 조왕 헐을 쫓아냈음을 말한다.

64  남피南皮: 진나라 현으로 치소는 지금의 허베이성 난피南皮 북쪽 지역이다.

65  대 땅의 도성은 대현代縣(지금의 허베이성 위현蔚縣 동북쪽)이었다.

"항우는 천하를 주재하면서 분봉을 불공평하게 하여 좋은 땅은 모두 자신의 장수들에게 봉하고 육국의 원래 후손들은 모두 외지고 낙후된 지방으로 보냈습니다. 조왕은 결국 대 땅으로 옮겨졌습니다! 원컨대 대왕께서 신에게 병력을 빌려주신다면 남피의 땅을 대왕의 병풍 같은 울타리가 되도록 하겠습니다."

전영은 조나라 땅에 동맹을 만들어 함께 항우에 반기를 들 생각이었기에 즉시 진여에게 한 갈래 군대를 떼어주고 진여를 따르도록 했다. 진여는 기세를 몰아 자신의 3개 현의 모든 인마人馬를 소집하여 상산왕 장이를 습격했다. 장이는 패해 달아났는데 제후 중에 몸을 의탁할 만한 사람이 없다고 생각하고는 말했다.

"한나라 왕과 나는 일찍이 교분이 있기는 하지만, 강대한 자는 항우인 데다 나를 왕으로 세워주었으니 초나라로 가서 의탁해야겠다."

감공甘公68이 말했다.

"한나라 왕이 함곡관으로 들어갔을 때 5대 행성이 동정東井에 모여들었습니다.69 동정은 진나라의 분야分野70입니다. 그곳에 먼저 진나라 땅에 당도하는 사

---

66　전영은 항우와 사이가 틀어져 항우를 따라 조나라를 구원하고 함곡관으로 들어가지 않았기에 항우는 자신을 따른 전도田都를 제왕에 봉했고 전불田市을 교동왕膠東王으로 바꾸어 봉했다. 이 때문에 전영은 크게 화를 내며 군대를 일으켜 가장 먼저 항우에 반기를 들었다.

67　하열夏說은 조나라 장수로, 열說은 열悅과 통한다.「항우본기」에 따르면 이때 진여는 제왕 전영을 설득하도록 하열과 장동張同을 함께 보냈다. 장동과 하열은 조왕 헐의 부장이다.

68　"당시에 점성을 직업으로 삼은 술사로 그의 이름은 알려지지 않고 있다.「천관서天官書」에 '감공'이라는 자가 있는데 아닌 것 같다."(『사기전증』) 옛 주석에 제나라 사람(일설에는 초나라 사람)으로 이름은 덕德이고 천문을 잘했다고 하는데, 감덕甘德은 전국시대 중기 사람으로 초·한 시기와는 이미 100여 년의 차이가 있다. 여기서 말하는 감공은 감덕이 아닌 또 다른 천문에 밝은 사람으로 판단된다. 반고의『한서』「천문지」에서는 이미 시기가 맞지 않는다고 판단하여 '감공'을 '객客'으로(客謂張耳) 기술하고 있다.

69　금, 목, 수, 화, 토의 5대 행성이 동시에 운행하여 동정에 모여든 것을 말한다. 동정은 남방 7수 중에 첫 번째 별자리인 정수井宿로, 8개의 별로 이루어졌으며 천정天井이라고도 한다. "고대의 술사들은 이것을 '진룡천자眞龍天子'가 세상에 출현할 징조로 여겼다."(『사기전증』)「천관서天官書」에 따르면 "함곡관에 진입한 달에 별들이 모이지 않았다'고 했다.(『사기지의』)

70　분야分野: 중국 고대 점성술의 미신적 관념이다. 지상의 각 주군州郡과 국가를 하늘의 일정한 구역에 대응시키고 각 구역의 하늘에서 발생하는 천문현상이 지상의 길흉을 예고한다는 믿음이다. 행정구역(한대에는 13개의 주, 부)을 28개의 별에 연결 짓고 어떤 주(부)가 어떤 별에 상응하도록 구분한 것

람이 반드시 패주가 될 것입니다. 초나라가 비록 강대하다고 하지만 나중에는 반드시 한나라에 귀속될 것입니다."

그리하여 장이는 유방의 한나라에 의탁하기로 결심했다.[71] 마침 한나라 왕도 이때 회군하여 삼진三秦을 평정하고[72] 장함의 군대를 폐구廢丘에서 포위하고 있었다.[73] 장이가 한나라 왕을 알현하자, 한나라 왕은 그를 매우 우대해줬다.

진여는 장이를 물리친 뒤 다시 조나라의 전 영토를 수복하고 조나라 왕 헐을 대 땅에서 영접하고 다시 조나라 왕으로 삼았다.[74] 조나라 왕은 진여의 은덕에 감격하여 그를 대왕代王으로 세웠다. 그러나 진여는 조나라 왕의 역량이 약한 데다 조나라도 막 평정되었기 때문에 자신의 봉국인 대국代國으로 가지 않고 머무르면서 조나라 왕을 보좌했고, 하열을 상국의 신분으로 파견해 대국을 지키도록 했다.

한나라 2년(기원전 205), 한나라는 동쪽으로 초나라를 공격하려 하면서 조나라에 사신을 보내 함께 출병하자고 했다.[75] 진여가 사자에게 말했다.

을 분야라 한다. 천문으로 말하면 '분성分星'이라 하고 지면으로 말하면 '분야分野'라 했다.
71 「진초지제월표」에서는 장이가 한나라에 귀의한 것을 한나라 2년(기원전 205) 10월이라고 했는데, 「고조본기」에서는 이 사건을 한나라 2년 정월로 기재하고 있다.(『사기전증』) "장이가 한나라 원년 9월에 진여에게 패해 달아나 황하를 건넜고, 2년 10월에 한왕이 함곡관에서 나와 서로 만났다. 「고조본기」와 「진초지제월표」를 종합하여 고찰해보면, 이 또한 시세에 따라 그렇게 된 것이지 어찌 초나라에 승리를 거둘 것이라고 미리 알았겠는가?"(『사기탐원』)
72 "유방은 홍문연 이후 항우에 의해 한왕에 봉해지고 남정南鄭을 도읍으로 정했다. 유방은 한나라 원년 4월 관중을 떠나 남정으로 갔고, 같은 해 8월 한신의 계책을 써서 관중으로 돌아갔고, 2년 10월에 이르러서는 관중 대부분을 유방이 수복했다."(『사기전증』) 삼진三秦은 항우가 함곡관으로 들어가서 삼분한 관중 땅을 합쳐 일컫는 것이다. 장함을 옹왕雍王으로, 사마흔司馬欣을 새왕塞王으로, 동예董翳를 적왕翟王으로 봉했다.
73 "장함은 거록에서 항우에게 패하고 투항한 뒤 항우를 따라 함곡관으로 들어와 옹왕이 되었고, 폐구廢丘(지금의 산시陝西성 싱핑興平 동남쪽)를 도읍으로 삼았다. 유방은 원년 8월에 남정에서 관중으로 돌아온 뒤 오래지 않아 장함을 폐구에서 포위했다. 장함은 포위된 성을 10개월 동안 단단히 지켰지만 한나라 2년 6월에 성이 격파되고 죽임을 당했다."(『사기전증』)
74 "당시 한단은 이민족에 의해 폐허가 되었기 때문에 조나라 왕 헐은 여전히 신도에서 거주하고 있었다."(『사기전증』)
75 "한나라 2년(기원전 205) 4월의 일이다. 당시 유방은 이미 관중을 평정한 데다 위왕魏王 표豹, 은

"한나라 왕이 장이를 죽인다면 따르겠소."

그리하여 한나라 왕은 장이와 생김새가 비슷한 사람을 찾아 죽이고, 그 머리를 진여에게 보냈다. 진여는 이에 군대를 파견해 한나라 왕을 도왔다. 그러나 한나라 군대가 팽성彭城 서쪽에서 항우에게 패배하고 진여 또한 장이가 죽지 않았음을 알아차리게 되자 즉시 한나라 왕을 배반했다.[76]

한나라 3년(기원전 204), 한신韓信이 위魏나라 땅을 평정한 뒤,[77] 한나라 왕은 다시 장이와 한신을 파견해 정형에서 조나라를 격파하고 지수泜水에서 진여를 참수하고, 또 조나라 왕 헐을 추격해 양국襄國에서 죽였다.[78] 한나라 왕은 장이를 조나라 왕으로 세웠다.[79] 한나라 5년(기원전 202), 장이가 죽자 시호를 경왕景王이라 했다. 그의 아들 장오가 지위를 계승하여 조나라 왕이 되었다. 고조의 딸 노원공주魯元公主는 조나라 왕 장오의 왕후가 되었다.[80]


한나라 7년(기원전 200), 고조高祖 유방은 평성平城[81]에서 도성으로 돌아가는

---

왕예王瞖 사마앙司馬卬, 하남왕河南王 신양申陽, 새왕 사마흔, 적왕 동예 등이 귀순했다. 또한 항우가 초회왕을 살해했다는 소식을 듣자 유방은 선포를 하고 대군 56만 명을 이끌고 동쪽으로 가서 항우를 토벌했다."(『사기전증』)

76  "유방이 진공하기 시작했을 때 항우는 제나라에서 전씨田氏와 작전을 벌이고 있었고, 유방은 항우의 도성인 팽성을 공격했다. 소식을 들은 항우는 3만 명의 기병을 이끌고 급히 돌아갔고 유방을 팽성 아래에서 대파했다. 같은 4월의 사건이다."(『사기전증』)

77  한나라 2년 9월의 일이다. 위魏는 항우가 봉한 제후국으로 도읍은 안읍이고 왕은 전국시대 위나라 왕실의 후예인 표豹였다. "유방이 항우의 팽성으로 진공하자 위표는 투항하고 유방을 도왔다. 항우가 팽성에서 유방을 대파하고 유방이 퇴각하여 형양에 이르자 위표는 다시 유방을 배반했다. 유방이 유세객 역이기를 보내 설득했지만 듣지 않자 결국 한신에게 황하를 건너 그를 멸망시키게 했다."(『사기전증』)

78  한신이 진여를 참수하고 조나라 왕 헐을 죽인 것은 한나라 3년 10월의 일이다. 지수泜水는 지금의 허베이성 바이샹柏鄕 남쪽으로 흐르는데, 당시의 신도 북쪽이다.

79  한나라 4년(기원전 203) 11월의 일이다.

80  "이것은 노원공주 또한 이때 왕후라 칭한 것이지, 이때 장오에게 출가한 것을 말하는 것은 아니다."(『사기전증』)

81  평성平城: 한나라 현으로 치소는 지금의 산시山西성 다퉁大同 동북쪽이다. 한나라 7년 한왕韓王 신信이 흉노와 연합하여 지금의 산시山西성 북부 일대에서 한나라에 반기를 들었다. 유방은 군사를 통

도중에 조나라를 지나게 되었다. 조나라 왕은 아침부터 저녁까지 겉옷을 벗고 토시를 하고 직접 유방을 위해 음식을 들어 나르며 매우 겸손한 예로써 사위의 예절을 갖추었다. 그러나 고조는 두 다리를 벌려 쭉 뻗고 앉아 말끝마다 욕을 내뱉으며 지극히 오만했다. 조나라 상 관고貫高와 조오趙午 등은 모두 60세가 넘었고82 본래 장이의 빈객들이었다. 그들은 평소에 의기를 소중히 여겼는데, 유방의 이러한 태도를 보고 분노하여 말했다.

"우리의 대왕은 진정 나약한 왕이로구나!"

그러고는 조나라 왕을 설득하며 말했다.

"무릇 천하의 호걸들이 나란히 일어나고 능력 있는 사람이 먼저 왕이 될 수 있습니다. 지금 대왕께서는 황제에게 그토록 공경하는데 황제83는 도리어 이토록 무례하니, 저희가 대왕을 위해 그를 죽이도록 해주십시오!"

장오는 자신의 손가락을 깨물어 피를 내어 맹세하면서 말했다.

"그대들은 어떻게 그런 잘못된 말을 하시오! 선왕께서 나라를 잃으셨을 때 황상에 의지해 나라를 회복할 수 있었고, 그 은덕이 후세 자손에까지 이어졌소. 털끝만큼 작은 것도 모두 황상의 힘에 의한 것이오. 그대들은 다시는 그와 같은 말을 꺼내지 마시오."

관고와 조오 등 10여 명이 서로 의논하며 말했다.

"우리가 잘못한 것이오. 우리 대왕은 덕망이 높은 분으로서 남의 은덕을 배반하지 않으려 하오. 그러나 우리는 절대로 우리 대왕이 모욕을 당하는 것을

솔하여 토벌에 나섰으나 7일 동안 평성에서 흉노에게 포위당했다. 이후 흉노와 화평 조약을 맺고 돌아왔다.

82  "서광이 말하기를 「전숙전田叔傳」에서는 조나라 상 조오 등 수십 명이 모두 분노했다고 했으니, 그렇다면 혹 60여 명이라고 말해야 할 것이다'라고 했다."(『집해』)

83  원문은 '고조高祖'로 기재되어 있다. "고조는 생전의 칭호가 아니다. 여기와 아래 네 곳의 고조는 모두 『한서』에 근거해 '황제皇帝'라고 해야 한다."(『사기지의』) "『한기』에서는 '황제'라 했고, 『통감』에서는 줄여서 '제帝'라 했다"(『사기각증』) 역자 또한 '황제'로 번역했다. 또한 이후 문장에서 원문에 '상上(황상)'으로 기재된 호칭은 편의상 '유방'으로 번역했다.

참을 수 없소. 지금 우리 대왕을 모욕한 일을 원망하여 황제를 죽이려는 것이니, 어찌 우리 대왕을 더럽힐 수 있겠소? 일이 이루어지면 공은 대왕께 돌리고 실패하면 그 죄를 우리가 감당합시다."

한나라 8년(기원전 199), 유방은 동원東垣으로부터 도성으로 돌아오는 길에 조나라를 지나게 되었다.[84] 그러자 관고 등은 백인현柏人縣[85] 역참의 벽과 벽 사이에[86] 자객을 매복시키고 기회를 틈타 찔러 죽이려고 했다. 유방이 그곳에 머무르려 할 때 갑자기 가슴이 뛰자, 내키지 않아 좌우에 물었다.

"이곳 현 이름이 무엇이냐?"

따르는 자가 대답했다.

"백인이라고 합니다."

유방이 말했다.

"백인이라면 남한테 핍박을 받는다는 뜻이 아니냐!"

그러고는 묵지 않고 떠났다.

한나라 9년(기원전 198), 관고와 원한이 있는 사람이 이 음모를 알고 글을 올려 그를 고발했다. 이에 유방은 조나라 왕과 관고 등을 모두 체포하게 했다. 이때 관고와 함께 모의했던 10여 명이 모두 앞 다투어 목을 베어 자살하려 하자,[87] 관고만은 홀로 화를 내며 그들을 꾸짖었다.

---

84   한왕 신의 잔여 세력이 동원에서 반란을 일으켜 유방이 군대를 이끌고 가서 토벌한 후 돌아오는 길에 다시 조나라를 지나게 되었다. 동원은 한나라 현으로 치소는 지금의 허베이성 스자좡 동북쪽 지역으로, 당시는 상산군의 군치 소재지였다.

85   백인현柏人縣: 한나라 현으로 치소는 지금의 허베이성 룽야오隆堯 서쪽이었다. 당시에 조나라에 속했고 조나라 북쪽 경계에 있었다.

86   원문은 '치측置廁'으로, '치'는 역참 또는 여관을 뜻한다. "유반劉攽이 말하기를 '치는 머물러 묵는 곳이다'라고 했다. 전대흔이 말하기를 '측은 側과 같다. 측간이 아니다. 사람을 치置(역참)의 옆(側)에 매복시키고 죽이려 하는 것이다'라고 했다."(『한서보주』) 치측을 '역참의 측간'으로 해석하기도 하는데, 역자는 '역참의 벽과 벽 사이'로 번역했음을 밝힌다.

87   "황상은 조왕과 모반한 자들을 체포했다. 조오趙午 등 10여 명은 모두 다투어 스스로 목을 베어 죽으려 했다."(『한서』)

"누가 공들에게 그 일을 하라고 했소? 대왕께서는 확실히 이 음모를 알지도 못하는데, 지금 함께 체포되었소. 공들이 모두 죽는다면 누가 대왕을 위해 모반에 참여하지 않은 진상을 증명해주겠소?"

이에 밀폐된 함거檻車[88]에 갇혀 조나라 왕과 함께 장안長安[89]으로 압송되었다. 조정에서는 장오의 죄를 다스리고자 할 때 명령을 내려 조나라의 군신과 빈객들이 장오를 따라 도성으로 들어오지 못하게 하면서 이를 어기는 자는 일족을 모조리 죽이겠다고 했다. 이에 관고와 조나라 왕의 빈객 맹서孟舒 등 10여 명은 모두 스스로 머리를 깎고 쇠고리로 목을 묶은 채[90] 조나라 왕의 노비로 가장하여 조나라 왕을 따라 함께 장안으로 왔다.[91] 관고는 장안에 이르렀고 심문을 받을 때 말했다.

"이 일은 우리 몇 사람이 한 것으로 조나라 왕은 진실로 정황을 알지 못하오."

옥리가 고문하면서 곤봉으로 수천 번을 때리고 또 송곳으로 찔러 온몸에 온전한 피부가 없었지만 관고는 끝내 말을 바꾸지 않았다. 여후呂后가 조나라 왕 장오는 노원공주魯元公主[92]의 남편이라 이런 죄를 저지를 리가 없다고 수차례 유방에게 말했다. 그러자 유방이 화를 내며 말했다.

"장오가 천하를 차지하고 황제를 칭한다면 어찌 당신 딸과 같은 여자가 적

---

**88**  함거檻車: 죄인을 가두거나 맹수를 싣는 수레로, 대나무 등으로 만든 울타리가 설치되어 있다. "함거는 판자로 사면을 울타리로 만든 것으로 보이지 않는다."(『후한서』(이현))

**89**  한나라 7년 2월에 유방은 정부 기구를 약양櫟陽에서 장안으로 옮겼다. 한나라 때 장안성은 지금의 시안西安 서북쪽으로 5킬로미터 떨어진 곳이다.

**90**  원문은 '자곤겸自髡鉗'이다. 곤髡은 머리카락을 깎는 형벌이고 겸鉗은 쇠고리로 목을 묶는 형벌이다. 즉 스스로 곤과 겸의 형벌을 받는다는 것이다.

**91**  "앞서 관고와 조나라 왕을 밀폐된 함거에 실어 함께 장안으로 압송했다고 했는데, 또 빈객이 함께 따라왔다고 말하는 것은 무엇인가?"(『사기지의』) "나카이 리켄이 말하기를 '조나라 왕의 집 노비라고 말한 것은 맹서 등일 따름이다. 관고여貫高輿(관고와 [빈객 맹서 등]) 세 글자는 불필요한 글자다'라고 했다." (『사기회주고증』) "양옥승(『사기지의』) 등의 견해가 맞다. 관고는 유방이 지명한 체포해야 할 자이니 노예로 가장하여 따를 필요가 없다."(『사기전증』) "함거에 갇혀 조왕과 함께 장안으로 압송되었다."(『한서』)

**92**  "노원魯元 두 글자는 마땅히 불필요한 글자다. 노魯는 나중에 봉해진 것이고 원元은 시호다."(『사기지의』)

겠소?"

그러고는 여후의 말을 듣지 않았다. 정위廷尉가 관고의 진술을 보고하자 유방이 말했다.

"장사로구나! 그와 알고 지내는 사람이 있으면 사적으로 그에게 물어보도록 하라."[93]

중대부中大夫 설공洩公이 말했다.

"관고는 신과 같은 고향 사람으로 줄곧 그를 알고 있습니다. 이 사람은 본래 조나라에서 명예와 지조를 중히 여기고 의기를 강구하며 처음에 마음먹은 생각을 바꾸지 않고 언약을 실천하는 사람입니다."

유방은 설공에게 부절을 가지고 그에게 찾아가도록 했고, 아역이 그를 들것[94]에 실어 설공 앞으로 데려왔다. 관고가 힘겹게 위를 쳐다보며 말했다.

"그대는 설공이오?"

설공은 평소에 친구를 만난 것과 같이 위로하며 이야기를 나누다가 장오가 음모에 참여했는지를 물었다. 그러자 관고가 말했다.

"사람 중에 자신의 부모와 처자식을 사랑하지 않는 사람이 어디에 있겠소? 지금 내 삼족이 모두 내 진술로 인해 죽음에 처해질 수 있는데,[95] 어떻게 나의 많은 친척을 버리고 조나라 왕 목숨과 바꿀 수 있겠소? 확실히 대왕께서는 배반할 마음이 없소. 이것은 우리 몇 사람이 한 일이오."

그러고는 그들이 모반을 하게 된 까닭과 조나라 왕은 정황을 전혀 알지 못함

---

93  "신찬臣瓚이 말하기를 '사적인 정으로 물어보는 것이다'라고 했다."(『집해』)

94  원문은 '편여篋輿'다. 많은 번역본에서는 '대나무로 만든 가마'라고 했으나 '대나무로 만든 들것'이 적당한 표현이다. 죄인으로 고문을 당한 사람을 가마에 태워 데려올 리가 없으며 고문으로 상처가 심해서 들것에 실어온 것이다.

95  원문은 '오삼족개이논사吾三族皆以論死'다. "관고가 추측하는 말이므로 '개皆'자 앞에 응당 '장將'자를 붙여야 한다. 어떤 사람은 이以자를 이근(이미)로 보는데, 아직 안건이 확정되지 않았는데 어떻게 먼저 삼족을 죽음에 처할 수 있는가?"(『사기전증』) 일부 번역본은 과거형으로 해석하여 '삼족이 모두 죽음에 처해지는 판결을 받았다'로 해석하기도 하는데, 잘못된 번역이다.

을 설공에게 자세하게 말했다. 이에 설공은 궁궐로 들어와 이 사건의 실정을 상세히 보고했고, 유방은 조나라 왕을 사면했다.

유방은 관고의 지조 있고 신의를 지키는 사람됨을 높이 평가하여 설공을 보내 관고에게 알리도록 했다.

"조나라 왕은 이미 석방되었소."

또한 관고도 사면함을 알렸다. 그러자 관고는 기뻐하면서 물었다.

"우리 대왕께서 정말로 석방되셨습니까?"

설공이 대답했다.

"정말 그렇소."

설공이 또 말했다.

"황상께서는 족하의 사람됨을 칭찬하시고 족하도 함께 사면하셨소."

관고가 말했다.

"내가 당초에 자살하지 않고 나중에는 몸에 온전한 피부 하나 없도록 맞은 것은 바로 조나라 왕에게 배반할 마음이 없음을 분명하게 밝히기 위해서였소. 지금 대왕께서 이미 석방되셨으니 내 책임은 이미 다했소. 내 이제 죽어도 여한이 없소. 하물며 신하가 되어 이미 군주를 시해하려 한 죄명을 가졌으니 무슨 면목으로 다시 군주를 섬길 수 있겠소! 설사 황상께서 나를 죽이지 않는다 하더라도 내 마음에 어찌 부끄러움이 없겠소?"

그러고는 고개를 들어 목의 동맥을 끊어 결국 죽었다.[96] 이 일로 한순간에 관고의 이름이 천하에 두루 알려졌다.

장오는 석방된 후, 노원공주의 남편[97]이었기 때문에 선평후宣平侯에 봉해졌

---

[96] "사마광이 말하기를 '고조는 교만하여 신하를 잃었고 관고는 모질어 나라를 망하게 했다. 관고가 역모를 꾸미게 한 것은 고조의 과실이고, 장오가 나라를 망하게 한 것은 관고의 죄다'라고 했다."(『사기전증』)

[97] 원문은 '상노원공주尙魯元公主'다. "위소가 말하기를 '상尙은 봉奉(받들다)으로 감히 취取(취하다)로 말하지 못한 것이다'라고 했다. 최호가 말하기를 '공주를 받들어 섬긴 것이다'라고 했다. 소안小顔이

다.[98] 관고의 사건으로 인해 유방은 장오의 빈객을 높게 평가하여, 쇠고리로 목이 묶여 노비가 되는 것을 무릅쓰고 장오를 따라 함곡관으로 들어왔던 자들 가운데 제후왕의 상 혹은 군수가 되지 않은 이가 없었다.[99] 효혜孝惠, 고후高后, 문제文帝, 효경孝景[100] 때에 이르러서 이들 빈객들의 자손은 모두 2000석의 관원이 되었다.[101]

장오는 고후 6년(기원전 182)에 죽었고,[102] 그의 아들 장언張偃이 노원왕魯元王에 봉해졌다.[103] 장언의 어머니가 여후의 딸이므로 여후가 그를 노원왕에 봉한

말하기를 '상은 배配(배필)다'라고 했다.(『색은』)

98   "비록 다시 죄를 다스리지는 않았지만 그의 부하가 이러한 엄중한 상황을 출현시켰으므로 왕위를 박탈당하고 열후로 강등된 것이다."(『사기전증』)

99   "「전숙열전」에 따르면 당시 머리를 깎고 쇠고리에 목이 묶인 노비 신분으로 장오를 따라 도성으로 들어온 자들은 맹서와 전숙 등 10여 명이었다. 맹서는 운중 군수로 임명되었고, 전숙은 한중 군수로 임명되었다가 나중에 다시 노나라 상으로 임명되었다. 나머지 사람들의 성씨와 행적에 대해서는 상세하지 않다."(『사기전증』)

100   효혜孝惠(재위 기원전 194~기원전 188)는 유방의 아들로, 이름이 영盈이고 여후의 소생이다. 고후高后(재위 기원전 187~기원전 180)는 이름이 치雉이고 혜제 사후에 여후가 정사를 대신했다. 문제文帝(재위 기원전 179~기원전 157)는 유방의 아들로, 이름이 항恆이다. 대신들이 여씨呂氏를 몰아낸 후 옹립하여 황제가 되었다. 효경孝景(재위 기원전 156~기원전 141)은 한 경제景帝로 문제의 아들이며 이름이 계啓다.

101   「전숙열전」에는 장오 빈객의 자손들이 모두 2000석의 관원이 되었다는 언급이 없다. 무제 때에 이르러 2000석의 관원으로 기록된 자는 전숙의 아들 전인田仁뿐이다. 한나라의 봉록 제도에서 2000석은 군郡 태수를 가리킨다. 안으로 구경낭장九卿郎將에서 밖으로 군수郡守까지 모두 2000석 등급이었다. 한나라 봉록 제도는 15등급이다. 첫 번째 등급은 1만석(월 350곡斛), 중中2000석(월 180곡), 2000석(월 120곡), 비比2000석(월 100곡), 1000석(월 90곡), 비1000석(월 80곡), 600석(월 70곡), 비600석(월 60곡), 400석(월 50곡), 비400석(월 45곡), 300석(월 40곡), 비300석(월 37곡), 200석(월 30곡), 비200석(월 27곡), 마지막 15번째 등급은 100석(월 16곡)이었다. 100석 이하로는 두식斗食(월 11곡)과 좌사佐史(월 8곡) 두 등급이 있었는데, 봉록으로 논하지 않았다. 당시의 삼공三公은 모두 1만석, 구경은 모두 중2000석, 태자태부 이하 삼보三輔 장관(우부풍右扶風, 경조윤京兆尹, 좌풍익左馮翊)과 지방장관(군郡과 국國의 군수와 상相)은 모두 2000석이었다. 현縣의 장관은 상황에 따라 달랐는데, 현 인구가 1만 호 이상인 경우는 현령이라 하고 봉록은 1000~600석이었고, 인구가 1만 호 이하인 경우는 현장縣長이라 하고 봉록은 500~300석이었다. 그 봉록은 절반이 곡물, 나머지 절반은 돈으로 지급했다.

102   「여태후본기」에 따르면 장오는 여후 7년(기원전 181)에 사망했다. 여기서 6년이라고 말한 것은 잘못이다. 『관중기關中記』에서 말하기를 '장오의 무덤은 안릉安陵의 동쪽에 있다'고 했다.(『집해』) "노원공주의 무덤은 함양현 서북쪽 25리 지점에 있으며, 바로 동쪽에 장오의 무덤이 있는데 공주와 같은 구역이다. 또 장이의 무덤은 함양현 동쪽 33리 지점에 있다."(『정의』)

것이다.104 원왕元王105은 나이가 어린 데다106 같은 어미의 형제도 적었다. 이에 여후는 또 장오의 다른 희첩107이 낳은 두 아들을 봉했는데, 장수張壽를 낙창후樂昌侯,108 장치張侈를 신도후信都侯에 봉했다. 고후가 사망한 뒤 여씨 가족이 반란을 꾀했기 때문에 대신들은 그들을 주살하고 노원왕과 낙창후, 신도후도 함께 폐위시켰다. 효문제가 즉위하자109 이전 노원왕 장언을 다시 남궁후南宮侯110에 봉하여 장씨의 후대를 잇도록 했다.

태사공은 말한다.

"장이와 진여는 현명하고 능력 있는 사람들로 세상에 전해지며 칭송되고 있다. 그들의 빈객과 노복들까지도 모두 천하의 준걸이 아닌 이가 없어서 자신들이 거주하는 나라에서 경상의 지위를 얻지 못한 자가 없다. 장이와 진여가 처음에 빈곤했을 때는 서로 신임하여 죽음을 애석하게 여기지 않았고 앞뒤를 살피는 일이 없었다. 그러나 국토를 소유하고 권세를 다투게 되어 끝내 서로를 공격해 멸망시켰다. 어찌하여 이전에는 진정으로 서로 경모하다가 나중에는 서로 간

---

103 "원元자는 모두 불필요한 글자다."(『사기지의』) 「여태후본기」에 따르면 여후 7년(기원전 181) 6월에 선평후 장오가 사망하자 그의 아들 장언을 노왕魯王으로 삼았다고 했다. 『한서』「이성제후왕표異性諸侯王表」에서는 장언이 노왕에 봉해진 것은 고후 원년으로, 장오가 죽기 전에 봉해졌다고 기재하고 있어 여기서 장오가 사망한 후라고 서술한 것과 다르다."(양수다楊樹達의 『한서규관漢書窺管』)

104 장언의 모친은 여후의 딸 노원공주다. 노원공주는 또 여후 원년에 사망했으므로 은혜를 더해 장언을 노왕(노원왕이 아님)으로 봉한 것이다.

105 양옥승의 견해에 따르면 원왕元王이 아닌 노왕魯王으로 표기해야 한다.

106 원문은 '약약弱弱'이다. 『사기전증』에 따르면 "약약은 연령이 어린 것"을 가리키므로 역자 또한 이 견해에 따랐다.

107 『한서』에서는 '전부자前婦子(전부인이 낳은 아들)'로 기재하고 있다. 그렇다면 장수와 장치가 장언보다 연장자임을 알 수 있다.

108 낙창樂昌은 한나라 현으로 치소는 지금의 허난성 난러南樂 서북쪽 지역이다.

109 효문제는 원래 유방에 의해 대왕에 봉해졌고 도읍은 중도中都(지금의 산시山西성 핑야오平遙 서남쪽)였다. 대신들이 여씨를 주살한 뒤 옹립했는데, 여후 8년 9월의 일이다.

110 남궁南宮은 한나라 현으로 치소는 지금의 허베이성 난궁현南宮縣 성의 서북쪽 지역이다.

의 대립이 이토록 지독했는가! 권세와 이익 때문에 교제한 것이 아니겠는가? 비록 그들의 명예가 높고 빈객이 많았을지라도 두 사람이 걸어온 길은 대체로 오태백이나 연릉계자와는 완전히 서로 달랐다고 하겠다."

30

# 위표팽월열전

### 魏豹彭越列傳

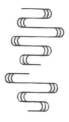

이 편은 위표와 팽월의 사적을 서술했지만 실제로는 위표의 형 위구가 포함된 세 명의 합전이다. 이들은 공통적으로 초한전쟁 중에 위魏 땅에서 활약하며 왕이라 칭했던 인물들이기에 사적을 한 편으로 구성한 것이다. 그러나 위표에 관련한 사적은 많지 않으며 기본은 팽월을 중심으로 서술하고 있다. 도적떼 출신인 팽월은 진나라 말기 진섭이 봉기한 뒤 한 무리의 인마를 이끌고 독립적으로 활동했으나 항우를 따라 함곡관으로 들어가지 않았기 때문에 왕으로 봉해지지 못했다. 팽월은 초한전쟁 중에 항우를 견제하며 후방에서 유격전을 벌여 항우의 후방을 끊었고, 최후에는 한신·경포 등과 함께 해하에서 항우를 격파했다. 팽월은 유방의 개국공신 가운데 특출한 인물로, 한신·경포 등과 함께 왕에 봉해졌지만 그들과 마찬가지로 유방에게 살해당했다.

팽월은 공로가 매우 컸기 때문에 빠르게 유방에 의해 제거된 인물에 속한다. 유방이 팽월에게 힘을 합쳐 초나라를 공격하자고 했을 때 팽월은 "위나라 땅은 막 평정되었고 사람들도 초나라 군대를 두려워하므로 이곳을 떠날 수 없습니다"라고 말했다. 이때 장량은 유방에게 한신과 팽월에게 지반을 준다면 군사를 이끌고 달려올 것이라 했고, 장량의 계책대로 시행하자 과연 팽월은 달려와 항우를 소멸시키는 데 지대한 역할을 한다. 유방에게는 바로 이러한 점이 두렵고 용납하기 어려웠는데, 이후 여후가 팽월이라는 후환을 남기느니 죽이는 편이 낫다는 말로 유방을 부추겨 결국 팽월은 모반의 죄를 얻어 억울한 죽음을 맞았다. 사실 팽월은 모반할 뜻이 없었으며 왕의 지위에 있는 것만으로 만족할 만한 인물이었으나 군사 능력이 탁월하고 공로가 컸기 때문에 두려운 존재가 되어 제거된 것이다.

위표魏豹는 옛 위魏나라1 왕의 공자다. 그의 형인 위구魏咎2는 위나라가 멸망하기 전 영릉군寧陵君3에 봉해졌다. 진秦나라가 위나라를 멸망시킨 뒤 위구는 평민4 신분으로 강등되었다. 진승이 봉기하여 왕이라 칭하자 위구는 그를 찾아가 의탁했다.5 진왕陳王은 위나라 사람 주불周市에게 옛 위나라 영토를 빼앗게 하여 위나라 땅을 점령했다. 모두들 주불을 위나라 왕으로 세우려고 하자 주불이 말했다.

"천하가 어지러우면 충신이 나타나기 마련입니다.6 지금 천하가 함께 진나라에 반기를 들고 있으니 반드시 위 왕가의 후예를 왕으로 세우는 것이 사리에 맞습니다."

이때 제나라와 조나라7가 각기 50승의 수레를 보내 주불을 위나라 왕으로 옹립하려 했다.8 주불은 사양하며 받아들이지 않고 진현에 사람을 파견해 위구

---

1 '옛 위나라'는 한나라 초에 봉해진 위魏나라가 아니라 전국시대의 위나라를 뜻한다. 전국시대에 위나라는 위왕 가를 마지막 군주로 기원전 225년(위왕 가 3년, 진왕 정 22)에 진나라에 의해 멸망했다.
2 「팽월전」에서 이르기를 '위표는 위왕 구咎의 종제從弟(사촌형제)이니 진실로 위나라의 후손이다'라고 했다.(『색은』)
3 영릉寧陵은 위나라 현으로 치소는 지금의 허난성 닝링寧陵 동남쪽 지역이다.
4 원문은 '가인家人'으로, 『한서』에서는 '서인庶人'으로 기재하고 있는데 모두 '평민'을 뜻한다.
5 진 2세 원년(기원전 209) 9월의 일이다.
6 원문은 '天下昏亂, 忠臣乃見'이다. "노자가 말하기를 '국가가 혼란스러워지자 충신이 생겨났다國家昏亂, 有忠臣'라 했는데, 여기서 취한 것이다."(『색은』)
7 제나라에서는 기의군 영수인 전담이 진 2세 원년 9월에 군대를 일으켜 스스로 왕이 되었고 도성은 임치였다. 조나라에서는 진승이 조 땅에 파견한 기의군 수령 무신武臣이 조 땅을 개척하고 진 2세 원년 8월에 한단에서 스스로 조나라 왕이 되었다.
8 진 2세 2년(기원전 208) 11월의 일이다. "당시 진나라 역법은 10월을 세수로 삼았기 때문에 비록

를 영접해 오려고 했다. 사자가 다섯 차례나 진현을 다녀온 뒤에야 진왕은 비로소 위구를 보내 위나라 왕으로 세웠다.[9]

장함은 진왕을 격파한 뒤에 임제로 군대를 진격시켜 위나라 왕을 공격했다. 위나라 왕은 이에 주불을 제나라와 초나라로 파견해 구원을 요청하게 했다.[10] 제나라와 초나라에서는 항타項它와 전파田巴를 보내 군대를 이끌고 주불을 따라가서 위나라를 구원하도록 했다.[11] 장함은 결국 제와 초의 구원병을 공격해 격파하고 주불 등을 죽였으며[12] 임제를 포위했다. 위구는 성안의 백성을 보전하기 위해 항복을 약속했고, 조약을 맺은 후 스스로 불에 타 죽었다.[13]

위표는 초나라로 달아났다.[14] 초나라 회왕은 위표에게 수천 명의 군사를 내주

'2년 11월'이라 했지만, 사실은 진섭이 군대를 일으킨 5개월, 위구가 진섭에게 의탁한 지 3개월이 된 때다."(『사기전증』)

9  진 2세 2년(기원전 208) 12월의 일이다. "서부원의 『사기측의史記測義』에서 말하기를 '진왕이 위나라 후손을 세우려 하지 않았으므로 사자가 다섯 차례나 갔다가 돌아온 후에야 위구를 보낸 것이다'라고 했다. 오견사吳見思가 말하기를 '다섯 차례나 갔다가 돌아온 것은 진왕의 곤란함을 보는 것이 아니라 바로 주불의 충성심을 묘사한 것이다'라고 했다."(『사기전증』)

10  진 2세 2년 4월의 일이다. 당시 제나라 군대의 수령은 전담이었고, 초나라 군대의 실질 수령은 항량이었다. 장함이 위구를 임제에서 포위했을 때 항량은 설현에 주둔하고 있었다.

11  "항타는 초나라 장수이고 전파는 제나라 장수다."(『색은』) "위나라 왕이 제나라에 구원을 요청하자 제나라 왕 전담은 군대를 이끌고 위나라를 구원하러 갔다.(진2세 2년 6월) 이때 장함은 밤을 틈타 군사들에게 하무를 물게 하고 맹렬하게 공격하여 제나라와 위나라 군대를 크게 격파하고 전담을 임제성 아래에서 죽였다."(『전담열전』) "태사공의 논조가 일치하지 않는데, 마땅히 「전담열전」을 따라야 한다."(『사기전증』)

12  위 주석의 「전담열전」 내용에 따르면 전쟁에 패하고 죽임을 당한 자는 응당 위나라 장수 주불과 제왕 전담이어야 한다.

13  진 2세 2년 6월의 일이다. "항복을 약속한 뒤에 죽었으니 백성을 구하려는 마음이 있는 것이다. 진, 한 사이에 주불과 위구 같은 군신은 군자가 취할 만하다."(『사기찰기』) "능치륭이 말하기를 '주불이 나라를 양보하고 위구가 백성을 보전한 것은 신하와 군주가 모두 어진 것으로, 또한 난세에 얻기 어려운 것이므로 「위표전」에 덧붙인 것이다'라고 했다."(『사기전증』)

14  진 2세 2년 7월의 일이다. "당시 항량 등은 이미 전국시대 회왕의 손자 중 이름이 심心인 자를 초회왕으로 삼았고 도읍은 우이盱台(지금의 장쑤성 쉬이盱眙 동북쪽)였다. 이때 제나라 왕 전담은 이미 죽었고 전담의 동생인 전영이 동아에서 장함에게 포위당했다. 항우와 유방 등은 군대를 이끌고 동아를 구원했고 위표는 동아로 가서 항우에게 의탁했다."(『사기전증』)

어 다시 위나라 영토를 수복하게 했다.15 항우는 진나라 군대를 격파하고 장함을 항복시켰다. 위표가 이미 위나라 성 20여 개를 공격해 점령하자 초 회왕은 위표를 위나라 왕으로 세웠다.16 뒤이어 위표는 정예 병사들을 이끌고 항우를 따라 함곡관으로 진입했다.17 한나라 원년(기원전 206)에 항우는 제후들을 봉하고 자신은 대량 일대를 점유하고자 하여18 위나라 왕 표의 봉지를 하동 땅으로 옮기고 평양平陽에 도읍을 정하도록 하고 서위왕西魏王이라 불렀다.19

한나라 왕은 한중에서 돌아오는 길에 삼진을 평정하고,20 이어서 임진臨晉에서 황하를 건너게 되었는데,21 위나라 왕 표는 위나라를 바쳐 한나라 왕에게 귀순하고 한나라 왕을 따라 팽성으로 가서 초나라 군대를 공격했다. 한나라 왕은

15　진 2세 2년 8월의 일로, 항우가 동아에서 전영의 포위를 풀어준 다음이다.
16　「진초지제월표」에 따르면 진 2세 2년 9월의 일이다. 원문은 '입표위위왕立豹爲魏王'으로, 일부 번역본에서는 '항우가 위표를 위왕으로 세웠다'고 했는데, 맥락상 '초 회왕이 위표를 위왕으로 세웠다'가 맞다. 그러나 「진초지제월표」에서는 '위표가 스스로 위왕이 되었다(魏豹自立爲魏王)'로 기재하고 있고, 『한서』에서도 '입위위왕立爲魏王'이라 하여 타인에 의하지 않고 스스로 위왕이 되었다고 기록하고 있다. 결론적으로 위표는 스스로 왕이 되었다는 것이 타당하다고 하겠다.
17　진 2세 3년(기원전 207) 12월 항우는 거록에서 진나라 군대를 격파하고, 같은 해 7월 장함이 항우에게 투항했으며, 8월에 조고가 진 2세를 죽였다. 10월에 유방이 마침내 함양으로 진입하여 진나라는 멸망한다. 항우는 이러한 소식을 듣고 각 제후들을 인솔하여 관중으로 진격했다. 항우의 함곡관 진입은 유방보다 2개월 늦었다.
18　항우는 원래 위나라에 속해 있던 지금의 허난성 카이펑 일대를 자신의 소유로 삼으려 했다. 당시에 항우는 자신을 서초패왕西楚霸王에 봉하고 도읍을 팽성으로 정하고 9개 군을 관할했다. 카이펑 일대는 쉬저우와 멀지 않으므로 다른 사람에게 주려 하지 않았다.
19　전국시대 초기와 중기에 하동 일대는 위나라에 속해 있었다. "서위왕西魏王은 당초에 위구가 임제 일대에서 위왕이라 칭한 것에 대한 상대적인 표현이다."(『사기전증』)
20　이해 1월에 항우는 유방을 한왕에 봉했고, 4월에 유방은 함양을 떠나 한중으로 부임했다. 8월에 유방은 한신의 계책을 채용하여 한중에서 관중으로 돌아와 점령했다. 삼진三秦은 관중을 가리킨다. "유방이 먼저 함곡관으로 진입한 것은 초 회왕의 약정에 따른 것으로 유방은 이치상 관중왕이 되어야 한다. 그러나 항우는 관중의 좋은 지반을 유방에게 내주고 싶지 않아 파·촉·한중에 봉했다. 또한 유방이 한중 북쪽으로 나오는 것을 방지하기 위해 관중을 삼등분하여 진나라에 항복한 세 명의 장수들을 세웠는데, 장함을 옹왕, 사마흔을 새왕, 동예를 적왕으로 삼았다."(『사기전증』)
21　한나라 2년(기원전 205) 3월의 일이다. 임진臨晉은 진나라 현으로 임진관臨晉關이라고도 한다. 동쪽으로 황하와 접해 있고 산시山西성의 포판蒲坂과는 황하를 사이에 두고 바라본다. 당시 진秦과 진晉 사이의 중요한 통로였다.

항우에게 패하고 형양으로 물러났다.22 이때 위표는 모친의 병문안을 핑계로 휴가를 요청해 위나라로 돌아간 후 황하 나루터를 봉쇄하고 한나라 왕을 배반했다.23 한나라 왕은 위표가 배반했다는 소식을 들었지만 동쪽의 초나라 군대가 우려되어 그를 상대로 공격할 겨를이 없었다. 그리하여 역생酈生에게 말했다.

"그대가 부드러운 말씨로 설득하여 그가 마음을 돌려 항복한다면 그대를 만호후萬戶侯에 봉하겠소."

역생이 위표를 찾아가 설득했지만 위표는 사양하며 말했다.

"사람이 세상에서 살아가는 일생은 해 그림자가 벽의 갈라진 틈새 앞으로 지나가는 것처럼 매우 짧소.24 지금 한나라 왕은 오만하여 다른 사람을 모욕하고, 제후와 신하들을 욕하고 꾸짖기를 자신의 노예에게 욕하듯이 하며 위아래의 어떠한 예절도 없소.25 내 다시는 그를 만나는 것을 원치 않소."

이에 한나라 왕은 한신을 파견해 하동에서 위표를 공격하여 사로잡아26 역참의 수레에 태워 형양으로 압송케 하고, 위표의 영토를 자신 소속의 군郡으로

22  한나라 2년 4월의 일이다. 유방이 팽성으로 진공했을 때 항우는 제나라에서 전씨의 견제를 받고 있었다. 항우는 팽성이 유방에게 점령당했다는 소식을 듣고는 3만 명의 기병을 이끌고 제나라에서 돌아와 유방의 56만 대군을 팽성 아래에서 대패시켰다. 유방은 서쪽으로 물러나 형양에 이르렀고, 형양에서 초와 장기간 대치하는 방어선을 구축했다.
23  한나라 2년 5월의 일이다. 황하 나루터를 봉쇄하여 황하의 교통 왕래를 끊은 것을 말한다. "위표가 한나라 왕을 배반하고 중립을 지킨 것은 항우와 연계하여 화목해지고자 한 것이다."(『한서규관』)
24  원문은 '人生一世間, 如白駒過隙耳'다. '백구白駒'를 문자 그대로 옮기면 '흰 망아지'인데, 일설에는 준마라고도 하고 해 그림자를 비유한 말이라고도 한다. "사람이 땅 위에 사는 것은 잠시 동안 살아 있는 것이어서, 비유하자면 벽의 갈라진 틈새 앞을 네 마리의 말이 끄는 수레가 달려 지나가는 것과 같은 것이다."(『묵자』「겸애兼愛」) "사람이 하늘과 땅 사이에 살고 있는 것은 마치 흰 망아지가 벽의 갈라진 틈새 앞을 지나가는 것처럼 순식간이다."(『장자』「지북유」) "빠르기가 마치 해 그림자가 벽의 갈라진 틈새를 지나는 것과 같음을 말한 것이다."(『색은』) "『묵자』에서는 말이라고 했지만, 『색은』의 견해인 해 그림자가 맞다."(『사기회주고증』) 안사고는 주석에서 "백구는 해 그림자를 말한다"고 했다. 역자는 '백구'를 '해그림자'로 번역했으나, 말 혹은 준마로 보는 것이 틀렸다고는 할 수 없다.
25  "소하가 유방에게 말하기를 '대왕께서는 본래 사람을 대하는 데 오만하고 무례합니다. 지금 대장을 임명하는데 어린아이 부르듯이 하시니, 이것이 바로 한신이 떠나려는 까닭입니다."(『회음후 열전』)
26  "당시 기병 장수는 관영灌嬰이었고 보병 장수는 조참曹參이었다. 여기서 한신만 언급한 것은 한신이 대장이었기 때문이다."(『한서규관』)

삼았다.[27] 한나라 왕은 위표를 만난 뒤 그를 석방시키고 형양을 지키도록 명령했다.[28] 그러나 초나라 군대가 형양을 포위하여 형세가 위급해지자 한나라 장수 주가周苛는 결국 위표를 죽이고 말았다.[29]

팽월彭越은 창읍昌邑[30] 사람으로 자가 중仲이다. 일찍이 그는 거야택鉅野澤[31]에서 물고기를 잡고 무리를 지어 도적질을 했다. 진승과 항량이 군대를 일으켰을 때[32] 한 청년이 팽월에게 말했다.

"많은 호걸이 연이어 일어나 서로 왕이 되어 진나라에 반기를 들었는데, 당신도 그것을 배워 그들처럼 할 수 있습니다."

팽월이 말했다.

"지금은 두 마리의 용이 서로 싸우고 있으니[33] 우리는 잠시 기다려보자."

1년여가 지나자 거야택 주변에 100여 명의 청년이 모여들더니 팽월을 찾아와 말했다.

"바라건대 우리의 우두머리가 되어주십시오."

27  「고조본기」에 따르면 유방은 하동, 태원, 상당 3개 군을 설치했다.
28  "종성鍾惺이 말하기를 '한나라 왕이 위표를 사면한 것 또한 어려운 일인데, 아마도 스스로 제후와 신하들을 자신의 노예에게 욕하듯이 깔보고 욕한 실수를 만회하려는 것일 것이다'라고 했다."(『사기전증』)
29  한나라 3년(기원전 204) 8월의 일이다.「고조본기」에서는 당시 항우가 형양을 포위하여 상황이 다급해지자 장수 기신紀信이 유방인 척 가장하여 동문을 나가 투항했고 이 틈을 타 유방은 서문을 통해 달아났다. 성을 빠져나오기 전에 유방은 주가, 종공樅公, 위표에게 남아서 형양을 지키게 했다. 주가와 종공은 "배반한 왕과는 함께 성을 지키기 어렵다"고 말하면서 위표를 죽였다.
30  창읍昌邑: 진나라 현으로 치소는 지금의 산둥성 쥐예巨野 남쪽 지역이다.
31  거야택鉅野澤: 지금의 산둥성 쥐예 북쪽에 있는 못이다. 당시에는 수역이 넓었는데 나중에 소설에 등장하는 양산박梁山泊이 바로 거야택의 일부다.
32  진승은 대택향大澤鄉에서 진 2세 원년(기원전 209) 7월에 군대를 일으켰고, 항량은 회계에서 진 2세 원년 9월에 군대를 일으켰다.
33  "진나라 왕조와 진나라에 반기를 든 두 세력이 치열하게 싸우고 있는데, 아직 누가 이기고 패할지 기미가 보이지 않음을 가리킨다. 안사고는 말하기를 '두 마리 용은 진나라와 진승을 말한다'고 했다."(『사기전증』)

팽월은 거절하며 말했다.

"나는 자네들과 함께하고 싶지 않네."

청년들이 강력히 청하고서야 허락했다. 팽월은 청년들과 이튿날 아침 동틀 무렵에 모이기로 약속하고, 늦게 오는 자는 참수하겠다고 했다. 이튿날 아침 동틀 무렵 집합했을 때 10여 명이 늦게 왔고, 가장 늦은 사람은 정오가 되어서야 나타났다. 이에 팽월은 모두에게 명백하게 말했다.

"저는 나이가 많아서 원치 않았으나 여러분이 억지로 나를 우두머리가 되게 했소. 그런데 오늘 약속을 하고도 늦게 온 사람이 이렇게 많으니 모두 죽일 수는 없고 가장 늦게 온 한 사람을 죽이겠소."

그러고는 무리의 교장校長[34]에게 가장 늦게 온 자를 죽이라고 명령했다. 그러자 모두 웃으면서 말했다.

"어찌하여 이토록 엄중하십니까? 청컨대 다음부터는 감히 잘못을 저지르지 않을 것입니다."

팽월은 듣지 않고 늦게 온 자를 끌어내어 참수하고 제단을 설치하여 제사를 지낸 다음[35] 무리에게 명령을 내렸다. 무리는 크게 놀란 나머지 팽월이 두려워 감히 머리 들어 쳐다보지 못했다. 이에 팽월은 무리를 이끌고 출발하여 땅을 점령하며 지반을 개척하기 시작했고, 제후들로부터 흩어진 병사를 거두어 1000여 명을 얻었다.[36]

패공沛公 유방이 탕碭에서 출병하여 북쪽으로 창읍을 공격할 때 팽월이 그를 원조했다.[37] 창읍이 함락되지 않자 패공은 다시 군대를 이끌고 서쪽으로 진군했

34  "교장校長은 교위校尉와 같은 뜻이다. 고대에는 장군의 부속된 약간의 부部가 있었는데, 각 부의 장관을 교위라고 했다. 당신 팽월은 초창기에 사람이 적었으므로 수하에 단지 한 명의 교장만 있었다."(『사기전증』)

35  "천지와 전쟁의 신에게 제사를 지내고 선서하며 맹약을 결정하는 것을 말한다."(『사기전증』)

36  "진나라 장수 장함 등에게 패해 흩어진 각 제후들의 병사들을 거두어 재편성한 것을 말한다."(『사기전증』)

37  진 2세 3년(기원전 207) 2월의 일이다. 당시 항량이 장함에게 격퇴되어 죽고 유방의 군대는 탕현

다. 이에 팽월도 자신의 부하들을 이끌고 거야택으로 돌아왔고, 이 기간에 다시 위나라 땅의 흩어진 병사들을 거두었다.[38] 항적項籍(항우는 이름이 적籍이고 자가 우羽다)은 함곡관으로 진입하고 각 제후들을 왕으로 봉했으며,[39] 제후들은 모두 각자 자신들의 봉지로 돌아갔다. 팽월과 그 부하는 1만여 명이나 되었지만 돌아갈 곳이 없었다.[40] 한나라 원년 가을에[41] 제나라 왕 전영이 먼저 항왕項王을 배반하고[42] 이에 사람을 파견해 팽월에게 장군의 인장을 하사한 뒤[43] 그로 하여금 제음濟陰으로 남하하여 초나라 군대를 공격하게 했다.[44] 초나라는 소공蕭公 각角[45]을 파견해 군대를 이끌고 팽월에 맞서 공격하게 했으나 팽월에게 대패했다. 한나라 왕 2년[46] 봄, 유방은 위표 및 각 제후들과 함께 동쪽 팽성으로 진군

으로 철군했다. 장함이 방향을 돌려 하북을 공격하자 초 회왕은 송의와 항우 등에게 하북을 구원하게 했고 유방에게는 서쪽으로 함양을 취하게 했다. 유방은 군대를 이끌고 탕현에서 출발하여 먼저 북쪽으로 창읍을 공격했는데, 이때 팽월과 만났다. 탕현은 진나라 탕군의 치소로 지금의 허난성 샤이夏邑 동남쪽 지역이다.

38  위구, 위표, 황흔皇欣, 무포武蒲 등 싸움에 패해 흩어진 군사들을 거두어들인 것이다.

39  항우가 함곡관으로 진입한 것은 한나라 원년 12월(당시는 10월 세수로 삼았다)이었고, 항우가 각 제후들을 분봉한 것은 한나라 원년 1월, 2월, 3월이었다.

40  팽월은 항우를 따라 함곡관으로 들어가지 않았기 때문에 항우가 제후들을 왕으로 봉했을 때 팽월은 분봉을 받지 못해 갈 곳이 없었다.

41  「진초지제월표」에서는 한나라 원년 7월의 일이다.

42  「전담열전」에 따르면 전영은 제齊 땅의 수령이었던 전담의 동생으로, 전담이 진나라 장수에게 죽임을 당하자 제 땅의 영수가 되었다. 그는 항우와 사이가 벌어져 항우를 따라 함곡관으로 들어가지 않았고 항우 역시 전영을 왕으로 봉하지 않았다. 전영이 먼저 무리를 이끌고 항우에 반기를 들었다. 그는 항우가 봉한 제왕齊王 전도田都를 쳐서 달아나게 하고, 항우가 세운 제북왕濟北王 전안田安을 공격해 죽였으며, 또 전담의 아들이자 원래 제왕齊王인 전불田市을 추격해 죽이고 삼제三齊(전불의 교동膠東, 전안의 제북濟北, 전도의 임치臨淄. 세 나라가 옛 제나라의 영토를 삼등분했으므로 삼제라 했다)를 병합하고 스스로 왕이 되었다. 또 진여에게 병사를 빌려주어 조趙 땅에서 항우에 반기를 들게 했다.

43  일부 번역본에는 유방이 팽월에게 장군의 인장을 하사한 것으로 되어 있다. 그러나 『한서』「고제기高帝紀」에서는 '전영이 팽월에게 장군 인장을 수여하다榮與越將軍印'로 기재되어 있고, 『사기』「항우본기」와 「고조본기」에도 모두 전영이 팽월에게 장군 인장을 하사한 것으로 되어 있다.

44  초나라의 제음을 공격한 것이다. 제음濟陰은 진나라 현으로 치소는 지금의 산둥성 딩타오定陶 서북쪽 지역이다.

45  소공蕭公 각角은 항우의 부장으로 성씨는 알려지지 않았다. "소현蕭縣의 현령이다. 초나라에서는 현령을 공公이라 했으며, 각角은 이름이다."(『정의』)

하여 초나라를 공격했고,[47] 팽월 또한 3만 명의 군사를 이끌고 외황에서 한나라 왕에게 귀순했다. 한나라 왕이 말했다.

"팽 장군은 위나라 땅에서 성 10여 개를 얻자 서둘러 위나라 왕의 후대를 세우려 하고 있소. 지금 서위왕 위표도 위나라 왕 위구의 종제從弟[48]이니 진정으로 위나라 왕의 후손이오."

이에 팽월을 위나라 왕의 상국으로 임명하고[49] 독립적으로 군대를 지휘하여 옛 양梁나라[50] 땅을 점령하여 평정하도록 했다.

한나라 왕의 군대가 팽성에서 패하고 뿔뿔이 흩어져 서쪽으로 달아난 후 팽월도 점령했던 성들을 모두 잃어버리고 홀로 자신의 군대만 이끌고 북쪽 황하가[51]로 물러났다. 한나라 왕 3년[52]에 팽월은 항상 한나라 왕의 유격부대가 되어 여기저기 오가면서 초나라 군대를 타격하여, 대량 일대에서 초나라 군대 후방에서 전방으로 보내는 양식 운송로를 끊었다. 한나라 4년 겨울 항왕과 한나라 왕이 형양 땅에서 대치하고 있을 때 팽월은 수양睢陽[53]과 외황 등의 17개 성을 함락시켰다. 항왕은 이 소식을 듣고는 조구曹咎에게 성고成皐[54]를 지키게 하고

---

46　"진인석이 말하기를 '漢王二年, 漢王三年에서 '王'자를 마땅히 삭제해야 한다. 『한서』에도 없다'고 했다.(『사기전증』) 연도를 표기할 때 『한서』에서는 '한왕漢王'이 아닌 '한漢'으로만 표기하고 있다. 그러나 『사기』 원문에는 '한왕漢王'으로 표기했기에 역자는 '한나라 왕'으로 번역했음을 밝혀둔다.

47　『사기지의』에 따르면 '봄春'은 마땅히 여름夏으로 해야 한다. 이 싸움은 한나라 2년(기원전 205) 4월에 발생했다. "봄에 유방은 항우에 반대하는 각 군대를 통솔했는데, 모두 56만 명으로 동쪽으로 초나라를 공격했다. 4월에 한나라는 이미 팽성을 공격하여 진입했다."(「항우본기」)

48　종제從弟: 증조부가 같고 부친이 다른 자기보다 나이 어린 같은 항렬의 남자를 가리킨다.

49　원문은 '배拜'로 임명하다는 뜻이다. 옛날에 왕이 장將, 상相을 임명할 때는 일정한 전례를 거행했으며 왕은 임명되는 자에게 예의를 표했다. 이러한 임명을 '봉배封拜'라 하고, 줄여서 '배拜'라고 했다.

50　지금의 허난성 동부 일대를 가리킨다.

51　『정의』에서는 "활주滑州의 황하 가"라고 했다. 지금의 허난성 화현 일대의 옛 황하 가다.

52　기원전 204년으로, 당시 유방은 형양에서 항우와 대치 중이었다.

53　모두 지금의 허난성 카이펑 동남쪽으로, 항우의 도성인 팽성에서 멀지 않다. 수양睢陽은 진나라 현으로 치소는 지금의 허난성 상추 남쪽 지역이다.

54　조구曹咎는 항우의 부장으로 당시 대사마의 직분이었다. 조구는 항우의 당부를 듣지 않고 성을 나가 유방과 전투를 벌였다가 격파당한 후 자살했다. 성고成皐는 군사 요충지로 지금의 허난성 싱양

자신은 군사를 이끌고 동쪽으로 와서 팽월에게 점령당했던 성을 수복하고 모두 초나라 땅으로 되돌렸다. 팽월은 자신의 병사를 이끌고 북쪽 곡성穀城[55]으로 물러났다. 한나라 5년 가을[56] 항왕이 남쪽 양하陽夏[57]로 물러나자, 팽월은 다시 기회를 보아 창읍 부근의 성 20개를 함락시키고 10여만 곡斛의 양식을 얻어 한나라 왕에게 군량미로 공급해줬다.

한나라 왕은 패하고 나서[58] 사자를 보내 팽월을 불러 함께 힘을 합쳐 초나라를 공격하고자 했다. 그러나 팽월이 말했다.

"위나라 땅은 막 평정되었고 사람들도 초나라 군대를 두려워하므로 이곳을 떠날 수 없습니다."

한나라 왕은 초나라 군대를 추격했다가 도리어 고릉固陵[59]에서 항우에게 패했다. 한나라 왕이 유후留侯(장량)에게 말했다.

"제후들의 군대가 나의 파견 요청을 따르지 않으니 어떻게 하면 좋겠소?"

유후가 말했다.

"제나라 왕 한신이 왕위에 오른 것[60]은 군왕의 본래 뜻이 아니었고, 한신 자신의 마음도 편안하지 않습니다. 팽월은 본래 대량 일대를 평정하여 공로가 매

서북쪽 쓰수이진汜水鎭 서쪽에 있다. 예로부터 황하 이남의 동서 핵심 교통로이자 군사 요새로, 이후 호뢰관虎牢關으로도 불렸다.

55 곡성穀城: 진나라 읍으로 지금의 산둥성 둥어東阿 남쪽이었다.

56 기원전 202년이다. 『사기지의』에서는 가을을 겨울로 수정해야 한다고 했고, 『사기전증』에서도 이 견해가 옳다고 했다.

57 양하陽夏: 진나라 현으로 치소는 지금의 허난성 타이캉太康이다. 항우는 유방과 홍구에서 조약을 맺은 후 유방의 부친과 여후를 석방하고 자신은 군대를 이끌고 형양을 떠나 동남쪽으로 물러나 마침내 양하에 이르렀다.

58 원문은 '한왕패漢王敗'다. "유반이 말하기를 '이때 한나라 왕은 패하지 않았으므로 '패敗'자는 '수數(여러 차례)'자로 의심된다."(『사기지의』) "마땅히 '수數'라 해야 아래 구절과 연결된다."(『사기전증』)

59 고릉固陵: 진나라 현으로 치소는 당시의 하양현夏陽縣 남쪽, 진현 서북쪽이었다.

60 한신은 한나라 4년(기원전 203) 11월에 제나라를 평정한 후 유방에게 사람을 보내 제나라 왕이 되고 싶다고 요청했다. 유방은 크게 화를 냈지만 나중에 장량과 진평의 계책에 따라 결국 한신을 제나라 왕으로 세웠다.

우 많은데도 당시 군왕께서는 위표 때문에 팽월을 위나라 상국으로 임명했습니다. 지금 위표가 죽어 뒤를 이를 사람이 없는데다 팽월도 왕이 되기를 바라는데 군왕께서는 일찍이 그를 위나라 왕으로 정하지 않았습니다. 지금 이 두 나라와 약정하여 초나라에 승리를 거둘 수 있다면, 수양 북쪽에서 곡성까지의[61] 땅을 모두 상국 팽월에게 주어 그가 왕을 칭하도록 하십시오. 진현 동쪽에서 해변까지는[62] 모두 제나라 왕 한신에게 주십시오. 제나라 왕 한신의 집은 초나라에 있으므로 마음속으로는 고향 땅을 다시 얻으려 할 것입니다.[63] 군왕께서 이 땅들을 두 사람에게 주시는 것을 허락한다면 두 사람은 즉시 군사를 이끌고 달려올 것이나, 미련이 남아 그렇게 하지 않는다면 일의 성패는 예측할 수 없습니다."[64]

그리하여 한나라 왕은 사자를 팽월에게 보내어 유후의 계책대로 처리했다. 사자가 도착하자 과연 팽월은 즉시 모든 병사를 이끌고 해하[65]로 달려와 한나라 왕과 합쳐 마침내 초나라 군대를 격파했다. 항적이 죽자, 그해 봄에 팽월을 세워 양왕梁王으로 삼고 정도定陶에 도읍을 세우도록 했다.[66]

한나라 6년(기원전 201)에 팽월은 진현에서 한나라 왕을 알현했다.[67] 9년(기원

---

61  지금의 허난성 동부와 산둥성 서부 지역이다.

62  대략 지금의 허난성 동남부와 안후이성, 장쑤성 두 성의 북부다.

63  한신의 집은 지금의 장쑤성 화이인淮陰에 있었다. "진현 동쪽에서 해변까지 한신에게 봉해준다면 원래 한신이 소유한 제나라는 궁극적으로 누구에게 돌아가는지는 설명하지 않고 있다. 나중에 한신을 제왕에서 초왕으로 옮기게 하는 복선일 것이다."(『사기전증』)

64  "능치륭이 말하기를 '유후가 한 말은 진실로 큰 계책으로, 두 사람이 멸족하는 바탕이 되었다'고 했다."(『사기전증』)

65  해하垓下: 지금의 안후이성 구전固鎮 동쪽 50리 지점의 옛 지명이다. 유방이 각 제후의 군마와 함께 해하에서 항우를 격파한 사건은 한나라 5년(기원전 202) 12월이다.

66  「진초지제월표」와 『한서』 「고제기」에 따르면 한나라 5년 1월에 유방은 팽월을 양왕으로 삼고 한신을 초왕으로 삼았다. 2월에 유방은 황제로 즉위했다. 정도는定陶 진나라 현으로 치소는 지금의 산둥성 딩타오定陶 서북쪽이었다.

67  이때 누군가 상서를 올려 한신이 모반하려 한다고 고발하자 유방은 진평의 건의를 받아들여 운몽택雲夢澤(지금의 후베이성 젠리監利 남쪽에 있는 호수)에 간다고 하면서 진현을 지날 때 제후들을 알현토록 했는데, 이는 기회를 보아 한신을 급습하여 체포하려던 것이다. 한나라 6년 12월의 일이다.

전 198)과 10년(기원전 197)에 장안으로 와서 알현했다.[68]

한나라 10년 가을 진희陳豨가 대 땅에서 반란을 일으키자[69] 유방은 직접 군대를 이끌고 토벌하러 갔다. 한단에 당도했을 때 양왕 팽월에게 병마를 징발하게 했다.[70] 그러나 양왕은 병이 있다는 핑계로 수하의 다른 장수에게 병사를 이끌고 한단으로 가게 했다. 유방은 화를 내며 사람을 보내 양왕을 꾸짖었다. 양왕은 두려워서 직접 가서 죄를 청하려고 했으나 그의 부장인 호첩扈輒이 말했다.

"처음에 왕께서 가지 않으셨다가 책망을 받고서야 가려 하시니, 가시면 반드시 사로잡히게 될 것입니다. 차라리 군대를 일으켜 반역하는 것이 낫습니다."

양왕은 이 말을 듣지 않고 계속해서 병을 핑계로 나가지 않았다. 양왕은 그의 태복太僕[71] 때문에 화가 나서 그를 참수하려고 했다. 그러자 태복은 유방이 있는 한나라로 달아났고 양왕이 호첩과 함께 반란을 일으키려 한다고 보고했다. 이에 유방은 사자를 파견해 급습하여 양왕을 체포하게 했다. 양왕은 이를 알아채지 못해 결국 체포되었고 낙양雒陽[72]으로 압송되어 구금되었다. 주관 부서에서 추궁해보니 반란의 증거가 명확하므로[73] 법률에 따라 판결내리기를 요

---

68  유방은 처음에 황제로 즉위했을 때 낙양에 도읍을 세웠는데, 7년 여름 누경婁敬이 관중으로 천도할 것을 건의했고 약양에서 시작했다가 미앙궁을 건설한 후에 장안으로 천도했다.

69  「고조본기」에는 한나라 10년(기원전 197) 8월에 발생한 것으로 기재하고 있고, 『한서』 「고제기」와 『자치통감』에서는 한나라 10년 9월로 기재하고 있다. 진희는 유방의 개국 공신으로 한나라 7년(기원전 200) 겨울에 한신이 유방을 배반하고 흉노와 결탁하자 유방은 진희를 대 땅의 상으로 임명하고 대와 조 땅 변경의 군사를 감시하도록 했다. 그러나 그가 빈객들을 양성하자 조나라 상 주창周昌이 그를 고발했다. 유방이 모반을 의심하여 진희를 도성으로 불러들이자 진희는 반란을 일으켰다. 대 땅은 북쪽으로 오환烏桓, 흉노 등의 종족과 이웃하고 있는 북방의 중요한 군이었다.

70  양왕에게 직접 군사를 이끌고 오라는 뜻이다.

71  태복太僕: 진·한 시기에 황제의 수레와 마필을 관장하는 구경에 속한 관원으로, 점차 관부官府의 축산 사업을 관장하게 되었다.

72  당시 유방은 이미 장안으로 천도했지만 많은 시간을 낙양에서 보냈다.

73  "장안이 말하기를 '호첩이 팽월에게 반란을 일으키도록 권했지만 듣지 않았는데, 반란의 증거가 명확하다고 한 것은 주관 부서의 잘못이다'라고 했다. 찬瓚은 말하기를 '호첩이 팽월에게 반란을 일으킬 것을 권했지만 팽월이 호첩을 죽이지 않은 것이 바로 명확한 반란의 증거라 할 수 있다'라고 했다."(『집해』)

청했다. 그러나 유방은 그를 용서하기로 결정하고 평민으로 낮춘 다음 역참의 수레를 이용해 촉 땅의 청의현靑衣縣[74]으로 보내 살게 했다. 팽월이 서쪽으로 정현鄭縣[75]에 이르렀을 때 공교롭게도 장안에서 낙양으로 가는 길에 여후와 만나게 되었다. 팽월은 여후에게 울면서 자신은 죄가 없다고 호소하고 자신의 고향인 창읍昌邑으로 돌아가게 해달라고 청했다. 여후는 짐짓 승낙하고는 그를 데리고 동쪽 낙양으로 왔다. 여후는 유방에게 말했다.

"팽월은 장사이므로 지금 그를 촉 땅으로 유배 보내는 것은 스스로 후환을 남기는 일이니, 그를 죽이는 편이 낫습니다. 그래서 첩妾[76]이 삼가 그를 데리고 왔습니다."

그리하여 여후는 팽월의 사인을 시켜 팽월이 다시 모반하려 한다고 무고하게 했다. 정위 왕염개王恬開가 상주하여 그의 일족을 모두 죽여야 한다고 청했고,[77] 유방은 허락했다. 마침내 팽월의 일족은 모두 죽임을 당했고, 팽월의 봉국 또한 취소되었다.

태사공은 말한다.

"위표와 팽월은 처음에는 비록 비천한 신분이었지만 나중에는 1000리 땅을 석권하고 남쪽을 바라보며 고孤라 칭했다. 이들은 적의 피를 밟고 승세를 타서 전진한 업적으로 당시에 명성을 날렸다. 그들은 반역을 도모했다가 실패하자 스스로 목숨을 끊지 못하고 붙들려 수감되어 형벌을 받았으니, 이것은 무엇 때문

---

74  청의현靑衣縣: 한나라 현으로 치소는 지금의 쓰촨성 밍산名山 북쪽 지역이다.

75  정현鄭縣: 진나라 현으로 치소는 지금의 산시陝西성 화현이다.

76  첩妾: 여인이 자신을 낮추어 부르는 호칭이다. 첩신妾身, 천첩賤妾, 소첩小妾 등이 있다.

77  "팽월의 일족이 죽임을 당한 것은 고제 11년이다. 「공경표公卿表」에 따르면 10년 때의 정위는 선의宣義였고, 12년의 정위는 육育으로 왕염개가 아니었다. 이 당시 왕염개는 아마도 낭중령이었을 것이다."(『사기지의』) "왕염개는 왕염계王恬啓라 해야 한다. '개開'라고 한 것은 한나라 경제景帝의 휘를 피하기 위한 것이다."(『한서보주』) "고제 조정에 정위는 세 명이었는데, 의거義渠, 선의宣義, 육育이었다."(『사기찰기』)

인가? 중간 정도의 재능을 가진 자도 이러한 행위를 부끄럽게 여기는데, 하물며 왕을 칭했던 자는 어떠하겠는가! 여기에는 다른 원인이 있는 것이 아니라 바로 그들의 재지와 모략은 남들보다 뛰어났으나 오직 자신의 목숨을 보전하지 못할까를 걱정했기 때문이다. 그들은 살아서 작은 권력이라도 잡으면 구름이 일어나고 용이 비상하는 것과 같이 영웅호걸들이 떨쳐 일어나는 큰 변화의 기회를 얻어 자신의 재능과 포부를 펼쳐보려고 했기 때문에 감옥에 갇히는 것도 마다하지 않은 것이다."[78]

---

[78] "나카이 리켄이 말하기를 '반역을 도모했다가 실패하자'의 구절은 팽월에 있어서는 모함이고, 형벌을 받은 것은 위표에게는 타당하지 않으니, 마땅히 서로 통하는 것을 위주로 해야 한다. 또 재지와 모략이 다른 이보다 뛰어나다는 구절은 위표에게 타당하지 않다. 아마도 찬贊(태사공의 평가)의 취지는 팽월에게 있는 듯하다'고 했다."(『사기회주고증』) "나카이 리켄의 말이 지극히 타당하다. 찬贊의 첫 부분에서 '처음에는 비록 비천한 신분이었지만'이라는 표현 또한 팽월을 가리키는 것으로, 육국 왕실의 후예인 위표를 가리킬 수는 없다."(『사기전증』)

史　記　列　傳

# 31

# 경포열전

黥 布 列 傳

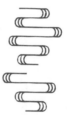

경포의 원래 이름은 영포英布인데 경형黥刑의 벌을 받아 사람들에게 경포라 불렀다. 한나라 개국 공신 가운데 가장 특별하면서도 우여곡절이 많은 인물로, 한때는 장강 주변의 도적떼에 불과했으나 진섭이 군대를 일으키자 진나라에 반기를 들고 일어났고, 진섭이 패한 뒤에는 항우에게 귀순하여 장수가 되었다. 사마천이 경포에 대해 "항상 악인의 우두머리였다"고 말했듯이 그는 항우를 따르는 장수들 가운데 가장 용맹하고 사나웠기에 항우가 포악한 행위를 저지르는 순간에는 항상 그가 있었다. 진나라가 멸망한 뒤에는 항우에 의해 구강왕에 봉해져 지금의 안후이, 장시, 후난성 일대를 다스리게 되었다. 그러나 항우와 사이가 벌어지면서 유방이 항우의 팽성을 습격했을 때 중립적 태도를 취하다가 유방에게 귀의하여 항우를 위협하는 존재가 되었으며, 결국에는 한신·팽월 등과 함께 항우를 공격하여 죽음에 이르게 했다. 따라서 그의 배반은 진한 시대의 결정적 시기에 지대한 영향을 끼쳤다고 할 수 있다.

이후 한신과 팽월이 유방에게 주살되자 경포는 자신에게도 화가 미치지 않을까 하는 의심과 불안 속에서 모반을 꾀했다. 유방이 그에게 "무엇이 안타까워서 반란을 일으켰는가?"라고 물었을 때 경포는 "황제가 되고 싶었을 뿐이오"라고 하여, 눈물로 호소하던 이전과는 달리 당당한 태도를 나타냈지만 사실은 죽음에서 벗어나고자 하는 호기였을 것이다.

경포는 맹장이었지만 인품은 볼품이 없고 변덕스러우며 지략도 부족하여 쉽게 제압되었다. 사마천은 "비록 공적이 제후들 가운데 으뜸이었고 왕으로 봉해졌지만, 그 역시 세상 사람들의 멸시와 조소는 피하지 못했다"고 냉정히 평가했다.

경포黥布[1]는 육六 사람으로 성이 영英이고[2] 진나라가 아직 멸망하지 않았을 때는 한낱 평민이었다. 그가 어렸을 때 어떤 사람이 그의 관상을 보고는 말했다.

"형벌을 받은 뒤에 왕이 될 운명이구나."

장년[3]에 이르러 과연 죄를 지어 얼굴에 글자를 새기는 형벌을 받게 되자 경포는 기쁘게 웃으면서 말했다.

"어떤 사람이 내 관상을 보고는 형벌을 받은 다음에 왕이 될 것이라고 했는데, 아마도 이것을 가리키는 말이겠지?"

이 말을 들은 사람들은 모두 그를 조롱했다. 경포는 여산의 시황제 능묘에서 노역을 하는 판결을 받았는데, 당시 여산에는 노역형을 받아 온 자가 수십만 명이었다. 경포는 그들 중에서 두령이나 호걸들과 사귀었고, 나중에는 어울리던 무리를 이끌고 탈출하여 장강長江 주변[4]에서 활동하는 도적떼가 되었다.

진승이 군대를 일으키자 경포는 곧 파현番縣의 현령 오예吳芮[5]를 찾아가 그의

1 "등이찬鄧以瓚이 말하기를 '형벌을 받았으므로 사람들이 이름에 경黥을 붙여 부른 것뿐이다'라고 했다.(『사기평림』) 왕명성王鳴盛은 『십칠사상각十七史商榷』에서 말하기를 '『사기』에서 영포英布가 죄를 범해 경형黥刑(묵형)에 처해졌으므로 경포라 한 것이다'라고 했다."(『사기전증』)
2 "경포의 본래 성은 영英이다. 영은 나라 이름으로 고요皋繇의 후예다."(『색은』) 원문은 '성영씨姓英氏'다. 성姓과 씨氏는 원래 구분이 있었다. 성은 생生으로 동일한 조상에서 태어난 것을 성姓이 같다고 한다. 성이 같은 자가 많아지면서 관직·봉지·거주지·직업의 명칭으로 분리한 것이 씨氏다. 한나라 때에는 성씨 구분을 중요하게 여기지 않았으므로 『사기』에서는 성과 씨를 혼용하거나 함께 사용하곤 했는데, 이는 올바르지 않다. 「진시황본기」에서 진왕 정의 성을 조씨라 기재한 것이 그러한 예다. 진·한 이래 사람들이 성과 씨를 혼동하기 시작했다.
3 원문은 '장壯'으로, 『예기』에 따르면 30세를 말한다.
4 지금의 장시성, 안후이성 일대의 창장강을 가리킨다.

무리와 함께 진나라에 반기를 들고 병사 수천 명을 모았다. 오예는 자신의 딸을 경포의 아내로 삼게 했다. 진나라 장수 장함이 진승을 소멸시키고 여신呂臣의 군대를 격파하자,6 경포는 병사를 이끌고 우회하여 북쪽으로 갔고 진나라의 좌우 교위를 청파淸波7에서 격파한 후 이어서 군대를 이끌고 동쪽으로 갔다. 이때 경포는 항량이 이미 강동江東의 회계군會稽郡8을 평정하고 장강을 건너 서쪽으로 진격하고 있으며,9 진영은 항씨 집안이 대대로 초나라 장수이기 때문에 군대를 이끌고 항량에게 귀순했다는 말을 들었다.10 항량이 회수를 건넌 다음11 영포와 포장군蒲將軍12도 자신의 병사들을 이끌고 항량에게 귀순했다.

항량이 회수를 건너 서쪽으로 진격해 진나라 장수 경구景駒와 진가秦嘉 등을 공격했을 때,13 영포는 언제나 용맹하고 싸움 잘하기로 으뜸이었다. 항량은 설

---

5    원문은 '파군番君'으로, 파현의 현령 오예를 말한다. 오예는 항우에게 군대를 파견한 공으로 항우로부터 형산왕衡山王에 봉해졌다가 이후에는 유방으로부터 장사왕長沙王에 봉해졌다. "오예는 진나라의 파양番陽('番'는 '鄱'와 같다) 현령인데, 강호江湖(여기서 강은 장강 중하류를 뜻하고 호는 팽려택을 가리킨다) 일대에서 인심을 얻어 '파군'이라 불렸다.(『한서』)

6    여신呂臣은 진승의 부하로, 진승의 군대가 패한 후 남은 무리를 거두어 진군陳郡을 수복함으로써 장초張楚의 깃발을 유지했으나, 진나라의 좌우 교위에게 패했다.

7    청파淸波: 진나라 현으로 치소는 지금의 허난성 신차이新蔡 서남쪽 지역이다. 「진섭세가」에서는 '청파靑波'로 기재했다.

8    회계군會稽郡의 치소는 오현吳縣(지금의 장쑤성 쑤저우)으로, 항량과 항우는 회계에서 군대를 일으켜 진 2세 원년 9월에 신속하게 소속된 각 현을 평정했다.

9    진 2세 2년 1월, 「항우본기」에 따르면 진섭의 부장인 소평召平이 군사를 이끌고 땅을 점령하면서 광릉廣陵(지금의 양저우)에 이르렀을 때 진섭이 죽었다는 소식을 받았다. 그는 장강을 건너 항량을 찾아가 진섭의 명령을 사칭하여 항량을 상주국上柱國(초나라 때 관직으로 승상과 동등한 지위)에 임명하고 장강을 건너 서쪽으로 진격하라고 했다. 항량은 2월에 부하 8000명을 이끌고 장강을 건너 서쪽으로 진격했다.

10   「항우본기」에 따르면 동양현東陽縣(지금의 안후이성 톈창天長 서북쪽)에서 활동하던 진영이 일어난 후 청년들이 그를 왕으로 세우려 하자 그의 모친이 응하지 말라고 만류했다. 마침 항량이 장강을 건너자 진영은 부하들을 이끌고 항량에게 귀순했다.

11   원문은 '도회남渡淮南(회수 남쪽을 건너다)'이다. "풍본, 삼본에는 '남南'자가 없다. 불필요한 글자다."(『사기회주고증』) '수정본' 또한 『사기회주고증』의 의견을 따르고 있다. 즉 회수를 건너 북상하는 것을 말한다.

12   포장군蒲將軍은 성이 포이고 이름은 전해지지 않는다.

13   「항우본기」에 따르면 진섭이 죽은 다음 진가가 경구를 왕으로 옹립하자 항량은 대역부도하다고

땅에 이르러 진승이 확실하게 죽었다는 소식을 듣고 이에 초나라 회왕을 세웠다.[14] 이때 항량은 호칭을 무신군이라 하고 영포는 당양군當陽君이라 했다.[15] 항량이 정도에서 싸움에 패해 죽자[16] 초 회왕은 도읍을 팽성으로 옮겼고[17] 영포 등 여러 장수도 모두 팽성에 병력을 집중시켜 방어했다.[18] 이때 진나라 장수 장함은 급히 군대를 이동시켜 조나라를 에워싸며 공격했고 조나라에서는 여러 차례 사자를 보내 구원을 요청했다. 그리하여 초 회왕은 송의를 상장上將으로, 범증을 말장末將으로, 항적을 차장次將으로,[19] 영포와 포장군을 장군으로 삼아 송의의 지휘 아래 북쪽으로 가서 조나라를 구하게 했다. 이후 항적이 황하 가에서 송의를 죽이자,[20] 초 회왕은 어쩔 수 없어 항적을 세워 상장군으로 삼고 각 장수는 항적의 지휘를 받도록 했다. 그러자 항적은 영포를 선봉으로 삼아 먼저 황하[21]를 건너 진나라 군대를 공격하도록 했다. 영포가 여러 차례 싸워 전세를 유

여기고 그들을 공격해 멸망시켰다. 초나라 왕실의 대족大族은 '소昭' '굴屈' '경景' 세 성씨가 있었다. 「진초지제월표」에 따르면 진가가 경구를 왕으로 세운 것은 진 2세 2년 1월이다.

14  진 2세 2년 6월의 일이다. 「항우본기」에 따르면 항량은 범증의 건의를 받아들여 당시 민간에서 남의 양을 기르고 있던 초나라 회왕의 손자(이름이 심心)를 찾아내 즉위시키고 여전히 초 회왕이라 불렀다.

15  『정의』에서는 "남군南郡 당양현當陽縣"이라고 했다. "당양군은 봉호일 뿐 실제로는 봉지가 없었던 것으로 보인다. 항량 또한 무신군이라 했으나 봉지가 없었다."(『사기전증』)

16  진 2세 2년 9월의 일이다. 「항우본기」에 따르면 항량은 연이어 승리를 거둔 데다 진나라 승상 이사의 아들인 이유(삼천군 군수)를 격파하여 죽이자 더욱 오만해져서 장함에 의해 패하고 죽임을 당했다.

17  원래 도읍은 우이盱台(지금의 장쑤성 쉬이盱眙 동북쪽)였는데, 항량이 죽은 후 초 회왕이 남은 군사를 이끌고 도성을 팽성으로 옮겼다.

18  초 회왕은 항우와 여신의 군대를 거두어들여 직접 통솔했으며, "유방을 탕군碭郡의 군장郡長(군수)으로 삼고 무안후武安侯에 봉한 후 탕군의 군대를 통솔하게 했다."(「항우본기」)

19  「항우본기」에서는 송의를 '경자관군卿子冠軍'으로 불렀다고 했다. '경자'는 남자에 대한 경칭이고 '관군'은 최고 통수권자를 일컫는 말이다. 말장末將과 차장次將은 고정된 명칭이 아니라 군중의 임시 지위를 표시한다.

20  진 2세 3년(기원전 207) 11월의 일이다. 원문에 '하상河上(황하 가)'이라고 했는데, 당시 송의 등은 황하에서는 멀고 제수에 가까운 안양安陽(지금의 산둥성 차오현曹縣)에 주둔하고 있었다.

21  "원문은 '하河'인데, 어떤 사람은 황하를 가리킨다고 하고 어떤 사람은 장하漳河를 가리킨다고 한다. 장하는 거록과는 비교적 가깝지만 황하는 거록과 멀다. 두 곳은 모두 가는 길에 반드시 거쳐야 하므로 두 가지 견해가 모두 가능하다."(『사기전증』) "당양군(영포)과 포장군에게 2만을 이끌고 황하(혹은 장하)를 건너가 거록을 구원하게 했다."(「항우본기」)

리하게 하자 항적은 전군을 인솔하여 황하를 건너[22] 영포를 뒤따라가 마침내 거록에서 진나라 군대를 대파하고 진나라 장수 장함 등을 투항케 했다.[23] 당시 초나라 군대는 항상 승리를 거두어 제후들 중 공로가 으뜸이었고, 제후들의 군대가 모두 초나라 군대에 순종하며 귀속되게 된 것은 영포가 여러 차례 적은 병력으로 병력이 큰 진나라 군대를 격파했기 때문이다.

항적은 군사를 이끌고 서쪽으로 진격하여 신안新安[24]에 이르렀을 때 다시 영포 등에게 야간 기습을 지시했으며 투항한 장함의 병사 20여 만 명을 생매장했다.[25] 항적이 함곡관에 이르렀을 때 유방의 군대가 지키고 있어 들어갈 수 없자,[26] 다시 영포 등에게 먼저 오솔길로 돌아가 관을 지키는 한나라 군사를 격파하게 하여[27] 마침내 함곡관으로 들어가 함양에 당도했다. 영포는 항상 항적의

22　이 당시 "항우는 마침내 전군을 이끌고 황하를 건넜다. 강을 건넌 뒤 항우는 명령을 내려 모든 배를 강물 속으로 가라앉히고 솥과 시루를 깨뜨렸으며 막사를 불태우고 사흘치의 양식만 지니게 하여 사졸들에게 죽더라도 전진과 승리만 있을 뿐 절대로 후퇴하지 않겠다는 결심을 보였다."(「항우본기」)
23　진 2세 3년 12월의 일이다. "모공이 말하기를 '항우가 진나라 군대를 패배시킬 수 있었던 것은 영포가 먼저 황하를 건넜기 때문이다'라고 했다."(『사기평림』)
24　신안新安: 진나라 현으로 치소는 지금의 허난성 멘츠澠池 동쪽이다.
25　항우는 장함의 군대를 재편성한 뒤 유방이 진나라 도성 함양을 함락시켰다는 소식을 들었다.(기원전 206년 11월) 초 회왕이 함양을 먼저 함락시키는 사람이 관중왕이 될 것이라 했기에 항우는 급히 달려가 유방과 쟁탈을 벌이려 했다. 신안에 이르렀을 때 재편성된 진나라의 항복한 군사들이 불안해하자 항우는 영포에게 명령을 내려 신안성 남쪽에 20여만 명을 모두 생매장하게 했다. 「진초지제월표」에 따르면 이 사건은 한나라 원년(기원전 206) 11월에 일어났으며, 이미 유방은 한 달 전에 진나라 도성 함양에 주둔해 있었다.
26　원문에는 함곡관으로 들어갈 수 없는 이유를 밝히지 않았는데, 「고조본기」에서는 다음과 같이 설명하고 있다. "누군가 패공沛公(유방)에게 유세하며 말했다. '진나라(관중)의 부유함은 천하의 다른 영토를 모두 합친 것의 열 배이며 게다가 땅의 형세도 험준합니다. 듣자 하니 진나라 장수 장함이 이미 군대를 이끌고 항우에게 투항했고 항우는 그를 옹왕이라 부르며 그에게 관중을 점유하여 왕이 되도록 한다고 합니다. 그가 온다면 아마도 패공께서는 차지할 몫이 없을 것입니다. 서둘러 군사들을 보내 함곡관을 지키게 해서 다른 제후들의 군대가 들어오지 못하게 하고, 관중에서 약간의 인마를 징집하고 실력을 강화시켜 저들을 저지하십시오.' 패공은 옳다고 여겨 그의 의견을 따랐다." 역자는 「고조본기」의 내용에 따라 번역했다.
27　"『예문유취』에서는 『초한춘추楚漢春秋』를 인용하며 '대장 범증이 함곡관에 이르렀는데 들어갈 수가 없자 화를 내며 '패공은 배반하려 하시오?'라고 말했고, 즉시 민가에서 땔나무 한 묶음을 가져오게 하여 관문을 불태우려 하자 관문이 열렸다'고 했다."(『사기전증』)

군대에서 선봉이었다. 항왕項王(항우)이 장수들을 분봉할 때 영포는 구강왕九江 王에 봉해졌고[28] 육현六縣에 도읍을 세웠다.

한나라 원년(기원전 206) 4월 제후들은 모두 희수戱水 가에서[29] 해산하여 각기 자신의 봉국으로 돌아갔다. 항우는 초 회왕을 높여 세워 의제義帝라 하고[30] 장사長沙로 천도하게 하고는[31] 은밀하게 구강왕 영포 등을 시켜 도중에 의제를 습격하게 했다. 그해 8월에 영포는 수하 장수를 보내 의제를 습격하고 침현郴縣까지 쫓아가서 죽였다.[32]

한나라 2년(기원전 205)에 제나라 왕 전영이 초나라를 배반하자, 항왕은 직접 군대를 이끌고 제나라를 공격하러 가면서 구강왕에게 군사를 이끌고 정벌에 따르도록 했다. 그러나 구강왕 영포는 병이 있다는 핑계로 따라가지 않고 단지 수하 장수를 파견해 수천 명의 군사만 이끌고 수행하도록 했다. 한나라 왕이 팽성

---

28  한나라 원년 1월의 일이다. 구강왕의 봉지인 구강군九江郡은 대략 지금의 안후이성 창장강 이북과 화이허강 남쪽 지역이다.

29  원문은 '희하戱下'로, 희戱는 여산 동남쪽에서 발원하여 홍문 동쪽을 거쳐 북쪽 위수로 유입되는 강이다. 『사기선』에서는 '희하'를 '휘하麾下'와 같다고 보아 항우의 휘하로부터 해산하여 떠나는 뜻으로 해석했다. 장자잉張家英은 『사기』에서 보이는 모든 '희하'를 통계 낸 결과 「회음후열전」 한 곳에서만 '휘하麾下'로 해석되고 나머지는 모두 강으로 해석된다고 했다."(『사기전증』)

30  항우는 각 제후들을 왕이라 칭하게 했기에 회왕을 높여 의제라 한 것이다.

31  "항우가 말하기를 '옛날 제왕은 천리의 봉지를 소유했을 뿐만 아니라 반드시 강의 상류에 거주해야 한다'고 했다. 그러고는 의제를 장사군의 침현郴縣으로 옮겨가게 했다."(「항우본기」) 침현은 진나라 현으로 치소는 지금의 후난성 천저우郴州다.

32  "항우는 은밀하게 형산왕 오예와 임강왕臨江王 공오共敖에게 밀령을 내려 그들로 하여금 장강 가에서 기회를 엿보아 의제를 죽이게 했다."(「항우본기」) "최적이 말하기를 「항우본기」와 「고조본기」에서는 모두 형산왕과 임강왕을 시켜 의제를 죽이게 했다고 했고, 여기서는 구강왕 영포 등을 시켜 의제를 습격하게 했다고 했다. 아래 문장에서 수하隨何가 영포를 설득하며 '현재 항왕의 초나라 군대가 강대하기는 하지만 온 천하 사람이 의롭지 못하다고 여기고 있고, 먼저 함곡관으로 진입하는 자가 관중왕이 된다는 약정을 그가 저버린 데다 의제를 죽였기 때문입니다'라고 말했다. 만약 항왕이 구강왕을 시켜 그를 죽였다면 수하는 구강왕 영포를 꺼렸을 것이다. 아마도 후세 사람이 『한서』로부터 수정해서 삽입했을 것이다. 안사고는 「고조본기」 주석에서 '형산, 임강와 영포가 함께 항우의 명령을 받았다고 했다'라고 했다."(『사기각증』) 역자 또한 「항우본기」의 기록이 맞다고 판단된다.

을 기습하여 초나라 군대를 격파했을 때도 영포는 병을 핑계로 초나라를 돕지 않았다.[33] 항왕은 이때부터 영포를 원망하여 여러 차례 사자를 보내서 꾸짖고는 팽성으로 오게 했으나, 영포는 두려워 감히 가지 않았다. 당시 항왕은 우선 북쪽의 제나라와 조나라를 우려하고[34] 서쪽으로는 한나라를 근심하고 있는 터에[35] 동맹군으로는 영포밖에 남아 있지 않았다. 게다가 영포의 재능을 높이 사 그를 가까이 두고 중용하기를 원했으므로 그에게 무력을 사용하지는 않았다.

한나라 3년(기원전 204)에 한나라 왕은 초나라를 공격하여 팽성에서 크게 싸웠지만[36] 불리해졌다.[37] 그는 서쪽으로 달아나 양梁나라를 거쳐 우현虞縣[38]에 이르렀을 때 좌우 사람들에게 말했다.

"너희 같은 자들은 나와 함께 천하 대사를 도모할 자격이 없다."

---

33 "『사기』여러 편에서 유방이 팽성을 공격했을 때 경포가 어떻게 반응했는지 언급하지 않았는데, 혹여 그때 이미 유방의 세력이 큰 것을 알고 구멍 밖으로 머리만 내밀고 엿보는 쥐와 같이 우물쭈물하며 결단을 내리지 못한 것이다."(『사기전증』)
34 제나라의 전영은 이미 항우에게 격파당해 죽임을 당했지만 그의 동생인 전횡이 계속해서 제나라에서 항우에 반기를 들었고, 조나라의 진여는 항우로부터 왕에 봉해지지 않았으므로 제나라와 연합하여 함께 항우에게 반기를 든 것을 말한다.
35 당시 유방은 이미 한중에서 나와 관중을 수복하고 관동의 각 제후는 이미 유방에게 기울었으므로 유방은 군대를 지휘하여 동쪽으로 진군했다.
36 "앞의 문장에서 '한나라 왕이 팽성을 기습하여 초나라 군대를 격파했다'는 내용과 여기서 항우에게 패배당한 사건은 모두 한나라 2년 4월의 사건이다."(『사기전증』) "'앞의 문장인 '한나라 왕이 팽성을 기습하여 초나라 군대를 격파했다'는 것은 사실이고, 여기서 '한나라 왕은 초나라를 공격하여 팽성에서 크게 싸웠지만 불리해졌다'는 것은 거슬러 올라간 사실로, 결코 두 차례의 싸움을 말한 것이 아니다."(『한서보주』) "한나라 2년이 마땅히 '한나라 왕은 초나라를 공격하다' 구절 앞에 와야 하고, 한나라 3년은 뒤쪽의 '회남왕 영포가 도착했을 때 마침 한나라 왕은 침상 옆에 쪼그리고 앉아 사람을 시켜 발을 씻게 하고 있었는데' 앞에 와야 한다."(『사기지의』) 즉, 왕선겸의 『한서보주』 견해가 옳은데 '한나라 3년'은 삭제해야 한다. 『사기회주고증』에서도 『한서』에 '한나라 3년'이란 글자는 없으며 불필요한 글자라고 했다.
37 "유방이 팽성으로 진입한 뒤에 경계를 늦추고 적을 경시하다 결과적으로 항우의 3만 군사에게 유방의 56만 명의 군사가 참패당해 궁지에 빠져 서쪽으로 달아났다. 형양 일대에 이르러 전선을 구축하고 항우와 대치 상황을 형성했다."(『사기전증』)
38 양梁나라는 지금의 허난성 동부 일대이며, 우현虞縣은 진나라 현으로 치소는 지금의 허난성 위청虞城 북쪽 지역이다.

알자 수하隨何39가 나서며 말했다.

"폐하께서40 말씀하시는 것이 무슨 뜻인지 모르겠습니다."

한나라 왕이 말했다.

"누가 나를 위해 회남淮南41에 사신으로 가 영포가 군대를 일으켜 항우를 배반하게 하고, 항우의 군대를 제나라 땅에서 몇 개월만 견제하게 할 수 있다면42 내가 천하를 탈취하는 것은 손에 넣은 것처럼 틀림이 없을 것이다."

수하가 말했다.

"청컨대 신을 사신으로 가게 해주십시오."

수하는 20명을 데리고 회남으로 떠났다. 회남에 당도한 후 영포의 태재太宰43가 손님의 예로 대접했지만 사흘이 지나도록 영포를 만날 수가 없었다. 이에 수하가 태재에게 말했다.

"대왕께서 저를 만나려 하지 않는 것은 틀림없이 초나라는 강성하고 한나라는 약소하다고 생각하기 때문일 것입니다. 이것이 바로 제가 사자로 온 이유입니다. 제가 대왕을 만나 드리는 말이 맞으면 대왕께서 듣고 싶으셨던 말이고,

---

39  수하隨何는 유방의 모사로, 『사기』의 열전에는 없다. 그의 사적은 여기서만 볼 수 있다.

40  "폐하는 마땅히 '대왕大王'이라 해야 한다."(『사기회주고증』)

41  유방이 나중에 경포를 '회남왕'으로 봉했기 때문에 후세 사람들이 역사에서 이런 호칭을 사용한 것이다. "영포가 한나라로 귀순하고 회남왕으로 세워진 것은 한나라 4년 7월이고, 이때는 아직 구강왕이었다. 그러므로 수하가 초나라 사자에게 '구강왕은 이미 한나라 왕에게 귀순했다'고 말한 것이다. 여기서 '회남' 두 글자는 마땅히 '구강'이라고 해야 한다. 아래 문장에서도 '회남'이라고 한 것은 잘못이다."(『사기지의』)

42  「본기」에 따르면 항왕이 제나라로 간 뒤에 팽성의 전투가 있었고, 한나라가 팽성에서 패배한 다음에 수하의 유세가 있었는데, 어찌 '제나라 땅에 머물게 한다'고 말하는가? 항왕이 초나라에 머무는 것이 마땅하다. 영포가 초나라를 배반한다면 항왕은 반드시 머물러 영포를 공격할 것이고 한나라는 천하를 손에 넣는 것을 도모할 수 있다. 여기서의 내용은 틀렸다."(『사기지의』) "앞에서 '한나라 왕은 초나라를 공격하여 팽성에서 크게 싸웠지만 불리해졌다. 그는 서쪽으로 달아나 양나라를 거쳐 우현에 이르렀다'고 했으니, 항왕은 이미 제나라를 떠난 것이다. 어찌하여 다시 '항왕을 제나라에 머물게 할 수 있는가'라고 말하는가?"(『사기집설』)

43  태재太宰: 제왕의 음식을 관장하는 관리다. "『통감』 호삼성 주에 이르기를 '여기서는 주나라 관직의 태재가 아니다. 한나라 봉상奉常(태상太常) 속관으로 태재가 있었다'라고 했다."(『한서보주』)

제 말이 맞지 않으면 우리 20명을 회남의 시장에서 도마에 엎드려 도끼에 찍히는 형벌에 처해 대왕께서 한나라를 반대하고 초나라와 친하다는 것을 표명하십시오.”

태재가 수하의 말을 왕에게 알리자 왕이 수하를 접견했다. 수하가 말했다.

“한나라 왕께서 저를 파견해 한 통의 편지를 대왕께 보냈는데, 제가 괴이하게 생각되는 것은 대왕께서 왜 그토록 항우와 가까우신가 하는 것입니다.”

회남왕 영포가 말했다.

“과인은 북쪽을 향하는 신하로서 초나라 왕을 섬기고 있기 때문이오.”

수하가 말했다.

“대왕께서는 항왕과 같은 제후이면서 북쪽을 향하는 신하라 하고 섬기는 것은, 분명 항왕이 강대하여 나라를 그에게 맡길 만하다고 보시기 때문일 것입니다. 그렇다면 항왕이 제나라를 정벌하면서 성벽을 쌓을 때 흙을 다지는 판자와 흙을 메우는 절굿공이를 직접 짊어지고 사졸보다 앞섰으니, 대왕께서도 마땅히 회남의 모든 병마를 출동시켜 항왕을 도와 선봉이 되어야 옳은데, 단지 4000명의 병사를 보내 초나라를 돕고 있습니다. 북쪽을 향해 섬기는 신하가 되어 이와 같아서야 되겠습니까? 그리고 한나라 왕이 팽성을 기습 격파하고 항왕이 아직 제나라 땅에서 급히 돌아오지 못했을 때, 대왕께서는 회남의 모든 병사를 이끌고 회수를 건너 팽성으로 달려가 밤낮을 가리지 않고 한나라 왕과 결전을 벌여야 했습니다. 그러나 대왕께서는 만 명이 넘는 대군을 보유하고 있으면서도 단한 명의 병사도 회수를 건너지 않게 하고, 한가하게 두 손을 잡고 앉아 누가 이기는지 구경하기만 했습니다. 남에게 나라를 맡기셨다면서 이렇게 해도 되겠습니까? 대왕께서는 초나라를 섬긴다는 실속 없는 명분을 내걸고 실제로는 자신의 실력을 발전시키려 하시는데, 제가 대왕을 위해 생각하건대 취할 방법이 아닙니다. 그러면서도 대왕께서 항왕을 배반하려 하지 않는 것은 한나라 왕의 역량이 약소하다고 여기기 때문입니다. 현재 항왕의 초나라 군대가 강대하기는 하지만 온 천하가 의롭지 못하다고 여기고 있습니다. 이것은 먼저 함곡관으로 진입하는 자가 관중왕이 된다는 약정을 그가 저버린 데다 의제를 죽였기 때문입니다. 항왕은 이것을 그르다고 여기지 않고 한때 전쟁에서 승리한 것에 의지해 자신이 강대하다고 여기고 있습니다. 한편 한나라 왕은 각 제후들을 수습하여 성고와 형양을 지키면서 서촉과 한중[44]의 양식을 물길을 통해 전방으로 공급하고 있으며, 도랑을 깊게 파고 보루를 높게 쌓으며, 군사를 나누어 요새에 올라 각 방향의 변경을 지키고 있습니다. 초나라 군대가 제나라 땅에서 돌아와 다시 팽성 서쪽의 성고와 형양으로 진공하려면 중간에 양나라가 막혀 있고, 또 적국으로 800~900리를 깊이 들어가야 합니다.[45] 그러면 싸우려 해도 이길 수 없고 성을 공격하려 해도 역량이 미치지 못하게 되며, 후방의 노약자들이 1000리 밖에서 양식을 실어 날라야 합니다. 초나라 군대가 형양과 성고에 당도하더라도 한나라 군대가 견고히 지키기만 하고 싸우지 않으면 초나라 군대는 나아가 공격할 수 없고 물러나 달아날 수도 없습니다. 따라서 초나라 군대가 의지할 만하지 못하다고 말씀드리는 것입니다. 초나라가 정말로 한나라를 이긴다면 제후들은 스스로 우려하며 두려워하여 서로 구원하려 할 것입니다. 무릇 초나라가 강성해지면 천하 각국의 공격을 불러오게 될 뿐입니다. 이 때문에 초나라가 한나라만 못한 것이며, 이러한 형세는 명백하고 쉽게 볼 수 있습니다. 지금 대왕께서는 만에 하나의 실수도 없는 한나라 왕과 연합하지 않고 멸망의 위급함에 근접한 항왕에 나라를 맡기려 하시니, 저는 의문이 들고 이해할 수가 없습니다. 저 또한 대왕의 회남 병력으로 초나라를 멸망시키기에는 결코 충분하다고 생각하지 않습니다. 대왕께서 출병하여 초나라에 반기를 들면 항왕은 반드시 제나라

---

44  지금의 쓰촨성과 산시陝西성 남부의 한중 지역을 가리키며, 이곳은 항우가 유방에게 최초로 봉한 곳이다.
45  "유봉세가 말하기를 '당시 팽월이 양나라 땅에서 반기를 들었으므로 수하는 항우가 적국 깊숙이 들어가야 비로소 형양과 성고에 이를 수 있다고 말한 것이다'라고 했다."(『한서보주』)

에 머무르게 될 테니, 대왕께서 몇 달만 항왕을 견제해준다면 한나라 왕이 천하를 차지하는 데 만의 하나도 문제가 없을 것입니다. 바라건대 대왕을 모시고 함께 군대를 일으켜 한나라로 돌아가게 해주십시오. 한나라 왕은 반드시 토지를 분할하여 대왕을 봉할 것이며, 회남은 말할 것도 없이 대왕의 소유가 될 것입니다. 한나라 왕께서 이번에 저를 보낸 것은 저로 하여금 대왕께 이런 뜻을 전하기 위해서입니다. 원컨대 대왕께서는 고려해주시기 바랍니다."

회남왕이 말했다.

"내 그대의 말씀대로 하겠소."

그는 은밀하게 초나라를 배반하고 한나라와 연합하기로 허락만 하고 감히 누설하지 않았다.

이때 초나라 사자 또한 구강에 있었는데 영포에게 출병하여 한나라 왕을 공격하도록 독촉하기 위해 전사傳舍에 머물고 있었다.[46] 이 상황을 알게 된 수하가 곧장 들어가서는 초나라 사자보다 윗자리에 앉으면서 말했다.

"구강왕은 이미 한나라 왕에게 귀순했는데, 초나라가 어떻게 남의 병사를 징발할 수 있소?"

영포는 깜짝 놀랐고 초나라 사자 또한 벌떡 일어나 나갔다. 수하는 영포를 설득하며 말했다.

"한나라 왕에게 귀순하는 일은 이미 엎질러진 물이 되었으니, 초나라 사자를 죽여 돌아가지 못하게 하고 즉시 한나라 왕에게 달려가서 한나라 군대와 힘을 합칩시다."[47]

---

46    원문은 '사전사舍傳舍'로, 불필요한 글자다. "나카이 리켄이 말하기를 '다음 문장에서 '영포가 깜짝 놀랐다'는 표현으로 보아 수하와 초나라 사자의 만남은 영포 면전에서 일어난 것이지 전사에서 일어난 것이 아니다. 『한서』에서는 '사전사' 석 자가 삭제되어 있는데, 이것이 맞다'고 했다."(『사기회주고증』) 전사傳舍는 관부에서 공무로 왕래하는 사람들에게 숙식을 제공한 장소를 말한다.
47    "이 말은 이치에 부합되지 않는다. 수하가 영포로 하여금 초나라를 배반하게 하는 이유는 앞의 문장에 따르면 항우를 움직이지 못하게 하여 즉시 서쪽으로 진격하지 못하게 함으로써 유방에게 병력

영포가 말했다.

"그대 말대로 군대를 일으켜 초나라를 공격하겠소."

그리하여 영포는 초나라 사자를 죽이고 군대를 일으켜 초나라를 공격했다. 초나라에서는 하는 수 없이 항성項聲과 용저龍且를 파견해 회남을 공격하게 하고, 항왕은 머물러 있으면서 하읍下邑[48]을 공격했다. 몇 개월 후[49] 용저가 회남을 공격하여 영포의 군대를 격파했다. 영포는 본래 군사를 이끌고 한나라 왕에게 가려 했지만 항왕에게 추격당해 죽을 것이 두려워하여 수하와 함께 지름길을 통해 한나라로 달아났다.[50]

회남왕 영포가 도착했을 때[51] 마침 한나라 왕은 침상에 앉아 사람을 시켜 발을 씻고 있었으며, 영포를 안으로 불러들였다.[52] 그 광경을 본 영포는 크게 화내며 이곳에 온 일을 후회하고 스스로 목숨을 끊으려 했으나, 물러나와 숙소에 가보니 실내 휘장과 용구, 음식과 시종들이 모두 한나라 왕이 기거하는 곳과 같은 것을 보고 기대했던 것보다 좋아 크게 기뻐했다.[53] 영포는 사람을 구강으로 들

을 집결하고 배치할 시간을 만들어주는 것이다. 지금 군사를 이끌고 한나라 왕에게 달려가서 한나라 군대와 힘을 합치는 것은 앞뒤가 맞지 않는다."(『사기전증』)

48 하읍下邑: 진나라 현으로 치소는 지금의 안후이성 탕산碭山이다.

49 "유봉세가 말하기를 '몇 개월 후라는 글자는 마땅히 앞 문장에 속해야 한다'고 했다."(『한서보주』) 이에 따르면 "항왕은 머물러 있으면서 하읍을 몇 개월 동안 공격했다"가 된다.

50 "영포가 군사를 이끌고 한나라로 달아나면 초나라 군대가 반드시 추격할 것이므로 먼저 홀로 벗어나 한나라로 간 다음 나중에 구강의 병사들을 수습할 생각으로 급하게 자신을 보전한 것일 뿐이다." (『사기찰기』)

51 『집해』에서는 이때가 한나라 3년 12월이라고 했다. "한나라 3년은 기원전 204년으로, 한신이 이미 위魏나라와 대代나라를 격파하고 아울러 두 달 전에 정형에서 조나라를 격파했다."(『사기전증』)

52 "패공은 마침 침상에 앉아 두 다리를 벌린 채 두 여자에게 발을 씻기게 하고 있었고, 그런 상태에서 역생을 불러 만났다."(『역생전』) "한나라 황제(유방)가 사람을 만날 때 습관적으로 사용하는 수단인 것 같다."(『사기회주고증』)

53 "고조는 영포가 먼저 분봉을 받아 왕이 되었기에 자존심이 셀 것을 우려했기 때문에 준엄한 예로 영포를 굴복시키고 난 뒤에 아름답게 꾸민 휘장과 후한 음식과 많은 시종을 배치하여 그의 마음을 기쁘게 했으니, 임기응변의 방법이다."(『정의』) "『한서평림』에서 이덕유李德裕가 말하기를 '제왕이 영웅을 임용할 때 기세를 꺾지 않고 지나치게 관용을 베풀면 교만해져서 부릴 수 없게 되고, 애정으로 맺지 않고 엄숙한 예절로 대하면 원망을 얻어 부리지 못한다. 사람을 부리는 기술을 고조가 영포에게 보

여보내 염탐하게 했는데, 항왕은 이미 항백項伯을 시켜 구강의 부대를 거두어 재편성하고 영포의 처자식은 모두 죽임을 당한 뒤였다. 영포가 보낸 사람은 영포의 오랜 친구들과 총애를 받던 신하들을 몇 명 찾아냈고, 아울러 불러 모은 수천 명을 데리고 한나라 왕이 있는 곳으로 돌아왔다. 한나라 왕은 영포에게 더 많은 군사를 나누어준 뒤 함께 북쪽으로 올라가면서 인마를 모으고 성고에 이르렀다. 한나라 4년(기원전 203) 7월, 한나라 왕은 영포를 회남왕에 봉하고[54] 그와 함께 항적을 공격했다.

한나라 5년,[55] 영포가 다시 사람을 구강으로 진입시켜 먼저 몇 개의 현을 탈취했다. 한나라 6년,[56] 영포는 유가劉賈[57] 등과 함께 구강으로 진입했다. 초나라 대사마 주은周殷을 설득하자 주은이 초나라를 등지고 한나라 왕에게 귀순했다.[58] 영포는 마침내 구강의 군대를 모두 출동시켜 한나라 군대와 함께 초나라 군대를 공격하여 해하에서 대패시켰다.[59]

---

여준 것이다'라고 했다."(『사기전증』)

[54]  "당시 유방은 항우와 이미 형양에서 2년 3개월 동안 대치하고 있었고, 한신은 이미 반년 전에 전불과 용저를 격파해 죽이고 제나라를 평정했으며, 5개월 전에는 유방에 의해 제나라 왕으로 세워졌다."(『사기전증』) 회남왕의 지위는 대체로 항우로부터 분봉받은 구강왕과 비슷하지만 관할 구역은 더 많아졌다.

[55]  "한나라 5년은 삭제해야 한다. 진인석이 말하기를 '한나라 5년은 불필요한 문장으로 『한서』에는 삭제되어 있다. 아래 문장의 6년은 마땅히 5년이라고 해야 한다'고 했다."(『사기전증』)

[56]  상기 주석에 따라 '한나라 5년(기원전 202)'이라고 해야 한다. 『한서』에서도 '5년'으로 기재하고 있다.

[57]  유가劉賈는 나중에 형왕荊王에 봉해진 유방의 사촌형이다.

[58]  "초나라 대사마 주은 또한 항우를 배반했고, 그는 서현舒縣(지금의 안후이성 루장廬江 서남쪽)의 군대를 이끌고 육현(지금의 안후이성 루안 북쪽)을 몰살시켰다. 또 구강왕 경포(영포)의 군대와 합치고 유가, 팽월과 함께 해하에 모였다."(「항우본기」)

[59]  한나라 5년 12월 유방이 한신, 팽월, 영포 등과 회합하여 해하에서 항우를 격파한 사건이다. "한나라 5년(기원전 202), 유방은 각 제후의 대군과 함께 초나라 군대를 공격해 항우와 해하에서 결전을 벌였다. 한신이 30만 대군을 이끌고 정면으로 대적했는데, 공孔 장군(공충)은 왼쪽에, 비費 장군(진하)은 오른쪽에 있었다. 유방은 한신의 뒤에 있고 주발周勃과 시무柴武는 유방 뒤쪽에 있었다. 이때 항우의 병사는 대략 10만 명이었다. 한신이 정면에서 먼저 항우와 교전을 벌이고 대적하지 못하는 척하며 뒤로 물러났고, 공 장군과 비 장군이 양쪽에서 진격하자 초나라 군대의 형세가 불리해졌다. 이때 한신의 정면 군대가 몸을 돌려 다시 공격해 해하에서 초나라 군대를 대패시켰다."(「고조본기」)

항적이 죽고 천하가 평정되자 황상(유방)이 주연을 베풀었다.[60] 이때 황상은 수하의 공로를 낮게 평가하며 수하를 '썩은 유생'이라 하고, "천하를 다스리는 데 썩은 유생을 어디에 쓰겠는가!"라고 말했다.[61] 그러자 수하가 무릎을 꿇고 반박했다.

"폐하께서 군사를 이끌고 팽성을 공격하고 초나라 왕이 아직 제나라에서 돌아오지 않았을 때, 폐하께서는 보병 5만, 기병 5000명을 보유하고 있었더라도 회남을 공격해 취할 수 있었겠습니까?"

황상이 말했다.

"못했을 것이오."

수하가 말했다.

"폐하께서는 저를 20명과 함께 회남에 사신으로 보내셨고, 저는 도착하자마자 폐하의 뜻한 바를 실현했습니다. 이것은 제 공적이 5만의 보병과 5000명의 기병보다 크다는 것을 설명합니다. 그런데 폐하께서는 저를 '썩은 유생'이라 하고 '천하를 다스리는 데 썩은 유생을 어디에 쓰겠는가'라고 말씀하시니, 무슨 까닭입니까?"

황상이 말했다.

"내 그대의 공로를 고려해보겠소."

이에 수하를 곧바로 호군중위護軍中尉[62]로 임명했다. 영포에게는 부절을 나누

---

60 「고조본기」와 「진초지제월표」에 따르면 유방과 한신 등은 해하에서 항우를 격파한 다음 달인 한나라 5년 정월에 유방을 황제로 높였고, 2월 초사흘에 유방은 황제로 즉위한다. "한나라 5년 정월, 각 제후와 유방의 장상들이 함께 유방에게 황제로 즉위할 것을 청했다. 그리하여 2월 초하흘에 유방은 범수汜水 북쪽에서 황제로 즉위했다."(「고조본기」) 범수汜水는 정도현 성 북쪽의 범수 북쪽 연안을 가리킨다. 범수의 옛 길은 지금의 산동성 차오현 북쪽에서 옛 제수濟水에서 갈라져 정도현 북쪽을 거쳐 옛 하택菏澤으로 흘러들었는데, 오래전에 말랐다.

61 "고제(유방)는 수하에게 상을 내리고 싶었지만 군신들이 불복할까 걱정되어 사람들 앞에서 그를 욕보이고, 그가 자신의 공로를 헤아리게 한 것이다."(『사기집설』)

62 호군중위護軍中尉: 군중을 통제·관할하고 군중의 각종 일을 감독하는 장관이다.

어주고[63] 회남왕에 봉하고 육현에 도읍을 정하도록 했다. 구강, 여강廬江, 형산衡山, 예장豫章 등의 군은 모두 영포의 관할에 예속되었다.[64]

한나라 7년[65]에 회남왕 영포가 진현으로 와서 황제를 알현했다. 8년(기원전 199)에는 낙양으로 가서 알현했으며,[66] 9년(기원전 198)에는 장안에서 알현했다.[67]

한나라 11년(기원전 196)에 고후高后(여후)가 회음후 한신을 죽였고,[68] 이 때문에 영포는 속으로 매우 두려워했다. 여름에[69] 조정에서는 양나라 왕 팽월을 죽이고 시신을 잘게 다져 젓갈로 만든 다음 각 제후들에게 두루 보냈다. 그것이

---

63  원문은 '부부剖符'다. 부부는 '부죽剖竹'이라고도 한다. 제왕이 건국 후에 공적이 있는 제후, 장사들에게 관작을 봉하고 상을 하사할 때 부절符節을 두 부분으로 나누어 군신들이 각기 한 부분을 가졌는데 약속을 준수하는 증빙으로 삼았다.

64  구강군의 치소는 수춘이고, 여강군의 치소는 서현舒縣(지금의 안후이성 루장廬江 서남쪽)이고, 형산군의 치소는 주현邾縣(지금의 후베이성 황강黃岡 서북쪽)이고, 예장군의 치소는 남창현南昌縣(지금의 장시성 난창南昌)이다. "영포 등의 분봉이 확정된 것은 한나라 5년 유방이 황제를 칭한 이후인 3, 4월 사이다. 당시 한신은 초왕에 다시 봉해졌고 팽월은 양왕에 봉해졌다. 그러나 『한서』「고제기」에서는 유방이 한신을 초왕에 다시 봉하고 팽월을 양왕에 봉한 것은 황제로 칭하기 전이라고 언급하고 있다."(『사기전증』)

65  『사기지의』,『한서』및 '수정본'에 따르면 한나라 6년(기원전 201)이 맞다.

66  "『한서』「고제기」에 따르면 유방은 이해 초 동원에 와서 한왕 신의 잔여 세력을 토벌하고 3월에 낙양으로 돌아왔다. 이후 낙양에서 9월까지 머물렀는데 이때 회남왕 영포, 양왕 팽월 등이 모두 낙양으로 와서 유방을 알현했다."(『사기전증』)

67  한나라 7년 유방은 누경과 장량 등의 건의를 받아들여 낙양에서 장안으로 천도했다. 9년 10월 미앙궁 건설이 완공되자 유방은 군신들을 불러 모았는데 영포 등이 모두 도성인 장안으로 와서 알현했다. "「한흥이래제후왕표」에서 9년에도 왔고 10년에도 알현하러 왔다고 했다. 「위표팽월열전」에서도 '9년, 10년에 모두 장안으로 와서 알현했다'고 했다."('수정본') "9년 다음에 또 '10년' 두 글자가 빠져 있다."(『사기지의』)

68  『한서』「고제기」에 따르면 11년 봄 정월에 여후와 소하가 계책을 정하여 장락궁의 종실鍾室(종을 걸어놓은 방)에서 한신의 목을 베었다.

69  "「위표팽월열전」에서는 팽월이 어느 계절 어느 달에 죽임을 당했는지 언급하지 않았는데,『한서』「고제기」에서는 '3월에 양왕 팽월이 모반하자 삼족을 멸했다'고 했다. 이것은 팽월이 봄에 죽임을 당한 것이므로 양옥승은 '하夏'자를 응당 '춘春'자로 해야 한다고 했다. 그러나 왕염손은 '하'자는 마땅히 '복復'자로 해야 하는데, 바로 '한나라가 다시 양왕 팽월을 죽였다'의 잘못이다."(『사기전증』) "지난해(기원전 196) 봄에 한나라는 회음후를 멸족시켰고, 여름에는 팽월을 주살했는데 이것은 모두 여후의 계책이었다."(「노관열전」)

회남에 도착했을 때 회남왕 영포는 사냥을 하고 있었는데, 젓갈을 보더니 몹시 두려워하여 은밀히 사람을 시켜 군대를 소집하고 이웃한 군에 위급한 동향이 없는지 정탐하게 했다.[70]

영포의 총애를 받는 첩이 병들어 의원에게 치료를 받게 되었는데, 그 의원의 집은 중대부中大夫 비혁賁赫의 집과 대문을 마주 보고 있었다. 애첩은 여러 차례 의원의 집에 갔으며, 비혁은 자신이 궁정에서 복무하므로 애첩을 대신해 의원에게 많은 선물을 보내 애첩의 비위를 맞추었고 그녀를 따라 의원의 집에서 함께 술을 마시기도 했다. 나중에 애첩이 회남왕 영포를 모시고 한담을 나누다가 무의식중에 비혁이 덕망 높은 사람이라고 칭찬했다. 영포가 화를 내며 말했다.

"네가 어떻게 그자를 아느냐?"

애첩이 치료를 받은 과정을 모두 자세히 말하자 회남왕 영포는 그 둘이 정을 통했을 것으로 의심했다. 이 소식을 들은 비혁은 두려워하여 병을 핑계로 궁정에 나오지 않았다. 영포는 더욱 화가 나서 비혁을 잡아들이려 했다. 그러자 비혁은 영포에게 반란의 음모가 있다고 고발하기 위해 역참의 수레를 타고 장안으로 달려갔다. 영포는 사람을 보내 뒤쫓게 했지만 따라잡지 못했다. 비혁은 장안에 당도한 뒤 모반을 폭로하는 서신을 조정에 올려 영포가 반란을 일으키려는 기미가 있으니 그가 행동하기 전에 먼저 죽여야 한다고 말했다. 황상이 그 서신을 읽고 상국 소하蕭何에게 말하자 소하가 대답했다.

"영포는 이런 일을 저지를 사람이 아닙니다. 아마도 영포에게 원한을 품은 자가 그를 터무니없이 모함하는 것으로 보입니다. 청컨대 비혁을 가두고 사람을 보내서 은밀하게 회남왕을 조사하도록 하십시오."

회남왕 영포는 비혁이 죄를 짓고 장안으로 도망쳐 자신을 반란으로 밀고했

---

70 "왕준도가 말하기를 '이때 영포가 은밀하게 반란의 계책을 세웠는데 이웃한 군에서 그 모의를 알고 공격해올 것을 두려워했으므로 사람을 시켜 병사를 모으고 위급한 사태에 대비한 것이다'라고 했다."(『사기전증』)

다는 사실을 알고, 그가 회남국의 여러 비밀스러운 사정을 말했을 것으로 의심했다. 한나라 조정에서 파견한 사자가 와서 조사하여 약간의 단서를 찾아내자 영포는 결국 비혁의 가족을 모두 죽이고 군대를 출병시켜 반란을 일으켰다.[71] 영포가 반란을 일으켰다는 소식이 조정에 전해지자 황상은 비혁을 사면하고 장군으로 삼았다.

황상이 장수들을 소집하여 물었다.

"영포가 반란을 일으켰으니 어떻게 하면 좋겠소?"

장수들이 일제히 말했다.

"군대를 출병시켜 그놈을 치고 산 채로 묻어버리면 될 뿐 무슨 다른 방법이 있겠습니까!"

여음후汝陰侯 등공滕公[72]이 이전에 초나라 항우의 영윤을 지낸 자[73]를 찾아 영포가 반란을 일으킨 이유를 묻자, 영윤이 말했다.

"영포가 반란을 일으킨 것은 당연한 일입니다."

등공이 말했다.

"황상께서는 땅을 할양하여 영포를 왕으로 봉하고 작위를 나누어주어 존귀하게 해주었소. 그는 남쪽을 향해 앉는 만승의 군주가 되었는데 무엇 때문에 반란을 일으킨단 말이오?"

영윤이 말했다.

"조정에서 지난해에 팽월을 죽이고 지지난해에는 한신을 죽였습니다.[74] 영포

---

71 "영포가 반란을 일으키려 할 때 주건에게 자문을 구했다. 주건은 타이르며 말렸으나 영포는 듣지 않고 양보梁父(지금의 산둥성 타이안 동남쪽) 사람 후수侯遂의 의견에 따라 반란을 일으켰다."(『한서』 「주건전朱建傳」)

72 등공滕公은 하후영夏侯嬰으로, 유방으로부터 등현 현령으로 임명되었기에 '등공' 혹은 '등영'이라 불렸다. 당시 초나라에서는 현령을 공公이라 했다.

73 '항우의 영윤을 지낸 자'의 이름은 역사에 알려지지 않고 있다. 『한서』에서는 "여음후 등공이 빈객인 설공에게 이 사건에 대한 자문을 구했다"고 기재하고 있다.

74 "한신과 팽월을 죽인 것은 11년 봄 같은 해로, 여기서는 잘못 기재되었다."(『사기지의』) 한편 "나카

는 팽월, 한신과 똑같이 공로를 세운 입장인데, 팽월과 한신이 죽임을 당하는 것을 보고 자신에게도 화가 미칠까 의심하여 반란을 일으킨 것뿐입니다."

등공이 이 말을 황상에게 보고했다.

"신의 빈객 중에 항우의 영윤이었던 설공이란 자가 있는데, 이 사람에게 모략이 있으니[75] 영포 토벌 문제에 대해서 그의 의견을 들어보십시오."

황상은 이에 설공을 불러 그의 의견을 물었다. 그러자 설공이 대답했다.

"영포가 반란을 일으킨 것은 이상한 일이 아닙니다. 영포가 상등의 계책을 쓴다면 산동 지역은 한나라의 소유가 될 수 없고, 중등의 계책을 쓴다면 승패는 알 수 없게 될 것이며, 하등의 계책을 쓴다면 폐하께서는 베개를 높이 베고 누워 걱정 없이 주무실 수 있을 것입니다."

황상이 물었다.

"상등의 계책이란 무엇을 말하는 것이오?"

영윤이 대답했다.

"영포가 동쪽으로 오吳 땅을 공격해 점령하고 서쪽으로 초楚 땅을 취하고,[76] 다시 제齊 땅을 병탄하고 노魯 땅[77]을 취한 뒤에 연燕과 조趙[78] 땅에 귀순하도록 격문을 돌린 다음 그곳을 견고하게 지킨다면 산동은 한나라의 소유가 될 수 없을 것입니다."[79]

---

이 리켄이 말하기를 '한신과 팽월을 죽인 것은 모두 영포가 반란을 일으켰을 때다. 지난해, 지지난해라고 말하는 것은 타당하지 않으니, 기록한 자의 실수일 것이다'라고 했다.(『사기회주고증』)

75  원문은 '유주협지계有籌筴之計'다. "군 장막 안에서 군사 작전을 짜는 계략이 있는 것을 말한다."(『사기전증』) 『사기탐원』에서는 '계計'가 곧 '책策'의 뜻이기 때문에 '지계之計' 두 글자를 삭제해야 한다고 했다. 『한서』에서는 단지 '주책籌策(책략)'으로 기재하고 있다.

76  오吳는 당시 형왕 유가의 봉국으로 도성은 지금의 쑤저우다. 초楚는 당시 초 원왕楚元王 유교劉交의 봉국으로 도성은 팽성(지금의 장쑤성 쉬저우)이다.

77  제齊는 당시 유방의 아들 유비劉肥의 봉국으로 도성은 임치였다. 노魯는 당시 초나라에 속했으며 치소는 지금의 산둥성 취푸다.

78  연燕은 당시 유방의 공신인 노관盧綰의 봉국으로 도성은 계현薊縣(지금의 베이징)이다. 조趙는 당시 유방의 아들 유여의劉如意의 봉국으로 도성은 지금의 허베이성 한단이다.

"그럼 중등 계책이란 무엇을 말하는 것이오?"

"동쪽으로 오 땅을 점령하고 서쪽으로 초 땅을 취하고, 다시 한韓 땅을 병합하고 위魏 땅을 취한 다음[80] 오창敖倉[81]의 양식을 점유하고 성고 입구를 통제한다면 승패는 알 수 없게 될 것입니다."[82]

"하등의 계책은 무엇을 말하는 것이오?"

"동쪽으로 오 땅을 점령하고 서쪽으로 하채下蔡를 취하고, 다시 그들의 군수물자를 모두 월越 땅으로 옮기고[83] 자신은 서쪽 장사長沙로 가서 주둔한다면[84] 폐하께서는 베개를 높이 베고 누워 걱정 없이 주무실 수 있고 한나라에는 아무 일도 없게 될 것입니다."[85]

79  "멀리 내다보고 휴식을 취하며 힘을 비축했다가 피로한 적을 맞아 싸우고 남을 굴복시키며 싸우지 않는 전쟁이 상등의 계책이다. 그러나 당시의 실제 상황은 결코 말처럼 간단하지 않았다. 모곤의 『사기초史記鈔』에서는 '당시 노관이 연나라 왕이고 장오(마땅히 유여의劉如意라 해야 한다)가 조나라 왕이었으며 한나라가 막 천하를 평정했기에 동성인 제후왕들이 관할하고 있었다. 제 땅 제수 이북의 국경선은 대체로 개의 이빨처럼 들쑥날쑥했는데 영포가 어찌 공적을 이룰 수 있었겠는가?'라고 했다." (『사기전증』)

80  지금의 허난성 중부와 동부 일대를 점령하는 것을 말한다. 한韓은 이때 이미 회양국淮陽國에 귀속되었고, 유방의 아들 회양왕 유우劉友의 봉지였다. 지금의 허난성 신정, 정저우 일대로 이전에 한나라에 속했다. 위魏는 유방의 아들 양왕梁王 유회劉恢의 봉국으로 지금의 허난성 카이펑 일대로 이전에 위나라에 속했다.

81  오창敖倉: 진나라 때 설치된 주요 곡식 저장 창고. 위치는 지금의 허난성 싱양 북쪽 아오산敖山으로, 황하와 제수가 갈려져 흐르는 곳이다. 중원의 조세로 징수되어 배로 운반된 곡식이 이곳에서 관중과 북부 지역으로 운송됐다. 한·위 때에도 여전히 운영되었으나 지금은 황허강에 침식되어 사라졌다.

82  "중등의 계책은 적극 진공하여 유방과 천하를 다투는 태세를 말한다."(『사기전증』)

83  원문은 '귀중어월歸重於越'이다. "안사고가 말하기를 '중重은 치중輜重이다'라고 했다. 즉 치중을 모두 지금의 저장성 사오싱紹興 일대로 옮기는 것을 말한다. 사오싱紹興은 옛날에 회계會稽라 불렸고 옛 월나라의 도성이었다'라고 했다."(『사기전증』) 또한 "안사고는 말하기를 '치輜는 의거衣車(덮개 있는 수레)이고 중重은 무거운 화물을 실은 수레다. 물자를 나르는 것을 치중이라 한다'고 했다."

84  "스스로 사람들을 이끌고 장사왕에게 가는 것이다. 당시 장사왕은 오신吳臣으로 일찍이 파현 현령을 지낸 뒤에 유방으로부터 장사왕에 봉해진 오예의 아들이다. 오예는 영포의 장인이다. 하등의 계책은 완전히 소극적인 방어로 시간이 오래 걸리고 반드시 패하게 될 것이다."(『사기전증』)

85  "환담桓譚의 『신론新論』에서 말하기를 '세상에는 바둑이라는 놀이가 있는데, 어떤 사람은 병법과 같은 종류라고 말한다. 실력이 좋은 사람은 바둑의 수를 멀리 드문드문 늘어놓아 에워쌀 수 있도록 하는데 많은 것을 이루므로 승리의 국면을 쥐게 된다. 실력이 중간인 사람은 상대방의 수를 끊고 막는

황상이 물었다.

"영포는 어느 계책을 쓸 것 같소?"

영윤이 대답했다.

"하등의 계책을 쓸 것입니다."

"그가 어찌하여 상등의 계책과 중등의 계책을 취하지 않고 하등의 계책을 쓸 것이라고 하오?"

"영포는 본래 여산에서 노역을 하던 무리로, 스스로 공적을 거둬 회남왕이라는 만승의 군주가 되었습니다. 이는 모두 자신의 눈앞에 있는 이익을 도모한 것일 뿐 후대를 위하고 백성의 먼 훗날을 돌보려는 것이 아닙니다. 그렇기 때문에 그가 하등의 계책을 쓸 것이라 말씀드린 것입니다."

"좋소."

황상은 설공을 천호후千戶侯[86]에 봉하고 황자 유장劉長을 회남왕으로 삼았다.[87] 마침내 출병하여 직접 군사를 이끌고 동쪽으로 가서 영포를 정벌했다.[88]

영포는 처음 반란을 일으키기로 결정했을 때 그의 장수들에게 말했다.

"황상은 늙어서 전쟁을 싫어하니 반드시 직접 군사를 이끌고 오지 않고 다른

---

데 힘쓰며 편함을 다투고 이익을 추구하기에 승부를 한눈에 알 수 없고 의심이 생기기 때문에 수를 계산해야만 비로소 승부가 결정된다. 실력이 낮은 사람은 가장자리를 지키면서 바둑판의 가로세로 줄을 좇는 데 급급해 바둑판의 작은 수를 살리는 것을 추구하지만 또한 반드시 그렇게 되지는 않는다'고 했다. 설공이 말한 상등 계책을 살펴보면 오와 초를 점령하고 제와 노에 이어서 연과 조를 합병하는 것으로, 이는 땅을 넓히는 것을 말한다. 중등 계책은 오와 초를 점령하고 한과 위를 합병하며 성고를 막고 오창을 점거하는 것을 말하는데, 이는 요충지를 막고 이익 다툼을 추구하는 것이다. 하등의 계책은 오와 하채를 점령하고 장사를 점거하고 월 땅에 임하는 것인데, 이는 변방을 지키면서 바둑판의 가로세로 줄을 좇는 것이다."(『집해』)

86  천호후千戶侯: 진·한 시기의 작위로, 진나라 때는 20등급 중 19등급으로 열후 다음이었다. 작위는 있으나 봉지는 없었다. "유씨가 이르기를 '설공을 천호후에 봉했는데, 아마도 관내후關內侯일 것이다'라고 했다."(『색은』)

87  "이때는 앞으로 전개될 상황을 바라보며 봉한 것으로 영포를 멸망시킨 뒤에 비로소 즉위할 수 있다."(『사기전증』)

88  고조 11년(기원전 196) 7월의 일이다.

장수들을 보낼 것이다. 장수들 중에 회음후 한신과 팽월이 우려할 만한데, 지금 그들은 죽었으니 남은 자들이야 두려워할 것이 없다."

그로 인해 마침내 반란을 일으켰다. 영포는 과연 설공의 예상대로[89] 동쪽 형나라를 공격했고,[90] 형나라 왕 유가는 달아나다가 부릉富陵[91]에서 죽었다. 영포는 형나라의 모든 군대를 빼앗고 회수를 건너 초나라를 공격했다. 초나라에서는 군대를 일으켜 서현徐縣과 동현僮縣[92] 사이에서 맞서 싸웠는데, 병력을 세 갈래로 나누어 서로 돕는 기이한 작전을 펼치고자 했다.[93] 그러자 누군가 초나라 장수를 설득하며 말했다.

"영포는 용병에 뛰어나 사람들이 본래부터 그를 두려워하고 있습니다.[94] 게다가 병법에서도 말하기를 '제후가 자신의 영토에서 적과 싸울 때 위급한 상황이 발생하면 병사들은 쉽게 사방으로 도망친다'[95]고 했습니다. 지금 우리 군대를 세 갈래로 나누었는데, 적이 그중의 하나를 격파한다면 남은 두 갈래의 군대는

---

89  "유반이 말하기를 '설공은 영포가 하등의 계책을 쓸 것이라고 했지만 그 예상대로 되지만은 않았다. 영포가 형을 취하고 또 초를 패배시킨 뒤 황상과 맞닥뜨렸는데, 어찌하여 '군수 물자를 모두 월 땅으로 옮기고 자신은 서쪽 장사로 가서 주둔한다'고 말했을까?'라고 했다."(『사기지의』)

90  "설공의 예상대로 '동쪽 오 땅을 공격하다'가 맞다. '형荊'은 나라를 말한 것이고 '오吳'는 땅을 말한 것이다."(『사기전증』)

91  부릉富陵: 옛 읍으로 지금의 장쑤성 쉬이旴眙 동북쪽 지역이다.

92  서현徐縣과 동현僮縣은 모두 한나라 현으로, 서현의 치소는 지금의 장쑤성 쓰훙泗洪 남쪽으로 당시 임회군臨淮郡의 군치 소재지였다. 동현의 치소는 지금의 장쑤성 쓰훙 서북쪽이었고 당시 임회군에 소속되었다.

93  "『정의일문正義佚文』에서 말하기를 '초나라 군대가 세 곳으로 나누는 것은 서로 구원하며 기이한 계책을 사용하려 하는 것이다'라고 했다. 안사고는 말하기를 '한 곳에 집결하지 않고 세 갈래로 나누는 것은 서로 구원하며 기습 부대를 출동시키려는 것이다'라고 했다. 그 의미는 아마도 번갈아 출격하여 서로 협동하며 적의 힘을 소모시켜서 끝내는 승리를 쟁취하는 것일 것이다."(『사기전증』)

94  여기서 말하는 '사람들'은 "유방 부하의 장수와 군사들로 일반 백성을 말하는 것이 아니다."(『사기전증』)

95  원문은 '諸侯戰其地爲散地'로, 『손자병법』「구지九地」에서 인용한 것이다. '산지散地'란 본국 경내에서 적과 교전을 벌이면 사졸들이 사방으로 흩어져 각자 집으로 돌아가기 쉽다는 뜻이다. "위 무제(조조)는 『손자孫子』에 주석을 달며 말하기를 '사졸들이 본토 집을 그리워하는 데다 길이 가깝기에 쉽게 패하여 흩어진다'고 했다."(『정의』)

모두 달아날 것입니다. 그러면 어떻게 서로를 구원할 수 있겠습니까!"

그러나 말을 듣지 않았다. 과연 영포가 역량을 집중하여 그중 한 갈래 군대를 격파하자, 남은 두 갈래 군대는 싸우지도 않고 모두 흩어져 달아났다.

영포는 마침내 군사를 이끌고 서쪽으로 진격하여 황상의 군대와 기현蘄縣의 서쪽 회추會甄[96]에서 맞닥뜨렸다. 영포의 군대는 매우 정예로웠다. 황상의 군대는 용성庸城[97]에 주둔하고 보루를 쌓았는데, 멀리 영포의 군대가 포진한 것을 바라보자 진을 친 것이 옛날 항적의 군대와 같아서 황상은 매우 불쾌했다. 영포와 서로 바라보던 황상이 멀리서 물었다.

"무엇이 안타까워서 반란을 일으켰는가?"

영포가 말했다.

"황제가 되고 싶었을 뿐이오."[98]

황상은 화를 내며 욕을 퍼부었고, 마침내 크게 맞붙었다. 영포의 군대가 패해 달아났고 회수를 건넜다. 중도에 여러 차례 멈추고 교전을 벌였지만 불리해지자 하는 수 없이 100여 명과 함께 강남으로 달아났다.[99] 영포는 본래 파현의 현령 오예의 딸과 결혼했다. 나중에 오예의 아들 오신吳臣이 유방의 장사성왕長沙成王[100]이 되었는데, 오신은 사람을 보내 영포를 속여 그에게 함께 월나라로 도망

---

96 기현蘄縣은 한나라 현으로 치소는 지금의 안후이성 쑤저우 동남쪽이다. 『한서』 「지리지」에 이르기를 '수垂는 향鄉 명칭으로 고조가 영포를 격파한 곳이고, 추甄는 기현에 소속된 향 명칭이다'라고 했다.(『사기찰기』)

97 용성庸城: 옛 읍으로 정확한 위치는 상세하지 않지만 회추와는 거리가 멀지 않았을 것이다.

98 "나카이 리켄이 말하기를 '영포가 반란을 일으킨 것은 진실로 죽음에서 스스로 벗어나고자 한 것뿐이다. 그가 '황제가 되고 싶었을 뿐이오'라고 말한 것은 분노해서 과장한 말이며 진심은 아니다'라고 했다."(『사기회주고증』)

99 강남은 장강 남쪽을 말하며, 지금의 후난성 창사 일대를 가리킨다.

100 원문은 '장사애왕長沙哀王'으로 되어 있다. 「한흥이래제후왕연표」에 따르면 마땅히 '장사성왕長沙成王'이라 해야 하는데, 즉 오예의 아들 오신이다. 재위는 기원전 201~기원전 194년으로 사후에 시호를 '성成'이라 했다. 영포의 처와는 남매지간이다. 애왕哀王은 성왕成王의 아들로, 효혜 2년(기원전 193)에 왕이 되었다."(『사기전증』) 이에 따라 역자는 '장사성왕 오신'으로 번역했다.

치자고 유인했다. 영포는 이 말을 진실로 믿고 그들을 따라 파양番陽(파현)으로 갔다. 미리 매복해 있던 파양 사람들이 영포를 자향茲鄉101의 한 농가에서 죽임으로써 마침내 영포를 멸망시켰다.

황상은 아들 유장劉長을 회남왕에 봉하고, 비혁을 기사후期思侯로 봉했으며,102 여러 장수 또한 영포를 토벌하면서 공적을 세웠으므로 후侯에 봉했다.103

태사공은 말한다.

"내가 『춘추』에서 본, 초나라에 멸망당한 영英과 육六은 영포의 조상으로104 영포는 고요皐陶의 후대가 아닐까?105 그는 일찍이 형벌을 받고서도 나중에 우뚝 일어났으니 얼마나 맹렬한가! 항우가 전쟁에서 산 채로 묻어 죽인 사람이 수만 명이나106 되는데, 영포는 항상 그 악인의 우두머리였다. 비록 그의 공적이 제후들 가운데 으뜸이었고 왕으로 봉해졌지만, 그 역시 세상 사람들의 멸시와 조소는 피하지 못했다. 영포의 화근은 총애하는 애첩을 의심한 데서 시작되었고, 그 질투가 큰 재앙을 초래하여 결국 나라를 멸망하게 만들었구나!"

---

101  자향茲鄉: 파양현 북쪽에 있는 향이며, 『사기전증』에 따르면 영포의 무덤이 그곳에 있다.
102  기사후期思侯는 봉지가 기사현期思縣이다. 기사현의 치소는 지금의 허난성 화이빈淮濱 성 남쪽 지역이다.
103  "장수 가운데 봉해진 자가 6명이었다."(『한서』) "제소남齊召南이 말하기를 '「공신표」에 따르면 중모후中牟侯 선우單右, 거기후車邔侯 황극충黃極忠, 박양후博陽侯 주취周聚, 양선후陽義侯 영상靈常, 하상후下相侯 영이泠耳, 고릉후高陵侯 왕우인王虞人이 모두 영포를 공격한 공적으로 봉해졌고, 기사후 비혁과 함께 모두 칠후七侯다'라고 했다."(『한서보주』)
104  "『춘추좌전』과 「초세가」에 따르면 초나라가 영을 멸망시킨 것은 성왕成王 26년(기원전 646)이고, 육을 멸망시킨 것은 목왕穆王 4년(기원전 622)이다."(『사기전증』)
105  "고요가 죽자 고요의 후손을 영과 육 등에 봉했다."(「하본기」) "영의 도성은 지금의 안후이성 진자이金寨 동남쪽이고, 육의 도성은 지금의 안후이성 루안 동북쪽이다. 지금의 안후이성 루안현六安縣 성 동쪽 8킬로미터 지점에 고요의 사당과 무덤이 있다."(『사기전증』)
106  원문은 '천만수千萬數'다. '천千으로 세고 만萬으로 센다'는 뜻으로 지극히 많음을 말하는 관용어다. 문자 그대로 '천만 명'이라 번역하는 것은 옳지 않다.

32

# 회음후열전

## 淮 陰 侯 列 傳

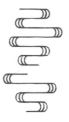

한나라 초의 걸출한 군사가인 한신의 사적을 기술한 이 편에서는 작위명으로 편명을 삼았다. 청년시절의 한신은 몸을 의탁할 곳 없이 배를 주리던 처지였으나 소하의 추천으로 유방의 대장이 되어 삼진을 평정하고 해하에서 항우를 격파하여 유방을 황제의 자리에 앉힌 인물이다. 고금을 통틀어 그의 군사적 재능에 필적할 만한 인물은 찾아보기 힘들 정도로, 유방에게 한신이 없었다면 항우를 격파할 수 없었을 것이고 당연히 천하를 얻지도 못했을 것이다. 그러나 천하를 통일하고 난 뒤에 한신이라는 존재는 유방에게 위협적인 대상이었기에 결국은 모반죄로 무기력하게 제거되고 말았다.

걸출한 군사적 재능을 갖춘 한신이 비극적 최후를 맞은 궁극적 원인은 정세를 제대로 파악하지 못한 데 있다. 유방이 항우와 팽팽한 대결을 치르며 곤란에 처했을 때 한신은 자신의 군사력을 과시하면서 제나라 왕에 봉해줄 것을 요청함으로써 언젠가 반란을 일으킬 인물이라는 의심의 씨앗을 심어주었다. 결국 항우가 죽자 한신의 병권은 즉시 해제되었고 초왕으로 옮겨졌다가 모반죄로 왕의 지위를 박탈당하고 회음후로 강등되었다. 세력을 잃은 한신은 내밀하게 진희와 내통하며 모반을 기도하다가 발각되어 삼족 멸족의 최후를 맞았다.

유방이 항우와 천하를 다툴 때 괴통은 정확한 형세 분석과 명석한 판단으로 한신에게 천하삼분天下三分의 계책을 권했으나 그는 "한나라 왕은 나를 잘 대해 주었습니다. 자신의 수레로 나를 태워주고, 자신의 옷을 내게 입혀주고, 자신의 음식을 내게 먹여주었습니다. 내가 어떻게 이익 때문에 의리를 저버릴 수 있겠습니까!"라며 제안을 거절했다. 이는 작은 의리에 얽매여 천하를 놓친 우유부단한 정세 감각을 말해준다. 사마천은 뛰어난 재능을 지녔으나 불행하게 죽은 한신에게 무한한 동정과 안타까움을 드러내면서 시기심과 잔인함으로 공신들을 해친 유방과 여후 등에 대해 분개했다.

회음후淮陰侯 한신韓信은 회음[1] 사람이다. 처음 평민이었을 때는 가난하고 행실이 제멋대로여서[2] 추천을 받아 관리가 되지 못한데다[3] 장사로 생계를 이어나갈 능력도 없어서 항상 남에게 의지해 밥을 얻어먹고 다녀서 사람들은 대부분 그를 싫어했다. 그는 일찍이 하향下鄉의 남창정南昌亭 정장亭長[4]의 집에서 몇 차례 밥을 얻어먹은 일이 있었다. 몇 달이 지나자 정장의 아내는 그를 골칫거리로 여기고 일부러 새벽에 밥을 지어 침상 이부자리에서 먹고는[5] 식사 시간에 맞춰 한신이 찾아가면 밥을 차려주지 않았다. 한신도 그 뜻을 알고 화가 나서 결국은 그 집에 가지 않았다.

어느 날 한신이 성 밖에서 낚시를 하고 있는데,[6] 강가에서 솜을 두드려 빨래

---

1   회음淮陰: "이자명李慈銘의 『월만당독사기越縵堂讀史記』에서 '한신은 역사에서 자신의 출생에 대해서 언급하지 않았는데, 아마도 한韓나라 후손일 것이다'라고 했다. 『잠부론潛夫論』에서 말하기를 '한나라가 망하고 자손들이 강회江淮 사이로 흩어졌는데, 한신은 회음 사람이므로 아마도 국國을 씨氏로 삼은 것 같다'고 했다."(『사기전증』)

2   원문은 '무행無行'이다. "이기李奇가 말하기를 '선한 행동이 없는 것이다'라고 했다."(『집해』) "나카이 리켄이 말하기를 '방종하여 조심하지 않는 것을 말한다'고 했다."(『사기회주고증』)

3   전국시대 이래로 향관鄉官이 현지의 인재를 관리로 천거하는 제도였다. 『주례』에 따르면 국가가 관리를 임용할 때 향관이 현자를 천거했다.

4   하향下鄉은 회음현에 속한 향鄉이고, 남창정南昌亭은 하향에 속한 정亭이다. 진나라 때는 10리마다 1개의 정을 설치했으며 정장亭長을 배치해 촌락의 질서를 유지하고 마을을 지나가는 관리를 접대하도록 했다. "『초한춘추』에서는 신창新昌 정장으로 기재하고 있다."(『색은』)

5   원문은 '욕식蓐食'이다. "장안이 말하기를 '일어나지 않고 침상 자리에서 먹는 것을 말한다'라고 했다."(『한서보주』)

6   "회음성은 북쪽으로 회수와 인접해 있으며 한신은 이곳에서 낚시를 했다"고 했다.(『정의』) "심흠한이 말하기를 '『일통지一統志』에서 이르기를 한신의 낚시터는 회안부淮安府 산양현山陽縣(지금의 장쑤성 화이인淮陰) 북쪽이다'라고 했다."(『한서보주』)

를 하던 부녀자들7 가운데 한 노부인이 한신이 굶주린 것을 보고 자신의 밥을 나눠줬다. 빨래를 다 하고 떠날 때까지 수십 일 동안 매일 이렇게 했다. 한신이 기뻐하며 그 노부인에게 말했다.

"내 부인께 반드시 크게 보답하겠습니다."

노부인이 화를 내면서 말했다.

"대장부가 스스로 살아가지 못하기에 내가 왕손王孫8을 가련하게 여겨 밥을 줬을 뿐인데 어찌 보답을 바라겠는가!"

회음현 시장에서 고기를 파는 백정 중에 한 젊은이가 한신을 업신여겨 싸움을 걸며 말했다.

"네놈이 비록 키가 크고 도검을 차고 다니지만 사실 속으로는 겁쟁이일 뿐이다."

그러고는 사람들 앞에서 모욕을 주었다.

"죽음이 두렵지 않다면 칼로 나를 찌르고, 죽음이 두렵다면 내 가랑이 사이로 기어가거라."

한신은 한참 그를 쳐다보더니 몸을 숙여 땅바닥에 엎드리고는 그의 가랑이 밑으로 기어 지나갔다. 시장 사람들은 모두 한신을 비웃으며 겁쟁이라고 여겼다.

항량의 군대가 회수를 건너 북상했을 때, 한신은 검 한 자루에 의지해9 그를 따르며 휘하에 있었지만 이름이 세상에 알려지지는 않았다. 항량이 패하고 죽

---

7  원문은 '제모표諸母漂'다. "위소가 말하기를 '물로 솜을 두드려 빠는 것을 표漂라 한다'고 했다."(『집해』) 모모母는 연로한 부녀자에 대한 존칭이다.
8  왕손王孫: "소림蘇林이 말하기를 '공자公子라는 말과 같다'고 했다.(『집해』) "유덕劉德이 말하기를 '진나라 말기에 많은 나라가 멸망했는데, 왕손이니 공자니 말하는 것은 그를 높인 것이다'라고 했다." (『색은』) "하작何焯이 말하기를 『박물지博物志』에 따르면 왕손과 공자는 모두 서로가 존중하는 말이다'라고 했다."(『한서보주』)
9  "안사고가 말하기를 '검 한 자루만 가졌을 뿐 여유 자본이 없었다'고 했다."(『한서보주』) 이는 알현하기 위한 금전이 없음을 말한다.

자 한신은 다시 항우를 따랐고, 항우는 그를 낭중으로 임명했다. 한신은 항우에게 여러 차례 계책을 올렸지만 항우는 채용하지 않았다. 유방이 한왕으로 봉해져 촉 땅으로 들어갔을 때,[10] 한신은 초나라 군대에서 도망쳐 유방에게 귀순했다.[11] 그러나 한신은 이름이 알려지지 않았기 때문에 연오連敖[12]라는 말단 관직을 담당하게 되었다. 나중에 법을 어겨 참형에 처해지게 되었는데, 같은 사안으로 판결을 받은 13명의 목이 베이고 한신의 차례가 되었다. 이때 한신이 고개를 들어 바라보다가 마침 등공 하후영을 발견하고 이렇게 말했다.

"한나라 왕께서는[13] 천하를 취하려고 하시지 않습니까? 어찌하여 장사壯士를 죽이려 하십니까!"

등공은 그의 말이 평범하지 않은데다 용모가 당당한 것을 보고는 그를 참수하지 않고 석방했다. 그리고 한신과 이야기를 나누고는 크게 기뻐했다. 그리하여 한신을 한나라 왕에게 소개했고, 한나라 왕은 그를 치속도위治粟都尉[14]에 임명했으나 그의 출중한 재능을 발견하지는 못했다.

한신은 소하蕭何와 여러 차례 이야기를 나누었는데, 소하는 한신을 높이 평가했다. 한나라 왕이 남정南鄭으로 향하는 도중에 도망친 장수가 수십 명이나

---

10  "유방이 관중을 떠나 남정으로 간 것으로 한나라 원년(기원전 206) 4월이다. 사실 유방 본인도 그 때까지 파와 촉에 간 적이 없었다."(『사기전증』)

11  "한신이 초나라 군대로부터 도망쳐 유방에게 귀순한 시기는 대략 한나라 원년 4월로 유방이 관중에서 남정으로 가던 도중이다."(『사기전증』)

12  연오連敖는 창고의 군량을 관리하는 관직이다. "이기李奇가 말하기를 '초나라 관직 명칭이다'라고 했다."(『한서보주』) 항우와 유방은 모두 초나라 사람이므로 대부분 초나라 관칙 명칭을 사용했다고 할 수 있다.

13  원문은 '상上'으로, 황상이라는 뜻이다. 이하 내용에서는 사마천 당대를 기준으로 계속 '황상'으로 표기하고 있으나 이 무렵의 유방은 한왕漢王이었으므로 역자는 '황상'이 아닌 '한나라 왕' 또는 '유방'으로 번역했다.

14  치속도위治粟都尉: 군량을 관장하는 중급 군관이다. 『한서』 「백관공경표」에 따르면 치속내사治粟內史가 있는데 "진나라 관직으로, 곡물과 재화를 관장했다"고 했다. "송나라 심작철沈作喆의 『우간寓簡』에서 말하기를 '진나라 관직에 치속내사가 있었는데, 고제高帝(유방)가 답습했다'고 했다."(『사기지의』)

되었다.[15] 한신 또한 소하 등이 이미 자신을 여러 번 추천했지만 한나라 왕이 자신을 등용하려 하지 않는다고 생각하고 달아났다. 소하는 한신이 도망쳤다는 말을 듣자, 한나라 왕에게 보고할 겨를도 없이 직접 그를 뒤쫓았다. 이때 어떤 사람이 한나라 왕에게 보고하며 말했다.

"승상 소하가 달아났습니다."

한나라 왕은 이 말을 듣자 몹시 화를 냈으며 양손을 잃은 것처럼 여겼다. 하루 이틀 지나자 소하가 돌아와 한나라 왕을 알현했다. 한나라 왕은 한편으로는 화가 나고 다른 한편으로는 기쁜 마음에 소하를 꾸짖으며 말했다.

"너는 무엇 때문에 도망쳤느냐?"

소하가 대답했다.

"신은 도망친 것이 아니라 도망친 자를 뒤쫓아 간 것입니다."

한나라 왕이 물었다.

"네가 뒤쫓은 자가 누구냐?"

소하가 대답했다.

"한신입니다."

한나라 왕이 다시 욕하며 말했다.

"도망친 장수들이 수십 명이나 되는데도 공公[16]이 뒤쫓은 적이 없었다. 지금 한신을 뒤쫓았다고 말하는 것은 남을 속이는 것이다."

소하가 말했다.

"다른 장수들은 모두 쉽게 얻을 수 있습니다. 그러나 한신과 같은 사람은 나라에 겨룰 만한 이가 없는 뛰어난 인물입니다. 대왕께서 오래도록 한중에서 왕

---

15 　"주수창周壽昌이 말하기를 '남정에 당도한 때는 고조 원년 여름 4월이다. 당시 패공에서 한왕이 되었고 도성은 남정이었는데, 여러 장수와 사졸들이 동쪽으로 돌아가고 싶어 했으므로 도망치는 자가 많았다'고 했다."(『한서보주』)

16 　앞 문장에서 유방은 소하를 '약若(너)'이라고 표현하다가 여기서는 '공公'이라고 했다. "'약若'이라고 하다가 '공公'이라고 바꿔 지칭한 것은 한나라 왕의 마음이 다소 누그러졌기 때문이다."(『사기회주고증』)

으로 불리는 데 만족하신다면 한신을 임용할 필요가 없습니다만, 대왕께서 반드시 천하를 다투고자 하신다면 한신이 아니고서는 함께 대사를 도모할 사람이 없습니다. 관건은 대왕께서 어떻게 하시는지에 따라 결정될 따름입니다."

한나라 왕이 말했다.

"나는 당연히 동쪽으로 확장하고자 하오. 어찌 답답하고 우울하게 이곳에 오래 머물 수 있겠소?"

소하가 말했다.

"대왕께서 반드시 동쪽으로 가고자 하신다면 한신을 중용하십시오. 그러면 한신은 머물러 힘을 다할 것입니다. 만약 대왕께서 한신을 중용하지 않으면 그는 결국 도망칠 것입니다."

한나라 왕이 말했다.

"공의 체면을 보아 내 장군으로 삼겠소."[17]

소하가 말했다.

"대왕께서 그를 장군으로 삼을지라도 한신은 반드시 머무르려 하지 않을 것입니다."

한나라 왕이 말했다.

"그러면 그를 대장으로 임명하겠소."

소하가 말했다.

"매우 다행입니다."

한나라 왕이 즉시 한신을 불러 대장으로 임명하려고 했다. 그러자 소하가 말했다.

---

**17** "유방이 마지못해 임용함을 볼 수 있다. 여기서 장군으로 임용하고자 하는 것은 한신의 재주를 아는 것이 아니며 소하의 체면을 상하게 하지 않고자 하는 것이고 소하가 도망칠까봐 걱정하는 것이다. 오견사吳見思가 말하기를 '한나라 왕이 여전히 한신을 알지 못함을 묘사한 것이다'라고 했다."(『사기전증』)

"대왕께서는 본래 사람을 대하는 데 오만하고 무례합니다. 지금 대장을 임명하면서 어린아이를 부르는 것처럼 하시니, 이것이 바로 한신이 떠나려는 까닭입니다. 대왕께서 그를 대장으로 임명하시려면 좋은 날을 선택하여 목욕재계하고 단장壇場[18]을 설치하여 예를 갖추어야 할 수 있을 것입니다."

한나라 왕이 이를 받아들였다. 장수들은 모두 기뻐하며 각자 자신이 대장으로 임명되리라 생각했다. 그러나 대장으로 임명된 자가 한신인 것을 알게 되자 전군은 모두 크게 놀랐다.

임명식을 마치자 한신을 상좌上座[19]로 청했다. 한나라 왕이 말했다.

"승상이 여러 차례 장군에 대해 말했는데, 장군은 어떤 좋은 계책으로 과인을 가르치려 하시오?"

한신은 한 차례 예의 바르게 사양하고는 한나라 왕에게 물었다.

"대왕께서 이제 동쪽으로 진군하여 천하를 다툴 상대는 항왕項王(항우)이 아니겠습니까!"

한나라 왕이 대답했다.

"그렇소."

한신이 또 말했다.

"대왕께서는 용맹하고 어질고 군대의 강성함에 있어서 항왕과 비교해서 누가 더 낫다고 생각하십니까?"

한나라 왕이 말없이 한참 있다가 말했다.

"내가 항왕만 못하오."[20]

---

18  단장壇場: 전례를 거행하는 장소로 흙을 높게 쌓는 것을 단壇이라 하고 땅을 쓸어 청소하는 것을 장場이라고 한다.

19  '상좌上坐'란 유방이 한신을 윗자리로 양보하여 앉게 한 것을 말한다. "나카이 리켄이 말하기를 '상좌는 한나라 왕의 평상시 궁전을 말하는 것으로 단상이 아니다. 단상에서 임명의 예절을 마친 다음 한나라 왕이 그를 불러들여 만나서 앉힌 것이다'라고 했다."(『사기회주고증』)

20  "항우만 못하다는 것을 분명히 알지만 입 밖으로 꺼내어 인정하지 않으려는 유방의 습성과 모습

한신이 일어나 두 번 절하고 칭송하며 말했다.

"이 한신 또한 대왕께서 그만 못하다고 생각하고 있습니다. 그러나 신이 그를 섬긴 적이 있으므로 항왕의 사람됨을 말씀드리겠습니다. 항왕이 진노하여 크게 소리를 지르면 천 명이 놀라 모두 비틀거릴 정도지만[21] 재능 있는 장수를 임용하지 않으니 한낱 필부의 용맹에 지나지 않습니다. 항왕은 사람을 대할 때 공경하고 자애로우며 말하는 것이 온화하고 다정하며, 누가 병에 걸리면 눈물을 흘리며 자신의 음식을 보내줍니다.[22] 그러나 임용한 사람이 공적을 세워 작위를 봉해야 할 때는 인장의 모서리가 닳아 둥그렇게 되도록 손에 쥐고서 내주지 못하니, 이것이 바로 여인네의 인仁이라 하는 것입니다. 항왕은 천하의 패주가 되어 제후들을 신하로 복종시켰지만, 관중에 머무르지 않고 팽성에 도읍을 건설했습니다. 그는 또 의제義帝가 먼저 관중에 진입하는 자가 관중왕關中王이 된다고 선포한 약정을 저버리고 자신이 친애하는 자들을 모두 왕으로 봉하여 제후들이 대부분 그에게 불만을 품었습니다. 제후들은 항왕이 의제를 강남으로 내쫓는 것을 보고, 그들 또한 모두 자신의 봉국으로 돌아가서 원래 군주를 쫓아내고 자신들이 좋은 땅을 차지하고는 왕이라 칭했습니다.[23] 항왕의 군대가 지나

을 볼 수 있다. 「항우본기」에 따르면 '장량이 말하기를 '대왕께서는 스스로 헤아리기에 우리 군대가 항왕을 대적할 수 있다고 생각하십니까?'라고 하자, 패공이 묵묵히 한참 있다가 말하기를 '당연히 대적할 수 없소. 어떻게 해야겠소?'라고 했다'고 했는데, 이와 같은 것이다."(『사기전증』)

21  원문은 '폐廢'다. "맹강孟康이 말하기를 '폐廢는 복伏(엎드리다)이다'라고 했고, 장안이 말하기를 '폐廢는 언偃(뒤로 자빠지다)이다'라고 했다."(『색은』) "복伏은 앞으로 향해 엎드리는 것을 말하고, 언偃은 뒤로 향해 자빠지는 것을 말한다. 대개 의미는 틀리지 않지만 사실은 모두 정확하지 않다. 폐는 힘이 빠져 축 늘어지다, 비틀거리다의 의미다."(『사기전증』)

22  "범증이 말하기를 '군왕(항우)께서는 마음이 너무 여리시다'고 했다."(「항우본기」) "고기高起와 왕릉王陵이 말하기를 '항우는 사람됨이 어질고 남을 사랑한다'고 했다."(「고조본기」)

23  "제소남齊召南이 말하기를 '제후들이 돌아가 그들의 군주를 쫓아내고 스스로 왕이 되어 좋은 땅을 차지했다. 즉 전도는 임치왕, 전불은 제북왕, 장도는 연왕, 사마앙은 은왕, 장이는 상산왕이 되어 모두 그곳의 옛 왕들을 옮겼다'고 했다."(『한서보주』) "제소남의 말이 맞다면 여기서 '자신의 봉국으로 돌아와 원래의 군주를 쫓아냈다'고 한 것은 타당하지 않다. 모두 항우가 분봉한 것이지 제후들이 각자의 나라로 돌아가 제멋대로 행한 것은 아니다."(『사기전증』)

간 곳은 잔인하게 유린되고 파괴되지 않은 곳이 없기에 천하 사람들은 대부분 그를 원망하고 백성도 그를 친근하게 따르지 않습니다. 다만 그의 강대한 위세에 억눌려 감히 반항하지 못할 따름입니다. 항왕은 비록 패주로 불리고 있지만 실제로는 천하의 인심을 잃었기에 그의 강성함은 약화되기 쉽다고 말씀드리는 바입니다. 지금 대왕께서 진실로 항왕과 정반대의 방법을 채용하고 천하의 용감하고 싸움 잘하는 사람들을 임용한다면[24] 멸망당하지 않을 적이 어디 있겠습니까! 천하의 성읍에 공적 있는 대왕의 신하들을 봉한다면[25] 정복하지 못할 적이 어디 있겠습니까! 대왕께서 의병義兵을 이끌고 동쪽으로 돌아가고자 하는 병사들과 함께 진격한다면[26] 달아나지 않을 적이 어디 있겠습니까! 게다가 삼진왕三秦王[27]은 본래 진나라 장수들로 그들이 진나라의 자제를 통솔한 지 몇 년이 지났는데, 그동안 전사하고 도망친 자가 그 수를 헤아릴 수 없을 정도입니다. 또한 그들은 병사들을 기만하여 제후에게 투항하게 하고 신안新安에 왔으나 항왕은

---

24  앞서 항우는 '재능 있는 장수를 임용하지 않았다'고 했고, 유방은 지금 '천하의 용감하고 싸움 잘하는 사람을 임용할 수 있다면'이라고 하여 서로 상반되는 방법이다.

25  앞에서 항우는 '임용한 사람이 공적을 세워 작위를 봉해야 할 때는 인장의 모서리가 닳아 둥그렇게 되도록 손에 쥐고서 내주지 못한다'고 했으니, 지금 유방이 '천하의 성읍에 대왕의 공적 있는 신하들을 봉한다'고 하는 것은 정반대의 방법을 사용하는 것이다.

26  "'의병義兵'은 현재 유방이 보유하고 있는 모든 병력을 가리킨다. '동쪽으로 돌아가고 싶어하는 병사'는 집이 패현 주위에 있으며 최초로 유방을 따라 진나라에 반기를 들고 일어난, 그러나 지금은 집으로 돌아가고 싶어 하는 노병老兵을 가리킨다."(『사기전증』) "한나라 왕이 한중으로 갔을 때 항왕은 단지 그에게 3만 명만 데리고 가게 했는데, 그 밖에 항우와 기타 장수들이 이끄는 부하 중에 한나라 왕을 따라 한중으로 들어가기 원하는 자가 수만 명이었다. 한나라 왕은 두현(지금의 시안 서남쪽) 성 남쪽에서 식중蝕中(북쪽은 두현으로, 남쪽은 지금의 안캉安康으로 이어지는 고갯마루) 산길로 진입했다. 가는 길에 외줄기 잔도를 통과할 때마다 다리를 불태워 끊게 했다. 다른 제후의 군대 및 도적의 습격을 피하는 동시에 항우와 천하를 다툴 뜻이 없음을 보여준 것이다. 한나라 왕이 함양에서 남중까지 이르는 길에 수많은 장수와 사병들이 대오를 이탈하여 도망쳤고, 남은 사졸들도 고향을 그리워하는 노래를 불렀다."(「고조본기」)

27  삼진왕三秦王: 장함, 사마흔, 동예를 말한다. 세 사람 모두 진나라 장수였는데, 나중에 항우에게 투항했다. 항우가 함곡관을 진입한 후 장함을 옹왕, 사마흔을 새왕, 동예를 적왕에 봉했다. 세 나라가 모두 옛 진나라 땅이었으므로 세 사람을 삼진왕이라 부른다.

이들 진나라의 항복한 사졸 20여만 명을 속이고 생매장했습니다.[28] 오직 장함, 사마흔司馬欣, 동예董翳만이 죽음을 면했으니, 진나라 땅의 부모 형제들이 이 세 사람을 원망하는 마음은 뼛속 깊이 사무친 것입니다. 지금 초나라 왕 항우는 자신의 위력에 의지해 억지로 이 세 사람을 왕으로 봉했지만, 진나라 땅 백성 가운데 그들을 좋아하는 사람은 없습니다. 그러나 대왕께서는 당초에 무관武關으로 진입한 뒤[29] 털끝만큼도 백성을 침해하지 않았고, 진나라의 가혹한 법령을 폐지했으며, 진나라의 백성과 약속하여 법삼장法三章[30]만을 두기로 했으니, 진나라 땅 백성 가운데 대왕께서 진나라 땅에 남아 왕이 되기를 바라지 않는 이가 없습니다. 제후들 간의 약정에 따라 대왕께서는 관중에서 왕이 되어야 마땅하며, 관중의 백성 또한 이것을 알고 있습니다. 지금 대왕께서 관중왕의 권리를 항왕에게 빼앗기고 한중으로 옮겨가자 진나라 땅 백성 가운데 이에 대해 분개하지 않는 이가 없었습니다. 이제 대왕께서 군대를 일으켜 동쪽으로 진군하시면 삼진은 격문을 전하는 것만으로도 평정할 수 있을 것입니다."

한나라 왕은 크게 기뻐했으며, 자신이 한신을 너무 늦게 알게 되었다고 생각했다. 그리하여 한신의 계책에 따라 임무를 나누고 각 임무를 책임질 장수들을 파견했다.


한나라 원년(기원전 206) 8월, 한나라 왕은 군사를 일으켜 진창陳倉으로부터

---

28 「항우본기」에 따르면 거록 전투 이후 장함이 20여만 명의 진나라 군사를 이끌고 항우에게 투항했고, 항우는 이들을 이끌고 관중으로 향했다. 신안新安(지금의 허난성 몐츠 동쪽)에 이르렀을 때 이들 항복한 병사들이 원망하는 말을 듣고 항우는 한밤중에 그들을 모두 신안성 남쪽에 생매장시켰다.

29 유방이 관중을 점령한 것을 가리킨다. 무관은 진나라의 남쪽 관문으로, 유방이 무관을 공격해 점령한 것은 진 2세 3년(기원전 207) 8월이고, 유방이 함양으로 진입한 때는 한나라 원년 10월(당시는 10월을 세수로 삼았다)이었다.

30 법삼장法三章: 약법삼장約法三章이라고도 하는데, 유방이 함양을 점령하고 원로들과 법삼장을 약속한 사실, 또는 그 법삼장을 가리킨다. "사람을 살해한 자는 사형에 처하고, 사람을 다치게 하거나 남의 물건을 훔친 자는 죄에 따라 처벌한다"는 내용이다.

동쪽으로 나가[31] 삼진을 평정했다.[32] 한나라 2년(기원전 205)에 한나라 왕은 함

곡관을 나와 위魏나라와 하남국河南國을 수복했고,[33] 한왕韓王 정창鄭昌과 은왕

사마앙도 모두 투항했다.[34] 그리하여 다시 제나라, 조나라의 군대와 함께 초나

라를 공격했다.[35] 4월 팽성에 이르렀으나 한나라 군대는 패해 흩어져 돌아왔

다.[36] 이때 한신이 패해 흩어진 병사를 다시 모아 한나라 왕과 형양에서 만나

31　진창陳倉은 진나라 현으로 치소는 지금의 산시陝西성 바오지寶雞 동쪽 지역이다. 관중과 한중 사
이에 위치하며 역사적으로 전략적 교통의 요지였다. "유방이 한중을 나가 항우와 천하를 다투는데, 방
향을 '동쪽으로 나갔다'고 했다. 그러나 진령秦嶺을 넘어 진창으로 나갔다고 한다면 동쪽으로 나갈 수
없고 북쪽으로 나갔다고 말해야 한다. 진창은 남정의 정북방에 있다. 또 여기서 '8월'에 진창으로 나갔
다고 한 부분에 대해『한서』「고제기」에서는 '5월에 한나라 왕은 병사를 이끌고 고도故道(지금의 산시
陝西성 펑현鳳縣 동북쪽)로부터 돌아갔다'고 했다. 그러나 이것은 절대로 불가능한 일이다.『통감』에서
는 8월이라고 했는데, 이 말이 맞다. 유방은 4월에 남정에 당도했고 8월에 고도로부터 나갔으니 한중
에는 최대 3개월밖에 있지 않았다."(『사기전증』)
32　이해 8월에 "장함이 폐구를 지키자(11개월 동안 지켰다) 한나라가 그를 포위했다. 사마흔이 한나라
에 항복하여 봉국(새국)이 취소되었다. 동예가 한나라에 항복하여 봉국(적국)이 취소되었다."(「진초지제
월표」) 장함을 제외한 나머지 삼진의 광대한 땅은 이미 한나라에 귀속되었다.
33　위왕 표가 관할하던 위 땅과 신양이 관할하던 하남을 말한다. 신양은 원래 장이의 신하로, 항우
가 함곡관으로 진입할 때 항우에게 귀속되었고 하남왕에 봉해졌다. "한나라 왕은 한중에서 돌아오는
길에 삼진을 평정하고, 이어서 임진에서 황하를 건너게 되었는데, 위나라 왕 표는 위나라를 바쳐 한나
라 왕에게 귀순했다."(「위표팽월열전」) "한나라 왕이 동쪽으로 진군하여 각 제후들을 수복했는데, 이때
새왕 사마흔과 적왕 동예 그리고 하남왕 신양이 모두 투항했다."(「고조본기」)
34　「고조본기」에 따르면 정창은 투항한 것이 아니라 한신에게 격퇴되었고, 사마앙 또한 한나라 군대
에 의해 사로잡혔다. 한나라 2년 3월의 일이다. 유방이 삼진을 평정한 뒤 항우는 정창을 한왕에 봉하고
양적陽翟(지금의 허난성 위저우禹州)에 도읍을 건설하게 했고, 한나라 군대에 저항하도록 했다. 이때 유
방은 한신을 파견해 정창을 격퇴시켰다. 사마앙은 원래 조나라 장수였는데, 항우가 그를 은왕에 봉하
고 조가에 도읍을 건설했다. 이때 한나라에 포로로 잡혔다.
35　제나라는 제왕 전영과 그의 동생 전횡 등을 가리킨다. 조나라는 조왕 헐과 그의 상국 진여를 가
리킨다. 이들은 항우로부터 분봉을 받지 못하자 항우가 봉한 제왕과 조왕을 쫓아내고 스스로 왕이 되
었다. 그들은 유방이 동쪽에서 항우의 병력을 제지하고 삼진을 평정한 후 중원을 수복하는 데 유리한
조건을 제공했다. "『서한연기고이西漢年紀考異』에서 이르기를 '초나라가 성양城陽에서 제나라를 공격
했는데, 제나라가 어떻게 한나라 군대가 팽성으로 진입하는 것을 도울 수 있는가? 제라는 글자는 후세
사람이 제멋대로 첨가한 것이다'라고 했다."(『한서보주』) "유방과 제, 조의 협력은 일종의 전략상 호응일
뿐 반드시 파병하여 종군하는 것을 가리키는 것은 아니다."(『사기전증』)
36　「항우본기」에 따르면 항우가 제 땅에서 전횡의 견제를 받는 틈을 이용해 유방은 각 제후의 56만
군대를 이끌고 팽성을 공격했다. 항우는 이 소식을 듣고 3만 명을 이끌고 밤새 달려와 팽성 서쪽에서
유비의 군대를 기습하여 대파했고 유방은 참패하여 돌아갔다. "팽성의 전투는 그 패배가 매우 비참했

경京과 삭索[37] 사이에서 초나라 군대를 격파하여 서쪽으로 진격하는 초나라 군대의 기세를 저지했다.

한나라 군대가 팽성에서 패해 물러난 뒤 관중의 새왕 사마흔과 적왕 동예가 다시 한나라 군대에서 도망쳐 초나라 군대에 항복했고,[38] 제나라와 조나라도 한나라를 배반하고 초나라와 화친을 맺었다.[39] 6월[40]에는 위나라 왕 표가 모친의 병을 돌본다는 핑계로 휴가를 얻어 위나라로 돌아가더니 도착하자마자 하관河關[41]을 폐쇄하고 한나라 왕을 배반하고는 초나라와 화친을 맺었다. 한나라 왕이 역생酈生을 보내 위나라 왕 표를 설득했지만 그는 듣지 않았다.[42] 그해 8월에 한나라 왕은 한신을 좌승상으로 삼아 군대를 이끌고 가서 위나라 왕 표를 토벌하도록 했다. 위나라 왕 표는 군대를 포판蒲坂[43]에 집중시켜 지키면서 임진관臨晉關

는데, 잘못이 누구에게 있는지 『사기』 각 편에서는 분명하게 밝힌 바가 없다. 곽숭도는 말하기를 '한나라 왕이 임진에서 황하를 건너고 다섯 제후를 위협해 병력을 팽성으로 진입시켰는데, 한신에게까지 미치지는 않았다. 당시의 정황을 보면 한신을 대장으로 임명하고 각각의 임무를 책임질 장수들을 파견했다면 삼진을 평정한 것은 한신으로, 고조가 직접 간 것은 아니다. 삼진을 평정하자 고조는 직접 팽성으로 가서 항우와 맞섰고 형양, 경, 삭 사이에서 서로 대치하여 초나라와 승패를 다투었다. 한신은 황하를 건너 위나라를 공격하고 조와 제를 공격했기 때문에 시종 고조와 함께 항우를 공격하지는 않았고, 해하에 이르러서야 비로소 항우와 대적하기 시작했다'고 했다. 곽숭도의 견해가 맞다."(『사기전증』)

37  경京은 지금의 허난성 싱양 동남쪽 지역이고, 삭索은 지금의 싱양이다.

38  "다른 제후들은 도망쳐 자신의 나라로 돌아갔지만 사마흔과 동예의 나라는 유방에게 멸망당했기 때문에 단신으로 항우에게 투항했다."(『사기전증』)

39  "유방이 팽성에서 궤멸된 뒤 진여는 한나라를 배반했고 유방은 장이를 죽이지 않았다. '초나라와 화친을 맺었다'고 했는데, 역사에서 명확히 밝혀진 것은 없다. 제나라의 전횡은 당시 초나라와 화친을 맺는 것이 불가능했을 것이다."(『사기전증』) "제나라는 초나라와 화친을 맺지 않았고, 여기서 제나라 글자는 불필요한 글자다."(『한서보주』)

40  "「고조본기」에서는 마땅히 5월로 해야 한다."(『사기지의』) 「진초지제월표」에서도 5월로 쓰고 있다.

41  하관河關: 황하의 나루터로, 포진관蒲津關을 말한다. 임진관臨晉關이라고도 한다. 지금의 산시陝西성 다리大荔 동쪽의 황하 서쪽 기슭. 위왕 표가 하관을 끊은 것은 한나라 군대가 위나라 경계로 진입하는 것을 저지하기 위해서다.

42  「위표팽월열전」에 따르면 위왕 표는 "지금 한나라 왕은 오만하여 다른 사람을 모욕하고, 제후와 신하들을 욕하고 꾸짖기를 자신의 노예에게 욕하듯이 하며 위아래의 어떠한 예절도 없소"라고 말하며 유방을 따르지 않았다.

43  포판蒲坂: 지금의 산시山西성 융지永濟 서쪽의 황하 동쪽 연안이다. 황하를 사이에 두고 임진관과 마주하고 있다.

을 막았다. 한신은 의병疑兵[44]을 세워 군사가 많은 것처럼 꾸미고 배를 배치시켜 임진에서 황하를 건널 것처럼 하고는 은밀히 군사를 하양夏陽으로 북상시켜 목앵부木罌缻를 이용해 황하를 건너서[45] 다시 남하하여 위나라의 도성 안읍安邑을 기습했다. 위나라 왕 표는 이 소식을 듣고 깜짝 놀라 군사를 이끌고 북상하여 한신을 맞아 싸웠지만, 한신은 표를 사로잡고 위나라를 평정하여 위나라 땅에 하동군河東郡[46]을 설치했다. 한나라 왕은 다시 장이를 파견해 한신과 협동하면서[47] 군사를 이끌고 동북쪽으로 진격하여 조나라와 대代나라를 공격하도록 했다.[48] 윤 9월[49] 그들은 대나라 군대를 격파하고 어여閼與[50]에서 대나라의 상국 하열夏說을 사로잡았다. 한신이 위나라를 정벌하고 대나라를 격파하자, 한나라 왕은 즉시 사자를 보내 그의 정예 부대를 옮겨 형양으로 가서 초나라 군대에 저

44  의병疑兵: 떠벌리며 허세를 부리고 적을 미혹시키기 위해 배치한 군대를 말한다.

45  하양夏陽은 진나라 현으로, 치소는 지금의 산시陝西성 한청韓城 서남쪽이다. 목앵부木罌缻란 술이나 물을 담는 용기로, 이것을 여러 개 묶고 그 위에 나무판자를 깔아 강을 건널 수 있게 만든 기구다. "황하 물살이 센데 어떻게 목앵부를 이용해 건널 수 있겠는가? 마땅히 부교浮橋를 만들어야 하는데 앵부罌缻 위에 나무판자를 깔아야 가벼워 건널 수 있으며, 또한 양쪽 연안의 통로로 끌어오기에 좋다."(『사기찰기』)

46  하동군河東郡: 치소는 안읍安邑이다. 『중국전쟁사』에서 이르기를 '안읍 전쟁은 한漢과 위魏 양군이 사용한 병력도 크지 않고 규모도 비교적 작은 전투였다. 그러나 당시의 전시 상황을 보면 지극히 큰 영향을 끼쳤다. 한나라 군대는 위나라에 속한 하동, 태원 등의 군을 점령함으로써 조趙와 대代를 다스릴 수 있었고, 연燕과 제齊로 진공하여 북쪽에서부터 초나라를 포위하는 우월한 전략 태세를 형성하게 되었다'고 했다.(『사기전증』)

47  장이를 파견해 한신과 함께 북부 전선을 공략하도록 함과 동시에 한신을 감시하도록 한 것이다.

48  당시 조나라의 왕은 조헐이었고 진여는 상국이었으며 도읍은 양국襄國이었다. 대나라는 조헐이 진여를 대왕에 봉했는데, 진여는 조헐을 보좌하기 위해 조나라에 머물러 있었고 하열夏說을 파견해 대나라 상국으로 삼아 대리하게 했다. "한신은 위나라 왕 표를 포로로 잡고 하동군을 평정하자 사람을 보내 한나라 왕에게 요청하기를 '원컨대 군사 3만 명을 더해주시면 신 북쪽으로 연나라와 조나라를 점령하고 동쪽으로 제나라를 공격하며 남쪽으로 초나라의 군량 운송로를 끊고 서쪽으로 향해 대왕과 형양에서 회합하겠습니다'라고 했다. 한나라 왕은 군사 3만 명을 주고 장이를 파견해 한신과 함께 군사를 진격시켜 조나라와 대나라를 공격하게 했다."(『한서』「한신전」) "『사기』에는 이 내용이 없지만 한신이 위·대·조·연·제를 취하는 것은 예정된 연속 활동이었던 것 같다."(『사기전증』)

49  한나라는 처음에 진나라 역법을 승계하여 사용했는데 10월을 세수로 삼았다. 한 해의 마지막 달에 윤달을 설치했으므로 윤 9월이라고 한 것이다.

50  어여閼與: 진나라 현으로 치소는 지금의 산시山西성 허순和順이다.

항하도록 했다.[51]

한신과 장이는 수만 명의 병사를 이끌고 동쪽으로 정형井陘을 나가 조나라로 진공하려 했다.[52] 조나라 왕 조헐과 성안군 진여는 한나라 군대가 장차 자신들을 기습해올 것이라는 소식을 듣자 군사를 정형 입구에 집결시켰는데, 그 수가 20만 명이라고 했다. 이때 광무군光武君 이좌거李左車가 성안군을 설득하며 말했다.

"듣기로는 한나라 장수 한신은 서하西河를 건너서[53] 위나라 왕 표를 포로로 잡고 하열을 생포하고 최근에는 어여를 피로 물들였다고 합니다. 이제 또 장이의 협조를 받아 우리 조나라를 함락하려 준비하고 있는데, 이것은 본토에서 멀리 떠나 승세를 잡아 전진하는 기세로 그 칼끝의 예리함을 감당할 수 없습니다. 제가 든건대 '천리 먼 거리에서 양식을 운송하면 전방의 병사들에게는 굶주린 기색이 돌고, 땔나무와 풀을 벤 다음에야 밥을 지으면 군사들이 항상 배불리 먹을 수 없다'[54]고 합니다. 지금 정형의 길은 폭이 좁아 수레 두 대가 나란히 갈 수 없고 기병[55]도 대열을 이루어 지날 수 없습니다. 한신의 군대는 이런 길로 수백 리를 와야 하기 때문에 형세로 보아 양식은 반드시 뒤쪽에 있을 것입니다. 족하께서 제게 기습부대 3만 명만 빌려주신다면 지름길로 가서 그들의 양식 운송부대[56]를 끊어놓겠습니다. 족하께서는 정면에서 단지 도랑을 깊이 파고 보루

---

51  "앞의 주석에서 언급한 『한서』「한신전」의 내용과 상반된다. 『한서』에서는 유방이 한신에게 군사 3만 명을 더해줬다고 했는데, 『한서』 자체도 앞뒤가 모순된다."(『사기전증』)

52  "이상 책에서는 '한나라 3년'을 표기하지 않았다."(『사기지의』)

53  원문은 '섭서하涉西河'로, '섭涉'은 배와 노 없이 건너는 것을 말한다. 한신이 목앵부를 이용해 황하를 건너 위나라의 도성 안읍을 기습한 사건을 말한다. 여기서 서하란 산시山西성 남부와 산시陝西성 경계의 황하를 가리킨다.

54  "심흠한이 말하기를 '이 네 구절은 황석공黃石公의 『삼략三略』 중 「상략上略」에 보인다'고 했다."(『한서보주』)

55  원문은 '기騎'인데, 기병騎兵을 말한다. 사람 한 명 말 한 필을 합쳐서 '일기一騎'라고 한다.

56  원문은 '치중輜重'이다. 병기, 군량과 마초, 피복 등의 물자를 실은 수레를 말한다. 역자는 '치중'을 '물자나 양식 운송부대'로 번역했다.

를 높이 쌓아 군영을 굳게 지키기만 하고 한나라 군대와 싸움을 벌이지 마십시오. 그러면 저들은 전진하여 싸울 수도 없고 뒤로 물러나려 해도 돌아갈 수 없게 될 것입니다. 이때 우리 기습부대가 퇴로를 끊으면 그들은 황량한 들판에서 어떠한 먹을 것도 약탈할 수 없게 되어 열흘도 안 되어 한신과 장이 두 장수의 수급을 휘하에 바칠 수 있습니다. 군께서는 제 계책을 고려해주십시오. 이렇게 하지 않으면 우리는 반드시 그들 두 장수에게 사로잡히게 될 것입니다.”

성안군 진여는 유생儒生인지라 언제나 의로운 군대라고 일컬으면서 간교하게 꾀를 쓰거나 예상을 뒤엎는 기이한 계책은 사용하지 않았다. 그는 이좌거에게 말했다.

“내가 듣건대 병법에서 이르기를 ‘병력이 적보다 열 배가 넘으면 적들을 포위하고 두 배가 되면 교전하라’[57]고 했소. 지금 한신의 군대는 수만 명이라고 하지만 실제로는 수천 명에 불과하오.[58] 게다가 1000리나 되는 먼 길을 와서 우리를 습격하니 그들은 이미 매우 지쳐 있을 것이오. 지금 이와 같은 적을 피하고 공격하지 않는다면 앞으로 더 강대한 적이 쳐들어왔을 때 우리가 어떻게 대응하겠소![59] 우리가 공격하지 않으면 각 제후들이 모두 우리를 겁쟁이라 여기고 쉽게 우리를 공격할 것이오.”

그리하여 광무군 이좌거의 계책을 듣지 않고 채용하지 않았다.[60]

---

57 “용병의 원칙은 적보다 병력이 열 배면 적을 포위하고 다섯 배면 적을 공격하며 두 배면 적의 병력을 분산시킨다. 병력이 적과 대적할 만하면 상황에 맞게 싸움을 결정할 수 있고 병력이 적보다 적으면 퇴각을 고려하며 적보다 못하다면 결전을 피해야 한다.”(『손자』 「모공謀攻」)

58 “한신이 위와 대를 격파한 뒤에 얼마의 군사를 보유하고 있었는지 역사에서는 분명하게 언급한 것이 없다. 유방이 또 3만 명을 부태췄으니 총 군사의 수는 석어도 5~6만 명이다. 진여가 수천 명에 불과하다고 말한 것은 적을 가볍게 여긴 것이다.”(『사기전증』)

59 원문은 ‘何以加之’다. 『한서』에서는 ‘何以距之’로 기재하고 있다. ‘수정본’ 또한 이 부분을 지적했기에 역자는 『한서』의 표기에 따랐다.

60 원문은 ‘不廳廣武君策, 廣武君策不用’로, 직역하면 “광무군 계책을 듣지 않고, 광무군 계책을 채용하지 않았다”가 된다. “뒤의 여섯 글자는 불필요한 글자다. 당연히 후세 사람이 뒤에 나오는 문장인 ‘광무군 이좌거의 계책을 받아들이지 않은 것을 알고는~’ 구절에 붙여야 하는데, 잘못하여 여기에 붙

한편 한신은 사람을 보내 은밀하게 진여의 동향을 정탐하게 했는데, 그는 진여가 광무군 이좌거의 계책을 받아들이지 않은 것을 알아내어 돌아와 한신에게 보고했다. 한신은 크게 기뻐하며 군사를 이끌고 과감하게 정형 입구를 지나 동쪽으로 내려가기로 결심했다. 정형 입구에서 30리 떨어진 곳에서 멈추어 휴식을 취했다. 한밤중이 되자 가볍게 무장한 기병 2000명을 선발하고 그들에게 각자 붉은 깃발을 들려준 뒤 샛길을 따라 산 위로 올라가 숨어서 조나라 군대를 감시하게 했다. 한신은 그들에게 당부했다.

"조나라 군사는 우리가 달아나는 것을 보면 반드시 보루를 비워두고 총동원하여 우리 뒤를 쫓을 것이다. 그러면 너희는 그 틈을 이용해 신속하게 조나라 보루로 들어가 조나라 군의 깃발을 뽑아버리고 한나라 군대의 붉은 깃발을 꽂도록 하라."

또 비장裨將(부장)들을 시켜 전군에게 밥을 조금만 먹게 하도록 지시했다.

"오늘 조나라 군대를 격파한 다음에 다시 아침밥을 먹겠다!"

장수들은 아무도 그 말을 믿지 않았고 응하는 척하며 말했다.

"좋습니다."

한신은 군리軍吏에게 말했다.

"조나라 군대가 앞서 유리한 지세를 점령하여 보루를 세웠다. 그들은 우리 대장기와 북을 확인하기 전에는 우리의 선두부대를 공격하지 않을 것이다. 그것은 선두부대를 쳤다가 후속부대가 돌아갈까 걱정하기 때문이다."[61]

한신은 이에 군사 1만 명을 먼저 보내 정형 입구를 나가서 강을 건넌 후 강을 등지고 진을 치도록 했다.[62] 조나라 군대는 이를 바라보더니 크게 비웃었다.

인 것이다."(『찰기』) 『한서』에도 이 여섯 글자가 없으며, '수정본'에서도 이 부분을 지적하고 있다.

61 "나카이 리켄이 말하기를 '조나라 군대가 반드시 선두부대를 공격하지 않겠다는 것은 한신이 중도에 철수하여 사로잡아 죽일 수 없게 될까봐 걱정하는 것이다. 그들은 반드시 대장기와 북을 봐야 출병할 것이다'라고 했다."(『사기회주고증』)

62 "면만수緜蔓水로 부장阜將이라고도 하고 회성洄星이라고도 하는데 병주幷州에서 흘러 정형 경계

동틀 무렵 한신이 대장의 깃발을 세우고 전고戰鼓를 늘어놓고는 북을 두드리면서 정형 입구를 나섰다. 그러자 조나라 군대가 보루 문을 열고 나왔고, 양군은 한동안 격전을 벌였다. 한신과 장이가 거짓으로 북과 깃발을 버리고 강가의 진지로 달아났고, 강가 군영에서는 문을 열어 그들을 맞아들인 후 다시 조나라 군과 격전을 벌였다.[63] 한나라 군대가 패하는 것을 본 조나라 군대는 과연 보루를 비우고 한나라 군의 북과 깃발을 빼앗으려 서로 앞 다투어 한신과 장이를 추격했다. 한신과 장이의 군대가 강가의 진지로 들어간 뒤에는 한나라 군대가 죽기를 각오하고 싸웠으므로 조나라 군대는 그들을 물리칠 수 없었다. 이때 한신이 미리 내보냈던 기습부대 2000명은 산 위에서 조나라 군사들이 보루를 비우고 전리품을 좇아 나오기를 기다렸다가 즉시 조나라 보루로 달려 들어가 조나라 깃발을 뽑아버리고 한나라 군대의 붉은 깃발 2000개를 꽂았다. 조나라 군대는 승리하지도 못하고 한신 등도 사로잡을 수 없게 되자 보루로 돌아가려 했다. 그러나 보루에 온통 한나라의 붉은 깃발이 꽂힌 것을 보고 크게 놀랐으며 한나라 군이 이미 조나라 왕과 장수들을 사로잡았다는 생각으로 큰 혼란에 빠진 병사들은 사방으로 흩어져 달아났다. 조나라 장수들이 달아나는 병사들을 베어 죽임으로써 막으려 했으나 제지할 수 없었다. 한나라 군대는 안팎으로 협공하여 조나라 군대를 대파하고 병사들을 포로로 잡았으며 성안군 진여를 지수泜水 가에서 참살하고 조나라 왕 헐을 사로잡았다.[64]

---

로 유입된다. 즉 한신이 배수진을 쳐서 사지로 빠드린 곳이 바로 이 강이다."(『정의』)

63  원문은 '복질전復疾戰'이다. "유봉세가 말하기를 '이 세 글자는 불필요한 글자다'라고 했다."(『한서보주』) "이 세 글자는 확실히 아래 문장의 '한나라 군대가 모두 죽기를 각오하고 싸우다'와 중복된다. 그러나 『한서』와『자치통감』에서는 삭제하지 않았다."(『사기전증』)

64  "정형에서 조나라를 격파하고 지수에서 진여를 참수하고, 또 조나라 왕 헐을 추격해 양국에서 죽였다."(『장이진여열전』) "『중국전쟁사』에서 이르기를 '정형 전투는 유방과 항우 간의 패권을 다투는 1차 관건의 전투로, 유방군은 이 전쟁에서 위를 격파하고 조를 멸망시키고 연을 항복시킴으로써 북방과 서북 두 방면에서 항우를 전략적으로 포위하는 유리한 형세를 만들고 자신의 주요 전장인 초와의 작전에서 측면 위협을 제거했다. 다른 한편으로 유방군은 연과 조 등지에서 대량의 인력과 물력 자원을 획득하여 주요 전장에 보급함으로써 작전의 활력을 강화시킬 수 있었다'고 했다."(『사기전증』)

한신은 군중에 명령을 내려 광무군 이좌거를 죽이지 못하게 하고는 그를 사로잡는 자에게 천금의 상금을 주겠다고 했다. 그러자 누군가 이좌거를 사로잡아 묶어서 휘하로 끌고 왔다. 한신은 직접 묶인 밧줄을 풀어주고 그에게 동쪽을 향해 앉게 하고 본인은 서쪽을 향하여 마주보며 스승을 맞는 예절로 대했다.[65]

장수들은 일일이 적의 수급과 포로를 바치며 한신에게 승리를 축하한 뒤, 한신에게 물었다.

"병법에서 말하기를 '진을 펼칠 때는 오른쪽과 등 뒤는 산을 의지해야 하고 앞쪽과 왼쪽으로는 물을 가까이하라'[66]고 했습니다. 그런데 오늘 장군께서는 도리어 저희에게 등 뒤로 물에 의지해 진을 치라 하고 조나라 군대를 격파한 뒤에 다시 아침밥을 먹자고 말씀하시기에 저희 모두는 속으로 승복하지 않았습니다. 그러나 결국 장군의 말씀대로 승리를 거두었으니, 이것은 무슨 전술입니까?"

한신이 말했다.

"이 전술도 병법에 있는데 단지 여러분이 주의해서 읽지 않았을 뿐이오. 병법에 '사람을 죽을 곳에 두어야 비로소 살릴 수 있고, 사람을 궁지에 두어야 비로소 생존할 수 있다'[67]고 말하지 않았소? 게다가 지금 내가 통솔하는 군대는 본래 내가 훈련시킨 부하 장수와 사졸들이 아니기에 그들에 대한 어떠한 은정이 없소. 그래서 '시장에 모인 사람들 같은 아무런 관계없는 오합지졸을 몰아다가 싸우게 한 것과 같다'고 말할 수 있소. 이 같은 형세에서 그들을 죽을 곳에 두

---

65 "전국, 진·한 시기에는 제왕이나 관장官長(행정 단위의 주관 장관)이 대전에 오르거나 대청에 올라 군신과 백료들과 회견할 때는 남쪽을 향하는 것을 존귀한 것으로 삼았고, 그 외에 일반적인 경우, 예를 들면 연회나 한가하게 대화를 나눌 때는 동쪽을 향해 앉는 것을 존귀함으로 삼았다."(『사기전증』)

66 "구릉과 제방에 군대를 주둔시킬 때는 반드시 양지바른 곳을 점유해야 하고, 우측 부대는 구릉과 제방을 등져야 한다丘陵隄防, 必處其陽, 而右背之."(『손자』 「행군行軍」)

67 "사졸들을 생존의 위기에 빠질 곳에 배치한 이후에야 비로소 생존을 도모할 수 있고, 사졸들을 죽을 전장에 빠뜨린 다음에야 생존할 수 있다. 무릇 군대는 위험한 지경에 빠진 다음에야 비로소 승패의 명운을 장악할 수 있다投之亡地然後存, 陷之死地然後生. 夫衆陷于害, 然後能爲勝敗. (…) 전투에서는 신속히 작전을 결정해야 생존할 수 있으니, 신속히 작전을 결정하지 못하면 소멸하는 땅을 사지死地라 한다疾戰則存, 不疾戰則亡者, 爲死地."(『손자』 「구지九地」)

---

어 저마다 목숨을 걸고 싸우게 하지 않으면 안 되었소. 퇴로가 있어 살 수 있는 곳에 그들을 두면 모두 달아날 텐데, 어떻게 그들이 나의 작전에 쓰이기를 기대할 수 있겠소!"

장수들이 모두 탄복하며 말했다.

"맞습니다. 장군의 지략은 저희가 따라갈 수가 없습니다."

한신이 광무군에게 물었다.

"나는 북쪽으로 연나라[68]를 공격하고 동쪽으로 진군하여 제나라[69]를 공격하려고 하는데, 어떻게 해야 성공할 수 있겠습니까?"

광무군이 사양하며 말했다.

"제가 듣건대 '패전한 장수는 용병을 말할 자격이 없고, 멸망한 나라의 대부는 나라를 보존시킬 수 있는 계책을 남에게 말할 자격이 없다'[70]고 했습니다. 지금 저는 용병에 실패하고 국가를 멸망시킨 한낱 포로에 불과한데, 어찌 큰일을 상의할 자격이 있겠습니까!"

한신이 말했다.

"제가 듣기로는 백리해가 우나라의 신하였을 때는 우나라가 멸망했지만, 나중에 진나라의 신하가 되었을 때는 진나라가 제후들의 맹주로 불렸다고 합니다. 이는 백리해가 우나라에 있을 때는 어리석었다가 진나라에서 총명해진 것이 아닙니다. 군주가 그를 임용했는지 임용하지 않았는지, 그의 의견을 들었는지 듣지 않았는지에 따른 결과입니다. 성안군이 진실로 족하의 계책을 들었더라면 나 한신은 그대들의 포로가 되었을 것입니다. 성안군이 족하의 계책을 사용하

---

68 연燕은 항우가 장도臧荼에게 분봉하여 건립한 국가로, 도읍은 계薊(지금의 베이징시구北京市區 서남쪽)였다.
69 제齊는 전국시대 제나라 후예가 제 땅에 건국한 국가로, 당시 제나라 왕은 전광田廣이었지만 실제 주관자는 전횡田橫이었다.
70 "범려가 말하기를 '망국의 신하는 정사를 논의할 수 없고, 패한 군대의 장수는 감히 용감함을 말할 수 없다亡國之臣, 不敢語政, 敗軍之將, 不敢語勇'고 했다."(『오월춘추』)

지 않았기에 이 한신이 족하를 모시고 가르침을 청할 수 있게 되었을 뿐입니다."

한신이 간절하게 물었다.

"진심으로 가르침을 듣고 싶으니, 부디 거절하지 말아주십시오."

광무군이 말했다.

"제가 듣건대 '총명한 사람이라 할지라도 천 번을 고려하면 반드시 한 번의 실수가 있고, 어리석은 사람도 천 번을 고려하면 반드시 한 번은 얻는 경우가 있다'고 합니다.[71] 이 때문에 '미친 사람의 허튼소리일지라도 성인은 자신에게 유용한 말을 가려서 듣는다'[72]고 했습니다. 제 계책이 반드시 쓸 만하지 못할까 걱정이지만 충심을 다해 말씀드리겠습니다. 저 성안군은 본래 백 번 싸워 백 번 이길 수 있는 계책이 있었는데 하루아침에 실책하여 결국 군대는 호현鄗縣 성 밑에서 패하고 자신은 지수 가에서 죽고 말았습니다.[73] 지금 장군께서는 서하를 건너 먼저 위나라 왕 표를 포로로 잡았고, 또 하열을 어여에서 사로잡았으며, 이어서 일거에 정형으로 내려와 오전도 되기 전에 조나라의 대군 20만 명을 격파하고 성안군을 주살했습니다. 장군의 명성은 이미 사해에 드날렸고 위세는 천하를 진동케 했습니다. 농부들은 전쟁의 피해가 임박했다고 여겨 모두 농기구를 내려놓고 경작을 하지 않으며 화려한 옷을 입고 단 음식을 먹으며 장군의 출병 소식에 귀 기울이면서 어느 날 죽게 될 것이라 생각하지 않는 자가 없습니다. 사람들이 이와 같으니 장군에게 유리합니다. 그러나 장군의 사졸들은 완전히 지쳐 있어 그들을 하여금 다시 싸우도록 하기는 어렵습니다. 그런데 지금 장

---

71  "안자晏子가 말하기를 '성인이 천 번을 고려해도 반드시 한 번의 실수가 있고, 어리석은 사람도 천 번을 고려하면 반드시 한 번은 얻는 경우가 있다聖人千慮, 必有一失; 愚人千慮, 必有一得'고 했다."(『안자춘추』)

72  당시의 속담으로, 출전은 『사기』다.

73  호현鄗縣은 진나라 현으로 치소는 지금의 허베이성 가오이高邑 동남 지역이다. 당시 지수 북쪽 기슭에 있었다. 한신은 정형에서 진여를 격파한 뒤 승세를 몰아 남쪽으로 추격했고, 또 호현성 아래에서 잔여 부대를 격파하고 지수 가에서 진여를 참살했다.

군께서는 피로한 병사들을 일으켜 견고하게 지키고 있는 연나라 성벽 아래에 던져놓으려 하시니, 공격하려 해도 싸움이 오래 걸리면 힘으로는 함락하기 어려울 것입니다. 아군의 약점만 드러낸 채 시간을 허비한다면 양식마저 떨어질 테니, 약한 연나라조차[74] 항복시키지 못하면 제나라는 반드시 국경을 견고하게 방어하여 격파할 수 없게 될 것입니다. 연나라와 제나라가 서로 버티면서 복종하지 않는다면 유방과 항우 사이의 전장에서 누가 이기고 질지 그 형세는 분명해지지 않을 것입니다. 이와 같다면 장군에게 불리합니다. 저는 어리석지만 북쪽으로 연나라를 공격하고 동쪽으로 제나라를 정벌하는 계획은 좋지 않다고 생각합니다. 군사를 잘 부릴 줄 아는 사람은 자신의 단점으로 남의 장점을 치지 않고, 자신의 장점으로 남의 단점을 쳐야 합니다."

한신이 물었다.

"그렇다면 어떻게 해야 합니까?"

광무군이 대답했다.

"지금 장군을 위한 계책으로 가장 좋은 것은 잠시 전쟁을 멈추어 병사들을 쉬게 하고, 조나라를 안정시켜 백성을 어루만지며, 전쟁으로 부모를 잃은 고아들을 거두어 정성으로 길러 인심을 얻는 것입니다. 그러면 백리 안의 백성이 매일 술과 고기를 보내와 장수와 사졸들을 위로할 것입니다.[75] 이렇게 휴식을 취한 뒤에 다시 군대를 북쪽을 향해 연나라로 통하는 길목에 벌여놓아 연나라로 진공하는 자세를 취하고, 한 명의 변사辯士에게 간략한 편지를 받들고 가게 해서 연나라에 대한 장군의 우세를 알린다면 연나라는 감히 복종하지 않을 수 없을 것입니다. 연나라가 복종한 다음 재차 변사를 동쪽 제나라로 보내 경고하면 제나라는 반드시 소식을 듣고 항복할 것입니다. 그때가 되면 비록 슬기로운 자

---

74    "전국시대에 연나라는 약하다고 일컬어졌기에 이좌거 또한 그 말을 사용한 것이다."(『사기회주고증』)
75    원문은 '향사대부역병饗士大夫醳兵'이다. '향사대부饗士大夫'와 '역병醳兵'으로 분리할 수 있는데, 모두 술과 음식으로 장수와 사졸들을 위로한다는 뜻으로 중복되는 내용이다.

가 있다 한들 제나라를 위해 어떠한 계책을 낼 수 없을 것입니다. 이와 같이 한다면 천하의 일을 모두 도모할 수 있을 것입니다. 용병이란 본래 먼저 큰소리를 치고 나중에 실제 행동하는 것으로, 제가 말씀드리는 것이 바로 이 같은 상황입니다."

한신이 말했다.

"좋습니다."

그리하여 한신은 그의 계책에 따라 사자를 연나라로 보내 유세하게 하자, 연나라는 바람에 풀이 쓰러지듯 투항했다.[76] 한신은 한나라 왕에게 사자를 보내 승리 소식을 보고하고 장이를 조나라 왕으로 세워 조나라에 주둔하며 지키고 위로할 수 있게 하도록 청했다. 한나라 왕은 이를 허락하고 이에 장이를 조나라 왕으로 세웠다.[77]

이 기간에 초나라는 여러 차례 기습부대를 보내 황하를 건너 조나라를 습격하게 했다. 조나라 왕 장이와 한신은 왔다 갔다 하면서 기습받은 곳을 구원하는 동시에 이 기회를 이용해 조나라의 안정되지 못한 성읍을 안정시켰고, 많은 병사를 징발하여 형양의 전장에 있는 한나라 왕에게 보내 지원하게 했다. 당시에 초나라 군대가 한나라 왕을 형양에서 포위하자, 한나라 왕은 포위를 뚫고 나가[78] 남쪽으로 원현과 섭현 일대로 달아났고 그곳에서 경포의 군대를 한데 모

---

76  "연나라 왕 장도가 유방에게 귀순한 구체적인 시기를 「진초지제월표」에서는 기재하지 않았고 『한서』「고제기」에서도 언급하지 않았는데, 『통감』에서는 한나라 3년 10월로 서술하고 있다."(『사기전증』)

77  "심가본에서 이르기를 「표」에서는 4년 11월이라고 했다. 아래 문장에서 말한 6월이면 3년의 6월이다. 혹은 3년에 요청하고 4년에 비로소 왕으로 세워졌을 따름이다'라고 했다."(『사기회주고증』) "「진초지제월표」와 「고조공신연표高祖功臣年表」에는 모두 한나라 4년(기원전 203)이라고 했다."(『사기전증』) "한신이 조나라를 격파하고 진여를 참살한 것은 한나라 3년 10월이고, 조나라 왕 장이가 정식으로 왕이 된 것은 한나라 4년 11월이다. '한나라 왕은 허락했다'고 했으나 이는 말로만 허락한 것일 뿐 실제 정식으로 봉한 것이 아니다."(『사기통해』)

78  한나라 3년(기원전 204) 7월의 일이다. 당시 항우가 형양을 포위하여 상황이 다급해지자 장수 기신紀信이 유방인 척 가장하여 동문을 나가 투항했고 이 틈을 타 유방은 서문을 통해 달아났다. 성을

아 재편성했다. 그런 다음 다시 성고로 진입했는데 초나라 군대가 급히 다시 성고를 포위하기 시작했다. 이해 6월에 한나라 왕이 성고에서 도망쳐 나와 동쪽으로 황하를 건넜는데,[79] 등공 하우영만 데리고 한신과 장이가 군대를 주둔시키고 있는 수무脩武[80]로 갔다. 수무에 이르러 전사傳舍에서 잠을 자고, 이튿날 새벽 한나라 왕의 사자라고 가장하고는 말을 달려 한신과 장이의 조나라 보루로 들어갔다. 장이와 한신이 잠에서 깨기도 전에 한나라 왕은 그들의 침실로 들어가 인장과 병부를 몰수하고 장수들을 소집하여 다시 각자의 직무를 조정했다. 한신과 장이는 잠자리에서 일어난 뒤 비로소 한나라 왕이 온 것을 알고는 깜짝 놀랐다.[81] 한나라 왕은 그들 두 사람의 병권을 빼앗은 다음 장이에게 조나라 땅을 지키도록 명령하고 한신은 이름뿐인 상국에 임명하고는[82] 조나라에서 아직 징발되지 않은 신병을 조직하여 동쪽 제나라로 진격하게 했다.[83]

한신은 군사들을 이끌고 동쪽으로 진격했는데 평원平原의 황하 나루터[84]를 건너기 전에 한나라 왕이 이미 역이기를 보내 제나라를 설득하여 항복시켰다는

빠져나오기 전 유방은 주가周苛, 종공樅公 등에게 남아서 형양을 지키도록 했으나 성은 함락되고 그들은 죽임을 당했다.

79 "실제로는 북쪽으로 황하를 건너 동북쪽으로 향해 갔다. 『한서』에서는 '동東'자가 삭제되어 있다."(『사기전증』)

80 수무脩武: 진나라 현으로 치소는 지금의 허난성 휘자獲嘉다.

81 "『사기』 기록에 문식文飾을 더한 것으로 의심되며 사실이 아니다."(『사기지의』) "태사공이 한신을 동정했으므로 여러 차례 이와 같이 서술했다."(『사기전증』)

82 "전대흔이 말하기를 '이전에는 좌승으로 지위가 소하 아래였다. 지금 상국이 되었으니 지위가 소하보다 높다'고 했다. 주수창은 말하기를 '이 말은 틀렸다. 한나라의 좌우 승상은 효혜제, 고황후 때 설치되었다. 이전의 좌승상은 이름뿐인 직함으로 번쾌 또한 그랬다. 상국은 고조 11년에 설치되었고, 여기서는 한신을 조나라 상국으로 임명한 것이다'라고 했다."(『한서보주』) "한신은 이전에 이미 좌승상이 되었는데 지금 아무런 이유 없이 직급을 내려 장이의 상국으로 삼았다. 여기서의 상국은 여전히 유방의 상국이지만 앞에서의 좌승상과 같으며 여전히 이름뿐인 직함이었다. 상국의 권위는 좌·우승상보다 윗자리다."(『사기전증』)

83 "문영文穎이 말하기를 '조나라 사람 중에 아직 징발되지 않은 사람을 말한다'고 했다."(『집해』)

84 평원平原은 진나라 현이면서 황하 나루터 명칭이다. 즉 평원진을 말한다. 지금의 산둥성 핑위안 서남쪽으로 그 서쪽이 당시의 옛 황하이고, 이 일대는 제나라의 서쪽 변경과 인접해 있었다. "아래 문장의 '한나라 4년'은 마땅히 이 구절 앞으로 와야 한다."(『사기지의』)

소식을 듣고 전진을 멈추려 했다. 이때 범양의 변사인 괴통이 한신을 설득하며 말했다.

"장군은 한나라 왕의 조서를 받들어 제나라를 공격하려 하는데, 한나라 왕이 단독으로 밀사를 보내 제나라를 투항시켰습니다. 그러나 한나라 왕이 장군에게 조서를 내려 진공을 중단시켰습니까? 장군이 어떻게 전진을 중단할 수 있습니까! 게다가 역이기는 한낱 유세객에 지나지 않는데 수레에 앉아[85] 세 치의 혀를 놀려 제나라의 70여 개 성을 힘들이지 않고 획득했습니다. 장군은 수만 명[86]의 군사를 이끌어 1년여 동안 고전하면서 겨우 조나라 50여 개의 성을 점령한 것에 불과합니다. 몇 년 동안 대장을 담당하면서 공로가 도리어 한낱 비천한 유생보다 못하단 말입니까?"

한신은 그 말이 옳다고 여겨 그의 계책에 따라 마침내 황하를 건넜다. 제나라는 이미 역이기의 투항 권유를 받아들이고 그를 머물게 하여 큰 연회를 벌였기 때문에 한나라에 대한 방어가 완전히 해제된 상태였다. 한신은 그 틈을 이용해 역하歷下에 주둔해 있던 제나라 군대를 습격했고 이어서 곧장 들어가 제나라의 도성 임치에 이르렀다.[87] 제나라 왕 전광은 역이기가 자신을 속였다고 여겨 그를 삶아 죽인 다음 고밀高密로 달아나 초나라에 사신을 보내 구원을 요청했다. 한신은 임치를 평정한 다음 다시 군사를 이끌고 동쪽으로 전광을 추격하여 고밀 성 서쪽에 이르렀다.[88] 이때 초나라 왕도 용저龍且를 장군으로 삼아 군대를

---

85   원문은 '복식伏軾'으로, 수레에 앉았을 때 수레 앞의 횡목橫木에 엎드려 공경을 표시하는 것을 말한다. 대개는 수레에 타는 것을 가리킨다. 안사고는 말하기를, "식軾(수레 앞의 횡목)에 기대는 것은 수레에 편안하게 앉아 유세하는 것으로, 병사를 사용하지 않는 것을 말한다"고 했다.

86   "풍본, 삼본에서는 '수만'을 '수십만數十萬'이라 했다."(『사기회주고증』)

87   역하歷下는 지금의 산둥성 지난濟南 서쪽으로 평원진에서 150리 떨어져 있다. "『통감』에서는 한신이 역하에 주둔해 있던 제나라 군대를 격파하고 진공하여 제나라 도성 임치를 공격해 점령한 것은 한나라 4년(기원전 203) 10월이라고 했다."(『사기전증』)

88   "모곤이 말하기를 '괴통의 계책을 듣고 동쪽으로 제나라를 격파한 뒤 다시 고밀까지 추격해 갔다. 한신은 평생 용병에 있어서 이러한 실책을 저질렀다'고 했다."(『사기평림』)

이끌고[89] 20만 대군이라 하면서 제나라를 구원하게 했다.

제나라 왕 전광과 용저는 군사를 합쳐 한신과 교전을 벌이려고 준비했다. 전투가 아직 개시되지 않았는데 누군가 용저에게 말했다.

"한나라 군대는 멀리 떨어진 본토에서부터 왔기에 힘을 다해 싸우려 할 것이니 우리는 그 날카로운 공격을 감당할 수 없습니다.[90] 우리 제나라와 초나라의 군대는 본토에서 작전을 벌이기에 병사들이 패하여 흩어져 달아나기 쉽습니다. 차라리 도랑을 깊이 파고 보루를 높여 군게 지키면서 제나라 왕으로 하여금 그가 신임하는 신하를 한나라 군대가 점령한 곳으로 보내 불러들이는 것이 낫습니다. 그러면 함락된 성들은 제나라 왕이 아직 살아 있으며 초나라 군대가 원조하러 왔다는 소식을 들으면 반드시 한나라 군대에 반격할 것입니다. 한나라 군대는 본토에서 2000리나 떨어진 타향에 있기에[91] 제나라 각지의 성이 모두 배반하면 그들의 형세로 보아 식량을 얻지 못할 게 분명하니, 싸우지 않고도 항복을 얻어낼 수 있을 것입니다."

용저가 말했다.

"나는 평소 한신의 사람됨을 알고 있는데, 그는 상대하기가 쉽소.[92] 뿐만 아니라 명령을 받들어 제나라를 구원하러 왔는데 싸우지도 않고 적을 항복시킨다면 내게 무슨 공적이 있겠소? 지금 싸워서 한신에게 승리를 거두면 제나라 땅 절반을 손에 넣을 수 있으니,[93] 내 어떻게 싸우지 않겠소!"

---

89   "용저는 비장(부장)으로 어찌하여 주장인 항타項它를 서술하지 않는가?"(『사기지의』)
90   "무릇 군대가 적국의 길로 진입하여 경내 깊숙이 들어가면 군심이 일치하므로 적국은 이길 수 없다凡爲客之道, 深入則專, 主人不克."(『손자』「구지」)
91   원문은 '객거客居'인데, 『한서』에서는 '객거제客居齊(타향인 제나라)'로 기재하고 있다. 『한서』가 타당하다.
92   "일찍이 한신이 모욕을 당한 일을 가리키는 것으로, 용저 또한 한신을 겁쟁이라고 여기고 있는 것이다."(『사기전증』)
93   "안사고가 말하기를 '자신이 제나라 땅 절반에 봉해질 것이 당연하다고 말하는 것이다'라고 했다."(『한서보주』)

그리하여 교전을 벌이기로 결정하고 유수灘水를 사이에 두고 각자 진을 쳤다.[94] 한신은 밤에 사람을 시켜 1만여 개의 자루에 모래를 가득 채워 유수의 상류를 막도록 한 다음[95] 군사를 이끌고 유수를 건넜다. 군대가 절반쯤 건넜을 때 전방 군대는 용저를 공격해 교전을 벌이다가 거짓으로 패배한 척하며 후퇴했다. 용저는 과연 기뻐하며 말했다.

"한신이 겁쟁이인 줄 일찌감치 알고 있었다."

이에 마침내 군사를 지휘하며 한신을 추격해 강을 건너기 시작했다. 이때 한신은 상류를 막았던 모래 자루를 트게 했다. 강물이 세차게 흘러내리는 바람에 용저의 군사가 절반도 건너지 못하게 되자 한신은 다시 돌아와 반격에 나섰으며 용저는 죽임을 당했다. 유수 동쪽 기슭에 남아 있던 초나라 군사는 뿔뿔이 흩어져 달아났고 제나라 왕 전광도 도망쳤다.[96] 한신은 패잔병을 뒤쫓았고 성양에 이르러 나머지 초나라 사졸들을 사로잡아 포로로 삼았다.[97]

한나라 4년,[98] 마침내 제나라가 소유한 지방이 모두 한신에 의해 평정되었

94  한신의 군대는 유수 서쪽이고 제와 초 연합군은 유수 동쪽에 진을 친 것을 말한다. 유수灘水는 지금의 산둥성 경내의 웨이허濰河로 주청諸城 서쪽에서 발원하여 북쪽으로 흘러 당시의 고밀 성 서쪽을 거쳐 라이저우만萊州灣으로 유입된다.
95  "물을 끼고 진을 친 곳의 강물을 얕게 만드는 것이다."(『사기전증』)
96  "「전담열전」과 「진초지제월표」에 따르면 모두 전광이 이 전투에서 살해된 것으로 언급하는데, 「고조본기」와 「회음후열전」에서는 도망쳤다고 말하고 있다. 살해되었다는 전자의 견해가 더 타당하다고 생각되는데, 여기서 도망쳤다 해도 결국 잡혀서 살해되었을 것이다."(『사기전증』) "전당錢唐 사람 효렴孝廉 옹승고翁承高가 말하기를 '전광과 용저는 동시에 죽임을 당했는데, 「고기」 「월표」 「전담전」과 『한서』가 그 증거다. 여기서만 전광이 도망쳤다고 한 것은 잘못이다. 전광이 살해되었기 때문에 전횡이 스스로 왕이 되었다'고 했다."(『사기지의』)
97  "『한서』에서는 이것에 대해 '북쪽으로 추격하여 성양에 이르렀고 전광을 포로로 잡았다'고 했는데, 『사기』에서는 '초나라 사졸들을 사로잡아 포로로 삼았다'고 했다. 전광의 결말에 대한 설명이 부족하다. 성양城陽은 왕준도가 말하기를 '여기서의 성양은 거주莒州 땅이다'라고 했다. 거주는 지금의 산둥성 쥐현莒縣으로 한나라 때 성양군 군치였다. 어떤 사람은 지금의 산둥성 허쩌菏澤 동북쪽의 청양城陽이라고 말하는데, 아마도 아닐 것이다."(『사기전증』)
98  "양옥승은 '한나라 4년(기원전 203)'은 마땅히 앞 내용의 '한신은 군사들을 이끌고 동쪽으로 진격했는데' 구절 앞으로 옮겨야 한다고 했다. 한신이 용저와 전광을 격파하고 죽인 사건을 「진초지제월표」에서는 한나라 4년 11월로 기재하고 있다."(『사기전증』)

다.[99] 한신은 한나라 왕에게 사자를 보내 말했다.

"제나라는 잘 속이고 쉽게 변하는 변덕스러운 나라일 뿐만 아니라 남쪽으로는 초나라와 바짝 접근해 있습니다. 이 때문에 임시로 왕을 세워서[100] 민심을 가라앉히지 않으면 정세를 안정시키기 어렵습니다. 신을 잠시 제나라 왕으로 삼아주신다면 편리할 것입니다."

마침 이때 초나라 군대가 갑자기 쳐들어와 한나라 왕을 형양에서 포위하고 있었다. 한신의 사자가 형양에 도착하여 한신의 편지를 본 한나라 왕은 크게 화를 내며 욕했다.[101]

"나는 이곳에서 곤경에 처해 아침저녁으로 네가 도와주러 오기만을 바라보고 있는데, 스스로 왕이 되려고 한단 말이냐!"

장량과 진평은 은밀히 한나라 왕의 발을 툭 치고는[102] 왕의 귓가에 대고 조용히 말했다.

"지금 한나라는 불리한 상황에 처해 있는데 어떻게 한신이 왕이 되려는 것을

---

99  "『중국전쟁사』에서 이르기를 '유수에서 거둔 승리로 북쪽과 동북쪽의 항우에 대한 전략적 포위가 형성됐고, 항우의 대본영인 팽성의 측면과 북쪽면의 안전을 직접적으로 위협하게 되었다. 노魯 남쪽과 회하 남북 지역은 줄곧 항우군을 위한 양식 공급 기지로, 삼제三齊(항우가 봉한 전불의 교동, 전안의 제북, 전도의 임치를 말한다. 이들 세 나라는 모두 옛 제나라 땅이었으므로 삼제라 불렀다)가 한신에게 점령당하면서 회남 남북 역시 아침에 저녁 일을 보장할 수 없는 급박한 상황이 되었고 항우 대군의 양식은 이미 고갈되었음을 알 수 있다'고 했다."(『사기전증』)

100  원문은 '가왕假王'으로, 왕의 직분을 잠시 대리하는 것을 말한다. "한신이 일부러 공손하고 온순하게 말한 것으로, 사실 장이를 조나라 왕으로 봉해달라고 요청했을 때 이미 다음 단계로 제나라를 정확하게 봤을 뿐만 아니라 제나라를 격파한 뒤 한신 또한 이미 스스로 제나라 왕이 된 것이다. 사마천은 한신을 동정하는 입장이므로 이 열전에서 비교적 모호하게 서술한 것이다."(『사기전증』)

101  "『고제기』에 따르면 한나라 왕은 사수泗水에서 조구曹咎 군대를 격파하고 형양 동쪽에서 종리매鍾離眜를 포위하자 이에 한신이 조나라 왕을 대리하는 문제를 요청한 것으로 형양이 포위된 시기와는 멀다. 이 열전에서 상반되게 서술했는데, 원문이 불완전하여 후세 사람이 모아 정리한 것뿐이다."(『사기탐원』)

102  원문은 '섭한왕족躡漢王足'이다. "장량 등이 자신의 발로 한나라 왕의 발을 툭 친 것이다. 옛사람은 모두 무릎을 꿇고 앉았기 때문에 뒷발을 움직여서 앞에 있는 사람이 알아채지 못하게 할 수 있다."(『사기전증』)

금할 수 있겠습니까? 차라리 이번 기회에 그를 왕으로 세우고 잘 대해주어 제나라를 지키게 하는 것이 낫습니다. 그렇지 않으면 그가 반란을 일으키려 할 것입니다."

한나라 왕도 깨닫고는 다시 욕하며 말했다.

"대장부가 제후를 평정했으면 응당 진짜 왕이라 칭해야지 어찌 임시로 한단 말이냐!"

이에 장량을 제나라로 보내 한신을 제나라 왕으로 세운 뒤, 한신의 군대를 징발하여 초나라 군대를 공격하게 했다.[103]

항왕은 용저를 잃자 당황해하며 우이盱眙 사람 무섭武涉을 보내 제나라 왕 한신을 설득하게 했다.[104]

"천하 사람이 진나라의 폭정으로 고통을 받은 지 오래되었기 때문에 서로 힘을 합쳐 진나라를 공격했습니다. 진나라가 파멸하자 항왕은 각각의 공적을 헤아려서 토지를 분할하고 각 제후들을 왕으로 세웠으며, 병사들은 전쟁을 멈추고 휴식을 취했습니다. 그런데 지금 한나라 왕은 다시 군대를 일으켜 동쪽으로 진군하여 남의 땅을 침범하여 탈취했으며, 이미 삼진을 격파하고 다시 군대를 이끌고 함곡관을 나와 제후들의 군사를 거두면서 동쪽으로 초나라를 공격하고 있습니다. 그의 뜻은 온 천하를 삼키지 않고서는 멈추지 않을 것이니, 그의 만족할 줄 모르는 탐욕은 이처럼 심합니다. 게다가 한나라 왕은 믿을 수 없는 사람으로, 일찍이 그의 목숨이 여러 차례 항왕의 수중에 떨어졌지만 항왕은 가련하게 여겨 살려주었는데 위기를 벗어나면 번번이 약속을 저버리고 다시 항왕을 공격하니, 가까이 할 수 없음과 신임할 수 없음이 이와 같습니다. 지금 족하께서는 스스로 한나라 왕과 교분이 두텁다고 생각하여 그를 위해 힘껏 싸우고 있지

---

103  한신이 제나라 왕을 자처한 시기는 한나라 4년(기원전 203) 2월이다.
104  "장화張華가 말하기를 '무섭의 무덤은 우이성 동쪽 15리 지점에 있다'고 했다."(『집해』) '우이盱眙'는 '우이盱台'라고도 적는다. 진나라 현으로 치소는 지금의 장쑤성 쉬이盱眙 동북쪽이었다.

만 끝내는 그에게 사로잡히게 될 것입니다. 족하께서 지금까지 목숨을 보전할수 있었던 것은 항왕이 아직 살아 있기 때문입니다. 지금 한나라 왕과 항왕 두사람의 승부는 전적으로 족하의 손 안에 달려 있습니다. 족하께서 오른쪽으로향하면 한나라 왕이 승리할 것이고 왼쪽으로 향하면 항왕이 승리를 거둘 것입니다.[105] 항왕이 오늘 멸망하게 되면 다음 차례는 족하를 멸망시킬 것입니다. 족하께서는 항왕과 옛 교분이 있는데 어찌하여 한나라 왕을 떠나 항왕과 연합하고 천하를 삼분하여 왕이라 칭하지 않습니까? 지금 이 좋은 기회를 버리고 스스로를 한나라 왕에게 걸고 항왕을 치려 하니, 총명한 사람이 이같이 합니까!"

한신이 거절하며 말했다.

"내가 항왕을 섬길 때 관직은 낭중에 불과했고 직위는 극戟을 잡은 시위侍衛에 지나지 않았으며,[106] 말해도 들어주지 않고 계책을 세워도 항왕이 받아들이지 않았습니다. 이 때문에 항왕을 떠나 한나라 왕에게 귀순한 것입니다. 그러나 한나라 왕은 내게 상장군의 인장을 주고 대군 수만 명을 통솔하게 해줬습니다. 그는 자신의 옷을 벗어 내게 입히고 자신의 음식을 나누어 내게 먹이며, 말하면 들어주고 계책을 세우면 채택해줬기 때문에 나는 지금에 이를 수 있었습니다. 그가 나를 깊이 신임하는데 내가 그를 배반하는 것은 상서롭지 못한 일입니다. 차라리 죽을지언정 한나라 왕에 대한 마음을 바꿀 수는 없습니다. 이 한신을 위해 항왕에게 사절의 뜻을 전달해주길 바라겠습니다!"[107]

무섭이 막 떠나자 제나라 사람 괴통이 천하 대권이 한신에게 달려 있음을 알

---

105  사람이 남쪽을 향해 서 있는 것으로 좌우 기준을 삼는다. 즉 오른쪽은 서쪽, 왼쪽은 동쪽이다.
106  "장안이 말하기를 '낭중은 궁중에서 숙식하며 극戟을 잡고 있는 사람이다'라고 했다."(『집해』)
107  "『예문유취』에서 『초한춘추』를 인용해 말하기를 '항왕이 무섭을 시켜 회음후를 설득하게 했다. 한신이 말하기를 내가 항왕을 섬겼지만 관직은 낭중으로 극을 잡고 시위하는 것에 불과했습니다. 이에 항왕을 떠나 한나라 왕에게 귀순했습니다. 한나라 왕은 옥안玉案(옥으로 장식한 다리가 있는 큰 접시)에 담긴 음식과 옥구검玉具劍(검의 자루와 칼집을 옥으로 상감한 검)을 하사했습니다. 제가 그를 배반하면 양심의 가책을 받을 것입니다'라고 했다. 아마도 태사공은 이 내용을 기본으로 한 것 같다."(『사기회주고증』)

고, 놀랄 만한 계책으로 한신의 마음을 움직이려 했다. 그는 관상을 봐준다는 말로 한신을 설득하며 말했다.

"제가 일찍이 관상 보는 법을 배운 적이 있습니다."

한신이 말했다.

"선생은 어떻게 관상을 봐줍니까?"

괴통이 대답했다.

"사람의 귀천은 골법骨法108을 보면 알 수 있고, 앞으로 올 재난과 기쁜 일은 그의 안색을 보면 알 수 있으며, 사람의 성패는 제때에 결단을 내리느냐에 달려 있습니다. 이 세 가지를 종합적으로 참조하여 관상을 보면 만에 하나도 실수가 없습니다."

한신이 말했다.

"좋습니다. 선생이 보기에 과인의 관상은 어떻습니까?"

괴통이 대답했다.

"잠시 좌우 사람들을 물리쳐주십시오."

한신이 말했다.

"너희는 모두 나가거라."

괴통이 말했다.

"군君의 관상을 보니 후로 봉해지는 데 불과하며, 게다가 위험하고 불안합니다. 그러나 장군의 등109을 보니 귀하기가 말할 수 없습니다."

한신이 물었다.

"어떤 의미로 말하는 겁니까?"

괴통이 대답했다.

---

108   골법骨法: 인체 골격의 생김새로 일생의 귀천과 빈곤과 출세를 알아보는 기법이다.
109   원문은 '배背'다. "표면적으로는 등을 가리키지만 '배반'을 암시한다."(『사기전증』) "장안이 말하기를 '배背를 말한 것은 배반하면 크게 귀해짐을 말한 것이다'라고 했다."(『한서보주』)

"천하가 처음 진나라에 반기를 들고 일어났을 때 영웅호걸들이 국호를 건립하고 왕이라 칭하며 선두에 서서 외치자 천하의 선비들이 마치 구름처럼 합쳐지고 안개처럼 모이고 물고기 비늘처럼 밀집되어 늘어서며 화염이 날아오르고 바람이 말아 올리듯 일어났습니다. 그때 모두의 관심은 어떻게 하면 진나라를 멸망시키느냐 하는 근심뿐이었습니다. 지금 초나라와 한나라가 서로 다투게 되자 천하의 죄 없는 백성에게까지 미쳐 그들의 간과 쓸개가 어지러이 땅에 흩어져 있고, 아버지와 아들의 해골이 황량한 들판에 나뒹구는 일이 셀 수 없을 정도입니다. 초나라 사람 항왕이 팽성에서 일어나 도처에서 전투를 벌이며 한나라 왕을 추격하여 전선을 형양까지 밀고 나갔고, 승세를 타서 자리를 말듯이 휩쓰니 그 위세가 천하를 진동시키고 있습니다.[110] 그러나 그의 군사는 경과 삭 사이에서 곤경에 빠졌고 서산西山[111]에 바짝 접근했으면서도 바라만 볼 뿐 전진할 수 없게 된 지 3년이나 됩니다.[112] 한나라 왕은 수십만 명의 인마를 이끌고 공현鞏縣[113]과 낙양에서 험준한 산과 황하의 천연 요새에 의지하여 초나라 군대의 서쪽 진격에 저항하며 매일 수차례 전투를 벌였지만 한 자 한 치의 작은 공도 세우지 못하고 도리어 항우에게 패해 달아나는데도 원조가 없었습니다. 한나라 왕은 일찍이 형양에서 대패하고[114] 성고에서 상처를 입고[115] 남쪽으로 원宛과 섭葉 사이로 달아났으니, 이것은 지혜롭고 용감한 자가 모두 곤경에 처해 어찌할

---

110  항우가 유방을 팽성에서 대파한 뒤에 전개된 형세를 말한다.

111  서산西山은 경과 삭 땅 서쪽의 산악 지대를 말한다.

112  "한나라 2년(기원전 205) 5월, 유방과 항우가 형양 일대에서 대치를 형성했고, 한나라 4년(기원전 203) 2월에 한신이 제나라 왕이라 칭하기까지 모두 21개월이다."(『사기전증』)

113  공현鞏縣: 진나라 현으로 치소는 지금의 허난성 궁이鞏義 서남쪽이었다. 황하에 인접해 있어 공하鞏河라 했다.

114  앞에서 언급한 "당시에 초나라 군대가 한나라 왕을 형양에서 포위하자, 한나라 왕은 포위를 뚫고 나가 남쪽으로 원현과 섭현 일대로 달아났다"는 사건으로, 한나라 3년(기원전 204) 7월의 일이다.

115  「고조본기」에 따르면 유방과 항우가 광무간廣武澗(지금의 허난성 싱양 동북쪽의 광무산廣武山 위)을 사이에 두고 대화를 나눌 때 유방은 항우의 10가지 죄상을 열거하며 꾸짖자 화가 난 항우가 매복해놓은 쇠뇌를 쏘아 유방의 가슴에 상처를 입힌 일을 말한다. 한나라 4년(기원전 203) 10월의 일이다.

수 없음을 말하는 것입니다. 지금 초나라 군대의 날카로운 기세는 험준한 요새에 의해 좌절되었고, 한나라 군대의 양식은 거의 바닥을 드러냈으며, 백성은 지쳐 있어 원성이 극에 달해 의지할 곳 없이 크게 동요하고 있습니다. 제가 헤아리기에 이러한 형세는 천하의 성현이 아니고서는 천하의 대재앙을 수습할 수 없습니다. 지금 한나라 왕과 항왕 두 사람의 명운은 모두 족하의 수중에 달려 있습니다. 족하께서 한나라 왕을 도우면 한나라가 승리할 것이고, 항왕을 도우면 초나라가 승리를 거둘 것입니다. 그래서 저는 속마음을 털어놓고 간과 쓸개를 드러내어 솔직하게 어리석은 계책을 바치려 하는데, 족하께서 받아들이지 않을까 걱정됩니다. 진실로 제 계책을 들어주신다면 한나라와 초나라 양쪽에 이롭게 하고 두 왕을 존속케 하여 천하를 셋으로 나눔으로써 세 개의 발이 달린 솥처럼 설 수 있습니다. 그렇게 되면 한나라 왕과 항왕 누구도 감히 먼저 도발하지 못하는 형세가 될 것입니다. 무릇 족하께서는 도덕과 재지가 지극히 높고 많은 무장 병사를 보유하고 강대한 제나라를 점거하고 계시니, 연나라와 조나라를 따르게 하여 초나라와 한나라의 병력이 없는 곳으로 나아가 그들이 후방을 근심하게 만든 뒤, 백성이 바라는 대로 서쪽으로 향하여[116] 한나라 왕과 항왕에게 전쟁을 중지하도록 요구한다면, 그때는 온 천하 사람들이 소식을 듣고 이에 호응할 텐데 누가 감히 듣지 않겠습니까! 그런 다음 족하께서는 강대한 나라를 약화시키고 그들의 토지를 분할하여 다른 제후들을 세우십시오. 마땅히 세워져야 할 제후가 봉토를 획득한 뒤에는 천하 사람이 모두 와서 족하께 복종할 것이고 은덕에 감격할 것입니다. 그때가 되면 족하께서는 제나라가 이미 보유하고 있는 지반을 안정시키고 더 나아가 교하膠河와 사수泗水[117] 유역을 점유하며 덕

---

116　원문은 '서향西鄕'으로, '향鄕'은 '향向'과 같아 '서쪽으로 향하다'의 의미다. 형양은 제나라의 서쪽에 있기 때문에 서쪽으로 향한다고 한 것이다.

117　교하膠河는 지금의 산둥성 동부의 강으로 자오난膠南 서쪽에서 발원하여 지금의 자오현膠縣과 핑두平度 서쪽을 경유하여 북쪽으로 라이저우만으로 유입된다. 사수泗水는 지금의 산둥성 서남부의 강으로 쓰수이泗水, 취푸, 위타이魚台를 경유하여 남쪽으로 장쑤성으로 들어갔다가 화이허로 유입된

으로써 제후들을 감화시키고 그들에게 겸양과 공손한 태도를 보이면 천하의 군왕들이 서로 와서 제나라에 신하로 북종하고 족하를 알현할 것입니다. 속담에 '하늘이 내려준 것을 받지 않으면 징벌을 받게 되고, 시기가 왔는데도 서둘러 행동하지 않으면 재앙을 입게 된다'고 했습니다. 족하께서는 이 일을 자세히 고려해보시기 바랍니다."

한신이 말했다.

"한나라 왕은 나를 잘 대해줬습니다. 자신의 수레로 나를 태워주고 자신의 옷을 내게 입혔으며 자신의 음식을 내게 먹여주었습니다. 내가 듣건대 '남의 수레를 타는 자는 남을 위해 우환을 분담해야 하고, 남의 옷을 입는 자는 늘 남의 근심에 관심을 가져야 하며, 남의 음식을 먹는 자는 늘 남의 사업을 위해 사력을 다할 준비를 해야 한다'고 합니다. 내가 어떻게 이익 때문에 의리를 저버릴 수 있겠습니까!"

괴통이 말했다.

"족하께서는 스스로 한나라 왕과 관계가 좋다고 생각하여 대대로 전할 가업을 건립하고자 하시는데,[118] 저는 잘못이라고 생각합니다. 처음에 상산왕 장이와 성안군 진여가 평민이었을 때는 생사를 같이하는 친구였지만, 나중에 장염과 진택의 사건으로 다툼이 일어나자 서로 원수가 되었습니다. 상산왕 장이는 항왕을 배반하고 항왕의 사자인 항영의 수급을 들고 달아나 한나라 왕에게 귀순했습니다.[119] 나중에 한나라 왕은 장이에게 군사를 빌려주어 이끌고 동쪽으로 진군하게 했고, 장이가 지수 남쪽 기슭에서 성안군 진여를 죽여 그의 머리와 다리가

---

다. 4개의 원천이 합쳐져 하나의 강이 되었으므로 사수라 했다.

118 　"유방을 도와 천하를 공격하여 유방을 황제로 추대하고, 자신도 널리 후와 왕에 봉해져 자손에게 이어지는 것을 가리킨다."(『사기전증』)

119 　"장이는 항우가 봉했고, 항영은 항우가 배정한 상국 혹은 파견된 사자다. 그래서 장이가 한나라에 투항하면서 항영의 머리를 받들어 알현하는 예로 삼은 것이다."(『사기통해』) "소위 '항영의 수급을 들고 달아나 한나라 왕에게 귀순했다'는 사건을 기재한 곳이 보이지 않는다."(『사기전증』)

따로 떨어져나가자 천하의 웃음거리가 되었습니다. 상산왕과 성안군 두 사람은 천하에서 가장 친밀한 사이였으나 끝내는 서로 붙잡아 죽이려 한 것은 무엇 때문이겠습니까? 재난이란 한없이 욕심을 부리는 데서 생기고,[120] 사람의 마음은 헤아리기 어렵기 때문입니다. 지금 족하께서는 충성과 신의를 지켜 한나라 왕과 교분을 맺으려 하지만 결코 상산왕과 성안군의 교분보다 견고할 수 없으며, 족하와 한나라 왕 사이의 모순 또한 장염과 진택의 경우보다 더 첨예하고 복잡합니다. 이 때문에 저는 족하께서 한나라 왕이 결코 족하에게 해를 끼치지 않을 것이라 확신하는 것은 옳지 않다고 생각합니다. 대부 종種(문종文種)과 범려는 멸망해가는 월나라를 보존시키고 월나라 왕 구천을 제후들의 패자로 불리게 하여 공적을 세우고 명성을 떨쳤지만 문종은 죽임을 당하고 범려는 도망쳤습니다.[121] 들짐승이 모조리 잡히고 나면 사냥개는 삶아 먹히게 마련입니다.[122] 교분으로 말하자면 족하와 한나라 왕은 장이와 진여같이 깊음이 없고, 군신 간의 충성과 신임으로 말한다면 족하와 한나라 왕은 문종, 범려와[123] 구천과의 관계를 뛰어넘을 수 없습니다. 이러한 두 종류 사람의 일[124]은 거울로 삼을 만합니다. 바라건 대 족하께서는 이 점을 신중하게 고려하십시오. 뿐만 아니라 제가 듣기로 '용맹과 지략으로 군주를 놀라게 하는 자는 자신의 처지가 위험해지고, 공로가 천하

---

120 "심흠한이 말하기를 『한시외전』에서 "행복은 제멋대로 하지 않는 데서 생겨나고 환난은 많은 욕망에서 생성된다'고 했다."(『한서보주』)

121 원문은 '신사망身死亡'으로 '사死'는 문종을 말하고, '망亡'은 범려를 가리킨다. 『한서』 「괴통열전」에서는 문장에 '범려'가 생략되어 있으며 '망'자도 탈락되어 오직 '신사'라고만 되어 있다.

122 "들짐승을 다 잡고 나면 사냥개는 삶아져 먹히고, 적국이 패하면 계략을 짠 신하는 죽임을 당하게 된다野禽殫, 走犬亨; 敵國破, 謀臣亡"고 했다.(『한서』 「괴통열전」)

123 『한서』에서는 '문종'만 있고, '범려' 두 글자는 기재하지 않고 있다.

124 원문은 '차이인자此二人者'다. "앞에서 장이와 진여 그리고 범려와 문종 두 조합의 사람을 말했는데, 여기서 말하는 '이인二人(두 사람)'은 누구를 가리키는가? 어떤 사람은 진여와 문종 두 사람은 살해된 자들이지만 두 사람의 죽음에 관한 성질이 완전히 같지 않기에 성립되지 않는다고 말한다. 『한서』에는 '인人'자가 없고, '자이자此二者(두 종류)'라고 언급했으니, 바로 진여·장이의 친교와 문종·구천의 군신 간 교분을 가리키는 것으로, 이것이 지극히 명백하다."(『사기전증』)

에 둘도 없는 경지에 도달한 자는 다시는 상을 받을 수 없다'고 합니다. 제가 족하의 공로와 지략을 말씀드리자면, 족하께서는 서하를 건너가 위나라 왕 표를 포로로 잡고 하열을 사로잡았으며, 이어서 군사를 이끌고 동쪽 정형으로 나가 성안군 진여를 주살했습니다. 그 뒤 조나라를 평정하고 연나라를 수복했으며 제나라를 격파하고, 또 남쪽으로 나아가 초나라 군사 20여 만 명을 무너뜨리고 동쪽으로 나아가 용저를 죽였고,[125] 이후 서쪽으로 나아가 한나라 왕에게 승리의 소식을 보고했습니다.[126] 이것이 바로 '공로는 천하에 둘도 없고, 세상에 이 같은 모략은 다시 없다'고 하는 것입니다. 지금 족하께서는 군주를 두려워 떨게 할 만한 위세를 지녔고 상을 하사할 방법이 없는 공로를 가지고 계시니 항왕에게 돌아가도 항왕은 믿지 않을 것이고, 한나라 왕에게 돌아가도 한나라 왕은 두려워할 것입니다. 족하께서 이러한 위세와 공로를 가지고 누구에게 가시겠습니까? 무릇 한낱 신하가 되어 군주를 두렵게 하는 위세를 지니고 있고 명성이 천하에 드높으니, 저는 진실로 족하가 위험하다고 여겨집니다."

한신이 사양하며 말했다.

"선생은 잠시 다른 말씀 마십시오. 생각해보지요."

며칠 후 괴통은 다시 한신에게 와서 설득하며 말했다.

"무릇 좋은 의견을 청취하는 것은 일을 성공케 하는 징조이고, 계획을 세우는 것은 성패를 파악하는 관건입니다.[127] 좋은 의견을 청취하지 못하고 계획을 세우지 못하면서 오래도록 안정을 이루기란 극히 어렵습니다. 다른 사람의 말을

---

125 "'초나라 군사 20여만 명을 무너뜨렸다'와 '용저를 죽였다'는 한 가지 일이다. 또한 여기서 '남쪽' 과 '동쪽'으로 나누어 말한 것은 이치상 타당하지 않다. 왕염손은 '동東'자는 응당 '수遂(마침내)'자로 해야 한다고 보았다."(『사기전증』)

126 유방은 당시에 형양, 즉 제나라의 서쪽에 있었기 때문에 한신은 제나라에서 승리를 거둔 뒤에 서쪽으로 가서 유방에게 보고한 것이다.

127 "진진陳軫이 말하기를 '계책은 국가 대사의 근본이고, 계책을 듣는 것은 존망의 관건이다計者, 事之本也; 聽者, 存亡之機'라고 했다."(『전국책』「진책 2」)

들을 때 잘못 듣는 일이 열에 한두 번이 안 된다면 남의 감언이설에 넘어가지 않으며, 계획을 세울 때 시작과 끝을 잃지 않는다면 남의 교묘한 말에 혼란을 일으키지 않습니다. 무릇 말을 먹이고 장작을 패는 노복의 지위에 편안해한다면 그는 만승의 권력을 잃을 것이고, 적은 봉록에 만족한다면 경상의 지위를 잃을 것입니다. 이 때문에 지혜로운 자는 제때 결단을 내리고 의심하는 자는 일을 해치고 맙니다. 털끝만 한 작은 일을 자세히 살피면 천하의 큰 이익을 잃어버리고, 머리로는 어떻게 해야 할지 이해하면서도 여전히 결정을 내리지 못하면 그 또한 모든 실패의 화근입니다. 그래서 '맹호라도 머뭇거리고 있으면 말벌이나 전갈이 독침으로 쏘는 것만 못하고, 천리마라도 주춤거리며 나아가지 않으면 둔한 말이 느릿느릿 걷는 것만 못하며, 맹분孟賁 같은 용사도 여우처럼 의심이 많아 결정을 내리지 않으면 보통 사람이 실행하는 것만 못하고, 설사 순임금이나 우임금 같은 지혜가 있더라도 잠자코 있으면 귀머거리와 벙어리가 손짓 몸짓하는 것만 못하다'고 하는 것입니다. 이러한 말은 행동이 귀하다는 뜻입니다. 무릇 공을 이루기는 매우 어려우나 실패하기는 쉬우며, 시기를 얻기는 어려우나 잃기는 지극히 쉽습니다. 시간은 한번 지나가면 영원히 다시 돌아오지 않습니다.[128] 족하께서는 자세히 살펴주시기 바랍니다."

그러나 한신은 여전히 주저하면서 결정을 내리지 못했고, 차마 한나라 왕을 배반하지 못했다. 또 자신의 공로가 많기 때문에 한나라 왕은 결국 제나라를 빼앗지 않을 것이라 생각하여 괴통의 권고를 거절했다. 괴통은 한신이 자신의 제안을 받아들이지 않자, 화를 피하기 위해 미친 척하고 무당이 되어 떠났다.

한나라 왕이 고릉固陵에서 항왕에게 패해 곤경에 처했을 때,[129] 한나라 왕은

---

128  원문은 '時乎時, 不再來'다. "시기를 얻는 데 태만해서는 안 되는데, 시기는 한 번 가면 다시 돌아오지 않는다得時無怠, 時不再來."(『국어』「월어越語」)

129  한나라 4년(기원전 203) 9월, 유방은 항우와 홍구鴻溝에서 정전 조약을 맺었고, 한나라 5년(기원전 202) 10월, 유방은 한신·팽월 등과 함께 항우를 공격하기로 약속했다. "유방이 군사를 이끌고 전진하여 고릉에 이르렀을 때, 한신과 팽월의 부대가 도착하지 않았다. 그러자 항우는 틈을 이용해 한나라

장량의 계책을 써서 제나라 왕 한신을 불러 군대를 진격시켰고,[130] 한신은 마침 내 군사를 이끌고 해하에서 한나라 왕과 회합했다. 항우가 격파되자[131] 고조 유 방은 즉시 제나라 왕 한신의 병권을 기습적으로 빼앗았다. 한나라 5년(기원전 202) 정월, 제나라 왕 한신을 초나라 왕으로 변경하여 봉하고[132] 하비下邳[133]에 도읍을 정하게 했다

한신은 초나라 도성 하비에 당도하자 과거 자신에게 밥을 내준 빨래하던 노 부인을 불러 상으로 1000금을 하사했다.[134] 하향의 남창정 정장에게 100전을 하사하며 말했다.

"그대는 소인이다. 남에게 덕을 베푸는 좋은 일을 끝까지 하지 않았기 때문 이다."

또 자신을 가랑이 밑으로 기어가게 하여 모욕한 젊은이를 불러들여 초나라 중위로 삼았다.[135] 그러고는 여러 장수와 상에게 말했다.

---

군대를 공격했고 대패시켰다."(「항우본기」) 고릉固陵은 지금의 허난성 화이양 서북쪽의 고릉취固陵聚, 즉 타이캉太康 남쪽 지역이다.

130    「항우본기」에서 장량은 유방에게 다음과 같이 건의했다. "항우의 군대는 소멸될 것입니다. 그러 나 한신과 팽월은 봉지를 늘려주겠다는 약속이 없으므로 당연히 오지 않을 겁니다. 군왕께서 그들과 천하를 아까워하지 않고 나눌 수 있다면 그들을 즉시 부를 수 있습니다. 진군陳郡부터 곧장 동쪽으로 해변까지(지금의 허난성 동부, 산둥성 서남부와 안후이성과 장쑤성 두 성의 북부) 지반을 전부 한신에게 주 고, 수양睢陽부터 북쪽으로 곡성穀城(지금의 산둥성 핑인平陰 서남쪽)까지(지금의 허난성 동북부와 산둥성 서부 일대) 지반을 모두 팽월에게 주어 그들을 모두 자신의 지반을 취득하기 위해 작전을 벌이게 하면, 그때는 항우를 매우 쉽게 패배시킬 수 있습니다."

131    한나라 5년(기원전 202) 12월의 일이다.「진초지제월표」에서는 한나라 5년(기원전 202) 정월에 항 적을 죽였다고 했다.

132    「진초지제월표」에 따르면 한신이 한나라 5년 정월에 초나라 왕이 되었으니, 그때까지 11개월 동 안 제나라 왕으로 있었다.

133    하비下邳: 진나라 현으로 치소는 지금의 장쑤성 쑤이닝睢寧 서북쪽 지역이다.

134    "장화가 말하기를 '솜을 두드려 빨래를 하던 노부인의 무덤이 사구泗口 남쪽 기슭에 있다'고 했 다."(『집해』) 지금의 장쑤성 화이인淮陰 마두진碼頭鎭이다.

135    중위中尉: 제후국의 군사 장관으로, 제후국의 군병을 통솔하고 군리軍吏를 감찰했으며 제후국 내의 치안을 수호했다. "한신은 지난날의 잘못을 잊지 않았음을 하향의 정장에 대한 태도에서 볼 수

"이 사람은 장사다. 내게 모욕을 주었을 때 내 어찌 그를 죽일 수 없었겠는가? 그를 죽인다 한들 의미가 없어 참았기에 오늘의 성취가 있었던 것이다."

항왕에게서 도망친 장수 종리매鍾離眜[136]의 집은 이려伊廬[137]에 있었는데, 종리매는 본래 한신과 사이가 좋았다. 항왕이 죽은 뒤 종리매는 도망쳐 한신에게 왔다. 한나라 왕[138]은 종리매에게 원한이 있었는데,[139] 그가 초나라에 있다는 말을 듣고 초나라에 조서를 내려 종리매를 체포하게 했다. 한신은 막 초나라에 왔기 때문에 지역 내 현과 읍을 순행할 때마다 군대를 대동하고 다녔다. 한나라 6년(기원전 201)[140]에 어떤 사람이 글을 올려 초나라 왕 한신이 모반했다고 고발했다.[141] 고제高帝(유방)는 진평의 계책에 따라 천자가 순수巡狩를 하면서 제후들을 불러 모으기로 했다. 남방에 운몽雲夢[142]이라는 곳이 있는데 고제는 사자를

있다. 이것은 실제로 한신의 수준 높은 보복 형식이다."(『사기전증』)

136  종리매鍾離眜: 성은 복성인 종리鍾離이고 이름이 매眜이다. 항우를 따르던 명장으로 항우가 죽은 뒤에는 유방을 피해 이름을 바꾸고 도망쳤다. 「진승상세가」에서는 종리매를 항우의 골경신骨鯁臣(목구멍에 걸린 생선 가시처럼 직언을 하는 강직하고 충직한 신하)이라고 했다.

137  이려伊廬: 향읍으로 지금의 장쑤성 관인灌雲 동북쪽 지역이다.

138  "고조高祖가 이미 황제로 즉위했는데 어찌하여 한왕이라고 하는가? 아래 문장의 '한신은 한나라 왕이 자기의 재능을 두려워하고 미워하는 것을 알고 있었다'에서도 같이 오류다."(『사기지의』)

139  "유방이 종리매에게 원한을 갖게 된 원인은 각 편에서 설명한 부분이 없다. 「항우본기」에 따르면 유방이 팽성에서 대패했을 때 초나라의 장수가 종리매였기에 여기에서 원한이 생겼을 수 있다. 「계포난포열전」에는 정공丁公이 초나라 장수였는데 팽성 서쪽에서 유방을 추격한 일이 있었다. 이후에 정공은 유방에게 살해당했는데, 종리매는 이러한 부류에 속하지 않았단 말인가? 여기에서도 유방의 도량이 좁음을 볼 수 있다."(『사기전증』)

140  원문은 '漢六年'이다. "진인석이 말하기를 '한나라 6년, 한나라 12년에서 모두 한漢이란 글자는 불필요한 글자다'라고 했다. 유방은 한나라 5년(기원전 202) 12월에 항우를 멸망시켰고, 2월에 이미 황제로 즉위했기 때문에, 양옥승은 『사기』의 문장을 바로잡으며, 이후에는 마땅히 '한왕'이라고 불러서는 안 된다고 했다. 진인석도 『사기』의 문장을 바로잡으며 '한나라 6년'이라고 해서는 안 된다고 한 것이다."(『사기전증』)

141  "여기서 한신을 고발한 자가 누구인지는 역사에 명확하게 기재하고 있지 않다. 그러나 「위표팽월열전」에 '여후는 팽월의 사인을 시켜 팽월이 다시 모반하려 한다고 무고하게 했다'고 하여 명확하게 서술하고 있다."(『사기전증』)

142  운몽雲夢: 운몽택을 말한다. 옛날에 후베이성 남부, 후난성 북부 장강 양쪽 기슭의 커다란 호수와 늪의 땅을 가리킨다. 장강 북쪽을 운택雲澤이라 했고, 장강 남쪽을 몽택夢澤이라 했다.

보내 각 제후들에게 진현陳縣에 모이라고 하면서 말했다.

"내가 운몽으로 순수하려 하오."

사실은 한신을 기습하려는 것이었으나 한신은 이를 알지 못했다. 고조(유방)가 초나라에 당도할 무렵 한신은 의심을 품고 군대를 일으켜 모반하려고 했다.[143] 그러나 스스로 어떠한 죄도 없다고 생각해 고조를 만나려 하면서도 사로잡힐 것을 걱정했다. 그때 누군가 한신에게 권하며 말했다.

"종리매를 참수하여 황상을 만나면 황상께서 반드시 기뻐할 것이고, 아무런 우환도 없을 것입니다."

그리하여 한신은 종리매를 만나 이 일을 상의했다. 종리매가 말했다.

"한나라 왕이 초나라를 공격해 취하지 않는 까닭은 내가 공한테 있기 때문이오.[144] 그대가 나를 잡아서 한나라 왕에게 비위를 맞추려 한다면 나는 오늘이라도 죽겠소. 그러나 공 또한 뒤따라 죽게 될 것이오."

그러고는 한신에게 욕설을 퍼부었다.

"당신은 진정 덕망이 없는 사람이오!"

말을 마치더니 스스로 목을 베어 죽었다. 한신은 종리매의 수급을 가지고 진현으로 가서 고조를 만났다. 고조는 즉시 무사들에게 명하여 한신을 포박하게한 뒤 자신의 뒤를 따르는 수레에 실었다. 한신이 말했다.

"과연 사람들의 말대로[145] '교활한 토끼가 죽으면 훌륭한 사냥개는 삶아 먹히고, 높이 나는 새가 모두 잡히면 좋은 활은 거두게 되며, 적국이 격파되고 나면 지모 있는 신하는 죽게 된다'고 하더니, 천하가 평정되었으니 내가 삶겨 죽게 되는 것은 당연하구나!"

---

**143** "이 말은 근거가 없다. 아마도 태사공이 이런 서술을 통해 한신이 기습당한 억울함을 드러내려 한 것으로 보인다."(『사기전증』)

**144** "종리매는 맹장으로 한신을 도와 작전을 벌일 수 있기 때문이다."(『사기전증』)

**145** "심흠한이 말하기를, '괴통이 일찍이 아래 몇 마디 말로 한신을 가르쳤으므로 과연 사람들이 말한 대로라고 한 것이다'라고 했다."(『사기회주고증』)

황상이 말했다.

"공이 모반했다고 고발한 사람이 있소."

마침내 한신에게 족쇄와 수갑을 채웠다. 낙양으로 돌아온 뒤에야 한신의 죄를 사면하고 회음후淮陰侯로 강등하여 봉했다.146

한신은 한나라 왕이 자기의 재능을 두려워하고 미워하는 것을 알고 있었기 때문에 항상 병이 났다는 핑계로 고조를 알현하지 않았고 수행하지도 않았다. 한신은 이때부터 밤낮으로 원망하고 늘 불만을 품고 지내면서 자신이 강후絳侯 주발周勃과 영음후潁陰侯 관영灌嬰 등과 같은 지위에 있는 것을 부끄럽게 여겼다.147 한신이 장군 번쾌의 집을 방문한 적이 있었는데, 번쾌가 무릎을 꿇고 절하는 예절로 마중하고 배웅했다. 또한 한신 앞에서 자신을 신臣이라고 일컬으면서 말했다.

"대왕께서 뜻밖에 신의 집까지 왕림해주셨습니다!"

한신은 문을 나온 뒤 쓴웃음을 지으며 말했다.

"내 인생에 번쾌 같은 자와 동급으로 떨어질 줄이야!"

한번은 황상이 한신과 한가하게 장수들의 능력이 있고 없음에 대하여 각기 다른 점을 마음 내키는 대로 이야기한 적이 있었다. 황상이 물었다.

"나 같은 사람은 얼마나 되는 군대를 통솔할 수 있겠소?"

한신이 대답했다.

"폐하께서는 최대 10만 명을 통솔할 수 있습니다."

황상이 물었다.

"그렇다면, 그대는 어떻소?"

---

146  "기습 체포했다가 사면하고 회음후로 삼았으니, 드러난 죄명이 없는 것이다. 한신이 진현에서 기습 체포된 것과 회음후로 강등된 사건을 「진초지제월표」에서는 한나라 5년(기원전 202)으로 기재하고 있지만, 틀렸다. 『한서』 「고제기」에서는 고조 6년(기원전 201) 12월로 기재하고 있는데, 이것이 맞다. 한신이 이전에 초나라 왕으로 있었던 기간은 11개월이었다."(『사기전증』)
147  주발과 관영은 유방의 원로 공신으로, 한신도 그들과 함께 후에 봉해진 것을 가리킨다.

한신이 대답했다.

"신은 많으면 많을수록 좋습니다."

황상이 웃으면서 말했다.

"많으면 많을수록 좋다는 사람이 어째서 나한테 사로잡혔소?"

한신이 말했다.

"폐하께서는 군대를 잘 이끌 수는 없습니다만 장수들을 잘 부리십니다.[148] 이것이 바로 신이 폐하께 사로잡힌 원인입니다. 게다가 폐하께서 승리하신 것은 상천이 내려주신 것이지 사람 힘으로 바꿀 수 있는 것이 아닙니다."

진희陳豨가 거록군鉅鹿郡 태수로 임명되어[149] 회음후 한신에게 작별 인사를 하러 왔다. 회음후 한신이 그의 손을 끌어당기고 좌우의 사람들을 물리친 뒤 정원에서 산책을 했다. 한신이 하늘을 우러러보고 탄식하며 말했다.

"그대와 터놓고 말할 수 있겠소? 내 그대와 상의하고 싶은 말이 있소."

진희가 말했다.

"예, 장군의 분부를 따르겠습니다."

회음후 한신이 말했다.

"공이 부임하는 곳은 천하의 정예부대가 주둔하고 있는 곳이오. 그리고 공은 폐하께서 신임하는 신하요. 누군가 공이 모반했다고 고발하더라도 폐하께서는 절대로 믿지 않을 것이오. 그러나 재차 누군가 고발한다면 폐하께서는 의심할

---

148 "앞에서 고제는 단지 10만의 군사만을 통솔할 수 있다고 말하고는 자신은 많으면 많을수록 좋다고 말했는데, 한신이 자만하여 자신의 처지를 잊고 입 밖에 꺼낸 것을 깨닫지 못했음을 알 수 있다. 고제가 그를 막으며 '많으면 많을수록 좋다는 사람이 어째서 나한테 사로잡혔소?'라고 말하자, 한신은 문득 실언을 했음을 깨닫고 상황에 맞게 말을 바꿔 '폐하께서는 군대를 잘 이끌 수는 없습니다만 장수들을 잘 부리십니다'라고 했다. 유방의 꺼리는 마음을 진정시키면서 자신의 괴로움을 감춘 것이지만, 이것은 의심의 여지없이 한신을 죽여야겠다는 유방의 마음을 굳히게 만들었다."(『사기전증』)
149 "「한신노관열전」에서는 '진희는 조나라(마땅히 대代라고 해야 한다) 상국이 되어 조와 대代 양국의 변방 부대를 통솔 감독했다'고 했을 뿐 거록군 태수에 임명된 적이 없다. 『한서』「한신전」에서도 '진희는 대代의 상이 되어 변경을 감독했다'고 했다."(『사기전증』)

것이고, 세 번째로 누군가 고발한다면 폐하께서는 화를 내며 직접 군사를 이끌고 공을 칠 것이오. 그때 내가 도성에서 군대를 일으켜 내응하면 천하를 우리 손에 넣을 수 있을 것이오."[150]

진희는 평소에 그의 재능을 알고 있었기에 한신을 믿고 말했다.

"삼가 분부대로 하겠습니다!"

한나라 10년(기원전 197)[151]에 진희가 과연 모반하자 황상은 친히 군사를 이끌고 토벌하러 갔고 한신은 병이 있어[152] 따라가지 않았다. 그러고는 은밀하게 진희에게 사람을 보내 소식을 전하게 했다.

"군대를 일으키기만 하면 내가 여기서 돕겠소."

한신은 가신들과 모의하여 밤에 거짓 조서를 내려 각 관아에서 노역하는 죄인과 노예들을[153] 풀어준 뒤 이들을 일으켜 여후와 태자를 습격하려 했다.[154] 담당할 부서가 정해지자 진희의 소식이 오기만을 기다리고 있었다. 이때 한신의 사인 중에 한신에게 죄를 지은 자가 있었는데 한신이 그를 가두고 죽이려 했다.[155] 그러자 그 사인의 동생이 예사롭지 않은 변란을 알리고 한신이 모반하려

---

150  "주수창이 말하기를 '진희는 이때 배반할 뜻이 없었는데 한신이 말을 꺼내 갑자기 배반하라고 한 것이다. 진희가 황상에게 말할 것을 두려워하지 않았단 말인가? 이러한 상황은 부합되지 않으며 명확하지 않은 비평이라고 할 것이다'라고 했다."(『한서보주』)

151  황본黃本에는 '한나라 11년'으로 기재하고 있는데, 「한신노관열전」에 따르면 진희가 모반을 일으킨 때는 고조 10년 9월이다. '수정본'에서도 '한나라 10년'이라고 기재하고 있다.

152  원문은 '병病'으로 되어 있다. '병病(병이 있다)'과 '칭병稱病(병이 있다는 핑계)'은 다른 상황이다. "주수창이 말하기를 '아래 문장에서 상국 소하가 한신에게 말한 것을 보면 한신에게 병이 있었으며 병이 있는 척한 것은 아니다'라고 했다."(『한서보주』)

153  원문은 '도노徒奴'다. 호삼성 주석에서는 "죄가 있어 수감되어 노역에 복무하는 자들을 도徒라 하고, 죄가 있으나 관청으로 들어가지 않은 자들을 노奴라 한다"고 했다. "전한 때 관서에 많은 도노徒奴가 있었는데, 예를 들면 무제 때 사례교위司隷校尉에는 도徒가 1200명이었다. 『한구의漢舊儀』에서는 태관太官, 탕관湯官에는 각기 노비가 3000명이었다고 기재했다."(『사기신증』)

154  원문은 '欲發以襲呂后, 太子'다. "풍본·삼본에는 '발發'자 다음에 '병兵'자가 있고 『한서』와 같다."(『사기회주고증』) 즉 '군사를 일으키다'의 의미다. 여기서 태자는 유방의 아들 유영劉盈으로 혜제惠帝를 말한다.

155  "유봉세가 말하기를 「공신표」에 따르면 한신이 모반했다고 고발한 자는 난설欒說이다. 송기宋祁

는 정황을 여후에게 고발했다. 여후는 한신을 궁으로 불러들이려다가 그가 오지 않을까 염려되어, 상국 소하와 상의하여 황상이 있는 곳에서 사람을 보낸 것처럼 꾸미고는 '진희는 체포되어 죽었고 열후와 군신들에게 모두 입조하여 축하하도록 했다'고 말했다. 소하가 한신을 속이며 말했다.

"설사 병이 있다 해도 억지로라도 궁에 들어와 축하해주십시오."

한신이 장락궁長樂宮으로 입궁하자 여후는 즉시 무사를 시켜 한신을 포박하고 장락궁의 종실鍾室에서 그를 죽였다.[156] 한신은 죽기 전에 말했다.

"내가 애초에 괴통의 계책을 듣지 않은 것이 후회스럽다. 오늘 여인네와 어린아이[157]한테 속았으니, 어찌 하늘의 뜻이 아니겠는가!"

여후는 한신의 삼족을 주살했다.

고조는 진희를 토벌하고 돌아와 한신이 죽은 것을 듣자, 한편으로는 기뻐하면서도 가엾게 여기며 물었다.

"한신이 죽기 전에 무슨 말을 했소?"

여후가 말했다.

"한신은 괴통의 계책을 쓰지 않은 것이 한스럽다고 말했습니다."

고조가 말했다.

"이놈은 제나라 변사辯士다."

이에 제나라에 조서를 내려 괴통을 체포하도록 했다.[158] 괴통이 도성으로 압송되자 황상이 물었다.

---

가 말하기를 「공신후표功臣侯表」에서 신양愼陽(지금의 허난성 정양正陽 북쪽) 사람 난설이 회음후의 사인이 되었는데, 회음후가 모반을 했다고 고발하여 후(신양후)에 봉해지고 2000호를 하사받았다'고 했다'고 했다."(『한서보주』)

**156**  한신이 살해된 시기는 『한서』「고제기」와 『통감』에서 모두 고조 11년(기원전 196) 정월로 기재하고 있다. 한신이 회음후로 봉해진 때부터 사망할 때까지의 기간은 6년이다.

**157**  여후와 태자 유영을 가리킨다.

**158**  당시 제나라 왕은 비肥로 유방의 아들이다. 고조 6년 제나라 왕에 봉해졌다.

"네가 회음후한테 모반하라고 가르쳤느냐?"

괴통이 대답했다.

"그렇습니다. 신이 가르쳤습니다. 그러나 그놈이 신의 계책을 듣지 않았기 때문에 스스로 멸망을 자초했습니다. 만약 그놈이 신의 계책을 들었다면 폐하께서 어떻게 그놈을 멸망시킬 수 있었겠습니까!"

황상이 화를 내며 말했다.

"이놈을 삶아 죽여라."

괴통이 말했다.

"아! 삶겨 죽게 되다니, 억울하구나!"

황상이 말했다.

"네가 한신에게 모반하도록 교사해놓고 무엇이 억울하단 말이냐?"

괴통이 말했다.

"진나라의 법도가 문란해지고 정권이 붕괴되자 산동이 크게 어지러워졌고, 성이 다른 제후들이 모두 일어나자 재능이 출중한 영웅호걸들이 까마귀 떼처럼 모여들었습니다. 진나라 황제의 지위는 한 마리 사슴159과 같아 사슴이 도망치자 모두 일제히 추격했고, 누구든 능력 있고 발이 빠른 자가 먼저 차지했습니다. 도척盜跖이 기르는 개가 요임금을 보고 짖는 것은 결코 요임금이 어질지 못해서가 아니라 개는 본래 기르는 주인이 아니면 짖게 마련입니다.160 당시에 신은 한신만 알았지 폐하는 알지 못했습니다. 게다가 당시 천하에는 끝을 날카롭게 갈아낸 병기를 쥐고서 폐하와 같이 황제가 되려고 하는 자가 많았지만 단지 힘이 모자라 뜻대로 되지 못했을 따름입니다. 그런데 폐하께서는 그들을 모두

---

159   원문은 '녹록鹿'이다. "장안이 말하기를 '녹鹿은 제위帝位를 비유한 것이다'라고 했다."(『집해』) "장안의 말이 맞다. '녹鹿'과 '녹祿'의 옛 음은 같으며, 여기서 '녹鹿'자를 사용한 것은 음으로써 '녹祿'자의 뜻을 빗댄 것이다."(『한서규관』) 본문에서 '녹鹿'은 진나라 정권을 비유한 말이다.
160   "초발貂勃이 전단田單에게 말하기를 '도척의 개가 요임금을 보고 짖는 것은 도척이 존귀하고 요임금이 비천하기 때문이 아니라 본래 개는 주인이 아니면 짖기 때문이다'라고 했다."(『전국책』 「제책 6」)

삶아 죽일 수 있겠습니까?"

고제가 말했다.

"풀어주거라."

그러고는 괴통의 죄를 사면해줬다.[161]

태사공은 말한다.

"내가 회음을 지나간 적이 있었는데 회음 사람들이 내게 말하기를, 한신은 평민일 때도 지향하는 바가 보통 사람과 달랐다고 했다. 그의 어머니가 죽었을 때 가난해서 장사를 지낼 수 없었기에 지세가 높고 넓은 곳에 무덤을 지었는데, 나중에 무덤 주변에 1만 호가 들어설 수 있는 곳으로 발전시켰다고 한다. 내가 그어머니의 무덤을 보니 과연 그와 같았다. 한신이 겸양의 도를 배워[162] 자신의 공로를 자랑하지 않고 자신의 재능을 과시하지 않았다면 한나라에 대한 공훈은 주나라 때의 주공, 소공, 강태공 같은 인물에 필적하고, 아울러 자손에게 전해 영원히 후대의 제사를 누릴 수 있었을 것이다. 그러나 그는 이같이 하지 않고 천하가 안정된 뒤에 모반을 꾀했으니 종족이 멸하게 된 것은 당연하지 않은가!"

---

161  "괴통은 전국시대 유세가들의 임기응변을 논술하고 자신의 견해로 평가했는데, 모두 81편이며 책 제목을 『전영雋永』이라 했다."(『한서』 「괴롱전」) 『한서』 「예문지」의 종횡가 분류에 『괴자蒯子』 5편이 기재되어 있다.

162  원문은 '學道謙讓'이다. 여기서 도道는 노자의 도를 말한다. 노자는 겸양의 도를 강술했다.

# 한신노관열전

## 韓信盧綰列傳

이 편은 한왕 신, 노관, 진희 세 사람의 합전이다. 이들은 모두 유방을 수행하여 천하 통일을 이룬 개국공신이었으나 북쪽의 흉노와 결탁하여 반란을 일으켰기에 사마천은 이들을 함께 묶어 기술했다. 유방이 한왕 신을 토벌하러 나선 길에서 백등산에 고립되어 곤경에 처한 정황은 한나라 초기의 허약했던 군사력과 흉노를 두려워한 통치자의 모습을 보여준다.

한왕 신은 원래 한나라 왕실의 후손이며 노관은 유방과 같은 고향 출신으로, 항우와 쟁패하는 과정에서 큰 공을 세워 한신은 한왕韓王에 봉해지고 노관은 연왕燕王에 봉해졌다. 그런 만큼 이 둘은 유방에게 둘도 없이 친근한 신하였으나 한나라가 세워지고 나서 정권의 안정을 위해 공신들과 제후왕들을 제거하는 과정에서 모두 죽음을 면치 못했다. 한왕 신은 사사로이 흉노와 교류하다가 두 마음을 품었다는 의혹을 받게 되자 주살당할까 두려워 흉노와 결탁했고, 노관은 반란을 일으킨 자들이 소탕된 후에는 자기 차례가 될 것이라는 불안감에 흉노와 결탁했으며, 진희는 많은 빈객을 거느린 것이 의심의 빌미가 되어 반란을 일으켰다.

이들의 반란은 제업을 함께 일으킨 개국공신들과 유씨劉氏가 아니면서 왕에 봉해진 자들에 대한 유방과 여후의 의심에서 비롯된 것으로, 다음과 같은 노관의 발언으로 뚜렷이 확인된다. "유씨가 아니면서 왕이 된 사람은 나와 장사왕(오신)뿐이다. 지난해 봄에 한나라는 회음후를 멸족시켰고 여름에는 팽월을 주살했는데, 이것은 모두 여후의 계책이었다. 지금 황상은 병들어 있어 여후에게 국사를 맡기고 있다. 여후는 부녀자로서 성이 다른 왕과 큰 공을 세운 신하들을 구실을 찾아 죽이고 있다." 어려서부터 절친한 친구 사이였던 노관의 입에서 나온 말인 만큼 당시의 세력다툼이 얼마나 살벌했는지를 엿볼 수 있다.

한왕韓王 신信[1]은 원래 한나라 양왕襄王의 서자가 낳은 아들로[2] 키가 8척 5촌 (196센티미터)이나 되었다. 항량이 초나라 왕 후손인 회왕을 왕으로 옹립하자[3] 연·제·조·위에서도 모두 왕의 후손을 세웠지만[4] 한韓나라만은 왕위를 계승할 만한 사람이 없었다. 그래서 항량은 한나라의 여러 공자 가운데 횡양군橫陽君 한성韓成을 한나라 왕으로 세우고[5] 한나라의 옛 땅[6]을 평정하고 안정시키려 했다. 항량이 정도 전투에서 패해 죽자 한성은 초나라 회왕에게 달아났다. 패공 유방은 군대를 이끌고 양성陽城을 공격했을 때,[7] 장량을 한나라의 사도司徒로

1  성이 한韓이고 이름이 신信으로, 회음후 한신과 이름이 같다. 역사가들은 두 인물을 구별하기 위해 '한왕 신'이라 표기했다. "제소남이 말하기를 '두 사람의 성명이 우연히 같으므로 한왕 신으로 불러 구별한다'고 했다."(『한서보주』)
2  "한나라 양왕에서 한왕 신까지는 90여 년이다. 곽숭도는 말하기를 '한왕 신은 양왕의 후예일 뿐 반드시 서자의 아들은 아니다'라고 했다. 제소남은 『당서唐書』「재상세계표宰相世系表」에 '한나라 양왕이 진나라에 망해서 죽고 막내아들 기슬蟣虱이 신信을 낳았다고 했는데, 무엇을 근거로 했는지 알 수 없다'고 했다."(『사기전증』)
3  진 2세 2년(기원전 208) 6월의 일이다. 항량은 범증의 건의를 받아들여 초 회왕의 손자로 이름이 '심心'인 자를 찾아내어 왕으로 세우고는 여전히 '초 회왕'이라 불렀다.
4  진섭의 부장 한광이 북방으로 파견된 후 스스로 연나라 왕이 되었고, 전국시대 제나라 왕 후손인 전담과 동생인 전영, 전횡 등이 군대를 일으킨 뒤에 스스로 제나라 왕이 되었으며, 위나라 왕의 후손인 위구가 주불 등에 의해 위나라 왕으로 옹립되었다. 모두 진 2세 원년(기원전 209) 9월의 일이다. 또한 진섭의 부장 무신武臣이 하북으로 파견된 뒤 스스로 조나라 왕이 되었는데, 진 2세 원년 8월의 일이다.
5  진 2세 2년 6월의 사건으로, 한성이 어느 왕의 후손인지는 명확하지 않다.
6  지금의 허난성 위저우禹州, 신정新鄭 일대 지구를 가리킨다.
7  진 2세 3년(기원전 207) 6월의 일이다. "이때 유방은 이미 항우와 군사를 나누었고, 항우는 회왕의 명령을 받아 송의를 하북으로 보내 조나라를 구원하게 했고, 유방은 명령을 받아 서쪽으로 내려가 낙양을 거쳐 다시 남쪽으로 꺾어 남양을 거쳐 서쪽 무관으로 진입하여 진나라를 격파했다."(『사기전증』)

삼아 한나라의 옛 땅을 수복하고 귀순시키게 했다.8 이때 한신을 얻어 한나라 장군으로 임명했고, 한신은 한나라 군대를 이끌고 패공을 따라 서쪽 무관으로 진입했다.

패공이 한漢나라 왕으로 세워지자9 한신은 한나라 왕을 수행하여 한중으로 들어갔다. 그는 한나라 왕을 설득하며 말했다.

"항왕의 장수들은 가까운 땅의 왕으로 봉해졌으나10 왕께서만 홀로 이렇게 멀고 외진 곳으로 왔으니, 이것은 분명 좌천左遷11입니다. 우리 사졸은 모두 산동 사람이므로 발꿈치를 들어 동쪽을 바라보며 돌아가기를 바라고 있습니다. 그들의 날카로운 기세가 충만할 때를 이용해 군대를 이끌고 동쪽으로 진격한다면 천하를 쟁탈할 수 있을 겁니다."12

한나라 왕은 군사를 돌려 삼진三秦을 평정했고, 한신이 한韓나라 왕이 되는 것을 허락했다.13 그에 앞서 한신을 한나라 태위太尉14로 임명하고 군사를 이끌

---

8 "유방이 서주徐州 일대에서 서쪽 낙양으로 내려와 남쪽으로 남양을 공격하려면 한韓나라 땅을 거쳐야 한다. 장량은 한나라 귀족 후손으로, 이 일대에서 호소력을 지니고 있으므로 유방은 임시로 장량을 한나라의 고관으로 임명한 것이다."(『사기전증』)

9 한나라 원년 10월 유방이 진나라를 공격해 도성 함양으로 들어가자 진나라 왕 자영子嬰은 투항했다. 항우는 12월에 함곡관으로 들어가 홍문 연회를 열고 1~3월까지 각 제후들을 왕으로 분봉했으며 유방은 한왕漢王에 봉해졌다. 영지는 파·촉·한중 3개 군이었고 도읍은 남정이었다.

10 장함을 옹왕(도읍은 폐구, 지금의 산시陝西성 싱평 동남쪽), 사마흔을 새왕(도읍은 약양, 지금의 산시성 린퉁 북쪽), 동예를 적왕(도읍은 고노高奴, 지금의 산시성 옌안 동북쪽)으로 봉했는데, 모두 관중 지역이다.

11 "진나라 때는 좌左를 숭상했으므로 진승은 우右를 숭상했다. 고조 또한 우를 숭상했으므로 좌천이라 한 것이다."(『사기신증』)

12 여기서 유방을 설득한 인물이 '한왕 신'인지 '회음후 한신'인지에 대해서는 논란이 있다. "이 의견은 「회음후열전」에 보이는 한신이 유방을 설득한 말로, 여기서의 한왕 신은 아니다. 어떤 사람은 이 말을 조율하여 두 사람이 모두 말했을 수 있다고 본다."(『사기전증』) "안사고는 말하기를 「고기高紀」와 「한팽영노전韓彭英盧傳」에서 모두 이 말은 초왕楚王 한신의 말이라고 했는데 이 열전에서 다시 한왕 신의 말이라고 하니 어찌 역사가들의 오류겠는가?'라고 했다. 주수창이 말하기를 '「고기」에서는 여기에 비해 약간 상세하고 간략하다. 「한팽영노전」에는 이 말이 없는데, 안사고가 무엇을 말하는지 모르겠다'고 했다."(『한서보주』) "서광이 말하기를 '한왕 신이지 회음후 한신이 아니다. (…) 「고기」는 틀렸고 열전을 따르는 것이 좋다'라고 했다."(『집해』)

고 한나라 땅을 공격해 취하도록 했다.

항적(항우)이 제후들을 왕으로 봉한 뒤 제후 왕들은 모두 자기 나라로 돌아가 즉위했지만 한韓나라 왕 성은 항적을 따라 함곡관으로 들어가지 않아[15] 공적을 세우지 못했기 때문에 봉국을 얻어 나가지 못하고 다시 열후가 되었다.[16] 항적은 한나라 왕(유방)이 한신을 시켜 한韓나라의 옛 땅을 공격해 점령하게 했다는 소식을 듣고는 자신이 오나라에 있을 때 알고 지내던 옛 오현吳縣의 현령 정창鄭昌을 한韓나라 왕으로 삼아 한韓나라에 대항하도록 했다. 한나라 2년(기원전 205)에 한신은 한나라의 성 10여 개를 공격해 평정했다.[17] 한나라 왕(유방)이 하남에 이르자[18] 한신은 양성에서 한韓나라 왕 정창을 맹렬하게 공격했다. 정창이 항복한 뒤 한나라 왕은 한신을 한왕韓王에 봉했다. 한왕 신은 왕이 된 뒤에도 여전히 한韓나라 군대를 이끌고 한나라 왕을 수행했다.[19] 한나라 3년(기원전 204)에 한나라 왕이 포위를 뚫고 형양을 빠져나갔을 때 한왕 신과 주가周苛 등[20]은 계속 머물며 형양을 지켰다. 초나라 군대가 형양을 격파하고 점령하자[21] 한왕 신은 초나

<hr>

13  "당시 한韓나라 왕 성은 항우에게 죽임을 당했으므로 유방은 한나라를 한왕 신에게 허락한 것이다."(『사기전증』)

14  태위太尉: 진·한 시대 무장武將의 최고 영예 직함으로, 군대를 파견하거나 통솔하는 권한이 없는 황제의 군사고문이다. 한 무제 때 대사마大司馬로 명칭이 변경되었다가 후한 때 다시 태위라는 명칭이 회복되어 군사 사무를 통괄하고 관리하면서 권한이 무거워졌다. 사도司徒, 사공司空과 함께 삼공三公이라 칭했는데, 지위가 가장 높았다.

15  항우를 따라 함곡관으로 진입하여 진나라를 격파하지 않고 회왕이 있는 곳에 머문 것을 말한다.

16  「진초지제월표」에 따르면 항우는 한나라 원년 7월에 한나라 왕 성을 주살한다. "한나라 왕 성을 폐하고 양후穰侯로 변경하여 봉했으며 나중에는 또 그를 죽였다."(『한서』「한왕신전韓王信傳」) "여기서는 단지 항적이 한나라 왕 성을 폐하고 후侯로 삼은 것만 언급하고 항적이 한나라 왕 성을 죽인 것은 언급하지 않고 있다."(『사기지의』)

17  "마땅히 한나라 원년 9월과 한나라 2년 10월의 일이라 해야 한다."(『사기전증』)

18  한나라 2년(기원전 205) 10월로, 이때 관중이 평정되었기에 유방은 함곡관을 나가 동방을 경영했다.

19  "한나라 2년 4월 유방이 초나라를 공격해 팽성으로 진입했고, 유방이 같은 달 팽성에서 참패했을 때 한왕 신이 모두 유방 곁에서 수행한 것을 말한다."(『사기전증』)

20  주가周苛는 유방의 부장으로 당시 어사대부였다. 당시 형양을 지킨 자는 위표, 종공樅公 등이었다.

21  「항우본기」에 따르면 항우는 형양을 점령한 뒤 유방의 장수 주가와 종공을 포로로 잡았으나 둘다 투항하지 않자 살해했다. 위표는 성이 격파되기 전 주가와 종공에게 살해되었다.

라에 투항했다가 얼마 뒤에 달아나[22] 다시 한나라 왕에게 돌아갔다. 한나라 왕은 그를 다시 한왕韓王으로 세웠다. 이후에 결국 한나라 왕을 수행하여 항적을 격파하고 천하를 평정했다. 한나라 5년 봄, 한나라 왕은 한신과 부절을 둘로 쪼갬으로써 그를 한왕韓王에 봉하고 영천군潁川郡을 봉지로 내렸다.[23]

그 이듬해 봄 황상(유방)은 한왕 신이 군사적 재능이 있고 용맹스러운데 봉지인 양적이 북쪽으로는 공현鞏縣과 낙양에 가깝고, 남쪽으로는 원현宛縣 섭현葉縣을 접하고 있으며, 동쪽으로는 회양淮陽이 있어 이들 지역 모두가 천하의 전략 요충지이기에 정예부대만 있는 곳이라 여기고, 이에 조서를 내려 한왕 신의 봉지를 태원 이북으로 옮기고[24] 도성을 진양晉陽으로 변경했으며 흉노의 남침을 방어하도록 했다. 한왕 신이 글을 올려 말했다.

'봉국이 변경에 근접해 있어 흉노가 여러 차례 침입하고 있고, 진양은 변경 요새와 너무 멀리 떨어져 있으니, 청컨대 도성을 마읍馬邑으로 옮길 수 있도록 해 주십시오.'[25]

---

**22**  「항우본기」「고조본기」「진초지제월표」에서는 한왕 신 또한 형양을 지켰으며 성이 격파된 뒤에 초나라에 항복한 사실을 언급하지 않았다. 이곳에서만 보이는 중요한 사실이다. 항우가 형양을 공격해 격파하고 주가와 종공을 죽이고 한왕 신이 초나라에 투항한 사건은 한나라 3년 9월이다. 「진초지제월표」에서는 한나라 4년 3월이라고 했는데, 크게 잘못된 것이다. 「고조본기」의 주석 『집해』에서 서광이 말하기를 '「월표」에 3년 7월에 한나라 왕(유방)이 형양을 나가고, 또 4년 3월에 주가가 죽었다고 하여 두 곳이 같지 않다. 항우가 기신紀信, 주가, 종공을 죽인 것은 모두 3년 중에 일어난 사건이다'라고 했다."(『사기전증』)
**23**  「고조본기」에 따르면 한나라 5년 2월 유방이 황제에 즉위하고 난 뒤에 비로소 앞서 왕으로 봉한 한신, 영포와 한왕 신 등이 재차 분봉되었다. 그러나 『한서』「고조기」에 따르면 유방은 한나라 5년 1월에 먼저 제장들을 왕으로 봉했고 이후 이 사람들이 함께 유방을 황제로 옹립한다. 『한서』가 더 이치에 부합된다."(『사기전증』) 영천군의 치소는 양적이다.
**24**  고조 6년(기원전 201) 봄 유방은 태원군을 한왕 신의 봉국으로 삼고 흉노의 침입을 방비했다고 했지만, 태원군 북쪽에는 안문군雁門郡이 있었으므로 태원군 이북을 방비하게 했다는 말은 부합되지 않는다.
**25**  "한왕 신이 진양으로 가서 도읍을 마읍馬邑으로 옮기려 한 것은 흉노 땅으로 도망치려 한 것을 예상하는 것뿐이다."(『사기찰기』) 마읍은 안문군에 속한 한나라 현으로 치소는 지금의 산시山西성 쉬저

황상이 허락하자, 한신은 이에 도성을 마읍으로 옮겼다. 그해 가을에 흉노 묵돌冒頓[26]이 한왕 신의 마읍을 대대적으로 포위하자, 그는 흉노에게 여러 차례 사자를 파견해 화해를 요청했다.[27] 조정에서는 군대를 파견해 그를 구원했는데, 한왕 신이 사사로이 흉노에게 여러 차례 사자를 보내자 그가 두 마음을 품은 것으로 의심하여 사람을 보내 꾸짖었다.[28] 한왕 신은 주살당할까 두려워 흉노와 함께 한나라를 공격하기로 약속하고 한나라에 반기를 들었다. 그는 마읍을 흉노에 바쳐 투항하고 태원을 공격했다.[29]

한나라 7년(기원전 200) 겨울 황상이 친히 군대를 이끌고 공격하여 한왕 신의 군대를 동제銅鞮[30]에서 격파하고 그의 부장 왕희王喜를 참수했다. 한왕 신은 흉노로 달아났다. 이때 한왕 신의 부장인 백토白土 사람 만구신曼丘臣과 왕황王黃[31] 등이 육국 시기 조나라 왕의 후예인 조리趙利를 조나라 왕으로 옹립하고, 다시 한왕 신의 도망쳐 흩어진 병사들을 모아 한왕 신·묵돌과 함께 연합하여 한나라를 공격하기로 모의했다. 흉노는 좌우현왕左右賢王[32]에게 1만여 명의 기병을

우朔州다.

26 묵돌冒頓: 흉노를 강대하게 통일시킨 수령으로 통치 기간은 진 2세 원년부터 한 문제 5년(기원전 209~기원전 175)까지 34년이다. "사효평謝孝苹이 말하기를 '묵돌 두 글자는 몽고어로 용맹의 의미다'라고 했다."(『사기전증』)

27 "화해를 요청할 수 있는 것은 국가의 정책으로, 번국이 사자를 흉노에 보내는 것은 월권이다."(『사기전증』)

28 "황상은 한왕 신에게 서신을 보내 꾸짖으며 말하기를 '반드시 죽겠다는 뜻을 갖는 것은 용기가 아니고, 반드시 살겠다는 마음을 품으면 군사를 감당할 수 없다. 흉노가 마읍을 공격하는데 군왕인 그대의 병력이 견고히 지키기에 부족하단 말인가? 그곳은 안위와 존망에 관계된 땅이므로, 이 두 가지 점에서 군왕인 그대를 꾸짖노라'라고 했다."(『한서』) "안위와 존망의 땅에 처해 있으면서 오로지 죽겠다는 뜻과 오로지 살겠다는 두 가지 마음은 모두 짐이 바라는 바가 아니다. 지혜와 용기를 다해 적을 막되 생명을 가볍게 여겨서도 안 되고 죽음을 애석하게 여겨서도 안 된다는 꾸짖음이다."(『한서보주』)

29 한나라 6년(기원전 201) 9월의 일이다.

30 동제銅鞮: 태원군의 남쪽에 위치한 한나라 현으로, 상당군에 속했으며 치소는 지금의 산시山西성 친현沁縣 남쪽이다.

31 "주수창이 말하기를 '만구曼丘는 성이고 신臣은 이름이다. 두 사람 모두 백토 사람으로 상인이었다'고 했다."(『한서보주』) 백토白土는 한나라 현으로 치소는 지금의 산시陝西성 선무神木 서쪽이다.

32 좌우현왕左右賢王: 흉노의 최고 군장君長(선우單于) 수하의 군장이다. 좌현왕은 동부를 다스렸고

이끌고 왕황 등과 함께 광무廣武[33] 남쪽에 주둔하도록 한 뒤 진양으로 진공하여 한나라 군대와 교전을 벌이게 했다. 한나라 군대는 그들을 크게 격파하고 승세를 몰아 추격에 나서 이석離石[34]에서 다시 한 차례 그들을 격파했다. 흉노가 누번樓煩 서북쪽에서 재차 모이자 한나라에서는 전차와 기병을 보내 흉노를 격파했다. 흉노가 연이어 패해 달아나자 한나라 군대는 승세를 몰아 추격에 나섰고 묵돌이 대곡代谷[35]에 군사를 주둔시켰다는 소식을 들었다. 고황제高皇帝(유방)는 군대를 진양에 주둔시키고 사람을 보내 묵돌 군대의 동정을 살피게 하자, 살펴보고 돌아온 자가 '공격을 개시해도 된다'고 보고했다.[36] 황상은 마침내 평성平城에 이르렀다.[37] 황상이 성을 나가 백등산白登山에 이르자 별안간 흉노의 기병들이 황상을 겹겹이 에워쌌다. 황상이 사람을 시켜 연지閼氏[38]에게 두터운 예물을 보내자 연지가 묵돌을 설득하며 말했다.

  "지금 우리가 한나라 땅을 점령하더라도 그곳에서 오래도록 살 순 없습니다. 게다가 두 나라의 군주가 이렇게 서로 재난을 당할 필요는 없습니다."

---

우현왕은 서부를 다스렸다. 좌현왕이 지위가 높으며 항상 태자를 좌현왕으로 삼았다.

33  광무廣武: 한나라 현으로 안문군鴈門郡에 속했으며 치소는 지금의 산시山西성 다이현代縣 서남쪽 지역이다.

34  이석離石: 한나라 현으로 서하군에 속했으며 치소는 지금의 산시山西성 리스離石였다.

35  대곡代谷: "일설에는 지금의 허베이성 위현蔚縣 동북쪽이라 하고, 지금의 산시山西성 다이현代縣 서북쪽이라고도 하며, 산시山西성 다퉁 부근이라고도 한다. 왕염손은 마땅히 다퉁에서 비교적 가까운 곳을 가리킨다고 했다."(『사기전증』)

36  "황상은 크게 화를 내며 사자를 보내 흉노를 정탐하게 했다. 흉노는 일부러 장사와 살찐 소와 말을 숨기고 늙고 약한 병사와 여위고 허약한 가축만 사자가 보도록 했다. 10여 명의 사자들은 모두 사실로 믿고 돌아와서 흉노를 공격할 만하다고 보고했다. 황상이 다시 유경劉敬을 사신으로 보내 상황을 살피도록 했다. 유경이 돌아와 보고하기를 '그들이 일부러 자신들의 단점만 보도록 한 것으로 기습부대를 매복해뒀다가 승리를 거두려는 것입니다. 신의 어리석은 생각으로는 공격해서는 안 됩니다'라고 했다. 황상은 노하여 유경에게 족쇄와 칼을 씌우고 광무현에 가두고는 군대를 북쪽으로 진군시켜 평성현에 이르렀다."(「유경숙손통열전」)

37  "서부원의 『사기측의』에서 말하기를 '흉노가 여러 차례 패했기 때문에 한나라 군대를 먼 변방으로 유인하여 공격하려는 것이다'라고 했다."(『사기전증』)

38  연지閼氏: 흉노 선우 정실의 칭호. 한나라의 황후와 같다.

7일이 지나자 흉노 기병들이 점차 철수했다. 당시 짙은 안개가 하늘을 뒤덮고 있어 한나라의 사자가 왕래하는 것을 흉노인들은 알아차리지 못했다. 호군중위 진평이 황상에게 말했다.

　"흉노인들은 근접전에 유리한 짧은 병기를 사용하므로[39] 강한 쇠뇌에 화살 두 대씩 걸어[40] 그들을 향하게 하고 천천히 걸어서 포위를 벗어나십시오."

　황상은 포위를 뚫고 나와 평성으로 진입했다. 이때 한나라 구원병이 당도하자 흉노 기병은 마침내 포위를 풀고 물러났다. 한나라 또한 전쟁을 멈추고 돌아갔다. 이후로 한왕 신은 여전히 흉노를 위해 군대를 이끌고 오가면서 북방 변경을 침범했다.

　한나라 10년(기원전 197)에 한왕 신은 왕황 등을 시켜 진희陳豨[41]를 설득하여 반란을 일으키도록 선동했다. 11년(기원전 196) 봄에 한왕 신[42]이 다시 흉노의 기병들과 함께 삼합參合[43]으로 침입하여 한나라 군대에 대항했다. 한나라는 시

---

39　원문은 '전병全兵'으로, 학자마다 설명하는 내용이 다르다. 전병을 '짧은 병기'로 이해하는 견해로는 다음과 같다. 『한서음의漢書音義』에서 말하기를 '오직 활과 모矛만 있을 뿐 다른 병기는 없음을 말한다'고 했다.(『집해』) "심흠한이 말하기를 '전병은 짧은 병기로 자신을 지키기 때문에 쇠뇌로 포위를 깨뜨릴 수 있음을 말한 것이다'라고 했다. 주수창이 말하기를 '흉노 병사들은 모두 예리한 병기로 적을 죽인다. 예를 들면 칼, 과戈, 모矛, 극戟이 모두 이와 같은 것이다. 방패와 갑옷 같은 것이 없으므로 쇠뇌의 화살을 막을 수 없음을 말한 것이다'라고 했다. 왕선겸이 말하기를 '심흠한과 주수창의 견해가 맞다'고 했다."(『한서보주』) 반면 다음과 같이 '자신의 사졸을 보전하다'라는 뜻으로 보기도 한다. "『손자병법』「공攻」에 이르기를 '무릇 용병의 법은 자신의 군사를 온전하게 하는 것을 상책으로 삼고, 적군을 격파하는 것을 차선으로 삼는다'고 했다. '전병'의 '전全'은 이와 같은 것이다(자신의 군사를 온전하게 하는 것). 흉노인들은 자신의 사졸들이 다치지 않도록 하기 때문에 강한 쇠뇌를 겨냥하면 감히 접근하지 못할 것이라는 말이다"라고 했다.(『사기회주고증』)『사기통해』역시 같은 의견이다. 역자는 문장의 맥락으로 보아 '자신의 군사를 보전하다'라는 해석보다는 '짧은 병기'가 타당하다는 의견이다.
40　"쇠뇌마다 화살 두 대를 매기는 것은 양쪽에 있는 적을 상대하는 것이다."(『사기전증』)
41　진희陳豨는 당시 대代 나라의 상이었고, 대와 조趙의 변경 부대를 통솔하고 있었다. 나중에 한왕 신과 연합하여 스스로 대왕代王이 되었다가 참살되었다.
42　원문은 '고한왕신故韓王信(옛 한나라 왕 한신)'이다. "위아래 문장에서 모두 '한나라 왕 한신'이라고 하여 '고故'자를 사용하지 않았다. 여기서만 '고'자를 첨가하는 것은 부합되지 않으므로 당연히 삭제해야 한다. 『한서』에도 이 글자가 없다."(『사기전증』) 역자 또한 '고'자를 번역하지 않았다.
43　삼합參合: 한나라 현으로 치소는 지금의 산시山西성 양가오陽高 동남쪽이다.

柴 장군<sup>44</sup>을 파견하여 한왕 신을 토벌하게 했다. 시 장군은 한왕 신에게 서신을 보내 설득했다.

'폐하께서는 너그럽고 인자하신 분으로 제후들이 배반하고 도망쳤다가 다시 돌아오면 원래의 관직과 봉호를 회복시켜주고 주살하지 않았습니다. 이것은 대왕께서도 잘 알고 계실 것입니다. 대왕께서는 군대가 패하여 흉노로 달아난 것이지 본래는 큰 죄를 저지른 것이 없으니 빨리 돌아오십시오!'

한왕 신이 답장을 보내 말했다.

'폐하께서 평민 백성 가운데서 저를 발탁하여 남쪽을 향해 고孤라고 칭하게 해주셨으니 이는 제게 행운이었습니다. 그러나 형양의 전투에서 패한 뒤 죽지 못하고 도리어 항적에게 포로로 잡혔으니, 이것이 저의 첫 번째 죄입니다. 흉노가 침범하여 마읍을 공격했을 때 굳게 지키지 못하고 도리어 성을 바치고 투항했으니, 이것이 두 번째 죄입니다. 지금은 도리어 적인 흉노를 위해<sup>45</sup> 군사를 이끌고 장군과 목숨을 건 승부를 다투고 있으니, 이것이 세 번째 죄입니다. 무릇 문종과 범려는 죄가 없었는데 한 명은 죽었고 한 명은 도망쳤습니다.<sup>46</sup> 그런데 지금 저는 폐하께 세 가지의 큰 죄를 지었으니 세상에서 살고자 한다면 오자서伍

---

44  시柴 장군은 시무柴武를 말한다. "등전鄧展이 말하기를 '시기柴奇다'라고 했다."(『집해』) "응소는 시무라 하고 등전은 시기라 했다. 진작晉灼은 시기는 시무의 아들이라 했다. 응소의 견해가 설득력 있으며, 이때 시기는 아직 장군이 되지 못했다."(『색은』) 시무는 유방의 개국 공신으로 극포후棘蒲侯에 봉해졌다.
45  원문은 '今反爲寇(지금은 도리어 적인 흉노를 위해)'이다. 『한서』에서는 '今爲反寇(지금은 배반한 적이 되어)'로 기재되어 있다.
46  문종과 범려는 월왕 구천의 공신이었는데, 구천이 오나라를 멸망시킨 뒤 범려는 은거했고 문종은 구천에게 죽임을 당했다. "두 사람은 모두 죄가 없었지만, 한 사람은 죽고 한 사람은 도망쳤으니 모두 자신의 지위를 보전하지 못했다."(『한서보주』)

子胥가 오나라에서 죽은 것과 같습니다.[47] 지금 저는 산골짜기로 도망쳐 숨고서 아침저녁으로 만이蠻夷에게 구걸하며 살아가고 있습니다. 제가 돌아가기를 바라는 심정은 마치 반신불수가 일어서기를 바라고 장님이 광명을 볼 수 있기를 바라는 것과 같아서 형세로 보아 불가능한 일입니다.'

마침내 양군은 교전을 벌였고, 시 장군이 삼합성을 도륙하고 한왕 신을 참살했다.[48]

애초에 한왕 신이 흉노로 도망쳐 들어갔을 때 태자太子[49]를 데리고 갔으며, 그들이 퇴당성隤當城[50]에 이르렀을 때 한왕 신의 처가 또 아들을 낳았으므로 그의 이름을 퇴당이라고 했다. 태자도 아들을 낳았는데 이름을 영嬰[51]이라 했다. 효문제 14년[52]에 한퇴당과 한영이 무리들을 이끌고 한나라에 투항하자 한나라는 한퇴당을 궁고후弓高侯에 봉하고, 한영을 양성후襄城侯[53]에 봉했다. 오나라와 초나라 등 일곱 나라가 반란을 일으켰을 때 궁고후 한퇴당의 공로가 다른 장군들에

47 "한신은 한나라로 돌아가면 반드시 죽을 것을 알고 있었기 때문에 오자서를 끌어다 말한 것이다."(『정의』) "한왕 신이 자신을 오자서에 빗댄 것은 오자서가 용서받지 못할 것을 스스로 깨닫고 있었기에 일찌감치 떠나지 않은 사실을 가리킨다."(『사기전증』) "맹강孟康이 말하기를 '오자서가 부차에게 죄를 짓고 떠날 줄 몰랐기 때문에 세상에서 버려지게 된 것을 말한다'고 했다."(『한서보주』)
48 "한신을 참수한 자는 번쾌다. 「번쾌전」에 이르기를 '부하 사졸'이라고 했는데, 「흉노전」에서는 번쾌라고 하여 다르다. 『한서』 「고기」와 「한신전」에는 시무라 하고, 「번쾌전」과 「흉노전」은 같은 『사기』인데 어느 것이 맞는지 모르겠다."(『사기지의』) 한신을 참수한 자는 시무로, 당시 번쾌의 부하였다. 『한서』 「고제기」에서는 시무가 한신을 참수한 시기를 한나라 11년 봄 정월이라고 했다.
49 "풍본, 삼본에는 '태자' 다음에 '적赤'자가 있다."(『사기회주고증』) 즉 한왕 신의 아들 이름은 적赤이다. 전한 초기에는 황제와 제후왕의 세자世子를 모두 태자라 칭했다.
50 퇴당성隤當城: "위소가 말하기를 '흉노 땅에 있다'고 했다."(『집해』) "탄치샹譚其驤의 『역사지도집歷史地圖集』에 따르면 퇴당성은 네이멍구 후허호트呼和浩特 동북쪽, 쑤니터우기蘇尼特右旗 남쪽에 있었다."(『사기전증』)
51 "여기서 한영韓嬰은 『한시외전』의 저자 한영韓嬰과는 다른 사람이다."(『사기전증』)
52 『사기지의』와 『사기전증』에 따르면 효문제 14년이 아니라 효문제 16년(기원전 164)이 마땅하다.
53 궁고弓高는 지금의 허베이성 푸청阜城 동남쪽이고, 양성襄城은 지금의 허난성 샹청襄城이다.

비해 가장 컸다.[54] 궁고후의 작위는 아들을 거쳐 손자에까지 전해졌지만 그의 손자에게 아들이 없었기 때문에 후작의 지위를 잃었다.[55] 한영의 손자는 불경죄不敬罪를 저질러 후의 지위를 잃었다.[56] 한퇴당의 서자가 낳은 아들 한언韓嫣은 황제(무제武帝)의 총애를 받아 존귀해지고 명성과 부[57]를 당대에 드날렸다. 그(한언)의 동생 한열韓說은 두 차례나 후에 봉해졌으며, 또 여러 차례 장군의 칭호를 획득했다가 마침내 안도후案道侯에 봉해졌다. 한열이 죽은 뒤 그의 아들이 후작을 계승했는데 1년여 지나 법을 어겨 죽음에 처해졌다.[58] 다시 1년쯤 뒤에 한열의 손자 한증韓曾이 용액후龍額侯에 봉해져[59] 한열의 후대를 계승했다.[60]

노관盧綰은 풍읍豊邑[61] 사람으로 고조高祖(유방)와는 같은 마을에 살았다. 노

---

54  경제景帝 3년(기원전 154)의 일이다. 오왕吳王 유비劉濞, 초왕楚王 유무劉戊 등 일곱 제후가 조조 晁錯의 주살을 요구하는 명분으로 연합하여 반란을 일으킨 일이다. 「강후주발세가」와 「양효왕세가」 여러 편에 이 전쟁에 대한 언급이 있지만 한퇴당에 관련된 사건은 언급하지 않고 있고, 그에게 어떤 공적이 있는지도 보이지 않는다.(『사기전증』)

55  "한퇴당의 아들은 역사에 그 이름이 알려지지 않고 있다. 그 손자의 이름은 칙則이었고 무제武帝 원삭元朔 5년(기원전 124)에 사망했으며 아들이 없어 봉국이 취소되었다."(『사기전증』)

56  『사기』와 『한서』의 「표」에 따르면 한영의 아들은 택지澤之로, 원삭 4년(기원전 125)에 병을 사칭하며 따르지 않아 불경죄로 봉국이 취소되었다. 여기서 손자라고 말했는데 잘못이다."(『사기지의』)『집해』에서도 서광이 양옥승과 같은 내용을 언급하고 있다. 여기서 손자는 아들이라 해야 한다.

57  원문은 '貴幸, 名富顯於當世'로, '부富'자를 삭제해야 한다. "'명부현名富顯'에서 대개 앞에 '귀貴'자가 있는데, 베껴 쓰는 자가 잘못하여 '부富'자를 더한 것뿐이다."(『광사기정보』)『한서』에는 '부'자가 빠져 있다.

58  「건원이래후자연표建元以來侯者年表」에서는 한열의 아들 이름이 '장長'으로 되어 있고, 『한서』의 「고혜고후문공신표高惠高后文功臣表」에서는 '흥興'이라 되어 있다. 정화征和 3년(기원전 90)에 그 부친의 후작을 계승하고 정화 4년에 요참腰斬에 처해졌다."(『사기전증』)

59  「건원이래후자연표」에 따르면 한열이 죽은 뒤 '정화 2년에 아들 장이 계승했다. 죄를 지어 봉국이 단절되었다. 아들 증曾이 다시 용액후에 봉해졌다'고 했다. 여기서 '아들 증'은 한열의 아들이고, 앞 문장의 '아들 장'은 형제다. 한열의 손자 한증은 오류다. 또한 『한서』의 「위표전담한신전」에 따르면 '증 曾'자는 마땅히 '증增'이라고 해야 한다."(『사기전증』)

60  "한증은 선제宣帝 때의 명신名臣으로 곽광霍光 등과 함께 기린각麒麟閣에 초상화가 그려져 있다. 종성鍾惺은 『사회史懷』에서 말하기를 '한왕 신이 모반했는데, 그의 자손들이 다시 한나라에 명성이 있으니 또한 이상한 일이다'라고 했다."(『사기전증』) "'한열이 죽은 뒤 그의 아들이 후작을 계승했는데 1년여 후에……' 이하 문장은 후세 사람이 보충한 것으로 마땅히 삭제해야 한다."(『사기지의』)

관의 부친62은 고조의 부친인 태상황太上皇과 친한 사이였다. 이들 두 집이 아들을 낳았을 때 고조와 노관이 같은 해 같은 날에 태어나자 마을 사람들이 양고기와 술을 가져와 두 집안을 축하해줬다. 고조와 노관은 성장한 뒤에 함께 글을 배우며 그들 또한 사이좋게 지냈다. 마을 사람들은 두 집안의 부친이 서로 친하고 아들들이 같은 날에 태어난 데다, 또 그들이 자라서도 친하게 어울리는 것을 칭찬하며, 다시 양고기와 술을 가지고 와서 두 집안을 축하해줬다. 고조가 평민이었을 때 소송을 당해 도망쳐 숨어 지낸 적이 있었는데 노관도 고조를 따라 여기저기 숨어 다녔다. 고조가 처음 패현에서 들고일어났을 때 노관은 빈객 신분으로 수행했으며, 한중에 들어가서는 장군이 되어 항상 곁에서 고조를 모셨다. 또 고조를 따라 동쪽으로 진군하여 항적을 토벌하면서 관직은 태위였지만 고조의 침실까지 드나들 정도였다. 고조가 의복과 침구, 먹을 것을 상으로 하사할 때도 신하들은 모두 감히 바라지 못했다. 설사 소하와 조참 등의 대신이 국가대사를 처리하여 고조의 특별한 예우를 받았다고는 하지만 신임과 총애에서는 노관에 미치지 못했다. 노관은 장안후長安侯에 봉해졌는데,63 장안은 바로 진나라 때의 함양咸陽이다.64

한나라 5년(기원전 202) 겨울, 고조는 항적을 격파한 뒤 노관에게 별도의 군

61  풍읍豐邑은 진나라 때 패현에 속한 향읍으로, 한나라 때 풍현으로 승격되었다. 「고조본기」에서는 "풍읍 중양리中陽里 사람"이라고 했다. 중양리는 풍읍의 골목 이름이다.
62  원문은 '노관친盧綰親'이다. 보통 '친'은 '부모'를 가리키는데 여기서는 '부친'을 뜻한다. "여순如淳이 말하기를 '친親은 부父(부친)를 말한다'고 했다."(『집해』)
63  "노관이 언제 장안후에 봉해졌는지는 역사에 명확한 서술이 없지만, 이치상 유방이 삼진을 수복한 뒤인 한나라 원년 혹은 한나라 2년 초일 것이다."(『사기전증』)
64  한나라 때 장안의 위치는 대략 진나라 때의 함양에 해당된다. 실제로 한나라 때의 장안은 지금의 산시陝西성 시안 북쪽이고, 진나라 때의 함양은 지금의 시안 서북쪽이었다. "진나라의 함양은 위수 북쪽에 있고 장안은 위수 남쪽에 있는데, 소하가 미앙궁을 세운 곳이다."(『정의』) "오견사吳見思가 말하기를 '황제의 도성은 중요한 곳인데, 그것을 아까워하지 않은 것은 지극히 총애하는 것이다'라고 했다. 유방이 황제라 칭하기 전에 후방의 도성은 관중의 약양이었다. 함양은 항우에게 불태워져 파괴되고 황폐화되었기 때문에 유방이 잠시 다른 사람에게 봉한 것이다."(『사기전증』)

사를 이끌고[65] 유가劉賈와 함께 임강왕臨江王 공위共尉를 공격하게 했고, 그를 소멸시켰다.[66] 그해 7월에 돌아와 고조를 수행하여 연나라 왕 장도臧荼를 공격하자 장도가 투항했다.[67] 고조가 천하를 평정한 뒤에 제후들 가운데 유씨가 아니면서 왕이 된 사람이 7명[68]이었다. 고조는 원래 노관을 왕으로 봉하고자 했으나 신하들이 불평하며 동의하지 않을까 하는 걱정으로 그만뒀다. 연나라 왕 장도가 포로로 잡히자 고조는 즉시 여러 장상과 열후에게 조서를 내려 군신들 가운데 공로가 가장 큰 사람을 택하여 연나라 왕으로 삼겠다고 했다. 신하들은 황상이 노관을 왕으로 삼고 싶어 하는 마음을 알기에 모두 말했다.

"태위 장안후 노관은 언제나 황상을 수행하며 천하를 평정했기에 공로가 가장 큽니다. 그를 연나라 왕으로 봉하면 좋겠습니다."

고조는 조서를 내려 허락했다. 그리하여 한나라 5년 8월[69] 고조는 노관을 연나라 왕으로 세웠다. 제후 왕 가운데 누구도 연나라 왕이 받은 총애에 미치지 못했다.

한나라 11년 가을 진희가 대代 땅에서 반란을 일으키자[70] 고조가 한단으로

---

65  원문은 '별장別將'이다. 여러 번역본에서는 '별장' 혹은 '별장군'이라 하여 장군의 한 직급처럼 번역했는데, 한 갈래의 군대를 별도로 통솔하는 것을 뜻한다.

66  「진초지제월표」에 따르면 한나라 5년 12월 항우를 격파하여 죽인 뒤 임강왕을 격파했다. 이것이 노관이 역사에서 첫 번째로 공을 세운 기록이다. 공위共尉는 항우가 봉한 임강왕 공오共敖의 아들로 한나라 3년(기원전 204) 8월에 부친의 왕위를 계승하여 임강왕이 되었다. 한나라 5년 2월, 항우에게 충성을 했기 때문에 유방에게 소멸된 것이다. 임강국의 도성은 지금의 후베이성 징저우荊州 장링江陵 서북쪽의 기남성紀南城이다. 「고조본기」와 「진초지제월표」에서는 공위를 모두 공환共驩으로 기재하고 있는데, 「형연세가」에서는 공위로 기재하고 있다.(『사기전증』)

67  "장도는 원래 연나라 왕 한광韓廣의 부장이었는데, 군사를 이끌고 조나라를 구원하고 항우를 수행하여 함곡관으로 들어간 뒤 항우에 의해 연나라 왕에 봉해졌다. 한나라 3년(기원전 204) 10월 한신이 조나라를 멸망시킨 뒤에 한신이 이끄는 대군의 위협에 놓이자 장도는 12월 한나라에 투항했다. 한나라 5년 7월에 장도는 다시 군대를 일으켜 한나라를 배반했고 같은 해 9월에 평정되었다."(『사기전증』)

68  초왕 한신, 양왕 팽월, 회남왕 경포, 조왕 장오, 장사왕 오예, 한왕 한신, 연왕 노관이다.

69  "한나라 5년은 불필요한 글자"라 했고,(『사기회주고증』) "8월은 '후後 9월'의 잘못이다"라고 했다.(『사기지의』)

70  "진희가 반란을 일으킨 때는 10년 9월이다."(『사기전증』) "『한기漢紀』 4, 『통감』 「한기 4」에 모두

가서 진희의 군대를 공격했고,[71] 연나라 왕 노관도 진희의 동북쪽을 공격했다.[72] 이때 진희는 왕황王黃[73]을 흉노로 보내 구원을 요청했다. 연나라 왕 노관 역시 자신의 신하인 장승張勝을 흉노로 보내 진희 등의 군대가 이미 격파되었다고 통보하게 했다. 장승이 흉노 땅에 이르자 이전 연나라 왕 장도의 아들 장연臧衍이 도망쳐 흉노에 있었다. 장연은 장승을 만나 말했다.

"공이 연나라 왕에게 중용된 것은 흉노의 정황을 잘 알기 때문입니다. 연나라가 장기간 존재할 수 있는 까닭은 제후들이 여러 차례 반란을 일으키고 전쟁이 여러 해 동안 끊이지 않은 결과입니다. 지금 공은 연나라를 위해 진희 등을 빨리 멸하려고 하지만 진희 등이 모두 사라지면 다음에는 연나라에도 화가 미칠 것이며 공들은 포로가 될 것입니다. 공은 어찌하여 연나라 왕에게 진희를 치는 일을 잠시 늦추고 흉노와 화친하도록 권하지 않습니까? 이와 같이 하여 무사하기만 하면[74] 오래도록 연나라 왕의 지위를 누릴 수 있으며, 설사 한나라에서 의심하여 공격하는 위급한 일이 발생한다 해도 연나라는 평안하고 근심이 없을 것입니다."[75]

장승도 장연의 말을 옳다고 여겨 사사로이 흉노에게 진희를 도와서 연나라를 공격하게 했다.[76] 연나라 왕 노관은 장승이 흉노와 함께 모반한 것으로 의심하고, 황제에게 글을 올려 장승의 일족을 죽일 것을 청했다. 장승이 돌아와서 자

---

10년 9월이라고 했고, 「장상표將相表」에도 10년이라고 했다."(『사기각증』) 한나라 10년은 기원전 197년이다.

71   한단은 조나라의 도성이고, 조나라 서북쪽으로 대 땅과 맞닿아 있다. 당시 조나라 왕은 유방의 아들 유여의劉如意로, 한나라 9년(기원전 197)에 즉위했다.

72   연나라는 서남쪽으로 대 땅과 맞닿아 있기 때문에 동북쪽을 공격했다고 한 것이다.

73   "왕황은 원래 한왕 신의 부장이었는데, 한왕 신이 패하고 흉노로 들어가자 진희가 왕황 등을 거두어들였다."(『사기전증』)

74   "유방의 의심과 공격을 받지 않는 것을 가리킨다."(『사기전증』)

75   "흉노와 연합하여 유방에게 멸망당하지 않고 연나라를 보전할 수 있음을 가리킨다."(『사기전증』)

76   연나라는 당시 한나라를 도와 여전히 진희를 공격하고 있었으므로 장승은 흉노에게 먼저 진희를 도와 연나라에 대항하게 한 것이다.

신이 그렇게 행동한 이유를 자세히 설명했다. 그제야 깨달은 연나라 왕은 이에 조정을 속이기 위해 다른 일가를 속죄양으로 처결하여 죽이고 장승 일가족을 석방시켰으며 장승을 흉노에 파견해 흉노와 연계하는 첩자가 되도록 했다. 그리고 노관은 은밀히 범제范齊를 진희가 주둔해 있는 곳으로 보내 오랫동안 도망치면서[77] 반란을 일으켜 전쟁이 중단되지 않게 했다.

한나라 12년(기원전 195) 고조는 동쪽으로 경포를 정벌하러 갔는데, 진희가 항상 군대를 이끌고 대 땅에 주둔하고 있자 번쾌를 시켜 진희를 토벌하게 했다. 번쾌는 진희를 격파하고 그를 참살했다.[78] 진희의 비장裨將(부장)이 투항하면서 연나라 왕 노관이 진희가 있는 곳으로 범제를 파견해 공모했다고 고발했다. 이에 고조가 사자를 보내 노관을 불러들였으나 노관은 병을 핑계로 알현하러 가지 않았다. 고조는 다시 벽양후辟陽侯 심이기審食其와 어사대부御史大夫 조요趙堯[79]를 파견해 연나라 왕 노관을 데려오게 하면서 연나라 왕이 적과 내통한 사실이 없는지 주변을 탐문토록 했다. 노관은 더욱 두려워하며 문을 닫아걸고 숨

---

77　원문은 '久亡(오래도록 도망치다)'인데 '망亡'자가 없어야 내용이 매끄럽다. "진작은 말하기를 '진희를 시켜 오래도록 도망치며 반란을 일으키게 한 것이다'라고 했다."(『집해』) 『한서』에는 '망亡'자가 없다. 이것은 불필요한 글자로 의심된다."(『사기회주고증』) "지금 판본『통감』에는 망자가 있지만 주석에 따르면 '그를 시켜 계속 교전을 벌이게 하여 승부가 오래도록 결정되지 않도록 하는 것이다'라고 했다."(『사기각증』)

78　진희를 죽인 인물에 대해서는 기록마다 내용이 다르다. 「번쾌전」에서는 번쾌가 진희를 죽인 사실이 나타나 있지 않다. 『한서』에서는 단지 "한나라 군대가 진희를 참살하다"라고만 언급했으며, 「고조본기」에서는 "번쾌가 별도로 군사를 이끌고 가서 대 땅을 평정하고 당성當城(지금의 허베이성 위현蔚縣 동쪽)에서 진희를 죽였다"고 했고, 「강후주발세가」에서는 "주발이 영구靈丘(지금의 산시山西성 링추靈丘 동쪽)에서 진희를 공격하여 그를 격파하고 진희를 참살했다"고 했다. 죽인 장소(당성, 영구)도 서로 다르다. "『한기漢紀 4』에서 '주발이 대 땅을 평정하고 진희를 참수했다'고 했다."(『사기각증』)

79　"「기紀」와 「전傳」에는 조요가 가서 영접한 일이 없다."(『사기지의』) 반면 『한서』 「노관전」에는 조요가 등장하고 있다. 조요는 원래 어사대부 주창의 속리였는데 나중에 주창을 대신해 어사대부가 되었다. 어사대부는 진나라 때 설치된 관직으로 진·한 시기에는 승상 다음의 중앙 고급 관장으로 백관의 감찰과 법 집행을 책임졌다. 국가의 중요 문서와 전적을 관리했고 조정을 대신해 황제의 명령, 문서 등의 초안을 작성했다. 심이기審食其는 사인 신분으로 유방을 수행하여 군대를 일으켰고, 여러 해 동안 여후를 섬겼다.

은 채 총애하는 신하에게 말했다.

"유씨가 아니면서 왕이 된 사람은 나와 장사왕長沙王[80]뿐이다. 지난해 봄에 한나라는 회음후를 멸족시켰고 여름에는 팽월을 주살했는데[81] 이것은 모두가 여후의 계책이었다.[82] 지금 황상은 병들어 여후에게 국사를 맡기고 있다. 여후는 부녀자로서 오로지 성이 다른 왕과 큰 공을 세운 신하들의 구실을 찾아 죽이고 있다."

그러고는 끝내 병을 핑계로 알현하러 가지 않았고, 그 신하들도 모두 도망쳐 숨어버렸다. 노관의 말을 누군가 누설하여 벽양후 심이기가 듣게 되었고, 벽양후가 돌아가 고조에게 자세히 아뢰자 고조는 더욱 화를 냈다. 또 흉노에서 한나라에 투항한 자가 말하기를, 흉노로 도망쳐온 장승은 연나라 밀사라고 했다. 이에 고조가 말했다.

"노관이 정말 배반했구나!"

고조는 번쾌를 시켜 연나라 왕을 토벌하게 했다.[83] 연나라 왕 노관은 자신의 궁인과 가솔, 기병 수천 명을 이끌고 장성長城 아래로 도망치고는 상황을 정탐했다. 고조의 병이 나아지면 직접 도성으로 가서 사죄하고자 했다. 4월에 고조가 세상을 떠나자[84] 노관은 마침내 무리를 이끌고 도망쳐 흉노로 들어갔다. 흉노는 그를 동호노왕東胡盧王[85]으로 삼았다. 노관은 만이蠻夷로부터 침범과 약탈을 당하

---

80  오예의 아들 오신吳臣으로, 한나라 5년에 오예가 죽은 뒤 왕위를 계승했다. 장사국의 도성은 임상臨湘(지금의 창사)이다.
81  여후가 한신을 죽인 때는 한나라 11년 1월이다. 팽월을 죽인 때는 『한서』「고제기」에 한나라 11년 3월이라 되어 있다.
82  "실제는 여후가 유방의 뜻을 받들어 한 것이다."(『사기전증』)
83  한나라 12년 2월의 일이다. "유방은 번쾌와 주발을 시켜 군대를 이끌고 토벌하게 하고, 동시에 노관과 함께 모반에 참여한 연나라 관리와 백성을 사면한다고 선포했다. 그러고는 자신의 아들 유건劉建(유방 사후에 여후에게 살해된다)을 연나라 왕으로 봉했다."(「고조본기」)
84  유방은 한나라 12년 4월 25일에 사망했다.
85  동호노왕東胡盧王: 동호東胡는 지금의 네이멍구 동부, 랴오닝성 서부 일대에 거주하던 소수민족으로 오환烏桓이라고도 한다. "고염무가 말하기를 '그의 성이 노盧이므로 동호노왕이라 한 것이다'라고

자 다시 한나라로 돌아가고자 했다. 1년여 거주하다가 흉노 땅에서 죽고 말았다.

　　고후高后(여후)가 국정을 맡았을 때 노관의 부인과 자식이 흉노에서 도망쳐 한 나라로 투항해왔으나 마침 고후가 병중이라 접견할 수 없었다. 그들을 연나라 왕 관사에 머물게 하고[86] 병이 호전되면 연회를 열어 그들을 환대하고자 준비했 다. 뜻하지 않게 고후가 죽자 만나지 못했고, 노관의 부인도 병이 들어 죽고 말 았다.

　　효경제孝景帝 중원中元 6년(기원전 144)[87]에 노관의 손자 타지他之가 동호왕東胡 王의 신분으로 투항하자,[88] 그를 아곡후亞谷侯에 봉했다.[89]

　　진희는 원구宛朐[90] 사람으로, 그가 언제부터 고조를 수행하기 시작했는지는 알 수 없다.[91] 고조 7년 겨울에 한왕 신이 반란을 일으키고 흉노로 도망쳐 들어 갔다. 고조는 평성平城까지 갔다가 도성으로 돌아온 뒤 진희를 열후에 봉하고,[92]

---

했다.”(『사기회주고증』)

86　원문은 ‘사연저舍燕邸’다. ‘연나라 왕을 위한 관저에 머물게 하다’라는 말이다. 안사고는 말하기를 “사舍는 지止(머물다)이다. 제후왕과 각 군의 경사京師로 와서 알현할 때 숙박하는 관사다. 경사에 있는 것을 저邸라 한다”고 했다. 경사京師란 ‘천자가 거주하는 곳’(『공양전』 「환공桓公·9년」)으로, 위진 시대 에는 사마司馬師를 피휘하기 위해 경도京都라 했다.

87　“마땅히 중원 5년이라 해야 한다.”(『사기지의』)

88　“「혜경간후자연표惠景間侯者年表」에 따르면 노관의 손자 명칭은 타부它父이지 타지他之가 아니 다.”(『사기전증』)

89　“「혜경간후자연표」에는 아곡후에 봉해진 때가 효경제 중원 5년 4월으로 되어 있다.”(『사기전증』) 아곡亞谷은 「한표」에 따르면 하내에 있다.

90　원구宛朐: 진나라 현으로 치소는 지금의 산둥성 허쩌荷澤 서남쪽이다. 원구冤句라고도 한다.

91　“「공신표功臣表」에 ‘진희는 특장特將(독자적으로 어느 한 부분을 담당하는 장수)의 신분으로 전前 원년元年에 원구에서 고조를 따라 일어났다’고 했는데, 어찌하여 ‘언제부터 고조를 수행하기 시작했는 지는 알 수 없다’고 말하는가?”(『사기지의』) “전 원년은 유방이 처음 일어난 해로 진 2세 원년이다.”(『사 기전증』) “서광이 말하기를 ‘진희는 특장으로 군사 500명을 거느리고 전 원년에 원구에서 고조를 따라 일어났고 패상沛上에 이르러 후侯가 되었다. 유격장군으로 별도로 군사를 이끌고 가서 대 땅을 평정하 고 장도를 격파하자 진희를 양하후에 봉했다’고 했다.”(『집해』)

92　“후에 봉해진 것은 6년인데, 어찌하여 7년에 평성에서 돌아올 때까지 기다렸는가? 당연히 한나라 5년 가을에 연나라 왕 장도를 격파하고 돌아온 뒤 봉한 것이다.”(『사기지의』) “전대흔이 말하기를 「공

그를 조趙나라 상국의 직함으로 조나라와 대나라의 변경에 주둔한 병사를 감독하게 했으므로[93] 북부 변경의 군대는 모두 그의 지휘에 따랐다.

한번은 진희가 휴가를 얻어 집으로 가는 길에 조나라에 들른 적이 있었다.[94] 이때 조나라 상 주창周昌[95]은 진희를 따르는 빈객들의 수레가 1000여 승이나 되어 한단의 관사가 꽉 차는 것을 보았다. 진희는 빈객들을 대하는 태도가 마치 포의布衣의 교제[96]와 같아 자기 몸을 낮춰 빈객들을 공경했다. 진희가 대 땅으로 돌아간 뒤 주창은 도성으로 들어가 황상을 알현하기를 청했다. 주창은 고조를 뵙자 진희의 빈객이 지나치게 많고 밖에서 독자적으로 병권을 장악한 지 여러 해가 되어 변고가 일어날까 우려된다고 했다.[97] 고조는 이에 사람을 파견해 대 땅에 기거하는 진희 빈객들의 재물에 관련된 각종 위법 행위를 조사하게 했는데 허다한 것들이 진희와 연루되어 있었다. 진희는 두려워하며 은밀히 빈객을 왕황과 만구신이 주둔하고 있는 곳에 보내 결탁하고 음모를 꾸몄다.[98] 고조 10년(기원전 197) 7월 태상황太上皇이 사망했다. 고조가 사람을 보내 진희를 불러들였지만[99] 진희는 병이 악화되었다는 핑계로 부름에 응하지 않았다. 9월 마

신표」에 고조 6년 정월은 진희의 원년이라고 했다. 또 이미 장도를 격파하고 양하후가 되었다고 말했으니 진희가 후에 봉해진 때는 평성 이전이다'라고 했다."(『사기회주고증』)

93 '조나라 상국'은 마땅히 '대나라 상국'이라 해야 한다. 진희는 대나라 상국의 신분으로 장군이 되어 대와 조나라 양국의 변경 부대를 지휘 통솔했다. 당시 조나라 상은 관고貫高였고, 조나라 왕은 장오였다. "진희는 대왕代王 유중劉仲 때 대나라 상국으로 임명되었고, 유중이 나라를 버리고 도망쳐 돌아오자 진희는 상국의 신분으로 대 땅을 지켰다. 여기서 말한 '조나라 상국의 직함으로 조나라와 대나라 양국의 변경 병사를 통솔하며 감독하게 했다'고 한 것은 모두 사실이 아니다."(『사기찰기』) 유중이 도망쳐 돌아온 것이 먼저이고, 진희가 대나라 상국이 된 것이 나중이다. 당시 대나라 왕위는 비어 있었다.

94 "진희의 가족은 장안에 있었다. 진희가 대나라에서 장안으로 돌아가려면 남쪽으로 가면서 조나라 한단을 거쳐야 한다."(『사기전증』)

95 주창周昌은 유방의 개국공신으로 당시 유방의 아들 조나라 왕 유여의의 상을 맡고 있었다.

96 평민 간의 교제로 지위의 높고 낮음에 구애받지 않고 동등하게 상대하는 친구를 가리킨다.

97 "고조가 잔뜩 경계하고 있는데 주창이 더욱 부채질하여 진희의 모반이 이루어졌다. 탄식할 만하다."(『사기찰기』)

98 왕황과 만구신은 한왕 신의 옛 부하들로, 한왕 신이 흉노로 도망친 뒤에도 여전히 대 땅에서 활동했다.

침내 진희는 왕황 등과 함께 모반하여 스스로 대왕代王이 되고는 조나라와 대나라 땅을 겁박하고 약탈했다.

고조는 이 소식을 듣고 즉시 진희에게 속아 협박과 약탈 활동에 참여한 조나라와 대나라의 관리들을 모두 사면한다고 선포했다. 그런 다음 친히 군사를 이끌고 진압에 나섰는데, 한단에 당도했을 때 기뻐하며 말했다.

"진희는 남쪽으로 장수漳水에 의지하고 북쪽으로 한단을 지켜야 하는 전략을 알지 못하니[100] 그는 어떠한 것도 할 수 없는 무능한 무리로구나."

주창이 상산군常山郡[101]의 군수郡守와 군위郡尉[102]를 죽여야 한다고 상주하며 말했다.

"상산군에는 25개의 성이 있는데 진희의 반란으로 그 가운데 20개를 잃었습니다."

고조가 물었다.

"군수와 군위가 모반했소?"

주창이 말했다.

"모반하지는 않았습니다."

고조가 말했다.

---

99  "열후를 도성으로 불러들여 제사를 돕도록 하는 것이다."(『사기전증』)

100  원문은 '豨不南據漳水, 北守邯鄲'이다. "진희는 응당 남쪽으로 위군魏郡을 나가 장수를 점거하여 지켜야 하고, 그다음 강력한 군대를 한단에 주둔시켜 군사를 물리지 않아야 대 땅을 지킬 수 있음을 말한다."(『사기전증』) 그러나 「고조본기」에서는 본문과 다르게 '豨不南據邯鄲而阻漳水(진희는 남쪽으로 한단을 점거하고 장수에서 방어된 치는 것을 이해하지 못한다)'로 기재하고 있다. 즉, 장수에 의지하여 한단을 지키는 것을 말한다. 장수는 한단 북쪽에 위치하고 있고 서로 거리가 멀지 않다. 『사기각증』에서는 「고조본기」의 기술이 옳다고 했다. 장수漳水는 지금의 산시山西성 동남부에서 발원하여 위군魏郡을 거쳐 동북쪽을 향해 흘러 황하에 유입된다. 조나라 남쪽의 천연 방벽이다.

101  상산군常山郡: 진나라 때 설치한 항산군恒山郡으로, 전한 당시 문제文帝 유항劉恒을 피휘하기 위해 명칭을 상산군으로 바꿨다. 치소는 원씨元氏(지금의 허베이성 위안스元氏 서북쪽)로 당시에 조나라에 속했다.

102  군위郡尉는 군수의 보좌관으로, 한 경제 때 도위都尉로 명칭이 변경되었다.

"그렇다면 그들의 병력이 반란군에 대항할 힘이 부족했기 때문이오."

그러고는 그들을 사면하고 다시 상산군의 군수와 군위로 삼았다. 고조가 주창에게 물었다.

"조나라 장사 가운데 장군으로 삼을 만한 자가 있소?"

주창이 대답했다.

"네 명이 있습니다."

그 네 사람이 알현하자, 고조가 업신여기며 욕했다.

"네놈들이 장군이 될 수 있겠느냐?"

네 사람은 모두 부끄러워하며 땅바닥에 엎드렸다. 고조가 그들을 각기 1000호에 봉하고 장군으로 삼았다. 그러자 곁에 있던 신하가 간언했다.

"황상을 따라 촉과 한중으로 들어가고 초나라를 정벌했던 허다한 장사들도 아직 두루 상을 받지 못했는데,[103] 이 네 사람이 무슨 공로가 있어 봉하십니까?"

고조가 말했다.

"그대들이 이해하지 못한 것이오! 진희가 모반하여 한단 북쪽 땅이 모두 진희의 소유가 되었소. 내 깃털 꽂은 긴급한 격문[104]을 발송하여 천하의 군사들을 소집했는데 당도한 자가 아직 없고, 지금은 한단의 군사만 있을 뿐이오. 내가 어째서 이 네 사람에게 4000호에 봉하는 것을 아까워하여 조나라 자제들을 위로하지 않겠소!"

그러자 모두 말했다.

"옳습니다."

---

103　원문은 '공미편행功未徧行'이다. 『한서』『장단경주長短經注』『통감』에서는 모두 '공功'자를 '상賞'자로 기재했다.(『사기각증』) 역자 또한 '상'의 뜻으로 번역했다.

104　원문은 '우격羽檄'이다. "위 무제魏武帝가 「주사奏事」에서 말하기를 '지금 변경에 작은 위급한 상황이 발생하면 격문을 발포하여 깃털을 꽂는데 우격羽檄을 날려 보낸다는 의미다'라고 했다. 그 말을 추측해보건대 새의 깃털을 격문에 꽂는 것을 우격이라 하는데, 그 빠르기가 새가 나는 것 같음을 취한 것이다."(『집해』)

고조가 물었다.

"진희의 장수는 누구요?"

대답했다.

"왕황과 만구신 등이 있는데 모두 원래는 장사꾼 출신입니다."

고조가 말했다.

"나도 알고 있소."

이에 왕황과 만구신 등의 목에 각기 1000금의 현상금을 걸었다.

11년(기원전 196) 겨울에 한나라 군대는 곡역曲逆에서 진희의 부장 후창侯敞과 왕황 등을 공격하여 참수하고,105 요성聊城106에서 진희의 부장 장춘張春을 격파하니 참수한 자가 1만여 명이었다. 태위 주발이 진군하여 태원과 대 땅을 평정했다. 12월에 고조가 직접 군사를 이끌고 동원東垣을 공격했으나 함락하지 못하자 성을 지키던 병사들이 고조를 향해 욕을 했다. 나중에 동원을 지키던 군대가 투항했을 때 고조에게 욕했던 병사들을 모조리 참수했고 욕하지 않은 병사들은 이마에 글자를 새기는 묵형에 처했다.107 그리고 동원이라는 이름을 '진정眞定'108으로 바꿨다. 왕황과 만구신의 부하들이 현상금을 받기 위해 그들을 사로잡아109 한나라 군영으로 왔으므로 진희의 반란군은 마침내 패하여 실패하

---

105  "『사전史詮』에서 이르기를 '왕황王黃 두 글자는 불필요한 글자다. 아래 문장에 이르기를 '왕황을 사로잡다'라고 했고 「번쾌전」에서는 '왕황을 포로로 잡다'라고 말했으니, 참수한 것은 아니다."(『사기지의』) 곡역曲逆은 한나라 현으로 치소는 지금의 허베이성 순핑順平 동남쪽이다.

106  요성聊城: 한나라 현으로 치소는 지금의 산둥성 랴오청 서북쪽이다.

107  원문은 '불매자경지不罵者黥之'다. '경黥은 마땅히 「고조기」에 근거해 원原이라고 해야 한다. 원原은 유宥(용서하다)다. 욕하지 않은 자들도 묵형에 처했다면 사람들이 모두 죄를 면하지 못했을 것이다."(『독서잡지』 「사기」) "『한서』에는 이 구절이 없는데, 바로 '불매자원지不罵者原之(욕하지 않은 자는 용서했다)'이므로 생략한 것이다. '불매자경지不罵者黥之(욕하지 않은 자는 묵형에 처하다)'였다면 당연히 생략하지 않았을 것이다. 이 또한 '경'자를 '원'자로 해야 하는 증거다."(『사기각증』)

108  진정眞定: 한나라 현으로, 청나라 때에 다시 정정正定이라는 이름으로 바뀌었다. 옛 성은 지금 허베이성 정딩正定 성 남쪽이다.

109  원문은 '購賞之, 皆生得'이다. "나카이 리켄이 말하기를 '지之'는 오류일 것이다'라고 했다."(『사기회주고증』) "'지'는 마땅히 '생득' 다음에 와야 한다. 『통감』에 '개생치지皆生致之(모두 생포하여 그들을 끌

고 말았다.

고조는 낙양으로 돌아온 뒤 대신들에게 말했다.

"대 땅은 상산 북쪽에 있고 조나라는 상산 남쪽에 있어[110] 조나라가 그곳을 관할하기에는 너무 멀다."

그리하여 황자 유항劉恒을 대왕으로 세우고[111] 중도中都를 도성으로 삼도록 했다. 대代와 안문雁門[112] 땅이 모두 대나라에 귀속되었다.[113]

고조 12년(기원전 195) 겨울에 번쾌의 군대가 마침내 진희를 추격해 영구靈丘에서 참수했다.[114]


태사공은 말한다.

"한왕 신과 노관은 본래 대대로 덕과 선행을 쌓은 집안의 후손이 아니라 한때

고 왔다'라고 했는데, 그 증거다."(『사기각증』) "사이史珥는 『사사초설四史剽說』에서 말하기를 '왕황이 전에는 이미 참수당했다고 했는데 다시 또 사로잡았다고 말하니, 어찌 이때 두 명의 왕황이 있으며 현상금을 받은 다음에 참수한 것인가?'라고 했다."(『사기전증』)

110　"항우는 제후를 분봉할 때 조왕 헐을 대왕으로 옮기고 장이를 상산왕으로 삼고 조 땅의 왕이 되도록 했다. 한나라를 거치면서 조와 대는 모두 자연스럽게 국國이 되었다. 「문제본기文帝本紀」에 '고조 11년에 진희를 격파하고 대왕을 세웠다'고 하여 분명하다. 「진희전」에 고조의 말을 기재하고 있는데, 이것은 태사공이 한 말로 사실이 아니다."(『사기찰기』)

111　고조 11년 정월의 일이다. 유항은 이후의 한 무제다.

112　안문雁門: 한나라 군으로 치소는 선무善無(지금의 산시山西성 쭤윈左雲 서쪽)다.

113　"유항이 대왕이 되고 도읍으로 삼은 중도는 당시 태원군의 치소인 진양晉陽의 서남쪽이므로 유항의 실제 관할은 태원, 안문, 정양定襄, 대군代郡 4개 군으로 '대'와 '안문'만 관할하는 것은 아니었다." (『사기전증』)

114　"'고조' 두 글자는 불필요한 글자다. 진희를 참수한 자는 주발이며, 영구는 또 당성이라 해야 한다."(『사기지의』) "스즈몐이 말하기를 「강후세가」에서는 다시 영구에서 진희를 공격해 격파하고 진희를 참수했다'고 했고, 「부관전傅寬傳」에서는 '부관은 태위 주발의 부장이 되어 진희를 토벌했다. 이후에 또 상국의 신분으로 승상 번쾌를 대신하여 진희를 정벌했다'고 했으니, 번쾌는 그 일을 끝내지 못하고 돌아갔고 부관이 그를 대신한 것이다. 그렇다면 진희를 참수한 자는 주발이지 번쾌가 아니다. 「고조공신표」에서는 '낭중 공손이公孫耳가 대 땅을 공격하여 진희를 참수하고 화성후禾城侯에 봉해졌다. 공손이가 태위 주발에 소속되었는가, 아니면 번쾌의 군졸이었는가? 결정할 수 없다'고 했다. 진희를 참수한 일은 번쾌가 먼저 그 일을 시작하고 주발이 마무리했으므로 번쾌라고도 하고 주발이라고도 할 따름이다. 『한서』「표」에서는 '공손이'를 '공손석公孫昔'으로 기재하고 있다."(『사기각증』)

우연한 기회에 속임수와 무력으로 공을 이루었다. 한나라 건국 초기에 땅을 쪼개 받고 남쪽을 향해 고孤라 칭할 수 있었다. 그들의 세력이 강대해져 안으로 조정의 의심을 받게 되자 외부 흉노의 원조에 의지했으므로 조정과 갈수록 소원해지고 자신도 위험해졌다. 궁지에 몰리고 지혜도 곤궁해지자 결국은 흉노로 달아났으니 어찌 슬프지 않겠는가! 진희는 양梁나라[115] 사람으로 젊을 때는 위공자 무기를 칭찬하고 경모했으므로 군대를 이끌고 변방을 지킬 때도 빈객들을 불러 모으고 자신을 굽혀 선비들을 예의와 겸손으로 대접했지만 명성이 실제보다 지나쳤다. 그리하여 주창의 의심을 받았고 과실이 점차 드러나자 자신에게 화가 미칠까 두려워하여 간사한 소인배[116]의 선동에 의지해 끝내 대역부도大逆不道에 빠지고 말았다. 아, 정말 슬프구나! 대체로 계책을 사용하는 데 좋은지 나쁜지, 성숙한지 아닌지를 고려함이 사람의 성공과 실패에 매우 중요한 것이다!"

---

**115**  진희의 고향은 원구宛朐로, 옛 위(양)나라에 속했기에 양나라 사람이라고 한 것이다.

**116**  "어떤 사람은 주창을 가리킨다고 여겼다. 진인석은 말하기를 '태사공은 주창을 간사한 소인배로 여기고 난을 일으킨 죄를 몹시 미워했다'고 했지만, 어떤 사람은 주창을 가리키는 것이 아니라고 했다. 오관吳寬은 말하기를 '간사한 소인배는 전 한왕 신으로 왕황 등을 시켜 진희를 설득하여 반란을 일으키도록 선동한 것이 그것이다'라고 했다. 오관의 견해가 맞다."(『사기전증』)

# 34

# 전담열전

田 儋 列 傳

이 편은 제나라의 후예로서 스스로 제나라 왕이 된 전담을 편명으로 삼았지만, 진섭이 봉기하고 유방과 항우의 초한전쟁 중에 산동 일대에서 왕을 칭했던 전씨 일족의 흥기와 쇠망을 그리고 있다. 진나라가 멸망한 후 항우와 유방이 대립하는 상황에서 전씨들은 항우에 저항하면서도 유방에 귀의하지 않는 독립적 행보를 보였으나, 그들의 활동은 여러 차례 유방을 돕는 결과를 낳았다. 전영은 초나라와 조나라를 도와 진나라 공격에 나서지 않은 죄로 항우의 분봉에서 제외되었고, 이 때문에 항우를 원망하게 되었다. 전영의 동생 전횡은 흩어졌던 제나라 병사 수만 명을 한데 모아 항우에게 대항했는데, 이 틈을 이용해 유방은 각 제후들을 이끌고 초나라 군대를 격퇴하고 팽성으로 진입할 수 있었다. 이후 한신의 손에 제나라가 평정되면서 전씨의 제나라는 완전히 소멸되었다. 패전한 전횡은 자신의 무리 500여 명과 함께 바다로 떠나 섬에 거주했다. 전횡 형제가 제나라 땅에서 진나라에 반기를 들고 일어나 가장 먼저 제나라 땅을 평정하고 제나라의 현명하고 재능 있는 인사들이 형제에게 귀의하자 유방은 그들을 포용하지 않으면 반란을 피하기 어려울 것이라 판단하여 전횡의 죄를 사면하고 도성으로 불러들였으나 전횡은 자살을 택했다.

사마천은 죽을지언정 굽히지 않는 전횡의 지조와 현명한 인사들이 그를 따른 사실에 대해 "전횡의 절개는 고상하여 빈객들도 그의 의기를 경모하며 따라서 함께 죽었으니, 어찌 지극히 현능한 사람이라고 말하지 않을 수 있겠는가!"라며 존경을 표하고 있다. 제갈량 또한 "전횡은 제나라의 장사일 뿐인데도 대의를 견지하고 굴욕을 당하지 않았다"는 말로써 그의 절개를 높이 평가하고 있다. 반고는 "빈객들이 그의 대의를 앙모했지만 자립할 수 없었으니 하늘의 뜻이 아니겠는가!"라며 또 다른 감회를 표현하고 있다.

전담은 적현狄縣[1] 사람으로 제나라 왕 전씨의 후손이다. 전담의 종제從弟인 전영과 동생 전횡 세 사람은 모두 호걸[2]이었고, 그들 종족은 강성했기 때문에 인심을 얻었다. 진섭이 막 초 땅에서 군대를 일으켜 왕이라 일컬었을 때 주불을 보내 위魏나라 땅[3]을 평정했고, 이어 북쪽으로 진격해 적현에 이르렀지만 적현은 성을 굳게 지켰다. 이때 전담은 거짓으로 자신의 노비를 포박하고 몇 명의 젊은이를 데리고 관아로 가서는 그 노비를 죽이도록 허락해달라고 현령에게 만남을 요청했다.[4] 그들은 현령을 만나자마자 그 자리에서 죽였다. 이어서 현 안의 권세 있는 관리와 호족의 자제들을 불러 모으고 말했다.

　"각지의 제후가 모두 진나라에 반기를 들고 왕이 되었다. 우리 제나라는 오래된 나라로, 나 전담은 전씨의 후손이니 왕이 되는 것이 마땅하다."

　마침내 스스로 왕이 되었고[5] 출병하여 주불을 공격했다. 주불의 군대가 철수하자 전담은 동쪽으로 진격하여 제나라의 원래 영토를 모두 평정했다.[6]

1　적현狄縣: 진나라 현으로 치소는 지금의 산둥성 가오칭高青 동남쪽이었다.
2　"호豪 다음에 풍·삼본에는 '족族'자가 있다. 그러나 『한서』 「전담전」에는 '걸傑'자가 있다."(『사기회주고증』) "'걸'자의 의미가 더 좋다."(『사기각증』) 역자 또한 '호걸'로 번역했다.
3　대량을 중심으로 한 허난성 동북부로, 전국시대 위나라에 속했다.
4　"복건服虔이 말하기를 '옛날에 노비를 죽이려면 모두 관아에 보고를 해야 했다. 전담은 현령을 죽이기 위해 거짓으로 노비를 묶고 허락을 받겠다는 명분으로 현령에게 만남을 요청한 것이다'라고 했다."(『집해』)
5　「진초지제월표」에 따르면 진 2세 원년 9월의 일이다.
6　"전담이 적현에서 주불을 공격해 달아나게 한 지역은 제나라 도성 임치의 서북쪽이다. 제나라 옛 영토 전체를 평정할 계획이었으므로 전담은 다시 방향을 돌려 동쪽을 수습하고 제나라의 후방을 공고히 한 것이다."(『사기전증』)

진나라 장수 장함이 위魏나라 왕 구咎를 임제에서 포위하자 형세가 위급해졌다. 구가 제나라에 구원을 요청하자 전담은 군사를 이끌고 위나라를 구원하러 갔다. 이때 장함은 밤을 틈타 군사들에게 하무를 물게 하고 맹렬히 공격하여 제와 위의 군대를 임제성 아래에서 대파하고 전담을 죽였다. 전담의 종제인 전영이 남은 부대를 수습하여 동쪽 동아로 달아났다. 제나라 사람들은 왕 전담이 죽었다는 소식을 듣고 원래 제나라 왕이었던 전건田建의 동생 전가田假를 왕으로 세우고,7 전각田角을 상국, 전간田間을 장군으로 삼아 제후들의 군대에 저항하도록 했다.

전영이 동아로 달아나자 장함은 추격하여 포위했다. 항량은 전영이 위급하다는 소식을 듣고 군대를 이끌고 가서 장함의 군대를 동아성 아래에서 격퇴했다. 장함이 서쪽으로 달아나자 항량은 기세를 몰아 추격에 나섰다. 이때 전영은 사람들이 전가를 왕으로 세운 것에 분노해 항량을 도와 장함을 추격하지 않고 군사를 돌려 돌아와 제나라 왕 전가를 쳐서 쫓아냈다. 전가는 초나라로 달아났고,8 제나라 상국 전각은 조나라로 달아났으며,9 전각의 동생 전간은 이에 앞서 조나라에 구원을 요청하러 갔기 때문에10 조나라에 머문 채 감히 돌아오지 못

---

7  진 2세 2년 7월의 일이다. 제나라 왕 전건田建(재위 기원전 264~기원전 221)은 전국시대 제나라의 마지막 왕으로 진나라에 의해 멸망당했다.

8  『사기전증』에 따르면 전가는 항량에게 달아났다.

9  전각은 장이와 진여에게 달아난 것이다. 조나라는 원래 진섭의 부장인 무신이 조나라 땅에서 왕이라 칭하고 한단을 도읍으로 정했다. 나중에 무신은 배반한 장수 이량李良에게 살해되었고 무신의 부장이었던 장이와 진여가 전국시대 조나라 왕의 후대인 조헐을 조나라 왕으로 세웠다. 그러나 실제로는 장이와 진여가 주인이었다.

10  원문은 '각제전간전구田角弟田間前求救趙'로, 새로 제나라 왕이 된 전가가 전영에게 쫓겨나기 전에 전간은 명령을 받들어 조나라에 가서 구원을 요청했다는 말이다. 그러나 『한서』에서는 '전구조前救趙(이에 앞서 조나라를 구원하러 가다)'로 기재하여 '구求'자가 빠져 있으며 『통감』에도 없다. 『한서보주』에서도 '구救'자 앞의 '구求'자를 불필요한 글자로 보았다. 그러나 이 의견 또한 의심스럽다. "당시 전담은 장함에게 격파되어 살해되었고 제나라 땅에는 의군義軍이 심한 타격을 받자 제나라 후방의 사람들이 황급히 전가를 왕으로 세웠고 아직 안정되지 못했는데 무슨 역량이 있어 파병하여 조나라를 구원한단 말인가?"(『사기전증』) 역자 또한 『한서』의 견해보다는 『사기』 원문이 타당하다고 보았다.

했다. 그리하여 전영은 전담의 아들 전불田市을 왕으로 바꿔 세우고 자신은 상국이 되었으며, 전횡은 장군이 되어 제나라 땅을 평정해나갔다.

한편 항량은 장함을 추격했지만 장함의 군대가 더욱 증대되자[11] 조나라와 제나라에 사신을 보내 이 사실을 알리고 두 나라가 함께 군대를 일으켜 장함을 협공할 것을 청했다. 그러자 전영이 말했다.

"초나라가 전가를 죽이고 조나라가 전각과 전간을 죽이면 출병하겠소."[12]

초나라 회왕이 말했다.

"전가는 우리 동맹국의 왕으로 갈 곳이 없는 상황에서 우리에게 왔는데, 그를 죽이는 것은 도의에 어긋나는 일이오."[13]

조나라 또한 전각과 전간을 죽이는 조건으로는 제나라와 거래하려 하지 않았다. 그러자 제나라 왕[14]이 말했다.

"독사에게 손을 물리면 손을 잘라내고 발을 물리면 발을 잘라내야 하오. 왜 그러겠소? 잘라내지 않으면 독이 목숨까지 해치기 때문이오. 지금 전가, 전각, 전간은 초나라와 조나라의 입장에서 보면 손이나 발과 같이 친근한 관계가 아닌데[15] 어째서 그들을 죽일 수 없다는 것이오? 게다가 진나라가 다시 천하를 평

---

11  이때 장함의 군대는 정도定陶에 주둔하고 있었다.

12  "서부원이 말하기를 '제나라는 막 새로운 왕으로 전불이 세워졌고 전가가 아직 생존해 있으며 백성에게 다른 바람이 있는 것을 걱정했기 때문일 것이다'라고 했다."(『사기회주고증』)

13  "「항우본기」에서는 항량이 말한 내용으로 되어 있는데, 이것이 맞다. 초 회왕이 한 말이 아니다."(『사기지의』)

14  원문은 '제齊(제나라 사람)'인데, 『한서』에서는 '제왕齊王'으로 기재하고 있다. 역자는 『한서』의 견해에 따랐다.

15  원문은 '비직수족척야非直手足戚也'다. "문영文潁이 말하기를 '장차 죽게 되기 때문에 손과 발의 근심이 아니라는 말이다'라고 했다."(『집해』) "직直은 특特과 같으며, 단但(~만이 아니다)이다. 제나라 왕의 뜻은 제·초·조 모두 우선 처리할 우환이 같은데 전가 등이 따르지 않는 것은 제나라만의 근심이 아니라 또한 초와 조나라에게까지 해를 끼치는 것이다. 그러므로 독사가 몸을 해치는 것에 빗대어 왜 죽이지 않는지를 따지는 것이다."(『한서보주』) 또한 '척戚'을 '친親'으로 해석하는 문제가 있다. "신찬臣瓚에서 이르기를 '전가는 초나라와 조나라에게 손과 발같이 친근하지 않은 것이다'라고 했다. 안사고 또한 '찬瓚의 견해가 맞다'고 했다."(『한서보주』) "왕준도王駿圖의 『사기구주평의史記舊注平議』에서 말하기를 '삼전三田(전가, 전각, 전간)이 초나라와 조나라에 대해서 말하자면 '척'은 마땅히 '친'으로 해석해야

정한다면 그때는 반기를 든 자들을 모조리 죽일 뿐만 아니라 그들 조상의 무덤 또한 모조리 파헤쳐질 것이오."16

그러나 초나라와 조나라는 듣지 않았고, 제나라도 화가 나서 끝내 출병하려 하지 않았다. 장함은 과연 초군을 격파하고 항량을 죽였으며 초군은 동쪽으로 철수했다.17 이때 장함은 황하를 건너 거록에서 조나라 왕을 포위했다.18 항우가 달려와 구원했지만, 이 일로 항우는 전영을 원망하게 되었다.


항우는 조나라를 구원하여 보전시키고 장함 등의 항복을 받아냈고, 이어서 서쪽으로 함양에 입성하여 백성을 학살하고 진나라를 멸망시킨 후 각 제후를 왕으로 봉했다. 이때 그는 제나라 왕 전불을 교동왕으로 변경해 봉하고 즉묵에 도읍을 세우도록 했다. 제나라 장수 전도田都19는 항우를 따라와 함께 조나라를 구원한 뒤 항우를 수행하여 함곡관으로 들어갔으므로 항우는 그를 제나라 왕에 봉하고 임치에 도읍을 세우도록 했다.20 원래 제나라 왕이었던 전건의 손자 전안田安은 항우가 황하를 건너 조나라를 구원해줄 때 제북濟北21의 성 여러 개

한다. 삼전을 죽이는 것으로 말하자면 '척'은 마땅히 '우戚'로 해석해야 한다. 손과 발을 잘라내는 것이 비록 대단한 근심이라 할지라도 몸까지 해칠까 두려우므로 잘라내지 않을 수 없다. 게다가 제나라가 구원하지 않으면 진나라는 반드시 뜻을 얻어 해로움이 조상에게까지 미치게 되고, 삼전을 죽이는 것이 또 손과 발을 잘라내는 근심이 아니라면 어찌하여 죽이지 않는가?'라고 했다."(『사기전증』) 역자는 '친근, 친분'의 의미가 더 타당하다고 본다.

16　"진나라가 다시 뜻을 얻어 천하를 평정하게 되면 육신만 욕보일 뿐만 아니라 조상 무덤 또한 파헤쳐 져서 오자서가 초 평왕의 무덤을 채찍질한 것과 같게 될 것이다. 무덤은 죽음을 말하는 것이다."(『정의』)

17　항량이 죽은 뒤 항우와 유방 등은 일제히 동쪽으로 물러났다. "여신呂臣의 군대는 팽성 동쪽에 주둔하고, 항우의 부대는 팽성 서쪽에 주둔했으며, 패공(유방)의 군대는 탕현에 주둔했다."(「항우본기」)

18　장함은 항량을 격파하고 죽이자 초 땅의 군대는 근심할 필요가 없다고 보아 북쪽으로 황하를 건너 거록에서 조나라 왕 헐과 장이 등을 포위했다. 진 2세 2년 후後 9월의 일이다.

19　"전도에 대한 기록은 볼 수 없다. 제나라 장수라고 했으나 전가의 장수인지 전영의 장수인지 알 수가 없다. 여기서의 전도는 전가의 장수로, 전가를 따라 항우에게 도망쳤다가 나중에 항우를 따라 함께 하북을 구원한 것으로 짐작된다."(『사기전증』)

20　「항우본기」에도 전도를 제나라 왕으로 봉한 것으로 기재되어 있으나 「진초지제월표」에는 "명칭을 변경하여 임치라 했다"고 하여 전도가 임치왕에 봉해진 것으로 기재하고 있다.

를 함락시킨 뒤 군사를 이끌고 항우에게 투항했다. 이에 항우는 전안을 제북왕으로 세우고 박양博陽[22]을 도읍으로 삼도록 했다. 전영은 당초에 항량에 거역하여 초나라와 조나라를 도와 진나라를 공격하는 데 출병하지 않았기 때문에 왕으로 봉해지지 못했고, 조나라 장수 진여 또한 상을 받지 못하고 왕으로 봉해지지 못했다.[23] 그리하여 두 사람은 모두 항왕을 원망하게 되었다.[24]

항왕이 팽성으로 돌아가자 제후들도 각자 자신들의 봉국으로 돌아갔다.[25] 전영은 사람을 보내 군사를 이끌고 가서 진여를 도와 조나라에서 군대를 일으켜 항왕에 반기를 들게 했으며, 전영 자신도 출병하여 전도를 공격하자 전도는 초나라로 달아났다.[26] 전영이 제나라 왕 전불을 머물게 하고는 교동으로 가지 못하게 하자, 전불의 측근들이 말했다.

"항왕은 사납고 포학한 사람이므로 대왕은 교동으로 가야 합니다. 가지 않으면 반드시 위험해질 것입니다."

전불은 두려워서 몰래 도망쳐 교동으로 갔다. 전영은 소식을 듣고 크게 화를 내며 제나라 왕 전불을 추격하여 즉묵에서 그를 죽였으며, 다시 군사를 돌려 제북왕 전안을 공격해 죽였다.[27] 그리하여 전영은 제나라 왕이 되었고 삼제三

---

21  제북濟北: 진나라 군으로 지금의 산둥성 타이안, 지난濟南, 더저우德州 일대다.

22  박양博陽: 진나라 현으로 치소는 지금의 산둥성 타이안 동남쪽이다.

23  당시 진여는 항우를 수행하여 함곡관으로 진입하지 않았기 때문에 항우는 진여를 왕으로 봉하지 않고 단지 그에게 남피 주변의 세 개 현만 주었다.

24  "이 두 사람이 항우와 적이 된 것은 객관적으로 유방에게는 유력한 동맹군이 되어 초나라와 한나라의 흥망 관계에 크나큰 작용을 한다."(『사기전증』)

25  한나라 원년(기원전 206) 4월의 일이다.

26  "「진초지제월표」에 따르면 전도가 패해 항우에게 간 때는 한나라 원년 5월이다. 이후 전도가 어떻게 됐는지는 알 수 없다."(『사기전증』)

27  한나라 원년 7월의 일이다. "스즈멘이 말하기를 '순열荀悅의 『한기漢紀』에서 이르기를, 팽월은 거야鉅野에 있었는데 전영은 팽월에게 장군 인장을 수여하고 제북왕 전안을 공격해 죽이게 했다고 했다.' 『한서』 「항적전項籍傳」에서는 '전영이 팽월에게 장군 인장을 수여하고 양梁나라 땅에서 반기를 들게 했고, 팽월은 이에 제북왕 전안을 공격해 죽였다'고 했다. 팽월이 전안을 공격해 죽였지만 전영이 시킨 것이므로 전영이 전안을 공격해 죽였다고 말할 수 있다."(『사기각증』) "교동 즉묵은 임치의 동쪽에

齊[28]의 땅을 모두 병합하여 취했다. 항왕은 이 소식을 듣자 분노하여 곧 북쪽으로 가서 제나라를 토벌했다.[29] 전영의 군대는 패하여 평원으로 달아났으나, 평원 사람들이 전영을 죽였다.[30] 항왕은 마침내 제나라 성곽을 불태워 평지로 만들고 지나가는 곳마다 백성을 모조리 살육했다. 이에 제나라 사람들은 다시 규합하여 항왕에 반기를 들었다.[31] 전영의 동생 전횡은 흩어졌던 제나라 병사 수만 명을 한데 모아 성양城陽에서 항우에 대항했다.[32] 마침 이때 한나라 왕은 각 제후들을 이끌고 초나라 군대를 격퇴시키고 팽성으로 진입했다. 항우는 이 소식을 듣자 제나라를 버리고 철군하여 팽성으로 돌아가 한나라 군대를 공격해 패배시켰다. 이어서 한나라 군대와 여러 해 계속 전투를 벌이다가 양군은 형양에서 대치했다. 전횡은 이 기회를 틈타 다시 제나라의 성읍을 수복하고, 전영의 아들 전광田廣을 왕으로 옹립했다.[33] 전횡 자신은 상국이 되어 국가의 정무를 관장하며 대소사를 막론하고 모두 자신이 결정했다.

전횡이 제나라를 평정한 지 3년이 되었을 때 한나라 왕은 역이기鄜食其를 제

있고 제북 박양은 임치 서쪽에 있는데, 전영이 동쪽으로 추격해 전불을 즉묵에서 죽인 후 군사를 돌려 서쪽으로 제북을 공격한 것이다. '환還'자의 사용이 분명하다."(『사기전증』)

28　삼제三齊: 항우가 봉한 전불의 교동, 전안의 제북, 전도의 임치를 말한다. 세 나라는 모두 옛 제나라 땅이었으므로 '삼제'라 한 것이다.

29　『한서』「고제기」에 따르면 항우가 제나라를 정벌한 것은 한나라 원년 8월의 일이다. 당시 유방은 삼진을 수복하고 있었다. 이때 장량은 항우에게 편지를 보내 유방이 관중을 취득하고 동쪽으로 진출하여 항우와 천하를 다툴 마음이 없다고 했다. 그래서 항우가 정벌할 결심을 하게 됐다.

30　"서광이 말하기를 '한나라 3년 정월이다'라고 했다."(『집해』) "한나라 2년(기원전 205) 정월로, 서광의 견해는 틀렸다."(『사기전증』)

31　"마침내 북쪽으로 진격하여 제나라 성곽을 평지로 만들고 집들을 불태웠으며 항복한 병사들을 모조리 생매장시키고 노약자와 부녀자들을 포로로 잡아 묶어서 데려갔다. 이렇게 제나라를 가로로 관통해 북해北海(발해)에 이르렀는데 지나온 곳은 대부분 폐허로 변했다. 이 때문에 제나라 사람들은 각지에서 집결하여 반란을 일으켜 살길을 찾지 않을 수 없었다."(「항우본기」)

32　한나라 2년 3월의 일이다. 항우는 전영을 격파하여 죽인 뒤 다시 전가를 제나라 왕으로 세웠다. 전횡은 남은 무리를 모아 다시 성양에서 일어나 전가를 공격하여 격퇴시켰다. 전가는 항우에게 달아났지만 항우에게 살해당한다.

33　『집해』에서 서광은 4월이라고 했다. "「진초지제월표」에서는 3월이라고 했다. 서광의 견해가 맞는 듯하다. 항우가 제나라에서 철군한 뒤 전횡은 제나라를 다시 수습하기 시작했을 것이다."(『사기전증』)

나라로 보내 제나라 왕 전광과 상국 전횡을 한나라에 귀순하도록 설득했다. 전횡은 역이기의 말이 옳다고 여겨 제나라 서쪽 역하歷下를 지키고 있던 군대의 대비 태세를 해제했다. 그런데 이때 한나라 장수 한신은 군대를 이끌고 동쪽으로 진군하여 제나라를 공격하려 했다.[34] 제나라는 당초에 화무상華無傷과 전해田解에게 명하여 역하에 군대를 주둔하고 한신을 막도록 했으나 한나라 사신 역이기가 오자 전횡은 수비를 풀고 역이기와 실컷 술을 마셨으며,[35] 사신을 보내 한나라 왕과 맹약을 맺고자 했다. 이때 한신은 이미 조나라와 연나라를 평정하고, 괴통의 계책에 따라 은밀하게 평원 나루터에서 황하를 건너 역하를 지키고 있던 제나라 군대를 기습 격파하고는 빠르게 제나라 도성 임치로 공격해 들어왔다. 제나라 왕 전광과 상국 전횡은 매우 화를 내며 역이기가 자신들을 속였다고 여겨 그를 삶아 죽였다. 제나라 왕 전광은 동쪽 고밀高密로 달아나고 상국 전횡은 박현博縣[36]으로 달아났으며, 수상守相[37] 전광田光은 성양으로 달아나고 장군 전기는 군사를 이끌고 교동에 주둔하며 지켰다. 이때 초나라가 용저龍且에게 군대를 이끌고 제나라를 구원하게 하자 제나라 왕 전광은 용저와 군대를 합쳐 고밀에 주둔하며 지켰다.[38] 한나라 장군 한신과 조참은 용저를 격파하여 죽이

---

34  『사기』「회음후열전」에 따르면 유방이 항우와 형양에서 대치 중인 한나라 2년 8월에 회음후 한신은 황하를 건너 서쪽으로 위魏나라를 멸망시키고, 9월에 대代나라를 멸망시켰으며, 3년 10월에 조나라를 멸망시키고 12월에 연나라를 항복시키고, 한나라 4년 10월에 군대를 일으켜 동쪽으로 제나라를 정벌했다.

35  "전광은 옳다고 여겨 이에 역생의 말을 듣고 역하를 지키던 군대의 수비를 해제시킨 뒤 역생과 온종일 마음껏 술을 마셨다."(「역생육가열전」)

36  원문은 '박양博陽'이다. 『한서』에서는 '박博'으로 기재하고 있는데, 이것이 맞다. 「관영전灌嬰傳」에서 '전횡을 추격하여 영현嬴縣과 박현博縣까지 이르러 전횡의 기병을 격파했다'고 했고, 「부관전傅寬傳」에서는 '상국 조참에게 예속되었을 때 博을 공격해 도륙했다'고 했다."(『사기지의』) '수정본' 또한 양옥승의 견해를 인용하며 '박현'이 맞다고 했다. "한나라 때의 박현은 진나라 때의 박양이다."(『사기전증』) 박博은 지금의 산둥성 타이안 동남쪽 지역이다.

37  수상守相: 상국 대리代理를 말한다. 안사고는 "상국이지만 오로지 거수居守(황제가 출정 혹은 순행을 나갔을 때 대신이 도성에 남아 지키는 것)의 일만 주관하는 것을 말한다"고 했다.

38  "용저는 주장主將이 아니었다."(『사기지의』) "용저는 비록 주장이 아니었지만 유수濰水에서의 전투에서는 아마도 용저가 주장이었을 것이다."(『사기각증』) "항우는 종형從兄의 아들 항타를 대장, 용저를

고[39] 제나라 왕 전광을 포로로 잡았으며[40] 한나라 장수 관영灌嬰은 수상 전광을 추격하여 사로잡았다. 이어서 관영은 또 전횡을 추격하여 박현에 이르렀는데, 이때 전횡은 제나라 왕 전광이 죽었다는 소식을 듣고는[41] 스스로 제나라 왕이 되어 군대를 이끌고 관영에게 반격했지만 영현嬰縣 성 아래에서 격퇴되었다.[42] 전횡은 양梁 땅으로 달아나 팽월에게 귀순했다. 팽월은 당시에 양 땅에서 중립적인 태도를 유지하며 때로는 한나라 왕을 도와주려 하기도 하고 항왕을 도와주려 하기도 했다.[43] 한신은 초나라 군대를 격파하고 용저를 죽인 뒤 이어서 조참에게 군대를 교동으로 진격시켜 전기를 격파해 죽였으며, 동시에 관영을 천승千乘으로 진격시켜 전흡田吸을 격파해 죽였다.[44] 한신은 마침내 제나라를

비장(부장)으로 삼아 파견했다."(『한서』 「항적전」) 종형은 증조할아버지가 같고 부친이 다른 같은 항렬의 연장자를 말한다.

39　한나라 4년(기원전 203) 11월의 일로, 누가 용저를 죽였는지는 확실치 않다. "한신을 따라 상가밀上假密에서 초나라 장수 용저를 공격하여 대파했다. 용저를 참수하고 용저의 부장 주란周蘭을 포로로 잡았다."(『조상국세가』) 상가밀에 대해서 왕선겸은 "가밀은 즉 고밀高密이다. 하밀현下密縣이 있으므로 상가밀이라 했다"고 했다. "관영은 한신을 수행하여 동쪽으로 진격해 고밀현에서 용저와 유공留公 선선旋(유현留縣의 현령)의 군대를 대파하고 마침내 용저를 참수했다."(『번역등관열전』)

40　"한신은 관영과 함께 초나라 군대를 공격해 격파하고 초나라 장수 용저를 참살했으며, 곧장 초나라 군대를 추격하여 성양에 이르러 제나라 왕 전광을 포로로 잡았다."(『한서』 「고제기」)

41　"앞 문장에서는 한신이 '제나라 왕 전광을 포로로 잡았다'고 했는데, 「진초지제월표」에서는 '한신이 전광을 공격하여 죽였다'고 했다. 그렇다면 전광은 포로가 된 것인지 죽은 것인지 혹은 먼저 포로로 잡혔다가 죽임을 당한 것인지 분명하지 않다."(『사기전증』)

42　"관영은 제나라 상국 전횡을 추격하여 영현과 박현까지 이르러 전횡의 기병을 격파했는데, 그의 부하가 기병 장수 한 명을 참수하고 기병 장수 네 명을 포로로 사로잡았다."(『번역등관열전』) 영현嬰縣은 진나라 현으로 치소는 지금의 산둥성 라이우萊蕪 서북쪽 지역이다.

43　"초나라와 한나라가 전쟁을 시작한 이래로 팽월은 줄곧 양 땅에서 유격전과 기동전을 진행하면서 항우의 후방을 교란하고 파괴하여 항우를 견제함으로써 형양에서 유방의 압력을 덜어줬다. 처음에 팽월은 확실히 유방에게 귀순하지는 않았지만 시종 항우를 돕지는 않았다."(『사기전증』) "항우가 고조와 형양에서 대치하면서 끝내 뜻을 이루지 못하자 팽월은 양 땅에서 항우의 군량 운송로를 끊어 후환이 되었다. 팽월은 시종 한나라를 위했으며 한 번도 초나라를 위한 적이 없었다."(『사기찰기』)

44　"제나라를 평정하고 70여 개 현을 장악했다. 제나라 왕 전광, 상국 전광田光과 그의 수상守相 허장許章, 교동 장군 전기를 포로로 잡았다."(『조상국세가』) "영현과 박현을 점령한 뒤에 천승에서 제나라 장군 전흡을 격파했는데, 전흡은 관영의 부하 사졸에게 죽임을 당했다."(『번역등관열전』) 천승千乘은 진나라 현으로 치소는 지금의 산둥성 가오칭高靑 동북쪽 지역이다.

평정하고는 한나라 왕에게 사람을 보내 잠시 제나라 왕을 대리하겠다고 요청했는데, 한나라 왕은 추세에 맞춰 그를 진정한 제나라 왕으로 세웠다.

이로부터 1년쯤 지나서 한나라 왕은 항적을 멸망시키고 스스로 황제가 되었으며, 팽월을 양梁나라 왕으로 봉했다.[45] 전횡은 주살될 것을 두려워하여[46] 자신의 무리 500여 명과 함께 바다로 들어가 섬에서 거주했다.[47] 고제高帝(유방)는 이 소식을 듣고 전횡 형제가 제나라 땅에서 진나라에 반기를 들고 일어나 가장 먼저 제나라 땅을 평정한 데다 제나라의 현명하고 재능 있는 인사들도 귀의하니, 지금 전횡을 바다의 섬에 두고 일찌감치 불러들이지 않으면 나중에 반란이 일어나는 것을 피하기 어려울 것이라 생각했다. 이에 사신을 섬으로 보내 전횡의 죄를 사면하고 도성으로 불러오게 했다. 전횡이 사양하며 말했다.

"신은 일찍이 폐하의 사신인 역이기를 삶아 죽였습니다. 듣자 하니 그의 동생인 역상酈商이 지금 한나라의 장군이 되었을 뿐만 아니라 대단히 재능이 있다고 하는데, 신은 두려워 감히 조서를 받들어 가지 못하겠습니다. 청컨대 평민 백성이 되어 바다 섬에서 살 수 있도록 해주십시오."

사신이 돌아와 보고하자, 고제는 곧 위위衛尉[48] 역상에게 조서를 내렸다.

45  「고조본기」에 따르면 유방은 먼저 한나라 5년 2월에 황제로 즉위하고, 이후에 조서를 내려 팽월을 봉하고 한신 등을 옮겨 봉했다. 『한서』 「고제기」에 따르면 유방은 먼저 한나라 5년 정월에 팽월을 봉하고 한신 등을 옮겨 봉했으며, 이후 한신 등이 상소를 올려 유방에게 황제로 즉위할 것을 요청한다. 두 가지를 비교해보면 『한서』가 비교적 정황에 부합된다.(『사기전증』)
46  "전횡이 양 땅으로 달아나 팽월에게 귀의했을 때 팽월은 중립을 지켜 한나라에 귀속되지 않았다. 그러나 이제 팽월이 양왕에 봉하는 것을 받아들였기에 전횡은 갈 곳이 없어 두려워한 것이다."(『사기평림』)
47  "이 섬의 위치에 대해서 어떤 사람은 지금의 장쑤성 하이저우海州 동북쪽의 바다에 있다 하고, 어떤 사람은 지금의 산둥성 지모即墨 동남쪽의 헝면만橫門灣에 있다고도 한다."(『사기전증』) "『원화군현지元和郡縣志』에서 이르기를 '소격산小隔山은 동해 북쪽 60리 지점에 있는데, 전횡이 한나라를 피하여 거주한 곳이다. 삼면이 절벽으로 모두 100여 길에 달하며 오직 동남쪽 외길로만 사람이 지날 수 있다'고 했다. 소격산은 지금의 남직南直 해주海州(지금의 장쑤성 롄윈강連雲港 서남쪽) 동쪽으로 높이가 720장丈이고 둘레는 10여 리이며, 연안까지는 20여 리 떨어져 있고 중간에 1000여 가구가 살 수 있다. 그 위에 돌을 쌓아 성을 만들었는데, 전횡고田橫固라고 부른다."(『한서보주』)
48  위위衛尉: 진나라 때 호위병을 통솔하여 궁전을 방비하는 관직으로, 한나라 당시에는 미앙궁 위위와 장락궁 위위가 있었다. 수나라 이후에는 병기와 의장 등의 일을 관장했다.

"제나라 왕 전횡이 돌아왔을 때 전횡 본인뿐만 아니라 그의 수행원을 조금이라도 건드리는 자가 있다면 그 종족을 멸하겠다."

그런 다음 다시 사자에게 부절을 지니고 전횡에게 가서 역상에게 조서를 내린 정황을 자세히 알리게 하고 아울러 말했다.

"전횡이 온다면 크게는 왕에 봉하고 작게는 후侯에 봉하겠다.[49] 그러나 오지 않으면 군대를 보내 토벌하겠다."

전횡은 이에 빈객 두 명을 데리고 역참의 수레[50]를 타고 낙양으로 향했다.

낙양까지 30리가 채 안 되는 시향尸鄕[51]의 역참에 이르렀을 때 전횡이 사자에게 말했다.

"신하된 자가 천자를 뵙는데 마땅히 목욕하고 몸을 깨끗하게 해야 합니다."

그러고는 그곳에 머물렀다. 전횡이 자신의 두 빈객에게 말했다.

"나는 처음에 한나라 왕과 함께 남쪽을 향해 고孤라고 일컬었는데, 지금 한나라 왕은 천자가 되었고 나는 한낱 망국의 포로 신분으로 북쪽을 향해 그를 섬겨야 하니, 치욕이 심하다고 볼 수 있소. 하물며 나는 남의 형을 삶아 죽였는데 지금 그 동생과 어깨를 나란히 하고 같은 군주를 섬겨야 하오. 설령 그가 천자의 조서를 두려워하여 감히 나를 어떻게 하진 못한다 해도 내 어찌 마음속에 부끄러움이 없겠소? 게다가 폐하께서 나를 만나고자 하는 것은 내 생김새를 한번 보려는 것에 불과할 뿐이오. 지금 낙양에 계시니 내 목을 베어 30리 말을 달리면 모습이 썩지 않아 황상께서 알아볼 수 있을 것이오."

마침내 목을 베어 빈객으로 하여금 머리를 받들고 사자를 따라 낙양으로 나는 듯이 달려가 고제에게 바치게 했다. 고제가 이를 보고는 말했다.

49    원문은 '大者王, 小者迺侯耳'인데, 『한서』에서는 '주迺' 대신 '내乃'자로 기재하고 있다. 같은 말이다. 안사고는 말하기를 "대大는 전횡 자신을 말하고 소小는 그의 부속을 말한다"고 했다.
50    원문은 '승전乘傳'으로, 역참의 수레를 타는 것이다. 명령을 받들어 사신으로 갈 때 역참에서 사용하는 네 필의 하등의 말이 끄는 수레를 말한다.
51    언사현偃師縣에 위치한 향鄕으로, 지금의 허난성 옌스현偃師縣 성 서쪽 지역이다.

"아, 확실히 이유가 있었구나! 평민 집안을 일으켜 세워 형제 세 명이 차례로 왕이 되었으니 어찌 그들의 재능이 출중하다고 하지 않겠는가!"

고제는 감동하여 전횡을 위해 눈물을 흘렸으며[52] 그의 두 빈객을 도위都尉로 임명하고 2000명의 사병을 선발하여 왕의 예로 전횡의 장례를 치르게 했다.[53]

전횡이 안장된 뒤에 두 빈객은 전횡의 무덤 옆에 구덩이를 파고 그 속에서 스스로 목을 베어 죽어 전횡의 뒤를 따랐다. 고제는 이 소식을 듣고 크게 놀라며 전횡의 빈객들이 모두 어질다고 생각했다.

"내 듣자 하니 전횡에게는 아직도 500명이 바다 섬에 머물고 있다고 한다."

이에 사자를 보내 그들을 도성으로 불러오게 했다. 그 500명은 도성에 당도한 뒤 전횡이 죽은 것을 알고[54] 역시 모두 목숨을 끊었다.[55] 이 사건으로 사람들은 전횡 형제가 선비들의 마음을 얻었음을 더욱 분명하게 알게 되었다.

---

52 　왕명성王鳴盛은 『십칠사상각十七史商権』에서 말하기를 '고제가 전횡을 불러들인 것은 그가 난을 일으킬까 두려워한 것이지 진정으로 그를 사면하고자 한 것은 아니었다. 전횡도 스스로 사면되지 못할 것을 알고서 오는 길에 자살했고, 고제는 그를 위해 눈물을 흘리고 왕의 예의로 장사 지내게 했다. 고제가 습관적으로 급히 눈물을 흘리며 남을 속인 것은 여러 번으로 유독 전횡에게만 그런 것은 아니었다. 속으로는 그가 죽은 것을 다행이라 여겼을 뿐 진심으로 애석하게 여겨 슬퍼한 것은 아니었다'고 했다.(『사기전증』)

53 　"제나라 전횡의 묘는 언사偃師 서쪽 15리 지점에 있다. 최표崔豹의 『고금주古今注』에서 이르기를 「해로薤露」와 「호리蒿里」는 송별의 슬픔을 노래한 것으로 전횡의 문인에게서 나왔다. 전횡이 자살하자 문인들이 슬퍼하며 비가悲歌를 지었는데, 사람의 목숨이 염교에 맺힌 이슬과 같이 쉽게 햇볕에 말라 없어짐을 말한 것이다'라고 했다."(『정의』)

54 　원문은 '지즉문전횡사至則聞田横死'로, 두 가지 뜻으로 해석된다. 하나는 '그 500명은 사자와 함께 도성에 당도하자 전횡이 자살한 사실을 알게 되었다', 또 다른 해석은 '사자가 바다 섬에 당도한 뒤그 500명은 사자의 입을 통해 전횡이 자살했다는 소식을 듣게 되었다'이다. 역자는 전자의 해석에 따랐다.

55 　"500명이 모두 자살했다는 것은 아마도 사실이 아니며, 지나친 칭찬의 말일 것이다. 제갈탄諸葛誕이 사마소司馬昭에게 주살 당했을 때 제갈탄 휘하의 수백 명이 항복하지 않고 참수되었는데, 모두 말하기를 '제갈공을 위해 죽어도 여한이 없소!'라고 했다. 『위지魏志』에서는 이와 같이 서술하고 있고, 주석에서는 간보干寶의 『진기晉紀』를 인용하며 '수백 명이 두 손을 마주잡고 열을 지었는데, 한 사람씩 참수하면서 항복하게 했지만 끝내 항복하겠다고 말하는 자가 없어 모조리 죽었으니, 당시 사람들이 이를 전횡에 비교했다'고 했다. 이 또한 과분함을 피할 수 없다."(『사기지의』)

태사공은 말한다.

"심하구나. 괴통의 계책은 제나라 전횡을 혼란스럽게 하고 회음후 한신을 교만하게 만들어 끝내는 이 두 사람을 죽음에 이르게 만들었구나![56] 괴통이란 사람은 남의 장단점을 잘 논하여[57] 전국시대의 권모술수를 설명한 81편을 지었다.[58] 괴통은 제나라 사람 안기생安期生[59]과 사이가 좋았는데, 안기생이 일찍이 항우를 찾아갔으나 항우는 그의 의견을 받아들이지 않았다. 나중에 항우가 이두 사람을 봉하려 했지만 이들은 끝내 받으려 하지 않고 떠나버렸다. 전횡의 절개는 고상하여 빈객들도 그의 의기를 경모하며 따라서 함께 죽었으니, 어찌 지극히 현능한 사람이라고 말하지 않을 수 있겠는가! 이 때문에 나는 그의 사적을 여기에 기재했다. 천하에 그림을 잘 그리는 사람이 결코 없지 않을 텐데, 그들을 그려낼 사람이 없으니 이것은 무엇 때문인가?"[60]

---

56 "한신이 망한 것은 괴통과 관련이 없다."(『사기지의』) "초와 한의 다툼은 천하의 일대 비상시국이었다. 고조가 호걸들을 제거함으로써 진한 이후 수천 년의 국면을 열었으니, 전횡이 현명할수록 더욱 용납할 수 없는 것이다."(『사기찰기』) "괴통이 한신에게 제나라를 공격하게 하지 않았다면 한신의 공적은 그다지 크지 않았을 것이다. 한신은 교만하지 않았고 한나라 또한 그를 꺼리지 않았으나 그를 주살했다."(『광사기정보』)

57 원문은 '선위장단설善爲長短說'이다. "이 일의 장점을 말하고자 하면 좋게 말하고, 이 일의 단점을 말하고자 하면 나쁘게 말하는 것이다. 그러므로 『전국책』에서도 바로 「단장서短長書」라고 했다."(『색은』) "장단長短은 종횡縱橫을 말하는 것이다."(『사기회주고증』)

58 "『한서』「괴통전」에서는 이 81편을 『전영雋永』이라고 했으나, 『한서』「예문지」에는 기재되어 있지 않고 단지 『괴자剛子』 5편만 기재되어 있다. 지금 어떤 사람은 또 현존하는 『전국책』이 괴통의 손에서 나왔다고도 하는데, 단지 추측일 따름이다."(『사기전증』)

59 안기생安期生은 낭야琅琊 사람으로 황로黃老 학문을 잘했다.

60 "천하에 그림을 잘 그리는 사람이 없지 않을 텐데 전횡과 그 무리가 의를 흠모하여 죽음으로 절개를 지킨 일을 기려서 그릴 줄 모른다고 말한 것이다. 무엇 때문인가? 화가가 그릴 줄 모르는 것을 탄식하는 것이다."(『색은』)

# 35

## 번역등관열전

樊酈滕灌列傳

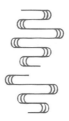

이 편은 유방의 개국 공신이며 심복 장수라 할 수 있는 번쾌, 역상, 하후영, 관영 네 사람의 사적을 기재한 합전이다. 이들은 유방이 진나라에 반기를 들어 봉기한 이후 초한전쟁을 치르고 창업을 하기까지 큰 전공을 세운 핵심 부하들로, 유씨 정권을 공고히 하는 과정에도 중요한 역할을 수행했다. 이들은 한때 개를 잡아 파는 일을 하거나 말을 기르고 수레를 몰거나 비단을 팔던 미천한 평민 출신이었지만 유방을 보좌하여 함양으로 진입했고 삼진을 평정했으며 항우를 격파하고 유방을 황제로 등극시켰다. 그러한 탁월한 공적으로 모두 열후에 봉해졌으니, 격동의 시대가 그들의 이름을 남기게 한 것이라 할 수 있다. 이에 사마천은 "천리마 꼬리에 붙어 천 리를 가듯이 고조를 보좌하여 한나라 조정에 이름을 남기고 그 은덕이 자손들에게까지 미치게 될 줄 생각이나 했겠는가?"라고 말했다.

이들의 재능과 역사적 성과는 한신, 경포, 팽월 등에 미치지는 못하지만 진나라를 멸망시키고 항우와 쟁패하는 과정에서 수립한 전공은 상당하다고 할 수 있다. 나아가 유씨 정권을 탄탄히 하는 데도 중요한 역할을 했으므로 그 정치적 기여가 적지 않았다. 특히 개국공신 가운데 가장 나이가 적은 관영은 소하, 조참, 왕릉, 진평, 주발의 뒤를 이어 승상의 지위에까지 올랐다.

이 편에서는 이들이 참여한 각각의 전투를 열거하고 어떠한 공적을 세웠으며 어떠한 봉록과 작위를 획득했는지를 상세히 기재하고 있다. 진나라 때 싸움에서 죽인 사람 수를 따져 상을 내리는 제도를 시행했는데, 초기의 유방 또한 부하들이 싸움에 이길 때마다 군공軍功을 따져 상을 내리고 지위를 올려주어 사기를 진작했음을 알 수 있다.

무양후舞陽侯[1] 번쾌樊噲는 패현 사람이다. 그는 개를 잡아 고기를 파는 일을 생업으로 삼았다.[2] 그는 일찍이 고조(유방)와 함께 도망쳐 망芒과 탕산碭山 사이에 숨어 지내기도 했다.[3]

처음에 번쾌는 고조를 따라 풍읍豐邑[4]에서 군사를 일으켜 패현을 쳐서 점령했다. 고조는 스스로 패공이 되었고[5] 번쾌를 사인으로 삼았다. 그는 고조를 수행하여 호릉胡陵과 방여方與를 공격하고 풍읍으로 돌아와 지키면서 풍읍을 침범한 사수군泗水郡의 군감郡監[6]이 이끄는 군대를 격퇴했다. 이어서 다시 군사를 이

---

1 무양舞陽: 현으로 치소는 지금의 허난성 우양舞陽 서북쪽 지역이다.
2 "당시 사람들이 개고기를 먹었던 것은 또한 양고기와 돼지고기를 먹는 것과 같았으므로 번쾌는 개를 도살하여 그 고기를 팔았던 것이다."(『정의』) "닭, 개, 돼지 등을 사육하면서 가축들이 자라고 번식하는 시기를 놓치지 않으면 70세가 된 사람들이 고기를 먹을 수 있다."(『맹자』 「양혜왕 상」) "주수창이 말하기를 '옛날에 개, 양, 돼지를 같이 먹었는데 한나라 때도 마찬가지였다. 당나라 이래로 다시는 개를 육식으로 충당하지 않았다."(『한서보주』)
3 "진시황이 항상 말하기를 '동남 방향에 천자의 기운이 있다'고 했다. 그리하여 동쪽으로 순행하여 그 기운을 누르려고 했다. 고조(유방)는 즉시 자신과 관련이 있음을 의심하여 도망쳐 망산과 탕산 사이의 연못과 암석 사이에 숨어 지냈다."(「고조본기」) 망산과 탕산은 지금의 허난성 융청永城 동북쪽에 있다.
4 풍豐은 당시 패현의 한낱 향읍鄕邑 명칭이었고, 유방의 고향집 소재지다. 한나라가 건국한 뒤에 현으로 승격되었다.
5 진 2세 원년(기원전 209) 9월의 일이다. 이해 7월에 진승이 봉기한 뒤 천하가 호응하자 패현의 현령은 소하, 조참 등과 함께 모의하고 군대를 일으키려 했고 번쾌를 시켜 유방을 불러오도록 했다. 이후 패현 현령이 후회하자 유방은 패현을 공격해 점령하고는 스스로 패공이 되었다. 『사기회주고증』에 따르면 당시 초나라는 관습적으로 현령을 공公이라 불렀으므로 패공이라 부른 것이다. 유방은 항우로부터 한왕에 봉해지기 전 2년여 동안 패공이라 불렸다.
6 사수군泗水郡은 진나라 군으로 치소는 상현相縣(지금의 안후이성 쑤이시濉溪 서북쪽)이다. 전한 고제 때 패군沛郡으로 명칭이 변경됐다. 당시 패현은 사수군의 속현이었다. 당시 군에는 군수郡守, 군승郡丞, 군감郡監의 관직을 두었는데, 조정에서 각 군에 파견한 어사御史가 군감을 담당했다. 「고조본기」에

끌고 동쪽으로 진격하여 패현을 평정하고,7 설현薛縣 성 서쪽에서 사수군 군수의 군대를 격파했다.8 번쾌는 탕현 동쪽에서 사마司馬 이弖와 교전을 벌여9 진나라 군대를 격퇴하고 15명을 참수하여 국대부國大夫10 작위를 하사받았다. 번쾌는 항상 패공을 수행했는데, 복양에서 장함의 군대를 공격할 때 가장 먼저 복양성 위로 올라가 적군 23명을 참수하여 열대부列大夫11 작위를 하사받았다. 또 패공을 수행하여 성양으로 진격했는데 제일 먼저 성 위로 올라갔다. 번쾌는 군대를 이끌고 호유戶牖12를 공격해 점령하고, 삼천군 군수 이유李由의 군대를 격파하여13 16명을 참수하고 상간작上間爵14을 하사받았다. 또 패공을 수행하여 성무成武에서 동군東郡 군수와 군위를 공격해 포위하고 적군을 격퇴시켰으며15

서는 당시 군감의 이름을 '평平'이라고 했는데, 성은 전해지지 않고 있다.

7 "패현이 이전에 진나라 군대에게 빼앗기자 지금 유방이 다시 공격하여 점령했을 것이다."(『사기전증』)

8 진 2세 2년 11월의 일이다. 「진초지제월표」에 따르면 유방은 이 전장에서 사수군 군수를 죽였다. 「고조본기」에 따르면 사수군 군수의 이름은 장壯인데 성은 전해지지 않고 있다. 설현薛縣은 진나라 현으로 치소는 지금의 산둥성 텅저우滕州 남쪽이었다. 서남쪽으로 패현과는 100리가 되지 않는다.

9 탕현碭縣은 진나라 현이자 군으로 현의 치소는 지금의 허난성 샤이夏邑 동남쪽이고 군의 치소는 회양이다. 안사고는 '사마司馬 이弖'에 대해 진나라 장수 장함을 예로 들어 '사마'를 관직으로 보았으나 왕선겸은 성姓으로 보았다. 그러나 이弖는 사람 이름임에는 틀림없다. 이弖는 이夷와 통한다.

10 국대부國大夫: "문영文穎이 말하기를 '즉 관대부官大夫'라고 했다."(『집해』)

11 "문영이 말하기를 '즉 관대부公大夫로 작위는 일곱 번째다'라고 했다."(『집해』)

12 호유戶牖: 향읍으로 한나라 때 동혼현東昏縣을 설치했고, 치소는 지금의 허난성 란카오 북쪽이다.

13 진 2세 2년 8월의 일이다. 이유李由는 이사李斯의 아들로 당시 삼천군 군수였는데, 이 전쟁에서 유방과 항우에게 죽임을 당했다.

14 상간작上間爵: "『색은』에서는 '상문上聞'이라고 기재하여 『한서』와 동일한데, 각 본에는 '간間'자로 잘못 적었다."(『사기지의』) "전대소가 말하기를 '상문작은 즉 공승公乘 작위로 여덟 번째 등급이다'라고 했다."(『한서보주』) "20등급 작위 내에 있지 않은 특별한 작위 명칭이다."(『사기통해』) 그 밖에 어떤 종류의 작위 명칭인지 알 수 없다는 견해도 있다.

15 진 2세 3년(기원전 207) 10월의 일이다. 원문은 '공위동군수위어성무攻圍東郡守尉於成武'로 "양옥승과 곽숭도 등은 모두 『한서』에 이르기를 '위圍'자는 '어圉(지명)'자의 잘못이라고 했다. 왕선겸은 「고조기」 「조참전」 「관영전」을 인용하며 '위'자는 잘못이 아니며, 『한서』에서 '어'자로 기재한 것이 잘못이라고 여겼는데, 이 의견이 믿을 만하다."(『사기전증』) 그러나 『한서』에서는 '攻圍都尉東郡守尉於成武'로 기재하고 있다. '성무에서 어현圉縣(지금의 허난성 치현杞縣 남쪽)의 도위와 동군 군수, 군위를 공격했다'는 뜻이다. "유반이 말하기를 '어圉는 현 명칭이므로 위尉는 있어도 도위都尉는 없다. 또 군 도위는 경제 때 이르러 비로소 설치되었으니 '도都'자는 불필요한 글자임에 분명하다'라고 했다. 왕선겸이 말

14명을 참수하고 11명을 포로로 잡아 오대부五大夫[16] 작위를 하사받았다. 또 패공을 수행하여 진나라 군대를 공격하며 박현毫縣[17] 남쪽을 경유하여 나갔고 강리杠里에서 하간河間 군수의 부대를 격파했다.[18] 또 개봉開封 성 북쪽에서 진나라 장수 조분趙賁의 군대를 격퇴시키고[19] 적군이 퇴각하자 번쾌는 앞장서서 개봉 성에 올라가 군후軍候[20] 한 명을 참살하고 병졸 68명을 참수했으며 27명[21]을 포로로 잡아 경卿 작위를 하사받았다. 번쾌는 또 패공을 수행하여 곡우曲遇에서 진나라 장수 양웅楊熊의 군대를 공격해 격파했다.[22] 완릉宛陵[23]을 공격할 때는 가장 먼저 성에 올라가 적군 8명을 참수하고 44명을 포로로 잡아 현성군賢成君[24]이라는 봉호를 수여받았다. 또 패공을 수행하여 장사현長社縣과 환원관

하기를 「고제기」에서 진나라 3년 동군 군위를 성무에서 공격해 격파했다고 했고, 「조참전」에서는 동군 군위의 군대를 공격해 성무 남쪽에서 격파했다고 했으며, 「관영전」에서는 동군 군위를 성무에서 격파했다고 했다. 모두가 어현 도위를 공격했다고 말하지 않았다'라고 했다."(『한서보주』) 역자 또한 『한서』 보다는 『사기』가 타당하다고 판단하여 『사기』 원문 그대로 번역했다. 성무成武는 진나라 현으로 치소는 지금의 산둥성 청우成武다.

16  『한서』에서는 16명을 포로로 잡았다고 했다.
17  박亳: "옛 읍으로 지금의 허난성 상추 북부다."(『사기통해』) "옛 읍으로 첸무의 『사기지명고史記地名考』에 따르면 지금의 허난성 상추 동남쪽으로 여겨진다."(『사기전증』) "무왕이 도읍을 호鎬로 정했고 탕은 박亳을 도읍으로 삼았다."(『후한서』 (이현))
18  "진나라에 하간군河間郡이 없는데, 어찌 하간군 군수가 있겠는가? 『경사문답經史問答』에서 이르기를 '강리杠里는 양梁과 주周 사이에 있으며 하간에 속한 곳이 아니니 두말할 필요가 없다. 땅에 따르면 혹여 삼천군 군수의 군대일 것이다'라고 했다."(『사기지의』) 반면 "왕궈웨이王國維의 『진군고秦郡考』에 따르면 진나라 군郡에 하간이 있다"고 했다.(『사기각증』) 강리杠里는 『사기전증』에 따르면 옛 읍으로 당시의 성무成武 서쪽이다'라고 했다."
19  조분趙賁은 장함의 부장이다. 개봉開封은 진나라 현으로 치소는 지금의 허난성 카이펑 서남쪽이다.
20  군후軍候: 고대의 군대 편제에서는 장군의 군영을 크게 부部로 나누고, 부는 다시 곡曲으로 나누었다. 각 부의 담당 관리는 교위이고 곡의 담당 관리는 군후다.
21  『한서』에서는 26명을 포로로 잡았다고 했다.
22  진 2세 3년 3월의 일이다. 곡우曲遇는 옛 읍으로 지금의 허난성 중머우中牟 동쪽이었다. 『정의』에서는 '곡우'의 음이 '구옹'이라 했으나 다른 자료들은 모두 'quyu(곡우)'로 표기하고 있어 역자 또한 곡우로 표기했다.
23  완릉宛陵: 진나라 현으로 지금의 허난성 신정 동북쪽 지역이다. '宛'의 음은 'wan(완)'이다.
24  "서광이 말하기를 '당시에 하사한 작위로는 집백執帛과 집규執圭가 있었으며, 또한 작봉爵封을

轘轅關[25]을 공격했고, 북상하여 황하 나루터를 봉쇄했다.[26] 또 동쪽으로 진격하여 시향에 주둔한 진나라 군대를 공격하고, 남쪽으로 진격하여 주현讎縣[27]을 지키고 있는 진나라 군대를 공격했다. 양성현 동쪽에서 남양군 군수 의齮의 군대를 격파했다.[28] 번쾌는 동쪽으로 원성宛城[29]을 공격할 때 가장 먼저 성 위로 올라갔고, 서쪽으로 진격하여 역현酈縣[30]에 이르러 적군을 격퇴하고 24명을 참수했으며 40명을 포로로 잡아[31] 봉록을 늘려 받았다.[32] 또 패공을 수행하여 무관武關을 공격하고 패상霸上으로 진군하여 적군 도위 한 명과 사졸 10명을 참수하고, 146명을 포로로 잡았으며 적병 2900명을 항복시켰다.

항우가 희하戱下[33]에 군대를 주둔시키고 패공을 공격할 준비를 했다. 패공은

하사하면서 명예스러운 이름을 더하여 칭호로 삼았다. 또 공이 있으면 열후에 봉했다'고 했다."(『집해』) "소안小顏이 이르기를 '초한 때에는 임시로 존귀와 영예를 만들어 작위와 명호를 수여했는데, 혹은 읍 땅을 받기도 하고 혹은 작위만 받기도 했다. 이러한 사례는 많다'고 했다."(『색은』)

25　장사현長社縣은 진나라 현으로 치소는 지금의 허난성 창거葛 동쪽 지역이다. 환원관轘轅關은 관문으로 지금의 허난성 옌스偃師 동남쪽 지역이다.

26　진 2세 3년 4월의 일이다. 여기서의 황하 나루터는 지금의 허난성 멍진孟津 동북쪽의 평음진平陰津을 가리킨다. "조나라의 별장別將(편장偏將) 사마앙이 마침 황하를 건너 서쪽 함곡관으로 진입하려고 하자 패공(유방)은 그의 전진을 저지하기 위해 북쪽으로 평음을 공격하고 황하 나루터를 봉쇄했다."(「고조본기」) "황하 이북의 의로운 군대가 하남으로 건너와 유방과 지반을 다투지 않게 하기 위한 것이다."(『사기전증』)

27　주현讎縣은 진나라 현으로 치소는 지금의 허난성 루산魯山 동남쪽 지역이다.

28　진 2세 3년 6월의 일이다. 순열荀悅의 『한기漢紀』에서는 남양군 군수의 성이 여呂라고 했다. 양성현陽城縣은 진나라 현으로 치소는 지금의 허난성 팡청方城 동쪽 지역이다.

29　원성宛城: 진나라 현으로 지금의 허난성 난양이다. 당시 남양군의 치소였다. 진 2세 3년 7월의 일이다. 원성宛城의 원宛 음은 'yuan(원)'으로 'wan(완)'이 아니다.

30　역현酈縣: 진나라 현으로 치소는 지금의 허난성 난양 서북쪽이었다.

31　『한서』에서는 "14명을 참수하고, 48명을 포로로 잡았다"고 했고, 『사기지의』에서는 "누가 맞는지 알 수가 없다"고 했다.

32　원문은 '중봉重封'이다. "장안이 말하기를 '녹을 더해준 것이다'라고 했다."(『집해』) 안사고는 "두 개의 봉호를 더해준 것뿐이다"라고 했고, 왕선겸은 "작위를 봉하는데 두 개의 봉호를 더해주는 것은 들어본 적이 없다"고 했다. 역자 또한 『집해』의 견해가 타당하다고 판단된다.

33　"희하 이 말은 「항우본기」 「고조본기」와 이 편에 반복적으로 출현하는데 왕보상(『사기선』)은 강력하게 '희하'의 의미가 '휘하麾下'와 같다고 했고, 근래의 여러 사람도 이 의견에 따르며 실제로 억지

기병 100여 명을 거느리고 항백項伯(항우의 당숙)을 통해 항우를 만나 제후들이 들어오지 못하도록 함곡관을 막은 일이 없다고 해명했다.[34] 항우는 패공과 사졸들을 불러 연회를 열어 환대했고 술이 얼근하게 취했을 때[35] 아부亞父 범증范增[36]은 항장項莊[37]을 시켜 칼춤을 추게 하면서 패공을 죽이려 했는데, 다행히 이때 항백이 나와 항장에 맞춰 함께 춤을 추면서 패공을 찌르려고 할 때마다 몸으로 패공을 가려주었다.[38] 당시 연회에는 패공과 장량만이 들어올 수 있도록 허락받았고 번쾌는 군영 밖에서 기다리고 있었다. 번쾌는 안의 상황이 긴급하다는 말을 듣고는 즉시 철 방패를 들고 군영 문 앞으로 달려왔다. 군영 문을 지키는 호위병이 번쾌를 저지하려 했지만 번쾌는 곧장 부딪쳐 안으로 뛰어 들어갔고 장막 아래에 섰다.[39] 항우가 그를 보고는 누구냐고 물었다. 그러자 장량이

를 쓰고 있다. '희하'가 어떤 때는 확실히 그 의미가 '휘하麾下'와 같은데, 예를 들면 「회음후열전」 같은 경우에는 모두 이와 같다. 그러나 이 편에서는 절대로 이와 같지 않은데, 장자잉張家英은 『십이본기의 고十二本紀疑詁』에서 상세하게 판별했다. 희戱는 강으로 지금의 린퉁 동쪽을 경유하여 북쪽 웨이허강으로 유입된다. 항우가 당시 군대를 주둔시킨 곳은 홍문鴻門으로 희수 서쪽이었다."(『사기전증』) 즉 '항우는 희수 서쪽의 홍문에 군대를 주둔시켰다'고 번역하는 것이 정확하겠다.

34  "누군가 유방에게 말하기를 '관중의 부유함은 다른 땅을 모두 합친 것의 열 배일 뿐만 아니라 지세도 험준합니다. 지금 듣자 하니 진나라 장수 장함이 이미 군대를 이끌고 항우에게 투항했고, 항우는 그를 옹왕에 봉하고 관중을 점유하게 했답니다. 만일 그가 오면 아마도 패공에게는 몫이 없게 될 겁니다. 서둘러 군사를 보내 함곡관을 지키고 항우 등 다른 제후들의 인마가 들어오지 못하게 하면서 관중에서 인마를 일부 징집하여 자신의 실력을 증강시키고 항우 그들을 막아야 합니다'라고 했다."(「고조본기」)

35  원문은 '중주中酒'다. "장안이 말하기를 '술이 얼근하게 취하다'라고 했다."(『집해』) 안사고는 말하기를 "술을 마시는 중이다. 취하지도 않고 정신이 맑게 깨어 있지도 않으므로 중中이라 한 것이다"라고 했다. "고염무가 말하기를 '술이 반쯤 취한 것을 말한다'라고 했다."(『한서보주』) "술을 마셨지만 취한 듯하면서도 취하지 않은 정도를 말한다."(『사기통해』)

36  범증范增은 항우의 모사다. 아부亞父란 아버지 다음가는 사람이라는 뜻으로 존경의 칭호다. 항우는 범증을 예로써 공경하여 '아부'라 불렀다.

37  항장項莊은 항우의 동족으로, 당시 항우의 부장이었다. 『정의』에서는 항우의 종제라고 했다.

38  원문은 '병폐屛蔽'다. "병屛은 원래 견肩(어깨)이라 했다. 『독서잡지』 「사기 5」에서 '견肩은 병屛자의 잘못이다. 『한서』에도 병폐라 했는데, 몸으로 가리는 것이지 어깨로 가리는 것을 말하는 것이 아니다'라고 했다."(수정본) 역자 또한 '수정본'에 따랐다.

39  "군영 문을 지키는 호위병들이 극戟을 교차시키고 있었으므로 번쾌가 안으로 들어가지 못하게 제지했다. 번쾌가 방패를 옆으로 하여 호위병들을 밀어 넘어뜨린 후 군영 문으로 들어가 장막 앞에 섰다."(「항우본기」) "서광이 말하기를 '어떤 판본에는 번쾌가 장막 아래 서서 눈을 부라리자 눈초리에서

대답했다.

"패공의 참승參乘 번쾌입니다."

항우가 말했다.

"장사로다."

술을 가득 따른 큰 술잔과 돼지 다리 하나를 하사했다. 번쾌는 술을 마신 뒤 검을 뽑아 고기를 잘라서 모두 먹어치웠다. 항우가 물었다.

"더 마실 수 있느냐?"

번쾌가 말했다.

"저는 죽음도 두려워하지 않는데, 하물며 술 한 잔을 사양하겠습니까! 패공께서는 먼저 들어와 함양을 안정시켰지만 도리어 패상으로 돌아가 병사들을 햇볕에 그을리고 비에 젖게 하며 대왕께서[40] 오시기만을 기다렸습니다. 그런데 대왕께서는 지금 함양에 오셔서 소인들의 말만 듣고는 패공과 틈이 발생했습니다. 저는 천하 인심이 이것으로 분열되어 사람들이 대왕을 의심할까 걱정됩니다."

항우는 묵묵히 말이 없었다. 패공은 측간에 가는 척하면서 번쾌에게 나가자는 신호를 보냈다. 장막을 나선 뒤 패공은 타고 온 수레와 따르던 기병들을 남겨둔 채 혼자 말에 올랐고 번쾌 등 네 사람은 걸어서 뒤를 따랐다.[41] 패공은 산[42] 아래 외진 오솔길로 패상에 있는 군영으로 돌아왔고, 장량에게 남아서 항우에게 정황을 설명하고 사죄하도록 했다. 항우도 더 이상 추궁하지 않았고 패공을 죽이려는 마음도 없어졌다. 이날 번쾌가 군영으로 뛰어 들어가 항우를 꾸짖지

---

피가 나왔다고 되어 있다'고 했다."(『집해』)

40　"이 당시 항우는 아직 왕이 되지 않았고 역사가들이 추서追書(이미 지난 과거의 일을 서술)한 것이다."(『정의』) 안사고 또한 "당시 항우는 아직 왕이 되지 않았고, 여기서 '대왕大王'이라 말한 것은 역사가들이 추서한 것뿐이다"라고 했다.

41　패공이 수레와 기병들을 남겨두고 혼자 말에 오른 이유는 『사기전증』에 따르면 장막 안에 있는 항우와 범증 등이 눈치 채지 못하게 하기 위해서다. 그 뒤를 따른 네 명은 『한서』 「고제기」에 따르면 번쾌, 하후영, 근강靳強, 기신紀信이다.

42　여기서의 산은 여산을 말한다.

않았다면 패공은 위험해졌을 것이다.

이튿날 항우는 함양으로 들어가 학살하고[43] 패공을 한나라 왕으로 세웠다. 한나라 왕은 번쾌에게 열후 작위를 하사하고 임무후臨武侯라 불렀다. 번쾌는 낭중으로 승진했고 한나라 왕을 수행하여 한중으로 들어갔다.

한나라 왕이 회군하여 삼진을 평정했을 때 번쾌는 별도로 한 갈래 군대를 이끌고 백수白水[44] 북쪽에서 서현西縣[45] 현승縣丞의 군대를 공격했고, 또 옹현雍縣 남쪽에서 옹왕 장함의 전차병과 기병을 격파시켰다. 또 한나라 왕을 수행하여 옹현과 태현斄縣[46] 두 성을 공격했을 때는 제일 먼저 성 위로 올라갔다. 호치好畤[47]에서 장평章平[48]의 군대를 공격할 때도 번쾌는 가장 먼저 성에 올라가 적진을 무너뜨리고 현령과 현승 각각 한 명과 병사 11명을 참수하고 20명을 포로로 잡아 낭중기장郎中騎將[49]으로 승진되었다. 또 한나라 왕을 수행하여 양향壤鄉 동쪽에서 진나라 전차병과 기병을 공격해[50] 격퇴시켜 장군으로 승진되었다. 이어

43 "항우는 군사를 이끌고 서쪽 함양으로 진입하여 학살했다. 진나라의 항복한 왕 자영을 죽이고 진나라의 궁전을 불태웠는데 3개월 동안 불길이 꺼지지 않았다."(「항우본기」) "당시 고조는 분노하여 항우를 공격하려 했고 번쾌도 그렇게 하도록 권했지만 소하가 간언하여 그만뒀다."(『한서규관』)
44 백수白水: 진나라 현으로 치소는 지금의 쓰촨성 광위안廣元 서북쪽 지역이다. 자링강嘉陵江 상류에서 백수현을 경유하는 구역을 뜻하기도 한다.
45 서현西縣의 치소는 지금의 간쑤성 톈수이天水 서남쪽이다.
46 태현斄縣: 진나라 현으로 치소는 지금의 산시陝西성 우궁武功 서남쪽이다. 옹현과 태현은 모두 옹국雍國의 영지였다.
47 호치好畤: 진나라 현으로 치소는 지금의 산시陝西성 첸현乾縣 동북쪽이다.
48 "장평章平은 장함의 아들이다."(『색은』) 「고조본기」와 『한서』 「고제기」에서는 모두 장평을 장함의 동생이라고 했다('수정본')
49 낭중기장郎中騎將: "낭중으로는 호戶, 거車, 기騎 세 장수가 있었다."(『색은』)
50 원문은 '거기車騎'다. 호삼성 주석에서는 "고대에는 전차를 사용했고 전국시대에 기병을 사용하기 시작했는데 '거기'는 다르게 사용하거나 겸용하는 것을 말한다"라고 했다. "곽숭도가 말하기를 '여기서는 당연히 장함의 전차병과 기병이라고 해야 한다. 장함은 이때 옹왕이었기에 진秦나라라고 말해서는 안 된다'고 했다. 「조상국세가」에서는 '삼진三秦'이라고 했는데 이것이 비교적 명확하다."(『사기전증』) "제소남이 말하기를 '「조참전」에 따르면 양향을 취하고 양 동쪽에서 삼진의 군대를 공격하는 것이라 했으니, 양壤은 향鄉의 명칭이다. 양동壤東은 양향의 동쪽이다'라고 했다."(『한서보주』) "양향壤鄉은 '첸무의 『사기지명고史記地名考』에서는 지금의 우궁武功 동남쪽이다'라고 했다."(『사기전증』)

서 번쾌는 또 조분趙賁을 공격하여 미현郿縣, 괴리槐里,[51] 유중柳中,[52] 함양을 함락 시켰으며, 아울러 물을 끌어 폐구를 수몰시킬 때 번쾌의 공이 가장 컸다.[53] 약 양을 함락시킨 후 한나라 왕은 두현杜縣의 번향樊鄕을 번쾌에게 식읍으로 하사 했다.[54] 또 한나라 왕을 수행하여 항적項籍을 공격하고 자조煮棗[55]를 도륙했다. 외황外黃[56]에서 왕무王武와 정처程處[57]의 군대를 격파했으며, 추현鄒縣·노현魯縣· 하구瑕丘·설현薛縣[58]을 공격해 점령했다. 항우는 팽성에서 한나라 왕을 제압하 고 노魯나라와 양梁나라[59] 땅을 모두 수복했다. 번쾌가 형양으로 돌아오자 한나 라 왕은 식읍으로 평음현平陰縣의 2000호를 더해주고 장군 신분으로 광무廣武

---

**51** 미현郿縣은 진나라 현으로 치소는 지금의 산시陝西성 메이현郿縣 동북쪽이다. 괴리槐里는 서주 당시에는 견구읍犬丘邑이었고, 진나라 때는 폐구廢丘로 이름이 바뀌었다가 한나라 때 괴리현으로 다시 변경되었다. 지금의 산시陝西성 싱핑興平 동남쪽 지역이다.

**52** 유중柳中: 『색은』에 따르면 유중은 장안 서쪽에 있는 세류細柳다. 세류는 옛 읍으로 지금의 시안 西安 서북쪽이고 셴양 서남쪽이다.(『색은』)

**53** 원문은 '灌廢丘, 最'다. "관灌은 물을 끌어 폐구로 대 성이 함락되었을 때 그 공적이 가장 컸다는 것을 말한다. 이기李奇는 말하기를 '폐구는 즉 괴리다. 앞 문장에 괴리가 있는데 여기서 또 말한 것은 이곳이 소괴리일 것으로 짐작된다'고 했는데, 이것은 아니다. 문장에서 이르기를 "조분을 공격하여 미현, 괴리, 유중, 함양을 함락시켰다고 했으니 공격하여 함락시킨 읍을 모두 말한 것이다. 물을 폐구로 끌어대 수몰시킨 것을 별도로 말한 것은 공적이 특별히 컸기 때문이다. 무엇 때문이겠는가? 처음에는 괴리라고 새로운 명칭을 말하고 뒤에 공적이 가장 컸다고 말한 것은 문장을 중복하여 다시 드러내지 않으려는 것이기 때문에 옛 명칭인 폐구를 언급한 것이다."(『색은』) 유방이 삼진을 평정하고 폐구에서 장함을 포위한 것은 한나라 원년(기원전 206) 8월이고, 한나라 2년(기원전 205) 6월에 물을 끌어다 격파했다.

**54** 번쾌는 이때 처음으로 봉지를 향유하게 된다. 두현杜縣은 서주 시대에 두백국杜伯國의 땅이었고 진나라 때 이곳에 두현을 설치했다. 한나라 선제 원강元康 원년(기원전 65)에 두릉杜陵으로 명칭을 변경했다. 전한 선제 유순劉詢의 능묘가 이곳에 있다. 번향樊鄕은 『색은』에 따르면 "번천樊川"이라고 했고, 『사기통해』에 따르면 "옛 두현 남쪽"이라고 했다.

**55** 자조煮棗: 옛 성읍으로 지금의 산둥성 둥밍東明 남쪽 지역이다.

**56** 외황外黃: 진나라 현으로 치소는 지금의 허난성 민취안民權 서북쪽 지역이다.

**57** 왕무와 정처는 모두 유방의 부장이었는데 유방이 팽성에서 패하자 배반했다. "유방의 부장 왕무가 외황, 정처가 연현燕縣(지금의 허난성 옌진 동북쪽)에서 반란을 일으켰다."(『조상국세가』)

**58** 추현鄒縣의 치소는 지금의 산둥성 쩌우청鄒城, 노현魯縣의 치소는 지금의 산둥성 취푸, 하구瑕丘의 치소는 지금의 산둥성 옌저우兗州 북쪽이고, 설현薛縣의 치소는 지금의 산둥성 텅저우滕州 남쪽 지역이다.

**59** 지금의 산둥성 서부, 허난성 동부 일대를 가리킨다.

에 주둔하여 지키도록 했다.[60] 1년 뒤 항우가 군대를 이끌고 동쪽으로 물러가자, 번쾌는 또 고조를 수행하여 항우를 추격하여 양하陽夏를 점령하고 항우의 부장 주장군周將軍과 사졸 4000명을 포로로 사로잡았다.[61] 이어서 진군陳郡에서 항우를 포위하고 크게 격파했으며[62] 호릉현胡陵縣을 몰살시켰다.[63]

항적이 죽은 뒤 한나라 왕은 황제로 즉위했고 번쾌가 성을 견고하게 지키면서 전쟁에서 공을 세우자[64] 식읍 800호를 증가시켜줬다. 번쾌는 또 고제를 수행하여 반란을 일으킨 연나라 왕 장도臧荼를 공격해 사로잡고 연나라 땅을 평정했다. 초나라 왕 한신이 반란을 일으켰을 때 번쾌는 다시 고조高祖를 수행하여 진현으로 가서 한신을 사로잡고 초나라를 평정했다.[65] 마침내 고조는 정식으로

60 광무廣武는 옛 성읍으로 지금의 허난성 싱양 동북쪽의 광무산 위쪽이다. 『괄지지』에 이르기를, 광무산 위에 동서로 2개의 성이 있는데 100여 보 거리를 두고 유방과 항우가 대치했다. 유방은 서쪽 성을, 항우는 동쪽 성을 점거하고 있었고, 이때 번쾌가 서쪽 성을 지키고 있었다.(『정의』)

61 한나라 5년(기원전 202) 10월의 일이다. 양하陽夏는 진나라 현으로 치소는 지금의 허난성 타이캉太康이다. "안사고가 말하기를 '주장군周將軍은 주은周殷이다'라고 했다. 전조망全祖望은 말하기를 '주은은 당시 구강九江을 지키고 있었고 이미 그의 군대는 한나라에 항복했다. 하양을 공격했다면 다른 사람일 것이다. 항우의 여러 장수 가운데 주란周蘭이 있다'고 했다.(『사기회주고증』) "주란을 가리키는 것 같다. 주은은 항우의 대사마로 지위가 존귀하여 역사에서 '주장군'이라 부를 수 없다. 유방이 추격하여 양하에 이르렀을 때 한신과 팽월 등의 군사는 당도하지 않았고, 항우가 군사를 이끌고 돌아와 공격하자 유방은 참패했다."(『사기전증』)

62 "『고조기』와 한신, 팽월, 경포 등 여러 열전에는 모두 항우를 해하에서 포위했다고 기재했는데 여기에서는 '진陳에서 포위했다'고 말한다. '진'은 지금의 허난성 화이양이고 '해하'는 지금의 안후이성 링비靈璧 동남쪽으로, 두 곳은 상당히 멀리 떨어져 있다. 그렇다면 이 전쟁은 다른 시기의 싸움으로 이해할 수 있는데 의견이 통일되지 않는다. 곽숭도가 말하기를 「고조본기」에서는 항우를 추격하여 양하 남쪽에서 멈추었고 한신과 팽월이 오기를 고릉固陵(당시 양하 남쪽)에서 기다렸다고 했는데, 양하와 고릉은 모두 진군에 속했다'고 했다. 곽숭도의 의견은 바로 해하 전투 2개월 전이고, 양하와 고릉에서 패배한 자는 항우가 아니라 유방이었다."(『사기전증』)

63 "곽숭도는 여기서의 호릉을 고릉固陵의 잘못이라고 여겼다. 호릉은 상당히 멀리 떨어져 있어 여기와는 관련이 없다. 곽숭도의 의견을 따른다면 유방이 그 이전의 실패를 설욕하기 위해 화풀이로 살인을 저질렀을 가능성이 매우 높다. 그러나 「역생전酈生傳」에서는 이때 호릉을 공격했다고 하여 이해하기 어렵다. 유방과 한신 등이 해하에서 항우를 대파한 것은 한나라 5년(기원전 202) 12월의 사건이다."(『사기전증』)

64 "서부원이 말하기를 '어느 것을 가리키는지 알 수 없다. 광무의 공적은 훗날에 기록한 것으로 의심된다'고 했다."(『사기전증』)

번쾌에게 열후 작위를 하사했고, 제후들과 마찬가지로 그와 부절을 나누어 맹세하고 대대로 전하여 영원히 끊어지지 않게 했다. 무양舞陽[66]을 그에게 식읍으로 하사하고 무양후舞陽侯라고 불렀으며, 이전에 하사한 식읍은 취소했다. 번쾌는 또 장군의 신분으로 고조를 수행하여 대 땅에서 반란을 일으킨 한왕 신을 토벌하고, 곽인현霍人縣에서 운중군에 이르기까지의 땅을 강후 주발 등과 함께 평정하여 식읍 1500호를 더 하사받았다. 이어서 진희와 만구신의 군대를 토벌하여 양국현에서 교전을 벌였고, 백인현을 격파할 때는 가장 먼저 성에 올랐다. 이어서 청하淸河와 상산常山 2개 군의 27개 현을 공격해 점령하고 동원현 성을 분쇄하고 좌승상에 올랐다.[67] 또 무종현無終縣과 광창현廣昌縣에서 기무앙綦毋卬과 윤반尹潘의 군대를 격파하고,[68] 대군代郡 성 남쪽에서 진희의 부장인 흉노인 왕황의 군대를 격파했다. 이어서 또 삼합현參合縣[69] 성에서 한왕 신의 군대를 공격했는데, 번쾌의 부하 사졸[70]이 한왕 신을 참수했다. 또 횡곡橫谷[71]에서 진희와

---

65　고조高祖(유방이 황제로 즉위했기 때문에 고조라 해야 한다) 6년(기원전 201) 12월의 일이다.

66　무양舞陽: 현으로 치소는 지금의 허난성 우양舞陽 서북쪽 지역이다.

67　"여기서의 좌승상은 이름뿐인 직책이었다."(『집해』) 좌승상左丞相은 춘추시대 제나라 경공이 좌우 각 한 명씩 상相을 두었고, 전국시대 진秦나라 무왕이 좌우 승상을 각 한 명씩 설치했는데 진·한 시기에도 이어졌다. 좌와 우의 존중은 시대마다 다른데 주周, 진秦, 한漢 시기에는 '우'를 존중했다. 그래서 황제의 인척 귀족을 '우척右戚'이라 했고, 세가世家 대족大族을 '우족右族' 혹은 '우성右姓'이라 했다. 후한 이후 수·당·송에 이르면서 점차 '좌'를 높이고 '우'를 낮추는 제도가 형성되기 시작했다.

68　기무앙綦毋卬과 윤반尹潘은 모두 진희의 부장이다. 무종현無終縣은 한나라 현으로 치소는 지금의 톈진天津 지현薊縣이고, 광창현廣昌縣은 한나라 현으로 치소는 지금의 허베이성 라이위안淶源 서북쪽 지역이다.

69　삼합현參合縣: 한나라 현으로 치소는 지금의 산시山西성 양가오陽高 동남쪽 지역이다.

70　원문은 '장졸將卒'이다. 시무柴武를 말하며 당시 번쾌의 부장이었다. "홍이훤洪頤煊이 말하기를 '『한서』「고제기」에 11년(기원전 196), 장군 시무가 삼합에서 한왕 신을 참수했다'고 했다. 「한왕신전」에 따르면 '11년 봄, 한왕 신이 다시 흉노의 기병들과 함께 삼합으로 침입하여 한나라 군대에 대항했다. 한나라는 시 장군을 파견했고, 그는 한왕 신을 참수했다'고 했다. 이때 시 장군은 번쾌의 소속이었다. 장졸은 즉 무武다'라고 했다."(『사기회주고증』) "무武는 장군이지 사졸은 아닐 것이다. 혹은 무의 사졸인가?"(『사기각증』)

71　횡곡橫谷: 구체적인 지명은 상세하지 않다. "아마도 대代 땅에 소재할 것이다."(『정의』)

흉노 기병을 격파하고 장군 조기趙旣를 참수했으며, 대나라 승상 풍량馬梁,72 대군의 군수 손분孫奮과 대장 왕황, 장군, 태복 해복解福73 등 10명을 포로로 잡았다. 또한 번쾌는 여러 장수와 함께 대代나라의 향읍 73개를 평정했다. 그 뒤 연나라 왕 노관이 반란을 일으키자 번쾌는 또 상국相國의 신분으로74 군대를 이끌고 토벌에 나서 계현薊縣 성 남쪽에서 연나라 승상 저抵를 격파하고75 연나라의 현 18개와 향읍 51개를 평정했다. 조정에서는 추가로 식읍 1300호를 더해줘 마침내 무양현舞陽縣의 5400호76가 번쾌의 식읍으로 확정되었다. 번쾌는 고조를 수행하며 정벌에 나서 적군 176명을 참수하고 288명77을 포로로 잡았으며, 독자적으로 군대를 이끌고 싸워 적군을 7차례 격파하고 5개의 성을 함락시켰으

72  당시 진희는 스스로 대왕代王이 되었고 풍량을 승상으로 임명했다.
73  원문은 '將軍, 太卜太僕解福'이다. 경우본에는 '태복太卜' 두 글자가 없다고 했고, 『찰기』에서는 "태복太卜은 다음 문장인 태복太僕의 오류로 의심된다"고 했다. 이에 따라 '수정본'은 '將軍, 太僕解福'을 채택한 것으로 보인다. 『한서』 「번쾌전」에서는 "將軍(大將)一人, 太僕解福(大將)은 불필요한 글자이므로 삭제해야 한다."라고 했는데 『사기각증』에서는 "대장大將 두 글자는 앞 문장의 '대장 왕황'과 연결되므로 불필요한 글자다. '일인一人' 두 글자는 후세 사람이 제멋대로 첨부한 것이다"라고 했으며, "태복太卜은 태복太僕의 오류로 불필요한 글자이며, 사람 이름이 아니다"라고 했다. 그런데 『사기전증』에서는 '將軍太僕解福'이 옳다고 하면서 "해복은 태복의 직분인데 장군에 임명된 것이다. 또한 진희가 임명한 자다"라고 했다. 결국 문제는 '장군'과 '태복'을 두 사람으로 볼 것이냐, 장군과 태복을 겸임한 한 사람으로 이해할 것이냐다. 역자는 '수정본'과 『사기각증』을 근거로 '장군'과 '태복 해복' 두 사람으로 보는 것이 타당하다고 여기며, 원문 '將軍, 太卜太僕解福' 또한 '太卜'을 제외한 '將軍, 太僕解福'으로 번역했음을 밝혀둔다.
74  "여기서의 상국相國은 가관加官이다."(『사기전증』) 가관加官이란 본직 외에 다른 관직을 겸임하는 것으로, 본래의 관직보다 높은 직위를 주어 품격을 높이는 것이다. 또한 홍매洪邁가 말하기를 "한나라 초기에는 여러 가관이 있었는데, 대부분이 승상이었다. 예를 들면 한신은 처음에 대장군에 임명되었으나 나중에는 좌승상 신분으로 위나라를 공격하고, 또 상국으로 임명되어 제나라를 공격했다. 번쾌는 장군의 신분으로 한왕 신을 공격하고 좌승상으로 승진되었고 상국의 신분으로 연나라를 공격했지만 「백관공경표」에는 모두 기재되어 있지 않다"고 했다.(『사기전증』)
75  "저抵는 승상의 이름이다."(『색은』) "「주발세가」에 '노관의 대장 저와 승상 언을 사로잡다'라고 했으니, 저는 대장 이름이다. '저'자 앞에 '언대장偃大將' 석 자가 빠진 것으로 의심된다(원문 '丞相抵'를 '丞相偃大將抵'로 변경해야 함을 말한다)"고 했다.(『사기회주고증』)
76  "『사기』와 『한서』 「표」에서는 모두 '5000호'라고 했다."(『사기지의』) 『한서』 「번쾌전」에서도 본문과 마찬가지로 5400호로 기재하고 있다.
77  『한서』에서는 287명을 포로로 잡았다고 했다.

며, 군 6개와 현 52개를 평정하고, 승상 한 명과 장군 12명,[78] 2000석에서 300석에 이르는 관리 11명[79]을 사로잡았다.

번쾌는 여후의 동생 여수呂須를 아내로 맞이하여 아들 항伉을 낳았기 때문에 다른 장수들에 비해 고조, 여후와의 관계가 가장 친밀했다.

당초에 경포가 반란을 일으켰을 때,[80] 고조는 병이 엄중하다는 핑계로 사람을 만나고 싶어 하지 않고 금중禁中[81]에 누워 있으면서 문을 지키는 호위병들에게 신하들을 들이지 못하게 했다. 대신인 강후와 관영 등도 감히 들어가지 못했는데, 열흘이 지났을 때 번쾌가 궁중의 작은 문[82]을 밀치고 곧장 뛰어 들어가자 대신들도 뒤를 따랐다. 고조는 홀로 한 환관을 베고 침상에 누워 있었다. 번쾌 등은 고조를 보자 눈물을 흘리며 말했다.

"당초에 폐하께서 저희와 함께 풍현과 패현에서 군대를 일으켜 천하를 평정하실 때 얼마나 호기롭고 건장하셨습니까! 지금 천하가 이미 평정되었는데 지금은 어찌 이토록 지쳐버리셨습니까! 하물며 폐하의 병이 엄중하여 대신들이 놀라고 두려워하고 있는데, 신 등을 불러 국가대사를 상의하려 하지 않고 어찌 홀로 한낱 환관과 있으면서 결별하려 하십니까? 폐하께서는 조고가 나라를 어지럽힌 일을 알지 못하십니까?"

---

78  『한서』에서는 '13명'이라고 했다.
79  『한서』에서는 '12명'이라고 했다.
80  경포가 반란을 일으킨 때는 고조 11년(기원전 206) 7월이다. "서부원이 말하기를 '이 단락은 연나라를 공격하기 이전으로 아마도 지난 일을 서술한 것일 것이다'라고 했다."(『사기회주고증』) 안사고도 "경포가 반란을 일으키기 전이다"라고 했으나 『한서규관』에서는 "선先은 '전前' 혹은 '초初'를 말하는 것과 같다. 「장량전」에는 경포가 반란을 일으켰을 때 고조가 병이 있었다고 기재하고 있다. 즉 고조는 경포가 반란을 일으켰을 때 병이 있었으므로 경포 반란 전이라고 말할 수 없다. 안사고의 견해는 틀렸다"라고 했다.
81  금중禁中: 출입문을 금지하는 것으로 시위侍衛나 출입문 장부에 이름을 기입한 신하가 아니면 안으로 들어갈 수 없다. 전한 원제元帝 때 효원황후의 부친인 왕금王禁의 이름을 피하기 위해 성중省中으로 변경했다. 성省은 성찰省察의 의미다. 이후 두 명칭을 합하여 '금성禁省'이라 했다. 황궁을 말한다.
82  원문은 '달闥'로, 안사고는 말하기를 "궁중의 작은 문이다. 문병門屛이라고도 한다"고 했다.

그러자 고조가 웃으면서 일어났다.

그 뒤 노관이 반란을 일으키자 고조는 번쾌에게 상국의 직함으로 연나라를 토벌하게 했다. 당시 고조는 병이 위중했는데, 어떤 사람이 고조에게 번쾌는 여씨呂氏와 결탁했기에 어느 날 황상이 붕어하신다면[83] 즉시 군대를 이끌고 척戚부인과 조나라 왕 여의如意[84] 등을 죽여 없앨 것이라고 비방했다. 고조는 이 말을 듣고 몹시 노하여 곧장 진평을 시켜 강후에게 수레를 타고 가서 번쾌 대신 토벌 부대를 통솔하게 하고 군중에서 번쾌를 참수시키라고 명령했다. 그러나 진평은 여후가 두려워 번쾌를 처결하지 않고 체포하여 장안으로 압송해왔다. 이 때 고조는 이미 붕어했고 여후는 번쾌를 석방하고 그의 작위와 봉읍을 회복시켜주었다.

효혜孝惠[85] 6년(기원전 189)에 번쾌가 죽자 시호를 무후武侯라 했다. 번쾌의 아들 번항樊伉이 후작을 계승하고, 번항의 생모인 여수는 임광후臨光侯에 봉해졌다.[86] 고후高后(여후)가 집정했을 때 여수가 권력을 독점하자[87] 대신들은 모두 그녀를 두려워했다. 번항이 후가 된 지 9년 만에 고후가 사망했고, 대신들은 여씨 일족과 여수의 친속들을 주살했으며[88] 번항도 죽임을 당했다. 그리하여 무양후

---

83  원문은 '안가晏駕'로, 황제의 사망을 감히 직접 입에 올리지 못하고 대신 사용한 말이다.
84  척戚부인은 유방이 총애하는 첩이고, 조왕 여의如意는 유방이 가장 총애하던 둘째아들로 척부인의 소생이다.
85  효혜孝惠: 유방의 아들 유영劉盈으로, 고조 12년(기원전 195)에 황제가 되었다.
86  여후呂后 4년(기원전 184)의 일이다. "임광후臨光侯는 마땅히 임광林光으로 해야 한다."(『사기지의』) "아마도 여수가 여인으로 후에 봉해졌고 여씨들의 주모자이기에 반드시 멀리 그녀를 봉하지는 않았을 것이며, 또한 임광이라는 지명을 들어보지 못했다. 『삼보황도三輔黃圖』에 이르기를 '임광궁林光宮은 운양현 경계에 있다고 했는데 혹 여수가 임광궁에 기거하고 식읍이 운양이었을까?'라고 했다. 다키가와는 말하기를 '부인이 후에 봉해진 것은 이때부터 시작되었다'고 했다."(『사기전증』)
87  원문은 '高后時用事專權'으로, 이 문장의 주어를 고후로 번역한 번역본이 많은데 여기서 주어는 '여수'다. 『사기전증』에서는 "여수의 식견과 능력을 「여후본기」에서 볼 수 있다"고 하면서 역시 이 문장의 주어를 '여수'라 했다.
88  여후 8년 9월의 일이다. "여수를 산 채로 곤봉으로 때려 죽였다."(「여태후본기」)

의 작위는 몇 달 동안 끊어졌다. 그러나 효문제孝文帝가 즉위하자[89] 번쾌의 서자 번불인樊市人을 무양후로 봉하고 원래의 작위와 봉읍을 회복시켰다. 번불인이 무양후가 된 지 29년 만에 사망하자[90] 시호를 황후荒侯라고 했다. 번불인의 아들 번타광樊他廣이 대를 이어 후의 작위를 계승했다. 6년[91] 뒤에 번타광의 집안 사인이 죄를 지어 번타광이 그를 처벌하자 이 사인이 원한을 품고 글을 올려 말했다.

> 황후 번불인은 생리적으로 결함이 있어 자식을 낳을 수 없자 자신의 부인을 동생과 상간하게 하여 타광을 낳았습니다. 이 때문에 번타광은 실제로 황후 번불인의 아들이 아니니, 후작을 계승할 자격이 없습니다.

경제는 유관 부서에 조서를 내려 조사하도록 했다. 효경제 중원中元 6년(기원전 144)에 타광은 후 작위를 박탈당하고 평민이 되었으며 봉국도 취소되었다.[92]

곡주후曲周侯 역상酈商[93]은 고양高陽[94] 사람이다. 진승이 군대를 일으켰을 때 역상은 청년들을 모으고 도처에서 사람들을 위협하며 가입시켜 수천 명에 이르렀다. 패공이 땅을 점령하며 진류현陳留縣에 이른 지[95] 여섯 달 뒤에[96] 역상은 병

---

졸 4000명을 이끌고 기岐[97] 땅에서 패공에게 귀속했다. 역상은 패공을 수행하여 장사를 공격할 때 성에 가장 먼저 올라 신성군信成君에 봉해졌다. 또 패공을 수행하여 구지현을 공격하고, 북상하여 평음진을 봉쇄하고 낙양 성 동쪽에서 진나라 군대를 격파했다. 이어서 또 패공을 수행하여 원宛과 양穰 두 곳을 공격하여 점령하고 17개 현을 평정했다. 또 역상은 단독으로 군대를 이끌고 순관旬關[98]을 공격하고 한중군漢中郡을 평정했다.[99]

항우는 진나라를 멸망시킨 뒤 패공을 세워 한나라 왕으로 삼았다. 한나라 왕은 역상에게 신성군信成君 작위를 하사하고[100] 역상을 장군의 신분으로 농서도위隴西都尉를 담당하게 했다.[101] 역상은 또 단독으로 군사를 이끌고 작전을 벌여 북지北地와 상군上郡을 평정했다.[102] 이어서 언지焉氏[103]에서 옹왕 장함의 부장을

96 "나카이 리켄이 말하기를 '六月餘(여섯 달 뒤) 석 자는 불필요한 글자다'라고 했다. 석 자는 마땅히 패공 앞으로 옮겨야 한다."(『사기회주고증』) "역상이 군대를 일으켜 6개월 만에 4000명을 모아 장군으로서 고조를 따랐다는 것을 말한다."(『정의』) "그 의미는 아마도 역상이 군대를 일으킨 지 6개월이 되었음을 말한 것일 것이다."(『사기전증』)

97 "기岐는 당연히 진류, 고양에서 가까울 것이다."(『정의』)

98 순관旬關은 요새 명칭이면서 현 명칭이다. 지금의 산시陝西성 쉰양旬陽으로 남정南鄭 동남쪽에 있었다.

99 한중군漢中郡: 전국시대 초 회왕이 설치했고 기원전 312년 진 혜왕이 다시 설치했다. 진·전한 시기의 치소는 남정南鄭이다. 안사고는 말하기를 "먼저 순관을 공격하고 한중을 평정한 다음에 패공이 한나라 왕이 되었다고 한다면 패공은 무관과 남전으로부터 온 것이고, 역상은 이때 별도로 서쪽 길로 한중을 평정한 것이다"라고 했다.

100 "유봉세가 말하기를 '군君은 마땅히 후侯라고 해야 한다. 고조는 한나라 왕이 되자 강후와 관영 등 제장들에게 모두 두 작위를 하사했으므로 그를 봉한 것이다. 역상은 앞서 장사현을 공격할 때 성에 가장 먼저 올라 신성군에 봉해졌다'고 했다."(『한서보주』)

101 농서도위隴西都尉는 농서군의 지방 무관이다. 농서군은 진나라 군으로 농산隴山 서쪽에 위치했으며 치소는 적도狄道(지금의 간쑤성 린타오臨洮)였다. "역상을 농서도위로 임명한 것은 마땅히 유방이 삼진三秦을 수복한 때다."(『사기전증』)

102 북지北地는 진나라 군으로 치소는 마령馬嶺(지금의 간쑤성 칭양慶陽 서북쪽 마령진馬嶺鎭)이다. 「진초지제월표」에 따르면 한나라가 농서군을 취한 것은 한나라 2년(기원전 205) 11월이고, 북지군을 취한 것은 한나라 2년 1월이었다.

103 『한서』에서는 '오지烏氏'라고 했다. 오지烏氏는 진나라 현으로 치소는 지금의 닝샤寧夏 구위안固原 동남쪽 지역이다.

격퇴하고, 순읍枸邑[104]에서 장함의 부장인 주류周類의 군대를 격파했으며, 이양泥陽[105]에서 소장蘇駔의 군대를 깨뜨렸으므로 한나라 왕은 그에게 무성현武成縣의 6000호를 식읍으로 하사했다. 역상은 또 농서도위 신분으로 한나라 왕을 수행하여 5개월 동안 항적의 군대를 공격했으며,[106] 동쪽 거야鉅野[107]에 이르러 종리매鍾離眛와 격전을 벌여 승리를 거둔 공으로 양梁나라의 상국 인장을 수여받고[108] 식읍 4000호를 늘려 받았다. 역상은 양나라 상국의 신분으로 군대를 이끌고 한나라 왕을 수행하여 2년 3개월 동안 항적을 공격했고 마침내 호릉을 공격해 점령했다.

항우가 죽은 뒤 한나라 왕은 황제로 즉위했다. 그해 가을 연나라 왕 장도가 반란을 일으키자 역상은 장군의 신분으로 고조를 수행하여 토벌에 나섰다. 용탈龍脫[109]에서 교전을 벌일 때 역상은 성에 먼저 올라가 적진에 뛰어들어 함락시켰다. 뒤이어 역현易縣[110] 성 아래에서 장도의 군대를 대패시키고 반격하는 적병을 격퇴시켰다. 이에 우승상[111]으로 승진했으며, 열후 작위를 받고 다른 제후들과 마찬가지로 부절을 받아 대대로 전하여 끊어지지 않도록 했으며, 식읍으로 탁현涿縣의 5000호를 하사하고 탁후涿侯라고 불렀다.[112]

역상은 우승상으로서 단독으로 군사를 이끌고 상곡군上谷郡을 평정했으며 기

---

104  순읍枸邑: 진나라 현으로 치소는 지금의 산시陝西성 쉰이旬邑 동북쪽 지역이다.
105  이양泥陽: 진나라 현으로 치소는 지금의 간쑤성 정닝正寧 서쪽 지역이다.
106  한나라 2년(기원전 205) 4월의 일이다. 유방은 팽성을 공격해 진입했지만 항우의 공격을 받아 참패하여 형양으로 돌아갔다.
107  거야鉅野: 현으로 치소는 지금의 산둥성 쥐예巨野 동북쪽 지역이다.
108  "유방은 원래 팽월을 양나라 상국으로 임명했지만, 팽월이 실패 후 한동안 떠났으므로 유방은 다시 역상을 양나라 상국으로 삼은 것이다."(『사기전증』)
109  용탈龍脫: 용태龍兌라고도 한다. 첸무의 『사기지명고』에서는 지금의 허베이성 쉬수이徐水 성 서쪽이라고 했다.
110  역현易縣: 진나라 현으로 치소는 지금의 허베이성 슝현雄縣 서북쪽 지역이다.
111  "여기서는 이름뿐인 직책일 따름이다."(『사기전증』)
112  탁현涿縣은 진나라 현으로 치소는 지금의 허베이성 쥐저우涿州다. 역상이 탁후涿侯로 봉해진 것은 고조 6년(기원전 201) 정월이다.

세를 이어 대군代郡을 공격해 점령하여[113] 조나라의 상국 인장을 수여받았다.[114] 역상은 또 우승상과 조나라의 상국 신분으로 강후 등과 함께 대군과 안문군鴈門郡을 평정하고[115] 대나라의 승상 정종程縱,[116] 승상 대리 곽동郭同, 장군 이하 600석 이상의 관리 19명을 사로잡았다. 역상은 조정으로 돌아온 뒤 장군으로서 태상황太上皇을 1년 7개월 동안 호위했다.[117] 이후에 우승상의 신분으로 군대를 이끌고 진희를 토벌하고[118] 동원 성을 분쇄했다. 또 역상은 우승상의 신분으로 고조를 수행하여 경포를 토벌하러 가서 전방의 견고한 보루[119]를 공격하고 진지 두 곳을 함락시켜 마침내 경포의 군대를 격파했다. 그리하여 곡주현曲周縣의 5100호를 역상의 식읍으로 변경하여 삼게 하고 이전의 식읍은 없애고 거두어들였다. 역상은 별도로 군대를 이끌고 가서 적진을 격파한 것이 세 차례이고,

---

113  한나라 7년(기원전 200)에 모반한 한왕 신과의 작전을 가리킨다. 상곡군上谷郡은 한나라 군으로 치소는 저양沮陽(지금의 허베이성 화이라이懷來 동남쪽)이었다.

114  "조나라 상국이 실제적인 임명이고 우승상은 이름뿐인 칭호다."(『한서보주』)

115  한나라 11년(기원전 196) 진희 등에게 맞서 작전을 벌인 것을 가리킨다. 안문군鴈門郡은 한나라 군으로 치소는 선무善無(지금의 산시山西성 쭤윈左雲 서쪽)이다.

116  "번쾌가 일찍이 대나라 승상 풍량馮粱을 잡았다고 했는데, 지금 정종程縱이 있다. 아마도 진희가 임명했을 것이다."(『사기전증』) "「강후세가」에서는 주발이 잡았다."(『사기지의』) "「주발전」에 근거해 주발과 함께 잡았다."(『한서보주』)

117  "「공경표」에 역상을 위위衛尉로 삼았다는 것이 이 일이다."(『한서보주』) "스즈몐이 말하기를 「공경표」에서 역상을 위위로 삼은 것은 고조 6년(기원전 201)이다. 여기서 진희가 반란하기 1년 전은 고조 9년(기원전 198)이다. 고조 10년(기원전 197) 7월에 태상황이 사망했으니, 역상은 고조 9년 정월부터 10년 7월까지 태상황을 1년 7개월 동안 호위한 것이다. 고조 10년 9월에 진희가 반란을 일으켰고, 역상은 우승상의 신분으로 진희를 공격하고 동원 성을 분쇄했다. 『한서보주』의 왕선겸 견해는 틀렸다'라고 했다."(『사기각증』)

118  「고조본기」에 따르면 진희가 반란을 일으킨 것은 고조 10년(기원전 197) 8월의 일이다. "9월에 유방이 가서 공격했는데, 역상이 아마도 유방을 수행하여 공격했을 것이다."(『사기전증』)

119  원문은 '전거前拒'로, 해석이 다양하다. "배인이 이르기를 '거拒는 방진方陣이다'라고 했다."(『집해』) 방진이란 군대를 넓은 땅에 방형方形(사각형 형태)으로 배열시키는 것이다. "서광이 말하기를 '거拒를 화和라고도 하는데, 화는 군문軍門이다'라고 했다.(『색은』) 『한서』에서는 전방의 담장 같은 보루를 공격하는 '전원前垣'이라고 했다. 또한 '앞에 전차를 장애물로 삼아 견고하기가 담장 같다'는 견해도 있고, '담장같이 견고한 선봉의 군진 혹은 진지'라고도 했다. 역자는 안사고의 견해에 따라 '전방의 담장같이 견고하게 이어진 보루'라고 번역했다.

6개 군 73개 현을 항복시키고 평정했으며, 승상, 승상 대리, 대장 각 한 명과 소장小將[120] 2명, 2000석 이하 600석 이상의 관리 19명을 포로로 잡았다.

역상은 효혜제와 고후를 섬길 때 병으로 인해 정사를 맡지 못했다.[121] 역상의 아들 역기酈寄는 자가 황況[122]이고 여록呂祿[123]과 사이가 좋았다. 여후가 죽은 뒤 대신들은 여씨들을 죽이려고 했지만 당시 여록이 장군이 되어 북군北軍[124]을 통솔하고 있었다. 주발은 비록 태위였지만 이름뿐이었고[125] 북군으로 들어갈 수 없었다. 이에 주발은 사람을 시켜 역상을 위협하여 그의 아들인 역황에게 친구인 여록을 꾀어내도록 했다. 여록은 역황을 믿었으므로 역황과 함께 밖으로 나와 노닐었고 태위 주발은 이에 북군 군영으로 진입하여 장악하고 마침내 여씨 일족을 주살했다. 이해에 역상이 죽었고 시호를 경후景侯라 했다. 그의 아들 역기가 대신 후의 작위를 계승했다. 천하 사람들은 모두 역기가 친구를 팔아먹었다고 욕했다.[126]

효경제 전원前元 3년(기원전 154)에 오·초·제·조가 반란을 일으키자[127] 황상

---

120  "소장小將은 진·한 시기에 신분이 말장末將(상장上將과 차장次將 이하의 장수 또는 지위가 낮은 장수) 아래에 해당된다. 스스로 낮추는 칭호가 아니며 진晉나라 때까지 사용되어 폐지되지 않았다."(『사기신증』)

121  "문영이 말하기를 '공무를 처리할 수 없다'고 했다."(『집해』) "고후(여후)가 사망하자 역상은 병이 들어 정사를 처리할 수 없었다."(『한서』「역상전」)

122  "황兄이라고도 하는데, 음은 황況과 같다."(『색은』)

123  여록呂祿: 여후의 조카로 당시 조나라 왕에 봉해졌다.

124  북군北軍은 장안성 안 미앙궁 등의 북쪽에 주둔하며 도성을 수호하던 군대를 말한다. 남군南軍은 미앙궁 등을 방어하는 군대를 말한다. 미앙궁이 장안성 안의 남쪽에 있으므로 남군이라 불렀다.

125  여후가 권력을 장악했을 때 주발은 어떠한 권력도 없었다.

126  도덕적 관점에서 견해가 일치하지 않는다. "사마천은 우정을 지향하고 친구를 팔아먹는 사람을 싫어했기 때문에 천하 사람들이 역황(역기)에게 우정을 팔았다고 말했다고 기재한 것이다. 소식蘇軾은 '당시에 역기는 우정을 팔 수밖에 없었다. 역기의 죄라면 공신의 아들로서 국적國賊과 교분이 있었고 게다가 서로 두터운 교분에 있다는 것이었다'고 했다."(『사기전증』) "무릇 친구를 팔아먹었다고 말하는 것은 이익만을 보고 의리를 잊었다고 말하는 것이다. 역기의 부친은 공신의 신분인데다 남에게 위협을 받았고, 역기가 여록을 섬멸했기 때문에 국가를 안정시키고 군주와 부친의 근본 대의를 지키는 것을 실천한 것이니, 그의 방법은 응당 긍정적이다."(『한서』(반고))

127  칠국의 난을 말한다. 한나라 초에 분봉한 동성 제후왕들의 세력이 끊임없이 팽창되고 조정에 엄

은 역기를 장군으로 삼아 군대를 이끌고 토벌하게 했다. 역기는 조나라 도성 한단을 10개월 동안 포위했지만[128] 함락시키지 못했다. 유(수)후俞侯[129] 난포欒布가 제나라의 반란을 평정한 뒤[130] 돌아와서 조나라 성을 함락시키고 조나라를 멸망시켰다. 조나라 왕은 자살하고 봉국도 취소되었다. 효경제 중원中元 2년(기원전 148)에 역기가 평원군平原君[131]을 부인으로 삼으려 하자 효경제가 크게 노해[132] 역기를 옥리에게 넘겨 심리하게 했고 유죄를 판정받자 후의 작위를 박탈했다. 효경제는 역상의 다른 아들 역견酈堅을 목후繆侯[133]로 봉하고 역씨의 후 작위를 계승하게 했다. 목정후繆靖侯가 죽자 그의 아들 강후康侯 역수성酈遂成이 후의 작

중한 위협이 되었다. 오나라 왕 유비劉濞가 반란을 일으키고 7개 제후국이 참여했다. "당시 반란을 일으킨 칠국은 오왕 유비와 초왕 유무劉戊 외에, 조왕 유수劉遂, 제남왕 유벽광劉辟光, 치천왕菑川王 유현劉賢, 교서왕膠西王 유앙劉卬, 교동왕膠東王 유웅거劉雄渠인데, 제나라만 반란을 일으키지 않았다. 그러나 제남, 치천, 교서, 교동 네 나라는 모두 제나라에서 분리되어 나왔기 때문에 『사기』와 『한서』에서 항상 '제齊'자로 이 네 나라를 총칭하는데, 실제로 옳고 그름이 분명하지 않은 것이다."(『사기전증』)
128 "10개월은 3개월의 잘못이다."(『사기지의』) "「초원왕세가지의楚元王世家志疑」에서 이르기를 '『사기』, 『한서』, 「경기景紀」, 「강후絳侯」, 「양효왕세가梁孝王世家」, 「주발」, 「문삼왕전文三王傳」에 따르면 칠국은 정월에 반란을 일으켜 3월에 소멸되었다. 「고오왕전高五王傳」에서는 7개월이라고 했는데, 잘못이다. 「역상」, 「오비전吳濞傳」에서는 10개월이라고 했는데 더욱 잘못이다'라고 했다."(『사기전증』) "칠국은 정월에 반란을 일으켜 3월에 소멸되었다. 조나라가 비록 나중에 항복했지만 그 기간이 10개월일 수는 없다."(『사기각증』)
129 '俞'의 음은 yu(유)와 shu(수) 두 가지다. 자료마다 제각각이므로 여기서는 '유'와 '수'를 병기했다. 난포는 원래 팽월의 친구로, 문제 때에 연나라 상국이 되었다. 칠국의 난을 평정할 때 공을 세워 유(수)후에 봉해졌다. 유(수)현은 지금의 산둥성 가오탕高唐 동북쪽 지역이다.
130 원문은 '평제平齊(제나라를 평정하다)'다. "오와 초가 반란을 일으킨 뒤 제남, 치천, 교서, 교동 네 나라 또한 반란을 일으켰지만 제나라는 배반하지 않았다. 그러자 네 나라는 제나라를 포위하여 공격했고, 조정에서는 난포를 파견해 군사를 이끌고 제나라를 구원하게 했다. 제나라 포위가 풀리고 네 나라는 멸망했다. 여기서 '평제平齊'라고 했는데, 의미가 분명하지가 않다."(『사기전증』)
131 평원군平原君: 경제 왕후의 모친으로 이름이 장아臧兒다. 무제가 즉위한 뒤에 평원군으로 봉했다. "이때는 경제 중원 2년으로 아직 평원군이라는 존호는 존재하지 않았다. 추후의 칭호를 기록한 것뿐이다."(『사기회주고증』)
132 역기가 평원군을 아내로 삼는다면 경제의 장인이 되므로 경제가 참을 수 없었던 것이다.
133 목후繆侯: "繆의 음은 '목'으로 읍邑이다. 시호는 정후靖侯다. 『한서』에는 시호가 없다."(『색은』) "여기서 말하는 목후는 봉지가 목에 있음을 말하는 것으로, 사후에 시호를 목으로 삼은 것을 말하는 것이 아니다."(『사기전증』)

위를 계승했다.[134] 역수성이 죽자 그의 아들 회후懷侯 역세종酈世宗이 후의 작위를 계승했다.[135] 역세종이 죽자 그의 아들 역종근酈終根이 후의 작위를 계승했고,[136] 태상太常에 임명되었으나 죄를 지어 봉국이 취소되었다.[137]

여음후汝陰侯[138] 하후영夏侯嬰은 패현 사람으로 패현의 마구간 사어司御[139]를 담당했다. 그는 매번 사신과 빈객을 배웅하고 돌아오면서 패현의 사상정泗上亭[140]을 지날 때마다 고조와 이야기를 나누었는데, 해가 기울 때까지 이어지지 않은 적이 없었다. 오래지 않아 하후영은 일정 기간 시험 삼아 임용되는 패현의 하급관리가 되었는데 고조와의 관계는 더욱 친밀했다. 한번은 고조가 장난을 치다가 잘못하여 하후영에게 상처를 입히자 누군가 고조를 고발했다. 당시 고조는 정장이었는데 규정상 관리가 남에게 상처를 입히면 가중처벌을 받게 되어 있었으므로[141] 고조는 관청에서 자신은 하우영에게 상처를 입히지 않았다고 해명했고 하후영도 고조를 위해 위증을 했다. 이후에 이 안건은 다시 심리를 받아 판정이 번복되었고,[142] 하후영은 고조를 비호하여 위증한 죄로 1년여 동안 옥

134 강후康侯 원년은 무제 원광元光 4년(기원전 131)이다.
135 회후懷侯 원년은 무제 원삭元朔 3년(기원전 126)이다.
136 역종근酈終根 원년은 무제 원정元鼎 3년(기원전 114)이다.
137 태상太常은 구경에 속한 관직으로 종묘제례, 예악에 관한 사무를 관장했다. 진나라 때는 봉상奉常이라 칭했고, 한 경제 중원 6년(기원전 144)에 태상으로 바꿨다. 「고조공신후자연표」에 따르면 '무제 후원後元 2년(기원전 87)에 후侯 역종근이 황제가 빨리 죽도록 귀신에게 간청한 죄로 주살되고 봉국이 취소되었다'고 했다.(『사기전증』) "이것은 후세 사람이 제멋대로 글자를 증가시킨 것이다."(『사기지의』) 태사공은 이때 살아 있지 않았다.
138 여음후汝陰侯: 봉지인 여음은 지금의 안후이성 푸양阜陽이다.
139 사어司御: 말을 기르고 수레를 모는 일을 관장하는 인원이다.
140 사상정泗上亭: 사수정泗水亭으로 지금의 장쑤성 페이현沛縣 동쪽 지역이다. 당시 유방은 사수정의 정장이었다.
141 "여순如淳이 말하기를 '관리가 되어 사람을 다치게 하면 그 죄가 무겁다'고 했다."(『집해』)
142 "유반劉攽이 말하기를 '고조가 하후영에게 상처를 입히지 않았다고 항변했고, 하후영이 그것이 사실이라고 증명했다. 고발한 자가 무고죄로 고문을 당하자 불복하여 안건을 재심했는데 사실이 뒤집어져 하후영이 매를 맞게 된 것이다'라고 했다."(『한서보주』)

살이를 하고 수백 대의 매질을 당했다. 끝내 고조는 죄에서 벗어날 수 있었다.

처음에 고조가 들고일어나 부하들과 패현을 공격하려 할 때 하후영은 현영사縣令史의 신분으로 고조를 위해 사자를 담당했다.[143] 고조는 하루 만에[144] 패현을 항복시키고 스스로 패공이라 했고 하후영에게는 칠대부七大夫[145]의 작위를 하사하고 태복에 임명했다. 하후영은 패공을 수행하여 호릉을 공격했고 소하蕭何와 함께 사수군의 군감 평平을 항복시키자[146] 평은 호릉을 바쳐 투항했다. 이에 하후영은 오대부五大夫 작위를 하사받았다. 하후영은 또 패공을 수행하여 탕현 동쪽의 진나라 군대를 공격하고, 제양濟陽을 공격하여 호유戶牖를 점령했으며, 옹구현雍丘縣 성 아래에서 삼천군 군수 이유의 군대를 격파했다. 하후영은 전차로 적군을 맹렬하고 신속하게 공격하여 집백執帛[147] 작위를 하사받았다. 이후 하후영은 항상 태복 신분으로 수레로 고조를 수행했으며, 동아와 복양성 아래에서 장함의 군대를 공격할 때[148] 전차를 질주하여 적군과 맹렬히 싸워 격파

143　당시 하우영은 유방의 사자가 되어 패현의 현령과 담판을 지었다. 현영사縣令史는 관아에서 문서를 주관하는 하급 관리다.
144　"능치륭이 말하기를 '하루는 상세하지 않다. 혹여 고조가 비단 서신을 성 안으로 쏘아 보내자 하루 만에 나와서 항복한 것일 것이다'라고 했다."(『사기전증』)
145　칠대부七大夫: 안사고는 말하기를 "공대부公大夫다. 7번째 작위 등급이므로 칠대부라 한 것이다"라고 했다.
146　"장안이 말하기를 '호릉은 평이 머물던 현으로, 소하가 그에게 준 적이 있으므로 항복한 것이다'라고 했다."(『집해』)
147　집백執帛: 초나라의 관작官爵으로 집규執珪보다 낮았다.
148　"이 구절은 마땅히 앞의 문장인 '옹구현 성 아래에서 삼천군 군수 이유의 군대를 격파했다' 앞으로 옮겨야 한다. 「진초지제월표」에서는 진 2세 2년(기원전 208) 7월에 '패공이 항우와 함께 북쪽으로 동아를 구원하고 진나라 군대를 복양에서 격파했다'가 바로 이 일이다. 「번쾌전」에서 말한 '번쾌는 항상 패공을 수행했는데, 복양에서 장함의 군대를 공격할 때 가장 먼저 복양 성 위로 올라갔다'고 한 것도 또한 이를 가리킨다. 그 이후 8월에 유방과 항우가 이유를 격파하여 죽였고, 9월에는 군대가 패하고 항량이 죽임을 당했다. 진 2세 3년(기원전 207) 10월에 이르러, 「진초지제월표」에서 '성무에서 동군 군위와 왕리王離 군대를 공격하여 격파했다'는 것을 말하는데, 이는 즉 「번쾌전」에서 말한 '성무에서 동군 군수와 군위를 공격해 포위하고 적군을 격퇴시켰다'이다. 오직 「진초지제월표」에서 추가한 '왕리'는 오류로, 이때 장함과 왕리는 모두 하북에서 싸우고 있었고 조나라 왕 헐과 장이를 거록에서 포위하고 있었다. 『한서』도 이와 같은 오류를 범하고 있고, 고금주古今注 『사기』와 『한서』에는 모두 설명이 없

한 공로로 집규執珪 작위를 하사받았다. 이어서 패공을 모시고 수레를 몰아 개봉에서 조분의 군대를, 곡우에서 양웅楊熊의 군대를 공격했다.[149] 하후영은 고조를 모시고 수레를 몰면서 적군 68명을 포로로 잡고 850명을 투항시켰으며 관인官印 한 상자를 획득했다.[150] 이어서 하후영은 수레를 몰아 고조를 호위하면서 낙양 동쪽에서 진나라 군대를 공격했는데,[151] 전차를 맹렬히 질주하여 빠르게 공격한 공로로 작위를 하사받았을 뿐만 아니라 등공滕公으로 임명되었다. 또다시 수레를 몰아 고조를 수행하여 남양을 공격했고, 남전藍田과 지양芷陽에서 교전을 벌일 때[152] 전차로 빠르게 맹렬히 적군을 공격하여 끝내는 패상霸上에 이르렀다.[153] 항우는 관중에 당도한 뒤 진나라를 멸망시키고[154] 패공을 한나라 왕에 봉했다.[155] 한나라 왕은 하후영에게 열후 작위를 하사하고 소평후昭平侯라고 불렀다.[156] 하후영은 다시 태복이 되어 한나라 왕을 수행하여 파, 촉, 한중으로 들어갔다.[157]

하후영은 또 한나라 왕을 수행하여 군대를 돌려 삼진을 평정하고,[158] 이어서 한나라 왕을 수행하여 항우를 공격했으나 팽성에서 항우에게 한나라 군대가 크게 격파되었다.[159] 한나라 왕은 싸움에 패하여 형세가 불리해지자 달아났다.

다."(『사기전증』)
149  진 2세 3년 3월의 일이다.
150  "당시 상국 부서의 인장을 획득한 것을 말한다."(『색은』)
151  진 2세 3년 4월의 일이다.
152  진 2세 3년 9월의 일이다. 남전藍田은 진나라 현으로 치소는 지금의 산시陝西성 란톈藍田 서남쪽이다. 지양芷陽은 진나라 현으로 치소는 지금의 시안西安 동북쪽이었다.
153  한나라 원년(기원전 206) 10월의 일이다.
154  한나라 원년 12월의 일이다.
155  한나라 원년 정월의 일이다.
156  봉호만 있을 뿐 실제적인 봉지는 없다.
157  한나라 원년 4월의 일이다.
158  한나라 원년 8월의 일이다.
159  한나라 2년(기원전 205) 4월의 일이다.

도중에 효혜孝惠와 노원魯元[160]을 발견하여 하후영이 그들을 수레에 태웠다. 한
나라 왕이 다급히 달아나는데 수레를 끄는 말이 지쳐 있고 적병이 뒤를 바짝
추격하자 여러 차례 효혜와 노원을 발로 차서 수레 밖으로 버리려 했다. 그때마
다 하후영은 그들을 잡아 올려 수레에 태우고 천천히 수레를 몰면서 그들에게
마주보며 자신의 목덜미를 끌어안게 한 다음,[161] 다시 수레를 나는 듯이 몰았다.
한나라 왕은 화를 내며 도중에 10여 차례 하후영을 베어 죽이려 했다.[162] 하후
영은 끝내 위험에서 벗어났고 효혜와 노원을 안전하게 풍읍으로 보냈다.[163]

160　효혜孝惠는 유방의 아들로 여후의 소생이다. 이름이 영盈이고 이후의 혜제惠帝다. 노원魯元은 유
방의 딸로 여후의 소생이며 이후에 장이의 아들 장오張敖의 처가 된다. 그 아들 장언張偃이 노왕魯王
에 봉해졌으므로 자신의 모친을 높여 노원태후魯元太后가 된다. 이때 효혜는 여섯 살이었고 노원은 열
네 살이었다. 여기서는 나중에 그들에게 부여된 칭호를 사용하여 이 당시의 사건을 서술한 것이다.
161　원문은 '면옹面雍·수면收面雍樹'다. "소림蘇林이 말하기를 '남양南陽 사람들은 아이를 안는 것을 옹수雍樹
라고 한다. 면面은 어른이 얼굴을 가까이하는 것이고, 아이는 어른의 목을 끌어안는데 마치 나무에 매
달린 것처럼 하는 것이다'라고 했다."(『집해』) "왕준도가 말하기를 '옹雍은 즉 옹擁(끌어안다)이고, 수樹
는 식植(세우다)과 같다. 하후영이 아이들을 잡아 수레 위로 올려놓고 천천히 달리면서, 아이들을 면전
에 두고 끌어안은 다음 일어서서 흔들리지 않자 이에 채찍질하며 수레를 빠르게 몬 것이다'라고 했다."
(『사기전증』)
162　"능약언이 말하기를 '내 자신이 두 아이를 살릴 수 없어 어쩔 수 없이 버린 것을 말하는 것인데,
다른 사람이 살렸으니 어찌 다행이 아니라 할 수 있는가? 어찌하여 단연코 그를 죽이려 하는가? 그 천
성의 잔인함이 이와 같다'라고 했다."(『사기전증』) "옹효렴翁孝廉이 말하기를 '「항우기」와 「고조기」를 살펴
보면, 이것은 바로 칭찬과 헐뜯음이 지나친 태사공의 말로, 사실이 아니다. 사태가 급하여 자녀를 살릴
수 없으니 도리가 없어 자식들을 버린 것뿐이다. 남이 거두어 수레에 태웠는데 어찌 큰 다행이 아니겠
는가? 어찌하여 화를 내며 여러 차례 그를 죽이겠는가? 인정이 아니다'라고 했다."(『사기지의』)
163　"효혜와 노원을 역읍酈邑으로 보낸 것으로, 바로 나중에 명칭을 변경한 신풍新豊(지금의 산시陝
西성 린퉁 동북쪽)이다. 여러 판본에 '풍豐'자에 대해서 모두가 주석을 달지 않았는데 무슨 의도인지 모
르겠다. 풍豐은 유방의 고향으로 항우의 통치구역에 있었기 때문에 하후영이 두 아이를 다시 그곳으
로 돌려보내는 것은 불가능하며 마땅히 관중의 역읍으로 보내야 한다. 혹자는 '풍豐'자를 마땅히 '약
양(신풍의 북쪽)'으로 해야 한다고 했는데, 당시 유방의 대본영이 있던 곳이다. 「고조본기」에 따르면 '유
방이 팽성에서 패한 뒤 서쪽으로 달아날 때 사람을 패현으로 보내 가족을 찾게 했지만 그의 가족 또
한 도망쳐 찾을 수가 없었다. 나중에 아들 효혜만 찾았는데, 이해 6월에 태자로 세우고 동시에 죄수들
에게 대사면을 선포했다. 이후에 태자에게 약양을 지키게 했다'고 했는데, 바로 이와 서로 검증되는 것
이다."(『사기전증』) 결론적으로 본문에서의 '풍'은 이후에 명칭을 변경한 '신풍新豊'이거나 혹은 유방이
있던 관중의 대본영 '약양'으로 해야 한다. 『후한서』에 따르면 유방은 패현 풍읍 사람이었는데 그의 부
친이 장안에 거주했지만 고향으로 돌아가고 싶어 했기에 풍읍 사람을 옮겨 현을 세웠으므로 신풍이라
고 했다고 했다.

한나라 왕은 형양에 당도한 뒤 흩어진 병사를 모아 다시 떨쳐 일어났고, 하후영에게 기양현祈陽縣164을 식읍으로 하사했다. 하후영은 다시 수레를 몰아 한나라 왕을 수행하면서 항우를 공격했고 진군까지 추격하여165 마침내 초 땅을 평정했다.166 또 노현魯縣에 이르렀을 때167 한나라 왕은 하후영에게 추가로 자지현玆氏縣168을 식읍으로 하사했다.

한나라 왕이 황제로 즉위했다.169 그해 가을 연나라 왕 장도가 반란을 일으키자 하후영은 다시 태복 신분으로 고조를 수행하여 장도를 토벌했다.170 이듬해171 고조를 수행하여 진현에서 초나라 왕 한신을 사로잡았다.172 고조는 하후영의 식읍을 여음汝陰으로 변경하고 부절을 나누어 맹세하고 대대로 전하여 영원히 이어지게 했다. 하후영은 또 태복 신분으로 고조를 수행하여 대군을 토벌하고173 무천武泉174과 운중雲中까지 진격했고, 그 공로로 1000호의 식읍이 증가되었다. 이어서 또 고조를 수행하여 진양 부근에서 한왕 신과 흉노 기병을 공격하여 크게 격파했다. 패해 달아나는 적을 추격하여 평성平城에 이르렀을 때 흉

---

164   기양현祈陽縣: "서광이 말하기를 '기祈를 기沂라 하기도 한다'고 했다."(『집해』)『한서』에서는 '기양沂陽'으로 표기했다. 위치가 어디인지 상세하지 않다.
165   한나라 5년(기원전 202) 10월의 일이다.
166   한나라 5년 12월의 일이다.
167   「항우본기」에서는 "항우가 죽은 뒤 초나라 땅이 모두 유방에게 투항했는데, 오직 노현魯縣만이 성을 지키며 항복하지 않았다. 이에 유방은 천하의 모든 군사들을 이끌고 그곳을 도륙하려고 했다. 그러나 노현의 군민들이 예의를 지키고 군주에게 목숨을 바쳐 절개를 지키려는 것을 고려하여 사람을 보내 노현의 백성에게 항우의 머리를 보여주자 부형들이 비로소 투항했다." 노현魯縣은 진나라 현으로 치소는 지금의 산둥성 취푸다. 당초에 초나라 회왕이 항우를 노공魯公에 봉했으므로 노현 사람들이 이같이 행동한 것이었다.
168   자지현玆氏縣: 진나라 현으로 치소는 지금의 산시山西성 펀양汾陽 동남쪽 지역이다.
169   한나라 5년 2월의 일이다.
170   한나라 5년 9월의 일이다.
171   고조 6년(기원전 201)을 말한다.
172   고조 6년 12월의 일이다.
173   한왕 신을 토벌하자 한왕 신은 흉노에게 투항했다. 고조 6년 9월의 일이다.
174   무천武泉: 한나라 현으로 치소는 지금의 네이멍구 후허하오터呼和浩特 동북쪽 지역이다.

노군에게 포위되어 7일 동안이나 연락이 끊겼다. 고조가 사자를 시켜 연지閼氏에게 두터운 예물을 보내자 묵돌이 비로소 한 갈래 길을 열어줬다. 고조는 급히 달아나려고 했지만, 하후영은 궁노수들에게 모두 화살을 걸어 당겨 밖으로 향하게 하고 천천히 걸어서 마침내 포위에서 탈출했다. 하후영은 추가로 세양현細陽縣[175]의 1000호를 하사받아 식읍을 늘렸다. 그는 다시 태복 신분으로 고조를 수행하여 구주산 북쪽에서 흉노 기병을 공격해 크게 격파했다. 그는 또 태복 신분으로 평성 남쪽에서 흉노 기병을 공격하여 세 차례나 적의 진지를 함락시켰는데, 공로가 가장 많았으므로 고조는 빼앗은 읍[176] 500호를 그에게 하사했다. 이후에 하후영은 또 태복 신분으로 진희와 경포의 군대를 공격해[177] 적진을 함락시키고 격퇴시켰으므로 식읍 1000호가 증가되었다. 최종적으로는 여음현의 6900호로 식읍이 확정되어 이전에 받은 식읍은 취소되었다.

하후영은 고조가 패현에서 처음 일어날 때부터 사망할 때까지 줄곧 태복이었고, 이어서 태복으로서 효혜제를 섬겼다. 효혜제와 고후는 하후영이 하읍下邑[178]에서 효혜와 노원 공주의 목숨을 구해준 은혜에 감격하며 하후영에게 황궁 북문에서 제일 가까운 저택[179]을 하사하면서 "하후영을 내게 가까이 두라"고 하여 그를 각별히 존중했다. 효혜제가 죽자[180] 하후영은 다시 태복으로서 고

---

175　세양현細陽縣: 한나라 현으로 치소는 지금의 안후이성 타이허太和 동남쪽 지역이다.
176　"안사고는 맹강孟康이 말하기를 '당시 죄를 지어 빼앗은 읍을 그에게 하사한 것이다'라고 했고, 왕선겸은 왕문빈王文彬이 말하기를 '하후영이 공격했을 때 빼앗은 읍을 그에게 하사한 것이다'라고 했다. 후자가 맞는 것 같다."(『사기전증』)
177　진희를 공격한 것은 고조 10년(기원전 197) 9월의 사건이고, 경포를 공격한 것은 고조 11년(기원전 196) 7월의 일이다.
178　하읍下邑: 진나라 현으로 치소는 지금의 안후이성 탕산碭山이다.
179　원문은 '현북제제일縣北第一'이다. 현縣은 국가 또는 황가皇家를 가리키며, 현북제縣北第는 미앙궁 북쪽의 왕후 저택을 말한다. 안사고는 말하기를 "북제北第는 북궐北闕과 가까운 저택으로 하후영이 첫 번째第一인 것이다"라고 했다. "제일第一은 큰 저택 중에서 둘이 없는 것을 말한다."(『사기신증』) 『한서』에는 '현縣'자가 없다.
180　효혜제 7년(기원전 188)이다.

후를 섬겼다. 고후가 죽고 대왕代王 유항劉恒이 도성으로 들어오자,[181] 하후영은 태복 신분으로 동모후東牟侯 유흥거劉興居[182]와 함께 궁중으로 들어가 반대 세력을 완전히 제거하고 소제少帝를 폐위시켰다.[183] 아울러 천자의 법가法駕[184]를 대왕代王의 관저로 보내 유항을 영접하고 대신들과 함께 유항을 옹립하니, 그가 바로 효문황제. 하후영은 여전히 태복이 되었고, 8년 뒤에[185] 사망하니 그의 시호를 문후文侯라 했다. 그의 아들 이후夷侯 하후조夏侯竈가 후의 작위를 계승했는데 7년 뒤에 죽었다.[186] 하후조의 아들 공후共侯 하후사夏侯賜가 작위를 계승했는데 31년 뒤에 죽었다.[187] 하후사의 아들 하후파夏侯頗는 평양공주平陽公主를 아내로 맞아들였다.[188] 그는 후의 작위를 계승한 지 19년 뒤인 원정元鼎 2년(기원전 115)에 그의 부친이 총애했던 하녀[189]와 간통한 죄로 자살하여 봉국이 취소되었다.

---

181  고후(여후)가 사망하자 주발과 유장 등은 여씨를 주살하고 아울러 혜제의 자식들을 모조리 죽이고는 대왕代王을 영접하여 황제로 세웠다. 여후 8년(기원전 180)의 일이다.

182  동모후東牟侯 유흥거劉興居는 제나라 왕 유양劉襄과 주허후朱虛侯 유장劉章의 동생이다.

183  미앙궁으로 들어가 당시 황제였던 혜제의 아들 소제少帝를 축출한 것을 말한다.

184  법가法駕는 천자 수레의 일종이다. "천자의 수레는 대가, 소가, 법가가 있다. 법가는 황제가 타는 수레로 금근거金根車(황금으로 장식한 수레)라 하는데 6필의 말이 끌고, 오시부거五時副車(제왕의 수레를 따르는 다섯 가지 색의 수레)는 4필의 말이 끌며 시중이 참승參乘(수레를 탈 때 경호를 담당하는 사람이 수레 오른쪽에 앉는 것)하고 부속된 수레가 36승이다."(채옹蔡邕의 『독단獨斷』)

185  효문제 8년(기원전 173)이다.

186  문제 15년(기원전 165)의 일이다.

187  무제 원광 원년(기원전 134)의 일이다.

188  "하후파는 무제 때 사람이며 당시의 평양공주는 한 명이다. 즉 무제의 친누나인 양신공주陽信公主다. 그녀는 평양후平陽侯 조수曹壽(조참의 증손자)의 처가 되었으므로 평양공주라고도 불렸다. 이후 조수가 불치병에 걸리자 대장군 위청衛青에게 개가했고 죽은 뒤에는 위청과 합장되었기 때문에 기본적으로 하후파가 평양공주를 아내로 맞아들이는 일은 불가능하다. 왕선겸은 '여기서 평양平陽 두 글자는 오류다'라고 했다."(『사기전증』) 『한서』에서도 하후파가 평양공주를 아내로 맞이했다고 했다. 또 다른 견해로는, 앞에서 언급한 경제의 딸이며 무제의 친누나인 평양공주(양신공주) 이외에 또 다른 평양공주가 있는데, 바로 원제元帝의 딸이다. 그러나 이 또한 연배로 추측해보면 합치되지 않기에 의문이 남는다.

189  원문은 '어비御婢'로, 몸으로 주인을 섬기는 하녀를 말한다. 명의상 주인과 노비 관계지만 실제로는 부부관계다. 첩과 성격이 비슷하지만 명분이 다르다.

영음후穎陰侯190 관영灌嬰은 수양현睢陽縣191에서 비단을 팔던 사람이었다. 유방이 패공이 되어 서쪽으로 진공하여 땅을 점령하며 옹구에 이르렀을 때 항량이 정도에서 패하고 장함에게 죽임을 당하자192 패공은 하는 수 없이 철군하여 탕현에 주둔했다. 관영은 중연中涓193 신분으로 패공을 수행하기 시작해 성무현에서 동군의 군위를 공격해 격파하고,194 이어서 강리杠里에서 진나라 군대를 격퇴시켰다. 관영은 있는 힘을 다해 전투를 벌여 칠대부七大夫 작위를 하사받았다. 이어서 관영은 패공을 수행하여 박亳의 남쪽과 개봉, 곡우 등지에서195 진나라 군대와 교전을 벌이며 용맹하고 빠르게 돌격하여 집백 작위를 하사받고 선릉군宣陵君이라 불렸다. 또 패공을 수행하여 양무陽武196 서쪽을 공격하여 낙양에 이르렀고 시향 북쪽에서 진나라 군대를 격파하고 북상하여 평음진을 봉쇄했다. 또 남하하여 양성현 동쪽에서 남양군 군수 의齮의 군대를 격파하고 마침내 남양군을 평정했다. 또한 서쪽 무관으로 진입하여 남전에서 진나라 군대와 교전을 벌이며 빠르게 돌격하여 끝내 패상에 이르렀다. 패공은 관영에게 집규 작위를 하사하고 창문군昌文君이라 불렀다.

패공은 한나라 왕으로 세워지자 관영을 낭중으로 임명했고, 관영은 한나라 왕을 수행하여 한중으로 들어갔다. 10월197에 관영은 중알자中謁者198로 임명되

190  영음후穎陰侯: 봉지가 영음穎陰으로 지금의 허난성 쉬창이다.
191  수양현睢陽縣: 진나라 현으로 치소는 지금의 허난성 상추 남쪽 지역이다.
192  진 2세 2년 9월의 일이다.
193  중연中涓: 왕의 신변에서 시종하는 인원으로 청소와 각종 일상 사무를 주관했다.
194  진 2세 3년(기원전 207) 10월의 일이다. 당시 항우 등은 하북으로 가서 거록을 구원했고, 유방 등은 군대를 이끌고 서쪽으로 진격했다.
195  진 2세 3년(기원전 207) 3월의 일이다. "박읍亳邑을 첸무의 『사기지명고』에서는 지금의 허난성 상추 동남쪽이라고 했다. 위아래 문장을 따르면 박은 마땅히 개봉에서 멀지 않으며 첸무가 말한 상추 동남쪽은 심히 합리적이지 않다."(『사기전증』)
196  양무陽武: 진나라 현으로 치소는 지금의 허난성 위안양原陽 동남쪽 지역이다.
197  "본기에서는 정월에 항우가 제후들을 왕으로 분봉하면서 패공을 한나라 왕으로 세웠다. 8월, 한나라 왕은 한신의 계책을 받아들여 삼진을 평정하니, 고조가 한중으로 들어가서 10월까지 있은 적이 없었다. 여기서 10월은 아마도 오류일 것이다. 10월은 마땅히 7월로 해야 한다."(『사기찰기』) 왕선겸은

었고, 한나라 왕을 수행하여 북쪽으로 나가 삼진을 평정하고 약양을 함락시켜 새왕 사마흔의 항복을 받았다. 관영은 회군하여 폐구에서 장함을 포위했지만 함락시키지는 못했다. 다시 한나라 왕을 수행하여 동쪽으로 임진관을 나가 은 왕 사마앙을 공격하여 항복을 받고[199] 은왕의 관할 지구를 평정했다. 이어서 또 동쪽으로 정도 남쪽에서 항우의 부장 용저와 위魏나라 상국 항타의 군대와 격 전을 벌여 대파했다.[200] 관영은 그 공적으로 열후 작위를 하사받았고 창문후昌 文侯로 불렸으며, 두현杜縣의 평향平鄉을 식읍으로 하사받았다.[201]

관영은 다시 중알자의 신분으로 한나라 왕을 수행하여 탕현을 함락시키고 팽성으로 진입했다. 항우가 한나라 왕을 공격하여 한나라 왕을 대패시켰다. 한 나라 왕이 서쪽으로 달아나자 관영도 한나라 왕을 수행하며 퇴각하여 옹구에

---

다른 견해를 제시했다. "「고기」에 따르면 한나라 왕 원년 4월에 한중으로 들어갔고, 5월에 나와서 옹 땅을 습격하고 폐구를 포위했으며, 8월에 새왕을 항복시켰다. 여기서 10월은 마땅히 4월로 해야 한다." (『한서보주』)

198  중알자中謁者: 제왕의 시종관으로 찬례贊禮와 발신과 수신, 전달 등의 일을 관장했다. 낭중령郎 中令의 속관으로 알자謁者가 있고, 소부少府의 속관으로 중서알자령中書謁者令(후에 중알자령中謁者令 으로 개칭)이 있다.

199  한나라 2년(기원전 205) 3월의 일이다. "한나라 왕은 임진관으로부터 황하를 건너 위魏나라로 진 입했다. 항우가 봉한 위나라 왕 표가 한나라 왕에게 투항하고 군사를 이끌고 한나라 왕을 수행하여 남 쪽으로 나갔다. 한나라 왕은 하내를 공격해 점령하고 항우가 봉한 은왕 사마앙을 포로로 잡았으며, 그 곳에 하내군을 설치했다."(「고조본기」) 임진관은 관문으로 포진관蒲津關이라고도 부른다. 지금의 산시 陝西성 다리大荔 동쪽의 황하 서쪽 기슭으로, 당시에는 진秦과 진晉 사이의 중요한 통로였다. 은왕 사 마앙은 원래 조나라 장수였는데 항우로부터 은왕에 봉해졌다. 도성은 조가로, 황하 북쪽(즉 진나라 때 하내군)이었다.

200  "이 사건은 마땅히 한나라 2년(기원전 205) 3월이라 해야 한다. 한나라 2년 3월, 유방은 삼진을 빼앗고 출병하여 동쪽으로 정벌할 때 항우가 봉한 위나라 왕 표가 유방에게 귀순했다. 이 때문에 항우 는 항타를 위나라 상국으로 임명하고 위나라 땅을 수습했다."(『사기전증』)

201  원문은 '食杜平鄉'이다. 안사고는 "두현杜縣의 평향平鄉"이라고 했고, 『색은』에서는 "두현의 평향 을 식읍으로 하사"한 것이라고 했다. 평향은 두현에 위치한 향이다. "이자명李慈銘이 말하기를 '식두평 향食杜平鄉 넉 자는 불필요한 글자다'라고 했다. 왕선겸은 말하기를 '여러 열전에 명호와 후를 하사하 고 즉시 식읍을 하사한 것이 없는데, 여기서 '식두평향'이 다시 나온다. 이자명이 불필요한 문장으로 여긴 것이 옳다'라고 했다."(『한서보주』)

주둔했다. 왕무王武와 위공魏公 신도申徒202가 반란을 일으키자 관영은 한나라 왕을 수행하여 그들을 격파했으며, 외황현外黃縣을 공격해 점령했다.203 이어서 서쪽으로 철수하면서 흩어진 병사들을 수습하여 형양에 주둔했다. 이때 초나라 기병이 대규모로 한나라 군대를 공격해오자 한나라 왕은 자신의 부대 안에서 기병장수를 맡을 만한 사람을 택하고자 했는데, 장수들이 모두 진나라 군대에서 복무했던 기사騎士인 중천重泉204 사람 이필李必과 낙갑駱甲205이 기병 전술에 익숙하고 현재 교위로 있으니 기병장수를 맡길 만하다고 추천했다. 한나라 왕이 그들을 임명하려고 하자 이필과 낙갑이 말했다.

"신들은 본래 진나라 백성이므로 군사들이 저희를 신임하지 않을까 두렵습니다. 대왕 좌우에서 기병 전술을 잘하는 사람을 택하여 기병장수로 삼으시면 신들은 그의 조수가 되겠습니다."

관영이 비록 나이는 많지 않지만 여러 차례 전쟁에서 분투하며 공을 세워 기병장수로 삼을만했다. 그리하여 관영을 중대부로 임명하고206 이필과 낙갑을 좌우 교위로 삼았다. 관영은 낭중기병郎中騎兵207을 이끌고 형양성 동쪽에서 초나

202  왕무王武는 원래 유방의 부장이었다. "왕선겸이 말하기를 '위공과 신도 두 사람은 아마도 왕무를 따라서 배반했을 것이다'라고 했는데, '위공 신도'는 한 사람으로 원래 위표의 부하였고 위표를 따라 유방에게 귀순했다. 유방이 패배하는 것을 보고 결국 다시 배반한 것이다. 신도는 사도司徒와 같은 말로 삼공三公 중의 하나이다."(『사기전증』)

203  원문은 '攻下黃'으로, 일부 번역본에서는 '하황현下黃縣을 치다'로 했는데, 잘못된 번역이다. 여기서 '하下'는 점령의 뜻이고 '황黃'은 '외황현外黃縣'을 가리킨다. 『한서』에서도 '공하외황攻下外黃'이라 했고, 『사기회주고증』에서도 "풍본, 삼본에 '황'자 앞에 '외'자가 있다"고 했다. "「조참전」에 '왕무가 외황에서 반란을 일으키자 공격해 모조리 격파했다'고 했다."(『한서보주』) 외황현은 진나라 현으로 치소는 지금의 허난성 민취안民權 서북쪽 지역이다.

204  중천重泉: 진나라 현으로 치소는 지금의 산시陝西성 푸청蒲城 동남쪽이었다.

205  "장조張照가 말하기를 '이필李必은 나중에 척후戚侯에 봉해진다. 「공신표」에서는 계필季必이라 했다.'"(『사기회주고증』)

206  중대부의 신분으로 기병장수가 되었음을 말한다.

207  낭중기병郎中騎兵: 기랑騎郎을 말한다. 기랑은 기병을 담당하는 낭중郎中이다. 진나라 때 설치되었고 전한 때도 답습했으며 기장騎將(기병 장수)에 소속되었다. 평소에는 궁중에서 호위를 하다가 황제가 출행하면 거마의 시종을 담당했다.

라 기병과 크게 교전을 벌여 대패시켰다. 이어서 또 조서를 받고 별도로 기병을 이끌어 초나라 군대 후방으로 깊숙이 들어가[208] 양무陽武에서 양읍襄邑까지 이르는 지구의 초나라 군대 군량 운송로를 끊었다.[209] 노현魯縣 성 아래에서 항우의 부장 항관項冠의 군대를 공격해 격파하고, 관영의 부하 사졸이 적군 우사마右司馬와 기병장수 각 한 명씩을 참수했다. 이어서 또 관영은 연현燕縣[210] 성 서쪽에서 자현柘縣 현령과 왕무王武[211]의 군대를 격파했는데, 그의 부하 사졸이 누번장樓煩將 5명과 연윤連尹[212] 한 명을 참수했다. 관영은 또 백마현白馬縣[213] 성 아래에서 왕무의 별장別將[214] 환영桓嬰을 공격해 격파했는데, 그의 부하 사졸이 도위 한 명을 참수했다. 관영은 기병을 이끌고 남쪽으로 가서 황하를 건너 한나라 왕을 낙양까지 호송했고, 또 한나라 왕은 그에게 군사를 이끌고 북상하여 한단에서 상국 한신의 군대를 영접하게 했다.[215] 관영은 오창으로 돌아온 후 어

208 "아래 문장에 '삼년三年' 두 글자로 시작되니 관영의 이번 일은 마땅히 한나라 2년 가을이다." (『사기전증』)
209 "북쪽으로 양무陽武(지금의 허난성 위안양原陽 동남쪽)에서 시작해 곧장 동남쪽으로 향해 기습하여 양읍襄邑(지금의 허난성 쑤이현睢縣)에 이른 것이다."(『사기전증』)
210 연현燕縣: 현으로 치소는 지금의 허난성 옌진 동북쪽이었다.
211 원문은 '柘公 王武'다. 자공柘公은 자현柘縣(지금의 허난성 저청柘城 서북쪽)의 현령을 말한다. 안사고는 말하기를 "자柘는 현의 명칭이고 공公은 자현의 현령이다. 왕무는 그 사람의 성명이다"라고 했다. 『한서보주』의 견해는 이와 다르다. "조참, 근흡靳歙, 「번쾌전」과 본 열전 문장에 모두 왕무가 자공柘公이라고 말하지 않았으니, 자공은 별도의 다른 사람으로 왕무가 아니다." 역자는 『한서보주』의 견해에 따라 '두 사람'으로 번역했음을 밝힌다.
212 누번樓煩은 지금의 산시山西성 닝우寧武, 커란岢嵐 등지에 거주하던 부족으로, 이후 누번현樓煩縣(지금의 산시山西성 닝우寧武)이 설치되었다. 누번 사람들은 말 타기와 활쏘기에 능해 군대에서 말을 잘 타고 활을 잘 쏘는 사람을 '누번'이라 불렀으며, 누번을 통솔하는 장수를 누번장이라 한다. '누번의 장수'라는 번역은 잘못된 것이다. 연윤連尹은 초나라 관직 명칭인데 구체적인 직무는 상세하지 않다.
213 백마현白馬縣: 진나라 현으로 치소는 지금의 허난성 화현滑縣 동쪽 지역이다.
214 별장別將: 단독으로 한 방면을 주관하는 장수다. 혹은 주력군과 협력하여 작전하는 부대 장수를 말한다.
215 「회음후열전」에 따르면 당시 한신은 이미 조나라를 평정하고 수무脩武(지금의 허난성 훠자獲嘉)에 군대를 주둔시키고 있었다. 유방이 돌연 수무로 가서는 기습적으로 한신의 군대를 빼앗고 장이를 조나라 왕으로 봉하고 조나라로 돌아가 조나라 땅을 지키게 했다. 한신에게는 이름뿐인 직함인 상국을 더해주고 신병을 조직해 동쪽으로 제나라를 공격하게 했다. 소위 '한신의 군대를 영접하다'라는 말

사대부로 승진되었다.

3년(기원전 204)[216] 뒤에 관영은 열후로 봉해졌고 두현의 평향을 식읍으로 하사받았다. 이어서 그는 어사대부 신분으로 조서를 받들어 낭중기병을 이끌고 동쪽으로 상국 한신에게 귀속되었고, 역하에서 제나라 군대를 격파하고[217] 부하 사졸이 거기장군車騎將軍 화무상華毋傷[218]과 장리將吏[219] 46명을 포로로 잡았다. 이어서 임치를 공격해 점령하고 제나라의 승상 대리 전광田光을 사로잡았다. 또 제나라 상국 전횡을 추격하여 영현과 박현까지 이르러 전횡의 기병을 격파하고, 그가 거느린 사졸이 기병장수 한 명을 참수하고 4명을 포로로 잡았다. 영현과 박현을 점령한 뒤, 또 천승현千乘縣[220]에서 제나라 장군 전흡田吸을 격파했고, 전흡은 관영의 부하 사졸에 의해 참수되었다. 이어서 관영은 한신을 수행하여 동쪽으로 진격해 고밀현에서 용저와 유공留公 선선旋의 군대를 공격했고,[221] 그

은 곧 한신의 군대를 기습적으로 빼앗은 것을 말한다. 그리고 「고조본기」와 「회음후열전」에서는 모두 여기서의 '한단'과는 무관하다고 말한다. 또 유방이 한신의 군대를 기습적으로 빼앗은 일은 한나라 3년 6월로『통감』과 같으며, 지금 한나라 2년이라고 하는 것도 오류다. 곽숭도가 말하기를 '고조는 낙양에 가지 않았고 한신 군대 또한 한단에 있지 않았다'고 했다."(『사기전증』)

216　'삼년三年'은 앞에 언급된 '조서를 받고 별도로 기병을 이끌어 초나라 군대의 후방으로 깊숙이 들어가다'의 문장 앞에 있어야 한다.

217　한나라 4년(기원전 203) 10월의 일이다. 제나라 왕 전광 등은 역이기의 투항 권유를 받아들여 한나라에 대한 방어를 완전히 해제했고 한신은 그 틈을 이용해 역하歷下에 주둔해 있던 제나라 군대를 기습 공격했다. 역하歷下는 지금의 산둥성 지난濟南 서쪽 지역이다.

218　거기장군車騎將軍은 한 고조 초기에 설치된 관직으로, 원정을 나가 토벌하는 일을 관장했다. 대장군大將軍과 표기장군驃騎將軍 다음이지만 위장군衛將軍과 전·후·좌·우 장군보다는 직책이 높고 상경의 다음이었다. 후한 말기에 상설 장군의 관직 명칭이었다가 당나라 이후에 폐지되었다. 화무상華毋傷은 역하에 주둔해 있던 제나라 장수로, 「전담열전」에서는 '화무상華無傷'이라 했고, 당시 역하에 주둔해 있던 제나라 장수는 화무상과 전해田解였다.

219　장리將吏는 일반적으로는 문무관원을 가리킨다. 이하 장수와 관리로 번역했음을 밝힌다.

220　천승현千乘縣: 치소는 지금의 산둥성 가오칭高青 동북쪽 고원진高苑鎮 북쪽 지역이다. 「전담열전」에 따르면 관영이 전횡과 전흡을 격파한 사건은 모두 유수潍水의 전투에서 용저를 격파해 죽인 뒤의 일이다.

221　한나라 4년(기원전 203) 11월의 일이다. 유공留公 선선旋은 유현의 현령으로 선선旋이 이름이다. "서부원이 말하기를 '회음후가 제나라를 쉽게 점령한 것은 관영의 기병이 보조가 되었기 때문이다'라고 했다."(『사기전증』) "왕유정이 말하기를 '관영은 시종 기병장수였고, 등공은 시종 태복이었으니 이것은

의 사졸[222]이 용저를 참수하고 우사마와 연윤 각각 한 명과 누번장 10명을 포로로 잡았으며, 관영 자신은 아장亞將[223] 주란周蘭을 사로잡았다.

　제나라 땅이 평정된 뒤 한신은 스스로 제나라 왕이 되었고[224] 별도로 관영을 파견해 독자적으로 군사를 이끌고 노현魯縣 성 북쪽에서 초나라 장수 공고公杲의 군대를 공격하게 했고, 관영은 그를 격파했다. 이어서 관영은 군대를 이끌고 남하하여 설군薛郡의 군수를 격파하고 직접 기병장수 한 명을 포로로 잡았다. 관영은 부양傅陽을 공격해 점령하고 다시 진군하여 하상下相의 동남쪽인 동僮, 취려取慮, 서徐에 이르렀다.[225] 이후 관영은 회하를 건너 회남 성읍을 모조리 항복시키고 광릉廣陵[226]에 이르렀다. 이때 항우는 항성項聲, 설공薛公, 담공郯公[227]을 파견해 다시 회북 지역을 평정하여 수복했다. 이에 관영은 다시 회하를 건너 북상하여 하비下邳에서 항성과 담공의 군대를 공격해 격파하고 설공을 참수하여 하비를 점령했다. 이어서 또 평양에서 초나라 기병을 격파하고 마침내 팽성을 함락시켰으며,[228] 주국柱國[229] 항타를 포로로 잡고 유현留縣, 설현薛縣, 패현沛

고제가 사람의 능력을 잘 파악하여 임명하고 필요한 곳에 사용했음을 알 수 있다'고 했다.(『사기평림』)

222　안사고는 말하기를 "관영이 거느리는 사졸이다"라고 했다.

223　아장亞將: 차장과 부장을 가리킨다.

224　이 말은 「항우본기」와 「진승상세가」에는 보이지만 「회음후열전」과 「고조본기」에는 없다.

225　부양傅陽, 하상下相, 동僮, 취려取慮, 서徐는 모두 진나라의 현이다. 부양의 치소는 지금의 산둥성 짜오좡棗莊 남쪽, 하상의 치소는 지금의 장쑤성 수첸宿遷 서남쪽, 동의 치소는 지금의 장쑤성 쑤이닝睢寧 동남쪽, 취려의 치소는 지금의 쑤이닝 서남쪽, 서의 치소는 지금의 장쑤성 쓰훙泗洪 남쪽 지역이다.

226　광릉廣陵: 진나라 현으로 치소는 지금의 장쑤성 양저우揚州 서북쪽이었다.

227　항성項聲은 항우의 부장이다. 설공薛公은 항우의 부장으로 설현의 현령이며 성명은 전해진 내용이 없다. 담공郯公은 항우의 부장이자 담현의 현령으로 성명은 전해진 내용이 없다. 담현의 치소는 지금의 산둥성 탄청郯城 서북쪽으로, 당시 동해군東海郡의 군치 소재지였다.

228　"이상 관영의 일련의 중대한 승리는 단지 본문에만 보이고 「항우본기」와 「고조본기」에는 모두 기재되어 있지 않다. 그 기간은 마땅히 한나라 4년(기원전 203) 2월부터 한나라 5년(기원전 202) 10월 사이이다."(『사기전증』) "팽성은 항왕의 도성이다. 팽성을 항복시켰다면 그 도성을 격파한 것인데 무엇하러 홍구의 맹약이 필요한가? '항降'자는 잘못이다. 아마도 팽성을 포위하고 그 군대를 격파한 일일 것이다."(『사기지의』)

229　주국柱國: 초나라 관직으로 직분이 태위太尉와 같다.

縣, 찬현酇縣, 소현蕭縣, 상현相縣230을 항복시켰다. 또 고현苦縣과 초현譙縣231을 공격했을 때 다시 적의 아장 주란을 포로로 잡았다.232 관영은 한나라 왕과 이향頤鄉233에서 합류한 뒤 그를 수행하여 진현에서 항적의 군대를 공격해 격파했는데,234 관영의 부하 사졸이 누번장 2명을 참수하고 기병 장수 8명을 포로로 잡았다. 한나라 왕은 관영에게 식읍 2500호를 더해줬다.

항우가 해하에서 패한 뒤 달아나자, 관영은 어사대부 신분으로 조서를 받들어 기병을 이끌고 단독으로 동성현東城縣235까지 추격하여 항우를 대파했다. 관영의 부하 장사 5명236이 함께 항우를 참살했고 이들 5명 모두가 열후 작위를 하사받았다. 관영은 항우의 좌우 사마와 사졸 1만2000명을 투항시키고 초나라 군대의 장수와 관리를 모두 사로잡았다. 이어서 관영은 또 군사를 이끌고 동성과 역양歷陽237을 공격해 점령했다.238 뒤이어 장강을 건너 오현吳縣 성 아래에서 오군 군수의 군대를 격파하고 군수를 사로잡았으며,239 마침내 오군, 예장군豫章

230  찬현酇縣과 상현相縣은 진나라 현으로, 찬현의 치소는 지금의 안후이성 샤오현蕭縣 서북쪽 지역이고 상현의 치소는 지금의 인후이성 쑤이시濉溪 서북쪽 지역이다.
231  고현苦縣과 초현譙縣은 진나라 현으로, 고현의 치소는 지금의 허난성 루이鹿邑고 초현의 치소는 지금의 안후이성 보저우亳州다.
232  "이전에 고밀현을 공격했을 때 주란을 사로잡았는데 여기서 다시 포로로 잡았다고 말하고 있으니, 어찌하여 달아나게 하고 다시 잡았는가? 『한서』에는 '주란' 두 자가 없다."(『사기지의』)
233  "서광이 말하기를 '고현苦縣 이향이 있다'고 했다."(『집해』)
234  "이것이 바로 고릉固陵의 전쟁이다. 이 전쟁에서 유방은 또 항우에게 격퇴되는데, 「고조본기」와 「항우본기」에서 상세히 볼 수 있다. 여기에서 '격파했다'고 한 것은 사실이 아니다. 고릉 전쟁에서 '진陳'을 말하는데, 고릉은 진의 북쪽에 있어 거리가 매우 가깝다."(『사기전증』)
235  동성현東城縣: 진나라 현으로 치소는 지금의 안후이성 딩위안定遠 동남쪽 지역이다.
236  「항우본기」에 따르면 다섯 명은 여마동呂馬童, 왕예王翳, 양희楊喜, 양무楊武, 여승呂勝이다.
237  역양歷陽은 진나라 현 명칭으로 치소는 지금의 안후이성 허현和縣이었다.
238  "「항우본기」에 따르면 항우는 동성에서 또 한 차례 전투를 진행한 뒤 남쪽으로 달아나 오강포烏江浦에 이르렀고 스스로 목을 베어 죽었다. 오강포는 역양 동남쪽 장강 가로 앞 문장에서 여마동呂馬童 등 5명이 함께 동성에서 항우를 죽였다고 했는데, 잘못이다."(『사기전증』)
239  오현吳縣은 오군吳郡의 치소로, 지금의 장쑤성 쑤저우다. "앞에서는 오군의 군수를 격파했다고 하고 다시 오군의 군수를 사로잡았다고 말하니, 두 사람 같다. 태사공의 말 더듬는 병이다."(『사기전증』)

郡, 회계군會稽郡[240]을 평정했다. 군사를 돌려 북상하여 다시 회북의 52개 현을 평정했다.

한나라 왕은 황제로 즉위한 뒤에 관영에게 식읍 3000호를 늘려줬다. 이해 가을에 관영은 또 거기장군으로서 고조를 수행하여 연나라 왕 장도를 공격해 격파했다.[241] 그 이듬해에는 또 고조를 수행하여 진현으로 가서 초나라 왕 한신을 체포했다. 조정으로 돌아온 뒤 고조는 관영에게 부절을 나누어 맹세하고 대대로 전하여 영원히 끊어지지 않게 했으며, 영음현潁陰縣의 2500호를 식읍으로 하고 영음후潁陰侯라 불렀다.[242]

관영은 거기장군 신분으로 고조를 수행하여 대군에서 배반한 한왕 신을 공격했고,[243] 마읍馬邑에 당도한 뒤 조서를 받들어 단독으로 군사를 이끌고 누번 북쪽의 6개 현을 항복시키고 대나라의 좌상左相을 참수했으며, 무천 북쪽에서 흉노 기병을 격파했다. 또 고조를 수행하여 진양성 아래에서 한왕 신과 흉노 기병을 공격했는데, 그를 따르던 사졸이 흉노 백제족白題族[244] 장수 한 명을 참수했다. 관영은 조서를 받들어 연·조·제·양·초의 각 기병들을 이끌고[245] 사석硰石[246]

---

240 　예장군豫章郡의 치소는 지금의 장시江西성 난창南昌이고, 회계군會稽郡의 치소는 저장성 사오싱紹興이다. "이상 군의 명칭 중에서 어떤 것은 진나라 때 존재했던 것이 아니다. 후대의 명칭으로 당시의 지역을 가리킨 것이다. 양옥승이 말하기를 '예장豫章은 바로 장郡의 잘못인데, 「오왕비전吳王濞傳」에 언급되어 있다'고 했다. 장郡은 진나라 군으로 군치는 지금의 저장성 안지安吉 서북쪽이다."(『사기전증』)
241 　장도가 반란을 일으킨 때는 한나라 5년 7월이며, 8월에 유방이 토벌하고 9월에 장도를 사로잡았다.
242 　"나카이 리켄이 말하기를 '두현의 평향平鄕 이외에 두 차례나 식읍을 더해줘 도합 5500호다. 여기서 영음현의 식읍이 2500호이니, 아마도 이전에 받은 식읍을 취소하지 않은 것 같다'고 했다."(『사기회주고증』)
243 　한왕 신은 고조 6년 9월에 흉노에 투항했고, 유방은 한나라 7년(기원전 200) 10월에 한왕 신을 토벌하러 갔다.
244 　백제족白題族은 흉노족의 부락이다. "설몽부薛夢符가 주석에서 이르기를 '제題는 액額(이마)이다'라고 했다. 백악白堊(백토)으로 이마를 칠하는 풍속 때문에 백제라는 명칭을 얻었다."(『한서보주』)
245 　당시의 연나라 왕은 노관, 조나라 왕은 유방의 아들 유여의, 제나라 왕은 유방의 아들 유비劉肥, 양나라 왕은 유방의 공신 팽월, 초나라 왕은 유방의 동생 유교劉交였다.
246 　사석硰石은 옛 성이다. "『정의일존正意佚存』에서는 누번현 서북쪽에 있다고 했고, 쳰무는 '지금의 산시山西성 징러靜樂 동북쪽'이라고 했다."(『사기전증』)

에서 흉노 기병을 공격해 격파했다. 평성平城에 이르렀을 때 흉노에게 포위당했고, 다시 또 고조를 수행하여 철군한 뒤 동원에 주둔했다.

관영은 또 고조를 수행하여 반란을 일으킨 진희를 토벌했는데, 관영은 조서를 받들어 독자적으로 군사를 이끌고 진군하여 진희의 승상 후창侯敞[247]의 군대를 곡역曲逆 성 아래에서 공격해 격파했고, 그가 거느리는 사졸이 후창과 특장特將[248] 5명을 참수했다. 곡역, 노노盧奴, 상곡양上曲陽, 안국安國, 안평安平[249] 등의 현을 항복시키고 동원 성을 공격해 점령했다.[250]

경포가 반란을 일으켰을 때 관영은 거기장군으로 군대를 이끌고 선봉으로 가서 토벌했고, 상현相縣에서 경포의 별장을 공격해 격파하고 아장과 누번장 3명을 참수했다. 이어서 진격하여 경포의 상주국上柱國[251]과 대사마의 군대를 격파했고, 다시 진격하여 경포의 별장 비주肥誅[252]를 격퇴시켰다. 관영은 자신이 직접 적의 좌사마 한 명을 사로잡았고, 부하 사졸이 소장小將 10명을 참수했다. 관영은 또 기세를 몰아 도망치는 병사를 회하 물가까지 추격했다. 관영은 추가로 식읍 2500호를 하사받았다. 경포의 반란이 토벌되자 고조는 군대를 이끌고 개선했고 영음 땅 5000호를 관영의 식읍으로 확정하고 전에 하사한 식읍은 취

---

247  당시 진희는 스스로 왕이 되었으므로 자신의 부하 후창을 승상으로 임명했다.
248  특장特將: "주수창이 말하기를 '특장은 진·한 사이에 설치된 장군으로 「공신표」에 '진희는 특장의 신분으로 사졸 500명을 거느리고, 전前 원년元年에 원구宛胊(지금의 산둥성 허쩌荷澤 서남쪽)에서 일어났다'고 했는데 이것이다. 「한신전」에서도 특장이 나오는데 모두가 부속된 비장裨將(부장)과 비슷하다'고 했다."(『한서보주』)
249  모두 한나라 현으로, 노노盧奴의 치소는 지금의 허베이성 딩저우定州, 상곡양上曲陽의 치소는 허베이성 취양曲陽 서쪽, 안국安國의 치소는 허베이성 안궈安國 동남쪽, 안평安平의 치소는 허베이성 안핑安平이다.
250  고조 11년(기원전 196) 겨울에 일어난 일이다. 당시 진희의 부장 조리趙利가 동원을 점거하고 지키고 있었고 유방이 한 달 동안 공격했다.
251  상주국上柱國: 경포의 부장으로 성명은 알려지지 않았다. 상주국은 초나라 관직으로 승상과 동등한 직분이며, 이후에는 대부분 가관加官의 칭호였다.
252  『한서』에서는 '비수肥銖'라고 했다. 중국어 음 역시 'zhu(수)'다.

소했다.253 무릇 관영은 고조를 따라 출정하여 2000석 관리 2명을 사로잡았고, 독자적으로 군사를 이끌어 적을 격파시킨 것이 16차례며, 성 46개의 항복을 받았고, 1개 봉국과 2개 군과 52개 현을 평정했으며, 2명의 장군과 주국, 상국 각 한 명, 2000석 관리 10명을 사로잡았다.

관영이 경포를 격퇴시키고 도성으로 돌아온 지 얼마 뒤에 고조가 사망했다. 관영은 열후로서 효혜제와 여태후를 섬겼다.254 여태후가 사망한 뒤 여록呂祿 등은 조나라 왕의 신분으로서 스스로를 장군으로 칭하며255 장안에 군대를 주둔시키고 반란을 도모했다.256 이 소식을 들은 제나라 애왕哀王은 군대를 일으켜 서쪽으로 진격하며 왕이 될 수 없는 자를 토벌하고자 도성으로 진입하려고 했다.257 상장군 여록 등은 소식을 접한 뒤 관영을 대장으로 삼아 군대를 이끌고 가서 제나라 애왕에 맞서 공격하도록 했다. 군사를 이끌고 형양에 당도한 관영은 강후 등과 모의한 뒤 군사를 형양에 주둔시키고 전진시키지 않았다. 또한 제나라 애왕에게 여씨를 주살하려 한다는 암시를 보내자 제나라 군대도 진군하지 않고 멈췄다. 강후 등이 여씨를 주살한 뒤 제나라 왕은 전쟁을 중지하고 돌아갔고 관영 또한 군대를 이끌고 도성으로 돌아왔다. 관영은 강후, 진평 등과 함

253　"나카이 리켄이 말하기를 '두현의 평향 이외에 세 차례나 식읍을 내려줘 도합 8000호다. 지금 5000호가 줄어들었다'고 했다."(『사기회주고증』)
254　"관영은 효혜제(재위 기원전 194~기원전 188)와 여후(재위 기원전 187~기원전 180)의 집정 기간에 조정의 요직에 있지 않았으므로 단지 열후로서 섬겼음을 말한 것이다."(『사기전증』)
255　"여록呂祿은 조왕趙王으로 북군北軍을 이끌었고, 여산呂産은 여왕呂王으로 남군南軍을 이끌었다. 모두 여후가 봉하고 임명한 것으로 여씨들이 스스로 된 것은 아니다."(『사기전증』) "『한서』 「문제기 文帝紀」와 여기 문장에서 '여록이 스스로 상장군이 되었다'고 했는데, 여록의 반란죄를 더욱 무겁게 하려는 것뿐 사실은 그가 스스로 된 것이 아니다."(『사기각증』)
256　"당시 남군, 북군이 모두 도성에 주둔해 있었다. 곽숭도가 말하기를 '여후는 남과 북군을 여산, 여록에게 소속되게 하여 군대에 의지해 스스로 견고하게 하면서 남에게 통제받는 것을 없도록 한 것 뿐이다. 여산과 여록은 평범한 재목이며 군사를 이끌고 해산하는 것 또한 태위의 소관인데 어찌하여 반란을 일으키려 했겠는가? 태사공이 주발이 여씨를 제거하는 데 특별히 여씨의 죄를 무겁게 하여 명분으로 삼으려는 것으로 의심된다'고 했다."(『사기전증』)
257　애왕哀王은 유양劉襄으로 유방의 손자이며 유비劉肥의 아들이다. 여후 8년 8월의 일이다.

께 대왕代王 유항을 옹립했는데, 바로 효문황제다. 효문제는 관영에게 식읍을 더해 3000호를 봉하고 황금 1000근258을 하사했으며 태위로 임명했다.259

3년 뒤에260 강후 주발이 승상을 사임하고 봉국으로 돌아가자, 관영이 이어서 승상이 되었고 태위 관직에서 면직되었다. 이해에 흉노가 대규모로 북지北地와 상군上郡으로 침입해오자 문제는 승상 관영에게 기병 8만5000명을 이끌고 가서 흉노를 공격하게 했다.261 흉노가 소식을 듣고는 물러났지만 제북왕濟北王 유흥거劉興居가 이때 반란을 일으켰으므로262 문제는 관영에게 조서를 내려 군대를 철수해 돌아오도록 했다. 1년 뒤에 관영은 승상으로 재직하다 사망했고 시호를 의후懿侯라 했다. 그의 아들 평후平侯 관아灌阿263가 후의 작위를 계승했다. 관아가 후가 된 지 28년 만에 죽자264 관아의 아들 관강灌彊이 후의 작위를 계승했다. 관강은 후가 된 지 13년265 만에 죄를 지어 2년 동안 후의 작위가 중단됐다. 원광元光 3년266 천자(무제武帝)가 관영의 손자 관현灌賢을 임여후臨汝侯

---

258  『사기』「효문본기孝文本紀」와 『한서』「문제기文帝紀」에서는 '2000근'을 하사했다고 했다. 한나라 때 황금 1근을 1금金이라 했는데, 1금은 동전 1만 개다.

259  이전에 주발이 태위였으나 문제가 즉위하고 나서 우승상으로 승진되었으므로 관영을 태위로 임명한 것이다.

260  관영이 태위로 있은 지 3년이며, 또한 문제 3년(기원전 177)이다.

261  『사기』와 『한서』의 「본기」에서는 모두 흉노가 북지를 침범했다고 말하는데, 「명신표名臣表」와 「흉노전」에서는 상군이라고 하고 있다. 아마도 두 군에 서로 연이어 소동이 발생했으므로 여기서 함께 언급한 것 같다.(『사기지의』)

262  문제 3년의 일이다. 제북왕濟北王 유흥거劉興居는 제나라 왕 유양劉襄과 주허후朱虛侯 유장劉章의 동생이다. 이들 형제 세 사람은 여씨들을 소멸시키는 데 큰 공이 있었지만 이후에 정치적으로 배제되자 유장은 우울해하다 죽었고 유흥거는 결국 반란을 도모했다.

263  "아阿는 하何의 잘못이다. 「공신표」와 「관부전灌夫傳」, 『한서』「조조전鼂錯傳」에 모두 하何라고 했다."(『사기지의』)

264  경제 중원 2년(기원전 148)이다.

265  무제 건원建元 6년(기원전 135)이다. 건원建元은 무제의 첫 번째 연호로 사용 기간은 기원전 140~기원전 135년이다.

266  기원전 132년이다. 원광元光은 무제의 두 번째 연호로 사용 기간은 기원전 134~기원전 129년이다.

에 봉하고[267] 관씨의 후 작위를 잇게 했다. 8년 뒤에 관현은 뇌물을 준 죄로 봉국이 취소되었다.[268]

태사공은 말한다.

"내가 패현의 풍읍에 가서 그곳 노인들에게 물어보고, 또 소하·조참·번쾌·등공이 살던 집을 살펴보고[269] 그들의 평소 사람됨을 물어보았는데, 들어왔던 것과는 달랐다! 그들이 칼을 휘두르며 개를 잡고 비단을 팔았을 때 천리마 꼬리에 붙어 천 리를 가듯이[270] 고조를 보좌하여 한나라 조정에 이름을 남기고 그 은덕이 자손들에게까지 미치게 될 줄 어찌 알았겠는가? 나는 번타광樊他廣과 교분이 있었는데, 그가 내게 고조의 공신들이 일어났을 때의 상황을 이와 같이 이야기해줬다."

---

267  관현을 임여현臨汝縣(지금의 허난성 상차이上蔡 서남쪽)에 변경하여 봉한 것을 말한다. 『사기』와 『한서』 「표」에는 관강이 후 작위를 지낸 지 13년 만에 1년 동안 후의 작위가 중단되었고, 광현은 원광 2년에 봉해졌다고 기재하고 있다. 여기서는 모두 틀렸다.(『사기지의』)

268  "『사기』와 『한서』 「표」에는 관현이 후의 작위를 지낸 지 9년이라고 했는데, 여기서는 8년이라고 말하고 있으니 틀렸다."(『사기지의』) 「고조공신후자연표高祖功臣侯者年表」에 따르면 관현은 무제 원삭元朔 5년(기원전 124)에 폐위되었다.

269  소하, 조참, 번쾌, 등공은 모두 패현 사람이므로 태사공이 두루 그들이 살던 집을 둘러본 것이다.

270  "모기와 파리는 하루 종일 날아다녀도 섬돌과 전당 양쪽의 곁채조차 넘기 힘들지만 천리마의 꼬리에 붙으면 천 리를 갈 수 있다."(왕포王褒, 『사자강덕론四子講德論』)

## 1. 정사正史 자료

『點校本二十四史修訂本 史記』, (漢)司馬遷 撰, (宋)裴駰 集解, (唐)司馬貞 索隱, (唐) 張守節 正義, 中華書局, 2013

『漢書』, (漢)班固 撰, (唐)顏師古 注, 中華書局, 1962(2016 重印)

『後漢書』, (南朝 宋)范曄 撰, (唐)李賢 等 注, 中華書局, 1965(2012 重印)

『三國志』, (晉) 陳壽 撰, (宋) 裴松之 注, 中華書局, 2011

『資治通鑑』, (宋)司馬光 編著, (元)胡三省 音注, 中華書局, 1996

## 2. 『사기』 관련 고증 및 연구 자료

『史記志疑』, (淸)梁玉繩 撰, 賀次君 點校, 中華書局 1981(2016 重印)

『史記會注考證』, (漢)司馬遷 撰, (日)瀧川資言 考證, 上海古籍出版社, 2015

『史記札記』, (淸)郭嵩燾 撰, 世界書局, 1974

『史記箋證』, 韓兆琦 編著, 江西人民出版社, 2004(2015 修訂)

『校刊史記集解索隱正義札記』, (淸)張文虎 撰, 中華書局, 2012

『讀書雜志』, (淸)王念孫 撰, 徐煒君 等 點校, 上海古籍出版社, 2014

『二十二史考異』, (淸)錢大昕 著, 方詩銘, 周殿傑 校點, 上海古籍出版社, 2014(2017 重印)

『史記評林』, (明)凌稚隆 輯, 廣陵書社, 2017

『史記通解』, 張大可, 丁德科 通解, 常務印書館, 2015

『史記探源』, 崔適 著, 張烈 點校, 中華書局, 1986(2013 重印)

『史記斠證』, 王叔岷 撰, 中華書局, 2007

『史記新証』, 陳直 著, 天津人民出版社, 1979

『史記選』, 王伯祥 選注, 人民文學出版社, 2018(2020 重印)

『廣史記訂補』, 李笠 著, 復旦大學出版社, 2001.10

『史記集說』, (淸)程餘慶 撰, 高益榮 等 編撰, 三秦出版社, 2011

『史記菁華錄』, (淸)姚苧田 選評, 中華書局 2010(2012 重印)

『史記論文』, (淸)吳見思 評點, 台北: 中華書局, 2019

『史記評議』, 李景星·陸永品 點校整理, 東北師範大學出版社, 1986

『十七史商榷』, (淸)王鳴盛, 黃曙輝 點校, 上海古籍出版社, 2016(2019 重印)

『二十二史箚記校證』, (淸)趙翼 著, 王叔岷 校證, 中華書局 2013(2018 重印)

『新譯史記』, 韓兆琦 注譯, 三民書局, 2011

『(宋人著作五種徵引)史記正義 佚文考索』, 袁傳璋 著, 中華書局, 2016

『史記書錄』, 賀次君 著, 中華書局, 2019

『史記紀年考』, 劉坦 著, 常務印書館, 2017

『史記漢書諸表訂補十種』, (淸)梁玉繩 等撰, 中華書局, 1982

『史記考索』, 朱東潤 著, 武漢大學出版社, 2009

『唐張守節史記正義佚存』, (日)瀧川資言, (日)小澤賢二, 袁傳璋 校點, 中華書局, 2019

『史記注解辨正』, 徐仁甫 著, 中華書局, 2014

『史記地名考』, 錢穆 著, 常務印書館, 2001

『史記地圖集』, 許盤淸, 地震出版社, 2017

『史記新本校勘』, 辛德勇 著, 廣西師範大學出版社, 2017(2018 重印)

『史記研究』, 張大可 著, 常務印書館, 2013

『史記學槪要』, 張大可, 淩朝棟, 曹强 著, 常務印書館, 2015

『史記觀止』, 張大可, 丁德科 編著, 常務印書館, 2016(2019 重印)


## 3. 기타 역사 자료

『漢書補注』, (漢)班固 撰, (淸)王先謙 補注, 上海古籍出版社, 2008(2018 重印)

『漢書窺管』, 楊樹達 著, 上海古籍出版社, 2013

『漢書新證』, 陳直 著, 中華書局 2008

『新譯漢書』, 吳榮曾, 劉華祝 等 注譯, 三民書局, 2013

『戰國策』, (漢)劉向 輯錄, (宋)鮑彪 注, (元)吳師道 校注, 上海古籍出版社, 2015(2019 重印)

『戰國策考辨』, 繆文遠 著, 中華書局 1984

『戰國策』, 繆文遠, 繆偉, 羅永蓮 譯注, 中華書局, 2012(2014 重印)

『戰國策選注』, 牛鴻恩 等 選注, 天津古籍出版社, 1984

『戰國策新校注』, 繆文遠 著, 巴蜀書社, 1998 第三版

『新譯戰國策』, 溫洪隆 注譯, 陳滿銘 校閱, 三民書局, 2012

『戰國策注釋』, 何建章 注釋, 中華書局, 2019(2020 重印)

『後漢書集解』, (淸) 王先謙, 廣陵書社, 2006

『新譯後漢書』, 魏連榮科 等 注譯, 三民書局, 2013

『後漢書集解補』, 施之勉 著, 中國文化大學出版部, 1982

『後漢書稽疑』, 曹金華 著, 中華書局, 2014

『東觀漢記校注』, (東漢) 劉珍, 吳樹平 校注, 中華書局, 2008(2011 重印)

『三國志集解』, 盧弼 集解, 錢劍夫 整理, 上海古籍出版社, 2012(2013 重印)

『三國志』, 楊耀坤, 揭克倫 校注, 巴蜀書社, 2013

『新譯三國志』, 梁滿倉, 吳樹平 等 注譯, 三民書局, 2013

『新譯資治通鑑』, 張大可, 韓兆琦 等 注譯, 三民書局, 2017

『春秋左傳注』, 楊伯峻 編著, 中華書局, 2009(2012 重印)

『左傳』, 郭丹, 程小青, 李彬源 譯注, 中華書局, 2012(2014 重印)

『新譯左傳讀本』, 郁賢皓, 周福昌, 姚曼波 注譯, 傅武光 校閱, 三民書局, 2012

『春秋公羊傳譯注』, 劉尚慈 譯注, 中華書局, 2010(2015 重印)

『新譯公羊傳』, 雪克 注譯, 周鳳五 校閱, 三民書局, 2008

『新譯春秋穀梁傳』, 周何 注譯, 三民書局, 2000

『國語』, 陳桐生 譯注, 中華書局, 2013(2015 重印)

『新譯國語讀本』, 易中天 注譯, 侯迺慧 校閱, 三民書局, 2013

『新譯商君書』, 貝遠辰 注譯, 陳滿銘 校閱, 三民書局, 2013

『鹽鐵論』, 陳桐生 譯注, 中華書局, 2015(2019 重印)

『日知錄集釋』, (淸)顧炎武 撰, (淸)黃汝成 集釋, 中華書局, 2020

『新譯呂氏春秋』, 朱永嘉, 蕭木 注譯, 黃志民 校閱, 三民書局, 2012

『新譯潛夫論』, 彭丙成 注譯, 陳滿銘 校閱, 三民書局, 2017

『新譯吳越春秋』, 黃仁生 注譯, 李振興 校閱, 三民書局, 2010

『吳越春秋譯注』, 張覺 譯注, 上海三聯書店, 2013

『晏子春秋全譯』, 李方壽 譯注, 貴州人民出版社, 2008

『晏子春秋注解』, 趙蔚芝 注解, 齊魯書社, 2009

『新譯晏子春秋』, 陶梅生 注譯, 葉國良 校閱, 三民書局, 2009

『爾雅』, 管錫華 譯注, 中華書局, 2014(2015 重印)

『新譯爾雅讀本』, 陳建初, 胡世文, 徐朝紅 注譯, 三民書局, 2011

『世說新語』, (南朝宋) 劉義慶 撰, (南朝梁) 劉孝標 注, 朱碧蓮 詳解, 上海古籍出版

社, 2015

『世說新語譯注』, 張撝之 撰, 上海古籍出版社, 2012

『新譯世說新語』, 劉正浩 等 注譯, 三民書局, 2013

『新譯逸周書』, 牛鴻恩 注譯, 三民書局, 2015

『新譯水經注』, 陳橋驛, 葉光庭 注譯, 三民書局, 2011

『水經注校證』, 陳橋驛 校證, 中華書局, 2013

『西京雜記全譯』, (晉)葛洪, 成林, 程章燦 譯注, 貴州人民出版社, 1993

『史通』, 白雲 譯注, 中華書局, 2014(2015 重印)

『史通通釋』, (唐)劉知幾 著, (淸)浦起龍 通釋, 王煦華 整理, 上海古籍出版社, 2009(2014 重印)

『文史通義』, 羅炳良 譯注, 中華書局, 2012(2015 重印)

『文史通義校注』, 章學誠 撰, 葉瑛 校注, 中華書局, 2014(2015 重印)

『戰國史料編年輯證』, 楊寬 著, 上海人民出版社, 2016

『戰國史』, 楊寬 著, 上海人民出版社, 2016

『中國軍事通史』, 軍事科學出版社, 2005

『國史大綱』, 錢穆 著, 常務印書館, 2015(2018 重印)

『春秋史』, 顧德融, 朱順龍 著, 上海人民出版社, 2019

『西周史』, 楊寬 著, 上海人民出版社, 2019

『秦漢史』, 林劍鳴 著, 上海人民出版社, 2003

『殷商史』, 胡厚宣, 胡振宇 著, 上海人民出版社, 2003

『中國通史』, 范文瀾 著, 人民出版社, 2008

『中國上古史導論』, 楊寬 著, 上海人民出版社, 2016

『秦漢史』, 呂思勉 著, 中華書局 2020

『呂思勉讀史札記』, 呂思勉 著, 上海古籍出版社, 2020

## 4. 경전, 제자백가 및 기타자료

『周禮注疏』, (漢)鄭玄 注, (唐)賈公彦 疏, 上海古籍出版社, 2010(2014 重印)

『周禮』, 徐正英, 常佩雨 譯注, 中華書局 2014(2015 重印)

『新譯周禮讀本』, 賀友齡 注譯, 三民書局, 2018

『新譯禮記讀本』, 姜義華 注譯, 黃俊郎 校閱, 三民書局, 2012

『新譯孔子家語』, 洋春秋 注譯, 周鳳五 校閱, 三民書局, 2013

『孔子家語』, 王國軒, 王秀梅 譯, 中華書局, 2014

『詩經譯注』, 程俊英 譯注, 上海古籍出版社, 2014(2015 重印)

『新譯詩經讀本』, 滕志賢 注譯, 葉國良 校閱, 三民書局, 2011

『新譯易經讀本』, 郭建勳 注譯, 黃俊郎 校閱, 三民書局, 2013

『周易譯注』, 黃壽祺, 張善文 譯注, 上海古籍出版社, 2007(2015 重印)

『尙書譯注』, 李民, 王健 撰, 上海古籍出版社, 2012

『新譯尙書讀本』, 郭建勳 注譯, 三民書局, 2011

『新譯孝經讀本』, 賴炎元, 黃俊良 注譯, 三民書局, 2015

『新譯春秋繁露』, 朱永嘉, 王知常 注譯, 三民書局, 2012

『新譯儀禮讀本』, 顧寶田, 鄭淑媛 注譯, 黃俊郎 校閱, 三民書局, 2016

『禮記全譯孝經全譯』, 呂友仁, 呂咏梅 譯注, 貴州人民出版社, 2008

『新譯楚辭讀本』, 傅錫壬 注譯, 三民書局, 2014

『楚辭』, 林家驪 譯注, 中華書局, 2015

『新譯四書讀本』, 謝冰瑩 等 編譯, 三民書局, 2013

『論語譯注』, 楊伯峻 譯注, 中華書局, 1958(2014 重印)

『孟子譯注』, 楊伯峻 譯注, 中華書局, 1960(2014 重印)

『管子校注』, 黎翔鳳 撰, 梁運華 整理, 中華書局, 2004(2009 重印)

『管子補注』, (明)劉績 補注, 姜濤 點校, 鳳凰出版社, 2016

『管子全譯』, 謝浩范 朱迎平 譯注, 貴州人民出版社, 2008

『管子』, (唐)房玄齡 注, (明)劉績 補注, 上海古籍出版社, 2015

『新譯管子讀本』, 湯孝純 注譯, 李振興 校閱, 三民書局, 2006

『新譯老子讀本』, 余培林 注譯, 三民書局, 2014

『老子』, 湯漳平, 王朝華 譯注, 中華書局, 2014(2015 重印)

『老子注譯及評介』, 陳鼓應 著, 中華書局, 1984(2015 重印)

『莊子今注今譯』, 陳鼓應 注譯, 中華書局, 1983(2011 重印)

『新譯莊子讀本』, 黃錦鋐 注譯, 三民書局, 2013

『莊子』, 方勇 譯注, 中華書局, 2015

『韓非子』, 高華平, 王齊洲, 張三夕 譯注, 中華書局, 2015

『新譯韓非子』, 賴炎元 注譯, 傅武光 校閱, 三民書局, 2013

『墨子』, 方勇 譯注, 中華書局, 2011(2014 重印)

『新譯墨子讀本』, 李生龍 注譯, 李振興 校閱, 三民書局, 2010

『荀子新注』, 樓宇烈 注撰, 中華書局, 2018

『荀子校釋』, 王天海 校釋, 上海古籍出版社, 2016

『荀子集解』, (淸)王先謙 撰, 沈嘯寰, 王星賢 整理, 中華書局, 2012

『新譯荀子讀本』, 王忠林 注譯, 三民書局, 2009

『孫子兵法』, 陳曦 譯注, 中華書局, 2011(2015 重印)

『新譯孫子讀本』, 吳仁傑 注譯, 三民書局, 2012

『孫子今註今譯』, 魏汝霖 註譯, 常務印書館, 1984

『新譯吳子讀本』, 王雲路 注譯, 三民書局, 2012

『新譯列子讀本』, 張萬壽 注譯, 三民書局, 2011

『新譯三略讀本』, 傅傑 注譯, 三民書局, 2015

『新譯六韜讀本』, 鄔錫非 注譯, 三民書局, 2013

『新譯淮南子』, 熊禮匯 注譯, 侯迺慧 校閱, 三民書局, 2014

『淮南子』, 陳廣忠 譯, 中華書局, 2014

『韓詩外傳集釋』, (淸)韓嬰 撰, 許維遹 校釋, 中華書局, 1980(2012 重印)

『新譯韓詩外傳』, 孫立堯 注譯, 三民書局, 2012

『山海經』, 方韜 譯注, 中華書局, 2011(2015 重印)

『新譯山海經』, 楊錫彭 注譯, 三民書局, 2013

『新譯列仙傳』, 張金嶺 注譯, 陳滿銘 校閱, 三民書局, 2013

『新譯列女傳』, 黃淸泉 注譯, 陳滿銘 校閱, 三民書局, 2008

『新譯論衡讀本』, 蔡鎮楚 注譯, 周鳳五 校閱, 三民書局, 2009

『新譯說苑讀本』, 羅少卿 注譯, 周鳳五 校閱, 三民書局, 2010

『新譯搜神記』, 黃鈞 注譯, 陳滿銘 校閱, 三民書局, 2014

『新譯新語讀本』, 王毅 注譯, 黃俊良 校閱, 三民書局, 2008

『新書』, 方向東 譯注, 中華書局, 2012(2019 重印)

『新譯新書讀本』, 饒東原 注譯, 黃沛榮 校閱, 三民書局, 1998

『新譯新序讀本』, 葉幼明 注譯, 黃沛榮 校閱, 三民書局, 1996

## 5. 기타 자료

『說文解字注』, (淸) 段玉裁 撰, 中華書局, 2013(2015 重印)

『史記 人物大辭典』, 恩國超, 丁德科 主編, 常務印書館, 2017

『中國古代服飾辭典』, 孫晨陽, 張珂 編著, 中華書局, 2015(2019 重印)

『中國度量衡史』, 吳承洛 著, 商務印書館, 1998

『中國古代官制槪論』, 李世愉, 孟産弘 撰, 中國社會科學出版社, 2009

『中國俸祿制度史』, 黃惠賢, 陳鋒 著, 武漢大學出版社, 2012(2015 重印)

『中國古代度量衡』, 丘光明 著, 中國國際廣播出版社, 2011

『中國制度史』, 呂思勉 著, 中國和平出版社, 2014

『中國地方行政制度史』, 周振鶴 著, 上海人民出版社, 2014

『古代文化常識』, 黃金貴, 黃鴻初 著, 常務印書館, 2017

『中國政治制度通史』, 白鋼 主編, 社會科學文獻出版社, 2011

『中國史學史』, 金毓黻 著, 上海古籍出版社, 2014

『中國史學史』, 杜維運 著, 常務印書館, 2010

『中國古代史學史』, 倉修良 著, 人民出版社, 2009

『中國官制大辭典』, 徐連達 編著, 上海大學出版社, 2010

『中國古代文化常識』, 王力 主編, 北京聯合出版公司, 2018

『한한대자전漢韓大字典』, 제3판, 민중서림, 2010

네이버 중국어 사전

중국 바이두百度 사전


## 6. 한국 자료

『논어』, 김도련 역주, 현음사, 2008

『서경』, 김학주 역저, 명문당, 2012

『시경』, 김학주 역저, 명문당, 2010

『서경강설』, 이기동 역해, 성균관대출판부, 2007

『시경강설』, 이기동 역해, 성균관대출판부, 2004

『주역강설』, 이기동 역해, 성균관대출판부, 2006

『주역』, 정이천 주해, 심의용 옮김, 글항아리, 2015

『논어』, 김학주 역주, 서울대학교출판문화원, 2015

『여씨춘추』, 김근 옮김, 글항아리, 2012

『초사』, 권용호 옮김, 글항아리, 2015

『맹자』, 김학주 역주, 서울대학교출판문화원, 2013

『묵자』, 김학주 역저, 명문당, 2014

『장자』, 김갑수 옮김, 글항아리, 2015

『장자』, 김학주 옮김, 연암서가, 2010

『노자』, 김학주 옮김, 연암서가, 2013

『순자』, 김학주 옮김, 을유문화사, 2018

史記
列傳

상

ⓒ 송도진

초판인쇄 2023년 9월 15일
초판발행 2023년 10월 6일

지은이 사마천
옮긴이 송도진
펴낸이 강성민
편집장 이은혜
마케팅 정민호 박치우 한민아 이민경 박진희 정경주 정유선 김수인
브랜딩 함유지 함근아 박민재 김희숙 고보미 정승민
제작 강신은 김동욱 이순호

펴낸곳 (주)글항아리 | 출판등록 2009년 1월 19일 제406-2009-000002호

주소 10881 경기도 파주시 심학산로 10 3층
전자우편 bookpot@hanmail.net
전화번호 031) 955-8869(마케팅) 031) 941-5162(편집부)
팩스 031) 941-5163

ISBN 979-11-6909-153-4 93910

**www.geulhangari.com**